《中国货币政策执行报告》增刊

中国区域金融运行报告（2021）

中国人民银行货币政策分析小组

责任编辑：黄海清　白子彤
责任校对：李俊英
责任印制：程　颖

图书在版编目（CIP）数据

中国区域金融运行报告. 2021/中国人民银行货币政策分析小组编.—北京：中国金融出版社，2021. 10

ISBN978-7-5220-1349-7

Ⅰ.①中…　Ⅱ.①中…　Ⅲ.①区域金融—金融运行—研究报告—中国—2021
Ⅳ.①F832. 7

中国版本图书馆CIP数据核字（2021）第208548号

中国区域金融运行报告.2021
ZHONGGUO QUYU JINRONG YUNXING BAOGAO.2021

出版
发行　中国金融出版社

社址　北京市丰台区益泽路2号
市场开发部　（010）66024766，63805472，63439533（传真）
网 上 书 店　www.cfph.cn
（010）66024766，63372837（传真）
读者服务部　（010）66070833，62568380
邮编　100071
经销　新华书店
印刷　河北松源印刷有限公司
尺寸　210毫米×285毫米
印张　41.5
字数　1060千
版次　2021年10月第1版
印次　2021年10月第1次印刷
定价　218.00元
ISBN978-7-5220-1349-7

本书执笔人

总负责： 刘国强

总　纂： 孙国峰

审　稿： 吕　政

统　稿： 林振辉

参与此项工作： 郑志丹　张双长　穆争社　史蓉菊　黄明皓
徐　琨　李　航　时昱旻　赵　北　枣　棘
梁凯华　何鲁泽　张淳奕

主报告执笔： 中国人民银行货币政策分析小组
中国人民银行成都分行货币政策分析小组

分报告执笔： 中国人民银行上海总部，各分行、营业管理部、省会（首府）城市中心支行，深圳市中心支行货币政策分析小组

目　录

《中国区域金融运行报告（2021）》主报告

表

图

《中国区域金融运行报告（2021）》分报告

《中国区域金融运行报告（2021）》

主报告

内容摘要

2020年是极不平凡的一年，新冠肺炎疫情突如其来，世界经济严重衰退，国内经济面临供给受阻、需求萎缩的双重冲击。面对复杂严峻的国内外环境和前所未有的挑战，全国各地区在以习近平同志为核心的党中央坚强领导下，紧扣全面建成小康社会目标任务，统筹疫情防控和经济社会发展取得重大战略成果，“十三五”规划圆满收官，三大攻坚战取得决定性成就。各地区经济稳定恢复，结构持续优化，发展质效稳步提升，中国成为2020年全球唯一实现经济正增长的主要经济体，也是少数实施正常货币政策的主要经济体之一。中国人民银行坚持以习近平新时代中国特色社会主义思想为指导，坚决贯彻党中央、国务院的决策部署，坚持科学决策和创造性应对，稳健的货币政策灵活适度、精准导向，坚持以总量政策适度、融资成本下降、支持实体经济三大确定性方向，应对高度不确定的形势，扎实做好“六稳”工作，全面落实“六保”任务，为我国率先控制疫情、率先复工复产、率先实现经济正增长提供了有力支撑。

2020年，全国国内生产总值同比增长2.3%，经济在第一季度受疫情冲击后逐季恢复向好，内生增长动能逐步增强。东部、中部、西部和东北全年地区生产总值同比分别增长2.9%、1.3%、3.3%和1.1%。东部地区经济引领作用继续增强。经济总量保持领先，资金、产业和人口向优势区域集中，创新动能不断积聚，高技术产业投资保持快速增长；金融业对外开放、绿色金融等改革取得积极进展。中部地区产业结构持续优化。虽然疫情对生产、投资和消费的影响大于其他地区，但依托产业链“强链补链”行动，工业生产加速恢复，第三产业支撑作用稳步提升；金融加大对实体经济支持力度，新增贷款加快投向普惠小微和制造业。西部地区经济贡献度稳步提升。基础设施补短板力度加大，能源等传统产业加快转型升级，消费潜力持续释放，出口贸易增速领先全国；直接融资规模持续扩大，民营小微融资环境明显改善，精准扶贫、乡村振兴等重点领域金融支持有力。东北地区经济缓慢恢复。农业生产现代化水平持续增强，投资仍是经济增长的主要拉动力量，工业经济转型升级有待深化，此外，金融资产质量下迁压力有所增大。

2020年，区域经济金融运行主要呈现以下特点：一是经济展现强大韧性，区域协同发展稳步推进。京津冀、长三角、粤港澳大湾区所在的内地省份对全国经济增长贡献率达49.3%，城市群引领作用持续增强。产业转型升级稳步推进，东部、中部、西部地区第三产业增加值占比分别比上年提高1个、0.3个和0.2个百分点，东北地区第一产业比重比上年提高1个百分点。二是投资结构继续改善，高技术产业和社会领域投资增长较快。全年高技术产业投资、卫生等社会领域投资增速分别快于全部固定资产投资7.7个和9个百分点。东部、西部和东北地区固定资产投资分别比上年增长3.8%、4.4%和4.3%，制造业投资和基础设施补短板力度较大；中部地区克服疫情影响，固定资产投资实现0.7%的正增长。三是对外贸易逆势增长，消费复苏逐步向好，新发展格局加快构建。东部地区货物进出口稳中提质，电子产品、医疗仪器及器械出口快速增长。中、西部地区货物出口增速均超过10%，民营企业外贸更加活跃。全国线上线下消费融合发展加快，全年网上零售额增速高于社会消费品零售总额增速14.8个百分点。四是新兴发展动能显著增强，供给侧结构性改革取得新进展。东部地区工业企业效益持续改善，以互联网信息技术为支撑的新兴服务业发展强劲。中部地区加大国有资本对支柱产业和战略性新兴产业的支持。西部地区加大对僵尸企业处置和“散乱污”企业整治力度。东北地区加快国有企业改革，淘汰落后产能工作持续推进，高端装备制造领域多项关键核心技术取得突破。五是脱贫攻坚取得全面胜利，减税降费政策成效明显，民生底线保障有力。全国现行标准下9899万农村贫困人口全部脱贫，贫困人口较多的四川、贵州、甘肃农村居民人均名义可支配收入增速高于全国平均水平。深度贫困地区贷款投入实现“两个高于”，西部地区金融精准扶贫贷款余额约占全国六成。实施阶段性大规模减税降费，与制度性安排相结合，全年为市场主体减负超过2.6万亿元。六是金融有力支持抗疫保供、复工复产和实体经济恢复发展，稳企业保就业成效显著。多措并举引导金融机构向实体经济让利1.5万亿元。全国社会融资规模和贷款增速高于上年，东部、西部地区本外币各项贷款增速分别比上年末高1.0个、0.2个百分点。两项直达实体经济的货币政策工具精准落地，东部地区普惠小微贷款增速领先全国，中部地区金融机构普惠小微贷款加权平均利率较上年同期下降0.89个百分点。七是金融支持经济高质量发展力度加大，金融改革创新持续深化。各地区制造业特别是制造业中长期贷款快速增长，产业链供应链金融服务能力不断提升。东部地区金融业对外开放走在全国前列，金融市场双向开放加速推进。各试验区绿色金融标准、绿色金融产品创新取得阶段性成果。农村金融、普惠金融改革试验区建设纵深推进，金融基础服务和便民惠民水平持续提升。八是金融体系保持稳健运行，防范化解金融风险攻坚战取得重要阶段性成果。中小银行多渠道补充资本金取得新进展，东部、西部地区地方法人银行资本充足率分别较上年末提高0.3个、0.8个百分点。金融资产质量总体向好，东部、西部和东北地区金融机构不良贷款率分别较上年末下降0.08个、0.58个和0.18个百分点，中部地区金融机构受疫情影响资产质量略有承压，不良贷款率较上年末上升0.06个百分点。高风险金融机构和重点领域风险得到有序处置，互联网金融风险明显收敛。

2021年是我国现代化建设进程中具有特殊重要性的一年，我国经济呈现稳定恢复态势，稳中加固、稳中向好，但也要看到，当前国际环境依然复杂严峻，国内经济恢复也不平衡，全国各地区将在以习近平同志为核心的党中央坚强领导下，立足新发展阶段、贯彻新发展理念、构建新发展格局，优化区域经济布局，促进区域协调发展，以京津冀协同发展、长江经济带发展、粤港澳大湾区建设、长三角一体化发展、黄河流域生态保护和高质量发展等区域重大战略为引领，推进西部大开发形成新格局，推动东北振兴取得新突破，开创中部地区崛起新局面，鼓励东部地区加快推进现代化。人民银行将坚持以习近平新时代中国特色社会主义思想为指导，坚决贯彻执行党中央、国务院决策部署，紧紧围绕服务实体经济、防控金融风险、深化金融改革三项任务，科学精准实施宏观政策，搞好跨周期政策设计，巩固拓展疫情防控和经济社会发展成果，保持政策连续性、稳定性、可持续性，推动构建新发展格局迈好第一步、见到新气象。

稳健的货币政策要灵活精准、合理适度，把服务实体经济放在更加突出的位置，珍惜正常的货币政策空间，处理好恢复经济和防范风险的关系。健全现代货币政策框架，完善货币供应调控机制，管好货币总闸门，保持流动性合理充裕，保持货币供应量和社会融资规模增速同名义经济增速基本匹配，保持宏观杠杆率基本稳定。进一步发挥好再贷款、再贴现和直达实体经济货币政策工具的牵引带动作用，构建金融有效支持实体经济的体制机制，延续普惠小微企业贷款延期还本付息政策和信用贷款支持计划，引导金融机构加大对科技创新、小微企业、绿色发展的支持，深化利率、汇率市场化改革。继续释放改革促进降低贷款利率的潜力，优化存款利率监管，推动实际贷款利率进一步降低。多渠道补充银行资本金，牢牢守住不发生系统性金融风险的底线，为实现经济总量平衡、结构优化、内外均衡，加快形成以国内大循环为主体、国内国际双循环相互促进的新发展格局创造良好的货币金融环境，以优异成绩庆祝中国共产党成立100周年。

第一部分 区域经济金融运行概况

2020 年，面对复杂严峻的宏观形势特别是新冠肺炎疫情的严重冲击，各地区[①]坚持以习近平新时代中国特色社会主义思想为指导，坚持稳中求进工作总基调，扎实做好"六稳"工作，全面落实"六保"任务，经济稳步恢复，经济结构持续优化，创新动能驱动力进一步增强，区域协同发展稳步推进。各地区金融运行总体稳健，社会融资规模合理增长，重点领域和薄弱环节金融服务持续改善，金融支持抗疫保供、复工复产和稳企业保就业有力有效，防范化解金融风险攻坚战取得重要阶段性成果。

一、区域经济运行总体情况

（一）疫情防控有力有效，经济展现巨大韧性

2020 年，全国统筹疫情防控和促进经济社会发展取得重大战略成果，全年实现 GDP[②]101.6 万亿元人民币，首次突破 100 万亿元大关。GDP 比上年增长 2.3%，呈现逐季恢复态势，第一季度、第二季度、第三季度、第四季度增速分别为 -6.8%、3.2%、4.9% 和 6.5%。其中，东部、中部、西部和东北地区的地区生产总值分别比上年增长 2.9%、1.3%、3.3% 和 1.1%。

分区域看，东部、中部、西部和东北地区对经济增长贡献率分别为 59.2%、11.4%、27.2% 和 2.2%，其中，东部、西部地区比近五年平均水平上升 7.7 个、5.6 个百分点，贡献率有所提升。包括湖北在内的中部地区受新冠肺炎疫情影响较为严重，经济增长贡献率比近五年平均水平下降 11.4 个百分点；东北地区受经济转型影响，抵御宏观经济下行能力弱，贡献率比近五年平均水平下降 1.8 个百分点。

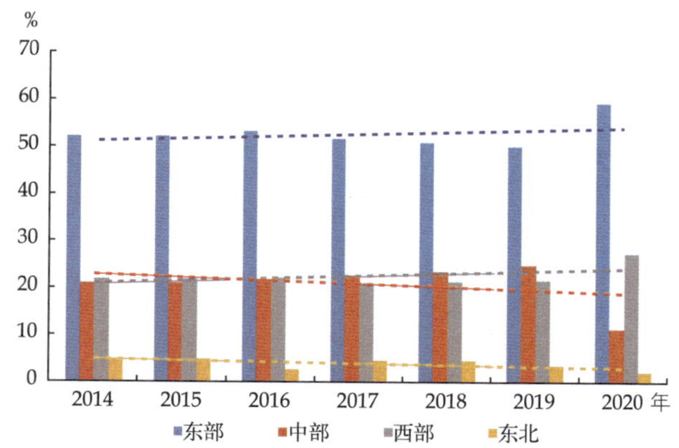

图 1　2014—2020 年各地区经济增长贡献率

［数据来源：各省（自治区、直辖市）统计局，中国人民银行工作人员计算］

（二）核心区域引领作用持续增强，区域发展格局不断优化

1. 核心区域发展动能不断提升。经济圈和城市群发挥资源聚集优势，对区域经济发展的支撑和重要性日益凸显，成为引领全国高质量发展的重要动力源。2020 年，京津冀、长三角和粤港澳大湾区所在的内地省份对全国经济增长贡献率为 49.3%，比上年提升 6.2 个百分点。

2. 区域协同创新发展注入新活力。2020 年，京津冀协同发展迈向新台阶，服务业扩大开放

---

①全国各地区包括东部地区、中部地区、西部地区和东北地区，不含港澳台。东部地区包括北京、天津、河北、上海、江苏、浙江、福建、山东、广东、海南 10 个省（直辖市）；中部地区包括山西、安徽、江西、河南、湖北、湖南 6 个省；西部地区包括内蒙古、广西、重庆、四川、贵州、云南、西藏、陕西、甘肃、青海、宁夏、新疆 12 个省（自治区、直辖市）；东北地区包括辽宁、吉林、黑龙江 3 个省。

②国内生产总值、三次产业及相关行业增加值、地区生产总值按现价计算，增长速度按不变价格计算。

综合示范区和中国（北京）自由贸易试验区建设全面启动，交通、生态环境、公共服务等方面共建共享加快，雄安新区建设高水平推进。长三角继续积聚资源优势，加快构建区域创新共同体，实体经济要素配置进一步优化。粤港澳大湾区加速落地数据中心、5G 基站、工业互联网等新基建，培育新的经济增长点和高质量发展引擎。成渝地区双城经济圈建设战略引领、高位推动，川渝两地签署 200 余个合作协议，产业、交通、民生等多项工作快速推进。

表 1　2020 年各地区生产总值比重和增长率

地区	占比（%）		增长率（%）	
		比上年增减（个百分点）		比上年增减（个百分点）
东部	51.9	0.1	2.9	-3.3
中部	22.0	-0.2	1.3	-6.0
西部	21.1	0.3	3.3	-3.4
东北	5.0	-0.1	1.1	-3.4

数据来源：各省（自治区、直辖市）统计局，中国人民银行工作人员计算。

（三）三大需求持续恢复，新动能新消费加快发展

1. 投资稳步回升，高技术产业和社会领域投资增长较快。2020 年，全年固定资产投资（不含农户）51.9 万亿元，比上年增长 2.9%，四大区域投资增速全部转正，东部、中部、西部和东北地区投资分别比上年增长 3.8%、0.7%、4.4% 和 4.3%。基础设施投资比上年增长 0.9%，其中，东部和西部地区基础设施投资分别比上年增长 7.0% 和 7.6%，增速分别较上年提升 0.5 个和 6.9 个百分点；东北地区同比增长 3.9%；中部地区下降 0.9%，增速较上年回落 12.3 个百分点。高技术产业投资引领作用增强。制造业总体投资比上年下降 2.2%，增速较上年回落 5.3 个百分点，但高技术产业投资比上年增长 10.6%，其中，高技术制造业投资增长 11.5%。西部地区制造业投资增长 2.8%，东部和东北地区增速分别较上年提升 0.8 个和 17.9 个百分点，中部地区增速较上年高位有所回落。社会领域投资力度加大，比上年增长 11.9%，快于全部投资 9 个百分点，其中，卫生、教育投资分别增长 29.9%、12.3%。民间投资同比增长 1%，增速较上年回落 3.7 个百分点。东部和东北地区民间投资分别增长 1.0% 和 4.5%，增速较上年分别提升 2.0 个和 17.5 个百分点；西部地区民间投资增长 4.5%，中部地区民间投资恢复相对较慢。

表 2　2020 年各地区基础设施、制造业、民间投资加权平均增长率

地区	基础设施投资（%）		制造业投资（%）		民间投资（%）	
		比上年增减（个百分点）		比上年增减（个百分点）		比上年增减（个百分点）
东部	7.0	0.5	-1.4	0.8	1.0	2.0
中部	-0.9	-12.3	-0.9	-12.0	-0.7	-11.5
西部	7.6	6.9	2.8	-6.1	4.5	-5.0
东北	3.9	-2.3	-2.0	17.9	4.5	17.5

数据来源：各省（自治区、直辖市）统计局，中国人民银行工作人员计算。

2. 消费复苏逐步向好，线上线下融合发展加快。2020 年，随着疫情防控形势不断好转和宏观对冲措施持续显效，消费市场逐步复苏，全年社会消费品零售总额 39.2 万亿元，同比小幅下降 3.9%，降幅比前三季度收窄 3.3 个百分点。其中，东部、中部、西部和东北地区社会消费品零售总额分别比上年下降 3.0%、5.0%、2.7% 和 8.2%，上海、江西、安徽、贵州等 6 省（直辖市）增速由负转正。乡村市场恢复好于城镇，消费潜力持续释放，全年乡村消费品零售额同比下降 3.2%，降幅较前三季度收窄 3.5 个百分点，低于城镇降幅 0.8 个百分点。线上线下消费融合发展加快，新冠肺炎疫情促使居家消费需求明显增长，“宅经济”带动新型消费模式加快发展，全年网上零售额比上年增长 10.9%，快于社会消费品零售总额增速 14.8 个百分点。线上消费拉动快递业务大幅增长，全国快递业务量同比增长 31.2%。在线办公、在线教育、远程问诊等新消费需求持续旺盛。汽车产销持续回暖，下半

年汽车类商品零售额持续保持较快增长，全年汽车产销降幅收窄至2%以内。服务性消费边际明显好转，全年餐饮收入同比下降16.6%，降幅比前三季度收窄7.3个百分点；限额以上住宿业企业客房收入降幅比前三季度收窄8个百分点。

表3　2020年各地区社会消费品零售总额比重和增长率

地区	占比（%）		加权平均增长率（%）	
		比上年增减（个百分点）		比上年增减（个百分点）
东部	51.0	-0.1	-3.0	-10.1
中部	23.5	1.4	-5.0	-15.2
西部	20.9	2.2	-2.7	-10.4
东北	4.6	-3.5	-8.2	-13.7

数据来源：各省（自治区、直辖市）统计局，中国人民银行工作人员计算。

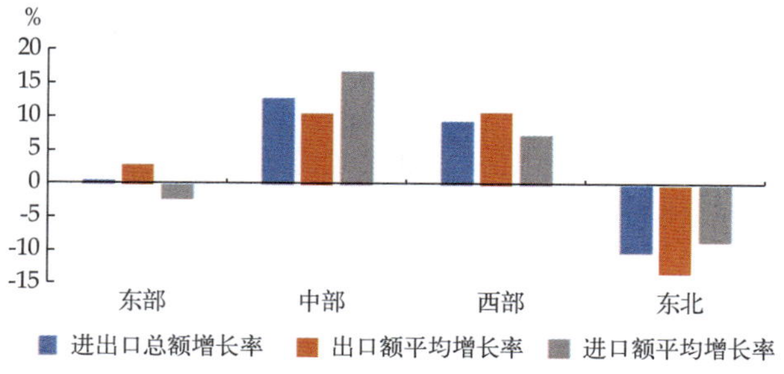

图2　2020年各地区进出口增速

［数据来源：各省（自治区、直辖市）统计局，中国人民银行工作人员计算］

3. 对外贸易显著增长，利用外资继续扩大。2020年，我国成为全球唯一实现货物贸易正增长的主要经济体，外贸规模再创历史新高。2020年我国在世界出口总额中的占比升至14.7%，创历史新高。全年货物进出口总额32.2万亿元，同比增长1.9%。其中，综合保税区进出口总额增长17.4%，自由贸易试验区进出口总额增长10.7%。分区域看，东部、中部、西部和东北地区货物进出口总额分别增长0.6%、12.9%、9.4%和下降10.2%。传统优势的机电产品出口占比59.4%，同比增加1.1个百分点，笔记本电脑、家用电器、医疗仪器及器械出口分别增长20.4%、24.2%和41.5%，包括口罩在内的纺织品出口同比增长30.4%。民营企业进出口总额15.0万亿元，增长11.1%，占我国外贸总值的46.6%，比上年提升3.9个百分点，是稳外贸的重要力量。中西部地区民营企业外贸增速达15.9%。贸易伙伴更趋多元，对东盟、欧盟、美国、日本和韩国进出口分别增长7%、5.3%、8.8%、1.2%和0.7%。四川、河南、安徽等省份对“一带一路”国家和地区进出口增长超10%。海南自由贸易港免税品进口增长80.5%。

利用外资持续增长。2020年，在全球跨国直接投资大幅下降的背景下，我国实际使用外资逆势增长，实现引资总量、增长幅度、全球占比“三提升”。全年实际使用外资10000亿元，同比增长6.2%，增速较上年提升0.4个百分点，新设外资企业3.9万家。引资结构进一步优化，高技术产业吸收外资增长11.4%，高技术服务业增长28.5%。区域带动作用明显，东部地区实际利用外资增长8.9%，占全国比重达88.4%，江苏、广东、上海、山东和浙江等主要引资省（直辖市）分别增长5.1%、6.5%、6.6%、20.3%和18.3%，海南省实际利用外资连续三年翻番。

扩大开放力度不断加大，经济发展动力活力持续增强。深圳经济特区建立40周年，上海浦东开发开放30周年，先行先试转化为示范引领，实现更高水平对外开放；海南自由贸易港建设蓬勃展开。我国与“一带一路”国家和地区经贸交往活跃，《区域全面经济伙伴关系协定》（RCEP）正式签署，为开放发展提供了强大动力。

（四）经济结构继续优化，发展质效进一步提升

1. 三次产业协同恢复发展。2020年，全国三次产业增加值占国内生产总值比重分别为7.7%、37.8%和54.5%，其中，第一、第三产业比重较上年均提高0.6个百分点，经济结构持续优化。农业基础地位更加巩固，全年第一产业增加值比上年增长3.0%，增速分别高于第二、第三产业0.4个、0.9个百分点。全年粮食总产量6.7亿吨，增产565万吨，比上年增长0.9%，东北地区粮食产量占全国比重达20.4%。工业生产企稳回升，全年工业增加值同比增长2.4%。其中，

规模以上工业增加值同比增长2.8%，分季度看，第一、第二、第三、第四季度同比增速分别为-8.4%、4.4%、5.8%和7.1%，呈逐季回升态势。中部地区第二产业受疫情冲击较重，第二产业增加值比上年增长1.5%，增速较上年回落6.1个百分点，占地区生产总值的比重为40.7%。服务业逐步恢复，全年服务业增加值比上年增长2.1%。东部、中部、西部地区第三产业占所在地区生产总值的比重分别为57.5%、50.3%和51.3%，分别比上年上升1个、0.3个和0.2个百分点，东部地区第三产业产值占全国的54.9%，同比增长3.1%，总量和增速领先全国。

表4 2020年三次产业的地区分布和各地区三次产业的比重、增长率

单位：%

	东部	中部	西部	东北
	三次产业的地区分布			
第一产业	32.2	25.8	32.6	9.4
第二产业	51.6	23.5	20.4	4.5
第三产业	54.9	20.3	19.9	4.9
	各地区三次产业比重			
第一产业	4.8	9.0	11.9	14.2
第二产业	37.7	40.7	36.8	33.7
第三产业	57.5	50.3	51.3	52.1
地区生产总值	100.0	100.0	100.0	100.0
	各地区三次产业的加权平均增长率			
第一产业	2.6	2.8	4.8	2.4
第二产业	2.9	1.5	3.7	2.9
第三产业	3.1	1.3	2.8	-0.6
地区生产总值	2.9	1.3	3.3	1.1

数据来源：各省（自治区、直辖市）统计局，中国人民银行工作人员计算。

2.供给侧结构性改革持续深化，新发展动能不断增强。2020年，各地区在稳住经济基本盘的同时，持续深化供给侧结构性改革，培育壮大新动能，经济增长的质量和效益稳步提升。2020年全国工业产能利用率逐季提升，第一、第二、第三、第四季度分别为67.3%、74.4%、76.7%和78%，全年为74.5%。辽宁、宁夏、新疆、广西等地加大落后产能淘汰力度，去产能成果显著；山西完成全国最大规模的省级国企重组，加快“一煤独大”转型。债务负担下降，2020年末，全国规模以上工业企业资产负债率为56.1%，比上年末下降0.3个百分点。创新转型步伐加快，新产业、新业态、新商业模式蓬勃发展，装备制造业增加值比上年增长6.6%，高于全部规模以上工业平均水平3.8个百分点，对全部规模以上工业增长的贡献率达70.6%。2020年末，全国科技型中小企业、高新技术企业数量突破20万家；全年高技术制造业增加值同比增长7.1%，高于全部规模以上工业平均水平4.3个百分点，增加值占规模以上工业增加值的比重为15.1%。全年集成电路产量增长29.6%，新能源汽车产量同比增长17.3%。规模以上服务业中，战略性新兴服务业企业营业收入同比增长8.3%。

3.房地产市场运行总体平稳。2020年，房地产开发投资同比增长7.0%，增速比上年回落2.9个百分点。东部、中部、西部和东北地区房地产开发投资同比分别增长7.6%、4.4%、8.2%和6.2%。全国商品房销售额平稳增长。2020年，全国商品房销售额17.4万亿元，同比增长8.7%。东部、中部、西部商品房销售额同比分别增长14.1%、1.0%和5.1%，东北地区同比下降1.5%。商品房销售价格出现分化。2020年12月，全国70个大中城市中，新建商品住宅价格同比涨幅在10%以内、超过10%的城市占比分别为82.9%、2.9%；14.3%的城市商品房销售价格同比下降。

表5 2020年各地区商品房销售面积、销售额增长率

单位：%

地区	商品房销售面积		商品房销售额	
	增长率	比上年增减（个百分点）	增长率	比上年增减（个百分点）
东部	7.1	8.6	14.1	8.3
中部	-1.9	-0.6	1.0	-3.9
西部	2.6	-1.8	5.1	-5.7
东北	-5.8	-0.5	-1.5	-4.3

数据来源：国家统计局，中国人民银行工作人员计算。

表 6　2020 年 12 月 70 个大中城市住宅销售价格同比涨幅分布

单位：%

地区	新建商品住宅销售价格指数			二手住宅销售价格指数		
	涨幅超 10%（不含）城市占比	涨幅 0~10% 城市占比	同比下降城市占比	涨幅超 10%（不含）城市占比	涨幅 0~10% 城市占比	同比下降城市占比
东部	3.6	89.3	7.1	3.6	71.4	25.0
中部	0.0	75.0	25.0	0.0	56.3	43.8
西部	5.6	77.8	16.7	0.0	61.1	38.9
东北	0.0	87.5	12.5	0.0	37.5	62.5
全国	2.9	82.9	14.3	1.4	62.9	35.7

数据来源：国家统计局，中国人民银行工作人员计算。

（五）减税降费政策成效明显，民生底线保障有力

1. 财政收支“一降一升”。2020 年，随着减税降费力度加大和新增财政资金直达机制等规模性助企纾困政策的实施，全国财政收支“一降一升”。全年一般公共预算收入 18.3 万亿元，同比下降 3.9%，增速比上年回落 7.7 个百分点，其中，税收收入 15.4 万亿元，同比下降 2.3%；非税收入 2.9 万亿元，同比下降 11.7%。全国一般公共预算支出 24.6 万亿元，同比增长 2.8%，增速比上年回落 5.3 个百分点。各级政府严格落实过“紧日子”要求，财政支出“压一般、保重点”，在全国城乡社区支出下降 20% 的同时，社会保障和就业支出、卫生健康支出分别增长 10.9% 和 15.2%，疫情防控、脱贫攻坚等重点领域支出得到有力保障。东部、中部、西部和东北地区地方财政一般预算收入加权平均增速分别为 0.1%、-3.0%、0.2% 和 -2.6%，增速分别比上年回落 3.3 个、7.5 个、2.7 个和 0.5 个百分点；财政支出稳定增长，东部、中部、西部和东北地区地方财政一般预算支出加权平均增速分别为 2.6%、4.0%、3.7% 和 6.0%。

表 7　2020 年各地区地方财政一般预算收入、支出增长率

单位：%

地区	地方财政一般预算收入增长率		地方财政一般预算支出增长率	
		比上年增减（个百分点）		比上年增减（个百分点）
东部	0.1	-3.3	2.6	-4.6
中部	-3.0	-7.5	4.0	-6.3
西部	0.2	-2.7	3.7	-4.8
东北	-2.6	-0.5	6.0	-0.6

数据来源：各省（自治区、直辖市）统计局，中国人民银行工作人员计算。

2. 减税降费政策成效明显。2020 年，为应对新冠肺炎疫情冲击，全国连续出台阶段性企业社保减免、中小微企业税费减免等 7 批 28 项减税降费措施，各地区坚决落实国家规模性助企纾困政策，帮助各类市场主体渡过难关，全年为市场主体减负超过 2.6 万亿元。

3. 脱贫攻坚战取得全面胜利，生态环境持续改善。全国现行标准下 9899 万农村贫困人口全部脱贫，832 个贫困县全部摘帽，12.8 万个贫困村全部出列，既消除了绝对贫困，又消除了区域性整体贫困。贫困人口较多的四川、贵州、甘肃农村居民人均名义可支配收入同比分别增长 8.6%、8.2% 和 7.4%，分别比全国农村居民平均水平高 1.7 个、1.3 个和 0.5 个百分点。生态环境显著改善，全年全国 337 个地级及以上城市空气质量平均优良天数比例达 87%，比上年提高 5 个百分点；1940 个国家地表水考核断面中，水质优良（I~III 类）断面比例同比提高 8.5 个百分点。

（六）CPI 涨幅回落，PPI 处在低位

2020 年，各项保供稳价措施持续发力，生猪产能持续恢复，消费领域价格涨幅回落，全年 CPI 同比上涨 2.5%，涨幅比上年回落 0.4 个百分点，低于 3.5% 左右的预期目标。按算术平均计算，2020 年，东部、中部、西部、东北地区 CPI 同比分别上涨 2.2%、2.7%、2.4% 和

2.3%，涨幅同比分别回落 0.7 个、0.1 个、0.4 个和 0.4 个百分点。

2020 年，受石油、钢材、煤炭等相关行业价格下降影响，生产领域价格继续回落，全年 PPI 同比下降 1.8%，降幅比上年扩大 1.5 个百分点。按算术平均计算，2020 年，东部、中部、西部、东北地区 PPI 同比分别下降 2.3%、1.4%、2.7% 和 3.6%，降幅同比分别扩大 1.7 个、1.3 个、2.4 个和 2.5 个百分点。

（七）就业形势总体稳定，企业用工持续恢复

2020 年是强化就业优先政策的一年，通过减负、稳岗、扩就业政策，有力保障和稳定就业。2020 年，全国城镇新增就业 1186 万人，明显高于 900 万人以上的预期目标，完成全年目标的 131.8%。2020 年城镇调查失业率为 5.6%，低于 6% 左右的预期目标。全年农民工总量 28560 万人，比上年减少 517 万人，下降 1.8%。农民工月均收入 4072 元，同比增长 2.8%。贫困劳动力务工规模从 2016 年的 1527 万人增长至 2020 年的 3243 万人；建档立卡贫困人口中，90% 以上得到产业扶贫和就业扶贫支持。据中国人民银行第四季度企业用工调查显示，各类型企业用工持续恢复，梯次好转，大企业用工数量同比转正为 0.9%，小微企业同比下降 1.5%，降幅较第三季度收窄 4.3 个百分点；制造业、建筑业、外贸企业多项用工指标均已恢复至疫情前水平，东部、中部地区雇佣人数同比已回升，中部地区雇佣人数同比上升 3.7%。东部地区依然是吸纳就业的主力。城镇新增就业人数超百万的省份从高到低依次为广东、江苏、山东、河南、浙江。

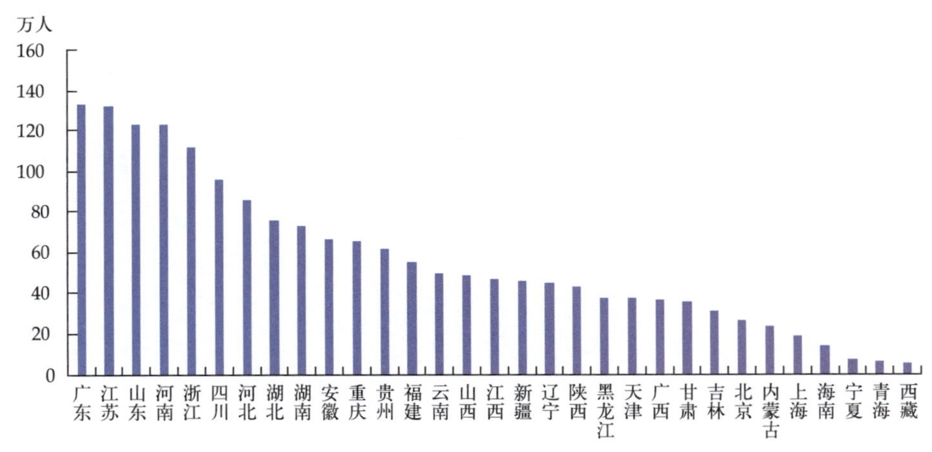

图 3　2020 年各省（自治区、直辖市）城镇新增就业人数

[数据来源：各省（自治区、直辖市）统计局]

二、区域金融运行总体情况

（一）金融服务实体经济质效明显提升

1. 社会融资规模同比多增，政府债券净融资明显增加。2020 年末，全国社会融资规模存量为 284.8 万亿元，同比增长 13.3%，比上年末提高 2.6 个百分点；全年社会融资规模增量为 34.8 万亿元，比上年多增 9.1 万亿元，金融对实体经济支持力度明显加大。分区域看，东部、中部、西部和东北地区社会融资规模增量占全国的比重分别为 59.8%、18.3%、19.7% 和 2.2%。分结构看，东部、中部、西部和东北地区表内贷款占社会融资规模增量的比重分别为 63.5%、68.6%、58.7% 和 85.5%。表外规模继续下降，降幅收窄。2020 年全国社会融资规模中表外融资减少 1.3 万亿元，同比少减 0.4 万亿元。东部、中部、西部和东北地区表外融资减少量占比分别为 39.5%、33.3%、2.1% 和 25.1%。政府债券净融资增长明

显。2020年全国政府债券净融资8.3万亿元，比上年多3.6万亿元，占社会融资规模增量的23.9%，比上年提升5.5个百分点。东部、中部、西部和东北地区政府债券净融资占社会融资规模增量的比重分别为10.9%、18.1%、19.9%和32.6%。

表8 2020年各地区社会融资规模增量占比

单位：%

项目	东部	中部	西部	东北	合计
地区社会融资规模	59.8	18.3	19.7	2.2	100.0
其中：人民币贷款	59.3	19.6	18.1	3.0	100.0
外币贷款（折合人民币）	80.5	0.9	27.2	-8.6	100.0
委托贷款	60.7	19.3	15.6	4.4	100.0
信托贷款	67.2	20.3	5.8	6.7	100.0
未贴现的银行承兑汇票	147.4	-22.0	28.9	-54.3	100.0
企业债券	68.7	14.6	16.6	0.0	100.0
非金融企业境内股票融资	78.6	11.4	8.5	1.4	100.0
政府债券	45.0	22.8	27.1	5.1	100.0

数据来源：中国人民银行上海总部、各分行、营业管理部、省会（首府）城市中心支行。

表9 2020年各地区社会融资规模增量结构分布

单位：%

项目	东部	中部	西部	东北
人民币贷款	63.5	68.6	58.7	85.5
外币贷款（折合人民币）	0.8	0.0	0.9	-2.4
委托贷款	-1.4	-1.4	-1.1	-2.6
信托贷款	-3.9	-3.9	-1.0	-10.4
未贴现的银行承兑汇票	2.8	-1.4	1.7	-27.8
企业债券	16.7	11.6	12.2	0.3
非金融企业境内股票融资	3.9	1.9	1.3	1.9
政府债券	10.9	18.1	19.9	32.6
其他	6.5	6.5	7.5	23.0
合计	100.0	100.0	100.0	100.0

数据来源：中国人民银行上海总部、各分行、营业管理部、省会（首府）城市中心支行。

2. 债券发行规模较快增长，融资工具持续创新。2020年，全国累计发行各类债券57.3万亿元，同比增长26.5%。其中，银行间债券市场发行债券48.5万亿元，同比增长27.5%。信用风险缓释工具支持民营企业发债取得新进展，浙江债务融资工具和民企债券融资支持工具发行保持全国领先，信用风险缓释工具成交额、工具支持的民企债券发行额分别为33亿元和146亿元；重庆农商行获得中西部首家银行间市场信用风险缓释工具创设资质。上海支持G60科创走廊发行5644亿元公司债、2108亿元资产证券化产品、72.8亿元创新创业债务融资工具

（“双创债”），有力支持长三角一体化发展。四川累计发行绿色债券 292.3 亿元；贵州云谷分布式能源中心资产证券化项目入选中国人民银行绿色金融支持清洁供暖试点项目。

3. 各项贷款保持合理增长，东部和中部地区贷款比重持续提高。2020 年末，全国金融机构本外币各项贷款余额同比增长 12.5%，比上年末高 0.6 个百分点；比年初增加 19.8 万亿元，同比多增 3.0 万亿元。分区域看，东部、西部地区本外币各项贷款余额增速比上年末分别高 1.0 个、0.2 个百分点，中部、东北地区增速分别比上年末低 0.6 个、3.0 个百分点。从地区占比看，东部、中部地区本外币各项贷款余额占全国比重分别比上年末高 0.4 个和 0.2 个百分点，连续三年上升；西部、东北地区占比均比上年末下降 0.3 个百分点。

居民消费贷款增长放缓，高能耗行业贷款余额占比下降，中长期贷款增长加快。2020 年末，全国居民消费贷款余额同比增长 12.7%，比上年末下降 3.6 个百分点，部分人群非理性消费得到抑制。分区域看，东部、中部和东北地区消费贷款同比分别增长 11.9%、16.2% 和 11.4%，增速分别比上年末下降 4.8 个、6.3 个和 10.6 个百分点；西部地区消费贷款同比增长 16.4%，比上年末提高 7.0 个百分点。金融支持供给侧结构性改革取得积极成效，东部、中部和西部地区六大高耗能行业中长期贷款余额占全部中长期贷款的比重持续下降，其中，西部地区下降较为明显，较上年末下降 0.6 个百分点。

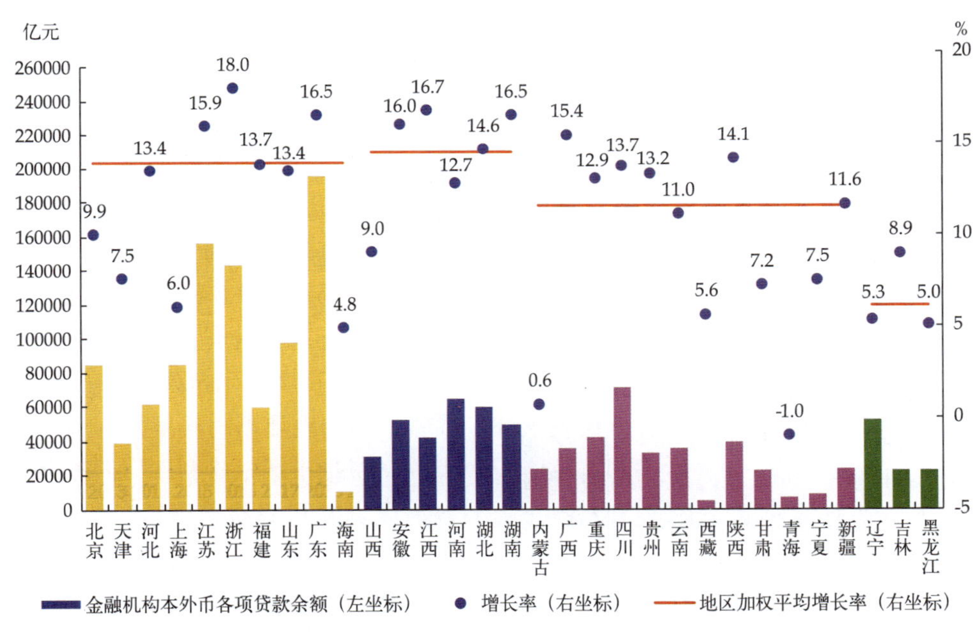

图 4　2020 年末各地区金融机构本外币各项贷款余额及增长率

［数据来源：中国人民银行上海总部、各分行、营业管理部、省会（首府）城市中心支行］

4. 信贷结构不断优化，信贷资源配置进一步向重点领域和薄弱环节倾斜。普惠小微[①]金融服务能力持续提升。2020 年，人民银行深化中小微企业金融服务能力提升工程，各地区创新中小微企业金融支持政策，发挥全国政策合力，加快特色融资模式复制推广和创新，民营和小微企业金融服务进一步深化，普惠小微贷款实现“量增、面扩”。2020 年普惠小微贷款

① 包括单户授信 1000 万元以下小微企业贷款及个体工商户、小微企业主经营贷款。

增加3.5万亿元，同比多增1.4万亿元；年末余额同比增长30.3%，比上年末高7.2个百分点，支持小微经营主体户数同比增长19.4%。分区域看，东部、中部、西部和东北地区普惠小微贷款余额同比分别增长35.9%、21.6%、19.1%和17.5%。

金融支持制造业加快发展。各地区创新制造业金融支持方式和融资机制，推动制造业贷款稳步增长。全国制造业中长期贷款余额同比增长35.2%，比上年末高20.3个百分点。东部、中部地区制造业中长期贷款余额增速分别高于全国6.9个、4.9个百分点。制造业信用贷款余额同比增长18.8%。其中，东部、中部地区制造业信用贷款余额增速分别高于全国0.7个、6.7个百分点。

金融支持乡村振兴力度加大。围绕乡村振兴领域的信贷支持政策不断完善，农村金融产品和服务方式持续创新，积极满足“三农”领域多元化融资需求。2020年末，全国本外币涉农贷款余额同比增长10.7%，增速比上年高3.0个百分点，其中，东部、中部、西部地区本外币涉农贷款同比分别增长13.3%、10.9%和9.0%，增速分别比上年末高4.2个、1.6个和3.8个百分点。

金融精准扶贫成效明显。2016年以来，贫困人口及产业精准扶贫贷款累计发放近7万亿元，惠及贫困人口超过9000万人次，助力贫困县全部摘帽；金融支持易地扶贫搬迁、农村基础设施建设取得积极成效。扶贫再贷款的撬动作用充分显现，对深度贫困地区金融投入不断加大，有效支持“三区三州”脱贫攻坚，深度贫困地区金融投入实现“两个高于”[①]目标。2020年末，西部地区金融精准扶贫贷款余额为2.4万亿元，约占全国总量的六成。贵州在贫困地区持续开展农村产业革命金融支持行动，产业精准扶贫贷款余额同比大幅增长66.4%。

表10　2020年末各地区房地产、个人住房贷款余额同比增长率

单位：%

地区	房地产贷款余额增长率	比上年增减（个百分点）	个人住房贷款余额增长率	比上年增减（个百分点）
东部	11.5	-2.1	13.2	-1.2
中部	11.8	-5.5	16.2	-4.1
西部	12.0	-4.0	17.9	-2.8
东北	9.3	-3.1	13.0	-3.8

数据来源：中国人民银行。

房地产贷款增速继续回落。2020年，人民银行坚持房子是用来住的、不是用来炒的定位，坚持不将房地产作为短期刺激经济的手段，坚持稳地价、稳房价、稳预期，保持房地产金融政策的连续性、一致性、稳定性，实施好房地产金融审慎管理制度，完善金融支持住房租赁政策体系。2020年末，全国主要金融机构（含外资）房地产贷款、银行业金融机构个人住房贷款余额同比分别增长11.6%和14.5%，增速比上年回落3.2个、2.2个百分点。分区域看，东部、中部、西部和东北地区房地产贷款余额同比分别增长11.5%、11.8%、12.0%和9.3%；东部、中部、西部和东北地区个人住房贷款余额同比分别增长13.2%、16.2%、17.9%和13.0%，增幅较上年均出现不同程度回落。

5.贷款市场报价利率（LPR）改革持续深化，各地区贷款利率显著下行。2020年，人民银行深入推进利率市场化改革，稳妥有序推进存量贷款利率定价基准转换，贷款利率隐性下限被完全打破，促进贷款利率明显下降。12月，全国金融机构新发放贷款加权平均利率为5.03%，同比下降0.41个百分点，创有统计以来新低，其中，一般贷款加权平均利率为5.30%，同比下降0.44个百分点；企业贷款加权平均利率为4.61%，同比下降0.51个百分点，也创有统计以来新低。分区域看，12月，东部、中部、西

① “两个高于”是指深度贫困地区实现各项贷款增速高于全省平均、扶贫再贷款占比高于上年的工作目标。

部和东北地区新发放人民币一般贷款加权平均利率同比分别下降0.47个、0.61个、0.32个和0.41个百分点。LPR改革与结构性货币政策、减费让利等政策形成合力，共同促进小微企业综合融资成本稳步下行。12月，新发放普惠小微贷款加权平均利率5.08%，比上年下降0.8个百分点，东部、中部、西部和东北地区普惠小微贷款加权平均利率同比分别下降0.62个、0.89个、0.79个和0.41个百分点。以支小再贷款发放的小微企业贷款加权平均利率为4.85%，同比下降1.15个百分点，其中，东部、中部、西部和东北地区以支小再贷款发放的小微企业贷款加权平均利率同比分别下降0.96个、1.09个、1.03个和1.76个百分点。

2020年，通过引导贷款利率下行、发放优惠利率贷款、实施中小微企业贷款延期还本付息、支持发放小微企业无担保信用贷款、减少银行收费等一系列政策，多措并举引导金融系统向实体经济让利1.5万亿元，实体部门获得感明显增强。

表11　2020年各地区人民币一般贷款加权平均利率

单位：%

时间	东部	中部	西部	东北
3月	5.35	5.67	5.67	6.11
6月	5.18	5.50	5.44	5.77
9月	5.22	5.56	5.49	5.88
12月	5.16	5.53	5.61	5.66

数据来源：中国人民银行上海总部、各分行、营业管理部、省会（首府）城市中心支行。

6. 金融业基础服务体系建设深入推进，金融服务能力持续提升。拓宽金融基础服务，提升便民惠民水平。北京在全国率先开展远程开立企业单位银行结算账户试点，实现减免企业首个基本存款账户开户费。广东搭建集名单推送、银企对接、监测分析、信息发布、政策宣传、典例展示、互动沟通等功能于一体的“稳企业保就业平台”，推动银企对接，促进稳岗就业，2020年以来发放贷款1282亿元，带动或稳定就业131万人。江苏持续深化“政银易企通系统”二期建设，跨部门涉企信息实现T+0.5个工作日共享。

强化信用信息平台建设，信用体系建设创新升级。上海、江苏、浙江、安徽合力推进长三角征信一体化发展，“长三角征信链”成功上线，已完成上海、南京等8个城市11个节点部署，上链企业800余万户。加快推进地方征信平台建设，充分利用地方政府掌握的小微企业数据为金融机构授信提供信息支撑，建设省级征信平台6家、地市级征信平台30多家。四川“天府信用通”平台App和微信小程序上线，创新打造“工程信用库”“绿色金融”“抗疫贷”等应用场景，为银行提供企业信用信息查询188万次，促成信用对接3.3万笔，金额2930.6亿元。天津搭建“小二生活”平台，入驻商户9.5万家，1.1万家获得信用贷款。甘肃“陇信通”中小企业信用信息综合金融服务平台上线，为150多家企业申请融资19.4亿元，实现放款7.1亿元。广东积极拓展中征应收账款融资服务平台在农业领域的运用，45条农业供应链加入平台，涉及上下游企业、农业经营主体324户，促成融资689笔、9.2亿元。山西推进农村信用体系建设“百县千村”示范工程，以“整村授信”促进乡村振兴，提升农村信用环境。

加快发展移动支付业务，支付环境持续改善。全国共216个城市通过“云闪付”App向用户发放消费券，推动消费提质扩容，带动线下消费逐步复苏。深圳、苏州、雄安新区、成都开展第一批数字人民币试点，应用场景不断多元化。福建在全国率先实现省市县公交“智慧出行”全覆盖。上海、江苏、山东、广东、北京、河北，以及辽宁省大连市7个地区顺利开展日韩短期入境游客境内移动支付便利化试点。海南实施入境游客支付便利化项目。深圳持续开展跨境代理见证开立个人银行账户试点以及跨境电子钱包试点，提升港澳居民跨境支付服务便利化水平。

推动金融科技发展，提升惠民利企质效。

在总结北京试点经验的基础上，2020年金融科技创新监管试点工作扩大到上海、重庆、深圳、河北雄安新区、杭州、苏州、广州、成都8个城市。截至2020年末，全国共有70个创新应用进行公示，其中，金融服务类、科技类产品应用分别为39个、31个。这些应用针对中小微企业融资难融资贵、普惠金融“最后一公里”等痛点难点问题，利用新一代信息技术，提出具有创新性、实用性的解决方案，引导金融科技创新发展，赋能金融惠民利企。国家金融科技认证中心、测评中心分别在重庆、深圳成立运营。上海发布《加快推进上海金融科技中心建设实施方案》，明确提出五年内成立全国金融科技中心，设立中国金融市场交易报告库，积极探索金融科技风险防范机制。

（二）金融机构负债保持平稳，各项存款加快增长，存款结构持续优化

1. 各项存款增速加快，东部地区存款占比持续提升。2020年末，全国金融机构本外币各项存款余额同比增长10.2%，比上年末高1.6个百分点。其中，东部、中部和东北地区增速分别高于全国3.3个、0.3个和0.4个百分点。东部地区本外币各项存款余额占全国的比重较上年末高0.8个百分点，中部和西部地区占比分别下降0.2个和0.6个百分点。

2. 住户部门存款稳定性增强，东部和东北地区住户存款增长较快。随着存款管理加强和存款业务进一步规范，理财产品打破刚兑，收益率与银行存款利差缩小，居民资金回流银行体系，住户存款增长较快。2020年末，本外币住户存款余额同比增长13.8%，增速比上年末高0.4个百分点，占各项存款余额的42.8%，占比连续三年提高。其中，住户定期及其他存款余额同比增长15.4%，快于活期存款4.5个百分点。分区域看，东部、中部、西部和东北地区住户存款余额同比分别增长13.8%、13.8%、12.8%和18.2%，东北地区住户存款余额同比增速高于全国4.4个百分点。

表12　2020年末金融机构本外币存贷款余额占比地区分布

单位：%

项目	东部	中部	西部	东北	地区合计
本外币各项存款余额	59.4	16.7	17.8	6.1	100.0
其中：住户存款	49.8	20.6	20.8	8.8	100.0
结构性存款	58.6	12.9	14.4	14.0	100.0
个人大额存单	57.9	17.1	16.4	8.6	100.0
非金融企业存款	67.5	14.1	14.7	3.6	100.0
非金融企业活期存款	59.2	18.0	18.9	3.9	100.0
结构性存款	81.3	7.5	8.5	2.7	100.0
非金融企业大额存单	75.4	11.4	9.8	3.3	100.0
非银行业金融机构存款	79.3	8.1	9.1	3.5	100.0
其中：外币存款（亿美元）	83.0	9.0	7.5	0.6	100.0
本外币各项贷款余额	55.8	17.8	20.5	5.9	100.0
其中：短期贷款	60.9	16.7	15.2	7.2	100.0
中长期贷款	53.4	18.4	22.9	5.3	100.0
非金融企业及机关团体中长期贷款	53.3	17.2	24.0	5.4	100.0
票据融资	51.7	20.5	20.9	6.9	100.0
消费贷款	59.6	18.2	17.7	4.5	100.0
其中：外币贷款（亿美元）	74.0	14.1	11.2	0.7	100.0

数据来源：中国人民银行上海总部、各分行、营业管理部、省会（首府）城市中心支行。

3. 非金融企业存款增速企稳回升，东部地区非金融企业存款增加较快。2020年末，非金融企业本外币存款余额同比增长10.8%，比上年末高5.4个百分点，占各项存款余额的31.5%，比上年末高0.2个百分点。其中，东部地区非金融企业存款余额同比增速快于全国4.7个百分点。企业活期存款同比增长5.5%，比上年末高3.0个百分点，其中，东部地区企业活期存款增速相对较快，同比增长10.0%，高于全国平均水平4.5个百分点。

4. 大额存单稳定增长，结构性存款规模明显压降。存款创新产品持续规范，大额存单等市场化定价存款产品有序发展，金融机构主动负债能力提升。2020年全国金融机构发行大额存单9.7万亿元。分区域看，东部、中部、西部和东北地区大额存单余额占比分别为62.6%、

15.6%、14.6% 和 7.2%。结构性存款保底收益率纳入自律管理，结构性存款余额规模持续下降，存款市场竞争秩序明显改善。分区域看，东部、中部、西部和东北地区结构性存款余额同比分别下降 25.6%、37.9%、31.1% 和 23.9%。

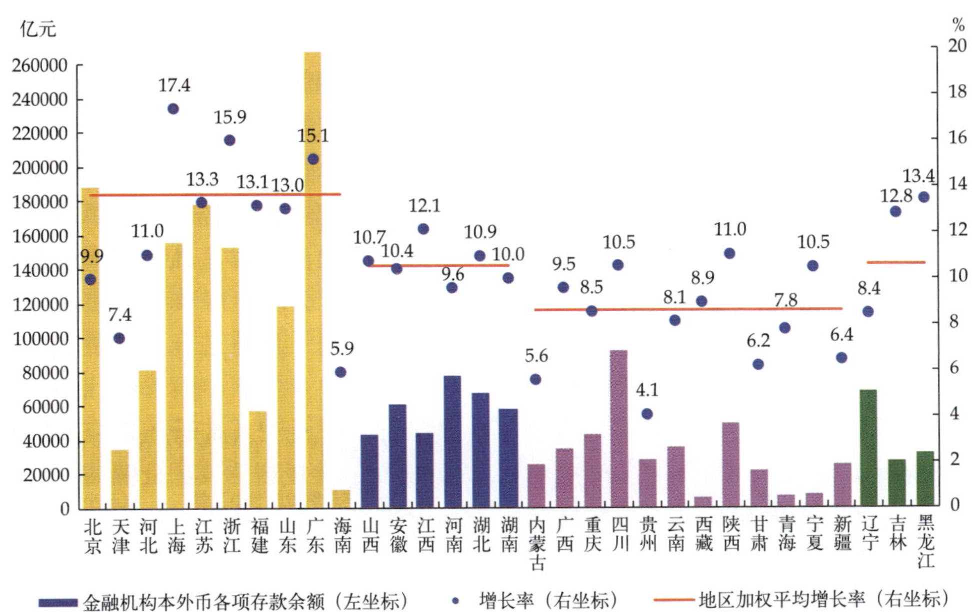

图 5　2020 年末各地区金融机构本外币各项存款余额及增长率

［数据来源：中国人民银行上海总部、各分行、营业管理部、省会（首府）城市中心支行］

（三）金融风险逐步收敛，银行业金融机构运行更加稳健

1. 金融资产质量总体稳定，重点领域风险可控。不良贷款率下降，各地区信贷资产质量有所分化。2020 年末，全国商业银行不良贷款余额 2.7 万亿元，不良贷款率 1.84%，较年初下降 0.02 个百分点。分区域看，东部地区不良贷款率略有下降，较上年末下降 0.08 个百分点；东北地区加大不良风险处置力度，不良率较上年末下降 0.18 个百分点；中部地区资产质量略有承压，不良率较上年末上升 0.06 个百分点；西部地区资产质量改善较大，不良率较上年末下降 0.58 个百分点。资产质量下迁压力有所缓解但仍较大，全国商业银行关注类贷款占比 2.57%，较上年末下降 0.3 个百分点；其中，东北地区关注类贷款占比较上年末提高 0.7 个百分点，东部、中部和西部关注类贷款占比分别下降 0.5 个、0.1 个和 0.4 个百分点。

金融风险处置力度加大，防范化解金融风险攻坚战取得重要阶段性成果。中国人民银行强化部门协作，形成风险化解合力，重点金融机构风险处置取得突破性进展。锦州银行风险处置和改革重组工作基本完成，包商银行改革重组工作平稳落地，恒丰银行股改建账顺利实施，改革重组基本完成。重点领域的突出风险得到有序处置，互联网金融风险得到全面治理，P2P 网络借贷领域在营机构清零，互联网资产管理、互联网保险、第三方支付、ICO 和虚拟货币交易、互联网外汇交易等领域整治工作已基本完成。北京市金融监管协调机制实现与国务院金融委办公室地方协调机制的优化衔接，打造央地金融监管协调的“北京样本”，率先开展金融科技创新监管试点，已有两批次 17 个创新应用正式服务市场主体。江西、福建、浙江、贵州、山东等地人民银行分支行牵头完善反洗钱协调机制，打击洗钱犯罪有效性不断增强。

2. 金融机构经营总体稳健，服务实体经济能力进一步增强。2020 年末，全国银行业总资产同比增长 10.1%，较上年末提升 2.0 个百分点。其中，商业银行贷款占总资产比重回升至 55.2%，资金同业空转明显减少。2020 年，通过发行优先股、永续债、二级资本债等工具补充商业银行资本 1.3 万亿元，中小银行资本补充渠道持续拓展，风险抵御能力有所增强，全国商业银行资本充足率 14.7%，较年初提升 0.1 个百分点。地方法人银行经营总体稳健。东部、西部和东北地区法人银行资本充足率分别较上年末提高 0.3 个、0.8 个和 1.0 个百分点，中部地区较上年末下降 0.2 个百分点。全国新增地方政府专项债 2000 亿元，已支持 18 个地区的中小银行补充资本金，进一步提高金融支持实体经济特别是小微企业的能力。

（四）金融业对外开放加速推进，跨境人民币业务较快增长

1. 金融业对外开放加快推进。2020 年，金融业准入负面清单正式清零，合格境外机构投资者（QFII）和人民币合格境外机构投资者（RQFII）投资额度限制取消；国际债券指数提供商彭博和摩根大通均已将中国债券纳入其主要指数，富时罗素也明确于 2021 年 10 月将中国债券纳入其主要指数，人民币国际化和跨境使用取得新进展，金融支持“一带一路”建设力度持续加大；银行、证券、基金、期货、人身险领域外资股比限制完全取消，外资股东资质要求不断放开；高盛、摩根士丹利、瑞士信贷等外资金融机构实现在华合资证券公司控股；企业征信、评级、支付等领域已给予外资国民待遇。惠誉国际信用评级公司获批进入中国信用评级市场。美国运通在我国境内发起设立的合资公司取得银行卡清算业务许可证。北京落实金融领域改革开放三年行动计划，第二家外资独资信用评级机构落户北京，人民币国际投贷基金已完成注册，推动北京企业对外合作和转型升级。支持外资投资机构参与合格境内有限合伙人（QDLP）境外投资试点。上海深入开展国际金融中心建设，积极推进临港新片区金融先行先试，《全面推进中国（上海）自由贸易试验区临港新片区金融开放与创新发展的若干措施》正式发布。一批标志性外资金融机构相继落地，上海证券市场筹资额、现货黄金交易量、原油期货市场规模等均位居世界前三，全球金融中心指数（GFCI）排名升至世界第三。广东深入落实《关于金融支持粤港澳大湾区建设的意见》，进一步推进金融开放创新，深化内地与港澳金融合作。中西部地区金融开放门户加快建设，广西深入推进与东盟国家跨境金融交流与合作，中国—东盟金融城累计入驻金融机构 163 家，人民币面向东盟使用的影响力不断提升，引入柬埔寨 3 家银行参与人民币对柬埔寨瑞尔银行间市场区域交易。

2. 跨境人民币业务保持增长，融资服务便利化进一步提升。2020 年，全国跨境人民币收付金额合计 28.4 万亿元，同比增长 44%。其中，经常项目下跨境人民币收付金额合计 6.8 万亿元，同比增长 13%；资本项目下人民币收付金额合计 21.6 万亿元，同比增长 59%。各地区积极推动的人民币跨境贸易投融资便利化取得新进展。中国人民银行营业管理部在北京地区落地实施全国首个对外承包工程类优质诚信企业跨境人民币结算业务便利化方案。海南、天津首批自由贸易（FT）全功能型跨境人民币资金池成功投入运营。海南依托自贸港建设，允许非投资性外商投资企业资本项目外汇收入境内股权投资，在全国率先开展境外上市外汇登记直接下放银行试点，促进直接投资管理便利化，方便企业用好境外资本市场。福建拓展台资企业资本项目管理便利化试点，促进两岸融合发展。重庆成功发放全国首笔亚洲基础设施投资银行跨境人民币防疫专项转贷款。

表 13　2020 年各地区跨境人民币业务分布

单位：%

项目	东部	中部	西部	东北	全国
跨境人民币结算额	95.1	1.5	2.5	0.9	100.0
其中：经常项下结算额	88.8	3.4	5.6	2.3	100.0
资本项下结算额	97.2	1.0	1.5	0.4	100.0
其中：直接投资额	93.8	2.5	2.7	1.1	100.0
其他	76.1	7.3	13.7	3.0	100.0

数据来源：中国人民银行上海总部、各分行、营业管理部、省会（首府）城市中心支行。

第二部分 各区域板块经济金融运行情况分析

一、东部地区经济金融运行情况

2020 年，东部地区经济总量保持领先，产业结构持续优化，固定资产投资增势良好，创新动能积聚，民生福祉不断增强。金融业总体运行平稳，信贷结构显著优化，银行业可持续发展能力增强，资产质量保持较高水平，金融改革开放创新有序推进，金融服务质效不断提升。

（一）东部地区经济运行情况

东部地区经济总量保持领先，产业结构持续优化。2020 年，东部地区实现地区生产总值 52.6 万亿元，同比增长 2.9%，高于全国平均水平 0.6 个百分点，拉动全国经济增长 1.5 个百分点，地区生产总值占全国比重达 51.9%。2020 年，东部地区三次产业增加值结构为 4.8 : 37.7 : 57.5。服务业支撑作用持续增强，东部地区第三产业增加值占 GDP 的比重较上年提高 0.7 个百分点，高于全国平均水平 3.0 个百分点。其中，北京市、上海市、天津市第三产业增加值占比分别达到 83.9%、73.1% 和 64.4%，名列全国前三。

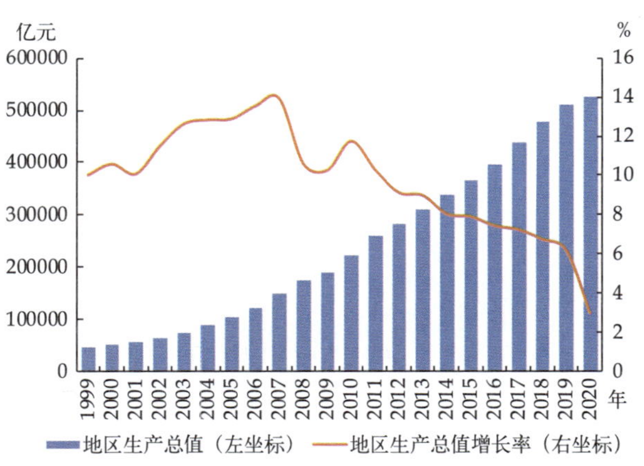

图 6　1999—2020 年东部地区经济增长情况

（数据来源：国家统计局，中国人民银行工作人员计算）

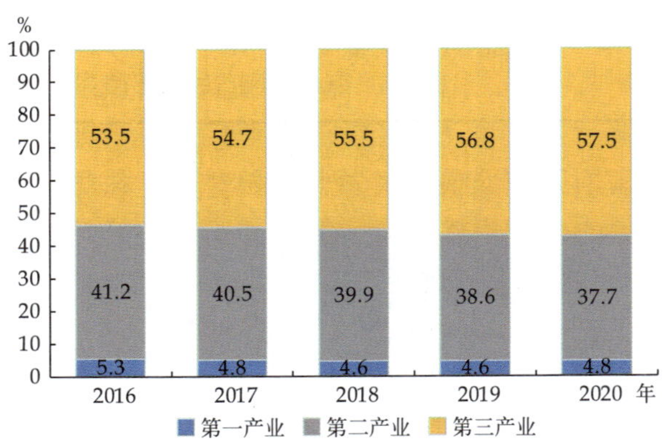

图 7　2016—2020 年东部地区三次产业结构

（数据来源：国家统计局，中国人民银行工作人员计算）

固定资产投资增势良好，投资结构进一步优化。2020 年，东部地区固定资产投资同比增长 3.8%，高于全国平均水平 0.9 个百分点。其中，上海市、海南省、广东省保持较快增长，增速分别为 10.3%、8.0% 和 7.2%。高技术产业投资快速增长，海南省高技术制造业投资同比增长 79.1%；江苏省航空航天器及设备、医药、计算机及办公设备制造业投资同比分别增长 44.3%、23.2%、19.1%；上海市电子信息产品制造业投资增长 64.8%。社会领域投资持续增加，天津市文化体育和娱乐业投资增长 85.8%，北京市教育、卫生等领域投资分别增长 34.9%、22.7%，广东省教育、卫生和社会工作、文化体育和娱乐投资合计增长 32.0%。重大战略投资显著增加，雄安新区区域内固定资产投资较上年增长 6.6 倍。

新型消费表现活跃，消费创新升级加快。2020 年，东部地区实现社会消费品零售总额 20.0 万亿元，占全国的比重为 51.0%，较上年下降 0.1 个百分点。线上消费活跃，海南省和广东省限额以上企业（单位）通过互联网实现商品零售总额分别增长 57.4% 和 19.3%。消费升级相关商品保持较快增长，浙江省可穿戴智能设备、计算机及其配套产品零售额分别增长 40.8%

和 16.3%，福建省限额以上新能源汽车零售额增长 28.8%。

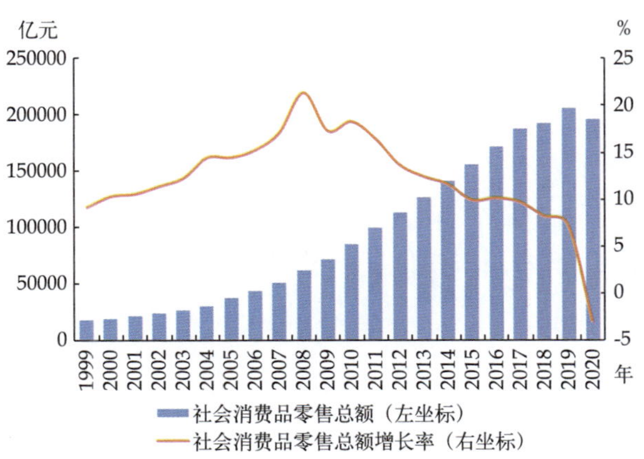

图 8 1999—2020 年东部地区消费增长情况

（数据来源：国家统计局，中国人民银行工作人员计算）

外贸进出口总体平稳，利用外资逆势增长。2020 年，东部地区货物进出口总额 25.6 万亿元，同比增长 0.6%，占全国的比重为 79.6%，较上年下降 1.0 个百分点。其中，出口总额和进口总额分别为 14.2 万亿元和 11.4 万亿元，同比分别增长 3.0% 和下降 2.3%。民营企业展现强大活力和韧性，进出口增速达 10.3%。2020 年东部地区实际利用外资逆势增长 8.9%，占全国的比重达到 88.4%，其中，海南省实际利用外资连续三年翻番，山东省和浙江省分别增长 20.3% 和 18.3%。地方企业对外非金融类直接投资同比增长 21.8%，广东省、上海市、浙江省位列前三。

创新动能不断积聚，企业效益持续改善。2020 年，东部地区新动能持续发力，广东省 3D 打印设备、天津市新能源汽车等高技术新产品产量分别增长 144.8% 和 70.3%，浙江省数字经济核心产业增加值增长 13.0%。江苏省高新技术产业产值、战略性新兴产业产值占规模以上工业产值比重分别达到 46.5% 和 37.8%。工业企业效益持续改善，2020 年，全国规模以上工业企业实现利润总额列前五位的省份[①]均属东部地区，五省实现利润总额占全国的 46.4%，其中，山东省、浙江省同比分别增长 19.6% 和 14.7%。

财政收入保持相对稳定，民生支出保障有力。2020 年，东部地区地方财政一般预算收入较上年增长 0.1%，财政收入质量持续改善，税收占一般公共预算收入比重超 75%，其中，浙江省、江苏省分别为 86.4% 和 81.8%；地方财政一般预算支出同比增长 2.6%。民生支出保障有力，东部地区卫生健康支出增长均在 10% 以上，其中，海南省、河北省和山东省卫生健康支出分别增长 28.6%、17.7% 和 14.6%，江苏省、海南省和山东省社会保障和就业支出分别增长 25.9%、15.3% 和 14.3%。

（二）东部地区金融运行情况

银行业金融机构资产保持较快增长，可持续发展能力增强。2020 年末，东部地区银行业资产总额为 161.6 万亿元，同比增长 12.5%，高于全国平均水平 2.4 个百分点。地方法人金融机构积极利用多种方式拓宽外源式资本补充渠道，资本实力明显增强，2020 年末资本充足率为 15.4%，同比提高 0.3 个百分点。金融机构认真践行合理让利社会责任，2020 年净利润同比下降 8.5%，资产利润率为 0.8%，同比下降 0.2 个百分点。

保险业平稳发展，经济社会保障水平稳步提升。2020 年，东部地区保险公司保险保费收入 2.2 万亿元，同比下降 4.3%。北京市积极开发首台（套）重大技术装备保险、重点首批次新材料保险、工程质量潜在缺陷保险等创新试点；福建省推出产业扶贫保险，共承保建档立卡贫困户 12.6 万户次，在售 83 个产品扩展新冠肺炎相关责任；海南省在全国首创复工复产企业疫情防控综合保险；江苏省推动开展个税递

① 分别为广东、江苏、浙江、山东和福建。

延型商业养老保险试点；山东省推出科技保险等新保险助推新旧动能加速转换，2020 年科技保费收入 2.6 亿元，提供风险保障 87 亿元。

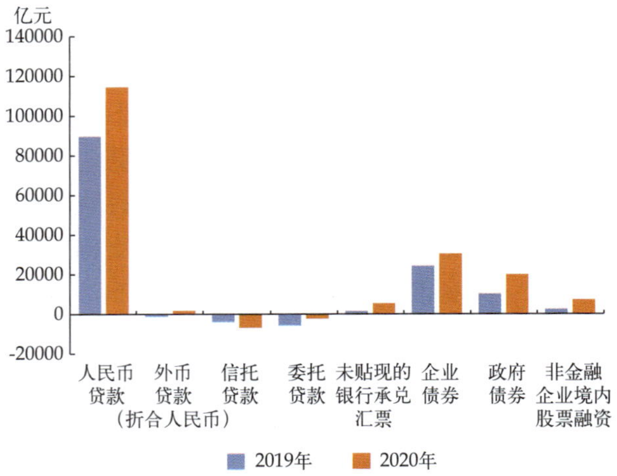

图 9　2019—2020 年东部地区社会融资规模增量

（数据来源：中国人民银行，中国人民银行工作人员计算）

社会融资规模合理增长，资产结构进一步优化。2020 年，东部地区社会融资规模增量为 18.0 万亿元，占全国的比重为 59.8%，较上年提高 2.8 个百分点，同比多增 4.7 万亿元，对全国社会融资规模增长的贡献度为 69.4%。表外融资规模持续收缩，2020 年减少 0.4 万亿元，同比少降 0.4 万亿元。

多层次市场协同发力，直接融资能力增强。2020 年，东部地区企业债券净融资 3.0 万亿元，同比多增 0.6 万亿元，占全国各地企业债券融资增量的 68.7%；非金融企业境内股票融资 0.7 万亿元，同比多增 0.4 万亿元，占全国各地股票融资增量的 78.6%。注册制改革后企业上市提速，2020 年浙江省创业板上市企业超百家，广东省、浙江省、北京市和福建省当年股票（A 股）筹资额均超千亿元。福建省上市公司开展并购重组金额同比增长 381.5%。广东省在银行间市场发行各类债券 1.7 万亿元，同比增长 24.1%；江苏省非金融企业各类债务融资工具较上年多发行 2256.5 亿元。浙江省民营企业债务融资工具发行 644 亿元，发行规模居全国前列。北京市成功发行全国首单、规模最大的抗疫主题小微金融债。

存款资金向东部聚集效应明显，结构性存款显著回落。2020 年末，东部地区本外币各项存款余额为 124.2 万亿元，同比增长 13.5%，较上年末提高 3.7 个百分点，较全国平均水平高 3.3 个百分点，余额占全国比重为 59.4%，较上年上升 0.8 个百分点。结构性存款明显回落，2020 年末，东部地区结构性存款余额同比下降 25.6%。

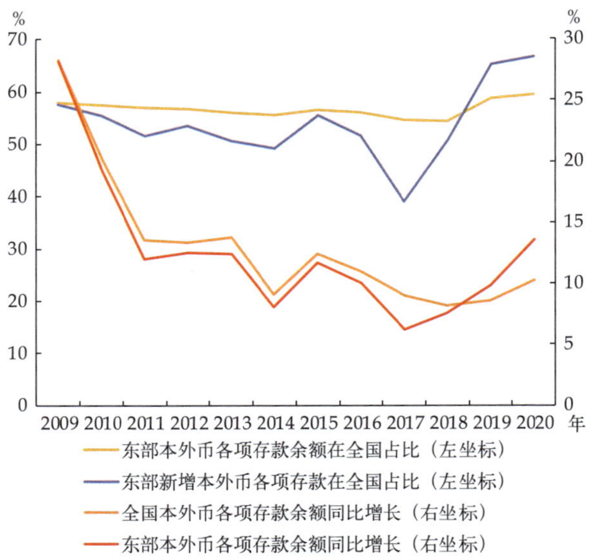

图 10　2009—2020 年东部地区本外币各项存款情况

（数据来源：中国人民银行，中国人民银行工作人员计算）

贷款增长稳中有进，信贷结构显著优化。2020 年末，东部地区各项贷款余额为 93.2 万亿元，同比增长 13.7%，较上年末和全国平均水平分别高 1.0 个和 1.2 个百分点，比年初增加 11.3 万亿元。在“扩总量”的同时，积极发挥结构性货币政策工具和信贷政策的定向支持和精准滴灌作用，信贷结构明显优化。2020 年末，东部地区制造业中长期贷款、普惠小微贷款和涉农贷款余额同比分别增长 42.1%、35.9% 和 13.3%，均高于全国平均水平。北京市和广东省制造业中长期贷款余额增速超 50%，天津市、江苏省、山东省普惠小微贷款余额增速超40%。北京市发放高新技术产业贷款5580.6亿元，同比增长20.0%，惠及企业数同比增长27.0%；广东省和福建省科学研究和技术服务业贷款余额同比分别增长74.6%和19.3%。

利率市场化改革成效显著，实体经济综合融资成本明显下降。2020年，东部地区稳步推进LPR改革，引导金融机构贷款利率下行，全年人民币企业贷款加权平均利率为4.69%，同比下降0.50个百分点，普惠小微贷款利率同比下降0.62个百分点，其中，北京市、天津市、河北省、福建省、海南省普惠小微贷款利率同比下降幅度均超过1个百分点。2020年12月，东部地区执行LPR减点的贷款占全部贷款发生额比重为27.8%，同比提高3.1个百分点，较全国平均水平高2.4个百分点，占全国LPR减点的贷款比重达70.1%。

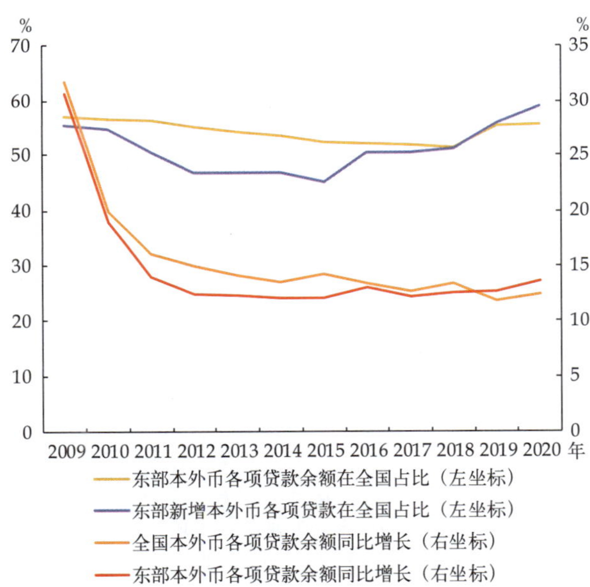

图11 2009—2020年东部地区本外币各项贷款情况

（数据来源：中国人民银行，中国人民银行工作人员计算）

有序推进普惠小微信用贷款发放和延期还本付息工具落地，直达实体经济工具效果显著。2020年，东部地区1—5级地方法人银行金融机构累计发放普惠小微企业信用贷款14106亿元，占全国的比重为80.6%，年末普惠小微企业信用贷款余额6508.2亿元，占普惠小微企业贷款余额的18.6%，较全国平均水平高0.8个百分点；地方法人银行金融机构6—12月累计为5403.9亿元普惠小微贷款办理延期还本，延期率为46.5%，高于全国平均水平。

防范化解重大金融风险攻坚战取得重要阶段性成果，资产质量保持较高水平。2020年，东部地区积极推进不良贷款处置，全年累计核销不良贷款超6000亿元，资产质量保持较高水平。2020年末，东部地区不良贷款率为1.28%，较上年末下降0.08个百分点，低于全国银行业平均水平0.64个百分点。关注类贷款比率为2.5%，较年初下降0.5个百分点。

有序推进金融改革开放创新，金融服务质效不断提升。北京市推动25项对外开放试点政策落地；福建省拓展台资企业资本项目管理便利化试点；上海市推出首单自贸试验区外币融资担保品管理业务、首批挂钩LPR利率期权产品等融资创新产品；深圳市稳步推进数字人民币应用试点项目；江苏省昆山市成功获批国内首家具有两岸特色的金融改革试验区；山东省临沂市落地全国首个普惠金融服务乡村振兴改革试验区；2020年海南FT账户余额较上年增长83倍；天津市飞机、国际航运船舶、海工平台等租赁跨境资产占全国80%以上。

二、中部地区经济金融运行情况

2020年，由于湖北经济受新冠肺炎疫情影响较深，中部地区整体经济恢复相对较慢，全年经济增长低于全国平均水平。产业结构继续优化调整，第三产业对经济增长的支撑作用稳步提升。经济社会保障功能明显增强，社会融资规模较快增长，有力支持了疫情防控、复工复产和稳企业保就业等各项工作。

（一）中部地区经济运行情况

产业结构继续调整优化，服务业对经济支撑作用加强。2020年，中部地区GDP同比增长1.3%，增速较上年回落6.0个百分点，低于全国平均水平1个百分点；GDP占全国的比重为22.0%，较上年回落0.2个百分点。2020年，中部地区三次产业分别实现增加值2.0万亿元、9.0万亿元和11.2万亿元；三次产业结构为9.0∶40.7∶50.3，分别较上年提高0.8个、下降1.1个和提高0.3个百分点，第三产业增加值占比进一步提升。湖北服务业增加值占地区生产总值的比重达51.3%，较上年提升1.3个百分点。安徽全年全省服务业增加值2.0万亿元，同比增长2.8%，增幅高于全国0.7个百分点。湖南新兴服务业发展势头向好，信息传输、软件和信息技术服务业增加值增速为21.0%，对经济增长的贡献率达13.4%。

高新技术产业培育成效显现，对经济增长贡献继续提升。2020年，湖南省规模以上工业中，服务器、集成电路、传感器、工业机器人、锂离子电池等高新技术产品产量分别增长2.3倍、1.8倍、50%、46%和45.4%。湖北高技术制造业增加值增速高于全部规模以上工业增加值增速10.2个百分点，全年电子计算机整机产量增长达36.1%。河南规模以上工业企业的光电子器件、传感器、发动机、锂离子电池产量分别增长89.2%、73.3%、40.3%和32.7%。江西战略性新兴产业、高新技术产业、装备制造业增加值占规模以上工业增加值的比重分别为22.1%、38.2%和28.5%，均较上年有所提升。安徽高新技术产业和战略性新兴产业产值分别高于规模以上工业增加值增速10.4个、12.5个百分点。山西新一代信息技术产业增长12.8%，明显快于山西省工业增速；部分新产品产量快速增长，如光伏电池增长35.8%，手机增长21.4%。

固定资产投资增速回落，投资结构继续调整优化。2020年，中部地区固定资产投资（不含农户）增长0.7%，低于全国平均水平2.2个百分点，增速比上年回落8.8个百分点。中部六省份中，山西投资增速高于上年，湖北、安徽、河南、湖南、江西固定资产投资（不含农户）增速分别较上年回落29.4个、4.1个、3.7个、2.5个和1.0个百分点。投资结构继续调整优化。山西制造业投资、民间投资增速分别较上年提高25.8个、2.3个百分点。安徽基础设施投资增速高于全部固定资产投资增速5.5个百分点。江西工业技改投资占全部工业投资的39.2%，较上年提高2.8个百分点。河南高技术制造业投资增速高于全部投资增速20.0个百分点，其中，医药制造业投资增长36.5%。湖南高新技术产业投资增速快于全部投资增速17.8个百分点，其中，计算机、通信和其他电子设备制造业投资增速达73.7%。湖北卫生投资增速达65.8%。

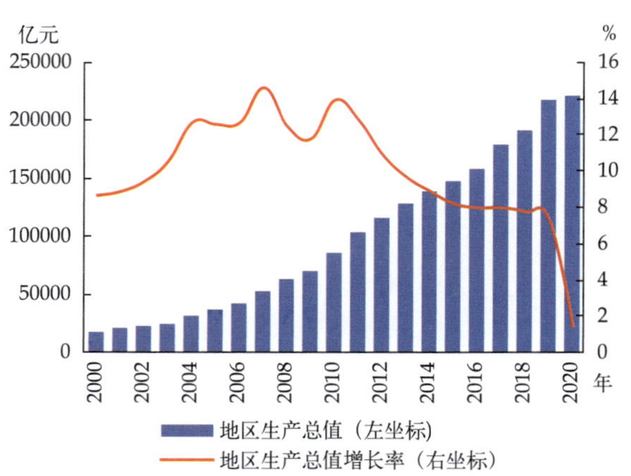

图12　2000—2020年中部地区经济增长情况

（数据来源：国家统计局和《中国统计摘要》，中国人民银行工作人员计算）

图13　2002—2020年中部地区固定资产投资及其增长情况

（数据来源：国家统计局和《中国统计摘要》，中国人民银行工作人员计算）

消费稳步恢复，线上消费快速增长。2020年，中部地区实现社会消费品零售总额9.2万亿元，比上年下降5.0%；中部地区消费在全国占比23.5%，较上年提高1.4个百分点。疫情催生新的消费业态。湖南全年实现网上零售额增长17.7%；安徽线上消费新业态加速培育，全年全省限额以上网上商品零售额同比增长25.3%，通过互联网实现餐费收入增长59.1%；山西省网上零售额109.3亿元，增长68.0%，较年初提高55.3个百分点。

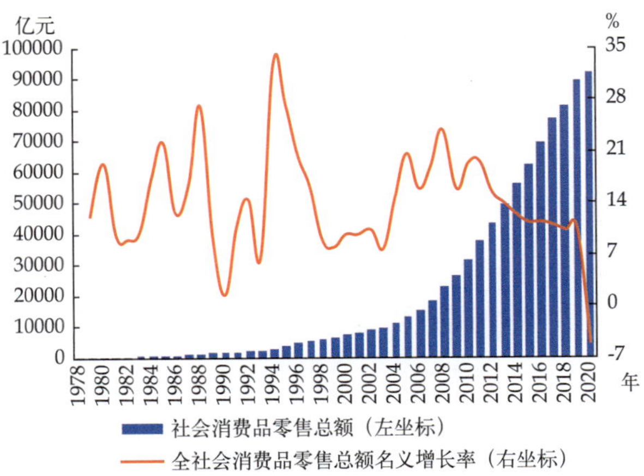

图14　1978—2020年中部地区消费增长情况

（数据来源：国家统计局和《中国统计摘要》，中国人民银行工作人员计算）

对外贸易保持较快增长，贸易结构继续优化。2020年，中部地区稳外贸成效显著，全年货物进出口总额2.7万亿元，增长12.9%，高于全国平均水平11.0个百分点。其中，出口1.7万亿元，增长10.6%，增速较上年回落5.4个百分点；进口1.0万亿元，增长17.1%，增速较上年提高2.1个百分点。2020年，中部地区继续保持贸易顺差态势，全年实现顺差7338.4亿元，比上年扩大224.8亿元。江西高附加值产品表现出较强竞争力，机电产品出口增长29.5%，占出口总额比重为55.2%，比上年提高4.6个百分点；民营企业进出口占进出口总额的73.8%，比上年提高4.2个百分点。

供给侧结构性改革进一步深化，重点领域改革向纵深推进。2020年，山西省加速国有资本向支柱产业和战略性新兴产业集聚，以资源整合煤矿和控股公司上市为重点，将腾出的资金聚力培育新兴产业；完成全国最大规模的省级国企重组。安徽省供给侧结构性改革深入推进，全年有序退出煤炭落后产能210万吨，441户“僵尸企业”全部处置完成；实施新一轮技术改造工程，“十三五”期间每年滚动实施亿元以上重大技术改造项目1000项以上，对工业经济增长的贡献率超过70%。

（二）中部地区金融运行情况

金融体系结构不断优化，市场融资和经济社会保障功能明显增强。2020年末，中部地区银行业金融机构网点数量5.3万个；银行从业人员81.7万人。法人银行业金融机构资产总额16.0万亿元，比上年提高11.0%。

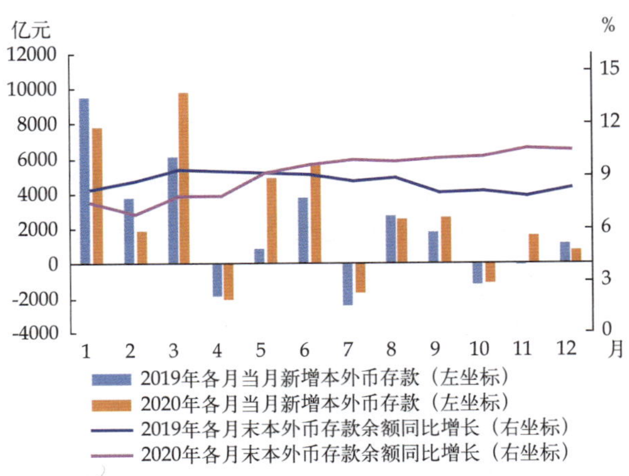

图15　2019—2020年中部地区本外币各项存款增长情况

[数据来源：中国人民银行上海总部、各分行、营业管理部、省会（首府）城市中心支行]

存款保持较快增长，结构性存款大幅减少。2020年末，中部地区本外币各项存款余额35.0万亿元，同比增长10.5%，增速较上年提高2.1个百分点。其中，住户存款余额19.1万亿元，同比增长13.8%，增速较上年提高1.2个百分点；非金融企业存款余额9.2万亿元，同比增长7.6%，增速较上年提高4.1个百分点。全年本外币各项存款新增3.3万亿元，同比多增8823.7亿元。其中，住户存款同比多增4538.3亿元；非金融企业存款同比多增3576.8亿元。2020年，存款创新产品不断规范，结构性存款全年减少3548.9亿元，比上年多减2990.5亿元。

各项贷款稳步增长，信贷结构继续优化。2020年，中部地区对疫情的宏观对冲力度较大，特别是湖北等地区强化金融支持，推动经济企稳回升，取得明显成效。全年中部地区贷款保持较快增长，年末贷款余额增速高于全国1.9个百分点。2020年末，中部地区本外币各项贷款余额为29.8万亿元，同比增长14.4%，增速较上年回落0.6个百分点。分期限看，短期贷款增长平稳，年末短期贷款余额7.4万亿元，同比增长10.0%，增速同比回落0.5个百分点；中长期贷款快速增长，年末余额20.4万亿元，同比增长16.1%，较上年提高0.6个百分点。票据融资、消费贷款大幅增长，年末余额同比分别增长16.8%、16.2%，分别高于各项贷款增速2.4个、1.8个百分点。2020年末，中部地区涉农贷款、小微企业贷款余额同比分别增长10.9%、14.0%，增速分别较上年提高1.6个、5.4个百分点。制造业贷款余额同比增长11.6%，较上年提高5.8个百分点。其中，制造业中长期贷款余额同比增长40.1%；制造业信用贷款余额同比增长25.5%。

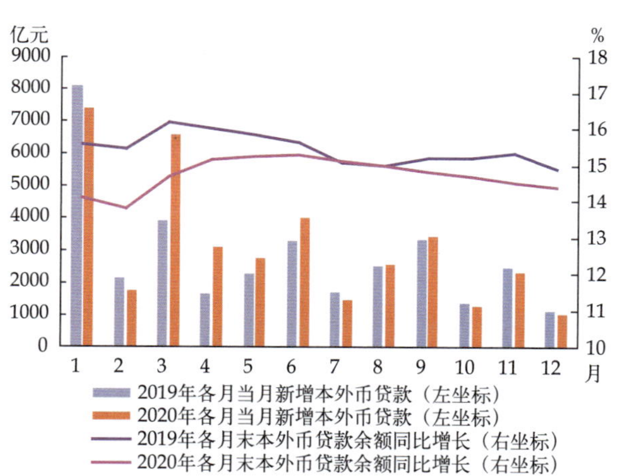

图16　2019—2020年中部地区本外币各项贷款增长情况

［数据来源：中国人民银行上海总部、各分行、营业管理部、省会（首府）城市中心支行］

LPR改革政策红利持续显现，贷款利率下降明显。随着LPR的大力推广应用和存量浮动利率贷款定价基准转换如期完成，LPR改革红利持续释放，带动贷款利率显著下行。2020年12月，中部地区金融机构新发放一般贷款加权平均利率为5.53%，同比下降0.61个百分点，降幅较上年扩大0.57个百分点。分企业类型看，小微企业贷款利率下降尤为明显。2020年12月，江西、安徽、山西、湖北、湖南、河南新发放小微企业贷款加权平均利率同比分别下降0.53个、0.53个、0.79个、0.85个、0.88个和1.05个百分点，降幅较上年分别扩大0.21个、0.25个、0.99个、0.69个、1.21个和0.76个百分点。

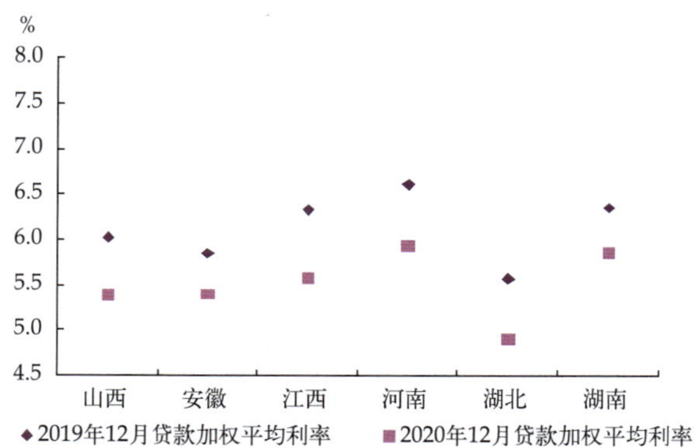

图17　2019—2020年中部地区贷款利率情况

［数据来源：中国人民银行上海总部、各分行、营业管理部、省会（首府）城市中心支行］

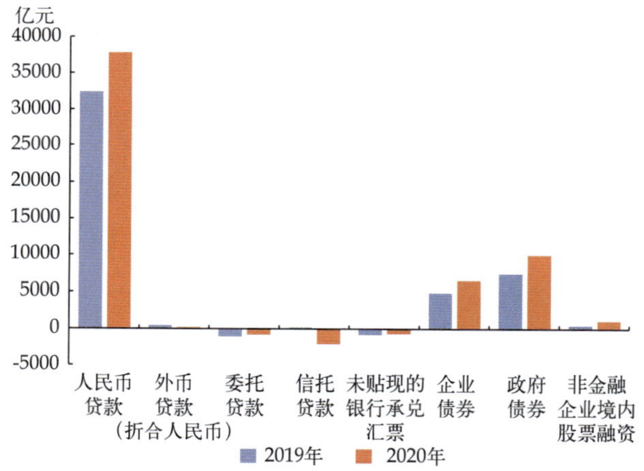

图18　2019—2020年中部地区社会融资规模增量

［数据来源：中国人民银行上海总部、各分行、营业管理部、省会（首府）城市中心支行］

社会融资规模同比多增，支持实体经济力度加大。2020年，中部地区社会融资规模增量5.5万亿元，比上年多0.8万亿元；其中，人民币贷款增量3.8万亿元，比上年多增5446.9亿元；企业债券净融资6412.3亿元，比上年多1628.3亿元；非金融企业境内股票融资1021.4亿元，比上年多602.5亿元。分结构看，人民币贷款、信托贷款占比较上年分别下降0.3个、4.4个百分点；委托贷款、未贴现银行承兑汇票、企业债券净融资、非金融企业境内股票融资占比分别提高1.0个、0.5个、1.5个和1.0个百分点。

三、西部地区经济金融运行情况

2020年，西部地区深入贯彻落实党中央、国务院《关于新时代推进西部大开发形成新格局的指导意见》，持续加快基础设施建设，积极优化营商环境，加快产业结构调整，深化对外开放，经济从疫情冲击下较快恢复，对全国经济发展的贡献度提升。金融运行总体平稳，对实体经济的支持力度加大，信贷结构进一步优化，实体经济融资成本明显下降，金融助力脱贫攻坚圆满收官，重点领域金融风险处置取得进展。

（一）西部地区经济运行情况

2020年，西部地区实现地区生产总值21.3万亿元，同比增长3.3%，增速较上年放缓3.4个百分点，但较全国高1.0个百分点。区域经济总量占全国的比重为21.1%，较上年提高0.3个百分点。

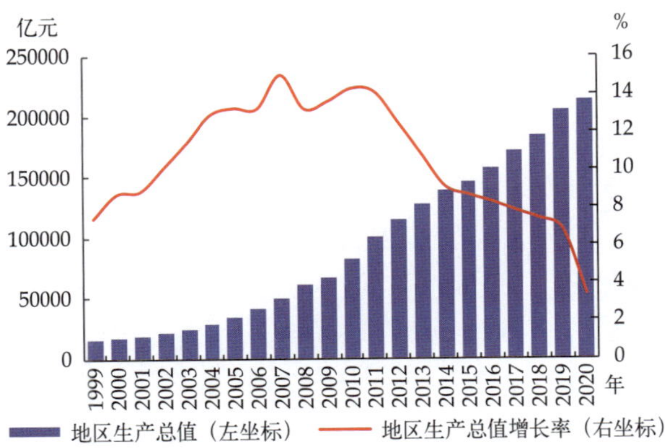

图19　1999—2020年西部地区经济增长情况

（数据来源：国家统计局网站和《中国统计摘要》，中国人民银行工作人员计算）

基建投资托底作用有效发挥，投资结构不断优化。2020年，西部地区固定资产投资（不含农户）同比增长4.4%。基建投资整体呈回升态势，甘肃、广西和新疆基建投资增速分别达12.2%、12.9%和28%，对稳投资、稳就业发挥了重要作用，四川天府国际机场基本建成、川藏铁路等一批重大战略基础设施开工建设。制造业投资企稳向好，四川、云南和甘肃制造业投资同比分别增长7.0%、5.9%和5.0%。工业投资尤其是高技术产业投资大幅增长，贵州、内蒙古、陕西、重庆高技术产业投资同比增长分别达10.2%、11.8%、16.8%和26.6%。

外贸进出口逆势增长，“一带一路”经贸合作成效显现。西部地区外贸形势持续恢复并逆势增长，对全国外贸进出口的贡献及在全球产业链中的地位不断提升。2020年，西部地区进出口总额比上年增长9.4%，高于全国7.5个百分点；出口总额比上年增长10.8%，高于全国6.7个百分点；进口总额比上年增长7.5%，高于全国8.1个百分点；全年实现贸易顺差比上年扩大806.6亿元。四川进出口规模突破8000亿元，同比增长19%；重庆在笔记本电脑、集成电路等电子产品进出口带动下，进出口总值同比增长12.5%，连续三年保持两位数增长；云南农产品等出口保持快速增长，全年进出口总额增长15.4%。陕西中欧班列“长安号”2020年开行量、重箱率、货运量等指标稳居全国第一，超过8万吨防疫物资运抵欧洲，为国际防疫合作提供了有力支持。西部各省实际利用外资水平有所分化。内蒙古、贵州实际利用外资水平同比分别下降11.6%、35.3%；宁夏实际利用外资同比增长8.4%，外资投向由加工制造扩展到服务业领域；陕西外商投资回稳向好，实际利用外资84.4亿美元，同比增长9.2%。

产业结构进一步优化，质量效益稳步提升。2020年西部地区三次产业结构为11.9 : 36.8 : 51.3，分别较上年上升0.9个、下降1.1个和上升0.2个百分点。新兴产业发展迅速。陕西、云南计算机、通信和其他电子设备制造业分别增长37.4%和43.1%；贵州信息传输、软件和信息技术服务业投资增长31.4%；内蒙古规模以上装备制造业和计算机、通信和其他电子设备制造业分别增长38.1%和50.1%；新疆高技术制造业、工业战略性新兴产业分别增长25%和20.5%，创“十三五”以来最好水平。现代服务业提质增效。四川信息传输、软件和信息技术服务业增加值同比增长26.4%；宁夏软件业收入增长21%，电信业务总量增长24.2%；重庆新建开通5G基站3.9万个，软件和信息技术服务业营收增长54.4%。

供给侧结构性改革持续推进，经济向高质量发展稳步迈进。“去产能、去杠杆”取得新进展。宁夏退出落后产能155.7万吨，30万吨以下落后产能煤矿、城市建成区20蒸吨/小时以下燃煤锅炉全部淘汰；新疆煤炭行业“十三五”期间累计去产能2356万吨，关停落后煤电装机159.1万千瓦；广西化解煤炭过剩产能180万吨，淘汰落后铁合金产能1.4万吨、砖瓦12亿块；云南僵尸企业处置率超过83%。陕西工业技改投资增长达37.9%。“降成本”力度加大。重庆落实减税降费政策，通过企业社保减免、企事业单位房屋租金减免和税收减免等政策为企业减负1000亿元以上。

积极财政政策有效落实，重点保障民生等领域支出。2020年，西部地区财政收入同比增长0.2%；财政支出同比增长3.7%，虽较上年下降4.8个百分点，但民生等重点领域的支出得到有效保障。甘肃11类民生支出3320.7亿元，同比增长4.3%，占一般公共预算支出的80%；广西民生领域支出同比增长5.4%，扶贫支出同比增长9.7%；内蒙古社保和就业支出、教育支出和医疗卫生支出同比分别增长17.6%、5.2%和16.4%；青海社会保障和就业、卫生健康、节能环保、文化旅游体育传媒、交通运输支出同比分别增长19.1%、16.1%、4.6%、8.4%和38.5%。

生态环境持续改善，绿色发展稳步推进。污染防治成效显著。陕西对“散污乱”企业开展整治“回头看”1.9万家，完成散煤治理81.4万户。内蒙古环境空气优良天数比例为90.8%，地表水考核断面优良水体比例为69.2%，受污染耕地安全利用率和污染地块安全利用率分别达到98%和90%；云南六大水系出境跨界断面水质100%达标，洱海、滇池保护治理深入推进，抚仙湖、泸沽湖保持Ⅰ类水质。清洁能源使用率提升。甘肃规模以上工业新能源发电量同比增长6.6%，较上年提高0.8个百分点；青海清洁能源装机占总装机量的87.7%，非化石能源占一次性能源的消费比重提高至43%；新疆全年清洁能源发电量844.5亿千瓦时，新能源利用率达91.1%。

（二）西部地区金融运行情况

金融机构资产规模稳步增长，服务实体经济能力增强。2020年末，西部地区银行业金融机构营业网点个数、从业人数、资产总额分别为5.9万个、89.5万人和50.1万亿元。金融改革持续推进，广西7家农信社和1家农村合作银行成功改制成农村商业银行；中银金融租赁公司、小米消费金融公司落户重庆，渝农商理财子公司成立。中小银行多渠道资本补充加快推进。广西、内蒙古通过地方政府专项债券募集资金分别补充中小银行资本118亿元和85亿元；青海两家农商行通过增资扩股、减少分红等方式完成资本补充需要；陕西西安银行和秦农银行各发行20亿元二级资本债券；重庆银行A股上市获批，资本补充渠道进一步拓宽。地方法人金融机构资产质量、流动性水平、资本实力有所提升。2020年末，西部地区地方法人金融机构不良贷款率同比下降1.2个百分点，流动性比率同比上升2.9个百分点，资本充足率同比上升0.8个百分点。

融资总量较快增长，信贷结构进一步优化。2020年，西部地区实现社会融资规模增量5.95万亿元，同比多增1.5万亿元，金融对实体经济的支持力度明显加大。直接融资占比提升，2020年西部地区企业债券和非金融企业境内股票融资合计占社会融资规模增量的13.5%，高于上年2.8个百分点。西部地区本外币贷款余额同比增长11.3%，“三农”、小微、制造业企业融资环境显著改善。2020 年末，西部地区涉农贷款余额同比增长 9.0%，高于上年同期 3.8 个百分点，普惠小微贷款余额同比增长 19.1%，高于各项贷款平均增速 7.6 个百分点；制造业贷款余额同比增长 8.4%，高于上年同期 6.1 个百分点，西部地区制造业中长期贷款余额同比增长 20.6%，高于上年同期 11.9 个百分点。

绿色金融助力绿色产业高质量发展，为落实碳达峰碳中和贡献金融力量。发挥绿色金融基础设施作用，甘肃兰州新区创新建成“绿金通”绿色金融综合服务平台；四川依托联合环境交易所绿色金融信息服务平台“绿蓉融”，发布绿色企业和绿色项目评价标准，评选入库首批 150 家绿色企业和 55 个绿色项目，并实现与“天府信用通”平台全线对接，2020 年末，四川省联合环境交易所在天府信用通“绿色金融”专版累计上线绿色金融产品 13 项，办理融资申请金额 8.04 亿元。金融机构加快绿色转型，四川绵阳市商业银行成为全国第五家赤道银行。

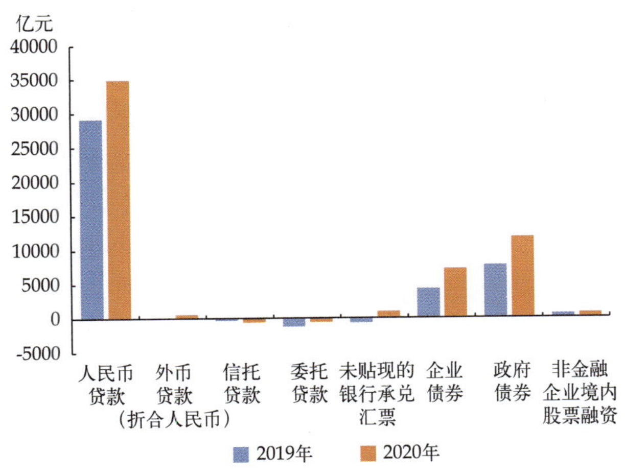

图 20　2019—2020 年西部地区社会融资规模增量

（数据来源：中国人民银行）

LPR 改革向纵深推进，实体经济融资成本明显下降。西部地区存量浮动利率贷款定价基准转换顺利完成，减少企业贷款利息支出。引导银行将 LPR 内嵌至内部资金转移定价（FTP）体系，LPR 改革促进降低贷款利率的潜力不断释放。2020 年 12 月，西部地区人民币一般贷款加权平均利率为 5.61%，较上年下降 0.32 个百分点，其中，小微企业贷款加权平均利率为 5.25%，较上年下降 0.69 个百分点，普惠口径小微贷款加权平均利率为 5.94%，较上年下降 0.79 个百分点。不断释放货币政策结构性工具支持实体经济的作用。2020 年，四川金融机构运用支小、支农和扶贫再贷款资金发放的贷款加权平均利率较其他资金发放的同类贷款利率分别低 1.11 个、1.44 个和 1.63 个百分点；运用再贴现资金办理的票据贴现平均利率低于其同期同档次贴现加权平均利率 0.25 个百分点。银行负债成本保持基本稳定，存款基准利率“压舱石”作用有效发挥。存款市场竞争秩序进一步规范。四川 2020 年 12 月金融机构定期存款加权平均利率为 2.42%，与上年基本持平；新疆全年定期存款加权平均利率为 1.96%，与上年基本持平。

金融助力脱贫攻坚圆满收官，金融支持乡村振兴有效衔接。2020 年，西部地区坚决打赢脱贫攻坚战，全面解决“两不愁三保障”问题，实现农村贫困人口全部脱贫，贫困县全部摘帽。金融精准扶贫深入落实，为脱贫攻坚提供了强有力的金融支撑。2020 年末，西部地区金融精准扶贫贷款余额为 2.4 万亿元，同比增长 10.3%，余额占全国比例超六成。贵州在贫困地区持续加大对扶贫产业的金融支持力度，产业精准扶贫贷款余额同比增长 66.4%；陕西加大扶贫小额信贷支持力度，2020 年末扶贫小额信贷累计发放 219.2 亿元，惠及农户 57 万户。四川巩固金融扶贫贷款风险补偿机制，推动全省有脱贫攻坚任务的县 100% 设立扶贫小额信贷分险基金，2020 年末分险基金规模达 29.85 亿元，累计代偿 7985 万元。金融支持巩固拓展脱贫攻坚成果同乡村振兴有效衔接。2020 年末，西部地区涉农贷款余额为 9.8 万亿元，同比增长 9.0%，比上年末高 3.8 个百分点。甘肃出台金融服务乡村振兴 30 条措施，开展金融服务乡村振兴示范县创建，建成助农取款服务点 2.5 万个，布放 ATM、POS 机具 26 万台，探索引入“背包银行”服务模式，提前 1 年实现贫困地区行政村基础金融服务全覆盖。云南大力开展农村信用体系建设，采集922.9万户农户信息，占全省农户总数的95.9%，共评定信用农户706.1万户，占建档农户数的76.5%；创建信用村5238个、信用乡镇508个，为乡村振兴提供了良好的信用环境。

证券保险业平稳发展，市场融资和风险保障能力不断增强。陕西证券期货机构业务规模持续增长，营业收入、净利润分别为69.5亿元、20.2亿元，同比分别增长24.7%和47.5%；内蒙古托管股票总市值和证券交易额同比分别增长21.7%和12.8%，证券公司净利润同比增长32.2%。面对新冠肺炎疫情冲击，保险业风险保障功能充分发挥。2020年，西部地区保费收入和保险赔付支出分别为8627.7亿元和3122.9亿元，同比分别增长3.2%和17.0%，保险赔付支出增速明显高于保费收入增速。宁夏推出复工复产组合保险产品，为821家小微企业、商户提供3.7亿元风险保障，向15.3万人次捐助198.1亿元保额的保险。农业生产风险保障体系覆盖深度和广度进一步提高。新疆农险保费收入78.7亿元，规模居全国首位；云南实现农业保险全省129个县区全覆盖，提供保险保障1533.4亿元，赔款支出14.3亿元，同比增长33.9%。

银行业金融机构资产质量逐步改善，防范化解金融风险制度机制建设取得进展。2020年末，西部地区不良贷款率为2.19%，较上年下降0.58个百分点。西部10省份不良贷款率有所下降，9省区实现不良贷款额与不良贷款率“双降”。地方法人银行流动性合理充裕，抵御风险能力有所增强。四川中小法人银行拨备覆盖率水平明显改善，贷款损失准备余额较年初增长28%，拨备覆盖率174.1%，较年初提高56.5个百分点。内蒙古在全国率先成立金融委办公室地方协调机制，加强部门间在金融监管、风险处置、信息共享等方面的协同配合，包商银行风险得到有效处置，蒙商银行顺利开业。

四、东北地区经济金融运行情况

2020年东北地区深入落实习近平总书记关于东北振兴发展的重要讲话和指示精神，统筹推进疫情防控和经济社会发展，扎实做好“六稳”工作、全面落实“六保”任务，经济运行逐季好转，农业生产现代化水平持续增强，投资仍是经济增长的主要拉动力量，工业经济转型升级有待深化。金融业运行平稳，金融改革有序推进，信贷结构进一步调整优化，金融资产质量下迁压力有所增大。

（一）东北地区经济运行情况

2020年，东北地区全年实现地区生产总值5.1万亿元，同比增长1.1%；经济总量占全国的5.0%，比上年下降0.1个百分点，降幅较上年收窄0.3个百分点。东北地区三次产业结构为14.2 ∶ 33.7 ∶ 52.1，分别比上年上升1.0个百分点、下降0.7个百分点和下降0.3个百分点，第二、第三产业降幅较上年收窄。

农业发展优势继续巩固，产业提档升级稳步推进。农业生产稳定增长，国家粮食安全“压舱石”地位和产业安全主体功能地位持续巩固。东北地区持续推进现代化大农业建设，农业综合机械化率、科技贡献率全国领先，高标准农田面积和绿色、有机食品认证面积持续扩大，农业发展基础进一步夯实。2020年，东北地区粮食总产量达到2736.6亿斤，占全国产量的20.4%，连续两年突破2700亿斤。其中黑龙江省粮食总产量达到1508.2亿斤，实现“十七连丰”，贡献全国粮食总产量的11.3%，连续10年居全国首位。工业经济稳步恢复，装备制造、石化、医药等重点产业支撑作用逐步显现。辽宁省高端装备制造、新材料等战略性新兴产业加快发展。黑龙江省加快实施“百千万”工程，推动矿产资源开发及精深加工、农业和农产品精深加工向万亿级产业集群迈进。2020年，辽宁、吉林和黑龙江规模以上工业增加值同比分别增长1.8%、6.9%和3.3%，三省装备制造业同比分别增长1.3%、8.4%和13.5%；石化工业同比分别增长3.9%、0.6%和10.5%。辽宁省推进生产性服务业融合发展，培育壮大信息服务、研发设计、检验检测认证等高技术服务业。吉林省突出发展服务业，出台支持服务业“30条”政策，启动旅游体育消费年活动。黑龙江省积极促进生产性服务业向专业化和价值链高端延伸，加快生活性服务业向高品质和多样化升级，推动冰雪游、森林游、边境游、湿地游、避暑游等特色旅游实现较快发展。

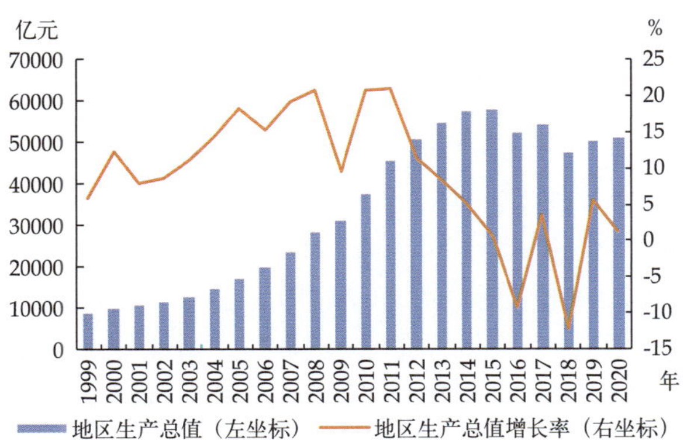

图 21　1999—2020年东北地区经济增长情况

（数据来源：国家统计局网站和《中国统计摘要》，中国人民银行工作人员计算）

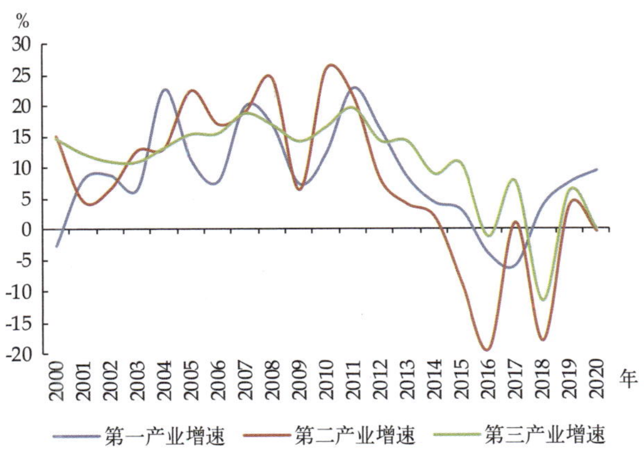

图 22　2000—2020年东北地区三次产业增长

（数据来源：国家统计局网站和《中国统计摘要》，中国人民银行工作人员计算）

投资拉动经济增长作用明显。2020年，东北各省重大项目开工建设数量和完成投资额均超过上年，带动东北地区固定资产投资同比增长4.3%，高于全国平均水平1.4个百分点。着重加强对基础设施补短板、高新技术和带动作用明显的重大项目等领域的资金投入，优化投资结构。辽宁省、黑龙江省高新技术制造业投资同比分别增长33.4%、13.7%。吉林省基础设施投资增长4.3%，全年亿元以上在建项目个数增长17.6%。黑龙江省“百大项目”完成投资2601.3亿元，带动社会领域投资增长23.4%。

促消费政策持续发力。2020年，东北三省通过组织开展购物节、发放消费券、景区门票优惠等系列措施，促进零售业、住宿和餐饮业、旅游业等受疫情冲击严重领域加快复苏。辽宁省举办“辽宁省首届电商直播节”，总销售额达到12.2亿元。吉林省旅游业全年接待国内游客1.5亿人次，恢复幅度高于全国平均水平。黑龙江省成功举办第三届全省旅游发展大会，签约额达到60.5亿元。新型消费模式兴起，辽宁、吉林、黑龙江三省实物商品网上零售额增速分别为18.1%、19.2%和13.4%。

供给侧结构性改革继续推进，有效压减过剩产能。2020年，辽宁省化解和淘汰钢铁产能602万吨、煤炭产能3857万吨；推动200万吨以下炼油企业退出落后产能742万吨。减税降费成效明显，东北三省全年累计为市场主体减税降费超过1900亿元。加大科技研发投入力度，加快培育科技型企业，一系列重大科技成果加快落地转化。辽宁省碳化硅复合材料助力嫦娥五号探月，110兆瓦级重型燃机总装下线。吉林省“吉林一号”一箭九星发射成功，高铁变轨等关键核心技术取得突破，时速400公里跨国联运高速列车正式下线。黑龙江省哈工大多项技术支持嫦娥五号月球采样返回任务，研制的小卫星升空达20颗；非洲猪瘟疫苗研制、大庆页岩油气勘探等均取得重大突破。

主动融入共建“一带一路”，对外开放水平打开新局面。辽宁省中日（大连）地方发展合作示范区获批设立，金普新区成为国家进口贸易促进创新示范区，全省实际利用外资增长13.7%。吉林省中韩（长春）国际合作示范区、珲春海洋经济发展示范区、长春临空经济示范区获批；中欧班列货运量增长43.4%，通化港货物吞吐量达到1000万吨。黑龙江省加快中国（黑龙江）自由贸易试验区建设，自贸区新设立企业6694家。黑河跨境电商综合试验区获国家批准，黑河、绥芬河获批全国互市贸易进口商品落地加工试点。

践行绿色发展理念，生态环境质量持续改善。辽宁省扎实推进辽河流域治理和渤海综合治理，渤海优良水质比例达到80%。吉林省全面推广秸秆“五化利用 + 无害化处置”的全量化处理模式，全省20万千瓦及以上燃煤发电机组全部完成超低排放改造，在全国率先实现固定污染源排污许可全覆盖。黑龙江省持续打好蓝天、碧水、净土保卫战，全省空气优良天数比例92.9%，62个国考断面优良水体比例74.2%，均高于国家考核目标。

（二）东北地区金融运行情况

银行体系稳定性有待进一步增强。2020年末，东北地区银行业金融机构网点数量2.1万个；银行从业人员39万人。在金融支持“稳企业、保就业”系列政策措施推动下，东北地区银行业金融机构加大信贷资产投放，年末资产总额17.0万亿元，同比增长7.3%，增速比上年提高2.2个百分点；积极降低贷款利率让利实体经济，金融机构净息差收窄导致年度净利润同比下降4.7%，其中地方法人金融机构叠加资产减值损失因素，净利润下降较大。

存款继续增长，居民储蓄意愿明显增强。2020年末，东北地区本外币各项存款余额12.7万亿元，同比增长10.6%，增速分别高于上年末和全国平均水平2.9个和0.4个百分点。其中，住户存款余额同比增长18.2%，高于各项存款增速7.6个百分点，高于全国平均水平4.4个百分点；非金融企业存款余额同比下降4.9%，较上年回落3.1个百分点。结构性存款同比下降23.9%，大额存单同比增长12.8%。

中长期贷款增速回落，信贷结构有所优化。2020年末，东北地区本外币各项贷款余额9.8万亿元，同比增长6.1%，增速较上年下降3.0个百分点。受新冠肺炎疫情影响，第一季度信贷投放趋缓，随后恢复快速增长。2020年末，东北地区普惠小微贷款余额增长17.5%，中长期贷款余额占全部贷款的比重较上年提高2.7个百分点。制造业中长期贷款余额增长11.8%，增速高于上年4.6个百分点。消费贷款余额同比增长11.4%，增速较上年下降10.6个百分点。

社会融资规模下降，政府债券增长较快。2020年，东北地区社会融资规模增量为6787.5亿元，比上年少增2216.3亿元，主要受风险处置和信托贷款收缩等因素影响。直接融资业务规模快速增长，增量为144.7亿元，其中，企业债券增长由负转正，同比多增47.7亿元；非金融企业境内股票融资同比多增69.2亿元；政府债券增长较快，比上年多增547.1亿元，占社会融资规模增量的32.6%，地方政府专项债券占社会融资规模增量的19.6%。辽宁省发行东北地区首单民营企业债券融资支持工具和首单绿色中期票据，盛京银行和大连银行发行疫情防控同业存单5亿元。

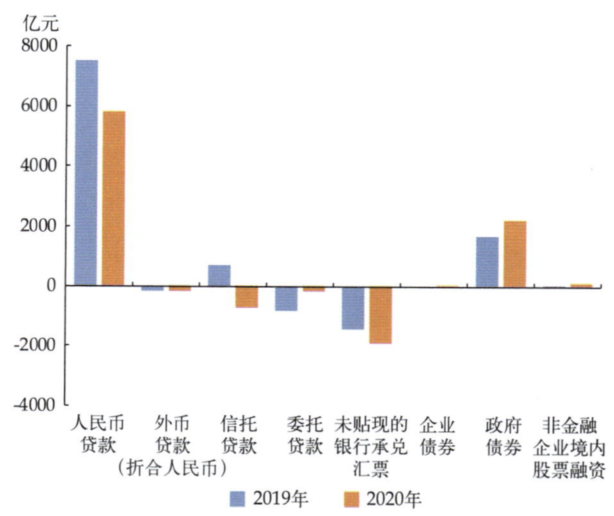

图23　2019—2020年东北地区社会融资规模增量

（数据来源：中国人民银行）

对重点领域和薄弱环节的支持力度不断增强。贷款市场报价利率（LPR）改革红利持续释放，货币政策工具精准滴灌重点领域和薄弱环节。2020年12月，东北地区金融机构新发放人民币一般贷款加权平均利率为5.66%，比上年同期下降0.41个百分点。其中，小微企业贷款加权平均利率为6.06%，比上年同期下降0.52个百分点。“几家抬”措施更加丰富有效，辽宁省对地方法人银行使用再贷款再贴现专用额度发放的优惠利率贷款给予1%的贴息，对地方法人金融机构使用5000亿元再贷款再贴现专用额度给予1%的资金激励，全年拨付贴息及奖励资金2.1亿元。吉林省制定出台“人民银行长春中支三十条”和“金融稳保吉林四十条”，推动专项再贷款政策精准落实，并研发上线“吉企银通”，实现银企一对一对接、手机版操作、全省推进和市场化运作。黑龙江设立总规模100亿元的中小企业稳企稳岗基金（担保贷款风险补偿规模40亿元），全年助力2.5万家企业获贷1817.6亿元；组织省级金融机构成立13支金融服务队，创新“驻企金融联络员”帮扶机制，派驻金融联络员2618名，为企业提供金融政策解读、财务辅导、信用培育服务2.3万户次。

金融改革创新全力推进，服务实体经济力度不断深化。辽宁省生猪期货在大连商品交易所上市，成为我国价值最大的农副产品、首个活体交割的期货品种。东北地区首家境内外合资的合格境外有限合伙人（QFLP）基金管理企业正式落户辽宁自贸区。中韩（长春）国际合作示范区在吉林省正式揭牌。黑龙江省深入实施“紫丁香计划”，全力推动优质企业上市。

五、主要经济圈和城市群发展

（一）主要经济圈建设情况

2020年，长三角、粤港澳大湾区、京津冀、成渝地区双城经济圈扎实落地区域发展重大战略，区域协同发展纵深推进。北京自贸区正式成立，非首都功能疏解取得阶段性成果。长三角加快构建区域创新共同体，交通、能源等一批跨区域重大基础设施建成使用。粤港澳大湾区加速落地新基建项目，广深港澳科技创新走廊加快形成。成渝地区双城经济圈建设加快推进，川渝两地签署200余个合作协议推进产业、交通、民生等领域协同发展。

供给侧结构性改革成效显著，新动能势头强劲。长三角经济圈加快产业链补链固链强链，引领高质量发展。上海全力促进工业稳增长调结构，制订产业基础再造上海方案，发布“工赋上海”三年行动计划，推出26个特色产业园区，全面实施集成电路、生物医药、人工智能三大“上海方案”。江苏持续深化供给侧结构性改革，着力打造集成电路、生物医药、高端装备等13个先进制造业集群，聚力发展轨道交通、车联网等30条优势产业链。浙江数字经济引领高质量发展，2020年数字经济核心产业增加值比上年增长13.0%。安徽省战略性新兴产业产值增长18%，比规模以上工业产值增速高12.5个百分点。粤港澳大湾区经济圈创新驱动产业优化升级。广东国家级高新区增加到14家，高新技术企业达5.3万家，形成电子信息、绿色石化、智能家电、先进材料等7个万亿级产业集群，以数字经济、新一代信息技术等为代表的新经济不断发展壮大。深圳国家高新技术企业总量超过1.8万家，是“十二五”末期的3倍，人工智能与数字经济广东省实验室（深圳）注册成立，全市创新载体达到2693家，其中国家级129家。京津冀和成渝地区双城经济圈加快调整产业结构，优化产业布局。北京加快国际科技创新中心建设，国家高新技术企业达2.9万家，独角兽企业93家。河北开展“万企转型”行动，加快推动新旧动能转换，12大主导产业加快发展。四川主动调整产业结构，积极培育“互联网+”产业环境，新经济蓬勃发展，新动能保持高速增长，全年规模以上高新技术制造业增加值增长11.7%，高于规模以上工业增加值增速7.2个百分点。

重大战略任务加快落地，区域协同发展纵深推进。长三角经济圈制订发布扎实推进长三角一体化发展行动方案，交通、能源等一批跨区域重大基础设施建成使用，医保结算、互联网医院等公共服务实现便利共享，G60科创走廊建设方案发布实施；编制完成长三角生态绿色一体化发展示范区国土空间总体规划，实施一体化示范区高质量发展若干政策措施，率先形成一体化制度创新成果32项和亮点项目60个，共同推进长三角产业链补链固链强链行动。

粤港澳大湾区全面推进中央支持深圳综合改革试点的27项举措和40项首批授权事项，落实金融支持粤港澳大湾区建设30条政策，基础设施互联互通水平显著提升，国际科技创新中心建设进展顺利，广深港澳科技创新走廊加快形成；大力推动规则衔接、机制对接，实施境外高端紧缺人才个人所得税优惠、科研资金跨境使用、与港澳共建青年创新创业基地等政策措施，“湾区通”工程取得明显成效。京津冀经济圈加快落实《京津冀协同发展规划纲要》，系统谋划产业链和创新链布局，联合创建京津冀大数据综合试验区，建设“京津冀大数据协同处理中心”，在多个领域通过合作共建等方式形成了一批大数据应用示范。“十三五”期间，天津引进北京项目3062个、投资到位额4482亿元；河北承接北京非首都功能疏解取得阶段性成果，各类承接平台承载能力与吸引力得到加强。成渝地区双城经济圈建设破题起势，聚焦“两中心两地”战略目标，印发《深化四川重庆合作推动成渝地区双城经济圈建设工作方案》，签署《成渝地区双城经济圈交通一体化发展三年行动方案（2020—2022年）》等“1+6”合作框架协议，在战略协同和规划衔接、基础设施互联互通、现代产业体系建设、协同创新能力提升、生态环境保护、公共服务共享等方面协同发力，加快打造高质量发展重要增长极和新的动力源。

改革开放力度进一步提升，经济发展活力、动力明显增强。上海高水平开放深入推进，颁布《上海市外商投资条例》，出台利用外资“24条”，全年新增跨国公司地区总部51家、外资研发中心20家，高质量推进“一带一路”桥头堡建设，新一批重大海外项目完成线上签约。江苏出台《关于支持中国（江苏）自由贸易试验区高质量发展的若干意见》《关于进一步优化营商环境更好服务市场主体若干措施的通知》，自贸试验区探索首创改革措施60余项，形成115项制度创新成果。深圳抢抓“双区”建设契机，深入贯彻落实“稳住外贸外资基本盘”要求，全年新增外商投资企业4434个，实际利用外资97.9亿美元，同比增长21.4%。广东跨境人民币业务继续支持粤港澳大湾区和“一带一路”建设，2020年跨境人民币结算金额4.12万亿元，同比增长26.2%，全省与“一带一路”国家和地区发生跨境人民币业务4141亿元，占全省业务总量的10.1%。河北自贸区建设总体方案确定的98项改革试点任务有效实施率达82%，总体建设成效显著，制度创新加快推进，目前已形成27项具有首创性、可复制推广的制度创新成果。四川以新发展理念推动构建长江经济带和丝绸之路经济带战略契合互动新格局，全年对“一带一路”国家和地区贸易进出口总值占比30.4%，增速达24%，与62个“一带一路”国家和地区实现跨境人民币交易481.3亿元，同比增长11.9%。13家跨国企业集团开办跨境双向人民币资金池，资金池应计所有者权益合计786亿元，境内外成员企业合计104家。

（二）区域城市群建设情况

区域一体化进程加快推进。2020年，北部湾城市群出台《关于促进新时代广西北部湾经济区高水平开放高质量发展若干政策》《关于促进中国（广西）自由贸易试验区跨境贸易便利化若干政策措施》《中国（广西）自由贸易试验区条例》等引领性政策文件，着力打造南向、北联、东融、西合全方位发展格局，提升一体化程度。关中城市群制定《推动关中平原城市群发展规划实施联席会议制度》《2020年关中平原城市群跨省合作重点推进事项》，深化跨省区协同发展。长江中游城市群共同推动长江中游城市群一体化发展纳入国家“十四五”规划，形成《长江中游地区省际协商合作专题协调会备忘录》，上线全国第一个跨省市工商政务云平台，着力提升区域公共服务能力。《长株潭城市群一体化发展行动计划（2019—2020）》明确的30件事项已完成21项，长株潭一体化高质量发展新格局加速构建。中原城市群发布《2020年郑州都市圈一体化发展工作要点》《洛阳都市圈发展规划（2020—2035）》，加快发展郑州、洛阳都市圈，双轮驱动打造中原城市群高质量发展共同体。

内外联通网络加快完善。2020年，北部湾城市群海铁联运班列增加到4607列，同比增长105%，北部湾港货物吞吐量突破3亿吨，同比增长17%，成为华南地区仅次于广州港的第二大港口。长江中游城市群大力推进航运中心和港口群建设，沿江高铁项目加速推进，全力建设长江中游城市群综合交通运输网络。长株潭城市群围绕加快推进交通互联互通，以“三干、两轨、四连线”为骨架的交通路网基本成型，长株潭“半小时交通圈”基本建成。

开放合作水平持续提升。“中国—东盟金融城”入驻各类企业超4000家，钦州综合保税区、中马“两国双园”跨境自由贸易合作示范区建设加快，广西非自贸区首笔资本项目收入支付便利化业务落地北海，防城港保税物流中心（B型）正式封关运营；关中城市群出台《关于金融支持中欧班列（西安）集结中心暨中国（陕西）自由贸易试验区高质量发展的意见》，加强中欧班列（西安）集结中心金融服务创新水平和金融服务设施建设；长江中游城市群推动湖北自贸区、湖南自贸区与江西内陆开放型经济试验区合作建设，在制度创新、产业发展、共建园区、中欧班列合作等方面深化合作。

产业创新协同能力稳步提高。2020年，北部湾经济区电子信息、绿色化工、生物医药等八大产业集群全年营业收入超过7800亿元。长江中游城市群围绕承接产业转移、优化产业布局，组建跨行政区域的长江中游航运企业联盟和长江旅游推广联盟，推动产业协作。长株潭地区培育发展了湖南省65%以上的高新技术企业、70%以上创业创新平台，创造了全省70%的科技成果，实现了全省50%以上的高新技术产业增加值。关中平原城市群在交通、生态、商务、卫健、文旅、工信6个重点领域签订专项合作协议，增强西安“三中心两高地一枢纽”的辐射带动能力，打造引领关中平原城市群的区域增长极，高效推进产业协同发展。

绿色发展成效显著。长江中游城市群签署《长江中游湖泊湿地保护与生态修复联合宣言》，合力抓好湖泊湿地管理保护、生态修复和科学利用，全面落实《洞庭湖生态经济区规划》，布局推进绿色产业、生态环保、现代农业和新能源等领域绿色技术创新。长株潭城市群绿色生态保护修复面积8万多亩，基本实现裸露山地绿化全覆盖，岳阳获批长江经济带绿色发展示范区。关中城市群加强秦岭生态环境保护，实施黄河流域生态空间治理十大行动，突出抓好陕北黄土高原水土保持，加快推进绿色低碳发展。

（三）自贸区建设情况

自贸试验区成为连接“双循环”的重要平台和稳住外资外贸基本盘的重要阵地，为推动我国经济实现高质量发展起到示范带动作用。自贸试验区在构建新发展格局中率先作为，主动对标高标准国际经贸规则，在更大力度、更深层次改革开放中不断进行“先行先试”探索和实践。

制度创新成效显著，改革开放进入新阶段。上海自贸区临港新片区在落实对外开放、强化制度创新、培育金融体系、服务实体经济、加强服务保障五方面提出了50条创新举措，着力解决当前金融开放与创新发展过程中遇到的瓶颈和难题。广东自贸区深化改革，落实金融支持粤港澳大湾区建设30条政策，增创开放型经济新优势。北京自贸区落地25项试点政策，助力更高水平对外开放。沪苏浙三地自贸区签署了联动发展战略合作框架协议，加强沟通联络、协调配合，积极探索创新合作模式，共同推进产业发展和科技创新，促进金融服务一体化。

助力贸易投资便利化，不断优化营商环境。自贸区成立以来，在贸易便利化、优化营商环境和对外开放方面已形成一批成功经验。上海自贸区上线“金融产业投资促进平台”，力争实现“第一时间发现项目、第一时间传递信息、第一时间匹配资源、第一时间解决问题”。天津自贸区在全国率先推行保税仓储货物质押融资，解决贸易企业融资难问题，推进对外债权登记新政落地，推动租赁产业发展环境进一步优化。海南自贸港推进政务服务“零跑动”改革，建立完善“网上办”“一证办”“全省通办”“一件事一次办”等优化服务清单。浙江自贸区首笔 QFLP 落地，境外战略性资本首次以私募基金模式参与境内股权投资项目，为境内企业拓宽融资渠道、引入国际资本打开了新通道。广东南沙自贸区推进商事制度与国际接轨，探索试点商事登记确认制，全程商事登记电子化申报首次通过率超过 90%，登记人员业务办理量提升 30% 以上。河南自贸区首创“政银合作直通车”服务，将工商登记注册服务窗口延伸至银行，不断提升金融服务水平。

对接国际经贸规则，制度开放迈出新步伐。新形势下自贸区跟进全球经贸治理规则的变化，完善投资保护和争端解决机制，强化知识产权保护体系，构建国际化、透明度高的争端解决环境。上海自贸区发布《中国（上海）自由贸易试验区仲裁规则》，与国际主流仲裁规则接轨，推动构建上海自贸区国际化、法治化营商环境。海南探索建立与国际接轨的仲裁规则，成立中国国际经济贸易仲裁委员会海南仲裁中心、中国海事仲裁委员会海南仲裁中心。江苏自贸区南京片区发布《关于促进中国（江苏）自由贸易试验区南京片区法律服务业高质量发展的若干建议（试行）》，进一步提升法律服务国际化水平、打造国际一流法治营商环境。安徽自贸区主动对标《区域全面经济伙伴关系协定》等国际高水平经贸规则，重点在营商环境、投资贸易、科技创新、产业发展、区域联动等领域开展积极探索，不断推动高水平对外开放。

依托自贸区优势，发展特色外贸业态。浙江自贸区首次开展中资非五星旗船沿海捎带业务，进一步提升了宁波舟山港世界第一大港地位，保税油供应量突破 470 万吨，稳居供油港全国第一、世界前八，朝国际海事服务中心不断迈进。河北自贸区创新生物医药知识产权维权援助管理服务模式，建成全国首个自贸试验区生物医药知识产权维权援助中心。四川自贸区拓展“中欧 e 单通”跨境贸易区块链平台辐射范围，完成与成都铁路局物流区块链并链，覆盖德国、俄罗斯、波兰等国家。黑龙江自贸区设立全国首个中俄边民互市贸易结算中心，首创俄籍自然人和委托代理人办理跨境人民币支付业务。海南自贸港出台海南离岛旅客免税购物政策，新政实施以来，全岛免税店日均销售额超 1.2 亿元，全年实际销售额 322.2 亿元，同比增长 128%。

六、区域金融改革创新与对外开放情况

近年来，按照党中央、国务院统一部署，人民银行选择若干具备条件的地区，推动开展了一系列区域金融改革试点。2020 年以来，各地区克服复杂严峻的国内形势和疫情防控压力，积极稳妥推进改革创新，金融改革取得新进展，积累了可复制、可推广的经验和做法。

（一）金融业对外开放有序扩大

各地稳步推进人民币跨境结算使用，人民币国际化水平再上新台阶，江苏、浙江、湖北、福建等地稳步推进重点领域、重点行业人民币计价结算取得突破，跨国公司跨境双向人民币资金池、铁矿石贸易和对外承包人民币结算等业务顺利开展。金融市场双向开放加速推进，上海、北京、深圳、海南和重庆五地开展合格境内有限合伙试点，“沪港通”“深港通”“债券通”等金融市场基础设施互联互通机制逐步完善，双向证券投资交易日趋活跃。上海加快推动金融开放和创新发展，率先落地多项开放措施，离岸转手买卖业务、高新技术企业外债便利化额度业务深入推进。北京先后推进外资征信、评级、人民币国际投贷基金落地，首都金融业开放的层次和领域不断拓展。广东、海南、辽宁等地紧扣跨境直接投资和融资便利化，探索落地贸易融资资产和不良资产跨境转让业务。广西、云南、黑龙江强化边境口岸贸易结算信息平台建设，有效提升边民互市贸易结算的便利化水平。江苏昆山积极探索促进两岸产业链供应链稳定和融合发展的有效方式，专门推出“昆台融”“昆链贷”等政策性金融产品，

支持台资企业及产业链关键配套企业融资需求。

（二）绿色金融改革取得阶段性成果

2020年，各绿色金融改革创新试验区以创新推动绿色产业发展为主线，在绿色金融标准、绿色金融产品服务创新、激励约束机制等方面积极探索，取得阶段性成果。2020年末，六省份九地试验区绿色贷款余额达2368.3亿元，占全部贷款余额比重15.1%；绿色债券余额1350亿元，同比增长66%。广州强化创新引领，拓展绿色供应链金融服务，推动绿色债券创新在全国形成绿色金融示范效应，2020年广州市绿色金融改革创新试验区荣获国际金融论坛（IFF）绿色金融特别贡献奖。浙江湖州、衢州在全国率先发布地方绿色技术规范10余项，湖州获批全国首个绿色金融与绿色建筑协同发展试点城市。新疆昌吉、哈密、克拉玛依三地试验片区实现银行业金融机构绿色专营机构全覆盖，有效提升绿色金融服务供给。江西在强化政策激励、推动绿色金融产品创新等方面积极探索，支持赣江新区绿色票据业务试点，创新“绿票融”等特色金融产品，绿色金融服务供给能力获得提升。

（三）农村金融、小微企业、普惠金融改革试验区建设纵深推进

四川成都探索构建包括农村产权交易、财政投入、货币政策工具支持、风险分担奖补在内的一整套配套体系，致力打造农村金融核心基础设施——“农贷通”金融综合服务平台，探索解决“最后一公里”的村站机制，有力提升了农村普惠金融服务水平。吉林、山东等地区大力推动农村普惠融资服务体系建设，实施农村基础金融服务网络改革，持续完善农村物权增信平台、产权交易流转平台等金融业基础服务平台建设。浙江台州持续推进金融服务信用信息共享平台建设，探索平台与“长三角征信链”对接试点，为推广区域信用信息平台“上链”积累了有益经验。福建宁德、龙岩围绕乡村振兴重点领域，试点区域农村普惠金融标准化服务点实现全覆盖，创新开展“海上信用渔区”“台湾农民创业园信用园区”等普惠金融有关信用示范创建工作，有效提升信贷可得性。

（四）国家级金融综合改革试验区推进力度持续提升

北京在全国率先打造“模型驱动的嵌入式金融服务模式”，建设“创信融”企业融资综合信用服务平台，打通企业融资痛点堵点。山东青岛成功发行全球首单非金融企业蓝色债券。浙江温州持续深化“首贷”培植工程，在浙江省内率先建立逐户统计的企业首贷户统计制度，首贷户数和首贷金额明显提升。江苏泰州着力在科创企业、战略性新兴产业和一些重点领域和薄弱环节以及长效机制建设方面深入推进改革创新，聚焦优化全链条企业融资服务模式，探索股债融合支持产业转型升级。

（五）金融支持创新体系力度不断增强

安徽加大金融支持科技成果转化力度，着力打造“政产学研用金”六位一体科技成果交易市场，为制造业转型升级、高质量发展提供专利支撑。2020年，安徽省吸纳技术合同成交额首次突破1000亿元，输出技术合同成交额700多亿元。武汉成立“基金小镇”，吸引各种创业投资基金、私募股权投资基金、证券投资基金和对冲基金等机构聚焦科技企业，2020年末入驻基金总规模超300亿元。建立科技保险创新试验区，聚焦科技产业发展及科技创新中的风险管理需求，对科技企业在创新研发、生产运营、市场推广及成果转化等重点环节实现科技保险全覆盖，促进产业链与保险链有机结合。四川率先建立全国首个基于区块链技术的知识产权融资服务平台，不断深化军民融合和科技创新金融服务，同时深入推进知识产权金融生态示范区建设，知识产权作为唯一担保和主担保的贷款余额占比达78.41%。

（六）金融科技高质量发展打开新局面

近年来，我国金融科技快速发展，在服务

实体经济、普惠金融等方面发挥了重要作用。金融机构数字化转型步伐明显加快，大数据纾解小微企业融资难问题取得显著成效，2020年全国普惠小微贷款增速超过30%；保险机构基本实现关键业务环节线上化，数字保险应用及覆盖范围明显拓宽；移动支付普及率和规模居全球首位，已实现基本金融服务城乡全覆盖。金融科技应用加速“非接触式”普及和应用，保障正常金融服务供给不中断，有力支持了我国防疫抗疫工作。

第三部分 区域经济金融展望

2021年是"十四五"开局之年，我国将开启全面建设社会主义现代化国家的新征程。目前我国经济呈现稳定恢复态势，稳中加固、稳中向好。也要看到，国际经济金融形势仍然复杂严峻，外部环境仍存在诸多不确定性，国内经济恢复还不平衡，区域经济发展不均衡和新动能支撑不足等问题交织，关键领域创新能力不强，民生领域还有不少短板，防范化解金融等领域风险任务依然艰巨。各地区将深入贯彻新发展理念，实施好区域重大战略，不断优化区域经济布局，促进区域协调发展。

中国人民银行将坚持以习近平新时代中国特色社会主义思想为指导，坚决贯彻落实党中央、国务院决策部署，巩固拓展疫情防控和经济社会发展成果。科学精准实施宏观政策，把握好政策时、度、效，着力稳定市场预期，促进经济持续恢复和高质量发展。稳健的货币政策要灵活精准、合理适度，把服务实体经济放在更加突出的位置，珍惜正常的货币政策空间，处理好恢复经济和防范风险的关系。健全现代货币政策框架，完善货币供应调控机制，管好货币总闸门，保持流动性合理充裕，保持货币供应量和社会融资规模增速同名义经济增速基本匹配，保持宏观杠杆率基本稳定。进一步发挥好再贷款、再贴现和直达实体经济货币政策工具的牵引带动作用，构建金融有效支持实体经济的体制机制，延续普惠小微企业贷款延期还本付息政策和信用贷款支持计划，引导金融机构加大对科技创新、小微企业、绿色发展的支持，深化利率、汇率市场化改革。继续释放改革促进降低贷款利率的潜力，优化存款利率监管，推动实际贷款利率进一步降低。多渠道补充银行资本金，牢牢守住不发生系统性金融风险的底线，为实现经济总量平衡、结构优化、内外均衡，加快形成以国内大循环为主体、国内国际双循环相互促进的新发展格局创造良好的货币金融环境，以优异成绩庆祝中国共产党成立100周年。

东部地区区位优势明显、产业结构持续优化，经济总量在全国保持领先，经济"稳定器"的作用逐步显现。固定资产投资增势良好，新型消费表现活跃，创新动能不断积聚，企业效益持续改善。金融改革开放创新有序推进，金融服务质效不断提升，为东部地区打赢疫情防控阻击战和经济社会加快恢复、实现平稳高质量发展提供了有力支撑。展望2021年，随着长三角区域一体化战略进入实质落实阶段、粤港澳大湾区和京津冀协同发展深入推进、海南加快建设自由贸易港，东部地区将在经济转型升级和加快推进现代化方面引领高质量发展，进一步释放创新活力，加速转换新旧动能，不断增强金融服务实体经济能力，有序推进金融风险防控，为东部地区加快推进现代化营造适宜的货币金融环境。

中部地区资源丰富，衔接东西，是我国新一轮工业化、城镇化、信息化和农业现代化的重点区域。产业结构继续保持调整优化态势。货币信贷和社会融资规模较快增长，有力支持了疫情防控、复工复产和稳企业保就业。展望2021年，中部地区将把握新兴产业布局和转移的历史机遇，加快推动产业链"强链补链"，做大做强中心城市，打造引领中部城市群的区域增长极，高效推进产业协同发展，实施好创新驱动发展战略，优化营商环境并扩大高水平开放，进一步推动制造业高质量发展和提高关键领域自主创新能力。金融业将继续提高服务实体经济质效，优化信贷结构，创新融资产品和方式，为中部地区加快崛起提供有力的金融支撑。

西部地区紧抓"一带一路"建设、西部大

开发、长江经济带发展、黄河流域生态保护和高质量发展等重大战略机遇，积极优化营商环境，加快产业结构调整，深化对外开放，对全国经济发展的贡献度持续提升。金融助力脱贫攻坚成效显著，金融供给侧结构性改革持续推进，重点领域金融风险处置取得积极进展。展望2021年，西部地区将加快“两新一重”基础设施建设，打造具有区域特色的创新高地，加大科技型企业培育力度，加快构建多层次科技合作平台，持续提升地区科技创新能力，推动形成大保护、大开放、高质量发展的新局面。金融业将进一步优化金融资源配置，提升金融支持实体经济能力，巩固和拓展脱贫攻坚成果，同时做好与乡村振兴有效衔接，进一步扩大金融对外开放，助推“一带一路”核心区建设。

东北地区经济持续恢复性增长，农业生产再创新高，生态环境持续改善，固定资产投资稳定增长。金融业运行平稳，信贷结构进一步优化，金融支持稳企业保就业成效明显。然而，人口、资金等存在外流现象，制约东北经济持续增长空间。展望2021年，随着东北振兴战略的深入落实，东北地区将充分发挥在农业、工业、科教、生态等方面的区域特色优势，进一步优化市场化、法治化、国际化营商环境，继续加大农业现代化建设和农业供给侧结构性改革力度，深入实施创新发展驱动战略，推动现代产业体系转型升级，积极参与共建“一带一路”，深入打造我国向北开放的窗口和东北亚合作中心枢纽，加强与京津冀协同发展等重大区域战略的对接。金融业将继续深化金融供给侧结构性改革，加强监管，促进健全微观治理机制、改善地区金融生态。

第四部分　专　题

专题 1　金融支持稳企业保就业成效显著

2020 年，面对突如其来的新冠肺炎疫情冲击，人民银行坚决贯彻落实党中央“六稳”“六保”决策部署，主动作为，精准施策。坚持稳健的货币政策灵活适度、精准导向，灵活把握货币政策调控的力度、节奏和重点，统筹发挥金融机构合力，完善相关配套措施，全力推动金融支持稳企业保就业工作快速精准落地，为我国率先控制疫情、率先复工复产、率先实现经济正增长提供了有力支撑。

一、加大信贷支持力度，多渠道满足企业融资需求，降低融资成本

根据疫情防控形势和经济发展需要，人民银行分层次、有梯度地推出合计 1.8 万亿元再贷款、再贴现政策，创新两项直达实体经济的货币政策工具，加大货币信贷支持力度。同时，深化 LPR 改革明显降低企业融资成本。

（一）出台再贷款再贴现政策，加大货币信贷支持力度

为统筹推进疫情防控和经济社会发展，人民银行按照支持抗疫保供、复工复产、中小微企业发展等实体经济需要，分层次、有梯度地推出 3000 亿元、5000 亿元和 1 万亿元再贷款、再贴现政策。3000 亿元疫情防控专项再贷款支持有关银行向 7597 家全国性和地方性防疫保供重点企业累计发放优惠贷款 2834 亿元，加权平均利率为 2.49%，财政贴息 50% 后，企业实际融资利率约为 1.25%，有效支持抗疫物资生产、保障生活物资供应。5000 亿元再贷款再贴现专用额度支持地方法人银行累计发放优惠利率贷款 4983 亿元，加权平均利率为 4.22%，惠及企业 59 万户，切实解决企业债务偿还和资金周转等迫切问题。1 万亿元普惠性再贷款再贴现引导地方法人银行以优惠利率向 158 万家企业提供贷款，加权平均利率为 4.67%，有力支持经济恢复发展。

（二）创新两项直达实体经济的货币政策工具，精准支持中小微企业发展

为贯彻党中央、国务院关于“六稳”“六保”决策部署，人民银行于 2020 年 6 月 1 日创设“普惠小微企业贷款延期支持工具”和“普惠小微企业信用贷款支持计划”两项直达实体经济的货币政策工具。各分支机构积极督导地方法人银行落实延期还本付息政策，缓解中小微企业年内还本付息压力，取得积极成效。2020 年，银行业累计对 7.3 万亿元贷款本息实施延期，惠及企业 212 万户。普惠小微企业贷款延期支持工具累计向地方法人银行提供激励资金 87 亿元，支持其 6—12 月对普惠小微企业贷款延期本金共计 8737 亿元，加权平均延期期限为 12.8 个月，有效减轻了小微企业阶段性还本付息压力。引导法人金融机构加大普惠小微信用贷款发放，普惠小微信用贷款发放占比持续提升。银行业金融机构全年累计发放普惠小微信用贷款 3.9 万亿元，比上年多发放 1.6 万亿元。

（三）深化 LPR 改革，降低企业融资成本

推动 LPR 运用，引导贷款利率下行为企业让利。促进银行将 LPR 嵌入内部资金转移定价体系，推动存量浮动利率贷款定价基准

转换，截至2020年8月，存量贷款定价基准转换率达92.4%。目前，银行新发放和存量贷款都已基本参考LPR定价，银行内部定价和传导机制的市场化程度显著提高。2020年，1年期LPR累计下行30个基点至3.85%，带动市场利率和贷款利率下行。2020年12月，企业贷款加权平均利率为4.61%，较2019年12月下降0.51个百分点，融资成本明显降低。2020年，金融系统通过降低利率、减少收费、直达工具等途径，向实体经济让利1.5万亿元。

（四）发挥多层次资本市场融资功能，支持企业直接融资

在加大信贷支持力度的同时，2020年全国信用类债券市场净融资4.45万亿元，同比增长33.2%；全年境内IPO融资4625亿元，同比增长77.6%，企业融资进一步多元化。人民银行上海总部会同南京分行、杭州中心支行、合肥中心支行和银行间市场交易商协会积极推动长三角G60科创走廊相关机构发行创新创业债务融资工具（“双创债”）、绿色债务融资工具。G60科创走廊九城市全年发行14单“双创债”，累计实现融资72.8亿元，已注册待发行额度30亿元。人民银行深圳市中心支行辅导辖内金融机构发行小微企业专项债400亿元，全年公司信用类债券融资规模同比增长71.2%。

二、统筹发挥金融机构合力，完善配套措施，提升服务质效

人民银行联合有关部门印发《关于进一步强化中小微企业金融服务的指导意见》，推动商业银行提升小微企业金融服务能力，指导分支机构立足本地实际，创新政银企对接形式，完整配套政策，精准帮扶企业。

（一）建立银企对接机制，实现政策精准滴灌

为确保各项稳企业保就业政策落到实处，人民银行各分支机构建机制、出方案、定名单、促对接，充分发挥各项政策精准滴灌作用，提高银企对接效率。武汉分行推动湖北省政府出台“金融稳保百千万”工作方案，按照“省级层面重点支持100家以上龙头企业、1000家以上核心企业以及数万家小微企业”的工作思路，从辖内人民银行和省级银行机构两个层面督促开展重点企业融资对接工作，组织银行机构深入企业摸排融资需求，按照“一企一策一专班”工作模式，有针对性地为企业纾困解难。南昌中心支行推动建立产业链核心企业和重点规模以上企业名单，依托“产业链链长制”向银行积极推送重点企业名单进行逐户对接。

（二）优化内外部考核激励机制，提升金融机构服务能力

多层面化解小微企业贷款难题，降低银行授信顾虑。一是建立金融机构“敢贷、愿贷、能贷、会贷”长效机制。针对基层金融机构权限少、怕追责、不敢贷的问题，杭州中心支行推动浙江省内各级金融机构建立小微金融服务授权、授信、尽职免责“三张清单”。目前，浙江省80%以上的市级银行机构已拥有小微贷款权限。成都分行指导辖内法人银行制定小微企业授信业务尽职免责制度。二是优化商业银行考核体系。上海总部协调上海市国资委针对市管商业银行2020年度经营业绩考核指标进行了优化调整，适度降低效益增长率指标的考核要求，提升普惠金融指标的考核权重。

（三）创新金融产品，提升服务质量

一是大力推广供应链、产业链金融服务。借助上海票据交易所供应链票据平台，全国首批供应链票据贴现业务在北京、上海、广东、安徽落地。二是创新抵（质）押方式。针对小微、民营企业不动产抵押物不足的情况，西安分行积极推动无形资产抵（质）押融资，指导和督促金融机构拓宽抵（质）押品范围，加快发展知识产权、股权、仓单、订单、应收账款等质押贷款和供应链融资业务。三是

科技赋能提升金融服务效率。总行营管部依托数据驱动和科技支撑，在全国率先打造“模型驱动的嵌入式金融服务模式”，建设“创信融”企业融资综合信用服务平台。平台上线运行3个月，发放贷款突破4亿元，首贷企业占比70%，平均贷款时长由10个工作日大幅压缩至12分钟。

（四）完善配套措施，发挥“几家抬”政策合力

一是推动减税降费、贴息奖补等政策落地见效。成都分行联合地方财政部门修订完善财政金融互动政策，通过财政奖补贴息引导金融机构加大对特定市场主体的金融支持力度。二是推动政府完善信用担保体系。上海总部协调政府部门为重点企业设立首期120亿元纾困专项贷款，明确政府性担保放大倍数原则上不低于5倍。南昌中心支行强化金融和财政政策引导，将企业担保费率降至1%以下。三是完善信用信息体系建设，破解小微企业“首贷”、信用贷款难题。南昌中心支行协调政府部门搭建企业收支流水大数据平台，开辟首贷户申贷专用通道，精准对接融资申请中的“无贷户”。杭州中心支行推动开展小微企业信用评级试点，全年共完成2521家小微企业的信用评级，其中，1632家获得信用贷款20.95亿元。

三、金融支持稳企业保就业取得显著成效

2020年，市场主体信贷支持力度明显加大，融资成本不断下降，信贷结构持续优化，实体部门获得感明显增强。总体来看，金融服务取得了“量增、价降、面扩、质优”的显著效果。

（一）各项贷款合理增长，小微企业贷款户数较快增长

2020年末，金融机构本外币贷款余额为178.4万亿元，同比增长12.5%，比年初增加19.8万亿元，同比多增3万亿元。其中，普惠小微贷款余额15.1万亿元，同比增长30.3%；支持小微经营主体3228万户，同比增长19.4%。

（二）企业综合融资成本明显下降

2020年12月，新发放贷款加权平均利率为5.03%，同比下降0.41个百分点，创有统计以来新低。其中，一般贷款加权平均利率为5.3%，同比下降0.44个百分点；普惠小微贷款利率为5.08%，同比下降0.8个百分点。

（三）信贷结构持续优化

金融对制造业和普惠小微企业支持力度不断加大，制造业中长期贷款和小微企业贷款增长较快。2020年末，企（事）业单位贷款比年初增加12.2万亿元，同比多增2.7万亿元；制造业中长期贷款增速为35.2%，同比上升20.3个百分点，增速连续14个月上升。信用贷、首贷、无还本续贷大幅增加，2020年普惠小微新增授信中，首次授信户占比近40%。

四、下一步工作方向

（一）完善融资担保体系

目前，政府性融资担保机制仍有待健全，担保功能还有待进一步发挥，宜通过补充资本、调整运营考核机制、降低担保费率等方式，提高融资担保质效。对于重点支持的小微企业首贷、信用贷款需求，适当放宽风险补偿资金池准入门槛。

（二）加快信用信息共享

加快征信链建设，结合长三角、粤港澳、京津冀等重大区域发展战略，推进区域征信一体化发展，推动金融信息、政务信息和公用事业信息等不同领域、不同地域信用信息的互联互通。因地制宜建设地方征信平台，丰富替代数据的应用场景，提升征信服务水平。

（三）完善金融服务中小微企业的长效机制

继续督促引导金融机构完善内部资源配

置和考核激励机制，强化互联网、大数据等金融科技手段运用，加强与地方信用信息综合服务平台、市场化征信机构、政府性融资担保机构等合作，综合评价小微企业信用风险水平，持续加大对小微企业无还本续贷、信用贷款、首贷等信贷支持力度，促进形成敢贷、愿贷、能贷、会贷的长效机制。

专题 2 LPR 改革情况及金融机构经营行为变化

根据中国人民银行〔2019〕第 30 号公告，新发放贷款自 2020 年 1 月 1 日起全面运用 LPR。为进一步深化利率市场化改革，各金融机构按照市场化、法治化原则，于 2020 年 3 月 1 日如期启动存量浮动利率贷款定价基准转换工作。2020 年 8 月末，存量浮动利率贷款定价基准转换顺利完成，改革取得良好效果。

一、推动存量贷款定价基准转换的经验和做法

一是将存量企业贷款定价基准转换进度纳入宏观审慎评估（MPA）。人民银行自 2020 年第二季度起，MPA 的定价行为评估指标下增设“存量企业贷款定价基准转换进度”子指标。

二是人民银行各分支行多措并举落实好存量转换工作。一方面，督促金融机构严格按照文件精神落实系统改造、合同修订等要求，为定价基准转换奠定良好基础。另一方面，创新沟通宣传方式，提高政策传导的覆盖面和有效性。针对仅通过微信、宣传栏等方式普及 LPR 改革内容受众有限等问题，福建省漳州市中心支行指导金融机构深入农村开展入户宣传沟通活动，面对面解答客户问题，打通政策传导“最后一公里”。广东省佛山市中心支行搭建同业交流平台，推动法人金融机构共享经验做法，协调辖内农商行妥善解决市民投诉及异议，让客户愿意转换、放心转换。安徽省铜陵市中心支行组织辖内村镇银行优先开展线下贷款转换，加快系统改造进度，提升转换效率。

三是引导金融机构立足实际优化绩效考核和转换效率。湖南省长沙银行主推线上转换方式，在客户充分知情的情况下，批量转换个人客户贷款。云南省昆明市农村信用社建立员工激励机制，根据转换进度给予员工一定的绩效奖励，提升员工积极性。山东省创新利用抖音直播等方式，向社会各界宣讲改革政策，增进客户理解，加快转换进度。

目前存量浮动利率贷款定价基准转换已经顺利完成，至 2020 年 8 月末转换进度已达 92.4%，其中，存量企业贷款转换进度为 90%，存量个人房贷转换进度为 99%。

二、LPR 改革成效

2020 年，人民银行继续完善 MLF 常态化操作机制，以 1 年期为主，提高操作的透明度、规则性和可预期性，为 LPR 提供参考基准，有效引导市场预期。LPR 改革后，“MLF 利率→ LPR →贷款利率”的利率传导机制得到充分体现，货币政策向实体经济的传导机制更加灵敏畅通，传导效率进一步提升。

一是 LPR 引导市场利率下行，企业融资成本明显降低。2020 年 12 月，1 年期、5 年期以上 LPR 较改革之初（2019 年 8 月）分别下降 0.40 个、0.20 个百分点。整体来看，2020 年 12 月末，全国新发放贷款加权平均利率为 5.03%，同比下降 0.41 个百分点，企业贷款加权平均利率为 4.61%，同比下降 0.51 个百分点，下降幅度分别高于同期 1 年期 LPR 下降幅度 0.11 个、0.21 个百分点。疫情期间，LPR 引导市场利率下行，支持企业复工复产，对稳定经济发展发挥了重要作用。

分区域看，各地区一般贷款利率均有所下行，小微企业贷款利率下降显著。调查显示，2020 年 12 月，东部、中部、西部、东北地区一般贷款加权平均利率分别为 5.16%、5.53%、5.61% 和 5.66%，同比分别下降 0.47 个、0.61 个、0.32 个和 0.41 个百分点；小微企业贷款加权平均利率分别为 5.13%、5.51%、5.25% 和 6.06%，同比分别下降 0.45 个、0.78 个、0.69 个和 0.52 个百分点，充分体现出LPR改革增强金融机构自主定价能力，促进降低企业融资成本的作用。

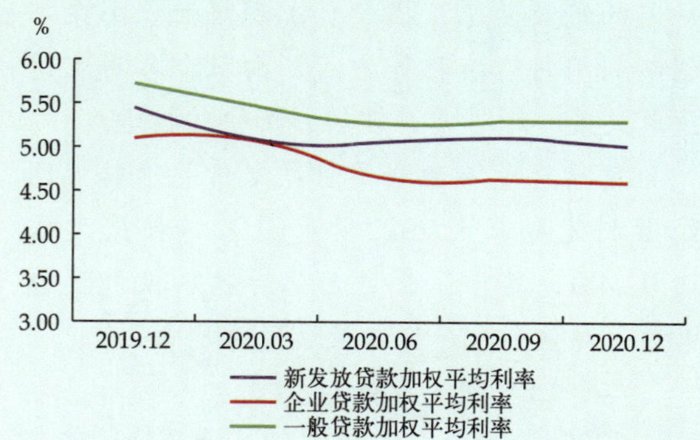

图24　2019—2020年全国贷款加权平均利率

（数据来源：中国人民银行）

二是贷款利率隐性下限被完全打破。LPR改革前，银行发放贷款大多参照贷款基准利率，少数银行通过协同行为以贷款基准利率的一定百分比（如90%）设定隐性下限，对市场利率向实体经济传导形成阻碍。LPR改革以来，尤其是存量浮动利率贷款转换完成后，银行贷款利率隐性下限被有效打破。2020年末，东部、中部、西部和东北地区1年期以内新发放贷款低于原贷款基准利率90%下限的占比分别为33.85%、17.08%、33.27%和20.31%，较LPR改革前大幅提升。

三是贷款利率带动存款利率下行。贷款利率下行促使银行主动降低负债成本。调查显示，2020年末，东部、中部、西部和东北地区3年期整存整取定期存款加权平均利率同比分别下降0.02个、0.02个、0.04个和0.09个百分点。

三、LPR改革后金融机构经营行为变化

（一）逐步完善存贷款利率定价机制

金融机构将LPR融入FTP曲线构建，进一步优化贷款定价因子和参数设置，更加贴近市场和满足客户需求。重庆、江西、福建的法人金融机构将LPR嵌入FTP的占比较高。重庆农村商业银行利用1年期、5年期以上LPR品种构建LPR利率曲线，其中1~5年期期限点采用插值法计算，结合最新LPR变动趋势，将LPR基准点曲线与以上海银行间同业拆放利率（Shibor）等市场利率构建的人民币存贷款收益率曲线按一定比例拟合构建形成FTP加权拟合曲线。

（二）加强负债成本管理，优化负债结构以应对息差收窄压力

随着LPR改革逐步深化，贷款利率下行，银行息差进一步收窄。对全国150家法人金融机构抽样调查显示，2020年下半年，城商行、农商行、村镇银行存贷款利差中位数分别为1.53%、2.38%和2.7%，分别较上年末下降0.21个、0.34个和0.37个百分点。各金融机构通过加强资产负债管理，调整业务结构等方式应对挑战。

一是稳定负债端成本。随着不规范存款产品逐步清理，高息揽储现象大幅减少。部分银行控制结构性存款、大额存单等高成本业务规模，下调存款挂牌利率，降低总体负债成本。

二是拉长负债期限结构，降低利率风险。根据调查，东部、中部、西部和东北地区3年期定期存款占比较年初分别上升3.7个、2.79个、4.64个和2.48个百分点。

三是优化风险定价策略。LPR改革促使银行提升定价专业化、精细化水平。一些金融机构在LPR基础上，充分考虑自身资金成本、市场供求和风险溢价等因素，根据客户风险状况进行差异化利率定价。

（三）提高风险管理能力，加大科技运用力度

一是金融机构风险管理意识明显提高。金融机构通过压力测试、资产负债结构的利率敏感性缺口分析等手段，优化负债期限和负债品种配置。积极探索运用衍生品手段对冲利率风险，山东省部分银行开始使用LPR

衍生品进行套期保值。

二是完善信息系统建设，为业务决策提供更为科学的数据支撑。金融机构增加金融科技应用，广泛利用大数据等科技手段，对客户进行画像，辨识客户需求，优化定价参数，提升定价精准度，为客户提供更加精准专业的金融服务。

四、LPR 改革面临的新情况、新问题及政策建议

（一）当前 LPR 改革中的新情况、新问题

一是金融机构内部定价尚未充分参考 LPR。部分中小银行尤其是村镇银行由于人才缺乏、系统建设滞后，FTP 尚未有效应用。一些地方法人金融机构尚未在 FTP 中嵌入 LPR，成本收益核算未充分参考 LPR 变化趋势，银行内部利率传导机制还有待完善。

二是金融机构利率风险管理挑战加大。LPR 改革后，金融机构贷款转变为参考市场化程度更高的 LPR 定价，随着 LPR 变动，浮动利率借款人可能会根据利率变动提前还款或延期还款。LPR 变动还会引起贷款利率变动，金融机构必须做好负债端成本匹配，这对银行风险管理提出了更高要求。

三是存贷款市场竞争加剧。为应对息差收窄等挑战，各金融机构调整业务结构和竞争战略，大型银行不断下沉服务，利用存贷款产品较为丰富、定价能力强、资金成本低等优势，拓展市场。与此相比，部分中小法人金融机构负债成本较高，定价能力不足，面临较大竞争挑战。

（二）下一步工作方向

2020 年持续深化 LPR 改革取得了良好成效，下一步要在此基础上继续完善体制机制。

一是持续引导金融机构科学定价，加强资产负债管理。加大对农村金融机构、村镇银行等中小银行技术和人力支持力度，加快建立 FTP 定价系统，将 LPR 内嵌至 FTP 中，有效提高资金利用效率。中小银行自身要聚焦主责、主业，以 LPR 定价为基础，增强客户细分和定价科学化；充分发挥客户渠道、下沉深度、小微企业风险管理技术等方面优势，提升精细化服务水平和差异化竞争能力。

二是继续深化 LPR 改革。进一步完善和发展 LPR 衍生品市场，完善 LPR 利率互换、期权等产品开发，鼓励扩大交易规模，激发市场活力，为商业银行提升利率风险管理主动性提供有效工具。

三是进一步强化行业自律，规范存贷款市场秩序。严守存贷款产品的边界和自律要求，严禁不规范产品通过各种线上线下形式进入市场，压降不规范存款创新产品，禁止地方法人银行开办异地存款，推动明示贷款年化利率，避免非理性竞争，营造健康规范的市场环境。

专题3 金融支持制造业高质量发展稳步推进

党的十九届五中全会提出，要保持制造业比重基本稳定，巩固壮大实体经济根基，完善金融支持创新体系，促进新技术产业化规模化应用。近年来，人民银行实施稳健的货币政策，疏通政策传导机制，多措并举加大金融对制造业企业的支持力度，制造业贷款和制造业中长期贷款快速增长，制造业增加值和制造业投资增速稳步回升。

一、制造业发展稳中向好，结构不断优化

“十三五”期间，我国制造业发展稳中向好，2016—2019年制造业增加值年均增长6.2%，2020年面对新冠肺炎疫情、中美经贸摩擦等冲击，制造业仍表现出较强的韧性，全年增加值同比增长3.4%，为我国经济恢复增长提供重要支撑。

（一）高技术产业支撑作用增强，产业结构不断优化

2020年，我国高技术制造业增加值比上年增长7.1%，高出规模以上工业增加值增速4.3个百分点。先进制造业引领工业经济复苏，以计算机、医药为代表的先进制造业在疫情后率先恢复，全年增加值分别增长7.7%和5.9%，新能源汽车、机器人制造等新一代信息技术产业快速发展，2020年增加值同比增速分别为17.3%和19.1%。

（二）发展质效不断提升，国内国际“双循环”互相促进

2020年第四季度，全国工业产能利用率为78%，整体产销率达97.9%；制造业企业全年实现利润总额5.58万亿元，同比增长7.6%，高出规模以上工业利润增速3.5个百分点。2020年，制造业出口交货值基本恢复到上年水平，部分重点行业“危”中寻“机”，医药制造业全年出口交货值同比增长36.6%。

（三）产业集群快速发展，区域协同效应明显增强

近年来，我国加快推进新兴产业和先进制造业高质量发展，依托地理优势的相关产业实现区域聚集，辐射带动周边地区经济发展。目前，上海G60科创走廊、京津冀城市群、广东珠江西岸都市圈等具有一定规模的产业集群已基本形成，有效带动区域先进制造业高质量发展。

二、多措并举，稳步推进金融支持制造业高质量发展

（一）加强政策引导，强化金融支持

2020年，人民银行出台《金融支持稳企业保就业指引》，引导金融机构将制造业作为稳企业保就业的重点方向，各地结合实际出台针对性政策，强化金融支持。如深圳市出台《关于推动制造业高质量发展坚定不移打造制造强市的若干措施》，从促升级、降成本、保空间、优环境等方面着力推动制造业升级和产业链供应链稳定发展；重庆市出台《加大制造业中长期融资支持力度若干政策措施》，从加大贷款投放、拓宽融资渠道、优化政策保障3个维度，增强金融支持制造业中长期融资力度；贵州省制定《关于金融服务贵州省经济高质量发展的意见》，计划未来3年为十大工业产业提供1000亿元以上融资支持。

（二）强化部门协同，畅通政银企对接渠道

针对制造业民营和小微企业融资渠道窄、贷款难度大、银企对接信息不畅等问题，人民银行分支机构加强与财税、工信、科技等部门协同，强化政策协调联动。如西安分行积极推动完善信用增进和风险分担措施，协调省财政出资设立8亿元小微企业风险补偿基金和2亿元政策性融资担保风险补偿基

金，安排产业结构调整引导专项资金近2亿元，重点支持新能源、高端装备制造等领域；长沙中心支行联合湖南省工信、科技等部门做好重大工程和重点项目名单管理，组织开展金融“暖春行动”，加大制造业小微企业首贷培植，围绕制造业“白名单”企业、“小巨人”企业等重点，促推银企融资对接。

（三）依托核心企业，推动制造业产业链发展

一是发展供应链金融。支持金融机构与供应链核心企业合作，探索开发服务于供应链上下游的金融产品。如湖南华融湘江银行围绕核心企业，推出“N+1+N”① 供应链金融综合服务。二是推动应收账款质押融资。如贵阳中心支行发挥应收账款融资服务平台等金融基础设施作用，全年通过平台促成应收账款融资超千亿元。三是开辟票据贴现绿色通道。针对核心制造业企业票据贴现笔数多、资金使用效率较低等问题，建设银行和工商银行湖南省分行等多家银行开辟票据贴现绿色通道，缩短业务办理时间，提高资金使用效率。

（四）突出创新驱动，提升制造业金融服务水平

一是推进科技金融服务创新。如重庆在全国首创基于科创型企业知识价值为核心的信用贷款，从知识产权、研发投入、科技人才、创新产品、创新企业5个维度对企业进行评估；贵阳中心支行联合贵州省知识产权局出台专门文件，支持知识产权质押融资，引导金融机构积极拓宽有效抵押品目录，降低企业获贷门槛；石家庄中心支行引导金融机构创新推出针对排污权、知识产权、商标权的金融产品，加大对技术密集型和中小新型制造业企业支持。二是积极推动股权融资。如长沙中心支行积极推动金融机构开展股权、收益权等质押融资，探索“股权＋贷款”投贷联动业务，鼓励银行机构与高新创投等地方股权投资机构深入合作；重庆区域股权交易中心设立科技创新专板，通过“融资＋融智”综合服务体系支持200余家企业挂牌。

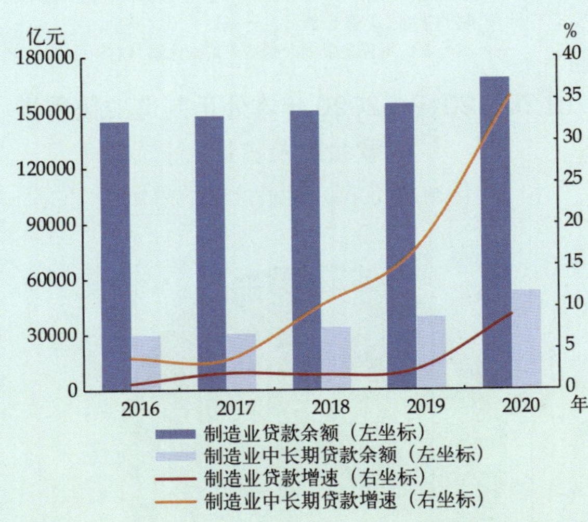

图25 2016—2020年本外币制造业贷款及制造业中长期贷款增长情况

（数据来源：中国人民银行工作人员计算）

在上述措施的推动下，2020年，全国制造业贷款余额同比增长9.0%，较上年提高约6.3个百分点。小微企业贷款和中长期贷款余额占比均超30%，为促进制造业高质量发展、拓宽制造业企业融资渠道提供了有力支撑。高新技术制造业中长期贷款占制造业中长期贷款比重较上年提升约2个百分点，有力支持了核心产业和高技术产业发展。

① “N+1+N”供应链金融综合服务中，第一个“N”指上游原材料供应企业，“1”指产业链核心企业，第二个“N”指下游销售企业，按照“一户一策”量身定制综合金融服务方案。

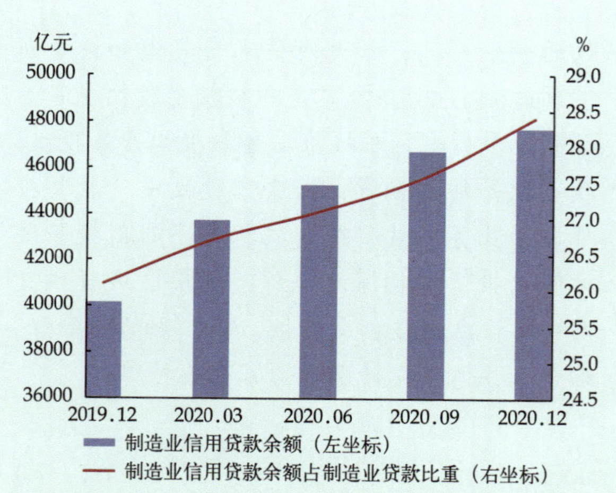

图 26　2019—2020 年本外币制造业信用贷款余额及占比

（数据来源：中国人民银行工作人员计算）

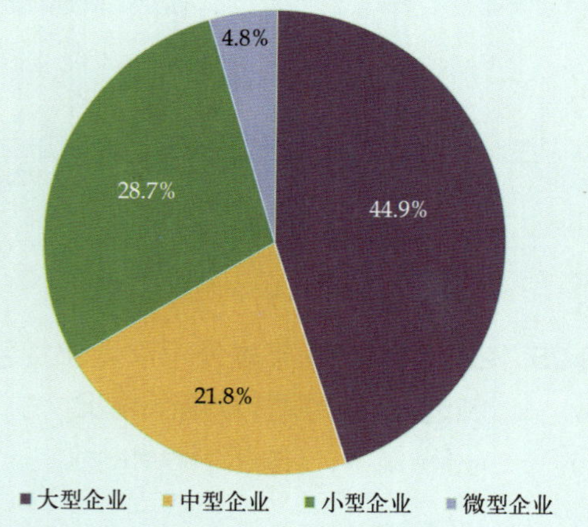

图 27　2020 年末分规模类型本外币制造业贷款余额占比

（数据来源：中国人民银行工作人员计算）

（注：因四舍五入，百分比加总不为 100%。下同）

三、金融支持制造业高质量发展仍需关注的问题

一是制造业贷款供需匹配度有待进一步提高。尽管从统计数据看，制造业中长期贷款增速和占比近年来均有所提高，但抽样调查显示，当前制造业企业中长期贷款需求较大，银行仍无法完全满足，部分企业存在将流动资金贷款用于产业升级项目的“短贷长用”现象，存在期限错配风险。

二是商业银行信贷模式有待进一步创新。商业银行传统信贷模式与科技企业特征不匹配，高新技术制造业企业融资存在一定障碍，虽然各地近年来持续推进科技金融服务创新，但规模小、研发投入大的初创型科技制造业企业融资仍面临诸多困难，银行机构相应的人才储备和服务能力也有待进一步提高。

三是部分商业银行积极性有待进一步加强。由于制造业区域间发展程度存在差异，西部地区制造业布局较为分散，多为劳动资源密集型企业，随着劳动力和能源资源成本逐步提升以及环保整改压力加大，转型升级任务较重，信贷需求较大，但部分商业银行仍持审慎观望态度。另外，部分商业银行内部考核未对制造业倾斜，在一定程度上制约基层行发放制造业贷款的积极性。

下一阶段，要继续加大制造业金融支持力度，引导金融机构完善内部激励约束机制，创新科技金融服务模式，切实提升制造业企业金融服务水平；促进核心企业发挥引领支撑作用，紧扣产业链需求，创新应收账款融资、票据融资等供应链金融业务模式，促进产业链上下游企业健康发展；发挥政府引导基金和融资性担保的作用，加大对国家重大技术成果的培育引进和转化。

专题 4 金融助力脱贫攻坚战取得全面胜利

党的十八大以来，以习近平同志为核心的党中央把脱贫攻坚作为全面建成小康社会的底线任务，组织开展了声势浩大的脱贫攻坚人民战争。人民银行按照“精准扶贫、精准脱贫”基本方略，认真履行金融扶贫牵头职责，创新金融扶贫体制机制，细化金融扶贫政策措施，组织引导金融系统加大资源投入，为圆满打赢脱贫攻坚战提供有力支撑。

一、落实精准方略，多措并举推进金融扶贫工作

（一）夯实制度基础，确保金融扶贫顺利开展

一是建立金融扶贫工作体系。自上而下推动形成人民银行牵头，银保监会、证监会、发展改革委、财政部、原扶贫办等多部门参与，银行业金融机构为主体，证券、保险、期货等各类金融机构协同发力的金融扶贫工作体系。二是构建金融扶贫政策体系。党的十八大以来，人民银行联合相关部门先后出台金融助推脱贫攻坚、金融支持深度贫困地区脱贫攻坚等文件30余份，全面规划金融支持贫困地区易地扶贫搬迁、基础设施建设、产业结构升级、贫困人口就业创业等重点政策和具体措施。三是健全金融扶贫服务体系。充分整合发挥政策性、商业性、合作性金融行业优势和功能互补作用，引导国家开发银行、农业发展银行设立扶贫金融事业部，农业银行、邮储银行设立“三农金融事业部”，大中型商业银行完善普惠金融事业部，地方法人金融机构持续增强服务“三农”能力，精准支持贫困地区发展特色产业、改善生产环境，提高持续脱贫的内生动力。四是搭建金融扶贫制度体系。人民银行会同金融监管部门、原扶贫办构建金融扶贫信息共享机制，开发金融精准扶贫信息系统，建立金融精准扶贫贷款统计制度，开展金融精准扶贫政策效果评估，推进金融扶贫领域作风治理，督促指导各项金融扶贫政策落地见效。

（二）创设扶贫再贷款，引导金融资源流向贫困地区

2016年，人民银行创设扶贫再贷款，优先支持贫困地区发展特色产业和贫困人口创业就业。2017年，人民银行在河南省、云南省率先开展运用扶贫再贷款发放贷款定价机制试点工作，并逐步在全国推广试点成果，激励地方法人金融机构扩大贫困地区信贷投放、降低贫困地区社会融资成本。2019年，面向“三区三州”深度贫困地区，人民银行进一步设立专项扶贫再贷款，引导农业发展银行、农业银行和邮储银行加大当地脱贫攻坚信贷投入。人民银行各分支机构认真贯彻落实扶贫再贷款相关政策，各类“扶贫再贷款+”模式不断涌现。甘肃省建立“扶贫再贷款+龙头企业+贫困户”联结机制，推动央行低成本资金精准直达贫困地区农户和企业。四川省通过“扶贫再贷款+示范基地”运作模式，建成扶贫再贷款示范基地189个。云南省形成“扶贫再贷款+产业扶贫贷款”双支柱模式，助力贫困地区发展特色产业。打响脱贫攻坚战以来，至2020年末全国累计发放扶贫再贷款6688亿元，扶贫再贷款政策取得良好效果。

（三）发展普惠金融，满足贫困群众多样化金融需求

一是实施“支付便民”工程，推广惠农支付服务点建设，贫困地区支付服务村级行政区覆盖率达99.76%。山西省升级惠农支付点，建设“产业+服务”融合运营的金融综合服务站。甘肃省探索引入“背包银行”服务模式，让贫困人口便捷使用金融服务。二是推进农村信用体系建设，累计为近1.9亿农户建立信用档案，帮扶贫困地区建立信用

信贷相长机制。青海省构建“谅解＋救济”信用修复重建机制，对清偿贷款后的贫困户进行二次评定、再次授信，扩大信用建设受益面。三是广泛宣传金融扶贫知识，支持贫困群众更公平地知晓和运用金融扶贫政策。贵州省组建“蒲公英”金融志愿服务队，为贫困群众使用金融政策答疑解惑，维护金融消费者合法权益。

二、金融扶贫成效显著，全面助力打赢脱贫攻坚战

（一）有效支持贫困人口脱贫致富

打响脱贫攻坚战以来，全国累计发放金融精准扶贫贷款9.2万亿元，贫困人口金融服务受益面显著扩大。创新实施扶贫小额信贷政策，累计为建档立卡贫困户发放5万元以下、3年期以内、免抵押、免担保的扶贫小额信贷逾7100亿元，支持贫困群众发展生产、脱贫致富。四川省建立到村到户联络员制度，逐村落实金融机构对建档立卡贫困户评级、授信和放贷等帮扶工作。云南省借助“贷免扶补”创业担保贷款模式，支持贫困户学习技能、创业发展。内蒙古兴安盟以“信贷＋信用”方式支持贫困户融资获贷。

（二）有效支持贫困地区产业发展

2016年以来，全国累计发放产业精准扶贫贷款4万亿元，有效助力贫困地区经济社会发展，促进发挥产业扶贫带贫益贫作用。陕西省、四川省组织全省银行机构与省内贫困县签订“一对一”帮扶协议，青海省创新“虫草贷”、贵州省开发“坝兴贷”、内蒙古推出新型牧业经营主体活体畜牧质押贷款，因地制宜支持贫困地区发展扶贫产业。农业银行推出“龙头企业＋农民专业合作社＋贫困户”等产业链金融产品，邮储银行创新开发“云工作室”线上服务模式，工商银行、建设银行等在手机银行平台搭建扶贫专区，为贫困地区产业发展提供产供销全流程金融服务。

（三）有效支持贫困地区改善生产生活条件

围绕“两不愁三保障”相关领域，加大项目扶贫金融支持。指导国家开发银行、农业发展银行发行专项金融债支持易地扶贫搬迁建设，促进实现“一方水土养活一方人”。吉林省推出“助保贷”，帮助贫困老人解决无力缴纳社保费用而难以享受基本社会保障的难题。

（四）有效支持攻克深度贫困堡垒

聚焦“三区三州”等深度贫困地区，强化信贷指导和政策激励，引导各类金融机构加大资源投入。四川省凉山州、阿坝州等地深入推进“分片包干、整村推进”工作模式和金融精准扶贫到村到户联络员制度，精准满足建档立卡贫困户融资需求。云南省怒江州、迪庆州着力发展少数民族特色农耕和民族文化旅游业，打造金融支持整族脱贫样板县。新疆克州地区开创“保险＋期货＋援疆”新型扶贫模式，支持棉农发展生产。西藏自治区推出“雪域惠农e贷”和“藏宿贷”，实现金融服务对建档立卡贫困户全覆盖。截至2020年末，“三区三州”深度贫困地区各项贷款余额1.2万亿元，较2016年初增长93%。

三、贫困地区金融治理能力大幅提升，为构建现代金融体系积累有益经验

（一）坚持党的全面领导

金融精准扶贫取得的成绩，根本上得益于党中央的全面领导。要增强“四个意识”，坚定“四个自信”，做到“两个维护”，胸怀“国之大者”，坚决贯彻党中央决策部署，发挥中国特色社会主义制度优势，通过健全具有高度适应性、竞争力、普惠性的现代金融体系，畅通资源要素在城乡间的高效流通，立足新发展阶段，贯彻新发展理念，构建新发展格局，支持农业农村优先发展。

（二）运用改革的方法推动发展

改革创新是做好新时代经济金融工作的

根本动力。面对贫困地区自然条件恶劣、经济基础薄弱等多种因素制约，金融精准扶贫通过系列改革创新举措，有效解决了金融供给和贫困地区融资需求适配性问题。进一步做好金融支持乡村振兴等工作，要坚持深化金融供给侧结构性改革，完善涉农金融机构治理结构和内控机制，不断提高涉农金融服务的广度和深度,促进实现农业农村现代化。

（三）尊重经济规律和市场逻辑

持续深入做好金融支持“三农”工作，既要保持足够的金融托举力度，也要着力构建长效机制。要充分总结借鉴金融扶贫中扶贫再贷款、扶贫小额信贷等政策经验，按照市场化、法治化原则，完善金融有效支持实体经济的体制机制，通过构建市场化激励约束机制,统筹金融支持和风险防范,精准施策、靶向发力,避免“大水漫灌”，强化风险防范，促进金融体系和需求体系、供给体系良性循环，支持乡村经济社会高质量、可持续发展。

专题5　防范化解金融风险取得重要阶段性成果

防范化解重大风险是党的十九大确定的三大攻坚战之一。习近平总书记在全国金融工作会议上强调，打好防范化解重大风险攻坚战，重点是防控金融风险。近年来，按照党中央、国务院的决策部署，在国务院金融稳定发展委员会（以下简称金融委）统筹指挥下，在金融系统共同努力下，防范化解重大金融风险攻坚战取得重要阶段性成果，相关制度机制建设有力推进。

一、防范化解金融风险制度机制建设有力推进

近年来，在金融委统筹指挥下，中央和地方金融监管协调机制初步建立，金融风险预防、预警、处置、问责制度体系逐步健全，防范化解金融风险机制建设有力推进。

（一）加强中央和地方金融监管协作，防范化解金融风险

2020年初，经国务院同意，金融委办公室地方协调机制在各省（自治区、直辖市）建立。地方协调机制建立以来，坚持问题导向，加强信息共享，强化金融风险监测与研判，协调推进化解地方法人金融机构风险，推动地方互联网金融等涉众金融风险整治。同时，按照中央要求，省级地方政府陆续建立金融工作议事协调机制，落实属地监管和风险处置责任。总体来看，两个机制按照职责相互配合、分工协作，运行效果符合预期，各地区监管协调理念融入金融工作的各个环节，地方金融监管的薄弱部分逐渐改善，金融服务地方实体经济能力大幅提升，地方金融风险边际收敛。

（二）完善金融业务监管规制，规范金融机构经营行为

金融管理部门综合施策整治金融乱象，推动《关于规范金融机构资产管理业务的指导意见》（以下简称资管新规）及配套实施细则平稳落地落实，出台《标准化债权类资产认定规则》，影子银行风险持续收敛。出台系统重要性银行评估办法，明确评估方法、评估指标、评估程序和评估机制。发布金融控股公司监管办法，明确对非金融企业投资形成的金融控股公司依法开展准入管理和持续监管。统筹金融基础设施监管，推动形成布局合理、治理有效、先进可靠、富有弹性的金融基础设施体系。完善存款保险制度建设和机构设置，发挥存款保险早期纠正和风险处置平台作用。建立健全房地产金融审慎管理制度，开展重点房地产企业资金监测和融资管理规则试点，推出房地产贷款集中度管理制度。各地区积极落实资产管理业务、金融控股公司、房地产金融等相关监管政策要求，细化完善相关配套措施，推动金融机构规范经营。

（三）加强金融风险监测，增强金融风险防控的前瞻性

人民银行各分支机构把金融风险监测作为工作重点，加强对区域金融风险的监测、跟踪、摸排和评估，建立联合风险早期纠正机制，推动金融风险早识别、早预警、早发现、早处置。如济南分行建立由风险企业信息数据库、金融风险监测系统、重大事项报告系统及存款保险信息系统“一库三系统”的金融风险监测分析体系，绘制“山东省金融风险图谱”；沈阳分行建立重点融资企业颜色识别系统，实现信息查询、阈值设定、风险预警等多项功能；贵阳中心支行建成并运行贵州省金融稳定大数据平台，构建了省、市（州）、县三级风险监测预警网络。

（四）制订金融风险处置预案，有效防范各类潜在风险

金融委办公室牵头制订防范化解重大风险攻坚战行动方案及配套办法，各地区围绕

有关办法，出台了一系列金融风险应对处置预案并加强演练。如南京分行结合江苏实际制订打好防范化解重大金融风险攻坚战实施方案，成立金融机构突发事件应急领导小组；贵阳中心支行制订《贵阳中心支行金融突发事件应急处置预案》《集中取款事件应对方案》，指导辖内高风险金融机构制订突发事件应急预案，在全省组织开展金融机构集中取款突发事件省、市（州）、县三级联动演练，切实检验预案的可操作性和实效性。

二、防范化解重大金融风险攻坚战取得重要阶段性成果

总体来看，在各方的共同努力下，重点领域信用风险得到有效化解，高风险金融机构风险有序处置，互联网金融和非法集资等风险得到全面治理，影子银行风险持续收敛，中小银行经营稳健性显著提升，防范化解重大金融风险攻坚战取得重要阶段性成果。

（一）重点领域信用风险得到有效化解

银行业金融机构持续加大不良贷款处置力度，夯实资产分类，提高资产质量。2017—2020年，累计处置不良贷款8.8万亿元。截至2020年末，全国银行业金融机构不良贷款余额3.5万亿元，不良贷款率1.92%，比年初下降0.06个百分点；逾期90天以上贷款与不良贷款比例为76%，比年初下降5.1个百分点。大中型企业债务风险平稳处置，截至2020年末，全国组建债委会2万家，市场化法治化债转股落地金额1.6万亿元，500多家大中型企业实施联合授信试点。有序打破债券市场刚性兑付，持续优化债券违约处置机制，稳妥应对大型企业债券违约风险。

（二）高风险金融机构风险有序处置

各地区积极发挥存款保险早期纠正作用，对高风险机构及时采取早期纠正措施，要求机构补充资本、控制资产增长、控制重大交易授信、降低杠杆率等，并督促机构完善公司治理，提升风险管理水平，实现审慎经营。同时，强化与地方政府协作，压实各相关方责任，发挥风险化解合力。2020年7月，人民银行牵头协调银保监会、证监会顺利接管天安财险等9家机构，坚持分类施策，根据每家机构的风险情况，采取不同化解方式。锦州银行风险处置和改革重组工作基本完成，初步恢复自我造血功能。2020年蒙商银行成立并开业，蒙商银行和徽商银行分别收购承接包商银行的相关业务、资产及负债，2021年2月北京市第一中级人民法院裁定宣告包商银行破产。恒丰银行经过剥离不良、引进战投，股改建账工作顺利实施，改革重组工作基本完成。

（三）互联网金融和非法集资等风险得到全面治理

各地区深入开展P2P网络借贷领域清理整顿，推动P2P网贷机构有序退出，在营P2P网贷机构由高峰时期的约5000家压降至零，互联网资产管理、股权众筹、互联网保险、虚拟货币交易、互联网外汇交易等领域整治工作已基本完成。严厉打击非法集资等非法金融活动，一些积累多年、久拖未决的非法集资案件得到处置。防范化解支付领域风险，联合公安部门开展“断卡”行动，累计对1538万可疑银行账户和支付账户采取管控措施。

（四）影子银行风险持续收敛

资管新规实施以来，人民银行会同金融监管部门，通过去通道、破刚兑、限错配、降杠杆等措施，有序推动金融机构资管产品整改、转型，同业交叉持有的占比下降，杠杆率回落，净值型产品占比上升，非标准化债权规模减少。影子银行规模大幅压降，总体规模较历史峰值下降约20万亿元。

（五）中小银行经营稳健性显著提升

2020年，通过发行优先股、永续债、二级资本债等工具补充了商业银行资本1.34万亿元，银行业新提取拨备1.9万亿元，同比多提取1139亿元。各地区积极拓展中小银行资本补充渠道，督促中小银行有序推进改革，完善公司治理，提高经营管理水平和风险控制能力，中小银行风险抵御能力进一步提升。

三、下一步工作方向

目前，我国系统性金融风险上升势头得到遏制，金融风险逐步收敛、整体可控。但也要看到，国际经济金融形势仍然复杂严峻，疫情变化和外部环境存在诸多不确定性，国内经济恢复基础尚不牢固，疫情冲击下，市场主体债务违约风险可能上升，金融机构面临不良资产上升压力。下一步，人民银行将会同相关部门进一步健全金融风险预防、预警、处置、问责制度体系，加强风险监测预防，完善风险处置长效机制，进一步压实各方责任，多渠道补充银行资本金，牢牢守住不发生系统性金融风险的底线。

（一）建立高效监管协调机制

完善金融委办公室地方协调机制，加强重大突发事件应对和重要监管措施的沟通协调以及风险信息共享，密切监测区域金融风险。加强与地方政府金融工作议事协调机制的配合，必要时向地方政府提示风险，提出专业化的风险防范处置思路，协调推动分类处置金融风险。

（二）健全金融风险监测机制

完善宏观审慎管理体系，加强对系统重要性金融机构、金融控股公司与金融基础设施的统筹监管，逐步将主要金融活动、金融市场、金融机构和金融基础设施纳入宏观审慎管理，发挥宏观审慎压力测试在风险识别和监管校准中的积极作用。通过中央银行金融机构评级、监管评级、压力测试、风险排查、现场核查等，及时监测识别风险。

（三）完善风险处置长效机制

聚焦早期纠正和市场化处置平台建设，有效发挥存款保险制度作用。支持银行特别是中小银行多渠道补充资本和完善治理，加大不良贷款损失准备计提和核销处置力度。稳妥处置个体机构风险和重点领域风险，严格压实金融机构及股东的主体责任，压实地方政府的属地风险处置责任和维稳第一责任，压实金融监管部门的监管责任，严肃查处违法违规行为。

专题6 地方法人银行的发展和挑战

地方法人银行作为金融体系的“毛细血管”，具有靠近地方企业、社区，熟悉本地经济社会等先天优势，在服务“三农”、基层、中小微企业等方面发挥着不可替代的作用。近几年，地方法人银行总体保持健康发展良好势头，整体质量、管理能力和市场化程度持续提升，逐渐成长为金融支持实体经济的重要力量。2020年末我国地方法人银行有4000余家，对其中402家进行的抽样调查①显示，地方法人银行信贷增速加快，金融支持实体经济力度加大。存款保持较快增长，结构性存款占比回落，大额存单增速放缓，同业负债占比下降。资本充足率总体保持稳定，流动性指标保持在合理水平，不良贷款率总体可控。但部分银行面临竞争压力加大、抗风险能力不高、金融科技发展不足、公司治理机制有待完善等问题，应引导地方法人银行回归当地、回归本源，坚守“支农支小”定位，完善公司治理机制，健全可持续的银行资本补充渠道，加快加大不良贷款处置化解，加强对金融科技发展的政策支持，促进地方法人银行稳健规范经营。

一、地方法人银行资产负债情况

（一）信贷增速加快拉动资产扩张

2020年末，样本银行总资产增速为10.2%，同比上升3.3个百分点。从结构看，各项贷款占54.1%，债券投资占比上升。分地区看，东部、中部、西部、东北地区样本银行总资产增速分别为11.9%、10.4%、8.9%和6%，同比分别提高3.6个、-0.4个、4.7个和4.7个百分点，东部、中部地区总资产增速较快。分机构看，城商行、农商行、农信社、村镇银行总资产增速分别为10.2%、10.2%、10.4%和12.7%，同比分别提高1.9个、6.6个、4.6个和0.8个百分点，农商行和农信社总资产增速提高较快。

在支持政策引导下，样本银行持续优化信贷结构。一方面，加强支持实体经济力度，加大对小微企业、制造业等领域的信贷投放。2020年末，样本银行小微企业贷款余额增长15.2%，制造业贷款余额增长11%，增速较上年分别提高3.5个和8.9个百分点。另一方面，按照监管政策要求，逐步规范理财和资管业务。2020年末，样本银行股权及其他投资占总资产的比重为12%，同比下降2.5个百分点，表外理财占比为9.9%，同比下降0.1个百分点。

表14 2019—2020年样本银行资产结构

单位：%

项目	2019Q1	2019Q2	2019Q3	2019Q4	2020Q1	2020Q2	2020Q3	2020Q4
贷款	50.6	51.2	52.0	52.4	53.6	53.7	53.7	54.1
股权及其他投资	17.0	16.1	15.3	14.5	14.8	14.0	12.8	12.0
债券投资	18.5	18.9	19.3	19.4	19.2	19.9	20.3	20.6
买入返售	2.4	2.2	1.7	2.1	1.8	2.0	1.6	1.8

①本专题由31个省（市）随机抽样本省地方法人银行机构。402家样本法人银行中，城商行71家、农商行128家、农信社60家、村镇银行143家。从地区分类看，东部地区154家、中部地区74家、西部地区131家、东北地区43家。

续表

项目	2019Q1	2019Q2	2019Q3	2019Q4	2020Q1	2020Q2	2020Q3	2020Q4
存放非存款类金融机构	0.3	0.3	0.4	0.3	0.3	0.3	0.3	0.4
应收及预付	1.4	1.3	1.4	1.2	1.2	1.2	1.2	1.2
表外理财	9.8	9.9	10.0	10.0	10.0	8.9	10.0	9.9
合计	100.0	100.0	100.0	100.0	100.0	100.0	100.0	100.0

数据来源：抽样调查，中国人民银行工作人员计算。

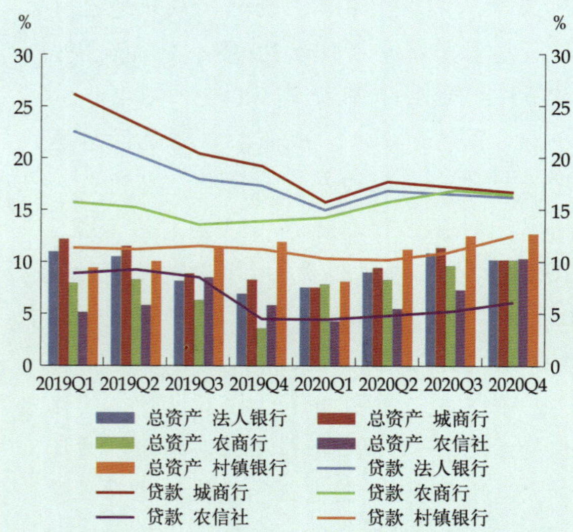

图 28　2019—2020 年样本银行分机构类型总资产和本外币各项贷款增速

（数据来源：抽样调查，中国人民银行工作人员计算）

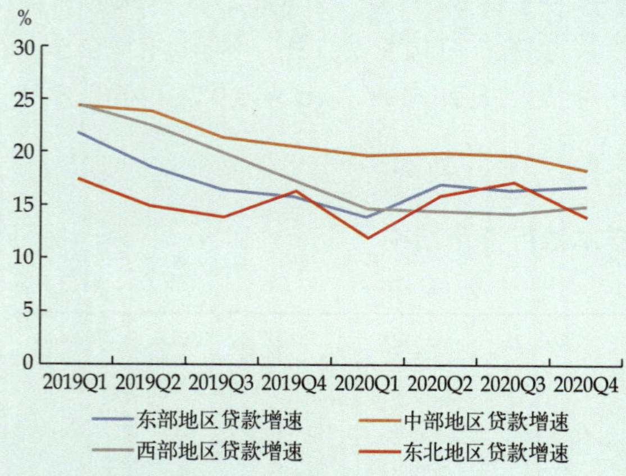

图 29　2019—2020 年样本银行分地区本外币各项贷款增速

（数据来源：抽样调查，中国人民银行工作人员计算）

（二）存款保持较快增长，负债稳定性有所提升

2020 年末，样本银行总负债增速为 10.4%，同比上升 3.8 个百分点。其中，各项存款余额增长 11.4%，同比提高 1.1 个百分点；占总负债比重为 73.8%，同比上升 0.7 个百分点。分机构看，城商行、农商行、农信社、村镇银行的各项存款占比分别为 72.5%、77.9%、86.2% 和 90.3%，城商行的负债来源在地方法人银行中相对多元化。

分地区看，东部、中部、西部和东北地区总负债增速分别为 12.1%、10.9%、8.6% 和 6.2%，同比分别提高 4.1 个、0.4 个、4.8 个和 5.9 个百分点，东部、中部地区总负债增速较快。分机构看，城商行、农商行、农信社、村镇银行总负债增速分别为 10.2%、10.8%、10.5% 和 14.3%，同比分别提高 2.2 个、7.7 个、5.3 个和 2.5 个百分点，农商行和农信社总负债增速提高较快。

在监管要求下，样本银行结构性存款占比回落，大额存单增速放缓，同业负债占比下降，负债稳定性有所提升。2020 年末，样本银行结构性存款余额较当年 6 月末下降 27.6%，占各项存款比重下降至 3.2%。随着不规范的定期存款创新产品逐步清理，2020 年末样本银行大额存单余额增速为 25.8%，同比下降 43 个百分点；同业负债余额同比下降 2.7%，占总负债的 17.2%，占比较上年末下降 2.3 个百分点。

表 15 2019—2020 年样本银行负债结构

单位：%

项目	2019Q1	2019Q2	2019Q3	2019Q4	2020Q1	2020Q2	2020Q3	2020Q4
存款	71.8	72.8	73.3	73.1	73.9	74.5	74.6	73.8
同业负债	21.7	20.1	19.6	19.5	18.3	17.7	17.3	17.2
金融债券	2.1	2.2	2.2	2.2	2.2	2.2	2.2	2.2
对中央银行负债	1.4	1.9	1.9	2.2	2.7	2.7	3.1	4.0
其他负债	3.0	3.0	3.0	3.0	2.9	2.9	2.8	2.8
合计	100.0	100.0	100.0	100.0	100.0	100.0	100.0	100.0

数据来源：抽样调查，中国人民银行工作人员计算。

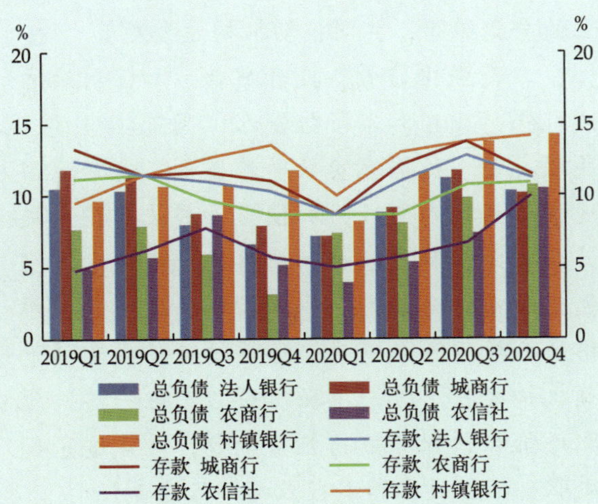

图 30 2019—2020 年样本银行分机构类型总负债和本外币各项存款增速

（数据来源：抽样调查，中国人民银行工作人员计算）

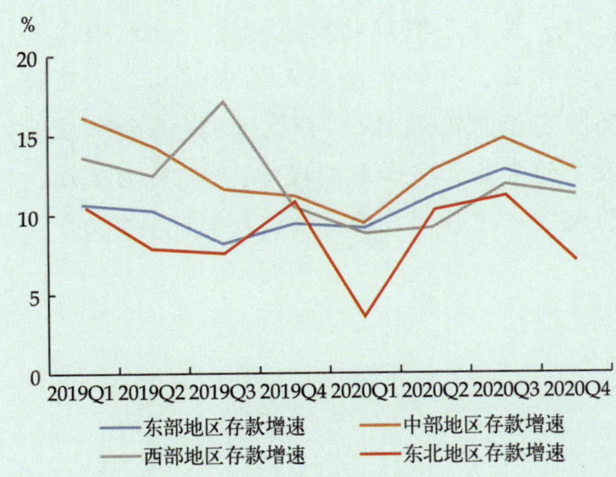

图 31 2019—2020 年样本银行分地区本外币各项存款增速

（数据来源：抽样调查，中国人民银行工作人员计算）

（三）资本充足率适中，总体风险可控

2020 年末，样本银行资本充足率为 13.3%，近三年基本稳定在 13% 以上。分地区看，东部、中部、西部和东北地区样本银行的资本充足率分别为 14.1%、12.5%、13.5% 和 11.4%。2020 年末，样本银行流动性比例为 65.7%，东部、中部、西部和东北地区的流动性比例分别为 66.7%、66.5%、64.1% 和 54.7%，均保持在合理水平，高于 25% 的监管要求。

不良贷款总体可控，资产质量存在地区差异。2020 年末，样本银行不良贷款率为 1.92%，同比上升 0.05 个百分点。分地区看，东北地区和中部地区样本银行资产质量下迁，不良贷款率同比上升 0.42 个和 0.24 个百分点；东部地区和西部地区资产质量有所改善，不良贷款率分别下降 0.01 个和 0.13 个百分点。疫情对企业经营的影响具有滞后性，后期不良贷款存在上升压力。

二、地方法人银行发展面临的挑战

近年来，地方法人银行的线下优势受到削弱，线上业务拓展较慢，客户存在流失压力，市场经营面临不小的挑战。

一是市场竞争减缓盈利增速，支持实体经济的可持续性受影响。一方面，由于地方法人银行对传统贷款业务依赖性强，而定价能力不足，与大中型银行竞争处于弱势，面临留客难、获客难，净息差收窄、资产利润率下降的压力。2020年，样本银行净息差2.1%，同比下降0.13个百分点，为近三年来最低水平。净息差收窄削弱了盈利能力，2020年，样本银行资产利润率为0.6%，同比下降0.2个百分点。另一方面，金融数字化进程加快，银行业展业模式、服务内容、经营管理面临重构，地方法人银行金融数字化转型困难，服务水平落后于市场需求，自身发展面临瓶颈。

二是资本补充能力不足，制约信贷投放能力。2020年末样本银行资本净额增速为5.48%，同比下降6.25个百分点。地方法人银行盈利能力下降导致内源性资本补充能力不足，仅靠利润留存难以满足资本补充需要。同时，由于资产规模、主体信用评级等因素制约，外源性资本补充渠道狭窄，制约地方法人银行信贷投放能力。

三是公司治理机制不完善，风险处置手段单一。部分地方法人银行存在股权关系不透明不规范，股东行为不合规不审慎，董事会履职有效性不足，高管层职责定位存在偏差，监事会监督不到位等问题。地方法人银行不良贷款处置手段较为单一，司法渠道周期长，清收效率不高。

四是经营偏离主责主业，业务结构错配。部分法人银行机构利用同业、理财、表外业务过度扩张资产负债表，异地化经营做大规模。部分银行信贷投放主要满足地方政府平台融资需求，对小微、民营企业在客户培育、产品研发、风险管理、激励约束等方面的资源投入明显不足，偏离定位。

三、下一步工作方向

一是加强党的领导，落实党的建设。对地方法人银行，要从政治上组织上强化党的建设。把党的领导融入公司治理各个环节，确保党中央各项决策部署得到有效贯彻执行。从各机构实际出发，积极探索党组织发挥作用的具体途径和方式，团结各方，凝聚共识，推动落实“三会一层”决议。部分由民营资本占主体的地方法人银行，也要根据情况建立健全党组织，共同推动机构健康发展。

二是强化监管，提升质效。加强对地方法人银行股东和实际控制人、风险集中度、关联交易、数据真实性等的监管，充分运用现代信息技术手段，加强监管科技建设，提升监管效率和覆盖面。严格规范股权管理，强化股东行为监管，严格控制关联交易，严格约束控股股东行为，防止控股股东不当干预机构经营。进一步强化对“三会一层”履职评价和薪酬考核的监督检查，严肃追究不履职、不当履职和不当激励等行为责任。

三是健全地方法人银行治理，促进稳健规范经营。地方法人银行要专注主业，立足本地，回归本源，树立稳健发展理念，坚持服务当地、服务小微企业、服务城乡居民的定位，结合已明确的规范标准、治理框架和主要内容，持续健全法人治理结构，不断提高公司治理有效性。同时，要提高金融从业人员的专业素质和职业操守，明确行为底线，约束“一把手”行为。

专题 7 企业用工与大学生群体就业形势分析

2020 年，新冠肺炎疫情给我国就业形势带来巨大压力，大学生等重点群体就业一度受到较大冲击。人民银行调查显示①：2020 年下半年大学生就业形势已经好转，八成 2020 届应届生和超半数 2021 届应届生已签约，超六成应届生享受了就业帮扶政策。

一、全国就业形势好于预期，用工、薪资等指标逐季好转

（一）全国就业形势好于预期

2020 年城镇新增就业 1186 万人，超额完成 900 万人的目标任务，年末全国城镇调查失业率降至 5.2%，与 2019 年末持平。

（二）企业用工持续恢复，大型企业与民营企业雇佣人数同比转正

调查显示，2020 年四个季度企业雇佣人数同比增速分别为 -8.9%、-3.7%、-0.7% 和 0.4%，逐季好转，第四季度开始转正。各类型企业均梯次好转，2020 年第四季度大型企业用工同比率先转正为 0.9%；中型企业同比下降 0.2%，降幅较第三季度收窄 0.1 个百分点；小微企业同比下降 1.5%，降幅较第三季度大幅收窄 4.3 个百分点。从企业性质看，民营企业更具活力，雇佣人数同比上升 0.8%，国有企业雇佣人数同比持平。

（三）薪资回升，民营和小微企业明显好转

2020 年四个季度调查企业员工平均薪资同比增幅分别为 -4.1%、-1.2%、0.7% 和 1.5%，第四季度平均薪资为 4543 元 / 月。从企业规模看，小微企业快速回升，第四季度平均薪资同比增长 1.4%，较第三季度提高 1.2 个百分点；第四季度大型、中型企业员工平均薪资均同比增长 1.6%，分别较第三季度上升 0.6 个和 0.1 个百分点。从企业类型看，民营企业薪资提高幅度较大，第四季度平均薪资同比增长 1.7%，较第三季度提高 1.2 个百分点；国有企业平均薪资同比增长 0.4%，较第三季度回落 1.0 个百分点。

二、应届大学生就业形势逐步好转，但结构性供需矛盾仍需关注

（一）大学生招录人数与平均薪资均同比上升，多数 2020 届、2021 届应届生已签约

一是大学生新招录人数与平均薪资均同比增长。调查企业 2020 年第四季度大学生（大专及以上学历）用工人数同比上升 3.0%；全年新招录大学生人数同比上升 8.1%，其中制造业新招录大学生人数同比增幅最高，达 17.4%，但采矿业、服务业同比下降 4.3%、3.4%。调查企业 2020 年第四季度新招录大学生平均薪资 4577.3 元 / 月，略高于员工平均薪资（4543 元 / 月），同比上涨 2.9%，高于企业员工平均涨幅 1.4 个百分点。

二是八成 2020 届应届生已签约。截至 2021 年 1 月下旬，2020 届应届生中 80% 已签约并结束应聘，14.7% 仍在继续求职，另有 5.3% 未参加过应聘。

三是超半数 2021 届应届生已签约。调查显示，截至 2021 年 1 月下旬，54.3% 的 2021 届应届生已签约并结束应聘，仍在应聘与未参加过应聘的分别占 40% 与 5.7%。此外，仍在应聘的 2021 届应届生中，69.6% 曾收到

① 本专题分析基于 7204 份样本的企业用工调查、290 份样本的高校毕业生就业调查。企业用工调查中，大、中、小微企业占比分别为 10.2%、28.2% 与 61.6%，民营企业与国有企业占比分别为 87% 与 13%。高校毕业生调查涵盖 24 个省（区市）院校与海外院校，12 个专业类别，毕业生学历涵盖专科、本科、研究生等。

过聘用通知，但其中三分之二的应届生因薪资待遇、工作地点、工作内容等与预期不符而未签约，另有三分之一的应届生选择签约后继续寻找其他工作机会。

四是超六成应届生享受过大学生就业支持政策。疫情期间，各地积极出台政策，保障大学生群体就业，如浙江省动态跟踪受疫情影响的外贸、旅游等专业毕业生，为每名离校未就业毕业生推荐不少于3个岗位。调查显示，2020届、2021届应届生中，体验过高校就业辅导、常态化专项招聘、就业手续“一站式”办理等就业支持服务的人数占65.2%；贫困生、少数民族、残疾或湖北籍的应届生中，体验过优先推荐就业岗位、公益性岗位托底安置、助学贷延期还款等困难帮扶政策的人数占65.8%。

（二）结构性供需矛盾值得关注

一方面，企业规模、性质与应聘者偏好不匹配。调查的中型和小微企业大学生用工缺口率大，而录用率平均仅为42.2%。深圳校园招聘会显示，国企招聘岗位占招聘总岗位数的10%，而简历投递量占总投递量的28%。另一方面，部分企业岗位要求与应聘者学历、技能不匹配。调查显示，26.4%的企业认为大学生对工资薪酬、就业环境期望过高无法满足，21.6%的企业认为岗位需求与应聘大学生专业不符，19.8%的企业认为应聘大学生专业技能达不到岗位要求。武汉智联招聘显示，市场提供的招聘岗位中，74.7%为一线基层岗位，如销售、送餐员、操作工等，对学历没有要求，而求职者83.6%为大专以上学历，人才资源未能得到有效利用。

中国人民银行成都分行货币政策分析小组

总　　纂：严宝玉　王永强

统　　稿：黄全祥　王鲁滨　石　慧　陈　鹏　郑敏闽　霍　帅

执　　笔：雷进贤　李　娅　卿山岭　夏明堽　郭元绍　张　朔　王大波　周　林

提供材料：李　昕　张　怡　刘贵辉　胡荣兴　李华伟　苟于国　罗大为　冯诗杰　宋晓丹
陈　杨　黄薪丹　倪　源

专题及各区域板块经济金融运行部分执笔人（排名不分先后）

中国人民银行天津分行货币政策分析小组	李　鹏、郝慧刚
中国人民银行郑州中心支行货币政策分析小组	徐红芬、许艳霞
中国人民银行西安分行货币政策分析小组	申建文、唐海涛
中国人民银行哈尔滨中心支行货币政策分析小组	管公明、李婷婷
中国人民银行南京分行货币政策分析小组	李　军、杨司键
中国人民银行上海总部货币政策分析小组	叶　芳、向　坚
中国人民银行武汉分行货币政策分析小组	朱　华、徐　媛
中国人民银行合肥中心支行货币政策分析小组	方华山、王宗鹏
中国人民银行长沙中心支行货币政策分析小组	郭　卉、余　峥
中国人民银行昆明中心支行货币政策分析小组	陈　银、丁彩伦
中国人民银行济南分行货币政策分析小组	杨金栋、孙　健
中国人民银行广州分行货币政策分析小组	肖　跃、胡逸闻
中国人民银行营业管理部货币政策分析小组	余　剑、周林燊

2020 年各地区主要经济金融指标比较表

2020 年各地区主要经济指标比较表（Ⅰ）

地区	地区生产总值（亿元）				固定资产投资额（不含农户）（亿元）		社会消费品零售总额（亿元）	外贸进出口（亿元）				实际使用外资（亿美元）	地方财政收支（亿元）		
		第一产业	第二产业	第三产业		房地产开发投资		总额	进口	出口	差额（出口－进口）		差额（收入－支出）	一般公共预算收入	一般公共预算支出
北京	36102.6	107.6	5716.4	30278.6	—	3938.7	13716.4	23215.9	18561.0	4654.9	-13906.1	141.0	-1292.1	5483.9	6776.0
天津	14083.7	210.2	4804.1	9069.5	—	2608.5	3582.9	7340.7	4265.5	3075.1	-1190.4	47.4	-1228.3	1923.1	3151.4
河北	36206.9	3880.1	13597.2	18729.6	—	4601.1	12705.0	4410.4	1888.5	2521.9	633.4	110.3	-5195.3	3826.4	9021.7
山西	17651.9	946.7	7675.4	9029.8	—	1830.4	6746.3	1505.8	628.8	877.0	248.2	16.9	-2814.4	2296.5	5110.9
内蒙古	17359.8	2025.1	6868.0	8466.7	—	1176.5	4760.5	1043.3	694.2	349.1	-345.1	18.2	-3216.9	2051.3	5268.2
辽宁	25115.0	2284.6	9400.9	13429.4	—	2978.9	8960.9	6544.0	3891.8	2652.2	-1239.6	25.2	-3346.5	2655.5	6002.0
吉林	12311.3	1553.0	4326.2	6432.1	—	1460.8	3824.0	1280.1	989.3	290.8	-698.5	—	-3042.2	1085.0	4127.2
黑龙江	13698.5	3438.3	3483.5	6776.7	—	982.9	5092.3	1537.0	1176.1	360.9	-815.2	5.4	-4296.9	1152.5	5449.4
上海	38700.6	103.6	10289.5	28307.5	—	4698.8	15932.5	34828.5	21103.1	13725.4	-7377.7	202.3	-1055.8	7046.3	8102.1
江苏	102719.0	4536.7	44226.4	53955.8	—	13171.3	37086.1	44500.5	17056.2	27444.3	10388.1	283.8	-4623.5	9059.0	13682.5
浙江	64613.3	2169.2	26413.0	36031.2	—	11413.7	26629.8	33808.0	8627.9	25180.1	16552.2	157.8	-2833.9	7248.0	10081.9
安徽	38680.6	3184.7	15671.7	19824.2	—	7042.3	18333.7	5406.4	2245.1	3161.3	916.2	183.1	-4255.0	3216.0	7471.0
福建	43903.9	2732.3	20328.8	20842.8	—	6026.8	18626.5	14035.7	5561.3	8474.4	2913.1	—	-2135.7	3079.0	5214.6
江西	25691.5	2241.6	11084.8	12365.1	—	2378.1	10371.8	4010.1	1089.8	2920.4	1830.6	146.0	-4158.6	2507.5	6666.1
山东	73129.0	5363.8	28612.2	39153.1	—	9450.5	29248.0	22009.4	8954.6	13054.8	4100.2	176.5	-4671.3	6559.9	11231.2
河南	54997.1	5353.7	22875.3	26768.0	—	7782.3	22502.8	6654.8	2579.9	4075.0	1495.1	200.6	-6227.5	4155.2	10382.8
湖北	43443.5	4131.9	17023.9	22287.7	—	4888.9	17984.9	4294.1	1592.1	2702.0	1109.9	103.5	-5927.5	2511.5	8439.0
湖南	41781.5	4240.4	15937.7	21603.4	—	4880.4	16258.1	4874.5	1568.1	3306.4	1738.3	210.0	-5394.0	3008.7	8402.7
广东	110760.9	4770.0	43450.2	62540.8	—	17312.7	40207.9	70844.8	27346.8	43498.0	16151.2	—	-4562.7	12922.0	17484.7
广西	22156.7	3555.8	7108.5	11492.4	—	3845.6	7831.0	4861.3	2153.1	2708.2	555.1	13.2	-4438.5	1716.9	6155.4
海南	5532.4	1136.0	1055.3	3341.2	—	1341.7	1974.6	933.0	656.6	276.4	-380.2	30.3	-1157.8	816.1	1973.9
重庆	25002.8	1803.3	9992.2	13207.3	—	4352.0	11787.2	6513.4	2325.9	4187.5	1861.6	102.7	-2799.1	2094.8	4893.9
四川	48598.8	5556.6	17571.1	25471.1	—	7315.3	20824.9	8081.9	3427.5	4654.3	1226.8	100.6	-6942.7	4258.0	11200.7
贵州	17826.6	2539.9	6211.6	9075.1	—	3418.8	7833.4	546.5	114.9	431.7	316.8	4.4	-3936.5	1786.8	5723.3
云南	24521.9	3598.9	8287.5	12635.5	—	4505.2	9792.9	2680.4	1161.6	1518.8	357.2	7.6	-4857.3	2116.7	6974.0
西藏	1902.7	150.7	798.3	953.8	—	165.5	745.8	21.3	8.4	12.9	4.5	0.4	-1986.8	221.0	2207.8
陕西	26181.9	2267.5	11362.6	12551.7	—	4404.4	9605.9	3772.1	1842.5	1929.6	87.1	84.4	-3676.6	2257.2	5933.8
甘肃	9016.7	1198.1	2852.0	4966.5	—	1355.6	3632.4	372.8	287.1	85.7	-201.4	0.9	-3280.4	874.5	4154.9
青海	3005.9	334.3	1143.6	1528.1	—	421.4	877.3	22.8	10.5	12.3	1.8	0.3	-1635.3	298.0	1933.3
宁夏	3920.6	338.0	1609.0	1973.6	—	433.3	1301.4	123.2	36.5	86.7	50.2	2.7	-1063.6	419.4	1483.0
新疆	13797.6	1981.3	4744.5	7071.9	—	1260.9	3062.6	1484.3	385.8	1098.5	712.7	2.2	-3976.6	1477.2	5453.8

数据来源：国家统计局《中国统计摘要》，各省、自治区、直辖市《国民经济和社会发展统计公报》及统计局。

2020 年各地区主要经济指标比较表（Ⅱ）

地区	地区生产总值同比增长（%）	第一产业	第二产业	第三产业	规模以上工业增加值同比增长（%）	固定资产投资（不含农户）同比增长（%）	房地产开发投资	社会消费品零售总额同比增长（%）	外贸进出口同比增长（%，亿元口径）总额	进口	出口	实际使用外资金额同比增长（%，美元口径）	地方财政收支同比增长（%）收入	支出	各类价格指数同比增长（%）居民消费价格指数	农业生产资料价格指数	工业生产者购进价格指数	工业生产者出厂价格指数
北京	1.2	-8.5	2.1	1	2.3	2.2	2.6	-8.9	-19.1	-21.1	-10	-0.8	-5.7	-3.6	1.7	—	-0.5	-0.9
天津	1.5	-0.6	1.6	1.4	1.6	3.0	-4.4	-15.1	-0.1	-1.5	1.9	0.1	-10.2	-11.4	2.0	—	-3.1	-2.9
河北	3.9	3.2	4.8	3.3	4.7	3.2	5.8	-2.2	10.2	15.8	6.4	7.3	2.3	8.5	2.1	4.3	-1.6	-1.5
山西	3.6	3.6	5.5	2.1	5.7	10.6	10.5	-4.0	4.0	-1.9	8.7	24.4	-2.2	8.4	2.9	8.1	-2.8	-3.3
内蒙古	0.2	1.7	1.0	-0.9	0.7	-1.5	12.9	-5.8	-4.9	-3.7	-7.4	-11.6	-0.4	3.3	1.9	3.2	-0.5	-0.3
辽宁	0.6	3.2	1.8	-0.7	1.8	2.6	5.1	-7.3	-9.9	-5.8	-15.3	12.8	0.1	4.5	2.4	4.9	-1.8	-3
吉林	2.4	1.3	5.7	0.1	6.9	8.3	11.0	-9.2	-1.7	1.1	-10.3	—	-2.9	4.9	2.3	0.0	-1.3	-1.4
黑龙江	1.0	2.9	2.6	-1.0	3.3	3.6	2.6	-9.1	-17.7	-22.5	3.2	0.2	-8.7	8.7	2.3	3.7	-4.9	-6.6
上海	1.7	-8.2	1.3	1.8	1.7	10.3	11	0.5	2.3	3.8	0	6.2	-1.7	-0.9	1.7	—	-3.1	-1.7
江苏	3.7	1.7	3.7	3.8	6.1	0.3	9.7	-1.6	2.6	5.5	0.9	8.6	2.9	8.8	2.5	5.7	-3.5	-2.2
浙江	3.6	1.3	3.1	4.1	5.4	5.4	6.8	-2.6	9.6	11.2	9.1	16.4	2.8	0.3	2.3	6.1	-4.1	-3.1
安徽	3.9	2.2	5.2	2.8	6.0	5.1	5.6	2.6	14.1	15.0	13.5	2.1	1.0	1.1	2.7	4.8	-1.5	-0.9
福建	3.3	3.1	2.5	4.1	2.0	-0.4	6.2	-1.4	5.5	10.6	2.3	—	0.9	2.7	2.2	3.3	-1.4	-1.6
江西	3.8	2.2	4.0	4.0	4.6	8.2	6.2	3.0	14.3	7.5	17.0	7.5	0.8	4.4	2.6	7.2	-3.0	-1.7
山东	3.6	2.7	3.3	3.9	5.0	3.6	9.7	0.0	7.5	-4.1	17.3	20.1	0.5	4.6	2.8	5.6	-2.5	-1.9
河南	1.3	2.2	0.7	1.6	0.4	4.3	4.3	-4.1	16.4	31.7	8.5	7.1	2.8	2.2	2.8	3.6	-0.6	-0.8
湖北	-5.0	0.0	-7.4	-3.8	-6.1	-18.8	-4.4	-20.8	8.8	9.1	8.7	-19.8	-25.9	5.9	2.7	—	-1.6	-0.9
湖南	3.8	3.7	4.7	2.9	4.8	7.6	9.8	-2.6	12.3	24.1	7.5	16.0	0.1	4.6	2.3	3.5	-1.1	-1.0
广东	2.3	3.8	1.8	2.5	1.5	7.2	9.2	-6.4	-0.9	-2.6	0.2	—	2.1	1.0	2.6	8.8	-2.6	-1.0
广西	3.7	5.0	2.2	4.2	1.2	4.2	0.8	-4.5	3.5	2.6	4.3	18.7	-5.2	5.2	2.8	9.7	-1.5	-0.6
海南	3.5	2.0	-1.2	5.7	-4.5	8.0	0.4	1.2	3.0	16.8	-19.6	100.7	0.2	6.2	2.3	4.4	-8.0	-6.2
重庆	3.9	4.7	4.9	2.9	5.8	3.9	-2.0	1.3	12.5	11.9	12.8	-0.4	-1.9	1.0	2.3	—	-0.1	-0.9
四川	3.8	5.2	3.8	3.4	4.5	2.8	11.3	-2.4	19.0	18.8	19.2	-19.4	4.6	8.2	3.2	20.9	-1.9	-1.2
贵州	4.5	6.3	4.3	4.1	5.0	3.2	14.3	4.9	20.6	-8.9	31.9	-35.3	1.1	-3.8	2.6	12.2	-1.4	-1.7
云南	4.0	5.7	3.6	3.8	2.4	7.7	8.5	-3.6	15.4	-9.7	46.4	—	2.1	3.0	3.6	6.7	-2.7	-1.4
西藏	7.8	7.7	18.3	1.4	9.6	5.4	27.7	-3.6	-56.3	-25.7	-65.5	39.8	-0.5	1.2	2.2	-0.4	—	-0.6
陕西	2.2	3.3	1.4	2.8	1.0	4.1	12.8	-5.9	7.3	12.2	3.0	9.2	-1.3	3.8	2.5	4.6	-2.4	-4.9
甘肃	3.9	5.4	5.9	2.2	6.5	7.8	7.8	-1.8	-2.0	15.3	-34.8	8.2	2.8	5.1	2.0	0.7	-5.9	-6.1
青海	1.5	4.5	2.7	0.1	-0.2	-12.2	3.7	-7.5	-39.2	-39.3	-39.2	-65.0	5.6	3.7	2.6	9.0	-3.9	-3.4
宁夏	3.9	3.3	4.0	3.9	4.3	4.0	7.5	-7.0	-48.8	-60.3	-41.8	8.4	-1.0	3.1	1.5	3.8	-5.3	-3.1
新疆	3.4	4.3	7.8	0.2	6.9	16.2	17.4	-15.3	-9.5	-1.2	-12.1	-34.6	-6.4	4.2	1.5	6.2	-6.6	-8.4

数据来源：国家统计局《中国统计摘要》，各省、自治区、直辖市《国民经济和社会发展统计公报》及统计局。

2020 年全国 35 个大中城市新建商品住宅销售价格指数同比增长

单位：%

地区	1 月	2 月	3 月	4 月	5 月	6 月	7 月	8 月	9 月	10 月	11 月	12 月
北京	4.1	4.4	4.1	3.3	3.1	3.6	3.3	3.4	3.8	4.2	2.4	2.3
天津	1.3	0.5	0.1	-0.4	-0.3	0	0.7	0.9	0.8	0.8	1.1	1.1
石家庄	8.8	7.6	6.5	6.7	5.6	4.6	4.9	3.6	3.3	3.1	3.6	2.8
太原	2.9	2.1	1.7	1.3	1.4	1.4	1.2	0.1	-0.7	-1	-1.5	-1
呼和浩特	14.8	13.9	13.7	13.7	13.8	12	11.8	9.9	9	7	5.9	5.1
沈阳	9.2	9.2	8.7	8.8	8.8	8.7	9.0	9.2	8.2	6.8	6.0	5.0
大连	8.4	6.9	6.1	5.9	5.3	5	4.5	4.2	5	5.1	4.9	4.8
长春	8.6	7.8	8	7.9	7.8	7.2	7.3	7	6.3	4.8	3.4	2.3
哈尔滨	9.4	8.8	8.1	8.2	7.5	6.5	6	5.3	4.1	2.8	1.9	0.8
上海	2.7	2.3	2.4	2.7	3.5	3.7	4.2	4.5	4.5	4.4	4.1	4.2
南京	3.3	3.2	3.3	4.5	5	6.1	4.9	5.1	4.3	4.5	4.8	4.9
杭州	5	4.4	5.4	5.2	5.1	5.2	4.9	5.3	5.1	5.2	5.1	4.5
宁波	8.2	7.4	6.5	5.8	6.1	6	5.7	5.4	5.1	4.9	4.9	4.4
合肥	3.7	2.9	2.3	1.3	1.1	1.4	1.1	0.6	1.4	2.2	3.1	3.6
福州	3.5	4	4	3.8	3.4	3.7	3.6	3.3	3.2	3.1	3.5	4.4
厦门	4.4	4.2	3.5	2.8	3	3.1	2.4	1.9	2.8	3.7	4.4	4.5
南昌	3.3	3.3	2.3	2.1	1.9	2	1.7	1	0.5	0.2	0.4	0.8
济南	-0.3	-1	-2.2	-3.2	-3.1	-3.1	-3.2	-3.3	-2.9	-2.1	-1.7	-1
青岛	3.7	3.3	2.3	2.4	1.9	2.5	2.3	2.5	2.9	2.9	2.8	2.8
郑州	1.4	1.1	0.5	0.2	-0.2	-0.4	-0.7	-0.4	-0.7	-1.2	-1.0	-0.8
武汉	11.5	10.3	9.5	8.3	7.4	7.9	7.4	6.8	6.4	5.8	5.1	4.5
长沙	4.6	4.7	5	5.3	4.8	5.4	5.7	6.3	6.5	6.4	5.8	5
广州	4.2	3	1.7	0.7	0.2	0.5	1	1.6	2.1	2.7	4.1	5.2
深圳	4.3	4.3	5.2	4.8	4.9	5.3	5.9	6.2	5.3	5.1	4.9	4.1
南宁	12	11.3	10.5	10	10.2	10.9	11.2	9.6	8	6	5.6	5.2
海口	6.6	6.3	5.8	5.3	3.8	2.9	2.4	3.2	3.1	2.3	2.8	2.7
重庆	7.5	6.5	6.2	6.0	5.0	5.2	4.6	5.3	5.3	5.4	4.7	4.6
成都	10	10.6	10.5	10.3	10.4	10	9.6	9.9	9.5	8	7.2	6.3
贵阳	4.4	3.6	2.6	1.3	0.6	0	-0.9	-0.6	-0.1	0.5	1.5	2.5
昆明	10.5	9.5	8.6	8.4	8.3	8.3	7.5	7.3	6.1	5.4	5	5.6
西安	12.8	11.6	11.0	10.4	8.8	7.8	7.3	8.0	8.0	7.6	7.1	6.9
兰州	4.7	4.5	4.1	4.6	4.4	4.7	4.5	5.3	5.6	5.8	5.3	5.2
西宁	14.7	12.7	13.2	13.4	13.9	14.4	13.2	13.4	12.7	10.3	9.5	9.1
银川	12.8	12	12.5	13	14.7	15.7	17.6	17.6	16.8	16.6	15	14.2
乌鲁木齐	1.1	0.3	-0.1	0.2	0.6	0.8	1.3	1.7	1.7	2.5	3.7	3.1

数据来源：国家统计局。

注：从 2011 年 1 月起，国家统计局开始实施《住宅销售价格统计调查方案》，对数据来源渠道、指标设置、计算方法等影响价格指数计算的主要因素都进行了调整。

2020 年末各省、自治区、直辖市主要存贷款指标

地区	本外币						人民币							
	金融机构各项存款		金融机构各项贷款				金融机构各项存款				金融机构各项贷款			
	余额（亿元）	比年初（亿元）	余额（亿元）	短期	中长期	比年初（亿元）	余额（亿元）	住户存款	非金融企业存款	比年初（亿元）	余额（亿元）	个人消费贷款	房地产贷款	比年初（亿元）
北京	188081.6	16667.3	84308.8	25971.7	51753.8	7433.2	181105.6	42888.8	63792.8	16404.1	81035.2	16349.4	19150.6	7634.6
天津	34145.0	2356.2	38859.4	8494.3	23502.0	2718.1	33037.6	14865.7	12956.4	2337.8	37690.4	9202.0	9507.8	2816.4
河北	81295.3	8079.1	60993.2	18263.6	39743.0	7204.7	80895.2	53212.5	15412.2	8010.7	60605.2	17617.6	19145.3	7157.1
山西	42497.1	4115.6	30640.8	9366.7	18674.5	2521.5	42073.5	25482.0	10810.5	4202.9	30373.5	4469.1	4941.9	2627.3
内蒙古	25066.6	1323.3	23327.6	6343.9	15817.9	149.6	24970.0	15302.8	5089.6	1324.8	23249.2	4217.0	5043.1	164.1
辽宁	67988.2	5290.8	52209.4	16311.9	31522.2	2626.8	67187.4	42619.7	13062.2	5283.4	51498.7	10171.5	2890.7	2844.9
吉林	27246.5	3092.8	22751.1	6813.5	15080.5	1866.7	27119.8	16996.1	5631.2	3100.3	22739.8	5590.4	1086.9	1876.2
黑龙江	31610.6	3742.3	22585.9	8732.2	12233.9	1079.3	31452.6	21169.7	4554.0	3735.9	22482.3	4618.7	5266.6	1112.3
上海	155865.1	23018.8	84643.0	19634.0	52054.3	6741.6	145327.7	36734.0	59588.3	21978.6	77991.0	21907.9	24411.5	6108.6
江苏	177978.0	20838.3	156577.4	47455.2	99405.3	21306.3	172580.3	66373.1	63983.2	19742.9	154523.3	45499.7	51310.9	21062.0
浙江	152233.5	20935.0	143611.6	52799.8	83264.7	21861.0	147666.9	60969.8	53237.8	19408.8	142126.0	40647.3	37903.1	21836.7
安徽	60468.3	5681.5	52125.0	13312.9	35071.6	7184.3	59897.8	30117.2	16043.1	5519.9	51520.5	16845.1	19212.1	7231.2
福建	56386.9	6550.5	59859.7	18144.2	38032.2	7218.8	55160.5	24052.6	16604.4	6405.6	58589.5	21351.5	17786.8	7192.9
江西	43912.9	4737.6	41667.7	10981.8	27856.0	5970.8	43608.2	22741.1	12942.8	4655.6	41409.2	11435.5	13557.0	5915.4
山东	118349.4	13610.5	97880.6	31580.0	59497.9	11555.0	116155.4	64258.4	34625.1	13479.0	95411.6	27215.6	31990.0	11708.6
河南	77552.6	6781.5	64115.2	18426.7	42243.6	7221.6	76446.2	46042.5	17493.8	6937.5	62866.7	20485.8	22653.6	7207.7
湖北	67159.3	6621.9	59872.1	10806.3	43248.7	7629.5	66355.7	33968.9	19070.5	6608.0	58478.8	15205.9	19369.9	7629.5
湖南	57912.0	5251.6	49402.8	10700.4	36928.0	6987.4	57480.0	31756.4	13191.6	5167.5	49165.7	13843.4	15064.7	7006.2
广东	267638.3	35179.6	195680.6	44329.0	137617.1	27685.2	257851.6	87969.9	97912.4	34889.3	189802.4	66898.1	68633.3	27423.1
广西	34665.6	3019.5	35196.8	6145.6	27225.2	4699.4	34515.6	18936.2	9008.5	3010.6	34739.0	11182.8	11294.9	4750.5
海南	10312.5	574.7	9981.7	1397.9	7831.5	460.6	10151.5	5011.8	3003.7	505.7	9230.2	2408.3	3245.4	633.8
重庆	42854.3	3371.1	41908.9	7453.7	31637.3	4848.9	41270.2	20209.8	10941.1	3317.1	40960.6	14233.0	14982.4	4772.5
四川	91835.8	8714.0	71026.0	12830.1	55236.7	8532.2	90350.5	49289.3	21475.2	8566.8	69504.9	17972.5	21321.7	8415.9
贵州	28324.6	1102.8	32299.4	5369.9	26128.5	3766.0	28276.3	12764.4	8569.9	1105.7	32235.7	6856.6	8440.6	3787.0
云南	35652.8	2667.5	35052.1	6610.2	25138.1	3487.1	35504.3	17675.5	8688.6	2683.0	34718.0	8375.0	8868.8	3516.9
西藏	5423.5	444.0	4957.1	568.4	3766.5	261.6	5418.1	1080.8	1259.4	444.2	4956.9	484.0	317.4	261.7
陕西	49448.6	4912.0	39185.8	7072.3	29772.4	4848.6	49090.3	26384.9	14021.4	4864.9	38905.5	9402.0	2258.2	4792.3
甘肃	20992.7	1224.2	22159.4	5332.0	15155.4	1481.5	20938.3	12419.6	4909.3	1221.2	21935.6	567.8	4521.4	1511.3
青海	6314.1	455.4	6620.9	1114.3	4584.8	-69.1	6302.8	2721.9	1369.1	456.2	6578.2	760.3	937.6	-61.5
宁夏	7136.2	675.8	7981.9	2108.7	4956.3	554.3	7121.3	3943.8	1498.9	677.9	7782.6	1598.2	1570.3	565.8
新疆	24965.0	1510.4	22905.8	5901.7	14108.0	2380.2	24824.7	11898.5	6327.3	423.5	22377.6	3312.6	4113.6	2417.5

数据来源：中国人民银行各分行、营业管理部、省会（首府）城市中心支行。

《中国区域金融运行报告（2021）》
分报告

北京市金融运行报告（2021）

中国人民银行营业管理部货币政策分析小组

［内容摘要］2020年，面对突如其来的疫情冲击和多重风险挑战，北京市坚决贯彻党中央、国务院决策部署，科学统筹推进常态化疫情防控和经济社会发展，扎实做好“六稳”工作，全面落实“六保”任务，全力推动复工复产达产，北京市经济呈现稳步回升向好态势，全年实现地区生产总值36102.6亿元，同比增长1.2%。北京市金融运行保持平稳，金融支持疫情防控、复工复产、稳企业保就业工作高效开展，改革创新步伐不断加快，金融管理和服务亮点纷呈，全年社会融资规模增加1.7万亿元，金融业向实体经济累计让利约1100亿元，为夺取疫情防控和经济社会发展“双战双胜”提供了坚强的金融后盾。

经济运行主要呈现以下特点：一是三大需求逐步恢复，经济稳步回升向好。固定资产投资回升企稳，同比增长2.2%，高技术产业和民生领域投资快速增长；消费逐步复苏，社会消费品零售总额同比下降8.9%，降幅逐季收窄，网上零售表现活跃；外贸较为低迷，全年地区进出口总值2.3万亿元，同比下降19.1%，但医疗物资、机电产品、高新技术产品等出口大幅增长。二是经济结构持续优化，供给侧结构性改革取得新进展。三次产业构成比为0.3∶15.8∶83.9，服务业优势凸显；都市农业逐步回暖，休闲农业和乡村旅游人均消费增长22.2%；工业生产加速恢复，重点行业中计算机、通信和其他电子设备制造业，医药制造业较快增长，同比分别增长14.6%、9.4%；第三产业韧性增强，信息、金融行业发挥主要带动作用，分别增长14.4%和5.4%。三是消费价格温和上涨，生产价格小幅下降。北京市居民消费价格同比上涨1.7%；工业生产者出厂价格、购进价格同比分别下降0.9%和0.5%。四是财政收支平稳运行，民生投入不断增加。全市完成一般公共预算收入5483.9亿元，同比下降5.7%；一般公共预算支出6776.0亿元，同比下降3.6%。社会保障和就业、卫生健康支出同比分别增长8.5%和13.3%，全年新增减税降费2000亿元。五是高端产业显现韧性，发展质效不断提升。高技术产业和战略性新兴产业增加值占GDP的比重达25.6%和24.8%（二者有交叉），其中，高技术制造业增加值同比增长9.5%，实现利润531.3亿元，同比增长5.4%，占全市规模以上工业企业利润29.8%；战略性新兴产业增加值同比增长9.2%。

金融运行主要呈现以下特点：一是银行业整体稳健，存贷款保持平稳增长。银行业机构资产总额达28.6万亿元，同比增长9.1%；人民币存款余额同比增长10.2%，较上年同期高0.9个百分点；人民币贷款余额同比增长10.4%，其中近九成新增贷款投向实体企业，非金融企业及机关团体人民币贷款余额同比增长12.5%，较上年同期高1.3个百分点；重点领域信贷支持进一步加强，制造业中长期贷款余额和普惠小微贷款余额同比分别增长58.9%和30.4%；减负让利实体经济成效显著，企业贷款利率同比下降41个基点，普惠小微贷款利率同比下降96个基点。二是证券期货业发展整体平稳，直接融资规模增长。证券公司和期货公司资产规模稳步增长，分别增长28.2%和43.5%；北京地区沪深上市公司总市值15.2万亿元。三是保险保障功能进一步增强，改革转型持续发力。实现保费收入2302.9亿元，同比增长10.9%；其中，财产险实现保费收入523亿元，同比增长2.2%；人身险实现保费收入1780亿元，同比增长13.8%。四是社会融资规模增加，金融创新步伐加快。北京地区社会融资规模增加1.7万亿元，同比多增2029.9亿元；发行防疫债378.3亿元，居全国首位；发行全国首单、规模最大的抗疫主题小微金融债400亿元。五是金融服务水平显著提升，金融治理取得积极成果。率先推进远程开立企业单位银行结算账户试点，率先实现减免企业首个基本存款账户开户费；打造“信用北京查”服务品牌，率先完成企业和个人“二合一”自助查询升级；率先开展金融科技创新监管试点，已有两批次共17个创新应用正式服务市场主体。六是金融业改革开放实现重大突破，重点产业领域金融建设稳步推进。持续推进国家服务业扩大开放综合示范区和中国（北京）自由贸易试验区建设，实现跨境贸易和投融资便利化、本外币合一银行结算账户体系试点等23项试点政策落地；助力第二家外资独资信用评级机构惠誉博华落户北京；支持外资投资机构参与合格境内有限合伙人境外投资试点；积极推动中关村科创金融试验区申创工作和国家文化与金融合作示范区建设。

2021年是“十四五”规划开局之年，是我国现代化建设进程中具有特殊重要性的一年，北京市金融部门将继续高举中国特色社会主义伟大旗帜，全面贯彻落实党的十九大和十九届二中、三中、四中、五中全会及中央经济工作会议精神，深入贯彻习近平总书记对北京重要讲话精神，坚持稳中求进工作总基调，立足新发展阶段，贯彻新发展理念，构建新发展格局，聚焦北京“四个中心”建设，以推动高质量发展为主题，以深化供给侧结构性改革为主线，以改革创新为根本动力，以满足人民日益增长的美好生活为根本目的，以维护首都金融安全稳定为底线，加大对经济发展重点领域的金融支持力度，以“两区”建设为着力点，加快深化金融改革开放，扎实做好金融管理和服务，持续防范化解金融风险，助力北京市经济高质量发展。

一、金融运行情况

2020年，北京市金融平稳运行，货币信贷和社会融资规模保持合理增长，贷款利率水平显著下降，支持抗疫情和稳增长成效显著，对重点领域支持力度进一步加大，改革创新步伐不断加快，金融管理和服务亮点纷呈，为首都疫情防控、复工复产和经济恢复发展提供了坚强的金融后盾。

（一）银行业整体稳健，存贷款保持平稳增长

1. 资产规模稳步增长，机构数量有所增加。 2020年末，北京市银行业金融机构资产总额28.6万亿元，同比增长9.1%；疫情影响下，实现利润2237.3亿元，同比减少13.5%，较上年同期下降8.6个百分点；营业网点和法人机构数量有所增加，分别为4663个和226个，从业人数同比下降0.8%。

表1　2020年北京市银行业金融机构情况

机构类别	营业网点			法人机构（个）
	机构个数（个）	从业人数（人）	资产总额（亿元）	
一、大型商业银行	1794	52157	105867	—
二、国家开发银行和政策性银行	18	894	19058	—
三、股份制商业银行	810	25182	60154	—
四、城市商业银行	426	12467	31164	1
五、城市信用社	—	—	—	—
六、小型农村金融机构	673	9072	10291	1
七、财务公司	75	5281	42856	73
八、信托公司	12	4218	1734	12
九、邮政储蓄银行	574	3327	4335	—
十、外资银行	117	4212	3918	9
十一、新型农村金融机构	146	1845	438	116
十二、其他	18	4151	6563	14
合　计	4663	122806	286378	226

数据来源：中国人民银行营业管理部、中国银行保险监督管理委员会北京监管局、北京市地方金融监督管理局。

注：营业网点机构数据不包括国家开发银行和政策性银行、大型商业银行、股份制商业银行金融机构总部；大型商业银行包括工商银行、农业银行、中国银行、建设银行和交通银行；小型农村金融机构指农村商业银行；新型农村金融机构包括村镇银行、贷款公司和农村资金互助社；其他包含金融租赁公司、汽车金融公司、货币经纪公司、消费金融公司等。

2. 人民币存款保持较高增速，外币存款增速大幅提升。2020年末，人民币存款余额同比增长10.2%，较上年同期高0.9个百分点，为近五年同期最高值。非金融企业存款余额保持较高增速，同比增长10.3%，较上年同期高3.5个百分点；住户部门存款余额保持较快增速，同比增长15.0%。外币存款余额增速同比增长11.1%，较上年同期高12个百分点，为近两年最高水平。

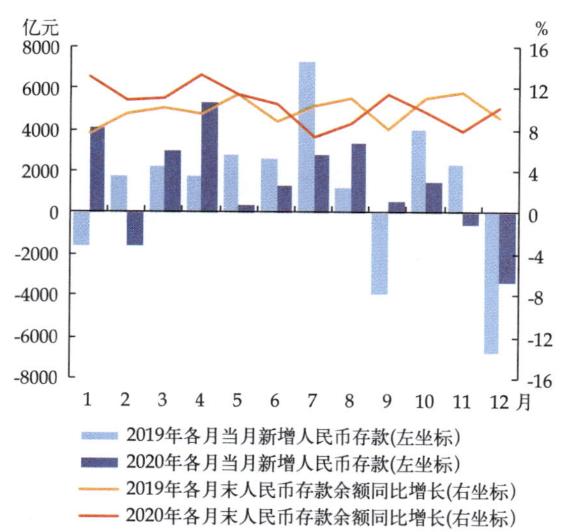

图1　2019—2020年北京市金融机构人民币存款增长变化

（数据来源：中国人民银行营业管理部）

3. 人民币贷款保持平稳增长，有力推动经济有序恢复。2020年末，北京市金融机构人民币贷款余额同比增长10.4%，比年初增加7635.0亿元，同比多增981.5亿元。近九成新增贷款投向实体企业，非金融企业及机关团体人民币贷款余额同比增长12.5%，比上年同期高1.3个百分点，占人民币贷款新增额的87.5%。其中，企业中长期贷款余额同比增长13.4%，为2019年4月以来高点。

重点领域信贷支持力度进一步加强。2020年末，北京市金融机构普惠小微人民币贷款余额同比增长30.4%，较各项贷款增速高20个百分点；制造业中长期人民币贷款余额同比增长58.9%，较上年同期提高52.5个百分点。2020年，累计新发放高新技术产业贷款5580.6亿元，同比增长20%，惠及企业数同比增长27%；累计新发放文化产业贷款1577亿元，惠及企业数同比增长42.2%。

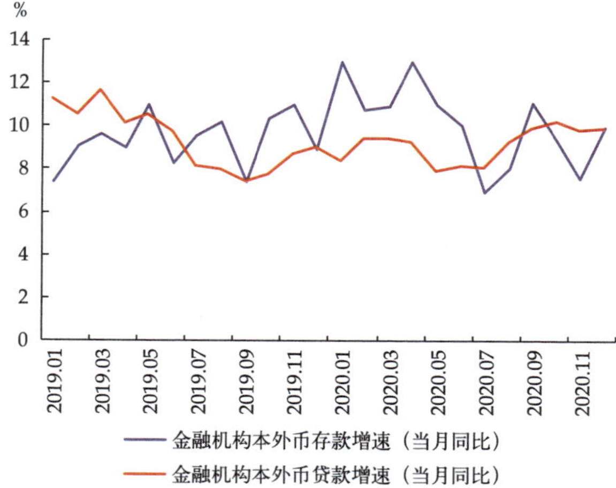

图2　2019—2020年北京市金融机构本外币存、贷款增速变化

（数据来源：中国人民银行营业管理部）

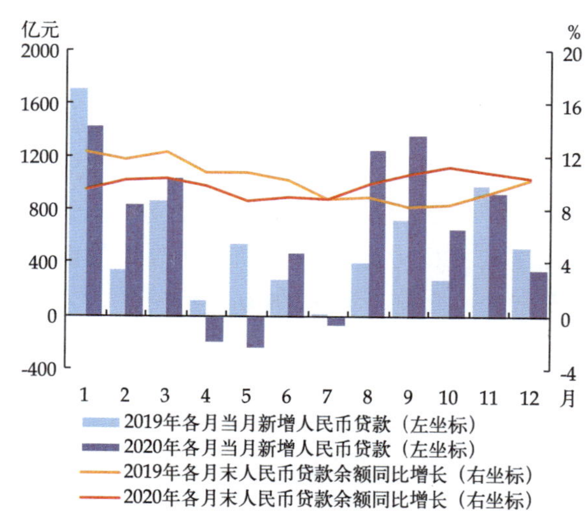

图3　2019—2020年北京市金融机构人民币贷款增长变化

（数据来源：中国人民银行营业管理部）

4. 表外业务规模保持合理增长，影子银行业务清理有序推进。2020年末，北京银行业表外业务（剔除托管资产）余额同比增长6.8%，较上年同期低0.9个百分点。其中，担保类业务余额同比下降2.8%；承诺类业务余额保持较快增长，同比增长 14.8%；委托投资余额同比下降 12.6%，委托贷款余额同比增长 10.5%；法人银行非保本理财产品余额同比增长 6.3%。

5. 人民币贷款利率持续下行，企业融资成本显著下降。2020 年末，北京市金融机构一般贷款加权平均利率 4.17%，同比下降 42 个基点，创历史新低；企业贷款加权平均利率 3.90%，同比下降 41 个基点；普惠小微贷款利率 4.92%，同比下降 96 个基点。人民币活期存款利率基本保持稳定，定期存款利率整体走势平稳，美元存贷款利率显著下行。通过引导利率下行、直达实体经济的政策工具、银行减少收费等方式，北京金融业向实体经济让利约 1100 亿元。

表 2　2020 年北京市金融机构人民币贷款各利率区间占比

单位：%

项目		1月	2月	3月	4月	5月	6月
合计		100.0	100.0	100.0	100.0	100.0	100.0
LPR 减点		62.7	69.6	54.4	48.7	50.5	49.3
LPR		1.3	0.5	1.8	2.2	2.5	5.1
LPR 加点	小计	36.0	29.9	43.8	49.0	47.0	45.6
	(LPR，LPR+0.5%)	11.4	11.7	17.5	21.2	15.4	15.9
	[LPR+0.5%，LPR+1.5%)	10.5	9.1	12.5	11.9	14.5	13.9
	[LPR+1.5%，LPR+3%)	5.8	3.9	6.2	5.9	5.2	5.8
	[LPR+3%，LPR+5%)	4.6	3.3	5.4	7.1	8.1	6.8
	LPR+5% 及以上	3.8	1.9	2.2	2.9	3.8	3.3
项目		7月	8月	9月	10月	11月	12月
合计		100.0	100.0	100.0	100.0	100.0	100.0
LPR 减点		51.9	54.8	56.2	51.9	57.2	58.3
LPR		4.6	4.8	5.8	5.4	4.1	6.0
LPR 加点	小计	43.5	40.4	38.0	42.7	38.7	35.7
	(LPR，LPR+0.5%)	12.3	12.2	11.2	15.2	13.1	14.1
	[LPR+0.5%，LPR+1.5%)	14.9	12.7	13.3	10.9	11.3	9.7
	[LPR+1.5%，LPR+3%)	5.2	5.1	3.9	4.2	3.8	3.6
	[LPR+3%，LPR+5%)	7.9	7.1	6.9	9.3	7.5	5.7
	LPR+5% 及以上	3.2	3.3	2.8	3.2	2.9	2.7

数据来源：中国人民银行营业管理部。

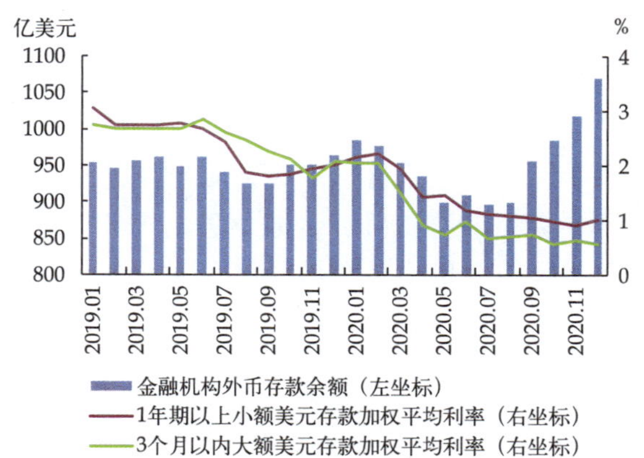

图 4　2019—2020 年北京市金融机构外币存款余额及外币存款利率

（数据来源：中国人民银行营业管理部）

6. 不良贷款率保持全国最低水平，风险抵补能力充足。2020 年末，辖内银行业金融机构不良贷款余额 633.1 亿元，同比增长 12.3%；不良贷款率 0.55%，与年初持平。辖内法人银行贷款拨备率 3.38%，同比上升 0.11 个百分点；拨备覆盖率 240.96%，同比下降 11.85 个百分点。

7. 法人银行整体流动性较好，资本充足水平略有下降。2020 年，辖内银行体系流动性基本保持合理充裕。2020 年末，辖内法人银行流动性比例为 67.27%，同比上升 2.18 个百分点；平均存贷比为 78.94%，同比上升 0.86 个百分点，辖内法人银行资本充足率为 13.0%，同比下降 0.76 个百分点；杠杆率为 6.76%，同比下降 0.27 个百分点。

8. 银行业金融机构改革提速，逐步转型业务回归本源。北京银行发行 460 亿元抗疫小微金融债，增强小微金融服务能力，回归主业做优做强特色金融服务。信托公司调整优化业务结构，金融资产管理公司回归不良资产处置主业。市场主体持续丰富，中储粮集团财务公司、北京阳光消费金融股份有限公司、巴基斯坦哈比银行北京分行 3 家机构顺利开业。

9. 人民币跨境使用快速增长。2020 年，北京地区跨境人民币结算 5.2 万亿元，同比增长超过 80%，业务笔数超过 18.0 万笔。自 2010 年 6 月 23 日试点启动至 2020 年末，北京地区跨境人民币收付涉及的国家和地区已达212个。2020年，北京地区经常项目人民币收付8377.2亿元，资本与金融项目人民币收付4.3万亿元。2020年末，北京地区已有124家跨国企业集团开展跨境双向人民币资金池业务，累计归集跨境收入5691.3亿元，跨境支出5258.3亿元；北京地区银行已累计开立人民币同业往来账户854个，为非居民机构开立人民币结算账户1201个。

（二）证券期货业发展整体平稳，直接融资规模增长

1. 证券期货机构数量保持稳定，资产规模稳步增长。2020年末，北京地区法人证券公司17家，资产规模1.3万亿元，同比增长28.2%；2020年累计实现营业收入654.0亿元，同比增长30.9%。期货公司19家，资产规模1122.0亿元，同比增长43.5%；2020年累计实现营业收入42.7亿元。基金管理公司36家（北京注册21家），资产规模726.4亿元，累计实现管理费收入246.9亿元；公募基金管理规模3.7万亿元。

2. 多层次资本市场协同发力，直接融资能力有所增强。2020年末，北京地区共有沪深上市公司381家，总市值15.2万亿元，占沪深两市上市公司总市值的19.1%；H股上市公司72家，数量居全国首位。2020年，北京地区各类企业实现直接融资1.2万亿元，同比增长9.9%。其中，IPO公司42家，募集资金969.1亿元；新三板挂牌公司公开发行7家次，募集资金22.6亿元，同比增长45.7%；209家企业发行公司债券（含ABS），募集资金9689.2亿元，同比增长10.2%；5家企业通过H股首发上市和再融资217.4亿元，同比增长1.8倍。

3. 资本市场改革开放稳步推进，证券期货基金机构做优做强。大和证券、东兴基金、汇泉基金在京落地，7家基金公司或子公司在京新设分公司。北京期货公司QDII业务资格试点工作加快推进，高盛高华、瑞信方正证券公司获准变更为外资控股证券公司。5家试点机构合规开展基金投顾业务，多家机构积极参与股权激励行权融资业务试点，2家证券公司纳入并表监管试点，证券期货基金头部机构率先开展资本市场金融科技创新试点。

表3　2020年北京市证券业基本情况

项目	数量
总部设在辖内的证券公司数（家）	17
总部设在辖内的基金公司数（家）	36
总部设在辖内的期货公司数（家）	19
年末境内上市公司数（家）	381
当年国内股票（A股）筹资（亿元）	1594
当年发行H股筹资（亿元）	217
当年国内债券筹资（亿元）	13260
其中：短期融资券筹资额（亿元）	2476
中期票据筹资额（亿元）	1002

数据来源：中国人民银行营业管理部、中国证券监督管理委员会北京监管局。

注：证券公司家数为法人机构数量，国内股票（A股）筹资额包含金融企业A股筹资，债券筹资为社会融资规模中企业债券融资额。

（三）保险保障功能进一步增强，改革转型持续发力

1. 保险行业稳步发展，机构经营总体稳健。2020年末，北京市共有保险总公司45家，其中，财产险公司14家、人身险公司31家。受新冠肺炎疫情和车险综合改革影响，保费收入增速整体放缓。2020年，北京市实现保费收入2302.9亿元，同比增长10.9%，增速较上年同期下降4.9个百分点。其中，财产险公司累计实现保费收入523亿元，同比增长2.2%，累计赔款支出289亿元；人身险公司累计实现保费收入1780亿元，同比增长13.8%，赔付支出462亿元，同比增长7.4%。

2. 健康保险快速增长，产品服务持续创新。新冠肺炎疫情下公众健康意识增强，健康险迎来快速增长，2020年健康险保费收入461.6亿元，同比增长15.2%。积极开发首台（套）重大技术装备保险、重点首批次新材料保险、工程质量潜在缺陷保险等创新试点，着力服务科技创新；制订疫情期间复工复产企业疫情防控综合保险实施方案、推出安全生产责任保险六

项措施；扩展医责险保险责任，保障覆盖千余家医疗机构、16 万余名医务工作者，并为疫情一线医护人员及家属赠送意外险、医疗险等专项保险产品。

3. 行政许可改革继续深化，中介市场体系建设加快。在京保险机构营业地址变更、高管人员任职等行政许可事项，由事前核准改为事后备案，备案材料简化，许可时间压缩，办事效率明显提高。率先建立非金融类车险兼业代理机构主报告公司机制，创新建立专业中介法人机构行业自律巡查机制，新型保险中介市场体系加快构建。

表 4　2020 年北京市保险业基本情况

项目	数量
总部设在辖内的保险公司数（家）	45
其中：财产险经营主体（家）	14
寿险经营主体（家）	31
保险公司分支机构（家）	112
其中：财产险公司分支机构（家）	49
寿险公司分支机构（家）	63
保费收入（中外资，亿元）	2302.9
其中：财产险保费收入（中外资，亿元）	523.0
人身险保费收入（中外资，亿元）	1780.0
各类赔款给付（中外资，亿元）	750.6

数据来源：中国银行保险监督管理委员会北京监管局。

（四）社会融资规模增加，金融创新步伐加快

1. 社会融资规模扩大，结构持续优化。2020 年，北京地区社会融资规模增加 1.7 万亿元，同比增加 2029.9 亿元。其中，对实体经济发放的人民币贷款新增 7913.4 亿元，占地区社会融资规模增量的 47.6%；企业债券净融资 6063.3 亿元，占地区社会融资规模增量的 36.5%；境内股票融资 1304.2 亿元，占地区社会融资规模增量的 7.8%；地方政府债券净融资 1676.1 亿元，同比增加 667.1 亿元；委托贷款、信托贷款和未贴现的银行承兑汇票共减少 2502.8 亿元。

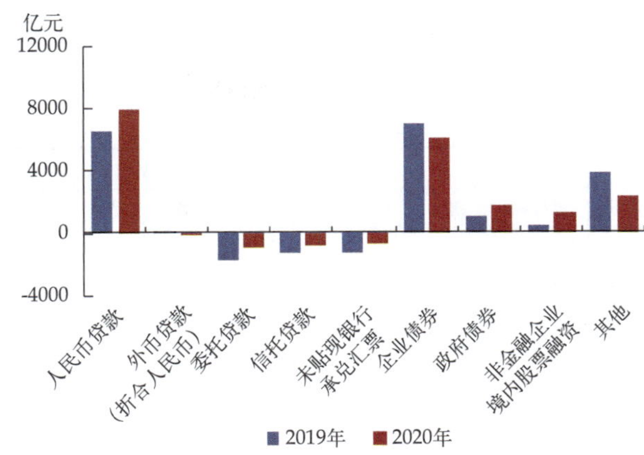

图 5　2019—2020 年北京地区社会融资分布结构

（数据来源：中国人民银行营业管理部）

2. 民营、小微企业金融市场创新产品在京落地。加大金融支持企业抗击疫情和复工复产力度，支持辖内 24 家企业发行防疫债 378.3 亿元，发行额居全国首位。北京银行发行全国首单、规模最大的抗疫主题小微金融债 400 亿元，中关村发展集团股份有限公司在银行间市场成功注册双创债务融资工具 10 亿元。市属企业在银行间市场发展融资稳步推进，2020 年，北京市市属企业在银行间市场发行债券 335 只，募集资金 4265 亿元，同比分别上升 27.9%、33.1%。

3. 票据市场运行平稳，票据贴现金额和贴现余额继续增长。2020 年，北京市金融机构累计签发银行承兑汇票金额同比小幅下降 2.9%，贴现票据金额同比增长 24.3%。2020 年末，银行承兑汇票余额同比下降 4.9%，票据贴现余额同比增长 40.1%。北京地区票据贴现和转贴现利率下行趋势明显。

表 5　2020 年北京市金融机构票据业务量统计

单位：亿元

季度	银行承兑汇票承兑		贴现			
			银行承兑汇票		商业承兑汇票	
	余额	累计发生额	余额	累计发生额	余额	累计发生额
1	4286.4	1660.3	5416.1	8427.1	663.1	1308.4
2	425&2	3586.2	6560.9	17872.0	534.1	2062.8
3	4330.6	5489.0	657&8	25568.4	671.7	2634.3
4	4485.9	7708.8	6810.1	34901.7	1007.8	3729.0

数据来源：中国人民银行营业管理部。

表6　2020年北京市金融机构票据贴现、转贴现利率

单位：%

季度	贴现		转贴现	
	银行承兑汇票	商业承兑汇票	票据买断	票据回购
1	3.06	4.30	2.86	2.23
2	2.48	3.83	2.53	1.81
3	3.05	3.83	2.93	2.23
4	2.91	4.08	2.89	1.87

数据来源：中国人民银行营业管理部。

4. 地方债发行规模同比增加，政府债务情况保持稳定。2020年，北京市政府共发行债券1676.3亿元，全部采用公开招标方式发行，较上年增加274.8亿元。2020年末，北京市地方政府债务余额6063.6亿元，较上年增加1099.5亿元。其中，一般债务余额2261.4亿元，专项债务余额3802.2亿元。

（五）金融服务水平显著提升，金融治理取得积极成果

2020年，人民银行营业管理部创新开展多项全国率先工作，提升金融服务便民惠民水平。远程开立企业单位银行结算账户试点“全国唯一”，率先实现减免企业首个基本存款账户开户费。打造“信用北京查”服务品牌，率先完成企业和个人“二合一”自助查询升级。搭建全国首个线上征信维权调解平台，完成全国首笔疫情异议处理。在全国率先构建“多元调解+司法速裁”一站式金融纠纷多元化解机制，调解成功率达97.6%。

2020年，人民银行营业管理部持续强化金融风险管控，金融治理水平不断强化提升。实现与金融委办公室地方协调机制的优化衔接，打造央地金融监管协调的“北京样本”。强化人民币流通管理，持续加大拒收现金整治力度。持续打击电信诈骗和跨境赌博“资金链”，全面排查涉赌涉诈账户风险。率先开展金融科技创新监管试点，已有两批次共17个创新应用正式服务市场主体，第三批5个创新应用即将提供服务。

专栏1　“创信融”平台打通小微企业信用融资梗阻

2020年9月19日，人民银行营业管理部在中关村论坛上正式发布“创信融”企业融资综合信用服务平台（以下简称“创信融”平台），并在中关村国家自主创新示范区开展试点。“创信融”平台采用“金融管理大数据+金融科技+政府政策配套”三位一体的建设方案，创新打造“模型驱动的嵌入式金融服务模式”，为北京市小微企业发展和科技创新提供“纯信用、全线上”的金融服务。截至2020年末，“创信融”平台已精准支持601家中小微企业，其中小微企业占比98%，支持就业人数超万人；发放贷款近5亿元，其中首贷企业占比70%，绝大部分都是“信用白户”；贷款的加权平均利率不到4%，平均贷款时长由10个工作日缩短至12分钟。

一、发挥金融科技优势，破解企业信息不对称难题

信息不对称是小微企业和科创企业融资顺利开展的主要制约因素，其深层次原因主要为两点：一是小微和科创企业数据分散，未能实现有效整合；二是缺乏安全可信的数据共享渠道，金融部门和实体经济之间形成信息梗阻。

“创信融”平台聚焦融资信息堵点，积极探索区块链等技术应用，在确保数据安全的前提下，联通金融、政务、市场等多领域数据仓，融合多方数据资源，主动为小微

企业融资提供精准画像。依托人民银行营业管理部大数据库，“创信融”平台对数据库内4亿多条上千维度的市场主体信息进行深入的数据挖掘，并在沙盒环境中与商业银行联合构建评价模型，将评价结果直接纳入银行自身风控模型，破解商业银行风险责任认定难题；在确保原始数据不出仓的前提下，通过搭建“创信融”平台风险评价系统与商业银行授信审批系统的直连通道，实现了授信审批全流程线上化，贷款发放最快可达到秒级。

二、发挥信用贷款优势，破解小微企业轻资产难题

轻资产和无抵押是小微和科创企业融资难的突出痛点。依托“创信融”平台，商业银行可以通过数据模型驱动，提供“无抵押、无担保、纯信用”信贷产品，实现企业自主支用、随借随还、按日计息。人民银行营业管理部充分调动市场资源，指导试点银行推出“纯信用、全线上”的小微企业专属产品，单笔授信额度最高可达500万元，利率低于小微贷款平均利率。截至2020年末，已有5家银行的专属产品上线，获得小微企业的高度评价。

三、发挥政府合力优势，破解“政府+”市场化难题

“创信融”平台由金融管理部门主导推动，既能更好、更快地调动金融资源，又能兼顾安全性和公平性，加速市场化创新。通过政府部门“几家抬”举措，给予政策配套支持，形成“政府+市场”的双轮驱动，为局部经验到全面适用提供政策动力和制度保障。人民银行营业管理部充分发挥部门合力，协调推动中关村管委会对平台上符合条件的获贷企业提供40%贷款贴息，单家企业年度补贴上限为50万元；对试点银行按照年度业务规模的1%提供风险补贴，单家银行年度补贴上限为500万元。

下一阶段，人民银行营业管理部将继续发挥政府部门合力，持续拓展数据广度，迭代模型深度，提升服务精度，增强政策准度，吸纳更多商业银行、征信评级机构等市场主体参与试点，不断提高服务温度，以更多金融创新推动社会释放创业创造动能，助力北京市经济高质量发展。

（六）金融业改革开放实现重大突破，重点产业领域金融建设稳步推进

2020年，人民银行营业管理部以“两区”建设为契机，助力首都金融业更高水平对外开放。2020年末，已有跨境贸易和投融资便利化、本外币合一银行结算账户体系试点等23项试点政策落地。个人征信机构朴道征信有限公司、第二家外资独资信用评级机构惠誉博华落户北京，助力北京打造数字经济标杆城市和信用之都。支持人民币国际投贷基金落地北京，璟泉资本管理（北京）有限公司已完成注册，推动首都企业对外合作和转型升级。支持外资投资机构参与合格境内有限合伙人境外投资试点。

积极推进科技金融、绿色金融、文化金融等重点领域改革创新。持续推进“科技金融”深度融合，积极推动中关村科创金融试验区申创工作。首都“绿色金融”建设有序推进，积极申请和创建绿色金融改革创新试验区。稳步推进首都“文化金融”建设，建立东城区国家文化与金融合作示范区工作协同机制。

二、经济运行情况

2020年，面对新冠肺炎疫情的严峻考验和国内外环境的深刻变化，北京市坚持以习近平新时代中国特色社会主义思想为指导，坚持稳中求进工作总基调，科学统筹常态化疫情防控和经济社会发展，全年经济呈现稳步回升向好态势。2020年，北京市实现地区生产总值36102.6亿元，按可比价格计算，同比增长1.2%。

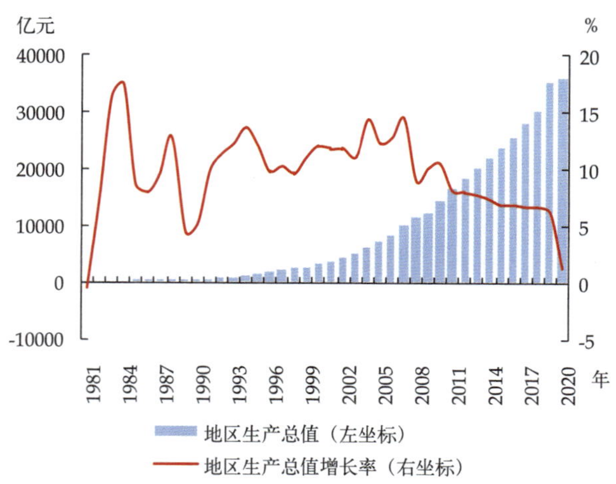

图 6　1981—2020 年北京市地区生产总值及其增长率

（数据来源：北京市统计局）

（一）三大需求逐步恢复，经济稳步回升向好

1. 固定资产投资回升企稳，投资结构持续优化。2020 年，北京市固定资产投资（不含农户）同比增长 2.2%，其中，房地产开发投资增长 2.6%，基础设施投资下降 12.3%。分产业看，三大产业完成投资同比增速分别为 -22.8%、28.0% 和 1.0%。符合首都发展方向的行业投资较快增长，投资结构进一步优化，高技术产业、民生领域投资增势较好，高技术制造业投资增长 87.7%，高技术服务业投资增长 16.5%，教育、卫生等领域投资分别增长 34.9% 和 22.7%。

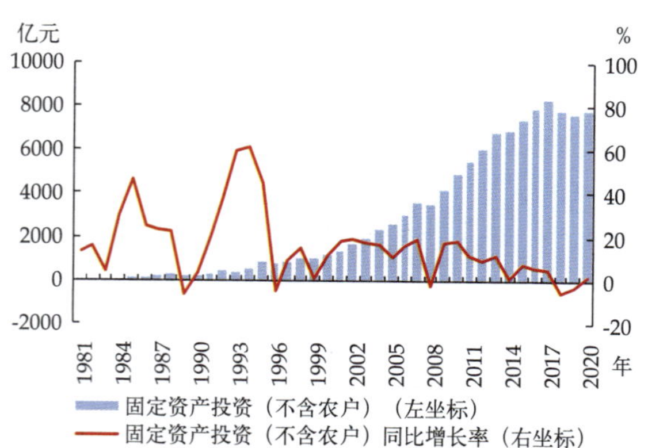

图 7　1981—2020 年北京市固定资产投资（不含农户）及其增长率

（数据来源：北京市统计局）

2. 消费逐步恢复，部分消费升级相关商品增长较快。受疫情及居民收入增长放缓影响，北京市消费需求下滑明显，但下半年以来恢复有所加快。全年市场总消费额同比下降 6.9%，社会消费品零售总额下降 8.9%，降幅逐季收窄。分商品类别看，消费升级相关商品保持较快增长，通信器材类和体育娱乐用品类商品分别增长 49.2% 和 17.3%。网上零售表现活跃，限额以上批发零售业、住宿餐饮业实现网上零售额 4423.3 亿元，增长 30.1%。

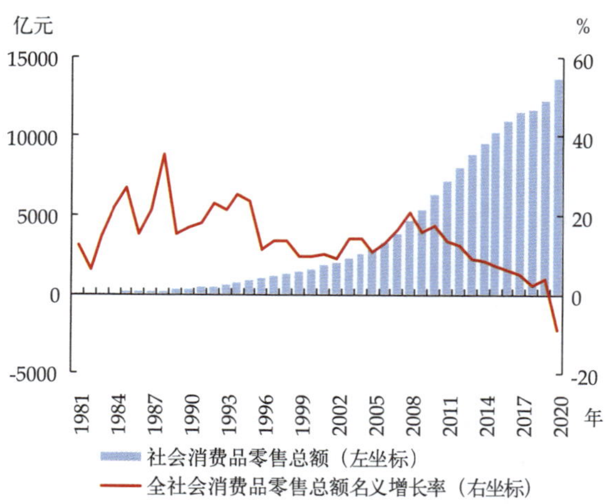

图 8　1981—2020 年北京市社会消费品零售总额及其增长率

（数据来源：北京市统计局）

3. 对外贸易大幅下滑，利用外资企稳回升。2020 年，北京地区进出口总值 23215.9 亿元，同比下降 19.1%。其中，进口 18561.0 亿元，同比下降 21.1%，原油和天然气进口“量价齐跌”是进口下降的主要原因；出口 4654.9 亿元，同比下降 10.0%，北京地区成品油出口占全国成品油出口的七成以上，受疫情影响海外成品油市场需求下滑且价格大幅下跌，对地区出口形成明显拖累。2020 年，北京市实际利用外资 141.0 亿美元，同比下降 0.8%，增速较年内最低点回升 25.7 个百分点。

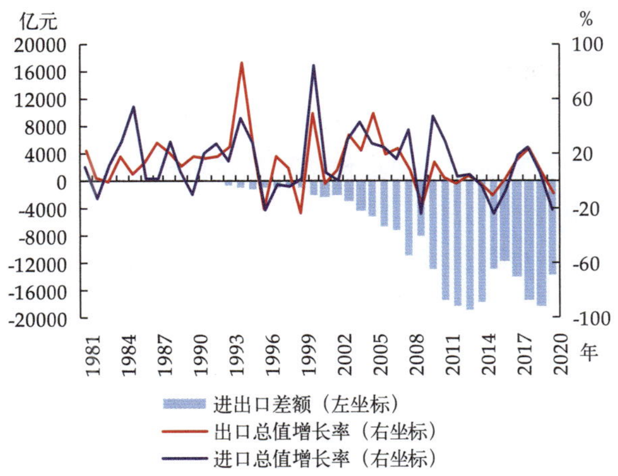

图 9　1981—2020 年北京市外贸进出口变动情况

（数据来源：北京市统计局）

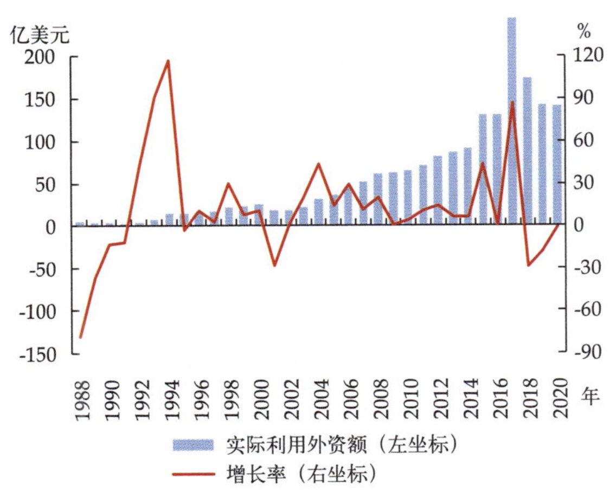

图 10　1988—2020 年北京市实际利用外资额及其增长率

（数据来源：北京市统计局）

（二）经济结构持续优化，供给侧结构性改革取得新进展

2020 年，北京市第一、第二、第三产业分别实现增加值 107.6 亿元、5716.4 亿元、30278.6 亿元。三次产业构成比为 0.3 : 15.8 : 83.9，与上年的 0.4 : 16.2 : 83.5 相比，第三产业比重进一步提高。

1. 农业生产结构进一步调整，都市农业逐步回暖。2020 年，北京市农林牧渔业实现总产值 263.4 亿元，同比下降 6.5%。其中，林业产值为 97.7 亿元，同比下降 15.5%；牧业产值为 45.2 亿元，同比下降 8.3%；渔业产值为 4.1 亿元，同比下降 22.5%；农业种植业为 107.6 亿元，同比增长 5.1%。设施农业产值同比增长 6.3%，其中蔬菜及食用菌种植发挥带动作用。休闲农业和乡村旅游加快转型升级，有效应对疫情影响，全年实现收入 25 亿元，接待 1877.5 万人次，分别恢复至上年同期水平的 66.4% 和 54.3%，人均消费增长 22.2%。

2. 工业生产加速恢复，新兴动能发展壮大。2020 年，北京市规模以上工业增加值同比增长 2.3%。高端产业增势良好，高技术制造业增加值增长 9.5%，战略性新兴产业增加值增长 9.2%，分别高于规模以上工业增速 7.2 个和 6.9 个百分点（二者有交叉）。智能手机、工业机器人、集成电路等高技术领域产品产量分别增长 18.9%、13.4%、9.7%。重点行业中，计算机、通信和其他电子设备制造业增长 14.6%，医药制造业增长 9.4%，汽车制造业增长 5.7%，电力、热力生产和供应业增长 4.4%。

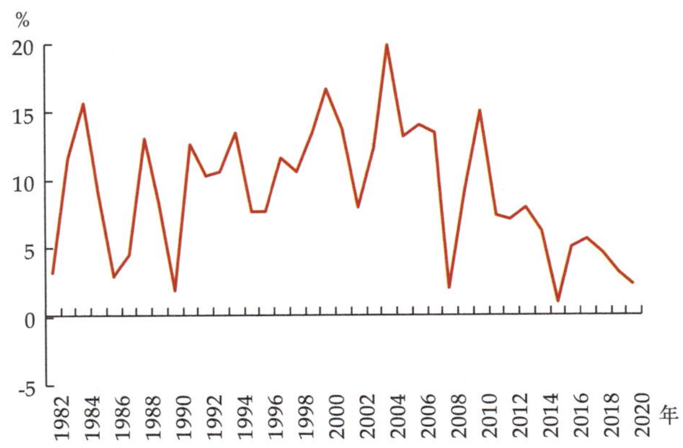

图 11　1982—2020 年北京市工业增加值增长率

（数据来源：北京市统计局）

3. 第三产业韧性强，信息、金融行业保持领先。2020 年，北京市第三产业总体保持平稳，增加值同比增长 1%。信息服务和金融业是服务业恢复的主要支撑力量，分别增长 14.4% 和 5.4%；科学研究和技术服务业增长 0.4%。1—12 月，规模以上金融业、信息传输、软件和信息技术服务业以及科学研究和技术服务业法人单位收入占第三产业收入比重合计为 37.8%，比上年同期高 1.1 个百分点。

4. 供给侧结构性改革取得新进展，城市治理进一步精细化。创新创造向纵深拓展，国家实验室组建方案加紧编制。统筹推进“三城一区”主平台和中关村国家自主创新示范区建设，筹建国家实验室，规划建设5个大科学装置和13个交叉研究平台。城市副中心建设加快推进，城市绿心森林公园开园运营，剧院、图书馆、博物馆三大建筑进入主体施工阶段。冬奥会、冬残奥会筹办有序推进，冬奥村完成封顶。疏解整治促提升专项行动扎实开展，基本完成一般制造业企业集中退出、区域性批发市场大规模疏解任务，完成3500条背街小巷环境整治。建设提升基本便民商业网点6000余个。生态环境明显改善，森林覆盖率达到44.4%。

5. 空气质量改善取得历史性突破，绿色发展成果丰硕。2020年，北京PM2.5年均浓度首次实现“30+”，为38微克/立方米，较2015年下降42.6微克/立方米，在京津冀及周边地区“2+26”城市中保持最优，其他三项主要污染物均稳定达标。全年优良天较2015年增加90天，重污染发生频率、峰值浓度、持续时间均明显下降。车辆结构绿色优化，疏堵结合累计淘汰老旧机动车109.1万辆，推广新能源车40.1万辆，国五及以上排放标准机动车占比超过60%，处于全国领先水平。城市洁净度显著提升。2020年，北京市降尘量为5.1吨/平方公里·月，同比下降12.1%。科技支撑更加有力，建成“天空地”一体化、智能化空气质量网格化监测系统，实现对所有乡镇（街道）颗粒物监测全覆盖。

（三）消费价格温和上涨，生产价格小幅下降

1. 居民消费价格持续温和上涨。2020年，北京市居民消费价格总水平同比上涨1.7%，涨幅较上年低0.6个百分点。其中，食品价格上涨6.1%，非食品价格上涨0.9%，涨幅分别较上年低0.1个、0.7个百分点。分类别看，八大类商品和服务项目价格“四升三降一平”。食品烟酒类价格上涨5.7%，教育文化和娱乐类价格上涨2.5%，医疗保健类价格上涨4.9%，其他用品和服务类价格上涨8.3%；衣着类价格下降0.2%，居住类价格下降0.9%，交通和通信类价格下降4.2%；生活用品及服务类价格与上年持平。

2. 工业生产出厂价格和购进价格小幅下降。2020年，北京市工业生产者出厂价格同比下降0.9%，购进价格同比下降0.5%，降幅较上年分别扩大0.5个、0.1个百分点。汽车、电子产品等工业品消费需求疲软向生产环节传导，原油、钢铁等原材料价格低位运行，工业品价格整体下行。

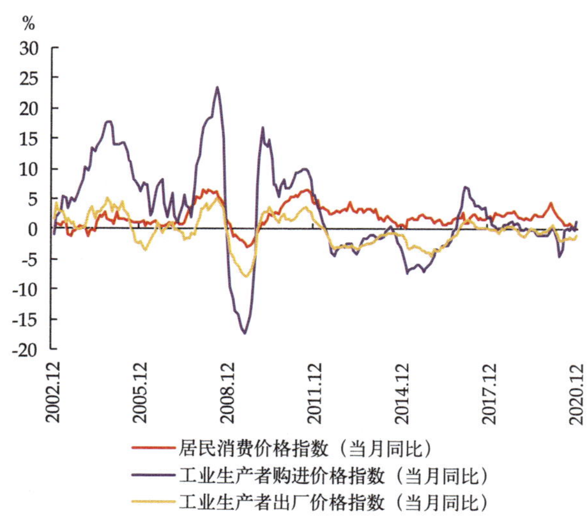

图12　2002—2020年北京市居民消费价格指数和工业生产者价格指数变动趋势

（数据来源：北京市统计局）

3. 劳动力成本增长平稳。2020年，北京市居民人均工资性收入41435元，同比增长0.5%。全年新增就业26.1万人，各季度城镇调查失业率分别为4.3%、4.8%、4.5%和4.1%，保持较低水平。北京市规模以上工业企业人均创收289.3万元/人，较上年增长16.6万元/人。

4. 资源性产品价格改革继续深化。2020年，北京市继续推进资源性产品价格改革，统筹疫情防控与经济社会发展，阶段性降低用电、用气成本支持企业复工复产。2020年2月1日至6月30日，对除高耗能行业外执行一般工商业及其他电价、大工业电价的电力用户，到户电费按照原标准的95%结算。2020年2月22日

至 6 月 30 日，阶段性差异化下调非居民用气销售价格；其中，工商业用气淡旺季价格均下调 10%，最大降幅为 0.32 元 / 立方米；发电和供暖制冷用气旺季价格下调 5%，淡季价格下调 1%，最大降幅为 0.14 元 / 立方米。

（四）财政收支平稳运行，民生领域投入不断增加

2020 年，北京市财政收支实现平稳运行，但财政平衡压力较大。北京市一般公共预算收入完成 5483.9 亿元，同比下降 5.7%。其中，实现增值税收入 1653.1 亿元，同比下降 9.3%；实现企业所得税 1182.5 亿元，同比下降 3.7%。北京市一般公共预算支出完成 6776.0 亿元，同比下降 3.6%。其中，社会保障和就业、卫生健康支出同比分别增长 8.5% 和 13.3%。

2020 年，为积极应对疫情影响，北京市全面落实减税降费政策，全年新增减税降费 2000 亿元，切实减轻企业和居民负担。民生领域投入不断增加，全力保障疫情防控等重点支出，设立“疫情防控资金池”用于医药物资储备和防护物资购置，建立资金拨付绿色通道，确保不因费用问题延误救治和疫情防控。综合运用财政补贴、贷款贴息、融资担保等政策工具“组合拳”，积极对冲经济下行压力，帮扶企业克服经营困难。

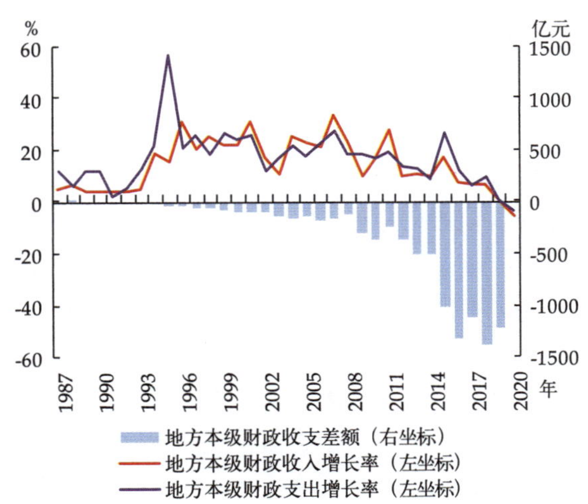

图 13　1987—2020 年北京市财政收支状况

（数据来源：北京市统计局）

专栏 2　加强部门联动 线上线下结合　北京市政银企对接取得积极成效

2020 年，人民银行营业管理部联合北京银保监局、市金融监管局等部门，采用线上线下结合、市区联动等方式加速推进政银企对接，取得积极成效。截至 2020 年 12 月末，依托北京市银企对接系统（www.bjfindata.cn），银企对接范围覆盖全市企业 90559 户，辖内各银行累计走访企业 21.2 万次，月均走访企业 1.6 万次。

一、强化平台合作和信息共享，扩大金融惠企覆盖面

深入推进北京市银企对接系统、北京小微金服平台、网上畅融工程平台和北京金融公共数据专区的合作的对接与协作，充分发挥北京市政务数据、银行走访数据的信息合力，提升银行对小微企业信用风险的评价能力，对于预判可贷的企业“能贷尽贷、能贷快贷”，形成“广覆盖、快响应”的线上融资服务体系。

加强市区两级联动，在全市 17 个区（含经开区）建成区级小微金服平台，且全国首家“农村小微快贷中心”落户房山区。目前，各平台共覆盖企业 13 万户，实现放款超 650 亿元。

二、加强市区联动和部门合作，提升银企对接精准性

人民银行营业管理部联合相关部门及各区分批次、分类别、分区域扩大银企对接范围，积极提升银企对接针对性和精准性，确保金融资源优先支持科创、文化、制造业企业以及受疫情影响的中小微企业。

从行业类型看，平台已覆盖全市中关村高新技术企业、国家高新技术企业4.5万户以及近1万户文化类企业。从区域分布看，平台已覆盖全市所有区（含经济技术开发区）的企业，其中，城六区中海淀区企业数量最多，达2.1万户；远郊区中密云区企业较多，达8600户。从贷款结构看，中小微、科创企业获贷占比高。截至2020年12月末，已经实现贷款落地2527户，总金额457亿元。获贷企业中，中小微企业占比96.3%，科创企业占比56%。

三、加大政策宣传和政企沟通，增强线上线下协作度

加强政策宣传推广，引导企业自主提交融资需求，提升银行的走访获客率。联合相关部门加强金融及协同政策的宣传推广，让更多企业知政策、懂政策、享政策。引导企业通过线上方式自主提交融资需求，督导银行优化企业走访方式，促进融资供需双方准确、及时、高效对接。

建立政企沟通直达机制，充分发挥北京市首贷、续贷、确权融资中心功能，打造金融政策宣传和银企对接高地。在北京市银企对接平台上线企业融资需求和问题反馈功能，助力企业相关诉求“秒达”金融管理部门。要求银行积极帮助暂时无法满足银行授信的企业对接北京市贷款服务中心，“千方百计”帮助企业解决融资难题。多部门联合在北京市首贷中心组织政策宣讲与银企对接会，建立政府、金融机构、企业三方沟通对接的长效机制，与线上对接形成有机互补。

下一步，人民银行营业管理部将进一步发挥北京市贷款服务中心的作用，激励金融机构产品创新。进一步发挥政策与金融服务合力，激励金融机构创新推出更多适合轻资产、中小微企业的金融产品，提高企业信贷获得率。加强与相关部门的沟通协作，多措并举、综合施策，助力银行提升走访企业获客率及贷款落地率，优化企业融资体验，让金融服务惠及更多中小微企业。

（五）房地产市场运行保持稳定，高新技术产业质效不断提升

1. 房地产市场继续保持稳定。房地产住宅投资有所增加。2020年，北京市完成房地产开发投资3938.7亿元，同比增长2.6%。其中，住宅完成投资2317.1亿元，同比增长13.6%，较上年高12.9个百分点。

北京土地市场不限价地块成交比重增加。2020年北京土地市场住宅及商业用地成交出让58宗，数量与上年持平，成交金额1912.2亿元。住宅用地成交48宗，其中不限价地块成交比重增加，占比超八成。住宅用地总成交金额1737.5亿元，同比增长16.2%，平均溢价率15.0%。

商品房施工、新开工、竣工面积有所回升，住宅销售面积下降。2020年，北京市商品房施工面积13918.6万平方米，同比增长11.2%；新开工面积3006.6万平方米，同比增长45.0%；竣工面积1545.7万平方米，同比增长15.1%。商品房销售面积970.9万平方米，同比增长3.4%，较上年低31.5个百分点。其中，住宅销售面积733.6万平方米，同比下降7%，成交户型中90平方米以下低总价小户型住宅占比有所增加，占全部户型成交量的六成。

商品住房成交价格有所增长，限竞房成交比重增加。2020年，全年新建商品住宅销售价格指数同比上涨2.3%，二手住宅销售价格指数同比上涨6.3%；新建商品房中限竞房成交比重达到58.1%，为2018年上市以来的最高值。

房地产开发贷款有所增长。2020年末，北京市本外币房地产开发贷款余额6870.2亿元，同比增长10.4%，较上年高3.1个百分点。其中住房开发贷款同比增长23.7%，较上年高8.1个

百分点。个人住房贷款余额10987.6亿元，同比增长5.5%，比年初增加570.2亿元，占各项贷款新增额的7.7%，与上年基本持平。

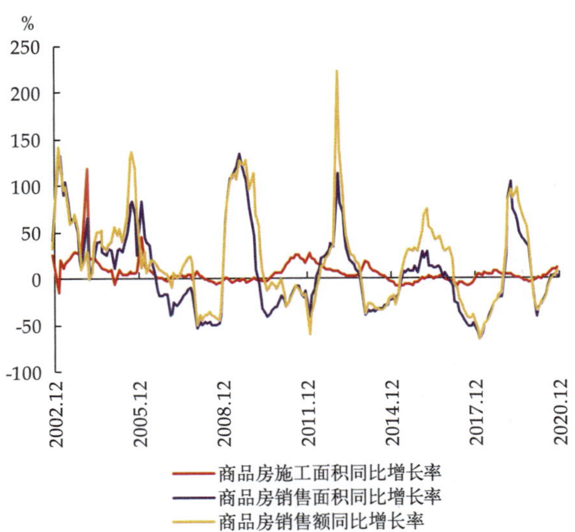

图14　2002—2020年北京市商品房施工和销售变动趋势

（数据来源：北京市统计局）

（注：商品房销售额包含存量房网签金额）

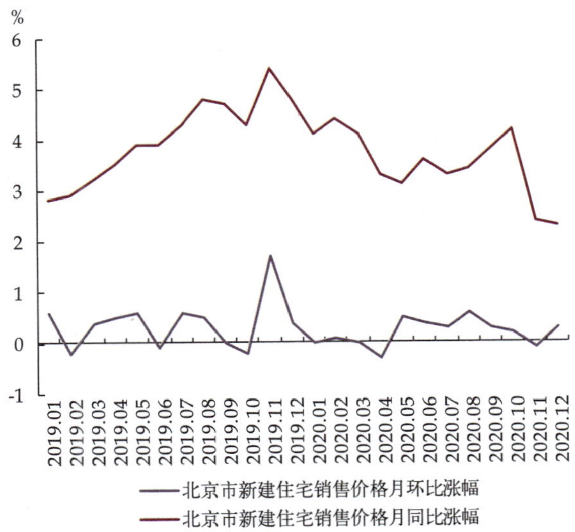

图15　2019—2020年北京市新建住宅销售价格变动趋势

（数据来源：北京市统计局）

2. 高新技术产业质效不断提升。2020年，北京市高技术制造业实现利润531.3亿元，同比增长5.4%，占全市规模以上工业企业利润的29.8%。北京市国家高新技术企业共计28795家，占全国的11.7%，主要集中在电子信息（49.2%）、高技术服务（21.8%）、先进制造与自动化（9.1%）、生物与新医药（6.6%）、资源与环境（5.0%）、新能源与节能（4.0%）、新材料（3.0%）与航空航天（1.3%）八大行业。

电子信息行业增长保持韧性。2020年1—11月，中关村示范区电子信息行业总收入28941.5亿元，同比增长18.8%，增速较上年同期提升0.8个百分点。研发人员50.3万人，同比增长12.0%，增速较上年同期提升8.2个百分点，研发费用合计1873.1亿元，同比增长27.9%，增速较上年同期提升8.9个百分点。

生物与医药行业迎来新发展机遇。2020年1—11月，中关村示范区生物工程和新医药行业总收入2273.2亿元，同比增长4.6%，其中技术收入155.3亿元，同比增长23.1%。研发人员合计3.3万人，同比增长13.1%，增速较上年同期提升10.9个百分点，研发费用124.7亿元，同比增长12.5%。

先进制造技术行业驱动力增强。2020年1—11月，中关村示范区先进制造技术行业总收入8340.3亿元，同比增长10.1%，其中技术收入390.6亿元，同比增长37.2%；产品销售收入4959.9亿元，同比增长6.7%。研发人员5.8万人，同比增长5.9%，增速较上年同期提升3.0个百分点，研发费用合计192.6亿元，同比增长7.8%，增速较上年同期提升8.9个百分点。

三、预测与展望

2021年是“十四五”开局之年和中国共产党成立100周年，也是我国现代化建设进程中具有特殊重要性的一年。在以习近平同志为核心的党中央坚强领导下，当前经济运行稳定恢复，宏观形势总体向好，内生动力不断增强。但也要看到，国际经济金融形势仍然复杂严峻，境外疫情变化和外部环境存在诸多不确定性，国内经济恢复根基尚不牢固，我国发展面临不少风险挑战，但经济长期向好的基本面没有改变。

2021年，北京市将坚持以习近平新时代中国特色社会主义思想为指导，全面贯彻党的十九大和十九届二中、三中、四中、五中全会及中央经济工作会议精神，深入贯彻习近平总书记对北京重要讲话精神，坚持稳中求进工作总基调，坚定不移贯彻新发展理念，坚持以首都发展为统领，深入实施人文北京、科技北京、绿色北京战略，大力加强“四个中心”功能建设、提高“四个服务”水平，以推动高质量发展为主题，以深化供给侧结构性改革为主线，以改革创新为根本动力，以满足人民日益增长的美好生活需要为根本目的，以建设国际科技创新中心为新引擎，以疏解非首都功能为“牛鼻子”推动京津冀协同发展，以高标准推进“两区”建设打造国际合作和竞争新优势，统筹发展和安全，率先探索构建新发展格局的有效路径。预计北京市经济运行将处于平稳合理区间，经济发展质效进一步提升。

2021年，北京市金融业将认真贯彻落实党的十九届五中全会、中央经济工作会议和《政府工作报告》精神，按照党中央、国务院的决策部署，立足新发展阶段，贯彻新发展理念，构建新发展格局，以推动高质量发展为主题，以深化供给侧结构性改革为主线，着力构建金融有效支持实体经济的体制机制。贯彻落实稳健的货币政策要灵活精准、合理适度，为北京经济恢复和高质量发展提供适宜的货币金融环境。继续发挥好结构性货币政策工具和信贷政策精准滴灌作用，完善金融有效支持小微企业等实体经济的体制机制，建立健全线上线下结合的政银企对接长效机制，建设完善北京市贷款服务中心，切实做好金融支持稳企业保就业工作。聚焦北京“四个中心”建设，积极推动中关村科创金融试验区和北京绿色金融改革创新试验区申创工作，加快建设文化金融生态圈，大力支持制造业高质量发展，推动健全租购并举住房体系。全力服务北京“两区”建设，打造高水平对外开放新平台。积极探索并不断完善区域宏观审慎管理框架，持续提升金融监管科技化水平，处理好恢复经济与防范风险的关系。以创新驱动、高质量供给引领和创造新需求，助力北京市经济高质量发展。

中国人民银行营业管理部货币政策分析小组

总　　纂：杨伟中　姚　力

统　　稿：余　剑　张　丹　李晓闻　周林燊

执　　笔：赵晓英　张英男　魏辰皓　赵伟欣　韩睿玺　钱　珍　王璐翟　徐　莉　孙子钧
周方伟　孙　昱　童怡华　康小宇　周　凯　赵　睿　朱琳琳　杨　燚　刘亚威

提供材料：宁　可　朱　静　吕潇潇　李浩举　孙安铭　王昀润　崔菡芝　张　骁

附录

（一）2020年北京市经济金融大事记

1月14日，北京金融科技创新监管试点正式启动，向社会公示6个创新应用。

1月28日，人民银行营业管理部向辖内银行业金融机构印发《关于应对新型冠状病毒感染的肺炎疫情　全力做好辖区内金融服务和应急保障工作的通知》。

3月20日，人民银行营业管理部在北京地区推出全国首个对外承包工程类优质诚信企业跨境人民币结算业务便利化试点，成功落地首批试点业务。

6月1日，人民银行营业管理部、北京银保监局、北京市金融监管局、北京市发展改革委、北京市经信局、北京市财政局、北京市市场监管局、北京证监局八部门联合引发《北京市金融支持稳企业保就业工作行动方案》（银管发〔2020〕82号）。

7月31日，中国人民银行行长易纲、副行长范一飞，北京市市委常委、副市长殷勇在北京召开金融支持稳企业保就业工作座谈会。

8月28日，国务院批复《深化北京市新一轮服务业扩大开放综合试点建设国家服务业扩大开放综合示范区工作方案》并发布中国（北京）自由贸易试验区总体方案。

9月4日，北京市举办全球首个服务贸易领域综合展会——中国国际服务贸易交易会。其间，人民银行营业管理部联合北京银保监局、北京证监局、北京市地方金融监管局举办“金融支持稳企业保就业　助力企业留青山赢未来”政策宣传会暨专题展览系列活动。

9月18日，人民银行营业管理部联合北京市金融监管局、北京银保监局、北京市政务服务局等部门，在北京市贷款服务中心启动北京市金融支持稳企业保就业暨畅融工程银企对接会。

9月19日，人民银行营业管理部联合中关村管委会共同启动“创信融”平台，着力建设“创新·信用·融资”试验田，为小微企业发展和科技创新创业提供金融助推。

10月30日，全国首个基于区块链技术的“通银”支付平台落地京津冀，北京地区率先实现系统对接并成功办理首笔业务。

（二）北京市主要经济金融指标

表 1　2020 年北京市主要存贷款指标

	项目	1月	2月	3月	4月	5月	6月	7月	8月	9月	10月	11月	12月
本外币	金融机构各项存款余额（亿元）	175295.5	173736.9	176658.1	181863.0	182034.4	183329.5	185966.7	189248.2	190130.4	191704.4	191173.3	188081.6
	其中：住户存款	39788.4	39839.2	40600.4	40756.0	41029.7	42044.9	41987.6	42104.6	42813.4	42802.1	43283.6	44486.1
	非金融企业存款	58334.1	58381.1	60140.0	61256.9	61827.2	62737.5	62594.9	64961.3	67400.1	6491&9	65957.4	66021.2
	各项存款余额比上月增加（亿元）	4233.2	-1558.6	2921.1	5205.0	171.4	1295.0	2637.2	3281.6	882.2	1574.0	-531.1	-3091.7
	金融机构各项存款同比增长（%）	12.9	10.7	10.9	12.9	11.0	10.0	6.9	8.0	11.0	9.3	7.5	9.9
	金融机构各项贷款余额（亿元）	78226.2	79226.7	80440.2	80380.9	80184.4	80625.4	80497.1	81665.9	82969.1	83606.9	84042.0	84308.8
	其中：短期	24254.5	25249.5	25925.6	25526.7	24941.1	25186.2	24984.7	25246.7	25541.9	25781.4	26155.6	25971.7
	中长期	47590.5	47488.6	47781.1	47740.6	47891.4	48189.0	48348.2	49185.5	50446.9	50830.6	51368.9	51753.8
	票据融资	3650.5	3673.1	3891.6	4171.3	4410.0	4405.2	4417.6	4413.7	4260.5	4243.3	3911.7	3910.7
	各项贷款余额比上月增加（亿元）	1350.6	1000.6	1213.5	-59.3	-196.5	441.0	-12&4	116&8	1303.2	637.9	435.0	266.8
	其中：短期	435.0	995.0	676.1	-39&8	-585.7	245.2	-201.5	262.0	295.2	239.5	374.1	-183.8
	中长期	834.4	-101.9	292.5	-40.5	150.9	297.5	159.2	837.3	1261.5	383.6	538.3	384.9
	票据融资	144.6	22.7	218.5	279.7	238.7	-4.8	12.4	-3.9	-153.2	-17.1	-331.7	-0.9
	金融机构各项贷款同比增长（%）	8.4	9.4	9.4	9.3	8.0	8.2	8.1	9.2	9.9	10.2	9.8	9.9
	其中：短期	6.9	11.6	12.2	10.6	6.5	6.3	6.4	7.6	8.1	9.2	8.6	9.0
	中长期	8.3	7.3	7.1	7.2	7.1	7.6	7.4	8.5	10.1	10.0	10.5	10.7
	票据融资	51.2	50.0	48.2	46.7	51.8	49.4	56.1	46.8	36.7	38.6	30.0	17.4
	建筑业贷款余额（亿元）	3258.2	3304.2	3372.0	3267.5	3187.4	3219.1	3263.5	3200.9	3322.5	3312.3	3397.5	2791.5
	房地产业贷款余额（亿元）	8282.1	8302.6	8426.8	8438.8	8443.8	8597.5	8595.2	8898.2	8953.0	8963.9	8974.3	8824.1
	建筑业贷款同比增长（%）	9.0	12.0	10.5	7.8	0.3	2.3	2.0	0.9	5.4	3.2	5.6	3.8
	房地产业贷款同比增长（%）	4.7	5.1	5.5	5.9	4.6	7.6	6.7	10.1	9.0	10.1	9.1	7.4
人民币	金融机构各项存款余额（亿元）	168516.0	166898.8	169909.0	175270.1	175622.1	176896.0	179710.2	183085.7	183623.6	185085.4	184484.1	181105.6
	其中：住户存款	38250.8	38259.0	38965.7	39129.4	39408.0	40439.0	40391.1	40530.8	41237.3	41218.2	41708.0	42888.8
	非金融企业存款	55886.3	55870.6	57701.7	58802.5	59569.3	60393.3	60463.3	62899.9	65274.4	62758.1	63764.4	63792.8
	各项存款余额比上月增加（亿元）	4166.5	-1617.2	3010.2	5361.1	352.1	1273.9	2814.2	3375.4	537.9	1461.8	-601.2	-3378.6
	其中：住户存款	941.1	8.2	706.7	163.7	278.7	1030.9	-47.9	139.7	706.4	-19.1	489.8	1180.8
	非金融企业存款	-1937.4	-15.6	1831.1	1100.8	766.9	823.9	70.0	2436.6	2374.6	-2516.3	1006.3	28.4
	各项存款同比增长（%）	13.2	10.8	11.1	13.3	11.5	10.5	7.3	8.5	11.5	9.7	7.8	10.2
	其中：住户存款	12.8	12.3	12.9	13.3	13.8	14.8	14.8	15.0	15.6	15.4	15.3	15.0
	非金融企业存款	4.7	6.6	5.4	7.5	8.2	6.3	5.7	8.2	12.1	10.6	12.0	10.3
	金融机构各项贷款余额（亿元）	75015.9	75862.4	76899.2	76709.7	76483.5	76955.6	76897.1	78143.6	79509.1	80166.5	80691.1	81035.2
	其中：个人消费贷款	15708.0	15473.7	1542&5	15396.2	15398.1	15477.7	15581.1	15714.0	15892.7	15998.7	16166.8	16349.4
	票据融资	3650.5	3673.1	3891.6	4171.3	4410.0	4405.2	4417.6	4413.7	4260.5	4243.3	3911.7	3910.7
	各项贷款余额比上月增加（亿元）	1440.0	846.5	1036.8	-189.4	-226.3	472.2	-5&5	1246.4	1365.6	657.4	923.0	344.1
	其中：个人消费贷款	84.5	-234.4	-45.2	-32.3	1.9	79.6	103.3	133.0	178.7	106.0	16&1	182.6
	票据融资	144.6	22.7	218.5	279.7	238.7	-4.8	12.4	-3.9	-153.2	-17.1	-331.7	-0.9
	金融机构各项贷款同比增长（%）	9.5	10.2	10.3	9.9	8.7	8.9	8.8	9.9	10.7	11.2	10.8	10.4
	其中：个人消费贷款	5.0	4.3	3.7	3.3	3.0	2.7	2.8	2.7	3.3	3.2	4.0	4.6
	票据融资	51.2	50.0	48.2	46.7	51.8	49.4	56.1	46.8	36.7	38.6	30.0	17.4
外币	金融机构外币存款余额（亿美元）	984.3	976.0	952.6	934.2	899.1	908.7	895.7	898.3	955.5	984.5	1016.9	1069.1
	金融机构外币存款同比增长（%）	3.3	3.3	-0.2	-2.7	-5.2	-5.3	-4.6	-2.7	3.4	3.6	6.9	11.1
	金融机构外币贷款余额（亿美元）	466.1	480.2	499.8	520.2	519.0	518.4	515.4	513.4	508.1	511.7	509.4	501.7
	金融机构外币贷款同比增长（%）	-15.6	-10.9	-11.5	-6.5	-8.2	-8.1	-6.7	-1.1	-2.7	-4.9	-2.7	6.1

数据来源：中国人民银行营业管理部。

表 2　2001—2020 年北京市各类价格指数

单位：%

时间		居民消费价格指数		农业生产资料价格指数		工业生产者购进价格指数		工业生产者出厂价格指数	
		当月同比	累计同比	当月同比	累计同比	当月同比	累计同比	当月同比	累计同比
2001		—	3.1	—	2	—	0.5	—	-0.6
2002		—	-1.8	—	-7.6	—	-2.9	—	-3.4
2003		—	0.2	—	2.4	—	4.7	—	1.5
2004		—	1	—	6.2	—	14.2	—	3
2005		—	1.5	—	2.9	—	11.4	—	1.3
2006		—	0.9	—	-0.9	—	5.5	—	-0.9
2007		—	2.4	—	14.4	—	5.0	—	-0.3
2008		—	5.1	—	12.3	—	15.8	—	3.3
2009		—	-1.5	—	-1.7	—	-11.4	—	-5.6
2010		—	2.4	—	6.5	—	10.5	—	2.2
2011		—	5.6	—	10.7	—	8.4	—	2.3
2012		—	3.3	—	4.7	—	-1.3	—	-1.6
2013		—	3.3	—	4.7	—	-2.2	—	-2.6
2014		—	1.6	—	-0.3	—	-1.2	—	-0.9
2015		—	1.8	—	-0.3	—	-6.3	—	-3.1
2016		—	1.4	—	-0.4	—	-1.5	—	-1.9
2017		—	1.9	—	-3.9	—	4.4	—	0.7
2018		—	2.5	—	3.6	—	0.8	—	0.0
2019		—	2.3	—	9.9	—	-0.4	—	-0.4
2020		—	1.7	—	10.9	—	-0.5	—	-0.9
2019	1	1.9	1.9	—	—	0.0	0.0	-1.0	-1.0
	2	1.6	1.7	—	—	-0.1	-0.1	-1.2	-1.1
	3	1.9	1.8	-1.4	-1.4	0.3	0.1	-0.9	-1.0
	4	1.6	1.7	—	—	0.1	0.1	-0.1	-0.8
	5	1.8	1.8	—	—	0.1	0.1	0.2	-0.6
	6	2.6	1.9	10.19	4.53	0.1	0.1	0.1	-0.5
	7	2.6	2	—	—	-0.7	0	0	-0.4
	8	2.4	2	—	—	-0.9	-0.1	-0.6	-0.4
	9	2.4	2.1	8.86	5.84	-0.9	-0.2	-0.7	-0.5
	10	2.3	2.1	—	—	-1	-0.3	-0.2	-0.4
	11	3.2	2.2	—	—	-1	-0.4	-0.2	-0.4
	12	3.3	2.3	17.62	9.93	-0.8	-0.4	0.1	-0.4
2020	1	4.5	4.5	—	—	0.0	0.0	0.6	0.6
	2	3.6	4.0	—	—	0.2	0.1	0.7	0.7
	3	3.2	3.8	49.4	49.4	0.0	0.0	0.4	0.6
	4	2.4	3.4	—	—	-1.8	-0.4	-0.9	0.2
	5	1.9	3.1	—	—	-4.4	-1.2	-1.7	-0.2
	6	1.4	2.8	19.82	32.3	-3.1	-1.5	-1.7	-0.4
	7	0.7	2.5	—	—	0.1	-1.3	-1.4	-0.6
	8	0.9	2.3	—	—	0.3	-1.1	-1.5	-0.7
	9	1	2.2	12.91	20.74	0.1	-1	-1.2	-0.8
	10	0.9	2	—	—	0.5	-0.8	-1.6	-0.8
	11	0.2	1.9	—	—	0.1	-0.7	-1.4	-0.9
	12	0.2	1.7	-0.26	10.87	1.5	-0.5	-1	-0.9

数据来源：《中国经济景气月报》、北京市统计局。

表 3　2020 年北京市主要经济指标

项目	1 月	2 月	3 月	4 月	5 月	6 月	7 月	8 月	9 月	10 月	11 月	12 月
	绝对值（自年初累计）											
地区生产总值（亿元）	—	—	7462.2	—	—	16205.6	—	—	25759.5	—	—	36102.6
第一产业	—	—	12.7	—	—	40.4	—	—	72.5	—	—	107.6
第二产业	—	—	909.6	—	—	2404.8	—	—	3917.2	—	—	5716.4
第三产业	—	—	6539.9	—	—	13760.4	—	—	21769.8	—	—	30278.6
工业增加值（亿元）	—	—	—	—	—	—	—	—	—	—	—	—
固定资产投资（亿元）	—	—	—	—	—	—	—	—	—	—	—	—
房地产开发投资	—	302.4	616.4	878.1	1256.5	1730.3	2119.3	2479.8	2918.8	3330.3	3617.3	4557.8
社会消费品零售总额（亿元）	—	1861.9	2716.5	3693.4	4737.5	5973.3	6988.4	8150.4	9390.1	10587.8	12284.6	13716.4
外贸进出口总额（亿元）	—	4230.2	6254.2	7960.3	9476.8	11287.0	13249.7	15234.1	17329.0	19169.8	21171.8	23215.9
进口	—	3461.1	5029.8	6259.4	7380.4	8805.5	10411.6	12037.5	13782.9	15253.5	16894.3	18561.0
出口	—	769.1	1224.4	1700.9	2096.3	2481.5	2838.1	3196.6	3546.1	3916.3	4277.5	4654.9
进出口差额（出口－进口）	—	-2692.0	-3805.3	-4558.5	-5284.1	-6324.0	-7573.5	-8840.9	-10236.8	-11337.1	-12616.8	-13906.1
实际利用外资（亿美元）	—	20.4	37.2	43.0	51.6	72.1	86.8	95.4	119.3	131.9	138.2	141.0
地方财政收支差额（亿元）	185.8	-340.0	-796.2	-702.1	-694.0	-869.1	-819.6	-888.6	-1254.9	-947.3	-1175.0	-1292.1
地方财政收入	756.7	1041.4	1430.5	1977.4	2349.5	2823.6	3332.0	3637.2	4049.1	4712.6	5071.2	5483.9
地方财政支出	570.9	1381.4	2226.7	2679.5	3043.5	3692.7	4151.6	4525.8	5304.0	5659.9	6246.2	6776. 0
城镇登记失业率（%）（季度）	—	—	4.3	—	—	4.8	—	—	4.5	—	—	4.1
	同比累计增长率（%）											
地区生产总值	—	—	-6.6	—	—	-3.2	—	—	0.1	—	—	1.2
第一产业	—	—	-22.9	—	—	-20.8	—	—	-11.0	—	—	-8.5
第二产业	—	—	-17.5	—	—	-4.2	—	—	0.0	—	—	2.1
第三产业	—	—	-4.8	—	—	-3.0	—	—	0.1	—	—	1.0
工业增加值	—	-16.2	-14.7	-9.8	-6.7	-3.7	-1.9	-0.8	-0.1	0.1	1.2	2.3
固定资产投资	—	-19.9	-7.1	-6.6	-4.3	-1.5	-0.7	0.6	1.8	2.9	2.2	2.2
房地产开发投资	—	-10.9	-6.4	-0.3	3.6	4.0	4.3	5.7	6.5	6.9	3.6	2.6
社会消费品零售总额	—	-17.9	-21.5	-20.4	-18.2	-16.3	-15.6	-14.1	-13.1	-11.9	-9.6	-8.9
外贸进出口总额	—	-2.5	-6.2	-13.8	-18.3	-18.7	-18.7	-18.6	-18.1	-18.1	-18.8	-19.1
进口	—	-4.7	-8.4	-17.9	-23.2	-23.3	-22.6	-22.3	-21.2	-21.0	-21.2	-21.1
出口	—	8.7	4.4	5.4	5.0	2.9	-0.4	-0.9	-3.6	-4.4	-7.7	-10.0
实际利用外资	—	-11.7	-20.0	-26.5	-21.8	-21.6	-11.4	-7.1	-4.8	-1.9	-2.1	-0.8
地方财政收入	-6.5	-6.5	-11.0	-12.3	-11.2	-11.0	-10.3	-10.2	-10.3	-9.1	-7.6	-5.7
地方财政支出	-2.6	6.1	-0.9	-2.4	-4.8	-5.9	-4.7	-5.4	-4.2	-3.8	-4.1	-3.6

数据来源：《中国经济景气月报》、北京市统计局、北京市财政局、北京市商务局。

天津市金融运行报告（2021）

中国人民银行天津分行货币政策分析小组

[内容摘要] 2020年，天津市克服新冠肺炎疫情严重冲击，坚持以习近平新时代中国特色社会主义思想为指导，坚持稳中求进工作总基调，坚持以新发展理念引领高质量发展，坚持供给侧结构性改革，科学统筹疫情防控和经济社会发展，扎实做好“六稳”工作，全面落实“六保”任务，天津市经济稳步回升，经济结构持续优化，积极构建“双循环”成效显现，科技创新引领凸显，新动能加速成长，就业形势保持稳定，民生福祉不断增强，决胜全面建成小康社会取得决定性成就。天津市金融业聚焦金融支持疫情防控、复工复产和稳企业保就业工作，认真贯彻稳健的货币政策更加灵活适度的要求，信贷结构持续优化，融资成本进一步下降，资产质量总体可控，金融改革创新不断深化，为天津打赢疫情防控阻击战和经济社会加快恢复正常生产生活秩序、实现平稳高质量发展提供了有力支撑。

经济运行主要呈现以下特点：一是经济增长稳步回升。全年实现地区生产总值14083.7亿元，同比增长1.5%。固定资产投资（不含农户）同比增长3.0%，基础设施投资和社会领域投资分别增长20.0%和12.8%。消费市场逐步回暖，社会消费品零售总额下降15.1%，降幅较前三季度收窄1.7个百分点，日常消费类和升级类商品销售较好。外贸出口小幅增长，全年实现出口3075.1亿元，同比增长1.9%，实际使用外资同比增长0.1%。二是服务业拉动作用进一步提升。第三产业在GDP的比重较上年提高0.9个百分点，贡献率超60%。现代农业提升发展，粮食总产量再创历史新高。工业生产加快，制造业拉动作用显著，增加值占规模以上工业的比重为72.9%，较上年提高5.2个百分点，拉动规模以上工业增加值增长1.0个百分点。三是科技创新取得重要进展。大型地震工程模拟研究设施、新一代超级计算机、国家合成生物技术创新中心建设进展顺利，国家高新技术企业累计超7400家，每万人口发明专利拥有量24.0件，全社会研发投入强度、综合科技创新水平指数居全国前列。四是新动能加速成长。深入实施新动能引育五年行动计划，现代产业体系基本形成，工业战略性新兴产业、高技术产业增加值占规模以上工业比重分别达到26.1%和15.4%，信创产业形成全产业体系，国家新一代人工智能创新发展试验区等取得积极进展。“中国信创谷”“细胞谷”“生物制造谷”“北方声谷”等新增长点正在形成。五是居民消费价格和工业生产者价格一升一降。天津市居民消费价格指数同比增长2.0%，较上年回落0.7个百分点，食品价格上涨6.8%。工业生产者购进价格和出厂价格同比分别下降3.1%和2.9%。六是财政收支放缓。一般公共预算收入同比下降10.2%，一般公共预算支出同比下降11.4%，教育支出、社会保障和就业支出占比分别为14.1%和16.5%，分别较上年提高0.9个和1.0个百分点。

金融运行主要呈现以下特点：一是银行业稳健运行，服务实体经济质效增进。2020年末，银行业金融机构资产和负债分别增长6.4%和6.2%，同比提高3.3个和3.0个百分点。本外币各项存款余额同比增速较上年提高4.8个百分点，新增额是上年同期的3.0倍，住户存款增速快于各项存款10.0个百分点。信贷运行总体平稳，增速较上年提高1.5个百分点，普惠小微贷款、制造业中长期贷款、涉农贷款余额同比分别增长45.5%、27.6%和16.0%，均高于各项贷款增速。企业人民币一般贷款加权平均利率为4.64%，较上年下降0.49个百分点，其中普惠小微贷款利率较上年下降1.05个百分点。持续推进重大金融风险防控，资产质量总体可控。二是证券期货市场运行平稳，各类市场业务规模有序增长。法人证券公司资产总额592.5亿元，同比增长15.4%，较上年加快8.9个百分点，实现净利润较上年减少1.8亿元。法人基金公司资产总额同比增长15.0%，管理基金净值同比增长12.9%。法人期货公司资产同比增长47.2%，代理交易额同比增长31.5%。三是保险业发展更趋多元，业务结构持续改善。天津市保险公司资产总额1763.0亿元，同比增长13.9%，较上年提高8.4个百分点。实现保费收入672.1亿元，同比增长8.8%，非车险业务保费收入在财产险公司的占比同比提高3.9个百分点，普通寿险保费收入在人寿险公司的占比同比提高3.7个百分点。赔款和给付支出同比增长6.3%。四是社会融资规模增加，间接融资贡献度较高。2020年，天津市社会融资规模新增4508.1亿元，同比多增1641.7亿元，新增贷款对社会融资规模增量的贡献度为74.8%。五是金融改革创新有序推进，金融服务水平不断提升。2020年，天津自贸试验区10项试点经验向全国推广。东疆保税港区经营性租赁收取外币租金业务实施两项创新措施，飞机、国际航运船舶、海工平台等租赁跨境资产占全国的80%以上。

当前，天津市经济金融发展仍然存在民营经济发展氛围不浓厚、城乡消费不够活跃、要素资源集聚吸引力不强、科技成果转化和产业化率不高等问题。2021年是天津开启全面建设社会主义现代化大都市的开局之年，天津市将继续以习近平新时代中国特色社会主义思想为指导，深入贯彻落实党的十九届五中全会精神和习近平总书记对天津工作“三个着力”[①]要求及一系列重要指示批示精神，以推动高质量发展为主题，以深化供给侧结构性改革为主线，以改革创新为根本动力，深入实施京津冀协同发展战略，加快打造国内大循环重要节点、国内国际双循环战略支点。天津市金融业将认真贯彻稳健的货币政策灵活精准、合理适度的要求，进一步增强金融服务实体经济能力，提升对民营、小微、制造业、绿色发展、科技创新等重点领域金融服务，巩固实体经济融资成本下降成效。加快推进金融创新运营示范区建设，有序发展科技金融、航运金融和租赁金融，确保各类市场平稳运行，金融服务实体经济质效不断提升。

一、金融运行情况

2020年，天津市聚焦金融支持疫情防控、复工复产和稳企业保就业工作，统筹金融发展和安全稳定，认真贯彻稳健的货币政策更加灵活适度的要求，金融业总体运行平稳，社会融资规模较快增长，银行业资产负债增长加快，存贷款量速齐升，信贷结构进一步优化，融资成本进一步下降，营业收入增速下行，合理让利于实体经济，金融生态持续优化，金融改革创新不断深化，为天津打赢疫情防控阻击战和经济社会加快恢复正常生产生活秩序、实现平稳高质量发展提供了有力支撑。

（一）银行业稳健运行，金融服务质效提升

1. 资产负债增长加快，营业收入增速下降。2020年末，天津市银行业金融机构资产总额5.4万亿元，同比增长6.4%，增速较上年提高3.3个百分点；负债总额5.2万亿元，同比增

① 着力提高发展质量和效益、着力保障和改善民生、着力加强和完善党的领导。

长6.2%，增速较上年提高3.0个百分点。2020年，天津市银行业金融机构累计实现营业收入1204.3亿元，同比增长2.7%，增幅较上年缩小2.8个百分点。

表1 2020年天津市银行业金融机构情况

机构类别	营业网点			法人机构（个）
	机构个数（个）	从业人数（人）	资产总额（亿元）	
一、大型商业银行	1239	28526	14968	0
二、国家开发银行和政策性银行	9	623	3541	0
三、股份制商业银行	387	10058	9267	0
四、城市商业银行	301	7603	9423	1
五、城市信用社	—	—	—	—
六、小型农村金融机构	505	8164	5411	2
七、财务公司	0	240	591	7
八、信托公司	0	430	148	2
九、邮政储蓄银行	120	2357	1172	0
十、外资银行	19	1407	823	1
十一、新型农村金融机构	95	1433	305	18
十二、其他	0	12233	8568	18
合 计	2675	73074	54218	49

数据来源：天津银保监局。

注：营业网点不包括国家开发银行和政策性银行、大型商业银行、股份制商业银行等金融机构总部数据；大型商业银行包括工商银行、农业银行、中国银行、建设银行和交通银行；小型农村金融机构包括农村商业银行；新型农村金融机构包括村镇银行、贷款公司；其他包括金融租赁公司、汽车金融公司、中德住房储蓄银行、金城银行等。

2. 存款量速齐升，住户存款保持快速增长。 2020年末，天津市本外币各项存款余额34145.0亿元，同比增长7.4%，较上年提高4.8个百分点，较年初新增2356.2亿元，是上年同期的3.0倍。其中，住户存款余额同比增长17.4%，增速较各项存款快10.0个百分点，较年初增加2228.7亿元，同比多增346.8亿元，住户存款中结构性存款较年初下降574.2亿元，大额存单较年初增加297.7亿元；非金融企业存款较年初增加233.2亿元，同比少降909.4亿元；外币各项存款较年初增加13.6亿美元，同比少降13.8亿美元。

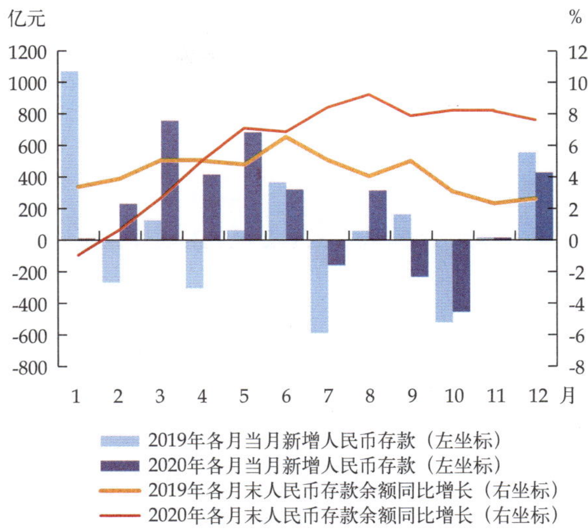

图1 2019—2020年天津市金融机构人民币存款增长变化情况

（数据来源：中国人民银行天津分行）

3. 贷款总体平稳，结构进一步优化。 2020年，天津市银行业信贷运行总体平稳，本外币各项贷款余额38859.4亿元，同比增长7.5%，较上年同期提高1.5个百分点，较年初新增2718.1亿元，同比多增692.0亿元。外币各项贷款余额同比下降1.4%，较年初减少2.5亿美元，同比少降41.1亿美元。

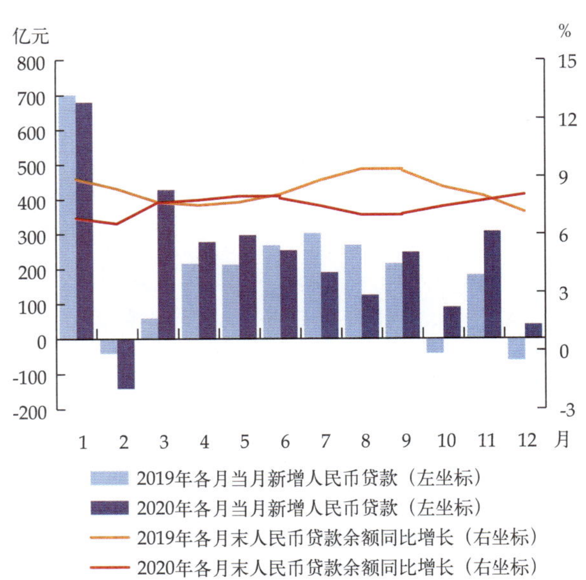

图2 2019—2020年天津市金融机构人民币贷款增长变化情况

（数据来源：中国人民银行天津分行）

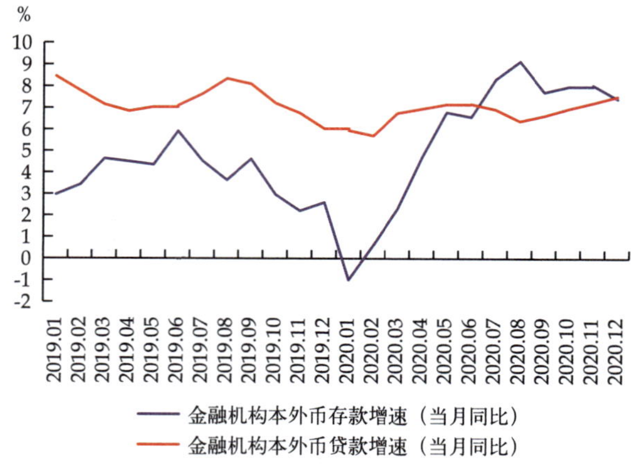

图3 2019—2020年天津市金融机构本外币存、贷款增速变化情况

（数据来源：中国人民银行天津分行）

2020年，天津市积极发挥结构性货币政策工具和信贷政策作用，信贷结构进一步优化。2020年累计发放再贷款175.9亿元，是上年的8.6倍；办理再贴现214.6亿元，是上年的1.8倍；再贴现惠及企业16229户，是上年的3.7倍，再贷款惠及企业27448户，是上年的51.8倍。2020年末，天津市普惠小微人民币贷款余额2009.7亿元，同比增长45.5%，较年初新增678.3亿元，同比多增282.6亿元；私人控股企业贷款余额5389.1亿元，同比增长9.6%，余额占全部企业贷款的20.9%，较上年提高0.6个百分点；制造业贷款余额2628.3亿元，同比增长9.4%，其中制造业中长期贷款余额1038.1亿元，同比增长27.6%，较年初新增224.7亿元，同比多增208.5亿元；涉农贷款余额2256.0亿元，同比增长16.0%，较上年同期提高9.7个百分点；企业信用贷款余额同比增长7.6%，余额占全部企业贷款的比重为27.2%，其中1~5级地方法人银行普惠小微信用贷款余额占其普惠小微贷款余额的48.7%，位居全国前列。

专栏1 多措并举 协同发力 天津推动普惠小微信用贷款增长

2020年，人民银行天津分行扎实做好“六稳”“六保”金融服务，加强组织领导、强化配套支持、推进银企对接，推动普惠小微信用贷款支持工具落地见效，天津普惠小微信用贷款实现快速增长。截至12月末，天津市1~5级地方法人银行普惠小微信用贷款余额263.7亿元，占其普惠小微全部贷款余额的48.7%；3—12月累计发放普惠小微信用贷款490.7亿元，惠及市场主体51.1万户。

一、加强组织领导，政策落实有力度

（一）加强组织推动

天津分行“一把手”挂帅，先后召开党委会、行长办公会、专题会等各类会议10余次，研究工作，部署任务；促成市政府召开专题工作会，解读政策，传达要求；多次组织天津市金融机构召开部署会、推动会，提出目标，作出安排，确保政策措施得到有效贯彻落实。

（二）深化部门协作

借助金融委办公室地方协调机制（天津），组织市发展改革委、财政局、金融局等12家单位建立部门间协调机制，定期召开专题会议，交流问题情况，研究支持措施，出台政策文件，形成工作合力。

（三）加大督促指导

建立实施按月通报、定期考评和重点约谈机制，指导督促天津市金融机构压实任务职责、强化考核激励、加大落实力度，自6月以来，先后编制《工作提示和督办简报》18期，约谈银行相关负责人20多人次，推动各项工作深入开展实施。

（四）强化分析研判

针对信用贷款发放的难点堵点，深入开展调查研究，找准政策实施“着力点”，针对传导梗阻，组织开展“疏通堵点痛点专项行动”，提升政策实施效果。

二、加大配套支持，政策传导有温度

（一）用好货币政策工具

充分运用支小再贷款和普惠小微信用贷款支持工具，为金融机构提供流动性支持，使其享受政策红利，降低融资成本，提升放贷能力。截至12月末，已向天津银行、天津农商银行等地方法人银行提供信用贷款支持计划激励资金64.8亿元。

（二）加大政策宣传

印制普惠小微信用贷款“政策明白纸”10万份，通过美团外卖小哥和店家商铺发放；设计卡通形象“津融宝”，制作微动漫，解读普惠小微信用贷款支持政策,通过公众号、新媒体、银行网点广泛宣传，提高信用贷款支持政策知晓度；编写《银行信贷产品指南》，介绍各金融机构信用贷款产品及申请条件，提升各类市场主体申请信用贷款针对性。

（三）推进银政企对接

推动税务、市场监管等部门及时与银行共享企业纳税、注册登记等信用信息；会同市人社局、工商联为金融机构推选5578家社保缴纳足额、及时的“和谐劳动关系企业”；联合市发展改革委等部门将企事业单位欠缴电费等非银行信息纳入金融信用信息基础数据库，为金融机构发放信用贷款提供增信支持和参考；针对天津外贸企业众多的特点，组织天津银行、天津农商银行等机构与中国出口信用保险公司天津分公司对接合作，围绕“出口信用保险”，研发推出“出口信用保”“金保贷”等创新产品。支持有条件的金融机构与政府部门开展合作，充分利用共享的各类信用信息,推动线上信用贷款发放，促进信用贷款发放增量扩面。如天津银行依托企业纳税信息开发的“银税e贷”产品，2020年发放信用贷款35.9亿元，惠及小微企业上万家。

4.表外业务发展分化，担保类业务下降。2020年末，天津市银行业金融机构担保类、承诺类、金融资产服务类、金融衍生品类四类表外业务余额同比增长23.7%。其中，承诺类、金融资产服务类和金融衍生品类表外业务同比分别增长100.3%、8.2%和19.7%；担保类表外业务同比减少3.7%。

5.LPR改革取得积极成效，贷款利率显著下降。2020年，天津市银行业金融机构新发放贷款中运用LPR的占比显著提升，2020年12月为97.8%，较2019年8月（改革初期）提高了72.0个百分点；存量浮动利率贷款定价基准转换工作于8月末基本完成。LPR引导企业贷款利率下降效果显著。2020年，天津市金融机构企业贷款加权平均利率为4.64%，比上年下降0.49个百分点，其中大、中、小微企业、普惠小微的贷款加权平均利率同比分别下降0.57个、0.35个、0.63个和1.05个百分点，票据贴现和转贴现利率均下降，同比分别下降0.50个和0.79个百分点。地方法人银行运用再贷款资金发放的贷款加权平均利率为4.68%，同比下降1.15个百分点；再贴现票据贴现加权平均利率为2.57%，同比下降0.59个百分点。

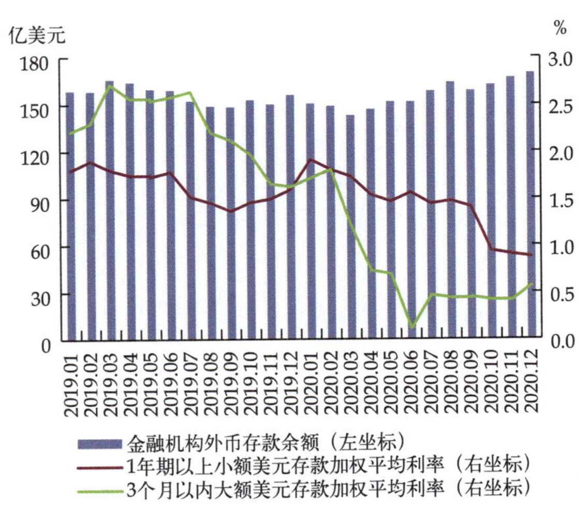

图4　2019—2020年天津市金融机构外币存款余额及外币存款利率

（数据来源：中国人民银行天津分行）

表 2　2020 年天津市金融机构人民币一般贷款各利率浮动区间占比情况

单位：%

项目		1月	2月	3月	4月	5月	6月
合计		100	100	100	100	100	100
LPR 减点		20.5	22.3	27.8	34.3	19.8	26.4
LPR		1.6	2.1	0.6	2.4	1.3	3.8
LPR 加点	小计	77.9	75.6	71.6	63.3	78.9	69.7
	(LPR，LPR+0.5%)	20.9	20.2	22.1	13.7	14.2	15.3
	[LPR+0.5%，LPR+1.5%)	17.7	19.2	19.1	16.9	17.6	17.7
	[LPR+1.5%，LPR+3%)	13.9	8.9	9.8	14.9	18.7	14.2
	[LPR+3%，LPR+5%)	8.3	5.9	6.0	7.2	12.7	9.0
	LPR+5% 及以上	17.1	21.4	14.7	10.6	15.7	13.4

项目		7月	8月	9月	10月	11月	12月
合计		100	100	100	100	100	100
LPR 减点		25.9	22.4	18.7	23.7	20.7	22.8
LPR		2.3	2.9	2.3	1.5	1.8	3.9
LPR 加点	小计	71.8	74.7	79.0	74.7	77.5	73.3
	(LPR，LPR+0.5%)	12.4	12.9	16.4	18.1	17.9	14.5
	[LPR+0.5%，LPR+1.5%)	18.1	17.6	19.7	17.1	22.1	23.5
	[LPR+1.5%，LPR+3%)	14.2	15.8	15.1	13.7	14.1	19.4
	[LPR+3%，LPR+5%)	8.8	8.1	8.9	8.1	9.4	5.3
	LPR+5% 及以上	18.2	20.3	18.8	17.7	14.0	10.6

数据来源：中国人民银行天津分行。

6. 持续推进重大风险防控，资产质量总体可控。2020 年，天津市持续推进防范化解金融风险。开展风险大排查大清理大整治，持续做好互联网金融风险整治工作。2020 年末，天津市银行业金融机构关注类贷款余额和关注类贷款率较上年度均下降，天津市银行间市场债券违约率低于全国水平。

7. 人民币跨境收付量止降回升，企业积极参与跨境业务。2020 年，天津市人民币跨境收付 2148.6 亿元，同比增长 18.0%。其中，收入 996.9 亿元，同比增长 15.3%；支出 1151.7 亿元，同比增长 20.4%。经常项下人民币跨境收付 1295.6 亿元，同比增长 2.9%；资本项下人民币跨境收付 853.0 亿元，同比增长 51.5%。境内主体参与积极，截至 2020 年末天津市共有 9060 家企业开展人民币跨境业务，同比增长 11.0%，结算涉及 159 个国家和地区，较上年增加 2 个国家和地区。

（二）证券期货市场运行平稳，各类市场业务规模有序增长

2020 年，天津市各类证券业机构稳定发展，经营风险基本可控，法人证券公司、基金管理公司、期货公司资产规模均保持增长。

表 3　2020 年天津市证券业基本情况

项目	数量
总部设在辖内的证券公司数（家）	1
总部设在辖内的基金公司数（家）	1
总部设在辖内的期货公司数（家）	6
年末国内上市公司数（家）	60
当年国内股票（A 股）筹资（亿元）	230
当年发行 H 股筹资（亿元）	0
当年国内债券筹资（亿元）	4158
其中：短期融资券筹资额（亿元）	1330
中期票据筹资额（亿元）	419

数据来源：天津证监局、中国人民银行天津分行。

1. 法人证券公司资产规模增长加快，经营风险可控。法人证券公司资产总额 592.5 亿元，同比增长 15.4%，增速较上年加快 8.9 个百分点；负债总额 388.7 亿元，同比增长 25.2%，增速较上年加快 15.6 个百分点；累计实现净利润 8.2 亿元，较上年减少 1.8 亿元。2020 年末，法人证券公司风险覆盖率和净稳定资金率分别较监管预警标准高 208.3 个和 89.8 个百分点。

2. 法人基金公司业务规模扩大，基金净值增长。法人基金公司资产总额 146.6 亿元，同比增长 15.0%，负债总额 18.8 亿元，同比增长 2.2%。2020 年末，法人基金公司管理基金 93 只，

较上年末增加31只，基金净值14475.8亿元，较年初增加1469.3亿元，同比增长12.9%。

3. 法人期货公司资产规模较快增长，代理交易规模增势回落。2020年末，天津市6家法人期货公司资产合计202.0亿元，同比增长47.2%；净资产总额31.3亿元，同比增长27.6%；代理交易额96933.4亿元，同比增长31.5%，较上年下降35.2个百分点；代理交易量15392.2万手，同比增长28.9%，较上年下降42.6个百分点。

（三）保险业发展更趋多元，业务结构持续改善

1. 经营主体小幅增加，资产规模增长加快。2020年末，天津市共有7家法人保险公司，省级分公司70家，较上年均增加1家。保险公司在津分支机构资产总额1763.0亿元，同比增长13.9%，较上年提高8.4个百分点。其中，财产险公司资产总额142.3亿元，同比增长8.5%；人寿险公司资产总额1620.7亿元，同比增长14.3%。

2. 保费收入增长减弱，赔款和给付小幅增长。2020年，天津市保险业共实现保费收入672.1亿元，同比增长8.8%，较上年回落1.5个百分点，其中，财产险保费收入164.3亿元，同比增长7.9%；人身险保费收入507.8亿元，同比增长9.1%。全年赔款和给付支出168.2亿元，同比增长6.3%，其中财产险赔款支出83.6亿元，同比增长5.5%；人身险赔款和给付支出84.5亿元，同比增长7.2%。

3. 业务结构持续改善，普通寿险和非车险业务占比提升。财产险公司的非车险业务保费收入同比增长22.6%，增速较车险业务快19.0个百分点，占保费收入的38.0%，同比提高3.9个百分点。普通寿险实现保费收入180.2亿元，同比增长20.6%，占人寿险公司保费收入的36.7%，同比提高3.7个百分点；分红寿险实现保费收入199.5亿元，同比下降1.8%，占人寿险公司保费收入的40.7%，同比下降4.2个百分点。

表4　2020年天津市保险业基本情况

项目	数量
总部设在辖内的保险公司数（家）	7
其中：财产险经营主体（家）	2
寿险经营主体（家）	5
保险公司分支机构（家）	70
其中：财产险公司分支机构（家）	28
寿险公司分支机构（家）	42
保费收入（中外资，亿元）	672.1
其中：财产险保费收入（中外资，亿元）	164.3
人身险保费收入（中外资，亿元）	507.8
各类赔款给付（中外资，亿元）	168.2

数据来源：天津银保监局、中国人民银行天津分行。

（四）社会融资规模增加，间接融资贡献度较高

2020年，天津市社会融资规模增量为4508.1亿元，同比多增1641.7亿元。其中实体经济通过银行业融资规模新增1522.7亿元，占全部社会融资规模增量的33.8%，占比同比提升23.5个百分点，银行业融资规模同比多增1228.6亿元，对社会融资规模多增量的贡献度为74.8%；直接融资规模新增1237.0亿元，同比多增253.3亿元，占全部社会融资规模的27.4%，占比较全国平均水平高12.1个百分点；政府债券融资规模新增1409.1亿元，同比多增489.2亿元。

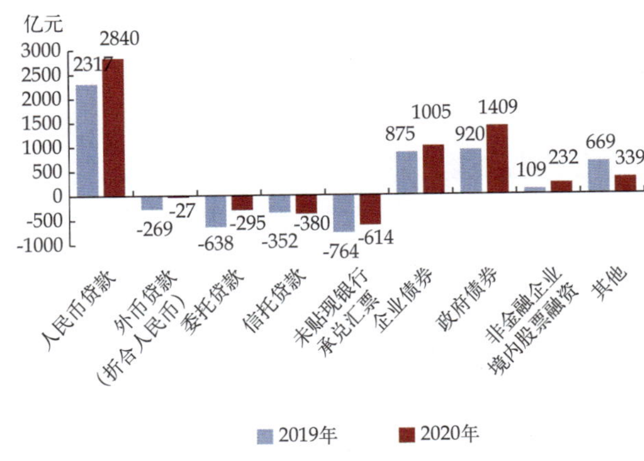

图5　2019—2020年天津市社会融资规模

（数据来源：中国人民银行天津分行）

（五）金融改革创新有序推进，金融服务水平不断提升

2020 年，天津自贸试验区制度创新进一步深化，66 项自主创新措施全面实施，10 项试点经验向全国推广，《关于金融支持中国（天津）自由贸易试验区建设的指导意见》准予实施政策已全部落地，11 项措施在全国复制推广，FT 账户复制工作稳步推进，累计开立 FT 主账户超过 800 个；金融创新运营示范区建设取得新进展，出台推动天津市绿色金融创新发展的指导意见，探索非试点地区绿色金融创新发展路径；东疆保税港区经营性租赁收取外币租金业务实施两项创新措施；设立滨海产业发展基金，认缴规模 300 亿元，海河产业基金累计签署 37 只母基金合作协议，认缴规模 1238 亿元；飞机、国际航运船舶、海工平台等租赁跨境资产占全国的 80% 以上。

（六）金融基础设施不断完善，生态环境持续优化

1. 完善支付结算体系，服务水平进一步提升。2020 年，天津市各类支付清算系统共处理人民币业务 140.3 万亿元，同比增长 3.8%，增速较上年提高 2.0 个百分点，支付清算系统覆盖率达 83.6%。疫情期间及时放开小额支付系统节假日限额，确保天津市资金汇路高效、畅通。支持消费提质扩容，指导、协调收单机构和银行主动减免手续费 4.7 亿元，开展特色营销活动 560 余次，带动交易 294.5 亿元，通过“云闪付”向 76.3 万用户发放消费券，带动消费 2.8 亿元。继续推进移动支付便民工程，公交、地铁领域实现金融标准产品全覆盖，以税银模式接入“云闪付”App 开展社保缴费业务，移动支付在农村地区普及度显著提高，全年交易金额达 7891.0 亿元，同比增长 28.0%。

2. 推进征信基础设施建设，信用环境更趋良好。2020 年，天津市个人信用报告自助查询机查询 67.8 万笔，企业信用报告临柜和网银查询共 24108 笔，将消防安全领域严重失信信息纳入征信系统；创新开展“6·14 信用记录关爱日”宣传周活动，面向天津市高校开展“征信知识进校园　诚信理念放心间”主题在线知识答题活动，47 所高校 13 万人次参加；搭建“小二生活”平台，促进小微商户融资，已入驻商户 9.5 万家，10705 家获得信用贷款；天津市应收账款融资服务平台促进融资 649 笔，金额 161.6 亿元，其中，中小微企业融资 621 笔，金额 155.2 亿元；做好农户电子信用档案建设工作，为 45.6 万户农户建立了信用档案，累计对已建立信用档案农户发放贷款 1023.0 亿元。

3. 加强宣传督导，金融消费权益保护进一步增强。2020 年，天津市积极推进金融知识宣传教育，开展“3·15 金融消费者权益日”“普及金融知识 守住钱袋子”等大型金融知识宣传活动，累计开展活动 7700 余次，受众消费者人数 520 万余人，发放宣传资料约 84 万份，线上渠道发布量约 1.5 万次，点击量约 489 万次。“‘津’融微课堂”系列金融知识科普视频成功登陆“学习强国”平台。按照“风险引导监管，执法保障权益”思路，完成 3 家机构金融消费权益保护情况现场检查和 64 家评估工作，初步构建具有天津特色的环境评估指标体系。有序开展违法金融广告监测处置工作，积极利用“金融广告随手拍”程序提升金融广告监测效能。

专栏 2　天津市政银企对接平台“津 e 融”建设工作取得积极成效

为破解广大中小微企业特别是个体工商户和小微企业主融资难题，人民银行天津分行积极组织中国银联天津分公司在“云闪付”App 上搭建政银企对接服务平台“津 e

融”，通过科技赋能、多方协作，企业线上一次申请，各类银行上门对接，实现“数据多跑路、企业少跑腿”，推动资金供求双方高效对接，助力天津市场主体解决资金需求实现平稳发展。

一、发挥银联优势，确保系统可靠运行

与中国银联天津分公司合作搭建“津e融”，充分发挥其市场信誉和技术实力优势，提高系统建设的安全性、可靠性和可信性，确保平台稳定运行和数据安全使用。同时，推动其积极体现社会担当，大力开展系统研发、建设、宣传、运营、管理等工作，对企业、银行等使用主体不收取任何费用，致力于在人民银行指导下畅通银企对接渠道，为做好金融支持稳企业保就业工作提供有力支持。

二、利用科技赋能，实现银企高效对接

借助互联网技术，在中国银联“云闪付”首页添加“津e融”直达链接。企业登录后可根据自身情况选择“我选银行”或“银行选我”，并通过“首贷”“续贷”“信用贷”三类需求填报子平台入口与银行实现云上精准对接，为企业获得信贷支持和银行拓展客户提供高效、便捷的对接渠道。其间，通过科学设立操作规程，企业在填报贷款申请材料后，既可以借助“我选银行”与指定银行定向对接，也可以通过“银行选我”按照推送规则与国有、股份制和地方法人等银行依次分别对接，实现“数据多跑路、企业少跑腿”，便利企业操作、提升对接效率。

三、拓展平台功能，增强综合服务能力

一是在“津e融”板块上开设“热门政策”“金融助力企业复工复产”等栏目，上传发布人民银行及地方政府出台的稳企业保就业各项政策措施，帮助广大中小微企业了解支持政策及办理流程，推动稳企业保就业政策措施落地见效；二是借助“津e融”后台系统，向银行推送“民营中小企业信用评价等级A类名单”“信用记录良好的劳动关系和谐企业”等名单，搭建数据库与网络相结合的地方信用信息服务平台，优化区域信用环境，推动金融机构积极为守信企业提供信贷支持；三是完善信息管理分析系统。在为银行接入平台提供统一开放的数据入口的同时，规范设置贷款申请、业务办理、流程查询等信息填报口径和企业需求接受时间、拒绝原因、办理状态、授信金额等统计字段，为人民银行及金融机构归集分析市场主体融资情况，改进工作提高服务质效提供支持和帮助。

四、加强银政合作，促进平台推广应用

一方面，积极借助各种渠道和途径，与天津市农业农村委、工业和信息化局等部门对接，大力宣传“津e融”并配发专用二维码，推动其分行业、分产业组织企业登录注册，扩大平台使用覆盖面；另一方面，主动与天津市和平区、武清区等地方政府沟通，联合举办中小微企业融资发展座谈会、金融支持稳企业保就业政策入企宣传等活动，向区县、街镇有关部门及银行、企业宣讲“津e融”，上下协作、形成合力促进“津e融”推广应用。

“津e融”试运行以来，已有中国银行、农业银行、光大银行、天津银行等14家各类银行与中国银联天津分公司建立合作关系，注册用户10.1万户，10845家企业通过平台提出需求、获得贷款8.2亿元，有效帮助天津中小微企业“足不出户”提出融资需求、获得金融服务。

二、经济运行情况

2020年天津市经济克服新冠肺炎疫情严重冲击，坚持以习近平新时代中国特色社会主义思想为指导，全面贯彻党的十九大和十九届二中、三中、四中、五中全会精神，坚持稳中求进工作总基调，坚持以新发展理念引领高质量发展，坚持供给侧结构性改革，科学统筹疫情防控和经济社会发展，扎实做好“六稳”工作，全面落实“六保”任务，天津市经济稳步回升、结构持续优化，投资拉动效果显著，消费逐步回暖，出口小幅增长，积极构建国内国际“双循环”成效开始显现，服务业地位进一步巩固，经济发展质量进一步向好，科技创新引领支撑作用进一步显现，新动能加速成长，就业形势保持稳定，民生福祉不断增强，决胜全面建成小康社会取得决定性成就。

（一）经济增长稳步回升，投资拉动效果显著

2020 年第一季度受疫情严重冲击，天津市生产总值下降 9.5%。进入第二季度，随着各项助企纾困政策措施效果显现，主要指标企稳回升，2020 年天津市生产总值 14083.7 亿元，按可比价格计算，同比增长 1.5%，增速分别比第一季度、上半年和前三季度加快 11.0 个、5.4 个和 1.5 个百分点。

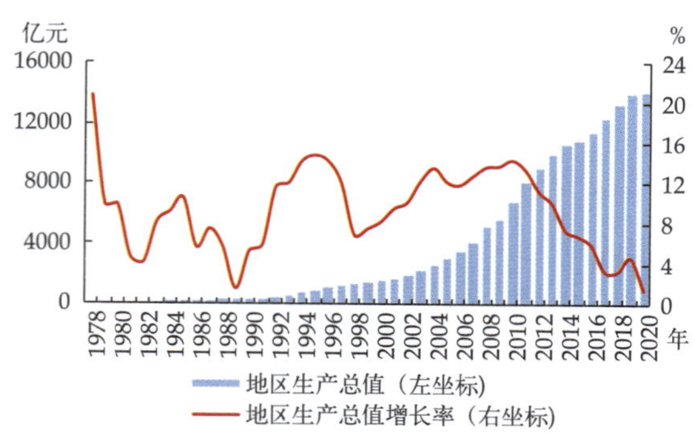

图 6　1978—2020 年天津市生产总值及增长率

（数据来源：天津市统计局）

1. 投资增长较快回稳，基础设施投资和社会领域投资保持较快增长。2020 年，天津市固定资产投资（不含农户）率先于 7 月实现正增长，全年增长 3.0%，比前三季度加快 1.7 个百分点，快于全国平均水平和天津经济总量增速。分产业看，第一产业投资增长 83.0%，第二产业投资增长 1.6%，第三产业投资增长 2.6%。分领域看，基础设施投资增长 20.0%，其中交通运输和邮政投资增长 34.6%，信息传输和信息技术服务投资增长 33.7%，水利、生态环境和公共设施管理投资增长 14.8%；社会领域投资增长 12.8%，快于全部投资 9.8 个百分点，其中教育投资增长 13.9%，文化体育和娱乐业投资增长 85.8%，生态保护和环境治理业投资增长超 100%。

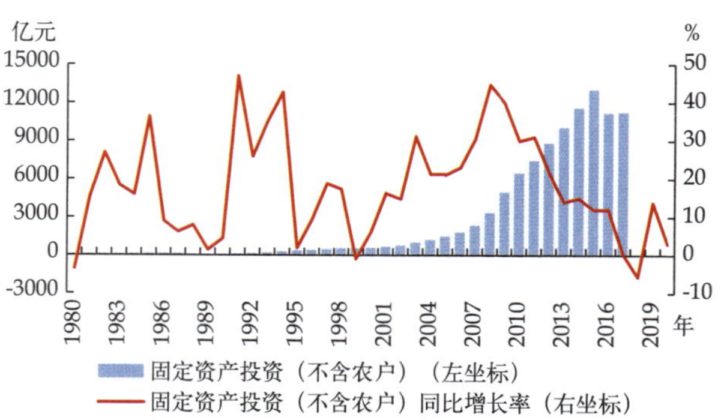

图 7　1980—2020 年天津市固定资产投资及增长率

（数据来源：天津市统计局、中国经济景气月报）

（注：2011 年以前为全社会固定资产投资数据）

2. 消费品市场逐步回暖，日常消费类和升级类商品销售较好。2020 年，天津市社会消费品零售总额下降 15.1%，其中限额以上社会消费品零售总额下降 12.9%，均比前三季度收窄 1.7 个百分点。限额以上商品中，粮油类、蔬菜类、饮料类零售额分别增长 6.8%、41.0% 和 2.5 倍，体育、娱乐用品类增长 62.9%，文化办公用品类增长 27.7%，智能家用电器和音像器材增长 2.2 倍，新能源汽车增长 47.9%，智能手机增长 33.1%。

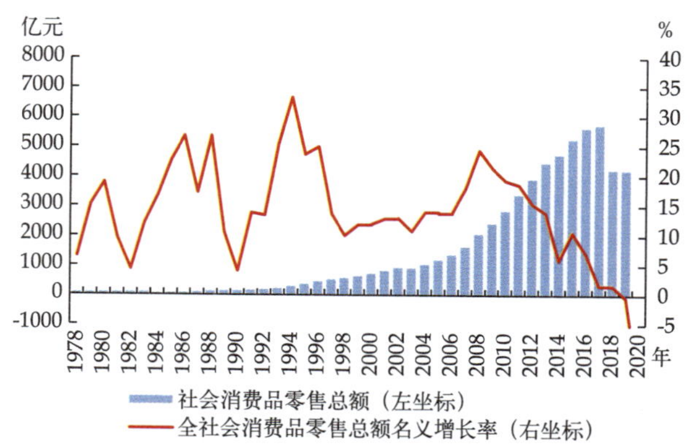

图 8　1978—2020 年天津市社会消费品零售总额及增长率

（数据来源：天津市统计局）

3. 外贸出口小幅增长，外商投资保持平稳。2020 年，天津市实现外贸进出口 7340.7 亿元，同比下降 0.1%。其中，进口 4265.5 亿元，同比下降 1.5%；出口 3075.1 亿元，同比增长 1.9%。一般贸易出口增长 10.7%，快于天津市出口增长 8.8 个百分点，占比为 56.8%，比上年提高 4.5 个百分点。民营企业出口增长 21.0%，快于天津市出口增长 19.1 个百分点，占比为 43.5%，比上年提高 6.8 个百分点。新设外商投资企业 570 家，同比下降 19.8%；实际使用外资 47.4 亿美元，同比增长 0.1%

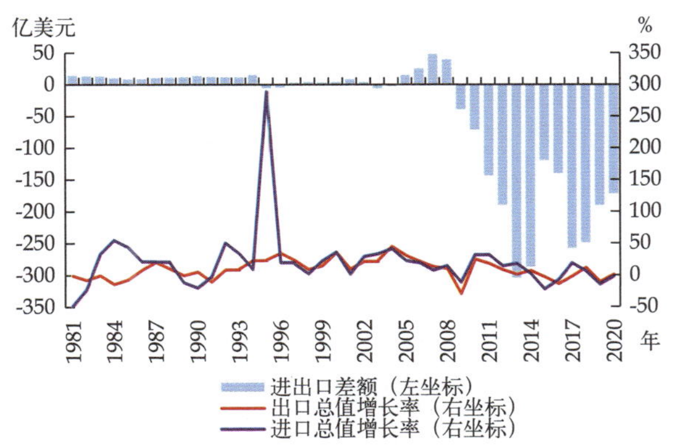

图 9　1981—2020 年天津市货物进出口变动情况

（数据来源：天津市海关）

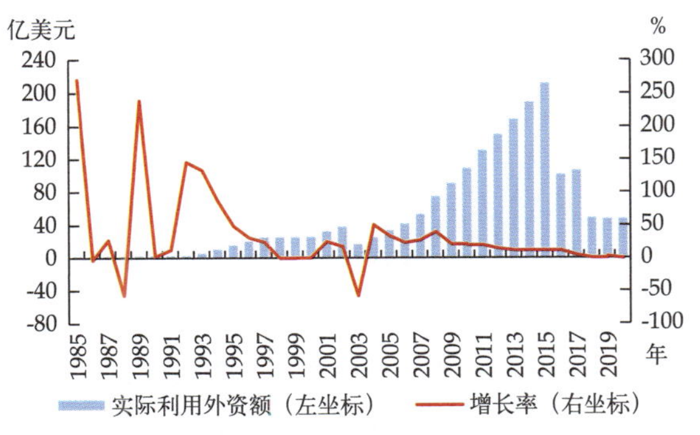

图 10　1985—2020 年天津市实际利用外资额及增长率

（数据来源：天津市统计局）

（二）产业结构持续优化，服务业地位进一步巩固

2020 年，天津市三次产业增加值分别为 210.2 亿元、4804.1 亿元和 9069.5 亿元，同比分别下降 0.6%、增长 1.6% 和增长 1.4%。三次产业增加值占天津市总产出比重依次为 1.5%、34.1% 和 64.4%，第三产业对地区生产总值的贡献率超 60%①。

1. 农业生产保持稳定，现代农业提升发展。2020 年，天津市粮食总产量再创历史新高，粮食作物播种面积 525.3 万亩，增长 3.2%，粮食总产量 228.2 万吨，增长 2.2%；蔬菜产量 266.5 万吨，增长 9.8%。生猪存栏和能繁母猪存栏分别达到 162.3 万头和 19.2 万头，分别增长 30.6% 和 32.0%。深入实施小站稻振兴工程，种植面积 80.2 万亩。新建高标准农田 25.4 万亩，建设提升规模化规范化设施示范园区 33 个、种养循环示范场 80 个、水产健康养殖示范场 8 个。

2. 工业生产加快，战略性新兴产业和高技术制造业增长较快。2020 年，天津市规模以上工业增加值增长 1.6%，比前三季度加快 1.5 个百分点。分三大门类看，制造业增加值增长 1.5%，占比达到 72.9%，较上年提高 5.2 个百分点，拉动规模以上工业增加值增长 1.0 个百分点；采矿业增长 2.8%；电力、热力、燃气及水生产和供应业下降 1.0%。战略性新兴产业增加值增长 4.4%，高技术产业（制造业）增加值增长 4.6%，分别快于规模以上工业 2.8 个和 3.0 个百分点。疫情防控产品和新产品产量保持较快增长，医用口罩增长 27.7 倍，医疗仪器设备及器械增长 1.2 倍，服务机器人增长 1.6 倍，新能源汽车增长 70.3%，集成电路增长 28.5%。

---

① 人民银行天津分行根据有关数据计算。

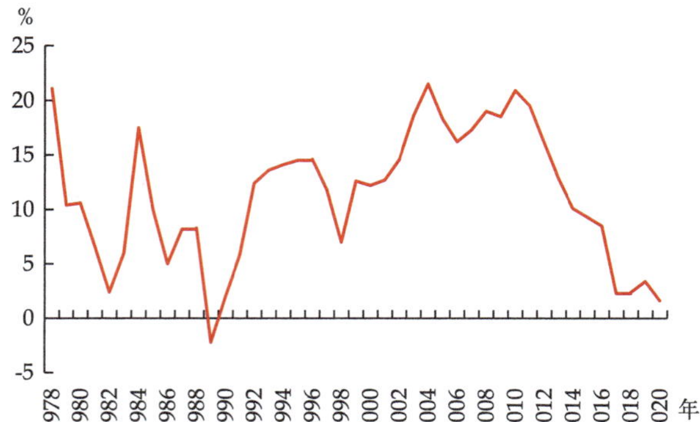

图 11　1978—2020 年天津市工业增加值增长率

（数据来源：天津市统计局）

3. 服务业地位进一步巩固，新兴服务业发展势头良好。2020 年，服务业增加值占天津市生产总值的比重为 64.4%，同比提高了 0.9 个百分点。其中，公路货物周转量增长 6.8%，比前三季度加快 1.5 个百分点；集装箱吞吐量增长 6.1%，加快 0.9 个百分点；电信业务总量增长 32.6%，加快 1.4 个百分点；快递业务量增长 33.0%，加快 4.6 个百分点。

（三）科技创新引领支撑作用进一步显现，新动能加速成长

1. 科技创新取得重要进展。实施科技创新三年行动计划，编制大学科技园建设指导意见，自主创新和原始创新策源能力明显提升。推进创新平台建设，大型地震工程模拟研究设施、新一代超级计算机、国家合成生物技术创新中心建设进展顺利；省部共建组分中药国家重点实验室和国家应用数学中心获批，入围国家军民科技协同创新平台试点。梯次培育科技型企业，国家高新技术企业达 7420 家，评价入库国家科技型中小企业、市级雏鹰企业、市级瞪羚企业分别达到 8179 家、3557 家和 385 家。加强“项目 + 团队”引才，遴选 306 个创新创业团队“带土移植”。“海河英才”行动计划累计引进各类人才 35 万人；每万人口发明专利拥有量 24.0 件，全社会研发投入强度、综合科技创新水平指数，居全国前列；2020 年新认定国家级企业技术中心 5 家，累计认定 68 家。

2. 新动能加速成长。深入实施新动能引育五年行动计划，现代产业体系基本形成。2020 年天津市电子信息、装备制造、汽车、生物医药、新能源、新材料、航空航天等重点产业产值占规模以上工业比重达到 54.3%，工业战略性新兴产业、高技术产业增加值占规模以上工业比重分别达到 26.1% 和 15.4%，较上年提高 5.3 个和 1.4 个百分点，战略性新兴产业和智能制造投资分别增长 1.8% 和 22.9%。信创产业形成涵盖芯片、整机终端、操作系统、数据库、应用软件、信息安全服务、整体解决方案的全产业体系，“飞腾 CPU+ 麒麟 OS”构成的“PK”体系成为国家信创工程主流技术路线，国家新一代人工智能创新发展试验区提速建设，长城基地自主安全电脑整机顺利下线，银河麒麟操作系统 V10 版本正式发布，飞腾 AI 实验室启动试运营，天津（西青）国家级车联网先导区揭牌。信息安全、动力电池入选全国 20 个先进制造业集群。“中国信创谷”“细胞谷”“生物制造谷”“北方声谷”和市数字经济产业创新中心等新增长点正在形成。

（四）居民消费价格涨幅回落，生产者价格低位回升

1. 居民消费价格涨幅回落。2020 年，天津市居民消费价格呈前高后低态势，前 2 个月，受新冠肺炎疫情、“猪周期”和春节等因素叠加影响，CPI 涨幅较大，同比分别上涨 4.6% 和 3.8%，随后价格总体回落，全年上涨 2%，涨幅比上年回落 0.7 个百分点。分类别看，食品价格涨幅较大，2020 年上涨 6.8%，涨幅较上年扩大 0.8 个百分点；非食品价格变动较小，全年上涨 0.5%，涨幅比上年回落 1.5 个百分点；消费品和服务价格温和上涨，全年分别上涨 2.5% 和 1.5%。

2. 生产者价格低位回升。2020 年，天津市工业生产者出厂价格下降 2.9%，降幅较上年扩大 2.2 个百分点，但较上半年和前三季度分别收窄 0.3 个和 0.2 个百分点。分类别看，生活资料上涨 0.9%，涨幅较上年扩大 0.1 个百分点；生产资料下降 4.2%，降幅较上年扩大 3 个百分点。2020 年，工业生产者购进价格下降 3.1%，降幅

较前三季度收窄 0.5 个百分点。

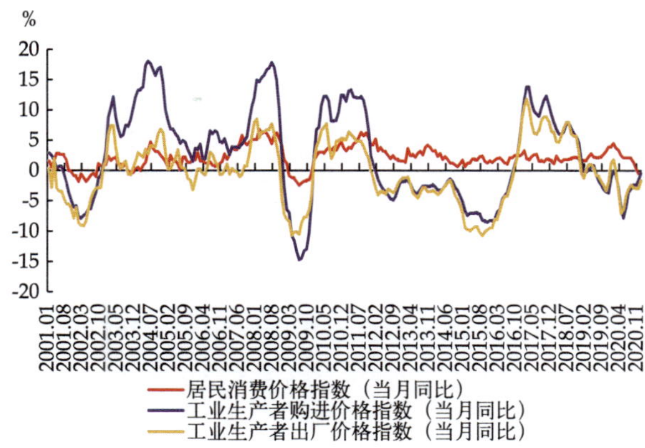

图 12　2001—2020 年天津市居民消费价格指数和生产者价格指数变动趋势

（数据来源：天津市统计局）

（五）财政收支放缓，民生保障投入提高

1. 财政收支放缓。2020 年，天津市一般公共预算收入 1923.1 亿元，较上年减少 487.2 亿元，同比下降 10.2%；一般公共预算支出 3151.4 亿元，较上年减少 357.3 亿元，按可比口径同比下降 11.4%。天津市财政收入质量持续改善，税收占一般公共预算收入的比重为 78.0%，较上年提高 10.2 个百分点。其中，增值税占一般公共预算收入的比重为 33.8%，较上年提高 3.6 个百分点；企业所得税占一般公共预算收入的比重为 16.1%，比上年提高 2.7 个百分点。

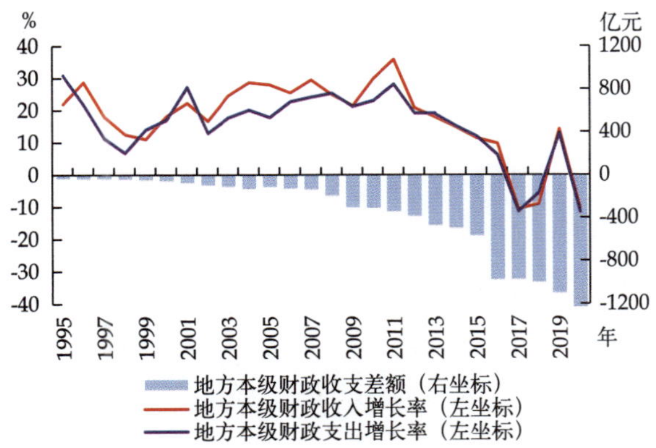

图 13　1995—2020 年天津市财政收支状况

（数据来源：天津市统计局）

2. 民生保障投入提高。2020 年天津市一般公共预算支出中，教育支出、社会保障和就业支出占比分别为 14.1% 和 16.5%，分别较上年提高 0.9 个和 1.0 个百分点，全年教育、卫生和社会工作、文化体育和娱乐、公共管理社会保障和社会组织等社会领域投资增长 12.8%。突出抓好“一老一小”社会事业，新增学前教育学位 12.4 万个，老人家食堂达到 1591 家。高质量推进东西部扶贫协作和支援合作，投入财政帮扶资金 32.6 亿元，实施帮扶项目 1000 余个，圆满助力 50 个结对帮扶县全部退出贫困序列，335.65 万贫困人口全部脱贫摘帽。生态文明建设取得新成效，“园区围城”加快整治，撤销取缔工业园区 132 个，PM2.5 平均浓度同比下降 5.9%，达标天数 245 天，同比增加 26 天，国控断面优良水质比例首次达到 55%，劣 V 类水质首次“清零”。

三、预测与展望

当前，天津市经济金融发展仍然存在民营经济发展氛围不浓厚、城乡消费不够活跃、要素资源集聚吸引力不强、科技成果转化和产业化率不高等问题。2021 年是天津开启全面建设社会主义现代化大都市的开局之年，天津市将继续以习近平新时代中国特色社会主义思想为指导，深入贯彻落实党的十九届五中全会精神和习近平总书记对天津工作“三个着力”要求及一系列重要指示批示精神，以推动高质量发展为主题，以深化供给侧结构性改革为主线，以改革创新为根本动力，深入实施京津冀协同发展战略，加快打造国内大循环重要节点、国内国际双循环战略支点。

天津市金融业将认真贯彻稳健的货币政策灵活精准、合理适度的要求，进一步增强金融服务实体经济能力，提升对民营、小微、制造业、绿色发展、科技创新等重点领域金融服务，巩固实体经济融资成本下降成效。加快推进金融创新运营示范区建设，有序发展科技金融、航运金融和租赁金融，确保各类市场平稳运行，金融服务实体经济质效不断提升。

中国人民银行天津分行货币政策分析小组

总　　纂：王晓明　夏洪涛

统　　稿：李　鹏　魏　莉

执　　笔：郝慧刚　范雨桐　韩　菁

提供材料：郭光锐　邢汉辰　宋俊平　李　萌　刘　冬　董燕成　贾昱宁　车沛柳　孙坤鑫　杨维曦　李晓迟　杨彩丽　苏　颖　杨　捷　刘　丹　梁景宗　苗润雨　刘酉鸣　张　珺　高　磊　陆　萍　刘红玉　张　坤　朱芮菁　刘亚楼　唐　浩

附录

（一）2020 年天津市经济金融大事记

1 月 31 日，《关于加强和改进当前金融服务 全力支持打赢疫情防控阻击战的通知》出台，提出五方面 20 项措施，引导做好疫情防控相关金融服务和应急保障工作。

2 月 7 日，《天津市人民政府办公厅关于印发天津市打赢新型冠状病毒感染肺炎疫情防控阻击战进一步促进经济社会持续健康发展若干措施的通知》出台，从六方面全力支持受疫情影响较大的企业渡过难关。

3 月 4 日，金融委办公室地方协调机制（天津市）成立。

6 月 16 日，《天津市金融支持稳企业保就业工作方案》出台，运用 11 项政策措施确保金融支持稳企业保就业各项目标任务得到贯彻落实。

10 月 14 日，《天津市全面深化服务贸易创新发展试点实施方案》公布实施，从完善管理体制、扩大对外开放、提升便利水平等方面打造服务贸易发展高地。

11 月 17 日，《中国人民银行天津分行关于进一步推动天津市绿色金融创新发展的指导意见》出台，提出“天津绿金十条”。

11 月 28 日，天津市范围内参加存款保险的 70 家银行机构 3000 余个营业网点同步启用存款保险标识。

12 月 1 日，《天津市金融支持制造业发展的指导意见》出台，从五方面引导推动天津市金融机构进一步健全符合制造业特点的金融服务体系。

12 月 8 日，首批自由贸易全功能型跨境人民币资金池在天津成功投入运营。

12 月 14 日，天津市政府采购合同线上融资业务系统正式对接上线，天津实现政府采购平台与中征应收账款融资服务平台系统对接。

（二）2020 年天津市主要经济金融指标

表 1　2020 年天津市主要存贷款指标

	项目	1 月	2 月	3 月	4 月	5 月	6 月	7 月	8 月	9 月	10 月	11 月	12 月
本外币	金融机构各项存款余额（亿元）	31740.1	31980.6	32707.7	33149.3	33880.5	34195.6	34072.0	34406.7	34133.4	33690.7	33703.8	34145.0
	其中：住户存款	13285.5	13471.3	13851.0	13768.8	13871.5	14251.3	14155.5	14283.5	14539.4	14474.3	14602.3	15067.5
	非金融企业存款	12566.8	12458.0	12988.5	13214.3	13480.4	13670.0	13560.4	13550.1	13553.1	13102.3	13067.2	13493.5
	各项存款余额比上月增加（亿元）	-48.7	240.5	727.1	441.5	731.2	315.1	-123.6	334.8	-273.3	-442.7	13.0	441.2
	金融机构各项存款同比增长（%）	-1.0	0.6	2.3	4.7	6.8	6.6	8.3	9.1	7.7	8.0	8.0	7.4
	金融机构各项贷款余额（亿元）	36811.0	36661.4	37068.5	37340.3	37663.3	37921.0	38117.2	38235.8	38502.3	38569.0	38855.1	38859.4
	其中：短期	8227.3	8209.0	8364.9	8449.4	8451.9	8464.3	8385.9	8371.5	8492.9	8531.2	8538.0	8494.3
	中长期	21883.2	21847.8	22157.3	22304.5	22444.0	22704.4	22997.4	23126.3	23263.7	23241.0	23371.8	23502.0
	票据融资	1424.7	1336.1	1401.7	1498.1	1627.9	1661.1	1612.1	1585.0	1469.2	1434.0	1458.7	1417.2
	各项贷款余额比上月增加（亿元）	669.7	-149.6	407.1	271.8	323.1	257.6	196.3	118.6	266.5	66.6	286.1	4.3
	其中：短期	266.9	-18.3	155.9	84.5	2.5	12.4	-78.4	-14.4	121.5	38.3	6.8	-43.7
	中长期	279.4	-35.4	309.5	147.1	139.6	260.3	293.0	128.9	137.4	-22.7	130.8	130.3
	票据融资	121.7	-88.6	65.5	96.4	129.9	33.2	-49.0	-27.1	-115.8	-35.2	24.7	-41.5
	金融机构各项贷款同比增长（%）	5.9	5.7	6.8	7.0	7.2	7.2	6.9	6.4	6.6	7.0	7.2	7.5
	其中：短期	1.3	0.3	1.4	2.2	1.4	-0.7	-0.3	0.1	2.5	3.4	4.0	6.1
	中长期	8.5	8.7	9.7	9.7	9.8	10.3	10.4	9.8	9.6	9.6	9.3	9.0
	票据融资	19.7	14.4	23.3	27.2	37.0	40.9	25.7	18.0	8.5	4.5	7.0	8.8
	建筑业贷款余额（亿元）	1160.4	1169.2	1226.7	1235.4	1229.0	1271.6	1226.3	1220.4	1243.5	1241.1	1233.9	1121.2
	房地产业贷款余额（亿元）	2315.9	2331.6	2374.7	2362.9	2388.8	2353.0	2402.3	2429.1	2422.1	2386.9	2350.5	2303.5
	建筑业贷款同比增长（%）	9.6	9.0	10.0	7.9	9.5	13.8	8.3	7.9	9.0	10.9	10.1	5.7
	房地产业贷款同比增长（%）	9.4	9.8	11.1	10.3	11.0	7.0	6.9	7.0	6.4	4.1	1.9	1.9
人民币	金融机构各项存款余额（亿元）	30702.7	30936.1	31694.6	32112.3	32797.8	33121.5	32965.1	33282.4	33052.5	32599.7	32606.5	33037.6
	其中：住户存款	13087.4	13267.3	13638.7	13557.7	13661.6	14044.5	13950.5	14082.0	14338.9	14272.8	14401.7	14865.7
	非金融企业存款	12088.1	11943.9	12513.8	12727.9	12968.4	13137.8	13039.9	12987.0	13031.4	12565.6	12523.3	12956.4
	各项存款余额比上月增加（亿元）	2.9	233.4	758.6	417.7	685.5	323.7	-156.4	317.3	-229.9	-452.8	6.8	431.1
	其中：住户存款	447.8	179.9	371.4	-81.0	103.9	382.9	-94.0	131.5	256.9	-66.1	128.9	464.0
	非金融企业存款	-683.3	-144.2	570.0	214.0	240.5	169.4	-97.9	-53.0	44.4	-465.8	-42.3	433.1
	各项存款同比增长（%）	-0.9	0.7	2.7	5.1	7.1	6.9	8.4	9.2	7.9	8.2	8.2	7.6
	其中：住户存款	16.4	16.5	18.2	18.0	18.2	18.7	18.1	17.9	17.9	17.7	17.5	17.6
	非金融企业存款	-10.9	-10.0	-3.8	-1.2	0.6	-1.6	2.7	1.8	1.7	0.4	0.9	1.4
	金融机构各项贷款余额（亿元）	35556.4	35417.2	35847.7	36126.6	36425.1	36679.9	36872.0	36999.0	37248.5	37340.2	37648.9	37690.4
	其中：个人消费贷款	8676.6	8583.4	8654.6	8679.1	8731.9	8840.3	8857.1	8936.7	9044.8	9096.4	9159.2	9202.0
	票据融资	1424.7	1336.1	1401.7	1498.1	1627.9	1661.1	1612.1	1585.0	1469.2	1434.0	1458.7	1417.2
	各项贷款余额比上月增加（亿元）	682.3	-139.1	430.5	278.9	298.5	254.8	192.1	127.0	249.5	91.7	308.7	41.6
	其中：个人消费贷款	244.4	-93.2	71.2	24.5	52.8	108.4	16.8	79.5	108.2	51.6	62.8	42.9
	票据融资	121.7	-8&6	65.5	96.4	129.9	33.2	-49.0	-27.1	-115.8	-35.2	24.7	-41.5
	金融机构各项贷款同比增长（%）	6.9	6.6	7.7	7.8	8.0	7.9	7.5	7.0	7.1	7.5	7.8	8.1
	其中：个人消费贷款	18.9	16.8	15.8	14.0	12.3	11.1	10.2	10.5	9.5	9.4	9.7	9.1
	票据融资	19.7	14.4	23.3	27.2	37.0	40.9	25.7	18.0	8.5	4.5	7.0	8.8
外币	金融机构外币存款余额（亿美元）	150.6	149.1	143.0	146.9	151.8	151.7	158.5	163.9	158.7	162.3	166.8	169.7
	金融机构外币存款同比增长（%）	-5.2	-5.9	-13.8	-10.5	-5.0	-4.7	4.0	10.0	6.8	6.1	11.1	8.7
	金融机构外币贷款余额（亿美元）	182.2	177.6	172.3	172.0	173.6	175.3	178.3	180.3	184.1	182.8	183.4	179.2
	金融机构外币贷款同比增长（%）	-17.2	-18.0	-18.8	-17.3	-15.8	-13.0	-8.9	-6.7	-1.3	-2.0	-1.2	-1.4

数据来源：《天津市金融统计月报》。

表 2　2001—2020 年天津市各类价格指数

单位：%

时间		居民消费价格指数		农业生产资料价格指数		工业生产者购进价格指数		工业生产者出厂价格指数	
		当月同比	累计同比	当月同比	累计同比	当月同比	累计同比	当月同比	累计同比
2001		—	1.2	—	—	—	-1.2	—	-4.1
2002		—	-0.4	—	—	—	-4.1	—	-4.1
2003		—	1	—	—	—	2.5	—	8.7
2004		—	2.3	—	—	—	15.4	—	4.1
2005		—	1.5	—	—	—	4.9	—	0.1
2006		—	1.5	—	—	—	4.7	—	0.6
2007		—	4.2	—	—	—	5.7	—	1.5
2008		—	5.4	—	—	—	12.9	—	4.1
2009		—	-1	—	—	—	-9.8	—	-7.5
2010		—	3.5	—	—	—	10	—	5.1
2011		—	4.9	—	—	—	9.8	—	3.8
2012		—	2.7	—	—	—	-3	—	-3
2013		—	3.1	—	—	—	-2.6	—	-3
2014		—	1.9	—	—	—	-2.9	—	-3.7
2015		—	1.7	—	—	—	-7.6	—	-9.7
2016		—	2.1	—	—	—	-1.7	—	-2.1
2017		—	2.1	—	—	—	11.1	—	8.4
2018		—	2	—	—	—	6.2	—	5.4
2019		—	2.7	—	—	—	-1.2	—	-0.7
2020		—	2	—	—	—	-3.1	—	-2.9
2019	1	1.7	1.7	—	—	-0.1	-0.1	-1.2	-1.2
	2	1.8	1.7	—	—	-0.2	-0.1	0.2	-0.5
	3	2.4	1.9	—	—	0.1	0	1.1	0
	4	2.9	2.2	—	—	0.6	0.1	1.1	0.3
	5	2.3	2.2	—	—	0.9	0.3	0.5	0.3
	6	2.2	2.2	—	—	-0.5	0.2	-0.8	0.1
	7	2.3	2.2	—	—	-1.7	-0.1	-1	0
	8	2.4	2.2	—	—	-2.3	-0.4	-1.7	-0.2
	9	2.8	2.3	—	—	-3.1	-0.7	-2.4	-0.5
	10	3.3	2.4	—	—	-3.5	-1	-3.3	-0.8
	11	4	2.5	—	—	-3.7	-1.2	-1.8	-0.9
	12	4.1	2.7	—	—	-1.2	-1.2	1.3	-0.7
2020	1	4.6	4.6	—	—	0	0	1.9	1.9
	2	3.8	4.2	—	—	-0.7	-0.3	-0.1	0.9
	3	3.5	4	—	—	-2.9	-1.2	-3.5	-0.6
	4	2.6	3.6	—	—	-6.2	-2.5	-7	-2.2
	5	2.2	3.4	—	—	-7.8	-3.5	-6.4	-3
	6	2.2	3.2	—	—	-6	-3.9	-4.1	-3.2
	7	2.2	3	—	—	-3.5	-3.9	-3	-3.2
	8	2.1	2.9	—	—	-3	-3.8	-2.3	-3.1
	9	1.5	2.8	—	—	-2.3	-3.6	-2.8	-3.1
	10	0.5	2.5	—	—	-2.5	-3.5	-2.9	-3
	11	-0.4	2.3	—	—	-1.6	-3.3	-2.9	-3
	12	-0.2	2	—	—	-0.4	-3.1	-1.6	-2.9

数据来源：《天津统计月报》。

表 3　2020 年天津市主要经济指标

项目	1 月	2 月	3 月	4 月	5 月	6 月	7 月	8 月	9 月	10 月	11 月	12 月
	绝对值（自年初累计）											
地区生产总值（亿元）	—	—	2874.4	—	—	6309.3	—	—	10095.4	—	—	14083.7
第一产业	—	—	23.4	—	—	69.3	—	—	128.9	—	—	210.2
第二产业	—	—	852.9	—	—	2027.4	—	—	3353.8	—	—	4804.1
第三产业	—	—	1998.0	—	—	4212.6	—	—	6612.7	—	—	9069.5
工业增加值（亿元）	—	—	—	—	—	—	—	—	—	—	—	—
固定资产投资（亿元）	—	—	—	—	—	—	—	—	—	—	—	—
房地产开发投资	—	—	—	—	—	—	—	—	—	—	—	—
社会消费品零售总额(亿元）	—	—	—	—	—	—	—	—	—	—	—	—
外贸进出口总额（亿元）	—	990.6	1571.7	2147.0	2721.4	3456.3	4156.7	4822.7	5453.8	6072.0	6734.1	7340.7
进口	—	633.3	990.2	1312.3	1631.5	2073.6	2468.7	2829.4	3197.9	3548.8	3922.7	4265.5
出口	—	357.4	581.5	834.7	1089.9	1382.8	1688.0	1993.3	2255.9	2523.2	2811.4	3075.1
进出口差额(出口－进口)	—	-275.9	-408.7	-477.5	-541.6	-690.8	-780.6	-836.0	-941.9	-1025.6	-1111.3	-1190.4
实际利用外资（亿美元）	—	8.8	12.4	18.3	22.4	25.3	26.9	33.7	37.1	40.3	44.6	47.4
地方财政收支差额（亿元）	—	—	-232.7	—	—	-420.5	—	—	-777.5	—	—	-1228.3
地方财政收入	—	—	471.6	—	—	960.6	—	—	1392.8	—	—	1923.1
地方财政支出	—	—	704.3	—	—	1381.2	—	—	2170.2	—	—	3151.4
城镇登记失业率（%）(季度）	—	—	3.5	—	—	3.5	—	—	3.7	—	—	3.6
	同比累计增长率（%）											
地区生产总值	—	—	-9.5	—	—	-3.9	—	—	0	—	—	1.5
第一产业	—	—	-11.5	—	—	-8.6	—	—	-3.1	—	—	-0.6
第二产业	—	—	-17.7	—	—	-6.6	—	—	0	—	—	1.6
第三产业	—	—	-4.9	—	—	-2.2	—	—	0.1	—	—	1.4
工业增加值	—	-16.1	-16.0	-12.3	-8.3	-5.7	-3.1	-1.3	0.1	0.6	1.0	1.6
固定资产投资	—	-11.3	-14.8	-13.5	-8.9	-4.0	0.1	0.9	1.3	2.1	2.6	3.0
房地产开发投资	—	-15.4	-17.9	-15.3	-9.2	-6.3	-6.4	-5.4	-6.1	-5.0	-4.0	-4.4
社会消费品零售总额	—	—	-25.5	-24	-22.2	-21.7	-19.5	-18.0	-16.8	-15.7	-15.5	-15.1
外贸进出口总额	—	-9.8	-8.0	-8.4	-8.9	-3.4	-1.1	0.6	1.3	2.3	2.8	-0.1
进口	—	-5.8	-4.3	-7.4	-9.3	-3.4	-2	-1	-0.4	0.3	0.2	-1.5
出口	—	-16.2	-13.7	-10	-8.2	-3.3	0.4	3	3.8	5.2	6.7	1.9
实际利用外资	—	-7.6	-3.6	0.1	5.6	6.3	0.2	0.1	0.5	2.6	4.0	0.1
地方财政收入	—	—	-16.3	—	—	-17.1	—	—	-15.3	—	—	-10.2
地方财政支出	—	—	-10.3	—	—	-14.8	—	—	-6.8	—	—	-11.4

数据来源：《天津统计月报》《中国经济景气月报》。

河北省金融运行报告（2021）

中国人民银行石家庄中心支行货币政策分析小组

[内容摘要] 2020年，河北省积极应对新冠肺炎疫情带来的冲击和挑战，经济增速呈逐季上行、加快回升向好态势。全年地区生产总值36206.9亿元，比上年增长3.9%。投资企稳回升，消费复苏态势巩固，进出口保持较快增长。京津冀协同发展纵深拓展，雄安新区建设取得重大进展，冬奥会筹办扎实推进。市场主体平稳增加，居民收入稳步增长，就业保持稳定。

一是固定资产投资企稳回升，消费复苏态势持续巩固。投资增速上半年由负转正，全年增长3.2%，低于上年2.9个百分点；基础设施投资补短板效果明显，完成投资增长16.5%，比上年加快0.9个百分点；第三产业投资增长10.7%，比上年加快0.3个百分点。全年社会消费品零售总额比上年下降2.2%，其中第四季度当季增长1.4%，消费升级类商品增长较快。进出口保持较快增速，与疫情相关的产品出口增幅明显，主要大宗商品进口量增长迅速，实际利用外资增速加快。二是三次产业平稳发展，服务业占比继续提升。工业生产恢复到正常水平，2020年12月规模以上工业增加值同比增长11.1%，创年内新高。三次产业比例为10.7∶37.6∶51.7，第三产业增加值比重比上年提高0.4个百分点，超过第二产业14.1个百分点，“三二一”产业格局进一步巩固拓展。第三产业对经济增长的贡献率达到43.5%。三是京津冀协同发展纵深拓展，雄安新区建设取得重大进展。交通一体化、生态环境建设和产业转移取得新突破，全年承接京津基本单位5412个，其中法人单位3880个。雄安新区规划体系、政策体系基本形成，雄安新区投资增势强劲，域内固定资产投资比上年增长6.6倍。冬奥会筹办扎实推进，冰雪产业和奥运经济发展势头良好，成功举办河北第二届冰雪运动会。四是三大攻坚战取得明显成效。脱贫攻坚取得决定性胜利。污染防治攻坚战成效显著，空气环境质量持续改善，为2013年以来最好水平；优良天数比率为69.9%，同比上升8个百分点。绿色发展稳步推进，单位工业增加值能耗下降4.58%。防范化解重大风险取得积极成效，重点领域风险防控有力。五是一般公共预算收入增速有所回落，民生支出有力保障。一般公共预算收入同比增长2.2%，较上年回落4.3个百分点；一般公共预算支出增长8.5%，民生支出增长9.7%，占一般公共预算支出的比重超过八成；一般债发行规模增长22.5%，专项债发行规模增长44.4%。六是居民收入与经济增长基本同步，就业保持稳定。全省居民人均可支配收入27136元，比上年增长5.7%，高于地区生产总值增速；年末城镇登记失业率3.46%，控制在4.5%的预期目标内。

2020年，河北省金融业坚决贯彻党中央、国务院的决策部署，落实稳健的货币政策灵活精准、合理适度的要求，创新举措、突出精准，强化对稳企业保就业的金融支持，结构性货币政策工具的引导作用有效发挥，直达实体经济的货币政策工具有效落实，存贷款和社会融资规模平稳增长、利率有效下行，信贷结构不断优化，对制造业等重点领域以及普惠小微等薄弱环节的支持力度明显加大，有效对冲了疫情冲击，为疫情防控和经济恢复增长提供了有力支持。

具体来看，一是货币信贷总量平稳增长。2020年末，河北省金融机构本外币各项存款余额81295.3亿元，同比增长11.0%，较上年高0.5个百分点；比年初增加8079.1亿元，同比多增1132.5亿元。各项贷款余额60993.2亿元，同比增长13.4%，增速比上年高1.6个百分点；比年初增加7204.7亿元，同比多增1879.8亿元。社会融资规模增量为10168.7亿元，同比多增1829.3亿元。二是贷款投放结构实现四个优化。贷款投放的部门结构优化，2020年3月以来，企（事）业单位贷款增速升至两位数的较高增长区间。2020年末，企（事）业单位贷款余额同比增长12.6%，增速较上年高3.4个百分点；在全部贷款增量中占比60.0%，同比提高5.4个百分点。贷款投放的行业结构优化，贷款主要投向实体产业，制造业贷款增速持续提升。贷款投放的导向结构优化，普惠小微贷款量增面扩。2020年末，普惠小微贷款余额同比增长26.7%，高于各项贷款增速13.3个百分点，比年初增加979.5亿元，同比多增495.5亿元。单户授信1000万元以下小微企业贷款户数较年初增加1.5万户；个体工商户和小微企业主贷款户数较年初增加8.3万户。贷款投放的区域结构优化。雄安新区贷款快速增长，增速达到60.0%，高于上年同期9.6个百分点；京津冀协同发展向纵深推进，环京津区域贷款投放较多；贫困县贷款增速高于全省整体水平。三是结构性货币政策工具精准发力。2020年，全省通过实施定向降准、发放再贷款再贴现和两项直达工具等方式，累计向辖内地方法人金融机构提供低成本资金共1370亿元，其中再贷款再贴现投放额是上年的1.3倍，首次实现了符合要求的法人银行再贷款工具全覆盖。四是LPR改革政策效果持续显现，贷款利率明显下降。2020年12月全省金融机构一般贷款加权平均利率为6.06%，同比下降0.64个百分点。普惠小微企业贷款加权平均利率为6.1%，同比下降1.27个百分点，利率低于LPR的贷款占比明显上升。五是证券期货保险业平稳发展。证券机构稳步发展，上市公司数量继续增加，保险业保费收入平稳增长，赔付支出增速加快。

2021年是开启全面建设社会主义现代化国家新征程的开局之年。展望未来，京津冀协同发展继续向纵深拓展、雄安新区大规模建设提速、北京大兴国际机场临空经济区产业聚集加快、冬奥会筹办等将对河北省经济高质量发展继续发挥重要带动引领作用，全省经济稳定恢复的态势将进一步巩固。与此同时，增强科技创新能力、加快培育新动能、加大生态环境治理等任务依然艰巨，融资结构仍需进一步优化，疫情冲击时滞造成潜在金融风险上升压力也需予以关注。2021年，河北省金融部门将以习近平新时代中国特色社会主义思想为指导，坚持稳中求进工作总基调，立足新发展阶段，贯彻新发展理念，构建新发展格局，落实好稳健货币政策灵活精准、合理适度，用好各项结构性货币政策工具，继续做好金融支持小微企业和稳企业保就业工作，持续加强对京津冀协同发展、雄安新区、冬奥会张家口赛区等重点区域及制造业、绿色发展、科技创新等重点领域的金融支持，推动脱贫攻坚与乡村振兴有效衔接，为“十四五”开局和加快推动高质量发展提供有力有效的金融支持。

一、金融运行情况

2020年，河北省金融业坚决贯彻党中央、国务院的决策部署，落实稳健的货币政策灵活精准、合理适度的要求，创新举措、突出精准，强化对稳企业、保就业的金融支持，货币信贷平稳增长、利率有效下行，信贷结构不断优化，对制造业等重点领域以及普惠小微等薄弱环节的支持力度加大，为疫情防控和经济恢复增长提供了有力支持。

（一）银行业有效应对疫情冲击，支持实体经济力度加大

1. 资产规模保持平稳增长。2020年末，河北省银行业金融机构资产总额97037.1亿元，同比增长11.1%，增速较上年加快1.8个百分点。其中，城市商业银行和小型农村金融机构资产总额合计近4.1万亿元，同比增长11.3%，占全省银行业资产总额的比重为42.1%；新型农村金融机构资产总额达到777.2亿元，同比增长

28.2%。2020年，华夏银行、招商银行在雄安新区新设二级分行各一家，分别为华夏银行河北雄安分行、招商银行河北雄安分行；城市商业银行中，承德银行、张家口银行分别设立雄安分行，均为一级分行。2020年，全省新增两家村镇银行。

表1　2020年河北省银行业金融机构情况

机构类别	营业网点			法人机构（个）
	机构个数（个）	从业人数（人）	资产总额（亿元）	
一、大型商业银行	3287	72267	36706.6	0
二、国家开发银行和政策性银行	166	3586	5791.2	0
三、股份制商业银行	492	10771	6324.5	0
四、城市商业银行	1233	25232	20537.8	11
五、小型农村金融机构	4856	48337	20360.1	147
六、财务公司	7	266	1332.4	7
七、信托公司	1	268	163.1	1
八、邮政储蓄银行	1456	17274	4270.5	0
九、外资银行	2	36	26.1	0
十、新型农村金融机构	324	5006	777.2	111
十一、其他	3	505	747.6	3
合　计	11827	183548	97037.1	280

数据来源：河北银保监局。

注：营业网点不包括国家开发银行和政策性银行、大型商业银行、股份制商业银行等金融机构总部数据；大型商业银行包括工商银行、农业银行、中国银行、建设银行和交通银行；小型农村金融机构包括农村商业银行、农村合作银行和农村信用社；新型农村金融机构包括村镇银行、贷款公司、农村资金互助社；其他包含金融租赁公司、汽车金融公司、货币经纪公司、消费金融公司等。

2. 存款余额平稳增长，企业存款明显多增。 2020年末，河北省金融机构本外币各项存款余额81295.3亿元，同比增长11.0%，较上年高0.5个百分点；比年初增加8079.1亿元，同比多增1132.5亿元。人民币存款余额80895.2亿元，同比增长11%，上升0.4个百分点；比年初增加8010.7亿元，同比多增1060.6亿元。疫情导致居民预防性储蓄增加，住户本外币存款余额比年初增加6660.2亿元，同比多增491.4亿元。在稳企业保就业的结构性政策支持下，信贷对企业的支持力度加大，企业保持了较为充裕的现金流。企业本外币存款比年初增加1410.4亿元，同比多增1029.2亿元。2020年末，河北省外币各项存款余额61.3亿美元，同比增长29.0%；比年初增加13.8亿美元，同比多增15.1亿美元。

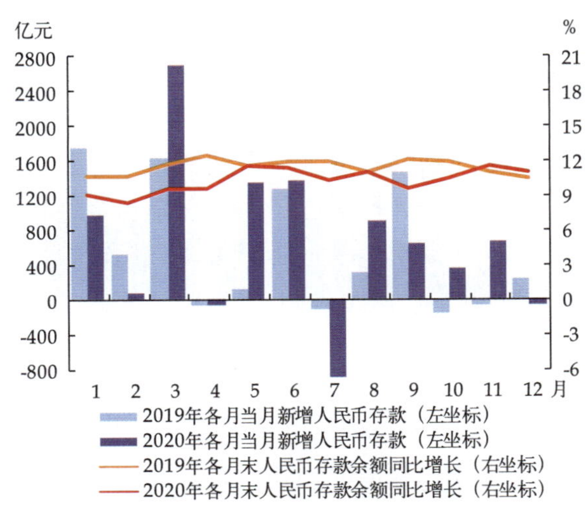

图1　2019—2020年河北省金融机构人民币存款增长变化

（数据来源：中国人民银行石家庄中心支行）

3. 贷款余额平稳增长，信贷投放结构呈现四个优化。 2020年5月以来，全省贷款增速始终保持在13%以上的较高区间，2020年末，河北省金融机构本外币各项贷款余额60993.2亿元，同比增长13.4%，增速比上年高1.6个百分点；比年初增加7204.7亿元，同比多增1879.8亿元。人民币贷款余额60605.2亿元，同比增长13.4%；比年初增加7157.1亿元，同比多增1801亿元。

贷款投放的部门结构优化。2020年3月以来，企（事）业单位贷款升至两位数的较高增长区间。2020年末，企（事）业单位贷款余额同比增长12.6%，增速较上年高3.4个百分点；比年初增加4325.8亿元，同比多增1416.7亿元；在全部贷款增量中占比60.0%，同比提高5.4个百分点。其中，中长期贷款余额增速连续8个月达到13%以上，2020年末同比增长14.6%，增速比上年末高3.5个百分点；比年初增加2732.9亿元，同比多增851.0亿元，占全部贷款增量的比重达37.9%，高于上年同期2.6个百分点。同时，信用贷款大幅增加，占企业贷款增量的36.4%，明显高于上年。

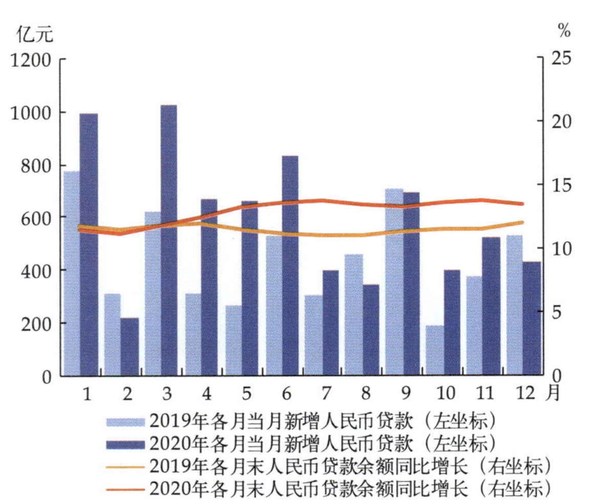

图2　2019—2020年河北省金融机构人民币贷款增长变化

（数据来源：中国人民银行石家庄中心支行）

贷款投放的行业结构优化。贷款主要投向实体产业，制造业贷款增速持续提升，房地产贷款增速控制在合理水平。2020年末，河北省制造业贷款余额同比增长13.6%。房地产贷款增速回落、占比下降。

贷款投放的导向结构优化。普惠小微贷款量增面扩。2020年末，普惠小微贷款余额4643.6亿元，同比增长26.7%，高于各项贷款增速13.3个百分点，比年初增加979.5亿元，同比多增495.5亿元。其中，单户授信1000万元以下小微企业贷款同比多增329.8亿元，贷款户数较年初增加1.5万户；个体工商户和小微企业主经营性贷款同比多增165.7亿元，贷款户数较年初增加8.3万户。

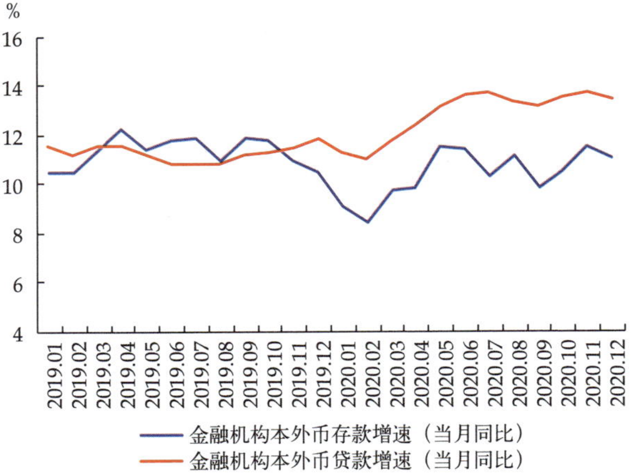

图3　2019—2020年河北省金融机构本外币存、贷款增速变化

（数据来源：中国人民银行石家庄中心支行）

贷款投放的区域结构优化。雄安新区贷款快速增长。2020年末，雄安新区贷款余额611.5亿元，同比增长60.0%，高于上年同期9.6个百分点；比年初增加228.9亿元，同比多增100.9亿元。京津冀协同发展向纵深推进，环京津区域贷款投放较多。石家庄、唐山和保定贷款年增量位列全省前三，合计占全省贷款增量的47.3%。对贫困地区的支持力度加大。截至2020年末，全省62个贫困县[①]贷款余额同比增长15.5%，高于全省整体增速2.1个百分点。

结构性货币政策工具精准发力。全省各级分支机构坚持目标导向，层层压实责任，全力推动1.8万亿元再贷款再贴现额度和两项直达实体经济工具在河北精准落地。2020年，全省通过实施定向降准、发放再贷款再贴现和两项直达工具等方式，累计向辖内地方法人金融机构提供低成本资金共计1370亿元，其中再贷款再贴现投放额是上年同期的1.3倍，首次实现了符合要求的法人银行再贷款工具全覆盖。

①考虑到脱贫不脱政策的情况，仍为62个贫困县的合计。

4. 贷款利率明显下降，LPR 改革政策效果持续显现。2020 年 12 月，全省金融机构一般贷款加权平均利率为 6.06%，同比下降 0.64 个百分点。企业贷款加权平均利率为 5.57%，同比下降 0.57 个百分点。其中，小微企业贷款加权平均利率为 6.44%，同比下降 0.72 个百分点；普惠小微企业贷款加权平均利率为 6.1%，同比下降 1.27 个百分点。河北省金融机构发放的人民币贷款中，利率低于 LPR 的贷款占比由 2019 年 12 月的 10.7% 上升至 2020 年 12 月的 16.7%。2020 年 12 月，3 个月以内大额美元存款加权平均利率较上年同期下降 1.58 个百分点。地方法人金融机构定价机制进一步完善，125 家地方法人金融机构通过合格审慎评估成为全国市场利率定价自律机制成员，新增 5 家。

表 2　2020 年河北省金融机构人民币贷款各利率区间占比

单位：%

	项目	1月	2月	3月	4月	5月	6月
	合计	100.0	100.0	100.0	100.0	100.0	100.0
	LPR 减点	8.8	19.6	17.6	13.1	12.0	13.3
	LPR	1.8	1.8	2.2	2.1	2.4	3.5
LPR 加点	小计	89.4	78.6	80.3	84.8	85.6	83.2
	(LPR，LPR+0.5%)	14.9	14.6	19.3	11.1	9.5	7.1
	[LPR+0.5%，LPR+1.5%)	18.7	18.8	13.6	17.1	17.5	19.9
	[LPR+1.5%，LPR+3%)	14.0	15.9	14.7	16.6	18.0	18.0
	[LPR+3%，LPR+5%)	19.9	10.9	16.1	19.7	20.6	18.3
	LPR+5% 及以上	21.8	18.5	16.6	20.4	20.1	19.8
	项目	7月	8月	9月	10月	11月	12月
	合计	100.0	100.0	100.0	100.0	100.0	100.0
	LPR 减点	10.6	9.4	9.2	12.2	11.9	16.7
	LPR	3.2	3.2	3.9	5.0	3.5	3.6
LPR 加点	小计	86.2	87.3	86.9	82.8	84.6	79.7
	(LPR，LPR+0.5%)	11.4	11.4	11.0	12.0	11.0	9.7
	[LPR+0.5%，LPR+1.5%)	16.8	20.8	21.2	20.3	21.9	23.8
	[LPR+1.5%，LPR+3%)	16.3	14.3	17.5	13.6	17.2	14.8
	[LPR+3%，LPR+5%)	20.5	21.2	19.5	18.6	17.5	16.6
	LPR+5% 及以上	21.3	19.7	17.7	18.3	16.9	14.8

数据来源：中国人民银行石家庄中心支行。

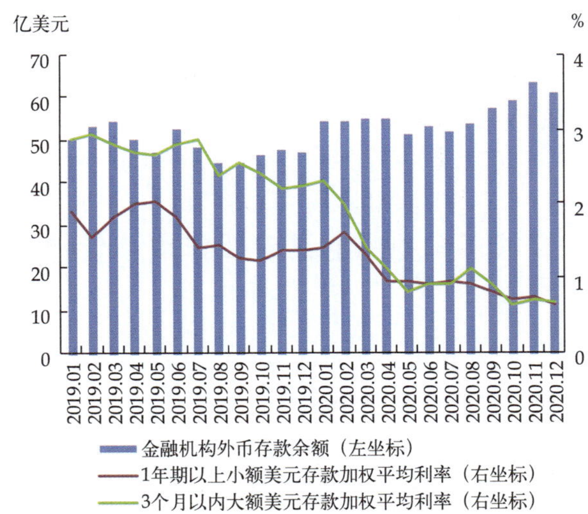

图 4　2019—2020 年河北省金融机构外币存款余额及外币存款利率

（数据来源：中国人民银行石家庄中心支行）

5. 银行业金融机构改革稳步推进。国家开发银行河北省分行坚守职能定位，加大对京津冀协同发展重大项目的支持力度。中国农业发展银行河北省分行和中国进出口银行河北省分行政策性业务和自营性业务分类管理、分账核算工作扎实推进。中小银行资本补充渠道继续拓宽，银行体系稳健性进一步增强。银行信贷资产质量保持平稳，全省银行业金融机构不良贷款率连续两年下降。

6. 跨境人民币业务稳步发展。河北省人民银行各分支机构充分利用新闻媒体、政策培训等形式，线上线下相结合，多种渠道宣传解读跨境人民币政策，扩大政策影响力；将跨境人民币业务推广与稳企业保就业相关工作要求相结合，开展跨境人民币业务“惠企便企行”专项行动，提高本币结算意识，切实解决企业实际问题；围绕重点行业和重点领域，开展“解剖麻雀”式调研，做好跟踪引导，推动跨境人民币使用；引导金融机构利用跨境人民币业务便利化优势，建立绿色通道，为疫情防控和企业复工复产提供高效、便捷的服务；鼓励金融机构在“展业三原则”的基础上，结合企业需求，探索创新“自贸区＋跨境人民币业务”特色模式，推动跨境电商等贸易新业态下跨境人民币业务发展。2020年，河北省跨境人民币收付751.6亿元，同比增长20.4%，占同期本外币跨境收付总额的15.2%，较2019年提高2.4个百分点；办理结算企业7880家，较2019年增加905家。

专栏1 发挥金融支撑作用 促进稳企业保就业

2020年，面对新冠肺炎疫情的冲击，河北省银行业把金融支持稳企业保就业作为“一把手”工程，建立工作机制、制定支持政策、开展银企对接、推进工具运用、宣传解读政策，统筹发挥金融机构合力，推动金融机构普惠小微企业“敢贷、愿贷、能贷、会贷”机制建设，为稳企业保就业营造了适宜的金融环境。

一是用足用好3000亿元专项再贷款政策。中国人民银行石家庄中心支行指导全省金融机构对140家重点防疫企业逐户对接，按照“特事特办、应贷快贷”的原则，从严审批、从快放贷。政策实施以来，金融机构运用专项再贷款累计向90户企业发放贷款64.1亿元，贷款加权平均利率2.49%，为企业节约融资成本约1.87亿元。二是再贷款再贴现工具支持成效显著。2020年，全省累计发放符合1.5万亿元再贷款再贴现条件的贷款（含贴现）635亿元，支持企业（含个体工商户）4.65万户，优惠贷款加权平均利率5.03%。三是两项直达工具得到有效落实。6—12月，全省地方法人金融机构对1.3万户、280.2亿元到期普惠小微贷款本金实施了延期。2020年，全省1~5级地方法人金融机构普惠小微信用贷款累计投放120.8亿元；截至2020年末，全省普惠小微信用贷款余额78.3亿元，较年初增加62.1亿元。四是加大银企对接力度，缓解首贷难、贷款难。开发“河北省融资对接监测分析系统”，打造政银企对接流水线。开展首贷拓展行动，打造线上线下“首贷中心”。全省首个市级“民营小微企业首贷续贷服务中心”在邢台市设立，首个县级“小微企业首贷续贷服务中心”在石家庄正定设立。2020年末，通过河北省融资对接监测分析系统推介重点企业1.94万家，9141家企业获得授信支持。全省金融机构新增授信户数30.6万户，新增首次授信户数12万户。通过河北省线上“首贷中心”对接民营小微企业4637家，其中216家首次获得贷款。五是中国人民银行石家庄中心支行联合河北省发展改革委、河北省工信厅等十部门印发《关于金融支持产业链供应链促进制造业高质量发展的实施意见》，加大金融支持，促进产业链、供应链、金融链“三链”融合。在包括财税、金融、产业等一系列政策的共同支持下，河北省市场主体稳中有升，就业保持平稳。截至2020年末，全省法人单位142.3万个，全年增加12万个，城镇登记失业率3.46%，保持在较低水平。

2021年，中国人民银行石家庄中心支行将继续指导金融机构用足用好两项直达工具，更好服务实体经济；继续加大对疫情影响较大领域的金融支持力度；促进金融政策、财税政策协同，为普惠小微信用贷款量增面扩提供良好政策环境；以政银企对接为抓手，提高惠企的精准度和覆盖面。

（二）证券期货业保持平稳运行，多层次资本市场持续发展

1. 证券机构稳步发展。截至2020年末，全省共有证券机构294家。其中，法人机构1家、证券分公司39家、证券营业部254家。

表3　2020年河北省证券业基本情况

项目	数量
总部设在辖内的证券公司数（家）	1
总部设在辖内的基金公司数（家）	0
总部设在辖内的期货公司数（家）	1
年末国内上市公司数（家）	61
当年国内股票（A股）筹资（亿元）	75.6
当年发行H股筹资（亿元）	—
当年国内债券筹资（亿元）	122.0
其中：短期融资券筹资额（亿元）	-104.5
中期票据筹资额（亿元）	46.5

数据来源：河北证监局、中国人民银行石家庄中心支行。
注：当年国内股票（A股）筹资额指非金融企业境内股票融资。

2. 期货业稳步发展。截至2020年末，河北省共有期货机构47家，其中法人机构1家、分公司10家、营业部36家。

3. 境内上市公司数量继续增加。截至2020年末，河北省共有境内上市公司61家，较上年净增加3家；新三板挂牌企业203家。

（三）保险业平稳发展，服务水平继续提升

1. 分支机构数量继续增加。截至2020年末，总部设在河北省的保险公司共1家；省级保险分公司77家，较上年增加2家；跨京津冀区域经营中心支公司15家，较上年增加1家。其中，财产保险省级分公司37家；人身保险省级分公司40家，较上年增加2家。

2. 保费收入平稳增长。2020年，河北省累计实现原保险保费收入2088.6亿元，同比增长5.0%。其中，财产险原保险保费收入591.9亿元，同比增长3.4%；人身险原保险保费收入1496.7亿元，同比增长5.7%。

表4　2020年河北省保险业基本情况

项目	数量
总部设在辖内的保险公司数（家）	1
其中：财产险经营主体（家）	1
寿险经营主体（家）	0
保险公司分支机构（家）	77
其中：财产险公司分支机构（家）	37
寿险公司分支机构（家）	40
保费收入（中外资，亿元）	2088.6
其中：财产险保费收入（中外资，亿元）	591.9
人身险保费收入（中外资，亿元）	1496.7
各类赔款给付（中外资，亿元）	601.7

数据来源：河北银保监局。

3. 保险业承担风险总额较快增长，赔付支出上升。保险业累计承担风险总额146.1万亿元，同比增长56.7%；累计赔付支出601.7亿元，同比上升9.4%，增速较上年加快7.8个百分点。

（四）社会融资规模增量上升，金融市场运行保持平稳

1. 社会融资规模增量上升。2020年，河北省社会融资规模增量为10168.7亿元，同比增加1829.3亿元，人民币贷款和政府债券是社会融资规模增量上升的主要因素。其中，人民币贷款增量为7155.9亿元，同比多增1789亿元，政府债券融资增量为2273.1亿元，同比多增696.3亿元。从占比看，新增人民币贷款占同期社会融资规模增量的70.4%，同比上升6个百分点；委托贷款占比为1.8%，同比下降0.3个百分点；信托贷款占比为-10.1%，同比下降12.2个百分点；企业债券占比为1.3%，同比下降6.1个百分点；非金融企业境内股票融资占比为0.7%，同比上升0.2个百分点；政府债券融资占比为22.4%，同比上升3.4个百分点。

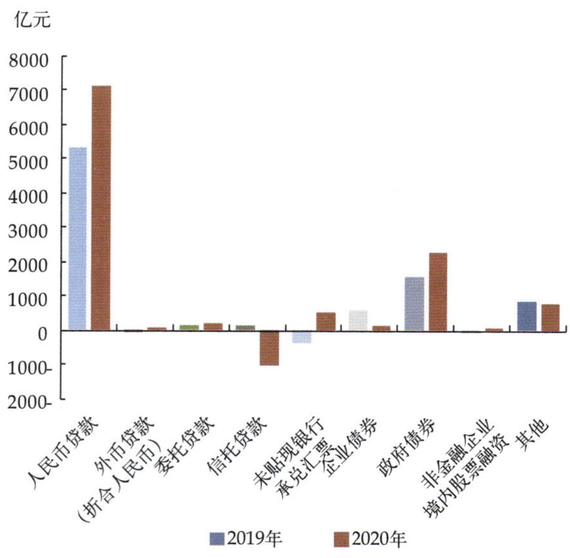

图 5　2019 年和 2020 年河北省社会融资规模分布结构

（数据来源：中国人民银行石家庄中心支行）

2. 票据市场发展较快，票据贴现利率继续下降。2020 年，河北省票据承兑和贴现量均实现两位数增长，全省累计签发银行承兑汇票 5180.4 亿元，同比增长 10.9%，其中国有商业银行承兑量增长较快，同比增长 37.5%；全省票据融资额累计 9258.2 亿元，同比增长 14.8%，随着商业承兑汇票业务限制政策的逐步放开，商业承兑汇票贴现业务量显著回升，全年累计办理商业承兑汇票贴现 23.2 亿元。

表 5　2020 年河北省金融机构票据业务量统计

单位：亿元

季度	银行承兑汇票承兑		贴现			
			银行承兑汇票		商业承兑汇票	
	余额	累计发生额	余额	累计发生额	余额	累计发生额
1	3539.4	1415.3	2557.4	2913.2	19.8	1.4
2	3702.9	2693.8	2698.0	5931.2	21.0	3.0
3	3746.5	3855.6	2355.8	7342.2	19.8	9.0
4	3905.3	5180.4	2326.1	9235.0	29.2	23.2

数据来源：中国人民银行石家庄中心支行。

表 6　2020 年河北省金融机构票据贴现、转贴现利率

单位：%

季度	贴现		转贴现	
	银行承兑汇票	商业承兑汇票	票据买断	票据回购
1	2.98	4.93	3.14	3.60
2	2.82	3.19	2.66	—
3	3.10	4.38	2.90	—
4	3.12	4.56	2.57	—

数据来源：中国人民银行石家庄中心支行。

从利率来看，票据贴现、转贴现利率水平下降。2020 年 12 月，河北省票据贴现和转贴现加权平均利率分别为 3.05%、2.56%，同比分别下降 0.18 个、0.99 个百分点。

（五）金融生态环境持续优化，金融基础设施不断完善

1. 征信对经济的信息支持作用不断加强。全年新增征信查询网点 188 家并加入百度地图；开通 12 家商业银行网银及手机银行信用报告查询服务；金融机构制定逾期记录调整政策，累计为全省 2.8 万受疫情影响的四类人员，7100 家暂时失去收入来源的企业调整了征信记录。张家口、廊坊、唐山、邢台、沧州等地因地制宜，为当地中小微企业建立具有地方特色的企业信用信息平台，助力解决信息不对称问题，缓解企业融资困境。其中，廊坊市中小企业贷款网上对接平台开设“金融战疫”专题板块，精准支持复工复产企业，当年新增注册企业 1872 家，成功对接贷款 5225 笔，金额 965 亿元。全省评定信用农户 545 万户、信用村 15657 个、信用乡镇 250 个，并对 196 万户农户进行了信贷支持，余额 924 亿元。

弘扬唯信唯实的征信文化。全省累计建立 20 个诚信文化教育基地，14 所大学开设了征信课程，全面建立起宣传教育长效机制。深入开展征信专题宣传与培训活动。全省共创作《疫

情期间您需要知道的征信那些事儿》等微电影、微视频、在线广播、电子书等宣传作品2000余份，征信文化宣传的鲜活感和感召力不断增强。河北省社会信用体系建设官方门户网站“信用河北”运行平稳。《京津冀全国守信联合激励试点建设方案（2020—2024年）》出台，京津冀三地信用信息共享交换和融合应用不断深化，三地守信激励联动机制建设日益完善。

2. 支付系统安全稳定运行，电子支付继续快速发展。2020年，河北省支付系统共处理支付业务82968.9万笔，金额128.2万亿元，同比分别增长85.7%和3.5%。电子支付快速发展。随着通信技术的发展和社会公众支付服务需求增加，河北省网上支付、电话支付、移动支付等新兴电子支付业务快速增长，2020年电子支付业务量79.7亿笔，金额1478291.6亿元，同比分别增长6.3%和134%。移动支付便民工程建设持续推进。截至2020年底，河北省“云闪付”用户1646.2万户，同比增长45.9%；石家庄、张家口等10市已实现“云闪付”乘公交。

3. 金融消费权益保护工作深入推进。金融消费权益保护监督检查、评估评价有序开展。金融知识宣传教育不断深入。2020年，全省中国人民银行各分支机构及相关金融机构结合疫情防控工作实际和决战决胜脱贫攻坚目标任务，以“3·15金融消费者权益日”、6月“普及金融知识，守住‘钱袋子’”、9月“金融知识普及月”活动为依托，创新方式方法，积极运用公益广告、微信长图、微电影、云课堂等数字资源传播金融知识，提升消费者金融风险防范意识。中国人民银行石家庄中心支行与河北银保监局、河北省教育厅联合印发《关于建立校园金融知识宣传教育机制的通知》，通过定期开展集中教育活动、拓展渠道开展常态化宣传教育、建立“一对一”合作宣传教育模式，持续推动河北省普通高校在校学生金融知识宣传普及、金融风险和金融安全教育。

二、经济运行情况

2020年，河北省积极应对新冠肺炎疫情带来的冲击和挑战，全面落实纾困惠企、精准帮扶、减税降费等政策措施，经济增速呈逐季上行、加快回升向好态势。全年地区生产总值36206.9亿元，比上年增长3.9%，分别比第一季度、上半年、前三季度回升10.1个、4.4个和2.4个百分点。分产业看，第一产业增加值3880.1亿元，增长3.2%；第二产业增加值13597.2亿元，增长4.8%；第三产业增加值18729.6亿元，增长3.3%。第三产业增加值比重较上年提高0.4个百分点，达到51.7%，超过第二产业14.1个百分点，“三二一”产业格局进一步巩固拓展。

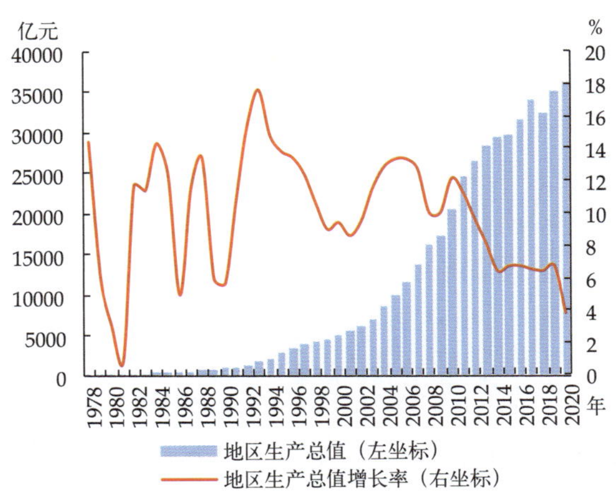

图6　1978—2020年河北省地区生产总值及其增长率

（数据来源：河北省统计局）

（一）投资企稳回升，消费复苏态势持续巩固

1. 固定资产投资企稳回升。投资增速上半年由负转正，前三季度增长1.7%，全年增长3.2%。大项目带动突出，亿元及以上项目个数比上年增长4.6%，10亿元及以上项目完成投资增长9.2%，占全省固定资产投资的比重为28.6%，比上年提高1.6个百分点。国有投资引领作用显著，完成投资增长27.8%，比上年加快6.7个百分点。基础设施投资补短板效果明显，完成投资增长16.5%，比上年加快0.9个百分点。第三产业投资增长加快，完成投资增长10.7%，比上年加快0.3个百分点。

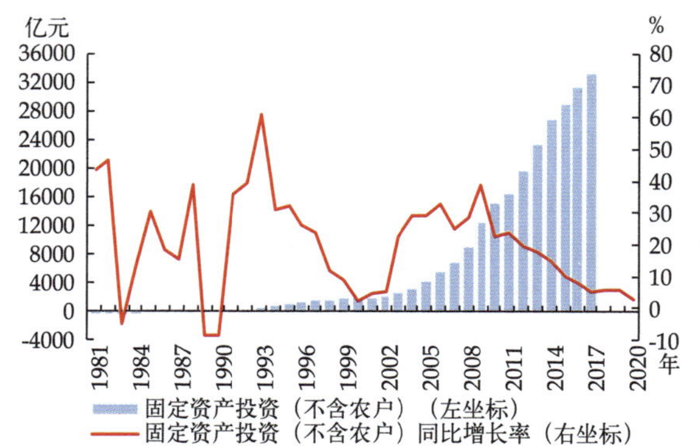

图 7　1981—2020 年河北省固定资产投资（不含农户）及其增长率

（数据来源：河北省统计局）

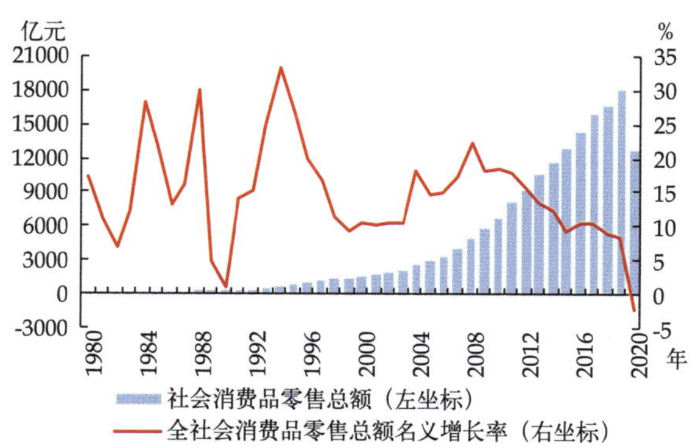

图 8　1980—2020 年河北省社会消费品零售总额及其增长率

（数据来源：河北省统计局）

2. 消费复苏态势持续巩固。全年社会消费品零售总额实现 12705.0 亿元，比上年下降 2.2%，降幅比第一季度、上半年及前三季度分别收窄 14.1 个、3.4 个和 1.5 个百分点，其中第四季度当季增长 1.4%。消费升级类商品较快增长。限额以上化妆品类商品零售额增长 39.9%，家用电器和音像器材类商品增长 34.5%，建筑及装潢材料类商品增长 33.8%。居民生活类商品零售快速增长。粮油食品、饮料、烟酒和日用品类商品零售额分别增长 16.1%、25.6%、32.3% 和 19.8%。便民零售业态加速恢复。超市和大型超市零售额分别增长 6.9% 和 10.2%。

新业态加速壮大。全年网上零售额实现 2735.8 亿元，比上年增长 16.0%。其中，实物商品网上零售额 2505.3 亿元，增长 17.8%，占社会消费品零售总额的比重为 19.7%，比上年提高 3.5 个百分点。

3. 进出口保持较快增速。2020 年，河北省外贸进出口总值 4410.4 亿元，增长 10.2%。其中，出口 2521.9 亿元，增长 6.4%，随着外需增加，出口增长呈加快态势，12 月当月出口增长 24.3%；进口 1888.5 亿元，增长 15.8%。从外贸运行的特征来看，一是对主要国家或地区的外贸进出口总值同比均保持正增长。其中，对东盟、美国、巴西进出口增长 14.1%、24.9% 和 28.8%。二是与疫情相关的产品出口增幅明显。2020 年，以口罩为主的相关商品出口增长 922.1%。塑料制品（含防护手套、防护衣等）出口增长 100.2%。医药药材及药品出口增长 20.3%。医疗仪器及器械出口增长 152.4%。三是随着生产加快回升，主要大宗商品进口量增长迅速。铁矿砂、煤及褐煤、大豆、天然气、农产品进口分别增长 18.6%、32.4%、49.6%、152.4 倍和 33.5%。受到国外经济复苏缓慢影响，钢材出口持续下降，降幅超过两位数。

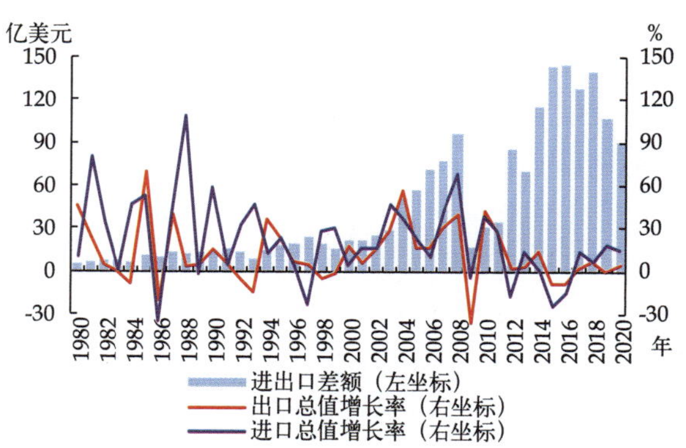

图 9　1980—2020 年河北省外贸进出口变动情况

（数据来源：河北省统计局）

4. 实际利用外资保持较快增长。2020 年，河北省实际利用外资 110.3 亿美元，同比增长 7.3%，比上年加快 1.4 个百分点。从特征来看，三次产业实际利用外资均保持增长。其中，汽车制造业，电力、热力、燃气及水生产和供应业，有色金属冶炼和压延加工业等行业增长较快。高新技术产业实际利用外资占全省约四分之一。从来源地看，来自香港的实际利用外资占比约六成。

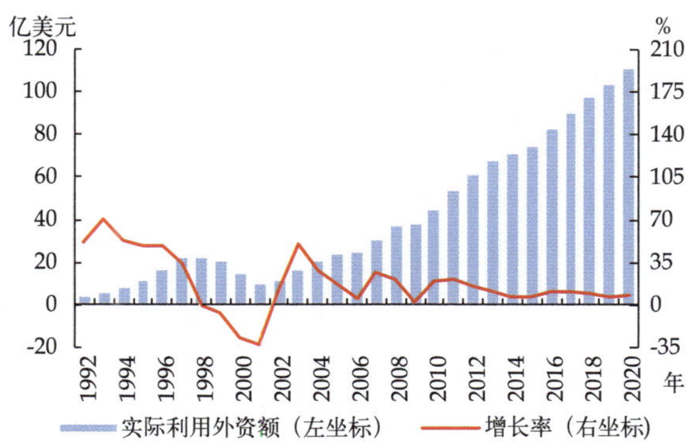

图 10　1992—2020 年河北省实际利用外资额及其增长率

（数据来源：河北省统计局）

（二）三次产业稳步恢复，服务业占比继续提升

1. 农业生产形势稳定。粮食生产再获丰收。全年粮食总产量 3795.9 万吨（759.2 亿斤），比上年增长 1.5%，连续 8 年保持在 700 亿斤以上。其中，夏粮产量 1453.9 万吨，下降 1.5%；秋粮产量 2342.0 万吨，增长 3.5%。畜牧业生产稳中向好。生猪产能持续恢复，生猪存栏 1748.8 万头，增长 23.3%，其中能繁母猪存栏 187 万头，增长 32.3%。禽蛋产量 389.7 万吨，增长 1.0%。牛奶产量 483.4 万吨，增长 12.8%。蔬菜水果生产平稳。蔬菜总产量 5198.2 万吨，增长 2.1%。园林水果总产量 1031.4 万吨，增长 2.7%。畜牧、蔬菜、果品三大优势产业产值占农林牧渔业总产值比重达 64.6%。

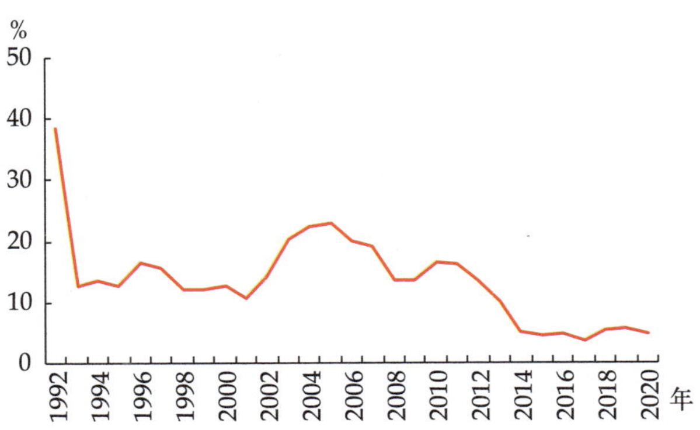

图 11　1992—2020 年河北省规模以上工业增加值实际增长率

（数据来源：河北省统计局）

2. 工业生产持续向好。规模以上工业增加值比上年增长 4.7%，较上年下降 0.9 个百分点，其中 12 月增长 11.1%，创年内新高，工业生产恢复到正常水平。三大门类生产全面增长，制造业引领作用突出，制造业增加值增长 5.1%，采矿业增长 3.0%，电力、热力、燃气及水的生产和供应业增长 2.6%。多数行业保持增长，40 个行业大类中 26 个行业生产实现增长，占比为 65%。多种经济类型企业保持增长，私营企业增加值增长 6.7%。大中小型企业全面增长。大型企业增加值增长 4.3%，中型企业增长 6.3%，小型企业增长 4.3%。半数以上产品产量保持增长。在全省统计的 418 种产品产量中，有 218 种产品产量保持增长，占比为 52.2%。

3. 工业主导产业较快发展，新产业加快成长。河北省深入实施科技创新、工业转型升级、战略性新兴产业发展等系列三年行动计划，产业布局调整优化，新动能加速培育壮大，为经济增长注入了新活力。工业八大主导产业增加值增长 6.4%，快于全省规模以上工业 1.7 个百分点。其中，生物医药健康产业、新能源产业分别增长 15.0% 和 13.7%；信息智能产业、新材料产业和钢铁产业分别增长 6.1%、6.2% 和 9.8%，呈现较快增长态势。新产业加快成长。工业战略性新兴产业增加值增长 7.8%，快于规模以上工业 3.1 个百分点。高新技术产业增加值增长 6.6%，快于规模以上工业 1.9 个百分点，占规模以上工业增加值比重为 19.4%。

4. 服务业稳步恢复。全年服务业增加值增长 3.3%，比前三季度加快 2.1 个百分点。其中，信息传输、软件和信息技术服务业增加值增长 16.8%、教育业增长 10.4%、金融业增长 6.2%，增速分别快于服务业增加值 13.5 个、7.1 个和 2.9 个百分点。三次产业比例由上年的 10.0 : 38.7 : 51.3 调整为 2020 年的 10.7 : 37.6 : 51.7，第三产业增加值比重比上年提高 0.4 个百分点，超过第二产业 14.1 个百分点，“三二一”产业格局进一步巩固拓展。第三产业对经济增长的贡献率达到 43.5%。

5. 三大攻坚战取得明显成效。脱贫攻坚取得决定性胜利，绝对性、区域性整体贫困问题得到历史性解决。污染防治攻坚战成效显著，空气环境质量持续改善，为2013年以来最好水平；优良天数比率69.9%，同比上升8个百分点。绿色发展稳步推进，单位工业增加值能耗下降4.58%。防范化解重大风险取得积极成效，重点领域风险防控有力，社会大局和谐稳定。

（三）居民消费价格涨幅收窄，工业品价格低位运行

1. 居民消费价格涨幅收窄。全年居民消费价格比上年上涨2.1%，涨幅比上年收窄0.9个百分点。其中，城市上涨2.0%，农村上涨2.2%。分类别看，食品烟酒价格上涨7.1%，衣着下降0.3%，居住下降0.9%，生活用品及服务下降0.1%，交通和通信下降3.1%，教育文化和娱乐上涨2.0%，医疗保健上涨2.1%，其他用品和服务上涨4.5%。食品烟酒价格上涨仍是支撑CPI上行的主导力量。核心CPI指数处于低位运行。2020年，扣除食品和能源价格后的核心CPI同比上涨1.0%，比上年回落1.0个百分点，是近10年来涨幅最低水平。

2. 工业品价格低位运行。工业生产者出厂价格比上年下降1.5%，工业生产者购进价格比上年下降1.6%。能源价格涨幅回落较大，汽油、柴油价格同比分别下降13.9%、15.6%，降幅较上年扩大7.4个和9.3个百分点。

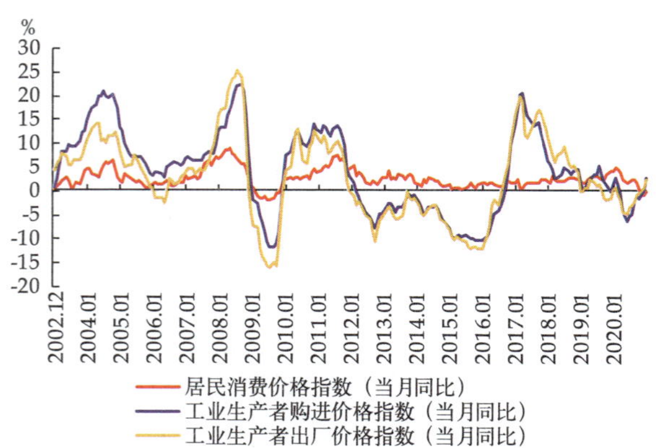

图12　2002—2020年河北省居民消费价格指数和生产者价格指数变动趋势

（数据来源：河北省统计局）

（四）一般公共预算收入低速增长，民生支出占比持续提高

2020年，受疫情冲击、减税降费等因素影响，河北省地方一般公共预算收入3826.4亿元，同比增长2.2%，较上年回落4.3个百分点；税收收入2527.2亿元，同比下降3.9%，较上年回落6.8个百分点。全省一般公共预算支出9021.7亿元，比上年增加708亿元，增长8.5%。全省民生支出完成7367.9亿元，增长9.7%，高于一般公共预算支出增速1.2个百分点，占一般公共预算支出的比重为81.7%，提高0.9个百分点，与人民群众切身利益密切相关的卫生健康、社会保障和就业等支出得到较好保障。2020年，河北省发行地方政府债券2999.6亿元，其中一般债1155.5亿元、增长22.5%，专项债1844.1亿元、增长44.4%。募集的政府债券资金有力支持了全省3300个国家和省重大项目建设。

就业保持稳定。实施就业优先政策，大力度多渠道抓好高校毕业生、农民工、退役军人等重点群体就业。全年城镇新增就业85.9万人，完成全年计划的101.1%。年末城镇登记失业率3.46%，控制在4.5%的预期目标内。居民收入稳步增长。全省居民人均可支配收入27136元，比上年增长5.7%。其中，城镇居民人均可支配收入37286元，增长4.3%；农村居民人均可支配收入16467元，增长7.1%。城乡居民收入差距进一步缩小。

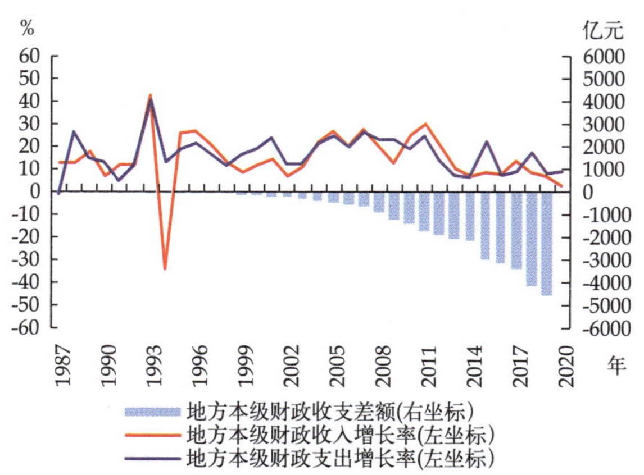

图13　1987—2020年河北省财政收支状况

（数据来源：河北省统计局）

专栏 2　金融助力河北省脱贫攻坚战圆满收官

中国人民银行石家庄中心支行高度重视金融扶贫工作，通过成立金融支持扶贫开发领导小组，全面贯彻落实扶贫开发金融政策和工作部署，并加强金融政策与财政政策、产业政策的有效衔接，实施金融服务京津冀协同发展与金融扶贫双推进，不断提高金融服务广度和深度，推动贫困地区经济社会发展。

一是发挥货币政策工具作用，引导金融资源流向贫困地区。切实加大扶贫再贷款投放力度，2016 年以来，累计发放扶贫再贷款 242.3 亿元，精准支持贫困地区涉农企业以及建档立卡贫困户。落实差别化存款准备金率政策，对阜平县农村信用联社等 43 家贫困地区金融机构执行下调存款准备金率 1 个百分点的优惠政策，累计释放流动性 72.2 亿元。二是持续增加信贷投入。近 5 年来，河北省金融机构向 62 个贫困县的信贷投入年均增速达 22%，有效支持了贫困地区产业发展，带动了贫困群众收入增长。在全省县域实施新型农业经营主体“主办行”制度，引导金融机构围绕当地扶贫产业规划，不断加大对贫困地区农业产业带、现代农业园区及休闲旅游农业等特色优势产业的支持力度。近 5 年，全省 62 个贫困县累计 2.94 万家新型农业经营主体获得信贷支持，贷款累计发放 595.6 亿元，余额 173 亿元。做好易地扶贫搬迁综合金融服务。截至 2020 年末，河北省易地扶贫搬迁贷款余额 43.5 亿元，已收回贷款 55 亿元。积极配合河北银保监局、河北省扶贫办等推动全省扶贫小额信贷工作开展，2015 年以来扶贫小额信贷累计发放 36.3 亿元，2020 年末余额 14.2 亿元。三是发展普惠金融，满足贫困地区群众多样化金融需求。持续推进农村信用环境改善。深化农村支付环境建设。截至 2020 年末，全省农村地区共设立银行网点（含县城）7647 个，设立银行卡助农取款服务点 10.5 万个，布放各类银行卡受理终端 68.9 万台，金融服务已覆盖全部农村地区；开通网上支付 6154.7 万户，移动支付 7673.8 万户；2020 年新增县域“云闪付”注册用户 249.3 余万户，为百姓带来了便捷、安全、高效的支付服务。四是加强金融扶贫宣传。创新宣传形式，利用“金融消费者权益日”“金融知识普及月”等重要时间节点，开展金融知识进农村活动。全省金融系统“决胜脱贫攻坚 河北金融在行动”系列成效展示、“决胜小康 奋斗有我”志愿服务事迹展播等系列宣传活动取得良好成效。完善宣传载体，借助新闻媒体、网络媒体、电视广播等多种渠道，全方位、深层次、多角度开展宣传活动，促进金融扶贫政策深入人心。

经过持之以恒的努力，河北省 232.3 万建档立卡贫困人口已全部稳定脱贫，62 个贫困县全部摘帽，7746 个贫困村全部出列，历史上首次消除绝对贫困和区域性整体贫困。

（五）房地产投资恢复性增长，商品房销售市场恢复步伐加快

1. 房地产开发投资稳步回升。2020 年，全省房地产开发项目完成投资 4601.1 亿元，增长 5.8%，比前三季度加快 2.2 个百分点。其中，商品住宅完成投资 3746.7 亿元，比 2019 年增长 8.4%，比前三季度加快 2.4 个百分点；办公楼投资同比下降 17.5%，比前三季度降幅扩大 0.4 个百分点；商业营业用房投资增长 1.9%，比前三季度回落 2.8 个百分点。

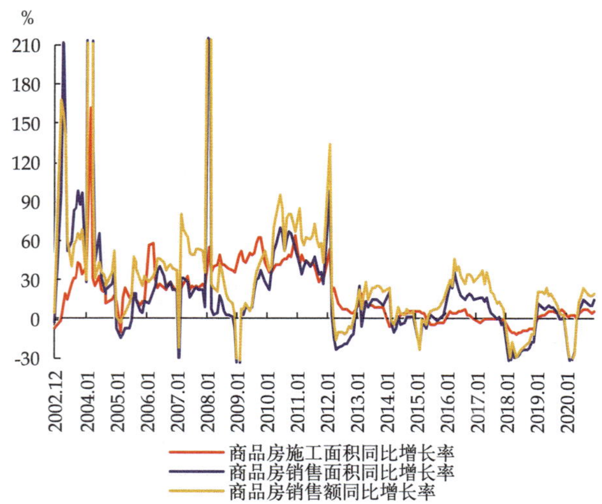

图 14　2002—2020 年河北省商品房施工和销售变动趋势

（数据来源：河北省统计局）

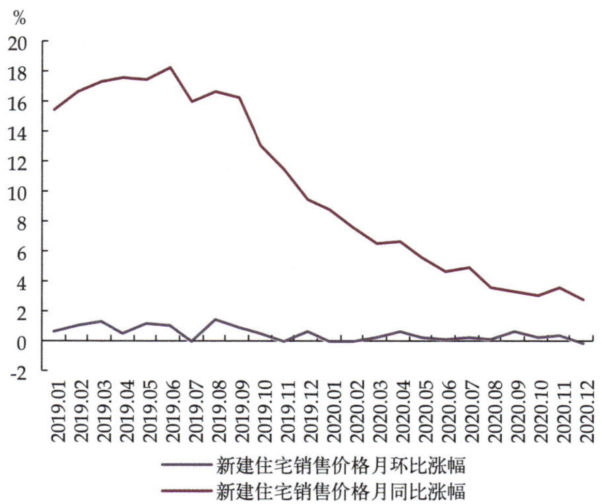

图 15　2019—2020 年石家庄市新建住宅销售价格变动趋势

（数据来源：河北省统计局）

2. 施工规模保持平稳，新开工面积增长较快。全省房屋施工面积 31408.4 万平方米，增长 5.2%，增速比前三季度回落 1.2 个百分点。其中新开工面积 10232.1 万平方米，增长 10.1%。分类别看，住宅新开工面积 7979.1 万平方米，增长 7.8%；办公楼新开工面积 207.2 万平方米，下降 1.0%；商业营业用房新开工面积 726.8 万平方米，增长 20.7%。

3. 商品房销售市场恢复步伐加快。2020 年，全省商品房销售面积 6028.4 万平方米，增长 14.1%，比前三季度加快 3.2 个百分点。商品房销售额 4950.4 亿元，增长 19.6%，比前三季度加快 1.0 个百分点。其中，商品住宅销售增长较快，全省商品住宅销售面积 5572.2 万平方米，增长 16.8%，比前三季度加快 4.2 个百分点。

4. 房地产贷款余额增速平稳。2020 年末，河北省房地产贷款余额 1.9 万亿元，同比增长 14.1%；比年初增加 2350.7 亿元。分类别看，房地产开发贷款余额同比增长 11.5%，增速继续下降，较上年降低 1.3 个百分点。其中，保障性住房开发贷款余额 1412.5 亿元，同比增长 4.5%，与上年增速基本持平。个人住房贷款余额同比增长 15.3%。

（六）举全省之力办好“三件大事”，重大国家战略取得重要阶段性成果

1. 京津冀协同发展纵深拓展。交通一体化、生态环境建设和产业转移取得新突破。京雄城际开通运营，津石高速建成通车，“轨道上的京津冀”主骨架基本成型。北京大兴国际机场临空经济区建设加快。京津冀联建联防联治持续优化，张家口首都水源涵养功能区和生态环境支撑区建设步伐加快。承接京津产业有力有序，全年承接京津基本单位 5412 个，其中法人单位 3880 个。

2. 雄安新区建设取得重大进展。雄安新区规划体系、政策体系基本形成。雄安新区投资增势强劲，域内完成固定资产投资比上年增长 6.6 倍。容东片区安置房和外围交通项目取得重大突破，北京援建“三校”主体完工，雄安高铁站正式投入使用。白洋淀流域治理全面推进，白洋淀水质持续改善，“千年秀林”建设扎实推进，生态治理成效明显。

3. 冬奥会筹办扎实推进。冬奥会相关基础设施建设和赛会服务保障工作不断深化，北京冬奥会张家口赛区 76 个比赛场馆和配套基础设施项目如期完成建设任务。冰雪产业和奥运经

济发展势头良好，河北第二届冰雪运动会成功举办。

三、预测与展望

2021 年是开启全面建设社会主义现代化国家新征程的开局之年。展望未来，京津冀协同发展继续向纵深拓展、雄安新区大规模建设提速、北京大兴国际机场临空经济区产业聚集加快、冬奥会筹办等将对河北省经济高质量发展继续发挥重要带动引领作用，全省经济稳定恢复的态势将进一步巩固。与此同时，增强科技创新能力、加快培育新动能、加大生态环境治理等任务依然艰巨，融资结构仍需进一步优化，疫情冲击时滞造成潜在金融风险上升压力也需予以关注。2021 年，河北省将以习近平新时代中国特色社会主义思想为指导，坚持稳中求进工作总基调，立足新发展阶段，贯彻新发展理念，构建新发展格局，落实好稳健货币政策灵活精准、合理适度，用好各项结构性货币政策工具，继续做好金融支持小微企业和稳企业保就业工作，持续加强对京津冀协同发展、雄安新区、冬奥会张家口赛区等重点区域及制造业、绿色发展、科技创新等重点领域的金融支持，贯彻落实好房地产金融政策，推动脱贫攻坚与乡村振兴有效衔接，为“十四五”开局和加快推动高质量发展提供有力有效的金融支持。

中国人民银行石家庄中心支行货币政策分析小组

总　　纂：贺同宝　李双锁

统　　稿：曹增和　高宏业　王瑞智　黄艳霞　王志勇　冯　雷

执　　笔：高东胜

提供材料：闫晓慧　韩　旭　李福贵　李婕琼　范宪忠　岳永丽　任珍珍　岳岐峰　应　明　苏文龙　王腾飞　王　莹　刘晓玲　郑玉卓　张志宇　苏　蓓　黄　倩　刘冰欣　杜彦尊　窦玉蕾　翟　悦　李　玲　康　园　郄江辉　刘　圣　李建令　孙刚强　杨若霞

附录

（一）2020 年河北省经济金融大事记

1 月 29 日，中国人民银行石家庄中心支行印发《关于做好新型冠状病毒感染肺炎疫情防控金融服务工作的通知》，出台 16 项举措，全力支持疫情防控工作。

2 月 7 日，中国人民银行石家庄中心支行印发《关于做好抗击新型冠状病毒感染的肺炎疫情融资支持工作的通知》，出台 8 项举措，引导金融资源投入抗疫重点领域。

2 月 21 日，河北省首单疫情防控债务融资工具落地，该债券发行人为新兴铸管股份有限公司，发行金额 6 亿元、期限 270 天、票面利率 2.89%，募集资金用于疫情防控相关的铸管生产供应。

3 月 5 日，中国人民银行石家庄中心支行印发《关于应对新冠肺炎疫情影响强化中小微企业金融支持的通知》，出台五方面 17 项措施，强化对受疫情影响的中小微企业的金融支持。

6 月 24 日，河北银保监局批复全国第二家投资管理型村镇银行——中银富登村镇银行开业。

6 月 29 日，中国人民银行石家庄中心支行组织召开河北省开展大额现金管理试点工作专题新闻发布会。

10 月 12 日，河北银保监局印发《关于加强中国（河北）自由贸易试验区金融服务工作的指导意见》，推出 15 项金融创新支持政策。

11 月 7 日，邢台市内丘县作为全国试点地区之一，所有存款类金融机构营业网点悬挂存款保险标识。

11 月 27 日，河北证监局与上海证券交易所、河北省地方金融监督管理局、河北省科学技术厅共建的“上海证券交易所资本市场服务河北基地”在石家庄市挂牌成立。

11 月 28 日，河北省参加存款保险金融机构的营业网点全面启用存款保险标识。

（二）2020 年河北省主要经济金融指标

表 1　2020 年河北省主要存贷款指标

	项目	1月	2月	3月	4月	5月	6月	7月	8月	9月	10月	11月	12月
本外币	金融机构各项存款余额（亿元）	74239.9	74327.8	77036.7	76964.0	78296.1	79682.7	78773.7	79680.6	80339.6	80696.4	81379.4	81295.3
	其中：住户存款	48768.7	48741.2	50067.0	49639.8	49972.7	51231.5	50869.0	51133.6	52194.2	51991.8	52457.6	53353.3
	非金融企业存款	13836.1	14028.5	14805.9	15006.5	15221.0	15404.5	15164.1	15465.8	15588.9	15616.1	15855.2	15662.9
	各项存款余额比上月增加（亿元）	1023.7	87.9	2708.9	-72.7	1332.2	1386.6	-909.0	906.9	658.9	356.8	682.9	-84.1
	金融机构各项存款同比增长（%）	9.1	8.4	9.7	9.8	11.5	11.4	10.3	11.1	9.8	10.5	11.5	11.0
	金融机构各项贷款余额（亿元）	54772.2	54994.7	56046.1	56716.3	57393.2	58216.4	58619.0	58956.4	59636.7	60024.4	60559.0	60993.2
	其中：短期	16330.8	16404.0	16958.4	17127.5	17294.4	17691.2	1773&5	17831.8	18036.2	18162.6	18225.6	18263.5
	中长期	35364.5	35466.6	35843.9	36280.6	36750.9	37201.9	37653.8	38062.2	38614.6	38913.4	39445.9	38743.0
	票据融资	2358.7	2416.2	2540.4	2623.0	2677.5	2680.7	2584.3	2420.9	2346.1	2306.9	2233.3	2326.2
	各项贷款余额比上月增加（亿元）	983.6	222.5	1051.4	670.2	676.9	823.2	402.6	337.4	680.3	387.7	534.6	434.2
	其中：短期	277.8	73.1	554.4	169.1	166.9	396.8	47.3	93.4	204.4	126.4	63.0	3&0
	中长期	625.2	102.2	377.3	436.7	470.3	451.0	452.0	408.4	552.3	298.8	532.6	297.1
	票据融资	86.9	57.5	124.2	82.6	54.5	3.3	-96.5	-163.4	-74.8	-39.2	-73.6	92.9
	金融机构各项贷款同比增长（%）	11.3	11.0	11.7	12.4	13.1	13.6	13.7	13.3	13.1	13.4	13.7	13.4
	其中：短期	4.6	4.8	6.6	7.7	8.3	9.1	9.8	9.9	9.4	10.5	10.4	10.8
	中长期	14.0	13.6	13.6	14.0	14.6	15.1	15.1	15.3	15.5	15.6	16.2	12.9
	票据融资	24.6	22.9	25.4	27.1	31.3	30.2	26.8	14.5	9.5	9.1	3.4	2.4
	建筑业贷款余额（亿元）	1704.8	1701.6	1759.5	1782.7	1844.6	1888.9	1894.5	1921.9	1940.5	1962.2	1981.1	1973.0
	房地产业贷款余额（亿元）	2966.6	2982.7	2985.6	3039.2	3044.7	3041.2	3100.3	3134.4	3150.6	3147.5	3160.2	3133.9
	建筑业贷款同比增长（%）	16.0	15.0	16.0	15.6	18.1	18.7	16.9	17.9	17.2	1&5	17.5	18.3
	房地产业贷款同比增长（%）	11.6	11.1	10.3	10.7	10.5	9.7	10.6	10.9	9.4	8.9	8.0	9.2
人民币	金融机构各项存款余额（亿元）	73862.5	73944.8	76643.4	76571.9	77928.4	79305.4	78408.5	79308.6	79943.8	80296.2	80957.5	80895.2
	其中：住户存款	48635.0	48601.2	49915.7	49491.0	49827.1	51087.7	50727.6	50993.7	52053.0	51848.8	52315.5	53212.5
	非金融企业存款	13636.3	13823.1	14597.7	14799.1	15036.1	15196.7	14965.9	15259.7	15367.3	15383.9	15589.1	15412.2
	各项存款余额比上月增加（亿元）	978.1	82.2	2698.7	-71.5	1356.4	1377.0	-896.9	900.1	635.2	352.4	661.4	-62.4
	其中：住户存款	2076.5	-33.8	1314.6	-424.8	336.1	1260.6	-360.1	266.1	1059.3	-204.2	466.7	897.0
	非金融企业存款	-440.9	186.8	774.5	201.5	237.0	160.6	-230.8	293.9	107.6	16.6	205.1	-176.9
	各项存款同比增长（%）	9.1	8.4	9.7	9.7	11.5	11.4	10.3	11.1	9.7	10.5	11.5	11.0
	其中：住户存款	15.4	12.9	14.5	13.9	14.1	15.3	14.0	14.0	14.2	14.2	14.4	14.3
	非金融企业存款	0.5	3.8	6.2	9.1	12.2	9.5	12.4	13.6	12.2	13.8	13.9	9.4
	金融机构各项贷款余额（亿元）	54436.6	54655.3	55676.4	56344.9	57003.7	57831.8	58229.2	58570.2	59260.1	59657.9	60178.8	60605.2
	其中：个人消费贷款	15463.2	15452.7	15629.1	15838.1	16043.1	16312.8	16571.7	16810.4	17051.0	17217.9	17435.1	17617.6
	票据融资	2358.7	2416.2	2540.4	2623.0	2677.5	2680.7	2584.3	2420.9	2346.1	2306.9	2233.3	2326.2
	各项贷款余额比上月增加（亿元）	988.5	218.7	1021.1	668.5	658.8	828.1	397.4	341.0	689.9	397.8	520.9	426.3
	其中：个人消费贷款	213.5	-10.5	176.4	209.0	205.0	269.7	258.9	238.7	240.6	167.0	217.1	182.5
	票据融资	86.9	57.5	124.2	82.6	54.5	3.3	-96.5	-163.4	-74.8	-39.2	-73.6	92.9
	金融机构各项贷款同比增长（%）	11.4	11.1	11.8	12.5	13.2	13.6	13.7	13.4	13.2	13.5	13.7	13.4
	其中：个人消费贷款	15.8	15.0	14.4	14.5	14.5	15.0	15.6	15.9	16.1	16.2	16.0	15.5
	票据融资	24.6	22.9	25.4	27.1	31.4	30.2	26.8	14.5	9.5	9.1	3.4	2.4
外币	金融机构外币存款余额（亿美元）	54.8	54.7	55.5	55.5	51.6	53.3	52.3	54.2	58.1	59.5	64.1	61.3
	金融机构外币存款同比增长（%）	8.0	1.6	0.9	10.0	8.8	0.4	7.8	19.7	29.7	27.2	33.3	8.0
	金融机构外币贷款余额（亿美元）	48.7	48.4	52.2	52.6	54.6	54.3	55.8	56.3	55.3	54.5	57.8	59.5
	金融机构外币贷款同比增长（%）	-9.3	-10.8	-5.0	-0.3	4.8	9.3	8.4	6.6	1.1	6.7	12.9	2.1

数据来源：中国人民银行石家庄中心支行。

表 2　2001—2020 年河北省各类价格指数

单位：%

时间	居民消费价格指数		农业生产资料价格指数		工业生产者购进价格指数		工业生产者出厂价格指数	
	当月同比	累计同比	当月同比	累计同比	当月同比	累计同比	当月同比	累计同比
2001	—	0.5	—	0.2	—	1.0	—	-0.2
2002	—	-1.0	—	0.4	—	-2.8	—	-0.6
2003	—	2.2	—	-0.2	—	9.4	—	7.1
2004	—	4.3	—	6.7	—	18.4	—	11.6
2005	—	1.8	—	6.8	—	7.0	—	4.4
2006	—	1.7	—	1.6	—	5.0	—	0.8
2007	—	4.7	—	6.9	—	7.8	—	6.9
2008	—	6.2	—	1&6	—	15.9	—	16.7
2009	—	-0.7	—	0.6	—	-6.5	—	-10.9
2010	—	3.1	—	4.4	—	10.9	—	9.0
2011	—	5.7	—	12.6	—	10.9	—	7.7
2012	—	2.6	—	&2	—	-3.8	—	-5.3
2013	—	3.0	—	1.1	—	-2.4	—	-3.4
2014	—	1.7	—	-0.9	—	-4.4	—	-4.8
2015	—	0.9	—	-0.2	—	-9.7	—	-10.9
2016	—	1.5	—	0.0	—	-1.7	—	-0.1
2017	—	1.7	—	1.0	—	14.5	—	15.0
2018	—	2.4	—	3.2	—	4.0	—	6.2
2019	—	3.0	—	3.1	—	2.1	—	0.2
2020	—	2.1	—	4.3	—	-1.6	—	-1.5
2019　1	1.9	1.9	2.8	2.8	0.4	0.4	0.0	0.0
2	1.7	1.8	2.7	2.7	0.5	0.4	0.6	0.3
3	2.5	2.0	1.3	2.2	1.6	0.8	0.6	0.4
4	2.9	2.2	1.2	2.0	2.3	0.9	2.6	1.3
5	3.3	2.4	0.9	1.7	3.5	1.7	1.9	1.1
6	3.2	2.6	1.0	1.6	3.6	2.0	0.9	1.1
7	2.9	2.6	2.5	1.8	5.3	2.5	1.5	1.1
8	2.3	2.6	3.8	2.0	3.7	2.6	0.4	1.0
9	2.4	2.6	3.9	2.2	2.1	2.6	-1.7	0.7
10	3.6	2.7	5.0	2.5	1.3	2.4	-2.0	0.4
11	4.3	2.8	5.8	2.8	-0.2	2.2	-1.7	0.2
12	4.4	3.0	6.3	3.1	1.4	2.1	0.2	0.2
2020　1	5.1	5.1	7.1	7.1	2.8	2.8	0.8	0.8
2	4.7	4.9	6.9	7.0	1.3	2.0	-0.7	0.0
3	3.8	4.5	6.7	6.9	-0.6	1.1	-2.0	-0.7
4	2.6	4.0	6.1	6.7	-4.0	-0.2	-4.5	-1.6
5	1.7	3.6	5.5	6.5	-6.3	-1.4	-4.7	-2.2
6	2.1	3.3	5.0	6.2	-5.1	-2.0	-3.3	-2.4
7	2.3	3.2	4.0	5.9	-4.8	-2.4	-3.0	-2.5
8	2.5	3.1	3.5	5.6	-2.2	-2.4	-2.2	-2.5
9	1.8	2.9	3.3	5.3	-0.8	-2.2	-0.8	-2.3
10	0.2	2.7	1.8	4.9	-1.5	-2.2	-0.6	-2.1
11	-0.9	2.3	1.1	4.6	-0.1	-2.0	0.5	-1.9
12	-0.2	2.1	1.2	4.3	2.9	-1.6	2.6	-1.5

数据来源：河北省统计局、《中国经济景气月报》。

表3　2020年河北省主要经济指标

项目	1月	2月	3月	4月	5月	6月	7月	8月	9月	10月	11月	12月
	绝对值（自年初累计）											
地区生产总值（亿元）	—	—	7410.1	—	—	16387.3	—	—	25804.4	—	—	36206.9
第一产业	—	—	545.9	—	—	1379.0	—	—	2283.3	—	—	3880.1
第二产业	—	—	2763.2	—	—	6297.9	—	—	9861.2	—	—	13597.2
第三产业	—	—	4101.0	—	—	8710.4	—	—	13659.9	—	—	18729.6
工业增加值（亿元）	—	—	—	—	—	—	—	—	—	—	—	—
固定资产投资（亿元）	—	—	—	—	—	—	—	—	—	—	—	—
房地产开发投资	—	147.0	557.5	908.1	1364.6	2118.1	2584.7	3042.1	3520.8	3929.6	4326.9	4601.1
社会消费品零售总额（亿元）	—	—	2423.7	—	—	5487.4	—	—	8639.1	—	—	12705.0
外贸进出口总额（亿元）	—	554.7	891.6	1229.1	1556.9	1924.5	2310.3	2691.8	—	3514.9	3953.5	4410.4
进口	—	283.3	418.1	555.2	682.4	821.7	991.7	1149.3	—	1529.6	1706.7	1888.5
出口	—	271.5	473.5	673.9	874.5	1102.7	1318.6	1542.5	—	1985.2	2246.7	2521.9
进出口差额（出口－进口）	—	-11.8	55.4	118.7	192.1	281.0	326.9	393.2	—	455.6	540.0	633.4
实际利用外资（亿美元）	3.5	5.1	23.0	29.1	38.8	66.2	69.6	76.4	86.9	94.6	101.5	110.3
地方财政收支差额（亿元）	-265.1	-458.8	-958.6	-1308.8	-1653.0	-2308.9	-2675.9	-3089.4	-3662.5	-3893.2	-4344.2	-5195.3
地方财政收入	381.6	585.8	1049.4	1292.8	1572.8	2235.8	2477.6	2659.8	3015.6	3273.1	3474.1	3826.4
地方财政支出	646.7	1044.6	2008.0	2601.6	3225.8	4544.7	5153.5	5749.2	6678.1	7166.3	7818.3	9021.7
城镇登记失业率（%）	—	—	3.1	—	—	3.3	—	—	3.5	—	—	3.5
	同比累计增长率（%）											
地区生产总值	—	—	-6.2	—	—	-0.5	—	—	1.5	—	—	3.9
第一产业	—	—	-0.2	—	—	1.6	—	—	1.9	—	—	3.2
第二产业	—	—	-7.5	—	—	0.1	—	—	1.7	—	—	4.8
第三产业	—	—	-5.9	—	—	-1.3	—	—	1.2	—	—	3.3
工业增加值	—	-9.4	-4.8	-2.0	0.0	0.8	1.3	2.0	2.7	3.4	3.9	4.7
固定资产投资	—	-14.5	-7.7	-3.7	-2.0	0.9	1.0	1.2	1.7	1.6	2.5	3.2
房地产开发投资	—	-17.3	-5.8	-4.8	-0.4	0.6	1.5	2.7	3.6	4.5	5.2	5.8
社会消费品零售总额	—	—	-16.3	—	—	-5.6	—	—	-3.7	—	—	-2.2
外贸进出口总额	—	1.4	7.3	6.6	5.7	8.0	6.3	5.0	—	6.0	8.5	10.2
进口	—	38.5	32.2	24.1	18.8	18.0	14.3	10.2	—	12.4	14.1	15.8
出口	—	-20.8	-7.9	-4.4	-2.7	1.7	1.0	1.3	—	1.6	4.6	6.4
实际利用外资	0.7	4.9	-3.9	-2.2	3.2	3.8	4.5	4.2	5.8	10.8	8.2	7.3
地方财政收入	-11.7	-12.3	-5.0	-8.2	-6.9	1.3	0.2	-0.4	-2.4	-1.4	0.3	2.3
地方财政支出	10.8	6.4	4.5	7.0	7.1	9.1	10.1	10.1	10.1	7.6	7.9	8.5

数据来源：河北省统计局。

山西省金融运行报告（2021）

中国人民银行太原中心支行货币政策分析小组

［内容摘要］2020 年，山西省坚持以习近平新时代中国特色社会主义思想为指导，全面贯彻党的十九大和十九届二中、三中、四中、五中全会以及中央经济工作会议精神，深入贯彻落实习近平总书记视察山西重要讲话和重要指示，统筹推进疫情防控和经济社会发展，扎实做好“六稳”工作，全面落实“六保”任务，强力推动“六新”[①] 突破，扎实推进三大攻坚战，经济总体回升强劲，转型升级步伐加快，新兴动能活力提升。

全年实现地区生产总值 17651.9 亿元，同比增长 3.6%，高于全国 1.3 个百分点。具体来看，呈现以下特点：一是“三驾马车”呈现不同程度恢复。投资增长持续加快，2020 年山西省固定资产投资同比增长 10.6%，为 2016 年以来最高点，其中工业投资同比增长 16.4%，对固定资产投资贡献率高达 55.9%，是投资快速增长的主要动力。社会消费品零售总额同比下降 4.0%，降幅持续收窄，但受餐饮和旅游消费复苏缓慢以及消费倾向下降影响，消费增速仍然低于全国平均水平 0.1 个百分点。外贸进出口快速回稳，全年全省进出口总额 1505.8 亿元，增长 4.0%，较年初回升 12.9 个百分点，其中加工贸易占比近六成。与“一带一路”国家和地区贸易总额 50.5 亿美元，增长 5.4%；外商直接投资大幅增加，全年实际利用外资 16.9 亿美元，同比增长 24.4%。二是三次产业稳步增长，供给侧结构性改革持续深化。农业生产稳步向好，全年粮食总产量达 142.4 亿公斤，创历史新高，现代农业实施“特”“优”战略，深入推进农业供给侧结构性改革。工业经济快速恢复，全年规模以上工业增加值同比增长 5.7%，快于上年同期 0.4 个百分点。新动能加快成长，高技术制造业增加值增长 9.6%，产业结构进一步优化。全年服务业增加值同比增长 2.1%，较前三季度回升 2.2 个百分点，实现由负转正。现代服务业增势良好，信息传输、软件和信息技术服务业增长 22.6%，金融业增长 6.8%，均明显快于服务业增速。能源革命综合改革试点有效推进，有力推进“三去一降一补”，煤炭去产能任务圆满完成。重点改革领域纵深推进，完成全国最大规模的省属国企重组。生态文明建设成效显著，有效推进经济高质量发展。三是价格指数和居民就业总体稳定。2020 年全省居民消费价格上涨 2.9%，涨幅较前三季度回落 0.8 个百分点。工业生产者出厂价格下降 3.3%，较前三季度收窄 0.1 个百分点。就业形势稳定向好，城镇登记失业率为 3.1%，控制在 4.5% 目标内。居民收入稳步增加，全省城镇居民人均可支配收入 34793 元，同比增长 4.6%，农村居民人均可支配收入 13878 元，同比增长 7.6%。四是财政收入降幅收窄，支出持续保持正增长。全年全省一般公共预算收入 2296.5 亿元，同比下降 2.2%，一般公共预算支出 5110.9 亿元，同比增长 8.0%，财政资金更多用于“六稳”“六保”和支持经济增长。

2020 年，山西省金融业稳健运行，货币信贷合理适度增长，重点领域和薄弱环节支持力度持续加大，金融市场健康运行，改革和创新力度增强，金融生态环境持续优化，金融支持实体经济转型高质量发展能力增强。

具体来看，呈现以下特点：一是银行业稳健运行，货币信贷合理适度增长。银行业金融机构规模不断扩大，全省银行业金融机构网点总数较上年增加 262 家，资产总额 52987.4 亿元，

① “六新”：新基建、新技术、新材料、新装备、新产品、新业态。

同比增长 8.6%。存款保持较快增长，全年新增存款 4115.6 亿元，同比多增 1086.6 亿元，其中住户存款新增 2941.3 亿元，占全部增量的七成以上。各项贷款稳步增长，全省本外币各项贷款余额 30640.9 亿元，同比增长 9.0%。贷款投向重点突出，有效落实两项直达政策工具，运用普惠小微企业贷款延期支持工具累计向法人金融机构提供激励资金 9623.4 万元，支持其 6—12 月对普惠小微企业贷款延期本金共计 96.2 亿元，累计发放普惠小微企业信用贷款支持计划资金 9.0 亿元，支持地方法人机构发放普惠小微企业信用贷款 22.5 亿元。金融助力脱贫攻坚顺利收官，全省金融精准扶贫贷款余额 987.6 亿元，同比增长 7.7%。推动贷款市场报价利率（LPR）改革取得明显成效，全年全省金融机构发放贷款参考 LPR 定价的占比在 99% 以上，存量贷款定价基准转换比例为 97%，金融机构贷款加权平均利率为 5.55%，同比降低 0.7 个百分点。全省不良贷款余额 600.6 亿元，比年初减少 51.9 亿元，不良贷款率 2.0%，比年初下降 0.4 个百分点，实现了银行业不良贷款“双降”。人民币跨境收付金额合计 156.5 亿元，同比增长 0.9%。二是证券期货业稳步发展。全省证券经营机构投资者账户总数为 516.9 万户，客户总资产 6047.3 亿元，累计代理证券交易总额 79099.9 亿元，同比分别增长 15.1%、54.2% 和 32.4%。期货经营机构投资者开户数 8.5 万户，客户保证金余额 34.6 亿元，期货市场累计成交额为 47267.3 亿元，同比分别增长 30.9%、41.5% 和 131.0%。经纪业务收入占比同比下降 3.4 个百分点，证券公司依赖经纪业务的盈利模式有所改善。2020 年上市公司总市值 7685.6 亿元，同比增长 49.0%。三是保险业健康发展。全年原保险保费收入达到 933 亿元，同比增长 5.6%，保险业提供风险保障近 60 万亿元，是上年的 1.5 倍，赔付 311 亿元，同比增长 11.7%，高于上年同期 7.5 个百分点。四是金融市场健康运行。全省社会融资规模增加 4688.8 亿元，较上年多增 467.0 亿元。银行间市场平稳运行，累计完成现券交易 84613.2 亿元，同比增长 63.5%。票据市场运行平稳，全年商业汇票贴现发生额为 3689.8 亿元，同比减少 23.4 亿元。商业汇票转贴现发生额 8221.4 亿元，同比增加 792.3 亿元。五是金融生态环境持续优化。社会信用体系建设步伐加快。支付体系平稳运行，支付服务环境不断改善。金融科技应用水平稳步提升。金融消费权益保护工作深入推进。

2021 年，山西省进入转型出雏型的开局之年，但全省经济实现高质量发展仍面临长期积累的结构性、体制性、素质性矛盾，防控金融风险的任务重，山西省将继续坚持稳中求进的工作总基调，以省委“四为四高两同步”[①] 总体思路和要求为主题，以深化供给侧结构性改革为主线，以国家资源型经济转型综合配套改革试验区建设为统领，以扩大内需为战略基点，把创新驱动放在转型发展全局的核心位置，努力实现高质量发展，在转型发展道路上砥砺奋进。金融业将继续贯彻落实稳健货币政策灵活精准、合理适度的要求，着力深化金融供给侧结构性改革，全力支持转型综改，深化 LPR 改革，推动社会融资成本下降，防范金融风险，优化金融营商环境，为山西省经济高质量发展营造适宜的货币金融环境。

一、金融运行情况

2020 年，山西省金融业稳健运行，信贷总量合理适度增长，信贷结构不断优化，金融市场健康运行，改革和创新力度增强，金融生态环境持续改善，为贯彻落实“六稳”“六保”

① “四为四高两同步”：“四为”，指坚持转型为纲、项目为王、改革为要、创新为上；“四高”，指推动高质量发展、高水平崛起、高标准保护、高品质生活；“两同步”，指到 2020 年山西省与全国同步全面建成小康社会，到 2035 年与全国同步基本实现社会主义现代化。

任务营造了适宜的金融环境，为防疫保供、复工复产和稳企业保就业、支持实体经济转型高质量发展提供了有力支撑。

（一）银行业稳健运行，货币信贷合理适度增长

1. 银行业金融机构规模不断扩大。2020 年末，山西省银行业机构网点总数较上年增加 262 家，资产总额 52987.4 亿元，同比增长 8.6%，增速比上年提高 0.9 个百分点。受疫情和金融机构处置不良资产影响，全省存款类金融机构实现利润 228.1 亿元，同比减少 263.1 亿元，降幅达 53.6%。

表 1　2020 年山西省银行业金融机构情况

机构类别	营业网点			法人机构（个）
	机构个数（个）	从业人数（人）	资产总额（亿元）	
一、大型商业银行	1836	46260	18513.9	0
二、国家开发银行和政策性银行	81	1946	5007.0	0
三、股份制商业银行	402	8417	6482.1	0
四、城市商业银行	490	11266	5390.3	6
五、城市信用社	0	0	0.0	0
六、小型农村金融机构	3063	40384	12407.3	112
七、财务公司	7	334	1367.3	6
八、信托公司	1	246	24.6	1
九、邮政储蓄银行	1220	11655	2973.7	0
十、外资银行	2	29	17.4	0
十一、新型农村金融机构	225	5150	689.8	83
十二、其他	2	373	113.9	2
合　计	7329	126060	52987.3	210

数据来源：山西银保监局。

注：营业网点不包括国家开发银行和政策性银行、大型商业银行、股份制商业银行等金融机构总部数据；大型商业银行包括工商银行、农业银行、中国银行、建设银行和交通银行；小型农村金融机构包括农村商业银行、农村合作银行和农村信用社；新型农村金融机构包括村镇银行、贷款公司、农村资金互助社和小额贷款公司；其他包含金融租赁公司、汽车金融公司、货币经纪公司、消费金融公司等。

2. 存款保持较快增长。2020 年末，山西省金融机构本外币各项存款余额 42497.1 亿元，同比增长 10.7%，增速较上年提高 2.1 个百分点；全年新增存款 4115.6 亿元，同比多增 1086.6 亿元。分项目看，住户存款新增 2941.3 亿元，占到全部存款增量的七成以上，其中个人大额存单新增 461.8 亿元；结构性存款减少较多，2020 年，商业银行按照监管政策要求，规范结构性存款产品，山西省住户和企业结构性存款较年初分别减少 470.4 亿元和 103.4 亿元，同比多减 283.6 亿元和 14.4 亿元。分机构看，法人金融机构存款较年初新增 1481.4 亿元，占全部存款增量的 36.0%。

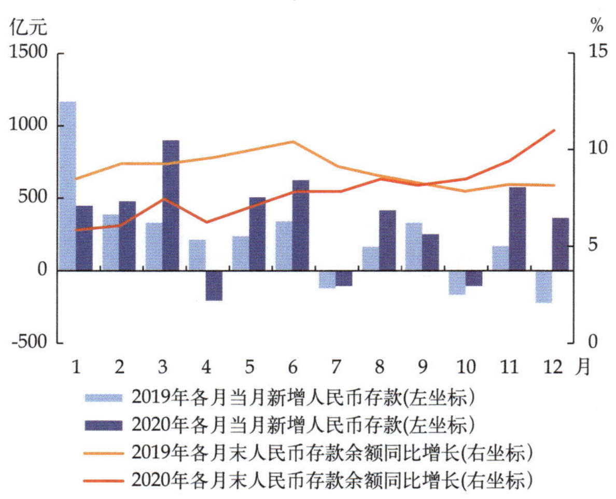

图 1　2019—2020 年山西省金融机构人民币存款增长变化

（数据来源：中国人民银行太原中心支行）

3. 各项贷款稳步增长。2020 年末，山西省金融机构本外币各项贷款余额 30640.9 亿元，同比增长 9.0%，增速较上年下降 2.4 个百分点，全年新增贷款 2521.5 亿元，同比少增 231.0 亿元。年末山西省金融机构余额存贷比 72.1%，较上年下降 1.2 个百分点。分期限看，中长期贷款保持高速增长，增速高于全部贷款增速 1.1 个百分点，增量占到全部贷款增量的 56.9%。

围绕防疫保供和企业复工复产，认真落实全面降准、定向降准和再贷款再贴现等货币政策。有效落实两项直达政策工具，运用普惠小微企业贷款延期支持工具累计向法人金融机构提供激励资金 9623.4 万元，支持其 6—12 月对普惠小微企业贷款延期本金共计 96.2 亿元。累计发放普惠小微企业信用贷款支持计划资金 9.0 亿元，支持地方法人机构发放普惠小微企业信

用贷款 22.5 亿元。2020 年末，山西省金融精准扶贫贷款余额 987.6 亿元，同比增长 7.7%。

金融支持经济转型发展取得新进展。先后出台了支持“能源革命”、制造业中长期融资和“六新”转型发展 3 份指导意见。分别与省、市相关部门联合举办 2 次大型银企对接会，授信金额 485.0 亿元。探索绿色信贷抵押担保方式创新，会同省生态环境厅修订《山西省排污权抵押贷款管理办法》。2020 年末，山西省转型综改领域各项贷款余额达 13254.2 亿元，同比增长 3.7%。

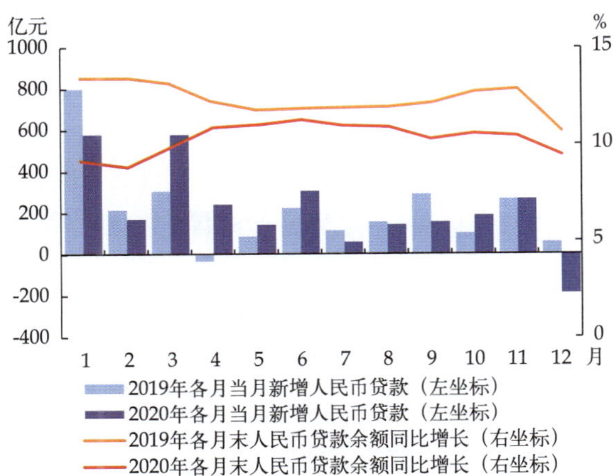

图 2 2019—2020 年山西省金融机构人民币贷款增长变化

（数据来源：中国人民银行太原中心支行）

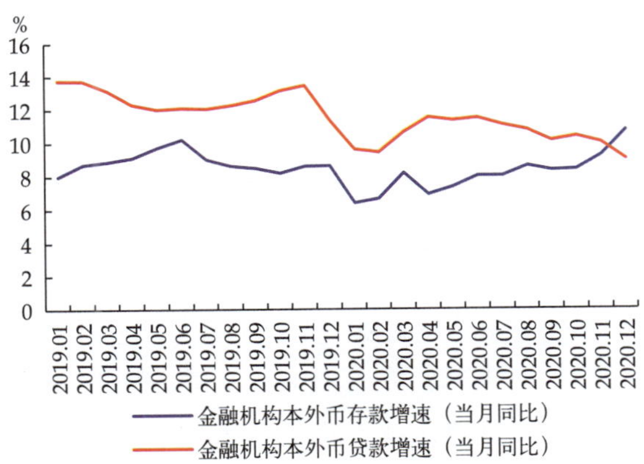

图 3 2019—2020 年山西省金融机构本外币存、贷款增速变化

（数据来源：中国人民银行太原中心支行）

4. 表外融资规模持续压缩。2020 年，山西省金融机构表外融资余额 3129.4 亿元，较年初减少 178.7 亿元，降幅较上年扩大 1 倍。分项目看，主要是受未贴现的银行承兑汇票减少影响，2020 年末，未贴现的银行承兑汇票较年初减少 126.3 亿元，降幅占比达七成以上。

5. 持续推进利率市场化改革。推动贷款市场报价利率（LPR）改革取得明显成效，2020 年末山西省金融机构发放贷款参考 LPR 定价的占比在 99% 以上，存量贷款定价基准转换比例为 97%。LPR 改革引导利率下行效果明显。2020 年，山西省金融机构贷款加权平均利率为 5.55%，同比降低 0.7 个百分点，企业贷款加权平均利率为 5.12%，同比降低 0.6 个百分点，其中小微企业贷款加权平均利率为 6.39%，同比降低 0.9 个百分点；普惠小微企业贷款加权平均利率 6.99%，同比降低 1.3 个百分点。通过自律机制约束金融机构非理性定价行为，年底前实现了不规范存款产品清零。

表 2 2020 年山西省金融机构人民币贷款各利率区间占比

单位：%

项目		1 月	2 月	3 月	4 月	5 月	6 月
合计		100.0	100.0	100.0	100.0	100.0	100.0
LPR 减点		19.5	24.3	24.2	16.5	19.3	26.2
LPR		3.9	6.3	5.7	4.4	7.4	3.7
LPR 加点	小计	76.5	69.4	70.1	79.2	73.2	70.1
	(LPR，LPR+0.5%)	13.6	15.4	17.6	16.0	11.8	11.6
	[LPR+0.5%，LPR+1.5%)	24.2	30.7	23.3	30.5	28.2	28.9
	[LPR+1.5%，LPR+3%)	10.1	9.0	11.6	11.4	14.9	11.6
	[LPR+3%，LPR+5%)	28.0	9.8	11.4	13.2	11.8	10.6
	LPR+5% 及以上	4.9	4.6	6.1	8.1	6.5	7.5

项目		7 月	8 月	9 月	10 月	11 月	12 月
合计		100.0	100.0	100.0	100.0	100.0	100.0
LPR 减点		27.2	29.1	29.6	22.5	24.9	28.1
LPR		11.4	7.9	7.5	6.9	5.1	13.6
LPR 加点	小计	61.5	63.0	62.8	70.7	69.9	58.3
	(LPR，LPR+0.5%)	18.0	11.9	13.8	16.2	9.4	11.2
	[LPR+0.5%，LPR+1.5%)	19.0	27.7	24.7	29.3	28.8	17.2
	[LPR+1.5%，LPR+3%)	9.4	10.0	12.7	12.4	17.2	13.7
	[LPR+3%，LPR+5%)	8.3	8.6	7.8	9.1	9.3	12.4
	LPR+5% 及以上	6.7	4.7	3.9	3.7	5.2	3.8

数据来源：中国人民银行太原中心支行。

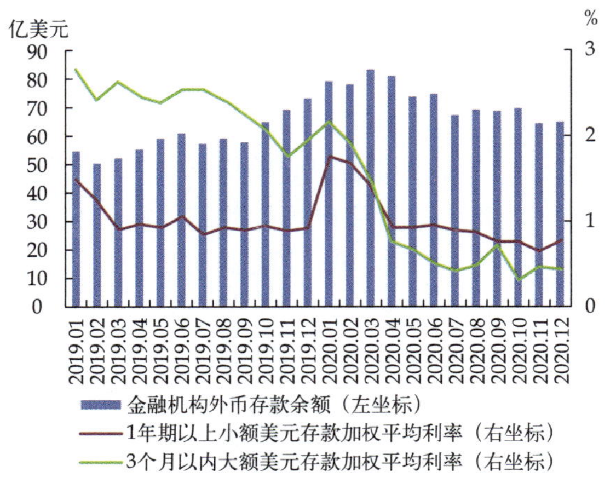

图 4　2019—2020 年山西省金融机构外币存款余额及外币存款利率

（数据来源：中国人民银行太原中心支行）

6. 银行业不良贷款实现“双降”。2020 年末，山西省金融机构不良贷款余额 600.6 亿元，比年初减少 51.9 亿元；不良贷款率 2.0%，比年初下降 0.4 个百分点，不良贷款额与不良贷款率处于近年来低位。加强流动性风险监测，对法人金融机构实现“全覆盖”，累计办理央行常备借贷便利 67.4 亿元，为法人金融机构保持流动性合理充裕提供了有力支持。

7. 银行业金融机构改革稳步推进。积极推进城商行改革重组工作，农信社系统改革化险工作有序推进，银行业金融机构改革取得明显成效。

8. 跨境人民币业务小幅增长。2020 年，全球疫情防控形势严峻，人民币汇率震荡走高，随着一系列稳外贸、稳外资政策的落地，山西省外贸进出口形势逐步修复，全年同比增长 4.0%；跨境人民币结算量小幅增长，跨境资金继续维持净流入态势。2020 年，山西省人民币跨境收付金额合计 156.5 亿元，同比增长 0.9%，占同期本外币跨境收付的 5.3%，较上年同期下降 1.3 个百分点。2020 年，全辖 4 个跨国企业集团跨境双向人民币资金池的风险等级均为低级，资金池净流入额上限为 279.5 亿元，便利了集团境内外成员企业之间的资金跨境融通。

专栏 1　中国人民银行太原中心支行组织开展“纾困惠企五大专项行动”为稳企业保就业增添金融动力

为推动金融支持稳企业保就业各项政策任务在山西省落地见效，中国人民银行太原中心支行强化担当、精准施策，组织推进“纾困惠企五大专项行动”，靶向发力，凝聚合力，为山西省稳企业保就业增添金融动力。

一、开展“小微企业贷款提质行动”，提升小微企业贷款融资获得感

一是开展培植帮扶。印发《山西省普惠小微企业首贷培植行动方案》，成立“首贷服务”顾问团，在“首贷培植名单”中选取重点培植和帮扶对象，开展“一对一”培植帮扶活动。二是创新首贷产品。会同有关部门梳理筛选“首贷培植名单”，按照企业生产经营和融资特点，指导金融机构量身定制“惠商 e 贷”“阳光 e 微贷”“物流 e 贷”“政采智贷”等“首贷”专属信贷产品。三是加强政策宣传。组织金融机构成立“首贷服务”宣讲团，对 1203 家“首贷培植名单”企业进行系统培训。

二、开展“创业担保贷款扩面行动”，聚焦创新创业带动就业

一是完善配套政策。联合山西省财政厅制定《山西省创业担保贷款实施细则》，提高借款人资格审核效率，取消抵（质）押反担保要求，对符合政策的创业担保贷款项目“见贷即保”。加大财政贴息力度，对 2021 年之前发放、财政部规定贴息范围以外的创业担保贷款实行全额贴息。二是压实经办银行责任。督促经办银行优化贷款办理流程，进一步提升服务质效，做大创业担保贷款规模。三是加大宣传力度。开展创业担保贷款“政策宣传月”活动，指导各经办银行播放宣传视频近100万次，发放宣传资料16万份，挖掘8700余人、近300家企业的贷款意向客户。

三、开展“应收账款融资提升行动”，畅通供应链资金支持

一是抓清欠任务落实。指导山西省辖内中国人民银行分支行以清理拖欠民营中小企业账款工作为切入点，联合当地工信、国资等部门摸排核心企业应付中小微企业账款情况，重点推动有清欠任务的核心企业为上游供应商应收账款融资确权。二是抓核心企业对接。督促商业银行发挥贴近企业的优势，从重点客户中筛选符合条件的核心企业，引导企业与应收账款融资服务平台开展对接。三是抓政府采购合同融资。借助省内财政部门系统化改造的契机，连通市级、县区级财政部门的支付体系，实现全流程线上政府采购融资业务省内全覆盖。

四、开展“制造业融资增效行动”，助推山西省经济高质量转型发展

一是完善支持政策。印发《关于加大对制造业中长期融资支持力度的通知》，从加大中长期信贷投放力度、提高中长期信用贷款比例、降低中长期贷款融资成本、鼓励中长期直接融资、加大优质制造业企业“白名单”建设等10个方面，提出有针对性的工作措施。二是强化金融支持。引导金融机构积极对接“六新”产业、14个产业集群，加强客户和项目培育，加大信贷支持力度。

五、开展“债券融资助力行动”，用足用好直接融资政策

一是常态化培育辅导。在山西省建立复工复产企业债券融资对接工作机制，梳理形成符合发债条件且有融资需求的企业名单，指定专人逐一推进。2020年，山西省累计发行非金融企业债务融资工具2543.6亿元，同比增长29.09%，位列全国第八位。二是多渠道补充法人金融机构资本。推动法人金融机构在银行间市场发行二级资本债3亿元，拓宽其资本补充渠道，增强运营和抗风险能力。

中国人民银行太原中心支行积极采取三项保障措施，确保“纾困惠企五大专项行动”有序推进。一是科技赋能。自主开发了数据采集平台，提高银企对接效率。二是形成工作合力。召开山西省金融委办公室协调机制会议，通报金融支持稳企业保就业工作情况，安排部署下一步工作举措。三是强化配套措施。加强货币政策和财政政策的协同配合，联合省财政厅出台风险补偿机制，保障金融支持稳企业保就业各项政策任务落地见效。

（二）证券期货业稳步发展，多层次资本市场体系趋于完善

1. 证券期货交易总体活跃。2020年末，山西省有2家证券公司、40家分公司和185家营业部，比上年新增3家分公司、减少9家营业部；辖区证券经营机构投资者账户总数为516.9万户，客户总资产6047.3亿元，累计代理证券交易总额79099.9亿元，同比分别增长15.1%、54.2%和32.4%。共有3家期货公司、7家分公司和23家期货营业部，比上年新增1家分公司。辖区期货经营机构投资者开户数8.5万户，客户保证金余额34.6亿元，期货市场累计成交额为47267.3亿元，同比分别增长30.9%、41.5%和131.0%。证券公司依赖经纪业务的盈利模式有所改善，经纪业务收入占比同比下降3.4个百分点。

2. 上市公司平稳发展。2020年末，山西省共有A股上市公司39家，本年度新增华翔股份、壶化股份2家，数量在全国排第21位。上市公

司总市值7685.6亿元，同比增长49.0%。ST南风、阳煤化工、国新能源3家公司成功剥离不良资产，涉及金额18.0亿元，提升了公司质量；ST狮头完成电子商务行业公司部分股权资产收购，涉及金额1.3亿元。

表3　2020年山西省证券业基本情况

项目	数量
总部设在辖内的证券公司数（家）	2
总部设在辖内的基金公司数（家）	0
总部设在辖内的期货公司数（家）	3
年末国内上市公司数（家）	39
当年国内股票（A股）筹资（亿元）	20
当年发行H股筹资（亿元）	0
当年国内债券筹资（亿元）	2543.6
其中：短期融资券筹资额（亿元）	687.0
中期票据筹资额（亿元）	642.5

数据来源：山西证监局、中国人民银行太原中心支行。

（三）保险业健康发展，服务保障功能不断增强

1. 保费收入稳步增长。2020年，山西省原保险保费收入达到933.1亿元，同比增长5.6%，但低于上年同期1.5个百分点。财产险、人身险业务保费分别增长4.6%、5.9%，较上年同期分别下降2.2个和1.3个百分点。

2. 保险保障水平显著提高。保险业提供风险保障近60万亿元，是上年的1.5倍，赔付311亿元，同比增长11.7%，高于上年同期7.5个百分点。全面推进车险综改，交强险、商车险单均保费分别下降8.4%和27.1%。农业保险提供风险保障864亿元，支付赔款16亿元，受益农户204万户。城乡居民大病保险为2530万居民提供保障12万亿元，全年赔付约13亿元，赔付比例提高20个百分点。新增商业健康保险产品404款，保障金额30万亿元，同比增长67%。保险机构为支持产业转型和市政建设新增债权投资115亿元。

表4　2020年山西省保险业基本情况

项目	数量
总部设在辖内的保险公司数（家）	1
其中：财产险经营主体（家）	1
寿险经营主体（家）	0
保险公司分支机构（家）	55
其中：财产险公司分支机构（家）	29
寿险公司分支机构（家）	21
保费收入（中外资，亿元）	932.8
其中：财产险保费收入（中外资，亿元）	237.9
人身险保费收入（中外资，亿元）	649.9
各类赔款给付（中外资，亿元）	311.3

数据来源：山西银保监局。

（四）金融市场健康运行，市场主体交易活跃

1. 社会融资规模稳步增长。2020年，山西省社会融资规模增加4688.8亿元，较上年多增467.0亿元，其中直接融资增加2317.5亿元，占社会融资规模增量的49.4%，较上年提高12.2个百分点；表外融资减少178.7亿元，同比多减89.8亿元。

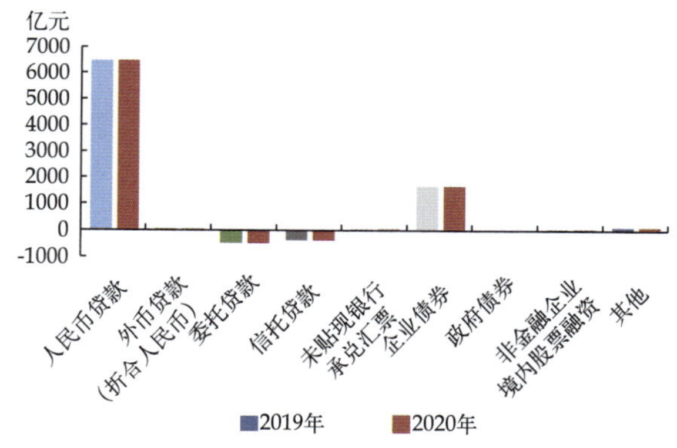

图5　2019—2020年山西省社会融资规模分布结构

（数据来源：中国人民银行太原中心支行）

2. 银行间市场平稳运行。2020年，山西省同业拆借累计拆入资金4492.4亿元，同比下降25.5%；累计拆出资金5406.7亿元，同比下降

12.0%。山西省234家银行间市场成员完成质押式回购88891.7亿元，同比下降9.4%。26家银行间市场成员累计完成买断式回购2752笔，累计成交2261.0亿元，同比下降21.0%。268家银行间市场成员累计完成现券交易84613.2亿元，同比增长63.5%。

表5　2020年山西省金融机构票据贴现、转贴现利率

季度	贴现		转贴现	
	银行承兑汇票	商业承兑汇票	票据买断	票据回购
1	3.22	5.26	3.03	2.67
2	2.85	4.66	2.58	2.02
3	3.14	4.52	2.85	2.64
4	3.31	4.57	2.90	2.34

数据来源：中国人民银行太原中心支行。

（五）金融生态环境不断优化，金融基础设施更趋完善

1. 社会信用体系建设步伐加快。中国人民银行太原中心支行牵头打造“山西信用生态创新先导区”，发挥综改示范区产业、制度优势对信用生态建设的带动作用。推进农村信用体系建设“百县千村”示范工程，与相关厅局联合创建乡村信用生态，以“整村授信”促乡村振兴，促进农村信用环境和金融服务的提升。以信用赋能助力精准脱贫，通过完善贫困农户评级授信，创新扶贫小额信贷模式，对接精准扶贫要求，形成了大同黄花金融模式、吕梁交口“十户联体”模式等。推动社会信用体系建设“联合惩戒”向纵深发展，加大政府信息公开和共享力度，充分运用全国信用信息共享平台、金融信用信息基础数据库等，建立健全企业和相关人员信用记录。形成了与金融信用信息基础数据库交互融合的信用信息资源。

2. 支付体系平稳运行。山西省社会资金交易规模不断扩大，2020年支付系统共处理业务1.0亿笔，金额39.9万亿元，其中大额支付系统处理业务995.9万笔，金额36.9万亿元；小额支付系统处理业务7855.2万笔，金额2.7万亿元；网上支付跨行清算系统处理业务1339.9万笔，金额2438.9亿元。山西省共有支付系统直接参与者7个、间接参与者4944个、代理间接参与者（村镇银行）77个。2020年末，山西省共开立人民币银行结算账户2.6亿户。农村地区手机支付业务发展情况持续向好，开立2004.9万户，同比增长37.3%；全年处理业务6.9亿笔，金额2.4万亿元，同比分别增长82.4%和39.4%。

表6　2019—2020年山西省支付体系建设情况表

年份	支付系统直接参与方（个）	支付系统间接参与方（个）	支付清算系统覆盖率（%）	当年大额支付系统处理业务数（万笔）	同比增长（%）
2019	7	4995	100.0	2009.1	4.8
2020	7	4944	100.0	995.9	-50.4

年份	当年大额支付系统业务金额（亿元）	同比增长（%）	当年小额支付系统处理业务数（万笔）	同比增长（%）	当年小额支付系统业务金额（亿元）	同比增长（%）
2019	370916.2	43.7	6912.5	11.6	8497.0	52.5
2020	369330.0	-0.4	7855.2	13.6	26792.7	215.3

数据来源：中国人民银行太原中心支行。

3. 金融科技应用水平稳步提升。全面发行SM标准金融IC卡，2020年第四季度，山西省法人金融机构已全部完成银行卡发卡系统国产密码升级改造工作，金融IC卡领域安全可控水平显著增强。2020年末，11家合作银行全部具备了第三代金融社保卡发卡资质，提升了社保便民服务能力和金融服务民生水平。开展刷脸付应用推广工作，充分运用人工智能、支付标记化等新技术，全面提升支付安全水平和用户体验，在晋中市、长治市等地区建成中大型规模的刷脸付示范商圈。推行移动金融App备案管理平台，加强金融消费者个人信息保护能力，已完成6款12个金融App的备案，并实现山西省金融App备案全覆盖。

4. 金融消费权益保护工作深入推进。2020年，妥善甄别处置总行下发的金融广告线索43

条、自行监测广告线索4条，移送非法广告线索22条。联合相关部门在山西省范围内联合开展金融广告专项整治，集中整治21项金融类虚假违法广告。疫情期间，依托“中国金融消费纠纷调解网”在线网络调解平台，及时开通线上调解服务。指导山西省金融消费权益保护协会先后与14家银行业金融机构签订合作备忘录，建立山西省小额纠纷快速解决机制。

二、经济运行情况

2020年，山西省经济总体呈现持续恢复、稳定向好运行态势，全年实现地区生产总值17651.9亿元，按可比价格算，较上年增长3.6%，高于全国1.3个百分点。其中，第一、第二、第三产业增速分别为3.6%、5.5%和2.1%，分别高于前三季度1.0个、2.5个和2.2个百分点。三次产业对GDP贡献率（不变价计算）分别为5.5%、63.8%和30.7%，分别拉动GDP增长0.2个、2.3个和1.1个百分点。

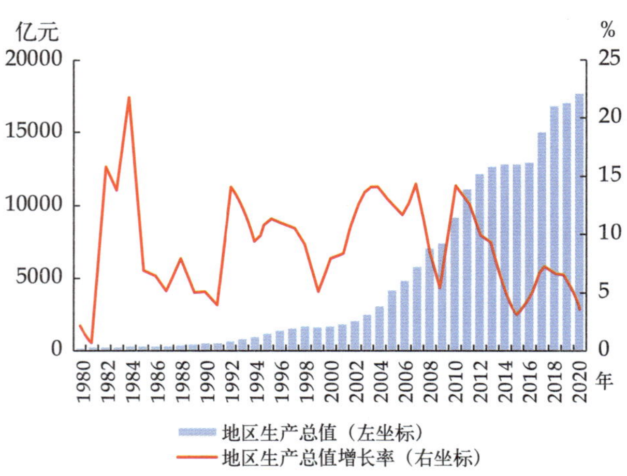

图6 1980—2020年山西省地区生产总值及其增长率

（数据来源：山西省统计局）

（一）三大需求不同程度恢复，投资增势强劲

疫情暴发以来，山西省扎实做好“六稳”工作，全面落实“六保”任务，积极推动需求恢复。分结构看，投资持续加快，消费降幅收窄，外贸进出口快速回稳。

1. 投资持续加快，工业投资拉动效应明显。疫情以来，山西省加快落实扩内需相关政策，扩大有效投资，固定资产投资增速呈现稳步回升态势。2020年，固定资产投资同比增长10.6%，为2016年以来最高点，快于全国7.7个百分点。工业投资同比增长16.4%，对固定资产投资贡献率高达55.9%，拉动投资增长5.9%，是投资快速增长的主要动力。其中，制造业投资增长25.9%，投资增势强劲；房地产开发投资增长10.5%，对固定资产投资贡献率为24.8%，拉动投资增长2.6%。

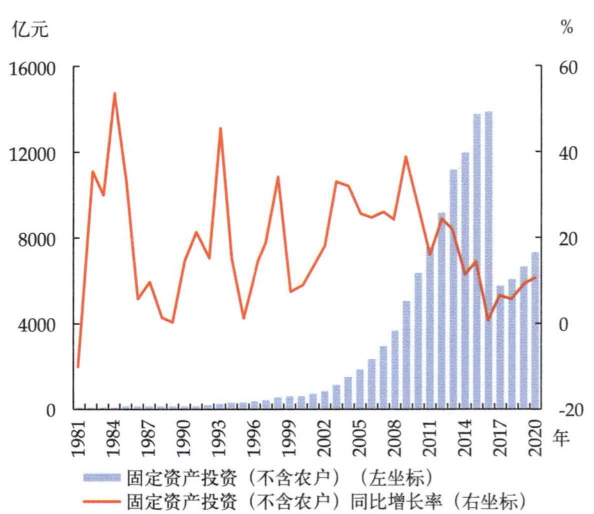

图7 1981—2020年山西省固定资产投资（不含农户）及其增长率

（数据来源：山西省统计局）

2. 消费降幅持续收窄，消费新业态快速增长。2020年，山西省社会消费品零售总额6746.3亿元，同比下降4.0%，低于全国0.1个百分点，降幅较年初收窄27.8个百分点。山西省网上零售额109.3亿元，增长68.0%，高于年初55.3个百分点。整体来看，消费增速仍然低于全国平均水平，一方面，餐饮消费和旅游收入同比分别下降10.7%和63.6%，恢复缓慢。另一方面，山西省城镇和农村居民平均消费倾向分别为0.58和0.74，为近8年最低点，低于全国0.04个、0.06个百分点。

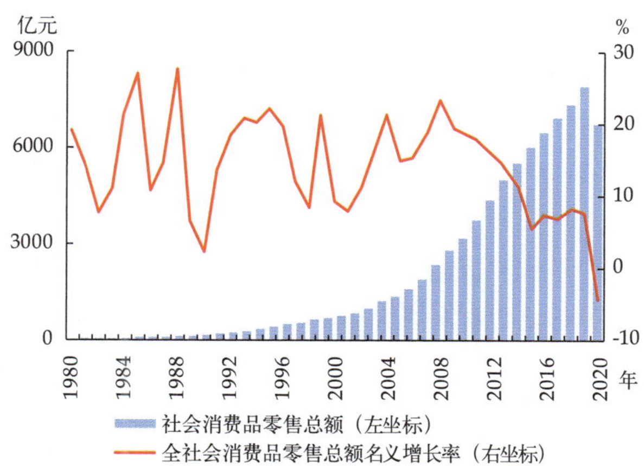

图 8　1980—2020 年山西省社会消费品零售总额及其增长率

（数据来源：山西省统计局）

3. 外贸进出口快速回稳，外商直接投资大幅增加。2020 年，山西省人民币进出口总额 1505.8 亿元，同比增长 4.0%。其中，进口 628.8 亿元，下降 1.9%；出口 877.0 亿元，增长 8.7%；贸易顺差 248.2 亿元，较上年扩大 48.8%。从贸易方式上看，加工贸易占比近六成，一般贸易规模稳中有增；从贸易伙伴看，对外贸易往来国家和地区主要是美国、中国台湾、日本等。与“一带一路”国家和地区的外贸进出口总额为 50.5 亿美元，增长 5.4%。2020 年，山西省实际利用外资 16.9 亿美元，同比增长 24.4%。

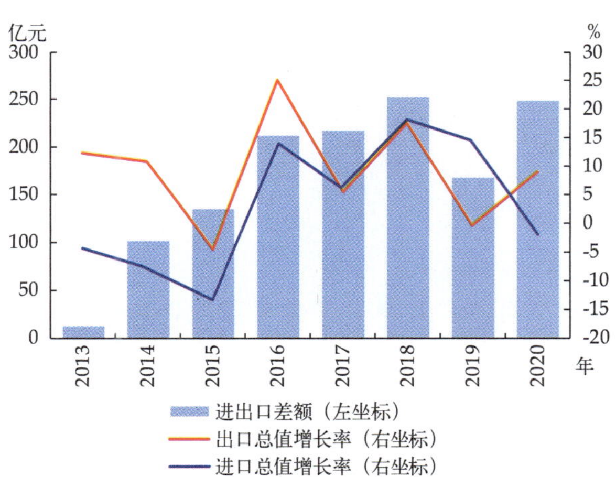

图 9　2013—2020 年山西省外贸进出口变动情况

（数据来源：山西省统计局）

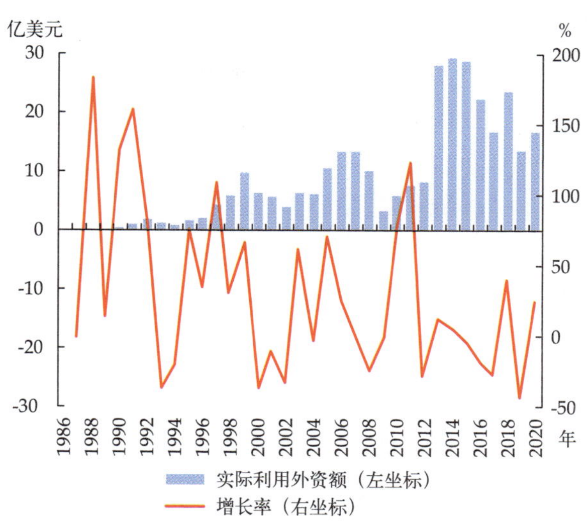

图 10　1986—2020 年山西省外商直接投资额及其增长率

（数据来源：山西省统计局）

（二）三次产业稳步增长，供给侧结构性改革持续深化

1. 农业生产稳步向好。2020 年，山西省粮食总产亩产均创历史新高，总产量达 142.4 亿公斤，比上年增长 4.6%。现代农业实施“特”“优”战略，深入推进农业供给侧结构性改革，制定了有机旱作地方标准 73 项、集成旱作技术模式 50 项，打造了一批“有机旱作 + 特色产业”可复制、可推广的模式。围绕酿品、饮品、乳品等“十品”，全力打造农产品精深加工千亿产业。围绕“土、肥、水、种、技、机、绿”，融合新技术、新品种、新装备，持续推进耕地质量提升、农水集约增效、农技集成创新等八大工程，粮食综合生产能力全面提升。

2. 工业经济快速恢复，结构调整稳步推进。2020 年，山西省规模以上工业增加值同比增长 5.7%，快于上年同期 0.4 个百分点，高于全国 2.9 个百分点。煤炭工业增长 8.4%，对工业增长拉动效果显著。新动能加快成长，产业结构进一步优化，高技术制造业增加值增长 9.6%，其中电子及通信设备制造业增长 13.4%；新一代信息技术产业增长 12.8%，均明显快于山西省工业增速；部分新产品产量快速增长，如光伏电池增长 35.8%，手机增长 21.4%。

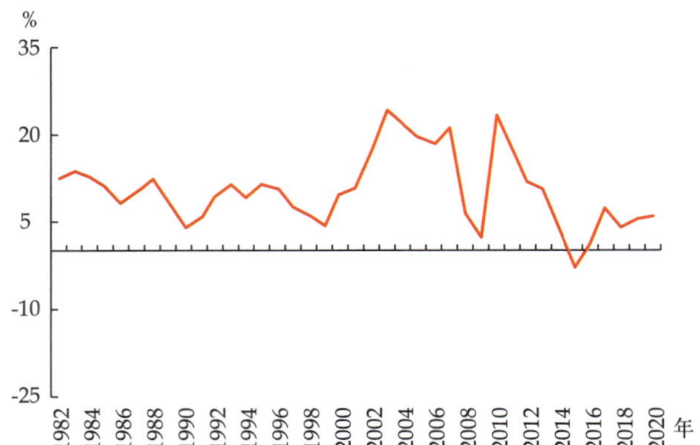

图 11　1982—2020 年山西省规模以上工业增加值实际增长率

（数据来源：山西省统计局）

3. 服务业实现由负转正，现代服务业增势良好。2020 年，山西省服务业增加值 2.1%，实现由负转正，较前三季度回升 2.2 个百分点。其中，信息传输、软件和信息技术服务业增长 22.6%，金融业增长 6.8%，房地产业增长 5.7%，均明显快于山西省服务业增速。3 个行业对服务业的贡献率分别达 52.0%、44.9% 和 32.4%，拉动服务业增长 1.1 个、0.9 个和 0.7 个百分点。

4. 重点领域改革纵深推进。2020 年，山西省加速国有资本向支柱产业和战略性新兴产业集聚，以资源整合煤矿和控股公司上市为重点，将“腾”出的资金投入到牵引性、前沿性、标志性的“六新”项目，聚力培育新兴产业。“三供一业”分离移交任务和厂办大集体改革基本完成。完成全国最大规模的省级国企重组，新兴产业企业实力大幅增强，加快从“一煤独大”向“八柱擎天”转变。国家农高区建设顺利推进，农产品精深加工十大产业集群加快发展。

5. 能源革命综合改革试点有效推进。有力推进“三去一降一补”，扎实稳妥推进煤炭去产能，将去产能与发展先进产能相结合，促进产业结构调整，行业转型优化升级。退出煤炭过剩产能 1.6 亿吨，煤炭先进产能占比达 68%，压降焦化、钢铁等落后过剩产能，关停煤电机组 425.6 万千瓦，煤炭去产能任务圆满完成。退出僵尸企业 238 家。电力体制改革成果显著，风光发电装机规模进入全国前列。着力推动非常规天然气增储上产，年产量达 85.2 亿立方米。

6. 生态文明建设成效显著。扎实推进“两山七河一流域”生态修复治理，蓝天保卫战圆满收官，全年优良天数比例达到 71.9%。汾河流域 13 个国考断面全部退出劣 V 类水质，圆满实现了“一泓清水入黄河”目标。医疗废物集中隔离点污水处置率实现“两个百分百”，为阻断新冠肺炎疫情传播发挥重要作用。建立“三线一单”生态环境分区管控体系，以生态环境高标准保护推进经济高质量发展。

（三）价格指数总体稳定，就业形势稳定向好

1. 居民消费价格温和上涨。受食品价格和医疗价格上涨影响，山西省居民消费价格温和上涨。2020 年，山西省居民消费价格上涨 2.9%，高于全国 0.4 个百分点。其中，食品烟酒类价格上涨 6.9%，低于全国 1.4 个百分点；医疗保健类上涨 9.4%，高于全国 7.6 个百分点。

2. 工业生产者资料价格指数低位运行。2020 年，山西省工业生产者出厂价格下降 3.3%，低于全国 1.8 个百分点；工业生产者购进价格下降 2.8%，低于全国 0.5 个百分点。

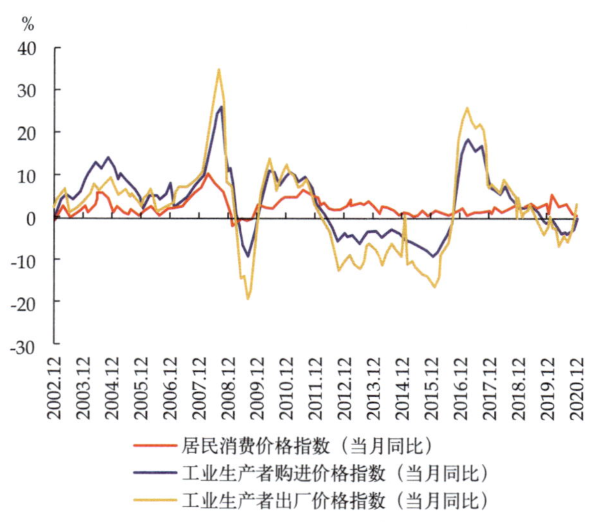

图 12　2002—2020 年山西省居民消费价格指数和工业生产者价格指数变动趋势

（数据来源：山西省统计局）

3. 就业形势稳定向好，居民收入稳步增加。 2020年，山西省城镇新增就业48.8万人，完成全年目标的106.0%；山西省农村劳动力转移就业37.7万人，完成全年目标的114.1%；2020年末，城镇登记失业率为3.1%，控制在4.5%目标以内。山西省城镇居民人均可支配收入34793元，同比增长4.6%；农村居民人均可支配收入13878元，同比增长7.6%。

专栏2　加强流动性管理，做好风险防范化解工作

2020年，中国人民银行太原中心支行不断完善流动性风险防控“13410”①，坚持“全覆盖+抓重点+名单制”流动性管理，认真做好流动性风险事件的防范化解工作，坚决守住不发生区域性流动性风险的底线。

一、加强流动性管理的主要工作

（一）充实资金防风险

指导山西省地方法人金融机构运用政策性资金完善自身流动性状况，强化流动性管理。年内通过落实各项存款准备金率调整政策，释放法人机构可用资金285.4亿元。

（二）精准识别防风险

建立“日监测、周分析、月评估”的流动性风险防控体系，密切关注中小银行资金头寸和大额资金变化，通过科学研判，分析论证，及时锁定可疑机构，并要求属地人民银行组织力量，逐个网点进行跟踪调查，尽早识别和防范风险。

（三）压实责任防风险

一是完善流动性风险应急处置办法，制定印发人民银行流动性支持政策工具操作指引，指导相关人员学习应急处置流程与操作规范。二是要求辖区各级人民银行落实属地管理责任，密切监测辖区内中小银行流动性状况，及时采取有效措施，保持辖区内中小银行流动性总体稳定。三是督促中小银行落实自身流动性管理的主体责任，加强资产负债管理，保持自身流动性平稳。

（四）积极应对突发流动性风险事件

一是将全省所有地方法人金融机构全部纳入日监测范围，要求基层央行每日填报监测表，对于当日资金净流出超过一般存款余额0.5%的情况，须附详细说明。二是建立了重点监测名单，按日汇总流动性监测表，制作趋势图，进行综合分析研判。对连续5天资金净流出，且净流出额超过其一般存款余额3%的机构，及时纳入重点名单，并动态调整。三是6月16日以来，中国人民银行太原中心支行将重点关注机构监测数据按日向省政府相关部门进行反馈，为共同研判形势以及行政措施的适时介入提供了信息支持。四是协助省政府建立流动性风险平准机制，推动省财政筹集专项资金，对充分使用自救措施之后，仍然存在困难的机构提供资金支持。《山西省重点地方法人机构流动性风险平准机制工作方案》已于7月印发执行。

二、下一步工作思路

（一）强化风险监测，进一步提升流动性风险监测质效

流动性风险防范和化解的关键在于防患于未然，止祸于未萌。中国人民银行太原中心支行将继续密切监测地方法人机构流动性状况，做到早识别、早预警、早处置。在日常监测全覆盖的基础上，掌握重点机构关键时点流动性变动情况，甄别好机构流动性风险，积极防范化解潜在风险，提升监测质效。

①完善1套流动性监测评价体系，划分3类流动性状态，规范4种救助工具，建立1个流动性突发事件应急预案，筑牢不发生区域性流动性风险的底线。

（二）强化应急管理，进一步增强流动性风险应对能力

一是组织开展《山西省地方法人流动性风险突发事件应急预案》应急演练，通过实践操作理顺流动性救助工具使用流程；二是根据实际操作经验，适时对《预案》进行修订，优化流动性应急救助程序；三是压实各方责任，进一步规范“机构自救、同业互救、组织施救”的流动性风险突发事件救助处置流程。

（三）强化沟通协作，进一步增强工作合力

一是加强内部的横向共商机制，在数据监测、风险防控等方面互通有无，畅通信息传递渠道。二是加强省市联动的纵向联动机制，指导和督促各市中心支行进一步提高流动性风险管理水平，发挥好其前沿阵地作用。三是继续强化同省政府、金融办、公安等部门信息共享，加强协调配合，联动化险。

（四）财政收入降幅收窄，支出持续保持正增长

2020 年，山西省一般公共预算收入 2296.5 亿元，同比下降 2.2%。税收收入 1625.9 亿元，同比下降 8.8%，年内累计降幅呈收窄态势；非税收入 670.6 亿元，同比增长 18.9%，增速较上年提升 30 个百分点。一般公共预算支出 5110.9 亿元，同比增长 8.4%，结构逐步优化。一般性公共服务支出增速不断放缓，财政资金更多用于“六稳”“六保”和支持经济增长，教育、社会保障和就业、卫生健康等民生保障及污染防治和脱贫攻坚项目增幅均快于一般公共预算支出。

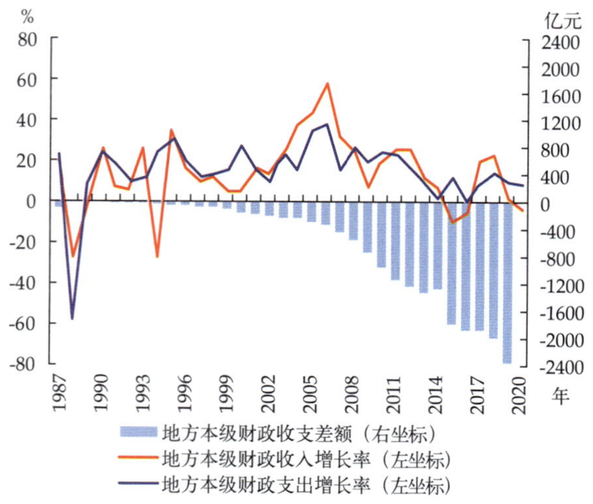

图 13　1987—2020 年山西省财政收支状况

（数据来源：山西省统计局）

（五）房地产业平稳发展，煤炭行业生产保障有力

1. 房地产市场建设规模持续扩大，房地产贷款增速回落。

（1）房地产开发投资规模创新高，建设规模持续扩大。2020 年，山西省房地产开发投资 1830.4 亿元，同比增长 10.5%，增速较上年回落 9.8 个百分点，占固定资产投资的比重为 25%，投资规模创近三年新高。其中，太原市完成房地产开发投资 715.3 亿元，占山西省比重为 39.1%，同比增长 2.4%，较上年回落 29 个百分点。2020 年，山西省房地产开发企业商品房施工面积 21937.8 万平方米，同比增长 12.2%，较上年回落 2.8 个百分点。其中，新开工面积为 5795.6 万平方米，同比增长 18.8%，增幅较上年回落 7.2 个百分点。

（2）商品房销售实现正增长。2020 年，山西省新建商品住宅成交 3031.5 万平方米，同比增长 13%，增速比上年加快 31 个百分点。山西省新建商品住宅成交金额 2091.9 亿元，同比增长 13.7%，增速较上年加快 27.8 个百分点。

（3）房地产贷款增长平稳，增速合理。2020 年，山西省房地产贷款余额 4941.9 亿元，同比增长 10.7%，较上年同期下降 4.5 个百分点，高于各项贷款增速 1.8 个百分点；较年初新增 479.4 亿元，同比少增 111.3 亿元；房地产新增贷款占到各项新增贷款的 19.0%，较上年全年平

均水平降低 2.4 个百分点。

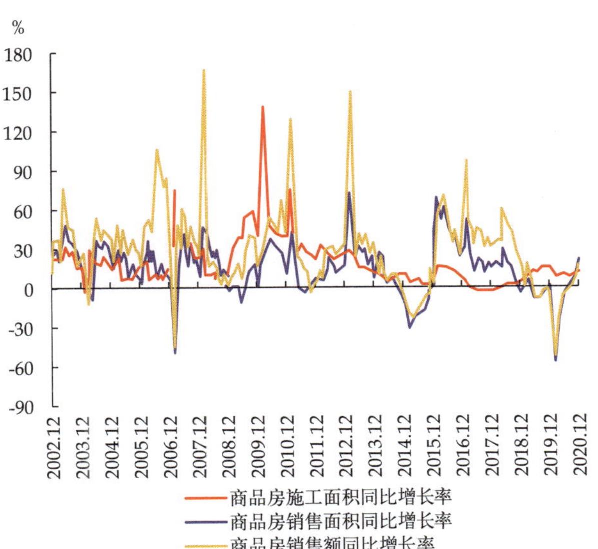

图 14　2002—2020 年山西省商品房施工和销售变动趋势

（数据来源：山西省统计局）

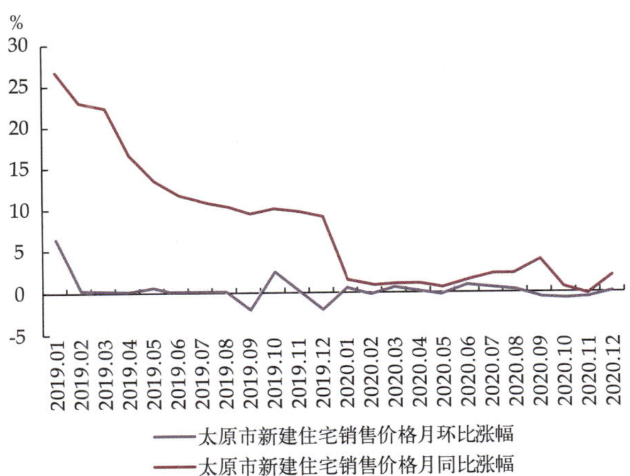

图 15　2019—2020 年太原市新建住宅销售价格变动趋势

（数据来源：山西省统计局）

2. 煤炭生产保障有力，主要经济指标持续恢复。2020 年以来，山西省煤炭持续安全稳定供应，全年全省规模以上原煤产量 10.6 亿吨，增长 8.2%，为全省经济平稳健康发展充当了“压舱石”。随着疫情防控形势逐渐向好，煤炭行业经济运行整体回稳向好，指标逐月恢复，2020 年末，煤炭开采和洗选业收入同比下降 6.3%，降幅较第一季度收窄 6.8 个百分点。

三、预测与展望

2021 年，从国际看，新一轮科技革命和产业变革深入发展，新冠肺炎疫情仍在蔓延，国际环境日趋复杂，不稳定性、不确定性明显增加。从国内看，虽然经济运行中依然面临不少困难和挑战，但经济发展的重要战略机遇期仍然没有变，经济发展的韧性强劲，经济长期向好的态势不会改变。

2021 年，山西省进入转型出雏型的开局之年，但全省经济实现高质量发展仍面临长期积累的结构性、体制性、素质性矛盾，防控金融风险的任务重，山西省将继续坚持稳中求进的工作总基调，以省委“四为四高两同步”总体思路和要求为主题，以深化供给侧结构性改革为主线，以国家资源型经济转型综合配套改革试验区建设为统领，以扩大内需为战略基点，把创新驱动放在转型发展全局的核心位置，努力实现高质量发展，在转型发展道路上砥砺奋进。金融业将继续贯彻落实稳健货币政策，着力深化金融供给侧结构性改革，全力支持转型综改，深化 LPR 改革，推动社会融资成本下降，防范金融风险，优化金融营商环境，为山西省经济高质量发展营造适宜的货币金融环境。

中国人民银行太原中心支行货币政策分析小组

总　　纂：高　波　邢　毅

统　　稿：范广明　孙玉萍

执　　笔：何　畅　白　鑫　范　强

提供材料：郭　涛　赵泽慧　裴启东　王　栋　高　婧　任艳珍　陈宬旭　毛茗茗　武智锋
孙　晶　胡彦芳　高　伟　王晨曦　李嘉睿　范晓霞　常雅芳

附录

（一）2020年山西省经济金融大事记

2月1日，中国人民银行太原中心支行出台疫情防控文件，全力做好疫情防控期间金融支持服务。

3月26日，山西同德化工股份有限公司成功发行近三年来山西省首笔可转债，募集资金1.4亿元。

8月21日，中国宝武钢铁“入主”太钢集团。

9月17日，华翔集团成功发行A股，共募集资金3.65亿元，山西资本市场实现时隔五年的IPO零突破。

10月13日，上海证券交易所资本市场服务山西基地揭牌成立。

10月30日，晋能控股集团揭牌成立。

12月14日，深圳证券交易所山西基地在太原揭牌成立。

（二）2020 年山西省主要经济金融指标

表 1　2020 年山西省主要存贷款指标

	项目	1 月	2 月	3 月	4 月	5 月	6 月	7 月	8 月	9 月	10 月	11 月	12 月
本外币	金融机构各项存款余额（亿元）	38877.3	39354.4	40300.9	40075.6	40541.6	41174.6	41021.4	41451.1	41703.5	41598.2	42134.9	42497.1
	其中：住户存款	23464.0	23522.7	24134.7	23925.7	24067.8	24504.3	24507.0	24596.2	24949.6	24972.2	25124.6	25577.3
	非金融企业存款	9552.3	9890.7	10324.1	10296.6	10391.8	10540.3	10296.3	10577.9	10598.9	10590.1	10681.4	11135.9
	各项存款余额比上月增加（亿元）	495.9	477.1	946.5	-225.3	466.0	633.0	-153.2	429.7	252.5	-105.4	536.7	362.2
	金融机构各项存款同比增长（%）	6.4	6.6	8.2	6.9	7.3	8.0	8.0	8.6	8.3	8.4	9.2	10.7
	金融机构各项贷款余额（亿元）	28718.0	28890.6	29534.1	29761.5	29858.7	30157.2	30139.9	30260.6	30409.8	30597.1	30828.1	30640.8
	其中：短期	9280.2	9374.1	9678.5	9688.4	9678.4	9830.5	9734.8	9711.3	9771.0	9728.8	9614.9	9366.7
	中长期	17149.0	17211.5	17416.2	17504.1	17653.8	17830.0	18006.2	18170.6	18321.5	18492.5	18741.6	18674.5
	票据融资	2179.9	2178.4	2299.0	2450.3	2412.1	2404.6	2277.9	2260.3	2225.0	2282.6	2369.0	2514.7
	各项贷款余额比上月增加（亿元）	598.6	172.6	643.4	227.4	97.2	298.5	-17.3	120.7	149.2	187.3	231.0	-187.2
	其中：短期	228.0	93.9	304.4	10.0	-10.0	152.1	-95.7	-23.6	59.8	-42.2	-113.9	-248.2
	中长期	247.1	62.5	204.6	87.9	149.7	176.2	176.2	164.4	150.9	171.0	249.0	-67.1
	票据融资	116.5	-1.5	120.6	151.3	-38.2	-7.5	-126.8	-17.6	-35.3	57.6	86.5	145.7
	金融机构各项贷款同比增长（%）	9.6	9.4	10.6	11.5	11.3	11.5	11.1	10.8	10.1	10.4	10.0	9.0
	其中：短期	6.8	8.0	10.5	10.3	9.2	9.4	8.1	7.2	6.4	5.5	3.8	2.6
	中长期	10.3	9.2	9.8	10.3	10.6	11.3	12.2	12.2	12.1	13.0	12.8	11.0
	票据融资	16.2	16.3	15.2	26.3	27.5	22.5	16.5	15.4	12.4	13.1	17.8	21.9
	建筑业贷款余额（亿元）	728.4	725.6	754.2	766.3	783.5	811.5	816.7	823.2	839.0	836.7	819.9	769.3
	房地产业贷款余额（亿元）	523.8	534.6	535.3	527.3	533.5	529.3	538.4	543.0	537.5	540.6	528.0	518.2
	建筑业贷款同比增长（%）	28.6	26.7	28.5	26.6	23.2	23.8	21.6	17.6	18.8	17.3	20.5	13.0
	房地产业贷款同比增长（%）	11.7	11.0	11.9	9.0	8.5	5.8	3.9	1.5	-0.2	0.7	1.1	-0.8
人民币	金融机构各项存款余额（亿元）	38331.6	38810.2	39710.3	39501.1	40014.9	40646.8	40547.3	40974.5	41234.2	41127.8	41709.6	42073.5
	其中：住户存款	23373.4	23428.9	24033.1	23824.5	23967.2	24405.7	24409.2	24500.7	24853.7	24875.9	25029.0	25482.0
	非金融企业存款	9116.8	9460.5	9837.7	9826.6	9969.0	10114.4	9923.1	10199.8	10228.9	10219.6	10355.3	10810.5
	各项存款余额比上月增加（亿元）	461.1	478.6	900.1	-209.3	513.8	631.9	-99.5	427.2	259.7	-106.5	581.9	363.8
	其中：住户存款	828.4	55.5	604.2	-208.6	142.8	438.5	3.6	91.5	353.0	22.2	153.1	453.0
	非金融企业存款	-184.8	343.7	377.2	-11.2	142.5	145.4	-191.3	276.7	29.2	-9.3	135.7	455.1
	各项存款同比增长（%）	6.0	6.1	7.6	6.4	7.1	7.8	7.9	8.5	8.3	8.4	9.5	11.1
	其中：住户存款	10.5	9.3	10.4	10.4	10.6	11.5	11.4	11.6	11.8	12.2	12.7	13.0
	非金融企业存款	1.1	7.4	11.8	9.3	10.4	10.2	10.0	11.0	10.9	12.2	10.3	16.2
	金融机构各项贷款余额（亿元）	28325.0	28492.7	29077.4	29318.2	29458.5	29765.3	29818.2	29961.2	30115.2	30298.6	30566.0	30373.5
	其中：个人消费贷款	3884.1	3581.3	3926.0	3960.0	4010.0	4101.1	4156.6	4209.5	4278.4	4326.1	4422.2	4469.1
	票据融资	2179.9	2178.4	2299.0	2450.3	2412.1	2404.6	2277.9	2260.3	2225.0	2282.6	2369.0	2514.7
	各项贷款余额比上月增加（亿元）	578.8	167.7	584.7	240.8	140.3	306.8	52.9	143.0	154.0	183.4	267.4	-192.5
	其中：个人消费贷款	37.4	-32.8	74.7	33.9	50.1	91.1	55.4	53.0	68.8	47.7	96.1	46.9
	票据融资	116.5	-1.5	120.6	151.3	-38.2	-7.5	-126.8	-17.6	-35.3	57.6	86.5	145.7
	金融机构各项贷款同比增长（%）	9.1	8.8	9.8	10.8	11.0	11.2	10.9	10.8	10.2	10.5	10.4	9.5
	其中：个人消费贷款	16.7	7.7	15.7	15.3	15.2	16.4	16.7	15.5	15.2	15.5	16.1	16.2
	票据融资	16.2	16.3	15.2	26.3	27.5	22.5	16.5	15.4	12.4	13.1	17.8	21.9
外币	金融机构外币存款余额（亿美元）	79.2	77.7	83.4	81.4	73.9	74.6	67.9	69.5	68.9	70.0	64.6	64.9
	金融机构外币存款同比增长（%）	44.3	53.6	59.0	47.0	25.3	22.3	18.1	17.4	18.4	7.7	-6.1	-11.3
	金融机构外币贷款余额（亿美元）	57.1	56.8	64.5	62.8	56.1	55.4	46.1	43.6	43.3	44.4	39.8	41.0
	金融机构外币贷款同比增长（%）	59.6	73.1	109.3	80.5	40.2	29.8	21.4	5.7	1.7	1.3	-18.5	-23.4

数据来源：中国人民银行太原中心支行。

表 2　2001—2020 年山西省各类价格指数

单位：%

时间		居民消费价格指数		农业生产资料价格指数		工业生产者购进价格指数		工业生产者出厂价格指数	
		当月同比	累计同比	当月同比	累计同比	当月同比	累计同比	当月同比	累计同比
2001		—	-0.5	—	1.9	—	1.8	—	0.3
2002		—	-2.2	—	0.9	—	3	—	3.6
2003		—	1.6	—	-1.6	—	7.8	—	2.2
2004		—	4.1	—	7.3	—	14.5	—	16.1
2005		—	2.3	—	13.3	—	8.2	—	10.2
2006		—	2.0	—	3.6	—	2.6	—	1.0
2007		—	4.6	—	6.2	—	5.3	—	7.4
2008		—	7.2	—	18.7	—	18.3	—	22.4
2009		—	-0.4	—	1.6	—	-3.4	—	-8.0
2010		—	3.0	—	2.0	—	9.0	—	9.5
2011		—	5.2	—	9.4	—	8.1	—	7.5
2012		—	2.5	—	5.4	—	-1.9	—	-5.5
2013		—	3.1	—	2.5	—	-4.5	—	-9.3
2014		—	1.7	—	-0.8	—	-3.8	—	-8.6
2015		—	0.6	—	-0.4	—	-6.9	—	-12.7
2016		—	1.8	—	2.6	—	5.7	—	6.9
2017		—	0.0	—	0.0	—	0.0	—	0.0
2018		—	1.8	—	2.5	—	5.5	—	6.7
2019		—	2.7	—	4.7	—	1.1	—	-0.3
2020		—	—	—	—	—	—	—	—
2019	1	—	—	—	—	—	—	—	—
	2	1.6	1.7	1.1	1.2	2.0	2.4	1.4	1.6
	3	2.5	2.0	1.5	1.3	1.8	2.2	1.1	1.4
	4	2.7	2.2	1.7	1.4	2.1	2.2	1.7	1.5
	5	2.9	2.3	1.9	1.5	2.8	2.3	2.7	1.7
	6	2.75	2.37	2.8	1.7	2	2.2	1.5	1.7
	7	3	2.46	3.9	2	1.6	2.1	-0.1	1.4
	8	2.42	2.46	4.9	2.4	0.6	1.9	-0.8	1.1
	9	2.2	2.43	7	2.9	0.5	1.8	-1.98	0.78
	10	3.2	2.5	8.6	3.5	-0.3	1.6	-3.2	0.4
	11	3.75	2.62	11	4.2	-1.1	1.3	-3.9	0
	12	3.8	2.72	11	4.7	-1.4	1.1	-3.05	-0.29
2020	1	—	—	—	—	—	—	—	—
	2	5.2	5.3	13.9	13.2	-0.9	-1.3	-2.4	-2.2
	3	4.3	5.0	14.1	13.5	-1.6	-1.4	-2.1	-2.2
	4	3.3	4.6	11.1	12.9	-2.8	-1.7	-4.2	-2.7
	5	2.9	4.2	8.6	12.0	-4.8	-2.4	-6.2	-3.4
	6	3.3	4.1	8.3	11.4	-3.6	-2.6	-6.1	-3.8
	7	3.2	3.9	9.3	11.1	-3.4	-2.7	-4.7	-4
	8	3.2	3.9	9.6	10.9	-3.9	-2.8	-5.7	-4.2
	9	2.2	3.7	6.7	10.4	-4.1	-3	-5.1	-4.3
	10	0.8	3.4	3.4	9.7	-3.4	-3	-2.8	-4.1
	11	0.1	3.1	-0.4	8.7	-2.5	-3	-0.6	-3.8
	12	1.1	2.9	2.1	8.1	-0.5	-2.8	2.6	-3.3

数据来源：山西省统计局。

表 3　2020 年山西省主要经济指标

项目	1 月	2 月	3 月	4 月	5 月	6 月	7 月	8 月	9 月	10 月	11 月	12 月
	绝对值（自年初累计）											
地区生产总值（亿元）	—	—	3634.7	—	—	7821.6	—	—	12499.9	—	—	17651.9
第一产业	—	—	112.2	—	—	282.9	—	—	595.6	—	—	946.7
第二产业	—	—	1532.7	—	—	3397.9	—	—	5351.0	—	—	7675.4
第三产业	—	—	1989.9	—	—	4140.8	—	—	6553.3	—	—	9029.8
工业增加值（亿元）	—	—	—	—	—	—	—	—	—	—	—	—
固定资产投资（亿元）	—	183.5	721.7	1258.9	1951.5	3065.4	3782.2	4493.4	5342.8	6034.9	6726.1	7313.0
房地产开发投资	—	60.4	195.1	329.2	512.1	815.2	991.0	1155.5	1379.8	1559.9	1708.9	1830.4
社会消费品零售总额（亿元）	—	759.7	1220.5	1704.4	2245.2	2790.9	3351.3	3961.0	4601.0	5296.4	6011.9	6746.3
外贸进出口总额（亿元）	—	157.7	264.5	358.2	440.1	552.8	698.8	841.2	983.1	1129.7	1328.7	1505.8
进口	—	67.5	113.4	150.5	188.2	237.0	298.8	354.2	417.4	475.5	551.3	628.8
出口	—	90.2	151.1	207.6	251.9	315.8	400.0	487.0	565.7	654.2	777.4	877.0
进出口差额（出口－进口）	—	22.8	37.7	57.1	63.7	78.8	101.2	132.9	148.3	178.7	226.1	248.2
实际利用外资（亿美元）	—	3.5	5.2	6.0	7.0	10.3	11.7	13.0	14.0	15.2	15.5	16.9
地方财政收支差额（亿元）	—	-271.3	-665.6	-749.9	-938.9	-1189.2	-1352.7	-1587.3	-1985.3	-2127.2	-2365.2	-2814.4
地方财政收入	—	391.9	617.4	813.7	982.1	1213.9	1410.1	1550.3	1696.7	1886.8	2029.5	2296.5
地方财政支出	—	663.2	1283.0	1563.6	1921.0	2403.1	2762.8	3137.6	3682.0	4014.0	4394.7	5110.9
城镇登记失业率（%）（季度）	—	—	—	2.5	—	3.1	—	—	3.1	—	—	3.1
	同比累计增长率（%）											
地区生产总值	—	—	-4.6	—	—	-1.4	—	—	1.3	—	—	3.6
第一产业	—	—	1.4	—	—	1.7	—	—	2.6	—	—	3.6
第二产业	—	—	-4.8	—	—	-0.3	—	—	2.8	—	—	5.5
第三产业	—	—	-4.8	—	—	-2.5	—	—	-0.1	—	—	2.1
工业增加值	—	-11.7	-3.5	-2.2	-1.3	-0.3	0.1	1.5	3.0	4.1	4.8	5.7
固定资产投资	—	-10.3	2.5	6.7	7.8	8.3	8.5	8.8	9.5	9.9	10.5	10.6
房地产开发投资	—	-0.6	-1.0	1.4	3.4	8.2	8.1	7.7	11.3	12.1	12.3	10.5
社会消费品零售总额	—	-31.8	-25.7	-21.5	-18.0	-16.3	-14.5	-12.3	-10.2	-8.0	-5.8	-4.0
外贸进出口总额	—	-8.9	-0.2	-1.4	-10.7	-9.5	-6.3	-6.2	-5.8	-4.5	1.2	4.0
进口	—	-8.2	1.8	-4.8	-10.7	-9.5	-8.7	-10.3	-9.8	-9.0	-4.3	-1.9
出口	—	-9.4	-1.7	1.3	-10.7	-9.6	-4.4	-3.1	-2.7	-0.9	5.6	8.7
实际利用外资	—	35.9	28.8	7.0	11.0	28.7	40.3	54.4	59.0	62.4	43.0	24.4
地方财政收入	—	-26.6	-17.8	-18.3	-17.1	-12.9	-12.2	-11.3	-10.7	-9.8	-7.8	-2.2
地方财政支出	—	2.4	10.6	4.1	5.7	7.0	5.6	4.1	7.4	5.4	6.1	8.4

数据来源：山西省统计局。

内蒙古自治区金融运行报告（2021）

中国人民银行呼和浩特中心支行货币政策分析小组

[内容摘要] 2020年，面对复杂严峻的国内外形势特别是新冠肺炎疫情严重冲击，内蒙古自治区深入贯彻落实党中央、国务院各项决策部署，科学统筹疫情防控和经济社会发展，紧扣全面建成小康社会目标任务，扎实做好“六稳”工作，全面落实“六保”任务，着力推动高质量发展，主要经济指标逐季回升，地区生产总值、规模以上工业增加值、民间投资、居民人均可支配收入增速年内实现转正，经济运行呈稳定恢复态势。全年实现地区生产总值17359.8亿元，按可比价格计算，同比增长0.2%。

经济运行主要呈现如下特点：一是三大需求回暖态势持续显现。固定资产投资降幅逐渐收窄，全年固定资产投资下降1.5%，其中民间投资增长3.4%，高技术制造业增长26.1%。消费品市场逐季复苏，全年社会消费品零售总额下降5.8%，其中线上消费高速增长，实物商品网上零售额增长36.5%。受疫情影响，对“一带一路”国家和地区外贸下降明显，全年外贸进出口总额下降4.9%，实际利用外资下降11.6%，降幅较上年收窄23.2个百分点。二是三次产业逐步恢复，产业转型升级迈出新步伐。粮食产量增长0.3%，实现十七连丰。猪牛羊禽四肉产量增长1.5%，较上年提高2.5个百分点。深入实施奶业振兴三年行动，奶牛存栏量和牛奶产量分别增长5.6%和5.9%。工业生产企稳回升，全年规模以上工业增加值增长0.7%，企业复工率达到95.8%。传统产业改造升级加快，煤电铝一体化达到65%，稀土原材料就地转化率达到70%，稀土永磁、储氢、抛光等新材料产值位居全国前列。能源绿色转型发展形势向好，可再生能源电力装机占全区总装机的36%，新能源消费比例达到17%。服务业支柱行业持续回暖，餐饮消费加速恢复，网络购物、无接触式消费带动物流业快速发展，快递业务量和收入分别增长37.1%和27.9%。三是财政收入和居民收入保持增长，物价水平和就业形势基本稳定，民生得到有力保障。全年一般公共预算收入2051.3亿元，完成年度预算计划的105.2%。城乡常住居民人均可支配收入分别增长1.4%和8.4%，农牧民收入增速高于全国平均水平1.5个百分点。居民消费价格上涨1.9%，较上年回落0.5个百分点。工业生产者出厂价格下降0.3%，降幅低于全国平均降幅1.5个百分点。全年城镇新增就业23.2万人。四是供给侧结构性改革不断深化，高质量发展稳步推进。全区规模以上工业中，非煤产业增加值占比达到63.6%，较上年提升1.0个百分点。新产业发展步伐加快，铁路、船舶、航空航天和其他运输设备制造业增长1.3倍，规模以上装备制造业和高新技术产业增加值分别增长38.1%和7.5%。规模以上工业企业资产负债率同比下降1.4个百分点，实现利润1315.1亿元。补短板力度明显，全年高技术产业投资增长11.8%，生态保护和环境治理业投资增长23.2%。五是聚焦重点领域持续发力，三大攻坚战取得决定性成效。全年投入扶贫资金112.3亿元，全区贫困人口实现脱贫，所有贫困旗县全部摘帽出列。拖欠民营企业中小企业无分歧账款全部清偿。全区生态环境持续改善，全年环境空气优良天数比例、PM2.5浓度优于国家考核目标，地表水优良水体比例达到69.2%。全区50%以上的国土面积划入生态保护红线，乌兰察布国家地质公园获批。

2020年，内蒙古金融业坚决贯彻落实稳健的货币政策更加灵活适度、精准导向的要求，扎实推进金融支持疫情防控、企业复工复产和稳企业保就业等工作，货币信贷和地区社会融资规模保持合理适度增长，信贷结构持续优化，实体经济综合融资成本明显降低，金融风险得到有效处置，为内蒙古自治区疫情防控和经济恢复发展营造了适宜的货币金融环境。

主要表现为：一是银行业稳健运行，信贷投放重点突出。2020年末，全区银行业金融机构本外币各项存款余额增长5.6%，增速比上年提高3.9个百分点，本外币各项贷款余额增长4.7%。信贷结构持续优化，企业中长期贷款占全部新增贷款比重提高13.2个百分点，制造业中长期贷款增速高于各项贷款增速6.5个百分点，民营企业和普惠小微企业贷款增量均为上年的1.5倍。金融支持稳企业保就业取得积极成效，累计为近5万家（次）企业办理延期还本付息1014.9亿元，新增企业信用贷款占比提高49.1个百分点。LPR改革稳步推进，贷款利率特别是小微企业贷款利率显著下降，全年新发放普惠小微企业贷款加权平均利率同比下降0.79个百分点。二是金融风险防控成效初显，中小银行资本进一步夯实。成立金融委办公室地方协调机制（内蒙古自治区）。包商银行风险得到有效处置，蒙商银行顺利开业。全年发行中小银行资本补充专项债券85亿元。三是证券和保险业健康发展，资本市场交易活跃。证券公司托管股票总市值、证券交易额、代理买卖证券款和融资融券累计额分别增长21.7%、12.8%、18.4%和22.9%，沪深两市上市公司总市值增长24.1%，期货交易成交额上升18.6%。保险业规模进一步扩大，原保费收入和累计赔款与给付支出分别增长1.4%和11.8%。四是金融市场运行平稳，债务融资工具发行量创近四年新高。非金融企业在银行间市场发行债务融资工具融资670亿元，增长53.0%。包钢股份成功发行全国首单配售信用风险缓释凭证的资产支持商业票据（ABCP+CRMW）。五是金融基础设施不断完善，金融生态环境持续优化。金融信用信息基础数据库建设持续扩容，辖内信用报告查询网点扩容至184个，全区50.6万户建档立卡贫困户信息采集实现全覆盖。包头市和鄂尔多斯市中小微企业信用平台推广应用，覆盖23.6万户企业。通过应收账款融资服务平台促成融资2073.5亿元。支付系统稳定高效运行，移动支付业务量笔数增长52.6%，占全部电子支付业务笔数近六成。强化金融知识普及宣传，推进金融知识纳入国民教育体系，稳步开展全区金融教育示范基地建设试点。

2021年，内蒙古经济社会发展面临的内外部环境仍然复杂严峻。疫情变化和外部环境存在不确定性，经济恢复基础尚不牢固，经济结构深层次矛盾较为突出，转变发展方式任务艰巨，科技创新能力不足，营商环境仍待优化，金融风险防控力度仍需进一步加大。也要看到，内蒙古经济长期稳中向好的发展趋势没有改变，随着一系列重大国家战略的深入实施，内蒙古将加快融入新发展格局，以生态优先、绿色发展为导向的高质量发展新路子也将迎来新的更大发展机遇期。

2021年，是中国共产党成立100周年和“十四五”规划的开局之年，内蒙古金融业将以习近平新时代中国特色社会主义思想为指导，全面贯彻落实党的十九届五中全会和中央经济工作会议精神，坚持稳中求进工作总基调，立足新发展阶段，贯彻新发展理念，聚焦自治区“两个屏障”“两个基地”和“一个桥头堡”的战略定位，按照稳健的货币政策灵活精准、合理适度的要求，坚持稳字当头，加大对实体经济的支持力度，处理好恢复经济和防范风险关系，促进全年信贷和地区社会融资规模增速同名义经济增速基本匹配，为加快构建新发展格局创造良好的货币金融环境，确保“十四五”开好局，以优异成绩庆祝建党100周年。

一、金融运行情况

2020年，内蒙古货币信贷和社会融资规模适度增长，信贷结构持续优化，证券业规模不断扩大，保险业保持良好增长，金融运行总体平稳。

（一）银行业经营稳健，货币信贷平稳增长

1.资产负债规模收缩，资产质量有所改善。2020年末，内蒙古共有银行业金融机构199

家，资产负债总额分别为3.4万亿元和3.3万亿元，同比分别下降4.0%和3.9%；全年实现利润156.1亿元。蒙商银行获准开业，1家农村信用社改制为农村商业银行。2020年末，全区银行业金融机构不良贷款额和不良贷款率实现“双降”。

表1　2020年内蒙古自治区银行业金融机构情况

机构类别	营业网点			法人机构（个）
	机构个数（个）	从业人数（人）	资产总额（亿元）	
一、大型商业银行	1569	36591	12932.0	0
二、国家开发银行和政策性银行	87	2058	5006.4	0
三、股份制商业银行	196	4665	2670.1	0
四、城市商业银行	527	9237	4723.5	4
五、城市信用社	0	0	0	0
六、小型农村金融机构	2304	27949	6207.3	93
七、财务公司	1	190	451.3	5
八、信托公司	0	378	102.1	2
九、邮政储蓄银行	811	7614	1131.9	0
十、外资银行	1	4	2.6	0
十一、新型农村金融机构	182	5369	877.8	74
十二、其他	0	217	32.3	1
合　计	5678	94272	34137.3	179

数据来源：内蒙古银保监局。

注：营业网点不包括国家开发银行和政策性银行、大型商业银行、股份制商业银行等金融机构总部数据；大型商业银行包括工商银行、农业银行、中国银行、建设银行和交通银行；小型农村金融机构包括农村商业银行、农村合作银行和农村信用社；新型农村金融机构包括村镇银行、贷款公司、农村资金互助社和小额贷款公司；其他包含金融租赁公司、汽车金融公司、货币经纪公司、消费金融公司等。

2. 各项存款稳步回升，定期存款同比多增。 2020年末，全区本外币各项存款余额25066.6亿元，同比增长5.6%，比上年末提高3.9个百分点；全年新增1323.3亿元，同比多增928.4亿元。定期存款新增1426.3亿元，同比多增997.1亿元。受居民收入不断增多、预防性储蓄需求上升以及资管新规的持续推进影响，个人定期存款新增1395.4亿元，同比多增215.8亿元。

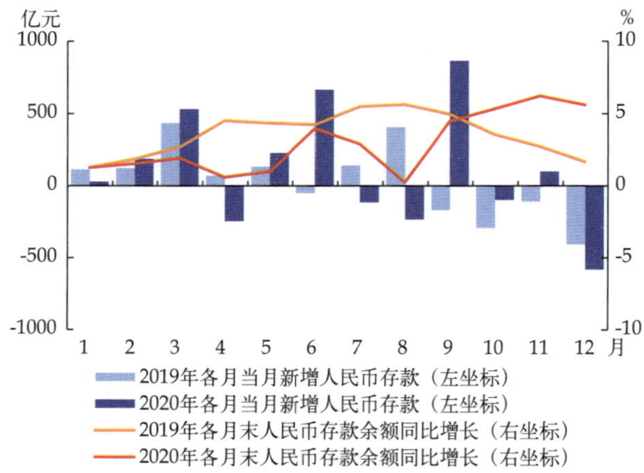

图1　2019—2020年内蒙古自治区金融机构人民币存款增长变化

（数据来源：中国人民银行呼和浩特中心支行）

3. 各项贷款平稳增长，信贷结构持续优化。 2020年末，本外币各项贷款余额23327.6亿元，按可比口径计算，同比增长4.7%。其中，人民币各项贷款余额23249.2亿元，同比增长4.8%，全年新增1033.8亿元。中长期贷款较快增长，全年新增1350.4亿元，同比多增306.1亿元，其中单位中长期贷款新增654.8亿元，同比多增137.5亿元，占全部新增贷款的比重为63.3%，比上年提高13.2个百分点。全国性银行拉动作用增强，全年新增贷款占比81.6%，比上年提高35.1个百分点。

信贷结构持续优化。一是制造业贷款增势较好。制造业和制造业中长期贷款余额同比分别增长7.0%和11.2%，增速分别较各项贷款增速高2.3个和6.5个百分点。二是对“三农”领域贷款投放明显加大。涉农贷款新增170.3亿元，同比多增107.9亿元。三是金融服务民营和小微企业水平大幅提升。民营企业和普惠小微企业贷款分别新增143.8亿元和191.0亿元，增量均为上年的1.5倍。四是金融助力脱贫攻坚力度不断加大。2020年末，全区金融精准扶贫贷款余额911.3亿元，其中产业精准扶贫贷款余额372.1亿元。活体牲畜质押和农村承包土地的经营权抵押贷款“增量扩面”，贷款余额分别为41.2亿元和62.7亿元，全年分别新增23.6亿元和9.1亿元。五是金融资源不断向绿色发展领域倾斜。全年绿色贷款新增192.0亿元，同比多增57.0亿元。

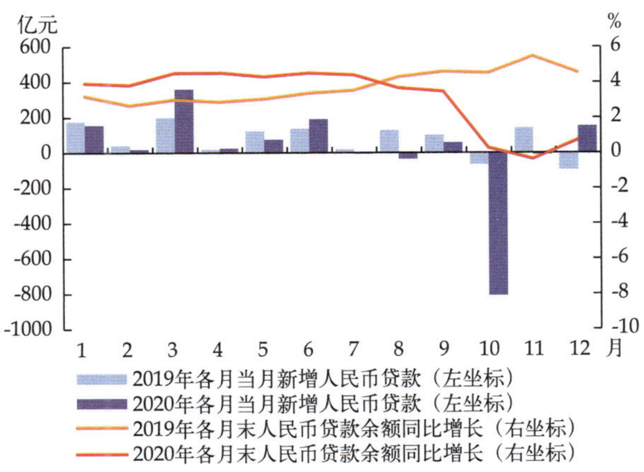

图2　2019—2020年内蒙古自治区金融机构人民币贷款增长变化

（数据来源：中国人民银行呼和浩特中心支行）

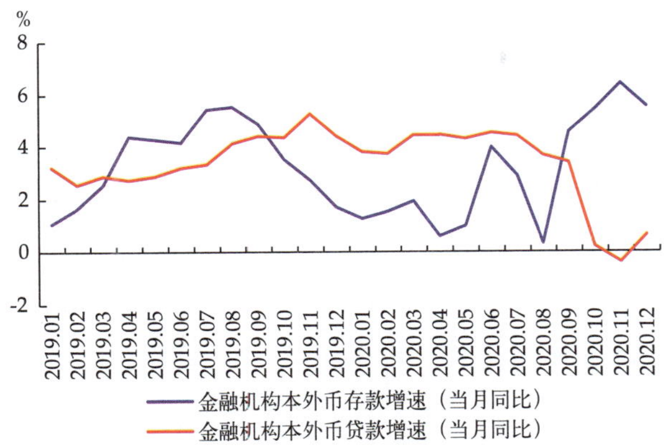

图3　2019—2020年内蒙古自治区金融机构本外币存、贷款增速变化

（数据来源：中国人民银行呼和浩特中心支行）

4.货币政策工具精准落地，金融支持实体经济成效明显。2020年以来，面对新冠肺炎疫情冲击，中国人民银行呼和浩特中心支行充分运用多种货币政策工具，引导金融机构为疫情防控、复工复产和稳企业保就业提供了强有力的支持。全年累计为近5万家（次）企业办理延期还本付息1014.9亿元；企业信用贷款新增402.0亿元，同比多增198.1亿元，占新增企业贷款的比重为73.9%，占比同比提高49.1个百分点。

5.表外业务降幅收窄，信托贷款持续收缩。2020年，实体经济通过表外业务方式融资减少137.9亿元，同比少减535.5亿元，主要是未贴现的银行承兑汇票降幅收窄，全年减少113.5亿元，同比少减615.1亿元。信托贷款持续收缩，全年减少40.0亿元，同比多减76.8亿元。

6.贷款市场报价利率改革成效显著，自律机制有序运转。2020年，全面完成存量贷款利率定价基准转换工作任务，应用贷款市场报价利率定价的贷款占比提升至98.4%，推动贷款利率显著下行。全年新发放一般贷款加权平均利率同比下降0.25个百分点，新发放普惠小微企业贷款加权平均利率同比下降0.79个百分点。市场利率定价自律机制有序运行，全年共有56家地方法人金融机构通过合格审慎评估，发行同业存单和大额存单金额分别为722亿元、284亿元。

表2　2020年内蒙古自治区金融机构人民币贷款各利率区间占比

单位：%

项目		1月	2月	3月	4月	5月	6月
合计		100.0	100.0	100.0	100.0	100.0	100.0
LPR减点		10.6	21.0	10.1	2.0	13.4	20.9
LPR		1.8	1.8	3.5	7.6	3.0	14.5
LPR加点	小计	87.6	77.2	86.4	90.4	83.6	64.6
	(LPR，LPR+0.5%)	18.2	17.4	19.2	0.1	14.2	20.4
	[LPR+0.5%，LPR+1.5%)	21.7	22.1	19.4	16.6	21.4	12.8
	[LPR+1.5%，LPR+3%)	14.2	22.0	14.0	27.8	15.8	11.6
	[LPR+3%，LPR+5%)	14.7	7.2	13.9	17.2	14.5	9.6
	LPR+5%及以上	18.8	8.4	19.9	28.7	17.7	10.2
项目		7月	8月	9月	10月	11月	12月
合计		100.0	100.0	100.0	100.0	100.0	100.0
LPR减点		15.5	20.4	15.3	20.7	16.5	16.6
LPR		12.4	14.0	10.1	8.1	13.4	5.4
LPR加点	小计	72.1	65.6	74.6	71.2	70.1	78.0
	(LPR，LPR+0.5%)	14.1	10.5	13.7	10.7	8.7	14.1
	[LPR+0.5%，LPR+1.5%)	21.0	20.3	19.3	16.6	13.6	16.1
	[LPR+1.5%，LPR+3%)	10.2	8.0	12.5	12.1	10.3	12.8
	[LPR+3%，LPR+5%)	12.4	12.9	15.2	13.0	14.2	16.5
	LPR+5%及以上	14.5	13.9	13.9	18.7	23.2	18.6

数据来源：中国人民银行呼和浩特中心支行。

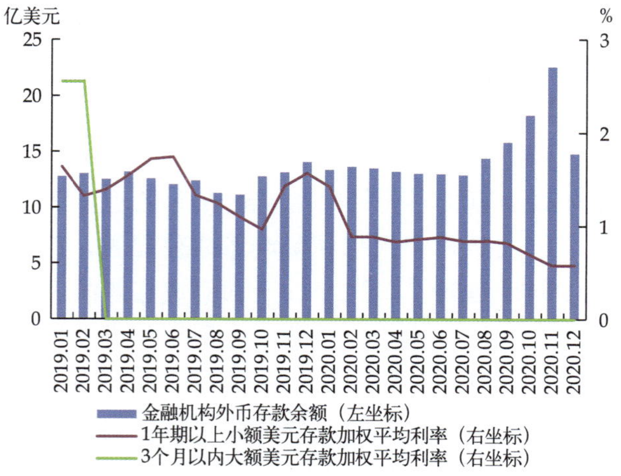

图 4　2019—2020 年内蒙古自治区金融机构外币存款余额及外币存款利率

（数据来源：中国人民银行呼和浩特中心支行）

7. 金融风险防控成效初显，中小银行资本进一步夯实。推进防范化解金融风险制度机制建设，防范化解重大金融风险取得积极成效。成立金融委办公室地方协调机制（内蒙古自治区），加强部门间在金融监管、风险处置、信息共享等方面的协同配合。包商银行风险得到有效处置，蒙商银行顺利开业。拓宽资本补充渠道，发行 85 亿元中小银行发展专项债，用于认购辖内两家法人银行其他一级资本补充工具，提高中小银行服务实体经济能力。加大存续债券的跟踪监测预警力度，到期债券如期兑付。

8. 跨境人民币业务稳步发展，跨境业务覆盖面不断拓宽。2020 年，全年全区人民币跨境收支 457.5 亿元，同比增长 26.6%，占本外币跨境收支总额比重为 29.3%，同比提高 1.8 个百分点。共与全球 58 个国家和地区开展跨境人民币结算业务，新增使用人民币跨境结算企业 133 家。全区全口径跨境融资余额 136.6 亿元，同比下降 21.3%，其中人民币外债余额 81.9 亿元，同比增长 11.2%，加权平均利率较全区人民币贷款平均利率低 2.4 个百分点。

专栏 1　中国人民银行呼和浩特中心支行创新实施四大举措推进金融支持稳企业保就业各项政策落地见效

2020 年，面对突如其来的新冠肺炎疫情，中国人民银行呼和浩特中心支行认真贯彻党中央、国务院决策部署，扎实做好“六稳”工作，全面落实“六保”任务，按照中国人民银行总行工作要求，积极指导区内各金融机构充分运用金融资源，为内蒙古自治区疫情防控、复工复产和经济社会稳定发展提供有力金融支撑。

一、突出指导，全方位推进稳企业保就业工作

印发《关于切实加强金融服务 全力支持打赢疫情防控阻击战的通知》，从加大资金支持力度、做好金融服务等 4 个方面提出 17 条具体措施要求。制订《全区金融支持稳企业保就业实施方案》，精准指导辖区各级人民银行用好各项金融政策工具，加强与有关部门协调配合，打好政策“组合拳”。出台《金融支持民营和小微企业试点城市工作方案》，推动包头市、鄂尔多斯市开展试点工作，提供易复制、可推广的经验做法。

二、精准对接，加大对各类市场主体的资金支持力度

强化银企融资对接，组织召开 258 次政银企对接会，4853 家企业获得融资 671.3 亿元。中国人民银行呼和浩特中心支行联合自治区党委统战部、工商联举办金融助力民营企业稳产达产对接会，围绕信用贷款、制造业贷款、首贷、劳动密集型企业贷款、外贸企业贷款、供应链核心企业贷款、续贷、小微企业贷款及承销企业债券9个版块进行对接融资，196家企业获得银行贷款228亿元。建立重点企业信息库并督促金融机构快速精准对接名单企业，6933家重点企业纳入信息库，4509家企业获得贷款2299.6亿元。加强政策宣传解读，深入辖内22家金融机构和11个盟市及有关旗县开展政策宣讲和调研督导，先后召开9次新闻发布会，在各类媒体上发布280余篇宣传稿件，提高政策覆盖面和知晓度。拓宽直接融资渠道，积极支持符合条件的市场主体发债融资，有11家企业发行债务融资工具670亿元。

三、清单管理，推动两项直达实体经济政策快速落地

建立“总量清单”“落实清单”“成效清单”3个清单和“通知率”“申请率”“批准率”“完成率”4项指标，开展“重点工作60天攻坚行动”，摸清各金融机构每月到期普惠小微企业贷款情况，全面掌握普惠小微企业延期还本付息和信用贷款支持政策落实的难点和堵点，以问题、目标为导向，积极运用两项政策工具推动政策落实落地。2020年，全区地方法人金融机构为2.1万家（次）普惠小微企业办理延期还本付息189.7亿元；新发放普惠小微企业信用贷款186.4亿元，较上年多发放75.0亿元。

四、减费让利，降低市场主体综合融资成本

成立工作专班，建立自治区、盟市、旗县三级联动机制，精准落实3000亿元、5000亿元和1万亿元三批次的再贷款再贴现政策，向防疫保供、涉农、外贸等行业领域企业发放优惠利率贷款，减轻企业融资负担。加快推进LPR改革让利，完成辖区存量贷款利率定价基准转换工作，2020年企业贷款加权利率4.91%，同比下降0.33个百分点。引导金融机构积极采取减免服务费用、内部资金转移定价补贴、合理调整逾期记录等措施，向企业减费让利，累计对153.6亿元贷款调整信贷逾期记录，减免罚息1.4亿元。

（二）证券业稳健发展，市场交易规模扩大

1. 证券市场交易活跃，期货交易规模上升。2020年，受市场持续回暖因素驱动，辖内两家法人证券公司传统经纪业务、投行、资管等业务收入均实现大幅增长。托管股票总市值和证券交易额累计额同比分别增长21.7%和12.8%；全年实现净利润6.8亿元，同比增长32.2%。全区期货机构交易规模上升，期货公司累计开户人数增长36.3%，全年实现成交额同比上升18.6%。

2. 上市公司总市值大幅上升，融资规模同比小幅下降。2020年末，全区境内上市公司26家。沪深两市上市公司总市值6326.1亿元，同比增长24.1%。全年上市公司和新三板挂牌公司累计实现新增融资58.3亿元，同比少增6.1亿元。

表3　2020年内蒙古自治区证券业基本情况

项目	数量
总部设在辖内的证券公司数（家）	2
总部设在辖内的基金公司数（家）	0
总部设在辖内的期货公司数（家）	0
年末国内上市公司数（家）	26
当年国内股票（A股）筹资（亿元）	54.6
当年发行H股筹资（亿元）	0
当年国内债券筹资（亿元）	1511.0
其中：短期融资券筹资额（亿元）	618.0
中期票据筹资额（亿元）	52.0

数据来源：内蒙古证监局。

（三）保险业增长良好，民生保障功能增强

1. 保险市场体系逐步完善，保障能力持续增强。2020年末，全区共有保险分支机构2932家，较上年增加8家。全年实现原保费收入740.0亿元，同比增长1.4%。保险公司累计赔款与给付支出224.5亿元，同比增长11.8%。

2. 人身险和财产险保费实现增长，增速有所回落。2020年，全区人身险保费同比增长0.3%，较上年回落10.8个百分点，其中普通寿险保费收入下降较多，同比下降4.3%。财产险保费同比增长3.6%，较上年下降6个百分点，其中机动车保险保费收入同比下降2.7%。

表4　2020年内蒙古自治区保险业基本情况

项目	数量
总部设在辖内的保险公司数（家）	0
其中：财产险经营主体（家）	0
寿险经营主体（家）	0
保险公司分支机构（家）	2932
其中：财产险公司分支机构（家）	1866
寿险公司分支机构（家）	1066
保费收入（中外资，亿元）	740.0
其中：财产险保费收入（中外资，亿元）	243.6
人身险保费收入（中外资，亿元）	496.4
各类赔款给付（中外资，亿元）	224.5

数据来源：内蒙古银保监局。

（四）金融市场运行平稳，资金价格稳中有降

1. 地区社会融资规模平稳增长，政府债券净融资同比多增。2020年，内蒙古地区社会融资规模新增1095.0亿元，比上年同期少397.0亿元。表内贷款稳定增长，表外融资持续收缩。直接融资减少268.1亿元，同比减少328.9亿元，其中企业债券融资减少292.6亿元，同比多减309.5亿元。政府债券净融资967.9亿元，同比多增63.8亿元。

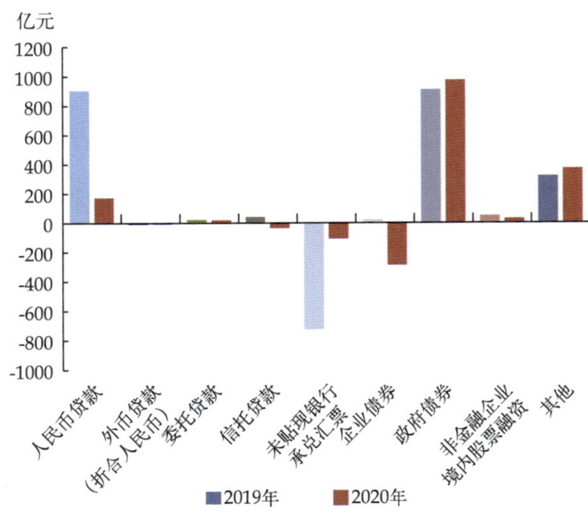

图5　2019—2020年内蒙古自治区社会融资规模分布结构

（数据来源：中国人民银行呼和浩特中心支行）

2. 货币市场成交量下降，成交利率走低。2020年，内蒙古银行间市场成员债券回购交易累计成交71140.9亿元，同比下降4.5%。从利率走势看，质押式和买断式回购加权平均利率较上年分别回落67个和69个基点。

3. 债券市场融资增长，二级市场交易量持续收缩。2020年，内蒙古非金融企业在银行间市场发行债务融资工具670亿元，同比增长53.0%。其中，伊利集团发行8期共50亿元疫情防控债，包钢股份成功发行全国首单配售信用风险缓释凭证的资产支持商业票据（ABCP+CRMW）。债券加权平均发行利率为2.3%，同比下降224个基点。从二级市场看，全区法人金融机构现券交易累计成交7491.4亿元，同比下降37.3%。

4. 票据市场规模收缩，票据贴现利率下行。2020年，全区累计签发银行承兑汇票1384.0亿元，同比减少75.1亿元；累计贴现票据金额6328.1亿元，同比减少607.9亿元。2020年末，银行承兑汇票余额1032.4亿元，同比下降4.5%；贴现余额1023.0亿元，同比下降12.3%。12月，直贴和转贴现利率分别为3.06%和2.25%，同比分别下降0.07个和1.02个百分点。

表5　2020年内蒙古自治区金融机构票据业务量统计

单位：亿元

季度	银行承兑汇票承兑		贴现			
			银行承兑汇票		商业承兑汇票	
	余额	累计发生额	余额	累计发生额	余额	累计发生额
1	1073.5	365.1	1443.3	1871.0	116.6	146.4
2	1093.7	765.7	1215.1	4125.1	110.3	199.0
3	1074.5	1090.8	906.7	5037.5	105.6	240.9
4	1032.4	1384.0	1023.0	6044.8	82.2	283.3

数据来源：中国人民银行呼和浩特中心支行。

表6　2020年内蒙古自治区金融机构票据贴现、转贴现利率

单位：%

季度	贴现		转贴现	
	银行承兑汇票	商业承兑汇票	票据买断	票据回购
1	2.84	4.48	3.36	2.90
2	2.49	4.43	2.61	1.92
3	3.58	3.96	2.95	2.26
4	3.01	4.04	2.80	2.23

数据来源：中国人民银行呼和浩特中心支行。

（五）金融基础设施不断完善，金融生态环境持续优化

1. 信用体系建设扎实推进，应收账款融资服务平台作用显现。2020年，金融信用信息基础数据库建设持续完善，征信系统共收录87.3万户企业和其他组织信息，辖内信用报告查询网点扩容至184个。结合脱贫攻坚推进农村信用体系建设，实现全区50.6万户建档立卡贫困户信息采集全覆盖，评定信用户159.6万余户，其中74.4万户获得信用贷款，余额440.4亿元。持续深化民营和小微企业金融服务试点城市工作，包头市和鄂尔多斯市中小微企业信用平台应用成效初显，累计覆盖23.6万户企业。推动应收账款融资服务平台应用，累计注册中征应收账款融资服务平台用户4288个，促成融资金额2073.5亿元，其中带动中小微企业融资1615.3亿元。

2. 支付系统稳定高效运行，支付服务环境不断完善。2020年，各类支付系统安全、平稳运行，农牧区支付服务环境建设提档升级，现代化支付系统覆盖率和农信银支付清算系统县城乡镇合计接入比率均达100%。全区农村牧区设立助农取款服务点16281个，村级行政区覆盖率达96.5%。电子支付业务快速发展，移动支付业务量笔数同比增长52.6%，占全部电子支付业务笔数近六成。

3. 强化金融知识普及宣传，提升消费者金融素养。2020年，灵活运用“线上＋线下”的宣教方式，加强宣教阵地建设，深化金融知识普及效果。推进金融知识纳入国民教育体系，稳步开展全区金融教育示范基地建设试点。通过“请进来＋走出去”的方式，精准对接各类受众群体，进一步满足不同人群的金融知识需求。

二、经济运行情况

2020年，内蒙古经济结构有所优化，质量效益持续改善，供给侧结构性改革有序推进，三大攻坚战取得显著成效。全区经济逐季回升、稳定向好。全年实现地区生产总值17359.8亿元，按可比价格计算，同比增长0.2%。

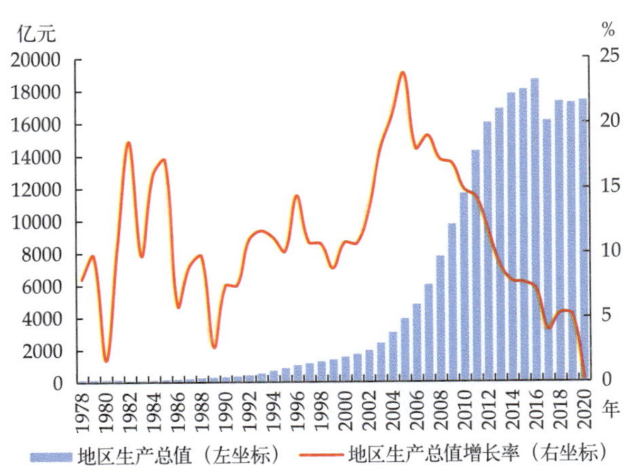

图6　1978—2020年内蒙古自治区地区生产总值及其增长率

（数据来源：内蒙古统计局）

（一）三大需求总体下降，但回暖态势持续显现

1. 投资增速小幅回落，投资结构持续优化。 2020 年，全区固定资产投资（不含农户）同比下降 1.5%。高技术产业投资同比增长 11.8%，其中，高技术制造业和高技术服务业投资同比分别增长 26.1% 和 6.0%。民间投资持续保持向好态势，同比增长 3.4%，占全部投资的比重较上年提高 2.5 个百分点。民生领域投资力度加大，生态保护和环境治理业投资同比增长 23.2%，航空运输业投资同比增长 5.1 倍。

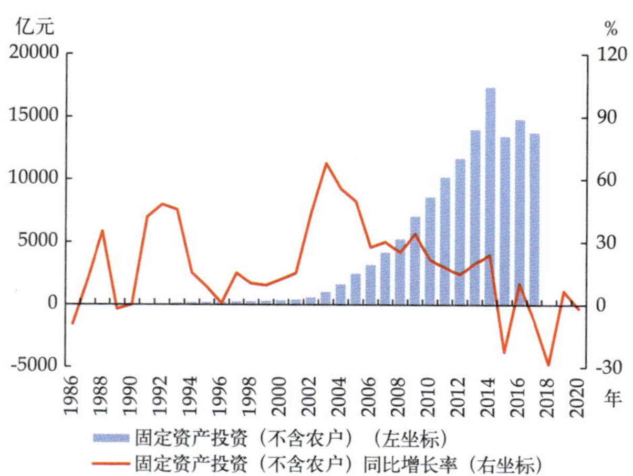

图 7　1986—2020 年内蒙古自治区固定资产投资（不含农户）及其增长率

（数据来源：内蒙古统计局）

2. 消费升级类需求不断释放，线上消费新业态持续发展。 2020 年，受疫情等因素影响，全区社会消费品零售总额同比下降 5.8%。农村市场消费潜力加速释放，增速快于城镇市场 2.7 个百分点。基本生活类消费保持平稳增长，限额以上粮油食品类和饮料类商品零售额同比分别增长 15.0% 和 1.5%。消费升级类商品增势较好，书报杂志类、中西药品类和文化办公用品类商品零售额同比分别增长 84.5%、12.2% 和 35.3%。线上消费新业态持续发展，全年实物商品网上零售额同比增长 36.5%，限额以上服装类网上零售额同比增长 15.5%，限额以上住宿餐饮业通过公共网络实现的餐费收入同比增长 57.6%。

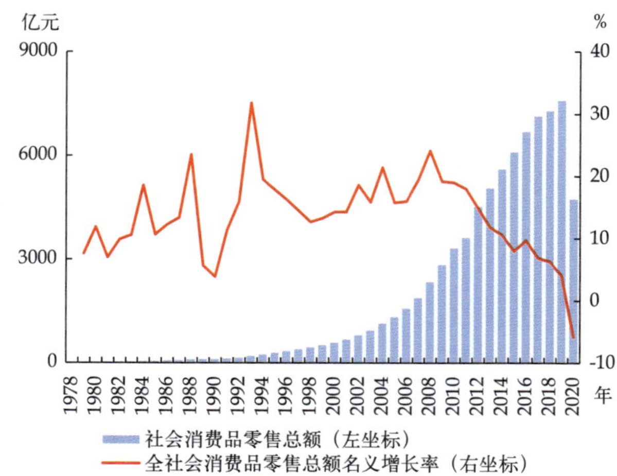

图 8　1978—2020 年内蒙古自治区社会消费品零售总额及其增长率

（数据来源：内蒙古统计局）

3. 对外贸易有所下滑，实际利用外资降幅收窄。 2020 年，全区外贸进出口总额 1043.3 亿元，同比下降 4.9%。其中，出口总额 349.1 亿元，同比下降 7.4%；进口总额 694.2 亿元，同比下降 3.7%。受疫情影响，对“一带一路”国家和地区外贸下降明显。中欧班列稳定开行，始发中欧班列增长 15.4%。全年实际利用外资 18.2 亿美元，同比下降 11.6%，降幅较上年收窄 23.2 个百分点。

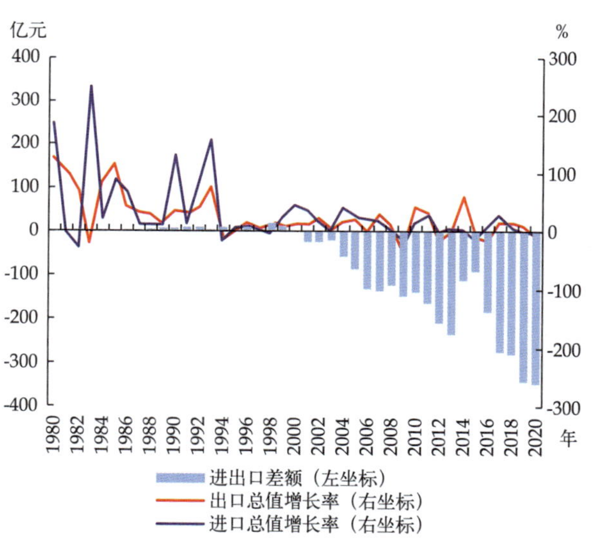

图 9　1980—2020 年内蒙古自治区外贸进出口变动情况

（数据来源：内蒙古统计局。）

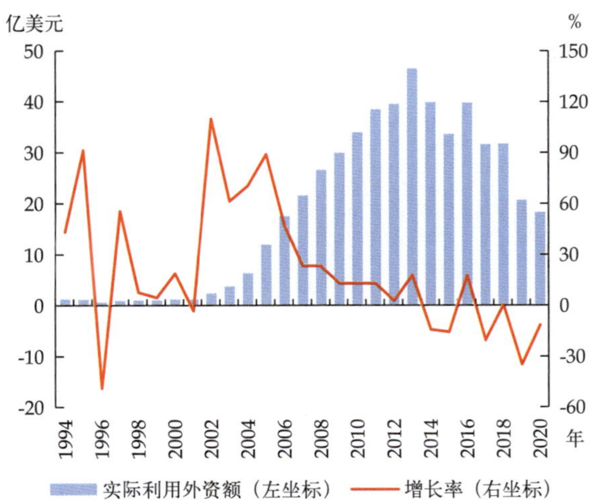

图10 1994—2020年内蒙古自治区外商直接投资额及其增长率

（数据来源：内蒙古统计局）

（二）三次产业逐步恢复，产业转型升级迈出新步伐

1. 农业生产稳中向好，畜牧业生产总体平稳。2020年，全区农业生产稳步增长，全年粮食产量达到732.8亿斤，同比增长0.3%，实现“十七连丰”。畜牧业产量稳中有增，猪牛羊禽四肉产量同比增长1.5%，增速较上年提高2.5个百分点。奶业振兴行动积极推进，奶牛存栏量129.3万头，牛奶产量611.5万吨，同比分别增长5.6%和5.9%。

2. 工业生产回稳向好，制造业保持较快发展。2020年，全区规模以上工业增加值同比增长0.7%，规模以上工业企业复工率达到95.8%。工业结构调整优化，全区非煤产业增加值同比增长6.6%，占比达到63.6%，同比提升1.0个百分点。全区制造业增加值同比增长8.4%，拉动规模以上工业增加值增速3.1个百分点，有力支撑工业生产恢复发展。新兴产业发展势头较好，规模以上装备制造业、高技术制造业和计算机、通信和其他电子设备制造业增加值同比分别增长38.1%、16.4%和50.1%。产业转型升级稳步推进，改造提升传统产业，延长煤炭和稀土等产业链，煤电铝一体化65%，稀土原材料就地转化率70%，稀土永磁、储氢、抛光等新材料产值位居全国前列。能源绿色转型发展形势向好，可再生能源电力装机占全区总装机的36%，新能源消费比例达到17%。规模以上工业企业库存积压局面持续缓解，产成品存货同比下降6.2%，降幅较上年扩大1.2个百分点。

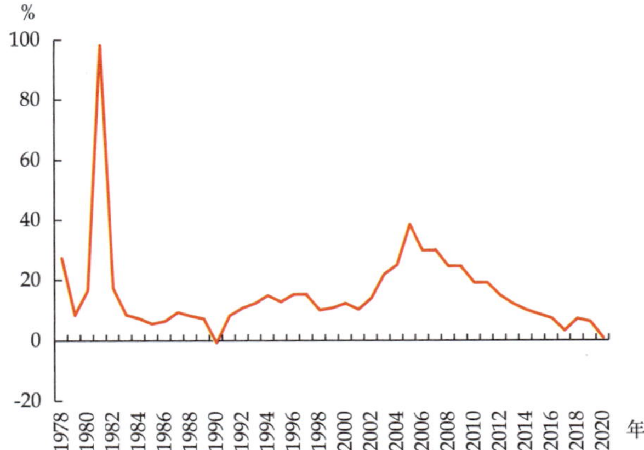

图11 1978—2020年内蒙古自治区规模以上工业增加值实际增长率

（数据来源：内蒙古统计局）

3. 服务业持续回暖，现代服务业增势较好。服务业支柱行业持续回暖，餐饮消费加速恢复，网络购物、无接触式消费带动物流业快速发展，快递业务量和收入同比分别增长37.1%和27.9%。以新技术为引领的现代服务业领域增势较好，软件和信息技术服务业、快递业等一批新兴服务业、现代服务业发展势头强劲。全年规模以上研究和试验发展业营业收入同比增长17.2%，规模以上专业技术服务业营业收入同比增长9.1%，数据中心装机能力突破120万台，“蒙芯”超微功耗传感器已在多个行业应用，“青城之光”高性能计算公共服务平台投入使用。

4. 供给侧结构性改革不断深化，高质量发展稳步推进。稳妥推进企业去杠杆，全区规模以上工业企业资产负债率降至59.6%，同比下降1.4个百分点，实现利润1315.1亿元。积极落实各项降成本政策，新增减税降费310亿元，全区规模以上工业企业每百元营业收入成本80.0元，低于全国平均水平3.9元。补短板持续加力，新产业实现逆势增长，高新技术产业增加值同比增长7.5%，快于规模以上工业增加值增速6.8个百分点。全年投入扶贫资金112.3亿元，全区剩余1.6万贫困人口实现脱贫，所有贫困旗县全部摘帽出列，脱贫攻坚取得决定性成果。

5. 生态环境持续改善，污染防治攻坚战成效显著。2020年，全区环境空气优良天数比例90.8%，高于国家考核目标1.7个百分点。PM2.5未达标的10个盟市平均浓度下降比例为25.0%，高于国家考核要求13个百分点。全区地表水考核断面优良水体比例为69.2%，优于国家考核目标9.6个百分点。呼伦湖、乌梁素海、岱海“一湖两海”生态环境进一步改善，水质稳中向好。扎实推进净土保卫战，受污染耕地安全利用率和污染地块安全利用率分别达到98%和90%以上的国家考核要求。生态建设积极推进，乌兰察布国家地质公园获批，全区50%以上的国土面积划入生态保护红线，营造林、种草、水土流失综合治理分别完成年度任务的101.6%、112.5%和106.8%。

（三）物价水平总体稳定，居民收入平稳增长

1. 居民消费价格涨幅回落，食品类价格呈上涨态势。2020年，全区居民消费价格同比上涨1.9%，较上年回落0.5个百分点，低于全国平均水平0.6个百分点。八大类消费价格呈现“六升二降”格局，除生活用品及服务类、交通和通信类下降外，其余六类均有不同程度的上涨。食品烟酒类价格同比上涨5.7%，涨幅居八大类消费价格之首，成为推动居民消费价格上涨的主因。尤其在猪肉平均价格全年高位运行作用下，畜肉类价格上涨27.4%。

2. 工业生产者价格小幅下降，降幅低于全国平均水平。受国际油价下跌及疫情影响，同时家用电器、小型汽车等销量减少、价格下降等多种因素共同作用，全区工业生产者出厂价格和购进价格同比分别下降0.3%和0.5%，降幅分别低于全国平均降幅1.5个和1.8个百分点。

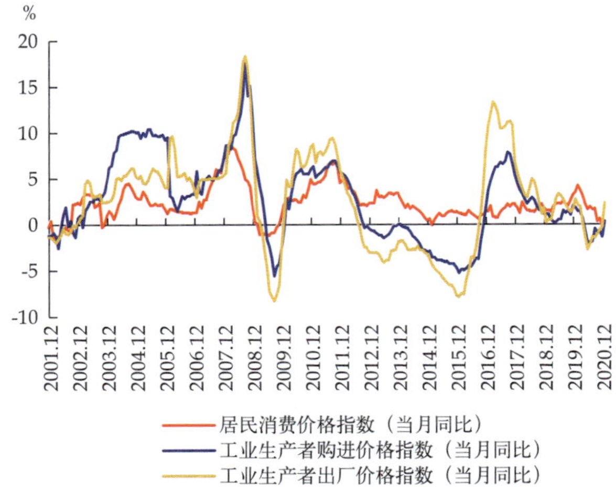

图12　2001—2020年内蒙古自治区居民消费价格指数和生产者价格指数变动趋势

（数据来源：内蒙古统计局）

3. 就业形势保持稳定，居民收入稳步提高。2020年，全区加大就业帮扶力度，实施精准对策，灵活就业。全年城镇新增就业23.2万人，完成年度任务的105.5%，城镇登记失业率3.8%，低于控制目标0.7个百分点，就业形势基本稳定。居民收入稳步提高，全区全体居民人均可支配收入31497元，同比增长3.1%，快于经济增速。其中，全年全区城乡常住居民人均可支配收入同比分别增长1.4%和8.4%，农牧民收入增速高于全国平均水平1.5个百分点，城乡居民收入差距持续缩小。

（四）财政运行总体平稳，重点领域支出得到有力保障

2020年，全区一般公共预算收入2051.3亿元，完成年度预算计划的105.2%，超收101.3亿元。一般公共预算支出5268.2亿元，同比增长3.3%。全区各项助企纾困政策落地见效，财政支出持续稳定增长，重点领域支出得到有力保障，社保和就业支出、教育支出和医疗卫生支出同比分别增长17.6%、5.2%和16.4%，有效兜牢织密民生保障网。地方政府债券发行持续扩容，累计发行1847.3亿元。拖欠民营企业中小企业无分歧账款全部清偿。

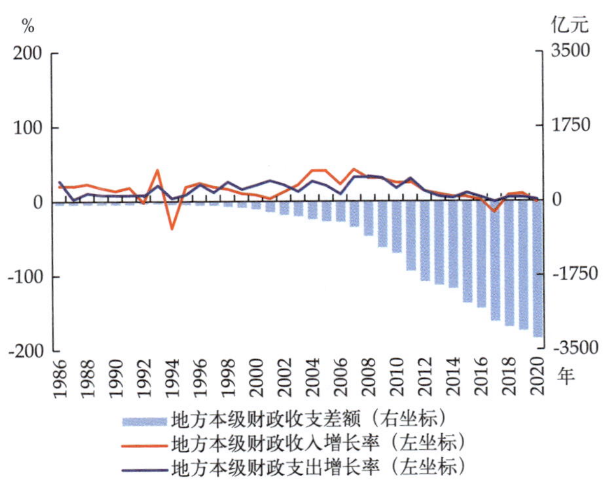

图 13　1986—2020 年内蒙古自治区财政收支状况

（数据来源：内蒙古统计局。）

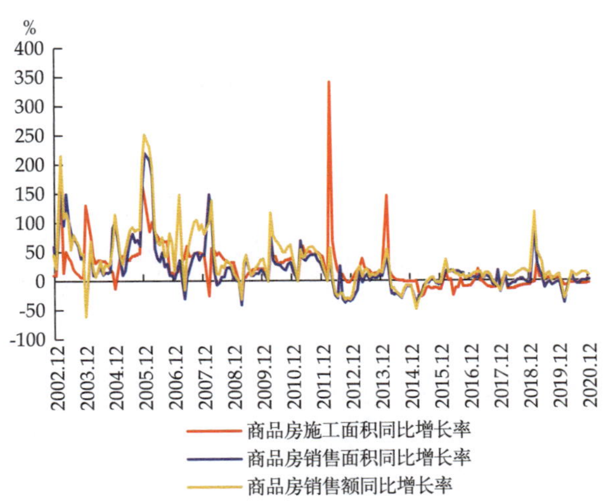

图 14　2002—2020 年内蒙古自治区商品房施工和销售变动趋势

（数据来源：内蒙古统计局）

（五）房地产市场运行平稳

1. 房地产新开工面积下降，商品房销售增速放缓。2020 年，全区房地产开发投资 1176.5 亿元。其中，呼和浩特市房地产投资 246.9 亿元，占全区的 21.0%。全区房地产新开工面积同比下降 11.3%，商品房竣工面积同比下降 11.5%。新建商品房销售面积 4598 万平方米，同比上升 0.1%，增速同比下降 8.8 个百分点。

2. 房地产开发贷款下降。2020 年末，全区房地产贷款余额 5043.1 亿元。其中，房地产开发贷款同比下降 8.4%，同比多降 4.3 个百分点。差别化住房信贷政策执行情况良好，全年发放的个人首套住房贷款占全部发放个人住房贷款的 90.8%。首套住房贷款加权平均利率为 5.20%，较上年同期下降 25 个基点。

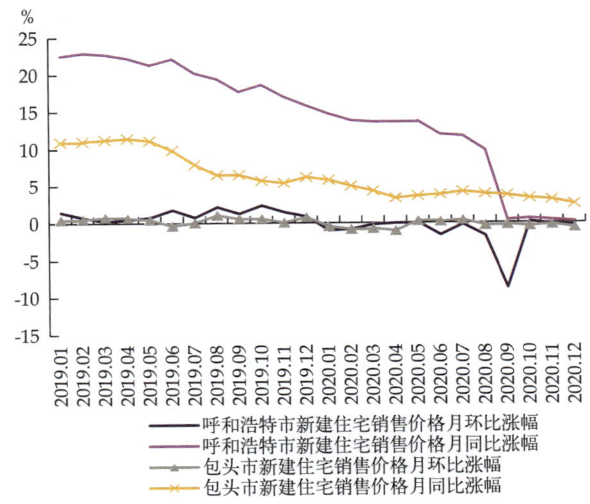

图 15　2019—2020 年内蒙古自治区主要城市新建住宅销售价格变动趋势

（数据来源：内蒙古统计局）

专栏 2　多措并举　助推内蒙古奶业全面振兴

内蒙古作为我国的乳业主产区，拥有得天独厚的奶源基地和乳业发展的良好基础，素有中国“奶罐子”的称号。近年来，内蒙古深入贯彻落实习近平总书记对自治区发展“千亿级奶产业集群”的重要指示精神，多措并举，精准发力，全面加快奶业现代化建设，推进奶业全面振兴。

一、完善配套政策措施，强化部门协同联动

内蒙古相继出台《推进奶业振兴的实施意见》《推进奶业振兴若干政策措施》《奶业振兴三年行动方案（2020—2022年）》等政策，为推动奶业高质量发展提供政策保障。中国人民银行呼和浩特中心支行联合有关部门制订《内蒙古自治区乳业上下游企业融资需求对接实施方案》，共同开展金融精准服务奶业振兴专项行动，引导金融资源向奶业倾斜，力争3年内向奶业全产业链提供不少于500亿元融资支持。

二、发挥政府引导作用，确保政策落地见效

2020年内蒙古投入4亿元设立财政专项资金，有效发挥杠杆作用，支持养殖环节降本增效。召开政银企对接会，推动奶业企业与金融机构实现精准对接，56个奶业项目达成融资意向216亿元，已落地71.1亿元。近3年内蒙古投入资金158亿元，形成了政府投入引导、金融精准服务、社会力量支持的多元化投入机制。

三、拓宽资金来源渠道，满足多元化融资需求

充分发挥货币政策工具的精准滴灌作用，加大对龙头企业的支持力度。2020年，金融机构运用专项再贷款为蒙牛乳业(集团)股份有限公司发放优惠贷款，经财政贴息后实际负担利率为1%。中国人民银行呼和浩特中心支行引导金融机构累计发放贷款137亿元，重点支持奶业基础设施建设、种植、养殖、加工等环节。大力推动奶业企业直接融资，2020年内蒙古奶业企业通过银行间债券市场累计融资495亿元，其中内蒙古伊利实业集团股份有限公司发行疫情防控债50亿元。

四、创新奶业金融产品，提高金融服务水平

中国人民银行呼和浩特中心支行推动金融机构开展以包括奶牛等活体和符合要求的养殖场为抵押物的贷款业务，将非标准化、不可确权质押的活体牲畜转变为标准化、可确权质押的金融资产，有效缓解奶业企业贷款难问题。2020年末，内蒙古活体牲畜质押贷款余额为41.2亿元，比年初新增23.6亿元，支持300家畜牧业企业和近2万户农牧户生产发展。农牧区承包土地（草牧场）的经营权抵押贷款余额62.7亿元，比年初新增9.1亿元。

三、预测与展望

2021年，内蒙古经济社会发展面临的内外部环境仍然复杂严峻。疫情变化和外部环境存在不确定性，经济恢复基础尚不牢固，经济结构深层次矛盾较为突出，转变发展方式任务艰巨，科技创新能力不足，营商环境仍待优化，金融风险防控力度仍需进一步加大。也要看到，内蒙古经济长期稳中向好的发展趋势没有改变，随着一系列重大国家战略的深入实施，内蒙古将加快融入新发展格局，以生态优先、绿色发展为导向的高质量发展新路子也将迎来新的更大发展机遇期。

2021年，是中国共产党成立100周年和“十四五”规划的开局之年，内蒙古金融业将以习近平新时代中国特色社会主义思想为指导，全面贯彻落实党的十九届五中全会和中央经济工作会议精神，坚持稳中求进工作总基调，立足新发展阶段，贯彻新发展理念，聚焦自治区“两个屏障”“两个基地”“一个桥头堡”的战略定位，按照稳健的货币政策灵活精准、合理适度的要求，加大对实体经济的支持力度，坚持稳字当头，处理好恢复经济和防范风险关系，促进全年信贷和地区社会融资规模增速同名义经济增速基本匹配，为加快构建新发展格局创造良好的货币金融环境，确保“十四五”开好局，以优异成绩庆祝建党100周年。

中国人民银行呼和浩特中心支行货币政策分析小组

总　　纂： 肖龙沧　张永春
统　　稿： 李永泽　李　雄　汪俊艳　赵　婧
执　　笔： 刘　欣　那木拉　赵　平　杨铁牛　吕明旭　陈　璐　张海波　王　千　曹梦月　倪　嘉　张思宇
提供材料： 张雨帆　陈朝雅　温建刚　陈新行　张佳伟　李　鹏　宋赛君

附录

（一）2020 年内蒙古自治区经济金融大事记

1 月 7 日，阿拉善盟额济纳胡杨林旅游区获批成为国家 AAAAA 级旅游景区，为内蒙古自治区第六个国家 AAAAA 级旅游景区。

4 月 28 日，内蒙古乌海液氦工厂项目建成投产，为国内首座民用液氦工厂。

5 月 6 日，中国（满洲里）跨境电子商务综合试验区获批，满洲里市成为内蒙古自治区继呼和浩特市和赤峰市之后第三个获批城市。

5 月 25 日，蒙商银行正式全面开业。

7 月 1 日，内蒙古自治区赤峰至京沈高铁喀左站铁路举行开通及列车首发仪式，标志着赤峰市正式接入中国高铁网。

7 月 23 日，金融助力民营企业稳产达产对接会在呼和浩特市组织召开，内蒙古自治区党委书记石泰峰出席会议，现场签约 65.4 亿元。

7 月 27 日，新三板精选层设立暨大唐药业挂牌仪式在内蒙古股权交易中心举行，内蒙古大唐药业股份有限公司成功晋层新三板精选层，是内蒙古首家新三板精选层挂牌企业，也是全国首批新三板精选层挂牌企业之一。

7 月 28 日，2020 中国·内蒙古现代能源经济发展指数在北京正式发布，为全国首只评价能源综合发展水平的指数。

10 月 31 日，乌兰察布“源网荷储”示范项目暨三峡现代能源产业园在内蒙古察哈尔工业园区开工奠基，是国内首个“源网荷储”示范项目，也是目前全球规模最大的“源网荷储”示范项目。

12 月 20 日，“天赋河套”荣获 2020 中国区域农业品牌榜第一，荣登 2006—2020 中国品牌 15 年卓越发展力品牌榜，为唯一的区域公用品牌。

（二）2020 年内蒙古自治区主要经济金融指标

表 1　2020 年内蒙古自治区主要存贷款指标

	项目	1月	2月	3月	4月	5月	6月	7月	8月	9月	10月	11月	12月
本外币	金融机构各项存款余额（亿元）	23764.6	23952.7	24483.6	24235.4	24460.8	25125.6	25009.2	24784.5	25658.7	25575.6	25699.4	25066.6
	其中：住户存款	13988.4	14011.8	14354.8	14198.6	14249.5	14541.9	14465.3	14535.0	14818.8	14774.0	14907.3	15348.2
	非金融企业存款	4831.2	4822.5	5044.4	5082.8	5178.0	5126.4	5341.6	5254.7	5251.7	5252.9	5348.2	5117.3
	各项存款余额比上月增加（亿元）	21.3	188.1	530.8	-248.1	225.4	664.7	-116.4	-224.7	874.2	-83.1	123.8	-632.8
	金融机构各项存款同比增长（%）	1.3	1.6	1.9	0.6	1.0	4.0	2.9	0.3	4.6	5.5	6.4	5.6
	金融机构各项贷款余额（亿元）	23327.9	23348.4	23711.5	23734.7	23818.7	24013.9	24006.3	23966.6	24003.6	23194.1	23188.9	23327.6
	其中：短期	6997.4	7003.0	7140.7	7164.0	7200.1	7310.6	7215.3	7069.4	7017.7	6590.7	6471.1	6343.9
	中长期	15108.3	15164.0	15299.4	15344.5	15377.7	15501.1	15608.2	15751.5	15902.8	15584.4	15690.9	15817.9
	票据融资	1068.1	1021.0	1096.7	1044.8	1046.5	1017.8	992.2	998.7	953.3	893.8	905.0	1063.9
	各项贷款余额比上月增加（亿元）	149.9	20.4	363.1	23.2	84.1	195.2	-7.6	-39.7	36.9	-809.5	-5.2	138.7
	其中：短期	12.9	5.6	137.8	23.3	36.1	110.5	-95.3	-145.9	-51.7	-427.0	-119.7	-127.2
	中长期	108.3	55.6	135.4	45.2	33.1	123.4	107.1	143.4	151.3	-318.4	106.6	127.0
	票据融资	26.0	-47.0	75.7	-52.0	1.7	-28.6	-25.6	6.4	-45.4	-59.5	11.2	158.9
	金融机构各项贷款同比增长（%）	-23.4	3.7	4.4	4.5	4.3	4.5	4.4	3.7	3.4	0.2	-0.4	0.6
	其中：短期	-4.5	-4.2	-3.7	-3.9	-3.1	-1.9	-2.9	-4.8	-5.7	-10.6	-10.9	-11.2
	中长期	7.7	7.6	8.0	8.2	7.9	8.2	8.4	8.6	9.2	6.9	5.7	6.6
	票据融资	-19.3	7.5	14.5	11.7	5.8	-2.0	-0.4	-2.5	-8.3	-12.3	-9.3	2.1
	建筑业贷款余额（亿元）	778.0	778.7	789.5	788.7	707.3	703.9	696.1	694.2	690.0	685.9	679.3	675.7
	房地产业贷款余额（亿元）	528.9	530.4	559.6	558.3	559.6	547.1	546.8	518.8	504.7	282.8	454.9	448.1
	建筑业贷款同比增长（%）	0.7	0.4	1.7	1.6	-9.7	-10.7	-13.1	-13.1	-12.9	-14.0	-13.1	-13.0
	房地产业贷款同比增长（%）	-1.7	-2.0	3.3	3.6	3.0	1.3	-0.6	-5.2	-8.2	-48.3	-15.9	-15.8
人民币	金融机构各项存款余额（亿元）	23672.5	23857.0	24387.8	24142.1	24367.8	25033.5	24919.1	24685.7	25550.9	25452.8	25550.9	24970.0
	其中：住户存款	13944.5	13965.7	14304.5	14148.5	14200.9	14494.5	14418.5	14488.9	14772.3	14727.3	14861.2	15302.8
	非金融企业存款	4800.3	4790.4	5005.7	5049.2	5142.5	5088.0	5304.6	5219.5	5220.6	5204.5	5287.8	5089.6
	各项存款余额比上月增加（亿元）	27.4	184.5	530.8	-245.7	225.7	665.7	-114.4	-233.4	865.2	-98.1	98.1	-580.9
	其中：住户存款	357.2	21.1	338.8	-155.9	52.4	293.6	-76.0	70.4	283.5	-45.0	133.9	441.5
	非金融企业存款	-378.3	-9.9	215.3	43.5	93.3	-54.5	216.6	-85.1	1.1	-16.1	83.3	-198.2
	各项存款同比增长（%）	1.3	1.5	1.9	0.6	1.0	4.0	2.9	0.2	4.5	5.3	6.2	5.6
	其中：住户存款	11.6	10.5	12.0	11.3	11.4	12.6	11.7	12.3	12.3	12.5	12.8	12.6
	非金融企业存款	-17.4	-14.8	-12.4	-10.4	-9.6	-11.1	-6.8	-10.5	-9.3	-6.1	-4.2	-1.7
	金融机构各项贷款余额（亿元）	23239.3	23257.0	23616.3	23640.2	23713.3	23902.5	23894.9	23857.7	23913.8	23104.0	23098.7	23249.2
	其中：个人消费贷款	3807.3	3786.2	3849.4	3894.5	3942.8	4019.9	4077.2	4141.7	4150.0	4163.5	4202.8	4217.0
	票据融资	1068.1	1021.0	1096.7	1044.8	1046.5	1017.8	992.2	998.7	953.3	893.8	905.0	1063.9
	各项贷款余额比上月增加（亿元）	154.2	17.7	359.4	23.9	73.1	189.2	-7.6	-37.2	56.2	-809.9	-5.2	150.5
	其中：个人消费贷款	17.0	-21.2	63.2	45.1	48.3	77.1	57.2	64.6	8.2	13.5	39.3	14.2
	票据融资	26.0	-47.0	75.7	-52.0	1.7	-28.6	-25.6	6.4	-45.4	-59.5	11.2	158.9
	金融机构各项贷款同比增长（%）	3.9	3.8	4.5	4.5	4.3	4.5	4.4	3.7	3.5	0.3	-0.4	0.7
	其中：个人消费贷款	12.9	11.7	11.3	11.1	11.0	12.2	13.2	13.8	12.6	12.2	11.9	11.3
	票据融资	10.5	7.5	14.5	11.7	5.8	-2.0	-0.4	-2.5	-8.3	-12.3	-9.3	2.1
外币	金融机构外币存款余额（亿美元）	13.4	13.7	13.5	13.2	13.0	13.0	12.9	14.4	15.8	18.3	22.6	14.8
	金融机构外币存款同比增长（%）	4.5	4.3	8.1	0.2	3.6	7.5	4.1	27.6	42.7	42.7	71.0	5.0
	金融机构外币贷款余额（亿美元）	12.9	13.0	13.4	13.4	14.8	15.7	16.0	15.9	13.2	13.4	13.7	12.0
	金融机构外币贷款同比增长（%）	-21.5	-17.9	-11.1	-10.8	4.1	8.5	12.4	11.9	-7.2	-6.3	-1.4	-9.6

数据来源：中国人民银行呼和浩特中心支行。

表 2　2001—2020 年内蒙古自治区各类价格指数

时间		居民消费价格指数		农业生产资料价格指数		工业生产者购进价格指数		工业生产者出厂价格指数	
		当月同比	累计同比	当月同比	累计同比	当月同比	累计同比	当月同比	累计同比
2001		—	0.6	—	1.4	—	6.8	—	2.8
2002		—	0.2	—	2.6	—	-0.1	—	-0.7
2003		—	2.2	—	1.2	—	2.9	—	3.2
2004		—	2.9	—	9.5	—	9.2	—	5.1
2005		—	2.4	—	8.3	—	9.9	—	5.1
2006		—	1.5	—	1.1	—	5.9	—	3.0
2007		—	4.6	—	3.0	—	4.8	—	5.7
2008		—	5.7	—	14.9	—	11.7	—	12.5
2009		—	-0.3	—	-0.4	—	-0.9	—	-3.8
2010		—	3.2	—	2.0	—	5.0	—	6.7
2011		—	5.6	—	6.3	—	6.1	—	7.8
2012		—	3.1	—	4.9	—	2.0	—	0.2
2013		—	3.2	—	3.5	—	-0.7	—	-3.0
2014		—	1.6	—	-0.1	—	-1.6	—	-2.7
2015		—	1.1	—	-1.3	—	-4.1	—	-6.0
2016		—	1.2	—	-3.6	—	-2.6	—	-1.1
2017		—	1.7	—	0.0	—	6.3	—	10.6
2018		—	1.8	—	2.8	—	2.4	—	3.2
2019		—	2.4	—	2.0	—	1.1	—	2.1
2020		—	1.9	—	3.2	—	-0.5	—	-0.3
2019	1	1.6	1.6	5.4	5.4	1.1	1.1	0.6	0.6
	2	1.5	1.5	2.1	1.9	0.6	0.9	0.6	0.6
	3	2.1	1.7	0.7	1.5	0.3	0.7	1.6	0.9
	4	2.3	1.9	1.2	1.4	0.3	0.6	2.9	1.4
	5	2.4	2.0	1.2	1.4	0.6	0.6	3.4	1.8
	6	2.3	2.4	1.0	1.3	0.6	0.6	3.2	2.0
	7	2.6	2.1	1.2	1.3	1.6	0.7	2.8	2.1
	8	2.2	2.1	1.7	1.4	1.3	0.8	2.2	2.2
	9	2.1	2.1	1.9	1.4	1.6	0.9	1.7	2.1
	10	2.7	2.2	2.6	1.5	1.1	0.9	1.4	2.0
	11	3.3	2.3	4.1	1.8	2.1	1.0	1.8	2.0
	12	3.6	2.4	4.8	2.0	1.9	1.1	2.8	2.1
2020	1	4.3	4.3	—	—	1.5	—	2.2	—
	2	3.8	4.0	4.3	4.8	1.4	1.5	2.0	2.1
	3	3.2	3.8	3.8	4.5	0.7	1.2	0.2	1.5
	4	2.3	3.4	4.9	4.6	-0.7	0.7	-1.3	0.8
	5	1.7	3.0	4.3	4.5	-1.9	0.2	-2.7	0.1
	6	1.5	2.8	4.0	4.4	-2	-0.2	-2.1	-0.3
	7	1.7	2.6	4.0	4.4	-1.8	-0.4	-1.3	-0.5
	8	1.8	2.5	3.7	4.3	-0.4	-0.4	-1.4	-0.6
	9	1.7	2.4	3.2	4.2	-0.8	-0.4	-1	-0.6
	10	0.7	2.3	1.2	3.9	-0.7	-0.5	-0.5	-0.6
	11	-0.1	2	0	3.5	-1.3	-0.5	-0.2	-0.6
	12	0.4	1.9	0.5	3.2	0.4	-0.5	2.4	-0.3

数据来源：内蒙古统计局、《中国经济景气月报》。

表 3　2020 年内蒙古自治区主要经济指标

项目	1 月	2 月	3 月	4 月	5 月	6 月	7 月	8 月	9 月	10 月	11 月	12 月
绝对值（自年初累计）												
地区生产总值（亿元）	—	—	3550.9	—	—	7704.1	—	—	12320.0	—	—	17360.0
第一产业	—	—	135.7	—	—	366.0	—	—	740.3	—	—	2025.0
第二产业	—	—	1418.8	—	—	3227.2	—	—	5152.6	—	—	6868.0
第三产业	—	—	1996.4	—	—	4110.9	—	—	6427.2	—	—	8467.0
工业增加值（亿元）	—	—	—	—	—	—	—	—	—	—	—	—
固定资产投资（亿元）	—	—	—	—	—	—	—	—	—	—	—	—
房地产开发投资	—	5.6	46.5	117.0	224.7	390.9	562.1	725.7	927.3	1063.5	1155.0	1176.5
社会消费品零售总额（亿元）	—	—	—	—	—	—	—	—	—	—	—	4760.5
外贸进出口总额（亿元）	—	171.5	254.2	335.7	415.2	492.6	577.5	662.0	769.5	859.0	946.1	1043.3
进口	—	125.6	172.8	221.8	272.6	324.4	378.9	436.2	512.3	573.9	630.7	694.2
出口	—	45.9	81.5	113.8	142.6	168.2	198.6	225.8	257.2	285.1	315.4	349.1
进出口差额（出口－进口）	—	-79.7	-91.3	-108.0	-130.0	-156.2	-180.3	-210.4	-255.1	-288.8	-315.3	-345.1
实际利用外资（亿美元）	—	2.9	6.3	6.5	7.6	9.2	10.5	11.8	12.9	14.7	16.6	18.2
地方财政收支差额（亿元）	—	-211.0	-505.1	-701.0	-946.0	-1354.3	-1598.9	-1885.6	-2270.2	-2414.4	-2634.3	-3216.9
地方财政收入	—	306.5	415.2	585.7	767.2	935.1	1106.2	1237.1	1381.2	1570.7	1780.0	2051.3
地方财政支出	—	517.5	920.3	1286.7	1713.2	2289.4	2705.1	3122.7	3651.4	3985.1	4414.3	5268.2
城镇登记失业率（%）（季度）	—	—	3.7	—	—	3.8	—	—	4.3	—	—	3.8
同比累计增长率（%）												
地区生产总值	—	—	-5.8	—	—	-3.8	—	—	-1.9	—	—	0.2
第一产业	—	—	-12.1	—	—	-0.5	—	—	0.2	—	—	1.7
第二产业	—	—	-3.6	—	—	-1.8	—	—	-0.9	—	—	1.0
第三产业	—	—	-6.8	—	—	-5.6	—	—	-3.0	—	—	-0.9
工业增加值	—	-4.7	-2.9	-1.8	-2.5	-2.1	-2.1	-1.9	-1.9	-1.2	-0.2	0.7
固定资产投资	—	-34.9	-37.3	-25.5	-19.6	-22.3	-15.4	-12.0	-7.7	-4.3	-3.5	-1.5
房地产开发投资	—	0.0	0.0	5.6	6.8	8.3	8.0	7.0	8.9	11.1	12.6	12.9
社会消费品零售总额	—	-24.8	-21.6	-17.8	-15.2	-13.8	-12.3	-11.2	-9.9	-8.1	-6.7	-5.8
外贸进出口总额	—	2.9	-4.0	-7.6	-8.8	-10.5	-9.2	-10.0	-6.6	-5.4	-5.7	-4.9
进口	—	52.0	38.2	33.4	28.1	16.8	16.0	-10.6	-6.4	-5.0	-5.7	-3.7
出口	—	-21.9	-11.8	-8.8	-8.0	-8.8	-7.5	-8.9	-6.9	-6.1	-5.9	-7.4
实际利用外资	—	221.6	40.6	32.4	-22.8	-15.6	-22.9	-16.4	-17.3	-11.4	-6.4	-11.6
地方财政收入	—	-20.3	-20.6	-18.9	-13.5	-8.7	-10.9	-9.3	-8.6	-7.0	-4.7	-0.4
地方财政支出	—	-22.5	-17.5	-17.6	-9.9	-2.8	0.3	2.1	4.4	4.6	4.4	3.3

数据来源：内蒙古统计局。

辽宁省金融运行报告（2021）

中国人民银行沈阳分行货币政策分析小组

［内容摘要］2020年，面对新冠肺炎疫情的严重冲击和复杂的外部环境，辽宁顶住经济下行压力，主要经济指标实现正增长，全年地区生产总值2.5万亿元，同比增长0.6%。三次产业协调发展。其中，第一产业同比增长3.2%，粮食产量连续6年超过420亿斤；第二产业同比增长1.8%，装备制造业扭转了年初以来的下降态势，同比增长1.3%，12月单月同比增长达到9.3%；第三产业同比下降0.7%，降幅较第一季度收窄5.6个百分点。需求有所回升。其中，固定资产投资同比增长2.6%，实现正增长。社会消费品零售总额同比下降7.3%，但市场活力逐渐恢复，全省实物商品网上零售额同比增长18.1%。进出口总额同比下降10.3%，外商直接投资增长9.5%。在新增减税降费规模720亿元的情况下，财政收入仍实现正增长。社会保障水平不断提高。财政用于民生的比重达74.6%，城乡低保标准平均提高8%，大病保险支付比例提高到70%。就业保持总体稳定，城镇新增就业45.2万人。居民消费价格指数（CPI）同比上涨2.4%，增速与上年持平；工业生产者出厂价格（PPI）同比下降3.0%，较上年降低2.5个百分点。供给侧结构性改革进一步深化。推动200万吨以下炼油企业退出落后产能742万吨。脱贫攻坚战取得决定性胜利。15个省级贫困县、1791个贫困村全部脱贫摘帽，84万农村建档立卡贫困人口全部脱贫。新旧动能继续转换。高技术制造业投资增长33.4%，新增高新技术企业1508家，培育雏鹰、瞪羚和独角兽企业2163家。

信贷总量小幅增长。2020年末，全省银行业金融机构本外币各项贷款余额5.2万亿元，同比增长5.3%。中小银行发挥地方金融服务主力军作用，全国性中小型银行和区域性中小型银行本外币贷款分别同比增长7.4%和9.3%。融资结构改善，贷款市场报价利率改革红利逐渐释放。企（事）业单位中长期贷款回暖，12月末增速回升至6.2%，连续5个月增速上升。结构性货币政策工具精准发力，小微企业融资状况明显改善。普惠小微贷款余额同比增长12.6%，高于全部贷款增速7.3个百分点。12月新发放人民币一般贷款加权平均利率同比下降47个基点。金融支持保市场主体工作取得积极成效。中国人民银行沈阳分行创新“一企一群 五方联动”工作机制，综合运用多项货币政策工具支持金融机构发放优惠政策贷款2056.3亿元，惠及市场主体超4万家；建立“线下＋线上”银企对接模式，累计投放贷款1805亿元，为超过4000家企业解决了融资需求；全省正常经营市场主体达248.5万家，较疫情前增加17.7万家。应收账款融资服务平台推广应用工作取得成效，全年累计开通用户2845个，成交金额2960亿元，同比增长16.3%。金融市场服务质量进一步提升。证券交易量较快增长，同比增长34.7%，全省上市公司股票市场累计融资同比增长41.8%，大连商品交易所生猪期货获批上市，成为我国价值最大农副产品、首个活体交割的期货品种。保险业总资产、保费收入和赔付支出同比分别增长13.2%、3.8%和9.8%。支付环境进一步改善，小额支付系统和网上支付跨行清算系统处理业务金额分别增长156.9%和122.9%。跨境人民币结算金额累计达1.2万亿元，连续七年保持全省跨境收支第二大结算货币、资本项下第一大结算货币地位。跨境人民币结算业务试点以来，为企业节约成本248亿元。反洗钱协调机制合作成果不断扩大，中国人民银行沈阳分行先后配合有关部门成功破获“3·23”运输贩卖毒品案、“9·25”服装领域特大骗取出口退税专案等。金融消费者教育长效机制逐步建立，开展多层次、全覆盖的金融知识普及宣传教育活动，受众消费人群超过1200万人。

2021年是实施“十四五”规划的开局之年，辽宁振兴发展仍面临产业结构调整压力大、区域金融风险化解任务重、营商环境有待进一步优化等困难和挑战，金融部门将坚持以习近平新时代中国特色社会主义思想为指导，全面贯彻党的十九大和十九届二中、三中、四中、五中全会精神，准确把握新发展阶段，深入贯彻新发展理念，加快构建新发展格局，认真贯彻执行稳健的货币政策灵活精准、合理适度要求，提高政策执行的科学性和精准性，加强结构引导，促进地区社会融资规模合理增长，引导资金向实体经济高效配置，支持中小金融机构改革化险，处理好恢复经济和防范风险的关系，为辽宁开启全面建设社会主义现代化提供有力的金融保障。

一、金融运行情况

2020年，辽宁省金融支持实体经济力度稳固，结构性货币政策工具精准发力，贷款市场报价利率（LPR）改革红利持续释放，贷款利率下降明显，为辽宁经济抗疫保供、复工复产、实现经济正增长提供了有力保障。金融运行总体平稳，但面临的困难和挑战有所增多。银行业发展态势趋缓，改革与风险化解工作有序开展；证券交易量较快增长；保险业分化发展。

（一）银行业发展态势趋缓，改革与风险化解工作有序开展

1. 资产负债规模小幅增长，贷款质量有所下行。2020年末，全省银行业金融机构资产总额91143.7亿元，同比增长6.1%；负债总额87452.5亿元，同比增长6.1%。分机构看，股份制商业银行和农村金融机构的资产负债规模增长较快。2020年，银行业金融机构实现利润110.3亿元，同比下降9.8%。

表1　2020年辽宁省银行业金融机构情况

机构类别	营业网点			法人机构（个）
	机构个数（个）	从业人数（人）	资产总额（亿元）	
一、大型商业银行	3108	73112	25081.7	0
二、国家开发银行和政策性银行	83	2431	5850.8	0
三、股份制商业银行	684	16211	9788.4	0
四、城市商业银行	1380	34088	34984.3	15
五、城市信用社	0	0	0.0	0
六、小型农村金融机构	2090	29514	9211.2	60
七、财务公司	2	221	1068.8	3
八、信托公司	1	149	123.2	1
九、邮政储蓄银行	1739	18015	3151.6	0
十、外资银行	40	1336	459.3	1
十一、新型农村金融机构	213	5129	1057.9	67
十二、其他	6	765	366.5	3
合　计	9346	180971	91143.7	150

数据来源：辽宁银保监局。

注：营业网点不包括国家开发银行和政策性银行、大型商业银行、股份制商业银行等金融机构总部数据；大型商业银行包括工商银行、农业银行、中国银行、建设银行和交通银行；小型农村金融机构包括农村商业银行、农村合作银行和农村信用社；新型农村金融机构包括村镇银行、贷款公司、农村资金互助社和小额贷款公司；其他包含金融租赁公司、汽车金融公司、货币经纪公司、消费金融公司等。

2. 存款较快增长。2020年末，全省银行业金融机构本外币各项存款余额67988.2亿元，比年初增加5290.8亿元，同比增长8.4%，增速较上年高2.2个百分点。分部门看，非金融企业本外币存款余额13429.3亿元，增速同比下降12.3%，较上年低8.4个百分点。住户本外币存款余额42962.9亿元，同比增长18.9%，增速较

上年高 3.5 个百分点，连续 29 个月保持两位数增长。其中，银行定期存款等稳定型产品受到个人投资者普遍欢迎。2020 年末，全省住户定期存款余额 34402 亿元，同比增长 22.2%；个人大额存单发行余额 3886.1 亿元，同比增长 9.2%。

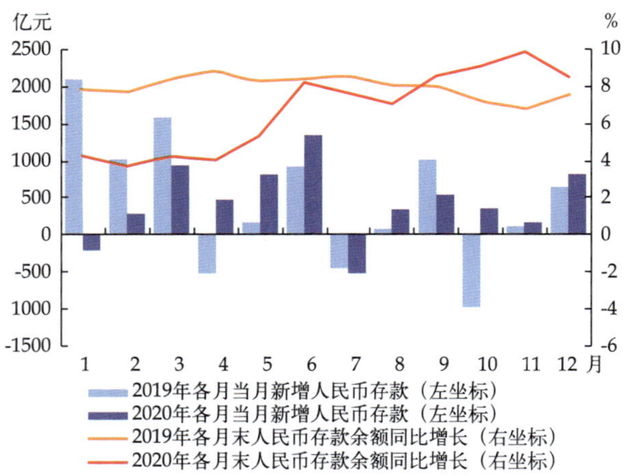

图 1　2019—2020 年辽宁省金融机构人民币存款增长变化

（数据来源：中国人民银行沈阳分行）

3. 贷款增速受疫情影响放缓。2020 年末，全省银行业金融机构本外币各项贷款余额 52209.4 亿元，比年初增加 2626.8 亿元，同比增长 5.3%，增速较上年低 4.9 个百分点。分部门看，住户部门贷款余额 12607.2 亿元，同比增长 10.2%，增速较上年低 4.6 个百分点；企（事）业单位贷款余额 39298.7 亿元，同比增长 4%，增速较上年低 5 个百分点。企（事）业单位中长期贷款回暖，12 月末增速回升至 6.2%，连续 5 个月增速上升、月增量超百亿元，扭转了 3 月以来的负增长趋势。分机构看，中小银行发挥地方金融服务主力军作用，有效保障实体经济的信贷需求。2020 年末，全国性大型银行、全国性中小型银行和区域性中小型银行本外币贷款余额同比分别增长 3.3%、7.4% 和 9.3%。从投向看，基础设施建设领域的贷款同比增速达到 7.8%，较年内低点回升 4.4 个百分点，对稳定地方经济增长起到积极作用。制造业中长期贷款增长 5.9%，其中高技术制造业中长期贷款增速达到 42.6%。金融精准扶贫贷款同比增长 23.7%。

结构性货币政策工具精准发力，信贷政策支持再贷款和再贴现对国民经济重点领域和薄弱环节的支持力度不断增强。2020 年末，全省支农再贷款、支小再贷款和再贴现等货币政策工具余额同比增长 4.9%，全年累计发放额同比增长 22.7%。普惠小微贷款延期支持工具和普惠小微信用贷款支持计划两项创新直达货币政策工具落地见效，支持地方法人银行对 8245 户普惠小微企业 226.7 亿元贷款本息予以延期；支持地方法人银行发放3.14亿元普惠小微信用贷款。政策合力成效明显，辽宁省财政厅对全国性银行使用 3000 亿元疫情防控专项再贷款发放的优惠利率贷款给予 1% 的贴息；辽宁省金融监管局对地方法人银行使用 5000 亿元再贷款再贴现专用额度给予 1% 的资金激励，加上拨付支持企业上市发展专项资金和创业担保贷款贴息，全年共拨付贴息及奖励资金 2.1 亿元。

小微企业融资状况明显改善。2020 年末，全省小微企业贷款余额 13896.5 亿元，同比增长 9.3%，高于全部贷款增速 4 个百分点；普惠小微贷款余额 2595.5 亿元，同比增长 12.6%，高于全部贷款增速 7.3 个百分点。其中，科学研究和技术服务业小微企业贷款增速达到 20%。以信用方式发放的小微企业贷款同比增长 21.9%，增速较上年提高 17.9 个百分点。

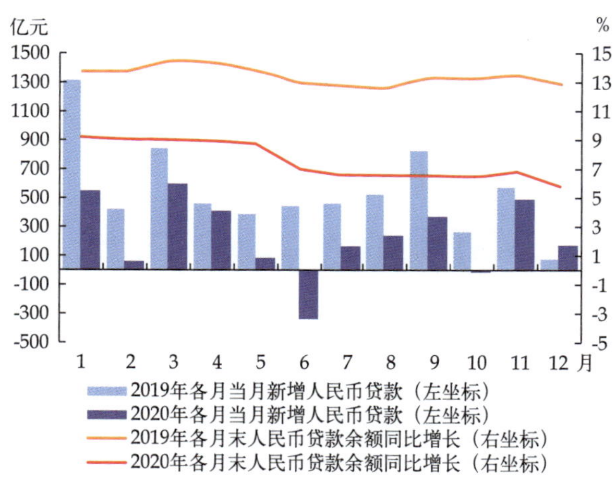

图 2　2019—2020 年辽宁省金融机构人民币贷款增长变化

（数据来源：中国人民银行沈阳分行）

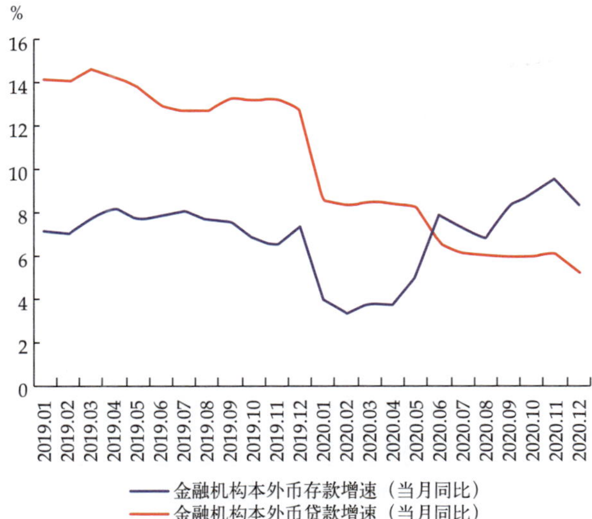

图3　2019—2020年辽宁省金融机构人民币存、贷款增速变化

（数据来源：中国人民银行沈阳分行）

4. 表外业务规模继续收缩。以未贴现的银行承兑汇票、信托贷款和委托贷款口径计算，2020年全省表外融资减少2811.4亿元，较上年多降459.6亿元。受中小银行业务模式调整等因素影响，未贴现的银行承兑汇票降幅尤其明显，全年减少2251.6亿元，较上年多降904.3亿元；信托贷款全年减少130.6亿元，较上年少降54.9亿元；委托贷款全年减少429.2亿元，较上年少降389.8亿元。

5. 贷款利率呈下行趋势，存款利率相对稳定。2020年，贷款市场报价利率改革红利持续释放，全省地方法人银行存量浮动利率贷款转换率超95%。贷款利率显著下行。12月，新发放人民币一般贷款加权平均利率同比下降47个基点。结构性货币政策工具落地见效，引导小微企业融资成本进一步下降。12月，普惠小微贷款加权平均利率同比下降76个基点。辽宁省市场利率定价自律机制加强存款管理，规范存款创新产品，维护存款市场竞争秩序，银行负债成本趋于稳定，定期存款加权平均利率同比下降5个基点。

表2　2020年辽宁省金融机构人民币贷款各利率浮动区间贷款占比

单位：%

项目		1月	2月	3月	4月	5月	6月
合计		100.0	100.0	100.0	100.0	100.0	100.0
LPR减点		24.8	31.4	19.4	24.1	26.1	15.1
LPR		1.8	4.7	0.9	3.1	2.7	3.4
LPR加点	小计	73.4	63.9	79.7	72.8	71.2	81.5
	(LPR，LPR+0.5%)	10.0	12.1	12.9	9.3	11.5	12.6
	[LPR+0.5%，LPR+1.5%)	21.2	17.5	14.7	18.8	18.2	23.5
	[LPR+1.5%，LPR+3%)	19.4	11.4	15.9	18.0	16.3	14.4
	[LPR+3%，LPR+5%)	13.1	14.8	24.2	19.0	18.3	21.8
	LPR+5%及以上	9.7	8.1	11.9	7.7	6.9	9.2
项目		7月	8月	9月	10月	11月	12月
合计		100.0	100.0	100.0	100.0	100.0	100.0
LPR减点		16.7	23.5	17.8	23.2	29.7	15.3
LPR		4.1	3.2	5.4	4.9	4.6	23.2
LPR加点	小计	79.2	73.3	76.8	71.9	65.7	61.5
	(LPR，LPR+0.5%)	11.6	10.3	7.0	10.0	9.6	8.4
	[LPR+0.5%，LPR+1.5%)	27.5	20.7	18.4	14.7	18.7	14.8
	[LPR+1.5%，LPR+3%)	17.7	18.0	28.2	19.4	18.4	13.8
	[LPR+3%，LPR+5%)	15.8	16.1	17.6	22.3	13.1	19.1
	LPR+5%及以上	6.6	8.1	5.6	5.4	5.8	5.4

数据来源：中国人民银行沈阳分行。

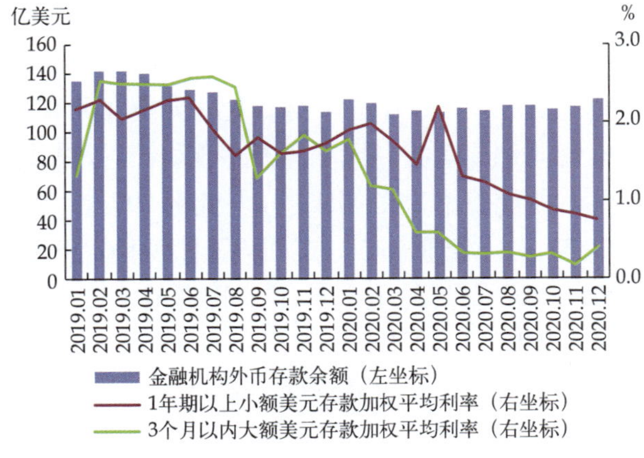

图4　2019—2020年辽宁省金融机构外币存款余额及外汇存款利率

（数据来源：中国人民银行沈阳分行）

6. 跨境人民币结算业务发展较快。2020 年末，全省跨境人民币结算金额累计达 12416.6 亿元，跨境人民币结算业务试点以来，为企业节约成本 248 亿元。人民币连续七年保持全省跨境收支第二大结算货币、资本项下第一大结算货币地位。2020 年，全省跨境人民币收付金额合计 1765.1 亿元，同比增长 40.6%，其中跨境收入 536.3 亿元，跨境支出 1228.8 亿元。有 73 家银行的 800 余家分支机构办理跨境人民币结算业务，涉及企业 8000 余家，涉及境外国家和地区 147 个；与 56 个“一带一路”国家和地区开展跨境人民币结算业务，累计跨境收付总额 1827.5 亿元，增长超过 50%。

（二）证券交易量较快增长

1. 上市公司市值和股市融资额显著增加。2020 年末，全省共有境内上市公司 76 家，同比增加 1 家。其中，2 家公司首发上市，1 家公司由外埠迁至省内，2 家公司退市。上市公司总股本 1267.1 亿股，同比增长 2.7%；总市值 8166.6 亿元，同比增长 17.2%。2020 年，辽宁省在全国中小企业股份转让系统（新三板）挂牌企业 170 家，同比减少 11 家。2020 年，全省上市公司股票市场累计融资 66.7 亿元，同比增长 41.8%。

2. 证券期货经营机构数量有所调整，交易规模增长较快。2020 年末，全省共有法人证券公司 3 家，证券分公司 62 家，比上年增加 4 家；证券营业部 325 家，比上年减少 17 家。全省共有法人期货公司 2 家，期货分支机构 109 家（分公司 51 家，营业部 57 家）。全省共登记基金管理人 164 家，与上年持平，管理的 362 个基金产品规模合计 230.3 亿元。

2020 年末，辽宁省证券交易额 10.1 万亿元，同比增长 34.7%；证券经纪业务手续费收入 4.7 亿元，同比增长 24.9%。期货开户数 15.2 万户，同比增长 9.4%；累计期货代理交易量 4.2 亿手，同比增长 24.2%。

表 3　2020 年辽宁省证券业基本情况

项目	数量
总部设在辖内的证券公司数（家）	3
总部设在辖内的基金公司数（家）	164
总部设在辖内的期货公司数（家）	2
年末国内上市公司数（家）	76
当年国内股票（A 股）筹资（亿元）	60
当年发行 H 股筹资（亿元）	—
当年国内债券筹资（亿元）	1256
其中：短期融资券筹资额（亿元）	335
中期票据筹资额（亿元）	408

数据来源：辽宁证监局、中国人民银行沈阳分行。

3. 大连商品交易所交易品种增加，交易额增长迅速。2020 年末，大连商品交易所已上市 20 个期货品种和 7 个期权品种。其中，液化石油气期货及期权于 2020 年 3 月 30 日在大连商品交易所挂牌上市；聚丙烯、聚氯乙烯和线性低密度聚乙烯期权于 2020 年 7 月 6 日上市交易。此外，生猪期货于 2020 年 4 月 24 日获得中国证监会批准在大连商品交易所上市，成为我国价值最大农副产品、首个活体交割的期货品种。2020 年，大连商品交易所各交易品种累计成交金额 109.2 万亿元，同比增长 58.4%；累计成交量 21.5 亿手，同比增长 61.6%。其中，铁矿石、焦炭、棕榈油、豆油、豆粕等交易品种的成交额较大，均达 10 万亿元以上；苯乙烯、粳米、鸡蛋等交易品种的交易活跃度显著上升。

表 4　2020 年大连商品交易所交易统计

交易品种	累计成交金额（亿元）	同比增长（%）	累计成交量（万手）	同比增长（%）
豆一	27968.3	335.5	5944.5	222.2
豆二	6297.9	14.5	1836.0	3.2
胶合板	1.9	546.6	0.2	402.6
玉米	41156.0	118.4	17771.6	79.3
玉米淀粉	7536.1	97.9	2830.0	70.9
苯乙烯	16786.9	1064.4	5244.1	1224.7
乙二醇	32125.0	-7.5	8332.0	12.4
纤维板	140.2	-40.2	103.4	-11.8
铁矿石	215940.2	8.7	28463.0	-4.0
焦炭	122588.4	10.1	5746.4	3.2

续表

交易品种	累计成交金额（亿元）	同比增长（%）	累计成交量（万手）	同比增长（%）
鸡蛋	46951.1	199.6	13205.4	255.7
焦煤	21129.0	19.0	2643.1	15.6
聚乙烯	33311.0	36.0	9580.2	51.0
豆粕	106208.8	39.7	35946.5	31.7
棕榈油	179442.7	151.7	31516.7	132.6
液化石油气	33802.1	—	4825.2	—
聚丙烯	64746.2	66.4	17337.5	85.0
粳米	1818.6	1114.2	516.1	1147.8
聚氯乙烯	19369.0	72.2	5847.3	73.0
豆油	114196.3	117.5	17311.7	97.8
合计	1091515.6	58.4	215000.7	61.6

数据来源：大连商品交易所。

注：成交金额、成交量为单向计算。

（三）保险业分化发展

1. 保险业资产较快增长，保费收入增速放缓。2020年末，全省共有省级以上保险公司123家，其中人身险法人公司3家，财产险法人公司2家，保险资产管理公司1家。省级财产险公司52家，省级人身险公司64家，省级政策性保险公司1家。全省保险业总资产3921.2亿元，同比增长13.2%，增速较上年提高3.6个百分点。其中，人身险公司资产总额3616.1亿元，同比增长14%；财产险公司资产总额305.1亿元，同比增长5.1%。年内保险业共实现保费收入1338.3亿元，同比增长3.8%，增速较上年下降4.8个百分点。其中，财产险保费收入386.5亿元，同比增长4%，增速较上年下降5.6个百分点；人身险保费收入951.8亿元，同比增长3.6%，增速较上年下降4.6个百分点。

表5　2020年辽宁省保险业基本情况

项目	数量
总部设在辖内的保险公司数（家）	6
其中：财产险经营主体（家）	2
寿险经营主体（家）	3
保险公司分支机构（家）	117
其中：财产险公司分支机构（家）	53
寿险公司分支机构（家）	64
保费收入（中外资，亿元）	1338.3
其中：财产险保费收入（中外资，亿元）	386.5
人身险保费收入（中外资，亿元）	951.8
各类赔款给付（中外资，亿元）	473.3

数据来源：辽宁银保监局。

2. 赔付支出扩大。2020年，全省财产险业务共发生赔付支出226亿元，同比增长9.8%；责任保险发生赔付支出13.3亿元，同比增长40.8%；农业保险发生赔付支出27.4亿元，同比增长36.2%。全省人身险公司寿险业务实现新单保费收入246.6亿元，其中新单期交保费139.1亿元，期趸比例从上年1：0.5下降到1：0.8。

（四）地区社会融资结构以信贷为主

1. 地区社会融资规模以间接融资为主。2020年，全省社会融资规模新增1309.6亿元，同比少增1632.3亿元。其中，表外融资规模减少2811.4亿元，较上年多降459.6亿元；贷款增量2714.4亿元，较上年少增1763.2亿元，占比升至207.3%，较上年提高了55.1个百分点。

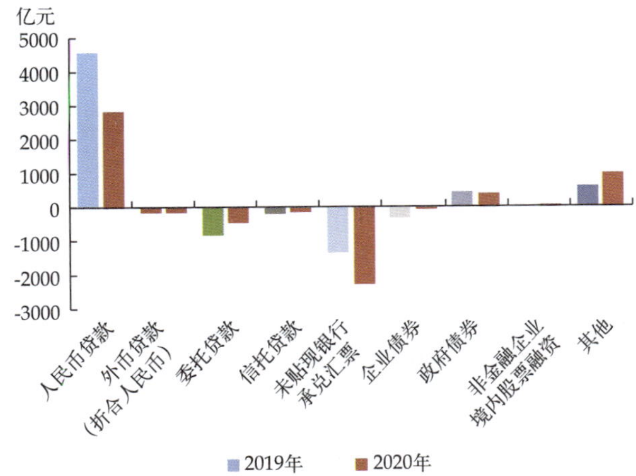

图5　2019—2020年辽宁省社会融资规模分布情况

（数据来源：中国人民银行沈阳分行）

2. 债券市场多项创新产品落地。引入信用风险缓释工具破解民营企业外部增信难题，三一重装发行5亿元超短期融资券，发行利率低于全国该产品同信用级别最低利率69个基点，实现东北地区首单民营企业债券融资支持工具正式落地，民营企业债券市场融资渠道进一步拓宽。企业发行疫情防控债17亿元，指导地方法人金融机构发行疫情防控同业存单5亿元，支持沈阳地铁成功发行东北地区首单绿色中期票据5亿元。

表6　2020年辽宁省金融机构票据业务量统计

单位：亿元

季度	银行承兑汇票承兑		贴现			
			银行承兑汇票		商业承兑汇票	
	余额	累计发生额	余额	累计发生额	余额	累计发生额
1	7455.2	2513.3	3791.8	5877.7	232.7	141.0
2	7010.4	4990.8	3720.5	12273.1	211.5	299.6
3	6434.7	6692.9	3574.8	16020.2	218.7	436.0
4	6256.5	8794.3	3452.3	19576.0	194.7	620.5

数据来源：中国人民银行沈阳分行。

表7　2020年辽宁省金融机构票据贴现、转贴现利率

单位：%

季度	贴现		转贴现	
	银行承兑汇票	商业承兑汇票	票据买断	票据回购
1	3.46	5.27	3.26	3.08
2	2.97	4.31	2.66	2.85
3	2.96	5.23	3.10	2.76
4	3.45	4.56	3.04	3.43

数据来源：中国人民银行沈阳分行。

（五）金融服务质量进一步提升

1. 农村信用信息覆盖面不断扩大。2020年末，对已建立信用档案的391.2万农户累计发放贷款6664.6亿元。依托“辽宁省农户信用信息管理系统”为辽宁省35.3万建档立卡贫困户建立信用档案，基本实现建档立卡贫困户全覆盖，有效助力精准扶贫。

2. 征信服务水平持续提升。全省互联网查询服务平台新增注册用户31.5万个，申请查询服务69.1万次；累计提供企业信用报告查询服务3.8万次，个人信用报告查询服务238.3万次。应收账款融资服务平台推广应用工作取得成效。2020年末，累计开通用户2845个，成交5215笔，金额2960亿元。

3. 支付环境进一步改善。2020年，全省支付系统稳定运行，小额支付系统和网上支付跨行清算系统业务量增长显著。全省共处理大额支付系统业务2772.2万笔，同比下降47.9%；金额138.9万亿元，同比下降6.6%。小额支付系统共处理业务12715.5万笔，同比增长17.3%；金额59539.9亿元，同比增长156.9%。网上支付跨行清算系统共处理业务7676.5万笔，同比增长24.9%；金额11373.4亿元，同比增长122.9%。银行卡受理环境良好。人均持卡数量为6.7张，同比增长8.06%。农村支付服务环境进一步优化整合。全省共设立22519个银行卡助农取款服务点，农村地区人均持卡量3.52张，同比增长17.3%。

表8　2019—2020年辽宁省支付体系建设情况

年份	支付系统直接参与方（个）	支付系统间接参与方（个）	支付清算系统覆盖率（%）	当年大额支付系统处理业务数（万笔）	同比增长（%）
2019	20	6845	—	5322	3.4
2020	20	5983	—	2772	-47.9

年份	当年大额支付系统业务金额（亿元）	同比增长（%）	当年小额支付系统处理业务数（万笔）	同比增长（%）	当年小额支付系统业务金额（亿元）	同比增长（%）
2019	1487900	0.2	10837	9.6	23174	75.5
2020	1389404	-6.6	12716	17.3	59540	156.9

数据来源：中国人民银行沈阳分行。

4. 反洗钱协调机制合作成果不断扩大。在全国率先创新与省高法、检察院、公安厅四部门共同拟定《关于严惩洗钱犯罪若干问题的意见》。配合公安部门开展禁毒大会战专项行动，成功破获“3·23”运输贩卖毒品案；与税务、公安、海关等有关部门历时四个月成功破获“9·25”服装领域特大骗取出口退税专案。

5. 金融消费者教育长效机制逐步建立。基本形成以日常金融知识普及宣传教育为基础，以3月“金融消费者权益日”、6月“普及金融知识 守住钱袋子”和9月“金融知识普及月”等特色宣传教育为重点的多层次、全覆盖的宣传格局。全年共开展宣传活动1.3万余次，发放宣传材料240万余份，线上推送点击量256万余次，媒体报道800余次，普及受众消费人群超过1200万人。

专栏1 发挥“一企一群 五方联动”机制作用推动政策精准高效直达企业

为深入开展金融支持稳企业保就业工作，中国人民银行沈阳分行创新“一企一群 五方联动”工作机制，建立直达企业和实体经济的长效融资沟通机制，打通市场主体融资“最后一公里”，引导金融机构加大对重点企业、重点行业、重点群体的金融支持力度，推动辽宁省金融支持保市场主体工作取得积极成效。

2020年末，中国人民银行沈阳分行通过再贷款再贴现、普惠小微贷款延期支持工具、普惠小微信用贷款支持计划等多项货币政策工具支持金融机构发放优惠政策贷款2056.3亿元，惠及市场主体超4万家，带动普惠小微信用贷款增长60%；建立“线下+线上”银企对接模式，累计投放贷款1805亿元，为超过4000家企业解决了融资需求；全省正常经营市场主体达248.5万家，较疫情前增加17.7万家。

“统筹协调、跟踪督导”，持续推进政策高效落地。发挥辽宁省金融稳企业保就业协调工作组作用，推动发改、工信等16个成员单位协调联动、强化信息共享，统筹推进各项工作高效落地，全年先后5次召开工作视频会推动落实相关工作。

“一企一群、分类施策”，提供管家式金融服务。协调产业主管部门按照当地就业贡献度、技术竞争力、产业链供应链核心、受疫情影响程度、融资需求等因素筛选重点企业名单，分批组织金融机构开展对接。对名单内企业专人负责跟踪对接，从信贷、债券、担保等方面，“一企一策”提供针对性的帮扶意见。全年共接收政府部门推荐重点企业3945家，帮助1790家企业获得贷款1388.4亿元。

“五方联动、政策协同”，凝聚“几家抬”工作合力。由金融管理部门、企业名单推送部门、经办银行、担保或保险机构、企业五方参与，搭建横向银政企、纵向省市县等多方位金融服务和政策交流平台，宣传政策、了解需求、解决问题、交流经验。建立了涵盖11个政府部门和180家银行的融资顾问专家团，定期将企业名单和问题清单反馈专家团，协同解决融资困难。

“政策疏导、直达企业”，疏通政策堵点难点。编写并发放7000余册《金融政策汇编》，通过“口袋书”、网络直播间、新闻通气会等形式，宣传金融支持稳企业保就业政策，提高政策覆盖面和知晓度。针对企业九大融资需求类型，梳理企业信用信息不足、抵（质）押担保不足等十二大类问题，提出纳入“银税互动”平台、开展财务辅导等27项针对性举措，有力提升企业融资质效。重点推动辽宁省农信社出台政策支持文件、升级信贷系统，解决基层农村金融机构的政策和科技配套难点。

“科技赋能、线上对接”，提升金融

服务质效。以“沈阳中小微企业融资对接平台”“鞍山金融信用网”“营口金小二”等地方信用平台为载体，开展线上银企融资对接，让企业足不出户就可以了解选择适合自己的银行和产品。集中展示了199家银行分支机构的300多种信贷产品，实现2万多户企业与金融机构的云对接，累计线上融资465亿元，为超过3000家企业解决了融资需求。

二、经济运行情况

2020年，辽宁省主要经济指标实现正增长，全省经济逐季改善、稳步恢复，全年实现地区生产总值25115亿元，同比增长0.6%，增速较上年下降4.9个百分点，分别较第一季度、上半年和前三季度回升8.3个、4.5个和1.7个百分点。助企纾困成效明显，为各类市场主体减税降费720亿元、提供低成本资金579亿元。2020年末，实有各类市场主体405.6万户，同比增长7.8%，累计新登记各类市场主体60.5万户。

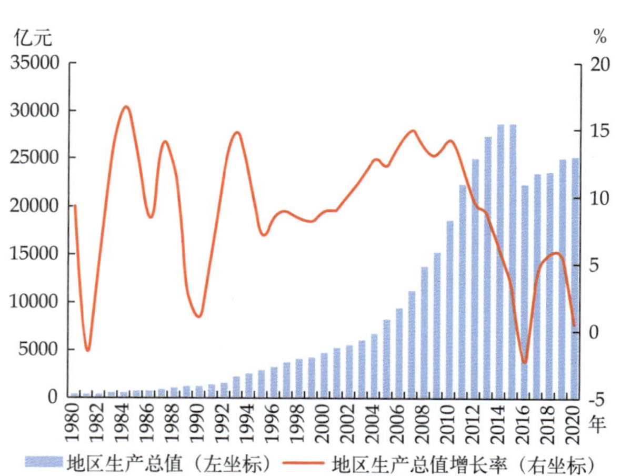

图6　1980—2020年辽宁省地区生产总值及其增长率

（数据来源：辽宁省统计局）

（一）三大需求有所回升

1. 固定资产投资呈增长态势。2020年，辽宁省固定资产投资同比增长2.6%，增速高于上年2.1个百分点，继续保持2017年11月以来的正增长态势。从三次产业看，第一产业投资增长79.9%，增速较上年提高68.8个百分点；第二产业投资下降5.1%，较上年多降1.3个百分点；第三产业投资增长4.9%，增速较上年提高3.8个百分点。基础设施投资、改建和技术改造投资持续增长，基础设施投资连续7个月保持正增长，全年增长2.4%。改建和技术改造投资连续8个月保持正增长，全年增长9.5%。新开工建设项目5049个，比上年增加555个。其中，亿元及以上新开工建设项目969个，增加270个。高技术制造业投资增幅提高，2020年全省高技术制造业投资比上年增长33.4%。其中，电子及通信设备制造业投资增长96.1%，增速提高63.6个百分点；医疗仪器设备及仪器仪表制造业投资增长64.7%。

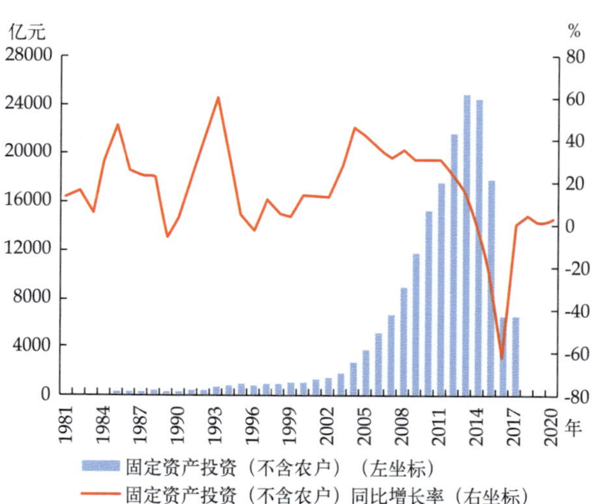

图7　1981—2020年辽宁省固定资产投资（不含农户）及其增长率

（数据来源：辽宁省统计局）

2. 消费逐渐恢复，居民收入有所增长。 2020年，全省社会消费品零售总额实现8960.9亿元，同比下降7.3%，较上年回落13.4个百分点，较第一季度收窄17.5个百分点。生活必需品类零售额增长较快，日用品类零售额增长17.8%；网上零售增速提高，全省实物商品网上零售额同比增长18.1%。城镇常住居民人均可支配收入40376元，同比增长1.5%，增速较上年低5个百分点；农村常住居民人均可支配收入17450元，同比增长8.3%，增速较上年低1.6个百分点。

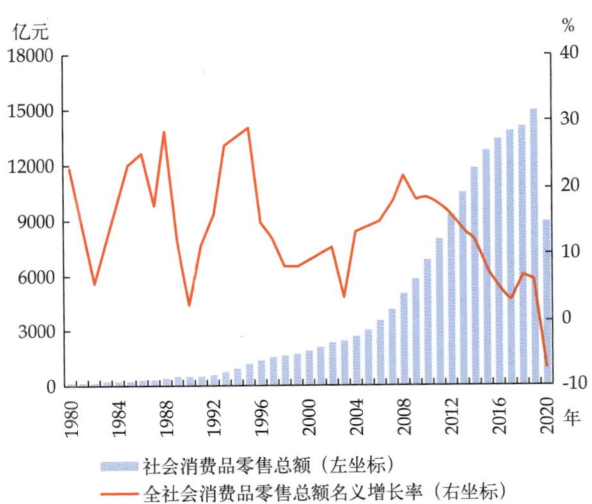

图8　1980—2020年辽宁省社会消费品零售总额及其增长率

（数据来源：辽宁省统计局）

3. 进出口总额下降和外商直接投资大幅回升。 2020年，进出口总额945亿美元，同比下降10.3%。其中，出口同比下降15.6%，进口同比下降6.3%。外商直接投资36.4亿美元，同比增长9.5%，增速较上年回升41.6个百分点，全省实际利用外资增长13.7%。辽宁省主动融入共建"一带一路"，成功举办首届辽宁国际投资贸易洽谈会，中日（大连）地方发展合作示范区获批设立，金普新区成为国家进口贸易促进创新示范区。新增营口、盘锦两个跨境电商综合试验区，丹东启动国家边民互市贸易试点。

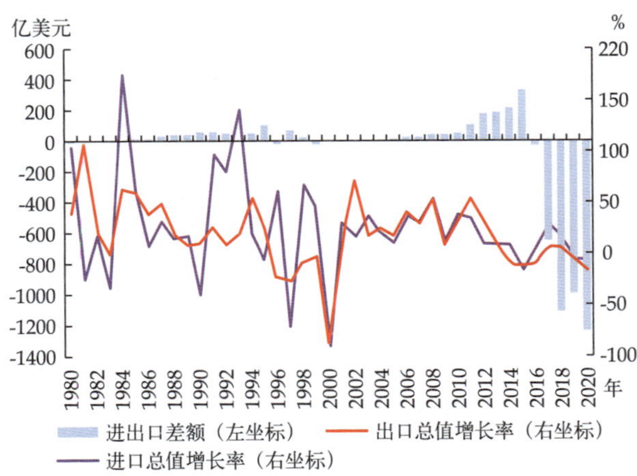

图9　1980—2020年辽宁省外贸进出口变动情况

（数据来源：辽宁省统计局）

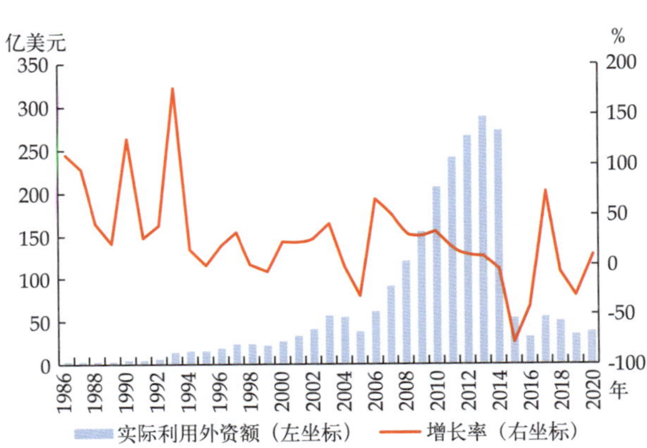

图10　1986—2020年辽宁省实际利用外资额及其增长率

（数据来源：辽宁省统计局）

（注：从2015年开始，外商直接投资计算口径有变化）

（二）三次产业协调发展

2020年，辽宁省三次产业发展稳步回升。第一产业同比增长3.2%，增速较上年低0.3个百分点；第二产业同比增长1.8%，增速较上年低3.9个百分点；第三产业同比下降0.7%，较上年低6.3个百分点。三大产业占生产总值比重为9：37：54。

1. 乡村振兴战略扎实推进，重要农产品有效供给。 2020年，粮食产量达到468亿斤，连续6年超过420亿斤；禽肉产量155万吨，增长10.6%；禽蛋产量332万吨，增长7.8%；生猪产能恢复至2017年的96.5%。农业基础进一步夯实，粮食作物播种面积达到5291万亩，新建高标准农田280万亩，新建设施农业11万亩，21个农产品加工集聚区建设初具规模。农产品加工业加速转型升级，白羽肉鸡、小粒花生入选全国首批优势特色产业集群。

2. 工业经济有所恢复，新动能蓄力发展。 2020年，规模以上工业增加值4月当月实现正增长，全年累计增长1.8%，增速较上年低4.9个百分点，较第一季度提高10.3个百分点。重点行业恢复较好，装备制造业扭转了年初以来的下降态势，同比增长1.3%；石化工业增加值增长3.9%；冶金工业增加值增长1.9%，增速提高1个百分点；农产品加工业增加值增长2.4%，增速提高0.9个百分点。工业企业效益指标降幅收窄。2020年，规模以上工业企业实现主营业务收入29215.1亿元，同比下降4.3%，分别较第一季度、上半年和前三季度回升6.5个、0.6个和0.2个百分点；实现利润总额1286.7亿元，同比下降4.2%，分别较第一季度、上半年和前三季度回升67.3个、22.8个和4.9个百分点。数字经济加快发展，成功主办2020全球工业互联网大会，并争取到会址永久落户辽宁，6个工业互联网标识解析二级节点在铁岭、葫芦岛等地上线运行；建成5G基站2.3万座，重点培育100个"5G+工业互联网"示范工厂和园区；民营经济发展加快，新增挂牌上市企业3家，规模以上工业私营企业增加值增长12.6%。

图11　1982—2020年辽宁省工业增加值增长率

（数据来源：辽宁省统计局）

3. 创新驱动深入推进，新旧动能继续转换。 科技创新能力不断增强，攻克核心关键技术21项，有效发明专利总量4.77万件，万人发明专利拥有量10.98件，技术合同成交额645亿元，大连市成为"中国国际专利技术与产品交易会"永久会址。2020年高技术制造业投资增长33.4%，新增高新技术企业1508家，培育雏鹰、瞪羚、独角兽企业2163家。创新创业持续活跃，192个创业孵化基地在孵企业6507户，新增专业技术人才8.9万人，高技能人才6.3万人。"兴辽英才计划"稳步实施，支持科技领军人才80名、创新创业团队36个。

4. 现代服务业活力逐渐恢复。 开展"全民乐购·约惠辽宁"等系列促消费活动，累计发放各类消费券、红包补贴5.6亿元。电子商务发展提速，举办"辽宁省首届电商直播节"，总销售额12.2亿元，36个省级电商直播示范基地加快建设。文旅产业逐步回暖，全年接待游客3亿人次。大连商品交易所新增生猪、液化石油气等6个上市品种，深圳证券交易所辽宁基地正式挂牌。

5. 供给侧结构性改革进一步深化。 贯彻"巩固、增强、提升、畅通"八字方针，巩固"三去一降一补"成果，深化石化产业供给侧结构性改革，推动200万吨以下炼油企业退出，退出落后产能742万吨。

6. 脱贫攻坚战取得决定性胜利。 15个省级贫困县、1791个贫困村全部脱贫摘帽，84万农村建档立卡贫困人口全部脱贫，人均年纯收入达到9648元，稳固实现"两不愁三保障"和饮水安全。

7. 生态优先绿色发展理念进一步落实。 扎实推进辽河流域治理和渤海综合治理，14个海洋生态修复项目累计投资12.9亿元，共计修复滨海湿地面积2844公顷，修复岸线长度47公里，渤海优良水质比例达到80%。非煤矿山累计减少1345个，大中型矿山比例提升至21%，生产矿山完成治理面积13764亩。完成营造林287万亩，草原综合植被盖度达到66%。

（三）装备制造业加快转型升级

1. 高技术行业和新产品较快增长。装备制造业扭转了年初以来的下降态势，同比增长1.3%，增速比第一季度回升28.3个百分点，其中12月当月同比增长9.3%，高于工业增速1.2个百分点。全年全省规模以上信息化学品制造业增加值比上年增长4.4倍，光纤、光缆制造及锂离子电池制造业增加值增长63.4%，电子元件及电子专用设备制造业增加值增长45.1%。工业新产品中，集成电路产量增长49.3%，城市轨道车辆产量增长23.6%，稀土磁性材料产量增长21.8%，光缆产量增长16.1%。

2. 制造业高质量发展扎实推进。高端装备制造、新材料等战略性新兴产业加快发展，碳化硅复合材料助力嫦娥五号探月，110兆瓦级重型燃机总装下线。全年编制全省工业产业地图和重点产业链投资指南，构建“1+22+59”政策推进体系，谋划483个重点项目、469个重点企业、939种主导产品和225个关键核心技术。产业基础能力全面提升，锦州神工12英寸单晶、沈阳通用机器人减速器等108个高质量发展项目加快建设，建成19个智能制造项目，45项首台（套）重大技术装备入选国家重大技术装备保险补偿项目建议名单，29户重点企业列入装备制造领域关系国家安全重点企业名单。实施制造业设计能力提升专项行动计划，辽宁服务型制造区域发展指数评估进入全国十强。

（四）消费价格保持稳定，生产价格有所回落

1. 居民消费价格指数保持稳定。2020年，辽宁省居民消费价格指数（CPI）同比上涨2.4%，增速与上年持平，涨幅低于全国水平0.1个百分点。CPI增速主要受食品价格带动影响，食品价格同比上升8.9%。其中，猪肉价格上涨49.5%，鲜菜价格上涨9.5%。非食品价格保持微幅上涨趋势，教育文化和娱乐类上涨0.8%，医疗保健类上涨3.4%，其他用品和服务类上涨3.6%。

2. 生产价格指数有所回落。2020年，全省工业生产者出厂价格（PPI）同比下降3.0%，较上年降低2.5个百分点。其中，生产资料价格下降3.9%，生活资料价格上涨0.9%。

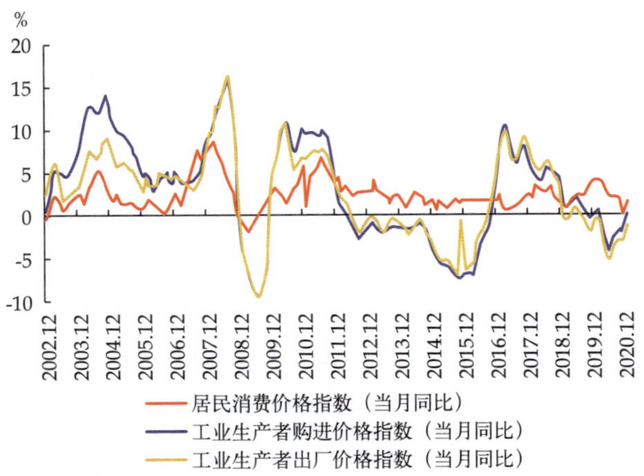

图12　2002—2020年辽宁省居民消费价格指数和生产者价格指数变动趋势

（数据来源：辽宁省统计局）

（五）财政收入实现正增长，居民收入有所提高

2020年，全省一般公共预算收入2655.5亿元，同比增长0.1%，扭转了年初以来的下降局面。其中，税收收入1879.1亿元，同比下降2.6%；非税收入776.7亿元，同比增长7.4%。非税收入占财政收入的29.2%，高于全国13.6个百分点。面对新冠肺炎疫情的冲击，全力落实疫情防控重点保障物资生产企业全额退还增值税留抵税额、运输疫情防控重点保障物资免征增值税等各项税费优惠政策。2020年，辽宁省新增减税降费规模720亿元，提供低成本资金579亿元，为各类市场主体健康发展提供了有力支撑。

一般公共预算支出6002亿元，同比增长4.5%。其中，社会保障和就业支出1654.3亿元，占财政支出比重的27.6%。财政赤字3346.5亿元，比上年同期增加237亿元。社会保障水平不断提高，财政用于民生的比重达74.6%，退休人员基本养老金提高5%，城乡低保标准平均提高8%，大病保险支付比例提高到70%。

2020年，全省城镇常住居民人均可支配收入为40376元，同比增长1.5%。农村常住居民人均可支配收入17450元，同比增长8.3%。就业保持总体稳定，城镇新增就业45.2万人，城镇调查失业率5.8%，高校毕业生总体就业率91.1%。全省为超过10万户企业核发稳岗返还资金43.9亿元，稳定就业岗位437.6万个，零就业家庭动态清零。

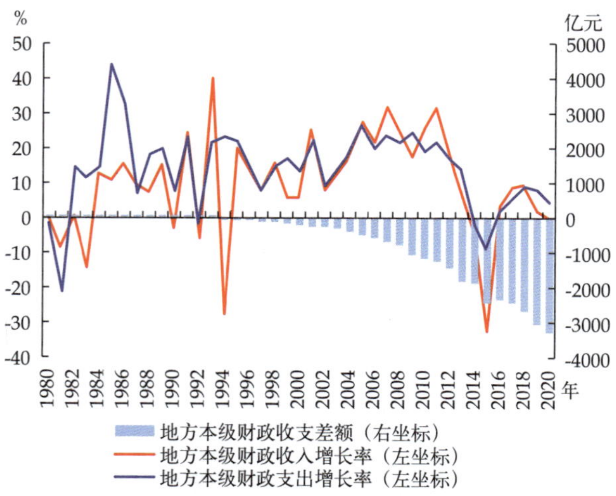

图13　1980—2020年辽宁省财政收支状况

（数据来源：辽宁省统计局）

（六）房地产市场总体平稳

1. 房地产开发投资增速回落。2020年，房地产开发投资2978.9亿元，同比增长5.1%，较上年下降3.9个百分点。房屋施工面积24002.8万平方米，同比增长0.9%，较上年提高2.7个百分点。其中房屋新开工面积4404.1万平方米，同比增长6.3%；房屋竣工面积1848.2万平方米，同比增长1.7%；房屋待售面积2902万平方米，同比下降0.2%。

2. 房屋销售逐步恢复。2020年，商品房销售面积3743.2万平方米，同比增长1.3%，较上年提高7.4个百分点；商品房销售额3366.3亿元，同比增长6.8%，较上年提高4个百分点。房地产价格稳中上涨。2020年12月，70个大中城市新建住宅价格指数中，沈阳、大连、丹东和锦州当月同比增速分别为5.0%、4.5%、6.6%和7.5%。

3. 房地产贷款增速有所收窄。2020年末，辽宁省房地产贷款余额同比增长10.6%，增速较上年低1.5个百分点。

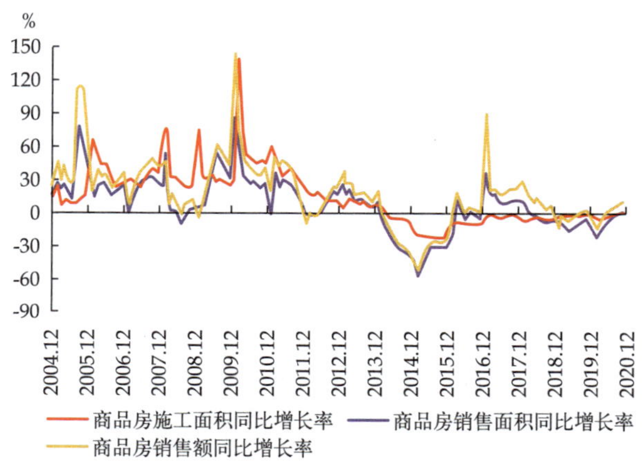

图14　2004—2020年辽宁省商品房施工和销售变动趋势

（数据来源：辽宁省统计局）

专栏2　金融精准扶贫：打赢攻坚战，化解风险与隐患

2020年是脱贫攻坚的收官之年。作为辽宁省金融精准扶贫工作的牵头部门，中国人民银行沈阳分行坚决贯彻落实脱贫攻坚战略决策部署，以"三到位 三跟进"六项举措为重点综合施策、精准发力，促进金融扶贫工作提速增效，既助推全省脱贫攻坚达成预期任务目标，又有效化解了风险与隐患。

配套政策到位。加大金融资源特别是信贷资源向贫困县、贫困村的倾斜力度，确保对贫困地区、贫困人口的帮扶政策和帮扶服务，不能因其摘帽、脱贫而取消、中断，坚持做到政策不变、力度不减。推动完善扶贫小额信贷风险补偿和贷款贴息政策，实现15个省级贫困县全覆盖。

资金支持到位。综合运用扶贫、支农和支小再贷款，有效发挥结构性货币政策工具的精准滴灌和引导作用，脱贫攻坚期内全省扶贫再贷款年均累计发放额4.9亿元，年均余额保持在7.4亿元以上，惠及贫困人口年均1.8万余人。

金融服务到位。不断改善贫困地区的支付和信用等金融生态环境，全省共设立22519个银行卡助农取款服务点，农村地区人均持卡量3.52张，同比增长17.3%，14个地市全部实现了助农取款服务“村村通”。对15710户建档立卡贫困户开展信用评价，为便利信贷支持创造了良好的信用环境。

政策合力跟进。发挥金融助推脱贫攻坚工作领导小组引领作用，加强与地方政府部门的沟通协调，有效发挥扶贫、财政、涉农、金融、公安等领域资源合力。结合项目、企业、贫困人口的情况和特点，充分利用好现有优惠政策。对扶贫中存在的问题，积极沟通，及时化解，推动政策落地见效。

长效机制建设跟进。鼓励和支持各地因地制宜、因企因户施策，探索和形成了一批金融“输血”、产业“造血”等特色鲜明、行之有效、可持续性强的金融扶贫模式。如本溪搭建“政银企+优秀共产党员信誉”产业扶贫长效机制，助力本溪县武兴农场增收2000多万元，为贫困户分红280人次，累计76万元。阜新市创建产业链利益共享“绿鲜原”扶贫模式，带动2000余户农民脱贫致富。铁岭市西丰县推出“信用评级+贫困户”贷款模式，为53名贫困户发放贷款812万元。

防范化解风险措施跟进。在坚决打赢脱贫攻坚战的同时，督促银行机构加强贷前、贷中和贷后管理，积极防范和化解信贷风险，联合多部门开展清收工作，落实风险补偿政策，加大对恶意逃废债行为的打击力度，实现了逾期贷款与不良贷款清收目标，有序化解了潜在的风险和隐患。

在全省金融系统的共同努力下，金融扶贫工作取得显著成效，脱贫攻坚成果进一步巩固。一是支持力度加大，与风险防范并举。2020年末，全省扶贫小额信贷余额2.1亿元，同比增长22.5%，不良贷款、“户贷企用”贷款实现“双清零”，扶贫小额信贷风险隐患有效化解。二是贫困地区信用环境建设进一步推进。2020年末，依托人民银行征信系统建立建档立卡贫困户信用信息35.3万户，覆盖率97.8%；依托涉农金融机构建立建档立卡贫困户信用档案18.3万户，覆盖率50.7%，实现“双层次”互补和建档立卡贫困户信用信息的全覆盖。三是精准扶贫贷款较快增长。2020年末，全省金融精准扶贫贷款余额276.6亿元，同比增长23.7%。脱贫攻坚期内，金融精准扶贫贷款年均增速达38.6%，高于同期各项贷款平均增速31个百分点。

三、预测与展望

2021年是实施“十四五”规划的开局之年，辽宁省将坚持以习近平新时代中国特色社会主义思想为指导，全面贯彻党的十九大和十九届二中、三中、四中、五中全会精神，深入贯彻习近平总书记关于东北、辽宁振兴发展的重要讲话和指示精神，落实中央经济工作会议部署，坚持稳中求进工作总基调，贯彻新发展理念，统筹推进“五位一体”总体布局，协调推进“四个全面”战略布局，以推动高质量发展为主题，以深化供给侧结构性改革为主线，以改革创新为根本动力，聚焦补齐“四个短板”，保持经济运行在合理区间，确保“十四五”开好局、起好步。

金融部门将认真贯彻执行稳健的货币政策灵活精准、合理适度要求，加强结构引导，保持地区社会融资规模合理增长，引导资金向实体经济高效配置；巩固LPR改革成果，引导社会综合融资成本稳中有降；加大对科技创新、制造业、低碳项目、绿色项目的金融支持力度，巩固拓展脱贫攻坚战成果，做好脱贫攻坚与乡村振兴金融服务有效衔接；支持中小金融机构改革化险，处理好恢复经济和防范风险的关系，为辽宁开启全面建设社会主义现代化提供有力的金融保障。

中国人民银行沈阳分行货币政策分析小组

总　　纂： 朱苏荣　宋慧中

统　　稿： 尹　久　赵　越　刘承洋　赵云桥

执　　笔： 曹诗语　黄晓彤　高新宇　马　笛　陈宁波　李忠涛　由　华　纪　晗　宋杭倩　尹婷婷　罗　昕　海雨涵　杭　佳　刘　洋

提供材料： 于松涛　张　博　李丽丽　边　赛　年海石　侯一明　刘　晨　白　地　高　霞　田睿璇　刘晓东　白晶洁　王骁羿　徐　虹　郑冬蔚　王姚瑶　崔　冬　孙晓靓　张　冰　李璐媚　梁　旭　和佳慧

附录

（一）2020年辽宁省经济金融大事记

2月19日，中国人民银行沈阳分行支持防疫物资生产企业发行17亿元疫情防控超短期融资券，有效支持企业抗疫保供。

2月27日，盛京银行发行辽宁首单、东北最大单笔疫情防控专项同业存单3亿元，募集资金全额用于支持疫情防控相关企业的贷款发放及其资金需求。

3月27日，国务院金融委办公室地方协调机制（辽宁省）正式成立，成员包括中国人民银行沈阳分行等7家单位。成立以来，辽宁省协调机制认真贯彻落实国务院金融委办公室各项部署，推动地区金融改革发展稳定。

4月24日，生猪期货获得中国证监会批准在大连商品交易所上市。

5月28日，辽宁省银行业保险业纠纷调解中心揭牌成立，将有效推进银行业保险业矛盾纠纷调解与诉讼衔接，提高调解权威性与公平性，促进行业健康发展。

6月16日，东北地区首家境内外合资的合格境外有限合伙人（QFLP）基金管理企业——光控（辽宁）产业投资基金管理有限公司正式落户辽宁自贸区。

7月16日，中国银行成功开展辽宁省首笔跨境区块链服务平台试点业务，为企业提供高效跨境融资支持。

9月14日，三一重装超短期融资债券信用风险缓释凭证成功发行，为东北地区首单民营企业债券融资支持工具。

11月28日，辽宁省参加存款保险金融机构全面启用存款保险标识。

12月25日，辽宁省国库全部上线运行税务国库信息交换平台系统，实现全省退税业务全程电子化，财税国库全电子对账。

（二）2020年辽宁省主要经济金融指标

表1 辽宁省2020年主要存贷款指标

	项目	1月	2月	3月	4月	5月	6月	7月	8月	9月	10月	11月	12月
本外币	金融机构各项存款余额（亿元）	62529.0	62811.3	63689.2	64176.1	64995.4	66345.5	65793.9	66136.9	66666.3	66988.7	67135.9	67988.2
	其中：住户存款	37071.6	37524.1	38538.9	38737.0	39358.1	40363.2	40394.0	40904.6	41536.6	41650.6	42111.4	42962.9
	非金融企业存款	14243.9	14023.3	13979.0	14053.6	13930.3	14173.6	13326.8	13210.4	13286.0	13199.4	13021.0	13429.3
	各项存款余额比上月增加（亿元）	-168.4	282.3	877.9	486.8	819.3	1350.1	-551.6	343.0	529.4	322.5	147.2	852.3
	金融机构各项存款同比增长（%）	4.0	3.4	3.9	3.7	5.1	8.0	7.3	6.8	8.4	8.9	9.6	8.4
	金融机构各项贷款余额（亿元）	50096.8	50171.4	50780.9	51204.5	51310.4	50950.7	51102.9	51306.0	51659.5	51651.6	52081.7	52209.4
	其中：短期	16390.1	16440.5	16692.9	16822.9	16858.4	16803.5	16664.8	16622.0	16571.6	16525.7	16596.1	16311.9
	中长期	29520.6	29623.9	29672.6	29774.3	29864.6	29844.7	30090.5	30352.3	30632.6	30819.6	31034.8	31522.2
	票据融资	3370.5	3233.9	3545.9	3736.8	3698.3	3553.0	3563.2	3529.1	3626.6	3463.7	3570.1	3532.5
	各项贷款余额比上月增加（亿元）	514.2	74.6	609.5	423.6	105.9	-359.7	152.2	203.1	353.4	-7.9	430.0	127.7
	其中：短期	130.1	50.4	252.4	129.9	35.5	-54.9	-138.7	-42.8	-50.4	-45.9	70.5	-284.2
	中长期	383.0	103.3	48.8	101.7	90.3	-19.9	245.8	261.8	280.4	187.0	215.1	487.5
	票据融资	-36.9	-136.6	312.0	190.9	-38.5	-145.3	10.2	-34.1	97.5	-162.9	106.4	-37.5
	金融机构各项贷款同比增长（%）	8.6	8.4	8.5	8.4	8.3	6.6	6.1	6.1	6.0	6.0	6.2	5.3
	其中：短期	4.8	5.3	5.5	6.3	6.3	5.0	4.4	5.2	3.1	3.0	2.9	-0.5
	中长期	10.7	10.3	9.5	8.7	8.4	7.2	6.8	6.9	7.6	8.0	7.8	8.7
	票据融资	8.2	4.3	14.5	15.1	15.9	7.6	7.0	2.1	3.9	0.2	5.8	3.7
	建筑业贷款余额（亿元）	1508.7	1515.1	1506.3	1510.3	1508.0	1531.5	1537.0	1557.8	1543.1	1563.5	1591.4	1545.8
	房地产业贷款余额（亿元）	2805.4	2814.7	2810.7	2827.5	2853.7	2806.9	2842.5	2870.1	2914.2	2884.7	2848.9	2893.1
	建筑业贷款同比增长（%）	4.3	3.7	-1.4	-2.6	-2.1	-1.1	-1.7	0.7	-0.1	0.6	4.2	2.6
	房地产业贷款同比增长（%）	10.3	11.7	12.0	9.6	9.5	7.1	6.7	7.2	9.0	7.7	5.1	4.2
人民币	金融机构各项存款余额（亿元）	61684.6	61971.3	62896.2	63363.8	64181.8	65518.8	64993.5	65325.4	65860.3	66211.0	67135.9	67988.2
	其中：住户存款	36725.9	37168.6	38169.1	38370.5	38994.2	40004.2	40039.5	40557.6	41192.2	41305.8	42111.4	42962.9
	非金融企业存款	13859.4	13652.9	13648.2	13696.6	13567.7	13787.5	12952.0	12808.3	12901.1	12833.4	13021.0	13429.3
	各项存款余额比上月增加（亿元）	-219.4	286.7	924.9	467.6	818.0	1337.0	-525.3	331.9	534.8	350.7	924.9	852.3
	其中：住户存款	942.6	442.8	1000.5	201.3	623.7	1010.0	35.3	518.1	634.6	113.6	805.6	851.5
	非金融企业存款	-1119.2	-206.4	-4.8	48.4	-128.9	219.8	-835.5	-143.7	92.9	-67.8	187.6	408.3
	各项存款同比增长（%）	4.2	3.6	4.2	4.0	5.3	8.2	7.6	7.0	8.5	9.1	9.6	8.4
	其中：住户存款	14.9	14.4	15.8	16.5	17.5	18.9	18.5	19.0	19.0	19.0	19.3	18.9
	非金融企业存款	-11.7	-12.4	-11.3	-13.2	-13.4	-12.4	-15.7	-17.0	-13.7	-12.9	-12.0	-12.3
	金融机构各项贷款余额（亿元）	49206.9	49271.0	49869.6	50287.1	50378.5	50042.4	50214.1	50454.8	50832.6	50826.8	52081.7	52209.4
	其中：个人消费贷款	9044.8	9119.1	9208.4	9315.3	9422.2	9599.4	9734.3	9858.2	9969.1	10034.7	10129.4	10172.1
	票据融资	3370.5	3233.9	3545.9	3736.8	3698.3	3553.0	3563.2	3529.1	3626.6	3463.7	3570.1	3532.5
	各项贷款余额比上月增加（亿元）	553.2	64.1	598.6	417.4	91.4	-336.1	171.7	240.7	377.8	-5.8	1254.9	127.7
	其中：个人消费贷款	38.3	74.3	89.3	106.9	106.9	177.2	134.9	123.9	110.9	65.6	94.7	42.7
	票据融资	-36.9	-136.6	312.0	190.9	-38.5	-145.3	10.2	-34.1	97.5	-162.9	106.4	-37.5
	金融机构各项贷款同比增长（%）	9.2	9.0	9.1	8.9	8.8	7.1	6.6	6.7	6.6	6.6	6.2	5.3
	其中：个人消费贷款	17.0	17.5	17.3	16.9	16.4	16.7	16.5	15.7	14.7	13.6	12.8	12.0
	票据融资	8.2	4.3	14.5	15.1	15.9	7.6	7.0	2.1	3.9	0.2	5.8	3.7
外币	金融机构外币存款余额（亿美元）	122.6	119.9	111.9	115.1	114.1	116.8	114.6	118.3	118.4	115.7	116.9	122.7
	金融机构外币存款同比增长（%）	-9.4	-15.9	-21.3	-17.8	-13.4	-9.9	-10.4	-3.4	0.4	-1.5	-1.3	7.9
	金融机构外币贷款余额（亿美元）	129.2	128.5	128.6	130.0	130.7	128.3	127.2	124.1	121.4	122.7	115.6	108.9
	金融机构外币贷款同比增长（%）	-19.8	-21.0	-19.5	-17.1	-15.3	-16.2	-15.1	-17.4	-18.0	-16.2	-19.2	-18.2

数据来源：中国人民银行沈阳分行。

表 2　2001—2020 年辽宁省各类价格指数

时间		居民消费价格指数		农业生产资料价格指数		工业生产者购进价格指数		工业生产者出厂价格指数	
		当月同比	累计同比	当月同比	累计同比	当月同比	累计同比	当月同比	累计同比
2001		—	0.0	—	0.5	—	0.0	—	-1.4
2002		—	-1.1	—	1.7	—	-1.7	—	-2.2
2003		—	1.7	—	-1.6	—	5.1	—	3.6
2004		—	3.5	—	13.3	—	21.1	—	7.1
2005		—	1.4	—	10.0	—	8.1	—	5.1
2006		—	1.2	—	0.5	—	4.2	—	4.1
2007		—	5.1	—	14.2	—	4.8	—	4.4
2008		—	4.6	—	28.1	—	11.5	—	10.9
2009		—	0.0	—	-3.3	—	-6.7	—	-6.0
2010		—	3.0	—	3.7	—	8.6	—	7.4
2011		—	5.2	—	12.8	—	8.3	—	6.5
2012		—	2.8	—	6.9	—	-1.0	—	-0.1
2013		—	2.4	—	-0.1	—	-1.5	—	-1.0
2014		—	1.7	—	-1.1	—	-2.0	—	-1.8
2015		—	1.4	—	-0.5	—	-6.5	—	-6.1
2016		—	1.6	—	0.3	—	-2.1	—	-1.2
2017		—	1.4	—	0.3	—	8.0	—	8.1
2018		—	2.5	—	1.8	—	4.5	—	4.8
2019		—	2.4	—	—	—	0.8	—	-0.5
2020		—	2.4	—	—	—	-1.8	—	-3.0
2019	1	0.8	0.8	—	—	1.0	1.0	-0.7	-0.7
	2	0.8	0.8	—	—	0.8	0.9	-0.6	-0.7
	3	1.6	1.0	—	—	1.3	1.0	-0.3	-0.5
	4	1.9	1.3	—	—	0.2	1.2	1.0	-0.2
	5	2.2	1.5	—	—	2.1	1.3	1.1	0.1
	6	2.4	1.6	—	—	1.4	1.4	0.5	0.1
	7	2.4	1.7	—	—	1.1	1.3	-0.2	0.1
	8	2.2	1.8	—	—	1.0	1.3	-0.3	0.0
	9	2.5	1.9	—	—	0.1	1.2	-1.5	-0.1
	10	3.5	2.0	—	—	-0.6	1.0	-1.9	-0.3
	11	4.1	2.2	—	—	-0.7	0.8	-1.9	-0.5
	12	4.0	2.4	—	—	0.3	0.8	-0.4	-0.5
2020	1	—	—	—	—	—	—	—	—
	2	4.9	5.2	—	—	0.7	0.8	-0.5	-0.1
	3	4.0	4.8	—	—	-0.8	0.3	-2.5	-0.9
	4	2.8	4.3	—	—	-3.5	-0.7	-4.6	-1.8
	5	2.2	3.9	—	—	-5.2	-1.6	-5.7	-2.6
	6	2.0	3.6	—	—	-4.1	-2.0	-5.0	-3.0
	7	2.4	3.4	—	—	-2.6	-2.1	-3.8	-3.1
	8	2.0	3.2	—	—	-2.3	-2.1	-3.4	-3.1
	9	2.2	3.1	—	—	-1.7	-2.1	-3.0	-3.1
	10	-0.2	2.6	—	—	-2.1	-2.1	-3.3	-3.1
	11	-0.2	2.6	—	—	-1.1	-2.0	-2.7	-3.1
	12	0.5	2.4	—	—	0.3	-1.8	-1.3	-3.0

数据来源：辽宁省统计局。

表 3　2020 年辽宁省主要经济指标

项目	1 月	2 月	3 月	4 月	5 月	6 月	7 月	8 月	9 月	10 月	11 月	12 月
	绝对值（自年初累计）											
地区生产总值（亿元）	—	—	5082.1	—	—	11132.5	—	—	17708.0	—	—	25115.0
第一产业	—	—	281.6	—	—	791.6	—	—	1313.1	—	—	2284.6
第二产业	—	—	1792.8	—	—	4167.1	—	—	6702.6	—	—	9400.9
第三产业	—	—	3007.7	—	—	6173.8	—	—	9692.3	—	—	13429.4
工业增加值（亿元）	—	—	—	—	—	—	—	—	—	—	—	—
固定资产投资（亿元）	—	—	—	—	—	—	—	—	—	—	—	—
房地产开发投资	—	110.2	402.3	700.5	997.9	1477.6	1746.7	2041.8	2407.8	2687.1	2885.6	2978.9
社会消费品零售总额（亿元）	—	—	—	—	—	—	—	5463.5	—	—	—	8960.9
外贸进出口总额（亿元）	—	1081.8	1717.2	2245.6	2724.6	3268.9	3856.3	4378.1	4912.2	5420.9	5961.1	6544.0
进口	—	692.5	1082.0	1379.6	1635.4	1979.2	2353.2	2667.3	2991.1	3307.9	3606.1	3891.8
出口	—	389.3	635.2	866.1	1089.2	1289.7	1503.1	1710.7	1921.1	2112.9	2355.0	2652.2
进出口差额（出口－进口）	—	-303.2	-446.8	-513.5	-546.2	-689.5	-850.2	-956.6	-1070.0	-1195.0	-1251.1	-1239.6
实际利用外资（亿美元）	—	2.4	5.2	10.3	14.6	17.4	19.7	16.9	19.3	20.4	23.1	36.4
地方财政收支差额（亿元）	—	-304.6	-593.8	-802.2	-1032.8	-1290.9	-1577.3	-1775.4	-2054.3	-2163.4	-2409.2	-3346.5
地方财政收入	—	460.0	620.9	843.3	1035.5	1303.2	1540.0	1726.0	2001.7	2238.6	2419.2	2655.5
地方财政支出	—	764.5	1214.7	1645.4	2068.3	2594.1	3117.3	3501.5	4056.0	4402.0	4828.4	6002.0
城镇登记失业率（%）（季度）	—	—	—	—	—	—	—	—	—	—	—	—
	同比累计增长率（%）											
地区生产总值	—	—	-7.7	—	—	-3.9	—	—	-1.1	—	—	0.6
第一产业	—	—	1.1	—	—	2.1	—	—	3.4	—	—	3.2
第二产业	—	—	-10.7	—	—	-4.1	—	—	-0.6	—	—	1.8
第三产业	—	—	-6.3	—	—	-4.6	—	—	-2.2	—	—	-0.7
工业增加值	—	-7.7	-8.5	-5.8	-3.5	-2.3	-1.3	-0.5	0.3	0.6	1.1	1.8
固定资产投资	—	-20.2	-16.2	-7.3	-3.2	-2.7	-2.3	-1.0	0.1	1.5	2.2	2.6
房地产开发投资	—	-17.0	-15.1	-1.8	0.5	-0.6	-1.3	0.1	1.5	3.2	4.4	5.1
社会消费品零售总额	—	-25.4	-24.8	-21.7	-19.3	-17.0	-15.3	-13.9	-11.1	-9.3	-7.9	-7.3
外贸进出口总额	—	-9.3	-2.4	-4.0	-6.0	-5.7	-5.9	-7.1	-7.3	-7.9	-9.0	-9.9
进口	—	1.8	9.8	6.0	1.0	3.2	3.4	0.8	1.3	0.4	-2.4	-15.3
出口	—	-24.1	-17.9	-16.5	-14.8	-16.7	-17.6	-17.3	-18.2	-18.4	-17.4	-5.8
实际利用外资	—	-44.4	-46.5	-12.2	16.7	-20.8	-12.6	20.0	28.9	16.7	9.5	9.5
地方财政收入	—	-11.6	-16.9	-14.8	-13.7	-9.4	-7.9	-6.5	-2.9	-2.5	-1.5	0.1
地方财政支出	—	3.6	-6.5	-2.5	-1.0	-2.0	4.3	5.3	4.4	5.1	5.4	4.5

数据来源：辽宁省统计局。

吉林省金融运行报告（2021）

中国人民银行长春中心支行货币政策分析小组

[内容摘要] 2020年，面对新冠肺炎疫情冲击，吉林省全面贯彻习近平总书记视察吉林重要讲话精神，攻坚克难，负重前行，深入实施“三个五”① 战略，持续推动中东西“三大板块”② 协调发展，加快构建“一主、六双”③ 产业空间布局，扎实做好“六稳”工作，全面落实“六保”任务，疫情防控有力有效，经济恢复好于预期，产业结构持续优化，质量效益稳中有升，三大攻坚成效显著，吉林全面振兴迈出新的重大步伐。全年实现地区生产总值12311.3亿元，同比增长2.4%。

具体来看，一是内外需总体稳定，投资实现较快增长。固定资产投资同比增长8.3%，增速同比提高24.0个百分点。一汽红旗新能源汽车工厂等重大项目开工建设，新增高速公路通车里程达718公里。消费需求加速回暖，社会消费品零售总额降幅逐季收窄，网络零售等新型消费模式蓬勃兴起，网络零售额增长19.2%。受疫情冲击导致海外经济体需求走弱影响，进出口总额同比下降1.7%，但中韩（长春）国际合作示范区、珲春海洋经济发展示范区等陆续获批，中欧班列货运量增长43.4%，通化港货物吞吐量达到1000万吨，吉林对外开放取得新进展。招商引资逆势上扬，全省实际利用外资增长9.4%。二是产业转型积极推进，供给侧结构性改革成效显现。农业生产基本稳定。农林牧渔业总产值同比增长1.5%，粮食产量连续八年稳定在700亿斤以上。工业增长势头强劲。规模以上工业增加值同比增长6.9%，汽车制造业同比增长12.8%。新兴产业迅速成长，新认定高新技术企业户数同比增长16.3%。服务业稳步复苏，服务业增加值同比增长0.1%，信息传输、软件和信息技术服务业、旅游业加速回升。供给侧结构性改革成效明显，过剩产能持续压降，企业税费负担大幅下降。三是脱贫攻坚取得决定性胜利，生态环境质量持续改善。吉林省15个贫困县全部摘帽，70多万农村贫困人口全部脱贫，吉林省历史性告别绝对贫困和区域性整体贫困。扎实打好污染防治攻坚战，纳入国家污染防治攻坚战成效考核的5个方面31项具体指标全部完成，空气优良天数比例达到89.8%，“吉林蓝”成为生活常态。

2020年，吉林省金融业稳健运行，金融对疫情防控、复工复产和稳企业保就业支持作用有效发挥，为吉林有效应对疫情冲击和经济恢复发展营造了良好的货币信贷环境。一是银行业稳健运行，对实体经济的支持能力持续提升。本外币各项存款同比增长12.8%，各项贷款同比增长8.9%，信贷主要投向小微企业和扶贫等重点领域与薄弱环节。金融支持疫情防控、复工复产和稳企业保就业取得良好成效，全省银行业金融机构运用再贷款再贴现资金为近2万户企

① “三个五”：吉林省政府提出的突出发挥“五个优势”，推进“五项举措”，加快“五大发展”，即突出发挥吉林老工业基地振兴优势，推进体制机制转型和产业结构优化升级，加快创新发展；突出发挥国家重要商品粮基地优势，推进农业现代化和新型城镇化，加快统筹发展；突出发挥吉林沿边近海优势，推进长吉图战略，融入“一带一路”建设，加快开放发展；突出发挥吉林生态资源优势，推进生态文明建设，加强生态环境保护和资源利用转化，加快绿色发展；突出发挥吉林科教、人才、人文优势，推进高教强省、人才兴省、文化大省和法治吉林建设，加强社会治理创新，排除各类风险隐患，加快安全发展。

② “三大板块”：吉林东部绿色转型发展区、中部创新转型核心区和西部生态经济区。

③ “一主、六双”产业空间布局主要包含13个专项规划，“一主”即《长春经济圈规划》，还包括“双廊、双带、双线、双通道、双基地、双协同”6个规划，涵盖工业走廊建设、通道建设、城市协同发展等内容。

业（个人）发放优惠利率贷款206亿元。两项直达实体经济货币政策工具精准发力，“吉企银通”小微企业融资申报系统研发上线，小微企业贷款增速创5年来历史新高。稳妥有序推进存量贷款定价基准转换工作，推动企业贷款加权平均利率同比下降0.19个百分点。跨境人民币业务连续29个月保持增长态势，对俄、对韩跨境人民币结算业务占对俄和对韩本外币结算的比例分别达到33.6%和35.7%。二是证券业、保险业稳步发展，融资功能和保障作用进一步发挥。证券交易额、股票基金交易额和代理期货交易额同比分别增长44.2%、38%和16.3%。资本市场投融资功能持续发挥。保险业资产总额同比增长12.8%。农业保险保障功能进一步增强，为146.9万户次农户提供风险保障809.1亿元，同比增长10.1%。三是金融基础设施更趋完善，金融生态环境持续优化。信用体系建设扎实推进。全省征信系统收录企业和自然人信贷信息数量持续增加，依托中征应收账款融资服务平台积极推动动产融资业务发展，实现融资170.5亿元。支付体系稳定运行，支付系统处理业务量同比增长6.1%，银行卡助农取款、“联银快付”等项目助推农村地区支付环境持续优化，全面启动移动支付便民工程建设，全省“云闪付”用户占比同比提升4.9个百分点。金融消费权益保护工作持续推进，积极开展各类宣传培训，覆盖受众消费者超700万人次。

2021年是“十四五”开局之年。面对疫情变化和外部环境存在的诸多不确定性，以及吉林老工业基地在体制机制、经济结构等方面的弱项短板，吉林省将深入贯彻党的十九大和十九届二中、三中、四中、五中全会精神，以习近平总书记对吉林工作重要讲话和重要指示精神为统领，深入实施“三个五”战略，持续推动中东西“三大板块”协调发展，加快构建“一主、六双”产业空间布局，努力保持经济运行在合理区间。吉林省金融部门将深入贯彻落实稳健的货币政策要灵活精准、合理适度，坚定不移服务实体经济，防范化解金融风险，不断提升金融服务质量，为新时代吉林振兴发展率先实现新突破、构建新发展格局提供有力金融支持。

一、金融运行情况

2020年，吉林省金融业稳健运行，银行业持续较快发展，货币信贷合理适度增长，金融对疫情防控、复工复产和稳企业保就业支持作用有效发挥，证券业继续保持平稳发展，保险保障作用持续发挥，金融市场融资功能不断增强，金融生态环境持续优化，金融对实体经济支持力度增强，为吉林有效应对疫情冲击，经济运行逐季恢复、稳定向好，以及“十三五”收好官营造了良好的货币金融环境。

（一）银行业稳健运行，对实体经济的支持能力持续提升

1. 银行业资产规模稳步增长。2020年，吉林省银行业金融机构网点持续增加，营业网点5346个（见表1），较上年增加88个。资产总额达到35847.8亿元，同比增加3175.1亿元。金融机构盈利水平继续提升，累计实现净利润160亿元，同比提高31.9%。

表1　2020年吉林省银行业金融机构情况

机构类别	营业网点			法人机构（个）
	机构个数（个）	从业人数（人）	资产总额（亿元）	
一、大型商业银行	1645	37425	11646.7	0
二、国家开发银行和政策性银行	61	1846	4154.1	0
三、股份制商业银行	185	4432	2667.3	0
四、城市商业银行	388	9660	3978.0	1
五、城市信用社				
六、小型农村金融机构	1694	25178	7810.0	53
七、财务公司	3	284	1216.8	2
八、信托公司	1	171	72.5	1
九、邮政储蓄银行	1055	10351	2119.4	0
十、外资银行	2	54	30.3	0

续表

机构类别	营业网点			法人机构（个）
	机构个数（个）	从业人数（人）	资产总额（亿元）	
十一、新型农村金融机构	305	5721	1038.9	70
十二、其他	7	833	1113.8	3
合　计	5346	95955	35847.8	130

数据来源：吉林银保监局。

注：营业网点不包括国家开发银行和政策性银行、大型商业银行、股份制商业银行等金融机构总部数据；大型商业银行包括工商银行、农业银行、中国银行、建设银行和交通银行；小型农村金融机构包括农村商业银行、农村合作银行和农村信用社；新型农村金融机构包括村镇银行、贷款公司、农村资金互助社；其他包含金融租赁公司、汽车金融公司、货币经纪公司、消费金融公司等。

2. 本外币存款增速持续回升。2020 年末，受疫情影响，居民储蓄倾向明显增强，吉林省本外币各项存款余额同比增长 12.8%，比上年提高 3.3 个百分点。从存款结构看，住户存款依旧是存款增长主要动因，全年住户存款新增 2552.3 亿元，占全部新增存款的 82.5%。非金融企业存款同比增长 9.2%，较上年提高 7.7 个百分点。全省大额存单业务有序开展，2020 年末余额 635.0 亿元，同比增长 16.2%。

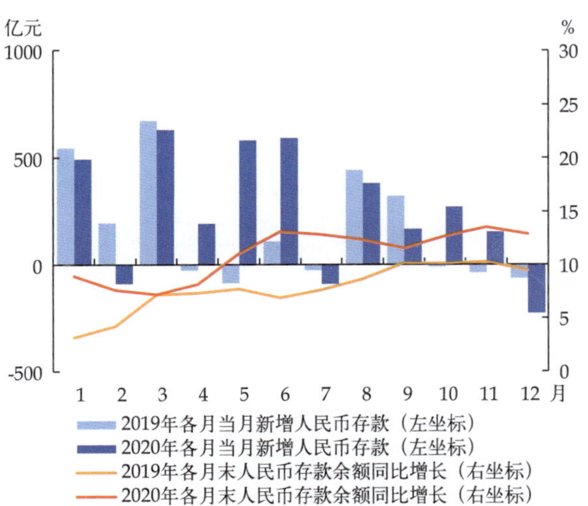

图 1　2019—2020 年吉林省金融机构人民币存款增长变化

（数据来源：中国人民银行长春中心支行）

3. 本外币贷款平稳增长。2020 年末，吉林省本外币各项贷款余额同比增长 8.9%，其中，企（事）业单位贷款同比增长 8.9%，比上年提高 4 个百分点。住户部门中长期消费贷款同比少增，全年新增 464.3 亿元，同比少增 396.8 亿元。

信贷支持重点领域与薄弱环节力度不断增强。银行机构积极创新“扶贫联盟”“龙头企业 +”等产业扶贫金融模式，全年累计发放扶贫贷款 303.1 亿元，同比增长 60.8%。研发上线“吉企银通”吉林省小微企业融资申报系统，实现银企一对一对接、手机版操作、整省推进和市场化运作，累计放款 77.5 亿元。2020 年末，吉林省小微企业贷款余额 4723.8 亿元，同比增长 19.3%，创近五年来历史新高。

金融支持疫情防控、复工复产和稳企业保就业取得良好成效。制定出台“央行吉林三十条”和“金融稳保吉林四十条”，推动专项再贷款政策精准落实。通过发行大额存单、同业存单、降准等方式增加银行机构可贷资金 1225 亿元，切实增强金融机构信贷投放能力。全省银行业金融机构运用 1.8 万亿元再贷款政策为近 2 万户企业（个人）发放优惠利率贷款 206 亿元，累计为 6 万户市场主体办理延期还本付息 648.6 亿元，全省普惠小微信用贷款新增额占比达 31%。

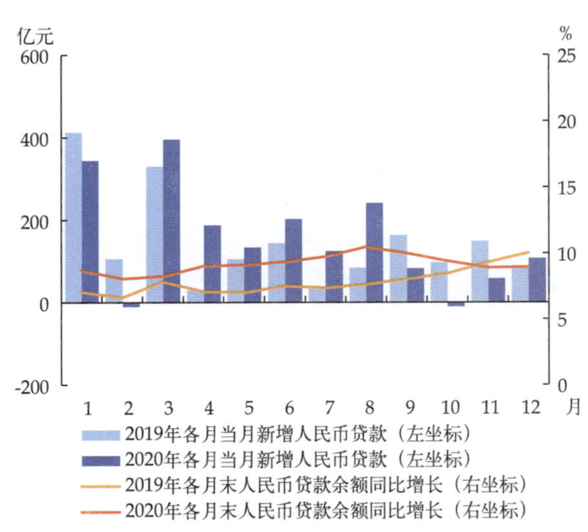

图 2　2019—2020 年吉林省金融机构人民币贷款增长变化

（数据来源：中国人民银行长春中心支行）

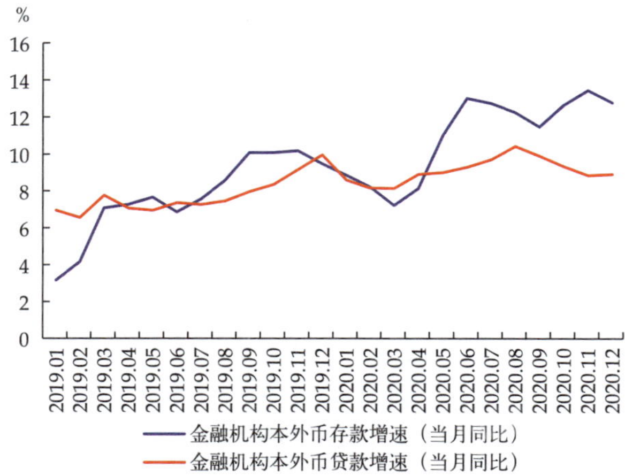

图3　2019—2020年吉林省金融机构本外币存、贷款增速变化

（数据来源：中国人民银行长春中心支行）

4. 表外业务规范发展。2020年末，吉林省表外融资存量2452.0亿元，同比增长17.0%，较上年同期回升22.1个百分点。一是委托贷款全年新增291.9亿元，2018年委托贷款新规实施以来，合规业务逐渐增加，委托贷款规模呈恢复性增长态势。二是未贴现银行承兑汇票新增152.1亿元，同比多增188.7亿元。企业缓解流动性困难的需要客观上推升了银行承兑汇票签发量。

5. 贷款利率同比回落。2020年，中国人民银行长春中心支行稳妥有序推进存量贷款定价基准转换工作，指导省内各金融机构通过推广运用贷款市场报价利率机制等措施，支持重点领域实体经济降成本。全年企业贷款加权平均利率为5.51%，同比下降0.19个百分点，其中，全年小微企业贷款加权平均利率同比下降0.29个百分点。为稳定负债端成本，杜绝大额存款投标违反自律机制约定行为，吉林省银行业发挥省、市自律机制作用，建立大额存款投标业务备案制度，明确了大额存款招投标自律管理，形成了良好的自律约束保障，共同维护了存款市场竞争秩序。同时，地方法人金融机构利率定价管理体制和运行机制进一步完善，共有24家地方法人金融机构建立了内部资金定价（FTP）体系，其中，已运用LPR构建FTP的地方法人金融机构达18家。

表2　2020年吉林省金融机构人民币贷款各利率区间占比

单位：%

项目		1月	2月	3月	4月	5月	6月
合计		100.0	100.0	100.0	100.0	100.0	100.0
LPR减点		13.6	15.6	17.5	14.9	15.2	13.9
LPR		0.1	1.1	1.7	1.6	0.9	5.0
LPR加点	小计	86.3	3.3	80.8	83.5	83.9	81.1
	(LPR，LPR+0.5%)	17.7	15.6	14.1	12.8	10.5	10.3
	[LPR+0.5%，LPR+1.5%)	10.4	16.0	16.5	22.4	21.8	18.5
	[LPR+1.5%，LPR+3%)	17.9	17.3	17.6	16.2	17.3	20.2
	[LPR+3%，LPR+5%)	24.0	11.1	18.5	19.9	19.6	17.9
	LPR+5%及以上	16.4	23.3	14.0	12.0	14.7	14.2
项目		7月	8月	9月	10月	11月	12月
合计		100.0	100.0	100.0	100.0	100.0	100.0
LPR减点		9.1	13.1	18.6	14.5	15.6	14.8
LPR		2.3	2.5	4.8	6.9	9.7	8.8
LPR加点	小计	88.6	84.4	76.5	78.6	74.7	76.4
	(LPR，LPR+0.5%)	14.4	11.2	5.0	8.5	3.7	5.0
	[LPR+0.5%，LPR+1.5%)	20.1	17.0	19.7	15.8	15.8	20.6
	[LPR+1.5%，LPR+3%)	14.9	16.9	14.8	11.7	13.6	15.0
	[LPR+3%，LPR+5%)	20.9	20.9	20.5	25.4	25.1	23.0
	LPR+5%及以上	18.4	18.5	16.5	17.2	16.6	12.8

数据来源：中国人民银行长春中心支行。

6. 不良贷款实现“双降”。2020年，吉林省认真贯彻落实中央防范化解重大金融风险攻坚战部署，银行业积极防控风险，采取措施清收化解不良贷款，不良贷款和不良贷款率实现“双降”。2020年末，吉林省银行业金融机构不良贷款余额同比减少103.4亿元；不良贷款率同比下降0.8个百分点。地方法人金融机构流动性总体充足，城市商业银行、农村商业银行、农村信用社和村镇银行2020年末流动性比率分别为49.4%、50.7%、50.9%和105.9%。

7. 跨境人民币业务连续29个月保持增长态势。2020年，全省9个市州23家银行288个分支机构共为695户进出口企业办理跨境人民币结算业务456.2亿元，同比上涨5.2%，已连续29个月保持增长态势，占同期本外币收支总额的25.8%。其中，经常项下跨境人民币占经常项下本外币的19.2%，直接投资项下跨境人民币占直接投资项下本外币的54.3%。与吉林省发生跨境人民币实际收付业务的境外国家和地区累计达87个，业务量主要集中于德国，占比为53.4%。推进人民币在周边国家使用取得进展。全年共办理对俄跨境人民币结算业务7.6亿元，占对俄本外币结算的35.4%；办理对韩跨境人民币结算业务40.5亿元，同比增长121.3%，占对韩本外币结算的25.5%。

专栏1 强化“五个突出” 做到“五个实现”创新研发“吉企银通”系统助力金融支持稳企业保就业工作深入实施

为深入贯彻中国人民银行总行关于金融支持稳企业保就业的任务部署，全面落实进一步强化中小微企业金融服务的工作要求，中国人民银行长春中心支行借助科技赋能，依托大数据分析，组织研发“吉企银通”——吉林省小微企业融资申报系统，于6月11日在全省正式上线运行，切实解决银行与小微企业之间融资供求信息不对称问题，有效促进银企便捷高效对接融资，助力金融支持稳企业保就业工作深入有效开展。截至2020年末，通过系统对接，累计支持小微企业获得融资77.5亿元。

一、突出智能匹配，实现一键式银企对接

小微企业通过手机微信小程序“吉企银通”注册登录系统，通过拍照上传企业营业执照快速认证后，即可线上填报融资需求。系统后台根据企业融资金额、担保方式、期望利率等融资需求特点，自动与银行提供的信贷产品特点进行最优化匹配，“一对一”选择银行，并智能推送融资申请。银行接收系统派发的融资申请后，通过“155”模式开展高效快捷的线上对接，即银行1个工作日内向分支机构派单，5个工作日内答复是否符合贷款条件，5个工作日内审批放款。如企业初次申请未能获得融资，系统将为其提供最多5轮的智能匹配，尽可能帮助企业达成融资。

二、突出信息整合，实现一体化信用评估

“吉企银通”归集了来自省政数局、工信厅、发改委、市场监管厅等政府相关职能部门提供的小微企业相关公共信用信息并进行脱敏处理，建立系统企业信息库，运用大数据手段和风控模型，对小微企业进行“数据校验”“全息画像”和“风险筛查”，形成企业信用信息报告，与企业融资申请一并推送给银行，为银行提前做好“贷前调查”，降低银行人力、时间等交易成本和贷款风险，帮助银行快速决策，助力提升金融服务效率。

三、突出贴心服务，实现一站式产品展示

“吉企银通”为小微企业构建了线上“金融超市”，汇集全省各家银行为小微企业推出的种类丰富、覆盖面广的专属优质信贷产品信息，为小微企业提供菜单式、可筛选的产品选择，并变呆板纸面材料公文为直观小视频，便于企业快速了解各款产品的利率、期限、申请条件等要素和特征，有针对性地直接选取最适合自身的产品向银行提出融资申请，充分满足企业多样化的融资需求。此外，系统建立了线上首贷、续贷和政采贷专区，为不同需求的客户提供专属化、专业化的线上服务。

四、突出政策宣传，实现一系列企业赋能

“吉企银通”汇聚了国家、省、市三级小微企业优惠政策，可针对企业特点进行精准组合和推送，还可由政府相关部门对扶持政策进行专家解读，帮助企业用好、用足政策，尽享政策红利。同时，系统将建立线上的小微企业“首贷”“续贷”“信用贷”中心，为企业提供专属化、定制化金融服务。此外，系统还将为企业提供融资培训、法律、会计、知识产权保护等增值服务，全方位帮助小微企业成长。

五、突出考核评价，实现一整套激励约束

“吉企银通”面向省内金融管理部门，提供系统实时运行情况的各类统计分析报表，便于有关部门实时了解银行对小微企业的信贷支持情况，并有针对性地开展相应的督导及考核。中国人民银行长春中心支行将各银行系统应用和银企对接结果作为“两管理、两综合”、小微企业信贷政策导向效果评估的重要参考，并对成效突出的银行优先给予再贷款、再贴现等货币政策工具倾斜。吉林银保监局还将各银行系统推广应用效果作为小微企业金融服务监管评价的重要参考。

（二）证券市场平稳发展，市场交易活跃

1. 证券业交易额持续增长。2020年末，吉林省共有证券法人公司2家，证券公司分公司23家，证券营业部133家，证券营业部同比减少5家。吉林省共有2家期货公司和8家营业部。吉林省证券交易额、股票基金交易额和代理期货交易额同比分别增长44.2%、38%和16.3%。

2. 资本市场投融资功能持续发挥。2020年末，吉林省共有上市公司45家，其中，沪市18家、深市27家。总股本515.8亿股，总市值5004.6亿元，同比增长47.3%。吉林省上市公司全年共募集资金243.7亿元。吉林省上市IPO待发行1家，在审企业4家，在辅导企业9家，上市和挂牌企业数量108家。

表3　2020年吉林省证券业基本情况

项目	数量
总部设在辖内的证券公司数（家）	2
总部设在辖内的基金公司数（家）	0
总部设在辖内的期货公司数（家）	2
年末国内上市公司数（家）	45
当年国内股票（A股）筹资（亿元）	244
当年发行H股筹资（亿元）	0
当年国内债券筹资（亿元）	272
其中：短期融资券筹资额（亿元）	0
中期票据筹资额（亿元）	0

数据来源：吉林证监局。

注：当年国内股票（A股）筹资额指非金融企业境内股票融资。

（三）保险业稳步发展，农业保险保障作用进一步发挥

1. 保险机构稳步发展。2020年末，总部设在吉林省内的法人保险公司3家，均为财产险公司，省级保险分公司38家，财产险公司和人身险公司分别为18家和20家。各保险公司从业人员23.8万人，比上年同期增加近2万人。保险业资产总额同比增长12.8%。

2. 保险业务平稳发展。吉林省农业保险保障功能进一步增强，为146.9万户次农户提供风险保障809.1亿元，同比增长10.1%。

表4　2020年吉林省保险业基本情况

项目	数量
总部设在辖内的保险公司数（家）	3
其中：财产险经营主体（家）	3
寿险经营主体（家）	0
保险公司分支机构（家）	1882
其中：财产险公司分支机构（家）	1058
寿险公司分支机构（家）	824
保费收入（中外资，亿元）	710.1
其中：财产险保费收入（中外资，亿元）	212.0
人身险保费收入（中外资，亿元）	498.0
各类赔款给付（中外资，亿元）	220.6

数据来源：吉林银保监局。

（四）融资规模持续增长，金融市场运行平稳

1. 社会融资规模较快增长。2020年，吉

林省社会融资规模增量3578.8亿元，增量是上年的1.2倍。从结构看，本外币各项贷款增量1865.8亿元，同比多增104.9亿元，占社会融资规模的比例为52.1%，占比同比下降7.2个百分点；委托贷款、信托贷款、未贴现银行承兑汇票，以及国债、地方政府一般债和地方政府专项债实现同比多增，增量合计1240.1亿元，同比多增658.2亿元，增量合计占社会融资规模的34.6%，占比同比提高15个百分点。企业债券融资和股票融资增量合计163.7亿元，同比少增81.5亿元。同时，积极利用境外资金支持经济发展，全省跨境融资4.2亿美元，境外金融机构贷款占比达79.4%。

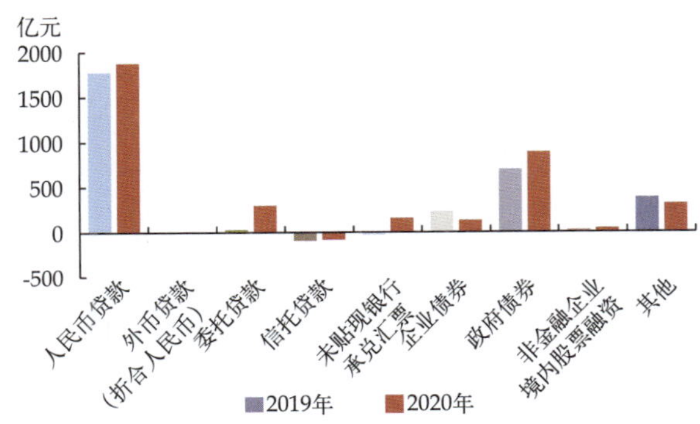

图4　2019—2020年吉林省社会融资规模分布结构

（数据来源：中国人民银行长春中心支行）

2. 债券融资力度进一步加大。2020年，吉林省债券融资克服疫情和全国信用债违约事件频发的不利影响，全年发行公司信用类债券共49期，金额543.2亿元，同比增长0.6%，发行平均利率4.87%，比上年下降0.99个百分点。

3. 货币市场业务优化调整。2020年，吉林省金融机构同业拆借市场成交量6075.0亿元，同比减少13.1%；现券市场交易金额4.5万亿元，同比减少5.3%；在回购市场累计成交金额10.5万亿元，同比减少1.8%。

4. 票据业务量升价跌。2020年，吉林省票据承兑累计发生额同比上升25.6%，票据贴现累计发生额同比上升78.5%。票据市场利率呈下降态势，银行承兑汇票贴现加权平均利率在2.72%~3.20%区间运行，转贴现加权平均利率在2.67%~2.73%区间运行。

5. 黄金市场快速发展。2020年，黄金价格震荡攀升，吉林省黄金企业交易活跃，通过上海黄金交易所销售黄金2335.6公斤，同比增长4.9%；15家商业银行开办了上海黄金交易所黄金代理业务、账户金、自营品牌金、代理品牌金、黄金积存、黄金租赁六大类业务，全年人民币业务累计成交额242.9亿元，同比增长33.8%。

表5　2020年吉林省金融机构票据业务量统计

单位：亿元

季度	银行承兑汇票承兑		贴现			
			银行承兑汇票		商业承兑汇票	
	余额	累计发生额	余额	累计发生额	余额	累计发生额
1	751.7	395.0	530.9	907.2	22.4	44.6
2	985.3	611.9	513.7	1809.8	25.7	149.6
3	991.5	483.7	486.4	856.8	38.7	90.9
4	1001.2	618.0	489.8	750.3	36.2	53.5

数据来源：中国人民银行长春中心支行。

表6　2020年吉林省金融机构票据贴现、转贴现利率

单位：%

季度	贴现		转贴现	
	银行承兑汇票	商业承兑汇票	票据买断	票据回购
1	3.21	4.77	2.70	2.45
2	2.72	4.12	2.38	1.87
3	3.06	4.31	2.67	2.30
4	3.07	4.40	2.73	1.90

数据来源：中国人民银行长春中心支行。

（五）金融基础设施更趋完善，金融生态环境持续优化

1. 信用体系建设扎实推进。2020年末，吉林省金融信用信息基础数据库累计收录吉林省2529.5万自然人、51.4万户企业的信贷信息。在全省范围内设置信用报告自助查询网点144个，提供个人信用报告和企业信用报告查询服务的自助查询机191台和43台，进一步增加征信查询服务有效供给。全年各类市场主体查询

个人信用报告582.7万次、企业信用报告39.6万次。持续开展信用建档评定工作，累计为347万余户农户、5万余户中小企业建立信用档案，累计评定信用村2579个、信用乡122个、信用农户162万余户。依托中征应收账款融资服务平台积极推动动产融资业务发展，2020年，融资平台新增注册340户，通过平台实现融资170.5亿元。

2. 支付体系稳定运行。2020年，吉林省支付系统处理业务4.5亿笔、金额41.8万亿元，同比增长6.1%，支付体系在服务实体经济发展、畅通社会资金交易往来、满足社会公众支付需求等方面的作用持续发挥。银行卡受理环境不断改善，全省联网商户、联网POS机具、ATM分别达到32.3万户、40.2万台和1.6万台。银行卡助农取款、“联银快付”等项目助推农村地区支付环境持续优化，全省助农取款服务点达1.4万个，“联银快付”交易1万笔、金额21.4亿元。全面启动吉林省移动支付便民工程建设，全省“云闪付”用户674万户，约占全省人口总数的25%，占比同比提升4.9个百分点，全年发生手机闪付、二维码及“云闪付”无卡交易7444万笔，新增“云闪付”用户212万户，占“云闪付”App注册用户总量的31.5%。银行卡消费稳步增长，银行卡信贷规模和授信使用率持续提升，2020年，吉林省银行卡消费总量和人均卡消费同比分别增长2.6%和5%，银行卡授信总额和应偿信贷余额同比分别增长9.8%和7.4%。

3. 金融消费权益保护工作持续推进。2020年，中国人民银行长春中心支行对148家金融机构开展执行中国人民银行政策及相关法律法规综合评价工作，对全省10家银行业金融机构开展金融消费权益保护现场监督检查，进一步督导辖内金融机构提升服务水平。开展“普及金融知识守住钱袋子”“金融知识普及月”等宣传活动，创新开设《金融有道》《一本财经》等新媒体栏目，同时在中国人民银行长春中心支行公众号创办《金融消保课堂》栏目，丰富宣传载体，拓宽宣传渠道。全年覆盖受众消费者超700万人次，发放各种宣传资料2万份，媒体报道450次。

二、经济运行情况

2020年，是吉林振兴发展进程中极不平凡的一年。面对百年不遇的新冠肺炎疫情、前所未有的台风和历史罕见雨雪冰冻灾害，吉林省积极应对困难挑战，经济运行逐季回升，粮食生产再获丰收，产业结构持续优化，质量效益稳中有升，三大攻坚成效显著，民生保障更加有力。全年实现地区生产总值12311.3亿元，同比增长2.4%。

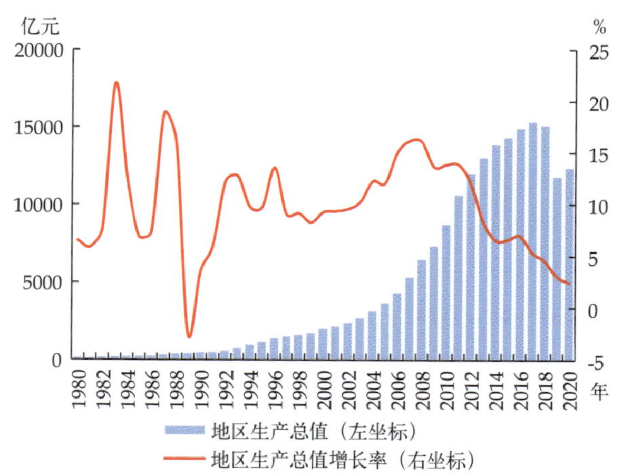

图5　1980—2020年吉林省地区生产总值及其增长率

（数据来源：吉林省统计局）

（一）内外需求总体稳定，投资实现较快增长

1. 固定资产投资保持较快增长。2020年，吉林省固定资产投资同比增长8.3%，增速比上年同期提高24.0个百分点。分产业看，第一、第二、第三产业固定资产投资额增速分别为68.3%、9.0%和7.1%。从重点领域看，基础设施投资增长4.3%；房地产开发投资同比增长11.0%。民间投资规模同比增长9.8%。全年亿元以上在建项目个数增长17.6%。建成5条高速公路869公里，新增通车里程718公里。乾安、通榆、和龙3个县（市）结束不通高速公路的历史。

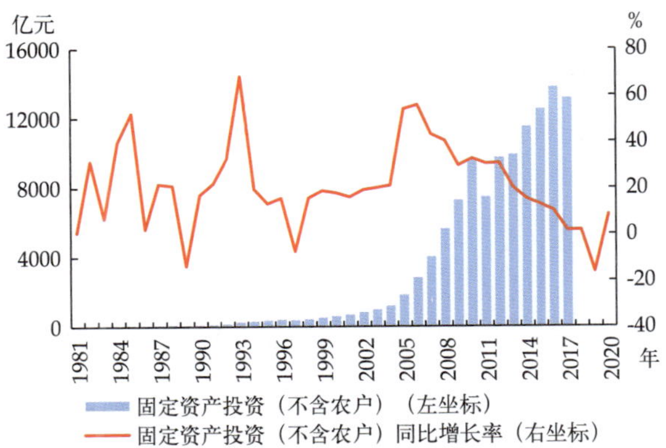

图 6　1981—2020 年吉林省固定资产投资（不含农户）及其增长率

（数据来源：吉林省统计局）

2. 消费需求加速回暖。2020 年，吉林省居民收入恢复性增长，全省城镇居民和农村居民人均可支配收入同比分别增长 3.4% 和 7.6%。但受新冠肺炎疫情影响，城镇居民人均生活消费支出同比下降 7.6%。2020 年，吉林省社会消费品零售总额降幅逐季收窄，第一季度、上半年、前三季度和全年同比分别下降 27.3%、20%、15.1% 和 9.2%。按经营单位所在地分，全年城镇消费品零售总额下降 9.3%，农村零售总额下降 8.4%。按消费类型分，商品零售下降 9.2%，餐饮收入下降 9.7%。新型消费模式蓬勃兴起，网络零售额、农村网络零售额、跨境电商交易额分别增长 19.2%、20% 和 25.4%。

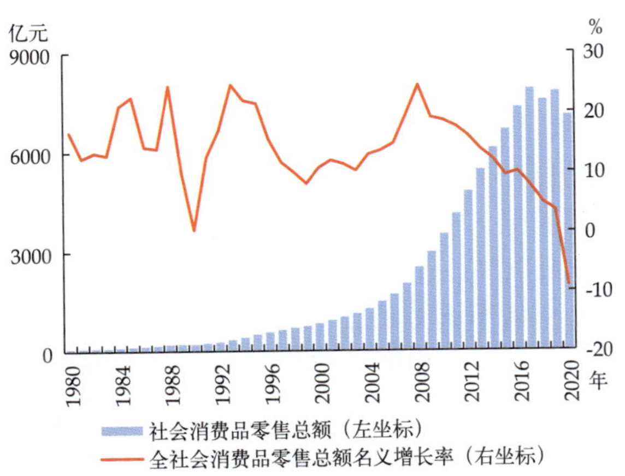

图 7　1980—2020 年吉林省社会消费品零售总额及其增长率

（数据来源：吉林省统计局）

3. 进出口额有所下降。受疫情冲击海外经济体需求走弱、中美经贸摩擦潜在影响不断累积双重因素影响，吉林省进出口形势较上年走低。2020 年，吉林省实现进出口总值 1280.1 亿元，同比下降 1.7%。其中，进口同比增长 1.1%，出口同比下降 10.3%。中韩（长春）国际合作示范区、珲春海洋经济发展示范区、长春临空经济示范区等获批，中欧班列货运量增长 43.4%，通化港货物吞吐量达到 1000 万吨，吉林对外开放取得新进展。招商引资逆势上扬，全省实际利用外资增长 9.4%。

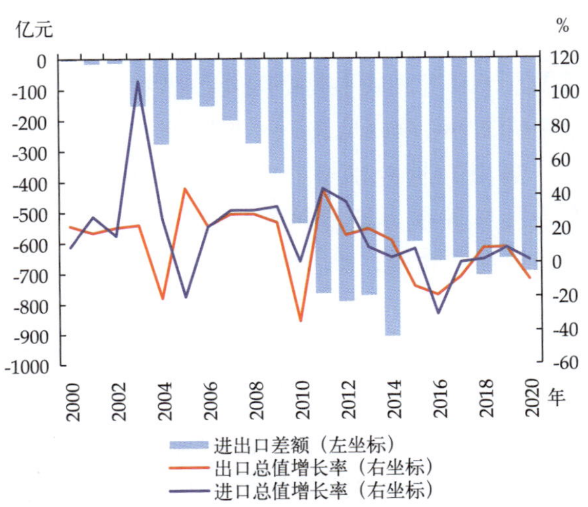

图 8　2000—2020 年吉林省外贸进出口变动情况

（数据来源：吉林省统计局）

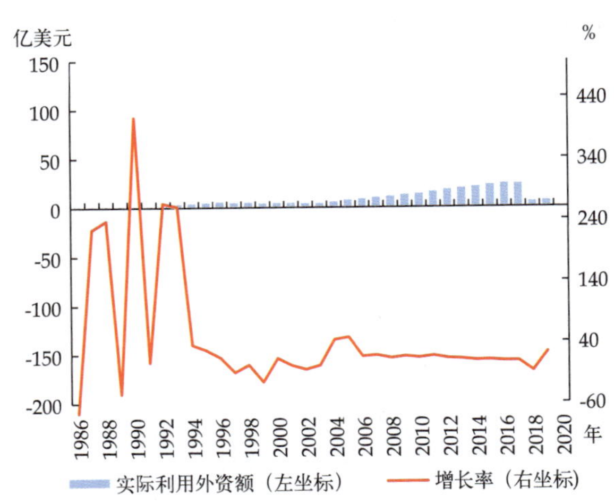

图 9　1986—2020 年吉林省外商直接投资额及其增长率

（数据来源：吉林省统计局）

（二）产业转型积极推进，供给侧结构性改革成效显现

2020年，吉林省实现地区生产总值同比增长2.4%。第一、第二、第三产业增加值同比分别增长1.3%、5.7%和0.1%。三大产业结构占比为12.6∶35.1∶52.3，在疫情冲击影响下，服务业仍保持较高占比，产业结构呈现积极变化。

1. 农业生产基本稳定。有效应对夏伏旱、洪涝特别是历史罕见三次台风袭击叠加的不利影响，2020年，吉林省农林牧渔业总产值同比增长1.5%，其中，农业增长2.7%，牧业增长0.2%。粮食产量760.6亿斤，连续八年稳定在700亿斤以上。从主要畜牧业产品看，生猪出栏量下降2.9%，降幅比前三季度收窄2.6个百分点，羊、禽出栏量分别增长10.1%、0.3%。园艺特产业持续发展，新建扩建规模园区120个。加快建设现代农业，大力提高粮食综合生产能力，加大黑土地保护力度，实施保护性耕作1852万亩，新建高标准农田300万亩，农作物耕种收综合机械化水平达到91%。

2. 工业增长势头强劲。2020年，吉林省规模以上工业增加值同比增长6.9%。重点产业支撑作用突出，汽车制造业同比增长12.8%，一汽集团产值增长13%，一汽大众成为全国年产量唯一突破200万辆的乘用车企业，一汽红旗已成为年产量唯一突破20万辆的自主乘用车豪华品牌，产量增长104%，迈出了红旗品牌复兴崛起的坚实步伐；石油化工、食品、医药、装备制造产业增加值分别增长0.6%、1.3%、1.9%和8.4%。新兴产业迅速成长，“吉林一号”一箭九星发射成功，高新技术企业数量历史首次超过2000户，同比增长46.9%，高铁变轨等关键核心技术取得突破。

3. 服务业稳步复苏。2020年，吉林省服务业增加值同比增长0.1%，增速比前三季度提高1.2个百分点，但仍低于上年3.2个百分点，服务业占GDP比重为52.3%。从重点行业看，金融业增长5.5%；信息传输、软件和信息技术服务业增长13.7%；交通运输、仓储和邮政业增长0.4%；批发零售业、住宿和餐饮业、房地产业分别下降4.3%、18.7%和1.6%。旅游业加速回升，全年接待国内游客1.5亿人次。

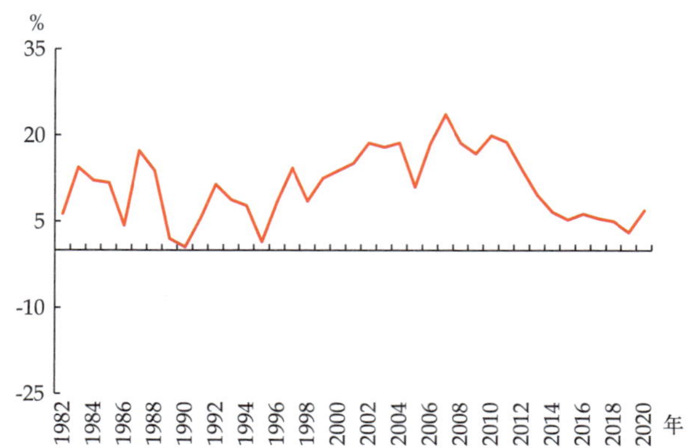

图10　1982—2020年吉林省规模以上工业增加值实际增长率

（数据来源：吉林省统计局）

4. 供给侧结构性改革成效明显。去产能方面，有效压减过剩产能，2020年，吉林省十种有色金属产量下降3.6%，铁合金产量下降77.6%。降成本方面，企业交易费用和税收负担大幅下降，全年实体经济降本减负约600亿元，为市场主体恢复活力、经济企稳回升发挥了积极作用。补短板方面，基础设施领域投资保障有力，全年基础设施投资增长4.3%，占全部投资的比重为21.9%。脱贫攻坚目标如期完成，现行标准下70多万农村贫困人口全部脱贫，1489个贫困村全部出列，15个贫困县全部摘帽，吉林省历史性告别绝对贫困和区域性整体贫困。

5. 生态环境质量持续改善。2020年，吉林省地表水优良水体比例达到83.3%，劣Ⅴ类水体全面消除，国考断面首次全面达标，达到有监测记录以来最好水平。深入推进生态示范创建，抚松县被命名为国家“两山”实践创新基地，白山市、长白山池北区被命名为国家生态文明建设示范市县。决战决胜污染防治攻坚战。纳入国家污染防治攻坚战成效考核的5个方面31项具体指标全部完成。全面推广秸秆“五化利用＋无害化处置”的全量化处理模式，全省20万千瓦及以上燃煤发电机组全部完成超低排放

改造，淘汰县级及以上城市建成区燃煤小锅炉1159台。全力推进“两河一湖”治理，辽河流域、饮马河流域重点项目全部完工。颁布实施《吉林省生态环境保护条例》，高质量编制完成“三线一单”，在全国率先实现固定污染源排污许可全覆盖。

（三）消费品价格整体平稳，工业品价格涨幅收窄

1. 居民消费价格涨势平稳。2020年，吉林省居民消费价格指数累计上涨2.3%，较上年同期下降0.7个百分点。分类别看，构成CPI的八大类商品和服务项目价格“五升三降”。其中，食品烟酒类价格上涨7.5%，其他用品和服务类价格上涨4.2%，医疗保健类价格上涨1.8%，教育文化和娱乐类价格上涨1.4%，生活用品及服务类价格上涨0.8%，交通和通信类价格下降3.5%，衣着类价格下降0.6%，居住类价格下降0.2%。

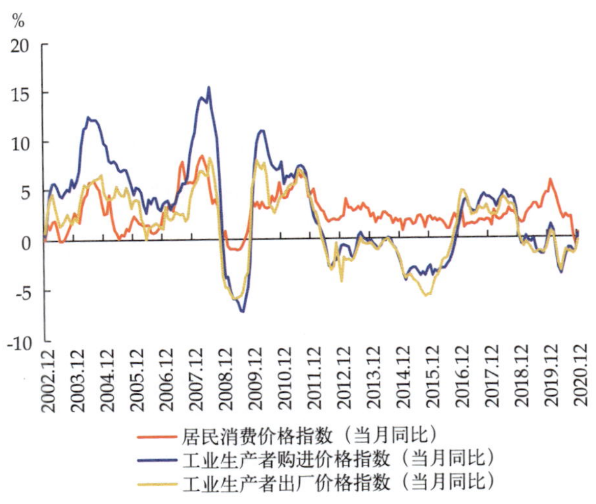

图11　2002—2020年吉林省居民消费价格指数和工业生产者价格指数变动趋势

（数据来源：吉林省统计局）

2. 生产价格略有下降。2020年，吉林省工业生产者出厂价格比上年下降1.4%。全年工业生产者购进价格指数同比下降1.3%。

3. 居民收入恢复性增长。2020年，吉林省城镇居民人均可支配收入33396元，同比增长3.4%，其中，工资性收入、经营净收入、财产净收入和转移净收入占比分别为62.8%、8.9%、4.8%和23.4%。农村居民人均可支配收入16067元，同比增长7.6%，增速高于城镇居民人均可支配收入增速。

（四）财政收入平稳向好，重点支出得到有力保障

2020年，在疫情冲击、大幅度减税降费等因素影响下，吉林省地方级财政收入1085.0亿元，比上年下降2.9%，降幅较上年收窄7.1个百分点，财政收入增速好于预期水平。其中，税收收入771.9亿元，同比下降3.3%，税收占地方级收入比重达到71.1%，比上年下降0.3个百分点。全省不折不扣落实各项减税降费政策，全年减轻企业和个人税费负担199亿元，有力支持了实体经济发展。吉林省强化财税政策资金保障，全力支持抗击新冠肺炎疫情和推动复工复产，2020年，一般公共预算支出4127.2亿元，同比增长4.9%，高于上年同期1.1个百分点。其中，对民生的投入达3352.7亿元，占全部财政支出的81.2%，社会保障和就业、教育、城乡社区、卫生健康、住房保障等重点民生支出增速高于全省平均水平。

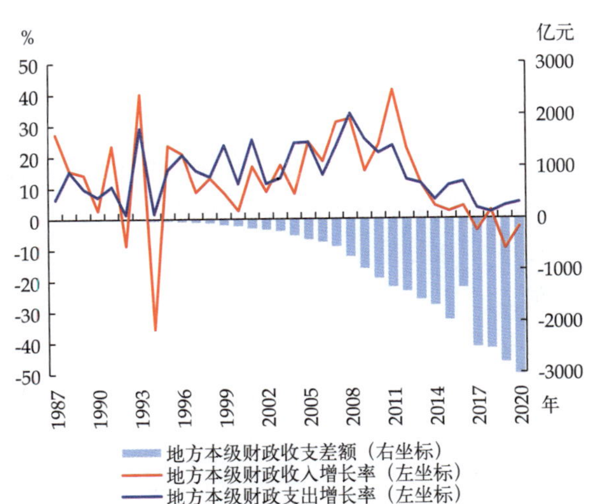

图12　1987—2020年吉林省财政收支状况

（数据来源：吉林省统计局）

专栏 2　吉林省"银担合作 +"破解新型农业经营主体贷款难取得积极成效

新型农业经营主体是实施乡村振兴战略的有力抓手和重要载体，针对金融支持新型农业经营主体过程中存在的贷款准入难、风险高等突出问题，吉林省以省农业融资担保有限公司（以下简称省农担公司）为核心，形成了"银担合作 +"支持新型农业经营主体的模式，极大地提升了新型农业经营主体贷款获得性，有效降低了贷款主体融资成本和金融机构贷款风险，取得了良好成效。

一、创新模式，有效构建多元化的风险分担机制

一是"政担结合"，充分发挥财政资金的分担补偿作用。通过构建"省农担 + 银行 + 政府风险补偿基金"模式，借助政府设立的风险补偿金，实现农担公司、银行、政府按比例共担风险。此外，通过构建"省农担 + 银行 + 财政支农补贴"模式，在省农担公司保证提供担保的基础上，以财政支农补贴作为还款来源，对担保未覆盖的敞口部分进行分担补偿，有效提升风险分担效果和效率。二是"担企合作"，引入龙头企业补充提供反担保。通过建立"省农担 + 银行 + 龙头企业或行业协会"的风险共担机制，推动核心企业为处于其产业链上下游的新型农业经营主体提供反担保、生产经营指导等保障措施，在实现风险共担的同时，夯实上下游产业链条合作基础。三是双重审查，有效缓解信贷风险。省农担公司与合作银行对支持的新型农业经营主体执行"双审查、双管理、双跟踪"，着力解决贷款过程中信息不对称的问题。

二、量身定做，打造特色信贷担保"产品箱"

省农担公司根据新型农业经营主体特点及行业属性，创新推出一系列支持新型农业经营主体的信贷担保产品。一是针对粮食适度规模经营主体用款"短、频、急"的特点，推出无抵押批量化信贷产品"粮易担"，具有"低费率、无抵押、成批量、可循环"的优势。二是针对吉林省粮食种植业设计的一款按照专家评定的单位面积生产成本授信的标准化产品"耕耘贷"，其担保方式为家庭成员保证。三是针对畜牧业养殖发展资金需求大、抵押品不充足的特点，推出"吉农担—畜牧贷"，按照经专家评定的单位畜牧收入授信的标准化信贷产品。

三、以农为本，提供优质的信贷担保服务

省农担公司与合作银行坚持以服务新型农业经营主体的政策定位，为新型农业经营主体融资担保过程打造高效、便捷、安全的服务体系。一是降低融资门槛。省农担公司根据新型农业经营主体资产轻、抵押物少等特征，关注但不依赖反担保措施，而注重其社会评价、经营管理能力等，并以其未来经营收益作为第一还款来源，做到"应担尽担"。二是开辟绿色通道。省农担公司积极协调合作银行为新型农业经营主体共同开辟绿色通道，实现快速调查、快速评审、快速放款，切实满足农业生产的季节性需求，从业务受理到放款最短仅需三天时间。三是降低融资成本。在省农担公司执行低担保费率、合作银行执行比较优惠的贷款利率，加上贷款贴息政策支持，为新型农业经营主体节约近 50% 融资成本。

2020 年末，省农担公司已构建起业务覆盖吉林省内所有市、县的政策性农业信贷担保体系，实现了担保业务省内全覆盖。截至 2020 年末，省农担公司累计为 12037 户新型农业经营主体提供担保贷款 142.6 亿元；在保余额 75.1 亿元，在保户数 7644 户，有力有效地为吉林省新型农业经营主体的发展提供了信贷支持。

（五）房地产市场稳定运行，医药产业转负为正

1. 房地产市场运行稳定。2020 年，房地产市场调控取得积极成效，吉林省房屋销售均价涨幅收窄，房地产贷款增势回落。

房地产投资稳定增长。开发商为保障续建项目的稳定，保持一定规模的投资。吉林省全年完成房地产开发投资 1460.8 亿元，同比增长 11.0%，增速较上年小幅回落 0.9 个百分点。

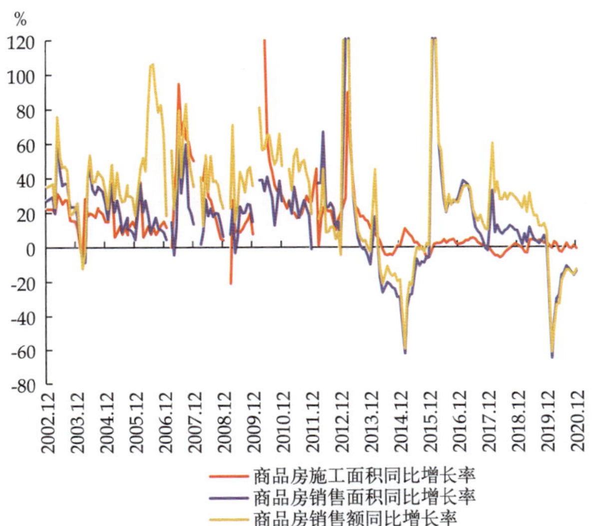

图 13　2002—2020 年吉林省商品房施工和销售变动趋势

（数据来源：吉林省统计局）

房地产调控取得积极成效，房价涨幅收窄。2020 年，吉林省商品房销售面积和销售额分别为 1831.2 万平方米和 1381.6 亿元，同比分别下降 13.7% 和 12.6%。商品房销售均价为 7544 元/平方米，同比上涨 1.3%，涨幅较上年同期回落 5.2 个百分点。长春市政府针对前期房价较快上涨问题，出台多项调控措施，房价过快上涨趋势得到有效遏制。2020 年 12 月，长春市、吉林市新建商品住宅销售价格指数同比分别回落 7.1 个、6.1 个百分点。

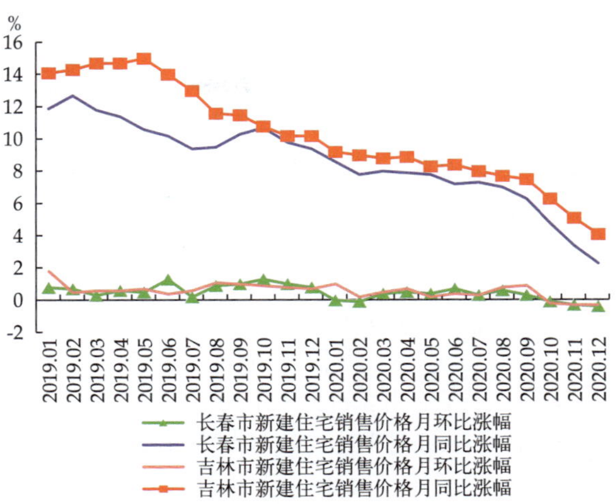

图 14　2019—2020 年吉林省主要城市新建住宅销售价格变动趋势

（数据来源：吉林省统计局）

房地产贷款增速回落。2020 年，省内银行机构加强房地产信贷管理，合理控制房地产贷款投放节奏，促进了信贷资源更多地投向小微企业、“三农”等实体经济领域。2020 年末，房地产贷款同比增长 13.5%，增速较上年下降 1.5 个百分点。其中，个人住房贷款同比增长 14.9%，增速较上年回落 6.5 个百分点。银行机构积极支持保障房建设。全省保障性住房开发贷款余额 912.6 亿元，同比增长 8.5%，增速较上年提高 8.0 个百分点。

2. 医药行业先降后升。2020 年初，在新冠肺炎疫情冲击下，吉林省医药工业受开工不足、上下游原辅料供应不及时、物流运输开工晚等因素影响，产值首度出现 26% 的负增长，随着疫情不断好转，医药相关企业逐步复工复产，医院恢复正常诊疗工作，10 月，吉林省医药工业产值累计增长由负转正。2020 年，吉林省医药行业产值、增加值两项指标增速平稳回升，全年累计完成产值 609.1 亿元，增长 1.3%，累计实现增加值 229.5 亿元，增长 1.9%。医药工业八大子行业产值增速五升三降，其中，生物药品制造业、兽用药品制造业和化学药品原药制造业产值实现较快增长，增速分别达 35.7%、27.3% 和 21.6%。

医药重点企业稳健发展。2020 年吉林省重

点调度的50户医药企业累计完成产值418.7亿元，产值占医药行业总产值的58.7%，产值同比增长4.5%，增速较上年基本持平。其中，金赛药业、东宝药业、修正高科、凯莱英医药、百克生物和生物制品所产值同比分别增长30%、18.9%、35%、33.7%、58.4%和78.7%。

三、预测与展望

2021年是“十四五”开局之年。当前，吉林经济正处在滚石上山、爬坡过坎的关键阶段，经济复苏不稳定不平衡，疫情冲击导致的各类潜在、现实风险不容忽视。但吉林振兴发展也面临新的重大机遇，习近平总书记视察为吉林发展掌舵领航、把脉定向，赋予吉林“新担当、新突破、新作为”的重大责任使命。吉林经济稳定向好的态势正在不断巩固拓展，汽车产业迸发新活力，民间投资逆势增长，线上经济蓬勃兴起。同时，中韩（长春）国际合作示范区、珲春海洋经济发展示范区等一系列开放平台陆续获批，也将推动吉林开放发展跃上新水平。2021年，吉林省将深入贯彻党的十九大和十九届二中、三中、四中、五中全会精神，以习近平总书记对吉林工作重要讲话重要指示精神为统领，深入实施“三个五”战略，持续推动中东西“三大板块”协调发展，加快构建“一主、六双”产业空间布局，抓实做好“六稳”工作、全面落实“六保”任务，努力保持经济运行在合理区间。预计2021年全省地区生产总值增长6%~7%。

2021年，吉林省金融部门将深入贯彻落实稳健的货币政策要灵活精准、合理适度，坚定不移服务实体经济，不断提升金融服务质量，为新时代吉林振兴发展率先实现新突破、构建新发展格局提供有力金融支持。继续发挥好结构性货币政策工具和信贷政策精准滴灌作用，引导金融机构加大对民营小微、科创企业和绿色信贷等领域的支持力度。继续稳妥有序推进LPR改革进度，加强利率定价自律管理。继续推动直接融资发展，支持拓宽融资渠道。持续防范化解金融风险，促进金融市场持续稳定健康发展。

中国人民银行长春中心支行货币政策分析小组

总　　纂：付喜国　林长杰

统　　稿：丁树成　王春萍　杨　珩　付炳科　叶骏骅

执　　笔：金　博　邵　洋　焦响乐　周飞虎　刘　健　王宇洋　孙雨婷　李贤学　孔元慧　孟　夏　赵　锋　刘鸿鹄　孟昭璇　姜思同　朱雪巍　于　越

提供材料：侯佳彤　古方仪　陈　亮　王述晨　毕文祥　刘中超

附录

（一）2020年吉林省经济金融大事记

4月11日，吉林省政府发布最后九个贫困县脱贫摘帽。

6月11日，“吉企银通”吉林省小微企业融资申报系统正式上线。

6月29日，中韩（长春）国际合作示范区正式揭牌。举行全球首场云合作暨项目签约活动，37个重点项目现场集中签约，签约金额达620亿元。

6月29日，吉林省出台“金融支持稳企业保就业40条”实施意见。

9月15日，“吉林一号”一箭九星发射成功。

9月22日，吉林奥来德光电材料股份有限公司在科创板上市。

9月23日，第十一届中国东北亚博览会在长春国际会展中心举行。

10月21日，时速400公里可变轨高速动车组在吉林长春下线。

2020年，一汽大众累计新车产量达207万辆，成为2020年度国内唯一产销量突破200万辆的车企。一汽红旗品牌成为年产量唯一突破20万辆的自主乘用车豪华品牌。

（二）2020 年吉林省主要经济金融指标

表 1　2020 年吉林省主要存贷款指标

	项目	1 月	2 月	3 月	4 月	5 月	6 月	7 月	8 月	9 月	10 月	11 月	12 月
本外币	金融机构各项存款余额（亿元）	24649.3	24561.0	25209.9	25400.0	25980.2	26576.9	26477.0	26864.3	27038.2	27316.8	27472.7	27246.5
	其中：住户存款	15122.4	15265.3	15662.3	15584.8	15707.0	16061.5	16056.0	16139.6	16383.2	16402.3	16657.7	17092.3
	非金融企业存款	5010.7	4853.6	4916.8	5199.7	5302.5	5489.4	5491.9	5644.6	5788.3	5804.5	5943.3	5658.8
	各项存款余额比上月增加（亿元）	495.5	-88.3	649.0	190.0	580.3	596.7	-99.9	387.2	173.9	278.5	155.9	-226.2
	金融机构各项存款同比增长（%）	8.9	7.6	7.2	8.2	11.0	13.0	12.8	12.3	11.5	12.7	13.5	12.8
	金融机构各项贷款余额（亿元）	21229.9	21221.4	21618.6	21807.1	21943.8	22147.4	22273.6	22515.5	22590.7	22581.5	22641.3	22751.1
	其中：短期	6925.8	6953.9	7096.5	7057.9	7080.5	7085.7	7048.3	7125.5	7080.9	6950.1	6917.0	6813.5
	中长期	13570.7	13528.4	13701.9	13871.9	13972.1	14160.1	14338.7	14518.7	14640.0	14796.5	14896.7	15080.5
	票据融资	496.1	505.4	553.2	558.5	545.9	539.3	516.0	508.7	525.1	493.0	487.2	526.0
	各项贷款余额比上月增加（亿元）	345.5	-8.5	397.2	188.6	136.7	203.6	126.2	241.9	75.2	-9.2	59.8	109.8
	其中：短期	30.9	28.1	142.6	-38.6	22.7	5.2	-37.5	77.2	-44.6	-130.8	-33.1	-103.5
	中长期	286.1	-42.3	173.5	170.0	100.2	188.0	178.6	180.0	121.3	156.5	100.2	183.8
	票据融资	3.4	9.4	47.8	5.2	-12.5	-6.6	-23.3	-7.3	16.4	-32.1	-5.8	38.8
	金融机构各项贷款同比增长（%）	8.6	8.0	8.2	8.9	9.0	9.3	9.7	10.5	9.9	9.4	8.9	8.9
	其中：短期	-0.7	-0.6	-0.4	-0.8	-0.6	-1.6	-2.5	-0.8	-0.9	-2.4	-1.8	-1.9
	中长期	13.1	12.4	12.2	13.3	13.4	14.3	15.5	15.4	14.8	15.1	14.0	14.0
	票据融资	2.5	-3.5	0.2	0.5	-6.5	-3.6	-2.5	5.0	5.0	-2.8	-0.5	6.8
	建筑业贷款余额（亿元）	612.4	615.1	646.5	650.3	653.7	685.2	703.7	736.0	723.8	741.0	753.3	764.2
	房地产业贷款余额（亿元）	945.7	946.0	961.8	975.4	984.8	992.0	1013.4	1043.6	1052.8	1098.8	1098.9	1087.3
	建筑业贷款同比增长（%）	10.6	11.6	15.8	15.2	12.4	14.9	18.1	7.9	5.6	9.6	10.6	15.1
	房地产业贷款同比增长（%）	7.2	5.5	5.8	7.2	9.8	11.2	14.7	16.3	17.0	21.6	21.0	17.9
人民币	金融机构各项存款余额（亿元）	24516.2	24430.9	25064.9	25260.6	25846.1	26442.0	26355.2	26740.3	26910.9	27186.7	27344.0	27119.8
	其中：住户存款	15026.2	15166.1	15559.5	15482.8	15606.1	15961.8	15957.6	16042.3	16286.1	16305.0	16561.3	16996.1
	非金融企业存款	4983.3	4825.3	4877.6	5165.5	5272.4	5457.3	5471.5	5621.0	5761.2	5774.7	5913.9	5631.2
	各项存款余额比上月增加（亿元）	496.8	-85.3	634.0	195.7	585.5	595.9	-86.9	385.1	170.7	275.7	157.3	-224.2
	其中：住户存款	583.9	139.9	393.4	-76.7	123.3	355.7	-4.3	84.8	243.7	18.9	256.3	434.7
	非金融企业存款	-169.5	-158.0	52.3	287.9	106.9	184.9	14.3	149.4	140.3	13.4	139.3	-282.7
	各项存款同比增长（%）	9.0	7.7	7.3	8.2	11.1	13.1	12.9	12.4	11.6	12.7	13.6	12.9
	其中：住户存款	15.4	14.2	14.2	13.9	14.4	16.0	15.7	16.0	16.3	16.4	17.4	17.7
	非金融企业存款	-15.7	-2.6	-3.7	5.0	8.2	9.9	11.0	11.3	9.7	8.7	11.7	9.2
	金融机构各项贷款余额（亿元）	21209.6	21200.9	21598.2	21787.4	21923.1	22127.0	22253.3	22495.4	22579.4	22570.5	22630.0	22739.8
	其中：个人消费贷款	5127.1	5090.0	5131.0	5172.8	5211.4	5270.0	5341.8	5430.1	5491.2	5513.7	5546.0	5590.4
	票据融资	496.1	505.4	553.2	558.5	545.9	539.3	516.0	508.7	525.1	493.0	487.2	526.0
	各项贷款余额比上月增加（亿元）	346.0	-8.7	397.4	189.1	135.7	203.9	126.3	242.1	84.0	-8.9	59.5	109.8
	其中：个人消费贷款	108.9	-37.1	41.0	41.8	38.5	58.6	71.8	88.3	61.1	22.5	32.3	44.4
	票据融资	3.4	9.4	47.8	5.2	-12.5	-6.6	-23.3	-7.3	16.4	-32.1	-5.8	38.8
	金融机构各项贷款同比增长（%）	8.7	8.1	8.3	9.1	9.1	9.4	9.8	10.5	10.0	9.4	8.9	9.0
	其中：个人消费贷款	25.0	23.3	21.7	20.8	19.1	18.1	17.7	17.3	16.5	14.8	12.6	11.4
	票据融资	2.5	-3.5	0.2	0.5	-6.5	-3.6	-2.5	5.0	5.0	-2.8	-0.5	6.8
外币	金融机构外币存款余额（亿美元）	19.3	18.6	20.5	19.7	18.8	19.1	17.4	18.1	18.7	19.3	19.6	19.4
	金融机构外币存款同比增长（%）	-12.0	-9.1	-2.1	-5.2	-5.6	-5.1	-7.3	-3.2	2.1	4.3	2.7	0.9
	金融机构外币贷款余额（亿美元）	3.0	2.9	2.9	2.8	2.9	2.9	2.9	2.9	1.7	1.6	1.7	1.7
	金融机构外币贷款同比增长（%）	-48.1	-48.8	-47.8	-49.7	-48.3	-26.5	-25.4	-20.7	-55.8	-56.4	-41.9	-42.1

◎ 数据来源：中国人民银行长春中心支行。

表 2　2001—2020 年吉林省各类价格指数

时间	居民消费价格指数		农业生产资料价格指数		工业生产者购进价格指数		工业生产者出厂价格指数	
	当月同比	累计同比	当月同比	累计同比	当月同比	累计同比	当月同比	累计同比
2001	—	1.3	—	-1.0	—	1.8	—	0.3
2002	—	-0.5	—	0.4	—	-2.2	—	-1.4
2003	—	1.2	—	1.0	—	4.8	—	2.5
2004	—	4.1	—	6.3	—	10.5	—	5.0
2005	—	1.5	—	9.2	—	7.0	—	4.5
2006	—	1.4	—	-2.8	—	3.8	—	1.7
2007	—	4.8	—	6.0	—	5.2	—	2.7
2008	—	5.1	—	27.3	—	11.3	—	4.9
2009	—	0.1	—	-3.6	—	-4.7	—	-3.9
2010	—	3.7	—	-0.9	—	8.6	—	5.2
2011	—	5.2	—	11.4	—	6.1	—	5.4
2012	—	2.5	—	6.8	—	-0.7	—	-0.9
2013	—	2.9	—	0.8	—	-0.6	—	-1.3
2014	—	2.0	—	-4.9	—	-0.8	—	-0.9
2015	—	1.7	—	0.6	—	-3.4	—	-4.7
2016	—	1.6	—	-6.9	—	-2.2	—	-1.6
2017	—	1.6	—	-2.1	—	3.4	—	3.1
2018	—	2.1	—	3.7	—	3.5	—	2.8
2019	—	3	—	8.3	—	-0.8	—	-1.1
2020	—	2.3	—	—	—	-1.3	—	-1.4
2019　1	1.4	1.4	6.8	6.8	-0.7	-0.7	-0.4	-0.4
2	1.5	1.4	7.2	7.0	-0.6	-0.7	-0.9	-0.7
3	2.3	1.7	9.1	7.7	0.1	-0.4	-0.5	-0.6
4	2.7	2.0	10.1	8.3	-0.4	-0.4	-0.8	-0.6
5	2.9	2.2	9.8	8.6	-0.5	-0.4	-1.2	-0.8
6	3.3	2.3	7.4	8.4	-0.1	-0.5	-1.6	-0.9
7	3.3	2.5	5.6	8	-1.3	-0.6	-1.6	-1
8	2.8	2.5	7.2	7.9	-1.5	-0.7	-1.4	-1
9	2.9	2.6	8.2	7.9	-1.7	-0.8	-1.4	-1.1
10	3.9	2.7	11	8.3	-1.7	-0.9	-1.6	-1.1
11	4.4	2.9	10	8.4	-0.9	-0.9	-1.2	-1.1
12	4.4	3	6.5	8.3	0.4	-0.8	-0.3	-1.1
2020　1	5.7	5.7	—	—	1.2	1.2	0.5	0.5
2	4.8	5.3	—	—	0.6	0.9	0.3	0.4
3	4.2	4.9	—	—	-1.4	0.1	-0.9	0.0
4	3.2	4.5	—	—	-3.1	-0.7	-2.6	-0.7
5	2.3	4.0	—	—	-3.7	-1.3	-3.4	-1.2
6	1.8	3.7	—	—	-2.7	-1.5	-2.2	-1.4
7	2.2	3.5	—	—	-1.8	-1.6	-1.3	-1.4
8	1.9	3.3	—	—	-1.1	-1.5	-1.5	-1.4
9	2	3.1	—	—	-1.1	-1.5	-1.5	-1.4
10	0.2	2.8	—	—	-1.5	-1.5	-1.7	-1.4
11	-0.8	2.5	—	—	-1.4	-1.5	-1.4	-1.4
12	0.4	2.3	—	—	0.2	-1.3	-0.4	-1.4

数据来源：吉林省统计局。

表 3　2020 年吉林省主要经济指标

项目	1 月	2 月	3 月	4 月	5 月	6 月	7 月	8 月	9 月	10 月	11 月	12 月
绝对值（自年初累计）												
地区生产总值（亿元）	—	—	2441.8	—	—	5441.9	—	—	8796.7	—	—	12311.3
第一产业	—	—	223.7	—	—	417.6	—	—	721.8	—	—	1553.0
第二产业	—	—	716.6	—	—	1889.3	—	—	3210.4	—	—	4326.2
第三产业	—	—	1501.6	—	—	3135.0	—	—	4864.5	—	—	6432.1
工业增加值（亿元）	—	—	—	—	—	—	—	—	—	—	—	—
固定资产投资（亿元）	—	—	—	—	—	—	—	—	—	—	—	—
房地产开发投资		11.7	46.6	130.0	356.5	545.3	749.9	966.5	1167.5	1330.0	1433.1	1460.8
社会消费品零售总额（亿元）	—	—	—	—	—	—	—	—	—	—	—	—
外贸进出口总额（亿元）	—	192.0	300.7	425.5	519.6	621.9	721.5	822.0	948.2	1082.5	1198.1	1280.1
进口	—	146.1	222.6	323.0	395.6	475.1	551.5	628.5	728.2	835.5	924.0	989.3
出口	—	45.9	78.1	102.6	124.0	146.8	170.0	193.5	220.0	247.0	274.1	290.8
进出口差额（出口－进口）	—	-100.2	-144.5	-220.4	-271.6	-328.3	-381.5	-435.0	-508.2	-588.4	-649.9	-698.5
实际利用外资（亿美元）	—	—	—	—	—	—	—	—	—	—	—	—
地方财政收支差额（亿元）	-125.2	-312.2	-574.5	-768.8	-936.2	-1201.7	-1429.5	-1618.6	-1877.7	-2024.0	-2257.7	-3042.2
地方财政收入	134.2	174.1	258.3	346.3	429.3	533.3	639.5	717.7	824.5	918.6	978.7	1085.0
地方财政支出	259.4	486.4	832.8	1115.1	1365.5	1735.0	2069.0	2336.3	2702.2	2942.6	3236.4	4127.2
城镇登记失业率（%）（季度）	—	—	3.0	—	—	3.1	—	—	3.3	—	—	3.4
同比累计增长率（%）												
地区生产总值	—	—	-6.6	—	—	-0.4	—	—	1.5	—	—	2.4
第一产业	—	—	-2.9	—	—	-0.9	—	—	1.7	—	—	1.3
第二产业	—	—	-13.2	—	—	2.0	—	—	5.0	—	—	5.7
第三产业	—	—	-3.1	—	—	-2.0	—	—	-1.1	—	—	0.1
工业增加值	—	-22.0	-12.2	-7.7	-2.1	3.3	3.3	4.1	6.2	6.9	6.8	6.9
固定资产投资	—	-6.9	-8.2	-10.9	-1.2	7.8	9.9	9.3	8.9	8.8	8.4	8.3
房地产开发投资	—	-1.8	1.5	9.4	11.7	14.2	18.4	16.4	15.1	14.2	13.4	11.0
社会消费品零售总额	—	—	-27.3	—	—	-20.0	—	—	-15.1	—	—	-9.2
外贸进出口总额	—	-2.4	0.1	1.6	-1.9	-2.6	-3.8	-4.8	-2.0	1.8	-0.5	-1.7
进口	—	0.3	1.4	3.9	-0.3	-0.4	-2.1	-3.7	0.1	4.7	1.4	1.1
出口	—	-10.0	-3.5	-4.6	-6.8	-8.9	-9.0	-8.1	-8.4	-6.9	-6.3	-10.3
实际利用外资	—	—	—	—	—	—	—	—	—	—	—	—
地方财政收入	0.7	-12.7	-11.9	-14.9	-11.0	-8.7	-6.3	-4.4	-2.3	-2.6	-4.5	-2.9
地方财政支出	-18.6	-6.9	-13.8	-6.2	-6.6	-6.1	-1.6	-0.3	0.4	0.5	1.3	4.9

数据来源：吉林省统计局。

黑龙江省金融运行报告（2021）

中国人民银行哈尔滨中心支行货币政策分析小组

[内容摘要] 2020年，面对严峻复杂的国内外环境特别是新冠肺炎疫情的巨大冲击，黑龙江省认真贯彻党中央、国务院决策部署，统筹推进疫情防控和经济社会发展，扎实做好“六稳”工作，全面落实“六保”任务，经济运行逐季好转，生产需求稳步回升，就业民生保障有力，全年实现地区生产总值13698.5亿元，同比增长1.0%。

具体来看：一是三大需求持续向好，投资拉动经济作用凸显。在“百大项目”加快投资的带动下，全省固定资产投资同比增长3.6%，其中，基础设施投资、高技术产业投资、社会领域投资同比分别增长4.4%、11.7%和23.4%；社会消费品零售总额同比下降9.1%，但降幅逐季收窄，其中，实物商品网上零售额同比增长13.4%；货物出口保持正增长，出口产品结构不断优化，其中，高新技术产品出口增长69.4%。二是产业结构优化调整，质量效益稳步提升。粮食总产量达到1508.2亿斤，实现十七连丰，发挥了粮食安全“压舱石”作用；农业生产机械化、规模化、科技化程度进一步提高，绿色、有机农作物种植面积持续扩大。工业生产稳步回升，规模以上工业增加值同比增长3.3%，装备工业、石化工业增加值同比分别增长13.5%和10.5%。产业数字化、智能化转型升级步伐加快，哈尔滨国家大数据中心重要基地加快建设，网上购物、直播带货等数字经济消费新模式、新业态快速发展。全省高新技术企业数量同比增长54.0%，带动高技术产业投资同比增长11.7%；新成立科技型企业1.3万家，航空航天、生物医药等一批重大科技成果加快落地转化。三是财政政策积极有为，民生领域投入力度加大。全省财政民生支出4742.7亿元，同比增长9.2%，占一般公共预算支出的87.0%；支持复工复产和中小企业累计新增减税降费336.9亿元；实现城镇新增就业37.5万人；城乡居民收入平稳增长。全省28个贫困县、1778个贫困村、62.5万建档立卡农村贫困人口如期脱贫。

2020年，黑龙江省金融系统紧紧围绕疫情防控、复工复产、经济社会恢复发展等各阶段金融需求，认真贯彻落实各项宏观对冲措施，扎实做好“稳企业保就业”金融服务工作，为黑龙江省经济社会平稳发展营造了适宜的金融环境。一是信贷总量保持稳定增长，融资成本明显下降。2020年末，全省金融机构本外币各项贷款余额22585.9亿元，同比增长5.0%。全年新增贷款1079.3亿元，其中，地方法人金融机构贷款增量占全部贷款增量的65.0%，较好地发挥了地方金融服务主力军作用。LPR改革深入推进，全年全省银行贷款加权平均利率5.08%，同比下降0.55个百分点。其中，小微企业融资成本下降明显，加权平均利率4.84%，同比下降0.61个百分点。二是融资结构进一步优化，重点领域和薄弱环节贷款快速增长。全省工业贷款余额同比增长19.2%，其中，制造业中长期贷款同比增长52.6%；在结构性货币政策工具精准支持和小微企业金融服务能力提升专项行动的推动下，普惠小微贷款余额同比增长27.5%；全年累计发放精准扶贫贷款354.6亿元，比上年多投入130.0亿元，为支持脱贫攻坚目标如期完成并与乡村振兴有效衔接精准助力。三是金融支持稳企业保就业力度加大，服务实体经济成效显著。设立总规模100亿元的中小企业稳企稳岗基金，累计帮助2.5万户中小企业获得贷款1817.6亿元。推动实施“金融服务队”和“驻企金融联络员”工作模式，为企业提供财务辅导、信用培育等金融服务。聚焦重点支持群体、重点企业和重大项目，开展“线上+线下”名单制推介、企业走访等政银企对接活动，累计为9052家重点市场主体和500个重点项目提供信贷支持1525.7亿元。四是金融市场平稳发展，金融生态环境持续优化。全省证券市场交易量快速上升，同比增长37.1%；全省企业在境内资本市场直接融资同比增长23.4%。保险业保费收入同比增长3.7%，提供风险保障规模同比增长58.1%，政策性种植险承保覆盖率达71.0%，同比提高12.0个百分点。支付环境进一步改善，全省农村及贫困地区金融基础服务覆盖率达到99.7%，小额支付系统处理业务金额同比增长172.2%，城乡移动支付便民工程覆盖面不断扩大。农村信用体系建设依托“农业大数据＋金融科技”优势持续深化，全省403万户农业经营主体、2.3亿亩土地信息录入农村土地承包经营权抵押担保贷款系统。成立全省首家金融教育示范基地，线上线下相结合广泛开展金融知识和消费者权益宣传活动，金融纠纷多元化解机制落地实施。

2021年是“十四五”开局之年。当前，新冠肺炎疫情对全省经济发展冲击的影响尚未消退。黑龙江省经济金融运行仍然面临着产业结构偏重，民营经济偏弱，创新人才偏少，经济总量不大、发展速度不快、发展质量不优等突出问题，新旧动能转换及防范化解风险的任务依然艰巨，但全省经济长期向好的基本面没有改变。下一步，黑龙江省将深入贯彻党的十九大和十九届二中、三中、四中、五中全会精神，深入贯彻习近平总书记重要讲话和指示批示精神，围绕构建新发展格局，持续深化重点领域供给侧结构性改革，做好“三篇大文章”、抓实“五头五尾”①，推动产业结构优化升级和地区经济稳定增长。黑龙江省金融系统将坚决贯彻落实稳健的货币政策灵活精准、合理适度，持续优化调整信贷结构，大力支持科技金融、绿色金融、普惠金融和涉外金融发展，不断提升金融服务质效，有效防范化解金融风险，支持实体经济更好更快发展，为加快推进黑龙江省全面振兴注入金融动力。

一、金融运行情况

2020年，黑龙江省金融业运行平稳，社会融资规模稳步增长。银行业资产负债规模持续扩大，重点领域信贷增速较快增长，融资结构不断优化，融资成本持续走低；证券业发展稳定，股票市场融资改善；保险业平稳发展，保险范围和结构更加优化，经济补偿功能进一步发挥。重点领域金融风险防控取得积极进展，金融生态环境持续优化。

（一）银行业稳健运行，支持实体经济效果显著

1. 银行业资产负债增长提速，地方法人金融机构有序改制。2020年末，黑龙江省银行业金融机构资产、负债总额分别为4.3万亿元和4.2万亿元，同比分别增长7.9%和8.1%，同比提高4.5个和4.9个百分点；当年累计实现净利润217.8亿元，同比下降20.8%；不良贷款率创近十年最低水平，达到2.7%，比上年末下降0.1个百分点。地方法人金融机构资产总额和负债总额分别为1.5万亿元和1.4万亿元，同比分别增长7.5%和7.9%，当年累计实现净利润58.5亿元，同比下降43.3%。地方法人金融机构数量131家，与上年持平。其中，已改制农商行62家，新成立财务公司1家（见表1）。

① “三篇大文章”指改造升级“老字号”、深度开发“原字号”、培育壮大“新字号”，是黑龙江省贯彻落实习近平总书记对黑龙江省重要指示精神，推进转方式调结构，实现经济振兴发展的切入点。“五头五尾”即“粮头食尾”“农头工尾”“油头化尾”“煤头电尾”“煤头化尾”，是深度开发“原字号”的重要抓手。

表 1　2020 年黑龙江省银行业金融机构情况

机构类别	营业网点			法人机构（个）
	机构个数（个）	从业人数（人）	资产总额（亿元）	
一、大型商业银行	1948	45210	14653.3	0
二、国家开发银行和政策性银行	90	2520	6944.4	0
三、股份制商业银行	210	4826	2732.8	0
四、城市商业银行	578	13020	9081.3	2
五、城市信用社	0	0	0.0	0
六、小型农村金融机构	1937	28106	5683.6	86
七、财务公司	3	77	292.1	3
八、信托公司	1	232	224.5	1
九、邮政储蓄银行	1610	16739	3165.9	0
十、外资银行	7	96	33.0	0
十一、新型农村金融机构	97	1633	283.5	37
十二、其他	6	795	367.2	2
合　计	6487	113254	43461.3	131

数据来源：黑龙江银保监局。

注：营业网点不包括国家开发银行和政策性银行、大型商业银行、股份制商业银行等金融机构总部数据；大型商业银行包括工商银行、农业银行、中国银行、建设银行和交通银行；小型农村金融机构包括农村商业银行、农村合作银行和农村信用社；新型农村金融机构包括村镇银行、贷款公司、农村资金互助社；其他包括金融租赁公司、汽车金融公司、货币经纪公司、消费金融公司等。

2. 存款增长加快，增势呈现结构分化。 2020 年末，黑龙江省金融机构本外币各项存款余额 31610.6 亿元，同比增长 13.4%，增速分别高于上年末和全国平均水平 4.0 个和 3.2 个百分点（见图 1）。分部门看，受疫情影响下居民消费需求减弱等因素影响，新增居民存款高于往年，年末住户存款余额同比增长 17.1%，高于各项存款增速 3.7 个百分点，增量占全省各项存款增量的 83.2%；在金融支持稳企业保就业系列政策措施推动下，非金融企业存款稳步增长，余额同比增长 4.2%，比上年末高 2.4 个百分点；机关团体存款余额同比增长 4.7%，比上年末低 6.1 个百分点；财政性存款余额同比增长 33.1%，比上年末高 45.3 个百分点。

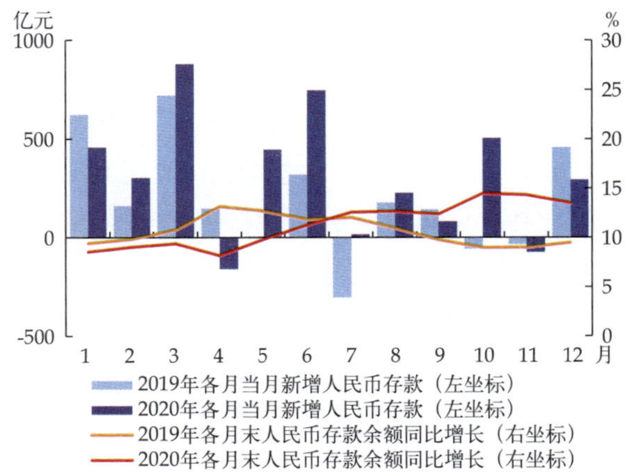

图 1　2019—2020 年黑龙江省金融机构人民币存款增长变化

（数据来源：中国人民银行哈尔滨中心支行）

3. 重点领域贷款增长显著，中长期贷款支持力度增强。 2020 年，受国家粮食政策性去库存陈压贷款大量归还等因素影响，全年各项贷款在上半年较快增长后下半年增势回落（见图 2），2020 年末黑龙江省金融机构本外币各项贷款余额 22585.9 亿元，同比增长 5.0%（见图 3），全年新增贷款 1079.3 亿元，其中，地方法人金融机构贷款增量占全部贷款增量的 65.0%。

工业贷款和中长期贷款快速增长。受省内大项目和交通基础设施建设持续拉动，全省工业贷款和中长期贷款加快增长，同比分别增长 19.2% 和 12.6%，分别高于上年同期 19.8 个和 5.1 个百分点。其中，企业中长期贷款新增额是上年同期的 2.3 倍。分行业看，“制造业”“电力、燃气及水的供应业”“批发和零售业”“建筑业”和“农、林、牧、渔业”五大行业中长期贷款增速分别为 52.6%、21.1%、48.4%、61.4% 和 18.4%，贷款余额合计新增额占各行业中长期贷款新增额的 52.9%，金融支持实体经济重点领域力度进一步增强。

货币信贷政策工具精准滴灌，引导信贷结构调整优化。黑龙江省认真贯彻落实年初以来各项货币政策要求，年内三次降准释放地方法人金融机构流动性 144 亿元；累计发放再贷款再贴现 304.2 亿元，降低企业融资成本 3.9 亿元；分别办理普惠小微企业延期支持工具和信用贷款支持计划33.9亿元和4372万元。完善宏观审慎评估（MPA），配合货币政策工具使用，推动信贷资金向民营、小微和制造业等实体经济重点领域倾斜。省政府设立总规模100亿元的中小企业稳企稳岗基金（担保贷款风险补偿规模40亿元）。在基金的引导和撬动下，2020年末，全省融资担保机构担保放大倍数达到2.3倍，加权担保费率仅为0.59%，较年初下降约0.4个百分点。中国人民银行哈尔滨中心支行创新开展“驻企金融联络员”工作，联合有关部门推动实施“金融服务队”帮扶模式，推动银行对企业提供“融资＋融智”全方位服务。在各项政策推动下，2020年末，全省普惠小微和制造业贷款增速分别为27.5%和23.5%，均达到全年最高水平，其中，制造业贷款余额增速居全国第二位。

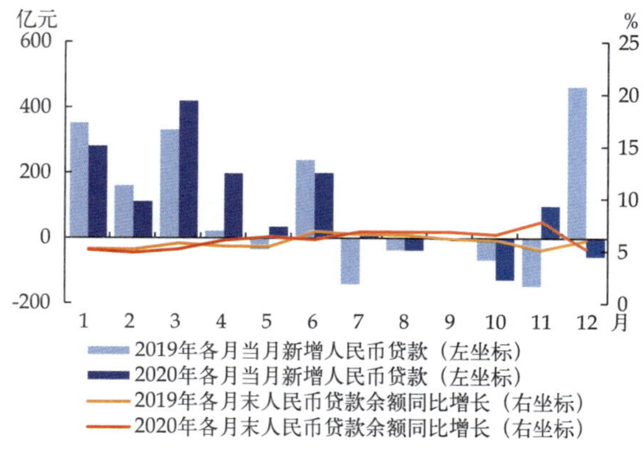

图2　2019—2020年黑龙江省金融机构人民币贷款增长变化

（数据来源：中国人民银行哈尔滨中心支行）

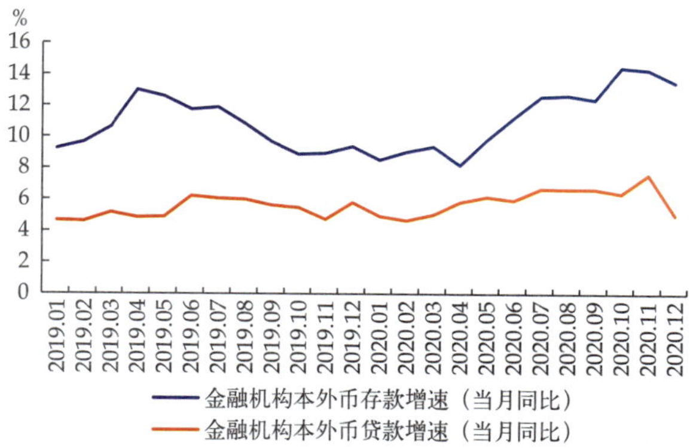

图3　2019—2020年黑龙江省金融机构本外币存、贷款增速变化

（数据来源：中国人民银行哈尔滨中心支行）

4.LPR改革深入推进，引导贷款利率下降明显。2020年，全省银行业金融机构贷款加权平均利率5.08%，同比下降0.55个百分点。其中，小微企业贷款利率下行明显，贷款加权平均利率4.84%，同比下降0.61个百分点。2020年12月，全省金融机构新发放贷款中，利率低于原贷款基准利率90%的占比30.3%，较2019年8月改革初期上升19.8个百分点，贷款利率的隐性下限被打破，贷款利率定价市场化程度明显提高，企业获得LPR及LPR减点贷款发生额占比逐步提升（见表2）。省级市场利率定价自律管理机制不断完善，在有效维护公平有序的存款定价秩序的同时，引导市场存款利率稳步下行，2020年12月，全省金融机构定期存款加权平均利率2.18%，同比下降0.45个百分点。

表2　2020年黑龙江省金融机构人民币贷款各利率区间占比

单位：%

项目		1月	2月	3月	4月	5月	6月
合计		100.0	100.0	100.0	100.0	100.0	100.0
LPR减点		21.7	23.9	18.0	19.4	26.3	25.5
LPR		1.1	1.6	2.0	2.5	3.1	4.0
LPR加点	小计	77.1	74.5	80.0	78.1	70.6	70.5
	(LPR，LPR+0.5%)	28.5	26.4	30.5	16.8	20.5	13.2
	[LPR+0.5%，LPR+1.5%)	16.8	25.6	17.3	26.7	20.8	25.5
	[LPR+1.5%，LPR+3%)	16.3	15.0	14.0	17.7	14.2	16.3
	[LPR+3%，LPR+5%)	14.6	7.2	17.4	15.5	13.0	13.2
	LPR+5%及以上	0.9	0.4	0.8	1.3	2.2	2.2
项目		7月	8月	9月	10月	11月	12月
合计		100.0	100.0	100.0	100.0	100.0	100.0
LPR减点		25.2	24.6	24.6	30.1	18.3	22.4
LPR		3.5	2.6	2.0	4.5	5.0	7.6
LPR加点	小计	71.3	72.8	73.5	65.4	76.7	70.0
	(LPR，LPR+0.5%)	19.1	20.6	16.3	14.4	13.2	12.4
	[LPR+0.5%，LPR+1.5%)	15.1	15.1	15.8	15.1	20.8	22.3
	[LPR+1.5%，LPR+3%)	20.0	18.5	24.3	15.5	18.5	18.3
	[LPR+3%，LPR+5%)	15.0	16.6	14.8	18.9	23.1	15.8
	LPR+5%及以上	2.1	1.9	2.3	1.6	1.2	1.2

数据来源：中国人民银行哈尔滨中心支行。

5. 跨境人民币业务提质增量，卢布现钞使用试点取得新突破。2020 年，全省跨境人民币实际收付金额同比增长 13.7%，占同期本外币跨境收付总额的比重达 32.9%，创历史最高水平。其中，经常项目同比增长 33.6%。积极助力自贸区发展，简化优质企业业务办理流程，累计为 35 家企业办理跨境人民币业务 22.5 亿元。支持国家开发银行黑龙江省分行新增对俄罗斯同业融资 50 亿元，同比增长 66.7%。建立“特许机构 + 银行”的卢布现钞兑换新模式，有效解决了特许机构兑入卢布现钞出清问题，盘活了卢布现钞兑换市场。新增绥芬河—海参崴陆路现钞调运渠道，2020 年末，累计调运人民币现钞 5.6 亿元，有效满足了中俄企业和个人经贸旅游等兑换需求。

专栏 1　强化政策落实　创新帮扶机制　黑龙江省金融支持稳企业保就业成效显著

2020 年，中国人民银行哈尔滨中心支行认真贯彻落实中国人民银行总行金融支持稳企业保就业工作部署，坚持需求导向、问题导向、结果导向，多措并举，助力黑龙江省企业恢复正常生产经营、全力稳岗稳就业，有力提升了金融支持稳企业保就业质效。

一、强化货币政策落实落地，充分发挥政策工具的支持引导作用

一是积极推动新增再贷款快速发放。对再贷款额度实行分级负责制，制定责任分工，简化操作手续，满足地方法人金融机构资金需求。全年发放再贷款额度共计 129.2 亿元。二是持续加大再贴现业务开办力度。开通线上审批通道，优先保障中小微企业、稳就业重点企业的票据融资需求。引导地方法人金融机构开办再贴现业务，业务覆盖面实现新突破。全年全省累计办理再贴现 175 亿元。三是强化推动两项直达实体经济政策工具落实落地。快速制定两项工具操作办法，强化政策宣传与监督管理，推动符合条件的地方法人金融机构切实落实普惠小微贷款“应延尽延”政策要求，加大普惠小微信用贷款发放力度。2020 年 12 月，全省地方法人金融机构当月普惠小微信用贷款发放占比达 15.4%，比最低水平提高了 12.5 个百分点；全省地方法人金融机构普惠小微贷款延期率达 56.1%，连续 5 个月保持增长态势，比最低水平提高 50.7 个百分点。

二、深化银企融资对接及金融精准服务，探索构建银企长期稳定合作机制

一是协调省政府 8 家涉企管理部门汇总整理重点市场主体、重大建设项目名单，推送金融机构，全力支持企业渡过难关，推动重大项目顺利开工建设。金融机构全年累计支持全省名单内重点企业 9052 家、重点项目 500 个，累计提供贷款支持 1525.7 亿元。二是推动省政府设立总规模 100 亿元的中小企业稳企稳岗基金（其中，担保贷款风险补偿金 40 亿元），全年累计帮助 2.5 万户中小企业获得贷款 1817.6 亿元。三是推进“一市一队”服务模式、开创“一企一员”帮扶机制。联合地方政府部门组建 13 支金融服务队，由 10 家省级银行机构牵头，全力支持各地复工复产和稳企业保就业。创新“驻企金融联络员”工作机制，组织金融机构选派信贷人员入驻企业，提供“一对一”“全方位”金融服务。2020 年末，13 支服务队累计为全省各市（地）发放贷款 3072.3 亿元；3832 家金融机构派驻金融联络员 2618 名，提供金融政策解读、财务辅导、信用培育服务 2.3 万户次。各项银企对接活动累计支持企业超过 1.2 万家，预计保就业人数超过 30 万人。

三、强化“四维”目标导向，加大普惠小微贷款投放力度

联合黑龙江银保监局共同开展小微企业金融服务能力提升行动，引导全省银行机构持续加大普惠小微贷款投放力度。2020年全年，普惠小微贷款保持快速增长态势，连续数月创有统计以来新高。2020年末，全省普惠小微贷款余额1311亿元，同比增长27.5%；普惠小微贷款利率6.19%，同比下降0.57个百分点。

（二）证券业发展稳定，股票市场融资有所改善

1. 证券投资者数量较快增长，证券交易额大幅增加。2020年末，全省有法人证券公司1家，证券分支机构185家，法人期货经纪公司2家，期货分支机构15家（见表3）。证券市场交易额54755.0亿元，同比增长37.1%；法人证券公司营业收入同比增长9.8%；法人期货公司营业收入同比增长7.8%。

表3　2020年黑龙江省证券业基本情况

项目	数量
总部设在辖内的证券公司数（家）	1
总部设在辖内的基金公司数（家）	0
总部设在辖内的期货公司数（家）	2
年末国内上市公司数（家）	39
当年国内股票（A股）筹资（亿元）	28
当年发行H股筹资（亿元）	3
当年国内债券筹资（亿元）	272
其中：短期融资券筹资额（亿元）	58
中期票据筹资额（亿元）	67

数据来源：黑龙江证监局、中国人民银行哈尔滨中心支行。

2. 大力推动优质企业上市，资本市场融资取得新进展。2020年，全省企业在境内资本市场直接融资同比增长23.4%。哈尔滨创业投资集团、宝泰隆新材料、均信担保等企业累计发行疫情防控债产品10.7亿元。近年来，黑龙江省深入实施“紫丁香计划”，全力推动优质企业上市。2020年末，全省上市公司数量39家，当年新增1家。其中，沪市27家、深市12家（主板5家、中小板4家、创业板3家）。广联航空在深交所创业板上市，立德教育在港交所挂牌交易。全省有5家企业上市（IPO）在审、10家企业备案辅导。

（三）保险市场体系逐步完善，农业保险保障能力持续增强

1. 保险业市场规模稳步扩大，健康险业务收入增长较快。2020年末，全省保险市场主体52家，其中财产险公司23家（含1家法人机构）、人身险公司29家（见表4），当年新增阳光农业、中原农险、国寿养老3家保险公司。年末全省保险公司总资产2471.2亿元，同比增长12.8%，行业资产实力进一步增强。全年实现保险保费收入987.3亿元，同比增长3.7%；赔付支出309.3亿元，同比下降4.6%；提供风险保障规模58.2万亿元，同比增长58.2%。产品结构调整进一步优化。疫情期间公众对家庭保障类产品关注度提升，健康险增速全年领跑寿险和意外险，寿险、健康险和意外险收入同比分别增长0.2%、12.8%和1.1%。

表4　2020年黑龙江省保险业基本情况

项目	数量
总部设在辖内的保险公司数（家）	1
其中：财产险经营主体（家）	1
寿险经营主体（家）	0
保险公司分支机构（家）	51
其中：财产险公司分支机构（家）	22
寿险公司分支机构（家）	29
保费收入（中外资，亿元）	987.3
其中：财产险保费收入（中外资，亿元）	227.4
人身险保费收入（中外资，亿元）	759.9
各类赔款给付（中外资，亿元）	309.3

数据来源：黑龙江银保监局。

2. 农业保险保费规模位居全国前列，保险试点范围和品种进一步扩大。2020年，全省累计实现农业保险保费收入51.2亿元，保费规模位于全国第三位，同比增长18.3%。其中，种植业和养殖业保费收入同比分别增长17.4%和40.8%。全省政策性种植险承保面积1.5亿亩，同比增长15%，承保覆盖率71.0%，同比提高12.0个百分点。全年农业保险为246.4万户次农户提供风险保障1001亿元，赔款支出46.3亿元，受益农户达143.2万户次。大灾保险试点由20个县（区）扩大至50个县（区）；黑木耳、汉麻、奶山羊3种农产品列入以奖代补政策试点品种。

（四）社会融资规模保持增长，金融市场交易活跃度下降

1. 社会融资规模保持增长，政府债券增加较多。2020年，全省社会融资规模增加1899.1亿元。其中，人民币贷款增加1065.3亿元，政府债券增加933.5亿元，同比增长27.4%，两项分别占地区社会融资规模增量的56.1%和49.2%，是社会融资规模增长的主要拉动因素（见图4）；表外融资和直接融资共计减少334.5亿元，其中信托贷款降幅较大。

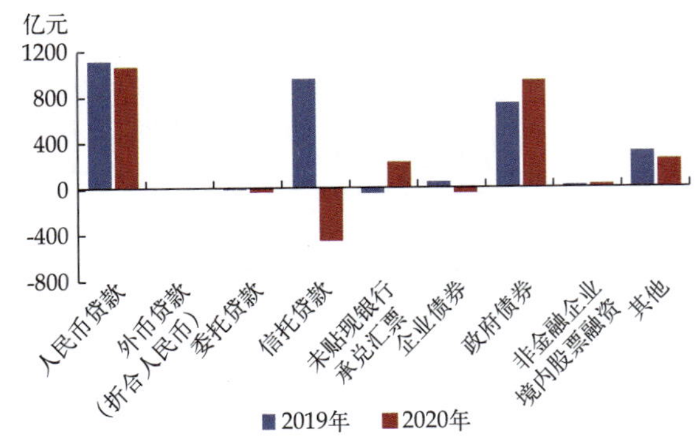

图4　2019—2020年黑龙江省社会融资规模增量分布结构

（数据来源：中国人民银行哈尔滨中心支行）

2. 债券市场成交量回落，债券融资发展趋缓。2020年，全省银行间债券市场累计成交金额12.9万亿元，同比下降10.3%。其中，融入资金4.9万亿元，融出资金7.9万亿元，净融出资金3.0万亿元。全省当年新发行非金融企业直接债务融资工具124.6亿元，发行量同比小幅下降；龙江银行新发行二级资本债券12亿元，资本充足率得到提升。

3. 票据业务稳定增长，票据贴现利率震荡波动。2020年，全省银行承兑汇票业务累计发生额1009.5亿元，同比增长11.7%。票据贴现业务累计发生额5934.5亿元，同比增长56.5%（见表5）。全年各季度受市场利率及供需情况影响，票据贴现利率震荡波动（见表6）。

表5　2020年黑龙江省金融机构票据业务

单位：亿元

季度	银行承兑汇票承兑		贴现			
			银行承兑汇票		商业承兑汇票	
	余额	累计发生额	余额	累计发生额	余额	累计发生额
1	545.7	202.7	976.3	713.8	65.7	51.5
2	596.9	478.7	1053.7	3553.8	62.7	74.2
3	654.8	710.7	933.5	4747.9	125.9	215.9
4	722.3	1009.5	914.5	5934.5	96.0	419.4

数据来源：中国人民银行哈尔滨中心支行。

表6　2020年黑龙江省金融机构票据贴现、转贴现利率

单位：%

季度	贴现		转贴现	
	银行承兑汇票	商业承兑汇票	票据买断	票据回购
1	3.00	2.94	3.03	2.59
2	2.82	3.23	2.43	5.01
3	2.88	3.38	2.82	2.48
4	3.15	3.02	2.92	2.62

数据来源：中国人民银行哈尔滨中心支行。

（五）金融生态环境建设加快推进，金融基础设施不断完善

1. 征信系统服务功能进一步提升，征信平台建设和应用取得丰硕成果。2020年末，企业征信系统已收录全省企业及其他组织111.8万户，同比增长1.7%。全省共布设164台个人信

用报告自助查询机，推动辖内8家全国性商业银行开通“信用报告网上查、手机查”业务，征信服务效率明显提升。农村信用体系建设依托“农业大数据+金融科技”优势持续深化。2020年末，全省有9家商业银行与省农业大数据中心开展合作，有403.0万户、2.3亿亩土地信息录入“黑龙江省农村土地承包经营权抵押担保贷款系统”，累计投放贷款156.0亿元，服务农业经营主体15.4万户。哈尔滨、大庆、绥化和牡丹江四市建立了地方信用服务平台，畅通小微企业融资渠道。实现核心企业与中征应收账款融资服务平台系统对接零突破，1家核心企业支持上游5家小微企业全流程线上应收账款融资4700万元。2020年累计促成应收账款融资交易198笔，融资金额94.69亿元。

2. 支付系统安全稳定运行，移动支付便民工程建设持续深化。2020年，全省大小额支付系统共计处理业务4096.9万笔，金额41.3万亿元（见表7）。统筹城市与农村地区移动支付便民工程建设，“云闪付”App用户占全省人口比例超20%。农村支付体系不断完善，全省农村及贫困地区金融基础服务覆盖率达到99.7%，基本消灭辖内金融服务空白。建立优化企业银行账户服务长效机制，企业银行结算账户的事前、事中、事后监管水平进一步提高，为黑龙江实体经济提质增效注入新动力。

表7　2019—2020年黑龙江省支付体系建设情况

年份	支付系统直接参与方（个）	支付系统间接参与方（个）	支付清算系统覆盖率（%）	当年大额支付系统处理业务数（万笔）	同比增长（%）
2019	4.0	3313.0	—	2916.8	-11.7
2020	4.0	3422.0	—	1160.6	-60.2

年份	当年大额支付系统业务金额（亿元）	同比增长（%）	当年小额支付系统处理业务数（万笔）	同比增长（%）	当年小额支付系统业务金额（亿元）	同比增长（%）
2019	466861.8	-5.3	2318.9	36.7	3431.8	78.8
2020	403621.8	-15.7	2936.3	21.0	9342.7	172.2

数据来源：中国人民银行哈尔滨中心支行。

3. 推动建立金融消费者权益保护协调机制，积极改善辖区金融消费环境。成立全省首家金融教育示范基地，线上线下相结合广泛开展金融知识和消费者权益宣传活动。黑龙江省金融纠纷多元化解机制落地实施，与其他金融监管机构签订金融消费者权益保护监管合作备忘录，形成了多方联动监管合作格局。

二、经济运行情况

2020年，面对严峻复杂的国内外环境，特别是新冠肺炎疫情的巨大冲击，黑龙江省统筹推进疫情防控和经济社会发展，经济运行逐步恢复，生产需求全面回升，就业民生保障有力。全年实现地区生产总值13698.5亿元，同比增长1.0%（见图5）。

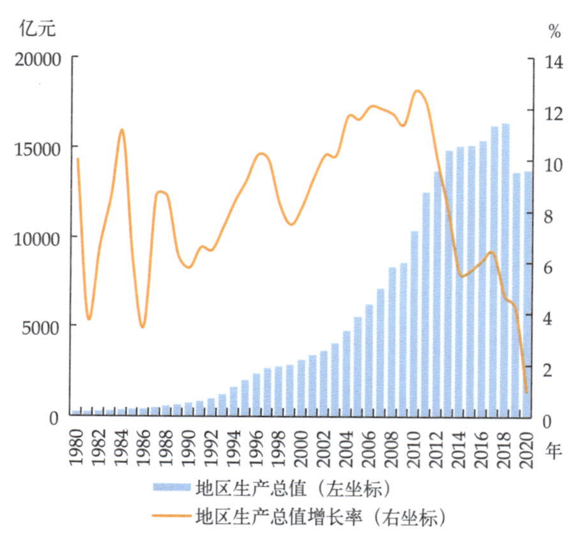

图5　1980—2020年黑龙江省地区生产总值及其增长率

（数据来源：黑龙江省统计局）

（一）三大需求平稳增长，投资拉动经济作用凸显

1. 投资稳定器作用积极发挥，投资结构更加优化。2020年，黑龙江省固定资产投资同比增长3.6%，增幅高于全国0.7个百分点（见图6）。从三次产业看，第一产业投资增长1.2倍，在生猪养殖项目带动下持续高位运行；第二产

业投资下降0.8%，降幅环比快速大幅收窄；第三产业投资增长1.7%。在全省加强对补齐民生短板等重点领域尤其是500个加强版“百大项目”投资建设力度的带动下，全年基础设施投资增长4.4%。全省高技术产业投资加速发力，同比增长11.7%，其中，医药制造、高技术服务业以及科技成果转化服务等领域增速较快，创新驱动发展为全省投资结构优化带来新动能。从项目储备情况看，全省新签约千万元以上内资项目1080个，同比增长89.5%，投资增长后劲充足。

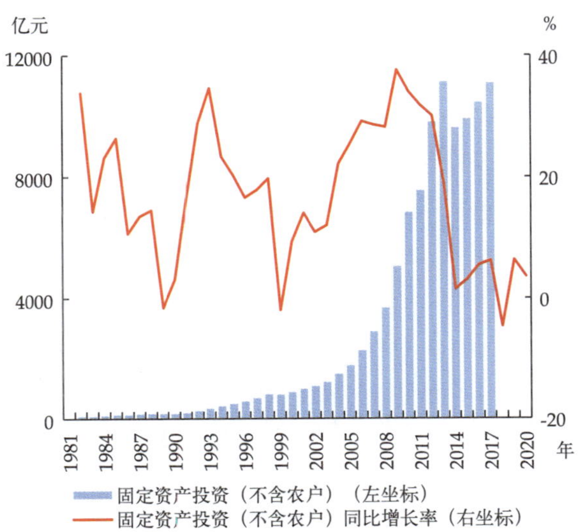

图6　1981—2020年黑龙江省固定资产投资（不含农户）增长率

（数据来源：黑龙江省统计局）

2. 消费市场加快复苏，网上零售持续活跃。 2020年，黑龙江省推动实施“龙江购物季”、“龙江冬季服务节”、政府消费券、“直播电商”等系列促消费活动，助推消费市场加快复苏，全省社会消费品零售总额同比下降9.1%（见图7），降幅从两位数逐季收窄至个位数，12月，全省限额以上单位消费品零售额同比增长8.8%，连续3个月保持较快增长。受新冠肺炎疫情影响，网上零售持续活跃，全省实物商品网上零售额同比增长13.4%。

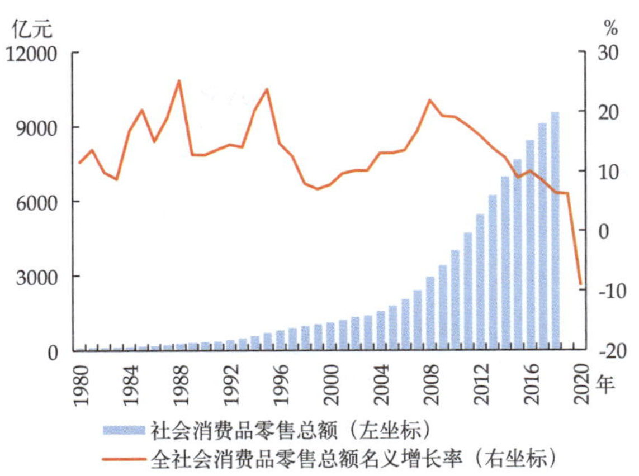

图7　1980—2020年黑龙江省社会消费品零售总额增长率

（数据来源：黑龙江省统计局）

3. 货物出口保持正增长，利用外资规模持稳。 黑龙江省积极应对新冠肺炎疫情等因素对外贸的不利影响，积极培育外贸新业态，全力搭建平台，助企开拓境外市场。齐齐哈尔装备制造基地获评国家外贸转型升级基地，俄速通海外仓确定为首批国家级优秀海外仓，黑河跨境电商综合试验区获国家批准，一系列创新举措稳住外贸基本盘。2020年，全省实现进出口总额1537.0亿元，同比下降17.7%。出口同比增长3.2%，出口产品结构优化，机电产品和高新技术产品在出口总额中占比进一步提高，其中，高新技术产品出口同比增长69.4%。受原油、锯材等大宗商品量价齐跌影响，进口同比下降22.5%。全省实际利用外资5.4亿美元，同比增长0.2%，其中，第二产业实际利用外资同比增长12.7%。

（二）产业转型升级高效推进，供给侧结构性改革成效显现

2020年，黑龙江省三次产业结构为25.1：25.4：49.5，第一、第二、第三产业增加值同比分别增长2.9%、2.6%和-1.0%。

1. 粮食生产获“十七连丰”，乡村振兴战略深入实施。 黑龙江省大力推动农业现代化建设。2020年，全省粮食总产量达到1508.2亿斤，实现十七连丰，占全国粮食总产量的11.3%，连

续十年位居全国首位，发挥了维护国家粮食安全的“压舱石”作用。粮食作物播种面积达2.2亿亩；高标准农田累计达8116.5万亩；绿色和有机食品认证面积分别达7661.5万亩和852.2万亩；新型农业经营主体达30万个，土地规模经营面积扩大到1.3亿亩。主要农作物良种覆盖率达100%，农业综合机械化率达98.0%、科技贡献率达68.3%。畜禽产品产量实现全面增长，其中，生猪生产快速恢复，全年出栏1790万头。全省农村集体产权制度改革试点顺利完成。休闲农业、农村电商、乡村服务业等新产业新业态加快发展。

2. 工业生产稳步回升，优势产业及重点企业发展势头良好。2020年，全省规模以上工业增加值同比增长3.3%（见图8），增幅分别高于全省GDP增速2.3个百分点、全国平均增速0.5个百分点。从行业看，装备工业、石化工业增加值分别增长13.5%、10.5%，成为全省工业增长的重要支撑。受国际油价大跌等因素影响，全省规模以上工业营业收入同比下降1.0%，但降幅比年初收窄5.1个百分点。中国一重、哈电集团、东安汽车、飞鹤乳业、大庆沃尔沃等重点企业业绩实现逆势上扬。

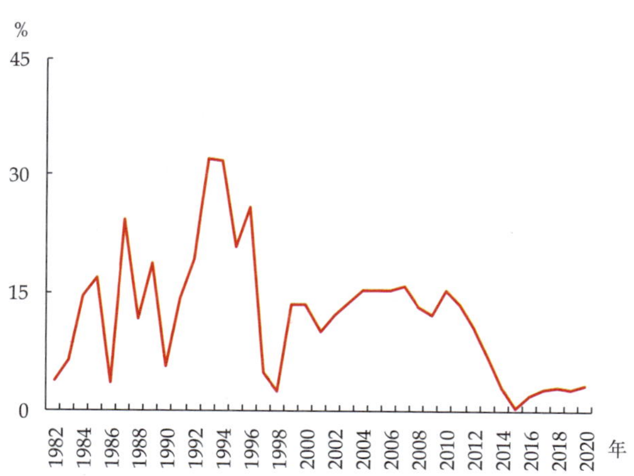

图8　1982—2020年黑龙江省规模以上工业增加值实际增长率

（数据来源：黑龙江省统计局）

3. 服务业逐步复苏，金融业为拉动经济正增长提供强劲动力。2020年，黑龙江省第三产业增加值6776.7亿元，同比下降1.0%，降幅逐季收窄。金融业及时推出一系列超常规政策措施，全力支持疫情防控、复工复产、稳企稳岗和项目建设，为正向拉动全省GDP增长提供了有力支撑。全省加快推动产业数字化、智能化转型，加快哈尔滨国家大数据中心重要基地建设，网上购物、直播带货、居家办公、远程问诊、在线教育等数字经济消费新模式、新业态快速发展。

4. 创新驱动发展新动能加速培育，重点领域和关键环节改革实现新突破。全省新成立科技型企业1.3万家，新组织实施省科技重大专项、重点研发项目、重大科技成果转化项目66项。高新技术企业数量同比增长54.0%。重大成果加快落地转化，哈工大多项技术支持嫦娥五号月球采样返回任务，研制的小卫星升空达20颗；非洲猪瘟疫苗研制取得重大突破；大庆页岩油气勘探取得重大进展。全省国有林区改革实现历史性突破，北大荒农垦集团完成公司制改革，7个省属投资集团投融资能力全面提升，放管服改革纵深推进，营商环境持续优化。全省累计新增减税降费336.9亿元，降低企业用电成本65.0亿元。

5. 生态环境质量持续改善，生态文明建设取得阶段性成果。黑龙江省持续统筹推动蓝天、碧水、净土保卫战，全省主要污染物排放总量大幅减少，“十三五”碳强度下降目标提前超额完成，生态环境质量持续改善。2020年末，全省环境空气优良天数比例为92.9%，62个国考断面优良水体比例为74.2%，均高于国家考核目标；全省森林覆盖率提高到47.3%，草原综合植被覆盖度稳定在75.0%以上；全省湿地面积达到556.0万公顷，国际重要湿地达到10处。

（三）消费价格温和上涨，工业生产者价格持续下行

1. 居民消费价格涨幅温和回落，结构性特征明显。2020年，黑龙江省居民消费价格较上年上涨2.3%（见图9），涨幅分别低于上年和全国平均水平0.4个、0.2个百分点。从消费

领域分类看，除食品烟酒和医疗保健价格指数涨幅略高于上年同期外，其他主要消费领域价格涨幅均有所回落。其中，受疫情及肉类价格上涨较快影响，食品烟酒价格涨幅最高，达到8.0%，高于上年0.6个百分点。

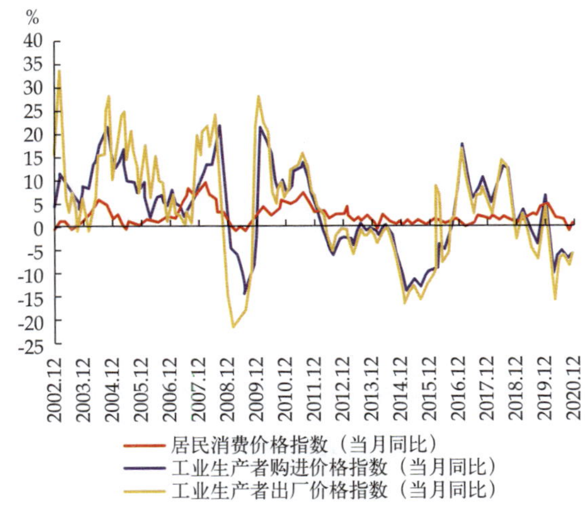

图9 2002—2020年黑龙江省居民消费价格指数和生产者价格指数变动趋势

（数据来源：黑龙江省统计局）

2. 工业生产者出厂价格同比下降，农业生产资料价格保持上涨。2020年，黑龙江省工业生产者出厂价格指数同比下降6.6%，其中，重工业和生产资料价格指数同比分别下降10.6%、10.2%，降幅比上年分别提高7.6个、7.1个百分点。工业生产者购进价格指数同比下降4.9%，其中，受国际石油价格大幅下降等因素影响，燃料、动力类和化工原料类价格指数降幅最大，同比分别下降12.8%、11.4%，降幅比上年末分别提高8.8个、3.4个百分点；农副产品类和黑色金属材料类价格指数同比分别上涨13.2%、2.6%。农业生产资料价格指数同比增长3.7%，增幅比上年末下降1.9个百分点。

3. 城乡居民收入保持增长，工资性收入占比下降。2020年，黑龙江省城镇居民人均可支配收入31115元，同比增长0.5%，其中，农村居民人均可支配收入同比增长7.9%，高于城镇居民人均可支配收入增速。城镇和农村居民工资性收入占全部收入比重分别为56.4%、16.5%，同比分别下降1.2个和2.7个百分点。

（四）财政政策积极有为，民生领域投入力度加大

1. 财政收支持续回升，民生领域投入力度加大。2020年，全省一般公共预算收入1152.5亿元，同比下降8.7%；一般公共预算支出5449.4亿元，同比增长8.7%，比上年末提高1.5个百分点（见图10）。在财政收支承压的情况下，民生领域投入力度不减，全省民生支出4742.7亿元，同比增长9.2%，占一般公共预算支出的87.0%，比上年末提高0.9个百分点；累计新增减税降费336.9亿元。

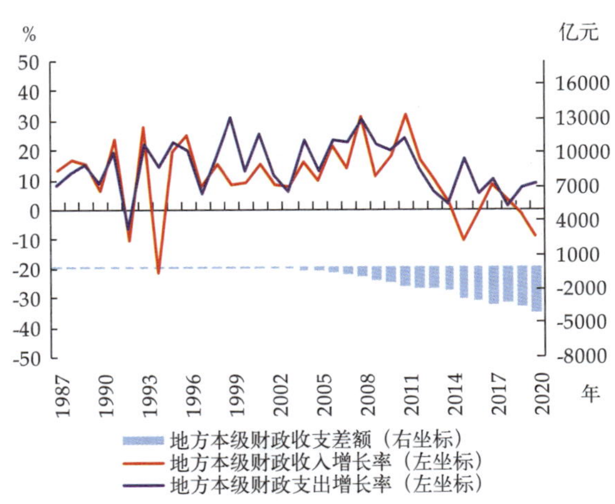

图10 1987—2020年黑龙江省财政收支状况

（数据来源：黑龙江省统计局）

2. 地方债发行规模大幅增加，专项债快速增长。2020年，黑龙江省发行地方债1350.4亿元，同比增长49.2%。其中，一般债券发行815.0亿元，同比增加186.7亿元，增长29.7%；专项债券发行535.4亿元，同比增加258.4亿元，增长93.3%。

3. 就业预期目标超额完成，城镇登记失业率持续降低。2020年，全省市场主体数量同比增长6.7%，带动城镇新增就业37.5万人，完成年计划的149.9%；失业人员再就业25.8万人，完成年计划的152.7%；就业困难人员就业8.7万人，完成年计划的174.3%。城镇登记失业率

3.4%，同比下降0.2个百分点，创历史同期新低。

（五）房地产投资小幅增长，商品房销售量下降

1. 房地产投资小幅增长，商品房销售量下降。2020年，黑龙江省房地产开发投资完成额982.9亿元，同比增长2.6%，比上年提高1.2个百分点。全省商品房销售面积1494.4万平方米，同比下降11.3%，比上年末回升0.7个百分点（见图11）。

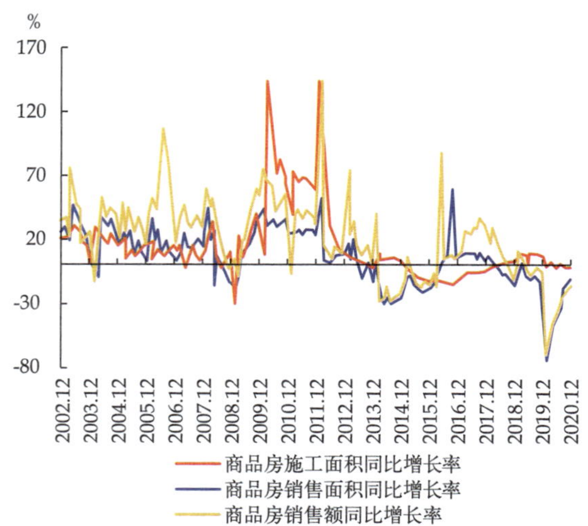

图11 2002—2020年黑龙江省商品房施工和销售变动趋势

（数据来源：黑龙江省统计局）

2. 房地产贷款增势放缓，存量住房贷款利率转换顺利。房地产金融调控政策有效落实，2020年末，黑龙江省房地产贷款余额同比增长7.9%，比上年降低1.8个百分点。其中，个人住房贷款余额同比增长8.9%，增速比上年末降低5.0个百分点。黑龙江省继续加大保障性住房建设力度，保障性住房开发贷款余额1159.5亿元，同比增长4.9%，比上年末提高3.3个百分点。2020年8月31日，黑龙江省个人存量住房贷款利率转换工作如期完成。

（六）自贸试验区加快探索，改革创新取得新成效

1. 改革试点任务稳步实施，试点经验复制推广进展顺利。黑龙江自贸试验区总体方案包括六方面改革试点任务。目前，总体方案89项改革试点任务已实施86项，实施率达96.6%。承接的国家前五批次改革试点经验复制推广率达到92.0%，第六批试点经验和首批省级十佳创新案例在全省范围内正在组织复制推广。

2. 试验区改革探索取得新进展，多项业务实现全国首创。在对俄经贸合作创新方面，黑河片区创新跨境电商货运物流“多仓联动”数字化集运新模式，实现跨境数据与跨境产业直接关联；绥芬河片区开通全国首个铁路互贸交易市场，实现集边民组织、跨境结算、分销加工等于一体的全流程监管。在探索沿边金融开放新举措方面，哈尔滨片区创新开展境外机构境内外汇账户结汇业务；绥芬河片区开办俄籍自然人委托代理人办理跨境人民币支付业务，黑河片区完成全省首笔“边民互市贸易专业合作社”对外预付汇业务。

专栏2 情系寒地黑土 强化担当引领 金融支持脱贫攻坚有力达效

2020年是脱贫攻坚战收官之年。中国人民银行哈尔滨中心支行积极贯彻落实党中央国务院、省委省政府的各项部署，深入学习习近平总书记关于扶贫工作的重要论述精神，切实提高政治站位，情系人民，担当尽责，全力做好各项工作，助力黑龙江省28个贫困县全部摘帽、1778个贫困村全部出列，全省现行标准下62.5万农村贫困人口全部脱贫。

一、科学制订方案，强调目标导向，持续扎实推进，确保金融精准扶贫工作始终按照要求规范发展

制定下发《关于金融助力如期全面打赢

脱贫攻坚战的通知》等三个政策文件，组织两次专题会议,分解落实任务,提出明确要求,加强日常监测,约谈问题机构,建立自查制度,确保金融精准扶贫工作持续发力,扎实有效。2016 年至 2020 年末，全省各级金融机构累计发放金融精准扶贫贷款 1469.5 亿元。

二、依托黑土资源，全力做好产业扶贫、带贫信贷支持工作

结合黑土资源禀赋，全力推动金融机构围绕贫困地区现代农业发展，聚焦“寒地北药”“北国温泉”“东北黑蜂”“鄂伦春文化游”等特色和优势产业发展，大力开展土地承包经营权抵押、活体抵押、林权抵押等融资业务，创新推出“保险 + 期货”“扶贫信贷 + 订单农业”等模式，为贫困地区注入金融活水，帮扶贫困户切实提高收入水平。2016 年至 2020 年末，全省累计投放产业精准扶贫贷款 1137.1 亿元，占金融精准扶贫贷款累放额的 77.4%。其中，2020 年累计投放产业精准扶贫贷款 354.6 亿元，比上年多投放 130.0 亿元。

三、发挥牵头作用，协同金融精准扶贫工作合力推进

2016 年以来，先后 6 次联合省地方金融监管局、省扶贫办、黑龙江银保监局等部门下发政策文件，特别是 2020 年 6 月联合印发了《黑龙江省金融支持脱贫攻坚与乡村振兴政策有效衔接工作方案》，为下一步工作明确目标方向，做好工作准备。推动省联社提出“四个百分之百”工作目标，即贫困户对接率、已对接贫困户录入信贷管理系统率、已录入贫困户贷款需求确认率，以及对符合条件且有贷款需求的贫困户给予贷款投放率全部达到 100%。截至 2020 年末，全省历年累计投放扶贫小额信贷 74.9 亿元，帮扶贫困户 22.1 万户次。

四、发挥再贷款精准滴灌作用，助推贫困县融资成本整体下行

抓住收官之年政策窗口期，2020 年在 28 个贫困县投放扶贫再贷款和再贷款专用额度 32.5 亿元，比 2019 年增长近 3 倍，占全省支农再贷款投放总量的 58.0%。2016 年至 2020 年末，累计投放扶贫再贷款 180.0 亿元，实现了贫困县全覆盖，为金融支持脱贫攻坚提供了充足的低成本资金支持。

下一阶段，中国人民银行哈尔滨中心支行将严格按照摘帽不摘责任、不摘政策、不摘帮扶、不摘监管的原则，继续全力做好各项工作，为黑龙江省推进农业现代化发展、维护国家粮食安全、实现乡村振兴持续贡献金融力量。

三、预测与展望

2021 年是“十四五”规划开局之年。从有利因素看，党中央首次提出把粮食产量作为经济社会发展主要预期目标，有利于发挥黑龙江优势潜力，全省有高品质农副产品和生态产品服务供给能力，有坚韧稳定的产业链供应链，有向北开放窗口地缘优势，有一批重点项目陆续投产、存量项目扩大产能、新动能逐步释放，为融入国内大循环、国内国际双循环创造了更大空间。从面临挑战看，疫情变化和外部环境存在的不确定性对黑龙江省经济发展的冲击仍在持续。黑龙江省经济金融运行仍然面临着产业结构偏重，民营经济偏弱，创新人才偏少，经济总量不大、发展速度不快、发展质量不优等突出问题，新旧动能转换及防范化解风险的任务依然艰巨，但全省经济长期向好的基本面没有改变。下一步，黑龙江省将围绕构建新发展格局，统筹推进疫情防控和经济社会发展，持续深化重点领域供给侧结构性改革，做好“三篇大文章”、抓实“五头五尾”，推动产业结构优化升级，大力支持科技创新，推进绿色低碳发展，做好稳企业、保就业、促民生等各项工作，在疫情防控常态化前提下，推动地区经济稳定增长。

2021 年，黑龙江省金融系统将坚决贯彻落实稳健的货币政策灵活精准、合理适度，把支持实体经济更好更快发展作为落脚点，充分运用各项政策工具，持续优化调整信贷结构，大力支持科技金融、绿色金融、普惠金融和涉外金融发展，不断提升金融服务质量，有效防范化解金融风险，为龙江加快推进全面振兴注入金融动力。

中国人民银行哈尔滨中心支行货币政策分析小组

总　　纂：张远军　齐贵权

统　　稿：管公明　刘　畅　赵振宁

执　　笔：李婷婷　顾婉琪　海　平　马　辉　王　迟　程逸飞　肖九思　许　硕　杨洪书
董　磊　刘思维　许　鑫　徐　扬　鲁　荣　罗　希

提供材料：张　杰　黄海洋　常云峰　鹿雨竹　薛鹏骞　孙　杨　杜艳艳

附录

（一）2020年黑龙江省经济金融大事记

3月13日，黑龙江省政府设立总规模100亿元的中小企业稳企稳岗基金，其中40亿元用于企业稳企稳岗贷款担保风险补偿金，旨在通过发挥基金引导和撬动作用，形成倍数效应，以缓解企业流动资金压力，解决中小企业“融资难、融资贵”问题。

4月8日，黑龙江省由10家省级银行机构为牵头行，13个市地金融管理部门、银行保险机构为成员单位，组建了13支金融服务队，针对各地制订综合金融服务方案，为加快推动企业复工复产、稳企业保就业发挥金融服务保障作用。

6月19日，中国水稻研究所北方水稻研究中心开建，为保障国家粮食安全发挥重要作用。

9月1日，中国人民银行哈尔滨中心支行在全省创新推广“驻企金融联络员”工作机制，组织金融机构选派信贷人员入驻企业，提供“一对一”全方位金融服务。

9月17日，世界500强企业正威国际集团投资150亿元项目落户哈尔滨新区，打造东北亚最大的新一代材料技术基地。

10月29日，广联航空工业股份有限公司正式在深交所创业板挂牌交易，成为创业板注册制改革后东北三省首家上市公司。

11月2日，黑龙江省政府启动实施《黑龙江省直播电商发展三年行动计划(2020—2022年)》。

11月19日，全省“百大项目”百日会战告捷，完成投资额2386.5亿元。

12月3日，“大庆造”中俄东线第四标段通气投产，来自俄罗斯的清洁天然气即将抵达京津冀腹地。

2020年，黑龙江省粮食总产量1508.2亿斤，实现十七连丰，连续十年产量全国第一。

（二）2020年黑龙江省主要经济金融指标

表1 2020年黑龙江省主要存贷款指标

	项目	1月	2月	3月	4月	5月	6月	7月	8月	9月	10月	11月	12月
本外币	金融机构各项存款余额（亿元）	28329.8	28636.6	29521.6	29366.0	29815.3	30558.9	30577.6	30806.1	30888.7	31394.9	31316.8	31610.6
	其中：住户存款	18724.8	18924.6	19270.0	19291.2	19453.7	19722.8	19758.8	19887.6	20315.2	20415.5	20736.9	21294.2
	非金融企业存款	4211.4	4323.9	4505.2	4405.4	4549.3	4789.9	4642.4	4591	4729.4	4655.3	4708.1	4578.1
	各项存款余额比上月增加（亿元）	461.5	306.8	885.0	-155.6	449.3	743.6	18.7	228.6	82.5	506.3	-78.2	293.8
	金融机构各项存款同比增长（%）	8.5	9.0	9.3	8.2	9.8	11.2	12.5	12.6	12.3	14.4	14.2	13.4
	金融机构各项贷款余额（亿元）	21782.9	21892.8	22316.6	22506.5	22548.2	22739.0	22740.2	22699.3	22689.8	22556.8	22648.1	22585.9
	其中：短期	9157.9	9276.3	9514.6	9542.5	9508.5	9457.2	9377.5	9243.1	9097.0	8866.2	8788.0	8732.2
	中长期	10987.0	11032.9	11199.1	11278.5	11367.7	11575.7	11658.1	11776.3	11946.2	12029.7	12151.5	12233.9
	票据融资	1060.5	1013.7	1042.0	1121.8	1101.0	1116.4	1122.6	1081.0	1059.4	1081.7	1102.0	1010.5
	各项贷款余额比上月增加（亿元）	276.3	109.9	423.8	189.9	41.7	190.8	1.2	-40.9	-9.5	-133	91.3	-62.2
	其中：短期	160.9	118.4	238.4	27.8	-34.0	-51.3	-79.7	-134.4	-146.1	-230.8	-78.2	-55.8
	中长期	172.1	45.9	166.3	79.4	89.2	208	82.4	118.2	169.9	83.5	121.8	82.4
	票据融资	-49.5	-46.8	28.3	79.8	-20.8	15.4	6.2	-41.6	-21.6	22.3	20.3	-91.6
	金融机构各项贷款同比增长（%）	5.0	4.7	5.0	5.8	6.2	6.0	6.7	6.7	6.7	6.4	7.6	5.0
	其中：短期	1.7	2.4	3.1	3.8	4.6	4.0	3.9	3.0	2.1	0.0	-0.4	-4.2
	中长期	10.5	10.3	10.8	10.9	11.2	12.2	12.2	13.2	14.1	14.5	14.6	14.4
	票据融资	-12.7	-19.2	-20.5	-13.9	-15.8	-21.5	-12.8	-16.4	-17.7	-12.5	6.4	-9.0
	建筑业贷款余额（亿元）	337.2	344.9	339.0	349.9	348.3	370	400.5	394.9	396.9	397.5	395.2	399.6
	房地产业贷款余额（亿元）	687.8	688.7	707.3	724.4	717.8	715.8	720.6	714.9	714.2	720.4	719.9	710.6
	建筑业贷款同比增长（%）	26.5	27.0	23.3	23.1	21.3	25.2	28.7	27.3	22.7	23.5	17.7	20.8
	房地产业贷款同比增长（%）	3.5	3.1	6.2	7.5	6.9	6.3	7.2	6.1	7.0	8.1	8.2	4.0
人民币	金融机构各项存款余额（亿元）	28174.9	28478.5	29360.4	29201.7	29649.4	30396.8	30414.8	30642.3	30724.8	31230.2	31158.4	31452.6
	其中：住户存款	18600.6	18796.3	19135.3	19156.8	19320.3	19591.4	19628.9	19760.7	20189.4	20289.6	20612	21169.7
	非金融企业存款	4189.9	4303.1	4487.8	4385.5	4525.9	4767.6	4617.4	4561.8	4698.7	4625.2	4683.7	4554
	各项存款余额比上月增加（亿元）	458.2	303.7	881.9	-158.7	447.6	747.4	18.1	227.4	82.5	505.4	-71.8	294.2
	其中：住户存款	544.5	195.8	339	21.5	163.5	271.1	37.5	131.8	428.7	100.3	322.4	557.7
	非金融企业存款	-187.1	113.1	184.7	-102.2	140.4	241.6	-150.2	-55.6	136.9	-73.5	58.4	-129.7
	各项存款同比增长（%）	8.5	9	9.4	8.2	9.8	11.3	12.6	12.7	12.4	14.5	14.3	13.5
	其中：住户存款	14.6	14	14.9	15.1	16	16.4	16.6	16.9	16.7	16.8	17.5	17.2
	非金融企业存款	0.9	5.2	6.5	5.3	8.5	6.9	6.6	5	6.5	6.5	10.6	4
	金融机构各项贷款余额（亿元）	21650.4	21761.4	22180.8	22378.1	22411.8	22610.8	22616.2	22578.1	22570.6	22442.5	22540	22482.3
	其中：个人消费贷款	4222.7	4186.8	4200.0	4229.1	4247.8	4283.8	4334.6	4406.6	4479.3	4534.7	4589.5	4618.7
	票据融资	1060.5	1013.7	1042.0	1121.8	1101.0	1116.4	1122.6	1081.0	1059.4	1081.7	1102.0	1010.5
	各项贷款余额比上月增加（亿元）	280.3	111.0	419.4	197.3	33.7	199.0	5.4	-38.2	-7.5	-128.1	97.5	-57.7
	其中：个人消费贷款	20.1	-35.9	13.2	29.1	18.7	36.0	50.8	72.0	72.7	55.4	54.7	29.2
	票据融资	-49.5	-46.8	28.3	79.8	-20.8	15.4	6.2	-41.6	-21.6	22.3	20.3	-91.6
	金融机构各项贷款同比增长（%）	5.1	4.8	5.2	6.0	6.4	6.1	6.9	6.9	6.9	6.6	7.8	5.2
	其中：个人消费贷款	12.2	11.1	10.1	10.0	9.7	9.8	10.5	11.3	11.3	11.3	11	9.9
	票据融资	-12.7	-19.2	-20.5	-13.9	-15.8	-21.5	-12.8	-16.4	-17.7	-12.5	6.4	-9.0
外币	金融机构外币存款余额（亿美元）	22.5	22.6	22.7	23.3	23.3	22.9	23.3	23.9	24.1	24.5	24.1	24.2
	金融机构外币存款同比增长（%）	-3.0	-2.0	-1.9	-0.3	-0.4	-3.3	2.7	5.8	8.4	10.4	8.6	11.4
	金融机构外币贷款余额（亿美元）	19.2	18.8	19.2	18.2	19.1	18.1	17.7	17.7	17.5	17	16.4	15.9
	金融机构外币贷款同比增长（%）	-18.1	-21.4	-18.9	-24.0	-21.1	-18.6	-18.3	-18.6	-17.9	-19.0	-20.2	-19.0

数据来源：中国人民银行哈尔滨中心支行。

表2 2001—2020年黑龙江省各类价格指数

单位：%

时间		居民消费价格指数		农业生产资料价格指数		工业生产者购进价格指数		工业生产者出厂价格指数	
		当月同比	累计同比	当月同比	累计同比	当月同比	累计同比	当月同比	累计同比
2001		—	0.4	—	-1.1	—	-0.5	—	-4
2002		—	-1.5	—	-0.3	—	-0.7	—	-2.2
2003		—	-0.3	—	1.8	—	7.6	—	11.9
2004		—	2.8	—	12	—	15.2	—	13.1
2005		—	0.4	—	8.6	—	11.8	—	16.7
2006		—	1.5	—	1.9	—	5.6	—	9.9
2007		—	5.6	—	9.4	—	5.0	—	5.3
2008		—	5.8	—	22.7	—	14.1	—	14.0
2009		—	-1.1	—	-5.8	—	-6.6	—	-12.6
2010		—	3.1	—	5.6	—	14.5	—	15.0
2011		—	4.5	—	10.2	—	11.1	—	12.0
2012		—	2.2	—	7.8	—	-1.2	—	0.0
2013		—	1.1	—	4.1	—	-1.3	—	-2.0
2014		—	0.8	—	0.3	—	-2.4	—	-2.9
2015		—	0.1	—	1.3	—	-11.8	—	-14.0
2016		—	1.1	—	0.0	—	-4.0	—	-4.9
2017		—	1.3	—	0.6	—	10.2	—	9.3
2018		—	2.0	—	3.6	—	9.0	—	9.0
2019		—	2.8	—	5.6	—	0.3	—	-1.8
2020		—	2.3	—	3.7	—	-4.9	—	-6.6
2019	1	1.0	1.0	3.0	3.0	-0.3	-0.3	-1.2	-1.2
	2	1.2	1.1	3.6	3.3	0.6	0.1	-0.4	-0.8
	3	1.9	1.4	4.7	3.8	3.4	1.2	2.9	0.4
	4	2.6	1.7	4.6	4.0	3.7	1.9	2.6	1
	5	2.5	1.8	4.4	4.1	2.4	2	1.2	1
	6	2.8	2	4.2	4.1	0.3	1.7	-2.5	0.4
	7	3.1	2.2	4.9	4.2	-0.7	1.3	-4	-0.2
	8	2.9	2.3	5.3	4.3	-1.3	1	-4.2	-0.8
	9	3	2.3	6.3	4.5	-2.3	0.6	-5.9	-1.4
	10	3.9	2.5	7.5	4.8	-3.4	0.2	-6.9	-1.9
	11	4.4	2.7	8.9	5.2	-1.5	0	-3.8	-2.1
	12	4.2	2.8	9.9	5.6	3.3	0.3	1.3	-1.8
2020	1	5.3	5.3	9.5	9.5	6.6	6.6	4.8	4.8
	2	5	5.1	8.5	9	2.4	4.5	-0.3	2.2
	3	4.4	4.9	5.6	7.9	-2.1	2.2	-5.4	-0.3
	4	3.3	4.5	4.3	6.9	-9.7	-0.8	-12.8	-3.5
	5	2.4	4.1	4.1	6.4	-11.4	-2.9	-15.1	-5.9
	6	2.1	3.8	5.1	6.2	-6.8	-3.6	-9.8	-6.5
	7	2	3.5	4.3	5.9	-5.5	-3.9	-6.4	-6.5
	8	1.7	3.3	3.3	5.6	-5.3	-4	-6.2	-6.5
	9	1.7	3.1	2.4	5.2	-5.9	-4.3	-6.3	-6.5
	10	0.3	2.8	0.8	4.7	-7.4	-4.6	-7.7	-6.6
	11	-0.5	2.5	-1.1	4.2	-7.5	-4.9	-7.6	-6.7
	12	0.6	2.3	-1	3.7	-5.8	-4.9	-5.6	-6.6

数据来源：黑龙江省统计局。

表 3　2020 年黑龙江省主要经济指标

项目	1 月	2 月	3 月	4 月	5 月	6 月	7 月	8 月	9 月	10 月	11 月	12 月
绝对值（自年初累计）												
地区生产总值（亿元）	—	—	2409.0	—	—	5250.6	—	—	8619.7	—	—	13698.5
第一产业	—	—	139	—	—	480.6	—	—	963.8	—	—	3438.3
第二产业	—	—	771.2	—	—	1595.7	—	—	2592.8	—	—	3483.5
第三产业	—	—	1498.9	—	—	3174.3	—	—	5063.1	—	—	6776.7
工业增加值（亿元）	—	—	—	—	—	—	—	—	—	—	—	—
固定资产投资（亿元）	—	—	—	—	—	—	—	—	—	—	—	—
房地产开发投资	—	1.2	21.2	69.6	149.9	303.0	419.4	545.3	698.0	816.5	926.7	982.9
社会消费品零售总额（亿元）	—	—	—	—	—	—	—	—	—	—	—	—
外贸进出口总额（亿元）	—	322.8	452.2	571.4	674.3	788.2	917.6	1047.3	1182.3	1292.6	1414.3	1537.0
进口	—	278.6	381.6	466.4	534.2	616.6	712.1	808.4	913.3	998.9	1088.8	1176.1
出口	—	44.2	70.6	105.0	140.1	171.6	205.5	238.8	269.0	293.7	325.5	360.9
进出口差额（出口－进口）	—	-234.4	-311.0	-361.4	-394.1	-445.0	-506.6	-569.6	-644.3	-705.2	-763.3	-815.2
实际利用外资（亿美元）	—	0.5	1.0	1.1	1.3	2.4	2.5	2.8	3.3	3.8	4.0	5.4
地方财政收支差额（亿元）	-300.9	-597.1	-1163.7	-1362.2	-1570.6	-1938.2	-2256.6	-2456.6	-3022.0	-3260.1	-3529.8	-4296.9
地方财政收入	131.5	185.3	287.3	369.4	441	528.7	624.5	705.1	796.7	906.7	1005.7	1152.5
地方财政支出	432.4	782.4	1451.0	1731.6	2011.6	2466.9	2881.1	3161.7	3818.7	4166.8	4535.5	5449.4
城镇登记失业率（%）（季度）	—	—	3.5	—	—	3.5	—	—	3.7	—	—	3.4
同比累计增长率（%）												
地区生产总值	—	—	-8.3	—	—	-4.9	—	—	-1.9	—	—	1.0
第一产业	—	—	-1.6	—	—	0.2	—	—	2.9	—	—	2.9
第二产业	—	—	-9.9	—	—	-5.4	—	—	-1.5	—	—	2.6
第三产业	—	—	-7.9	—	—	-5.6	—	—	-3.0	—	—	-1.0
工业增加值	—	-10.9	-8.6	-5.9	-4.8	-4.0	-3.7	-2.1	-0.7	0.6	2.4	3.3
固定资产投资	—	-27.6	-10.9	-2.9	-1.9	0.3	0.5	1.4	2.1	2.7	3.3	3.6
房地产开发投资	—	-42.1	-21.6	-15.6	-18.8	-10.7	-5.1	-0.3	-1.1	0.6	1.7	2.6
社会消费品零售总额	—	—	-33.4	—	—	-22.7	—	—	-16.8	—	—	-9.1
外贸进出口总额	—	9.3	0.0	-7.1	-12.9	-15.9	-15.5	-15.8	-15.0	-15.6	-16.6	-17.7
进口	—	12.5	2.2	-7.6	-15.9	-20.1	-20.2	-20.8	-19.8	-20.1	-21.1	-22.5
出口	—	-7.5	-10.4	-4.5	0.8	4.1	6.3	7.0	6.6	4.2	3.0	3.2
实际利用外资	—	11.6	18.0	26.4	21.4	92.1	87.9	24.2	-20.4	-11.5	-13.5	0.2
地方财政收入	-17.9	-25.1	-21.7	-21.8	-21.2	-20.4	-18.7	-16.9	-14.3	-13.3	-11.0	-8.7
地方财政支出	-14.5	3.7	1.1	-0.3	2.5	0.6	-1.0	-4.2	-3.3	0.6	4.7	8.7

数据来源：黑龙江省统计局。

上海市金融运行报告（2021）

中国人民银行上海总部货币政策分析小组

[内容摘要] 2020年，面对新冠肺炎疫情的巨大冲击和复杂严峻的国内外环境，上海市认真贯彻落实党中央、国务院决策部署，统筹推进疫情防控和经济社会发展，全市经济运行在抗疫中体现韧性，全年地区生产总值3.87万亿元，同比增长1.7%。居民收入增速回升，就业形势总体稳定，社会民生在补短板中持续改善，取得了疫情防控和经济社会发展双胜利。

经济稳定恢复显韧性，动力活力彰显蕴新机。一是供给侧加快恢复，经济发展新动能持续释放。二三产业同步恢复，全力促进工业稳增长调结构，制订产业基础再造上海方案，发布“工赋上海”三年行动计划，推动产业链供应链“补链固链强链”，全面实施集成电路、生物医药、人工智能三大“上海方案”。工业战略性新兴产业总产值全年同比增长8.9%，占全市规模以上工业总产值比重提高到40%，高新技术企业达到1.7万家。实施在线新经济“23条”，出台在线新文旅发展行动方案，数字经济、流量经济、无人经济等在线新经济蓬勃兴起。全年第三产业增加值同比增长1.8%，占全市生产总值比重达到73.1%，同比提高0.2个百分点。二是内外需求持续回升，投资消费表现较好。全年固定资产投资同比增长10.3%，2008年以来首次达到年度两位数增长。高端芯片、新能源汽车等重点领域制造业投资力度加大，制造业投资同比增长20.6%，连续12个季度保持两位数增长。实现外贸进出口正增长，全年货物进出口总额34828.47亿元，同比增长2.3%，全年外商直接投资实际到位金额为202.33亿美元，同比增长6.2%。出台促进消费“12条”，制定实施促进汽车消费政策，创新举办“五五购物节”“六六夜生活节”等重大活动，首创全球新品首发季等，消费市场加快复苏。全年社会消费品零售总额为1.59万亿元，同比增长0.5%，网上零售额2606.39亿元，同比增长10.2%，占社会消费品零售总额的比重达16.4%，比上年提高2.3个百分点。三是财政收入降幅收窄，居民生活进一步改善。上海持续深化财税改革攻坚，“加力提效”实施积极财政政策，不折不扣地落实更大规模“减税降费”政策，新增减税降费超过2300亿元，全市一般公共预算收入7046.30亿元，同比下降1.7%，降幅逐季收窄。就业形势保持稳定，全年新增就业岗位57.04万个，连续17年新增就业岗位50万个以上，城镇调查失业率稳定在4.4%以内。居民收入增长持续快于经济增长，全市居民人均可支配收入同比增长4%。

中国人民银行上海总部全力推动金融支持疫情防控、稳企业保就业，根据上海疫情防控和经济发展阶段性特征，合理把握调控的力度、节奏和重点，着重引导金融机构精准、有效服务实体经济，促进信贷和社会融资规模合理增长；积极推动金融改革开放政策落地，防范化解金融风险、优化营商环境。

金融业持续健康发展，改革开放创新力度进一步提升。一是全力推进金融支持抗疫复产，扎实落实稳企业保就业工作。充分发挥再贷款等结构性货币政策工具精准滴灌作用，惠及上海企业1.9万户。积极落实好两项直达实体货币政策工具，支持延期还本付息和信用贷款发放。推动建立市级层面金融支持稳企业保就业协调机制，统筹指导金融稳企业保就业工作，牵头出台18条具有“上海特色”的金融支持举措。充分发挥多层次资本市场直接融资优势，持续优化企业融资结构。举办多场“温暖浦江”大型线下政银企对接会，全市金融机构走访对接企业超4.52万家，上线重点支持企业名录库管理系统，精准推动政银企对接。二是货币信贷合理增长，利率改革有序深化。2020年末，全市本外币贷款余额84643亿元，同比增长6%，全年新增6741.6亿元。信贷结构进一步优化，全市普惠小微贷款余额5206.3亿元，同比增长30.6%，境内中长期贷款比年初增加5797.1亿元，同比多增1608.2亿元，制造业贷款比年初增加609.5亿元，同比多增286.3亿元。LPR转换工作走在全国前列，企业贷款利率降至近年低点。2020年，上海辖内110余家法人金融机构顺利完成存量浮动利率贷款定价基准转换工作，货币政策传导进一步畅通。12月，上海企业贷款加权平均利率为4.26%，同比下降63个基点。银行业资产质量保持稳定，不良贷款率和不良贷款额保持低位。三是金融市场增势良好，产品创新成效显著。2020年，金融市场成交活跃，成交额超过2200万亿元，同比增长17.6%。其中，上海证券交易所有价证券成交额同比增长29.4%，中国金融期货交易所成交额同比增长65.8%，上海期货交易所成交额同比增长35.8%；上海原保险保费收入1865亿元，同比上升8.4%。上海地区上市公司343家，同比增加35家，占全国的8.2%；科创板上市企业37家，占全国的17.2%。外资持续加速进入中国债券市场，首单知识产权证券化产品、首单自贸试验区外币融资担保品管理业务、首批挂钩贷款市场报价利率（LPR）的利率期权产品等融资创新产品不断推出，配置全球金融资源能力持续增强。四是社会融资规模同比多增，股票融资创历史新高。2020年，上海社会融资规模增量为10915.5亿元，同比多增2273.5亿元，同比增长26.3%。表内融资占比提升，表外融资同比多减，直接融资明显加快。表内融资增加7268.8亿元，占全市社会融资规模的比重为66.6%，同比上升4.4个百分点；表外融资减少1339.6亿元，同比多减360.1亿元；直接融资为4290.5亿元，同比多增379.1亿元，其中上海企业股票融资1507.7亿元，同比多增1104.5亿元。五是金融改革开放力度加大，重大国家战略扎实推进。2020年，中国人民银行上海总部牵头相关部门，联合建立"上海推进工作机制"，贯彻落实《关于进一步加快推进上海国际金融中心建设和金融支持长三角一体化发展的意见》，积极推进临港新片区金融先行先试、在更高水平加快上海金融业对外开放和金融支持长三角一体化发展。截至2020年末，实现87项预期目标，创造性地推出28项"自选动作"，全年超预期完成115项工作目标，上海作为全国金融改革开放前沿阵地的地位更加凸显。

2021年，疫情变化和外部环境仍存在诸多不确定性，经济复苏不稳定不平衡，疫情冲击导致的各类衍生风险不容忽视。在新发展格局中，上海面临一系列重大机遇和战略优势，但经济发展的外部挑战性上升，新动能培育的现实紧迫性加大，上海将坚持稳中求进工作总基调，立足新发展阶段，贯彻新发展理念，构建新发展格局，以推进浦东高水平改革开放和三项新的重大任务为战略牵引，加快打造国内大循环的中心节点、国内国际双循环的战略链接，确保经济持续健康发展和社会大局稳定，确保"十四五"开好局。中国人民银行上海总部将保持稳字当头，全面落实好稳健的货币政策灵活精准、合理适度的工作要求。扎实做好金融支持稳企业保就业工作，持续加大对科技创新、小微企业和绿色发展等重点领域信贷支持。继续推动长三角一体化高质量发展，深化长三角绿色金融服务，全力推进高水平金融改革开放，积极推动相关先行先试政策落地上海。

一、金融运行情况

2020年，中国人民银行上海总部以习近平新时代中国特色社会主义思想为指导，坚决贯彻习近平总书记和党中央关于统筹推进疫情防控和经济社会发展的决策部署，全力推动金融支持疫情防控、稳企业保就业，根据上海疫情防控和经济发展阶段性特征，合理把握调控的力度、节奏和重点，着重引导金融机构精准、有效服务实体经济，促进信贷和社会融资规模合理增长，进一步深化利率市场化改革，积极推动落实中国人民银行等五部门关于加快推进上海国际金融中心建设和金融支持长三角一体化发展“30条意见”，防范化解金融风险、优化营商环境。全年各项存贷款同比多增，信贷结构持续优化，企业贷款利率降至近年低点；证券期货交易活跃，保险收入持续增长，金融市场运行总体稳健。

（一）金融支持抗疫复产，全力促进稳企业保就业

2020年，中国人民银行上海总部以习近平新时代中国特色社会主义思想为指导，坚决贯彻习近平总书记和党中央关于统筹推进疫情防控和经济社会发展的决策部署，各项工作取得扎实成效。一是充分发挥结构性货币政策工具精准滴灌作用。根据疫情防控和经济社会恢复发展的阶段性特征，中国人民银行分层次、有梯度地出台3000亿元疫情防控专项再贷款政策、5000亿元复工复产再贷款再贴现、1万亿元普惠性再贷款再贴现政策，上海相关工具惠及上海企业1.9万户，落实好两项直达实体货币政策工具，支持延期还本付息和信用贷款发放。二是推动建立协调机制，统筹指导金融稳企业保就业工作。推动建立市级层面金融支持稳企业保就业协调机制，迅速制订工作方案和60天行动计划，会同上海银保监局、市财政局等六部门联合印发《关于进一步做好金融支持稳企业保就业工作的指导意见》，提出18条具有“上海特色”的金融支持举措。三是充分发挥多层次资本市场融资优势，持续优化企业融资结构。2020年，积极推动长三角G60科创走廊相关机构发行创新创业债务融资工具14单，涉及企业15户，累计实现融资72.8亿元。落地全国首批供应链票据贴现业务，鼓励标准化票据业务发展，拓宽中小企业票据融资渠道，全年获得标准化票据融资19.87亿元，占全国的32%。全年上海地区A股市场募集资金1856.31亿元，同比增长301.39%。四是实施“温暖浦江”行动，精准推动政银企对接。精心打造“温暖浦江”金融保市场主体对接服务品牌，重点针对文化旅游、外资外贸、住宿餐饮、科技创新等受疫情影响严重领域的行业企业，举办多场大型线下政银企对接会，全市金融机构走访对接企业超4.52万家。形成重点支持企业名单对接机制，上线重点支持企业名录库管理系统，精准推送重点支持企业。

（二）货币信贷合理增长，有力支持经济稳步恢复

1. 金融机构资产持续增长，利润同比下滑。 2020年末，上海市共有中资银行法人5家，外资银行法人18家，新型农村金融机构139家，从业人员12.7万人，中外资金融机构本外币资产总额19.2万亿元，同比增长16.4%；各项存款、贷款余额分别为15.6万亿元和8.5万亿元，同比分别增长17.4%和6%，增速比上年末分别上升7.7个、下降3个百分点。2020年，上海市金融机构实现净利润1433亿元，同比下降10.3%。

表1　2020年上海市银行业金融机构情况

机构类别	营业网点			法人机构（个）
	机构个数（个）	从业人数（人）	资产总额（亿元）	
一、大型商业银行	1643	47342	65233	1
二、国家开发银行和政策性银行	14	612	4394	0
三、股份制商业银行	857	28175	45045	1
四、城市商业银行	476	15393	27848	1
五、小型农村金融机构	359	7770	10106	1
六、财务公司	24	1858	8097	22
七、信托公司	7	2200	746	7
八、邮政储蓄银行	486	2979	2621	0
九、外资银行	209	12478	16368	18
十、新型农村金融机构	161	2113	325	139
十一、其他	22	5709	10942	22
合　计	4258	126629	191725.89	212

数据来源：中国人民银行上海总部、上海银保监局。

注：大型商业银行包括工商银行、农业银行、中国银行、建设银行和交通银行；小型农村金融机构包括农村商业银行、农村合作银行和农村信用社；新型农村金融机构包括村镇银行、贷款公司和农村资金互助社；其他包含金融租赁公司、汽车金融公司、货币经纪公司、消费金融公司等。

2. 各项存款同比多增，企业存款明显增长。 2020 年，上海市本外币各项存款新增 23018.8 亿元，同比多增 11338.8 亿元，其中，人民币存款新增 21978.6 亿元，同比多增 11291 亿元。2020 年，上海市本外币住户存款比年初增加 4980 亿元，同比多增 267.9 亿元；境内非金融企业存款比年初增加 7437.4 亿元，同比多增 4728.9 亿元，其中活期存款、定期及其他存款分别新增 1192.3 亿元、3536.5 亿元；非银行金融机构存款比年初增加 7930.9 亿元。

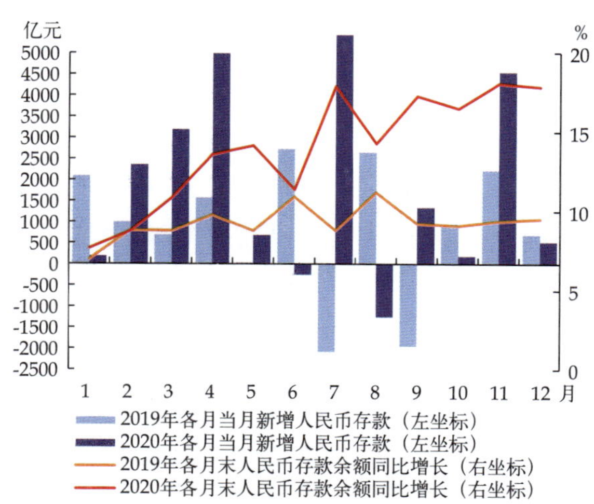

图 1　2019—2020 年上海市金融机构人民币存款增长变化

（数据来源：中国人民银行上海总部）

3. 各项贷款同比多增，贷款结构持续优化。 2020 年，上海市本外币贷款比年初增加 6741.6 亿元，同比多增 1131.7 亿元，其中，人民币贷款比年初增加 6108.6 亿元，同比多增 810.7 亿元。在各项贷款中，境内中长期贷款比年初增加 5797.1 亿元，同比多增 1608.2 亿元。12 月末，全市普惠小微贷款余额 5206.3 亿元，同比增长 30.6%，比年初新增 1526 亿元；制造业贷款余额 7321.3 亿元，同比增长 9.1%，比年初新增 609.5 亿元，同比多增 286.3 亿元，其中中长期制造业人民币贷款新增 721.6 亿元，同比增长 49.1%；人民币房地产贷款余额 24411.5 亿元，同比增长 7.2%。

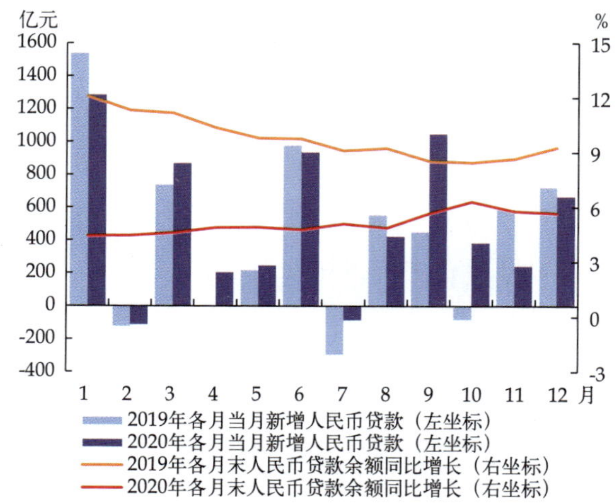

图 2　2019—2020 年上海市金融机构人民币贷款增长变化

（数据来源：中国人民银行上海总部）

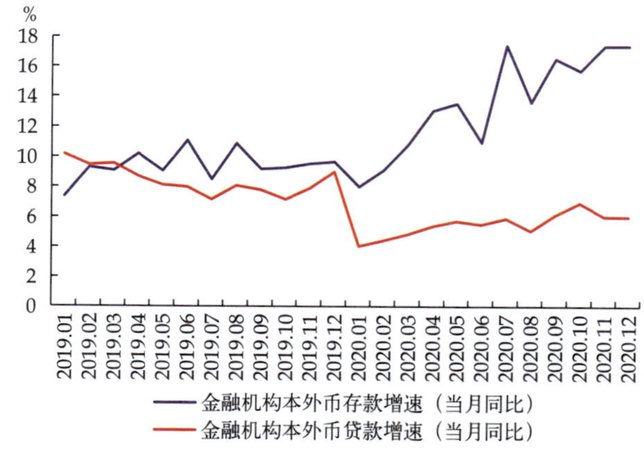

图 3　2019—2020 年上海市金融机构本外币存、贷款增速变化

（数据来源：中国人民银行上海总部）

专栏 1　上海出台金融支持稳企业保就业 18 条新举措

为深入贯彻落实党中央、国务院关于做好“六稳”工作、落实“六保”任务的决策部署和《关于进一步强化中小微企业金融服务的指导意见》（银发〔2020〕120 号），

根据上海市金融支持稳企业保就业工作协调机制第一次会议精神，2020年7月，中国人民银行上海总部会同上海银保监局、上海市金融工作局、上海市经信委、上海市财政局、上海证监局制定发布《关于进一步做好金融支持稳企业保就业工作的指导意见》（上海银发〔2020〕116号），围绕深化金融政策及其配套政策，从加大货币政策激励、发挥财政金融协同效应、优化监管考核机制、加强直接间接融资、降低小微企业综合融资成本、落实减税降费措施、强化外贸等重点领域支持等方面提出18条有力政策举措，以引导金融机构持续加大支持力度，促进融资供求双方有效对接，从而扩大上海地区企业融资支持覆盖面，进一步降低企业融资成本。

发挥货币政策和财政政策协同效应。一是设立首期120亿元纾困专项贷款。纾困专项贷款包括地方法人银行运用再贷款资金发放的优惠利率贷款，以及在沪主要商业银行对稳企业保就业重点企业名单内企业发放的贷款。二是深化政银担合作。政府性融资担保机构担保放大倍数原则上不低于5倍，力争2020年新增融资担保规模达到300亿元。三是加大小微信贷奖补力度。将奖补范围从单户授信500万元以下贷款扩大到单户授信1000万元以下，增设信用贷款考核指标，引导银行提高信用贷款占比。

加大中小微信贷支持力度。实现“增量、降价、提质、扩面”，力争上海普惠小微贷款2020年新增额超千亿元。一是运用好贷款延期支持工具和信用贷款支持计划两项直达实体经济的创新货币政策工具，加大激励。二是发挥贷款市场报价利率（LPR）改革作用，推动降低小微企业贷款综合融资成本。三是鼓励金融机构设立续贷服务中心，力争2020年小微企业续贷比例高于上年。四是推动政府性担保机构简化流程，提高续贷业务办理效率。

优化监管考核机制。一是开展小微企业金融服务监管评价。大型国有商业银行上海市分行普惠型小微企业贷款增速不低于40%。各金融机构普惠金融在分支行综合绩效考核权重不低于10%。进一步放宽普惠型小微企业不良贷款容忍度。二是优化地方国有金融企业考核评价制度。将普惠型小微企业贷款情况纳入地方国有商业银行经营业绩考核。市管国有企业因承担国家和本市重点任务，对法定代表人任职经营业绩考核目标完成影响较大的，可在任期考核时适当调整考核目标或视为完成。

加大外贸等重点领域支持。继续深化“信保＋担保＋银行”融资模式，将保单融资覆盖范围从年出口500万美元以下的企业扩大到3000万美元（含）以下。持续推进贸易外汇收支便利化试点，大力简化业务审核流程，鼓励重点外贸企业用好用足跨境资金池新政。完善国际贸易“单一窗口”功能，为企业提供优惠信贷、跨境汇款、融资等绿色通道服务。

此外，《关于进一步做好金融支持稳企业保就业工作的指导意见》还在发挥多层次资本市场作用、扩大债券融资规模、鼓励金融机构运用金融科技、创新供应链融资服务模式、落实减税降费措施、深化放管服改革等方面提出有针对性的支持举措，助力企业恢复生产经营，支持实体经济高质量发展。

4. 深化利率市场化改革，企业贷款利率降至近年低点。2020年，上海辖内110余家法人金融机构顺利完成存量浮动利率贷款定价基准转换工作，走在全国前列，货币政策传导进一步畅通，有效推动了实体经济融资成本下降。12月，上海人民币贷款加权平均利率为5.03%，同比下降34个基点；上海企业贷款加权平均利率为4.26%，同比下降63个基点，降至近年低点。

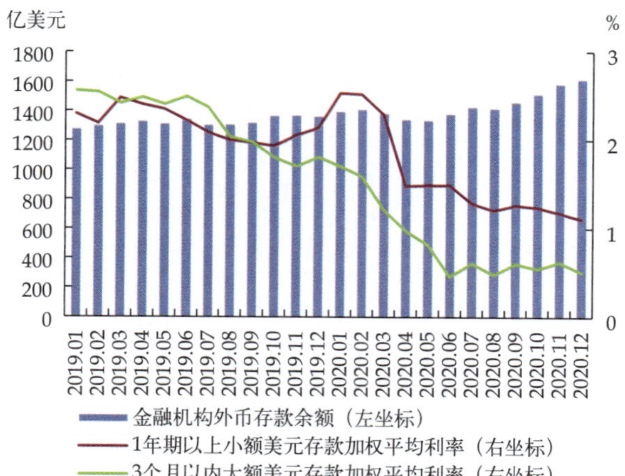

图 4　2019—2020 年上海市金融机构外币存款余额及外币存款利率

（数据来源：中国人民银行上海总部）

表 2　2020 年上海市金融机构人民币贷款各利率区间占比

单位：%

项目		1月	2月	3月	4月	5月	6月
合计		1.0	1.0	1.0	1.0	1.0	1.0
LPR 减点		0.4	0.4	0.4	0.4	0.4	0.4
LPR		0.0	0.0	0.0	0.0	0.1	0.1
LPR加点	小计	0.6	0.5	0.5	0.6	0.6	0.5
	(LPR，LPR+0.5%)	0.2	0.2	0.2	0.2	0.2	0.2
	[LPR+0.5%，LPR+1.5%)	0.2	0.2	0.2	0.2	0.2	0.2
	[LPR+1.5%，LPR+3%)	0.1	0.1	0.1	0.1	0.1	0.1
	[LPR+3%，LPR+5%)	0.1	0.0	0.1	0.1	0.1	0.1
	LPR+5% 及以上	0.0	0.0	0.0	0.0	0.1	0.1
项目		7月	8月	9月	10月	11月	12月
合计		1.0	1.0	1.0	1.0	1.0	1.0
LPR 减点		0.4	0.4	0.4	0.4	0.4	0.4
LPR		0.1	0.1	0.1	0.1	0.1	0.1
LPR加点	小计	0.5	0.5	0.5	0.5	0.5	0.5
	(LPR，LPR+0.5%)	0.1	0.1	0.1	0.1	0.1	0.1
	[LPR+0.5%，LPR+1.5%)	0.2	0.2	0.2	0.2	0.2	0.2
	[LPR+1.5%，LPR+3%)	0.1	0.1	0.1	0.1	0.1	0.1
	[LPR+3%，LPR+5%)	0.1	0.1	0.1	0.1	0.1	0.1
	LPR+5% 及以上	0.1	0.1	0.1	0.1	0.1	0.1

数据来源：中国人民银行上海总部。

5. 金融机构资产质量保持稳定。2020 年末，上海市金融机构不良贷款余额 662.19 亿元，不良贷款率为 0.79%，同比下降 0.14 个百分点，远低于全国平均水平。其中，逾期 90 天以上贷款占不良贷款余额的比重为 83.96%，同比下降 4.78 个百分点。

（三）证券交易活跃，保险收入平稳增长

1. 证券市场成交额同比显著增长。2020 年，上海证券交易所股票和基金总成交额 94.8 万亿元，同比上升 54.7%，其中科创板成交 6.62 万亿元；债券成交金额 11.45 万亿元，同比提高 78.7%。全年，ETF 期权合约累计成交 9.8 亿张，同比增长 57.6%，市场规模、活跃度稳步增长。上海市资本市场各类市场主体共计 6943 家，其中，上市公司 343 家，同比增加 35 家，占全国的 8.2%，科创板上海上市企业 37 家，占全国的 17.2%；总部设在辖内的证券期货基金公司 123 家，同比增加 5 家；证券期货基金各类分支机构 1113 家；外资代表处 37 家。证券公司、基金公司、期货公司等多类主要机构的数量均居全国首位。

表 3　2020 年上海市证券业基本情况

项目	数量
总部设在辖内的证券公司数（家）	30
总部设在辖内的基金公司数（家）	59
总部设在辖内的期货公司数（家）	34
年末国内上市公司数（家）	343
当年国内股票（A 股）筹资（亿元）	2446
当年国内债券筹资（亿元）	1603
其中：短期融资券筹资额（亿元）	257
中期票据筹资额（亿元）	416

数据来源：上海市证监局。

2. 原保险收入同比增长，寿险增长较快。截至 2020 年末，上海市共有 57 家法人保险机构，较上年持平。其中，财产险公司 20 家，人

身险公司22家，共有108家省级保险分支机构。2020年，上海市原保险保费收入累计1865亿元，同比上升8.4%。其中，财产险公司原保险保费收入509亿元，同比下降3%；人身险公司原保险保费收入1356亿元，同比上升13.5%。中、外资保险公司原保险保费收入比例为79:21，外资保险公司占比同比下降1个百分点。上海市保险业赔付支出累计631亿元，同比略降3.7%。

表4　2020年上海市保险业基本情况

项目	数量
总部设在辖内的保险公司数（家）	57
其中：财产险经营主体（家）	20
寿险经营主体（家）	22
保险公司分支机构（家）	108
其中：财产险公司分支机构（家）	53
寿险公司分支机构（家）	52
保费收入（中外资，亿元）	1865.0
其中：财产险保费收入（中外资，亿元）	509.0
人身险保费收入（中外资，亿元）	1356.0
各类赔款给付（中外资，亿元）	631.0

数据来源：上海市银保监局。

3.商品期货和金融期货交易持续快速增长。2020年，上海期货交易所累计成交量20.7亿手，同比增长46.8%；累计成交金额140万亿元，同比增长44.5%。中国金融期货交易所成交额115.44万亿元，同比增长65.8%，其中期货市场累计成交98.54百万手，同比增长48.7%，累计成交金额115.3万亿元，同比增长65.6%。2020年，上海黄金交易所成交额43.3万亿元，同比增长50.7%，其中黄金累计成交5.87万吨，同比下降14.4%，成交金额22.55万亿元，同比增长4.8%。

表5　2020年中国金融期货交易所交易统计

交易品种	累计成交金额（亿元）	同比增长（%）	累计成交量（万手）	同比增长（%）
股指期货	889296.2	62.3	7450.4	39.9
国债期货	263689.3	78.0	2403.5	84.4
合计	1152985.4	65.6	9853.9	48.7

数据来源：中国金融期货交易所。

表6　2020年上海期货交易所交易统计

交易品种	累计成交金额（亿元）	同比增长（%）	累计成交量（万手）	同比增长（%）
铜	141334.8	-19.0	5716.4	-21.7
铝	37207.4	-18.2	5286.5	-19.3
锌	55526.6	-61.4	6033.0	-57.6
黄金	207185.0	-30.9	5240.5	-43.3
天然橡胶	130967.1	1.6	10094.3	-6.3
燃料油	84807.0	-0.7	47719.3	35.0
螺纹钢	133532.2	-60.6	36604.3	-60.7
线材	1.6	-98.8	0.4	-98.8
铅	8268.5	-35.0	1121.2	-27.3
白银	277895.3	55.4	35723.2	25.1
石油沥青	49796.6	-23.9	20475.7	-0.5
合计	1126522.1	-23.6	174014.9	-23.4

数据来源：上海期货交易所。

（四）金融市场总体稳健，社会融资规模同比多增

1.金融市场成交额同比增长，配置全球金融资源能力持续增强。2020年，上海金融市场交易总额达到2274.8万亿元，同比增长17.6%，金融业增加值为7166.3亿元，同比增长8.4%。深入实施“浦江之光”行动，科创板上市企业215家，上海上市企业融资额、总市值均居全国首位。一批全国“首家”“首批”项目落地，如首家外资独资寿险公司——友邦人寿，首家外资控股合资理财公司——汇华理财，首家外资独资公募基金——贝莱德基金均落户上海。外资持续加速进入中国债券市场，截至2020年12月末，共有905家境外机构主体进入银行间债券市场，持债量3.3万亿元，占银行间债券市场总托管量的3.2%。融资产品不断创新，

首单知识产权证券化项目—浦东科创知识产权资产支持专项计划（10 亿元储架）获上交所审批通过，首单自贸试验区外币融资担保品管理业务落地。

2. 表内融资占比提升，直接融资同比多增。 2020 年，上海市社会融资规模增量为 10915.5 亿元，同比增长 26.3%，同比多增 2273.5 亿元。表内融资增加 7268.8 亿元，同比多增 1895.6 亿元，占全市社会融资规模的比重为 66.6%，同比上升 4.4 个百分点。表外融资持续下降，减少 1339.6 亿元，同比多减 360.1 亿元。直接融资为 4290.5 亿元，同比多增 379.1 亿元，其中，企业债券融资增加 1603.3 亿元，同比少增 1142.45 亿元，非金融企业境内股票融资 1507.7 亿元，同比多增 1104.5 亿元。

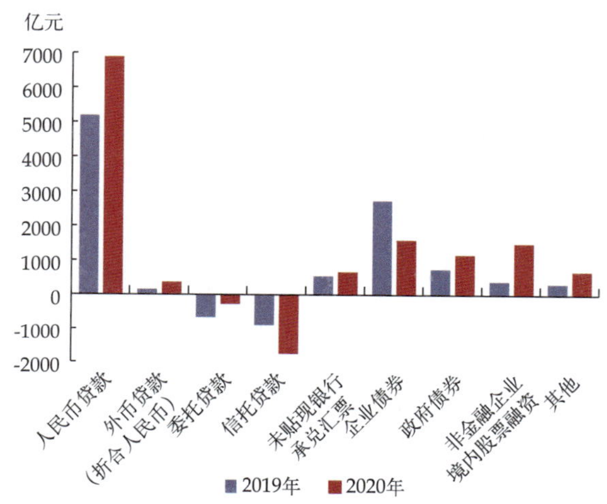

图 5　2019—2020 年上海市社会融资规模分布结构

（数据来源：中国人民银行上海总部）

表 7　2020 年上海市金融机构票据贴现、转贴现利率

单位：%

季度	贴现		转贴现	
	银行承兑汇票	商业承兑汇票	票据买断	票据回购
1	2.87	4.39	2.70	2.09
2	2.50	2.00	1.14	0.94
3	2.92	3.88	2.70	2.28
4	3.51	1.15	0.75	0.71

数据来源：中国人民银行上海总部。

（五）金融改革开放力度加大，重大国家战略扎实推进

2020 年，中国人民银行上海总部牵头相关部门，联合建立“上海推进工作机制”，深入贯彻落实《关于进一步加快推进上海国际金融中心建设和金融支持长三角一体化发展的意见》，积极推进临港新片区金融先行先试、在更高水平加快上海金融业对外开放和金融支持长三角一体化发展。截至 2020 年末，实现 87 项预期目标，创造性地推出 28 项“自选动作”，全年超预期完成 115 项工作目标，上海作为全国金融改革开放前沿阵地的地位更加凸显。

1. 坚定推动临港新片区金融创新先行先试。 2020 年，实施自贸试验区临港新片区“五个重要”行动方案，《全面推进中国（上海）自由贸易试验区临港新片区金融开放与创新发展的若干措施》正式发布；积极探索贸易投资自由化便利化，跨境人民币结算便利化的优质企业“白名单”纳入 300 余家新片区企业；开展境内贸易融资资产跨境转让、取消外商直接投资人民币资本金专用账户、自贸区高新技术企业外债便利化额度、本外币合一跨境资金池等一批试点工作，制度创新示范引领作用进一步彰显。

2. 创新支持长三角一体化高质量发展。 科技创新融资支持长三角一体化成效显著，截至 2020 年底，长三角科创板上市企业 104 家，占全国的 48%，全年支持 G60 科创走廊发行 5644 亿元公司债、2108 亿元资产证券化产品、72.8 亿元“创新创业债”；在长三角生态绿色一体化发展示范区深化落实金融支持政策，提出融资抵押品异地互认等 16 条措施，长三角地区中国人民银行分支机构初步完成长三角绿色金融信息管理系统建设和互联互通，支持长三角生态绿色一体化发展示范区建设先行。进一步推进跨区域金融政策协调和金融合作，全年三省一市共发放长三角异地再贷款再贴现 328 亿元，惠及 9897 家企业。

3. 有力支持上海基本建成国际金融中心。 上海全球资源配置和开放枢纽门户功能不断强化，国内首批挂钩贷款市场报价利率的利率期权等创新产品加快推出，一批标志性外资金融机构相继落地，外资持续加速进入中国债券市场，上海金融科技创新监管试点正式启动，系统集成的金融改革创新效果不断显现。上海证券市场筹资额、现货黄金交易量、原油期货市场规模等均位居世界前三，全球金融中心指数（GFCI）排名升至世界第三。

二、经济运行情况

2020年，面对突如其来的新冠肺炎疫情冲击和前所未有的严峻复杂形势，上海坚决贯彻落实党中央、国务院的决策部署，统筹推进疫情防控和经济社会发展工作，扎实做好“六稳”工作，全面落实“六保”任务，加快实施“三大任务、一大平台”，经济运行在抗疫中体现韧性，呈现第一季度下降、第二季度企稳、第三季度回升、第四季度向上的向好态势，社会民生在补短板中持续改善，取得了疫情防控和经济社会发展双胜利。全年，上海市地区生产总值3.87万亿元，同比增长1.7%，增速较前三季度提高2个百分点。其中，第一产业增加值103.57亿元，同比下降8.2%；第二产业增加值10289.47亿元，同比增长1.3%；第三产业增加值28307.54亿元，同比增长1.8%。第三产业增加值占生产总值的比重为73.1%，比上年提高0.2个百分点。

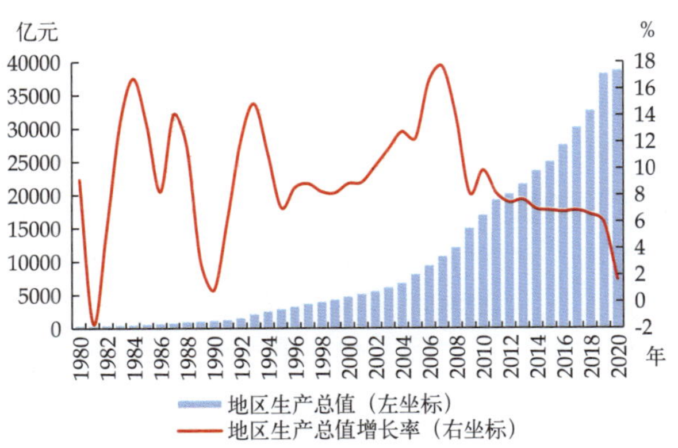

图6　1980—2020年上海市地区生产总值及其增长率

（数据来源：上海市统计局、《上海统计年鉴》）

（一）疫情中体现韧性，内外需求持续回升

1. 投资达到两位数增长，制造业投资拉动显著。2020年，上海不断出台各项政策措施促进投资，制定实施扩大投资“20条”和新基建“35条”，新网络、新设施、新平台、新终端等新型基础设施项目加快推进。全年固定资产投资同比增长10.3%，是2008年以来首次达到年度两位数增长。高度重视实体经济发展，围绕高端芯片、新能源汽车等重点领域加大制造业投资力度，全年制造业投资同比增长20.6%，已连续12个季度两位数增长。其中，电子信息产品制造业投资同比增长64.8%，生物医药制造业投资同比增长27.3%，汽车制造业投资同比增长17.2%。

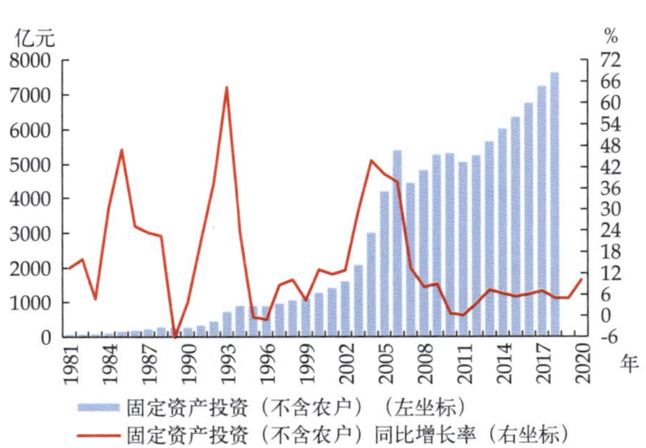

图7　1981—2020年上海市固定资产投资（不含农户）及其增长率

（数据来源：上海市统计局、《上海统计年鉴》）

2. 消费市场逐步回暖，社会消费品零售总额实现增长。2020年，上海出台促进消费“12条”，制定实施促进汽车消费政策，创新举办“五五购物节”“六六夜生活节”等重大活动，首创全球新品首发季等，消费市场加快复苏。全年，社会消费品零售总额同比增长0.5%。其中，11月社会消费品零售总额突破1700亿元，创月度零售额新高，当月同比增速为17.1%，增速创“十三五”时期以来的新高；12月当月同比增速也高达12.7%。网上零售额2606.39亿元，同比增长10.2%，占社会消费品零售总额的比重达

16.4%，比上年提高 2.3 个百分点。

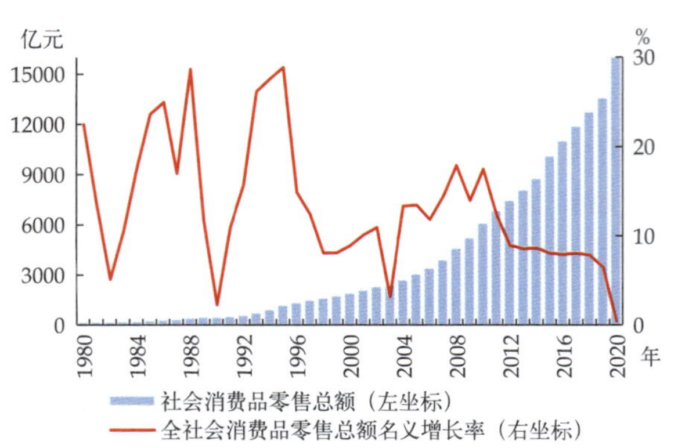

图 8　1980—2020 年上海市社会消费品零售总额及其增长率

（数据来源：上海市统计局、《上海统计年鉴》）

3. 货物进出口保持增长，外资吸引力有增无减。2020 年，上海货物进出口总额 34828.5 亿元，同比增长 2.3%，增速比前三季度提高 0.6 个百分点。其中，出口总额 13725.4 亿元，同比持平；进口总额 21103.1 亿元，同比增长 3.8%。从进出口结构看，民营企业进出口同比增长 11.3%，外商投资企业进出口同比增长 2.9%，国有企业进出口下降 12.8%。从进出口商品类别看，高新技术产品进出口同比增长 6.3%，机电产品进出口同比增长 3.9%。外商直接投资实际到位金额为 202.3 亿美元，同比增长 6.2%，其中，第三产业外商直接投资实际到位金额同比增长 10.6%，占全市比重为 94.5%。

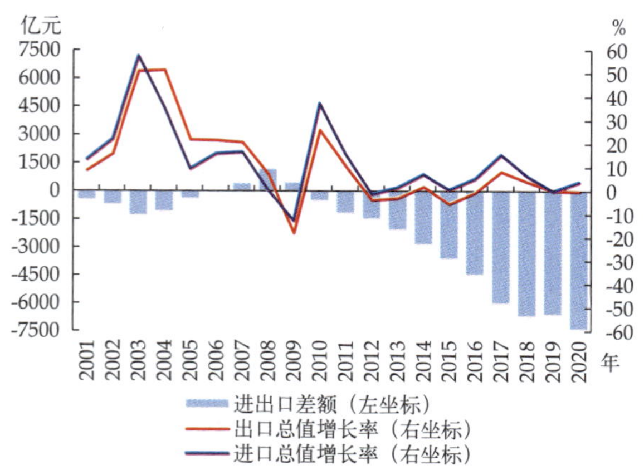

图 9　2001—2020 年上海市货物进出口变动情况

（数据来源：上海市统计局、《上海统计年鉴》）

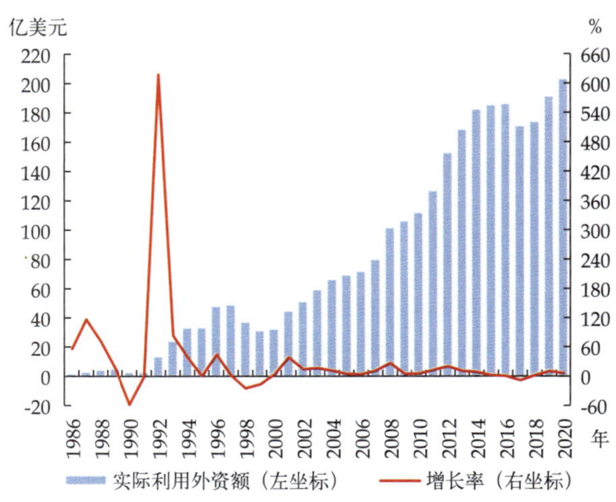

图 10　1986—2020 年上海市实际利用外资金额及其增长率

（数据来源：上海市统计局、《上海统计年鉴》）

（二）经济发展新动能持续释放，改革开放创新迈出重要步伐

1. 二三产业同步恢复，经济新动能加快培育。全力促进工业稳增长调结构，制订产业基础再造上海方案，发布“工赋上海”三年行动计划，推动产业链供应链补链固链强链，推出 26 个特色产业园区，全面实施集成电路、生物医药、人工智能三大“上海方案”，推进集成电路国家级创新平台体系建设，组建上海集成电路产业投资基金二期。全年规模以上工业增加值同比增长 1.7%，其中工业战略性新兴产业总产值同比增长 8.9%，占全市规模以上工业总产值的比重提高到 40%；高新技术企业达到 1.7 万家。服务业稳步恢复，全年第三产业增加值同比增长 1.8%，占全市生产总值的比重达到 73.1%，其中，在芯片研发、游戏研发及电商、外卖和泛娱乐平台企业快速增长的带动下，信息传输、软件和信息技术服务业增加值同比增长 15.2%，拉动全市经济增速 1.1 个百分点。实施在线新经济“23 条”，出台在线新文旅发展行动方案，数字经济、流量经济、无人经济等在线新经济蓬勃兴起。全面完成打响上海“四大品牌”三年行动计划，首批“上海标准”正式发布，一批名企、名园、名会、名赛、名展的认知度、美誉度和影响力显著提升。

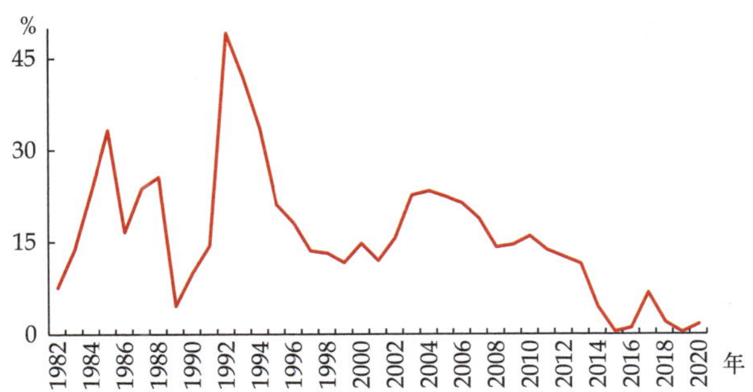

图 11　1982—2020 年上海市规模以上工业增加值实际增长率

（数据来源：上海市统计局、《上海统计年鉴》）

2. 纵深推进改革开放，活力动力不断激发。隆重举行浦东开发开放 30 周年庆祝大会，全面落实市委、市政府支持浦东改革开放再出发的若干意见，率先试点企业名称登记告知承诺制，“一业一证”上升为国家级改革试点，浦东开发开放取得重大成就。重点领域改革攻坚突破，制定出台《上海市优化营商环境条例》，全面落实优化营商环境 3.0 版方案和对标世界银行营商环境评价专项行动计划，在开办企业、办理施工许可、获得电力、跨境贸易等方面进一步提升企业办事便利度。全市日均新设企业 1665 户，同比增长 12.8%。持续深化行政审批制度改革，出台贯彻国企改革三年行动方案上海实施方案，鼓励引导民营企业改革创新。启动“政会银企”四方合作机制，开展供应链融资试点，国家中小企业发展基金在沪挂牌运行。高水平开放深入推进，发布《上海市外商投资条例》，出台利用外资“24 条”，全年新增跨国公司地区总部 51 家、外资研发中心 20 家，累计分别达到 771 家和 481 家。高质量推进“一带一路”桥头堡建设，新一批重大海外项目完成线上签约，新签对外承包工程合同额占全市比重达到 73.7%。

专栏 2　中国人民银行上海总部精准施策“30 条意见”交出亮眼成绩单

加快推进上海国际金融中心建设和长三角一体化发展，是党中央确定的重大发展战略。2020 年 2 月 14 日，中国人民银行、银保监会、证监会、外汇局和上海市政府联合发布《关于进一步加快推进上海国际金融中心建设和金融支持长三角一体化发展的意见》（银发〔2020〕46 号，以下简称“30 条意见”），这是贯彻落实党中央、国务院关于扩大金融改革开放部署的重要举措，对于引领全国高质量发展、加快现代化经济体系建设具有重大战略意义。

中国人民银行上海总部迅速行动、担当作为，联合上海市金融工作局牵头上海银保监局、上海证监局等部门建立上海层面推进工作机制，将“30 条意见”具体细化为 104 项预期目标，主动牵头其中近六成工作任务。截至 2020 年末，完成 87 项预期目标，并创造性地推出 28 项“自选动作”，共超预期完成 115 项工作任务，取得丰硕成果。国际金融中心基本建成、金融对外开放稳步推进、长三角一体化加速发展等协同效应不断增强，改革红利加速释放，上海作为全国金融改革开放前沿阵地的作用进一步彰显。

坚定推动临港新片区金融先行先试。一是积极探索贸易投资自由化便利化的创新制度体系。推出优质企业跨境人民币结算便利化，开展境内贸易融资资产跨境转让、取消外商直接投资人民币资本金专用账户、自贸区高新技术企业外债便利化额度和本外币合一跨境资金池试点，联合发布《全面推进中国（上海）自由贸易试验区临港新片区金融开放与创新发展的若干措施》。二是金融支持新片区建设开放型产业体系。实施新片区重点企业贷款贴息办法，为 39 家企业提供贴息 4250 万元，五大国有银行金融资产投资公司获批在沪开展股权投资业务，支持 13 家商业银行设立新片区分（支）行。

金融支持长三角一体化发展。一是金融

服务科技创新不断强化。截至2020年末，长三角科创板已上市104家，占全国的48%。全年支持G60科创走廊发行5644亿元公司债，推动长三角申报国家级科创金融改革试验区，联合发布《金融支持长三角G60科创走廊先进制造业高质量发展综合服务方案》。二是金融支持绿色发展扎实推进，初步完成长三角绿色金融信息管理系统建设和互联互通，建立长三角绿色项目库。三是长三角生态绿色一体化发展示范区建设先行。联合发布《关于在长三角生态绿色示范区深化落实金融支持政策推进先行先试的若干举措》。四是跨区域金融政策协调和金融合作持续深化。普惠性再贷款再贴现政策支持长三角异地企业取得突破性进展，长三角地区法人银行跨行账户信息验证服务落地，数字政务、医疗健康等公共领域移动支付互联互通稳步推进，成立长三角征信机构联盟，探索运用区块链技术推进信用信息互联互通，中国人民银行建立长三角金融消费纠纷非诉解决、征信机构协同监管、金融科技和反洗钱合作、经济金融和金融稳定信息共享、普惠金融指标体系等机制。

上海国际金融中心基本建成目标顺利实现。一是金融创新持续深入推进。推出国内首批挂钩市场报价利率的利率期权产品，低硫燃料油期货、国际铜期货正式挂牌交易，提升我国大宗商品全球定价竞争力，债券作为期货保证金业务在境内期货市场全面实施，自由贸易账户体系实现银、证、保全覆盖。二是新一轮金融业扩大开放成效显著。多个全国“首家”彰显“上海速度”，全国31家外商独资私募证券投资基金管理人中，有28家落户上海。三是金融市场国际化稳步提升。进一步便利境外投资者投资债券市场，延长现券买卖交易时段，截至2020年末，境外机构主体持有银行间债券市场债券3.3万亿元，占银行间债券市场总托管量的3.2%。四是金融科技发展势头良好。上海金融科技创新监管试点正式启动，首批8个试点项目正式向用户提供服务，第二批5个试点项目已对外公示，推动成立金融科技产业联盟、智能投研技术联盟等。五是金融营商环境持续优化。市场准入更加便利，自贸区内保险分支机构市场准入由审批改备案，发布首个基金行业外商投资指南。金融法治环境不断优化，上海高院发布《服务保障进一步扩大金融业对外开放若干意见》，上海金融法院在全国率先印发关于证券纠纷代表人诉讼机制实施的具体规定。

（三）居民消费价格涨幅回落，工业生产者价格降幅趋稳

2020年，上海居民消费价格同比上涨1.7%，涨幅比前三季度回落0.6个百分点。从两大分类看，消费品价格上涨2.6%，服务价格上涨0.5%。从八大类别看，食品烟酒类价格上涨5.3%，其他用品和服务类上涨2.9%，医疗保健类上涨1.2%，教育文化和娱乐类上涨1.1%，衣着类上涨0.9%，居住类上涨0.8%，生活用品及服务类下降0.2%，交通和通信类下降3.4%。工业生产者出厂价格同比下降1.7%，降幅比前三季度扩大0.1个百分点；工业生产者购进价格下降3.1%，降幅与前三季度持平。

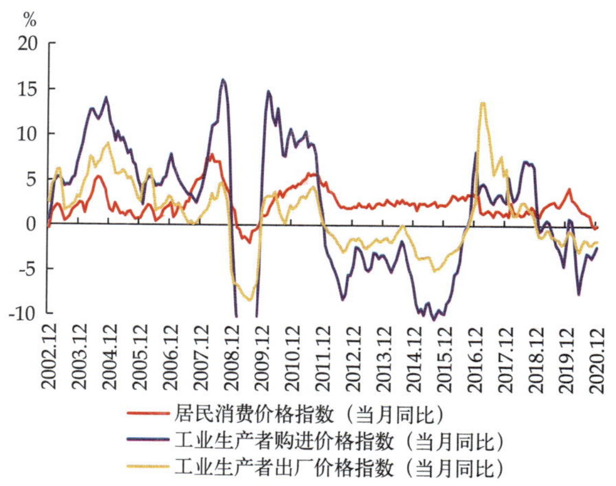

图12　2002—2020年上海市居民消费价格指数和工业生产者价格指数变动趋势

（数据来源：上海市统计局、《上海统计年鉴》）

（四）财政收入降幅收窄，居民生活进一步改善

2020年，上海持续深化财税改革攻坚，“加力提效”实施积极财政政策，不折不扣地落实更大规模“减税降费”政策，新增减税降费超过2300亿元。全年上海地方一般公共预算收入7046.30亿元，同比下降1.7%，降幅比前三季度收窄4.2个百分点。其中，增值税同比下降17.4%，企业所得税同比下降4.0%，个人所得税同比增长11.0%，契税同比增长20.6%。全年全市地方一般公共预算支出8102.11亿元，同比下降0.9%，降幅比前三季度收窄6.6个百分点。2020年，居民人均可支配收入72232元，同比增长4.0%，增速比前三季度提高0.5个百分点。其中，城镇常住居民人均可支配收入76437元，同比增长3.8%；农村常住居民人均可支配收入34911元，同比增长5.2%。就业形势总体稳定，2020年，上海新增就业岗位57.04万个，连续17年新增就业岗位50万个以上，全年各季度城镇调查失业率稳定在4.4%以内。

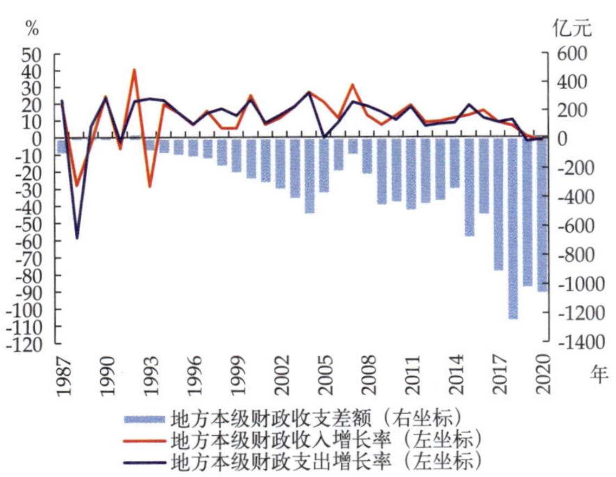

图13　1987—2020年上海市财政收支状况

（数据来源：上海市统计局、《上海统计年鉴》）

（五）房地产市场总体稳定，市民居住条件持续改善

1.房地产投资由降转升，量价稳中有升。 2020年，上海坚持“房住不炒”定位，坚决落实好“一城一策”常态长效机制，稳地价、稳房价、稳预期，确保市场平稳健康发展。全年房地产开发投资额由降转升，同比增长11%。其中，住宅投资同比增长4.3%。房屋在建规模同比上升，全市商品房屋施工面积同比增长6.3%，新开工面积同比增长12.3%。商品房销售面积同比增长5.5%，销售额同比增长16.2%。2020年，上海住宅价格指数同比上涨5.8%，其中12月，全市新建商品住宅成交价格同比上涨4.2%，环比上涨0.2%；二手住宅成交价格同比上涨6.3%，环比上涨0.6%。

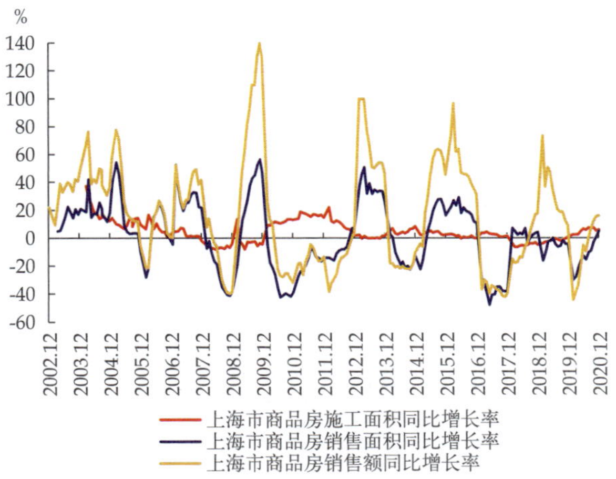

图14　2002—2020年上海市商品房施工和销售变动趋势

（数据来源：上海市统计局、《上海统计年鉴》）

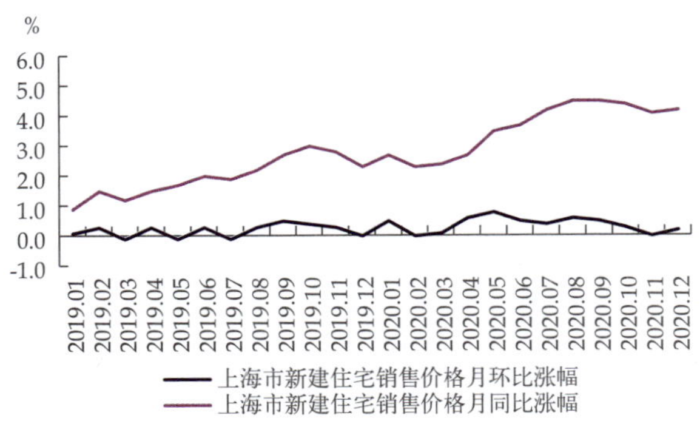

图15　2019—2020年上海市新建住宅销售价格变动趋势

（数据来源：上海市统计局、《上海统计年鉴》）

2.租购并举的住房体系持续完善，进一步加强民生保障。 出台支持住房租赁市场发展试点实施方案，全年新增供应各类保障性住房6.1

万套，新建和转化租赁房源10万套，新增代理经租房源9.9万套；制定旧住房综合改造管理办法，全年实施旧住房更新改造709万平方米。“老小旧远”民生工作扎实推进，实施旧区改造三年行动计划，创新国有企业参与旧区改造模式，成立上海市城市更新中心，完成中心城区成片二级旧里以下房屋改造75.3万平方米，受益居民3.6万户。

三、预测与展望

2021年，疫情变化和外部环境仍存在诸多不确定性，经济复苏不稳定不平衡，疫情冲击导致的各类衍生风险不容忽视。在新发展格局中，上海面临一系列重大机遇和战略优势，但经济发展的外部挑战性上升，新动能培育的现实紧迫性加大，上海将坚持稳中求进工作总基调，立足新发展阶段，贯彻新发展理念，构建新发展格局，以推进浦东高水平改革开放和三项新的重大任务为战略牵引，加快打造国内大循环的中心节点、国内国际双循环的战略链接，确保经济持续健康发展和社会大局稳定，确保“十四五”开好局，起好步。

中国人民银行上海总部将继续贯彻新发展理念，全力服务构建新发展格局，重点推动以下工作落实落细：保持稳字当头，全面落实好稳健的货币政策灵活精准、合理适度的工作要求；扎实做好金融支持稳企业保就业工作，持续加大对科技创新、小微企业和绿色发展等重点领域信贷支持；继续推动长三角一体化高质量发展，深化长三角绿色金融服务，全力推进高水平金融改革开放，积极推动相关先行先试政策落地上海。

中国人民银行上海总部货币政策分析小组
总　　纂：吕进中
统　　稿：叶　芳
执　　笔：向　坚　郑汉良
提供材料：宋　诚　许霞红　钱　俊　杨　婕　王同江　马　克

附录

（一）2020年上海市经济金融大事记

2月14日，中国人民银行、银保监会、证监会、外汇局和上海市政府联合发布《关于进一步加快推进上海国际金融中心建设和金融支持长三角一体化发展的意见》（银发〔2020〕46号），从积极推进临港新片区金融先行先试、在更高水平加快上海金融业对外开放和金融支持长三角一体化发展等方面提出30条具体措施。

6月18日，第十二届陆家嘴论坛在上海召开，论坛主题为“上海国际金融中心2020：新起点、新使命、新愿景”，议题涵盖全球经济金融形势、人民币国际化、科创板等当前经济、金融领域的热点问题。

7月9日，以“智联世界共同家园”为主题的2020世界人工智能大会云端峰会在上海举办，围绕“AI技术趋势”“AI赋能经济”“AI温暖家园”等议题，共同探讨人工智能技术前沿、产业化发展和服务化应用。

8月23日，以“科技战疫创新未来”为主题的2020年上海科技节正式举行，全面展示科技创新成就和科技战疫成效，开展特色科普活动，开放优质科技资源，营造科学文化氛围。

9月27日，“中国REITs论坛2020年会”在上海证券交易所举行，主题为“公募REITs启航·中国基础设施REITs的生态建设”，就“公募REITs对我国金融市场的价值与意义”“上海自贸区临港新片区建设与REITs探索实践”“长三角一体化下REITs探索与实践”等议题展开研讨，为推动中国REITs市场长期稳定发展建言献策。

10月24日，第二届外滩金融峰会在上海开幕，国家副主席王岐山在开幕式上发表视频致辞，强调中国将坚持稳中求进工作总基调，贯彻新发展理念，加快构建以国内大循环为主体、国内国际双循环相互促进的新发展格局。

10月30日，以“科技，为了人类共同命运”为主题的第三届世界顶尖科学家论坛在沪开幕。国家主席习近平向论坛作视频致辞，强调中国高度重视科技创新工作，坚持把创新作为引领发展的第一动力，愿同全球顶尖科学家、国际科技组织一道，加强重大科学问题研究。

11月4日，中国上海第三届国际进口博览会开幕，国家主席习近平以视频方式发表主旨演讲，强调中国将坚定不移全面扩大开放，愿同世界分享市场机遇，让中国市场成为世界的市场、共享的市场、大家的市场，推动世界经济复苏，宣布中国全面扩大开放新举措。

11月12日，浦东开发开放30周年庆祝大会隆重举行，习近平发表重要讲话，强调以上海浦东开发开放为龙头，进一步开放长江沿岸城市，尽快把上海建成国际经济、金融、贸易中心之一，带动长江三角洲和整个长江流域地区经济的新飞跃，要求浦东在扩大开放、自主创新等方面走在前列。

12月8日，2020上海中小企业发展论坛正式举行，论坛主题为“构建新发展格局，扬帆长三角G60”，以创新创业为纽带紧密连接大企业与中小企业，形成联合体，建立长期而稳定的合作伙伴关系，发挥双方的潜力和优势，形成大中小企业蓬勃发展的生动局面。

（二）2020 年上海市主要经济金融指标

表 1　2020 年上海市主要存贷款指标

	项目	1 月	2 月	3 月	4 月	5 月	6 月	7 月	8 月	9 月	10 月	11 月	12 月
本外币	金融机构各项存款余额（亿元）	133146.2	135766.0	138875.6	143553.9	144311.9	144304.0	149931.4	148431.7	149998.4	150429.3	155206.4	155865.1
	其中：住户存款	34505.8	34631.3	35525.6	35371.2	35814.2	36689.6	36656.5	36853.4	37244.8	37319.0	37790.8	38302.5
	非金融企业存款	53128.0	53741.5	56057.7	56523.9	56981.2	58500.9	57560.0	57706.0	59886.4	59928.1	61185.1	63425.5
	各项存款余额比上月增加（亿元）	299.9	2619.8	3109.6	4678.3	758.0	-7.9	5627.4	-1499.8	1566.8	430.9	4777.1	658.6
	金融机构各项存款同比增长（%）	8.0	9.1	10.8	13.1	13.5	11.0	17.4	13.6	16.5	15.7	17.4	17.4
	金融机构各项贷款余额（亿元）	78955.8	79004.7	80085.5	80493.3	81032.2	82044.7	81894.1	82270.7	83548.6	83918.1	83934.0	84643.0
	其中：短期	18741.7	18728.9	19163.9	19116.5	19245.8	19663.0	19358.6	19370.1	19724.6	19662.3	19806.1	19634.0
	中长期	47332.7	47213.7	47740.6	47829.0	48125.9	48819.0	49215.5	49780.8	50468.2	50872.1	51332.1	52054.3
	票据融资	4229.7	4278.6	4358.4	4584.0	4648.5	4443.5	4233.9	4076.2	4029.8	3931.4	3278.2	3381.5
	各项贷款余额比上月增加（亿元）	1054.3	48.9	1080.9	407.8	538.9	1012.5	-150.6	376.6	1277.9	369.4	15.9	709.0
	其中：短期	213.1	-12.8	435.1	-47.4	129.3	417.2	-304.4	11.5	354.5	-62.3	143.8	-172.0
	中长期	1075.5	-119.0	526.9	88.3	296.9	693.1	396.5	565.3	687.4	403.9	460.0	722.2
	票据融资	64.9	48.9	79.8	225.6	64.5	-205.0	-209.6	-157.7	-46.5	-98.4	-653.2	103.3
	金融机构各项贷款同比增长（%）	4.1	4.4	4.8	5.4	5.7	5.5	5.9	5.1	6.1	6.9	6.0	6.0
	其中：短期	-1.6	-1.1	0.3	1.4	1.3	2.1	2.2	1.7	2.9	4.0	2.4	2.7
	中长期	6.4	6.2	6.5	6.6	7.0	7.4	7.8	8.0	8.8	9.2	9.5	9.4
	票据融资	14.4	14.4	8.8	10.5	13.5	5.6	7.0	-1.3	-6.0	-7.3	-21.5	-19.0
	建筑业贷款余额（亿元）	1632.8	1642.2	1665.8	1695.7	1770.0	1636.5	1708.8	1796.5	1775.8	1795.7	1762.6	1646.4
	房地产业贷款余额（亿元）	9731.2	9796.0	9943.4	9977.7	9977.5	10089.3	10191.4	10241.0	10322.6	10339.7	10274.4	10317.1
	建筑业贷款同比增长（%）	15.1	14.0	13.8	15.3	19.1	12.4	21.1	22.2	20.1	19.1	18.7	15.9
	房地产业贷款同比增长（%）	18.5	14.5	13.3	14.3	14.3	13.5	19.0	13.0	13.3	12.7	11.0	10.3
人民币	金融机构各项存款余额（亿元）	123541.4	125901.5	129097.3	134085.7	134782.1	134536.6	139963.8	138718.4	140067.3	140257.1	144803.8	145327.7
	其中：住户存款	32948.5	33032.0	33873.0	33735.4	34175.6	35071.6	35048.8	35275.6	35679.4	35753.5	36232.3	36734.0
	非金融企业存款	49466.0	49845.2	52355.7	52930.0	53488.2	54958.3	53942.8	54161.0	56137.9	56036.8	57297.9	59588.3
	各项存款余额比上月增加（亿元）	192.4	2360.1	3195.7	4988.4	696.4	-245.5	5427.2	-1245.3	1348.9	189.8	4546.7	523.8
	其中：住户存款	1200.0	83.5	841.1	-137.7	440.2	896.1	-22.9	226.8	403.8	74.1	478.8	501.6
	非金融企业存款	-2827.8	379.2	2510.5	574.2	558.3	1470.1	-1015.6	218.2	1977.0	-101.1	1261.1	2290.4
	各项存款同比增长（%）	7.7	8.8	10.9	13.6	14.2	11.4	17.9	14.3	17.3	16.5	18.1	17.8
	其中：住户存款	14.2	14.5	15.9	14.9	15.4	16.1	16.3	15.5	15.1	15.2	16.4	15.8
	非金融企业存款	-0.4	3.7	5.1	7.5	9.3	9.1	10.7	9.8	14.6	14.1	11.6	13.2
	金融机构各项贷款余额（亿元）	73167.6	73055.9	73925.1	74129.2	74376.0	75312.9	75229.2	75651.8	76699.4	77082.9	77325.6	77991.0
	其中：个人消费贷款	20506.5	20187.9	20281.6	20267.6	20380.4	20532.6	20717.8	20908.6	21093.6	21297.8	21601.0	21907.9
	票据融资	4229.7	4278.6	4358.3	4583.9	4648.3	4443.3	4233.8	4076.2	4029.7	3931.4	3278.2	3381.5
	各项贷款余额比上月增加（亿元）	1285.1	-111.7	869.1	204.1	246.8	936.9	-83.7	422.6	1047.6	383.5	242.7	665.4
	其中：个人消费贷款	-50.0	-318.7	93.8	-14.0	112.8	152.2	185.2	190.8	185.0	204.2	303.2	306.9
	票据融资	65.0	48.9	79.7	225.5	64.4	-205.0	-209.5	-157.6	-46.5	-98.4	-653.2	103.3
	金融机构各项贷款同比增长（%）	4.4	4.5	4.6	4.9	4.9	4.8	5.1	4.9	5.7	6.3	5.8	5.7
	其中：个人消费贷款	-2.1	-2.9	-3.4	-3.4	-3.7	-4.2	-4.0	-3.8	-3.0	-2.4	-1.9	-1.1
	票据融资	14.4	14.4	8.8	10.5	13.5	5.6	7.0	-1.3	-5.9	-7.3	-21.5	-19.0
外币	金融机构外币存款余额（亿美元）	1394.5	1407.9	1380.1	1341.7	1336.3	1379.7	1427.0	1415.8	1458.3	1513.0	1581.4	1615.0
	金融机构外币存款同比增长（%）	9.4	8.3	5.0	1.1	1.9	2.8	9.5	8.5	10.6	10.8	15.5	18.7
	金融机构外币贷款余额（亿美元）	840.4	849.0	869.5	901.8	933.3	950.9	954.2	964.8	1005.7	1016.7	1004.6	1019.5
	金融机构外币贷款同比增长（%）	-3.1	-0.5	2.7	6.6	12.1	11.0	14.3	11.3	16.0	20.1	16.6	18.2

数据来源：中国人民银行上海总部。

表 2　2001—2020 年上海市各类价格指数

单位：%

时间	居民消费价格指数		农业生产资料价格指数		工业生产者购进价格指数		工业生产者出厂价格指数	
	当月同比	累计同比	当月同比	累计同比	当月同比	累计同比	当月同比	累计同比
2001	—	0	—	—	—	-1.3	—	-3.3
2002	—	0.5	—	—	—	-2.3	—	-3.6
2003	—	0.1	—	—	—	6.4	—	1.4
2004	—	2.2	—	—	—	16.4	—	3.6
2005	—	1	—	—	—	6.8	—	1.7
2006	—	1.2	—	—	—	4.8	—	0.6
2007	—	3.2	—	—	—	4.1	—	1.2
2008	—	5.8	—	—	—	10.3	—	2.2
2009	—	-0.4	—	—	—	-10.2	—	-6.2
2010	—	3.1	—	—	—	11.2	—	2.3
2011	—	5.2	—	—	—	7.5	—	2.9
2012	—	2.8	—	—	—	-5.3	—	-1.6
2013	—	2.3	—	—	—	-3.5	—	-1.8
2014	—	2.7	—	—	—	-4.1	—	-1.1
2015	—	2.4	—	—	—	-9.4	—	-3.9
2016	—	3.2	—	—	—	-2.3	—	-1.2
2017	—	1.7	—	—	—	8.9	—	3.5
2018	—	1.6	—	—	—	5.2	—	1.7
2019	—	2.5	—	—	—	-1.3	—	-1.2
2020	—	1.7	—	—	—	-3.1	—	-1.7
2019　1	1.1	1.1	—	—	-0.6	-0.6	-1.1	-1.1
2	1.7	1.4	—	—	-0.4	-0.5	-1.2	-1.2
3	2.2	1.6	—	—	0.2	-0.3	-1.0	-1.1
4	2.4	1.8	—	—	0.6	-0.1	-0.4	-1.0
5	2.6	2.0	—	—	0.4	0.0	-0.5	-0.9
6	2.7	2.09	—	—	-0.5	-0.1	-1.2	-0.9
7	2.8	2.19	—	—	-1.3	-0.2	-1.2	-1
8	2.3	2.21	—	—	-2.1	-0.5	-1.4	-1
9	2.2	2.2	—	—	-2.5	-0.7	-1.5	-1.1
10	2.6	2.25	—	—	-3.2	-1	-2	-1.2
11	3.2	2.33	—	—	-4.4	-1.3	-1.9	-1.2
12	3.8	2.45	—	—	-2.1	-1.3	-1.2	-1.2
2020　1	4.4	4.4	—	—	0.8	0.8	-0.5	-0.5
2	3.0	3.7	—	—	0.6	0.7	-0.7	-0.6
3	2.8	3.4	—	—	-1.2	0.0	-1.2	-0.8
4	2.5	3.2	—	—	-4.6	-1.1	-2.3	-1.2
5	2.0	2.9	—	—	-7.4	-2.4	-2.8	-1.5
6	1.66	2.71	—	—	-5.6	-2.94	-2	-1.6
7	1.57	2.55	—	—	-4.4	-3.1	-1.5	-1.6
8	1.37	2.4	—	—	-3	-3.1	-1.6	-1.6
9	1.26	2.27	—	—	-3.2	-3.1	-2	-1.6
10	0.3	2.1	—	—	-3.5	-3.2	-2	-1.7
11	-0.1	1.9	—	—	-2.9	-3.1	-1.6	-1.7
12	0.1	1.7	—	—	-2.3	-3.1	-1.6	-1.7

数据来源：上海市统计局、《上海统计年鉴》。

表 3　2020 年上海市主要经济指标

项目	1 月	2 月	3 月	4 月	5 月	6 月	7 月	8 月	9 月	10 月	11 月	12 月
	绝对值（自年初累计）											
地区生产总值（亿元）	—	—	7856.6	—	—	17356.8	—	—	27302.0	—	—	38700.6
第一产业	—	—	15.3	—	—	33.9	—	—	55.0	—	—	103.6
第二产业	—	—	1745.2	—	—	4256.8	—	—	7009.6	—	—	10289.5
第三产业	—	—	6096.1	—	—	13066.1	—	—	20237.3	—	—	28307.5
工业增加值（亿元）	—	—	1678.9	—	—	4035.5	—	—	6592.9	—	—	9656.5
固定资产投资（亿元）	—	—	—	—	—	—	—	—	—	—	—	—
房地产开发投资	—	575.4	860.0	1194.8	1594.1	2014.5	2419.1	2835.7	3261.7	3692.0	4135.7	4698.7
社会消费品零售总额（亿元）	—	2049.1	3060.3	4208.4	5499.2	6946.8	8244.0	9658.5	11103.6	12525.3	14235.0	15932.5
外贸进出口总额（亿元）	—	4824.5	7561.1	10318.6	12956.9	15813.9	18806.8	21931.9	25291.3	28284.5	31508.5	34828.5
进口	—	2973.1	4637.2	6179.8	7565.6	9391.2	11201.3	13107.7	15221.5	17108.8	19047.8	21103.1
出口	—	1851.4	2923.9	4138.9	5300.3	6422.7	7605.5	8824.2	10069.7	11175.7	12460.7	13725.4
进出口差额（出口－进口）	—	-1121.6	-1713.3	-2040.9	-2265.3	-2968.5	-3595.8	-4283.4	-5151.8	-5933.1	-6587.2	-7377.8
实际利用外资（亿美元）	15.0	28.0	46.7	64.6	84.5	102.8	120.6	138.8	155.2	171.8	190.4	202.3
地方财政收支差额（亿元）	451.1	436.1	-22.0	79.8	374.1	161.5	503.7	413.4	309.6	549.4	35.7	-1055.8
地方财政收入	1070.6	1606.9	2006.1	2656.5	3388.5	3935.6	4708.3	5079.2	5613.6	6296.9	6665.3	7046.3
地方财政支出	619.5	1170.8	2028.1	2576.7	3014.4	3774.1	4204.6	4665.8	5304.0	5747.5	6629.6	8102.1
城镇登记失业率（%）（季度）	—	—	—	—	—	—	—	—	—	—	—	2.5
	同比累计增长率（%）											
地区生产总值	—	—	-6.7	—	—	-2.6	—	—	-0.3	—	—	1.7
第一产业	—	—	-18.2	—	—	-16.9	—	—	-18.0	—	—	-8.2
第二产业	—	—	-18.1	—	—	-8.2	—	—	-2.9	—	—	1.3
第三产业	—	—	-2.7	—	—	-0.6	—	—	0.7	—	—	1.8
工业增加值	—	-21.1	-17.7	-12.8	-9.7	-7.4	-5.0	-3.3	-1.9	-0.8	0.1	-1.4
固定资产投资	—	-7.2	-9.3	-3.6	2.9	6.7	9.0	9.9	10.3	10.9	10.7	10.3
房地产开发投资	—	-8.2	-8.2	-2.9	3.7	7.0	8.5	9.7	10.0	10.2	10.3	11.0
社会消费品零售总额	—	-20.3	-20.4	-17.4	-13.8	-11.2	-8.9	-6.4	-4.6	-2.8	-0.7	0.5
外贸进出口总额	—	-5.4	-4.0	-1.9	-1.9	-0.7	-0.4	0.5	1.7	2.0	2.2	2.3
进口	—	-3.8	-1.7	-4.2	-4.6	-1.7	-1.0	-0.1	2.1	3.1	3.4	3.8
出口	—	-8.0	-7.3	1.7	2.3	0.7	0.6	1.3	1.0	0.5	0.5	0.0
实际利用外资	5.5	-4.2	4.5	4.1	4.5	5.4	5.3	5.9	6.1	6.2	6.8	6.2
地方财政收入	-1.0	-4.9	-11.3	-13.0	-12.8	-12.2	-9.5	-9.3	-5.9	-2.0	-1.8	-1.7
地方财政支出	-6.1	-1.9	-6.5	-6.0	-11.6	-12.0	-11.3	-9.0	-7.5	-6.9	-7.9	-0.9

数据来源：上海市统计局、《上海统计年鉴》。

江苏省金融运行报告（2021）

中国人民银行南京分行货币政策分析小组

[内容摘要] 2020年，江苏认真贯彻落实党中央、国务院各项决策部署，攻坚克难，稳中求进，打赢了疫情防控、复工复产和防汛抗旱三场硬仗，全省地区生产总值历史性地跨上10万亿元台阶，为开启全面建设社会主义现代化新征程奠定了坚实基础。

经济运行稳定复苏，综合实力显著跃升。一是经济增速稳中有升，区域发展协同并进。第一季度、上半年、前三季度及全年地区生产总值同比分别增长-5.0%、0.9%、2.5%和3.7%，呈稳步回升态势。全省13个设区市生产总值均达到3000亿元以上，全部入围全国GDP百强城市。二是工业生产快速回升，先进制造业增势良好。全年全省规模以上工业增加值比上年增长6.1%。其中，高技术行业和装备制造业增加值分别比上年增长10.3%、8.9%；战略性新兴产业占规模以上工业产值比重达37.8%，同比提高5个百分点；高新技术产业产值占规模以上工业比重达46.5%，同比提高2.1个百分点。三是服务业加快恢复，现代服务业较快增长。全年全省第三产业增加值比上年增长3.8%，第三产业增加值占地区生产总值比重达52.5%，比上年提高1.0个百分点。其中，信息传输、软件和信息技术服务业，金融业增加值分别增长15.5%、7.7%。规模以上服务业企业研发费用同比增长28.9%，产业转型升级持续推进。四是固定资产投资稳步回升，重大项目建设推进有力。全年全省固定资产投资同比增长0.3%。其中，基础设施投资增长9.4%，高技术产业投资增长8.4%。计划总投资10亿元以上项目达2157个，比上年增加447个，当年完成投资增长23.2%。五是消费品市场逐步回稳，线上消费、“无接触配送”等消费新模式快速发展。全年全省社会消费品零售总额同比下降1.6%，第四季度当季，社会消费品零售总额同比增长7.4%，比第三季度加快2.6个百分点。网上零售额同比增长10.0%，其中，实物商品网上零售额9232.6亿元，增长13.9%。六是对外贸易实现正增长，贸易结构持续优化。全年全省完成货物进出口总额44500.5亿元，比上年增长2.6%。其中，出口增长0.9%，进口增长5.5%。一般贸易进出口增长6.2%，占全省进出口总额的比重为53.4%，较上年提高1.8个百分点。七是财政收入平稳增长，民生保障力度加大。全年全省完成地方一般公共预算收入9059亿元，同比增长2.9%，较上年提高0.9个百分点。一般公共预算支出13682.5亿元，增长8.8%，较上年提高1个百分点；其中，住房保障、社会保障和就业、卫生健康支出同比分别增长30.6%、25.9%和11.4%。八是物价水平总体稳定，就业形势保持稳定。全年全省居民消费价格比上年上涨2.5%，涨幅比上年收窄0.6个百分点。工业生产者出厂价格同比下降2.2%，降幅较上年扩大1个百分点。2020年末，全省城镇登记失业率为3.2%。

全省金融业总体运行平稳，金融供给侧结构性改革深入推进。社会融资规模合理增长，信贷结构持续优化，融资成本显著下降，多层次资本市场健康发展，支持实体经济质效显著提升。一是社会融资规模同比多增。全年社会融资规模增量为3.36万亿元，比上年多增9507.3亿元。其中，对实体经济发放的本外币贷款约占社会融资规模增量的63.8%；表外融资和直接融资增量大幅增加，占比分别提升2.7个、5.8个百分点。非金融企业在银行间市场发行各类债务融资工具8589亿元，发行额剔除央企后连续九年保持全国第一。二是金融支持稳企业保就业成效显著。灵活高效运用结构性货币政策工具，全年累计发放再贷款再贴现3047.5亿元，同比增长93.4%。制订出台《金融支持稳企业保就业工作实施方案》，以六大方面23条措施实施“8+10”专项行动，创新并在全省推广基于再贷款的“小微e贷”和基于再贴现的“小微e贴”

模式，推动普惠小微贷款还本付息应延尽延、信用贷款发放比例显著提高，普惠小微贷款延期金额2801.5亿元，延期率64.1%；截至2020年末，全省地方法人金融机构普惠小微贷款新增额中信用贷款占比51.2%，较6月末提高了33.7个百分点。三是货币政策精准滴灌效用显著。全年全省制造业、民营企业、普惠小微、涉农领域的贷款增速分别为10.3%、11.8%、40.7%和12%。在全国率先实现存量浮动利率贷款定价基准“应转尽转”，推动地方法人机构将LPR嵌入内部资金转移定价系统。金融机构一般贷款、企业贷款、普惠小微贷款利率分别为5.29%、4.74%和5.42%，同比分别下降43个、48个和77个基点，降幅均超过同期LPR降幅。四是多层次金融市场体系建设稳步推进。银行业运行总体稳健，2020年全省银行业金融机构资产规模增长13.6%，同比提高5个百分点。证券期货经营机构整体实力和经营水平不断提升，新三板和区域性股权市场成为服务中小微企业的新平台，多项指标在全国领先。保险业运行平稳，全年保险业实现原保费收入同比增长7.1%，构建覆盖多险种的农业保险产品体系，保障功能进一步增强。五是防范金融风险攻坚战取得重要阶段性成果。强化金融委办公室地方协调机制（江苏省）金融风险监测预警，密切监测新冠肺炎疫情对实体经济和金融机构的影响，定期监测分析辖内金融运行和企业经营的风险状况，完善金融机构突发事件应急预案，推动全省高风险金融机构完成风险处置目标。2020年末，全省银行业金融机构不良率同比下降0.1个百分点。六是金融改革创新继续深化。区域金融改革获得新突破。昆山成功获批国内首家具有两岸特色的金融改革试验区，推动南京联合东部四市申报长三角区域建设科创金融改革试验区，泰州金融支持产业转型升级改革创新试验区建设稳步推进。在江苏自由贸易试验区推出9项外汇创新试点业务、开展5项跨境人民币创新试点。七是金融生态持续优化。合力推进长三角征信一体化纵深发展，长三角征信区块链成功上线，推动省内宿迁、泰州等地区建设地方征信平台。支付系统高效、安全运行，基础公共服务领域和便民服务场景基本实现移动支付全覆盖。金融消费权益有效保障，组织共建金融纠纷调解工作室，成功举办长三角地区首届金融消费纠纷处置会诊会。

预计2021年江苏经济将继续回暖，科技与产业创新进一步加快，消费需求和有效投资持续增加，社会民生持续改善，营商环境进一步优化，人民群众获得感、幸福感、安全感不断增强。2021年，中国人民银行南京分行将继续围绕服务实体经济、防控金融风险、深化金融改革三大主要任务，为实现“争当表率、争做示范、走在前列”目标和构建新发展格局贡献金融力量。一是落实好稳健的货币政策更加灵活精准、合理适度，保持政策的连续性稳定性可持续性。二是坚持夯实基础与突出重点并重，压紧压实风险防范化解责任。三是坚持完善机制与科技赋能并重，积极推动金融改革创新打开新局面。四是坚持搭建载体与丰富手段并重，不断提升金融管理与服务水平。五是坚持优化服务与强化监管并重，着力提升外汇管理水平。

一、金融运行情况

2020年，江苏省金融系统认真贯彻落实党中央、国务院各项工作部署，深入推进金融供给侧结构性改革，全省金融业总体运行平稳，社会融资规模合理增长，信贷结构持续优化，融资成本显著下降，证券市场加快发展，保险保障功能进一步提升，有力支持了疫情防控、复工复产和经济社会稳定发展。

（一）银行业资产增量提质，信贷支持实体经济力度持续增强

1. 银行业资产规模平稳较快增长，机构体系不断优化。2020年末，全省银行业总资产21.9万亿元，同比增长13.6%，较上年同期提高5个百分点。其中，法人银行业金融机构总资产增速较上年提高4.4个百分点。

表 1　2020 年江苏省银行业金融机构情况统计

机构类别	营业网点			法人机构（个）
	机构个数（个）	从业人数（人）	资产总额（亿元）	
一、大型商业银行	4858	107989	75488	0
二、国家开发银行和政策性银行	78	2477	11687	0
三、股份制商业银行	1091	35762	36784	0
四、城市商业银行	935	34853	44730	4
五、城市信用社	0	0	0	0
六、小型农村金融机构	3298	45811	32565	60
七、财务公司	16	474	1796	14
八、信托公司	4	676	453	4
九、邮政储蓄银行	2499	25989	9310	0
十、外资银行	35	2309	1784	3
十一、新型农村金融机构	196	4996	993	74
十二、其他	0	2217	3164	9
合　计	12990	263553	218754	168

数据来源：江苏银保监局。

注：营业网点不包括国家开发银行和政策性银行、大型商业银行、股份制商业银行等金融机构总部数据；大型商业银行包括工商银行、农业银行、中国银行、建设银行和交通银行；小型农村金融机构包括农村商业银行、农村合作银行和农村信用社；新型农村金融机构包括村镇银行；其他包含金融租赁公司、汽车金融公司、货币经纪公司、消费金融公司等。

2. 各项存款增长有所加快。2020 年末，全省金融机构本外币存款余额 17.8 万亿元，同比增长 13.3%，较上年同期提高 4.3 个百分点；当年存款新增 2.1 万亿元，同比多增 7956.5 亿元。分部门看，住户存款、非金融企业存款、机关团体存款、财政性存款和非银行业金融机构存款余额分别增长 14.8%、16.5%、2.1%、-11.1% 和 22.9%。分币种看，人民币各项存款余额同比增长 12.9%，外汇存款余额同比增长 34.1%。

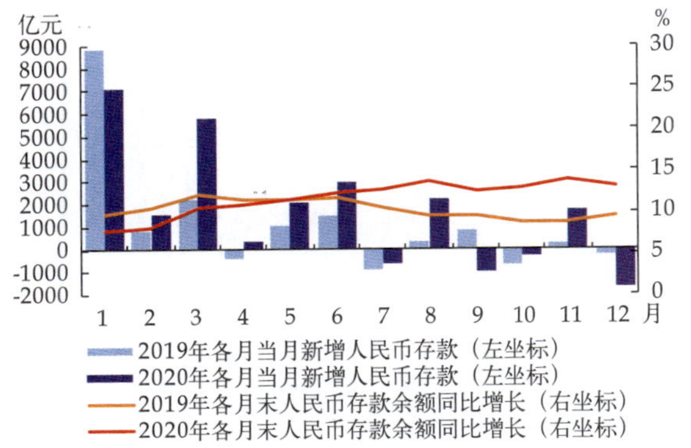

图 1　2019—2020 年江苏省金融机构人民币存款增长变化

（数据来源：中国人民银行南京分行）

3. 各项贷款平稳增长，对疫情防控和稳定经济社会发展支持力度较大。2020 年末，全省本外币各项贷款余额 15.7 万亿元，同比增长 15.9%，较上年同期提高 1.2 个百分点；比年初新增 2.1 万亿元，同比多增 4242.7 亿元。贷款余额居全国第二位，新增额居全国第三位。

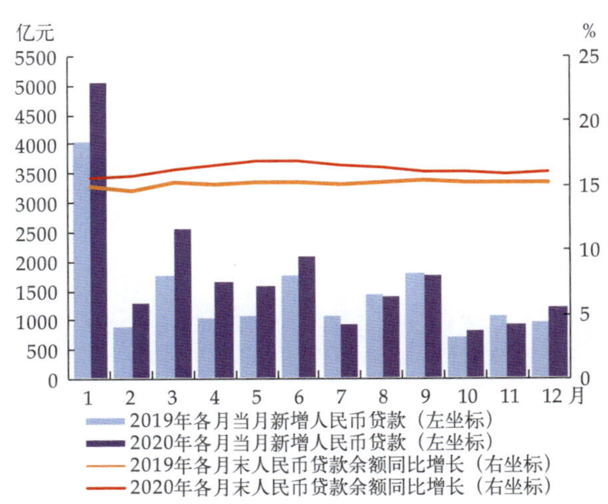

图 2　2019—2020 年江苏省金融机构人民币贷款增长变化

（数据来源：中国人民银行南京分行）

从币种看，全省人民币贷款保持较快增长，余额同比增长 15.9%，较上年同期提高 0.7 个百分点。受出口信贷需求回升等因素影响，外汇贷款余额同比增长 21.4%，较上年同期提高 36.1 个百分点。

从期限看，短期类贷款余额 5.5 万亿元，同比增长 9%，较上年少增 2091.2 亿元。银行业金融机构积极满足企业中长期融资需求，对重点领域的中长期贷款的资金支持力度不断加大，中长期贷款余额为 9.9 万亿元，同比增长 20.1%，较上年同期提高 7.3 个百分点。

从投向看，制造业信贷投放更加注重提质增效，本外币制造业贷款余额同比增长 10.3%，较上年同期提高 7.5 个百分点，连续 45 个月保持同比正增长。其中，制造业中长期贷款同比增长 42.5%。制订出台《金融支持稳企业保就业工作实施方案》，以六大方面 23 条措施实施“8+10”专项行动，创新并在全省推广基于再贷款的“小微 e 贷”和基于再贴现的“小微 e

贴”模式，联合省地方金融监管局利用江苏省综合金融服务平台开通“小微企业融资线上绿色通道”，普惠小微贷款增速较快。小微企业贷款余额（不含票据融资）同比增长12.8%，较上年同期提高6.6个百分点；其中，普惠小微贷款余额同比增长40.7%，高于各项贷款增速24.8个百分点。民营企业贷款余额同比增长11.8%，较上年同期提高6.8个百分点。涉农贷款余额同比增长12%，较上年同期提高1.5个百分点。房地产贷款余额同比增长13.5%，较上年同期下降0.6个百分点。

扎实推进“稳企业保就业”工作，用好两项直达实体经济货币政策工具。2020年，普惠小微贷款延期金额2801.5亿元，延期率64.1%；其中，地方法人机构延期金额1621.4亿元，延期率75.7%。截至2020年末，全省地方法人金融机构普惠小微贷款新增额中信用贷款占比51.2%，较6月末提高33.7个百分点。

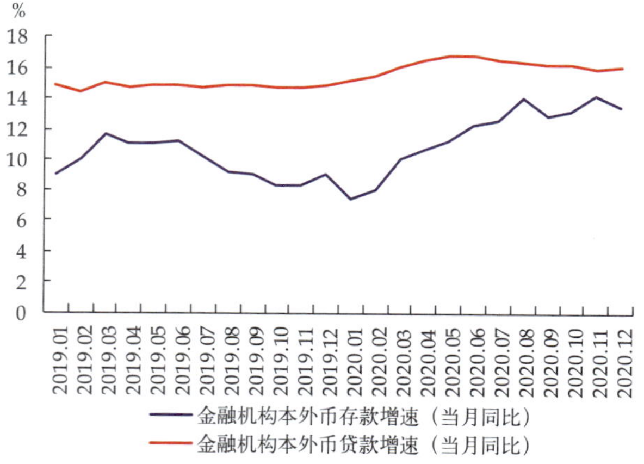

图3　2019—2020年江苏省金融机构本外币存、贷款增速变化

（数据来源：中国人民银行南京分行）

4. 深入推进利率市场化改革，贷款利率下降明显。在全国率先实现存量浮动利率贷款定价基准“应转尽转”；发挥“大数据＋网格化＋铁脚板”方式优势，推动地方法人机构将LPR嵌入内部资金转移定价系统；着力规范金融机构信贷融资收费，降低实体经济融资成本。2020年，全省银行业金融机构新发放的一般贷款、企业贷款、普惠小微贷款加权平均利率分别为5.29%、4.74%和5.42%，同比分别下降43个、48个和77个基点，降幅均超过同期LPR降幅，市场主体感受明显。

表2　2020年江苏省金融机构人民币贷款各利率区间占比情况统计

单位：%

项目		1月	2月	3月	4月	5月	6月
合计		100.0	100.0	100.0	100.0	100.0	100.0
LPR减点		9.5	12.9	11.4	9.9	11.6	13.7
LPR		2.0	2.2	3.4	2.8	4.2	6.1
LPR加点	小计	88.5	84.9	85.2	87.2	84.2	80.2
	(LPR，LPR+0.5%)	24.9	25.9	23.6	19.6	14.1	19.3
	[LPR+0.5%，LPR+1.5%)	36.3	33.5	33.9	38.6	42.2	38.1
	[LPR+1.5%，LPR+3%)	18.5	15.8	17.9	17.8	16.4	14.2
	[LPR+3%，LPR+5%)	5.6	5.5	6.3	7.0	7.0	5.2
	LPR+5%及以上	3.1	4.3	3.4	4.3	4.5	3.5
项目		7月	8月	9月	10月	11月	12月
合计		100.0	100.0	100.0	100.0	100.0	100.0
LPR减点		12.3	14.9	15.4	13.4	14.1	15.5
LPR		6.6	7.1	8.9	7.9	8.2	8.5
LPR加点	小计	81.0	78.1	75.7	78.7	77.7	76.0
	(LPR，LPR+0.5%)	14.7	15.9	16.8	16.8	17.0	17.6
	[LPR+0.5%，LPR+1.5%)	39.5	36.0	35.9	36.5	36.4	37.1
	[LPR+1.5%，LPR+3%)	15.4	14.0	13.6	14.4	14.0	13.3
	[LPR+3%，LPR+5%)	6.4	6.3	5.1	5.5	5.1	4.4
	LPR+5%及以上	5.1	5.8	4.3	5.6	5.2	3.6

数据来源：中国人民银行南京分行。

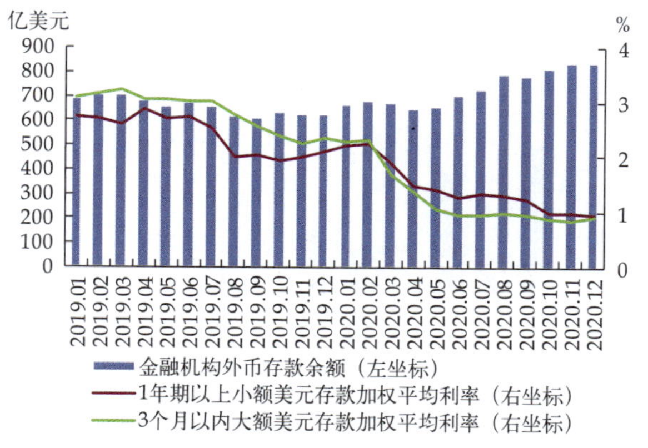

图4　2019—2020年江苏省金融机构外币存款余额及外币存款利率

（数据来源：中国人民银行南京分行）

5. 银行业运行总体稳健，金融风险防控更加扎实。2020 年末，全省银行业金融机构不良贷款余额 1440.3 亿元，不良率 0.9%，同比下降 0.1 个百分点，全省法人银行业金融机构不良贷款余额 587.6 亿元，不良率 1.4%，同比下降 0.3 个百分点；资本充足率 14.7%，同比上升 0.7 个百分点；贷款拨备覆盖率 280.5%，同比上升 44 个百分点，风险抵御能力增强。

2020 年，金融委办公室地方协调机制（江苏省）着力防范化解重大金融风险，防风险攻坚战圆满收官。强化金融风险监测预警，密切监测新冠肺炎疫情对实体经济和金融机构的影响，定期监测分析辖内金融运行和企业经营的风险状况。注重科技运用，强化应急管理，完善金融机构突发事件应急预案，组织法人银行实施实景演练。

专栏 1　激发内生动力　确保落实直达实体政策

中国人民银行南京分行紧紧围绕“要干、会干、愿干、敢干”要求，结合地方实际高质量推动两项直达实体政策落实落地，以完善工作机制、提升服务能力、加强精准施策和强化改革创新为抓手，力争在贯彻执行中凝聚“江苏智慧”，为疫情防控、复工复产和稳企业保就业贡献了江苏的金融力量。

一、强化考核督办，健全“要干”的工作机制

压实金融机构执行两项政策的主体责任，将两项政策执行情况纳入 2020 年度金融机构执行中国人民银行政策综合评价、宏观审慎评估和央评的重点考核评价事项。建立“按周监测通报、按月现场督导”的工作制度，有力督促落实两项政策。做好政策传导，对辖内 13 个地市执行两项政策的情况进行督导调研，对金融机构和企业的疑惑和问题，及时予以答疑释惑。2020 年 6—12 月，江苏银行业金融机构普惠小微贷款延期金额 2801.5 亿元，延期率 64.1%，其中法人机构延期金额 1621.4 亿元，延期率 75.7%，在全国排名首位。

二、依托科技创新，提高“会干”的服务能力

指导和推动省内金融机构依托金融科技赋能，大力运用人工智能、大数据等技术，创新延期还本付息服务方式，推出线上纯信用产品。如江苏银行充分运用金融科技，延期还本付息业务办理由“人工判断”转向“系统决策”；部分延期还本付息业务采用电子渠道“一键即转”的无还本续贷方式。2020 年，全省金融机构运用在线信贷产品，解决小微企业融资需求超千亿元。年末，全省地方法人金融机构普惠小微贷款新增额中信用贷款占比 51.2%，较 6 月末提高 33.7 个百分点。指导金融机构主动对接企业续贷需求，将还旧借新业务办理时间压缩到3个工作日以内。

三、加强政策引导，激发“愿干”的内生动力

积极运用两项货币政策工具，对小微和民营企业金融服务成效突出的金融机构优先给予再贴现、再贷款支持。全年累计提供央行奖励资金 8.1 亿元和免息再贷款资金 93.7 亿元。注重发挥“几家抬”合力，协调省联合征信公司开发“金融顾问”App，提高银企对接效率；推动地方政府转贷基金加强对普惠小微贷款的转贷服务，全省 13 个地市均设立了政府转贷基金。加强政策宣传，确保惠及各类市场主体的优惠政策应知尽知、应享尽享。全年全省金融系统共发布新闻稿件 2000 余篇，召开新闻发布会 97 次，召开线上线下政策座谈会 273 次。金融机构企业贷款利率和普惠小微贷款利率分别为 4.74% 和 5.42%，同比分别降低 48 个和 77 个基点。

企业家问卷显示，仅4.9%的企业认为“融资难、融资贵”是企业面临的主要问题，为近三年来最低。

四、完善工作制度，营造“敢干”的环境氛围

推动银行业金融机构针对两项直达实体政策建立专门工作制度，有效落实尽职免责要求，打消一线信贷人员后顾之忧。积极协调财政部门对金融机构给予财政补贴和风险补偿，全年全省各类财政贴息和奖补资金共计26.7亿元。联合中国出口信用保险公司，创设“再贷款＋出口信用保险”助力外贸企业融资机制，引导辖内法人银行机构加大对外贸企业的信用贷款投放，目前已有192家外贸企业通过该模式获得资金10.3亿元，加权平均利率为4%。推动法院设立金融审判庭或金融专业审判团队，提高金融案件审理效率，坚决打击逃废债行为，对失信行为实行联合惩戒，优化金融生态环境。

（二）证券业稳健发展，多层次资本市场体系建设更加完善

1. 证券机构体系加快培育，经营水平不断提升。2020年末，全省共有法人证券公司6家，期货公司9家，证券期货分支机构1243家。2020年，全省证券公司通过发行公司债券等方式，保障了重点地区和行业融资需求，共承销疫情防控债438.8亿元，为117家企业股权融资、380只资产支持证券提供服务，承销各类债券1898只，总金额7756.1亿元。

2. 资本市场融资功能持续增强，上市公司总量、公司债券、新三板领先。2020年末，全省境内上市公司数量482家，新增科创板上市公司30家，创业板注册制改革后新增上市公司7家，新三板挂牌公司987家，其中，精选层企业6家，均居全国前列。上市公司总市值6.3万亿元，同比增长47%。存续463家发行人的1484只公司债券，金额1.18万亿元。2020年，全省企业通过沪、深交易所融资7620亿元，同比增长87.4%，通过新三板股权融资41亿元。

表3　2020年江苏省证券业基本情况统计

项目	数量
总部设在辖内的证券公司数（家）	46
总部设在辖内的基金公司数（家）	0
总部设在辖内的期货公司数（家）	9
年末国内上市公司数（家）	482
当年国内股票（A股）筹资（亿元）	524.5
当年发行H股筹资（亿元）	12.2
当年国内债券筹资（亿元）	14495.1
其中：短期融资券筹资额（亿元）	2081.5
中期票据筹资额（亿元）	4894.5

数据来源：江苏证监局、江苏省地方金融监管局。

（三）保险业运行平稳，风险保障能力稳步提升

1. 保险行业稳步发展，分支机构数量小幅增加。2020年末，全省共有法人保险公司5家。其中，财产险公司2家、寿险公司3家，与上年同期一致。共有保险公司分支机构5960家，较上年增加238家，同比增长4.2%。其中，财产险公司分支机构2498家，较上年增加148家，同比增长6.3%；寿险公司分支机构3462家，较上年增加90家，同比增长2.7%。

2. 保费收入小幅增长，赔付增速高于保费增速。2020年全省保险业实现原保费收入4015.1亿元，较上年增加264.9亿元，同比增长7.1%，较上年下降6个百分点。全年各类赔款给付首次突破1000亿元大关，达1081.4亿元，同比增长8.3%。

3. 保险业社会服务范围扩大，保障功能进一步增强。为促进生猪稳产保供，创新推出非洲猪瘟疫病扑杀补偿保险，推动提高能繁母猪、育肥猪保额标准。设立江苏省普惠金融发展风

险补偿基金，重点支持信用贷款方式和“首贷”企业。探索养老第三支柱建设，推动个税递延型商业养老保险试点。创新推广“适老”“惠老”型意外伤害险，全省60年以上老年人承保覆盖率达70%。成立省市县三级农业保险工作小组，构建覆盖财政补贴基本险、商业险和附加险等险种的农业保险产品体系，对稻谷、小麦、玉米三大主粮作物农业保险覆盖率达到80%。

表4　2020年江苏省保险业基本情况统计

项目	数量
总部设在辖内的保险公司数（家）	5
其中：财产险经营主体（家）	2
寿险经营主体（家）	3
保险公司分支机构（家）	5960
其中：财产险公司分支机构（家）	2498
寿险险公司分支机构（家）	3462
保费收入（中外资，亿元）	4015.1
其中：财产险保费收入（中外资，亿元）	993.3
人身险保费收入（中外资，亿元）	3021.8
各类赔款给付（中外资，亿元）	1081.4

数据来源：江苏银保监局。

（四）融资总量合理增长，融资渠道日趋多元

1. 社会融资规模合理增长。2020年，全省社会融资规模增量3.4万亿元，较上年多增9507.3亿元。从融资结构看，贷款增量为2.1万亿元，较上年和2015—2019年同期平均增量分别多增4242.7亿元、8857.6亿元，占社会融资规模增量的63.8%，仍然是社会融资主要渠道。表外融资增量为1605.6亿元，较上年多增1098.2亿元，其中，委托贷款多增480.6亿元，信托贷款多增11.2亿元，银行承兑汇票多增606.4亿元。直接融资增量为6730.6亿元，较上年多增4442.8亿元，其中，债券融资多增2721.6亿元，境内股票融资多增580.8亿元。政府债券增量为2376.1亿元，较上年多增501.9亿元。

2. 直接债务融资工具增量扩面。2020年，非金融企业在银行间市场发行各类债务融资工具8589亿元，较上年多发2256.5亿元。发挥票据融资功能，全国首批供应链票据在苏落地，并已实现13个设区市全覆盖，签发企业数约占全国五分之一。

3. 票据市场需求稳定增加，供应链票据融资和票据标准化取得新突破。2020年，全省金融机构累计签发银行承兑汇票、办理票据贴现金额同比分别增长8.6%、19%，银行承兑汇票、贴现余额同比分别增长14.1%、8.8%。全省20家企业累计签发25笔供应链票据、金额6994.1万元。省内金融机构作为存托人发行的标准化票据8单、金额共计8亿元。受央行公开市场操作净投放等因素影响，货币市场利率处于历史低位，带动票据贴现及转贴现利率均呈下降趋势。其中，12月全省票据贴现、转贴现加权平均利率分别为3.1%、2.5%，比上年同期分别下降18.1个、36.8个基点。

表5　2020年江苏省金融机构票据业务量统计

单位：亿元

季度	银行承兑汇票承兑		贴现			
			银行承兑汇票		商业承兑汇票	
	余额	累计发生额	余额	累计发生额	余额	累计发生额
1	18224.1	9851.4	7033.4	16049.5	399.2	1943.9
2	19421.2	15295.0	7637.1	27881.3	509.9	2942.4
3	17870.9	20001.1	6898.5	36961.0	653.3	3564.8
4	17792.5	25635.1	7086.1	47632.9	657.8	4566.7

数据来源：中国人民银行南京分行。

表6　2020年江苏省金融机构票据贴现、转贴现利率统计

单位：%

季度	贴现		转贴现	
	银行承兑汇票	商业承兑汇票	票据买断	票据回购
1	2.92	4.52	2.94	1.85
2	2.53	4.12	2.45	1.46
3	2.94	4.12	2.67	2.02
4	3.02	4.27	2.84	1.98

数据来源：中国人民银行南京分行。

4. 银行间市场交易保持活跃。2020年，全省共有94家市场成员参与同业拆借交易，累计拆借资金11万亿元，净拆入资金8万亿元，同比分别增加2.4万亿元、3.9万亿元。308家市场成员参与质押式回购交易，累计成交67.8万亿元，较上年增加9.6万亿元。42家市场成员参与买断式回购交易，累计成交3022.9亿元，同比增长9%。383家市场成员参加现券交易，累计交易额27.9万亿元，较上年增加1.6万亿元。

（五）涉外管理与服务先行先试，金融改革创新继续深化

1. 外汇管理改革不断深入。贸易外汇收支便利化试点增量扩面，2020年末，11家试点银行为132家企业办理试点业务。新政推广以来，资本项目便利化红利持续释放，4—12月，全省共办理资本项目外汇收入支付便利化业务23369笔，涉及金额31.47亿美元。跨国公司跨境资金集中运营业务总量进一步扩大，全年新增备案企业30家，累计备案企业85家，成员企业借入外债增长82%、境外放款增长133%。资本市场双向开放稳步推进，支持红筹回归第一单“华润微”顺利登陆科创板，支持2家上市公司境外大股东认购可转债。

2. 跨境人民币业务稳步推进。2020年，全省跨境人民币收付总额8286.1亿元，规模居全国前列，同比增长25.7%。发挥跨境人民币结算便利化试点先发优势，为近300家企业办理跨境业务1200亿元，直接减少企业费用和创造经济效益超2亿元。探索为守法稳健的企业提供融资增信支持的新方式，审慎制发“稳健守法跨境人民币结算企业名单”，名单内企业已有2194家，新增授信310亿元。推动贸易新业态跨境人民币结算，全省跨境电商项下人民币结算从零迅速发展至200亿元规模，累计服务小微出口商户5.5万家。

3. 区域金融改革获得新突破。国家级金融改革试验区再添一城，昆山成功获批国内首家具有两岸特色的金融改革试验区。深入落实长三角一体化国家战略和创新驱动发展国家战略，推动南京联合东部四市申报长三角区域建设科创金融改革试验区。泰州金融支持产业转型升级改革创新试验区建设稳步推进，率先发布全国首个区域产业金融发展指数。

4. 金融支持自贸试验区建设呈现新亮点。江苏自由贸易试验区推出9项外汇创新试点业务、开展5项跨境人民币创新试点。积极推动贸易新业态跨境人民币结算，引进国内规模最大的跨境第三方支付机构PingPong落户江苏自贸区，打造省内跨境电商项下跨境人民币结算的基础设施。

（六）金融基础设施建设再上台阶，金融生态持续优化

1. 征信服务模式取得突破。合力推进长三角征信一体化纵深发展，长三角征信区块链成功上线，目前已在上海、南京等8个地区完成11个节点部署，上链企业808万户。推动省内宿迁等地区因地制宜建设地方征信平台、打造“三农”征信服务模式，征信促融的基础性作用大大增强。2020年末，江苏省企业综合信息管理系统已为268万户企业建立信用档案，入库贷款余额9.2万亿元。持续强化农村信用体系建设，深入开展“三信”评定及成果应用，全省累计采集770万农户信用信息7867万条，15506户农村合作经济组织信用信息11万条；评定青年信用示范户9万户，其中5.5万信用示范户获得信贷支持331亿元。

2. 支付管理水平持续提升。支付系统高效、安全运行，2020年，全省支付系统共处理人民币业务5.8亿笔，金额494万亿元，同比分别增长2.3%、14.7%。全省基础公共服务领域和便民服务场景基本实现移动支付全覆盖。顺利完成南京、苏州、常州同城业务承接和特色业务迁移工作。持续深化“政银易企通系统”二期建设，跨部门涉企信息实现T+0.5个工作日共享。

3. 金融消费权益有效保障。联合省高院推进金融纠纷多元化解机制建设，组织分支行与地方法院共建金融纠纷调解工作室，成功举办长三角地区首届金融消费纠纷处置会诊会。

二、经济运行情况

2020年，全省上下扎实做好“六稳”工作，全面落实“六保”，坚持“两手抓、两手硬”，大力推进复工复产复商复市，出台稳增长系列政策措施，经济社会发展加速复苏回升，高质量发展取得积极进展，全省经济实力跃上新台阶。地区生产总值突破10万亿元大关，达到102719亿元，同比增长3.7%。

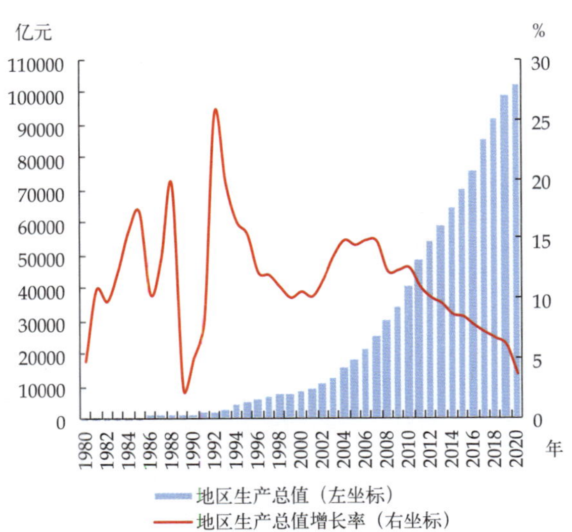

图5　1980—2020年江苏省地区生产总值及其增长率

（数据来源：江苏省统计局）

（一）内需增长较为稳定，外需保持较大规模

1. 固定资产投资稳步回升，重大项目建设推进有力。2020年，全省固定资产投资同比增长0.3%。分产业看，第一产业投资增长37%，第二产业投资下降5.1%，第三产业投资增长4.1%。基础设施投资不断发力，全省基础设施投资同比增长9.4%；全省高铁运营里程累计达2215公里，跃升至第三位，“轨道上的江苏”主骨架基本形成。高技术产业投资拉动作用明显，高技术产业投资增长8.4%；其中，航空航天器及设备、医药、计算机及办公设备制造业投资同比分别增长44.3%、23.2%和19.1%，信息、环境监测及治理服务业投资增长35.1%、34.3%。社会领域投资增长较快，文化、体育、娱乐业投资同比分别增长49.0%、16.4%和12.4%。重大项目建设推进有力。全省列统的计划总投资10亿元以上项目达2157个，较上年增加447个，当年完成投资增长23.2%。其中，新开工10亿元以上项目617个，较上年增加218个，完成投资额同比增长51.1%。

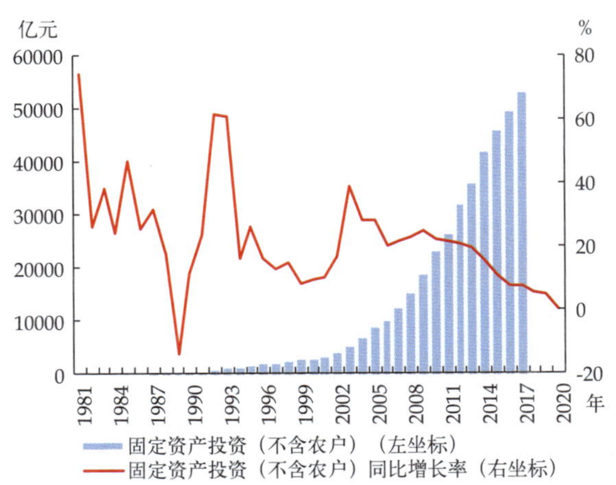

图6　1981—2020年江苏省固定资产投资（不含农户）及其增长率

（数据来源：江苏省统计局）

2. 消费品市场逐步回稳，线上消费、“无接触配送”等消费新模式快速发展。2020年，全省实现社会消费品零售总额37086.1亿元，同比下降1.6%，较上年回落7.8个百分点。随着社会生产和居民生活秩序的逐步恢复，各季度累计增速逐渐攀升，分别为-18.1%、-9.4%、-4.7%和-1.6%。分消费形态看，批发和零售业实现收入34348.3亿元，全省限额以上18类主要商品零售类别中，有11类实现正增长。住宿和餐饮业实现收入2737.8亿元。线上选购兼“无接触配送”需求提升，网上零售、外卖等餐饮服务快速扩张。网上零售额同比增长10%；其中，实物商品网上零售额同比增长13.9%，较上年提高5.2个百分点。

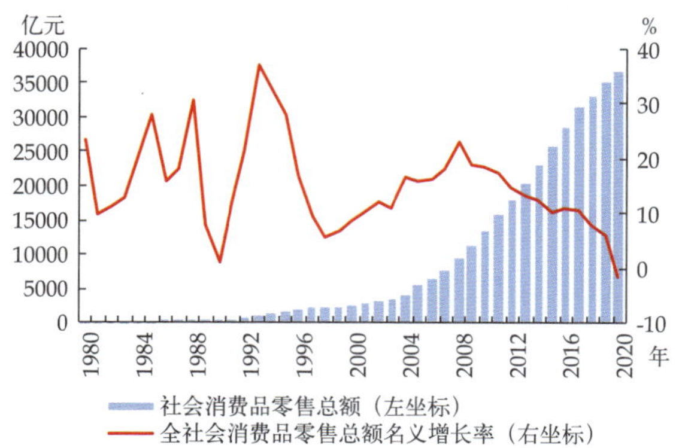

图 7　1980—2020 年江苏省社会消费品零售总额及其增长率

（数据来源：江苏省统计局）

3. 对外贸易实现正增长，贸易结构持续优化。2020 年，全省外贸进出口逆势增长，人民币计价进出口总额达 44500.5 亿元，同比增长 2.6%。其中，出口增长 0.9%，进口增长 5.5%，进出口和出口规模均创历史新高，转型成效明显。民营企业进出口快速增长，占比 35.2%，较上年提高 3.8 个百分点，提高幅度为“十三五”以来最高值，成为稳定外贸的重要力量；贸易结构不断优化。一般贸易进出口占比同比提高 1.8 个百分点，高新技术产品出口占比提高 0.6 个百分点，机电产品出口增长 2.4%，占比提高 0.8 个百分点；新兴市场带动效应突出，出口占比 47.3%，较上年提高 0.9 个百分点，其中，对“一带一路”国家和地区出口增长 1.5%，占比 26.9%，提高 0.1 个百分点。

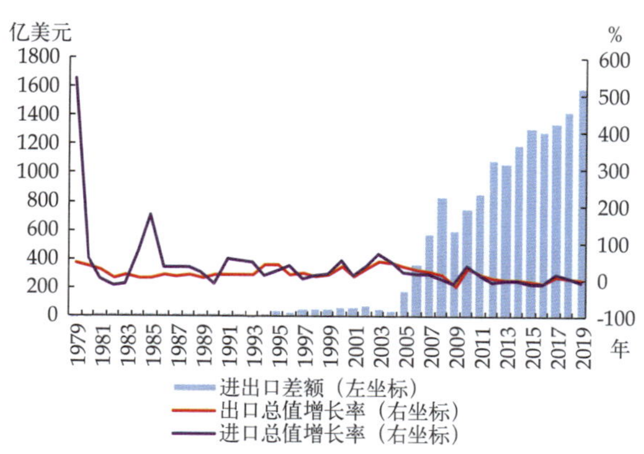

图 8　1979—2020 年江苏省外贸进出口变动情况

（数据来源：江苏省统计局）

4. 对外开放稳中有进，利用外资保持增长。2020 年，全省实际使用外资 283.8 亿美元，同比增长 8.6%，年度使用外资规模创“十三五”以来新高。外资总部加速集聚。全省新认定跨国公司地区总部和功能性机构 36 家。引资结构进一步优化。制造业实际使用外资 91.8 亿美元，占全省 39%，占比高出全国 17.5 个百分点；科学研究和技术服务业、科技推广和应用服务业同比分别增长 34.4%、51.1%。来自“一带一路”国家和地区的实际使用外资同比增长 12.8%，占比 5.7%。

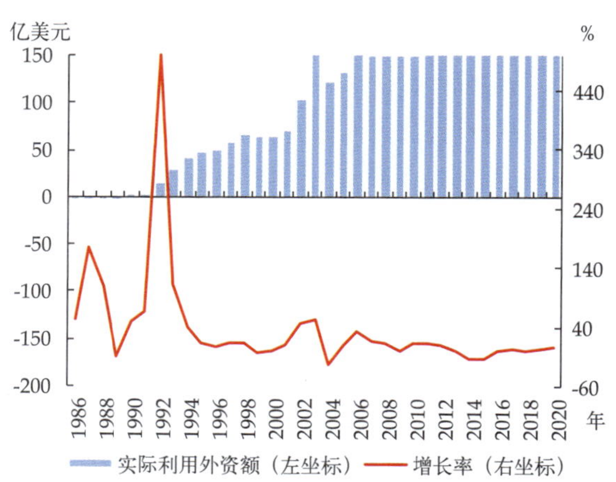

图 9　1986—2020 年江苏省外商直接投资额及其增长率

（数据来源：江苏省统计局）

（二）产业结构优化提升，新发展动能显著增强

1. 农业农村经济运行平稳，重要农业物资实现稳产保供。2020 年，农林牧渔业实现增加值 4536.7 亿元，同比增长 1.7%，占全省 GDP 比重为 4.4%。重要农产品稳产保供任务全面完成。全年全省粮食产量再创新高，总产量达 745.8 亿斤，比上年增长 0.6%，增产 4.6 亿斤。主要农副产品生产稳定。蔬菜及食用菌、禽肉、水产品产量同比分别增长 1.5%、0.5% 和 1.2%。农业供给侧结构性改革深化。新建高标准农田 2070 万亩，农作物耕种收机械化率达到 80%，农业科技进步贡献率达到 70%，农业综

合生产能力持续增强。

2. 工业生产快速回升，先进制造业增势良好。2020 年，全省工业经济呈现出“内快外暖”“先抑后扬”，全年工业增加值 44226.4 亿元，同比增长 3.7%，较上年回落 2.2 个百分点，占全省 GDP 比重为 43.1%；其中，全省规模以上工业实现增加值同比增长 6.1%，较上年回落 0.1 个百分点。分经济类型看，国有企业增加值增长 3.5%；股份制企业增长 6.7%，外商及港澳台商投资企业增长 4.3%；私营企业增长 10.1%。分行业看，全省 40 个行业大类中，有 31 个行业实现增加值同比增长。高技术行业和装备制造业增加值分别比上年增长 10.3% 和 8.9%，战略性新兴产业占规模以上工业产值比重较上年提高 5 个百分点。从产能利用率看，第四季度全省工业产能利用率为 79.2%，已恢复到近年较高水平，26 个行业产能利用率超过上年同期水平。

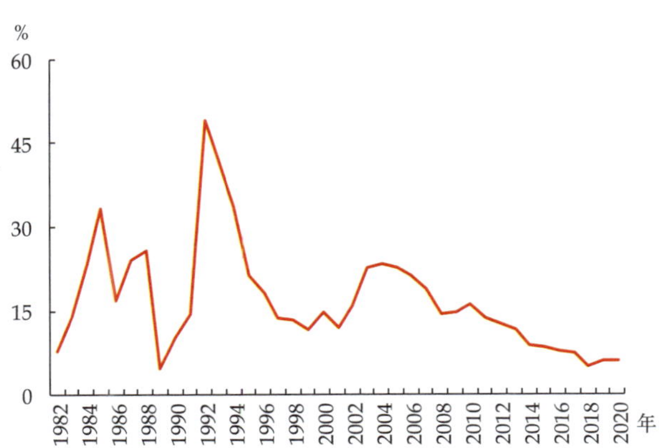

图 10　1982—2020 年江苏省规模以上工业增加值实际增长率

（数据来源：江苏省统计局）

3. 服务业加快恢复，现代服务业较快增长。2020 年，全省服务业实现增加值 53955.8 亿元，同比增长 3.8%，较上年回落 2.8 个百分点，对 GDP 增长的贡献率达 52.2%。从结构上看，信息传输、软件和信息技术服务业以及金融业增加值同比分别增长 15.5%、7.7%，增速分别快于第三产业 11.7 个、3.9 个百分点。规模以上服务业企业研发费用同比增长 28.9%，产业转型升级持续推进。数字变革催生新消费行为和新经济形态，为抵御疫情冲击、释放经济活力发挥显著作用，线上购物、直播带货、网上外卖等新消费模式快速增长带动快递业强劲增长。2020 年全省快递服务企业业务量累计完成 69.8 亿件，较上年增长 21.5%。

4. 市场经济活力持续激发，创新动力不断增强。深入实施创新驱动发展战略，创新支撑和引领发展的能力进一步增强。2020 年，全社会研发投入占比达 2.8%，高新技术企业总数超过 3.2 万家，万人发明专利拥有量 36.1 件，科技进步贡献率达 65%。全年净增高新技术企业超 8 千家，总数超过 3.2 万家，入库科技型中小企业 40294 家，成为全国首个突破 4 万家的省份。战略性新兴产业、高新技术产业产值占规模上工业比重分别达到 37.8% 和 46.5%，数字经济规模超过 4 万亿元。持续深化“放管服”改革，全面落实惠企政策，全年减税降费达 2500 亿元以上。新登记市场主体 276.2 万户，同比增长 50%，累计达 1244.3 万户，比上年底增加 19%。

5. 环境保护力度持续加大，节能减排取得显著成效。2020 年，全省累计关停取缔“散乱污”企业 57275 家，处置“僵尸企业”876 家，碳排放强度降低 24%，单位地区生产总值能耗下降 20% 以上，均超额完成国家下达的目标任务。坚决打好蓝天、碧水、净土保卫战，生态环境质量持续好转。全省 PM2.5 平均浓度 38 微克／立方米，优良天数比率达 81%，13 个设区市 PM2.5 浓度和优良天数比率两项指标均有不同程度改善。南京、无锡、苏州、南通、盐城 5 个设区市成为全省 PM2.5 平均浓度率先达到环境空气质量二级标准的城市，均创历史最好水平；水环境国考断面优Ⅲ类比例达 86.5%，主要入江支流和入海河流断面全面消除劣Ⅴ类，创“十三五”以来最好水平。全省林木覆盖率由 22.5% 提高到 24%。太湖治理连续十三年实现“两个确保”。生态文明建设示范市县数量居全国前列。

（三）财政收入平稳增长，民生保障力度加大

1. 一般公共预算收入稳步增长。2020 年，全省实现一般公共预算收入 15018.7 亿元，同比增长 1.7%，较上年提高 1.8 个百分点。其中，归属中央的一般预算收入 5959.7 亿元，同比下降 0.1%；归属地方的一般公共预算收入 9059 亿元，完成全年预算的 100.7%，同比增长 2.9%，较上年提高 0.9 个百分点。

2. 民生领域支出增长较快。2020 年，全省一般公共预算支出 13682.5 亿元，同比增长 8.8%，较上年提高 1 个百分点。民生领域财政支出增长较快，其中住房保障、社会保障和就业、卫生健康支出同比分别增长 30.6%、25.9% 和 11.4%。

3. 地方政府债务风险总体可控。2020 年，江苏省发行地方政府债券 4181.2 亿元，同比增长 1328.9 亿元。地方政府债务余额 17227.7 亿元，低于财政部核定的债务限额 19007.14 亿元；债务率为 66.6%，低于国际通行的警戒线标准。

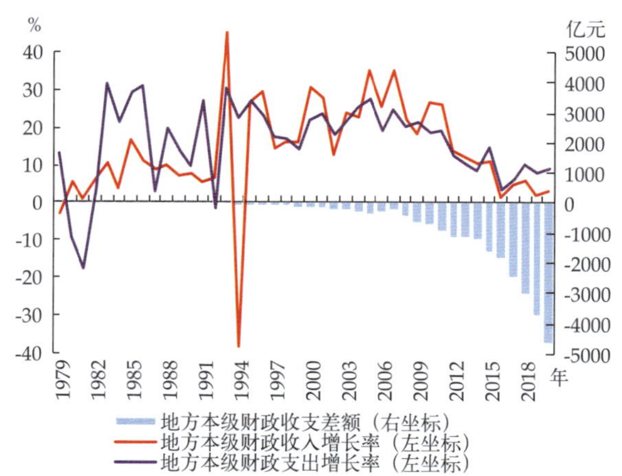

图 11　1979—2020 年江苏省财政收支状况

（数据来源：江苏省统计局）

（四）物价水平总体稳定，工业生产者价格小幅下降

1. 物价水平总体稳定。2020 年，全省居民消费价格同比上涨 2.5%，较上年收窄 0.6 个百分点；12 月当月，全省居民消费价格同比上涨 0.5%。分城乡看，城市上涨 2.4%，较上年收窄 0.7 个百分点；农村上涨 2.8%，较上年收窄 0.6 个百分点。分类别看，食品烟酒价格上涨 9.1%、生活用品及服务上涨 0.5%、教育文化和娱乐上涨 1.4%、医疗保健上涨 0.1%、其他用品和服务上涨 4.8%，衣着下降 0.3%、居住下降 0.1%、交通和通信下降 3.5%。受天气因素、供求关系等因素影响，监测的 8 种蔬菜同比价格全面上涨，涨幅均超过 10%。

2. 工业生产者价格指数持续回落。2020 年，全省工业生产者出厂价格同比下降 2.2%，降幅较上年扩大 1 个百分点；12 月同比下降 0.7%。工业生产者购进价格同比下降 3.5%，降幅较上年扩大 0.7 个百分点；12 月同比上涨 0.5%。

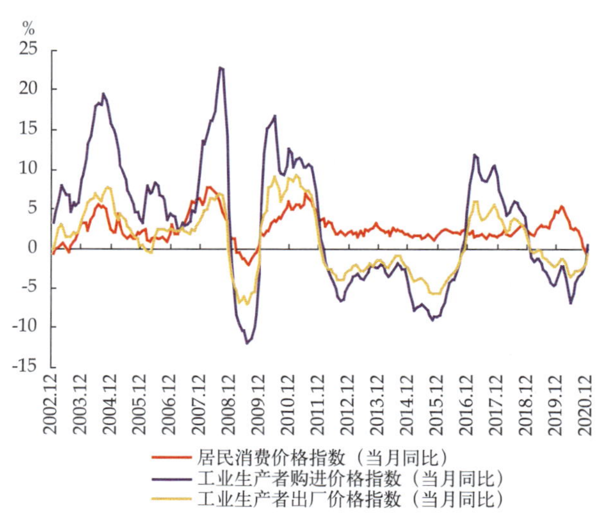

图 12　2002—2020 年江苏省居民消费价格指数和生产者价格指数变动趋势

（数据来源：江苏省统计局）

（五）城乡收入差距继续缩小，就业形势保持稳定

1. 居民收入持续增长，城乡收入差距继续缩小。2020 年，全省居民人均可支配收入 43390 元，比上年增长 4.8%。其中，工资性收入 24657 元，增长 3.4%；经营净收入 5703 元，增长 1.2%；财产净收入 4737 元，增长 8.3%；转移净收入 8294 元，增长 9.8%。城镇居民人均

可支配收入 53102 元，增长 4%；农村居民人均可支配收入 24198 元，增长 6.7%。城乡居民人均收入比为 2.2 ：1，较上年缩小 0.1。

2. 就业形势保持稳定。2020 年，全省城镇新增就业 130 万人以上。年末，城镇登记失业率为 3.2%。

（六）房地产市场总体稳定，房地产贷款增速基本持平

1. 房地产开发投资和新开工面积保持增长。2020 年，全省房地产投资低开高走，全年住房开发投资完成额为 13171.3 亿元，同比增长 9.7%，较上年下降 0.3 个百分点。全省商品房新开工面积 17672.8 亿元，同比增长 8.9%，较上年提高 12.4 个百分点。

2. 商品房销售面积增长较快。2020 年，全省商品房销售面积 15427 亿元，同比增长 10.4%，较上年提高 6.8 个百分点。

3. 房地产贷款增速基本持平，个人住房贷款增速下降。2020 年末，全省金融机构本外币房地产贷款余额 5.1 万亿元，同比增长 13.5%，较上年提高 1.1 个百分点。其中，全省普通住房开发贷款余额同比增长 30.3%，较上年同期提高 12.7 个百分点；全省个人住房贷款余额同比增长 14.3%，较上年同期下降 1.6 个百分点。

专栏 2　金融支持乡村振兴的江苏实践

近年来，中国人民银行南京分行组织、引导全省金融部门结合江苏实际深入推进金融精准扶贫，围绕“增总量、调结构、提效率、优环境”，大力发展农村普惠金融，有效服务乡村振兴和农业农村现代化，形成金融支持脱贫攻坚和乡村振兴的“江苏经验”。

一、围绕“总量更多”，有效增加农村金融资源供给

健全银行支农组织体系，农业发展银行县域支行持续壮大，农业银行、邮储银行三农金融事业部改革基本到位，县域机构网点数量不断增加。积极运用再贷款、再贴现和落实存款准备金等货币政策工具，引导农村金融机构增加信贷投放，支持农村经济发展和乡村振兴。江苏地区的扶贫再贷款、支农再贷款的使用率显著高于全国平均水平。加大直接融资和保险支农力度，近五年上市涉农企业累计通过首发、增发募集资金 90 亿元。

二、围绕“结构更优”，有效满足农村各领域融资需求

聚焦农业适度规模经营以及新型农业经营主体融资需求，创新推出“金融 + 新型农业经营主体 + 贫困户”“金融 + 特色产业 + 贫困户”等模式，带动贫困农户脱贫致富。精准对接低收入人口就业创业融资需求，支持低收入农户就业创业、脱贫增收。近五年累放扶贫小额贷款 171.81 亿元，支持建档立卡低收入农户 86.7 万。助推农村三次产业融合发展，立足各地资源禀赋、产业特色，强化金融扶贫政策保障，积极满足农村电商、特色产业发展以及贫困地区基础设施建设金融需求。例如，泰州市采用“债、贷、投”相结合的创新模式，支持泰州全国首单高标准农田建设，覆盖多个扶贫重点地区。

三、围绕“效率更高”，有效深化农村金融改革创新

推动农信社治理结构和经营机制改革，实现改制前资不抵债到资本实力明显增强的转变。深化利率市场化改革，全省农商行、村镇银行新发放贷款实现 LPR 定价 100% 覆盖，率先基本完成存量贷款 LPR 改革。稳步推进“两权”抵押贷款试点，江苏“10+3”个县（市、区）纳入全国试点范围，初步形成农地“金湖模式”“沛县模式”“太仓模

式”和农房“泗洪模式”四种典型模式，累计惠及新型农业经营主体和农户4.7万户。推动农村金融机构新产品、新服务模式创新达120余种，首创“阳光信贷”模式并向全国推广。科技赋能农村金融服务，鼓励农村金融机构积极利用大数据、云计算、人工智能等技术，提升农村金融服务质效。如江南农商行与科技公司联合成立“新农村金融科技实验室”，通过科技创新高效发展农村普惠金融。

四、围绕“环境更优”，有效推进农村金融生态建设

优化农村支付环境，推动现代化金融设施向乡镇延伸，推动农村普惠金融服务点提质增效，弥补偏僻乡村金融服务不足的短板。联合七部门印发《江苏省农村普惠金融服务点提质增效实施意见（2020—2022年）》，为打造农村普惠金融服务点“江苏品牌”夯实基础。完善农村征信体系建设，逐步构建“征信＋评价＋信贷＋社会管理”的农村信用体系建设机制，初步建立覆盖全省的农村经济主体信用信息数据库。截至2020年末，为全省770万农户和15507户农村合作经济组织建立了信用档案，累计采集各类信用信息7879余万条。率先探索开展县域金融生态环境建设，对全省69个设乡镇的县（市、区）金融生态环境进行综合评估，将金融生态县打造成为聚集金融资源的名片。

稳住农业基本盘、全面推进乡村振兴是金融系统责无旁贷的政治任务和社会责任。中国人民银行南京分行将继续坚持农村金融服务“三农”定位，进一步深化金融供给侧结构性改革，增加农村金融有效供给，提升农村金融适应性、竞争性和普惠性，更好地服务脱贫攻坚、乡村振兴战略和农业农村现代化。

三、预测与展望

2021年宏观经济有望呈现恢复趋势，但仍面临高度不确定和复杂性。总体来看，江苏拥有比较坚实的实体经济基础、较为完整的产业链供应链、丰富的科教人才资源和良好的营商环境，产业结构持续优化，经济发展新动力不断聚集。预计2021年江苏经济将继续回暖，科技与产业创新进一步加快，消费需求和有效投资持续增加，社会民生持续改善，营商环境进一步优化，人民群众获得感、幸福感、安全感不断增强。

2021年，中国人民银行南京分行将继续围绕服务要任务，为实现“两争一前列”目标和构建新发展格局贡献金融力量。一是坚持稳健的货币政策更加灵活精准、合理适度，保持政策的连续性稳定性可持续性。二是坚持夯实基础与突出重点并重，压紧压实风险防范化解责任。三是坚持完善机制与科技赋能并重，积极推动金融改革创新打开新局面。四是坚持搭建载体与丰富手段并重，不断提升金融管理与服务水平。五是坚持优化服务与强化监管并重，着力提升外汇管理水平。

中国人民银行南京分行货币政策分析小组
总　　纂：郭新明　谢　宁
统　　稿：李　军　李晓斌　谢　姗　黄静宇　张巍瀚
执　　笔：郭传辉　杨司键　程秋君　嵇宏业　鲍奕晓　王文涛　李　艳　季　伟　束　斌　唐成伟
提供材料：王琦玮　刘清环　王维全　张　明　王鹏飞　厉华威　张庭溪　丁露园　童嘉欣　王春蕾　梁豆豆　唐晨晨　张瑞潇

附录

（一）2020 年江苏省经济金融大事记

1 月 21 日，中国人民银行南京分行联合八部门提出了进一步强化金融支持防控新型冠状病毒感染肺炎疫情的二十一条举措。

3 月 13 日，金融委办公室地方协调机制（江苏省）成立。

4 月 10 日，中国人民银行南京分行等四部门出台“外贸十条”，开展“万户外贸企业金融帮扶专项行动”。

4 月 10 日，中国人民银行南京分行印发《中国人民银行南京分行关于进一步推动中国（江苏）自由贸易试验区跨境人民币工作的通知》，决定在江苏自贸区开展新一轮跨境人民币创新试点业务。

4 月 16 日，江苏省第二家民营银行无锡锡商银行开业。

6 月 18 日，中国人民银行南京分行研究出台《金融支持稳企业保就业工作实施方案》，组织开展金融支持稳企业保就业工作八项行动。

7 月 24 日，徐州入选全国 2020 年度金融服务综合改革试点城市。

8 月 14 日，苏州金融科技创新监管试点首批创新应用公示亮相。

9 月 1 日，江苏省昆山市成功获批全国金融改革试验区，成为大陆首家具有两岸特色的金融改革试验区。

12 月 18 日，无锡、常州入选国家第二批产融合作试点城市。

（二）2020 年江苏省主要经济金融指标

表 1　2020 年江苏省主要存贷款指标

	项目	1 月	2 月	3 月	4 月	5 月	6 月	7 月	8 月	9 月	10 月	11 月	12 月
本外币	金融机构各项存款余额（亿元）	164442.1	166161.5	171914.1	172031.4	174088.2	177300.2	176734.5	179242.1	178103.9	177957.8	179677.3	177978.0
	其中：住户存款	64127.3	63663.6	65015.4	63882.8	64193.8	65701.8	65190.4	65515.7	66600.4	65630.5	66119.8	66983.9
	非金融企业存款	59916.9	61160.7	65251.9	66215.6	66921.7	69061.4	66843.6	66794.4	67286.0	66571.2	66703.8	67846.4
	各项存款余额比上月增加（亿元）	7302.4	1719.4	5752.6	117.3	2056.8	3212.1	-565.7	2507.6	-1138.2	-146.1	1719.5	-1699.3
	金融机构各项存款同比增长（%）	7.4	7.9	10.0	10.6	11.2	12.1	12.5	14.0	12.7	13.1	14.1	13.3
	金融机构各项贷款余额（亿元）	140438.4	141765.7	144484.2	146155.7	147787.4	149840.8	150716.0	152101.7	153731.5	154527.9	155380.2	156577.4
	其中：短期	44241.8	44424.9	45984.3	46045.4	46444.4	47338.4	47156.7	47268.7	47779.9	47699.7	47694.3	47455.2
	中长期	86865.1	87637.0	88852.2	89981.6	91008.8	92282.3	93531.7	94863.5	96495.2	97476.4	98375.0	99405.3
	票据融资	7340.9	7705.9	7644.2	8093.7	8243.8	8093.9	7852.8	7776.0	7309.7	7187.2	7155.9	7507.7
	各项贷款余额比上月增加（亿元）	5167.3	1327.3	2718.5	1671.5	1631.7	2053.5	875.2	1385.6	1629.9	796.3	852.3	1197.2
	其中：短期	1488.3	183.1	1559.4	61.2	398.9	894.1	-181.8	112.1	511.2	-80.2	-5.4	-239.1
	中长期	3292.9	772.0	1215.2	1129.4	1027.2	1273.5	1249.3	1331.8	1631.7	981.2	898.6	1030.2
	票据融资	332.9	365.0	-61.7	449.4	150.1	-149.8	-241.2	-76.8	-466.3	-122.5	-31.3	351.8
	金融机构各项贷款同比增长（%）	15.0	15.4	15.9	16.3	16.6	16.6	16.4	16.2	16.0	16.0	15.8	15.9
	其中：短期	13.3	13.3	14.3	14.4	14.1	13.0	12.6	12.1	11.8	12.0	11.3	9.3
	中长期	15.1	15.2	15.6	15.9	16.4	17.2	17.9	18.5	19.2	19.5	19.5	20.1
	票据融资	27.7	31.9	34.9	39.6	39.1	33.6	22.8	15.6	5.3	1.1	1.0	7.1
	建筑业贷款余额（亿元）	5022.6	5034.8	5148.6	5194.3	5212.7	5266.3	5258.0	5265.8	5310.1	5303.2	5263.8	5242.3
	房地产业贷款余额（亿元）	9052.2	9187.8	9390.4	9561.8	9607.4	9601.9	9719.8	9810.2	9889.8	9924.4	9861.4	9806.1
	建筑业贷款同比增长（%）	14.3	12.7	13.9	13.4	14.3	14.0	13.9	14.1	14.3	15.0	12.5	10.9
	房地产业贷款同比增长（%）	12.8	12.7	12.5	13.4	14.2	13.8	14.3	14.2	14.3	14.2	13.8	14.1
人民币	金融机构各项存款余额（亿元）	159916.5	161426.1	167201.4	167486.6	169474.2	172362.8	171725.4	173886.1	172840.2	172537.5	174243.4	172580.3
	其中：住户存款	63534.9	63048.4	64365.9	63241.0	63556.7	65076.0	64571.4	64909.1	65996.1	65021.8	65511.8	66373.1
	非金融企业存款	56454.0	57568.6	61743.6	62789.9	63451.0	65274.8	63047.3	62788.5	63333.6	62518.6	62748.8	63983.2
	各项存款余额比上月增加（亿元）	7079.2	1509.6	5775.3	285.2	1987.6	2888.6	-637.4	2160.7	-1045.9	-302.6	1705.8	-1663.1
	其中：住户存款	5775.7	-486.6	1317.6	-1124.9	315.7	1519.3	-504.6	337.6	1087.0	-974.3	490.0	861.2
	非金融企业存款	1434.2	1114.6	4175.0	1046.3	661.1	1823.8	-2227.4	-258.8	545.1	-815.0	230.1	1234.5
	各项存款同比增长（%）	7.6	8.1	10.3	10.9	11.4	12.3	12.5	13.7	12.4	12.8	13.8	12.9
	其中：住户存款	14.8	10.7	12.5	12.3	12.7	13.8	13.3	13.7	13.9	13.5	14.4	14.9
	非金融企业存款	4.4	9.3	13.0	15.4	15.6	16.2	16.3	15.7	15.9	16.2	15.2	16.3
	金融机构各项贷款余额（亿元）	138510.5	139762.0	142315.5	143953.3	145511.4	147576.7	148489.4	149866.8	151602.9	152395.2	153310.8	154523.3
	其中：个人消费贷款	40037.2	40000.1	40399.6	40884.8	41446.1	42263.5	42929.9	43599.6	44259.1	44647.8	45110.1	45499.7
	票据融资	7340.8	7705.8	7644.2	8093.7	8243.8	8093.9	7852.7	7775.9	7309.6	7187.2	7155.9	7507.6
	各项贷款余额比上月增加（亿元）	5049.2	1251.5	2553.5	1637.8	1558.1	2065.3	912.6	1377.5	1736.1	792.2	915.6	1212.5
	其中：个人消费贷款	513.6	-37.1	399.5	485.1	561.3	817.4	666.4	669.7	659.5	388.6	462.3	389.6
	票据融资	332.9	365.0	-61.7	449.5	150.1	-149.9	-241.2	-76.8	-466.3	-122.4	-31.3	351.8
	金融机构各项贷款同比增长（%）	15.4	15.6	16.1	16.4	16.7	16.8	16.5	16.3	16.0	16.0	15.8	15.9
	其中：个人消费贷款	18.2	17.8	17.1	17.0	16.7	17.0	17.3	17.4	17.5	17.3	16.7	15.5
	票据融资	27.7	31.9	34.9	39.6	39.1	33.6	22.8	15.6	5.3	1.1	1.0	7.1
外币	金融机构外币存款余额（亿美元）	657.1	675.8	665.1	644.0	647.0	697.4	717.1	780.7	772.9	806.2	826.0	827.3
	金融机构外币存款同比增长（%）	0.0	0.0	0.0	0.0	0.0	0.0	0.1	0.3	0.3	0.3	0.3	0.3
	金融机构外币贷款余额（亿美元）	279.9	286.0	306.1	312.1	319.1	319.8	318.8	325.8	312.6	317.2	314.6	314.8
	金融机构外币贷款同比增长（%）	-10.3	-6.5	-0.7	5.1	7.4	4.9	5.5	14.6	19.6	20.1	20.6	21.3

数据来源：中国人民银行南京分行。

表 2　2001—2020 年江苏省各类价格指数

单位：%

时间		居民消费价格指数		农业生产资料价格指数		工业生产者购进价格指数		工业生产者出厂价格指数	
		当月同比	累计同比	当月同比	累计同比	当月同比	累计同比	当月同比	累计同比
2001		—	0.8	—	-3.2	—	-0.5	—	-0.9
2002		—	-0.8	—	-0.7	—	-1.4	—	-2.4
2003		—	1.0	—	1.9	—	6.5	—	2.3
2004		—	4.1	—	12.3	—	16.3	—	6.5
2005		—	2.1	—	6.9	—	7.6	—	2.6
2006		—	1.6	—	1.7	—	6.4	—	1.5
2007		—	4.3	—	6.9	—	5.0	—	2.6
2008		—	5.4	—	17.3	—	15.0	—	4.6
2009		—	-0.4	—	-2.4	—	-8.1	—	-4.8
2010		—	3.8	—	4.2	—	12.8	—	7.3
2011		—	5.3	—	12.6	—	8.9	—	6.2
2012		—	2.6	—	4.6	—	-4.2	—	-2.9
2013		—	2.3	—	2.4	—	-2.9	—	-2.0
2014		—	2.2	—	0.2	—	-3.0	—	-1.7
2015		—	1.7	—	-0.4	—	-7.9	—	-4.7
2016		—	2.3	—	-0.1	—	-2.0	—	-1.9
2017		—	1.7	—	2.1	—	9.7	—	4.8
2018		—	2.3	—	3.9	—	4.6	—	2.8
2019		—	3.1	—	4.2	—	-2.8	—	-1.1
2020		—	2.5	—	5.7	—	-3.5	—	-2.2
2019	1	2.0	2.0	2.4	2.4	-1.0	-1.0	-0.3	-0.3
	2	1.8	1.9	2.2	2.3	-1.5	-1.2	-0.4	-0.4
	3	2.5	2.1	2.4	2.3	-1.2	-1.2	-0.3	-0.4
	4	2.7	2.2	2.7	2.4	-1.1	-1.2	—	-0.3
	5	3.0	2.4	3.3	2.6	-1.7	-1.3	-0.3	-0.3
	6	2.9	2.5	4.1	2.9	-2.6	-1.5	-1.0	-0.4
	7	2.9	2.5	3.9	3.0	-3.0	-1.7	-1.1	-0.5
	8	2.8	2.6	4.3	3.2	-3.8	-2.0	-1.5	-0.6
	9	3.4	2.7	5.0	3.4	-4.3	-2.2	-1.8	-0.8
	10	4.1	2.8	5.0	3.5	-4.8	-2.5	-2.2	-0.9
	11	4.8	3.0	6.8	3.8	-4.6	-2.7	-2.2	-1.0
	12	4.7	3.1	8.1	4.2	-3.4	-2.8	-1.7	-1.1
2020	1	5.4	5.4	—	—	-2.2	-2.2	-1.1	-1.1
	2	5.2	5.3	8.1	8.2	-2.2	-2.2	-1.1	-1.1
	3	4.2	4.9	8.3	8.2	-3.8	-2.7	-1.8	-1.3
	4	3.4	4.6	8.6	8.3	-5.9	-3.5	-3.2	-1.8
	5	2.8	4.2	7.7	8.2	-6.8	-4.2	-3.6	-2.2
	6	2.5	3.9	6.1	7.8	-5.7	-4.4	-3.1	-2.3
	7	2.7	3.7	5.9	7.6	-4.4	-4.4	-2.8	-2.4
	8	2.3	3.6	5.6	7.3	-3.5	-4.3	-2.7	2.4
	9	1.4	3.3	4.4	7.0	-3.1	-4.2	-2.6	-2.4
	10	0.3	3.0	3.2	6.6	-2.8	-4.1	-2.4	-2.4
	11	-0.4	2.7	1.5	6.1	-1.6	-3.8	-1.8	-2.4
	12	0.5	2.5	1.4	5.7	0.5	-3.5	-0.7	-2.2

数据来源：江苏省统计局。

表 3　2020 年江苏省主要经济指标

项目	1 月	2 月	3 月	4 月	5 月	6 月	7 月	8 月	9 月	10 月	11 月	12 月
	绝对值(自年初累计)											
地区生产总值(亿元)	—	—	21002.8	—	—	46722.9	—	—	73808.8	—	—	102719.0
第一产业	—	—	527.4	—	—	1453.6	—	—	2431.9	—	—	4536.7
第二产业	—	—	8594.6	—	—	20128.6	—	—	31930.4	—	—	44226.4
第三产业	—	—	11880.8	—	—	25140.7	—	—	39446.5	—	—	53955.8
工业增加值(亿元)	—	—	—	—	—	—	—	—	—	—	—	—
固定资产投资(亿元)	—	—	—	—	—	—	—	—	—	—	—	—
房地产开发投资	—	1334.0	2717.8	3790.4	4964.9	6277.4	7509.0	8777.6	10052.7	11166.0	12253.4	13171.3
社会消费品零售总额(亿元)	—	4858.8	7766.6	10481.3	13565.9	16910.4	20004.3	23293.1	22198.3	30011.4	33498.8	37086.1
外贸进出口总额(亿元)	—	5603.2	3402.7	12671.8	16279.3	20061.7	24108.8	28153.2	32250.4	36199.5	40286.6	44500.5
进口	—	2398.9	1348.6	5143.1	6427.8	7890.8	9452.6	10968.9	12598.5	14029.8	15513.3	17056.2
出口	—	3204.3	2054.1	7528.8	9851.5	12170.8	14656.3	17183.3	19651.9	22169.7	24773.3	27444.3
进出口差额(出口－进口)	—	805.4	705.5	2385.7	3423.8	4280.0	5203.7	6214.4	7053.5	8139.9	9260.0	0.0
实际利用外资(亿美元)	—	—	83.4			124.6			220.0			283.8
地方财政收支差额(亿元)	62.9	284.1	968.9	1250.9	1428.5	1834.9	1872.4	2218.1	2794.9	2720.5	3260.5	4623.5
地方财政收入	1169.3	1690.4	2222.0	3079.6	3814.2	4741.2	5658.6	6229.0	6903.9	7834.6	8336.8	9059.0
地方财政支出	1232.2	1974.4	3190.9	4330.5	5242.7	6576.1	7530.9	8447.1	9698.7	10555.1	11597.4	13682.5
城镇登记失业率(%)(季度)			3.1			3.1			—			3.2
	同比累计增长率(%)											
地区生产总值	—	—	-5.0	—	—	0.9	—	—	2.5	—	—	3.7
第一产业	—	—	-1.4	—	—	0.1	—	—	1.1	—	—	1.7
第二产业	—	—	-8.8	—	—	-0.2	—	—	2.0	—	—	3.7
第三产业	—	—	-2.0	—	—	1.8	—	—	2.9	—	—	3.8
工业增加值	—	-17.1	-7.8	-3.1	-0.6	1.1	1.5	2.4	3.6	4.4	5.3	6.1
固定资产投资	—	-29.4	-20.2	-14.7	-11.2	-7.2	-5.0	-2.8	-1.7	-0.9	-0.1	0.3
房地产开发投资	—	-11.8	-0.5	-0.3	0.8	3.1	5.0	7.8	-1.7	9.2	9.4	9.7
社会消费品零售总额	—	-22.7	-18.1	-14.9	-12.2	-9.4	-7.6	-5.8	-4.7	-3.8	-2.7	-1.6
外贸进出口总额	—	-12.7	-3.8	-4.4	-3.8	-2.8	-1.7	-0.3	0.8	1.2	1.9	2.6
进口	—	-3.6	5.4	-0.4	-0.8	1.9	3.0	3.9	5.2	5.2	5.2	5.5
出口	—	-18.5	-8.7	-6.9	-5.6	-5.6	-4.5	-2.8	-1.8	-1.1	-0.1	0.9
实际利用外资	—	—	-0.7	—	—	0.2	—	—	7.5	—	—	8.6
地方财政收入	1.8	-4.5	-9.0	-7.8	-6.4	-2.8	-1.3	0.2	1.0	2.3	3.3	2.9
地方财政支出	21.8	-1.1	-0.4	7.2	5.7	1.3	3.8	4.0	3.6	5.3	6.5	8.8

数据来源：江苏省统计局。

浙江省金融运行报告（2021）

中国人民银行杭州中心支行货币政策分析小组

[内容摘要] 2020 年，面对国际国内形势的深刻复杂变化特别是突如其来的新冠肺炎疫情，浙江省深入贯彻习近平总书记视察浙江重要讲话精神，忠实践行“八八战略”，奋力打造“重要窗口”，坚持“两手硬、两战赢”，扎实做好“六稳”工作，全面落实“六保”任务，经济社会发展取得新成绩。全省经济运行呈现稳步复苏、回升提速、增收增效态势，全年实现地区生产总值 6.5 万亿元，同比增长 3.6%，居全国第四位。浙江省金融业紧扣高质量发展要求，认真贯彻稳健的货币政策，精准落地各项政策工具，全力支持稳企业保就业，切实提升金融服务实体经济质效。2020 年末，浙江省本外币贷款余额同比增长 18.0%，民营和小微企业金融服务不断改善，不良贷款率保持在较低水平，多层次资本市场持续完善。

从经济运行看，三大需求协调推进，产业结构不断优化，供给侧结构性改革深入推进。一是投资稳步增长，结构不断优化。固定资产投资同比增长 5.4%，高于全国 2.5 个百分点。其中，基础设施投资增长 5.3%，制造业投资增长 3.4%，民间投资增长 2.6%，高新技术产业投资增长 7.4%。二是消费逐步复苏，线上线下融合。社会消费品零售总额下降 2.6%，降幅低于全国 1.3 个百分点，网络零售额和省内居民网络消费额同比分别增长 14.3% 和 10.9%。三是进出口保持较快增长，占全国份额创新高。进出口、出口、进口额分别占全国的 10.5%、14.0% 和 6.1%，比上年分别提升 0.7 个、0.6 个和 0.7 个百分点，均创历史新高。四是工业经济快速复苏，数字经济占比持续提升。规模以上工业增加值同比增长 5.4%。其中，高新技术、装备、战略性新兴产业增加值分别增长 9.7%、10.8% 和 10.2%。数字经济核心产业增加值增长 13.0%，占生产总值的比重比上年提高 0.9 个百分点。五是服务业占比稳步提升，生产经营持续改善。服务业增加值增长 4.1%，增速比全国高 2.0 个百分点，占生产总值的比重比上年提高 1.2 个百分点。其中，信息传输、软件和信息技术服务业以及科学研究和技术服务业营业收入分别增长 16.3% 和 22.7%。六是供给侧结构性改革深入推进，减税降费惠企利民。规模以上工业产能利用率 79.1%；规模以上工业企业资产负债率比上年降低 0.6 个百分点；全年为企业减负 4800 亿元，规模以上工业企业每百元营业收入中的成本为 82.9 元，比上年下降 0.7 元。

从金融运行看，浙江省银行业、证券业和保险业运行稳健，金融服务实体经济效率和水平不断提升。一是融资总量合理增长。全年社会融资规模新增 3.2 万亿元，同比多增 1.0 万亿元。其中，本外币贷款比重为 68%，同比下降 3.5 个百分点；直接融资比重为 19.1%，同比上升 5.5 个百分点。浙江省信用风险缓释工具成交额、工具支持的民企债券发行额均位居全国第一。二是信贷投向持续优化。充分发挥结构性货币政策工具的定向支持和精准滴灌作用。截至 2020 年末，中国人民银行 1.8 万亿元再贷款再贴现资金共惠及浙江企业和农户 28 万户，两项直达实体经济的货币政策工具共支持浙江市场主体 257 万户；聚焦提升民营和小微企业金融服务，浙江省民营经济贷款、普惠小微贷款、制造业贷款同比分别多增 4949 亿元、2492 亿元和 1283 亿元。三是企业贷款利率明显下降。持续深入推进贷款市场报价利率改革在浙江落地，以落实市场化改革促进降低贷款实际利率。2020 年，浙江省企业贷款加权平均利率为 4.85%，同比下降 0.51 个百分点。四是银行业稳健运行，金融风险总体可控。浙江省银行业本外币资产和负债总额同比分别增长 17.1% 和 17.3%，增幅同比分别提高 5.8 个和 6.1 个百分点。银行业资产质量保持平稳，年末不良贷款率为0.98%，持续保持在较低水平。五是证券业和保险业平稳发展。证券机构体系持续完善，业务规模快速增长，企业上市融资与并购稳步推进；保险机构和从业人员稳步增加，保险业务结构持续优化，经济社会保障功能进一步发挥。六是区域金融改革扎实推进。温州金融综合改革、丽水农村金融改革、义乌国际贸易金融专项改革、台州小微金融改革不断深化；中国（浙江）自贸区金融创新亮点纷呈，油品转口贸易跨境人民币结算取得突破，油品贸易便利化试点成效逐渐显现；湖州、衢州绿色金融改革取得阶段性成效；宁波普惠金融改革开局良好。七是金融基础设施建设不断完善。征信体系建设不断深化，金融信用信息基础数据库在浙江省信用体系建设、防范区域性风险等方面发挥积极作用；中小企业和农村信用体系建设持续深化。支付体系安全高效运行，“移动支付之省”建设全面推进，网上支付跨行清算系统业务量首次突破10亿笔，城乡支付环境持续改善。

展望未来，浙江经济运行机遇与挑战并存。一方面，浙江经济增长总体好于全国，疫情防控取得重大成果，稳企业稳增长成效明显，科技创新产业升级取得重要进展，营商环境不断优化，市场活力不断增强，经济继续保持长期向好的基本面。另一方面，经济高质量发展的基础尚不稳固，境内外疫情变化和外部环境存在诸多不确定性，部分行业、企业经营仍存在一定困难，战略性新兴产业还未形成有力支撑，科技创新能力有待加强。预计2021年浙江经济将保持平稳增长，结构继续改善，新动能加快成长，企业效益改善。金融支持实体经济将更加精准有效，科技创新、小微企业、绿色发展等领域的金融支持力度进一步加强，有力推动经济高质量发展。

2021年是中国共产党成立100周年，是“十四五”开局之年，也是我国现代化建设进程中具有特殊重要性的一年。中国人民银行杭州中心支行继续以习近平新时代中国特色社会主义思想为指导，全面贯彻党的十九届五中全会和中央经济工作会议精神，坚持稳中求进工作总基调，按照中国人民银行总行部署，认真贯彻稳健的货币政策要灵活精准、合理适度的要求，加大金融支持实体经济的力度，持续优化信贷结构，促进小微企业综合融资成本稳中有降，严守风险底线，进一步提升金融服务经济高质量发展的质效。

一、金融运行情况

2020年，面对严峻复杂的宏观形势特别是新冠肺炎疫情冲击，浙江省金融业认真贯彻稳健的货币政策，精准落地各项政策工具，全力支持稳企业保就业，切实加大金融支持实体经济力度。浙江省社会融资和信贷总量合理增长，结构不断优化，银行、证券和保险业稳健发展，金融供给侧结构性改革持续深化。

（一）银行业稳健运行，信贷保持合理增长

2020年，浙江省银行业金融机构聚焦稳企业保就业，持续加大对实体经济的支持力度，积极提升服务质效，信贷总量合理增长，信贷投向进一步优化，资产质量保持平稳，金融改革持续深化。

表1　2020年浙江省银行业金融机构情况

机构类别	营业网点			法人机构（个）
	机构个数（个）	从业人数（人）	资产总额（亿元）	
一、大型商业银行	3753	90845	63971	0
二、国家开发银行和政策性银行	61	2001	9888	0
三、股份制商业银行	1141	34507	34160	0
四、城市商业银行	2041	57967	40486	13
五、城市信用社	—	—	—	—
六、小型农村金融机构	4070	52548	34714	82
七、财务公司	11	517	1939	10
八、信托公司	5	1349	387	5
九、邮政储蓄银行	1722	9598	5352	0
十、外资银行	29	803	629	0

续表

机构类别	营业网点			法人机构（个）
	机构个数（个）	从业人数（人）	资产总额（亿元）	
十一、新型农村金融机构	318	6711	1224	80
十二、其他	10	3155	5949	8
合　计	13161	260001	198698	198

数据来源：浙江银保监局。

注：营业网点不包括国家开发银行和政策性银行、大型商业银行、股份制商业银行等金融机构总部；大型商业银行包括工商银行、农业银行、中国银行、建设银行和交通银行；小型农村金融机构包括省农信联社本级、农村商业银行、农村合作银行和农村信用社；新型农村金融机构包括村镇银行、贷款公司和农村资金互助社；其他包含金融租赁公司、汽车金融公司、货币经纪公司、消费金融公司、民营银行等。

1. 资产负债平稳增长。2020 年末，浙江省银行业金融机构本外币资产和负债总额同比分别增长 17.1% 和 17.3%，增幅分别比上年末提高 5.8 个和 6.1 个百分点。

2. 存款保持较快增长，非金融企业存款拉动较大。2020 年末，浙江省金融机构本外币存款余额 15.2 万亿元，同比增长 15.9%，增速比上年末提高 3.2 个百分点；比年初增加 2.1 万亿元，同比多增 6208 亿元。分类型看，住户存款余额同比增长 14.6%，低于全部存款增速 1.4 个百分点；非金融企业存款余额同比增长 22.4%，高于全部存款增速 6.4 个百分点；广义政府存款余额同比增长 0.9%，比上年末回落 7.4 个百分点；非银行业金融机构存款余额比年初增加 1726 亿元，同比多增 2493 亿元。

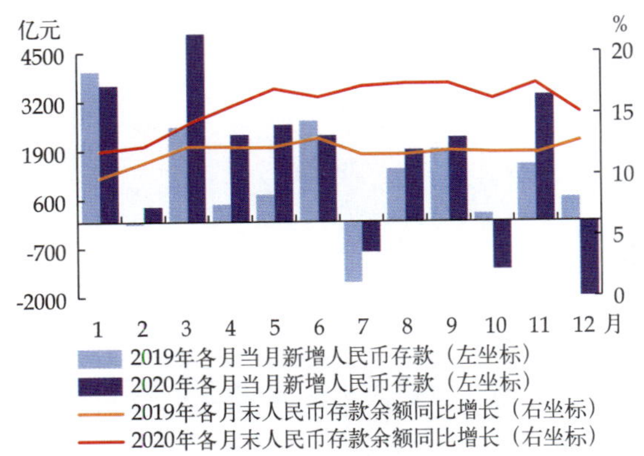

图 1　2019—2020 年浙江省金融机构人民币存款增长变化

（数据来源：中国人民银行杭州中心支行）

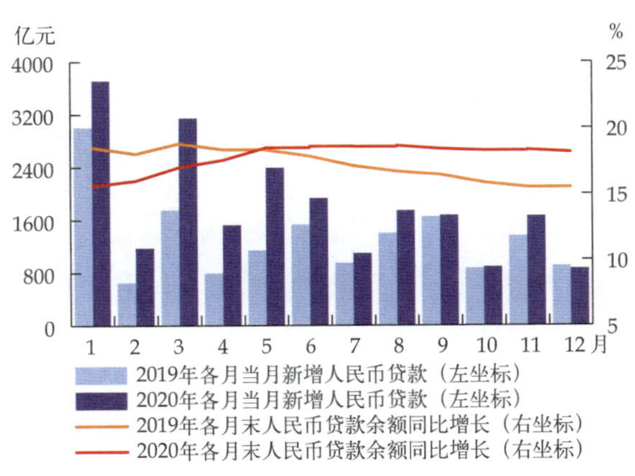

图 2　2019—2020 年浙江省金融机构人民币贷款增长变化

（数据来源：中国人民银行杭州中心支行）

3. 贷款保持合理增长，投向持续优化。2020 年末，浙江省金融机构本外币贷款余额 14.4 万亿元，比年初增加 2.2 万亿元，同比多增 6053 亿元，余额同比增长 18.0%。信贷投向持续优化，2020 年，浙江省民营经济贷款、普惠小微贷款、制造业贷款分别新增 9960 亿元、6022 亿元和 2364 亿元，同比分别多增 4949 亿元、2492 亿元和 1283 亿元。

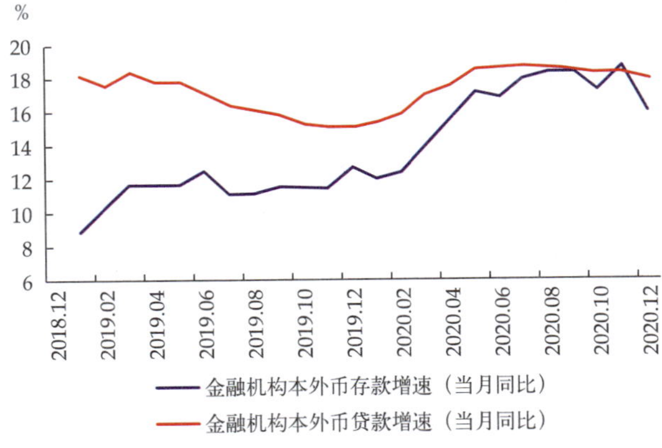

图 3　2019—2020 年浙江省金融机构本外币存、贷款增速变化

（数据来源：中国人民银行杭州中心支行）

4. 表外理财平稳增长。资管新规等监管政策出台后，银行理财等表外业务逐步规范，增长趋稳。2020 年末，浙江省金融机构人民币表外理财资产余额 10204.5 亿元，同比增长 3.3%。

表 2　2020 年浙江省金融机构人民币贷款各利率区间占比

单位：%

项目		1 月	2 月	3 月	4 月	5 月	6 月
合计		100.0	100.0	100.0	100.0	100.0	100.0
LPR 减点		10.6	19.7	16.5	12.4	10.4	14.4
LPR		1.0	1.2	2.7	3.7	3.7	4.6
LPR 加点	小计	88.4	79.1	80.8	83.9	85.9	80.9
	(LPR，LPR+0.5%)	20.5	19.3	20.2	19.4	16.2	17.0
	[LPR+0.5%，LPR+1.5%)	32.2	26.6	30.5	31.5	36.1	33.6
	[LPR+1.5%，LPR+3%)	20.4	17.0	16.4	17.4	17.7	16.0
	[LPR+3%，LPR+5%)	8.2	7.8	7.5	8.7	8.8	6.9
	LPR+5% 及以上	7.3	8.4	6.2	7.0	7.2	7.5
项目		7 月	8 月	9 月	10 月	11 月	12 月
合计		100.0	100.0	100.0	100.0	100.0	100.0
LPR 减点		10.2	13.4	11.6	12.0	10.9	10.9
LPR		4.8	4.9	6.3	5.2	5.5	7.0
LPR 加点	小计	85.0	81.6	82.1	82.8	83.6	82.1
	(LPR，LPR+0.5%)	16.6	16.1	16.2	16.0	17.0	15.9
	[LPR+0.5%，LPR+1.5%)	34.1	32.6	34.9	34.2	36.1	36.1
	[LPR+1.5%，LPR+3%)	16.9	16.5	16.5	16.5	15.6	16.4
	[LPR+3%，LPR+5%)	8.2	8.0	8.2	8.8	8.5	7.7
	LPR+5% 及以上	9.3	8.5	6.3	7.3	6.5	6.0

数据来源：中国人民银行杭州中心支行。

5. 企业贷款利率明显下降。持续深入推进贷款市场报价利率（LPR）改革在浙江落地，以落实市场化改革促进降低贷款实际利率。地方法人金融机构存量浮动利率贷款定价基准转换已于 8 月底前全部完成。2020 年，浙江省一般贷款加权平均利率为 5.48%，同比下降 0.61 个百分点。企业贷款加权平均利率为 4.85%，同比下降 0.51 个百分点，其中，大、中、小微型企业贷款加权平均利率分别为 4.26%、4.85% 和 5.17%，同比分别下降 0.53 个、0.40 个和 0.61 个百分点。

6. 银行业资产质量保持平稳。受经济下行压力影响叠加新冠肺炎疫情冲击，2020 年，浙江省银行业金融机构不良贷款余额和不良贷款率轻微“双升”，但基本保持稳定。年末不良贷款余额 1402.0 亿元；不良贷款率为 0.98%，比年初上升 0.07 个百分点，持续保持在较低水平。全年共处置不良贷款 1429.1 亿元，同比增加 70.0 亿元。

7. 银行业改革持续深化。开发性、政策性银行和国有大型商业银行改革创新持续深化，法人金融机构改革取得积极成效，杭银理财和宁银理财平稳运行。部分城商行通过增资扩股等方式稳妥化解了风险。农村金融机构改革稳步推动，村镇银行运行整体良好。

8. 跨境人民币业务保持平稳增长。2020 年，浙江省跨境人民币结算量 9197 亿元，同比增长 11%。全年开展跨境人民币结算企业达 1.9 万余家，比上年增加 1376 余家，业务参与面不断扩大。浙江自贸区跨境人民币结算业务持续发展，全年结算量同比增长 26%，油品转口贸易跨境人民币结算取得突破，油品贸易跨境人民币便利化结算量是上年的 8.6 倍。电子商务跨境人民币结算业务稳步增长，全年结算量同比增长 10%。

专栏 1　精准高效推动央行货币政策工具直达支持实体经济

2020 年，中国人民银行杭州中心支行坚决落实中国人民银行总行工作部署，按照分层次、有梯度、高质量要求，精准高效推动央行各项货币政策工具直达支持市场主体。浙江省发放的再贷款再贴现资金支持企业和农户 28 万余户，符合条件的地方法人银行累计为 31.3 万户普惠小微企业提供了延期还本付息支持，向 226.1 万户普惠小微企业发放符合央行政策条件的信用贷款。一是强化货币和财政政策联动，增强央行资金直达实体的政策效果。浙江省省、市地方政府均出台配套支持措施。如绍兴市、嘉兴市对央行政策工具支持的普惠小微贷款按利息的30%给予财政贴息；衢州市、丽水市按照央行政策资金的1%给予财政奖励；温州市、湖州市和台州市将金融机构运用央行政策工具的情况与财政性存款招投标挂钩。二是建立完善线上线下双渠道、跨部门融资对接机制，畅通央行资金直达实体的渠道。在线上，充分运用浙江省企业信用信息服务平台，发挥平台央行资金管理、银企融资对接、信用信息共享等功能，将与浙江省有关部门梳理的六类企业名单通过平台定向推送给金融机构，引导金融机构精准对接；在线下，与浙江省委统战部、省工商联联合开展“百地千名行长助企业复工复产”专项行动，提升金融服务质效，累计对接企业5.8万余家，发放贷款7400余亿元。三是建立“三张清单”金融服务机制，提升央行资金直达实体的效率。针对基层金融机构没权限、怕追责、不敢贷的问题，组织浙江省1700余家银行机构向社会公示授权清单、授信清单，对基层客户经理公布尽职免责清单，推动形成“敢贷、愿贷、能贷、会贷”的小微金融服务长效机制。截至2020年末，浙江80%以上的市级银行机构已拥有小微贷款权限，小微金融服务的便捷度显著提升。

（二）证券业发展稳健，企业上市稳步推进

2020年，浙江省证券机构体系持续完善，证券、期货业务规模总体上升，企业上市融资与并购稳步推进。

1. 证券机构体系持续完善。截至2020年末，浙江省共有法人证券公司6家，公募基金管理公司3家，证券公司分公司118家，证券营业部1034家，证券投资咨询机构3家。期货公司12家，期货公司分公司39家，期货营业部216家。

2. 证券业务规模快速增长。2020年，浙江省证券经营机构累计代理交易额62.6万亿元，同比增长48.2%；利润总额57.1亿元，同比增长91.6%。浙江省法人证券公司实现营业收入105.9亿元，同比增长40.7%；实现利润总额40.5亿元，同比增长30.2%。法人证券公司核心监管指标满足监管要求，经营稳健性水平保持良好。

3. 期货业务规模稳中有升。2020年，浙江省期货经营机构累计代理交易额68.6万亿元，同比增长39.8%；实现利润总额17.8亿元，同比增长1.1%。浙江省期货公司实现营业收入42.6亿元，同比增长9.9%；实现利润总额17.0亿元，同比下降11.8%。

4. 证券市场融资稳步推进。2020年，浙江省实现上市融资2191.4亿元，其中主板市场融资1077.4亿元，中小板市场融资899.8亿元，创业板市场融资158.4亿元，新三板市场融资22.5亿元。2020年，浙江省共发行公司债448只，融资额4037.4亿元。

表3　2020年浙江省证券业基本情况

项目	数量
总部设在辖内的证券公司数（家）	6
总部设在辖内的基金公司数（家）	3
总部设在辖内的期货公司数（家）	12
年末国内上市公司数（家）	518
当年国内股票（A股）筹资（亿元）	2191
当年发行H股筹资（亿元）	—
当年国内债券筹资（亿元）	—
其中：短期融资券筹资额（亿元）	—
中期票据筹资额（亿元）	—

数据来源：中国人民银行杭州中心支行、浙江证监局。

注：当年国内股票（A股）筹资额指非金融企业境内股票融资。

（三）保险业务结构持续优化，经济社会保障功能进一步发挥

2020年，浙江保险业平稳发展，业务结构持续优化，服务民生功能不断增强。

1. 保险机构体系继续完善。截至2020年末，浙江省共有各类保险机构3848家。其中，总公司6家，农村保险互助社3家，省级分公司129家（财产险67家、人身险62家）。省级以上保险专业中介机构336家。保险销售从业人员48.0万人。保险公司资产合计6421.9亿元，比年初增加282.4亿元。

2. 保费收入增幅有所放缓。2020年，浙江省保险业公司共实现保费收入2867.7亿元，同比增长9.1%，较上年下降6.4个百分点。其中，财产险公司保费收入和人身险公司保费收入同比分别增长6.5%和10.7%。保险业赔付支出908.1亿元，比上年增加30.5亿元。

表4　2020年浙江省保险业基本情况

项目	数量
总部设在辖内的保险公司数（家）	6
其中：财产险经营主体（家）	4
人身险经营主体（家）	2
保险公司分支机构（家）	129
其中：财产险公司分支机构（家）	67
人身险公司分支机构（家）	62
保费收入（中外资，亿元）	2867.7
其中：财产险保费收入（中外资，亿元）	1032.6
人身险保费收入（中外资，亿元）	1835.2
各类赔款给付（中外资，亿元）	908.1

数据来源：浙江银保监局、宁波银保监局。

3. 保险业务结构持续优化。2020年，浙江省人身险公司普通寿险超越分红险占据主体地位，健康险、普通寿险等纯风险保障类险种快速增长。万能险同比下降明显，中短续存期业务和销售主体持续减少。退保金额大幅下降，2020年，浙江省人身险公司退保金额合计145亿元，同比减少40.1%，降幅较上年同期提升32个百分点。

（四）社会融资规模平稳增长，金融市场稳健运行

1. 社会融资规模平稳增长。2020年，浙江省社会融资规模新增3.2万亿元，同比多增10027亿元。从结构看，本外币贷款新增2.2万亿元，同比多增6037.1亿元，占社会融资规模比重为68.0%，同比下降3.5个百分点。直接融资（含企业债券和股票）新增6146.4亿元，同比多增3134.5亿元，占社会融资规模比重为19.1%，同比上升5.5个百分点。其中企业债券发行5193亿元，同比多发2514亿元；股票融资新增953.4亿元，同比多增620.4亿元。委托贷款、信托贷款和未贴现银行承兑汇票等表外融资新增510.5亿元，同比少增168.9亿元。

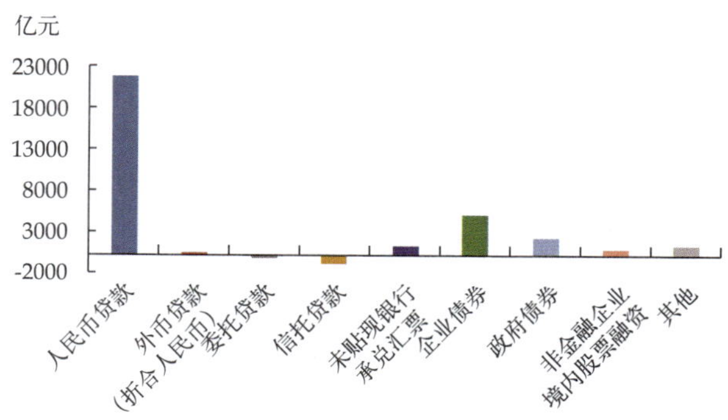

图4　2020年浙江省社会融资规模分布结构

（数据来源：中国人民银行杭州中心支行）

2. 民营企业债券融资推进有力。浙江省债务融资工具和民企债券融资支持工具发行保持全国领先。2020年，浙江省债务融资工具发行4383亿元，同比多发1380亿元，其中民营企业债务融资工具发行644亿元，发行规模居全国前列；浙江省信用风险缓释工具成交额、工具支持的民企债券发行额分别为33亿元和146亿元，均位居全国第一。

3. 银行间市场交易保持活跃。浙江省金融机构在银行间市场现券交易量和债券回购交易额分别比上年增长22%和17%。从市场利率看，现券交易加权平均到期收益率2.86%，同比下降

0.4个百分点；债券回购加权平均利率1.75%，同比下降0.5个百分点。

表5　2020年浙江省金融机构票据业务量统计

单位：亿元

季度	银行承兑汇票承兑		贴现			
			银行承兑汇票		商业承兑汇票	
	余额	累计发生额	余额	累计发生额	余额	累计发生额
1	12417.3	5941.4	5112.8	18096.5	448.3	1802.5
2	13457.7	11032.0	5264.2	36841.3	533.1	3224.8
3	13187.6	15294.7	4492.7	48664.4	491.9	4443.0
4	12613.0	19793.1	4404.3	61925.5	616.7	5978.0

数据来源：中国人民银行杭州中心支行。

注：累计发生额指当年累计发生额。

表6　2020年浙江省金融机构票据贴现、转贴现利率

单位：%

季度	贴现		转贴现	
	银行承兑汇票	商业承兑汇票	票据买断	票据回购
1	3.40	4.06	2.77	1.99
2	2.86	3.84	2.31	1.48
3	2.92	4.29	2.51	1.87
4	2.98	4.29	2.67	1.80

数据来源：中国人民银行杭州中心支行。

4.票据市场需求旺盛，贴现利率同比下降。2020年末，浙江省金融机构银行承兑汇票承兑余额1.2万亿元，同比增长20%；票据贴现余额4981亿元，同比增长10%。12月，浙江省银行承兑汇票直贴加权平均利率2.92%，同比下降0.06个百分点。

5.外汇交易平稳发展，黄金交投活跃。2020年，浙江省外汇交易市场外汇即期交易6377亿美元，同比增长5%。2020年，浙江省金融机构黄金市场交投活跃，场内和场外总成交额3.5万亿元，同比增长22%。

（五）区域金融改革扎实推进，改革成效显著

浙江省积极推进区域金融改革创新试验区建设各项工作，温州金融综合改革、丽水农村金融改革、义乌国际贸易金融专项改革、台州小微金融改革不断深化；中国（浙江）自贸区金融创新亮点纷呈，油品转口贸易跨境人民币结算取得突破，油品贸易便利化试点成效逐渐显现；湖州、衢州绿色金融改革取得阶段性成效，初步实现金融改革与经济转型良性互动、环境效益与经济效益双赢发展；宁波普惠金融改革开局良好，普惠金融信用信息服务平台2.0版上线，全国首推政策性担保“三免一减半”、政策性小微复工复产防疫保险。

（六）信用体系建设不断深化，金融基础设施不断完善

1.征信体系建设不断深化。金融信用信息基础数据库作为国家金融基础设施，在浙江省信用体系建设、防范区域性风险等方面发挥了积极作用。截至2020年末，浙江省共有171家小额贷款公司、担保公司、村镇银行等小微机构接入系统，共收录465万户企业和其他组织的信用信息。积极培育省内征信机构和信用评级机构。截至2020年末，共有备案企业征信机构7家，累计对外提供服务15.0亿次；共有备案信用评级机构9家，2020年全省共完成信用评级业务约5100笔。牵头推动长三角征信机构联盟组建，促进信用信息跨区域共享应用。

2.持续深化中小企业和农村信用体系建设。完善中小企业数据库建设，推动浙江省企业信用信息服务平台与温州、嘉兴、绍兴等地市中小企业数据库的互联互通。截至2020年末，省、市数据库覆盖浙江省280万余户企业，归集30余个政府部门和公共事业单位信息，开通用户3万余个，累计提供查询服务近1700万次。组织开展信用户、信用村（社区）、信用乡（镇、街道）评定，推进信用县创建，促进信用成果转化和应用。截至2020年末，累计为1162万户农户

建立信用档案，评定信用户938万户，创建信用村（社区）9077个、信用乡（镇、街道）443个，评定信用县11个，累计为已建立信用档案的942.9万户农户发放贷款3.2万亿元。

3. 支付体系安全高效运行。2020年，浙江省大、小额支付系统共处理业务7.24亿笔、金额583.5万亿元，同比分别增长10.7%和16.7%，大、小额支付系统处理的业务笔数分别居全国第二和第一位；网上支付跨行清算系统业务量首次突破10亿笔。全省中央银行会计核算数据集中系统（ACS）共处理业务71963笔，业务处理成功率达到99.9%。大力推进“移动支付之省”建设，推动市场主体和支付工具多元化发展，持续改善城乡支付环境。截至2020年末，浙江省移动支付活跃用户4386.8万户，移动支付覆盖全省所有地市和县（市）公交车、8400余个停车场、840个农贸市场、10235个农村助农服务点。

二、经济运行情况

2020年，浙江省经济稳步回升，全年实现地区生产总值64613亿元，同比增长3.6%，高于全国1.3个百分点。产业结构持续优化，三次产业增加值占生产总值比重分别为3.3%、40.9%和55.8%。

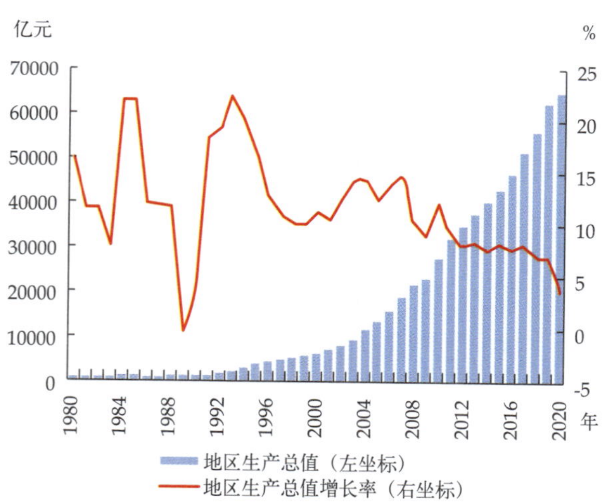

图5　1980—2020年浙江省地区生产总值及其增长率

（数据来源：浙江省统计局）

（一）三大需求协调推进，主要指标好于全国

2020年，浙江省积极贯彻落实中央“六稳”“六保”工作部署和任务，投资逐季回升，消费持续复苏，出口逆势增长，经济平稳增长。固定资产投资、社会消费品零售总额、外贸出口额同比分别增长5.4%、下降2.6%和增长9.1%。

1. 投资稳步增长，结构不断优化。2020年，浙江省固定资产投资同比增长5.4%，高于全国2.5个百分点。其中，基础设施投资同比增长5.3%，高于全国4.5个百分点；制造业投资同比增长3.4%，高于全国5.6个百分点；房地产开发投资同比增长6.8%，低于全国0.2个百分点。投资结构持续优化，高新技术产业投资同比增长7.4%，民间投资同比增长2.6%。

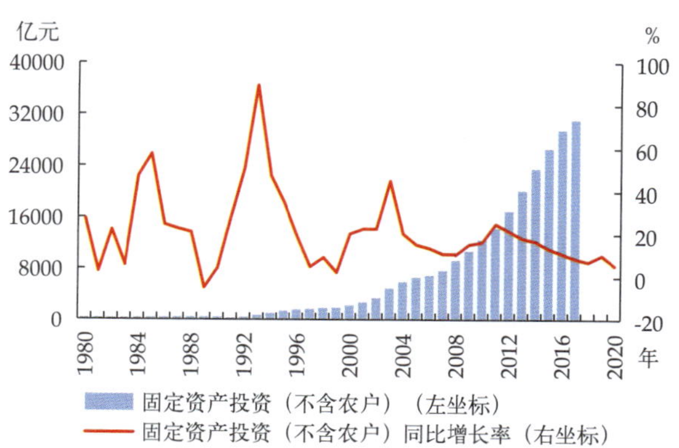

图6　1980—2020年浙江省固定资产投资（不含农户）及其增长率

（数据来源：浙江省统计局）

图7　1980—2020年浙江省社会消费品零售总额及其增长率

（数据来源：浙江省统计局）

2. 消费逐步复苏，线上线下加速融合。2020年，浙江省社会消费品零售总额26630亿元，同比下降2.6%，降幅低于全国1.3个百分点。升级类消费需求增长较快，可穿戴智能设备、新能源汽车、计算机及其配套产品零售额同比分别增长40.8%、23.9%和16.3%。受疫情影响，网络消费持续增长。2020年，浙江省网络零售额22608亿元，同比增长14.3%；省内居民网络消费11072亿元，同比增长10.9%。

3. 进出口保持较快增长，占全国份额创新高。2020年，浙江省进出口、出口、进口额分别为33808亿元、25180亿元和8628亿元，分别占全国的10.5%、14.0%和6.1%，份额比上年提升0.7个、0.6个和0.7个百分点，进出口份额首次突破10%，出口和进口份额也均创历史新高。浙江省实际利用外资157.8亿美元，同比上升16.4%；实际对外投资125.6亿美元，同比上升29.9%，外商来浙直接投资流入金额持续高于对外直接投资流出金额，全年差额为32.2亿美元。

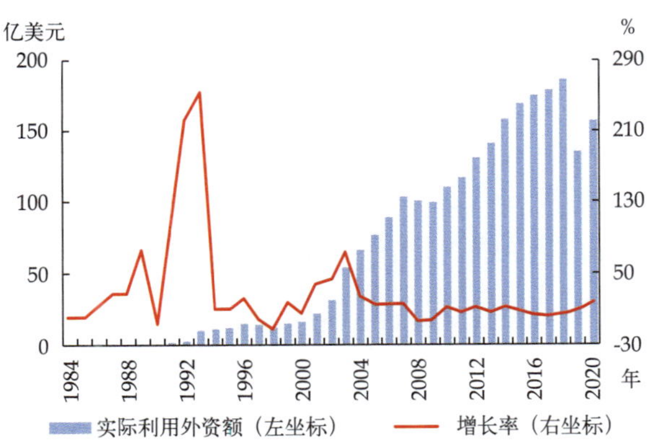

图8　1984—2020年浙江省实际利用外资额及其增长率

（数据来源：浙江省统计局）

（二）产业结构不断优化，新产业新动能持续壮大

2020年，浙江省农业生产稳中向好，工业经济持续复苏，服务业占比稳步提升。三次产业结构由上年的3.3∶42.1∶54.6调整为3.3∶40.9∶55.8，第三产业比重比全国高1.3个百分点，拉动GDP增长2.1个百分点，贡献率达59.4%。

1. 农业生产稳中向好，粮食产量创五年新高。浙江省深入实施乡村振兴战略，持续推进农业供给侧结构性改革，推动农业高质量发展。2020年，第一产业增加值2169亿元，同比增长1.3%。粮食总产量606万吨，同比增长2.3%，产量创五年新高，其中，夏粮、早稻和秋粮同比分别增长17.2%、4.1%和0.6%。蔬菜播种面积增长2.0%，肉类产量下降4.4%，水产品产量增长0.9%。

2. 工业经济快速复苏，数字经济占比持续提升。2020年，浙江省规模以上工业增加值16715亿元，同比增长5.4%，其中，9—12月增速均在10%以上。数字经济“一号工程”深入实施，全年数字经济核心产业增加值同比增长13.0%，增速比GDP高9.4个百分点，占比为10.9%，比上年提高0.9个百分点。在规模以上工业中，人工智能产业增加值同比增长16.6%，高新技术、装备、战略性新兴产业增加值同比分别增长9.7%、10.8%和10.2%，分别拉动规模以上工业增长5.5个、4.3个和3.1个百分点。

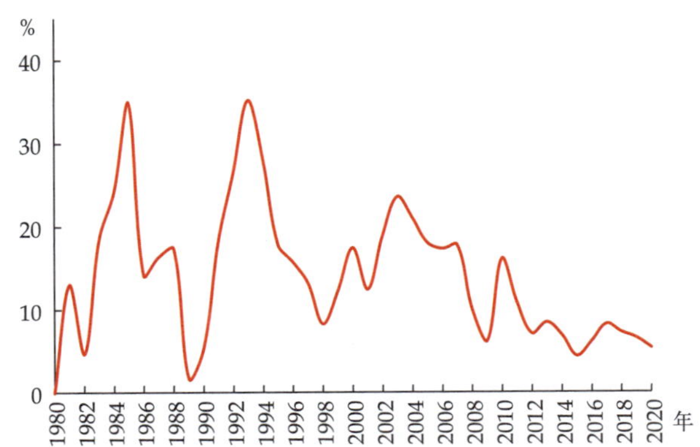

图9　1980—2020年浙江省规模以上工业增加值实际增长率

（数据来源：浙江省统计局）

3. 服务业占比稳步提升，生产经营持续改善。2020年，浙江省服务业增加值同比增长4.1%，增速比全国高2.0个百分点，比生产总值

高 0.5 个百分点，占生产总值的比重比上年提高 1.2 个百分点。规模以上服务业企业营业收入增长 10.8%，较上半年提高 4.8 个百分点。其中，信息传输、软件和信息技术服务业，以及科学研究和技术服务业营业收入同比分别增长 16.3% 和 22.7%。

4. 供给侧结构性改革深入推进，减税降费惠企利民。2020 年，浙江省规模以上工业产能利用率 79.1%。规模以上工业企业资产负债率为 54.6%，同比降低 0.6 个百分点。减税降费举措有力，全年为企业减负 4800 亿元，比年初预计多 2100 亿元。规模以上工业企业每百元营业收入中的成本为 82.9 元，比上年下降 0.7 元。基础设施投资补短板成效明显，基础设施投资增长 5.3%，其中，交通投资以及电力、热力生产和供应业投资分别增长 6.1% 和 28.2%。

5. 节能降耗深入推进，生态环境持续改善。浙江省全面践行绿色发展理念，扎实推进生态文明建设。2020 年，浙江省规模以上工业单位增加值能耗下降 4.3%。县级以上城市集中式饮用水水源地水质达标率为 100%，比上年上升 3.3 个百分点。11 个设区市日空气质量优良天数比例平均为 93.3%，比上年高 4.7 个百分点，PM2.5 平均浓度为 25 微克 / 立方米，比上年下降 19.4%。

（三）居民消费价格涨幅回落，生产者价格低位回升

1. 居民消费价格涨幅回落，食品价格上涨较快。2020 年，浙江省居民消费价格（CPI）同比上涨 2.3%，较上年回落 0.6 个百分点。八大类消费品和服务项目价格同比“六涨二跌”。其中，食品烟酒、其他用品和服务、教育文化和娱乐、生活用品及服务、医疗保健、衣着同比分别上涨 7.4%、4.2%、1.8%、1.6%、1.5% 和 0.5%；居住、交通和通信同比分别下降 0.1% 和 3.5%。全年食品价格增长 9.5%，增幅较上年扩大 1.5 个百分点，拉动 CPI 上涨 1.8 个百分点，贡献度达 79.6%。

2. 工业生产者价格低位回升，降幅较前三季度收窄。2020 年，浙江省工业生产者价格指数整体低位运行，其中出厂价格（PPI）和购进价格同比分别下降 3.1% 和 4.1%，降幅分别较前三季度收窄 0.1 个和 0.5 个百分点。

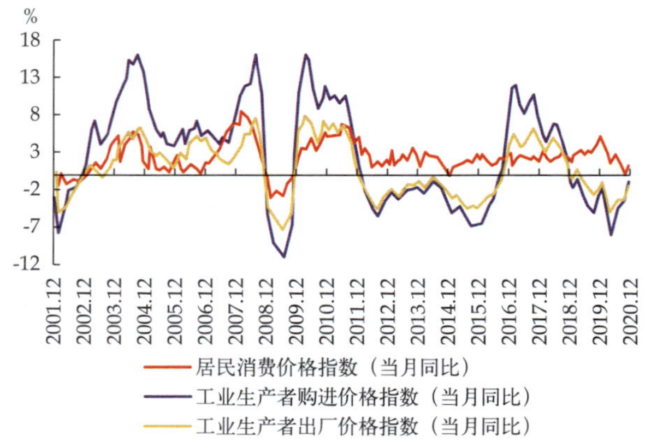

图 10　2001—2020 年浙江省居民消费价格指数和生产者价格指数变动趋势

（数据来源：浙江省统计局）

3. 劳动效率稳步提高，劳动力成本持续上升。2020 年，规模以上工业劳动生产率 25 万元 / 人，同比增长 5.9%。浙江省居民人均可支配收入 52397 元，名义增长 5.0%，扣除价格因素实际增长 2.6%，高于全国 0.5 个百分点。城镇、农村居民人均可支配收入分别为 62699 元和 31930 元，名义增长 4.2% 和 6.9%，实际增长 2.1% 和 4.0%，高于全国 0.9 个和 0.2 个百分点。

（四）财政收支保持增长，民生支出保障有力

2020 年，浙江省一般公共预算收入 7248 亿元，同比增长 2.8%。税收收入 6261.5 亿元，同比增长 6.1%，占一般公共预算收入比重为 86.4%，其中，增值税下降 2.4%，企业所得税和个人所得税分别增长 2.6% 和 13.5%。

2020 年，浙江省一般公共预算支出 10081.9 亿元，同比增长 0.3%。民生十项支出合计 7487.3 亿元，占一般公共预算支出比重为 74.3%，其中，住房保障支出、卫生健康支出、文化旅游体育与传媒支出较快增长，分别增长 18.4%、14.0% 和 13.0%。

2020年，浙江省共发行地方政府债券3369.6亿元，同比增加1125.7亿元。截至2020年末，浙江省地方政府债务余额14641.7亿元，同比增长18.9%。

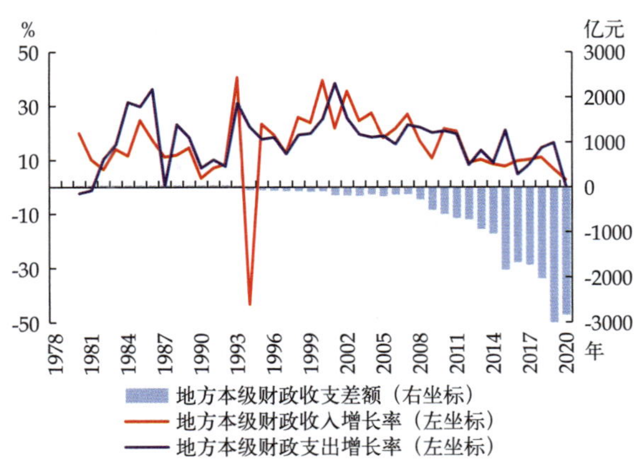

图11　1978—2020年浙江省财政收支状况

（数据来源：浙江省统计局）

（五）房地产市场平稳运行

1. 房地产投资保持增长。2020年，浙江省房地产开发完成投资11414亿元，同比增长6.8%。其中，住宅完成投资7727亿元，同比增长4.7%。

2. 商品房供销基本平衡。2020年，浙江省累计批准预售商品住宅9646万平方米，同比增长19.9%，新建商品住房供销比为1.1，供销基本平衡。截至2020年末，商品住宅可售面积7039万平方米，较上年同期增加759万平方米，去化周期为9.3个月，较上年同期下降0.6个月。

3. 商品住房成交量平稳增长。2020年，浙江省新建商品住宅销售8834万平方米，同比增长13.2%，增速较上年同期增加14.9个百分点；二手住宅成交5376万平方米，同比增长15.7%，增速较上年同期增加11.8个百分点。

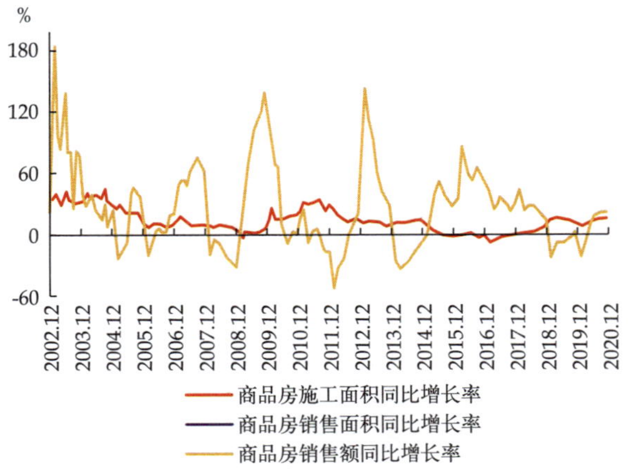

图12　2002—2020年浙江省商品房施工和销售变动趋势

（数据来源：浙江省统计局）

4. 房地产贷款增长平稳，增速、占比均有所下降。2020年末，浙江省房地产贷款余额增速同比下降1.6个百分点。其中，房地产开发贷款余额增速同比下降3.4个百分点。2020年浙江省房地产贷款增量占各项贷款增量的比重同比下降7.4个百分点，其中，个人住房贷款增量占各项贷款增量的比重同比下降3.1个百分点。

专栏2　以首贷户拓展为抓手打通小微企业融资“最先一公里”

为有效促进小微金融服务从“增量扩面”转向“扩面增量”，2020年中国人民银行杭州中心支行积极探索首贷户拓展工作，着力打通小微企业融资“最先一公里”。一是构建“自动匹配”首贷户统计监测体系，明确首贷户认定标准为在人民银行征信系统中没有贷款记录的企业客户，依托“央行浙江数字化平台”，实现“全量采数、自动匹配”，并与征信系统、工商企业名录库数据等进行多维比对匹配，确保统计监测数据真实准确。二是出台首贷户拓展考核办法，按月监测、按季通报、按年考核金融机构首贷户拓展情况，考核结果纳入央行评价考核体系，与货币政策工具、金融市场工具使用等挂钩。三是建立首贷户拓展联动推进机制，会同浙江省市场监管局、财政厅出台《首贷户拓展三年行动方案（2020—2022）》，积极推动地方政府对首贷户贷款提供风险补偿、财政奖励和政策性融资担保等支持，实现首贷户拓展从金融系统“一家干”到银政企各方面、省市县各层次“多家抬”。四是推动首贷户金融服务和产品创新，如宁波奉化区成立首贷中心，杭州银行专设首贷绿色通道，瑞安农商行推出小额复工首贷产品“微利贷”。

在各方面共同努力下，浙江省首贷户拓展阶段性成效明显，小微金融服务覆盖面和普惠性进一步提升，获得《人民日报》、新华财经等国家媒体广泛报道。2020 年，浙江省新增小微企业首贷户 8.7 万户，占 12 月末小微企业存量贷款户数的 28.5%，比第一季度末提高 20.1 个百分点。新增小微企业首贷户中，制造业和批发零售业户数占比最高，分别占 29.6% 和 42.9%；信用贷款户数占比 32%，比第一季度提高 1.2 个百分点，有力助推浙江稳企业保就业和经济高质量发展。

三、预测与展望

2021 年，浙江经济发展面临的国内外环境仍然复杂多变。从国际环境看，全球疫情仍在蔓延，世界经济复苏不稳定不平衡。疫情冲击导致的各类衍生风险不容忽视，疫情后逆全球化趋势更加明显，全球产业链、供应链面临冲击，全球经济可持续增长存在挑战。从国内环境看，我国经济内生动力增强、韧性强、潜力大，经济稳中向好、长期向好的基本趋势没有改变。但发展不平衡不充分问题仍然突出，重点领域和关键环节改革任务仍然艰巨，国内疫情零星散发对经济增长有一定影响。

从浙江情况看，经济运行机遇与挑战并存。一方面，浙江疫情防控取得重大成果，稳企业稳增长成效明显，科技创新产业升级取得重要进展，营商环境不断优化，市场活力不断增强，经济继续保持长期向好的基本面。另一方面，经济高质量发展的基础尚不稳固，境内外疫情变化和外部环境存在诸多不确定性，经济稳增长面临多方面的压力。部分行业、企业经营仍存在一定困难，战略性新兴产业还未形成有力支撑，科技创新能力有待加强。预计 2021 年浙江经济将保持平稳增长，结构继续改善，新动能加快成长，企业效益改善。金融支持实体经济将更加精准有效，科技创新、小微企业、绿色发展等领域的金融支持力度进一步加强，有力推动经济高质量发展。

2021 年是中国共产党成立 100 周年，是“十四五”开局之年，也是我国现代化建设进程中具有特殊重要性的一年。中国人民银行杭州中心支行继续以习近平新时代中国特色社会主义思想为指导，全面贯彻党的十九届五中全会和中央经济工作会议精神，坚持稳中求进工作总基调，立足新发展阶段，贯彻新发展理念，构建新发展格局，按照中国人民银行总行部署，认真贯彻稳健的货币政策要灵活精准、合理适度的要求，加大金融支持实体经济的力度，持续优化信贷结构，促进小微企业综合融资成本稳中有降，严守风险底线，进一步提升金融服务经济高质量发展的质效。

中国人民银行杭州中心支行货币政策分析小组

总　纂：殷兴山　陆巍峰

统　稿：闫真宇　杨　曦　施　韬　王　瑜　钱晓霞　周　能

执　笔：钱晓霞　周　能　张显进　周驾易　王治政　陈楠希　童红坚　杜佳倩　陈　帅　胡健闽
荣剑雄　李　青　陈　怡　蒋万城　王建斌　王艺林　郁一彬　吴　建　王瑶瑶　潘明铭
贾　舒　余伟宁　周　欢　王哲中　黄玉莹　朱秋琪　巴洪涛　徐　蕾　秦　楠

附录

（一）2020年浙江省经济金融大事记

1月30日，中国人民银行杭州中心支行发布《中国人民银行杭州中心支行关于全力做好疫情防控金融服务工作的通知》（杭银发〔2020〕17号）。

2月6日，中国人民银行杭州中心支行、中国银保监会浙江监管局联合发布《中国人民银行杭州中心支行 中国银保监会浙江监管局关于防控新型冠状病毒感染肺炎疫情 加强小微企业金融支持的意见》（杭银发〔2020〕22号）。

3月6日，浙江省委、省政府召开金融工作座谈会，以落实落细融资畅通工程为抓手，研究部署疫情防控和复工复产的金融保障工作。

3月17日，中国人民银行杭州中心支行组织召开金融委办公室地方协调机制（浙江省）成立会议暨第一次例会，标志着浙江协调机制正式成立并运行。

3月29日至4月1日，习近平总书记在浙江考察，并赋予浙江“努力成为新时代全面展示中国特色社会主义制度优越性的重要窗口”的新目标新定位。

4月26日，杭州市获批中国人民银行金融科技创新监管试点，引导持牌金融机构、科技公司申请创新测试，规范金融科技健康有序发展。

6月12日，中国人民银行杭州中心支行印发《金融支持浙江稳企业保就业实施方案》（杭银办〔2020〕84号）。

8月30日，国务院批复同意浙江自贸区扩区；9月24日，宁波片区、杭州片区、金义片区正式揭牌，标志着浙江自贸试验区进入新阶段；12月10日，“金融赋能中国（浙江）自由贸易试验区扩区新发展研讨会”在杭州召开。

11月28日，浙江省正式启用存款保险标识。

12月10日，“绿水青山就是金山银山”理念引领下的中国绿色金融改革创新研讨会在湖州召开。

（二）2020 年浙江省主要经济金融指标

表 1　2020 年浙江省主要存贷款指标

	项目	1月	2月	3月	4月	5月	6月	7月	8月	9月	10月	11月	12月
本外币	金融机构各项存款余额（亿元）	135045.0	135623.2	140364.9	142771.0	145446.8	148258.8	147666.9	149874.3	152285.2	151148.5	154754.5	152233.5
	其中：住户存款	57553.6	56874.5	58345.1	58186.6	58687.4	59833.2	59079.2	59310.3	60766.6	59870.8	60306.0	61568.7
	非金融企业存款	44857.0	45678.1	49030.7	50791.5	51941.4	53691.9	52590.7	53722.2	54398.2	54326.7	56438.0	55527.6
	各项存款余额比上月增加（亿元）	3746.5	578.2	4741.7	2406.1	2675.8	2811.9	-591.8	2207.4	2410.9	-1136.7	3606.0	-2521.0
	金融机构各项存款同比增长（%）	12.1	12.4	14.0	15.6	17.1	16.8	17.9	18.4	18.4	17.3	18.7	15.9
	金融机构各项贷款余额（亿元）	125535.4	126902.2	130079.2	131589.3	134034.4	135977.7	137152.1	138902.4	140481.0	141315.1	142962.1	143611.6
	其中：短期	47249.3	47745.8	49456.1	49962.9	50856.6	51399.2	51346.7	51921.6	52324.8	52255.8	52869.1	52799.8
	中长期	71012.0	71483.6	73008.2	73943.0	75167.5	76548.9	77892.6	79162.6	80666.5	81610.8	82609.5	83264.7
	票据融资	4870.9	5190.9	5218.3	5245.4	5573.9	5588.3	5356.1	5259.2	4933.7	4875.7	4825.3	4949.2
	各项贷款余额比上月增加（亿元）	3784.8	1366.8	3177.1	1510.0	2445.1	1943.2	1174.4	1750.3	1578.6	834.1	1647.0	649.5
	其中：短期	967.9	496.5	1710.3	506.8	893.7	542.5	-52.5	574.8	403.2	-68.9	613.3	-69.3
	中长期	2209.5	471.6	1524.6	934.8	1224.4	1381.5	1343.6	1270.0	1503.8	944.3	998.7	655.2
	票据融资	477.1	320.1	27.3	27.2	328.4	14.4	-232.2	-96.9	-325.5	-58.0	-50.4	123.9
	金融机构各项贷款同比增长（%）	15.3	15.9	17.0	17.5	18.5	18.6	18.7	18.7	18.4	18.3	18.3	18.0
	其中：短期	7.7	9.1	10.8	11.9	13.3	12.7	12.6	12.7	12.1	11.8	12.2	11.1
	中长期	19.8	19.6	20.5	20.6	21.1	22.1	22.7	23.3	24.0	24.1	23.8	23.2
	票据融资	31.6	30.3	30.6	32.6	36.6	31.6	24.3	14.7	4.3	2.1	2.5	12.6
	建筑业贷款余额（亿元）	3487.6	3509.3	3543.0	3584.9	3667.7	3673.4	3656.2	3684.2	3723.5	3713.4	3745.6	3693.8
	房地产业贷款余额（亿元）	6479.3	6591.0	6803.6	6904.8	7097.7	7257.7	7424.8	7449.2	7504.0	7476.8	7443.5	7333.0
	建筑业贷款同比增长（%）	11.2	10.3	10.6	10.3	11.0	10.7	10.2	11.5	13.2	12.5	11.7	10.3
	房地产业贷款同比增长（%）	20.7	19.6	21.2	21.2	22.0	22.4	24.1	23.2	24.1	23.4	21.3	17.8
人民币	金融机构各项存款余额（亿元）	131903.2	132316.6	137311.3	139637.1	142221.4	144520.8	143712.4	145627.5	147868.7	146595.6	149964.1	147666.9
	其中：住户存款	56957.2	56257.1	57716.8	57554.6	58070.5	59226.8	58481.5	58721.2	60174.8	59269.4	59707.1	60969.8
	非金融企业存款	43107.4	43902.6	47457.4	49181.0	50372.9	51853.2	50662.4	51607.7	52229.8	51924.4	53913.6	53237.8
	各项存款余额比上月增加（亿元）	3645.1	413.5	4994.6	2325.9	2584.2	2299.5	-808.4	1915.1	2241.1	-1273.1	3368.5	-2297.2
	其中：住户存款	3824.5	-700.1	1459.7	-162.2	515.9	1156.2	-745.2	239.7	1453.5	-905.3	437.7	1262.8
	非金融企业存款	-574.3	795.2	3554.7	1723.6	1191.9	1480.3	-1190.7	945.3	622.1	-305.4	1989.2	-675.8
	各项存款同比增长（%）	12.0	12.4	14.2	15.6	17.1	16.4	17.3	17.5	17.5	16.3	17.5	15.1
	其中：住户存款	13.7	12.7	14.4	15.0	15.6	15.8	14.8	14.8	15.0	14.5	14.4	14.8
	非金融企业存款	14.0	18.0	20.7	24.5	26.7	24.7	25.8	26.4	24.3	23.9	24.7	21.9
	金融机构各项贷款余额（亿元）	124004.2	125182.1	128329.0	129857.3	132252.9	134187.0	135283.3	137030.6	138705.0	139596.8	141260.9	142126.0
	其中：个人消费贷款	35245.2	34858.9	35515.6	35926.7	36488.7	37050.6	37692.9	38510.5	39233.7	39553.5	40216.9	40647.3
	票据融资	4870.9	5190.9	5218.3	5245.4	5573.9	5588.3	5356.1	5259.2	4933.7	4875.7	4825.3	4949.2
	各项贷款余额比上月增加（亿元）	3714.9	1177.9	3146.9	1528.3	2395.7	1934.1	1096.3	1747.3	1674.4	891.7	1664.1	865.2
	其中：个人消费贷款	413.6	-386.3	656.7	411.2	561.9	561.9	642.3	817.6	723.2	319.9	663.4	430.4
	票据融资	4870.9	320.1	27.3	27.2	328.4	14.4	-232.2	-96.9	-325.5	-58.0	-50.4	123.9
	金融机构各项贷款同比增长（%）	15.6	16.0	17.0	17.6	18.5	18.6	18.6	18.6	18.4	18.3	18.3	18.2
	其中：个人消费贷款	17.1	16.5	16.5	16.8	17.3	17.2	17.4	17.8	17.8	17.0	17.3	16.7
	票据融资	31.6	30.3	30.6	32.6	36.6	31.6	24.3	14.7	4.3	2.1	2.5	12.6
外币	金融机构外币存款余额（亿美元）	456.2	471.9	431.0	444.1	452.3	528.0	566.2	619.0	648.5	677.2	728.2	699.9
	金融机构外币存款同比增长（%）	13.2	8.4	-0.3	8.7	16.1	31.7	45.7	64.4	67.2	69.5	84.6	60.6
	金融机构外币贷款余额（亿美元）	222.3	245.5	247.0	245.4	249.8	252.9	267.5	272.8	260.8	255.6	258.6	227.7
	金融机构外币贷款同比增长（%）	-7.4	1.7	9.2	11.6	13.4	16.8	24.8	28.5	26.0	22.2	21.6	8.7

数据来源：中国人民银行杭州中心支行。

表 2　2001—2020 年浙江省各类价格指数

单位：%

时间	居民消费价格指数		农业生产资料价格指数		工业生产者购进价格指数		工业生产者出厂价格指数	
	当月同比	累计同比	当月同比	累计同比	当月同比	累计同比	当月同比	累计同比
2001	—	-0.2	—	-0.3	—	-0.4	—	-1.7
2002	—	-0.9	—	-0.5	—	-2.5	—	-3.1
2003	—	1.9	—	2.9	—	5.8	—	0.6
2004	—	3.9	—	3.2	—	13.4	—	5
2005	—	1.3	—	5.8	—	5.4	—	2.3
2006	—	1.1	—	-0.4	—	5.6	—	3.8
2007	—	4.2	—	7.3	—	5.3	—	2.4
2008	—	5.0	—	18.9	—	10.6	—	4.3
2009	—	-1.5	—	-4.1	—	-7.4	—	-5.1
2010	—	3.8	—	3.0	—	12.0	—	6.2
2011	—	5.4	—	10.8	—	8.3	—	5.0
2012	—	2.2	—	4.2	—	-3.3	—	-2.7
2013	—	2.3	—	2.8	—	-2.3	—	-1.8
2014	—	2.1	—	-0.9	—	-1.8	—	-1.2
2015	—	1.4	—	0.9	—	-5.5	—	-3.6
2016	—	1.9	—	-0.5	—	-2.2	—	-1.7
2017	—	2.1	—	1.8	—	9.6	—	4.8
2018	—	2.3	—	1.8	—	5.1	—	3.4
2019	—	2.9	—	2.9	—	-2.9	—	-1.1
2020	—	2.3	—	6.1	—	-4.1	—	-3.1
2019 1	2.1	2.1	0.8	0.8	-1.0	-1.0	-0.1	-0.1
2	1.6	1.9	0.6	0.7	-1.5	-1.2	-0.4	-0.2
3	2.5	2.1	0.3	0.6	-1.1	-1.2	-0.1	-0.2
4	2.7	2.2	0.6	0.6	-0.8	-1.1	0.5	0.0
5	3.2	2.4	1.7	0.8	-1.6	-1.2	0.0	0.0
6	2.7	2.5	2.3	1	-2.8	-1.5	-0.8	-0.1
7	2.9	2.5	2.7	1.3	-3.5	-1.7	-1	-0.3
8	3.1	2.6	3.6	1.6	-4.1	-2	-1.8	-0.5
9	2.9	2.6	4.6	1.9	-4.7	-2.3	-2.3	-0.7
10	3.1	2.7	5	2.2	-5	-2.6	-2.5	-0.8
11	3.9	2.8	5.9	2.6	-4.9	-2.8	-2.5	-1
12	3.9	2.9	6.5	2.9	-3.5	-2.9	-1.8	-1.1
2020 1	4.7	4.7	7.0	7.0	-2.1	-2.1	-1.1	-1.1
2	4.4	4.6	7.1	7.1	-1.9	-2.0	-1.1	-1.1
3	3.5	4.2	6.5	6.9	-3.6	-2.5	-2.4	-1.5
4	2.5	3.8	6.8	6.9	-6.5	-3.5	-4.4	-2.3
5	1.7	3.4	6.6	6.8	-7.8	-4.4	-4.9	-2.8
6	2.2	3.2	6.3	6.7	-6.7	-4.8	-4.2	-3
7	2.5	3.1	7.2	6.8	-5.1	-4.8	-3.9	-3.1
8	2.0	2.9	7.3	6.9	-4.1	-4.7	-3.4	-3.2
9	1.8	2.8	6	6.8	-3.5	-4.6	-3.5	-3.2
10	0.9	2.6	4.3	6.5	-3.5	-4.5	-3.3	-3.2
11	0.1	2.4	4	6.3	-2.7	-4.3	-2.7	-3.2
12	1	2.3	4.7	6.1	-1.2	-4.1	-1.7	-3.1

数据来源：浙江省统计局。

表 3　2020 年浙江省主要经济指标

项目	1 月	2 月	3 月	4 月	5 月	6 月	7 月	8 月	9 月	10 月	11 月	12 月
	绝对值（自年初累计）											
地区生产总值（亿元）	—	—	13114.0	—	—	29086.6	—	—	45825.9	—	—	64613.3
第一产业	—	—	335.0	—	—	913.6	—	—	1389.2	—	—	2169.2
第二产业	—	—	4930.2	—	—	11620.0	—	—	18578.5	—	—	26413.0
第三产业	—	—	7848.8	—	—	16553.0	—	—	25858.2	—	—	36031.2
工业增加值（亿元）	—	1747.8	3171.0	4565.5	5962.1	7422.0	8715.1	10126.9	11701.2	13214.4	14874.9	16714.5
固定资产投资（亿元）	—	—	—	—	—	—	—	—	—	—	—	—
房地产开发投资	—	1089.5	2044.7	2968.4	3993.3	5308.8	6300.8	7321.7	8536.7	9567.2	10634.6	11413.7
社会消费品零售总额（亿元）	—	3457.5	5334.3	7327.5	9627.8	11939.4	14041.3	16230.1	18504.7	21183.7	23912.6	26629.8
外贸进出口总额（亿元）	—	4014.7	6299.4	8704.6	11416.9	14724.2	18090.4	21218.0	24421.7	27421.1	30605.0	33808.0
进口	—	1195.5	1883.9	2535.0	3147.7	3866.1	4667.1	5410.5	6286.2	7055.0	7857.3	8627.9
出口	—	2819.3	4415.5	6169.5	8269.2	10858.1	13423.3	15807.5	18135.5	20366.1	22747.7	25180.1
进出口差额（出口－进口）	—	1623.8	2531.6	3634.5	5121.5	6992.0	8756.2	10397.0	11849.3	13311.1	14890.4	16552.2
实际利用外资（亿美元）	—	—	—	—	—	—	—	99.7	119.6	130.3	141.7	157.8
地方财政收支差额（亿元）	94.7	188.0	-295.4	-406.6	-436.0	-713.5	-695.1	-877.1	-1228.9	-1332.9	-1865.8	-2833.9
地方财政收入	1080.7	1650.0	2163.0	2887.6	3535.2	4253.2	4988.1	5547.1	6113.5	6524.1	6783.0	7248.0
地方财政支出	986.0	1462.0	2458.4	3294.2	3971.2	4966.7	5683.2	6424.2	7342.4	7856.9	8648.8	10081.9
城镇登记失业率（%）（季度）	—	—	4.7	—	—	4.9	—	—	4.7	—	—	4.3
	同比累计增长率（%）											
地区生产总值	—	—	-5.6	—	—	0.5	—	—	2.3	—	—	3.6
第一产业	—	—	-0.7	—	—	1.3	—	—	1.4	—	—	1.3
第二产业	—	—	-11.0	—	—	-2.0	—	—	1.0	—	—	3.1
第三产业	—	—	-1.5	—	—	2.5	—	—	3.4	—	—	4.1
工业增加值	—	-18.5	-10.2	-4.8	-1.3	0.3	0.5	1.8	3.0	3.9	4.8	5.4
固定资产投资	—	-14.4	-5.2	-0.1	2.4	3.8	3.5	3.9	4.3	4.8	5.2	5.4
房地产开发投资	—	-9.6	-4.2	0.1	1.8	2.7	4.3	5.2	6.0	6.5	6.8	6.8
社会消费品零售总额	—	-18.0	-14.7	-10.8	-7.5	-6.3	-5.8	-5.4	-4.9	-4.0	-3.2	-2.6
外贸进出口总额	—	-12.3	-5.4	-3.6	-2.6	4.2	5.7	7.1	8.6	9.5	10.3	9.6
进口	—	3.2	8.6	5.1	2.7	6.8	9.6	10.4	12.1	12.8	12.7	11.2
出口	—	-17.6	-10.4	-6.8	-4.5	3.3	4.4	6.1	7.5	8.4	9.6	9.1
实际利用外资	—	—	—	—	—	—	—	11.0	9.3	14.5	12.8	16.4
地方财政收入	5.5	2.8	-5.1	-4.1	-2.8	-2.6	-0.8	1.1	1.7	2.5	2.8	2.8
地方财政支出	1.2	-13.2	-3.6	2.3	4.4	-2.5	0.6	3.5	0.8	1.3	1.6	0.3

数据来源：浙江省统计局。

安徽省金融运行报告（2021）

中国人民银行合肥中心支行货币政策分析小组

[内容摘要] 2020年，安徽省以习近平新时代中国特色社会主义思想为指导，全面贯彻党的十九大和十九届二中、三中、四中、五中全会精神，认真贯彻落实习近平总书记考察安徽重要讲话指示精神，全面落实党中央、国务院决策部署，统筹疫情防控、防汛救灾和经济社会发展，扎实做好"六稳"工作、坚决落实"六保"任务，经济发展稳定向好，"十三五"规划圆满收官，为"十四五"时期全面建设新阶段现代化美好安徽奠定了坚实基础。全年地区生产总值增长3.9%，消费、工业和进出口增速居全国前列，科技创新取得重大突破，脱贫攻坚目标任务如期完成，实施长三角一体化发展战略取得重大进展，生态环境质量持续改善，人民生活和社会发展水平得到新提升。

经济运行呈现稳中有进、进中向好的恢复性增长态势。一是三大需求稳步回升，进出口增速创新高。固定资产投资韧性增强，基础设施投资和社会领域投资增长较快。制造业投资增速回落，但降幅逐月收窄。消费逐步回暖，线上消费新业态加速培育，限额以上网上商品零售额同比增长25.3%。进出口总额保持较快增长，"一带一路"经贸合作持续深化，有效推动国内外市场更好联通、相互促进。二是三次产业协调发展，产业结构继续优化。推动农业生产灾后恢复，粮食生产保持"面积稳、产量稳"，实现了宝贵的十七连丰。在全国率先探索优质专用粮生产，实现了优质专用水稻和小麦面积占比过半的跨越。工业生产进程加快，规模以上工业增加值增幅居全国第六位。成功举办2020世界制造业大会江淮线上经济论坛，战略性新兴产业签约项目、投资总额分别增长38.5%、59.6%。安徽自贸试验区建设全面启动，推进4个国家战略性新兴产业集群建设，高技术产业增加值、战略性新兴产业产值分别增长16.4%、18%。全省服务业产值在受疫情影响经历短暂下行后，开始稳定复苏，新兴服务行业增势良好。供给侧结构性改革深入推进，有序退出煤炭产能210万吨，实施亿元以上重大技术改造项目1000项以上，对工业经济增长的贡献率超过70%。打好污染防治攻坚战，PM2.5平均浓度降至有监测记录以来的最低水平，推深做实全国首个林长制改革示范区，全省森林覆盖率超过30%。三是物价水平温和上涨，就业形势保持稳定。居民消费价格指数同比上涨2.7%，与上年持平。工业生产者出厂价格涨幅回落，工业生产者购进价格同比下降。城镇新增就业完成年度目标任务的105.2%，居民收入稳定增长，农村居民可支配收入与全国平均水平差距比上年缩小94元。四是财政收入运行稳定，财政支出结构进一步优化。全省一般公共预算收入、支出比上年分别增长1.0%、1.1%。减税降费力度进一步加大，全年新增减税降费672亿元。重点领域支出保障有力，全省社会保障和就业、卫生健康、农林水支出同比分别增长8.5%、10.6%和25.1%。

2020年，面对突如其来的新冠肺炎疫情、历史罕见的洪涝灾害以及复杂严峻的内外部环境，中国人民银行合肥中心支行认真落实稳健的货币政策要求，坚持以总量政策适度、融资成本明显下降、支持实体经济三大确定性方向，应对高度不确定的形势，为全省经济恢复增长营造了适宜的货币金融环境。

全年金融运行总体平稳，支持实体经济质量和效率进一步提高。一是银行业经营稳健，服务实体经济能力明显提升。银行业资产规模稳步扩大，其中法人银行业资产占比增至38.6%。

本外币各项存款全年增量高于上年同期，得益于稳增长、保企业、惠民生政策措施，新增住户存款占各项存款增量的71%。本外币各项贷款增速较上年同期提高2.1个百分点，其中短期贷款同比多增661.1亿元，重点保障市场主体经营周转和居民消费资金需求。社会融资规模同比多增1995.8亿元，表外业务持续收缩，委托贷款继续下降。二是LPR改革稳步推进，贷款利率持续下行。存量浮动利率贷款定价基准转换有序推进，到2020年8月底法人金融机构存量转换工作全部完成。认真落实降成本要求，金融机构企业贷款利率较上年同期下降0.56个百分点。三是扎实开展风险监测和协调处置，坚决守住不发生区域性金融风险底线。加强风险监测排查预警，广泛开展存款保险宣传。2020年末，全省银行业金融机构不良贷款率较上年末有所下降。四是跨境人民币业务较快增长，在跨境收付中占比继续提高。全省跨境人民币收付占比较上年提高3.3个百分点，跨境人民币业务覆盖2371家贸易主体，涉及境外国家或地区92个。五是证券业稳步发展，企业上市挂牌中部领先。资本市场扩容支持创新发展，科创板上市企业数居中部第一位、全国第六位。六是保险业增长良好，服务民生功能持续增强。保险市场体系逐步完善，保险保障能力持续增强，全省保险业提供风险保障同比增长36.7%，高于保费增速32.6个百分点。推动涉企保证险，进一步扩大政策性农业保险补贴范围，实现大病保险全覆盖。七是金融生态环境持续优化，金融基础设施建设不断完善。推动全省中小微企业和农村信用体系建设，基本实现信息主体全覆盖。构建多层级中小微企业信用信息服务平台，加载融资对接功能，提升平台实效。支付结算金融基础设施不断完善，保障社会资金高效安全流转。金融消费者权益保护持续加强，构建金融知识宣传教育长效机制，金融消费纠纷多元化解机制深入推进。

2021年是实施“十四五”规划、开启全面建设社会主义现代化国家新征程的第一年。安徽省将认真贯彻习近平总书记考察安徽重要讲话指示精神，坚持稳中求进工作总基调，立足新发展阶段，贯彻新发展理念，构建新发展格局，坚持扩大内需战略，强化科技战略支撑、加强创新体系和能力建设，扩大高水平对外开放，加快打造具有重要影响力的科技创新策源地、新兴产业聚集地、改革开放新高地和经济社会发展全面绿色转型区。同时也要看到，国际经济金融形势仍然复杂严峻，境内外疫情变化和外部环境存在诸多不确定性，经济恢复基础尚不牢固。全省金融业要贯彻落实好稳健的货币政策灵活精准、合理适度的要求，坚持稳字当头，保持政策落实的连续性、稳定性和可持续性，努力保持经济运行在合理区间，以高质量发展为“十四五”开好局，以优异成绩庆祝建党100周年。

一、金融运行情况

2020年，安徽省金融系统认真贯彻落实稳健的货币政策，统筹推进疫情防控和经济社会发展，深入推进供给侧结构性改革，坚决打赢脱贫攻坚战，货币信贷和社会融资规模平稳增长，信贷结构持续优化，证券业规模不断扩大，保险市场体系不断完善，为经济高质量发展营造了适宜的货币金融环境。

（一）银行业稳健运行，服务实体经济能力明显提升

1. 银行业资产规模扩大，法人银行业资产增幅提高。2020年末，安徽省银行业资产总额7.71万亿元，同比增长10.4%。法人银行业资产总额3.0万亿元，占全省银行业总资产的38.6%，同比增长9.3%，增速较上年同期提高1.0个百分点。

表 1　2020 年安徽省银行业金融机构情况

机构类别	营业网点			法人机构（个）
	机构个数（个）	从业人数（人）	资产总额（亿元）	
一、大型商业银行	2374	45955	25621	0
二、国家开发银行和政策性银行	91	2316	8089	0
三、股份制商业银行	356	8352	6878	0
四、城市商业银行	447	10015	11975	1
五、小型农村金融机构	3067	35279	15472	84
六、财务公司	6	197	545	6
七、信托公司	1	169	86	1
八、邮政储蓄银行	1793	15134	6018	0
九、外资银行	4	162	141	0
十、新型农村金融机构	346	4609	1006	68
十一、其他	10	1446	1307	6
合　计	8495	123634	77139	166

数据来源：安徽银保监局。

注：营业网点不包括国家开发银行和政策性银行、大型商业银行、股份制商业银行等金融机构总部数据；大型商业银行包括工商银行、农业银行、中国银行、建设银行和交通银行；小型农村金融机构包括农村商业银行、农村信用社；新型农村机构包括村镇银行、农村资金互助社；其他包含金融租赁公司、汽车金融公司、消费金融公司等。

2. 存款增速稳中有升，住户存款占比超七成。2020 年末，安徽省本外币各项存款余额 6.05 万亿元，同比增长 10.4%，增速较上年末提高 3.4 个百分点；较年初增加 5681.5 亿元，同比多增 2105.4 亿元。分部门看，得益于稳增长、保企业、惠民生政策措施，全年住户部门存款增加 4008.4 亿元，同比多增 904.4 亿元，占本外币各项存款增量的 71%。非金融企业存款同比多增 1077.1 亿元，企业资金链紧张局面得到有效缓解。政府加大减税降费、内需刺激和民生支出力度，加快重点项目推进和资金拨付，政府存款同比少增 326.1 亿元。

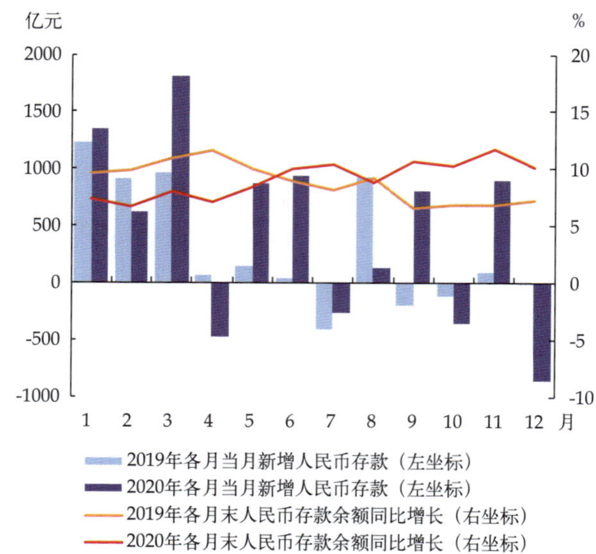

图 1　2019—2020 年安徽省金融机构人民币存款增长变化

（数据来源：中国人民银行合肥中心支行）

3. 贷款保持较快增长，信贷结构进一步优化。2020 年末，安徽省本外币各项贷款余额 5.21 万亿元，同比增长 16.0%，增速较上年末提高 2.1 个百分点；较年初增加 7184.3 亿元，同比多增 1868.7 亿元。其中人民币贷款余额 5.15 万亿元，同比增长 16.3%，增速较上年末提高 2.2 个百分点；较年初增加 7231.2 亿元，同比多增 1929.3 亿元。分期限看，全年短期贷款增加 1814.6 亿元，同比多增 661.1 亿元，重点保障市场主体经营周转和居民消费资金需求；中长期贷款增加 5147.4 亿元，同比多增 1732.9 亿元，项目建设融资需求得到较好满足。普惠小微贷款同比增长 24.3%，增速高于人民币各项贷款 8.0 个百分点。制造业中长期本外币贷款余额 1502.9 亿元，同比增长 32.7%。

4. 货币政策工具提质增效，充分发挥精准滴灌作用。2020 年以来，面对新冠肺炎疫情和汛情的双重冲击，中国人民银行合肥中心支行充分运用多种货币政策工具，为疫情防控、复工复产和稳企业保就业提供了强有力的支持。

全年累计发放再贷款再贴现1654.5亿元，同比增长65.2%。支持152家金融机构为3.2万户普惠小微企业共计440亿元贷款提供延期还本付息；累计支持98家金融机构为12.2万户普惠小微企业发放信用贷款209.7亿元。

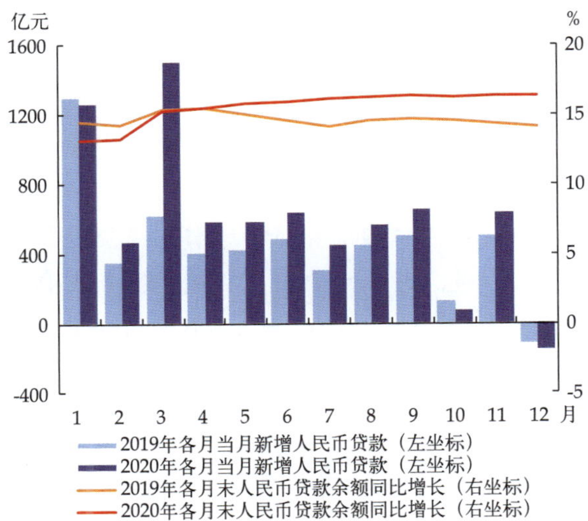

图2　2019—2020年安徽省金融机构人民币贷款增长变化

（数据来源：中国人民银行合肥中心支行）

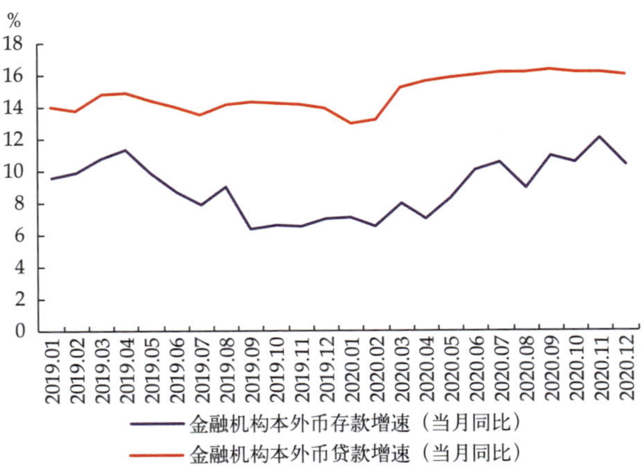

图3　2019—2020年安徽省金融机构本外币存、贷款增速变化

（数据来源：中国人民银行合肥中心支行）

5. 表外业务持续收缩，信托贷款降幅扩大。 2020年，安徽省表外融资减少1066亿元，同比多降440.8亿元。其中，委托贷款继续下降，全年减少383.8亿元，同比少降200.3亿元；信托贷款全年减少349.4亿元，同比多减795.5亿元；未贴现的银行承兑汇票减少332.8亿元，同比少降154.4亿元。

专栏1　深入推进绿色金融改革创新　加快构建绿色低碳循环经济体系

中国人民银行合肥中心支行认真贯彻习近平总书记视察安徽和在合肥主持召开长三角一体化发展座谈会重要指示讲话精神，把疫情防控和推动经济绿色复苏作为当前重大政治任务来抓，引导安徽省银行业金融机构大力支持绿色经济、低碳经济和循环经济发展，取得了一定成效。

一、加大政策执行力度、强化系统联动，营造绿色金融良好发展环境

深入落实《安徽省绿色金融体系实施方案》，引导全省银行业金融机构贯彻落实绿色发展理念，加快推进新发展格局下金融供给侧结构性改革。定期开展法人银行绿色信贷业绩评价工作，拓展评价结果应用场景。不断加强与省发改委、省生态环境厅等部门沟通，促进银企对接，缓解资金供求信息不对称难题。

二、加强长三角区域合作、完善基础设施，协同推进绿色金融配套体系建设

深入贯彻《关于进一步加快推进上海国际金融中心建设和金融支持长三角一体化发展的意见》以及长三角地区中国人民银行合作机制协调委员会第二次会议精神，积极推动完成长三角绿色金融信息管理系统在安徽的建设工作，实现长三角地区绿色金融数据可视化展示及金融机构环境效益可统计，开辟绿色金融信息发布与共享功能，促进绿色金融协调发展。

三、优化管理机制、培育市场主体，提高金融机构绿色服务能力

安徽省银行业金融机构积极践行绿色发展责任担当，充分发挥绿色金融先锋队和主力军作用。一是建制度，实现绿色信贷与环保信息关联对接。二是设机构，成立绿色金融专营机构。三是优流程，对绿色项目实行优先准入、优先审批、优先支持。四是降成本，给予绿色贷款内部资金转移定价差异化倾斜。五是强考核，将绿色信贷纳入年度考核指标，考评结果作为参考因素与个人绩效挂钩。

四、创新产品服务、推进债券融资，多渠道激发绿色金融内生活力

扎实推进绿色金融改革创新工作，加快创新型绿色信贷产品和服务落地显效。政策性银行强化职能定位，深耕"三农"基础设施、涉农产业贷款等专业领域，加大水利建设、城乡一体化建设、"一带一路"建设等中长期绿色贷款投放。股份制银行加强绿色信贷标识管理、绿色供应链金融、污水收费权ABS等业务。城商行及农商行系统坚持"服务中小、服务地方"市场定位，创新推出环保贷、供应链绿色票据贴现、光伏贷等特色项目。地方法人金融机构积极发行绿色金融债券，募集资金专项支持绿色发展。

下一步，中国人民银行合肥中心支行将进一步落实总行关于金融支持碳达峰碳中和的重大决策部署，结合安徽实际，构建绿色金融政策支持体系，引导金融资源向绿色发展领域倾斜。

6.LPR改革稳步推进，贷款利率下行。 2020年，安徽省金融机构认真落实降成本要求，全年一般贷款加权平均利率同比下降0.57个百分点，其中企业贷款加权平均利率同比下降0.56个百分点。货币政策工具引导融资成本降低成效显现，金融机构运用支农、支小再贷款发放的贷款利率分别低于同期同档次利率1.28个、0.78个百分点。中国人民银行合肥中心支行加强政策宣传和业务指导，督促法人金融机构认真做好各项工作，确保存量浮动利率贷款定价基准转换有序推进。2020年5月，全省法人金融机构存量转换进度超过80%，到8月底顺利完成存量转换工作，促进贷款实际利率进一步下行。

表2　2020年安徽省金融机构人民币贷款各利率区间占比

单位：%

项目		1月	2月	3月	4月	5月	6月
合计		100.0	100.0	100.0	100.0	100.0	100.0
LPR减点		10.6	30.3	20.1	12.1	14.1	13.3
LPR		1.5	9.5	3.7	4.4	5.0	6.9
LPR加点	小计	87.9	60.3	76.2	83.5	80.9	79.8
	(LPR，LPR+0.5%)	21.3	17.3	20.3	16.1	12.5	15.0
	[LPR+0.5%，LPR+1.5%)	23.5	15.2	21.3	25.7	26.7	26.0
	[LPR+1.5%，LPR+3%)	24.9	13.3	17.4	20.5	20.5	20.7
	[LPR+3%，LPR+5%)	13.7	9.9	12.5	14.9	14.9	13.1
	LPR+5%及以上	4.5	4.6	4.6	6.4	6.4	5.0
项目		7月	8月	9月	10月	11月	12月
合计		100.0	100.0	100.0	100.0	100.0	100.0
LPR减点		14.2	15.6	17.2	18.1	22.3	18.2
LPR		5.4	7.8	7.1	6.0	5.3	7.2
LPR加点	小计	80.4	76.6	75.7	75.9	72.4	74.6
	(LPR，LPR+0.5%)	12.4	13.5	14.2	14.1	12.3	11.0
	[LPR+0.5%，LPR+1.5%)	28.5	24.1	24.2	20.6	21.9	24.0
	[LPR+1.5%，LPR+3%)	19.2	19.5	19.8	20.6	20.6	21.1
	[LPR+3%，LPR+5%)	14.2	13.5	11.9	14.5	12.6	13.3
	LPR+5%及以上	6.2	6.1	5.5	6.1	5.0	5.0

数据来源：中国人民银行合肥中心支行。

7. 扎实开展风险监测和协调处置，坚决守住不发生区域性金融风险底线。2020 年是防范化解金融风险三年攻坚战的收官之年。全省上下加强风险监测排查预警，努力推动高风险机构加快落实风险化解措施，广泛开展存款保险宣传，坚决守住不发生区域性金融风险底线，2020 年末，全省银行业金融机构不良贷款率较上年末进一步下降。中国人民银行合肥中心支行密切关注风险边际变化，加强与监管部门的沟通协作，推动落实属地责任和监管责任。全年金融业总体运行平稳，金融风险总体可控。

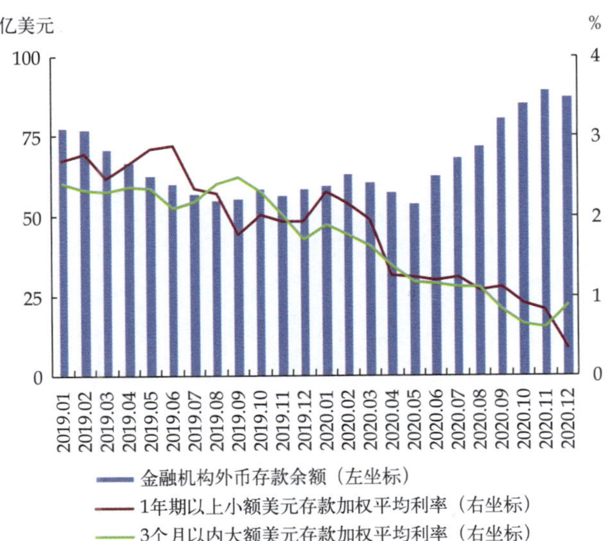

图 4　2019—2020 年安徽省金融机构外币存款余额及外币存款利率

（数据来源：中国人民银行合肥中心支行）

8. 跨境人民币业务较快增长，在跨境收付中占比继续提高。2020 年，全省跨境人民币收付金额为 959.9 亿元，同比增长 38.6%，人民币占本外币跨境收付总量的 14.8%，较上年提高 3.3 个百分点。跨境人民币业务覆盖 2371 家贸易主体，涉及 92 个境外国家和地区（包括我国港澳台），业务覆盖面较上年进一步拓宽。

（二）证券业稳步发展，企业上市挂牌中部领先

1. 资本市场扩容支持创新发展。发挥多层次资本市场对创新发展的撬动作用，2020 年全省新增首发上市企业 20 家，其中科创板上市企业 8 家，位居中部第一位、全国第六位。2020 年末，全省境内首发上市企业总数达 126 家，新三板挂牌企业达 296 家，均位居中部第一位。

表 3　2020 年安徽省证券业基本情况

项目	数量
总部设在辖内的证券公司数（家）	2
总部设在辖内的基金公司数（家）	0
总部设在辖内的期货公司数（家）	2
年末国内上市公司数（家）	126
当年国内股票（A 股）筹资（亿元）	230
当年发行 H 股筹资（亿元）	0
当年国内债券筹资（亿元）	1873
其中：短期融资券筹资额（亿元）	687
中期票据筹资额（亿元）	648

数据来源：安徽证监局。

注：当年国内股票（A 股）筹资额含金融企业境内股票融资。

2. 证券市场较为活跃。2020 年末，全省投资者账户 727.4 万户，同比增长 13.7%；证券市场交易额 11.2 万亿元，同比增长 33.3%，证券市场活跃度较高。全省 2 家法人证券公司资产规模达 1271.2 亿元，营业收入 65.7 亿元，同比增长 27.1%，利润总额 28.6 亿元，同比增长 45.2%，经营持续向好。

3. 期货市场快速发展。2020 年末，全省共有 3 家期货公司和 43 家期货分支机构。全年期货市场成交量 4.1 亿手，同比增长 36.8%；期货市场累计代理交易额 23 万亿元，同比增长 30.9%。辖内 3 家期货公司总资产规模达 150.4 亿元，营业收入 11.7 亿元，同比增长 31.7%，利润总额 2.3 亿元，同比增长 60.6%。

（三）保险业增长良好，支持经济社会发展能力增强

1. 保险业务稳步发展。2020 年，全省累计实现原保险保费收入 1403.5 亿元，同比增长

4.1%，居全国第十三位，中部第四位。其中，财产险业务原保险保费收入471.0亿元，同比增长4.0%；人身险业务原保险保费收入932.6亿元，同比增长4.1%。赔款和给付477.4亿元，同比增长13.9%。

2. 保险保障能力持续增强。2020年，全省保险业提供风险保障111.7万亿元，同比增长36.7%，高于保费增速32.6个百分点。为养老、医疗等提存寿险、长期健康险责任准备金超过3255.6亿元。累计向31个摘帽贫困县农户提供特色种养农产品风险保障92.7亿元，支付赔款15.1亿元，为293.7万次贫困人口报销基本医保和大病保险22.3亿元。

表4　2020年安徽省保险业基本情况

项目	数量
总部设在辖内的保险公司数（家）	1
其中：财产险经营主体（家）	1
寿险经营主体（家）	0
保险公司分支机构（家）	71
其中：财产险公司分支机构（家）	30
寿险公司分支机构（家）	41
保费收入（中外资，亿元）	1404
其中：财产险保费收入（中外资，亿元）	471
人身险保费收入（中外资，亿元）	933
各类赔款给付（中外资，亿元）	477

数据来源：安徽银保监局。

（四）社会融资规模合理增长，货币市场平稳运行

1. 社会融资规模同比多增，对实体经济支持力度持续增强。2020年，全省社会融资规模9251.2亿元，同比多增1995.8亿元。投向实体经济的本外币贷款新增较多，占社会融资规模的78.3%，占比同比提高4.8个百分点。直接融资保持较快增长，其中企业债新增603.6亿元，同比多增71.2亿元；非金融企业境内股票融资179.2亿元，同比多增89.2亿元。政府债券增加1654.8亿元，同比多增261.3亿元。

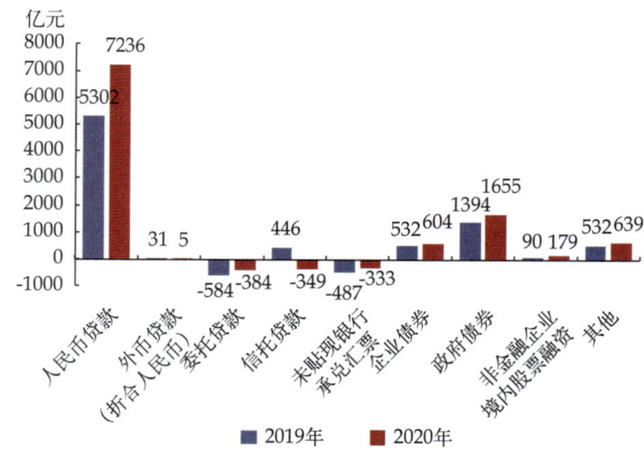

图5　2019—2020年安徽省社会融资规模分布结构

（数据来源：中国人民银行合肥中心支行）

2. 货币市场交易活跃，交易以短期品种为主。2020年，安徽省银行间市场累计信用拆借成交金额8131.5亿元，同比增长17.7%；银行间市场资金价格有所波动，同业拆入资金加权平均利率同比下降0.61个百分点，拆出资金加权平均利率同比上升0.02个百分点。拆借交易主要集中在短期品种，7天期以内的短期交易量占总交易量的87.4%。债券回购市场累计成交24.9万亿元，同比增长19.4%。质押式回购交易占比99.5%，较上年同期上升0.9个百分点，占回购市场主导地位。质押式、买断式回购融入融出资金加权平均利率均有所下降。回购市场维持短期化趋势，全年隔夜品种成交量占质押式回购的86.7%。

表5　2020年安徽省金融机构票据业务量统计

单位：亿元

季度	银行承兑汇票承兑		贴现			
			银行承兑汇票		商业承兑汇票	
	余额	累计发生额	余额	累计发生额	余额	累计发生额
1	2217.2	870.9	3129.6	3930.1	159.2	220.4
2	2171.3	1733.3	2893.2	6817.2	153.3	389.3
3	2078.0	2514.0	2480.7	8866.3	185.8	542.5
4	2035.1	3358.2	2648.8	11299.6	196.7	715.6

数据来源：中国人民银行合肥中心支行。

3. 票据市场业务较快增长，贴现利率下行。 2020 年末，全省票据承兑和贴现余额同比分别增长 3.3% 和 10.8%。市场流动性合理充裕，推动贴现利率逐渐下行，2020 年全省金融机构票据贴现加权平均利率 3.0%，较上年下降 0.4 个百分点。

表 6　2020 年安徽省金融机构票据贴现、转贴现利率

单位：%

季度	贴现		转贴现	
	银行承兑汇票	商业承兑汇票	票据买断	票据回购
1	3.00	4.32	2.76	2.09
2	2.68	4.22	2.48	1.60
3	2.90	4.41	2.67	2.19
4	2.98	4.25	2.89	1.80

数据来源：中国人民银行合肥中心支行。

（五）金融生态环境持续优化，金融基础设施建设不断完善

1. 信用体系建设深入推进。 中国人民银行合肥中心支行积极推动全省中小微企业和农村信用体系建设，取得明显成效，基本实现信息主体全覆盖。2020 年，全省各类征信服务平台收集中小微企业信息 249.6 万户、农户信息 1146.2 万户。构建多层级中小微企业信用信息服务平台，加载融资对接功能，逐步形成“征信 + 融资”的服务平台，提升平台实效。全年中小微企业信用信息平台接入金融机构、类金融机构 62 家，上线金融产品 140 项，解决融资需求 4.3 万笔，为企业提供融资 1412.8 亿元。

2. 支付系统稳定高效运行。 2020 年支付结算金融基础设施不断完善，保障社会资金高效安全流转。人民银行支付系统全年共办理非现金支付业务 2.0 亿笔，同比下降 0.5%；金额 62.2 万亿元，同比增长 11.3%；其中大额实时支付系统处理金额 56.0 万亿元。全社会各类支付系统共处理支付业务 8.4 亿笔，同比减少 12.2%；金额 85.4 万亿元，同比增长 15.2%。

表 7　2019—2020 年安徽省支付体系建设情况

年份	支付系统直接参与方（个）	支付系统间接参与方（个）	支付清算系统覆盖率（%）	当年大额支付系统处理业务数（万笔）	同比增长（%）
2019	2	6440	78.1	4341.1	6.7
2020	2	6510	77.6	2683.8	-38.2

年份	当年大额支付系统业务金额（亿元）	同比增长（%）	当年小额支付系统处理业务数（万笔）	同比增长（%）	当年小额支付系统业务金额（亿元）	同比增长（%）
2019	523171.9	-4.2	6917.1	9.0	10719.7	56.4
2020	559359.8	6.9	7370.6	6.6	31967.3	198.2

数据来源：中国人民银行合肥中心支行。

3. 金融消费者权益保护持续加强。 2020 年，安徽省构建金融知识宣传教育长效机制，线上线下相结合开展各类宣传。全省金融系统累计发放宣传资料约 220 万份，通过网络、媒体报道 320 余次，金融消费者受众约 432 万人次。全年全省 12363 呼叫中心接收金融消费者的投诉和咨询均依法依规处理。深入推进金融消费纠纷多元化解机制，多渠道保护金融消费者合法权益。

二、经济运行情况

2020 年，面对突如其来的新冠肺炎疫情和历史罕见的洪涝灾害以及复杂严峻的内外部环境，安徽省在以习近平同志为核心的党中央坚强领导下，认真贯彻习近平总书记考察安徽重要讲话指示精神，全面落实党中央、国务院及中共安徽省委决策部署，众志成城，克难奋进，打胜了疫情防控阻击战、复工复产联动战、精准脱贫攻坚战、防汛救灾保卫战，实现了经济发展稳定向好，社会大局和谐稳定。全年全省生产总值 38680.6 亿元，居全国第十一位；按可比价格计算，比上年增长 3.9%，居全国第四位。

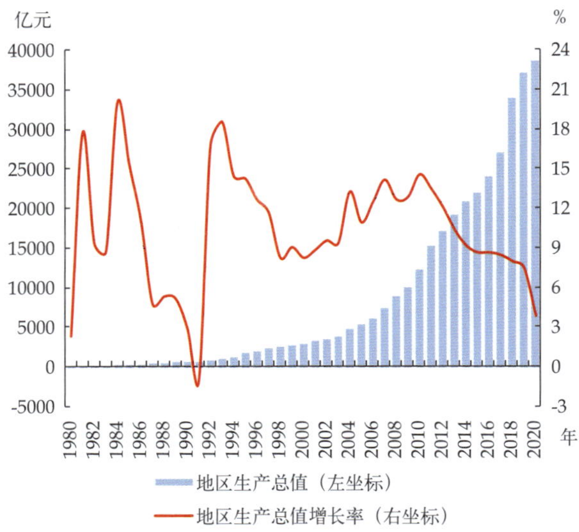

图 6　1980—2020 年安徽省地区生产总值及其增长率

（数据来源：安徽省统计局）

（一）“六稳”政策效应逐步显现，三大需求稳步回升

1. 固定资产投资韧性增强，基础设施投资和社会领域投资增长较快。2020 年，安徽省固定资产投资（不含农户）同比增长 5.1%，比上半年加快 4.1 个百分点，比全国高 2.2 个百分点。分产业看，第一产业投资增长 34.8%，第二产业投资下降 4.3%，第三产业投资增长 9.3%。基础设施投资同比增长 10.6%。社会领域投资继续加强，其中教育投资增长 27.6%，卫生和社会工作投资增长 34.2%。12 月末，民间投资累计同比增长 0.8%，为全年首次由负转正。制造业投资增速回落，但降幅逐月收窄。1—12 月，制造业投资下降 5.6%，降幅较 1—11 月收窄 0.6 个百分点。全年房地产开发投资 7042.3 亿元，比上年增长 5.6%。重点项目建设有序推进。2020 年，3778 个省重点项目开工，1826 个省重点项目顺利竣工。2020 年末煤炭产能 12696 万吨/年，发电装机容量 7816 万千瓦，其中燃煤火电 5142.9 万千瓦，新能源和再生能源 2469 万千瓦。

2. 社会消费逐步回暖，消费结构持续改进。2020 年，安徽省实现社会消费品零售总额 18333.7 亿元，同比增长 2.6%，增幅高于全国 6.5 个百分点。分类来看，限额以上的消费增长仍然高于总体消费，全年限额以上消费品零售额达 5649.9 亿元，同比增长 3.9%，增幅高于社会消费品零售总额 1.3 个百分点。线上消费新业态加速培育，全年全省限额以上网上商品零售额同比增长 25.3%，通过互联网实现餐费收入增长 59.1%。农村居民收入实现较快增长，精准脱贫有效施策，助推农村消费需求更加活跃。

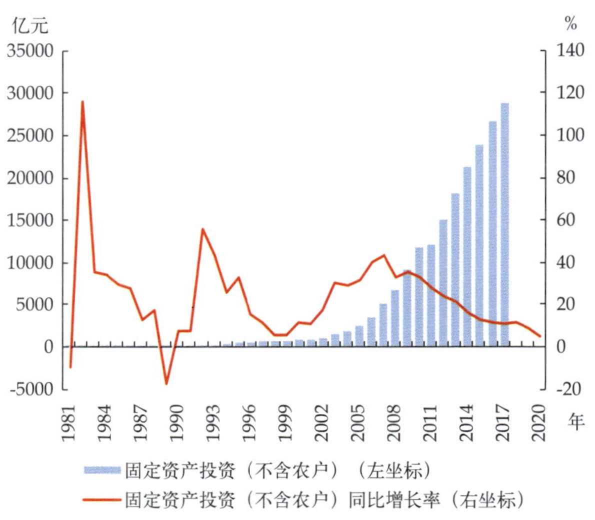

图 7　1981—2020 年安徽省固定资产投资（不含农户）及其增长率

（数据来源：安徽省统计局）

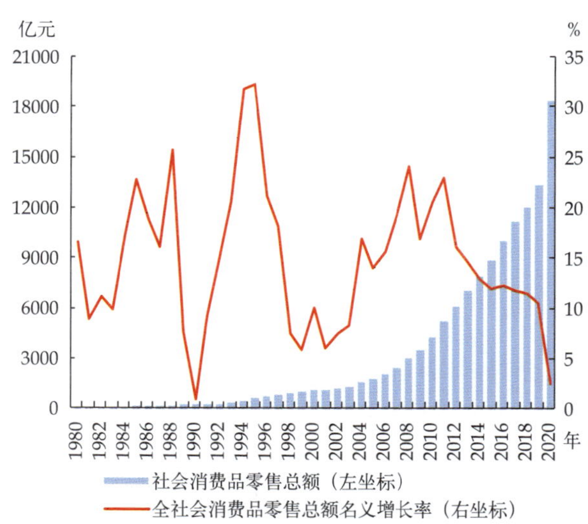

图 8　1980—2020 年安徽省社会消费品零售总额及其增长率

（数据来源：安徽省统计局）

3. 进出口增速创新高，利用外资持续增长。 2020年，安徽省认真落实“稳外贸、稳外资”工作要求，坚持实施更大范围、更宽领域、更深层次的对外开放，充分利用国内国际两个市场两种资源，稳住外贸外资基本盘，促进畅通国内国际双循环。从月度进出口数据看，整体呈现震荡上行的波动态势。2020年，全省进出口总额达5406.4亿元，同比增长14.1%，高于全国平均水平。其中，出口额3161.3亿元，同比增长13.5%；进口额2245.1亿元，同比增长15.0%。继续深化“一带一路”经贸合作，促进内外贸一体化，建设高水平开放平台，深化多双边经贸合作，积极促进内需和外需、进口和出口、引进外资和对外投资协调发展，加快建设更高水平开放型经济新体制，推动国内外市场更好联通、相互促进，全年对“一带一路”国家和地区进出口额同比增长11.8%。全省全年实际利用外商直接投资183.1亿美元，同比增长2.1%。

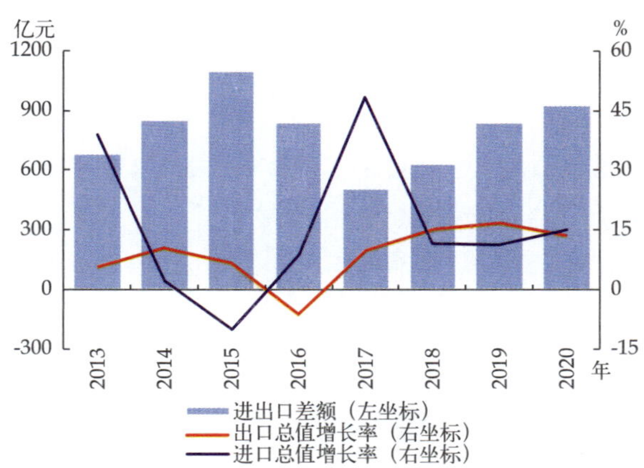

图9　2013—2020年安徽省外贸进出口变动情况

（数据来源：合肥海关）

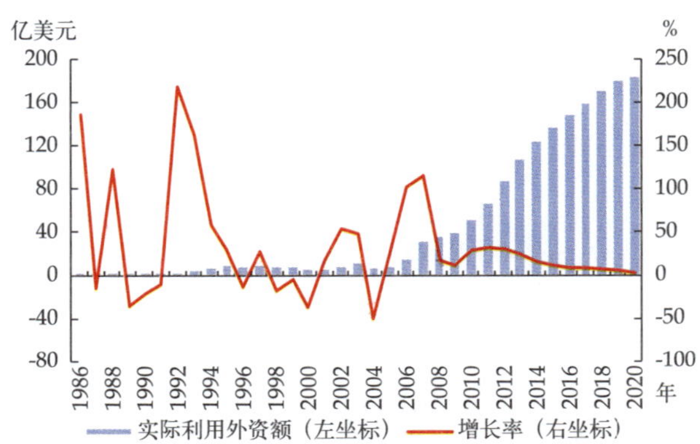

图10　1986—2020年安徽省实际利用外资额及其增长率

（数据来源：安徽省统计局）

专栏2　强化金融支持　稳步推进长三角高质量一体化发展

长三角一体化发展是党中央作出的重大决策部署，是长三角发展的大机遇，更是安徽奋发作为的大舞台。中国人民银行合肥中心支行紧紧围绕党中央、国务院重大决策部署和省委、省政府工作要求，引导全省金融机构加强与沪苏浙金融业对接合作，金融服务长三角高质量一体化发展取得积极成效。

一、加强引导，深入推进一市三省人民银行“金融服务长三角高质量一体化发展合作机制”（以下简称“合作机制”）建设

中国人民银行合肥中心支行高度重视金融服务长三角高质量一体化发展工作，成立“金融服务长三角高质量一体化发展”工作领导小组。围绕“合作机制”的“12+16”专项合作计划，不断加强与沪苏浙人民银行的沟通配合，积极推动各项工作。一是推动再贷款再贴现业务延伸至长三角地区，2019年以来安徽省人民银行系统累计办理长三角民营、小微企业跨区域贴现票据37.22亿元，全国首批供应链票据贴现业务成功落地安徽。二是牵头建立长三角银行汇票数字化创新和外汇领域合作工作组，积极推进合作事项。三是联合G60科创走廊建设专责小组办公室、G60联席办、沪苏浙人民银行、地方金融监管局及银保监局等13家单位共同印发《金融支持长三角G60科创走廊先进制造业高质量发展服务方案》。

二、畅通渠道，积极推动长三角区域金融机构组织和金融市场协同发展

一是金融机构组织协同发展方面，徽商银行分别在江苏和浙江设立南京分行和宁波分行，国元证券、国元农保等法人机构在上海设立网点。徽商银行、上海银行、江苏银行、浙商银行等通过长三角城商行联席会议在支付结算、票据流通等领域加强合作。加快滨湖金融后台基地建设，推动中国银联合肥支付创新产业基地项目、浦发银行科技运营中心项目落地。二是金融市场一体化方面，设立中证长三角一体化发展主题交易型开放式指数证券投资基金（“长三角一体化ETF”）。上交所资本市场服务安徽基地落户合肥高新区，为安徽企业对接资本市场提供服务。推动省股权托管交易中心与沪苏浙区域性股权市场对接，在监管框架内研究探索长三角区域性股权市场互联互通的可行途径。

三、共建共享，不断加强长三角区域金融基础设施融合发展

一是积极推动安徽移动支付便民工程建设，扩大移动支付服务场景覆盖面，提升长三角移动支付跨省（市）互联互通水平。二是推动安徽地方法人银行接入合法资质清算机构的个人银行账户开户专用验证通道。三是协同建立长三角统一的票据市场，借助上海票据交易所信息优势，推动安徽省应收账款票据化业务发展。四是推动创建长三角国家信用建设区域合作示范区，加强长三角征信机构监管合作。五是签署《长三角经济金融数据统计共享与调研分析合作备忘录》，实现长三角金融统计信息共享。

四、齐抓共管，积极构建长三角金融监管与风险防范联动机制

一是一市三省地方金融监管局签署《长三角地区地方金融组织监管合作公约》，在金融风险监测预警平台建设、重大风险点研判处置流程等方面开展对接，完善区域性金融风险联防联控机制。二是一市三省银保监局建立区域银行和保险形势分析会等合作机制，加强对区域银行、保险行业的风险防控。三是一市三省人民银行签署金融消费纠纷非诉解决机制，建立金融稳定信息共享专题工作组工作机制；组织长三角反洗钱可疑交易联合研判，就非法集资、网络赌博等涉众型洗钱线索开展分析，共同防范区域洗钱风险。

（二）三次产业协调发展，产业结构继续优化

2020年，安徽省持续深入推进供给侧结构性改革，注重需求侧管理，产业结构持续优化。从三次产业结构看，第一产业增加值3184.7亿元，同比增长2.2%；第二产业增加值15671.7亿元，同比增长5.2%；第三产业增加值19824.2亿元，同比增长2.8%。对比来看，在疫情后，工业恢复相对更快。

1. 农业生产形势稳定，产业化水平不断提高。2020年，全省上下努力克服新冠肺炎疫情、洪涝灾害等不利影响，全力以赴推动农业生产灾后恢复，确保了农业生产的稳定。全年粮食播种面积10935万亩，粮食产量4019.2万吨，均稳居全国第四位。大灾之年，粮食生产仍然“面积稳、产量稳”，实现了宝贵的十七连丰。大力实施农业供给侧结构性改革，在全国率先探索优质专用粮生产，实行“单一品种、规模化种植、标准化管理，单收、单储、单加工”的

运营模式，主攻优质专用粮食订单生产。全年全省建成优质专用小麦万亩以上、水稻5000亩以上的单品种种植片527个，规模种植面积809万亩；落实优质专用水稻2425.8万亩，占总面积的62.8%；优质专用小麦2682万亩，占总面积的63.3%，实现了优质专用水稻和小麦面积占比过半的跨越，带动种粮农民增收超30亿元。非洲猪瘟疫情得到有效防控，生猪稳产保供取得阶段性成效。2020年末，生猪存栏1419.3万头，同比增长30%，比上半年加快17.9个百分点，其中能繁母猪同比增长40%。

2. 工业生产进程加快，新兴领域动能增强。2020年，全省上下继续扎实做好“六稳”工作，全面落实“六保”任务，有效激发市场活力，供需两端稳步向好，企业生产经营状况不断改善，呈现持续稳定恢复的良好态势。全年全省规模以上工业增加值同比增长6%，增幅高于全国3.2个百分点，位居全国第六位。全省大力实施制造强省战略和先进制造业培育工程，举办2020世界制造业大会江淮线上经济论坛，共签约项目678个、投资总额6178亿元。其中，代表制造业未来发展方向的战略性新兴产业项目288个、投资额2848亿元，同比分别增长38.5%、59.6%。安徽自贸试验区建设全面启动，聚焦先进制造业和战略性新兴产业集聚发展，截至2020年底，新设立企业3857家，签约入驻项目341个，协议引资额2922亿元。[①] 2020年，安徽省启动“三重一创”[②]产业发展基金母基金直投，支持集成电路、新能源汽车和智能网联汽车、生物制造、生物医药等战略项目实施，推进4个国家战略性新兴产业集群建设，新增2个省重大新兴产业基地，推荐认定9个省重大新兴产业工程和13个省重大新兴产业专项。全年新增“四上企业”[③]6955家，同比多增1065家，高新技术产业增加值同比增长16.4%，战略性新兴产业产值同比增长18%，分别高于规模以上工业增加值增速10.4个、12.5个百分点。

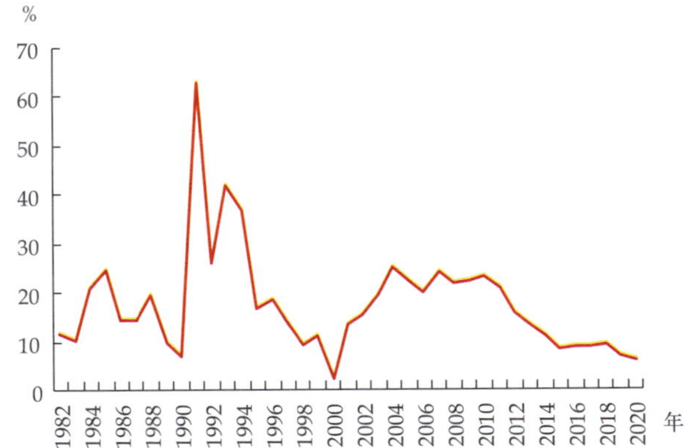

图11　1982—2020年安徽省规模以上工业增加值实际增长率

（数据来源：安徽省统计局）

3. 服务业稳定复苏，新兴服务行业增势良好。2020年初，受疫情的持续性影响，全省服务业需求端、供给端受阻，服务业产值在经历短暂下行后，显示出较好的韧性和潜力。全年全省服务业增加值19824.2亿元，同比增长2.8%，比上半年加快2.4个百分点，增幅高于全国0.7个百分点。疫情在短暂冲击服务业的同时，也为其发展带来了新的机遇。线上经济新业态进一步催生新的生产和消费需求，机器人无接触配送等成熟技术的应用创造了新的服务供给方式，数字化转型备受关注。安徽省加快推进省级服务业集聚区建设，聚焦科技服务、软件与信息服务、金融商务等领域，引导全省服务业集聚。全年创建省级服务业集聚区243家，其中，省级服务业集聚示范区52家。全年全省以信息传输软件和信息技术服务业、金融业等

①2021年1月25日安徽省政府新闻办新闻发布会公布数据。

②“三重一创”是指加快推进重大新兴产业基地、重大新兴产业工程、重大新兴产业专项建设，构建创新型现代产业体系，培育壮大经济发展新动能。

③“四上企业”是指规模以上工业企业、资质等级建筑业企业、限额以上批零住餐企业、国家重点服务业企业四类规模以上企业。

为代表的新型服务业行业增加值同比分别增长18.2%、6.7%，分别比上半年加快1.9个、0.9个百分点。

4. 供给侧结构性改革深入推进，经济保持高质量发展。2020年，安徽省有序退出煤炭产能210万吨，441户“僵尸企业”全部处置完成。实施新一轮技术改造工程，“十三五”期间每年滚动实施亿元以上重大技术改造项目1000项以上，对工业经济增长的贡献率超过70%。伴随着产能出清、优质产能释放，探索推动新旧动能接续转换新模式。安徽自贸试验区推进创新驱动发展和产业优化升级专项行动，覆盖量子信息、人工智能、生物医药等诸多新兴产业领域，涉及32个项目、总投资705.8亿元。

5. 打好污染防治攻坚战，描绘水清岸绿的“皖江画卷”。2020年，安徽省PM2.5平均浓度为39微克／立方米，同比下降15.2%，为有监测记录以来的历史最低水平。全省国家地表水考核断面中，水质优良比例达87.7%，无劣V类断面，长江流域水质优良比例达90%，创国家考核以来最好水平。全面实施长江（安徽段）生态环境“三大一强”专项攻坚行动①，建立省委、省政府主要领导担任指挥长的领导推进机制和“点对点”“长对长”问题整改责任制。推深做实全国首个林长制改革示范区，全省森林覆盖率超过30%，沿江五市全部成功创建国家森林城市，皖江国家森林城市群基本建成。

（三）物价水平温和上涨，就业形势保持稳定

1. 居民消费价格温和上涨，结构性变化特征明显。2020年，安徽省居民消费价格指数同比上涨2.7%，与上年持平。其中，食品烟酒价格同比上涨8.4%，影响居民消费价格指数上涨约2.7个百分点，是推动居民消费价格上涨的主要因素，尤其是猪肉价格同比上涨47.8%，影响居民消费价格指数上涨约1.6个百分点。其他七大类价格波动迥异，总体表现为“四升三降”。其他用品和服务类、教育文化和娱乐类、医疗保健类、衣着类价格分别上涨3.1%、1.5%、1.2%和0.3%，交通和通信类、居住类、生活用品及服务类价格分别下降3.2%、0.2%和0.2%。

2. 工业生产者价格涨幅回落，但增势企稳。2020年，安徽省工业生产者出厂价格指数同比下降0.9%，比上年回落1.2个百分点。其中，12月工业生产者出厂价格指数涨幅在持续9个月下降后转正，当月同比上涨0.8%，工业生产持续向好，市场需求旺盛，大宗商品价格高位运行，工业品价格明显回升。全年工业生产者购进价格指数同比下降1.5%，比上年回落1.4个百分点。

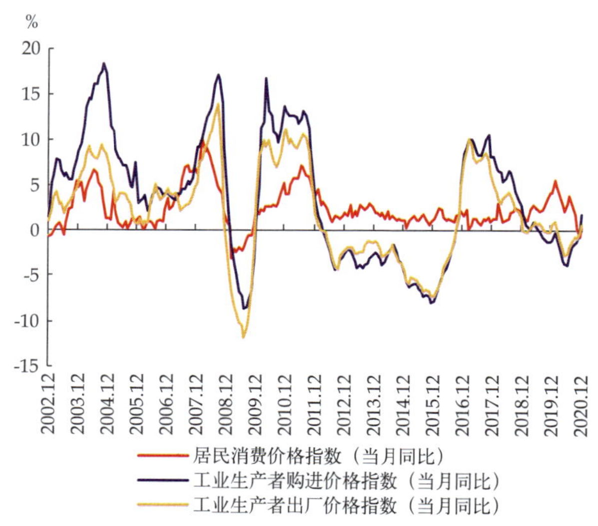

图12　2002—2020年安徽省居民消费价格指数和生产者价格指数变动趋势

（数据来源：安徽省统计局）

3. 稳就业落地见效，民生福祉持续增强。2020年，安徽省城镇新增就业66.3万人，完成年度目标任务的105.2%，就业形势总体稳

① “三大一强”指启动长江生态环境“大保护、大治理、大修复，强化生态优先绿色发展理念落实”专项攻坚行动。

定。居民收入稳定增长，全年全省城镇、农村常住居民人均可支配收入同比分别增长5.1%、7.8%，分别高于全国平均水平1.6个、0.9个百分点，农村居民可支配收入与全国平均水平差距比上年缩小94元。

（四）财政收入平稳增长，重点领域支出保障有力

2020年，为稳定经济基本盘，财政部门通过进一步加大减税降费力度、发行抗疫特别国债等一系列政策措施，助企纾困、直达实体，财政赤字进一步增加。全年全省一般公共预算收入3216亿元，同比增长1.0%；全年全省财政支出7471亿元，同比增长1.1%。地方财政赤字4255亿元，比上年增加46.5亿元。面对新冠肺炎疫情和洪涝灾害的叠加影响，积极的财政政策更加积极有效，财政支出结构进一步优化。全年全省社会保障和就业、卫生健康、农林水等支出同比分别增长8.5%、10.6%和25.1%。

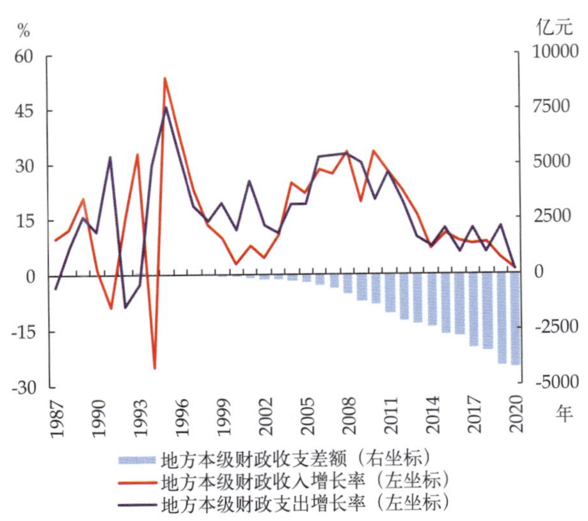

图13　1987—2020年安徽省财政收支状况

（数据来源：安徽省统计局）

（五）房地产市场平稳运行，市民居住条件进一步改善

2020年，安徽省坚持“房住不炒”的定位，商品房市场供需双向调节，因地制宜、多措并举，促进房地产市场平稳健康发展。

1. 商品房库存基本平稳，商品房潜在供给水平较高。 2020年末，安徽省商品房待售面积1541.7万平方米，同比增长0.7%。商品房施工面积持续增长，全年施工面积44974.6万平方米，同比增长3.2%。其中，新开工面积11785.6万平方米，同比增长6.0%，比上年提高3.5个百分点。

2. 商品房销售面积增加，销售额增速平稳。 2020年，安徽省商品房销售面积9534.1万平方米，同比增长3.3%；商品房销售额为7346.1亿元，同比增长7.7%。

3. 城市功能品质不断完善，市民居住条件进一步改善。 2020年，安徽省市管理服务平台实现部、省、市互通互联、信息共享，建成长三角一体化城市管理综合执法协作机制；持续推进城市生活垃圾分类，合肥、铜陵2个试点城市基本建成垃圾分类体系，其他示范片区建设积极推进。2020年全年新增公共停车泊位8.8万个、城市绿道659公里、污水日处理70万吨、生活垃圾处理能力3500吨，改造污水管1367公里，新建、改造、开放公厕2174座。

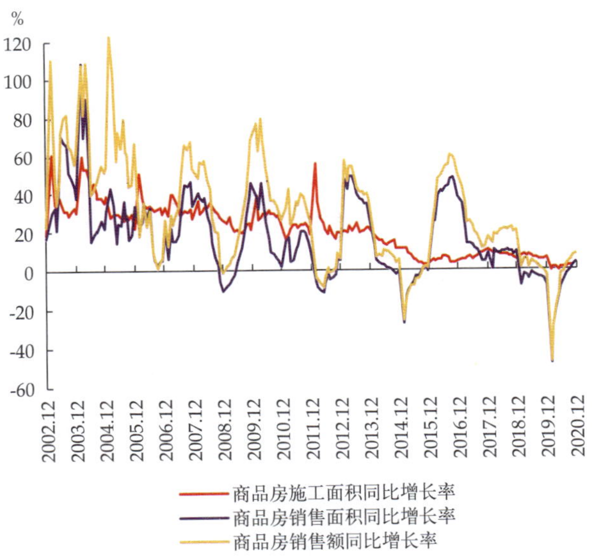

图14　2002—2020年安徽省商品房施工和销售变动趋势

（数据来源：安徽省统计局）

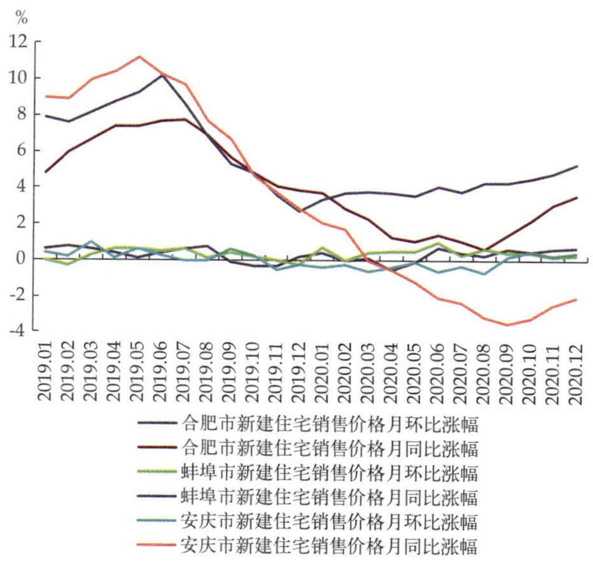

图 15　2019—2020 年安徽省主要城市新建住宅销售价格变动趋势

（数据来源：安徽省统计局）

三、预测与展望

2020 年，面对外部环境复杂多变、新冠肺炎疫情来势汹汹、历史罕见洪涝灾害“三面夹击”局面，安徽省扎实做好“六稳”工作，全面落实“六保”任务，坚决守住“保”的底线、筑牢“稳”的基础、保持“进”的态势，整体经济运行持续回升、全面回暖、回归常态。2021 年，是实施“十四五”规划、开启全面建设社会主义现代化国家新征程的第一年。我们要坚持以习近平新时代中国特色社会主义思想为指导，全面贯彻党的十九大和十九届二中、三中、四中、五中全会精神，深入落实中央经济工作会议精神，认真贯彻习近平总书记考察安徽时的重要指示、讲话精神，坚持稳中求进工作总基调，立足新发展阶段，贯彻新发展理念，构建新发展格局，坚持扩大内需战略，强化科技战略支撑、加强创新体系能力建设，扩大高水平对外开放，打造具有重要影响力的科技创新策源地、新兴产业聚集地、改革开放新高地和经济社会发展全面绿色转型区，强化“两个坚持”、实现“两个更大”，全面开启经济强、百姓富、生态美的新阶段现代化美好安徽建设新征程，确保“十四五”开好局，以优异成绩庆祝建党100周年。2021 年发展的主要预期目标：全省生产总值增长 8%，一般公共预算收入增长 5% 左右，社会消费品零售总额增长 9% 以上，固定资产投资增长 9% 以上。

2021 年，安徽省金融业将认真贯彻党的十九届五中全会和中央经济工作会议精神，落实好稳健货币政策灵活精准、合理适度的要求，保持融资总量稳定增长，优化重点领域金融服务，推进全省金融发展和改革创新，建立健全市场化、法治化的金融风险处置机制，坚决守住不发生区域性金融风险的底线。

中国人民银行合肥中心支行货币政策分析小组

总　　纂： 王均坦　黄　敏

统　　稿： 孟凡征　方华山　毛瑞丰　姚　丰　王宗鹏　陈科帆

执　　笔： 王宗鹏　陈科帆　梁　艺　杨书宏　李维颖　张　振

提供材料： 李　新　卢　璐　童　菲　邱文勋　苏　群　卢星辰　郑巧珍　孟慧燕　刘　丰
罗若燕　陈俊青　廖涛涛　贺　静　许云芳　居　姗　章正孝　吴晓楠　刘　错

附录

（一）2020 年安徽省经济金融大事记

3 月 27 日，国务院金融委办公室地方协调机制（安徽省）第一次会议在中国人民银行合肥中心支行召开，标志着金融委办公室地方协调机制在安徽省正式落地运行。

4 月 29 日，安徽省萧县等 9 个县（区）正式退出贫困县序列。至此，安徽省 31 个贫困县全部“摘帽”，3000 个贫困村全部出列。

5 月 29 日，安徽江淮汽车集团与德国大众汽车集团签署战略合资合作协议。此次签约宣告了大众集团注资 10 亿欧元、总投资 130 亿元人民币的新能源汽车生产基地在合肥设立，同时也标志着大众集团新能源汽车研发中心总部落户安徽。

6 月 16 日，中国人民银行合肥中心支行联合安徽银保监局、地方金融监管局等部门出台《关于协同推进安徽省金融支持“六稳”“六保”工作的指导意见》。

6 月 18 日，马鞍山农商银行、欧冶链金再生资源公司、马钢利华金属资源公司三方基于上海票交所供应链票据平台，签发全国首批安徽省首单供应链票据贴现业务。

8 月 18 日至 21 日，习近平总书记在安徽考察，就统筹推进常态化疫情防控、加强防汛救灾和灾后重建等进行调研。8 月 20 日，习近平总书记在合肥主持召开扎实推进长三角一体化发展座谈会并发表重要讲话。

9 月 12 日，世界制造业大会江淮线上经济论坛在合肥举行。本届论坛以“线上经济赋能高质量发展”为主题，共集中签约项目 678 个、投资总额 6178 亿元。

9 月 24 日，中国（安徽）自由贸易试验区揭牌仪式在合肥举行，合肥、芜湖、蚌埠 3 个片区同步启动，共签约项目 259 个、投资总额 2540.9 亿元。

11 月 30 日至 12 月 1 日，中国共产党安徽省第十届委员会第十二次全体会议在合肥召开，会议审议通过了《中共安徽省委关于制定国民经济和社会发展第十四个五年规划和二〇三五年远景目标的建议》。

12 月 22 日，京港高速铁路合肥至安庆段开通运营。至此，安徽省高铁运营里程达到 2329 公里，位居全国第一，16 个省辖市“市市通高铁”。

（二）2020 年安徽省主要经济金融指标

表 1　2020 年安徽省主要存贷款指标

	项目	1月	2月	3月	4月	5月	6月	7月	8月	9月	10月	11月	12月
本外币	金融机构各项存款余额（亿元）	56133.9	56794.8	58595.1	58103.9	58964.1	59966.2	59735.8	59895.4	60760.5	60430.0	61345.2	60468.3
	其中：住户存款	28477.6	28655.6	29420.2	28628.3	28804.7	29528.6	29175.7	29341.2	30073.0	29602.8	29733.2	30207.1
	非金融企业存款	14529.7	15004.1	15909.3	15962.5	16162.4	16554.2	16096.8	16339.2	16495.6	16181.9	16641.0	16497.7
	各项存款余额比上月增加（亿元）	1347.1	660.9	1800.3	-491.2	860.2	1002.1	-230.4	159.6	865.1	-330.5	915.2	-876.9
	金融机构各项存款同比增长（%）	7.0	6.5	7.9	6.9	8.3	10.0	10.5	8.9	10.9	10.5	12.0	10.4
	金融机构各项贷款余额（亿元）	46188.1	46691.4	48230.0	48804.1	49393.7	50049.9	50470.9	51028.3	51682.6	51727.0	52339.6	52125.0
	其中：短期	11731.3	11979.6	12601.3	12706.9	12820.9	13142.2	13122.5	13260.1	13500.6	13440.0	13559.5	13312.9
	中长期	30792.0	31059.8	31965.5	32374.6	32782.0	33174.1	33672.6	34132.4	34587.3	34753.2	35069.9	35071.6
	票据融资	2677.5	2667.7	2679.1	2732.8	2796.3	2722.0	2677.6	2649.1	2602.8	2547.8	2739.3	2790.9
	各项贷款余额比上月增加（亿元）	1247.4	503.3	1538.6	574.2	589.6	656.2	421.0	557.4	654.3	44.4	612.6	-214.6
	其中：短期	233.0	248.3	621.8	105.6	114.0	321.3	-19.8	137.6	240.5	-60.6	119.5	-246.6
	中长期	867.8	267.9	905.7	409.1	407.4	392.1	498.5	459.8	454.9	166.0	316.6	1.7
	票据融资	125.1	-9.8	11.5	53.7	63.5	-74.3	-44.4	-28.5	-46.3	-55.1	191.5	51.6
	金融机构各项贷款同比增长（%）	12.9	13.2	15.2	15.6	15.8	16.0	16.2	16.2	16.3	16.1	16.2	16.0
	其中：短期	7.0	9.4	13.3	13.9	14.0	14.6	14.2	14.5	15.1	14.3	14.1	12.4
	中长期	14.0	13.8	15.0	15.4	15.8	16.1	16.9	17.2	17.7	18.0	18.3	18.6
	票据融资	34.7	29.0	32.6	31.4	29.9	27.2	22.9	17.7	11.4	8.1	6.9	9.3
	建筑业贷款余额（亿元）	1343.1	1338.4	1398.2	1394.4	1393.7	1399.5	1408.8	1425.6	1438.4	1437.7	1443.5	1357.4
	房地产业贷款余额（亿元）	2135.7	2156.8	2217.7	2207.0	2197.4	2191.1	2185.7	2224.7	2199.9	2173.6	2140.1	2054.6
	建筑业贷款同比增长（%）	8.3	6.4	9.1	10.0	8.8	9.6	10.4	12.2	12.7	11.9	12.0	6.8
	房地产业贷款同比增长（%）	9.7	9.1	10.3	9.0	7.9	7.1	5.9	8.2	6.9	6.1	4.8	1.8
人民币	金融机构各项存款余额（亿元）	55724.4	56351.3	58166.3	57699.7	58579.9	59523.3	59260.2	59396.2	60212.7	59858.0	60757.5	59897.8
	其中：住户存款	28393.0	28567.8	29325.7	28534.6	28712.3	29437.3	29085.3	29252.0	29982.8	29512.2	29642.6	30117.2
	非金融企业存款	14220.8	14665.8	15590.0	15668.8	15887.8	16223.7	15733.2	15954.0	16060.8	15722.9	16168.3	16043.1
	各项存款余额比上月增加（亿元）	1346.5	626.9	1815.0	-466.7	880.2	943.5	-263.1	136.0	816.4	-354.7	899.6	-859.7
	其中：住户存款	2279.2	174.8	757.9	-791.2	177.8	725.0	-352.1	166.7	730.9	-470.6	130.4	474.6
	非金融企业存款	-850.6	445.1	924.2	78.8	219.1	335.8	-490.5	220.9	106.7	-337.9	445.5	-125.2
	各项存款同比增长（%）	7.3	6.7	8.1	7.1	8.4	10.1	10.4	8.8	10.7	10.3	11.7	10.2
	其中：住户存款	16.4	11.0	13.1	12.1	13.1	14.1	13.4	13.8	14.6	14.4	15.0	15.3
	非金融企业存款	-3.5	3.5	5.4	4.3	6.6	8.0	7.7	7.9	9.0	7.3	9.2	6.4
	金融机构各项贷款余额（亿元）	45550.0	46011.6	47512.9	48090.8	48673.4	49307.2	49749.9	50316.4	50966.4	51042.1	51675.3	51520.5
	其中：个人消费贷款	14541.2	14598.5	15149.3	15412.0	15650.7	15877.2	16054.4	16253.5	16496.7	16631.8	16791.5	16845.1
	票据融资	2677.5	2667.7	2679.1	2732.8	2796.3	2722.0	2677.6	2649.1	2602.8	2547.8	2739.3	2790.9
	各项贷款余额比上月增加（亿元）	1260.6	461.6	1501.3	577.9	582.6	633.8	442.6	566.5	649.9	75.7	633.2	-154.7
	其中：个人消费贷款	236.3	57.4	550.8	262.7	238.7	226.4	177.2	199.1	243.3	135.1	159.7	53.6
	票据融资	125.1	-9.8	11.5	53.7	63.5	-74.3	-44.4	-28.5	-46.3	-55.1	191.5	51.6
	金融机构各项贷款同比增长（%）	13.1	13.2	15.2	15.5	15.7	15.9	16.1	16.2	16.4	16.2	16.4	16.3
	其中：个人消费贷款	15.3	14.9	16.7	16.9	16.8	16.9	16.8	16.5	16.8	17.1	17.4	17.8
	票据融资	34.7	29.0	32.6	31.4	29.9	27.2	22.9	17.7	11.4	8.1	6.9	9.3
外币	金融机构外币存款余额（亿美元）	59.4	63.3	60.5	57.3	53.9	62.6	68.1	71.6	80.4	85.1	89.3	87.4
	金融机构外币存款同比增长（%）	-23.5	-17.5	-14.8	-14.3	-14.2	4.3	19.9	30.7	44.8	45.8	57.8	49.2
	金融机构外币贷款余额（亿美元）	92.7	97.0	101.2	101.1	101.0	104.9	103.2	103.1	105.2	101.9	101.0	92.6
	金融机构外币贷款同比增长（%）	-0.4	3.8	9.4	16.1	16.4	17.5	17.3	15.0	15.9	13.0	10.1	-0.8

数据来源：中国人民银行合肥中心支行。

表 2　2001—2020 年安徽省各类价格指数

单位：%

时间		居民消费价格指数		农业生产资料价格指数		工业生产者购进价格指数		工业生产者出厂价格指数	
		当月同比	累计同比	当月同比	累计同比	当月同比	累计同比	当月同比	累计同比
2001		—	0.5	—	-2.1	—	0.2	—	-1.4
2002		—	-1.0	—	-0.1	—	-1.8	—	-0.2
2003		—	1.7	—	0.2	—	6.7	—	3.5
2004		—	4.5	—	12.0	—	15.0	—	8.2
2005		—	1.4	—	8.3	—	7.1	—	3.3
2006		—	1.2	—	0.0	—	3.9	—	3.1
2007		—	5.3	—	6.8	—	5.1	—	3.6
2008		—	6.2	—	23.9	—	12.4	—	8.4
2009		—	-0.9	—	-4.2	—	-4.7	—	-7.2
2010		—	3.1	—	2.0	—	11.8	—	9.0
2011		—	5.6	—	14.3	—	10.8	—	8.3
2012		—	2.3	—	5.3	—	-1.8	—	-1.7
2013		—	2.4	—	0.9	—	-3.1	—	-1.8
2014		—	1.6	—	-0.4	—	-2.8	—	-2.6
2015		—	1.3	—	1.6	—	-6.5	—	-6.1
2016		—	1.8	—	-0.6	—	-1.6	—	-1.5
2017		—	1.2	—	1.3	—	9.2	—	8.0
2018		—	2.0	—	1.5	—	5.3	—	3.0
2019		—	2.7	—	2.3	—	-0.1	—	0.3
2020		—	2.7	—	4.8	—	-1.5	—	-0.9
2019	1	1.2	1.2	0.1	0.1	0.7	0.7	-0.1	-0.1
	2	1.3	1.2	0.4	0.3	0.6	0.6	-0.2	-0.2
	3	2.4	1.6	1.5	0.7	0.2	0.5	0.4	0.0
	4	2.9	1.9	2.3	1.1	1.0	0.6	0.8	0.2
	5	2.8	2.1	2.5	1.4	0.8	0.7	1.0	0.4
	6	2.4	2.1	2.3	1.5	0.3	0.6	0.8	0.4
	7	2.2	2.2	2.6	1.7	0.0	0.5	0.9	0.5
	8	2.5	2.2	2.5	1.8	-0.6	0.4	0.4	0.5
	9	2.8	2.3	2.9	1.9	-0.8	0.2	0.0	0.4
	10	3.7	2.4	2.6	2.0	-1.1	0.1	-0.2	0.4
	11	4.4	2.6	4.0	2.2	-1.1	0.0	-0.2	0.3
	12	4.4	2.7	4.2	2.3	-1.0	-0.1	0.7	0.3
2020	1	5.7	5.7	4.5	4.5	-0.1	-0.1	1.0	1.0
	2	5.0	5.4	4.3	4.4	-0.7	-0.4	0.4	0.7
	3	4.0	4.9	4.6	4.5	-1.9	-0.9	-1.0	0.2
	4	2.9	4.4	4.7	4.5	-3.2	-1.5	-2.0	-0.4
	5	2.3	4.0	4.2	4.5	-3.6	-1.9	-2.7	-0.8
	6	3.2	3.8	4.4	4.5	-3.7	-2.2	-2.6	-1.1
	7	3.9	3.8	5.7	4.6	-2.8	-2.3	-1.9	-1.2
	8	3.0	3.7	7.5	5.0	-1.6	-2.2	-1.1	-1.2
	9	2.0	3.5	6.8	5.2	-1.3	-2.1	-0.7	-1.2
	10	0.4	3.2	4.9	5.2	-1.2	-2.0	-0.8	-1.1
	11	-0.6	2.9	3.0	5.0	0.0	-1.8	-0.2	-1.0
	12	0.4	2.7	3.0	4.8	1.9	-1.5	0.8	-0.9

数据来源：《中国经济景气月报》、安徽省统计局。

表 3　2020 年安徽省主要经济指标

项目	1 月	2 月	3 月	4 月	5 月	6 月	7 月	8 月	9 月	10 月	11 月	12 月
	绝对值（自年初累计）											
地区生产总值（亿元）	—	—	7821.3	—	—	17551.1	—	—	27668.1	—	—	38680.6
第一产业	—	—	416.8	—	—	1152.3	—	—	1803.9	—	—	3184.7
第二产业	—	—	2968.1	—	—	7126.2	—	—	11368.8	—	—	15671.7
第三产业	—	—	4436.4	—	—	9272.6	—	—	14495.4	—	—	19824.2
工业增加值（亿元）	—	—	—	—	—	—	—	—	—	—	—	—
固定资产投资（亿元）	—	—	—	—	—	—	—	—	—	—	—	—
房地产开发投资	—	569.6	1216.5	1920.8	2638.7	3450.3	4095.3	4796.8	5456.3	5966.1	6471.4	7042.3
社会消费品零售总额（亿元）	—	—	3901.7	—	—	8456.5	—	—	13094.7	—	—	18333.7
外贸进出口总额（亿元）	—	653.2	1071.3	1537.5	1989.0	2441.6	2962.5	3464.1	3959.2	4423.5	4925.9	5406.4
进口	—	329.6	506.6	697.3	872.6	1051.0	1243.3	1435.8	1641.4	1826.6	2033.4	2245.1
出口	—	323.6	564.7	840.2	1116.4	1390.6	1719.2	2028.3	2317.8	2596.9	2892.5	3161.3
进出口差额（出口－进口）	—	-6.0	58.1	142.9	243.8	339.6	475.9	592.5	676.4	770.3	859.1	916.2
实际利用外资（亿美元）	—	26.4	44.9	60.0	76.5	102.5	112.6	130.2	146.0	159.0	172.0	183.1
地方财政收支差额（亿元）	-330.8	-532.5	-1047.2	-1336.8	-1601.0	-2240.8	-2453.0	-2690.4	-3141.0	-3201.5	-3504.6	-4255.0
地方财政收入	375.3	564.7	788.4	1077.4	1344.8	1658.2	1974.9	2200.0	2456.5	2715.3	2914.0	3216.0
地方财政支出	706.1	1097.2	1835.6	2414.2	2945.8	3899.0	4427.9	4890.4	5597.5	5916.8	6418.6	7471.0
城镇登记失业率（%）（季度）	—	—	2.7	—	—	2.8	—	—	2.9	—	—	2.8
	同比累计增长率（%）											
地区生产总值	—	—	-6.5	—	—	0.7	—	—	2.5	—	—	3.9
第一产业	—	—	-4.7	—	—	1.2	—	—	1.5	—	—	2.2
第二产业	—	—	-10.0	—	—	0.8	—	—	3.1	—	—	5.2
第三产业	—	—	-3.7	—	—	0.4	—	—	2.0	—	—	2.8
工业增加值	—	-12.1	-5.3	-1.1	0.5	2.0	2.2	3.1	3.9	4.4	5.3	6.0
固定资产投资	—	-24.9	-11.1	-3.7	-0.8	1.0	1.1	1.7	2.4	3.6	4.4	5.1
房地产开发投资	—	-19.3	-7.6	-1.3	-0.1	1.9	1.8	2.7	3.4	4.2	5.1	5.6
社会消费品零售总额	—	—	-11.9	—	—	-3.5	—	—	-0.5	—	—	2.6
外贸进出口总额	—	-6.8	-1.6	6.7	7.5	9.0	10.9	12.2	13.1	13.4	14.5	14.1
进口	—	2.4	4.0	10.1	9.7	12.2	11.7	12.0	13.4	13.3	14.3	15.0
出口	—	-14.6	-6.1	3.9	5.9	6.7	10.4	12.4	12.8	13.5	14.6	13.5
实际利用外资	—	-5.2	2.4	2.6	2.9	3.2	1.4	2.6	3.6	3.8	4.1	2.1
地方财政收入	1.9	-6.2	-10.8	-9.2	-8.7	-7.0	-4.9	-3.8	-3.1	-1.9	-0.9	1.0
地方财政支出	-4.5	-12.3	-13.9	-7.2	-5.8	-7.5	-4.1	-3.7	-4.8	-2.7	0.6	1.1

数据来源：安徽省统计局。

福建省金融运行报告（2021）

中国人民银行福州中心支行货币政策分析小组

[内容摘要] 2020年，福建省坚持以习近平新时代中国特色社会主义思想为指导，全面贯彻党的十九大和十九届二中、三中、四中、五中全会精神，认真落实党中央、国务院决策部署和省委工作要求，增强“四个意识”、坚定“四个自信”、做到“两个维护”，奋力战疫情、保民生、稳经济、促发展，夺取了疫情防控和经济社会发展“双胜利”。全年全省生产总值增长3.3%，泉州、福州首次迈入万亿元城市行列。

经济增长主要特点：一是投资、消费结构优化，对外贸易逆势上涨。固定资产投资低位运行，高技术制造业投资、社会领域投资增势较好；消费品市场持续回暖，网上零售占比继续提高；对外贸易逆势增长，利用外资增速较快。二是工业生产稳定恢复，高技术产业引领增长。全年规模以上工业增加值增长2.0%，38个大类行业中有21个行业增加值正增长。规模以上高技术产业增加值增长8.0%。机械装备产业、电子信息产业、石油化工产业等三大主导产业成为工业平稳复苏的“压舱石”，规模以上三大主导产业增加值增长5.7%，比全省平均水平高3.7个百分点。服务业运行好转，全年增加值增长4.1%。三是供给侧结构性改革持续推进。生铁等部分产能过剩产品产量下降；企业杠杆率稳步下降；居民服务、教育、卫生、文体娱乐等短板领域投资有效推进。四是坚持绿色发展，经济生态实现良性互动。污染防治攻坚战成效显著，绿色生产生活方式加快形成，能耗总量和强度严格落实“双控”，绿色生活创建活动扎实开展。五是居民消费价格涨势温和，工业生产者价格小幅下降。居民消费价格指数上涨2.2%，比上年下降0.4个百分点，受食品烟酒类价格上涨影响较大；工业生产者出厂价格指数下降1.6%，生产资料下降是主要因素。六是实现全省一般公共预算总收入、地方一般公共预算收入和全省一般公共预算支出“三个正增长”。为支持疫情防控、打赢三大攻坚战、全面落实“六稳”“六保”任务提供有力支撑。七是城镇就业总体稳定，居民收入持续增长。全年城镇新增就业人数54.6万人，完成全年计划任务；城镇登记失业率3.82%，控制在4.2%目标以内。居民人均可支配收入37202元，名义增长4.5%。

2020年，新冠肺炎疫情对经济社会发展带来前所未有的冲击，福建省金融业坚持稳中求进工作总基调，坚持新发展理念，把金融支持疫情防控作为最重要的工作来抓，并把支持实体经济恢复发展放到突出位置，落实好稳健的货币政策更加灵活适度，综合运用多种政策工具有效应对疫情冲击，货币信贷和社会融资规模明显增长，融资结构持续改善，多层次资本市场健康发展，保险保障功能稳步提升，各项金融改革深入推进，有力支持福建经济社会高质量发展。

金融运行主要特点：一是金融支持疫情防控、复工复产、经济社会发展、稳企业保就业成效显著。新冠肺炎疫情暴发以来，中国人民银行福州中心支行开通支付、清算、现金、国库、征信等业务“绿色通道”；优化15类外汇行政许可办理方式。创新建立“1234”工作机制和“专用额度+”多维模式，推进央行再贷款再贴现资金精准落地。主动衔接推进两项直达工具，规模均居全国前列。通过健全金融服务工作机制、凝聚跨部门“几家抬”工作合力、大力实施商业银行小微企业能力提升工程等方式扎实推进民营和小微企业金融服务。二是地方法人金融机构贷款保持快速增长，普惠领域信贷量增面扩。年末全省法人机构人民币贷款增长21.0%，保持较快增长。多渠道探索形成合力扎实推进全省普惠金融发展，年末普惠小微贷款较年初增长32.4%，普惠小微贷款户数较年初增加22.8万户；涉农贷款、金融精准扶贫贷款均较快增长。三是LPR改革推动贷款利率明显下行，小微企业融资成本下降。引导金融机构科学合理定价，全年人民币贷款加权平均利率5.35%，比上年下降53个基点。其中，普惠小微贷款利率5.36%，比上年下降103个基点。四是银行间市场发债成效明显，助力疫情防控和复工复产。全年福建省企业在银行间市场发债筹资3045.7亿元，同比增长67.8%；12家企业发行银行间市场疫情防控债券，筹资123亿元；5家民营企业发行债务融资工具，筹资137.2亿元；福建省电子信息集团发行全省首笔银行间市场“双创债”，筹资5亿元。五是保险保障功能日益凸显。全省累计承担风险总额和累计赔付支出分别增长26.9%和8.0%，助推经济与保障民生作用日益凸显。六是区域金融改革持续推进，金融生态环境不断优化。纵深推进宁德、龙岩普惠金融改革试验区工作；拓展台资企业资本项目管理便利化试点；深化两岸征信交流合作；持续推动人民币在周边和“一带一路”国家和地区的使用。支付体系建设成效显著，率先实现全省地市县公交“智慧出行”全覆盖，县域覆盖率全国第一。推进地方社会信用体系建设有序发展，守信激励和失信惩戒金融联动机制不断健全。金融司法环境进一步优化，金融消费者合法权益得到有效维护。

展望2021年，福建省将坚持稳中求进的工作总基调，以推动高质量发展为主题，以供给侧结构性改革为主线，深入实施创新驱动发展战略，培育新经济增强新动能；注重需求侧管理，深挖消费潜力、补好投资短板；推进更高水平对外开放，增强外贸综合竞争力；全面深化改革，营造良好营商环境，进一步激发市场主体活力；推进城乡融合，优化区域发展格局；坚持绿色发展，深入推进生态文明试验区建设；强化民生兜底，持续提升群众获得感、幸福感、安全感。福建省金融部门将全力以赴做好金融支持经济高质量发展超越，继续深化金融供给侧结构性改革，贯彻执行好稳健的货币政策，切实疏通货币政策传导机制，为高质量发展营造适宜的货币金融环境。持续推进宁德、龙岩普惠金融改革试验区建设，打造普惠金融、绿色金融发展的福建品牌。着力提升金融服务，优化金融结构，同时加强风险监测，坚持在推动高质量发展中防范化解风险，精准有效处置重点领域风险，以新时代新福建建设的优异成绩庆祝建党100周年。

一、金融运行情况

2020年，新冠肺炎疫情给经济社会发展带来前所未有的冲击，福建省金融系统坚持以习近平新时代中国特色社会主义思想为指导，认真学习贯彻党的十九大和十九届二中、三中、四中、五中全会以及中央经济工作会议精神，坚持党对金融工作的领导，坚持稳中求进工作总基调，坚持新发展理念，把金融支持疫情防控作为最重要的工作来抓，并把支持实体经济恢复发展放到突出位置，落实好更加灵活适度的稳健货币政策，综合运用多种政策工具有效应对疫情冲击，货币信贷和社会融资规模明显增长，融资结构持续改善，多层次资本市场健康发展，保险保障功能稳步提升，各项金融改革深入推进，有力支持福建经济社会高质量发展。

（一）银行业稳健运行，服务实体经济能力明显提升

1. 银行业规模平稳增长。2020年末，福建省银行业金融机构资产总额11.3万亿元，同比增长9.5%；营业网点6616个；从业人员12.6万人；法人机构数142个；142家地方法人金融机构经营总体稳健，年末总资产、总负债分别比年初增长10.0%、10.1%；平均资本充足率15.3%，比年初下降0.5个百分点；拨备总体充足，平均拨备覆盖率达298.1%，比年初下降5.8个百分点。

表 1　2020 年福建省银行业金融机构情况

机构类别	营业网点			法人机构（个）
	机构个数（个）	从业人数（人）	资产总额（亿元）	
一、大型商业银行	2278	53638	27147	0
二、国家开发银行和政策性银行	46	2145	8226	0
三、股份制商业银行	882	25815	51989	1
四、城市商业银行	262	10386	10609	4
五、城市信用社	0	0	0	0
六、小型农村金融机构	1934	20777	9760	68
七、财务公司	7	182	442	6
八、信托公司	2	770	289	2
九、邮政储蓄银行	1063	6504	2876	0
十、外资银行	34	917	666	1
十一、新型农村金融机构	103	2047	380	55
十二、其他	5	3241	586	5
合　计	6616	126422	113195	142

数据来源：中国人民银行福州中心支行、福建银保监局。

注：大型商业银行包括工商银行、农业银行、中国银行、建设银行和交通银行；小型农村金融机构包括农村商业银行和农村信用社；新型农村金融机构包括村镇银行；其他包含金融租赁公司、消费金融公司、民营银行；资产总额不包含兴业银行。

2. 各项存款增速增量均有提高。2020 年末，全省金融机构本外币各项存款余额 56386.9 亿元，同比增长 13.1%，增速较上年提高 4.4 个百分点，比年初增加 6550.5 亿元，同比多增 2541.3 亿元。其中，非金融企业存款余额 17229.1 亿元，同比增长 15.8%，增速较上年提高 9.8 个百分点。

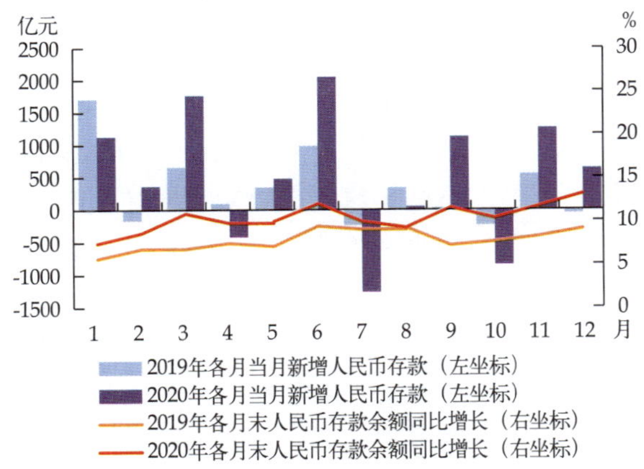

图 1　2019—2020 年福建省金融机构人民币存款增长变化

（数据来源：中国人民银行福州中心支行）

3. 贷款增速平稳上行，普惠领域信贷量增面扩。2020 年末，全省本外币各项贷款余额 59859.7 亿元，同比增长 13.7%，增速较上年末提高 0.5 个百分点；新增贷款 7218.8 亿元，同比多增 1399.7 亿元。地方法人金融机构人民币贷款余额同比增长 21.0%，比全省平均水平高 7.0 个百分点。信贷结构持续改善。年末，制造业中长期贷款（仅含中资金融机构），信息传输、软件和信息技术服务业贷款，科学研究和技术服务业贷款，卫生和社会工作业贷款同比增速分别为 20.8%、26.2%、74.6% 和 26.6%。

普惠领域信贷量增面扩。2020 年末，全省普惠小微贷款余额 7625.6 亿元，同比增长 32.4%，增速较上年末提高 0.5 个百分点。普惠小微贷款户数达 136 万户，较年初增加 22.8 万户。一是金融服务乡村振兴战略力度增强。年末全省涉农贷款本外币余额 1.5 万亿元，同比增长 12.2%。二是金融精准扶贫成效显著。年末全省金融精准扶贫贷款余额 386.3 亿元，同比增长 67.5%，其中个人及产业带动精准扶贫贷款余额 306.1 亿元，同比增长 110.3%，当年累计发放 267.2 亿元。

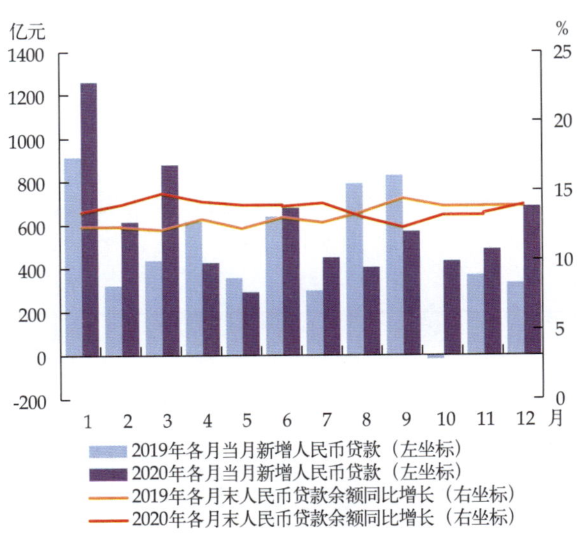

图 2　2019—2020 年福建省金融机构人民币贷款增长变化

（数据来源：中国人民银行福州中心支行）

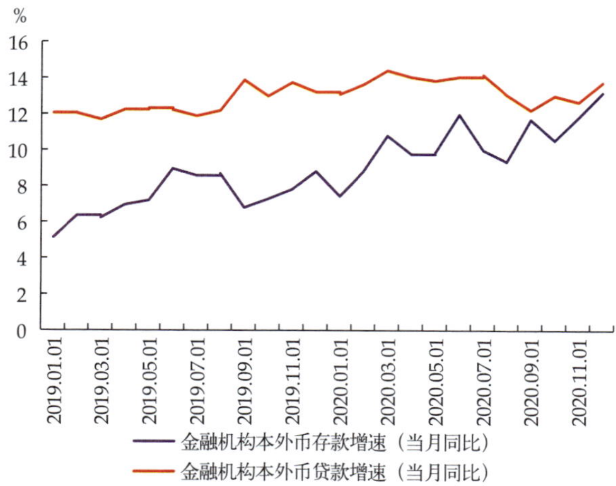

图3　2019—2020年福建省金融机构本外币存、贷款增长变化

（数据来源：中国人民银行福州中心支行）

4. 人民币贷款利率明显下降。2020年，福建省市场利率定价自律机制高效运行，引导金融机构科学合理定价，全省贷款利率总体下行。全年人民币贷款加权平均利率5.35%，比上年下降53个基点。其中，小微企业贷款利率4.82%，同比下降67个基点，普惠小微贷款利率5.36%，同比下降103个基点。

2020年，全省美元活期、定期存款加权平均利率分别为0.11%、0.98%，比上年分别下降6个和81个基点；美元贷款加权平均利率2.02%，比上年下降151个基点。

表2　2020年福建省金融机构人民币贷款各利率区间占比

单位：%

项目		1月	2月	3月	4月	5月	6月
合计		100.0	100.0	100.0	100.0	100.0	100.0
LPR减点		19.1	26.9	22.1	17.1	16.2	22.1
LPR		1.3	1.4	2.4	2.2	4.5	4.0
LPR加点	小计	79.6	71.7	75.5	80.7	79.2	73.9
	(LPR，LPR+0.5%)	21.0	19.8	19.2	17.6	13.9	16.7
	[LPR+0.5%，LPR+1.5%)	23.8	21.2	25.3	30.2	31.6	29.5
	[LPR+1.5%，LPR+3%)	21.6	17.1	17.2	18.1	18.9	15.2
	[LPR+3%，LPR+5%)	7.1	6.9	7.3	8.1	8.1	6.5
	LPR+5%及以上	6.1	6.7	6.5	6.7	6.7	6.0

续表

项目		7月	8月	9月	10月	11月	12月
合计		100.0	100.0	100.0	100.0	100.0	100.0
LPR减点		16.0	22.7	22.5	20.2	27.7	29.1
LPR		5.5	5.4	6.8	5.3	4.8	6.4
LPR加点	小计	78.5	71.9	70.7	74.5	67.5	64.5
	(LPR，LPR+0.5%)	16.6	15.9	16.2	15.8	16.1	14.3
	[LPR+0.5%，LPR+1.5%)	29.7	26.4	27.6	26.9	24.3	26.6
	[LPR+1.5%，LPR+3%)	17.6	15.7	14.6	16.1	13.9	12.2
	[LPR+3%，LPR+5%)	6.9	6.6	6.0	6.8	5.7	5.3
	LPR+5%及以上	7.7	7.3	6.3	9.0	7.4	6.2

数据来源：中国人民银行福州中心支行。

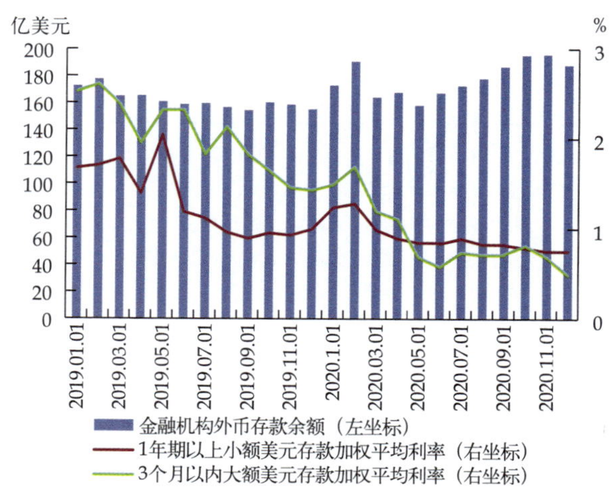

图4　2019—2020年福建省金融机构外币存款余额及外币存款利率

（数据来源：中国人民银行福州中心支行）

5. 不良贷款率稳中有降。2020年末，全省银行业机构不良贷款率1.09%，同比下降0.04个百分点；不良贷款余额654.45亿元，比年初增加54.46亿元。年末全省银行业机构逾期90天以上贷款/不良贷款比例降至100%以内。

6. 金融支持疫情防控、复工复产、经济社会发展、稳企业保就业成效显著。疫情暴发以来，中国人民银行福州中心支行结合实际细化实化具体贯彻措施和工作安排。开通支付、清算、现金、国库、征信等业务"绿色通道"，支付清算系统、国库业务系统7×24小时不间断运行，各类资金安全顺畅运转，基础金融服务不断优化；优化15类外汇行政许可办理方式，开放"网上办、邮寄办、预约办”等通道，并探索将临时性便利化政策转为常态化服务举措，受到市场主体广泛认可。创新建立“1234”工作机制和“专用额度 +”多维模式，推进央行专项资金精准落地。全年累计为 284 家全国重点防疫企业投放 3000 亿元专项再贷款 73.84 亿元；提前完成 175 亿元复工复产再贷款再贴现专用额度的发放；累计发放符合 1 万亿元政策要求的贷款（含贴现）746 亿元，资金直达市场经营主体 8.8 万户；主动衔接推进两项直达工具，全省地方法人金融机构累放信用贷款 162 亿元、累计延期还本付息金额297亿元，规模均居全国前列。与此同时，通过健全金融服务工作机制、凝聚跨部门“几家抬”工作合力、大力实施商业银行小微企业能力提升工程等方式扎实推进民营和小微企业金融服务。

7. 金融改革创新与对外开放不断深化。一是纵深推进普惠金融改革试验区工作。宁德试验区率先实现普惠金融服务中心、政府性融资担保公司、防止返贫救助保障机制在县域“三个全覆盖”，支农再贷款规模均居于全省前列。龙岩试验区在全省率先推进首贷培植专项行动、深入推进金融支持乡村振兴“986 工程”，主要金融指标均已达到总体方案要求。二是福建自由贸易试验区等区域金融改革持续深化。紧抓福建区域特色，拓展台资企业资本项目管理便利化试点，促进两岸融合发展。深化两岸征信交流合作，省内已有 60 家金融机构开通台湾地区信用报告查询服务，累计查询在台信用信息 624 笔，累计放贷 10.26 亿元；113 位台胞、50 家台企获颁金融信用证书，获得授信 23.80 亿元，台胞台企的获得感和满意度显著提升。三是持续推动人民币在周边和“一带一路”国家和地区的使用。引导银行机构挖掘潜在客户，以及服务好紫金矿业、旗滨集团、网龙公司等福建省“一带一路”重点企业的跨境结算。2020 年，全省人民币直接投资收付金额 922 亿元，同比增长 26%。

专栏 1　转理念与扩市场并行 市场化与规范化并重　有效推广 LPR 运用

一、加强政策宣导，引导金融机构转变定价理念

LPR 改革后，存贷款市场竞争压力加剧。中国人民银行福州中心支行通过及时传导政策精神、开展专题培训、强化宣传等方式积极引导金融机构适应新的利率形成机制改革，树立高质量可持续发展定价理念，积极主动应对挑战。

二、奠定市场基础，推进贷款主要参考 LPR 定价

（一）实现新增贷款主要参考 LPR 定价

一是推动系统升级改造。指导金融机构通过同业经验交流、行内各部门有效协调、重点地区和机构率先突破并发挥带动作用等方式，完成 LPR 定价相关系统的升级改造、合同修订。二是加强引导重点突破。先行保证固定利率贷款参照 LPR 定价，并视各金融机构定价能力尽量推动浮动利率贷款参照 LPR 定价；积极与政府相关部门协同研究推动专项政策类贷款定价基准向 LPR 转换。三是严格规范合同表述。指导金融机构在新发放贷款合同中规范使用 LPR 表述。2020 年 12 月福建省金融机构新增贷款参考 LPR 定价比例为 96.2%。

（二）圆满完成存量贷款定价基准转换“应转尽转”

一是制订科学合理的转换方案。指导金融机构制订科学可行的转换方案，明确各期的转换工作任务。二是科学有序推进转换。按照先易后难的原则，先实现本地客户的存量转换，再针对外出、担保方难沟通的客户加强联系、逐户甄别，了解不愿转换的原因并“对症下药”。三是合理处置特殊情况。协同福建省教育厅指导相关金融机构制订并有效推进助学贷款定价基准转换方案，于12月完成转换工作。同时，对于金融机构能提供有效证据证明经充分沟通、协调，在不增加任何对客户不利的附加条款的情况下，客户仍不愿意转换的部分贷款，可暂不转换。截至2020年8月31日，福建省地方法人金融机构存量贷款定价基准转换进度93.3%；非法人转换进度95.1%。

三、建立微观机制，推动金融机构将LPR纳入FTP体系

一是加大科技投入，强化系统支撑。指导金融机构将LPR纳入FTP系统，并进行日常系统业务参数维护。重点督促农信系统FTP的改造升级。二是注重日常引导，强化实际应用。要求金融机构在日常定价管理工作中，注重FTP应用引导，适时调整小微企业贷款FTP曲线，引导信贷资金优先配置到小微领域；通过调整存款FTP曲线，引导金融机构通过附加增值服务提升存款吸引力，抓好客群维护；根据经营计划，区别贷款品种，适时调整贷款FTP曲线，实施差异化定价。截至2020年12月末，福建省142家地方法人金融机构中，102家已建立FTP体系，95家已运用LPR构建FTP曲线。

四、规范市场定价，打开LRP引导贷款利率下降的空间

（一）坚决打破贷款利率隐性下限

鼓励金融机构或企业等举报协同设定贷款利率隐性下限的行为，发现可疑线索并确认属实的，采取约谈、全省通报、相关工具约束等处罚措施。

（二）规范存款市场定价秩序

一是禁止存款“靠档计息”基本落实到位。充分发挥利率管理前瞻性作用，早在2017年末就明确要求辖区金融机构不得开展“靠档计息”等违反中国人民银行相关利率管理规定的存款创新产品。二是大额存单“靠档计息”整改顺利完成。要求金融机构禁止新发行的大额存单“靠档计息”，同时采取多种有效措施压降存量。截至2020年11月22日已将余额压降清零。三是及时将结构性存款纳入自律管理范围。要求结构性存款最低收益率符合福建利率自律机制对一般性存款利率定价的约定，2020年12月，福建省内地方法人金融机构结构性存款支取利率3.50%，比年初下降37个基点。

（二）多层次证券市场平稳发展，融资功能进一步提升

1. 证券期货机构加快培育。2020年末，全省共有证券期货机构695家，其中，法人证券公司4家、法人期货公司5家、法人基金公司4家、区域性股权交易场所2家。年末，全省法人证券公司总资产2068.94亿元，净资产492.39亿元，分别增长11.7%、6.8%。全省法人期货公司总资产359.17亿元，净资产49.85亿元，分别增长50%、11.15%。全年，证券营业部实现证券交易额18.7万亿元，同比增长38.5%；期货营业部实现期货交易额9.6万亿元，同比增长26.2%。首家闽台合资证券公司金圆统一证券于2020年2月获核准；瑞达期货、国贸期货香港子公司积极拓展海外业务。

2. 银行间市场发债成效明显，助力疫情防控和复工复产。2020年，全省共有85家企业在银行间市场发行债务融资工具486期，筹资3045.73亿元，同比分别增加195期和1230.83亿元，筹资金额同比增长67.82%，发行期数和筹资金额均位居全国第七。福建企业在银行间市场发债的加权平均利率3.14%，比上年同期降低76个基点。一是大力推动疫情防控债券发行。全省共有12家企业发行22期银行间市场疫情防控债券，筹资123亿元。二是建立复工复产企业债券融资对接工作机制。协调解决民营企业、龙头企业及其核心配套企业在复工复产中

的发债需求。全省有5家民营企业发行27期债务融资工具，筹资137.2亿元。三是推动创设民营企业债券融资支持工具。中国银行为福建东百集团创设信用风险缓释凭证，带动发行超短期融资券1亿元。四是创新发行“双创债”。福建省电子信息集团发行全省首笔银行间市场“双创债”，筹资5亿元。

3. 上市公司融资规模和质量持续提升。 2020年末，全省共有境内上市公司151家，较上年增加12家，总市值3.09万亿元（居全国第七位），增长65.79%。全年64家次上市公司开展并购重组涉及金额181.3亿元，增长381.5%，并购重组活跃度大幅上升。新三板挂牌公司累计282家，总股本186.47亿元，增发融资5.42亿元。境外上市公司106家，新增7家香港首发上市企业，合计融资53.01亿元。

表3　2020年福建省证券业基本情况

项目	数量
总部设在辖内的证券公司数（家）	4
总部设在辖内的基金公司数（家）	4
总部设在辖内的期货公司数（家）	5
年末国内上市公司数（家）	151
当年国内股票（A股）筹资（亿元）	378
当年发行H股筹资（亿元）	21
当年国内债券筹资（亿元）	1313
其中：短期融资券筹资额（亿元）	149
中期票据筹资额（亿元）	735

数据来源：中国人民银行福州中心支行、福建证监局。其中，直接融资数据来源于社会融资规模表。

（三）保险市场良性发展，助推经济与保障民生作用日益凸显

1. 保险业规模增长平稳。 2020年末，全省保险公司总资产3496.95亿元，同比增长14.36%，累计实现保费收入1242.25亿元，同比增长5.74%。其中，财产险保费收入337.07亿元，人身险保费收入905.17亿元，同比分别增长-0.39%和8.22%。

2. 服务实体经济力度增强。 2020年，全省信用保证保险保费收入32.47亿元，同比增长2.34%；中国信保在闽机构（不含厦门）提供收汇风险保障174.38亿美元，通过保单融资业务协助出口企业获得贷款20.34亿美元。农业保险实现保费收入7.17亿元，增长17.93%，赔付支出4.77亿元，下降6.86%。

3. 民生保障水平稳步提升。 2020年，全省累计承担风险总额118.97万亿元，累计赔付支出393.23亿元，分别增长26.86%和7.97%。城乡居民大病保险实现设区市级统筹（不含厦门），参保人数达2760万，协议保费收入19亿元，为76.2万人次参保群众赔付医疗费用14亿元。积极开展保险助力扶贫攻坚，推出产业扶贫保险，共承保建档立卡贫困户12.6万户次，提供风险保障11.72亿元，支付赔款7664户次1992万元（不含厦门）。

4. 多措施支持疫情防控。 财险业加大产品创新，在售83个产品扩展新冠肺炎相关责任，研发36个含有法定传染病责任的产品，如复工复产综合保险、“复工保”、“复学保”等，并为受疫情影响停工的存量保单提供保单责任中止、免费扩展新冠肺炎致亡或一级伤残责任、保险期限延长等服务。人身险业融入抗击疫情大局，开通理赔、复效优惠政策，34家人身险公司694款个人产品免费扩展新冠肺炎引发的相关保险责任；19家人身险公司将团体保险责任范围扩展至新冠肺炎，覆盖各类企业2.3万家，涉及员工95万人，合同涉及风险保额3475亿元。

表4　2020年福建省保险业基本情况

项目	数量
总部设在辖内的保险公司数（家）	3
其中：财产险经营主体（家）	2
寿险经营主体（家）	1
保险公司分支机构（家）	62
其中：财产险公司分支机构（家）	28
寿险公司分支机构（家）	34
保费收入（中外资，亿元）	1242.3
其中：财产险保费收入（中外资，亿元）	337.1
人身险保费收入（中外资，亿元）	905.2
各类赔款给付（中外资，亿元）	393.2

数据来源：福建银保监局。

（四）金融市场稳健发展，社会融资规模明显多增

1. 社会融资规模明显多增。2020 年，全省社会融资规模新增 10591.97 亿元，同比增长 18.04%。其中，新增人民币贷款 6960.15 亿元，增量占比为 65.71%；表外融资下降 798.63 亿元。企业直接融资力度加大，地方政府债发行加速。

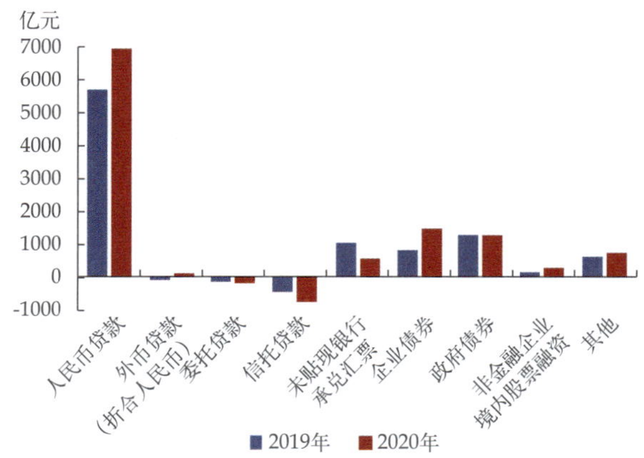

图 5　2019—2020 年福建省社会融资规模增量分布结构

（数据来源：中国人民银行福州中心支行）

2. 货币市场发展总体良好。2020 年，全省银行间同业拆借、债券回购、现券交易 3 项成交总额 102.73 万亿元，同比增长 14.96%。其中，拆借市场成交 5.57 万亿元，同比下降 19.5%；债券回购成交 73.81 万亿元，同比增长 22.28%；现券交易成交 23.34 万亿元，同比增长 5.74%。累计净融入资金 9.67 万亿元。交易量仍主要集中于兴业银行和 4 家城市商业银行。其中，兴业银行拆借、债券交易量占比分别为 69.58%、43.57%，4 家城市商业银行交易量占比分别为 15.4%、28.95%。

3. 票据融资总量保持增长。2020 年，全省票据融资总量（含承兑、贴现、转贴现）7250.93 亿元，同比增长 10.8%。全年票据贴现加权平均利率 2.81%，比上年下降 44 个基点；转贴现加权平均利率 2.46%，比上年下降 86 个基点。

4. 涉外收付款和结售汇总额增长、顺差下降。2020 年，全省涉外收支总额 2724.69 亿美元，同比增长 14.6%；结售汇总额 1796.25 亿美元，同比增长 2.4%。涉外收支顺差 186.99 亿美元，同比下降 19.2%；结售汇顺差 82.4 亿美元，同比下降 51.1%。

5. 人民币跨境收付金额快速增长。2020 年，全省跨境人民币业务金额 4542.4 亿元，同比增长 44.48%，净流入 441.24 亿元。其中，经常项下收付金额 1407.33 亿元，同比增长 6.73%，资本项下收付金额 3134.5 亿元，同比增长 71.79%。

表 5　2020 年福建省金融机构票据业务量统计

单位：亿元

季度	银行承兑汇票承兑		贴现			
			银行承兑汇票		商业承兑汇票	
	余额	累计发生额	余额	累计发生额	余额	累计发生额
1	4936.1	1963.0	2454.8	3200.6	84.2	216.2
2	5182.2	3800.4	2351.5	6218.2	104.4	400.6
3	5042.2	5270.6	2000.9	8314.8	66.0	587.5
4	5077.5	7218.0	2090.4	10929.2	83.1	978.0

数据来源：中国人民银行福州中心支行。

表 6　2020 年福建省金融机构票据贴现、转贴现利率

单位：%

季度	贴现		转贴现	
	银行承兑汇票	商业承兑汇票	票据买断	票据回购
1	2.76	4.41	2.62	2.01
2	2.40	4.93	2.38	1.57
3	2.85	4.54	2.70	2.13
4	2.97	4.29	2.72	1.89

数据来源：中国人民银行福州中心支行。

（五）金融服务水平持续提升，金融生态环境不断优化

1. 支付体系建设成效显著。一是移动支付便民工程纵深推进。2020 年，全省“云闪付”用户数突破 1623.5 万户，用户渗透率 46%，位

居全国第一。推动上线28个“云闪付”本地场景应用和38个小程序，满足福建特色场景移动支付需求，上线数量分别位居全国第一、第二。率先实现全省地市县公交“智慧出行”全覆盖，县域覆盖率全国第一。智慧校园、智慧医院和企业智慧园区建设推广至省内71所学校、320家医院和140个企业，助力建设“智慧福建”。福建地区成为“云闪付”App数字景区功能唯一接入渠道，全国景区线上售票“云闪付”结算将统一经过福建进行。二是农村支付服务持续优化。推广建设移动支付示范县30个，示范县域主城区主干道“云闪付”商户覆盖率达78%，全省服务点“云闪付”加载率超85%。率先推动福鼎白茶等地标溯源系统接入“云闪付”，推动茶叶、海产品等地方特色产销项目入驻“云闪付”产销平台，助力当地农业发展。三是支付清算系统安全高效运行。2020年，全省银行机构通过支付清算系统共处理业务10.38亿笔，金额360.39万亿元，同比分别增长4.44%、10.89%。全年支付清算系统可用率达100%。四是会计核算质效不断提升。全国率先开展中央银行会计核算数据集中系统（ACS）省级缓存与总行备用缓存应急切换演练，突发故障应对时间缩短80%以上。推动122家农村金融机构上线ACS综合前置自助转账功能，线上业务办理率93.90%，居家服务范围进一步拓展。

表7 2019—2020年福建省支付系统业务发展情况

年份	支付系统直接参与方（个）	支付系统间接参与方（个）	支付清算系统覆盖率（%）	当年大额支付系统处理业务数（万笔）	同比增长（%）
2019	8.0	5342.0	100.0	8457.4	202
2020	8.0	5460.0	100.0	3111.9	-63.2

年份	当年大额支付系统业务金额（亿元）	同比增长（%）	当年小额支付系统处理业务数（万笔）	同比增长（%）	当年小额支付系统业务金额（亿元）	同比增长（%）
2019	3146122	11.6	18241.7	3.8	42316.3	59.7
2020	3393402	7.86	21097.62	15.66	100505.36	137.51

数据来源：中国人民银行福州中心支行。

2.信用体系不断完善。一是金融信用信息基础数据库稳定运行。截至2020年末，金融信用信息基础数据库收录福建省企业和其他组织168.74万户，提供企业信用报告查询约139万笔；为政府部门推优评先和司法机关案件办理提供企业、个人信息查询5885笔、2344笔。全省共部署个人信用报告自助查询机280余台，为社会公众提供便捷查询246万笔。逐步扩大接入金融信用信息基础数据库的机构类型和信息采集范围。截至2020年末，全省已有184家接入机构。二是履行“双牵头”职责，推进地方社会信用体系建设有序发展。继续贯彻落实《福建省社会信用体系建设规划（2015—2020年）》，推动漳州开展国家信用示范城市创建，指导福州开展地方社会信用立法。发挥守信激励和失信惩戒金融联动作用。截至2020年末，已向省内金融机构累计共享1341笔信用激励信息和728笔信用惩戒信息，为强化金融风险防控和金融联合惩戒提供信息支撑。三是持续推进农村信用体系建设，聚焦脱贫攻坚和普惠金融显成效。2020年末，全省已为680万户农户建立信用档案，并对已建档的351万户农户累计发放贷款11240.51亿元。推动全省农村信用体系对建档立卡贫困户实现全覆盖，助力贫困户全部脱贫。重点指导宁德、龙岩开展普惠金融改革试验区信用体系建设工作。积极推进“普惠金融信用乡镇、信用村”创建，已评出252个普惠金融信用村、12个普惠金融信用乡镇，引导金融机构与信用村签署整村授信合作协议，巩固信用创建成果，服务乡村振兴。四是稳步推进中小微企业信用体系建设，持续改善企业信用生态。重点指导泉州和南平因地制宜开展中小微企业信用体系建设并取得明显成效。中国人民银行泉州市中心支行推动品尚征信、泉州农商行联合开展“小微征信贷”试点，截至2020年末，累计为3052户复工复产企业授信6.41亿元，用信5.16亿元。中国人民银行南平市中心支行积极开展信用工业园区创建，截至2020年末，南平市已评定126家园区信用示范企业，优先获得银行信贷授信约151亿元，银行承兑汇票授信约19亿元，节约融资成本约1.7亿元，成功将信用转化为生产力。

3. 金融司法环境进一步改善。一是优化金融审判机制。省法院发布金融审判白皮书，稳妥处理涉中国银行“原油宝”案件，全年全省法院一审审结金融借款、民间借贷等案件13.26万件，依法严惩“套路贷”涉黑组织犯罪，着力防范化解金融风险。二是依法行政建设提质增效。中国人民银行福州中心支行修订完善查处分离试点实施办法，理顺查处分离工作机制，并将试点范围扩展至全省。率先编写《执法检查标准化手册》，制定《行政执法规范用语指引》，制作《行政执法规范用语标准示范》微课程，推进依法行政示范点品牌建设。三是普法学习宣传亮点纷呈。编发《新冠肺炎疫情期间干部职工法律宣传手册》。举办“《民法典》与金融活动及金融风险防范”主题征文活动，省、市、县三级联动在建宁县开展民法典进苏区活动。推行数字普法，依托微信公众号开设普法专栏，组织收看典型案件公开庭审视频。

4. 金融消费者合法权益得到有效保障。2020年，中国人民银行福州中心支行持续畅通金融消费者投诉咨询渠道，共受理金融消费者投诉1015件，咨询3258件，办结率97.3%，满意率87.6%。持续完善金融纠纷多元化解机制，累计建立32家金融纠纷调解组织，开发金融消费纠纷调解网络申请平台，建立专门的网络调解室。扎实推进金融消费权益保护评估与监督检查。加强金融广告治理，以泉州为试点开展民间投融资机构营销宣传专项整治行动。持续推进金融知识纳入国民教育体系。组织开展金融知识宣传活动，累计开展活动7000多场次，发放宣传材料165多万份，线上渠道点击量超过140万次。

二、经济运行情况

2020年，在新冠肺炎疫情和外部环境严峻复杂的背景下，福建省扎实做好“六稳”“六保”工作，保持经济社会持续健康发展。全年实现地区生产总值4.39万亿元，比上年增长3.3%，增幅高于全国平均水平1个百分点。产业发展提质增效，内生动力持续增强；供给侧结构性改革稳步推进；对外经济结构不断优化。第一产业增长3.1%；第二产业增长2.5%；第三产业增长4.1%。固定资产投资低位运行；消费品市场逐步回升，工业生产总体延续恢复性增长态势。

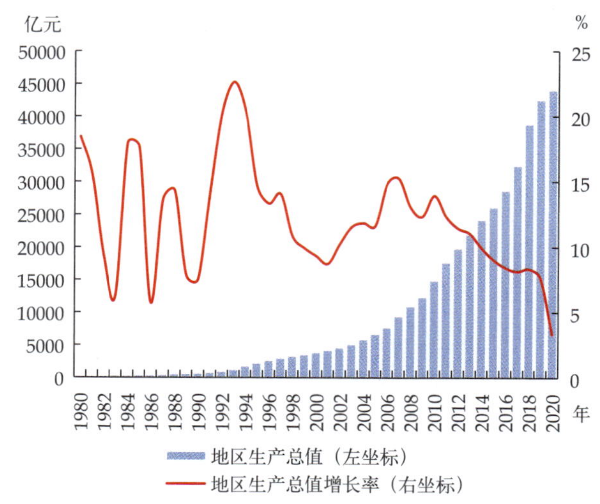

图6　1980—2020年福建省地区生产总值及其增长率

（数据来源：福建省统计局）

（一）投资、消费结构优化，对外贸易逆势上涨

1. 固定资产投资低位运行，社会领域投资保持增长。2020年，全省固定资产投资较上年下降0.4%。其中，房地产开发投资增长6.2%；制造业投资下降2.3%，其中高技术制造业投资增长16.2%；民间投资增长1.0%，与全国平均增速持平。社会领域投资保持增长，卫生投资比上年增长8.0%，文化、体育和娱乐业投资增长4.1%，教育投资增长2.1%。在漳州能源核电一期等项目的拉动下，全省电力、热力生产和供应业投资增长38.2%，自来水生产和供应业投资增长10.9%，污水处理及其再生利用业投资增长8.8%。

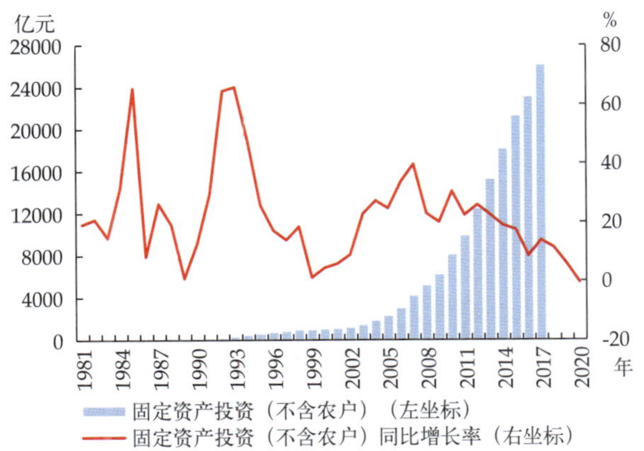

图 7　1981—2020 年福建省固定资产投资（不含农户）及其增长率

（数据来源：福建省统计局）

（注：福建省统计局未公布 2018—2020 年固定资产投资金额）

2. 消费品市场持续回暖，网上零售占比继续提高。2020 年，全省社会消费品零售总额 1.86 万亿元，比上年下降 1.4%，其中，城镇市场零售额下降 1.5%；乡村市场零售额下降 0.8%。升级类商品消费需求持续释放，限额以上单位金银珠宝类商品零售额增长 9.4%；新产品增势良好，限额以上新能源汽车、可穿戴智能设备、智能手机零售额同比分别增长 28.8%、54.4% 和 4.8%。限额以上批发和零售企业实现网上商品零售额 1405.92 亿元，比上年增长 14.2%，占全省限额以上零售额的比重为 17.0%，比上年提高 2.4 个百分点。

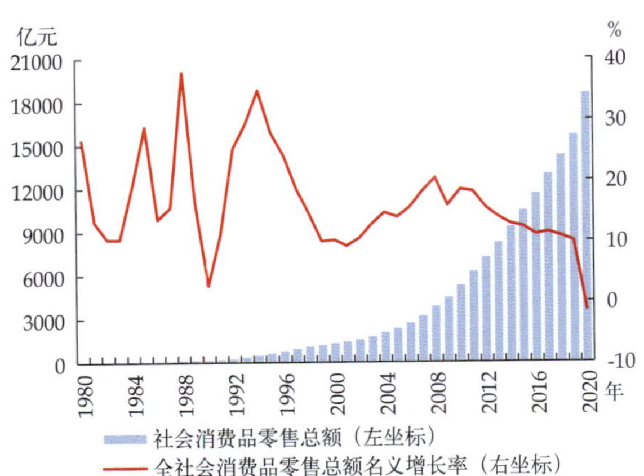

图 8　1980—2020 年福建省社会消费品零售总额及其增长率

（数据来源：福建省统计局）

3. 进出口总额持续增长，利用外资增速较快。2020 年，全省海关进出口总额 14035.65 亿元，增长 5.5%。其中，出口 8474.41 亿元，增长 2.3%；进口 5561.25 亿元，增长 10.6%。贸易顺差为 2913.16 亿元。实际利用外商直接投资 347.91 亿元，比上年增长 10.3%，增幅比上年提高 7.0 个百分点。

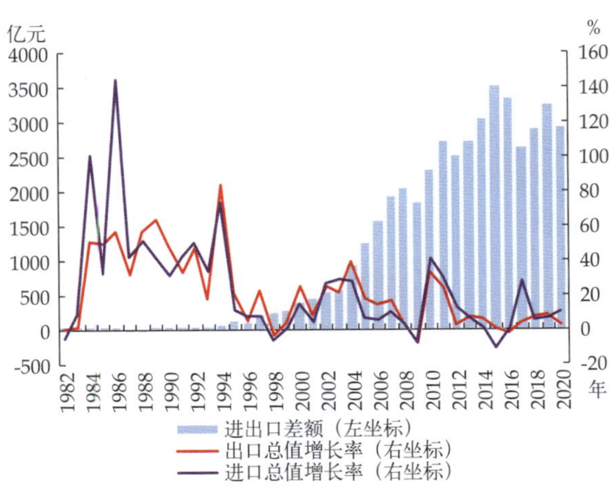

图 9　1982—2020 年福建省外贸进出口变动情况

（数据来源：福建省统计局）

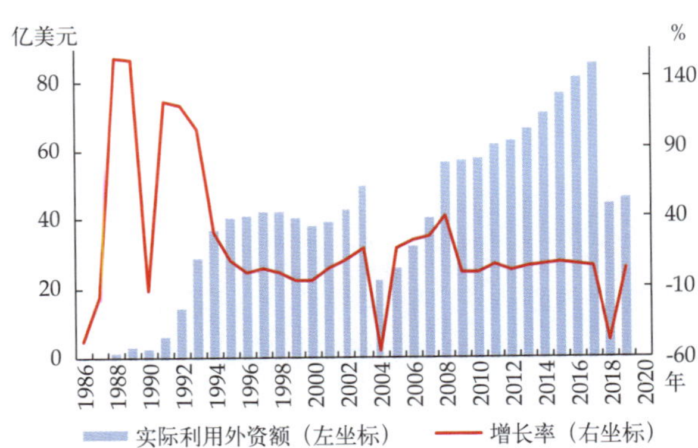

图 10　1986—2020 年福建省实际利用外资额及其增长率

（数据来源：福建省统计局）

（注：2019 年、2020 年美元口径利用外资金额，2018 年、2019 年、2020 年当年美元口径的增长率尚未公布）

（二）三次产业不断恢复，供给侧结构性改革持续推进

1. 农业生产平稳增长，粮食等农产品产量增加。2020 年，全省农林牧渔业总产值 4901.07

亿元，比上年增长3.3%。其中，农、林、牧、渔业产值分别增长4.0%、3.0%、3.6%和1.9%，农林牧渔服务业产值增长4.2%。主要农产品产量实现增长。

2. 工业生产稳定恢复，高技术产业引领增长。2020年，全省规模以上工业增加值比上年增长2.0%，全省38个大类行业中有21个行业增加值增长，增长面超五成。高技术产业保持较快增长态势，规模以上高技术产业增加值增长8.0%，其中12月增长16.3%，增速创2020年新高。机械装备产业、电子信息产业、石油化工产业等三大主导产业成为工业平稳复苏的"压舱石"，规模以上三大主导产业增加值增长5.7%，比全省平均水平高3.7个百分点。其中，电子信息产业增长6.6%；机械装备产业增长1.1%；石油化工产业增长10.6%。

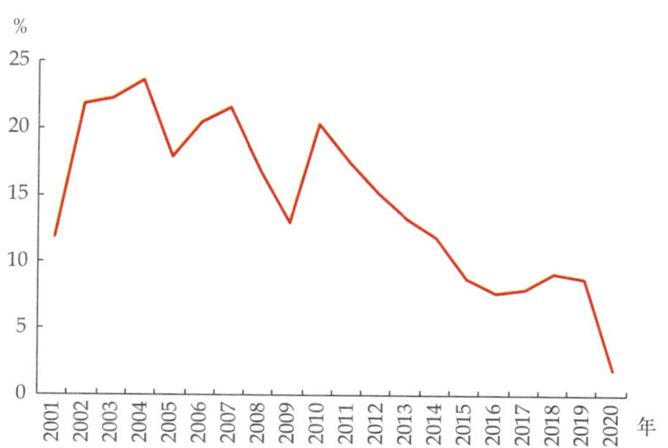

图11　2001—2020年福建省规模以上工业增加值实际增长率

（数据来源：福建省统计局）

3. 服务业运行好转，生产性服务业增势较好。2020年，全省第三产业增加值增长4.1%。分行业看，信息传输、软件和信息技术服务业，金融业增加值分别增长10.7%、6.4%，增速分别快于第三产业6.6个、2.3个百分点。

4. 供给侧结构性改革持续推进。2020年，全省部分产能过剩产品产量下降，钢化玻璃和生铁产量比上年分别下降6.3%和6.8%。商品房库存持续下降，年末商品房待售面积1807.37万平方米，同比下降2.9%，其中待售住宅面积479.44万平方米，下降10.0%。企业杠杆率稳步下降，规模以上工业企业资产负债率为50.4%，同比下降0.4个百分点。补短板投资持续推进，居民服务业投资比上年增长19.0%，教育投资增长2.1%，卫生投资增长8.0%，文化、体育和娱乐业投资增长4.1%。

5. 坚持绿色发展，经济生态实现良性互动。一是污染防治攻坚战成效显著，臭氧污染有效遏制，2020年，PM2.5浓度同比下降16.7%，近岸海域优良水质比例达82.9%。二是绿色生产生活方式加快形成，严格落实能耗总量和强度"双控"，坚持集约用地，连续21年实现耕地占补平衡；扎实开展绿色生活创建活动，城市公交中新能源汽车占80%，设区城市生活垃圾分类全面铺开。

（三）居民消费价格涨势温和，工业生产者价格小幅下降

1. 居民消费价格同比涨幅回落，食品烟酒类价格是推动CPI上涨的主要因素。2020年，全省居民消费价格（CPI）同比上涨2.2%，涨幅比上年缩小0.4个百分点。食品烟酒类价格是影响CPI上涨的主要因素。2020年，全省食品烟酒类价格同比上涨7.0%，拉动全省CPI上涨2.21个百分点。全省服务项目价格同比上涨0.3%，涨幅小幅回落。

2. 工业生产者价格小幅下降，生产资料下降是主要因素。2020年，全省工业生产者出厂价格指数（PPI）由上年同期上涨0.6%转为下降1.6%；工业生产者购进价格指数（IPI）下降1.4%，降幅比上年同期扩大0.4个百分点。生产资料下降是影响出厂价格下降的主要因素。全省生产资料出厂价格比上年下降2.9%，影响全省工业生产者出厂价格下降1.84个百分点。

3. 城镇就业总体稳定，居民收入持续增长。2020年，全省城镇新增就业人数54.62万人，失业人员实现再就业24.00万人，均完成全年计划任务。全省城镇登记失业率3.82%，同比上升0.32个百分点，控制在4.2%目标以内。全年居民人均可支配收入37202元，名义增长4.5%；

城镇居民人均可支配收入为47160元，名义增长3.4%；农村居民人均可支配收入为20880元，名义增长6.7%。

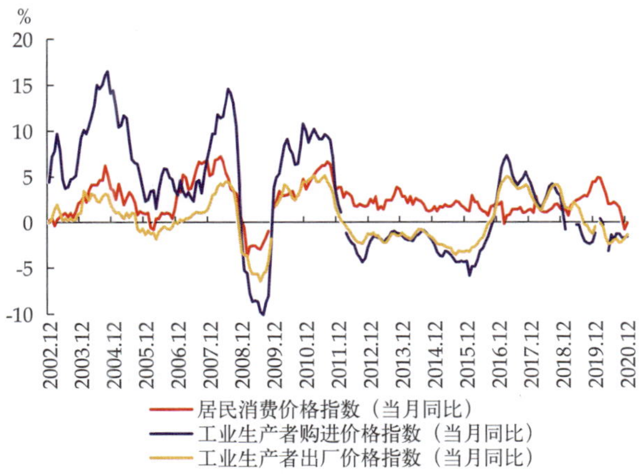

图12　2002—2020年福建省居民消费价格指数和工业生产者价格指数变动趋势

（数据来源：福建省统计局）

（四）财政收支实现三个正增长

2020年，全省一般公共预算总收入5158.35亿元，比上年增长0.2%。其中，地方一般公共预算收入3078.96亿元，增长0.9%。一般公共预算支出5214.62亿元，增长2.7%。教育、科技、医疗卫生、文化体育与传媒、社会保障和就业、住房保障支出比上年分别增长5.7%、11.3%、11.6%、6.8%、13.0%和27.4%。

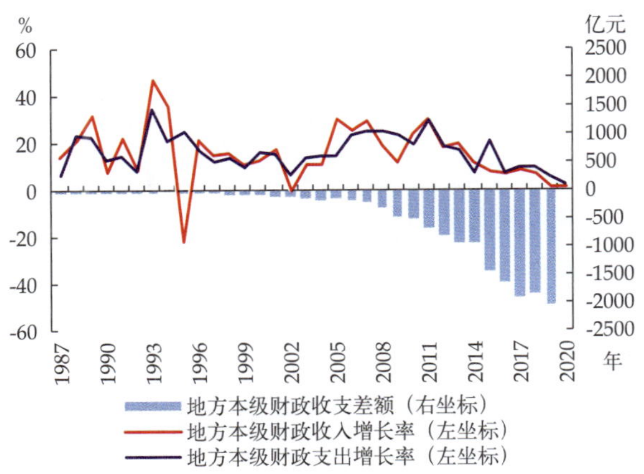

图13　1987—2020年福建省财政收支状况

（数据来源：福建省统计局）

（五）房地产市场总体运行平稳，热点城市调控基础仍有待进一步稳固

1. 房地产投资维持增长。2020年，全省房地产开发投资6026.8亿元，同比增长6.2%；其中住宅投资4372.1亿元，同比增长7.3%。房屋新开工面积6637.99万平方米，同比增长3.7%；其中住宅新开工面积4549.05万平方米，同比下降1.4%。

2. 销售形势整体平稳。2020年，全省商品房销售面积6607.18万平方米，同比增长2.3%；销售金额7497.75亿元，同比增长8.1%；其中商品住房销售面积5210.03万平方米，同比增长2.7%，销售金额6343.34亿元，同比增长11.6%。

3. 热点城市房价小幅上涨。2020年，福州、厦门等两个省内热点城市全年房价维持小幅上涨趋势，两市新建商品房销售价格指数环比分别上涨0.7%和0.6%，同比分别上涨4.4%和4.5%；二手房方面，两市价格指数环比分别上涨0.8%和0.7%，同比分别上涨2.5%和4.8%。

4. 房地产信贷运行整体平稳。一是信贷增速维持合理区间。2020年末，全省房地产贷款余额17788.3亿元，同比增长9.32%。分细项看，个人住房贷款仍是房地产贷款的最主要组成部分，2020年末，全省个人住房贷款余额13471亿元，同比增长11.29%，比各项贷款平均增速低2.42个百分点。二是房贷利率趋稳。2020年12月监测数据显示，当月全省发放的个人住房贷款平均利率5.14%，比年初下降21个基点；福州、厦门两市平均房贷利率分别为5.13%、4.97%，均较年初有所下降，基本契合LPR利率变化趋势。

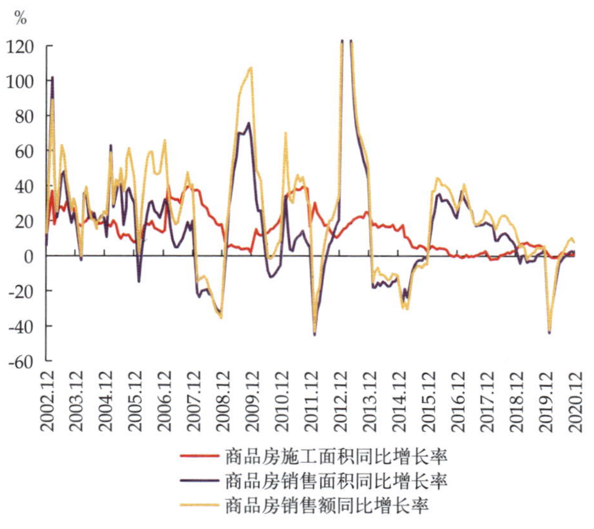

图 14　2002—2020 年福建省商品房施工和销售变动趋势

（数据来源：福建省统计局）

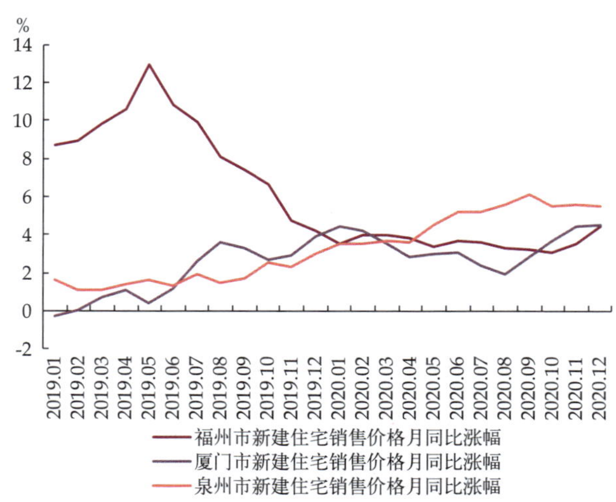

图 15　2019—2020 年福建省主要城市新建住宅销售价格变动趋势

（数据来源：福建省统计局）

专栏 2　聚力融合　精准直达　扩大民营和小微企业融资

2020 年中国人民银行福州中心支行在总行党委领导下积极作为，扎实贯彻落实总行一系列重大决策部署，将金融支持稳企业保就业工作落到实处，创新开展金融支持民营和小微企业融资工作。

一、机制先行，加强民营和小微企业融资工作“几家抬”

将推进改善民营和小微企业融资作为“一把手”工程，对外加强与省政府部门沟通协调，对内统筹行内各部门力量协力推进。牵头制订《关于深化中小微企业金融服务 提升福建企业持续发展能力的专项行动方案》。截至 12 月末，福建省普惠小微贷款同比增长 32.38%；1—12 月贷款利率下降可节约全省普惠小微融资成本 87.5 亿元。

二、救急纾困，创新中小微企业专项纾困贷款模式送去“及时雨”

联合省财政、金融局等部门推出两期合计 200 亿元中小微企业专项纾困资金贷款模式，以“优化调查审批流程＋限定办理工作日时限”缓解授信决策链条长问题，以“见贷即担＋取消反担保”缓解小微贷款担保难问题，以“贷款利率上限＋财政贴息”缓解小微企业融资贵问题。截至 12 月 14 日，200 亿元专项纾困贷款全部发放完毕，共支持 4663 家企业，户均贷款 432.86 亿元，加权平均利率 3.38%，三成企业在 5 个工作日内完成调查授信整套流程。

三、科技赋能，推动“金服云”平台建设打通“信息链”

参与建设并上线运行福建“金服云”平台，汇聚税务、电力、司法、社保等与信贷审批密切相关的 4400 多项权威涉企数据，有效缓解银行贷款获客难、企业信用评价维度少、多部门线下审核流程长等堵点，大幅提高政银企对接效率。

四、以点带面，开展小微企业首贷行动缓解“首贷难”

在漳州、龙岩两地试点开展民营和小微企业首贷专项行动，打通“筛选—帮扶培植

—产品对接—风险补偿”融资全链条。建立首贷户拓展名单库、推广首贷服务中心、设立首贷服务窗口、开通首贷服务热线，实施“一对一”培植和融资对接。全省小微企业首贷覆盖面得到快速提高，12月末全省普惠小微贷款首贷户为27.16万户，较6月末增长88.87%。

五、双管齐下，落地两项直达工具送去“定心丸”

从“全方位解读政策、全流程细化操作、全口径监测台账、全系统宣传培训”等方面协同发力，通过工具“红宝书”、公交车、银行机构网点以及重要微信公众号等宣传解读政策，定期对金融机构落实情况开展现场督导。12月末，福建省1—5级地方法人银行普惠小微信用贷款余额较年初新增180.2亿元，占其普惠小微贷款新增额的22.2%；12月福建省127家地方法人银行普惠小微贷款延期共42.7亿元，延期率为68.2%。

六、定向支持，运用债券票据为小微企业融资“送活水”

重点支持发行民营企业专项债和小微企业专项金融债。2020年，福建民营企业发债165.28亿元，增长117%；地方法人银行发行小微企业专项金融债855亿元，发行金额占全国的22.91%，居全国第二位；运用募集资金已发放小微企业贷款847.15亿元，支持小微企业近4.64万户。建立小微企业和民营企业票据优先办理机制，2020年末全省再贴现余额中民营、小微票据占比分别为87.9%、70.9%。

七、融通双链，发展供应链金融支持小微企业“畅循环”

通过创新推广供应链融资模式，发挥大中型银行主力军作用，引导金融机构围绕福建省三大支柱产业和11个先导产业开展供应链金融业务。2020年末，福建省在中征应收账款融资服务平台新增应收账款融资同比增长99.37%；新增融资金额同比增长75.57%，其中订单、账款、存货等质押融资和线上供应链融资模式得到创新发展。

三、预测与展望

2021年是我国现代化建设进程中具有特殊重要性的一年，做好全年工作意义重大。当前支撑福建省高质量发展的要素条件没有改变，长期稳中向好的总体趋势没有改变。

一是产业链供应链保持稳定，制造业高质量发展取得新进展，服务业转型升级有序推进；二是投资结构不断优化，项目执政作用增强；三是改革开放纵深推进，营商环境持续优化，企业负担显著减轻，市场主体活力加速释放；四是重点领域风险防控有力，高风险农合机构化险处置取得阶段性成果，房地产市场总体平稳；五是优化区域布局，城乡区域发展更加均衡，区域联动发展成效显现，决战脱贫攻坚战取得决定性胜利；六是民生保障有力有效，就业总体保持稳定，教育事业稳步发展，医疗健康服务更加完善，养老、文化、旅游、体育等社会事业加快发展。

与此同时，福建省经济发展也存在不少困难和问题急需克服。创新能力不足，产业发展水平有待提高，研发经费投入强度低于全国水平；受传统工业产业占比较大且恢复较慢等因素影响，工业下行压力仍然较大，娱乐、旅游、餐饮、住宿等行业增长仍较缓慢；重大项目储备接续不足，投资增长仍存压力；外贸出口受疫情影响较大，出口恢复慢于全国水平；财政收支平衡压力较大，财政收入持续回升的基础还不够稳固。

2021年福建省将坚持稳中求进的工作总基调，以全方位推动高质量发展超越为主题，以供给侧结构性改革为主线，深入实施创新驱动发展战略，大力发展数字经济，培育新经济增强新动能；注重需求侧管理，深挖消费潜力、补好投资短板；推进更高水平对外开放，增强外贸综合竞争力；全面深化改革，营造良好营商环境，进一步激发市场主体活力；推进城乡融合，优化区域发展格局；坚持绿色发展，深入推进生态文明试验区建设；强化民生兜底，持续提升群众获得感幸福感安全感，以新时代新福建建设的优异成绩庆祝建党100周年。因此，尽管外部环境依旧错综复杂，疫情防控任务依旧艰巨，福建省经济仍将继续保持稳中向好、稳中有进的发展态势。

2021年福建省金融系统将全力以赴做好金融支持福建经济高质量发展超越，继续深化金融供给侧结构性改革，贯彻执行好稳健的货币政策，切实疏通货币政策传导机制，把支持实体经济恢复发展放到更加突出的位置，为高质量发展营造适宜的货币金融环境。持续推进宁德、龙岩普惠金融改革试验区建设，打造普惠金融、绿色金融发展的福建品牌。着力提升金融服务，优化金融结构，同时加强风险监测，坚持在推动高质量发展中防范化解风险，精准有效处置重点领域风险。

中国人民银行福州中心支行货币政策分析小组

总　　纂：单　强　江　涛

统　　稿：张　燕　陈　锋

执　　笔：黄　宁　徐　清　杨冰洁

提供材料：曹桂元　阮玉盼　徐剑波　李春玉　姚祖明　王德惠　王仁生　江　宇　林　勃　张习宁　张艳琳　郑境辉　付志祥　谢　丹　游　燕　郑荫立　林文昊　黄月琴　李志林　陈　雄　陈福生　余　静　荣　杰　缪宇丰　陈　珊　等

附录

（一）2020年福建省经济金融大事记

2月5日，福建省地方金融监督管理局联合中国人民银行福州中心支行等四部门发布《关于进一步做好金融服务全力保障防控新型冠状病毒感染肺炎疫情工作的通知》，提出加大对疫情防控企业及受困企业的金融支持、做好对广大人民群众的金融服务保障等4个方面的19条措施要求。

3月4日，福建首批再贷款再贴现专用额度资金1.58亿元在泉州落地，切实降低涉农和小微企业的融资成本。

3月27日，金融委办公室地方协调机制（福建省）成立并高效启动运转。

5月22日，中国（福建）国际贸易单一窗口融资系统正式上线，为银行等金融机构提供精准直观的企业生产经营信息指标参考。

6月8日，福建省首笔“总对总”政府性融资担保业务落地。

7月7日，福建省首批普惠小微企业信用贷款支持计划资金1.11亿元发放到位，共支持省内50家地方法人金融机构发放信用贷款本金2.78亿元。支持近1600户小微市场主体，实现稳岗就业人数4008人。

7月17日，“两岸e账通”项目启动仪式在平潭综合实验区举行，标志着全国首个银行直联两岸电商平台跨境人民币服务正式上线。

9月11日，跨境金融区块链服务平台资本项目收入支付真实性审核应用场景试点工作在国家外汇管理局福建省分局全辖正式启动，便利辖内外汇局、银行机构高效开展资本项目真实性审核。

9月25日，全国首家两岸合资证券公司金圆统一证券有限公司在厦门正式揭牌开业。

10月15日，福建省人民政府办公厅印发《三明市省级绿色金融改革试验区工作方案》《南平市省级绿色金融改革试验区工作方案》，打造具有福建特色亮点的绿色金融服务体系。

11月28日，福建省存款保险标识正式启用。

（二）2020年福建省主要经济金融指标

表1 2020年福建省主要存贷款指标

	项目	1月	2月	3月	4月	5月	6月	7月	8月	9月	10月	11月	12月
本外币	金融机构各项存款余额（亿元）	51083.4	51597.7	53193.2	52806.9	53234.7	55345.8	54112.3	54179.4	55362.1	54567.7	55808.3	56386.9
	其中：住户存款	22438.3	22197.5	22910.7	22450.3	22642.2	23745.2	23193.9	23389.8	24168.1	23592.0	23699.0	24283.9
	非金融企业存款	14627.4	14946.5	16136.6	16439.6	16636.0	17073.0	16329.4	16779.1	16938.8	16631.3	16948.6	17229.1
	各项存款余额比上月增加（亿元）	1247.0	514.3	1595.4	-386.3	427.8	2111.1	-1233.5	67.2	1182.6	-794.4	1240.7	578.6
	金融机构各项存款同比增长（%）	7.4	8.8	10.8	9.7	9.8	11.9	10.0	9.3	11.7	10.5	11.8	13.1
	金融机构各项贷款余额（亿元）	54075.3	54713.1	55570.9	56042.2	56370.1	57044.4	57485.3	57897.8	58401.7	58773.9	59222.2	59859.7
	其中：短期	15832.4	16152.5	16583.3	16674.9	16984.8	17381.9	17512.9	17759.5	17938.3	18049.5	18306.8	18144.2
	中长期	34465.6	34682.6	34997.1	35182.5	35353.2	35719.8	36051.4	36434.9	37013.5	37277.4	37596.8	38032.2
	票据融资	2230.3	2307.1	2539.0	2393.3	2440.6	2455.9	2429.4	2259.7	2067.0	2020.4	1975.9	2173.5
	各项贷款余额比上月增加（亿元）	1434.4	637.9	857.7	471.4	327.9	674.3	440.8	412.5	503.9	372.3	448.3	637.4
	其中：短期	56.3	320.1	430.8	91.5	309.9	397.1	131.1	246.5	178.8	111.3	257.2	-162.5
	中长期	1014.0	217.0	314.5	185.5	170.6	366.6	331.6	383.5	578.6	263.9	319.3	435.4
	票据融资	134.0	76.7	231.9	-145.7	47.2	15.3	-26.5	-169.7	-192.7	-46.6	-44.5	197.5
	金融机构各项贷款同比增长（%）	13.1	13.6	14.4	14.0	13.8	14.0	14.1	13.0	12.2	13.0	12.6	13.7
	其中：短期	1.1	3.3	4.9	6.1	6.5	7.1	7.8	8.5	7.6	8.5	8.9	7.9
	中长期	17.2	16.9	16.6	15.9	15.7	15.7	15.9	16.0	16.5	16.8	17.2	17.3
	票据融资	39.7	38.7	53.5	26.1	26.9	25.2	26.9	2.2	-17.6	-9.7	-4.2	3.7
	建筑业贷款余额（亿元）	1170.7	1182.7	1203.8	1217.8	1236.7	1286.8	1297.6	1309.9	1332.8	1350.7	1379.8	1397.6
	房地产业贷款余额（亿元）	2736.2	2808.9	2861.2	2855.2	2854.8	2839.1	2861.1	2859.8	2869.2	2824.4	2753.4	2721.4
	建筑业贷款同比增长（%）	24.0	24.2	25.0	22.5	21.3	23.5	24.7	25.5	27.2	28.0	28.5	26.9
	房地产业贷款同比增长（%）	7.6	8.6	8.9	6.1	7.3	5.4	4.7	5.0	4.9	4.6	3.4	2.3
人民币	金融机构各项存款余额（亿元）	49892.8	50262.3	52030.8	51623.0	52107.1	54161.5	52906.2	52958.9	54090.5	53255.2	54520.3	55160.5
	其中：住户存款	22202.9	21956.3	22662.7	22204.2	22400.8	23508.2	22959.8	23157.6	23934.1	23356.8	23465.4	24052.6
	非金融企业存款	14018.4	14339.4	15548.3	15856.7	16090.0	16462.5	15728.5	16139.4	16320.0	15935.0	16275.6	16604.4
	各项存款余额比上月增加（亿元）	1137.9	369.5	1768.4	-407.7	484.1	2054.4	-1255.3	52.7	1131.6	-835.2	1265.0	640.2
	其中：住户存款	1248.0	-246.6	706.5	-458.5	196.5	1107.4	-548.4	197.7	776.6	-577.3	108.6	587.2
	非金融企业存款	-234.4	321.0	1208.9	308.4	233.3	372.6	-734.0	410.9	180.6	-385.0	340.6	328.7
	各项存款同比增长（%）	7.5	8.7	10.9	9.8	10.0	12.0	10.0	9.3	11.6	10.4	11.7	13.1
	其中：住户存款	11.3	9.9	12.4	11.5	12.0	14.5	13.6	14.0	14.4	13.4	14.2	14.8
	非金融企业存款	2.8	7.6	12.0	15.0	15.9	14.1	14.3	14.0	14.9	14.3	13.1	15.8
	金融机构各项贷款余额（亿元）	52656.8	53273.7	54153.9	54581.4	54872.3	55551.6	56002.3	56407.7	56979.6	57414.1	57904.1	58589.5
	其中：个人消费贷款	19107.1	19059.2	19294.0	19486.1	19708.8	20021.7	20304.1	20568.5	20832.3	21026.1	21227.1	21351.5
	票据融资	2230.3	2307.1	2539.0	2393.3	2440.6	2455.9	2429.4	2259.7	2067.0	2020.4	1975.9	2173.5
	各项贷款余额比上月增加（亿元）	1260.2	616.8	880.3	427.5	290.9	679.3	450.6	405.5	571.9	434.5	490.0	685.4
	其中：个人消费贷款	176.7	-47.9	234.8	192.1	222.7	312.9	282.3	264.5	263.8	193.9	201.0	124.3
	票据融资	134.0	76.7	231.9	-145.7	47.2	15.3	-26.5	-169.7	-192.7	-46.6	-44.5	197.5
	金融机构各项贷款同比增长（%）	13.5	14.0	14.8	14.2	14.0	13.9	14.1	13.1	12.4	13.3	13.4	14.0
	其中：个人消费贷款	14.4	14.2	13.9	13.9	13.8	14.1	14.2	14.2	13.6	13.8	13.7	12.8
	票据融资	39.7	38.7	53.5	26.1	26.9	25.2	26.9	2.2	-17.6	-9.7	-4.2	3.7
外币	金融机构外币存款余额（亿美元）	172.9	190.6	164.1	167.8	158.1	167.3	172.7	177.9	186.7	195.2	195.8	188.0
	金融机构外币存款同比增长（%）	0.2	7.4	-0.5	1.5	-1.7	5.4	8.3	13.7	21.1	21.9	23.5	21.3
	金融机构外币贷款余额（亿美元）	205.9	205.4	200.0	207.0	210.0	210.9	212.3	217.2	208.8	202.3	200.4	194.7
	金融机构外币贷款同比增长（%）	-2.3	-3.5	-4.7	2.0	4.9	16.6	13.9	14.5	9.1	7.5	-6.9	9.2

数据来源：中国人民银行福州中心支行。

表 2　2001—2020 年福建省各类价格指数

单位：%

时间	居民消费价格指数		农业生产资料价格指数		工业生产者购进价格指数		工业生产者出厂价格指数	
	当月同比	累计同比	当月同比	累计同比	当月同比	累计同比	当月同比	累计同比
2001	—	-1.3	—	-1.3	—	-3.3	—	-1.9
2002	—	-0.5	—	-0.1	—	-2.4	—	-2.8
2003	—	0.8	—	1.8	—	6.3	—	0.7
2004	—	4.0	—	12.5	—	13.3	—	2.6
2005	—	2.2	—	8.1	—	8.1	—	0.2
2006	—	0.8	—	0.9	—	3.9	—	-0.8
2007	—	5.2	—	10.3	—	4.3	—	0.8
2008	—	4.6	—	23.6	—	10.2	—	2.7
2009	—	-1.8	—	-6.7	—	-6.8	—	-4.5
2010	—	3.2	—	2.4	—	7.7	—	3.2
2011	—	5.3	—	11.8	—	8.0	—	3.9
2012	—	2.4	—	3.3	—	-2.3	—	-1.3
2013	—	2.5	—	-0.5	—	-1.6	—	-1.6
2014	—	2.0	—	-0.5	—	-1.7	—	-1.4
2015	—	1.7	—	1.4	—	-3.9	—	-3.0
2016	—	1.7	—	0.2	—	-2.0	—	-0.9
2017	—	1.2	—	0.0	—	5.3	—	4.1
2018	—	1.5	—	3.1	—	2.8	—	2.8
2019	—	2.6	—	2.2	—	-1.0	—	0.6
2020	—	2.2	—	3.3	—	-1.4	—	-1.6
2019　1	1.5	1.5	1.7	1.7	0.1	0.1	1.6	1.6
2	0.7	1.1	1.5	1.6	0.0	0.0	1.5	1.6
3	1.8	1.3	1.2	1.5	-0.1	0.0	1.4	1.5
4	2.1	1.5	1.1	1.4	0.0	0.0	2.2	1.7
5	2.4	1.7	0.5	1.2	-0.3	-0.1	1.8	1.7
6	2.5	1.8	0.5	1.1	-0.3	-0.1	1.5	1.7
7	2.7	2.0	0.8	1.0	-1.3	-0.3	0.7	1.5
8	2.9	2.1	1.8	1.1	-2.1	-0.5	-0.3	1.3
9	2.8	2.2	3.6	1.4	-2.3	-0.7	-0.4	1.1
10	3.4	2.3	4.4	1.7	-2.4	-0.9	-1.0	0.9
11	4.4	2.5	4.5	2.0	-2.2	-1.0	-1.3	0.7
12	4.4	2.6	4.7	2.2	-1.2	-1.0	-0.5	0.6
2020　1	4.9	4.9	5.1	5.1	0.0	0.0	0.0	0.0
2	4.8	4.8	4.8	5.0	0.4	0.2	-0.1	0.0
3	3.9	4.5	4.9	4.9	-0.3	0.0	-0.6	-0.2
4	3.1	4.2	4.6	4.9	-1.8	-0.4	-1.8	-0.6
5	2.0	3.7	3.9	4.7	-3.2	-1.0	-2.4	-1.0
6	2.1	3.5	3.9	4.6	-3.3	-1.4	-2.3	-1.2
7	2.2	3.3	4.9	4.6	-2.0	-1.4	-2.0	-1.3
8	2.0	3.1	4.5	4.6	-1.3	-1.4	-1.9	-1.4
9	1.6	2.9	2.2	4.3	-1.3	-1.4	-2.3	-1.5
10	0.5	2.7	0.9	4.0	-1.7	-1.4	-2.2	-1.6
11	-0.8	2.4	-0.1	3.6	-1.7	-1.5	-1.8	-1.6
12	-0.1	2.2	0.2	3.3	-0.6	-1.4	-1.4	-1.6

数据来源：国家统计局福建调查总队。

表 3　2020 年福建省主要经济指标

项目	1 月	2 月	3 月	4 月	5 月	6 月	7 月	8 月	9 月	10 月	11 月	12 月
						绝对值（自年初累计）						
地区生产总值（亿元）	—	—	8999	—	—	19901	—	—	31332	—	—	49304
第一产业	—	—	444	—	—	1001	—	—	1655	—	—	2732
第二产业	—	—	4008	—	—	9390	—	—	14910	—	—	20329
第三产业	—	—	4547	—	—	9510	—	—	14766	—	—	20843
规模以上工业增加值（亿元）	—	—	—	—	—	—	—	—	—	—	—	—
固定资产投资（亿元）	—	—	—	—	—	—	—	—	—	—	—	—
房地产开发投资	—	525	1133	1662	2254	2906	3452	3966	4605	5108	5581	6027
社会消费品零售总额（亿元）	—	2740	4115	5521	7021	8652	10191	11764	13355	15065	16884	18626
外贸进出口总额（亿元）	—	1783	2874	3849	4839	6176	7409	8700	10136	11391	12692	14036
进口	—	1001	1221	1611	1990	2521	2995	3500	4114	4587	5081	5561
出口	—	782	1653	2237	2849	3655	4414	5200	6022	6804	7611	8474
进出口差额（出口－进口）	—	-219	431	626	860	1133	1420	1700	1908	2217	2519	2913
实际利用外资（亿美元）	38	57	113	—	—	213	223	242	265	294	317	348
地方财政收支差额（亿元）	-121	-259	-536	-627	-687	-855	-920	-1066	-1329	-1311	-1453	-2136
地方财政收入	405	561	765	1040	1295	1568	1854	2050	2317	2618	2827	3079
地方财政支出	526	820	1301	1667	1982	2424	2775	3116	3646	3929	4280	5215
城镇登记失业率（%）（季度）	—	—	3.60	—	—	3.62	—	—	3.92	—	—	—
						同比累计增长率（%）						
地区生产总值	—	—	-5.2	—	—	0.5	—	—	2.4	—	—	3.3
第一产业	—	—	2.2	—	—	3.3	—	—	3.5	—	—	3.1
第二产业	—	—	-8.8	—	—	-0.8	—	—	1.8	—	—	2.5
第三产业	—	—	-2.0	—	—	-2.0	—	—	2.8	—	—	4.1
规模以上工业增加值	—	-13.3	-6.8	-3.5	-1.3	0.1	0.7	1.2	1.8	2.2	2.3	2.0
固定资产投资	—	-25.1	-16.9	-10.5	-5.9	-0.8	-0.6	0.4	1.4	1.3	1.2	-0.4
房地产开发投资	—	-19.0	-13.3	-7.5	-0.3	2.8	4.9	6.3	7.0	7.0	6.2	6.2
社会消费品零售总额	—	-15.0	-12.5	-9.8	-7.3	-5.4	-4.2	-3.3	-2.5	-2.1	-1.6	-1.4
外贸进出口总额	—	-6.9	-3.6	-5.2	-6.7	-3.2	-1.5	0.6	3.8	4.8	5.4	5.5
进口	—	8.5	7.1	5.6	3.7	9.1	10.2	11.0	14.2	13.5	12.7	10.6
出口	—	-16.2	-10.3	-11.7	-12.8	-10.1	-8.1	-5.3	-2.3	-0.3	1.1	2.3
实际利用外资	13.3	7.9	14.0	—	—	21.7	21.1	19.9	19.3	19.2	14.5	10.3
地方财政收入	-1.3	-7.8	-10.3	-11.6	-9.8	-8.4	-6.5	-5.2	-3.1	-1.9	-0.8	0.9
地方财政支出	7.5	-3.8	-5.2	-5.1	-7.8	-11.5	-8.9	-7.2	-6.5	-4.8	-2.7	2.7

数据来源：福建省统计局。

江西省金融运行报告（2021）

中国人民银行南昌中心支行货币政策分析小组

[内容摘要] 2020 年，面对突如其来的新冠肺炎疫情和鄱阳湖流域超历史大洪水，全省深入贯彻习近平总书记视察江西重要讲话精神，对标“作示范、勇争先”目标定位和“五个推进”[①]重要要求，以江西获批内陆开放型经济试验区建设为契机，加快对接融入粤港澳大湾区桥头堡，扎实做好“六稳”工作，全面落实“六保”任务，抗大疫、战大洪、稳增长、促发展，推动供给和需求快速改善，市场活力持续恢复，主要经济指标增速自 3 月起逐月回升，逐季提速，全年 GDP 增长 3.8%。最后 7 个贫困县摘帽，剩余 9.6 万户贫困人口全部脱贫，统筹疫情防控、抗洪救灾和经济社会发展成效显著，全面建成小康社会取得决定性成就，省“十三五”规划圆满收官。

经济运行总体呈现“生产和需求平稳恢复、新兴动能持续增强、就业收入保障有力”的特征。“生产需求平稳恢复”具体表现在：一是生产稳步回升。全省粮食总产量 432.8 亿斤，产量连续 8 年稳定在 430 亿斤以上。规模以上工业增加值第一季度同比下降 6.1%，第二季度实现由负转正，并逐季加快，全年同比增长 4.6%。二是需求不断改善。全省固定资产投资第一季度同比下降 4.3%，第二季度实现由负转正，并逐季加快，全年同比增长 8.2%。社会消费品零售总额增长 3.0%，其中第四季度当季增长 12.3%，增速创全年新高。全省外贸出口增长 17.0%，较上年同期提高 4.7 个百分点。三是总量平稳增加。全年全省实现生产总值 25691.5 亿元，同比增长 3.8%，高于全国增速 1.5 个百分点，总量居全国第十五位。“新兴动能持续增强”具体表现在：一是新产业增势良好。战略性新兴产业、高新技术产业增加值分别增长 6.6%、11.2%，占规模以上工业增加值比重 22.1%、38.2%，同比分别提高 0.9 个、2.1 个百分点。二是新模式蓬勃发展。线上线下融合提速，网上购物、直播带货等新模式持续红火。限额以上批发零售业通过公共网络实现商品零售额增长 38.6%，同比上升 17.9 个百分点。三是新兴产业布局加快。电子信息产业、新一代信息技术产业、生物和新医药产业、航空产业投资分别增长 16.0%、30.2%、27.6% 和 71.9%。“就业收入保障有力”具体表现在：一是就业任务超额完成。全年城镇新增就业 46.2 万人，城镇失业人员再就业 17.7 万人，就业困难人员实现就业 4.7 万人，新增转移农村劳动力 58.9 万人，均超额完成全年目标，分别完成全年目标的 124.8%、147.3%、155.6% 和 117.7%。二是居民收入稳步增加。全省居民人均可支配收入 28017 元，同比增长 6.7%。其中，城镇居民人均可支配收入 38556 元，同比增长 5.5%；农村居民人均可支配收入 16981 元，同比增长 7.5%。三是 CPI 涨幅回落。2020 年全省 CPI 前高后低，全年上涨 2.6%，高于全国平均水平 0.1 个百分点，涨幅较上年回落 0.3 个百分点。

金融运行势头良好，为经济高质量发展营造良好货币金融环境。一是金融发展“提档”。金融支持实体经济力度加大，为全省经济快速走出疫情影响稳盘压舱。2020 年末，社会融资规模首次突破 8000 亿元，达 8550.2 亿元。本外币存款、贷款余额双双突破 4 万亿元大关，存款余额增速连续 19 个月列中部首位，贷款余额增速连续 14 个月保持全国前两位。债务融资工

① 推进经济高质量发展、推进改革开放走深走实、推进农业农村现代化、推进社会治理创新、推进红色基因传承。

具发行突破1600亿元，融资主体及融资品种不断突破。二是信贷支持“提质”。货币政策工具高效落实，分层次、有梯度运用1.8万亿元再贷款再贴现政策，用好普惠性再贷款再贴现额度、普惠小微企业贷款延期支持工具及信用贷款支持计划，统筹推进疫情防控和经济社会发展，2020年末，普惠小微贷款延期率、信用贷款增量占同期普惠小微贷款增量比重分别居全国第四、第六位。信贷向重点领域和薄弱环节投放力度加大，涉农领域增量占各项贷款增量比重同比上升6.8个百分点，为打赢脱贫攻坚战提供有力资金支持。小微融资“增量、扩面、降价”，2020年末全省普惠小微贷款余额增速高于各项贷款余额增速2.1个百分点，有贷户数新增19.2万，总规模达百万户以上，普惠小微贷款利率同比下降76个基点。三是金融改革“提效”。围绕江西省实施“链长制”的14个重点产业链，出台金融支持制造业发展的12条举措，2020年末制造业贷款余额增速较上年同期提高13.2个百分点，其中制造业中长期贷款、高技术制造业贷款和先进制造业贷款余额增速均是同期全部制造业贷款余额增速的2倍以上。绿色贷款余额增速逐季提升，江西省绿色金融发展指数[①]居全国第四位。赣州市、吉安市国家级普惠金融改革试验区创建成功获批，普惠金融改革稳步推进。四是金融基础设施建设“提升”。江西省小微客户融资服务平台、企业收支流水大数据平台、农村经营户信用信息联网核查平台试点工作稳步推进，征信服务水平不断提升。移动支付便民工程建设成效显著，99.9%的银行卡跨行支付系统联网特约商户支持银联移动支付方式。建立江西省金融消费权益保护监管合作机制，金融消费者投诉处理优质高效。金融知识宣传教育活动深入开展，社会公众金融素养有效提升。

2021年，全省将围绕构建新发展格局，提速项目建设，扩大有效投资，促进消费扩容，加快内陆开放型经济试验区建设；强化“2+6+N”[②]产业体系，夯实创新支撑，更大力度推进民生改善、就业增加、生态治理、营商环境优化，充分激发市场活力，巩固拓展疫情防控和经济社会发展成果，以高质量经济发展为“十四五”开好局。江西省金融业将全面贯彻党的十九届五中全会和中央经济工作会议精神，积极落实稳健的货币政策灵活精准、合理适度的要求，推动信贷合理增长，进一步增强对科技创新、绿色发展、先进制造业、乡村振兴等重点领域的金融支持，持续推进脱贫人口小额信贷工作，延续民营和小微企业融资“量增、面扩、价降、结构优化”的良好态势，为加快构建全省“十四五”新发展格局提供有力有效的金融支持。

一、金融运行情况

2020年，面对突如其来的新冠肺炎疫情和鄱阳湖流域超历史大洪水，江西省金融系统积极贯彻落实党中央、国务院各项重大决策部署，围绕“六稳”“六保”工作强化责任担当，加大对疫情防控、复工复产及稳企业保就业金融支持。金融运行总体呈现良好发展态势，有效为江西经济加速恢复、高质量发展加油赋能。

（一）银行业有序发展，支持实体经济质效提升

1. 银行业有序发展，资产负债规模稳步增长。2020年末，全省银行业资产总额5.8万亿元，同比增长12.6%，增速较上年末上升1.1个百分

①该指数出自《地方绿色金融发展指数和评估报告（2020）》，中央财经大学绿色金融国际研究院对全国31个省（自治区、直辖市）绿色金融发展情况进行评估形成。

②“2+6+N”：推动有色、电子2个产业主营业务收入过万亿元，装备制造、石化、建材、纺织、食品、汽车6个产业过五千亿元，航空、中医药、移动物联网、半导体照明、虚拟现实、节能环保等产业突破千亿元。

点；负债总额5.6万亿元，同比增长12.9%，增速较上年末上升1.4个百分点。营业网点6913个，从业人员10.5万人，均较上年末略有下降。

表1　2020年江西省银行业金融机构情况

机构类别	营业网点			法人机构（个）
	机构个数（个）	从业人数（人）	资产总额（亿元）	
一、大型商业银行	1825	37878	17113	0
二、国家开发银行和政策性银行	99	2371	8065	0
三、股份制商业银行	280	5921	5051	0
四、城市商业银行	773	13720	12484	4
五、城市信用社	0	0		0
六、小型农村金融机构	2293	24232	10141	87
七、财务公司	0	201	451	3
八、信托公司	0	1754	214	2
九、邮政储蓄银行	1469	14029	3508	0
十、外资银行	5	63	39	0
十一、新型农村金融机构	165	4322	782	77
十二、其他	4	486	257	2
合　计	6913	104977	58105	175

数据来源：江西银保监局。

注：营业网点不包括国家开发银行和政策性银行、大型商业银行、股份制商业银行等金融机构总部数据；大型商业银行包括工商银行、农业银行、中国银行、建设银行和交通银行；小型农村金融机构包括农村商业银行；新型农村金融机构包括村镇银行；其他包含金融租赁公司、民营银行。

2. 存款余额增速居中部首位，结构趋于优化。2020年末，全省金融机构本外币各项存款余额4.4万亿元，同比增长12.1%，增速较上年末上升1.1个百分点，创近四年同期新高，增速位居全国第九、连续19个月居中部首位；比年初增加4737.6亿元，同比多增860.5亿元。同时，全年结构性存款减少320.8亿元，同比多减294.7亿元；累计压降不规范的活期存款"创新"产品及定期存款提前支取靠档计息产品1738.0亿元，有助于降低金融机构负债端成本，为降低实体经济融资成本创造条件。

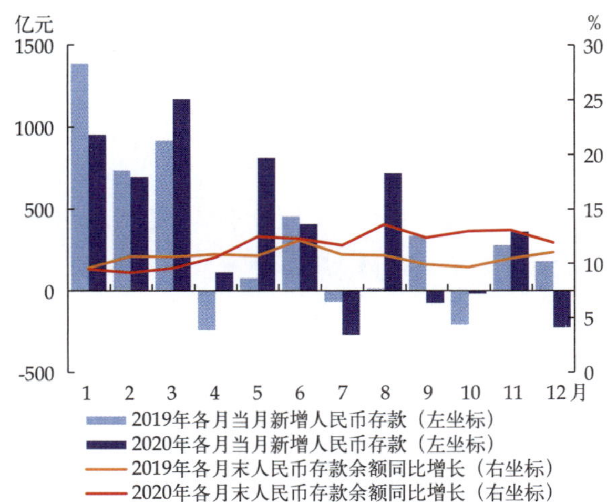

图1　2019—2020年江西省金融机构人民币存款增长变化

（数据来源：中国人民银行南昌中心支行）

3. 贷款增量创历史新高，信贷支持重点突出。2020年末，全省金融机构本外币各项贷款余额4.2万亿元，同比增长16.7%，增速连续14个月保持全国前两位；比年初增加5970.8亿元，同比多增936.7亿元。分层次、有梯度地高效实施结构性货币政策，统筹推进疫情防控和经济社会发展。运用疫情防控专项再贷款支持828家防疫和物资保障重点企业获得贷款91.4亿元；提前完成复工复产再贷款再贴现专用额度，累计推动2.1万户小微企业获得贷款和办理贴现210.0亿元；运用1万亿元普惠性再贷款再贴现额度引导地方法人银行机构发放贷款和办理贴现654.5亿元，惠及涉农、小微和民营企业9.5万户。落实好两项直达实体经济货币政策工具，全省银行机构累计为6.2万户普惠小微企业办理贷款延期还本业务467.9亿元，累计发放普惠小微信用贷款735.7亿元，2020年末，地方法人银行机构普惠小微贷款延期率、信用贷款占同期普惠小微贷款增量比重①分别为77.1%、

①央行评级1~5级地方法人银行机构发放的普惠小微贷款。

60.4%，分别居全国第四、第六位。全年累计发放支农（含扶贫）、支小再贷款519.9亿元，同比增长68.5%；办理再贴现539.9亿元，同比增长13.0%。在货币政策工具的精准滴灌下，金融支持实体经济重点领域和薄弱环节力度进一步加大。在全省创新开展"一十百千"① 专项行动，建立"三清单一检视"② 制度，实施金融保链强链行动，全年高效对接3614户产业链重点企业，满足融资需求1749.6亿元；2020年末制造业贷款同比增长16.9%，较上年末提高13.2个百分点，其中制造业中长期贷款、先进制造业贷款和高技术制造业贷款余额增速分别高于各项贷款余额增速27.0个、17.5个和21.6个百分点，有力支撑了制造业投资企稳回升和产业链转型升级。2020年末，普惠小微企业贷款余额同比增长18.8%，高于各项贷款余额增速2.1个百分点，民营企业贷款余额增速较上年末加快6.4个百分点，金融惠企纾困政策红利不断体现。全年新发放创业担保贷款192.7亿元，同比增长24.4%。2020年末涉农贷款余额占各项贷款余额（不含贴现）比重、增量占各项贷款增量（不含贴现）比重均稳定在三分之一以上。绿色贷款余额比年初增长36.1%，增速逐季回升，为打赢污染防治攻坚战提供金融支撑。

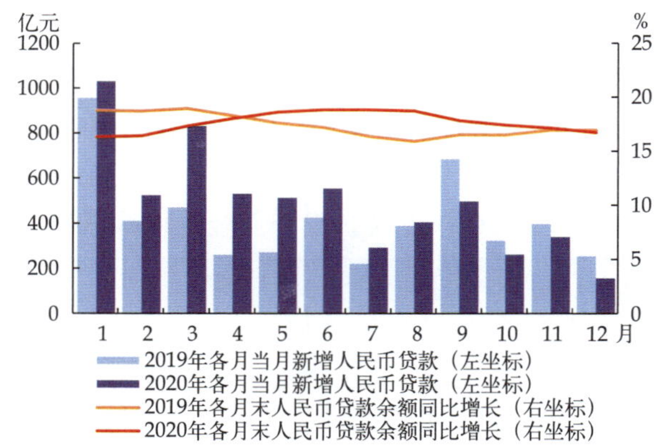

图2　2019—2020年江西省金融机构人民币贷款增长变化

（数据来源：中国人民银行南昌中心支行）

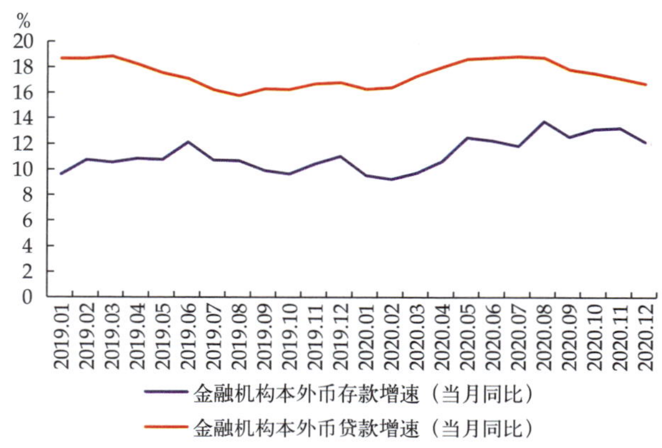

图3　2019—2020年江西省金融机构本外币存、贷款增速变化

（数据来源：中国人民银行南昌中心支行）

专栏1　"四个强化"推动江西省金融支持稳企业保就业落地见效

2020年在新冠肺炎疫情和洪涝灾害的双重冲击下，江西省市场主体面临前所未有的困难。中国人民银行南昌中心支行从机制建设、重点突破、部门联动和创新保障四方面采取有力举措，推动两项直达实体经济货币政策等系列金融支持保市场主体的优惠政策落地落细，稳企业保就业工作取得显著实效，相关做法于2020年11月19日中国人民银行举办的第四场"金融支持保市场主体新闻发布会"上予以推介。

①"一十百千"专项行动："一"是指江西省小微客户融资服务平台，"十"是指江西省政府确定的14个省领导担任链长主抓的14条产业链，"百"是指百名省内人民银行行长进百园，"千"是指千名商业银行行长进万企。

②"三张清单"即建立基层行审批权限的"授权清单"，贷款授信办理条件、时限、所需条件的"授信清单"，以及信贷工作人员的"尽职免责清单"；"一检视"即建立授信审批服务能力检视制度。

一、强化机制建设，确保金融支持稳企业保就业政策落地“不走样”

一是建立协调联动机制。对内组建稳保工作专班，对外联合17个部门形成磋商协调机制，形成内外联动“一盘棋”工作格局。二是健全银企对接机制。创新开展“一十百千”专项行动，组织中国人民银行行长、商业银行行长入园访企，跟踪化解企业融资难题。2020年末，省内中国人民银行行长入园开展政策宣讲1403场，商业银行开展企业对接4.5万户次，解决融资问题1.8万条，为3.3万户企业发放贷款1134.9亿元。三是建立问题解决机制。会同多部门开展大调研活动，深入南昌、上饶等地召开银企座谈会，多视角剖析“不愿贷、不敢贷、不会贷”的深层次原因，有针对性地推动出台化解措施。

二、强化重点突破，牢固抓住金融支持稳企业保就业的“牛鼻子”

一是突出落实两项直达实体经济的货币政策工具。2020年6—12月全省银行机构累计为6.2万户普惠小微企业到期贷款办理延期还本467.9亿元；发放普惠小微信用贷款69.9万笔，金额735.5亿元。二是突出重点企业支持。重点围绕省领导担任链长主抓的14个产业链，建立3614户企业名录库，指导金融机构做好重点对接。2020年，已有2637户企业获得授信，当年累放贷款1749.6亿元。三是突出就业支持。全力做好普惠小微服务，加大金融支持创业力度。2020年全省共发放创业担保贷款192.7亿元，同比增长24.4%。

三、强化部门联动，广泛凝聚金融支持稳企业保就业的合力

一是构建多方联动政策体系，联合出台《关于金融支持江西重点产业链高质量发展的若干措施》及金融支持文化产业、制造业等信贷指导意见，明确配套金融政策，形成覆盖面广、举措丰富的政策体系。二是形成政策落地工作合力。联合政府有关部门组织召开金融政策新闻发布会10余次；比对市场监管、税务及银行贷款数据，筛选正常纳税、无贷款的企业7.5万户，推送至银行实现精准对接。三是完善融资配套资金体系。推动设立贷款损失风险补偿金和政府性融资担保体系，创新政银合作类产品模式。2020年全省累计发放各类政府增信类贷款近1000亿元。

四、强化创新保障，着力打通金融政策落地见效渠道

一是开展首贷提升行动。打造首贷中心，建立银行机构“三清单一检视”制度，打破小微企业首贷难融资堵点。全省公示授权清单913张，授信清单902张，尽职免责清单1035张。二是用好小微客户融资服务平台。依托服务平台实现政策产品查询、企业融资、贷款进程、办贷流程线上化。2020年末，服务平台注册户数达209.5万，已促成18.5万家小微企业成功获贷2669.8亿元。三是创新供应链金融和直融产品。充分发挥资本市场直接融资功能，加大债务融资工具政策宣传力度，扩大发行规模，降低企业融资成本。2020年全省共发行193只债务融资工具，金额1608.1亿元，发行规模创历史新高。

4. 表外业务持续收缩，信托贷款大幅下降。2020年，随着理财、信托等业务发展逐渐规范，表外信用持续收缩，金融市场风险有效缓释。江西省表外融资业务减少824.3亿元，同比多减94.1亿元。其中，委托贷款减少159.4亿元，同比少减13.9亿元；信托贷款减少494.6亿元，同比多减294.9亿元；未贴现的银行承兑汇票减少170.3亿元，同比少减186.9亿元。

5. 利率市场化改革持续推进，企业贷款利率显著下行。2020年，存量浮动利率贷款定价基准转换如期顺利完成，LPR 改革潜力持续释放，带动贷款利率显著下行。全年全省企业贷款加权平均利率 5.08%，同比下降 50 个基点。其中小微企业贷款加权平均利率 5.46%，同比下降 61 个基点。全年地方法人银行机构发行同业存单 1045.8 亿元，同比下降 50.4%，加权平均利率 2.68%，同比下降 47 个基点；累计发行大额存单 607.5 亿元，同比增长 132.1%，加权发行利率 4.00%，同比上升 13 个基点。

6. 金融风险总体可控，资产质量提升。金融风险防范化解攻坚战实施以来，中国人民银行南昌中心支行坚持防控结合，推动高风险机构制订“一地一策”“一行一策”处置方案，压实地方政府、金融机构、监管部门三方风险化解处置责任，金融风险总体可控。2020 年，全省不良贷款率下降 0.4 个百分点。

7. 强化金融扶贫支持，助力脱贫攻坚战圆满收官。落实扶贫小额信贷延期、无还本续贷等政策，完善金融扶贫结对重点帮扶深度贫困村机制，引导金融机构创新“红培贷”“民工惠”“农机贷”“农信云贷”等产品，2020 年全省累计发放扶贫再贷款 115.6 亿元，余额较上年同期高 22.7 亿元，撬动全省金融机构发放金融精准扶贫贷款 899 亿元，同比增长 31.8%。2020 年末全省金融精准扶贫贷款余额 2180.4 亿元，同比增长 18.8%。

表 2　2020 年江西省金融机构人民币贷款各利率区间占比

单位：%

项目		1月	2月	3月	4月	5月	6月
合计		8.47	18.40	15.18	10.65	14.66	18.06
LPR 减点		8.26	17.46	12.51	8.65	10.99	12.57
LPR		0.21	0.94	2.67	2.00	3.67	5.49
LPR 加点	小计	91.53	81.60	84.82	89.35	85.34	81.94
	(LPR，LPR+0.5%)	19.45	15.84	19.90	17.15	12.53	11.67
	[LPR+0.5%，LPR+1.5%)	25.78	25.13	24.63	30.70	27.69	29.42
	[LPR+1.5%，LPR+3%)	23.61	21.86	19.12	18.86	20.36	18.01
	[LPR+3%，LPR+5%)	16.30	12.22	15.29	15.66	16.73	16.95
	LPR+5% 及以上	6.38	6.54	5.88	6.99	8.04	5.89
项目		7月	8月	9月	10月	11月	12月
合计		8.36	17.02	18.13	14.57	17.15	19.48
LPR 减点		4.53	12.16	14.11	11.38	14.06	13.65
LPR		3.83	4.85	4.02	3.20	3.09	5.83
LPR 加点	小计	91.64	82.98	81.87	85.43	82.85	80.52
	(LPR，LPR+0.5%)	13.30	11.70	11.97	12.63	10.91	8.87
	[LPR+0.5%，LPR+1.5%)	31.31	27.01	28.83	27.66	30.54	30.30
	[LPR+1.5%，LPR+3%)	21.43	21.38	20.99	21.49	20.54	22.84
	[LPR+3%，LPR+5%)	18.25	16.10	14.31	16.83	14.78	13.18
	LPR+5% 及以上	7.35	6.80	5.77	6.81	6.07	5.32

数据来源：中国人民银行南昌中心支行。

专栏 2　全面推进利率市场化改革，融资贵问题明显缓解

LPR 改革是金融供给侧结构性改革的重要一环，是支持实体经济发展、降低融资成本的重要举措。中国人民银行南昌中心支行深入贯彻党中央、国务院关于深化利率市场化改革的决策部署，按照“全省一盘棋”的思路，稳妥有序推进 LPR 改革：一是高位推动，强化领导责任。中国人民银行南昌中心支行高度重视 LPR 改革，将 LPR 改革工作列为辖内人民银行系统和金融机构“一把手”工程，三次组织专题会部署安排，压实各级责任，提升政策落实的自觉性和坚定性。二是强化政策宣传，引导正确舆论导向。以行发文形式统一宣传口径、标语和问答模板，借助新闻媒体、官方微信等多种媒体平台宣介改革政策，组织全省金融系统开展大规模的线上线下宣传活动，为改革营造良好的氛围。三是综合统筹规划，稳步推进存量浮动利率贷款定价基准转换。先后三次组织全省

金融机构摸清转换底数，按照“一行一策”的方式组织各金融机构制订周密的转换工作方案，压实省内中国人民银行各分支机构属地督导责任，按周对173家地方法人银行机构开展监测，根据监测数据实时调度转换。四是密切沟通协调，推进政策性贷款产品定价基准换锚。两次邀请省直相关部门召开政策性贷款利率定价换锚协调会，宣讲改革的背景、意义、要求，并研究确定了政策性贷款产品定价基准转换标准，确保政策性贷款定价早日转轨。

总体来看，全省融资成本显著下降。一是市场主体贷款成本大幅下行。2020年，江西省新发放贷款加权平均利率为5.72%，同比下降84个基点，比全国平均水平多下降34个基点，全年约为各类贷款主体节约利息成本约183亿元。另外，推动“财园信贷通”“财政惠农信贷通”“创业担保贷款”“国家助学贷款”等政策性贷款定价基准转换，为农业、教育等社会薄弱领域节约贷款成本超5.4亿元。二是存量浮动利率贷款定价基准转换率远高于全国平均水平。江西省地方法人银行机构约3264.4亿元存量贷款完成转换，转换率达99.99%。转换过程中，银行与企业通过协商进行了重新定价，适度降低了贷款利率，共节约贷款成本约1.9亿元。三是金融机构利率定价能力和改革环境明显提升。98家地方法人银行机构已将LPR嵌入FTP，并对普惠小微贷款实施计价优惠；积极压降不规范的存款“创新”产品，通过负债端成本压降为资产端减费让利创造空间。12月，江西省企业贷款利率为5.03%，同比下降45个基点，创2015年统计以来新低。

8. 外汇市场平稳运行，跨境收支规模再上新台阶。全省跨境收支总量延续增长势头，全年收支总额500.5亿美元，同比增长8.0%，收支顺差同比增长51.5%。其中，外贸进出口在江西省跨境收支的“压舱石”作用更加突出，对整体收支增长的贡献度超过100%。全省结售汇总额274.8亿美元，同比减少0.5%，顺差同比增长52.2%。人民币跨境收支规模迈上500亿元新台阶，收付金额达557.0亿元，占同期本外币跨境收付总额的16.1%。

（二）证券期货市场交易活跃度上升，多层次资本市场发展平稳

1. 证券市场交投活跃度上升，经营效益持续好转。2020年末，全省证券投资者资金账户数822.4万户，同比增长11.6%；客户保证金余额241.9亿元，同比增长17.7%；证券市场累计交易额7.7万亿元，同比增长40.1%；证券机构累计实现营业收入和净利润分别为27.5亿元和9.7亿元，同比分别增长38.9%和89.7%。其中，法人证券公司投资者资金账户数、累计交易额、累计营业收入同比分别增长9.1%、65.9%和13.8%。

2. 期货市场交投活跃度上升，法人期货机构市场份额较为稳固。2020年末，全省期货投资者账户数5.8万户，同比增长12.6%；累计代理成交4247.1万手，同比增长35.1%；交易额3.5万亿元，同比增长25.0%；期货机构实现营业收入1.4亿元，同比增长76.3%。其中，法人期货机构投资者账户数、累计代理成交额、累计营业收入分别占全省的59.6%、45.4%和78.2%。

3. 企业A股上市呈现梯次多、覆盖广态势，私募基金运行平稳。2020年末，全省新增上市公司12家（其中IPO企业10家，异地迁入2家），上市公司数量达55家，另有3家企业过会待发。全年IPO过会企业12家，并列全国第十位、中部第二位。33家企业辅导备案，正在实施股份制改造企业165家。其中，九江市实现上市公司“破零”，全省11个设区市A股上市公司“全覆盖”。私募基金运行平稳，全省共有265家中基协备案私募基金管理人，较年初增加10

家，其中，128 家实际经营地在辖内；备案基金产品 718 只，较年初增加 77 只。管理基金规模 1572.9 亿元，较年初新增 33.2 亿元。

表 3　2020 年江西省证券业基本情况

项目	数量
总部设在辖内的证券公司数（家）	2
总部设在辖内的基金公司数（家）	265
总部设在辖内的期货公司数（家）	1
年末国内上市公司数（家）	55
当年国内股票（A 股）筹资（亿元）	215.4
当年发行 H 股筹资（亿元）	—
当年国内债券筹资（亿元）	909.1
其中：短期融资券筹资额（亿元）	135.5
中期票据筹资额（亿元）	428.0

数据来源：江西证监局。
注：当年国内股票（A 股）筹资额指非金融企业境内股票融资。

（三）保险行业运行平稳，保险保障功能有效发挥

1. 行业运行平稳，退保情况持续好转。2020 年末，全省保险业资产总额 1708.1 亿元，同比增长 15.9%；累计保费收入和赔付支出同比分别增长 11.1% 和 10.9%，其中财产险保费收入和赔付支出同比分别增长 6.6% 和 8.4%，人身险保费收入和赔付支出同比分别增长 13.2% 和 13.3%。全省保险业退保金 72.7 亿元，同比下降 49.2%；退保率 3.1%，同比下降 3.8 个百分点。

2. 险资入赣再创新高，保险保障功能不断提升。2020 年，全省“险资入赣”落地金额 302.1 亿元，同比增长 47.8%，累计投资金额突破千亿元，有效拓宽了重大项目的融资渠道。保险保障功能不断提升，保险机构针对抗击疫情和洪涝灾害，创新推出企业“复业保”“复工保”等保险产品，累计为近 2.1 万家企业提供最高 515 亿元风险保障；为支援湖北医疗队员、赴乌兹别克斯坦联合工作组成员及参与疫情防控的基层干警、社区干部等一线人员捐赠保险保额达 1425 亿元。出口信用保险规模扩大，支持全省外贸企业出口 49.1 亿美元，同比增长 15.5%，保障海外投资 7.4 亿美元，同比增长 28.2%，服务外贸企业 2273 家，同比增长 5.1%，其中小微企业 1838 家，同比增长 2.1%。

表 4　2020 年江西省保险业基本情况

项目	数量
总部设在辖内的保险公司数（家）	1
其中：财产险经营主体（家）	1
寿险经营主体（家）	0
保险公司分支机构（家）	48
其中：财产险公司分支机构（家）	21
寿险公司分支机构（家）	27
保费收入（中外资，亿元）	927.9
其中：财产险保费收入（中外资，亿元）	277.5
人身险保费收入（中外资，亿元）	650.4
各类赔款给付（中外资，亿元）	311.3

数据来源：江西银保监局。

（四）社会融资规模创新高，金融市场总体稳健

1. 地区社会融资规模创新高，融资结构进一步调整。2020 年，全省社会融资规模增量 8550.2 亿元，同比多增 1824.7 亿元，占全国比重为 2.5%，有力保障了江西经济社会发展的资金需求。因 2020 年地方政府加速专项债发行，全年政府债券净融资 1793.5 亿元，占全省社会融资规模的 21.0%，同比提高 6.9 个百分点，而表内外融资、直接融资分别占全省社会融资规模的 60.5%、14.1%，同比分别下降 3.3 个、1.4 个百分点。全省债务融资工具发行企业和金额分别为 53 家、1608.1 亿元，同比分别增长 23.3%、19.5%，均创历史新高。

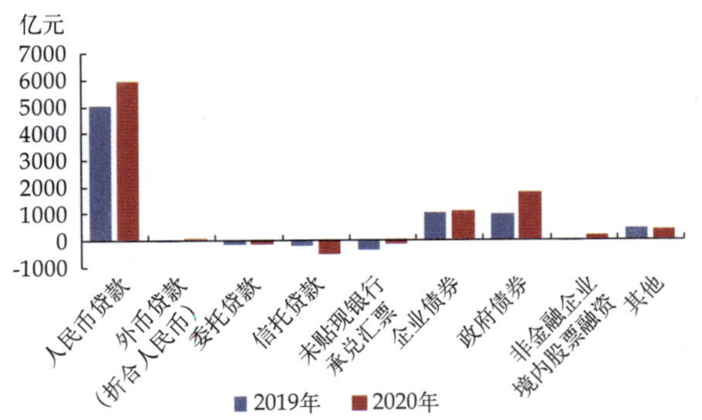

图4　2019—2020年江西省社会融资规模分布结构

（数据来源：中国人民银行南昌中心支行）

2. 金融改革持续深化，金融服务创新发展。 2020年，金融市场交易品种不断拓宽，8家企业成功发行疫情防控债，全国首单有色金属产业链标准化票据顺利落地。赣州银行成功发行全省首单永续金融债，标志着江西省地方法人银行机构资本补充工具运用取得突破性进展。赣州市、吉安市国家级普惠金融改革试验区创建成功获批，普惠金融改革稳步推进。绿色金融改革继续深化，创新推出“林农快贷”“畜禽洁养贷”“科贷通”等绿色信贷产品及“保险＋期货”新模式，其中“畜禽智能洁养贷”等5项绿色金融创新成果，被国家发展改革委列为全国生态文明试验区改革举措和经验做法在全国推广。推进赣江新区绿色金融改革试点，率先在全国探索开展绿色票据的认定和管理，并运用再贴现政策工具予以支持，全年办理绿色票据再贴现13.0亿元。江西省绿色金融发展指数居全国第四位。金融科技赋能融资发展水平不断提升，江西省小微客户融资服务平台注册户数突破200万户，帮助18.5万户企业获得贷款2669.8亿元，“线上首贷中心”于8月18日正式上线，全年共助力4.5万户无贷户首次获贷294.0亿元，进一步提升了首贷便利度、满意度、可得性。企业收支流水大数据平台率先在赣州、吉安市普惠金融改革试验区试点运用，累计帮助试点银行发放贷款16.0亿元。农村经营户信用信息联网核查平台在芦溪县成功试点，实现相关部门7大类96个数据项实时共享并生成专项报告供银行授信参考。

3. 银行间债券市场有序发展，成交利率整体下降。 2020年，市场成员累计债券交易量37.2万亿元，同比增长4.8%。其中，质押式回购同比增长23.2%，现券交易、买断式回购同比分别下降13.6%和40.6%；三者交易加权平均利率分别较上年下降60个、51个和58个基点。

4. 票据市场业务持续增长，利率水平持续下行。 2020年，票据市场交易活跃，承兑、贴现业务继续增长，票据承兑累计发生额为2891.8亿元，同比增长2.4%，票据贴现余额同比增长29.3%。票据直贴和转贴利率同比分别下降45个、59个基点。

表5　2020年江西省金融机构票据业务量统计

单位：亿元

季度	银行承兑汇票承兑		贴现			
			银行承兑汇票		商业承兑汇票	
	余额	累计发生额	余额	累计发生额	余额	累计发生额
1	1749.7	816.3	2204.4	2416.4	87.1	53.6
2	1956.3	1597.0	2383.1	5918.0	97.2	110.5
3	1970.8	2250.4	2334.7	7723.1	99.3	183.2
4	1942.2	2891.8	2451.5	10714.3	92.3	240.5

数据来源：中国人民银行南昌中心支行。

表6　2020年江西省金融机构票据贴现、转贴现利率

单位：%

季度	贴现		转贴现	
	银行承兑汇票	商业承兑汇票	票据买断	票据回购
1	2.87	3.48	2.97	2.42
2	2.55	3.35	2.37	1.96
3	2.94	3.21	2.73	2.54
4	2.99	3.60	2.83	2.42

数据来源：中国人民银行南昌中心支行。

（五）金融生态环境持续优化，金融服务水平提升

1. 征信服务水平不断深化。 完成省内首家民营银行裕民银行的系统接入工作，新批复5家网络贷款公司和2家担保公司接入申请，

2020年末省内共有71家村镇银行、104家小额贷款公司、2家网络小额贷款公司和57家融资性担保公司接入央行征信系统。全年对外提供个人信用报告查询199.9万次，企业信用报告查询6.5万次。针对疫情调整还款和信用记录报送规则，全年地方法人接入机构累计为符合条件的3.6万户自然人和1859户企业调整还款安排或征信记录。引导省内各金融机构加强中征应收账款融资服务平台的应用，促进应收账款融资业务线上化，分别促成新余市政府采购系统以及宜春市、上饶市各一家核心企业与中征应收账款融资服务平台对接，开展在线应收账款融资业务，进一步支持上游供应商中小微企业获得融资。2020年通过平台促成应收账款融资业务1022笔，融资金额1099.5亿元。

2. 支付服务环境持续优化。移动支付便民工程建设成效显著，“云闪付”用户同比增长57.5%，99.9%的银行卡跨行支付系统联网特约商户支持银联移动支付方式，基本实现公共交通、重点景区、三甲医院、高等学校移动支付受理全覆盖。农村支付服务环境持续优化，累计设立助农取款点3.6万个，同比增长69.4%，办理助农取款相关业务金额同比增长50.1%。

3. 金融消费权益保护工作向纵深推进。建立江西省金融消费权益保护监管合作机制，12363金融消费权益保护投诉咨询热线平稳运行，全省地方法人银行投诉统计监测分析系统顺利对接，上饶、新余、鹰潭、宜春等地推动组建金融纠纷调解组织。全省人民银行系统共接收投诉916笔，办结909笔，投诉办结率达99.2%。深入推进农村普惠金融服务站创建，打造具有示范意义的服务站样板，截至2020年末，共建成服务站4945个，标杆站点155个。

4. 互联网金融风险整治取得明显成效。加强与相关部门沟通协调，强化互联网金融风险监测与整治，坚定推动网贷市场风险出清。截至2020年末，28家网贷机构退出市场，所有网贷平台停止新发标，全省网贷机构转型清退工作稳步推进，网贷行业存量风险大幅压缩，涉众风险持续收敛。

二、经济运行情况

2020年，全省上下有效落实省委省政府“扛住一季度、奋战二季度、提速三季度、冲刺四季度”工作部署，江西经济运行持续稳定恢复，呈现出“总量进位、增速居前、质量提升、圆满收官”的特征。全省地区生产总值25691.5亿元，在全国排名前进1位、上升至第十五位；同比增长3.8%，高于全国平均水平1.5个百分点。三次产业继续保持协调发展，产业增加值同比分别增长2.2%、4.0%和4.0%，产业结构由上年同期的8.3∶43.9∶47.8调整为8.7∶43.2∶48.1。

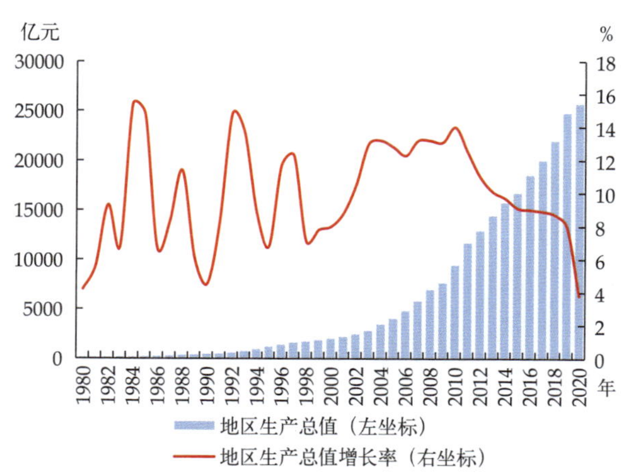

图5　1980—2020年江西省地区生产总值及其增长率

（数据来源：江西省统计局）

（一）需求逐步改善，投资、消费全面回升

1. 投资增速稳步回升，重大项目支撑有力。2020年，全省固定资产投资增长8.2%，增速高于全国平均5.3个百分点，居全国第五位。在“稳投资”政策推动下，投资项目建设力度加强、质效提升。全省大中型项目、省重点工程分别完成投资9300.0亿元、3200.0亿元，分别完成年度计划的120%、125%；亿元以上新开工项目2858个，完成投资增长89.7%。投资结构进一步优化，工业技改投资增长16.4%，占全部工

业投资比重为39.2%，较上年提高2.8个百分点；高新技术产业投资增长18.3%，占比较上年提高1.4个百分点。

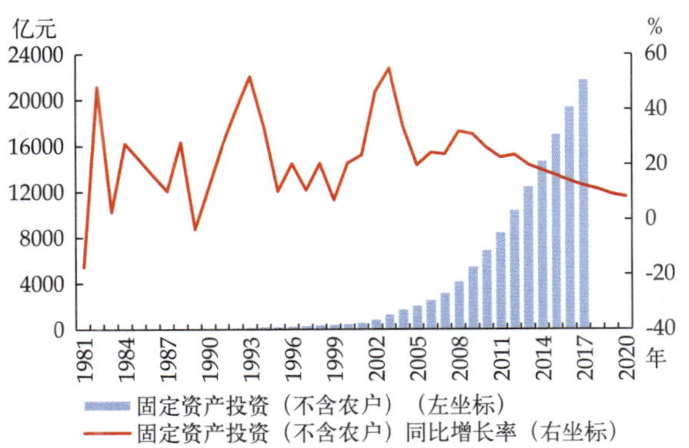

图6　1981—2020年江西省固定资产投资（不含农户）及其增长率

（数据来源：江西省统计局）

2. 消费需求加快恢复，新业态保持高增长。在一系列促消费政策带动下，2020年，全省实现社会消费品零售总额10371.8亿元，增长3.0%，增速高于全国平均水平6.9个百分点。基本消费和新业态保持较高增长。全省粮油食品类商品零售额同比增长19.9%；日用品类增长17.4%；受疫情影响，中西药品类商品零售额增长28.1%。全省限额以上单位通过公共网络实现的零售额同比增长38.6%，高出限额以上消费品零售额增速33.1个百分点。

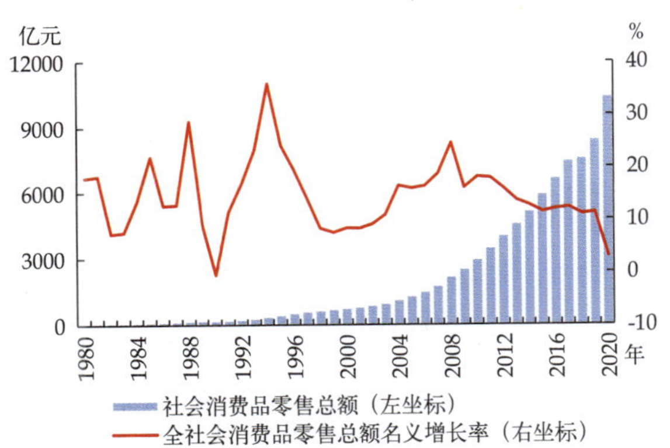

图7　1980—2020年江西省社会消费品零售总额及其增长率

（数据来源：江西省统计局）

3. 进出口增速保持全国前列，外贸规模创历史新高。2020年，在全国外贸受新冠肺炎疫情影响承受较大压力的情况下，江西稳外贸成效显著，外贸复苏力度好于预期，全年进出口总值4010.1亿元，同比增长14.3%，增速较上年提高3.3个百分点，高于全国平均水平12.4个百分点，居全国第五位。其中出口和进口同比分别增长17.0个和7.5个百分点，进出口顺差1830.6亿元。高附加值产品表现出较强竞争力，机电产品出口增长29.5%，占出口总额的55.2%，较上年提高4.6个百分点。民营企业拉动作用凸显，进出口增长21.3%，占进出口总额比重为73.8%，较上年提高4.2个百分点。

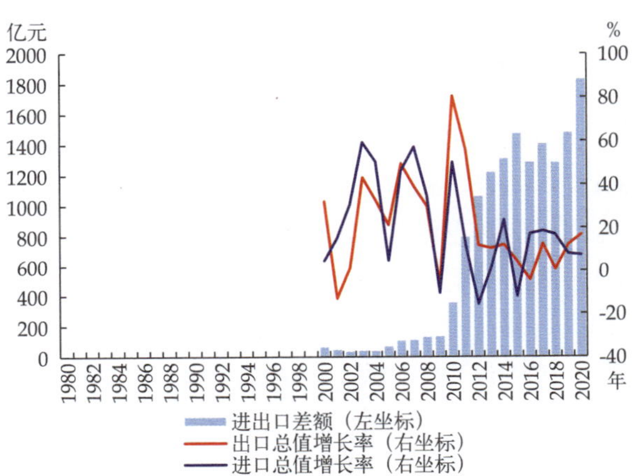

图8　1980—2020年江西省外贸进出口变动情况

（数据来源：江西省统计局）

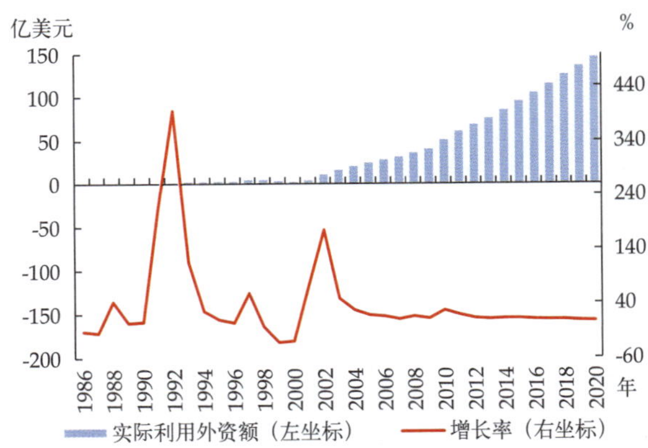

图9　1986—2020年江西省实际利用外资额及其增长率

（数据来源：江西省统计局）

（二）供给持续回暖，产业结构进一步优化

1. 农业经济平稳发展，有效实现稳产保供。2020 年，全省农林牧渔业总产值 3820.7 亿元，同比增长 2.7%。全省粮食总产量 432.8 亿斤，较上年多增 1.3 亿斤，增长 0.3%，产量连续八年稳定在 430 亿斤以上。2020 年末生猪存栏 1569.9 万头，增长 56.0%，基本恢复到 2017 年末水平。蔬菜、水果、水产品、牛羊肉等产品均有不同幅度增长，全年基本保持量足价稳的态势。农业产业升级提质增效，农产品加工业与农业总产值比达到 2.3：1，与全国平均水平基本持平，实现了从追赶到并行的跨越。

2. 工业生产稳定恢复，结构调整步伐加快。2020 年，全省规模以上工业增加值增长 4.6%，高于全国平均水平 1.8 个百分点。尤其是新产业增势良好。战略性新兴产业、高新技术产业、装备制造业增加值分别增长 6.6%、11.2% 和 9.4%，占规模以上工业增加值的比重分别为 22.1%、38.2% 和 28.5%，同比分别提高 0.9 个、2.1 个和 0.8 个百分点。工业效益水平不断改善。2020 年，全省规模以上工业企业实现营业收入 3.8 万亿元，增长 8.8%，高出全国平均水平 8 个百分点；利润总额 2438.1 亿元，增长 12.9%，高出全国平均水平 8.8 个百分点。

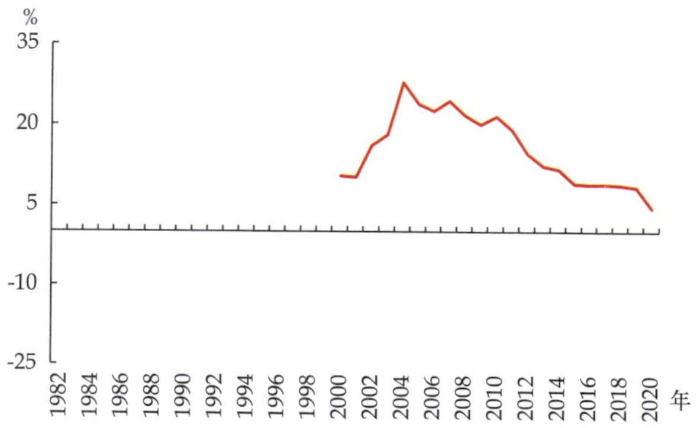

图 10　1982—2020 年江西省规模以上工业增加值实际增长率

（数据来源：江西省统计局）

（注：自 2011 年起，工业统计范围调整为年主营业务收入 2000 万元及以上的工业企业）

3. 服务业对经济的贡献加大，新兴产业活力彰显。2020 年，服务业增加值 12365.1 亿元，增长 4.0%，占 GDP 的比重为 48.1%，较上年提高 0.3 个百分点。其中，金融业实现增加值 1808.6 亿元，同比增长 10.0%，高于 GDP 增速 6.2 个百分点，增速居各行业首位，对经济增长贡献率 15.1%，仅次于工业贡献率；信息传输、软件和信息技术服务业等营利性服务业实现增加值 2056.7 亿元，同比增长 6.0%，高于 GDP 增速 2.2 个百分点，对经济增长贡献率 12.5%。金融业和营利性服务业等新兴产业成为拉动全省经济增长重要动力，对经济增长的贡献率合计达 27.6%。

4. 生态文明建设有序推进，环境质量稳步提升。2020 年，全省设区市 PM2.5 平均浓度为 30 微克 / 立方米，同比下降 14.3%。优良天数比例目标任务基本完成；全省地表水国考断面水质优良比例为 96.0%，同比上升 1.3 个百分点。全面消灭 V 类和劣 V 类水体，11 个设区市集中式生活饮用水水源地水质达标率 100%，长江干流江西段水质全部达到 II 类标准。主要绿色环保指标居全国前列。全省生态环境状况综合指数为优，居全国第四位；森林覆盖率稳定在 63.1%，居全国第二位；国家级“绿水青山就是金山银山”实践创新基地累计达到 5 个，居全国第二位；“国家生态文明建设示范县”累计达到 16 个，居全国第五位。

（三）消费价格涨幅回落，生产价格降幅收窄

1. 居民消费价格涨幅回落。2020 年，全省居民消费价格上涨 2.6%，高于全国平均水平 0.1 个百分点，涨幅较上年回落 0.3 个百分点。分类别看，八大类商品和服务价格“三涨五降”，其中，食品烟酒价格上涨 8.8%，其他用品和服务价格上涨 4.9%，教育文化和娱乐价格上涨 2.1%，医疗保健价格下降 0.1%，交通和通信价格下降 3.7%，衣着价格下降 0.8%，居住价格下降 0.6%，生活用品和服务价格下降 0.3%。

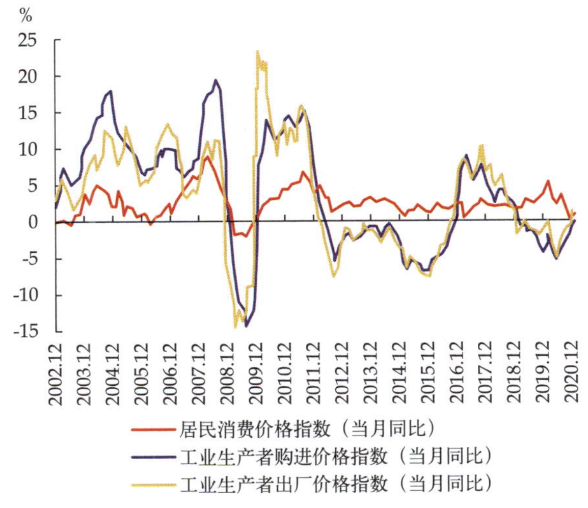

图 11　2002—2020 年江西省居民消费价格指数和工业生产者价格指数变动趋势

（数据来源：江西省统计局）

2. 工业生产者价格降幅收窄。2020 年，全省工业生产者出厂价格同比下降 1.7%，降幅比前三季度收窄 0.5 个百分点，低于全国平均水平 0.1 个百分点；工业生产者购进价格同比下降 3.0%，降幅比前三季度收窄 0.5 个百分点，高于全国平均水平 0.7 个百分点。12 月，全省工业生产者出厂价格同比增长 1.2%，比全国平均水平高 1.6 个百分点。

3. 就业任务超额完成，居民收入稳步增加。2020 年，全省城镇新增就业 46.2 万人，城镇失业人员再就业 17.7 万人，就业困难人员就业 4.7 万人，新增转移农村劳动力 58.9 万人，均超额完成全年任务目标，分别完成全年目标任务的 124.8%、147.3%、155.6% 和 117.7%。全省居民人均可支配收入 28017.0 元，同比增长 6.7%，高于全国平均水平 3.0 个百分点。其中，城镇居民人均可支配收入 38556 元，增长 5.5%，高于全国平均水平 2.0 个百分点；农村居民人均可支配收入 16981.0 元，增长 7.5%，高于全国平均水平 0.6 个百分点。

（四）财政收支逐步恢复，稳预期保民生力度加大

1. 财政收入恢复向好。2020 年，全省财政总收入和一般公共预算收入分别为 4048.3 亿元和 2507.5 亿元，分别增长 1.2% 和 0.8%，增幅均比前三季度有较大提升。全年一般公共预算收入总量在全国居第十五位，与上年同期持平，增幅居第十三位。财政收入同比略有下降，全省税收收入 1702.0 亿元，下降 2.6%，占财政总收入的比重为 42.0%，较上年回落 1.7 个百分点；其中一般公共预算收入中税收占比 67.9%，较上年回落 2.3 个百分点。

2. 财政支出保重点惠民生。2020 年，全省一般公共预算支出 6666.1 亿元，增长 4.4%，增速比前三季度提高 5.3 个百分点，同比回落 8.6 个百分点。各项重点支出均得到了有效保障。民生工程 51 件惠民实事圆满完成，全省民生领域支出 5294.0 亿元，占财政支出比重达 79.4%，其中住房保障、教育、社会保障和就业、卫生健康支出分别增长 43.7%、6.1%、6.0% 和 1.6%。强化战疫抗灾财政兜底保障，筹集 70.4 亿元资金支持常态化疫情防控，下达 190.0 亿元抗疫特别国债资金保障医疗基础建设，统筹安排洪灾重建资金 30.6 亿元，加快恢复灾后生活。

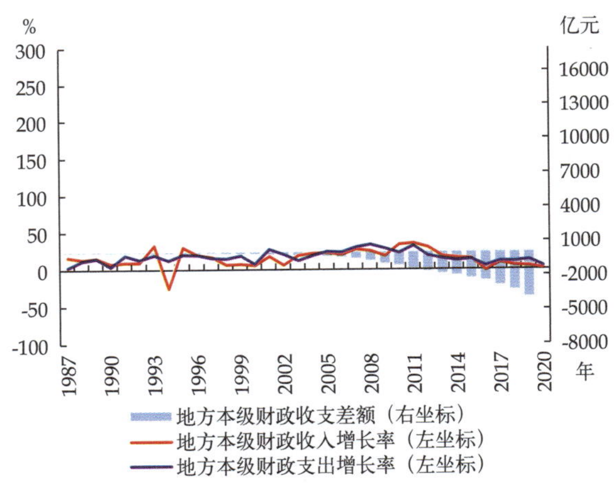

图 12　1987—2020 年江西省财政收支状况

（数据来源：江西省统计局）

（五）房地产市场理性回归，房住不炒政策效果显现

1. 房地产投资稳步增长，有力支撑经济企稳复苏。2020 年，全省房地产开发投资增长

6.2%，同比提高 3.2 个百分点，增速呈逐月回暖态势。年初受疫情停工影响，房地产投资增速跌至冰点，1—2 月房地产投资同比下降 7.1%，1—4 月由负转正，2020 年增速比前三季度加快 1.2 个百分点。2020 年，房地产业增加值增长 4.3%，高于 GDP 增速，有力支持经济企稳复苏。

2. 房地产销售量平价稳，库存增加。2020 年，全省商品房销售面积 6732.7 万平方米，同比增长 4.2%，增速与上年同期持平，高于全国平均水平 1.6 个百分点。2020 年，全省商品房单位面积销售额 7757 元 / 平方米，同比增长 6.4%，其中新建商品房销售均价 7271 元 / 平方米，同比增长 2.8%，增幅小于全国（9.6%）和中部（5.0%）平均水平。从库存看，2020 年末，全省商品住宅库存 4062.2 万平方米，较上年末增加 393.9 万平方米，增长 10.7%；去化时间约 9.3 个月，比 2019 年末增加 1.5 个月。部分市县去库存压力较大，2020 年末去化周期超过 12 个月的市县有 27 个，比 2019 年末增加 13 个。

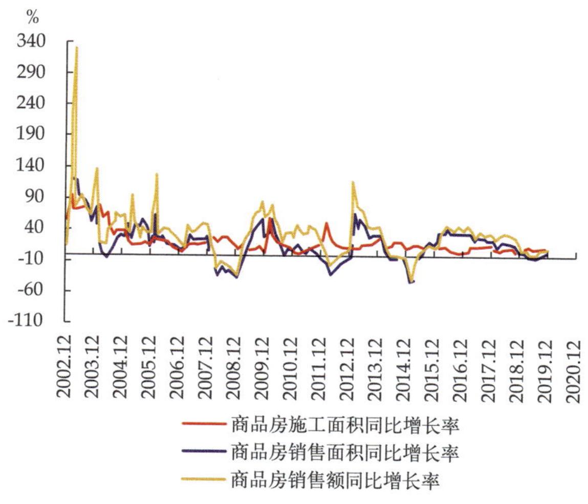

图 13　2002—2020 年江西省商品房施工和销售变动趋势

（数据来源：江西省统计局）

3. 房地产市场运行总体平稳，重点城市房价同比涨幅有升有降。2020 年 12 月，南昌、九江、赣州新建住宅销售价格指数环比分别上涨 0.5%、0.1% 和 0.3%；同比分别上涨 0.8%、4.1% 和 4.2%，南昌、九江涨幅分别较上年同期回落 2.7 个、4.0 个百分点，赣州涨幅较上年同期上升 1.2 个百分点。

4. 房地产领域信贷增长持续放缓，新增占比下降。2020 年末，房地产贷款增长 10.5%，增速较上年同期下降 6.3 个百分点，连续 27 个月逐月回落。2020 年，全省房地产贷款占各项贷款增量比重为 21.6%，较 2019 年回落 13.4 个百分点，连续 24 个月占比下降。

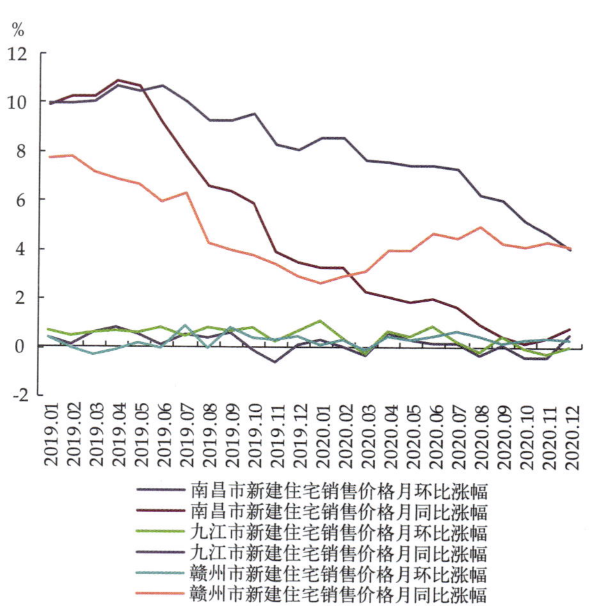

图 14　2019—2020 年江西省主要城市新建住宅销售价格变动趋势

（数据来源：江西省统计局）

三、预测与展望

2021 年，全省面临的宏观经济金融形势依然复杂，新冠肺炎疫情仍然是影响 2021 年宏观经济走势最大的不确定因素。

全省上下将围绕构建新发展格局，提速项目建设，扩大有效投资，促进消费扩容，加快内陆开放型经济试验区建设；强化“2+6+N”产业体系，夯实创新支撑，更大力度推进民生改善、就业增加、生态治理、营商环境优化，充分激发市场活力，巩固拓展疫情防控和经济社会发展成果，以高质量经济发展为“十四五”开好局。预计全省经济继续保持良好发展势头。

全省金融业将坚决贯彻落实稳健的货币政

策更加灵活精准、合理适度，优化信贷结构和投向，做好普惠小微贷款延期还本付息和信用贷款发放两项直达实体的货币政策延期，保持纾困政策平稳过渡。持续开展“首贷提升”和中小微企业金融服务能力提升工程，加大对科技创新、绿色发展、先进制造业、乡村振兴等重点领域的金融支持，推进脱贫人口小额信贷工作，保持民营和小微企业融资“量增、面扩、价降、结构优化”的良好态势。持续深化区域金融改革，充分发挥小微客户融资服务平台、企业收支流水大数据平台、农村经营户信用信息联网核查平台等支撑作用，聚力发展绿色金融、普惠金融、供应链金融，提升金融科技水平，提高金融服务实体能力。大力实施“险资入赣”工程，提高企业直接融资比重，确保信贷合理增长，促进社会融资规模增长同名义经济增速基本匹配。鼓励地方法人银行机构通过地方政府专项债、永续债等多渠道补充资本，规范金融机构存款管理，推进金融纠纷多元化解机制建设，为加快构建全省“十四五”新发展格局提供有力有效的金融支持。

中国人民银行南昌中心支行货币政策分析小组

总　　纂：张瑞怀　陈　锋

统　　稿：朱　锦　叶少波　郭　丽

执　　笔：郭　丽　徐茹婷　杨李娟　魏斯怡　朱子欣

提供材料：卢　红　余云娴　徐书宇　俞赛华　陈　源　谭　侃　胡浩智　钟　文　高　倩　廖燕平　熊　露

附录

（一）2020 年江西省经济金融大事记

1 月 9 日，江西省金融工作座谈会在南昌召开，总结 2019 年全省金融工作，审议 2020 年金融工作要点，时任省委常委、常务副省长毛伟明出席会议并讲话。

2 月 4 日，江西省政府印发《关于有效应对疫情稳定经济增长 20 条政策措施》（赣府发〔2020〕2 号），就加大对疫情防控物资和生活必需品生产企业的扶持、帮助实体企业渡过难关、促进企业稳岗和就业等工作推出 20 条政策措施。之后，江西省政府办公厅于 2 月 9 日印发《关于金融支持防控疫情稳定经济增长的若干措施》（赣府厅发〔2020〕14 号），就金融方面明确细化支持举措。

2 月 20 日，江西省建工集团在银行间债券市场成功发行全省首单疫情防控超短期融资券，总金额 6 亿元，期限 270 天。全年省内共 8 家企业发行疫情防控债 42.5 亿元，资金主要用于医院建设、民生保障、租金减免等多个领域，助力疫情防控和复工复产。

3 月 12 日，金融委办公室地方协调机制（江西省）成立暨第一次会议在南昌召开，时任江西省政府副省长吴忠琼同志出席并讲话，标志着江西成为全国第五个正式建立金融委办公室地方协调机制的省份。

4 月 13 日，国务院批准设立江西内陆开放型经济试验区，为全国第三个内陆开放型经济试验区，也是中部第一个内陆开放型经济试验区。

5 月 21 日，国务院办公厅印发通报，对 2019 年落实有关重大政策措施真抓实干成效明显的地方予以督查激励，江西省被评为“防范化解金融风险、营造诚实守信金融生态环境、维护良好金融秩序、健全金融消费者权益保护机制成效较好的地方”，为全国五省份之一、中部地区唯一省份。

9 月 8 日，经国务院批复同意，中国人民银行等七部门联合印发《江西省赣州市、吉安市普惠金融改革试验区总体方案》，力争用三年左右时间，在试验区基本建成与高质量发展要求相匹配的普惠金融服务体系、激励相容的政策体系、持续优化的金融基础设施。

9 月 29 日，中国人民银行南昌中心支行主动策应产业链“链长制”重大部署，经江西省政府同意，牵头江西银保监局、省政府金融办、江西证监局等部门联合出台《关于金融支持江西重点产业链高质量发展的若干措施》（南银发〔2020〕117 号），制定举措 16 条，实施金融保链强链行动。

10 月 30 日，江西省内 4 家城商行在江西省法人城商行环境信息披露发布会上对外发布环境信息披露报告，成为全国首个法人城商行环境信息披露全覆盖的省份。

12 月 31 日，全省金融系统围绕落实金融支持稳企业保就业工作部署，创新性开展“百名央行行长进园区，千名银行行长进万企”“小微企业首贷提升”“中小微企业金融服务能力提升”等专项行动，两项直达实体的货币政策工具精准滴灌到小微企业。

（二）2020 年江西省主要经济金融指标

表 1　2020 年江西省主要存贷款指标

	项目	1 月	2 月	3 月	4 月	5 月	6 月	7 月	8 月	9 月	10 月	11 月	12 月
本外币	金融机构各项存款余额（亿元）	40153.6	40859.6	42038.6	42132.4	42948.4	43353.1	43100.2	43830.2	43759.0	43760.7	44130.2	43912.9
	其中：住户存款	21173.0	21197.3	21860.8	21428.7	21497.3	22035.0	21798.0	21894.8	22390.8	22150.2	22310.7	22811.9
	非金融企业存款	11160.9	11608.2	12393.6	12703.6	12870.7	13190.9	13125.9	13357.4	13275.4	13178.1	13309.2	13151.7
	各项存款余额比上月增加（亿元）	978.2	706.0	1179.0	93.8	816.0	404.7	-252.9	730.0	-71.2	1.7	369.6	-217.3
	金融机构各项存款同比增长（%）	9.5	9.2	9.7	10.6	12.5	12.2	11.8	13.7	12.5	13.1	13.2	12.1
	金融机构各项贷款余额（亿元）	36739.3	37271.4	38108.7	38639.9	39151.6	39691.0	39989.1	40401.4	40900.0	41156.6	41496.9	41667.7
	其中：短期	9569.6	9726.1	10116.3	10244.8	10351.9	10618.7	10651.4	10760.8	10903.3	10896.8	10978.4	10981.8
	中长期	24762.3	25019.2	25383.7	25685.2	26033.5	26300.4	26606.2	26908.6	27251.9	27513.7	27712.4	27856.0
	票据融资	2088.8	2183.5	2267.2	2366.5	2419.9	2458.6	2428.7	2423.3	2413.2	2415.1	2485.2	2543.8
	各项贷款余额比上月增加（亿元）	1042.4	532.1	837.3	531.2	511.7	539.4	298.1	412.3	498.6	256.6	340.2	170.8
	其中：短期	191.5	156.5	390.2	128.5	107.1	266.9	32.7	109.4	142.5	-6.5	81.6	3.4
	中长期	764.6	256.9	364.5	301.5	348.3	266.8	305.8	302.4	343.3	261.8	198.7	143.6
	票据融资	0.4	94.7	83.7	99.3	53.4	38.7	-29.9	-5.4	-10.1	1.9	70.1	58.6
	金融机构各项贷款同比增长（%）	16.3	16.4	17.3	18.0	18.6	18.7	18.8	18.7	17.8	17.5	17.1	16.7
	其中：短期	6.1	8.3	11.5	13.6	14.8	15.7	16.3	16.9	15.9	15.2	15.0	14.3
	中长期	22.6	17.9	17.9	17.9	18.2	18.1	18.4	18.3	17.6	17.8	17.5	17.2
	票据融资	49.4	45.1	42.8	44.1	44.0	41.6	39.2	34.1	30.7	26.3	26.5	29.4
	建筑业贷款余额（亿元）	1477.9	1489.1	1510.6	1523.5	1551.6	1590.1	1621.8	1627.6	1645.1	1637.6	1666.6	1666.2
	房地产业贷款余额（亿元）	12534.5	12651.0	12818.1	12944.8	13071.8	13146.2	13253.2	13354.0	13433.9	13505.1	13535.9	13557.0
	建筑业贷款同比增长（%）	13.9	14.0	14.7	15.3	15.6	17.8	18.3	18.9	18.0	17.9	19.5	17.2
	房地产业贷款同比增长（%）	16.4	15.7	15.0	14.4	14.3	13.5	13.4	12.9	12.1	11.9	11.2	10.5
人民币	金融机构各项存款余额（亿元）	39905.9	40604.2	41774.0	41889.3	42703.5	43113.5	42842.3	43561.7	43488.6	43471.9	43834.8	43608.2
	其中：住户存款	21103.1	21124.9	21783.9	21352.8	21422.3	21961.4	21725.2	21823.5	22319.2	22078.3	22239.2	22741.1
	非金融企业存款	11037.4	11462.1	12236.3	12556.6	12720.1	13049.6	12963.6	13178.3	13096.1	12983.5	13105.5	12942.8
	各项存款余额比上月增加（亿元）	953.4	698.3	1169.8	115.3	814.2	410.0	-271.2	719.4	-73.1	-16.7	362.9	-226.6
	其中：住户存款	1437.2	21.8	659.0	-431.1	69.5	539.1	-236.2	98.3	495.7	-240.9	160.9	501.9
	非金融企业存款	-440.6	424.7	774.2	320.3	163.5	329.5	-86.0	214.7	-82.2	-112.6	122.0	-162.7
	各项存款同比增长（%）	9.5	9.2	9.6	10.6	12.5	12.3	11.7	13.6	12.4	13.0	13.1	12.0
	其中：住户存款	15.1	10.7	12.8	13.0	13.6	14.8	13.8	14.2	14.5	14.4	14.9	15.6
	非金融企业存款	4.8	10.7	13.4	14.8	16.7	18.3	19.1	19.4	16.0	16.3	15.8	12.8
	金融机构各项贷款余额（亿元）	36522.2	37044.7	37874.3	38402.8	38914.5	39467.2	39758.2	40161.6	40656.6	40916.5	41254.2	41409.2
	其中：个人消费贷款	10260.3	10274.8	10451.8	10565.4	10706.6	10863.8	10990.6	11107.1	11216.3	11287.0	11385.1	11435.5
	票据融资	2088.8	2183.5	2267.2	2366.5	2419.9	2458.6	2428.7	2423.3	2413.2	2415.1	2485.2	2543.8
	各项贷款余额比上月增加（亿元）	1028.5	522.5	829.6	528.5	511.7	552.7	291.0	403.4	495.0	259.9	337.7	155.0
	其中：个人消费贷款	160.0	14.5	177.0	113.6	141.2	157.2	126.8	116.5	109.2	70.7	98.1	50.4
	票据融资	122.7	94.7	83.7	99.3	53.4	38.7	-29.9	-5.4	-10.1	1.8	70.1	58.6
	金融机构各项贷款同比增长（%）	16.3	16.4	17.3	18.0	18.6	18.8	18.8	18.7	17.8	17.4	17.1	16.7
	其中：个人消费贷款	19.7	19.0	18.8	18.1	17.9	18.0	18.0	17.5	16.1	14.8	14.0	13.2
	票据融资	49.4	45.1	42.8	44.1	44.0	41.6	39.2	34.1	30.7	26.3	26.5	29.4
外币	金融机构外币存款余额（亿美元）	36.0	36.5	37.3	34.4	34.3	33.8	36.9	39.1	39.7	43.0	44.9	46.7
	金融机构外币存款同比增长（%）	13.6	6.7	29.1	5.2	-2.3	4.0	16.0	33.4	30.6	41.0	48.2	46.4
	金融机构外币贷款余额（亿美元）	31.5	32.4	33.1	33.6	33.2	31.6	33.1	34.9	35.7	35.7	36.9	39.6
	金融机构外币贷款同比增长（%）	9.0	8.7	13.4	12.8	9.9	0.3	7.8	16.3	27.0	30.3	30.9	36.1

数据来源：中国人民银行南昌中心支行。

表 2　2001—2020 年江西省各类价格指数

单位：%

时间		居民消费价格指数		农业生产资料价格指数		工业生产者购进价格指数		工业生产者出厂价格指数	
		当月同比	累计同比	当月同比	累计同比	当月同比	累计同比	当月同比	累计同比
2001		—	-0.5	—	-0.4	—	-0.7	—	-1.9
2002		—	0.1	—	-0.2	—	-1.4	—	-1.5
2003		—	0.8	—	2.5	—	6.5	—	4.0
2004		—	3.5	—	10.7	—	14.5	—	9.7
2005		—	1.7	—	7.9	—	10.0	—	8.8
2006		—	1.2	—	1.1	—	8.6	—	9.7
2007		—	4.8	—	6.6	—	7.9	—	6.2
2008		—	6.0	—	19.9	—	14.2	—	6.4
2009		—	-0.7	—	-2.4	—	-9.3	—	-7.0
2010		—	3.0	—	1.9	—	11.8	—	15.3
2011		—	5.2	—	11.2	—	12.4	—	11.3
2012		—	2.7	—	6.6	—	-1.7	—	-3.5
2013		—	2.5	—	2.4	—	-1.6	—	-1.5
2014		—	2.3	—	-0.4	—	-1.6	—	-2.2
2015		—	1.5	—	1.4	—	-6.4	—	-6.3
2016		—	2.0	—	1.3	—	-2.3	—	-1.4
2017		—	2.0	—	1	—	7.2	—	7.9
2018		—	2.1	—	2.7	—	4.2	—	3.2
2019		—	2.9	—	4.6	—	-1.8	—	-1.1
2020		—	2.6	—		—	-3.0	—	-1.7
2019	1	1.6	1.6	2.6	2.6	-0.5	-0.5	-1.7	-1.7
	2	1.6	1.6	2.6	2.6	-0.9	-0.7	-1.1	-1.4
	3	2.6	1.9	2.8	2.7	-0.7	-0.7	-0.4	-1.1
	4	2.8	2.1	3.2	2.8	-0.6	-0.7	0.1	-0.8
	5	2.6	2.2	3.3	2.9	-1.3	-0.8	-0.4	-0.7
	6	2.4	2.3	3.3	3.0	-1.1	-0.9	-1	-0.8
	7	2.5	2.3	3.7	3.1	-1.5	-0.9	-1.1	-0.8
	8	3.2	2.4	4.4	3.2	-2.3	-1.1	-1.5	-0.9
	9	3.2	2.5	5.5	3.5	-2.4	-1.3	-1.7	-1
	10	3.6	2.6	6.8	3.8	-3.4	-1.5	-1.6	-1
	11	3.9	2.7	8	4.2	-4.1	-1.7	-1.4	-1.1
	12	4.2	2.9	8.4	4.6	-3.1	-1.8	-1	-1.1
2020	1	5.1	5.1	—	—	-2.1	-2.1	-0.1	-0.1
	2	5.4	5.2	—	—	-2.2	-2.1	-0.7	-0.4
	3	3.9	4.8	—	—	-3.1	-2.5	-2.2	-1.0
	4	2.9	4.3	—	—	-4.8	-3.0	-4.2	-1.8
	5	2.3	3.9	—	—	-5.0	-3.4	-4.8	-2.4
	6	2.7	3.7	—	—	-4.8	-3.7	-3.6	-2.6
	7	3.5	3.7	—	—	-4	-3.7	-2.2	-2.5
	8	2.4	3.5	—	—	-3.1	-3.6	-1.1	-2.4
	9	1.7	3.3	—	—	-2.6	-3.5	-0.8	-2.2
	10	0.6	3	—	—	-2.3	-3.4	-1.2	-2.1
	11	-0.1	2.8	—	—	-1.3	-3.2	-0.6	-2
	12	0.8	2.6	—	—	-0.3	-3	1.2	-1.7

数据来源：江西省统计局。

表 3　2020 年江西省主要经济指标

项目	1 月	2 月	3 月	4 月	5 月	6 月	7 月	8 月	9 月	10 月	11 月	12 月
	绝对值（自年初累计）											
地区生产总值（亿元）	—	—	5343.4	—	—	11691.1	—	—	18387.8	—	—	25691.5
第一产业	—	—	344.5	—	—	685.5	—	—	1256.0	—	—	2241.6
第二产业	—	—	2199.3	—	—	5099.1	—	—	7975.1	—	—	11084.8
第三产业	—	—	2799.7	—	—	5906.5	—	—	9156.6	—	—	12365.1
工业增加值（亿元）	—	—	—	—	—	—	—	—	—	—	—	—
固定资产投资（亿元）	—	—	—	—	—	—	—	—	—	—	—	—
房地产开发投资	—	224	424.2	626.9	836.4	1063.8	1294.4	1546.6	1794.6	1996.3	2204.5	2378.1
社会消费品零售总额（亿元）	—	1152.9	1806.1	2510.0	3341.5	4195.3	5002.9	5897.3	6774.5	7975.9	9140.6	10371.8
外贸进出口总额（亿元）	284.5	453.5	861.8	1224.7	1594.9	1974.7	2363.8	2711.2	3048.2	3312.2	3662.8	4010.1
进口	91.3	168.4	269.1	359.8	445.1	538.8	634.9	721.0	826.4	899.5	1007.4	1089.8
出口	193.2	285.1	592.7	864.9	1149.8	1435.9	1728.9	1990.2	2221.8	2412.7	2655.4	2920.4
进出口差额（出口－进口）	101.9	116.8	323.6	505.1	704.7	897.1	1094	1269.2	1395.4	1513.2	1648.0	1830.6
实际利用外资（亿美元）	—	19.0	33.3	41.1	54.9	78.8	81.9	90.7	104.8	113.1	126.0	146.0
地方财政收支差额（亿元）	-286.8	-443.7	-955.9	-1182.1	-1476.9	-1998.6	-2267.7	-2597.3	-3104	-3180.4	-3446.7	-4158.6
地方财政收入	323.9	499.1	723.7	949.7	1167.8	1438.0	1640.8	1798.8	2022.8	2213.9	2352.9	2507.5
地方财政支出	610.7	942.8	1679.6	2131.8	2644.7	3436.6	3908.5	4396.1	5126.8	5394.3	5799.6	6666.1
城镇登记失业率（%）（季度）	—	—	3.0	—	—	3.0	—	—	3.2	—	—	3.2
	同比累计增长率（%）											
地区生产总值	—	—	-3.8	—	—	0.9	—	—	2.5	—	—	3.8
第一产业	—	—	-0.5	—	—	1.1	—	—	1.6	—	—	2.2
第二产业	—	—	-6.7	—	—	0.4	—	—	2.2	—	—	4.0
第三产业	—	—	-1.2	—	—	1.4	—	—	2.9	—	—	4.0
工业增加值	—	-14.4	-6.1	-2.4	-0.8	1.0	1.6	2.1	2.7	3.4	4.0	4.6
固定资产投资	—	-17.5	-4.3	2.0	4.9	5.8	6.4	6.8	7.3	7.6	8.0	8.2
房地产开发投资	—	-7.1	-3.8	0.5	2.5	3.8	3.7	4.7	5.0	5.3	5.8	6.2
社会消费品零售总额	—	-17.2	-11.9	-8.5	-6.7	-4.2	-3.2	-2.2	-1.3	0.3	1.8	3.0
外贸进出口总额	5.7	2.1	15.7	20.0	22.8	25.1	26.4	23.9	21.3	16.8	14.9	14.3
进口	12.9	22.2	26.1	24.9	22.2	23.2	22.1	17.4	16.0	11.9	10.3	7.5
出口	2.6	-7.0	11.6	18.1	23.1	25.8	28.0	26.5	23.5	18.8	16.8	17.0
实际利用外资	—	6.5	6.0	6.0	6.0	6.8	6.6	6.5	7.0	7.4	7.4	7.5
地方财政收入	5.6	-1.6	-4.6	-4.2	-3.7	-3.1	-1.8	-0.9	0.1	0.7	0.8	0.8
地方财政支出	14.5	-2.4	-5.1	-0.4	0.9	-5.0	-1.9	1.6	-0.9	1.0	4.3	4.4

数据来源：江西省统计局。

山东省金融运行报告（2021）

中国人民银行济南分行货币政策分析小组

[内容摘要] 2020 年，面对错综复杂的国际形势、艰巨繁重的改革发展稳定任务，特别是新冠肺炎疫情的严重冲击，山东省坚持以习近平新时代中国特色社会主义思想为指导，全面贯彻党的十九大和十九届二中、三中、四中、五中全会精神，认真落实习近平总书记对山东工作的重要指示要求，坚持稳中求进工作总基调，坚持新发展理念，深化供给侧结构性改革，创新实施八大发展战略，强力推进九大改革攻坚行动，统筹疫情防控和经济社会发展，扎实做好“六稳”工作、全面落实“六保”任务，疫情防控取得重大战略成果，经济运行全面恢复、回升向好，经济质量稳步提升。全年全省生产总值 7.3 万亿元，同比增长 3.6%。

山东省经济运行主要呈现以下特征：一是内外需求稳步向好，经济质量稳步提升。投资平稳增长，固定资产投资（不含农户）增长 3.6%，以新技术、新产业、新业态、新模式为代表的“四新”经济投资增长 18.7%；社会消费品零售总额基本恢复至上年水平，网络零售额增长 13.8%，消费升级类商品销售保持快速增长；外贸好于预期，进出口总额增长 7.5%，利用外资增长迅速。二是三次产业全面恢复，经济动力日益增强。第一、第二和第三产业增加值分别增长 2.7%、3.3% 和 3.9%，三次产业结构比例调整为 7.3 ∶ 39.1 ∶ 53.6。农林牧渔业总产值首次突破 1 万亿元，粮食总产量再创历史新高；工业生产稳中有升，规模以上工业增加值增长 5.0%，装备制造业增加值增长 12.6%。三是物价保持温和上涨，工业生产者价格降幅扩大。居民消费价格总水平上涨 2.8%，较上年回落 0.4 个百分点；工业生产者出厂价格和购进价格分别下降 1.9% 和 2.5%，降幅分别较上年扩大 1.6 个和 1.7 个百分点。四是财政收支增速下降，民生支出保障有力。全年地方一般公共预算收入增长 0.5%，地方一般公共预算支出增长 4.6%，卫生健康、社会保障和就业、住房保障、教育等支出分别增长 14.6%、14.3%、6% 和 5.7%。

2020 年，山东省金融部门认真贯彻执行稳健货币政策更加灵活适度，围绕疫情防控和经济社会发展重点，着力优化服务、防控风险、深化改革，金融运行保持良好态势，社会融资规模和贷款增量均创历史新高，融资结构持续优化，融资成本整体下降，金融让利实体经济力度明显加大。社会融资规模余额 15.2 万亿元，同比增长 14.5%，较上年提高 3.1 个百分点，为全省疫情防控和经济发展营造了适宜的货币金融环境。具体来看，金融运行主要呈现以下特点：一是贷款保持较快增长，融资成本明显下降。本外币贷款余额 97880.6 亿元，同比增长 13.4%，全年增加 11555 亿元，是上年增量的 1.4 倍，为全省经济快速恢复发展提供了有力支撑。LPR 改革顺利完成，企业融资成本持续下降，12 月全省新发放企业贷款利率为 4.67%，同比下降 0.49 个百分点。其中，普惠小微企业贷款利率降幅最明显，12 月利率为 5.50%，同比下降 0.93 个百分点。二是融资结构不断优化，稳企业保就业工作质效持续提升。开展“金融诊疗助企行动”，帮扶各类市场主体 7.3 万家，给予资金支持 3412 亿元。“两项直达工具”精准滴灌普惠小微企业，延期还本付息“应延尽延”，普惠小微企业贷款余额同比增长 40.1%，较各项贷款余额增速高 26.7 个百分点。规范资产管理业务成效显现，表外业务规范发展。三是金融改革创新持续深化，金融服务水平进一步提升。1 家商业银行理财子公司开业运营，山东省首家法人公募基金获批开业。临沂市成为全国首个金融支持乡村振兴试验区，日韩短期入境游客境内移动支付便利化试点工作顺利开展。四是资本市场融资功能继续增强，债务融资工具规模不断扩大。新增境内首发上市公司17家，融资154亿元；全年发行债务融资工具458单、3995.9亿元；10家地方法人金融机构发行永续债11单、355亿元，二级资本债3单、58亿元。五是保险业发展稳健，民生稳定器、经济助推器功能持续发挥。保费收入稳步增长，全年实现保费收入3482.5亿元，居全国第三位，同比增长7.5%，高于全国1.4个百分点。住房反向抵押养老保险落地实施，济南、淄博先后开展城市定制型惠民保险业务，大病保险实现全省城乡居民和城镇职工全覆盖。六是金融风险防控工作取得积极成效，不良贷款实现连续两年"双降"。建立金融委办公室地方协调机制（山东省），多次召开会议研究处置风险议题，在推动辖区风险处置及经济金融健康发展等方面发挥了积极作用。全年金融机构处置不良贷款2566.8亿元，年末不良贷款余额1986.2亿元，较年初减少511.8亿元，不良率2.03%，较年初下降0.86个百分点。

展望2021年，山东省将以推动高质量发展为主题，统筹疫情防控和经济社会发展，保持经济运行在合理区间，推动新旧动能转换向"取得突破"迈进，确保"十四五"开好局、起好步。投资将保持较快增长，消费增长将延续恢复态势，对外贸易将小幅增长，物价将保持总体稳定。山东金融业将深入贯彻落实稳健的货币政策要灵活精准、合理适度的要求，加大金融服务实体经济力度，深化金融供给侧结构性改革，为加快构建新发展格局提供有力有效的金融支持。

一、金融运行情况

2020年，山东省金融业运行稳健，金融总量持续增长，融资结构不断优化，融资成本整体下行，风险防控工作扎实推进，金融支持疫情防控和稳企业保就业取得积极成效，为全省经济增长提供了适宜的货币金融环境。

（一）银行业运行稳中有进，为实体经济恢复发展提供有力支撑

1.资产负债规模较快增长。2020年末，全省银行业金融机构资产总额14.9万亿元，同比增长13.4%；负债总额14.4万亿元，同比增长13%。

表1　2020年山东省银行业金融机构情况

机构类别	营业网点			法人机构（个）
	机构个数（个）	从业人数（人）	资产总额（亿元）	
一、大型商业银行	4221	95288	49404	0
二、国家开发银行和政策性银行	128	3640	11393	0
三、股份制商业银行	1092	25961	18490	1
四、城市商业银行	1423	31397	26076	14
五、城市信用社	0	0	0	0
六、小型农村金融机构	5028	64581	27591	112
七、财务公司	22	935	4110	20
八、信托公司	2	598	208	2
九、邮政储蓄银行	2943	11817	8489	0
十、外资银行	39	946	525	0
十一、新型农村金融机构	610	8374	1615	127
十二、其他	11	1337	1178	6
合　计	15519	244874	149079	282

数据来源：山东银保监局。

注：营业网点不包括国家开发银行和政策性银行、大型商业银行、股份制商业银行等金融机构总部数据；大型商业银行包括工商银行、农业银行、中国银行、建设银行和交通银行；小型农村金融机构包括农村商业银行、农村合作银行和农村信用社；新型农村金融机构包括村镇银行、贷款公司、农村资金互助社；其他包含金融租赁公司、汽车金融公司、货币经纪公司、消费金融公司等。

2.存款增速大幅提升，住户部门存款增加较多。全省本外币各项存款余额118349.4亿元，同比增长13.0%，较上年末增速提高3.4个百分点。其中，居民储蓄增加较多，住户存款增加9039亿元，同比多增2312.3亿元。企业存款同比多增，全年非金融企业存款增加4190.3亿元，同比多增1894.4亿元。

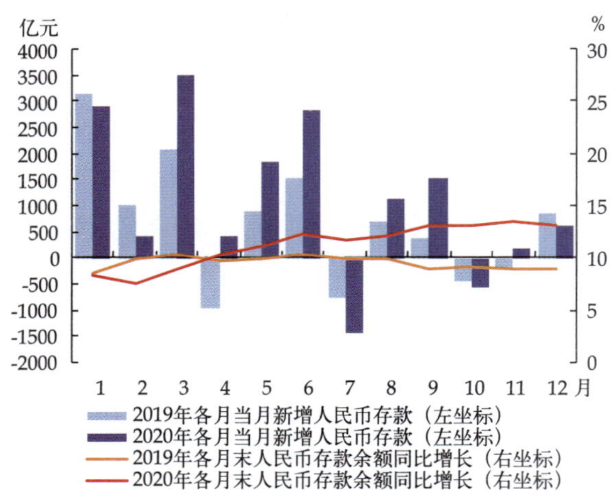

图1　2019—2020年山东省金融机构人民币存款增长变化

（数据来源：中国人民银行济南分行）

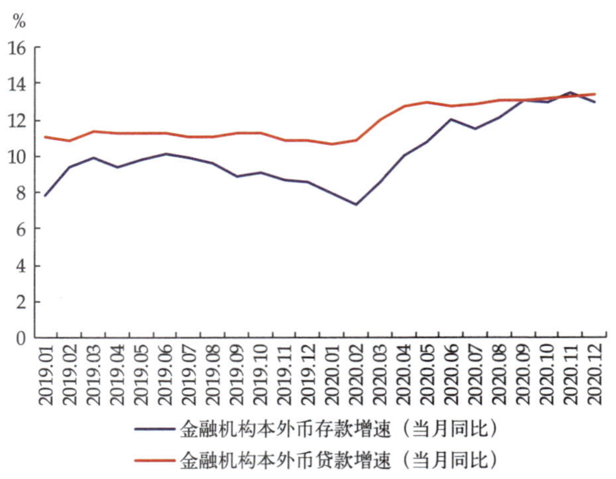

图3　2019—2020年山东省金融机构本外币存、贷款增速变化

（数据来源：中国人民银行济南分行）

3. 贷款合理增长，重点领域和薄弱环节贷款大幅增加。全省本外币贷款余额97880.6亿元，同比增长13.4%。全年增加11555亿元，是上年增量的1.4倍。普惠小微贷款持续增量扩面，普惠小微贷款余额8176.8亿元，同比增长40.1%；贷款户数全年增加42.2万户，是上年的1.7倍。信用贷款增速明显加快，2020年末企业信用贷款余额1.4万亿元，同比增长22.9%。制造业中长期贷款快速增长，余额同比增长23.3%，较2019年增速提高28.6个百分点。涉农贷款增加2768.3亿元，是上年增量的2.8倍。

中国人民银行济南分行充分发挥再贷款再贴现精准滴灌作用，运用全国三批次共1.8万亿元再贷款再贴现政策引导金融机构发放优惠利率贷款1930亿元，支持各类市场主体16.2万户。创新开展“金融诊疗助企行动”，帮扶各类市场主体7.3万家，给予资金支持3412亿元。深化“首贷培植行动”，支持7.4万户小微企业获得首贷804亿元。两项直达实体工具落地见效，全省普惠小微企业贷款延期率、信用贷款发放占比位居全国前列。实行金融辅导员制度，帮助企业融资3700多亿元。

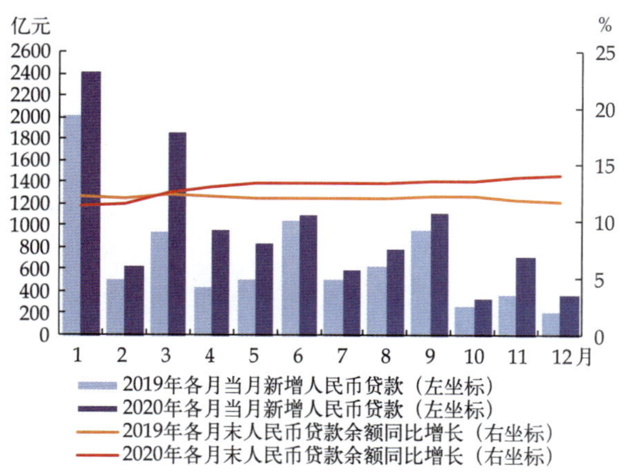

图2　2019—2020年山东省金融机构人民币贷款增长变化

（数据来源：中国人民银行济南分行）

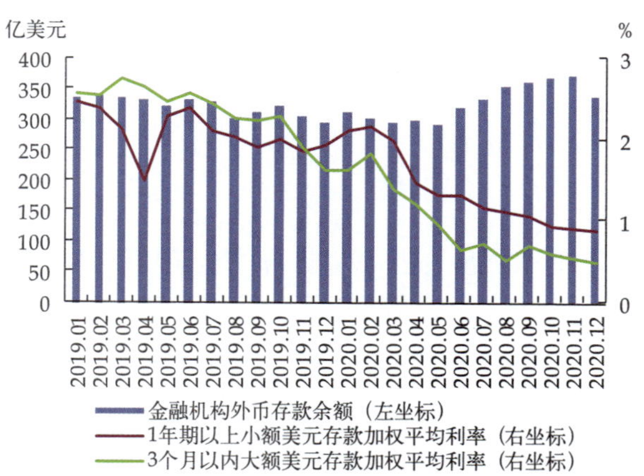

图4　2019—2020年山东省金融机构外币存款余额及外币存款利率

（数据来源：中国人民银行济南分行）

专栏1 全面推行金融辅导员制度 助力民营和小微企业破解融资难

为深化政银企合作，优化企业融资环境，切实提高民营经济和小微企业融资可得性，2020年山东在全省推行企业金融辅导员制度，在疫情防控和服务经济社会发展中发挥了较好作用，为实体经济发展注入了“金融辅导”新动能。

一是坚持服务民营小微和新动能培育的工作重点。辅导企业的筛选，一方面，突出纾困解难，聚焦金融服务需求最为迫切的民营、小微企业，并围绕支持疫情防控和复工复产，将受疫情影响大的外资外贸、文旅等企业纳入辅导范围。在近3万家辅导企业中，民营企业占比90%以上，小微企业占比近80%。另一方面，注重培育新动能，入选企业基本囊括了具有辅导意愿的拟上市公司、瞪羚企业、独角兽企业、省级重大项目承担企业等。

二是实现金融服务的精准对接。全省8600余名金融辅导员和服务专员、1968支辅导队，逐户指导帮助近3万家企业制订融资方案，推动复工复产，全力协调解决企业续贷、增贷、降低利率等合理需求。截至2020年末，有融资需求的16026户辅导企业，已解决14383户，涉及融资3738.64亿元，有效融资需求满足率达89.75%。

三是推动融资难企业的攻坚破冰行动初见成效。聚焦有融资需求，但由于涉担保圈、存在信用瑕疵等原因，银行暂时无法放贷的企业，实施辅导攻坚行动，逐户分析症结、制订解决方案，实施台账管理，最大限度满足企业合理化融资需求。2020年末，山东省纳入攻坚行动的企业1876家，已解决融资需求804家，涉及金额153.47亿元。

四是协同提供多元化的辅导服务。根据企业不同需求，银行辅导员在入企服务时，与证券、保险、会计、法律等服务专员一同入企，为企业提供政策解读、事务咨询、规范改制、上市挂牌等全方位定制服务。2020年，已开展政策传导落实、金融策划协调、信用培育提升等入企服务7万多家次，在打通金融政策传导的“最后一公里”方面发挥了明显成效。

4. 表外业务增长趋缓，委托类业务净减少。 2020年末，全省表外业务余额43726.0亿元，较年初增加4068.8亿元，同比少增1754.6亿元。委托类业务持续压缩，委托贷款、委托投资同比分别减少109.3亿元、17.4亿元。代理代销业务增长较快，累计办理84120亿元，同比增加14982.0亿元，增幅达21.7%。

5. 企业融资成本持续下降，普惠小微贷款利率降幅较大。 2020年12月，全省新发放企业贷款利率为4.67%，同比下降0.49个百分点。其中，普惠小微企业融资成本下降最明显，12月贷款利率为5.5%，同比下降0.93个百分点。LPR改革任务顺利完成，利率传导效率进一步提升。自律管理机制不断完善，有效维护公平有序的存款定价秩序，89家地方法人金融机构成为全国性市场利率定价自律机制基础成员，17家地方法人金融机构成为全国自律机制观察成员。

表2 2020年山东省金融机构人民币贷款各利率区间占比

单位：%

项目	1月	2月	3月	4月	5月	6月
合计	100.0	100.0	100.0	100.0	100.0	100.0
LPR减点	10.7	15.1	13.0	13.7	13.8	15.9
LPR	2.9	2.4	2.6	1.7	2.9	3.7

续表

项目		1月	2月	3月	4月	5月	6月
LPR加点	小计	86.4	82.6	84.4	84.6	83.3	80.4
	(LPR，LPR+0.5%)	19.0	25.5	22.9	15.8	12.8	17.2
	[LPR+0.5%，LPR+1.5%)	26.7	27.0	27.9	32.8	35.0	35.0
	[LPR+1.5%，LPR+3%)	24.9	17.4	19.4	20.9	19.8	16.6
	[LPR+3%，LPR+5%)	9.4	6.3	8.1	9.5	9.1	7.0
	LPR+5% 及以上	6.3	6.3	6.1	5.7	6.6	4.7
项目		7月	8月	9月	10月	11月	12月
合计		100.0	100.0	100.0	100.0	100.0	100.0
LPR 减点		14.1	15.4	15.9	12.7	14.9	18.8
LPR		3.9	4.7	6.2	6.3	4.7	8.4
LPR加点	小计	82.0	79.9	77.9	81.0	80.4	72.8
	(LPR，LPR+0.5%)	12.8	15.1	14.0	14.5	11.6	13.5
	[LPR+0.5%，LPR+1.5%)	34.2	31.9	32.3	32.3	36.1	31.3
	[LPR+1.5%，LPR+3%)	19.6	18.8	17.8	18.0	17.8	16.3
	[LPR+3%，LPR+5%)	8.7	7.8	7.6	8.3	8.4	6.9
	LPR+5% 及以上	6.6	6.2	6.2	7.9	6.6	4.9

数据来源：中国人民银行济南分行。

6. 银行经营整体稳健，信用风险防控取得积极成效。金融机构不良贷款余额1986.2亿元，较年初减少511.8亿元，不良率2.03%，较年初下降0.86个百分点，连续两年实现“双降”。建立金融委办公室地方协调机制（山东省），多次召开会议研究处置风险议题，风险化解处置取得积极成效，全年处置不良贷款2566.8亿元。资产分类真实性整体改善，逾期90天以上贷款与不良贷款占比83.7%，较年初下降5.0个百分点。全省中小法人银行机构不良率2.89%，同比下降1.38个百分点。

7. 跨境人民币业务稳中有升，便利化水平逐步提高。全省创新推出跨境人民币可信企业便利化试点，开展跨境人民币业务限时容缺办理，提升了银企跨境人民币业务办理效率。2020年，全省跨境人民币收付4395.7亿元，同比增长12.9%。跨境人民币收付额在同期本外币收支占比16.8%，同比提高1.5个百分点。分项目看，货物贸易跨境人民币收付1993.1亿元，同比增长9.5%；直接投资跨境人民币收付1372.2亿元，同比增长32.4%。

（二）证券交易量显著上升，资本市场融资功能持续增强

1. 证券公司经营状况良好，证券交易量显著上升。2020年末，全省证券分公司和营业部数量合计达到696家，较年初增加16家。受股票市场活跃度回升带动，全年实现交易金额10.8万亿元，同比增长14.6%。

2. 首次公开募资规模不断扩大，资本市场融资功能持续增强。2020年，全省17家企业境内首发上市，首发融资154亿元，其中新增科创板上市企业5家。全省境内上市公司数量达到229家，总市值3.5万亿元。21家次上市公司通过增发融资181亿元。

表3　2020年山东省证券业基本情况

项目	数量
总部设在辖内的证券公司数（家）	2
总部设在辖内的基金公司数（家）	1
总部设在辖内的期货公司数（家）	3
年末国内上市公司数（家）	229
当年国内股票（A股）筹资（亿元）	448
当年发行H股筹资（亿元）	—
当年国内债券筹资（亿元）	8248
其中：短期融资券筹资额（亿元）	2204
中期票据筹资额（亿元）	1290

数据来源：中国人民银行济南分行，山东证监局。

注：当年国内股票（A股）筹资额指非金融企业境内股票融资。

3. 各类交易市场规范发展，区域性股权交易稳步提升。2020年末，全省各类市场达到21家，其中13家权益类交易场所（含2家区域性股权市场）、8家金融属性的大宗商品类交易场所。齐鲁股权中心全年新增挂牌企业814家，实现各类融资641亿元；青岛蓝海股权交易中心新增挂牌企业249家，实现各类融资41.2亿元。

（三）保险业运行总体稳健，业务结构持续优化

1. 保险业市场规模稳步扩大，保障程度较

高险种增长较快。2020 年末，山东省保险业总资产 8072.1 亿元，同比增长 18.0%。保费收入规模稳步增长，全年实现保费收入 3482.5 亿元，同比增长 7.5%，高于全国 1.4 个百分点。疫情明显提升社会公众的保险意识，保障程度较高的健康险、普通寿险保费收入增速分别为 14.9%、20.5%。

表 4　2020 年山东省保险业基本情况

项目	数量
总部设在辖内的保险公司数（家）	5
其中：财产险经营主体（家）	3
寿险经营主体（家）	2
保险公司分支机构（家）	96
其中：财产险公司分支机构（家）	43
寿险公司分支机构（家）	53
保费收入（中外资，亿元）	3482.5
其中：财产险保费收入（中外资，亿元）	929.2
人身险保费收入（中外资，亿元）	2553.3
各类赔款给付（中外资，亿元）	1036.5

数据来源：山东银保监局。

2. 保险业创新不断丰富，经济助推器功能持续发挥。“以奖代补”特色农产品保险补贴由 35 个县、17 个品种增加至 83 个县、46 个品种。农业保险对农业生产的风险保障作用显著提升，农业保险保费收入 44.1 亿元，增长 22.4%，为 1582.2 万户（次）农户提供 1119.7 亿元的风险保障。科技保险等新保险助推新旧动能转换加速，2020 年科技保费收入 2.6 亿元，提供风险保障 87 亿元。山东首单住房反向抵押养老保险落地实施，济南、淄博先后落地城市定制型惠民保业务，大病保险实现全省城乡居民和城镇职工全覆盖，长期护理险有效覆盖全省 3000 万人。

（四）社会融资规模增长较快，金融市场效率持续提升

1. 社会融资规模增长较快，融资结构持续优化。全年社会融资规模增加 19998.0 亿元，较上年多增 6167.3 亿元，是上年增量的 1.4 倍。2020 年末银行贷款余额占同期社会融资规模的 64.3%，基本与上年持平；受金融市场流动性合理充裕、利率持续下行、债券等标准化债权资产需求旺盛等因素带动，直接融资余额占比升至 13.1%，同比提高 1 个百分点。

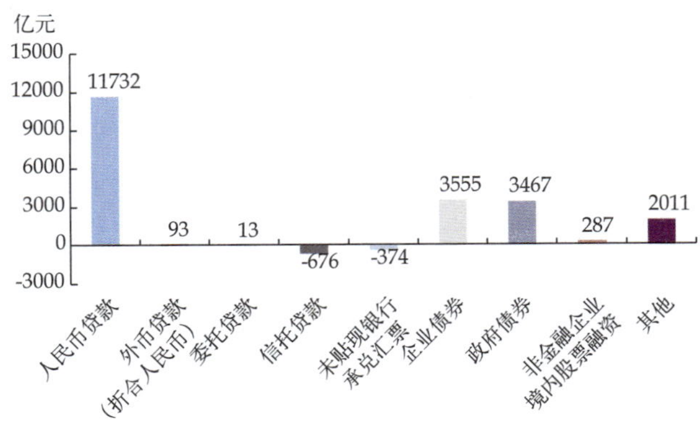

图 5　2020 年山东省社会融资规模分布

（数据来源：中国人民银行济南分行）

2. 债券发行利率整体下降，企业债务融资工具规模不断扩大。2020 年，全省发行信用债 730 单、6858.1 亿元，同比增加 179 单、1598.5 亿元；平均发行利率 3.67%，同比下降 0.78 个百分点。全年 5 家民营企业发行债务融资工具 9 单、融资 38.5 亿元。多单创新型债务融资工具顺利落地，7 家企业发行 9 单疫情防控债，合计 64.5 亿元；1 家企业发行 2 单疫情防控专项资产支持票据（ABN）15.5 亿元。4 家城商行发行标准化票据 4 单、4.55 亿元；10 家地方法人金融机构发行永续债 11 单、355 亿元。

3. 黄金市场交易规模稳步提升。2020 年，山东省 12 家黄金交易所会员总成交量 2082.5 吨，其中买入量 899.6 吨，卖出量 1182.9 吨，卖出量占比 56.8%。受金价坚挺影响，企业开采量及成品金加工量较上年同期大幅增加。

（五）金融改革创新不断深化，地方金融体系日趋完善

2020 年，青岛财富管理金融综合改革试验

区建设取得积极成效，山东省首家法人公募基金获批开业，创投风投机构加速向青岛聚集。临沂市金融服务乡村振兴改革创新试验区成为全国首个金融支持乡村振兴试验区，济南市科创金融改革试验区申建进展顺利。民间融资机构规范发展，获得业务许可的民间资本管理公司达324家。

（六）金融生态环境建设深入推进，金融服务水平优化提升

2020年，全省共设立征信查询网点385个、自助查询设备550台，其中，设立22个乡镇自助查询点，有效解决偏远地区服务“真空”难题，全年累计向社会公众提供个人信用报告查询服务560.9万次。应收账款融资业务进一步扩大，20家核心企业系统对接中征应收账款融资服务平台，政府采购合同融资增量扩面，新增应收账款融资业务3.0万笔、金额2046.6亿元。打造“移动支付齐鲁样板”和“一地市一产品”特色支付项目，日韩短期入境游客境内移动支付便利化试点顺利开展，279家银行接入山东省农民工工资支付监管平台，保障农民工工资及时支付。省、市、县三级金融消费纠纷化解多元化解决机制逐步优化完善，全年组织调解金融消费纠纷433笔，成功313笔。

表5　2019—2020年山东省支付体系建设情况

年份	支付系统直接参与方（个）	支付系统间接参与方（个）	支付清算系统覆盖率（%）	当年大额支付系统处理业务数（万笔）	同比增长（%）
2019	19.0	10553.0	80.6	15674.4	0.2
2020	19.0	10751.0	82.1	6964.3	-55.6

年份	当年大额支付系统业务金额（亿元）	同比增长（%）	当年小额支付系统处理业务数（万笔）	同比增长（%）	当年小额支付系统业务金额（亿元）	同比增长（%）
2019	2454338.6	3.3	34461.6	17.5	75359.5	79.7
2020	2842621.1	15.8	43321.3	25.7	212700.2	182.2

数据来源：中国人民银行济南分行。

二、经济运行情况

2020年，面对严峻复杂的国内外环境特别是新冠肺炎疫情严重冲击，山东省深入实施八大发展战略，强力推进九大改革攻坚行动，统筹推进疫情防控和经济社会发展，扎实做好“六稳”工作、全面落实“六保”任务，经济运行呈现全面恢复、回升向好态势。全年全省生产总值73129.0亿元，增长3.6%，高于全国1.3个百分点。

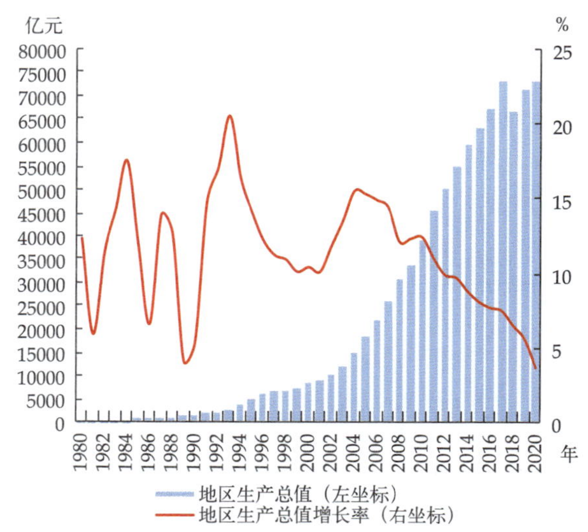

图6　1980—2020年山东省地区生产总值及其增长率

（数据来源：山东省统计局）

（一）内外需求同步向好，经济质量稳步提升

1. 投资稳步回升，新兴产业投资加速。 2020年全省固定资产投资（不含农户）增长3.6%，以新技术、新产业、新业态、新模式为代表的“四新”经济投资增长18.7%，占全部投资比重达51.3%，比上年提高6.5个百分点。高技术产业成为投资“新引擎”，全年投资增长21.6%，占全部投资的比重为8.3%，比上年提高1.2个百分点。房地产开发投资平稳增长，全年完成房地产开发投资9450.5亿元，增长9.7%。

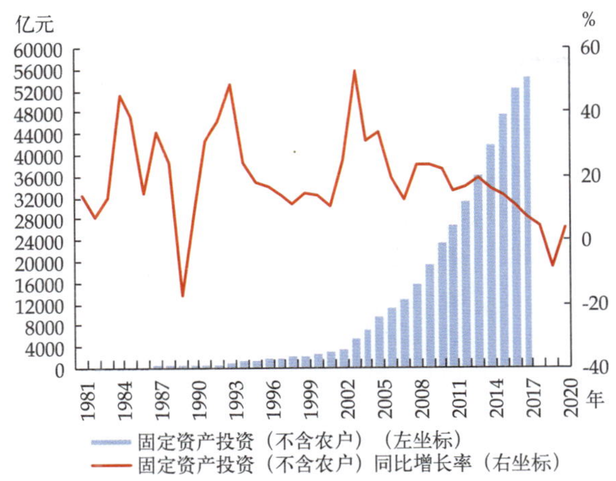

图 7　1981—2020 年山东省固定资产投资（不含农户）增长率

（数据来源：山东省统计局）

2. 消费市场加快复苏，新兴消费高速增长。 2020 年全省社会消费品零售总额 29248.0 亿元，基本恢复至上年水平。受新冠肺炎疫情影响，线上消费呈现加速发展势头，网上零售额增长 13.8%。新兴消费高速增长，智能家电和音像器材、新能源汽车比上年分别增长 1.6 倍和 49.1%，能效等级为 1 级、2 级商品零售额增长 80.8%。

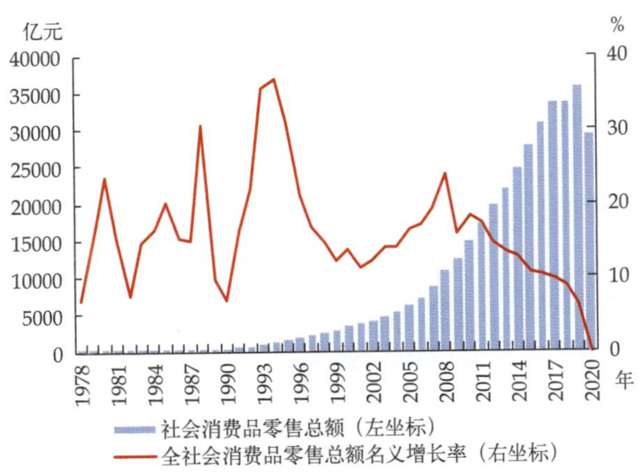

图 8　1978—2020 年山东省社会消费品零售总额增长率

（数据来源：山东省统计局）

3. 对外贸易较快增长，利用外资增长迅速。 2020 年全省进出口总额 22009.4 亿元，增长 7.5%。其中，出口额增长 17.3%，进口额下降 4.1%。受海外疫情持续发酵影响，防疫物资和居家用品出口明显增长。出口口罩 191.1 亿元，同比增长 104.7 倍；出口塑料和橡胶手套 112.1 亿元，同比增长 188.3%；出口家具、家用电器、音视频设备、玩具等分别增长 58.3%、72.7%、35.5% 和 121.6%。新设外商投资企业 3060 家，增长 21.6%；实际使用外资 176.5 亿美元，增长 20.1%。

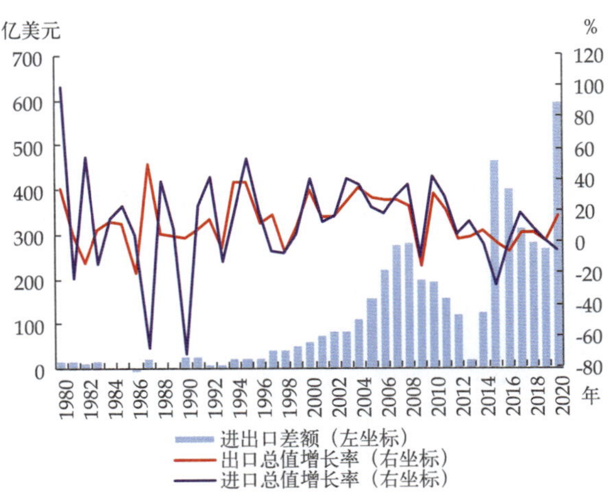

图 9　1980—2020 年山东省外贸进出口变动情况

（数据来源：山东省统计局）

（二）三次产业全面恢复，经济动力日益增强

2020 年，山东省三次产业结构由上年的 7.3 : 39.9 : 52.8 调整为 7.3 : 39.1 : 53.6，第一产业、第二产业和第三产业增加值分别增长 2.7%、3.3% 和 3.9%。

1. 农业发展稳固增效，粮食产量再创新高。 全省农林牧渔业总产值达到 10190.6 亿元，增长 3.0%。粮食总产量 1089.4 亿斤，增加 18 亿斤，连续七年过千亿斤。农业科技支撑能力显著增强，主要农作物良种覆盖率超过 98%，农作物耕种收综合机械化率达到 89%。

2. 工业发展稳中向好，新兴产业快速增长。 全省规模以上工业增加值增长 5.0%，比上年提高 3.8 个百分点。其中，装备制造业增加值增长 12.6%，高技术制造业增加值增长 9.8%。规模以上工业营业收入增长2.4%，利润总额增长19.6%；规模以上工业产品产销率为98.2%，提高1.3个百分点。

图10　2000—2020年山东省工业增加值增长率

（数据来源：山东省统计局）

3. 服务业加快恢复，内部结构优化升级。 2020年全省服务业增加值39153.0亿元，增长3.9%，高于全国1.8个百分点。服务业增加值占GDP比重达到53.6%，比上年提高0.8个百分点，对经济增长的贡献率达到55.1%。其中，以信息传输软件和信息技术服务业、金融业为代表的现代服务业增加值占GDP比重为28.1%，比上年提高3.4个百分点，带动服务业内部结构优化升级。行业增长面持续扩大，除受疫情影响较深的住宿和餐饮业、文化体育和娱乐业尚未转正外，其余行业已实现对经济的正拉动。

4. 供给侧结构性改革深入推进。 全省压减焦化产能729万吨，退出地炼产能1176万吨。裕龙岛炼化一体化、世界高端铝业基地、山东重工绿色制造产业城等重大制造业项目落地实施；完成技改投资4000亿元以上。以新技术、新产业、新业态、新模式为代表的"四新"经济增加值占比突破30%，高新技术产业产值占比达到44.5%。

（三）物价保持温和上涨，重点领域价格改革全面深化

1. 居民消费价格涨幅回落，食品价格上涨较快。 2020年，山东省居民消费价格总水平上涨2.8%，涨幅较上年回落0.4个百分点。食品价格是影响CPI走势的主要因素，全年食品价格上涨12.1%，拉动居民消费价格上涨约2.5个百分点。疫情对出行类服务需求产生一定影响，旅游住宿、交通费和文化娱乐服务价格分别下降6.4%、4.3%和3.5%。

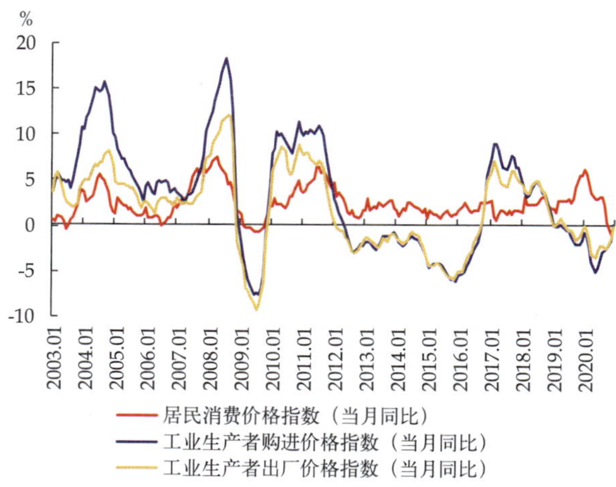

图11　2003—2020年山东省居民消费价格指数和生产者价格指数变动趋势

（数据来源：山东省统计局）

2. 工业生产者价格呈"V"形走势，全年总体回落。 从月度同比增速看，山东工业生产者价格1—5月同比降幅逐月扩大，5月出厂和购进价格分别下降3.6%和5.0%。6—11月降幅整体收窄。12月出厂价格持平，购进价格止降反升，上涨0.2%。2020年，山东工业生产者出厂价格和购进价格分别下降1.9%、2.5%，降幅分别较上年扩大1.6个和1.7个百分点。

3. 重点领域价格改革全面深化。 山东省深化燃煤发电机组上网电价改革，煤电发电标杆上网电价实行"基准价＋上下浮动"市场价格机制。电力现货市场建设走在全国前列，煤炭、钢铁、有色、建材等4个行业以及10千伏电压等级以上、年用电量400万千瓦时以上用户进入电力交易市场。率先在钢铁行业建立基于污染物排放的差别电价政策，引导钢铁企业减少污染物排放。

（四）减税降费成效显现，市场主体规模不断扩大

1. 财政收支稳定运行，民生领域支出增加。2020 年全省一般公共预算收入 6559.9 亿元，增长 0.5%，其中，税收收入占财政收入的 72.5%，较上年下降 1.8 个百分点；一般公共预算支出 11231 亿元，增长 4.6%，增速同比回落 1.7 个百分点，其中，民生支出占比为 79.4%，特别是卫生健康、社会保障和就业、住房保障、教育等支出，分别增长 14.6%、14.3%、6% 和 5.7%，明显高于全省平均增幅；预算收支差额 4671 亿元，同比增长 10.9%。全省累计发行地方政府债券 4500.2 亿元，增长 68.3%，其中，新增一般债券 276.1 亿元、新增专项债券 3134 亿元、专项债券占比较高。

2. 市场主体规模不断扩大，就业形势稳定。2020 年新登记市场主体 221.4 万户，其中新登记企业 79.5 万户，增长 11.7%，2020 年末实有市场主体 1185.8 万户，增长 14.2%。全年城镇新增就业 122.7 万人，超额完成全年 110 万人的目标任务。2020 年末城镇登记失业率为 3.1%，比上年下降 0.2 个百分点。全年居民人均工资性收入 18716 元，增长 3.3%。

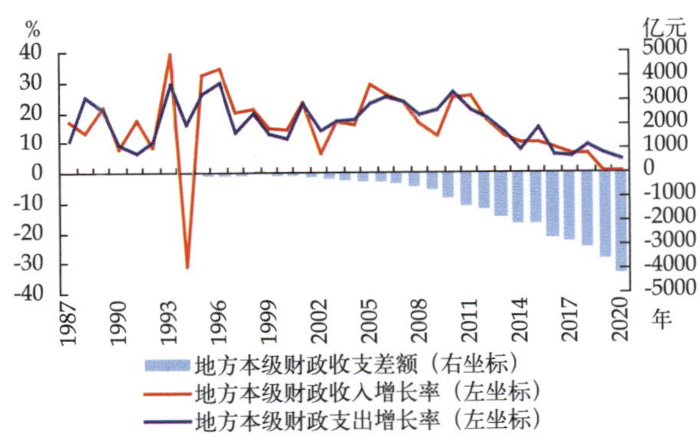

图 12　1987—2020 年山东省财政收支状况变动趋势

（数据来源：山东省统计局）

（五）房地产行业稳定运行，海洋经济快速发展

1. 房地产市场平稳发展，房地产贷款稳中趋缓。2020 年全省商品房销售面积 13271.7 万平方米，同比增长 4.3%；销售额 11065.6 亿元，同比增长 7.7%。全省商品房待售面积 2533.4 万平方米，同比增长 4.1%，继续保持较低水平。

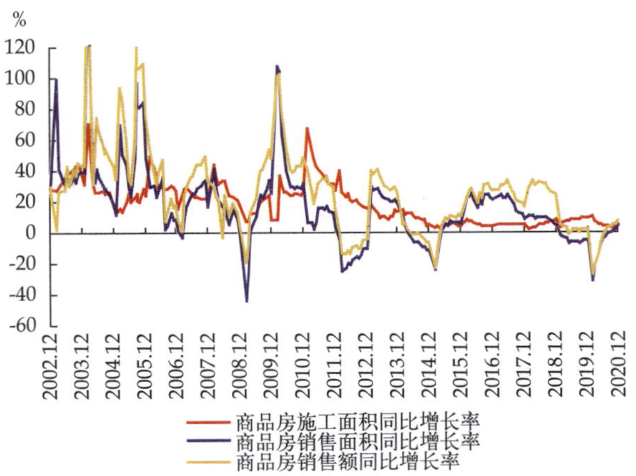

图 13　2002—2020 年全省商品房施工和销售变动趋势

（数据来源：山东省统计局）

重点城市房价走势出现分化。2020 年 12 月，济南新建商品住宅销售价格同比下降 1.0%，已连续 3 个月下降，青岛、烟台和济宁新建商品住宅同比分别上涨 2.8%、5.5% 和 8.3%。

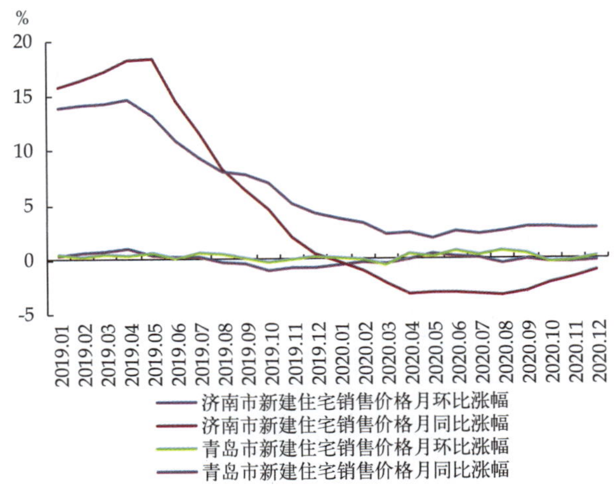

图 14　2019—2020 年济南市和青岛市新建住宅销售价格变化趋势

（数据来源：国家统计局）

房地产贷款增速放缓，信贷结构持续优化。

2020年末全省房地产贷款余额31990.0亿元，同比增长12.4%，增速较上年回落5.7个百分点。房地产贷款增量占各项贷款增量的比重较上年下降23.2个百分点。房地产开发贷款余额7186.6亿元，同比增长6.2%，增速较上年回落10.5个百分点。个人住房贷款余额22559.8亿元，同比增长15.4%，增速较上年回落3.1个百分点。

2. 海洋强省建设取得积极成效，海洋经济高质量发展。海洋新兴产业快速发展，新增国家级海洋牧场示范区10处，累计达到54处。“胶东海上调水”工程继续推进，海水淡化规模约占全国五分之一。港口资源深化整合，沿海港口集装箱吞吐量3191万标箱，比上年增长6%。

（六）自贸区建设取得良好开局，区域协同发展新格局加快形成

2020年，《中国（山东）自由贸易试验区条例》正式发布，自贸试验区试点任务实施104项，上合示范区“四个中心”建设初见成效。济南片区出台了“数字保险箱”智慧政务、优化特殊物品检疫查验流程、“一区一照一证”连锁经营等350多项制度创新措施，新注册企业超过1万户。青岛片区106项试点任务已实施96项，实施率超过九成，总结形成68项改革创新成果，新增纳税企业5149家，实际利用外资2.67亿美元。烟台片区加快全球保税维修中心建设，推动企业从“全球制造”向“全球服务”延伸，并持续推进政务服务流程再造。

山东省加快构建“一群两心三圈”的区域发展总体格局。省会经济圈一体化发展加速落地见效，七市实现企业开办全域通办，组建省会经济圈科创联盟，实现创新券互通互兑。胶东经济圈一体化发展步入快车道，五市已成立养老服务、医疗保障、创新创业、教育协同等17个联盟，签署行政审批服务、金融、应急、法治一体化等20个合作协议，统一人社网办业务平台，创新推出24项人社一体化合作事项。鲁南经济圈一体化发展开局良好，加速推动鲁南（枣庄）、鲁西南（菏泽）大数据中心和济宁、临沂华为云大数据中心建设。

专栏2 精准金融诊疗 全力支持保市场主体稳就业

2020年，中国人民银行济南分行深入贯彻党中央、国务院“六稳”“六保”工作部署，不折不扣落实总行金融支持疫情防控和经济社会发展各项要求，将金融支持稳企业保就业作为“一把手”工程，构建纵向省市县金融系统三级联动工作机制，创新开展“金融诊疗”助企行动，聚焦重点领域群体，做好宣传引导，强化政策协同配合，抓好专项再贷款再贴现政策和两项直达工具落实落地，打出金融支持“组合拳”，持续提升金融支持稳企业保就业工作质效。

一、健全机制、分类施策，精准对接助力市场主体纾困解难

牵头12个省级部门制订印发《山东省“金融诊疗”助企行动方案》，在全省范围内部署开展“金融诊疗”助企行动，形成全方位、立体化工作格局。组建涵盖政府部门和金融机构业务专家的“诊疗”团队，精确“问诊”、辨证“施治”，帮助市场主体尽快摆脱困境、重回正轨。线上依托山东省融资服务平台，开发专题模块，向金融机构精准推送融资需求，推动线上对接，全方位提升银企对接覆盖面和融资需求满足率。线下开展“银企面对面 行长解难题”等系列对接帮扶活动，实现对接零距离、服务精准化。2020年，全省金融机构帮扶各类市场主体7.3万家，给予资金支持3412亿元。

二、抓好两项工具落实落地，精准直达缓解实体经济资金压力

坚持"快、准、实、优"原则，第一时间开展政策宣传引导，制定两项工具实施细则与政策"明白纸"，建立月度通报和后进约谈两项机制，引导扩大普惠小微企业信用贷款投放和延期还本付息"应延尽延"。延期还本付息方面，全省法人银行累计为35772户普惠小微市场主体办理延期业务，金额343.2亿元。普惠小微信用贷款方面，2020年末全省符合政策激励条件的法人银行普惠小微信用贷款余额516.3亿元，占全部普惠小微贷款余额的17.5%，预计获得激励资金168.6亿元。

三、强化财政金融政策协调配合，促进稳企业保就业政策落实

推动财政部门整合设立20亿元省级中小微企业贷款增信分险专项基金，涵盖风险补偿、贷款贴息、保费补贴、应急转贷四大领域。完善政府性融资担保体系，推动有关部门印发《山东省政府性融资担保机构小微企业和"三农"融资担保业务尽职免责工作指引》。聚焦民营小微、外贸、文旅等重点领域，创新推出"人才贷""科贷保""文旅春天贷"等信贷产品。深化"首贷培植行动"，支持7.4万户小微企业获得首贷804亿元，普惠小微贷款实现"增量扩面、提质降价"。针对涉农经营主体，支持地方法人银行发放"央行资金产业振兴贷"257亿元，惠及涉农主体39315户，平均利率5.13%。

三、预测与展望

2021年，山东省将立足新发展阶段，贯彻新发展理念，构建新发展格局，以推动高质量发展为主题，以深化供给侧结构性改革为主线，以改革创新为根本动力，以满足人民日益增长的美好生活需要为根本目的，坚持系统观念，统筹疫情防控和经济社会发展，统筹发展和安全，保持经济运行在合理区间，聚焦"七个走在前列""九个强省突破"，推动新旧动能转换向"取得突破"迈进，确保"十四五"开好局、起好步。

投资将保持较快增长。2021年山东省将聚焦"十强"产业、"两新一重"、社会民生等领域，谋划推出1600个以上省级重点项目，基建项目储备较为充足，基建投资将保持较快增长。受工业品价格上涨及经营环境改善等利好因素影响，制造业利润有望继续回升，从而支撑制造业投资增长延续向好态势。

消费增长将延续恢复态势。随着疫苗大规模投放进度加快，有利于餐饮、旅游等传统消费需求释放，从而对消费需求恢复提供支持。在加快构建新发展格局的背景下，扩内需促消费的政策支持力度不断加大，将通过释放线上经济潜力、开辟服务消费新模式等方式，进一步加快释放消费需求。

对外贸易有望实现小幅增长。山东出口动能保持强劲，出口企业订单延续回暖上升趋势，非美市场对出口增长的贡献将不断提升。但是，外贸增长不确定性依然较大，新冠肺炎疫情仍在全球蔓延，国际形势中不稳定不确定因素较多。综合判断，2021年外贸将实现小幅增长。

物价将保持总体稳定。未来国际原油价格或呈现震荡态势，考虑到原油价格中枢有所上移，将拉动工业品价格回升。受猪肉产能增加及高基期因素影响，食品价格同比涨幅或出现回落；受消费逐步复苏、国际原油价格略有回升等因素影响，非食品价格或略有回升。总体来看，物价涨幅将保持基本稳定。

山东金融业将深入贯彻落实稳健的货币政策要灵活精准、合理适度的要求，加大金融服务实体经济力度，深化金融供给侧结构性改革，为加快构建新发展格局提供有力有效的金融支持。

《中国区域金融运行报告（2021）》分报告

中国人民银行济南分行货币政策分析小组

总　　纂： 周逢民　董龙训

统　　稿： 霍成义　杨金栋　刘旭强　耿　欣

执　　笔： 孙　健　高进群　郑　昱　梁孝东　史运昌　张　聪　杨德彬　胡艳妹

提供材料： 王　斌　楚晓光　牛玉莲　尹　楠　程晋鲁　娄　振　王富刚　王　璞　祁文婷　秦海涛　魏金明　康华一　张　芳　韩庆潇　陈宝贵　孔仪方

附录

（一）山东省经济金融大事记

1月31日，中国人民银行济南分行印发《关于全力做好金融服务保障工作 助力打赢疫情防控阻击战的通知》。

2月18日，山东省商业集团发行全省首单疫情防控债务融资工具3.5亿元，保障民生物资和消毒用品的供应。

2月21日，齐鲁银行发行全省首单疫情防控专项同业存单1亿元，专项用于支持疫情防控有关企业的贷款投放。

3月10日，金融委办公室地方协调机制（山东省）第一次会议召开，审议并通过《金融委办公室地方协调机制（山东省）工作规则》。

6月5日，中国人民银行济南分行、山东银保监局等部门联合印发《山东省“金融诊疗”助企行动工作方案》。

7月17日，出台《山东省跨境人民币可信企业便利化试点实施方案》，对可信企业实行审慎包容监管，深化全省跨境人民币业务放管服改革。

8月5日，制定印发《关于发展绿色金融 服务生态文明建设和高质量绿色发展的实施意见》，在省级层面规划设计绿色金融体系建设，强化全省绿色金融发展的制度保障。

9月7日，临沂市获批成为全国普惠金融服务乡村振兴改革试验区。

10月31日，山东省作为全国7个获批试点省市之一开展日韩短期入境游客境内移动支付便利化试点。

11月3日，“中国存款保险业务中心山东省分中心”揭牌，顺利完成存款保险标识临沂市试点及全省正式启用系列工作。

（二）山东省主要经济金融指标

表 1　2020 年山东省主要存贷款指标

	项目	1 月	2 月	3 月	4 月	5 月	6 月	7 月	8 月	9 月	10 月	11 月	12 月
本外币	金融机构各项存款余额（亿元）	107776.5	108189.2	111680.3	112111.5	113946.4	116973.4	115578.3	116813.3	118377.9	117813.6	117959.9	118349.4
	其中：住户存款	58842.2	58894.3	60782.9	59946.0	60509.9	62350.4	61919.6	62186.3	63661.7	63190.3	63541.9	64619.6
	非金融企业存款	31562.6	31980.3	33868.2	34587.5	35041.5	36520.8	35547.8	36036.9	36625.8	36028.4	35946.7	36215.8
	各项存款余额比上月增加（亿元）	3037.6	412.8	3491.0	431.2	1834.9	3027.0	-1395.1	1235.0	1564.6	-564.3	146.3	389.5
	金融机构各项存款同比增长（%）	8.0	7.3	8.6	10.0	10.8	12.0	11.5	12.1	13.1	13.0	13.5	13.0
	金融机构各项贷款余额（亿元）	88731.4	89411.3	91418.3	92489.3	93355.5	94446.2	95031.3	95795.4	96888.2	97167.2	97673.6	97880.6
	其中：短期	29315.2	29563.5	30663.5	30951.9	31186.3	31689.1	31690.4	31881.2	32097.5	32056.5	31995.6	31580.0
	中长期	52791.9	53139.6	53789.5	54350.7	54892.8	55597.3	56312.2	56985.9	58008.7	58454.6	59011.1	59497.9
	票据融资	4351.6	4397.8	4604.2	4833.9	4902.5	4817.3	4699.8	4625.6	4493.6	4402.2	4488.9	4715.0
	各项贷款余额比上月增加（亿元）	2405.8	679.9	2007.0	1071.0	866.3	1090.6	585.1	764.1	1092.8	279.0	506.3	207.0
	其中：短期	638.8	887.1	1987.1	2275.5	2509.9	3012.7	3014.0	3204.8	3421.0	3380.1	3319.2	2903.5
	中长期	1454.6	347.7	649.9	561.2	542.1	704.5	714.9	673.8	1022.8	445.9	556.4	486.8
	票据融资	286.6	46.2	206.4	229.7	68.6	-85.2	-117.5	-74.2	-132.1	-91.3	86.7	226.1
	金融机构各项贷款同比增长（%）	10.7	10.9	12.0	12.7	13.0	12.8	12.9	13.1	13.1	13.2	13.3	13.4
	其中：短期	0.2	1.0	4.3	6.1	6.8	7.4	7.9	8.2	8.1	8.3	8.7	8.5
	中长期	17.3	16.7	16.3	16.3	16.2	16.2	16.4	16.5	17.1	17.1	17.1	16.9
	票据融资	25.1	27.1	29.2	31.3	32.1	23.8	19.5	16.6	10.3	9.1	11.4	16.0
	建筑业贷款余额（亿元）	3626.5	3678.9	3769.7	3800.0	3837.6	3860.7	3892.6	3927.6	4000.4	4013.1	4002.3	3930.1
	房地产业贷款余额（亿元）	4304.5	4365.2	4402.4	4419.7	4383.3	4353.3	4451.5	4472.9	4494.0	4488.3	4434.8	4362.3
	建筑业贷款同比增长（%）	21.9	20.9	22.1	22.2	22.4	21.0	20.7	19.9	20.5	21.2	20.3	16.5
	房地产业贷款同比增长（%）	25.0	24.5	22.2	21.3	18.0	13.4	13.1	10.8	10.1	10.2	8.4	7.3
人民币	金融机构各项存款余额（亿元）	105621.8	106062.4	109577.7	109997.9	113946.4	114698.8	113243.8	114373.8	115909.0	115324.3	115515.9	116155.4
	其中：住户存款	58496.2	58535.3	60401.6	59566.7	60509.9	61981.0	61553.4	61823.4	63298.4	62824.3	63176.0	64258.4
	非金融企业存款	30101.5	30525.4	32472.3	33163.2	35041.5	34894.3	33888.1	34280.6	34814.2	34188.9	34118.1	34625.1
	各项存款余额比上月增加（亿元）	2945.4	440.6	3515.3	420.2	1834.9	2847.8	-1455.0	1130.0	1535.2	-584.6	191.6	639.4
	其中：住户存款	3264.1	39.1	1866.3	-835.0	563.9	1844.6	-427.6	270.0	1475.0	-474.1	351.8	1082.4
	非金融企业存款	-333.2	423.9	1946.9	690.9	454.0	1289.8	-1006.2	392.4	533.7	-625.4	-70.8	507.0
	各项存款同比增长（%）	8.3	7.6	8.9	10.4	10.8	12.3	11.7	12.1	13.2	13.1	13.5	13.1
	其中：住户存款	14.8	12.5	14.2	14.1	14.4	16.2	15.2	15.2	15.8	15.6	16.1	16.3
	非金融企业存款	5.1	8.0	9.6	12.3	12.9	15.9	16.0	15.2	16.6	14.9	15.0	13.7
	金融机构各项贷款余额（亿元）	86118.3	86749.6	88608.9	89562.0	90397.6	91498.4	92092.0	92887.1	93999.3	94331.2	95042.2	95411.6
	其中：个人消费贷款	23711.1	23715.8	24075.4	24357.0	24690.1	25055.2	25436.8	25822.7	26248.3	26566.1	26928.2	27215.6
	票据融资	4351.6	4397.8	4604.2	4833.9	4902.5	4817.3	4699.8	4625.6	4493.6	4402.2	4488.9	4715.0
	各项贷款余额比上月增加（亿元）	2415.3	631.3	1859.2	953.1	835.6	1100.8	593.6	795.2	1112.1	332.0	710.9	369.4
	其中：个人消费贷款	372.4	4.7	359.6	281.6	333.1	365.0	381.6	386.0	425.5	317.8	362.1	287.5
	票据融资	286.6	46.2	206.4	229.7	68.6	-85.2	-117.5	-74.2	-132.1	-91.3	86.7	226.1
	金融机构各项贷款同比增长（%）	11.5	11.5	12.6	13.1	13.5	13.3	13.3	13.4	13.5	13.5	13.8	14.0
	其中：个人消费贷款	19.3	18.6	17.7	17.5	17.2	17.2	17.5	17.6	17.5	17.3	17.1	16.6
	票据融资	25.1	27.1	29.2	31.3	32.1	23.8	19.5	16.6	10.3	9.1	11.4	16.0
外币	金融机构外币存款余额（亿美元）	312.8	303.6	296.8	299.5	293.8	321.3	334.2	355.6	362.5	370.3	371.5	336.2
	金融机构外币存款同比增长（%）	-7.8	-11.2	-11.8	-10.9	-9.5	-4.1	0.5	17.5	15.3	14.0	21.2	13.7
	金融机构外币贷款余额（亿美元）	379.4	379.9	396.5	414.8	414.8	416.4	420.8	423.9	424.2	421.8	400.0	378.4
	金融机构外币贷款同比增长（%）	-12.9	-12.1	-7.7	-4.1	-3.2	-3.5	-0.7	5.2	6.0	7.8	4.1	0.7

数据来源：中国人民银行济南分行。

表 2　2001—2020 年山东省各类价格指数

时间		居民消费价格指数		农业生产资料价格指数		工业生产者购进价格指数		工业生产者出厂价格指数	
		当月同比	累计同比	当月同比	累计同比	当月同比	累计同比	当月同比	累计同比
2001		—	1.8	—	1.8	—	-0.6	—	-0.9
2002		—	-0.7	—	0.3	—	-1.3	—	-1.3
2003		—	1.1	—	2.4	—	5.7	—	3.5
2004		—	3.6	—	10.2	—	13.4	—	6.4
2005		—	1.7	—	6.2	—	5.9	—	3.7
2006		—	1.0	—	3.0	—	4.3	—	2.3
2007		—	4.4	—	7.1	—	4.8	—	3.3
2008		—	5.3	—	19.3	—	13.1	—	8.6
2009		—	0.0	—	-3.7	—	-4.5	—	-5.9
2010		—	2.9	—	3.0	—	9.3	—	7.2
2011		—	5.0	—	11.1	—	9.2	—	6.0
2012		—	2.1	—	5.9	—	-0.8	—	-1.6
2013		—	2.2	—	1.2	—	-1.6	—	-1.6
2014		—	1.9	—	-0.5	—	-1.8	—	-1.6
2015		—	1.2	—	-0.7	—	-5.0	—	-4.8
2016		—	2.1	—	-1.1	—	-2.0	—	-1.5
2017		—	1.5	—	0.9	—	7.3	—	5.5
2018		—	2.5	—	6.9	—	3.6	—	3.7
2019		—	3.2	—	7.6	—	-0.8	—	-0.3
2020		—	2.8	—	5.6	—	-2.5	—	-1.9
2019	1	1.9	1.9	—	—	0.0	0.0	0.0	0.0
	2	1.5	1.7	6.2	6.4	-0.1	-0.1	0.1	0.1
	3	2.7	2.0	5.1	6.0	0.0	0.0	0.3	0.1
	4	2.8	2.2	5.7	5.9	0.1	0.0	0.7	0.3
	5	2.8	2.3	5.7	5.9	0.0	0.0	0.4	0.3
	6	2.8	2.4	5.7	5.8	-0.4	-0.1	-0.3	0.2
	7	3.0	2.5	7.6	6.1	-0.6	-0.2	-0.4	0.1
	8	2.5	2.5	9.0	6.5	-1.2	-0.3	-0.6	0.0
	9	3.0	2.6	9.6	6.8	-1.6	-0.4	-1.0	-0.1
	10	4.3	2.7	10.1	7.2	-2.0	-0.6	-1.5	-0.2
	11	5.6	3.0	9.9	7.4	-2.1	-0.7	-1.2	-0.3
	12	5.5	3.2	9.3	7.6	-1.6	-0.8	-0.4	-0.3
2020	1	6.2	6.2	—	—	-0.7	-0.7	-0.1	-0.1
	2	5.7	6.0	—	—	-1.1	-0.9	-0.6	-0.4
	3	4.8	5.6	—	—	-2.2	-1.3	-1.6	-0.8
	4	3.6	5.1	—	—	-4.0	-2.0	-3.2	-1.4
	5	2.9	4.6	—	—	-5.0	-2.6	-3.6	-1.8
	6	2.9	4.4	—	—	-4.5	-2.9	-2.7	-2.0
	7	3.2	4.2	—	—	-3.8	-3.0	-2.3	-2.0
	8	3.1	4.1	—	—	-2.8	-3.0	-2.2	-2.0
	9	2.3	3.9	—	—	-2.6	-3.0	-2.4	-2.1
	10	0.4	3.5	—	—	-2.5	-2.9	-2.4	-2.1
	11	-1.0	3.1	—	—	-1.5	-2.8	-1.4	-2.0
	12	0.0	2.8	—	—	0.2	-2.5	0.0	-1.9

数据来源：山东省统计局、《中国经济景气月报》。

表 3　2020 年山东省主要经济指标

项目	1月	2月	3月	4月	5月	6月	7月	8月	9月	10月	11月	12月
	绝对值（自年初累计）											
地区生产总值（亿元）	—	—	14919.3	—	—	33025.8	—	—	52186.0	—	—	73129.0
第一产业	—	—	628.0	—	—	2393.0	—	—	3743.2	—	—	5363.8
第二产业	—	—	5666.0	—	—	12675.8	—	—	20171.2	—	—	28612.2
第三产业	—	—	8625.3	—	—	17957.0	—	—	28271.7	—	—	39153.1
工业增加值（亿元）	—	—	—	—	—	—	—	—	—	—	—	—
固定资产投资（亿元）	—	—	—	—	—	—	—	—	—	—	—	—
房地产开发投资	—	733.8	1538.7	2264.1	3099.4	4191.4	5065.5	5901.0	6865.3	7780.2	8668.8	9450.5
社会消费品零售总额（亿元）	—	3917.9	5800.7	7850.5	10146.1	12463.5	14859.3	17355.0	19960.4	23055.1	26045.3	29248.2
外贸进出口总额（亿元）	—	2780.8	4467.5	6151.0	7740.7	6461.4	11378.3	13366.4	15563.3	17631.5	19849.5	22009.4
进口	—	1393.2	2095.9	2776.8	3402.2	4159.2	4995.5	5798.9	6639.7	7423.8	8214.9	8954.6
出口	—	1387.6	2371.7	3374.2	4338.5	5302.2	6382.8	7567.6	8923.6	10207.7	11634.6	13054.8
进出口差额（出口－进口）	—	-5.6	275.8	597.4	936.3	1143.0	1387.3	1768.7	2283.9	2783.9	3419.7	4100.2
实际利用外资（亿美元）	9.4	16.3	31.8	37.6	48.8	64.1	74.4	90.2	107.8	126.2	152.1	176.5
地方财政收支差额（亿元）	-114.9	-434.4	-809.2	-1051.4	-1294.2	-1649.3	-1912.8	-2317.9	-2836.0	-2889.2	-3374.7	-4671.3
地方财政收入	824.8	1142.2	1622.7	2240.6	2784.5	3520.5	4123.1	4528.4	4990.7	5659.9	6067.2	6559.9
地方财政支出	939.7	1576.6	2431.9	3292.0	4078.7	5169.8	6035.9	6846.3	7826.7	8549.1	9441.9	11231.2
城镇登记失业率（%）（季度）	—	—	2.9	—	—	3.0	—	—	3.1	—	—	3.1
	同比累计增长率（%）											
地区生产总值	—	—	-5.8	—	—	-0.2	—	—	1.9	—	—	3.6
第一产业	—	—	-0.5	—	—	0.9	—	—	1.6	—	—	2.7
第二产业	—	—	-7.1	—	—	-0.7	—	—	1.8	—	—	3.3
第三产业	—	—	-5.4	—	—	-0.1	—	—	2.0	—	—	3.9
工业增加值	—	-10.6	-5.8	-3.1	-1.7	-0.1	0.5	1.8	2.9	3.7	4.4	5.0
固定资产投资	—	-11.9	-4.1	-0.7	0.2	1.3	1.9	2.6	2.7	3.1	3.4	3.6
房地产开发投资	—	-4.2	-0.3	-0.1	1.0	2.9	4.3	5.6	7.5	8.4	9.1	9.7
社会消费品零售总额	—	-16.1	-15.2	-13.0	-10.7	-9.5	-7.8	-6.1	-4.5	-2.8	-1.4	0.0
外贸进出口总额	—	-7.9	-3.6	-2.6	-3.4	-3.2	-1.3	1.5	4.2	5.8	7.3	7.5
进口	—	-3.7	-2.6	-6.4	-9.4	-7.6	-5.9	-3.8	-2.7	-3.1	-3.0	-4.1
出口	—	-11.7	-4.5	0.9	2.0	0.6	2.6	5.9	10.0	13.3	16.0	17.3
实际利用外资	1.9	-9.4	0.9	0.5	1.0	7.2	7.8	18.2	27.9	30.2	35.5	20.1
地方财政收入	0.9	-6.2	-10.1	-8.5	-6.9	-5.8	-3.9	-3.2	-2.1	-0.4	0.9	0.5
地方财政支出	1.1	-0.7	-6.4	-5.7	-5.7	-7.7	-5.1	-3.7	-3.1	-1.8	0.1	4.6

数据来源：山东省统计局、《中国经济景气月报》。

河南省金融运行报告（2021）

中国人民银行郑州中心支行货币政策分析小组

[内容摘要] 2020 年，面对新冠肺炎疫情冲击和复杂多变的国内外环境，河南省统筹推进疫情防控和经济社会发展，全省生产供给不断改善，市场需求稳步回暖，新兴动能继续增强，民生大局总体平稳，经济运行呈现持续稳定恢复向好态势。金融系统认真贯彻落实稳健货币政策，加大金融支持实体经济力度，主要金融指标符合预期，金融体系运行平稳，为疫情防控和“六稳”“六保”等重点工作营造了适宜的货币金融环境。

2020 年，河南省实现地区生产总值 5.5 万亿元，同比增长 1.3%。一是三大需求逐步回稳向好。投资增速率先恢复，投资结构趋于优化。第一至第四季度，全省固定资产投资（不含农户）累计同比分别增长 -7.5%、2.6%、3.6% 和 4.3%。全年高技术制造业投资同比增长 24.3%，高于全部投资增速 20.0 个百分点，医药制造业投资、电子及通信制造业投资同比分别增长 36.5%、21.7%。消费品市场呈稳定复苏态势，乡村消费潜力进一步释放。第一至第四季度，全省社会消费品零售总额累计同比分别下降 21.9%、11.3%、7.0% 和 4.1%。限额以上单位的新能源汽车、能效等级为 1 级、2 级的家用电器和音响器材等消费升级类商品较快增长，同比分别增长 20.8%、10.0%。全年乡村消费品零售额同比增长 5.4%，高于城镇消费品零售额同比增速 5.8 个百分点。进出口总值创历史新高，对外贸易保持顺差。全年全省进出口总值 6654.8 亿元，同比增长 16.4%，增速较上年提高 12.8 个百分点，实现顺差 1495.2 亿元。二是产业结构进一步优化。农业生产形势平稳，粮食产量再创新高，全年全省粮食总产量 1365.2 亿斤，年末生猪存栏 3887.0 万头。工业生产逐步恢复，全年全省规模以上工业增加值同比增长 0.4%，比前三季度提高 0.6 个百分点。高技术制造业增加值同比增长 8.9%，高于规模以上工业增加值增速 8.5 个百分点。服务业继续保持对经济增长的较强拉动力，全年全省第三产业增加值 2.7 万亿元，占 GDP 的比重上升到 48.7%，较上年提高 0.2 个百分点。三是居民消费价格涨幅回落，工业品价格下跌。全年居民消费价格（CPI）同比上涨 2.8%，涨幅较上年回落 0.2 个百分点；工业生产者出厂价格（PPI）同比下降 0.8%，较上年回落 1.0 个百分点。四是就业形势总体稳定，全年实现城镇新增就业 122.6 万人。全省减免企业养老、失业、工伤 3 项社保费 563.9 亿元，惠及企业 21.9 万家；累计支出稳岗返还资金 64.2 亿元，惠及企业 3.6 万家、职工 259.1 万人。全年实现新增农村劳动力转移就业 45.8 万人，36.9 万失业人员实现再就业，12.2 万就业困难人员实现就业。五是财政收入保持恢复增长态势，民生和重点支出保障有力。全年全省财政总收入 6267.4 亿元，同比增长 1.3%；疫情防控、脱贫攻坚、基层“三保”等重点领域财政支出得到有力保障，全年全省民生支出 7957.6 亿元，占一般公共预算支出的比重为 76.6%。

2020 年，河南省金融运行总体稳健，主要金融指标符合预期。一是银行资产负债规模稳步增加，服务实体经济质效进一步提升。2020 年末，河南省银行业机构资产总额 9.7 万亿元、负债总额 9.4 万亿元，同比分别增长 9.1%、9.3%。存款、贷款平稳增长，年末余额同比分别增长 9.6%、12.7%。信贷投向结构持续优化，新增信贷向重点领域和薄弱环节倾斜。全年全省民营、小微企业贷款同比分别多增 164.4 亿元、446.1 亿元；基础设施产业贷款、制造业贷款同比分别多增 146.0 亿元、121.4 亿元。随着贷款市场报价利率（LPR）在存量和增量贷款中的广泛应用，政策利率传导效率提升，加之结构性货币政策工具和稳企业保就业货币信贷政策传导有效，企业贷款利率稳步下行。2020年12月，河南省全部金融机构新发放一般贷款加权平均利率为5.93%，同比回落0.68个百分点；大型、中型、小型、微型企业贷款利率同比分别回落0.29个、0.59个、1.05个和1.13个百分点，小微企业贷款利率下降幅度明显高于全部贷款。二是证券期货市场运行平稳有序，市场融资功能不断增强。全年全省10家公司IPO申请获批，到年末上市7家，其中科创板1家、创业板5家、中小板1家。全年全省企业累计通过资本市场实现融资1145.0亿元，其中上市公司完成股权再融资272.4亿元，交易所债券市场融资790.0亿元，新增债券融资额再创新高。商品期货市场交易大幅增长，全年郑州商品交易所期货累计成交量16.6亿手，累计成交金额60.1万亿元，同比分别增长53.6%和52.0%。三是保险业风险保障功能充分发挥，服务能力不断提升。全年新批设省级保险分公司2家、中心支公司24家、专业中介市场主体13家，1家省公司在筹，市场体系建设不断完善。全年全省保费收入2506.0亿元，规模居全国第四位、中部六省第一位。四是区域金融改革创新进一步深化。普惠金融兰考模式成功入选河南省首届经济体制改革十大案例，全省复制推广工作成效显著。中国（河南）自由贸易试验区建设继续探索创新，外汇普惠供给与精准特色服务活动取得较好成效。2020年末，河南自贸区涉外收支企业1872家，较上年末新增111家；全年区内企业跨境收支总额27.1亿美元，占全省涉外收支的2.0%。五是金融生态环境建设持续深化。社会信用体系建设持续推进，农村和中小微企业征信服务供给水平进一步提升。全年促成在线供应链融资1364笔、762亿元，其中，中小微企业融资笔数和金额分别占81%、89%。依托河南省农村信用信息系统，实现覆盖全省85%的农户、100%的建档立卡贫困户。支付体系建设提质增效，支付清算市场安全高效运行。逐点开展农村支付服务点分类评估、动态管理，17859个服务点升级建设为普惠金融服务站，全省支付服务点行政村覆盖率达99.8%。开通抗疫账户"绿色通道"，共开立抗疫相关单位账户543户，积极支持抗疫防疫和企业复工复产。持续加强金融知识宣传教育，切实维护金融消费者合法权益。

2021年，河南省经济发展面临的挑战与机遇并存。一方面，经济恢复基础尚不稳固，新冠肺炎疫情和外部环境存在较大不确定性，经济发展不平衡不充分问题仍然突出，关键领域改革任务仍然艰巨。另一方面，我国经济运行中积极因素增多，省内一批重大投资项目将为稳增长提供坚实支撑，消费将逐步恢复至正常水平，外贸形势稳中向好，预计河南省主要经济指标将显著好于2020年。2021年，河南省金融系统将认真贯彻落实稳健货币政策，把握好灵活精准、合理适度的要求，进一步优化信贷结构，聚焦高质量发展主题，加大对制造业、科技创新、绿色发展等重点领域支持力度，进一步提升民营小微企业金融支持水平，妥善处理好恢复经济和防范风险关系，牢牢守住不发生区域性金融风险的底线。

一、金融运行情况

2020年，面对百年不遇的新冠肺炎疫情冲击以及国内外复杂局面，河南省金融系统认真贯彻落实稳健货币政策，加大金融支持实体经济力度，主要金融指标符合预期，金融体系运行平稳，为疫情防控和"六稳""六保"等重点工作营造了适宜的货币金融环境。

（一）银行业运行总体稳健，主要金融指标符合预期

2020年，银行资产负债规模继续稳步增加，受疫情冲击影响河南省各项贷款同比少增，但信贷投向结构持续优化，贷款利率保持下行，

改革创新继续深化。

1. 银行资产负债规模稳步增加。2020 年末，河南省银行业机构资产总额 9.7 万亿元，同比增长 9.1%，负债总额 9.4 万亿元，同比增长 9.3%，资产、负债增速分别高于上年 0.2 个、0.3 个百分点。服务于地方经济发展的区域性中小银行业金融机构数量稳步增加，2020 年末，全省地方法人金融机构 240 家，其中，城市商业银行 5 家、小型农村金融机构 139 家、新型农村金融机构 85 家、财务公司 6 家、信托公司 2 家、金融租赁公司 2 家、消费金融公司 1 家。

表 1　2020 年河南省银行业金融机构情况

机构类别	营业网点			法人机构（个）
	机构个数（个）	从业人数（人）	资产总额（亿元）	
一、大型商业银行	3227	70388	30128	0
二、国家开发银行和政策性银行	154	3558	8269	0
三、股份制商业银行	541	12605	11035	0
四、城市商业银行	937	24181	17018	5
五、城市信用社	0	0	0	0
六、小型农村金融机构	5139	52597	18660	139
七、财务公司	8	205	739	6
八、信托公司	2	472	206	2
九、邮政储蓄银行	2414	22664	8922	0
十、外资银行	4	57	41	0
十一、新型农村金融机构	615	8748	1504	85
十二、其他	3	537	698	3
合　计	13044	196012	97220	240

数据来源：河南银保监局。

注：营业网点不包括国家开发银行和政策性银行、大型商业银行、股份制商业银行等金融机构总部数据；大型商业银行包括工商银行、农业银行、中国银行、建设银行和交通银行；小型农村金融机构包括农村商业银行、农村合作银行和农村信用社；新型农村金融机构包括村镇银行和农村资金互助社；其他包含金融租赁公司、汽车金融公司、货币经纪公司、消费金融公司等。

2. 各项存款增加较多。2020 年末，河南省本外币存款余额 77552.6 亿元，同比增长 9.6%，增速较上年同期提高 0.7 个百分点；较年初增加 6781.5 亿元，同比多增 1015 亿元。年初以来，金融管理部门持续对不规范存款创新产品、结构性存款等进行规范，推动活期存款增加较多，全年金融机构住户和非金融企业人民币活期存款较年初增加 1554.6 亿元，同比多增 432.0 亿元。其中，住户部门活期存款增加 1509.4 亿元，同比多增 227.4 亿元。

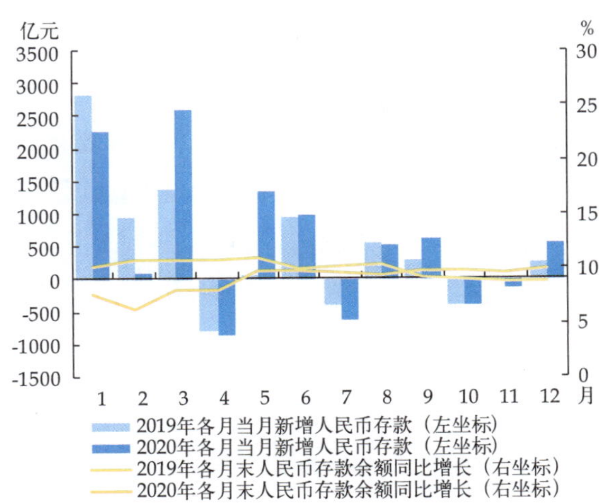

图 1　2019—2020 年河南省金融机构人民币存款增长变化

（数据来源：中国人民银行郑州中心支行）

3. 贷款投向结构优化。2020 年末，河南省本外币各项贷款余额 64115.2 亿元，同比增长 12.7%，增速高于全国水平 0.2 个百分点；较年初增加 7221.6 亿元，同比少增 530.8 亿元。其中，法人金融机构贷款新增 2633.5 亿元，占全部金融机构新增贷款的比重为 36.5%，同比下降 1.9 个百分点。

新增贷款向国民经济重点领域和薄弱环节倾斜。民营、小微企业贷款增势良好。2020 年末，全省民营、小微企业贷款同比分别增长 7.3%、13.1%，增速较上年同期分别提高 0.6 个、4.3 个百分点；较年初分别增加 1328.9 亿元、1355.5 亿元，同比分别多增 164.4 亿元、446.1 亿元。2020 年末，普惠小微企业贷款同比增长 21%，增速高于各项贷款 8 个百分点，较年初增加 1091 亿元，同比多增 655.4 亿元，占各项贷款新增额的 15.1%，同比提高 9.4 个百分点。基础设施产业和制造业贷款增加较多。全年基础设施产业贷款、制造业贷款分别增加 1426.6 亿元、78.9 亿元，同比分别多增 146 亿元、121.4 亿元，新增额占比同比分别提高 2.8 个、1.7 个百分点。

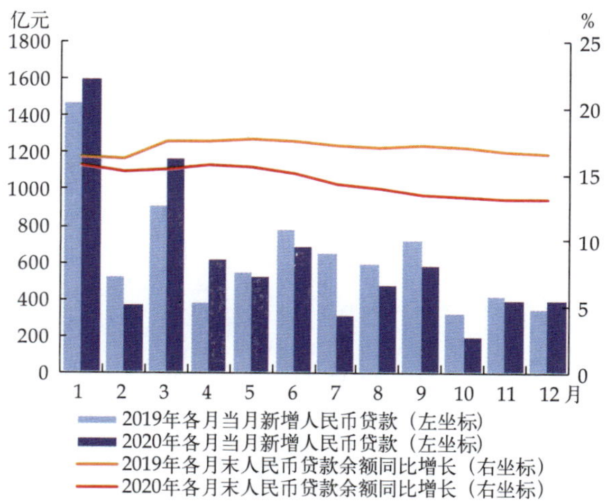

图 2　2019—2020 年河南省金融机构人民币贷款增长变化

（数据来源：中国人民银行郑州中心支行）

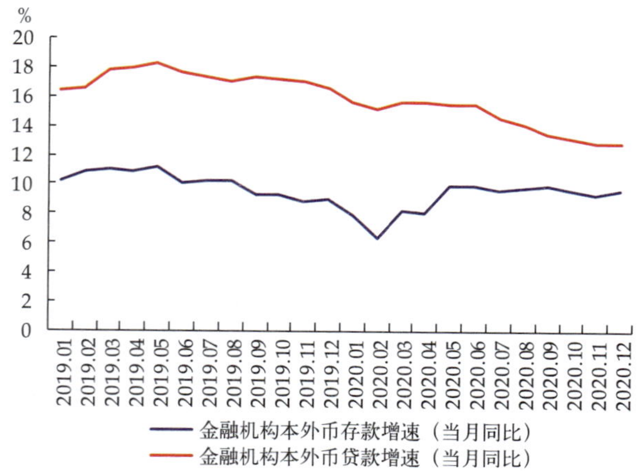

图 3　2019—2020 年河南省金融机构本外币存、贷款增速变化

（数据来源：中国人民银行郑州中心支行）

4. 贷款利率下行明显。随着贷款市场报价利率在存量和增量贷款中的广泛应用，政策利率传导效率提升，小微企业贷款利率下降幅度明显高于全部贷款。2020 年 12 月，河南省全部金融机构新发放一般贷款加权平均利率为 5.93%，同比回落 0.68 个百分点。大型、中型、小型、微型企业贷款利率全面回落，同比分别下降 0.29 个、0.59 个、1.05 个和 1.13 个百分点。

表 2　2020 年河南省金融机构人民币贷款各利率区间占比

单位：%

项目		1 月	2 月	3 月	4 月	5 月	6 月
合计		100.0	100.0	100.0	100.0	100.0	100.0
LPR 减点		15.0	23.2	18.1	11.8	12.0	13.5
LPR		0.7	0.7	2.0	2.4	2.9	3.3
LPR 加点	小计	84.3	76.2	79.9	85.8	85.1	83.2
	(LPR，LPR+0.5%)	17.4	22.9	17.7	16.4	11.0	13.2
	[LPR+0.5%，LPR+1.5%)	20.0	19.2	22.0	23.8	25.4	25.0
	[LPR+1.5%，LPR+3%)	21.3	17.0	14.5	15.9	16.3	16.5
	[LPR+3%，LPR+5%)	11.3	7.3	10.7	12.9	14.9	13.3
	LPR+5% 及以上	14.3	9.8	15.1	16.8	17.4	15.2
项目		7 月	8 月	9 月	10 月	11 月	12 月
合计		100.0	100.0	100.0	100.0	100.0	100.0
LPR 减点		11.4	12.2	14.0	15.4	17.1	17.1
LPR		3.1	4.3	6.2	4.4	4.5	3.8
LPR 加点	小计	85.6	83.5	79.8	80.2	78.4	79.1
	(LPR，LPR+0.5%)	11.3	9.4	10.6	11.7	9.3	10.9
	[LPR+0.5%，LPR+1.5%)	25.5	23.7	25.7	22.3	22.3	22.8
	[LPR+1.5%，LPR+3%)	15.9	18.0	16.5	16.7	17.8	17.9
	[LPR+3%，LPR+5%)	14.7	14.3	12.6	12.4	12.9	13.6
	LPR+5% 及以上	18.2	18.1	14.4	17.2	16.1	14.0

数据来源：中国人民银行郑州中心支行。

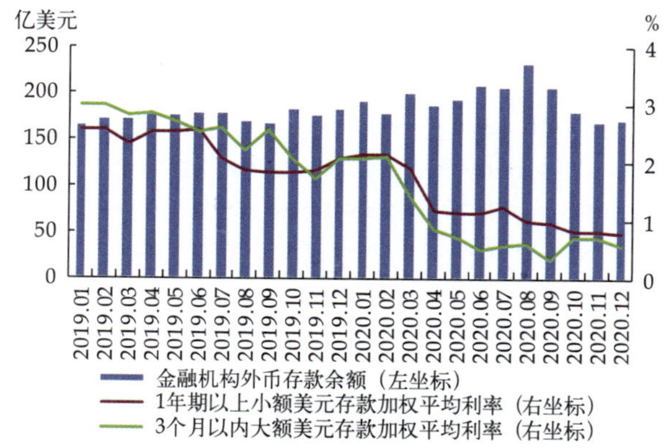

图 4　2019—2020 年河南省金融机构外币存款余额及外币存款利率

（数据来源：中国人民银行郑州中心支行）

5. 银行减费让利效果明显。随着金融支持疫情防控和复工复产、金融支持稳企业保就业政策的落地实施，河南省银行业加大让利实体经济力度，确保政策红利惠及更多中小微企业。2020 年，全省银行业金融机构实现净利润 570.8 亿元，较上年减少 81.9 亿元，同比下降 12.5%。同时，全省银行业金融机构经营保持总体稳健，流动性整体较为充裕，主要指标均符合监管要求。

6. 跨境人民币业务稳步增长。2020 年，河南省跨境人民币业务收支总额为 909 亿元，同比增长 14.5%，其中，收入 484.4 亿元，同比下降 7%；支出 424.6 亿元，同比增长 55.6%；净流入 59.8 亿元。分项目看，货物贸易跨境人民币收支合计 337.2 亿元，同比下降 3.7%；直接投资跨境人民币收支合计 188.2 亿元，同比增长 21.7%；跨境融资人民币收支合计 232.6 亿元，同比增长 52.3%。

专栏 1　构建工作机制　推进金融支持稳企业保就业工作

2020 年 6 月启动金融支持稳企业保就业工作以来，河南省中国人民银行系统主动作为，积极推动金融支持稳企业保就业各项政策精准、快速落地，有效缓解了相关市场主体融资难、融资贵问题。

一、“一把手”高位谋划推进

全省各地、各金融机构均成立金融支持稳企业保就业工作小组，由“一把手”牵头负总责，多部门合力攻坚。

二、推动政银企三方精准对接

一是印发《河南省金融支持市场主体特别帮扶行动方案》，将支持范围扩大至个体工商户、小微企业主等普惠主体和暂时遇到困难、急需金融支持的企业群体，通过省、市、县三级分层推荐、审核，形成涵盖全省 30.5 万个市场主体的区域性“特别帮扶市场主体名录库”。建立针对名录库企业的主办银行制度，采取一企一策的综合金融服务方案、精准匹配信贷产品等措施。二是进一步完善“百千万”名录库管理，动态调整名录库入库企业，进一步夯实主办银行机制、宣传对接机制、政策激励机制、信息共享机制、敢贷愿贷机制、作风治理机制 6 项工作机制。2020 年末，1.7 万余家入库企业中，高达 1.5 万家企业新获得融资支持 1596.5 亿元，入库企业获贷率 84.8%。

三、用好货币政策工具

多次召开 1 万亿元再贷款再贴现普惠额度使用情况宣讲会、推进会，引导更多金融机构使用 1 万亿元再贷款再贴现资金，同时，建立定期监测制度，严格资金管理，严防“跑冒滴漏”。2020 年末，全省金融机构累计运用 1 万亿元再贷款再贴现普惠额度发放优惠利率贷款 643.6 亿元。有效落实两项直达实体经济的货币政策工具，全省各级人民银行通过接续召开金融支持稳企业保就业工作会、推进会等，不断加大窗口指导力度，提高政策知晓度，扩大对各类市场主体的覆盖面。2020 年 12 月，全省地方法人银行普惠小微企业贷款延期率、1—5 级地方法人银行普惠小微企业信用贷款发放额占比分别较 7 月提高 27.6 个、5.8 个百分点。

四、强化保障，夯实支撑体系

一是健全组织保障。依托金融委办公室地方协调机制，建立 8 个厅局共同参与的省市县三级金融支持稳企业保就业工作协调机制。二是强化政策保障。印发《关于进一步做好河南省普惠小微企业贷款延期支持工作的通知》《河南省“百千万”行动计划和“861”暖春行动政银企对接工程方案》《关于组织开展结构性货币政策工具现场核查的通知》《关于开展金融支持市场主体特别帮扶行动专项监测工作的通知》等配套文件，构建起事前有政策、事中有指导、事后有监督的完备工作框架。三是突出宣传保障。专题印发《关于开展金融支持稳企业保就业政策宣传月活动的通知》，在全省集中开展政策宣传月活动。

五、建立评价标准，确保工作取得实效

印发《关于金融支持稳企业保就业工作强化“三个做到、两个到位”的通知》，明确以“应贷尽贷、应延尽延、应减尽减”三个做到与“征信担保、风险补偿”两个到位作为金融支持稳企业保就业评价标准，确保金融支持稳企业保就业工作真落实、见真效。2020年末，全省金融机构累计发放普惠小微企业信用贷款1021.3亿元，占普惠小微企业贷款发放额的比例为17.8%；全省普惠小微企业贷款授信户数达139.3万户，较年初增加18.8万户。至2020年末，全省金融机构累计实施普惠小微企业贷款阶段性延期还本金额393.9亿元，延期率为22.4%，惠及3.3万户市场主体。其中，地方法人金融机构累计延期还本金额317.3亿元，延期率达28.9%，惠及2.3万户市场主体。6—12月，全省政府性融资担保资本金增加6.8亿元，融资担保放大倍数由2020年上半年的1.8倍上升至2020年1—12月的2.0倍。

（二）证券期货市场运行平稳，市场融资功能不断增强

2020年，河南省全面深化落实资本市场改革举措，推进辖区资本市场稳定健康发展，全年辖区证券期货市场运行平稳有序，市场融资功能不断增强。

1. 证券期货法人机构平稳运营。2020年末，河南省共有境内上市公司87家，全年新增6家；总部设在辖内的证券公司1家；总部设在辖内的期货公司2家；私募基金管理人148家，全年新增11家。2020年末，中原证券总资产488.0亿元，净资产137.4亿元，全年营业收入16.7亿元，实现净利润2.3亿元。华融融达期货、中原期货2家期货公司总资产合计56.5亿元，累计营业收入2.3亿元，累计净利润976.0万元。

表3　2020年河南省证券业基本情况

项目	数量
总部设在辖内的证券公司数（家）	1
总部设在辖内的基金公司数（家）	148
总部设在辖内的期货公司数（家）	2
年末国内上市公司数（家）	87
当年国内股票（A股）筹资（亿元）	225
当年发行H股筹资（亿元）	0
当年国内债券筹资（亿元）	3116
其中：短期融资券筹资额（亿元）	75
中期票据筹资额（亿元）	581

续表

数据来源：河南证监局。

注：当年国内股票（A股）筹资额指非金融企业境内股票融资。

2. 市场融资功能不断增强。2020年，辖区10家公司IPO申请获批，年末上市7家，其中科创板1家、创业板5家、中小板1家；另有2家公司挂牌精选层申请获批，其中1家已挂牌。全年辖区企业累计通过资本市场实现融资1145.0亿元，其中上市公司完成股权再融资272.4亿元；交易所债券市场融资790亿元，新增债券融资额再创新高。

3. 公司债券融资总体平稳。2020年，全省公司债券和资产证券化产品共新增融资790亿元，兑付374.6亿元，净融资流入415.4亿元。2020年末，全省共有88家公司债券发行人，存续公司债券236只，存续金额1929.8亿元；共有12家企业作为原始权益人开展资产证券化业

务，存续产品 44 只，存续金额 165.3 亿元。

4. 商品期货市场交易大幅增长。2020 年，郑州商品交易所期货累计成交量 16.6 亿手，累计成交金额 60.1 万亿元，同比分别增长 53.6% 和 52.0%。甲醇 MA、PTATA、玻璃 FG、菜粕 RM 是主要的交易品种，成交量占比分别为 20.8%、19.4%、11.2% 和 9.6%。2020 年，纯碱 SA、普麦 PM、玻璃 FG 成交提高幅度较大，成交金额增幅分别达 4174.9%、947.1% 和 619.9%。

表 4　2020 年郑州商品交易所交易统计

交易品种	累计成交金额（亿元）	同比增长（%）	累计成交量（万手）	同比增长（%）
苹果 AP	46761.7	38.9	6300.9	68.2
棉花 CF	69730.1	59.5	10833.8	69.4
红枣 CJ	3279.9	-77.0	652.6	-76.5
棉纱 CY	2440.3	34.8	240.1	41.3
早籼 ER	0.0	—	0.0	—
玻璃 FG	63570.5	619.9	18525.9	499.2
粳稻 JR	6.8	328.1	1.2	332.5
晚籼 LR	2.6	-74.1	0.4	-76.3
甲醇 MA	68350.8	12.0	34487.6	30.1
甲醇 ME	0.0	—	0.0	—
菜油 OI	89970.2	233.7	10544.7	179.1
短纤 PF	5133.2	—	1641.4	—
普麦 PM	0.9	947.1	0.1	923.0
早籼 RI	1.0	-26.6	0.2	-33.3
菜粕 RM	38616.0	20.6	15989.4	15.8
菜油 RO	0.0	—	0.0	—
菜籽 RS	1.2	-95.3	0.2	-96.3
纯碱 SA	21701.9	4174.9	6840.6	4271.5
硅铁 SF	9333.2	236.9	3134.4	236.5
锰硅 SM	14909.9	278.3	4529.0	305.4
白糖 SR	65179.9	9.5	12455.1	10.7
PTATA	59142.3	-33.4	32207.9	3.1
煤 TC	0.0	—	0.0	—
尿素 UR	5612.3	244.2	1664.6	254.7
强麦 WH	16.7	177.5	3.2	158.7
强麦 WS	0.0	—	0.0	—
硬麦 WT	0.0	—	0.0	—
煤 ZC	37116.4	132.6	6117.5	122.5
合计	600877.7	52.0	166170.9	53.6

数据来源：郑州商品交易所。

（三）市场体系建设不断完善，保险业风险保障功能充分发挥

2020 年，河南省保险业坚定不移深化改革、扩大开放，市场体系建设不断完善，风险保障功能充分发挥，服务能力不断提升。

1. 市场体系建设不断完善。2020 年，新批设省级保险分公司 2 家、中心支公司 24 家、专业中介市场主体 13 家，1 家省公司在筹。2020 年末，辖内共有法人机构 1 家（中原农险），省级机构 87 家，中心支公司 710 家，支公司及以下分支机构 5743 家，专业中介法人机构 95 家，省级专业中介机构 165 家，兼业代理机构 11603 家，行业从业人员达到 100.7 万人，不同业务类型、多种组织形式的市场主体日趋丰富，基本形成了种类丰富、适度竞争、充满活力的区域性保险市场体系。

表 5　2020 年河南省保险业基本情况

项目	数量
总部设在辖内的保险公司数（家）	1
其中：财产险经营主体（家）	1
寿险经营主体（家）	0
保险公司分支机构（家）	6539
其中：财产险公司分支机构（家）	2531
寿险公司分支机构（家）	4008
保费收入（中外资，亿元）	2506.0
其中：财产险保费收入（中外资，亿元）	570.6
人身险保费收入（中外资，亿元）	1935.4
各类赔款给付（中外资，亿元）	720.1

数据来源：河南银保监局。

2. 风险保障功能进一步增强。随着复工复产进程加速，保费增长“V”形反弹趋势明显。2020 年，全省保费收入 2506 亿元，规模居全国第四位、中部六省第一位。其中，财产险保费收入 570.6 亿元，人身险保费收入 1935.4 亿元。保险行业总资产达到 5485.1 亿元，为河南经济社会发展和人民生产生活提供各类风险保障额度 156.0 万亿元，同比增长 17.9%。全年累计赔付支出 720.1 亿元，缴纳各项税费约 60 亿元，

代收代缴车船税 48 亿元，为社会新增就业岗位 35 万个。

2020 年，保险行业回归保障步伐未因疫情影响出现反复，中短期产品在新单保费中占比降至五年来最低水平，责任险、企财险等主要非车险险种增速均达 15% 以上。信息化转型加快，产寿险机构经营全流程线上化改造有序推进。关系国计民生的重点业务领域发展较好，农业保险保费收入首次突破 50 亿元，同比增长 15.9%，规模居全国第 2 位。安全生产责任险、医疗责任险、食品安全责任险等各类责任保险累计提供风险保障 7.4 万亿元，同比增长 41.1%。

（四）社会融资结构优化，金融市场交易活跃

2020 年，河南省社会融资规模同比多增，结构优化，直接融资占比提高；金融交易活跃，交易品种进一步丰富。

1. 社会融资规模同比多增。2020 年，河南省社会融资规模增量为 11472.2 亿元，同比多增 210.0 亿元。分结构看，本外币贷款、信托贷款与未贴现银行承兑汇票同比少增，企业债券净融资和非金融企业境内股票融资同比多增，分别较上年多增 26.0 亿元、131.7 亿元，两项合计在社会融资规模中的占比提高 1.3 个百分点。

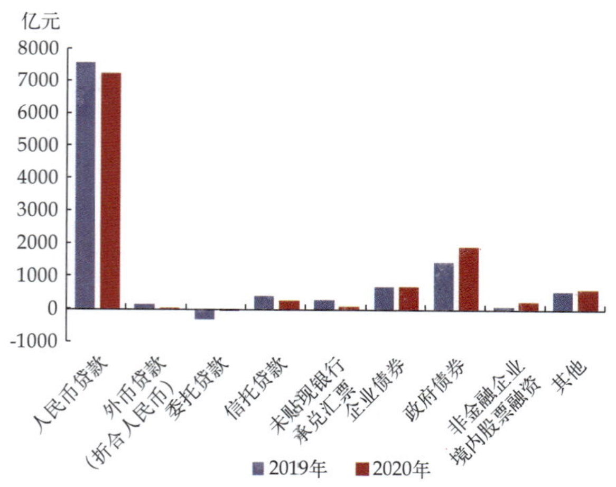

图 5　2019—2020 年河南省社会融资规模分布结构

（数据来源：中国人民银行郑州中心支行）

2. 货币市场交易呈现净融入态势。2020 年，河南省货币市场累计成交量 45.6 万亿元，同比增长 5.8%。各交易类型大多呈现资金净流入态势，全年资金净融入额 5.9 万亿元，同比下降 5.1%。从交易类型来看，银行间债券市场业务主要类型为质押式回购，交易期限以隔夜居多。

3. 票据承兑与贴现办理量均有所增加。2020 年，河南省金融机构累计签发银行承兑汇票 9363.0 亿元，较上年增加 319.0 亿元；累计办理票据贴现金额 15462.0 亿元，较上年增加 1745.6 亿元。2020 年末，银行承兑汇票承兑余额 7077.2 亿元，同比增加 280.1 亿元；银行承兑汇票和商业承兑汇票贴现余额分别为 2255.3 亿元、410.5 亿元，同比分别增加 160.4 亿元、7.4 亿元。

表 6　2020 年河南省金融机构票据业务量统计

单位：亿元

季度	银行承兑汇票承兑		贴现			
			银行承兑汇票		商业承兑汇票	
	余额	累计发生额	余额	累计发生额	余额	累计发生额
1	7283.2	2969.4	2358.1	4514.7	401.9	324.8
2	7603.5	5368.7	2478.5	8800.4	364.2	525.5
3	7137.2	7319.0	2322.2	11397.5	367.2	688.3
4	7077.2	9363.0	2255.3	14554.6	410.5	907.4

数据来源：中国人民银行郑州中心支行。

表 7　2020 年河南省金融机构票据贴现、转贴现利率

单位：%

季度	贴现		转贴现	
	银行承兑汇票	商业承兑汇票	票据买断	票据回购
1	2.85	4.71	2.82	1.82
2	2.73	4.68	2.63	1.88
3	3.17	5.61	2.85	2.02
4	3.02	4.55	2.67	1.56

数据来源：中国人民银行郑州中心支行。

4. 黄金市场交易类型趋于多元。2020 年，河南省金融机构黄金交易总量达 374406.1 千克，

同比增长 11.3%，成交金额 927.1 亿元，同比增长32.4%。代理金交所业务以个人黄金延期为主，对公黄金延期业务成交量增长迅猛；实物黄金业务量大幅增长，黄金积存业务增长显著，黄金期权业务大幅增长。

（五）区域金融改革创新持续深化

2020 年，河南省金融改革创新深入推进，普惠金融兰考模式成功入选河南省首届经济体制改革十大案例，全省复制推广成效显著。自由贸易试验区金融改革稳步推进，金融活力增强。

1. 普惠金融兰考模式成功入选河南省首届经济体制改革十大案例，全省复制推广成效显著。一是“一平台”在全省得到较好的推广应用。2020 年末，平台上架 2720 款产品，全省累计下载“普惠通”App 815 万人次。二是按照“一站”或“一站两点”原则建设普惠金融服务站，普惠金融服务站在农村覆盖面持续提高。全省已建成普惠金融服务站 3.7 万个，普惠金融服务站覆盖率为 84.7%。三是推进整村授信，有效扩大普惠授信的覆盖面。全省完成基础授信 1127.0 万户，普惠授信覆盖率为 60.8%。四是加强农村信用体系建设，实现信用信贷互促相长。全省采集录入农户信用信息 1640.7 万户，农户信用档案建档率为 88.5%。评定信用户 1313.3 万户，信用户占比为 70.9%。五是不断健全风险管理和分担补偿机制，引导加大信贷投放。全省到位风险补偿金 76.9 亿元。从前期 22 个试点到全省推广，兰考模式的普适性和有效性均得到了较好检验，全省金融服务的“普”和“惠”得以长足发展。2020 年兰考模式又入选河南省经济体制改革十大案例，银保监会发文要求全国学习借鉴。整村授信做法被省委纳入《关于贯彻落实习近平总书记视察河南重要讲话精神 支持河南大别山革命老区加快振兴发展的若干意见》。

2. 围绕问题导向继续探索创新，大力深化自贸区建设。2020 年，组织开展外汇普惠供给与精准特色服务活动，编写《河南省自贸区资本项目便利化政策指南》，收集企业外汇需求和困难，积极为企业答疑解惑，指导具体业务办理；开展政策宣讲，按照“小额便利、大额规范”原则，指导银行创新金融服务，在外贸综合服务企业主账户下设立子账号，破解跨境电商小微企业收汇难题；推进境外机构境内账户（NRA）融资政策，鼓励银行通过外汇 NRA 账户为企业开展跨境贸易融资、内保外贷、跨境担保等业务，辖内多家银行成功为企业办理贸易融资贷款；金融机构积极开展创新，不断提升金融服务水平，建设银行河南省分行与郑州市工商部门合作推出“政银合作直通车”服务，将工商登记注册服务窗口延伸到了银行，成为全国首创；7 家银行参与国际贸易“单一窗口”建设，进出口企业足不出户享受全流程金融服务。2020 年末，河南自贸区涉外收支企业 1872 家，较 2019 年末增加 111 家。全年区内企业跨境收支总额 27.1 亿美元，同比增长 3.2%，占全省涉外收支的 2%。其中，收入 13.6 亿美元，同比下降 12.4%，支出 13.5 亿美元，同比增长 25.7%。全年结售汇总额 17.3 亿美元，同比增长 15.3%，其中，结汇额 8.2 亿美元，同比下降 15%，售汇额 9.1 亿美元，同比增长 69.4%。

（六）金融生态环境建设进一步完善

2020 年，河南省持续优化金融生态环境。社会信用体系建设持续推进，农村和中小微企业征信服务供给水平进一步提升；支付体系建设提质增效，支付清算市场安全高效运行；持续加强金融知识宣传教育，切实维护金融消费者合法权益。

1. 社会信用体系建设持续推进，农村和中小微企业征信服务供给水平进一步提升。贯彻落实八部委关于进一步强化小微企业金融服务要求，大力推广在线供应链融资模式，全年全省促成融资 1364 笔、762 亿元，其中，中、小微企业融资笔数和金额分别占比 81%、89%。积极参与推进，着力增加小微企业征信服务供给，全年建成 2 家省级和 7 家市级地方征信平台，累计归集涉企信息 63 万余户。深入推进农村信用体系建设，扩展农户信息采集广度，河南省农村信用信息系统覆盖了全省85%的农户、100%的建档立卡贫困户。

2. 支付体系建设提质增效，支付清算市场安全高效运行。2020年，移动支付便民工程建设持续推进，全省“云闪付”App当年新增注册用户、绑卡用户均居全国第一位，累计注册用户、绑卡用户分别居全国第二、三位；校园场景交易量居全国第二位。探索完善非银行支付机构监管工作机制，首次开展支付机构分公司监管分类评分，实施精准监管。首次逐点开展农村支付服务点分类评估、动态管理，17859个服务点升级建设为普惠金融服务站，全省支付服务点行政村覆盖率达99.8%。中央银行会计核算数据集中系统（ACS）质量持续提升，全省法人银行机构100%接入ACS综合前置子系统并全部启用自助转账功能。积极支持抗疫防疫和企业复工复产，建立抗疫账户“绿色通道”，全省开立抗疫相关单位账户543户。

3. 持续加强金融知识宣传教育，切实维护金融消费者合法权益。严格落实中国人民银行“打造暖心热线 传递央行温暖”工作要求，持续规范12363投诉咨询电话管理，2020年全省人民银行系统共受理咨询18741起、投诉2965起。开展驻豫金融机构金融消费权益保护监督检查，对检查出问题的单位依法进行行政处罚。持续深入推进金融知识纳入国民教育体系，全年共有4市、18县以政府发文、联合发文等形式积极推动工作开展。大力推动河南金融消费权益保护协会获批成立，协会下设河南省金融纠纷调解中心，与郑州市金水区法院签署了《金融消费纠纷诉调工作备忘录》，开启河南省金融纠纷多元化解机制建设新篇章。

二、经济运行情况

2020年，面对新冠肺炎疫情冲击和复杂多变的国内外环境，河南省统筹推进疫情防控和经济社会发展，全省生产供给不断改善，市场需求稳步回暖，新动能继续增强，民生大局总体平稳，经济运行呈现持续稳定恢复向好态势。全年实现地区生产总值5.5万亿元，同比增长1.3%。

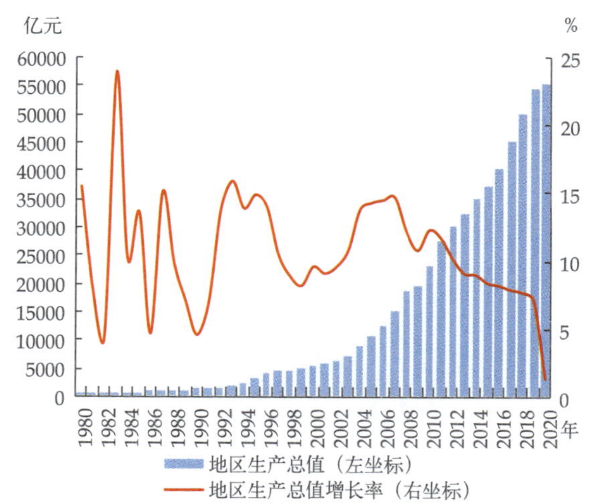

图6　1980—2020年河南省地区生产总值及其增长率

（数据来源：河南省统计局）

（一）需求逐步回稳向好，新动能继续增强

2020年，河南省投资增速率先恢复，投资结构趋于优化；河南省因时因势促进消费回稳，乡村消费潜力逐步释放；进出口总值再创历史新高，进出口增速位居全国前列。

1. 投资增长率先恢复，投资结构继续优化。2020年第一至第四季度，河南省固定资产投资（不含农户）累计同比分别增长-7.5%、2.6%、3.6%和4.3%。从投资结构看，高技术制造业投资同比增长24.3%，高于全部投资增速20.0个百分点，对投资增长发挥了主导作用，其中医药制造业投资、电子及通信制造业投资同比分别增长36.5%、21.7%；工业投资、民间投资同比分别增长2.7%、2.5%，增速分别低于上年7.0个、4.2个百分点。

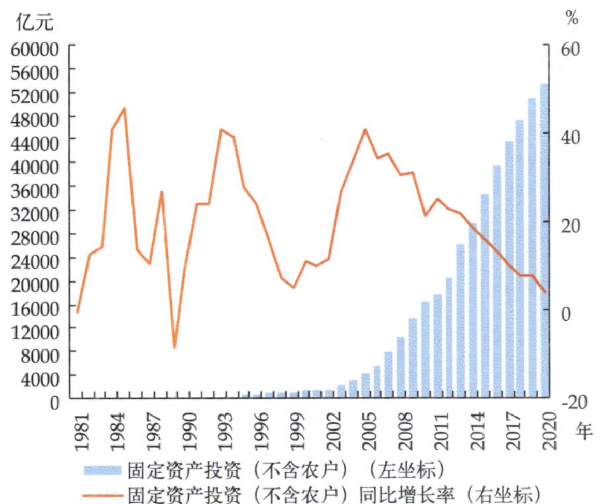

图 7　1981—2020 年河南省固定资产投资（不含农户）及其增长率

（数据来源：河南省统计局）

2. 消费品市场呈稳定复苏态势，乡村消费潜力进一步释放。2020 年第一至第四季度，河南省社会消费品零售总额累计同比分别下降 21.9%、11.3%、7.0% 和 4.1%。针对疫情下居民消费方式变化特点，大力发展网络消费、在线教育、在线医疗等新业态。限额以上单位的新能源汽车、能效等级为 1 级、2 级的家用电器和音响器材等消费升级类商品较快增长，同比分别增长 20.8%、10.0%。乡村消费潜力进一步释放，乡村消费品零售额同比增长 5.4%，高于城镇消费品零售额同比增速 5.8 个百分点。

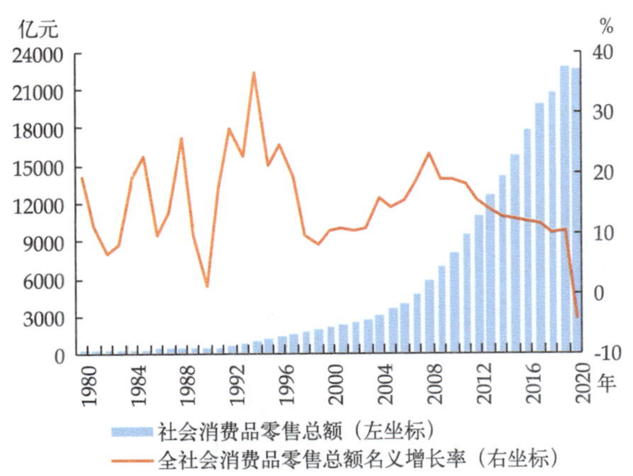

图 8　1980—2020 年河南省社会消费品零售总额及其增长率

（数据来源：河南省统计局）

3. 进出口总值创历史新高，对外贸易保持顺差。2020 年，河南省进出口总值 6654.8 亿元，同比增长 16.4%，增速较上年提高 12.8 个百分点。其中，出口增速较上年提高 3.6 个百分点，进口增速较上年提高 30.5 个百分点。全年实现顺差 1495.2 亿元。从交易国别看，美国、东盟、欧盟为前三大贸易对象，全年全省对美国进出口增速由负转正，同比增长 4.9%；对“一带一路”倡议参与国家进出口总额 1562.7 亿元，同比增长 14.6%。

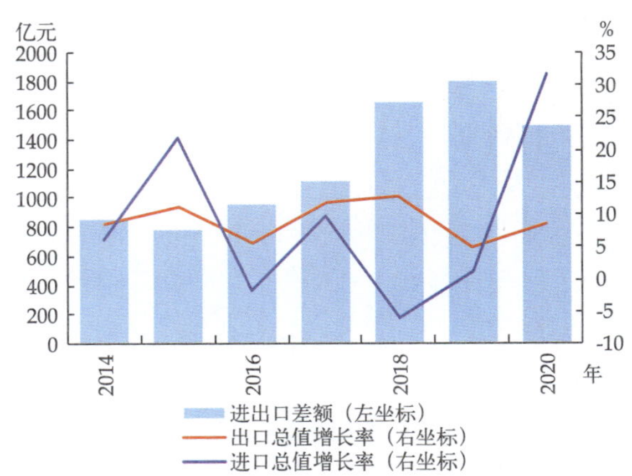

图 9　2014—2020 年河南省外贸进出口变动情况

（数据来源：河南省统计局）

（二）产业结构持续优化，服务业地位进一步巩固

2020 年，河南省三次产业增加值比重结构为 9.7 : 41.6 : 48.7，产业结构进一步优化。

1. 粮食产量再创新高，生猪生产较快恢复。2020 年，河南省粮食总产量 1365.2 亿斤，连续四年超 1300 亿斤。全年禽蛋产量 449.4 万吨，同比增长 1.6%；牛奶产量 210.1 万吨，同比增长 2.9%；猪牛羊禽肉产量 538.2 万吨，同比下降 2.8%，主要受猪肉产量下降影响，猪肉产量 324.8 万吨，同比下降 5.7%。2020 年末，生猪存栏 3887.0 万头，其中能繁殖母猪存栏 402.6 万头，分别比上年末增长 22.6% 和 33.7%。

2. 工业生产逐步恢复，高技术制造业较快发展。2020 年，河南省规模以上工业增加值同比增长 0.4%，比前三季度提高 0.6 个百分点。

分三大门类看，采矿业增加值同比增长 4.2%，制造业同比下降 0.3%，电力、热力、燃气及水生产和供应业同比增长 4.8%。高技术制造业增加值同比增长 8.9%，高于规模以上工业增加值增速 8.5 个百分点。从产品产量看，智能制造、电子信息、新能源等知识密集型、高附加值的新产品快速增长，规模以上工业企业的光电子器件、传感器、发动机、锂离子电池产量同比分别增长 89.2%、73.3%、40.3% 和 32.7%。

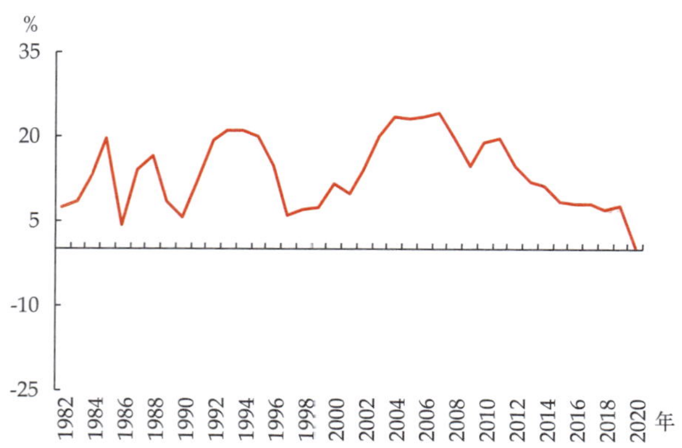

图 10　1982—2020 年河南省规模以上工业增加值实际增长率

（数据来源：河南省统计局）

3. 服务业地位进一步巩固。2020 年，河南省第三产业增加值 2.7 万亿元，占 GDP 的比重较上年提高 0.2 个百分点，服务业继续保持对经济增长的较强拉动力。2020 年，河南省着力推动服务业结构升级，突出数字化，大力扩大新兴消费市场，现代物流、现代金融、信息服务、文化旅游、健康养老、科技服务、商务服务等服务产业，以扩大规模、优化结构、提升质量效益为重点，引领带动服务业实现全面转型升级。

（三）物价温和上涨，就业形势总体稳定

1. 居民消费价格涨幅回落。2020 年，河南省居民消费价格同比上涨 2.8%，涨幅较上年回落 0.2 个百分点。分城乡看，城市上涨 2.5%，农村上涨 3.3%。分类别看，食品烟酒、其他用品和服务价格上涨较多，同比分别上涨 8.5%、7.6%，是拉动 CPI 上涨的主要因素；服装、居住、生活用品及服务、交通通信价格略有下降；教育文化和娱乐、医疗保健价格温和上涨。

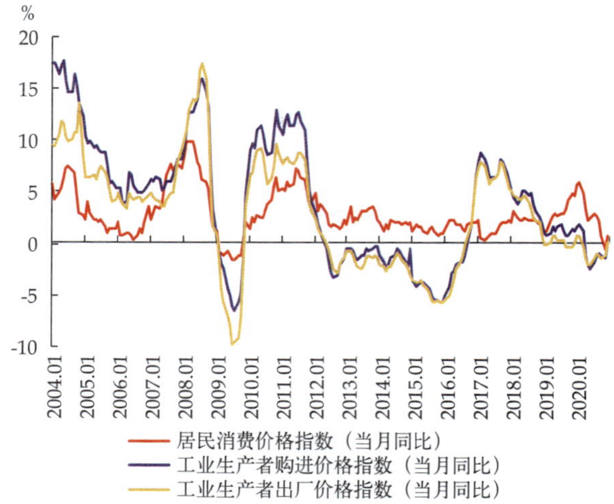

图 11　2004—2020 年河南省居民消费价格指数和生产者价格指数变动趋势

（数据来源：河南省统计局）

2. 工业品价格下跌。受疫情冲击影响，2020 年全省工业生产缓慢恢复，工业品价格低迷，全年工业生产者出厂价格同比下降 0.8%，较上年回落 1.0 个百分点；工业生产者购进价格同比下降 0.6%，较上年回落 1.8 个百分点。

3. 就业形势总体稳定。2020 年，全省实现城镇新增就业 122.6 万人，年末城镇登记失业率为 3.2%。河南省把稳企业保就业作为重要政治任务，积极实施就业优先政策，全年全省减免企业养老、失业、工伤 3 项社保费 563.9 亿元，惠及企业 21.9 万家；累计支出稳岗返还资金 64.2 亿元，惠及企业 3.6 万家、职工 259.1 万人。全年实现新增农村劳动力转移就业 45.8 万人，36.9 万失业人员实现再就业，12.2 万就业困难人员实现就业。全年开展创业培训 398.1 万人次，新增发放创业担保贷款 144 亿元，扶持 10.0 万人自主创业，带动和吸纳就业 26.5 万人。

（四）财政收入持续恢复增长，民生和重点支出保障有力

2020 年，河南省财政收入呈现恢复增长态势，民生和重点支出保障有力，地方政府债券

发行量增加较多。

1. 财政收入恢复增长态势。在新冠肺炎疫情巨大冲击、经济下行压力加大的情况下，河南省全面落实更加积极的财政政策，严格落实一系列助企纾困减税降费政策，全省财政增收压力加大，2020 年前 10 个月，全省财政总收入增长 0.4%，增速年内首次实现由负转正。全年全省财政总收入 6267.4 亿元，同比增长 1.3%。一般公共预算收入 4155.2 亿元，同比增长 2.8%。其中，地方税收收入 2764.7 亿元，同比下降 2.7%，税收收入占一般公共预算收入的比重为 66.5%；非税收入 1390.6 亿元，同比增长 15.8%。

2. 民生和重点支出保障有力。河南省财政部门严格落实过紧日子的要求，继续压减非急需非刚性支出，加快直达资金分配和使用进度，大力清理盘活各类存量资金，疫情防控、脱贫攻坚、基层“三保”等重点领域支出得到有力保障。全年全省一般公共预算支出 10382.8 亿元，同比增长 2.2%。各项民生及重点支出保障较好，全年全省民生支出 7957.6 亿元，占一般公共预算支出的比重为 76.6%。用于科学技术、交通运输、住房保障的支出同比分别增长 18%、12.8% 和 23.4%。

3. 地方政府债券发行量增加较多。2020 年，河南省共发行地方政府债券 2728.4 亿元，同比增长 50.2%。其中，一般债券 951.6 亿元、专项债券 1776.8 亿元。从期限看，10 年、15 年、30 年期债券合计占发行总量的 67.9%。从债券类型看，新增债券、再融资债券分别为 2053.3 亿元、675.1 亿元，同比分别增长 41.8%、83.1%。

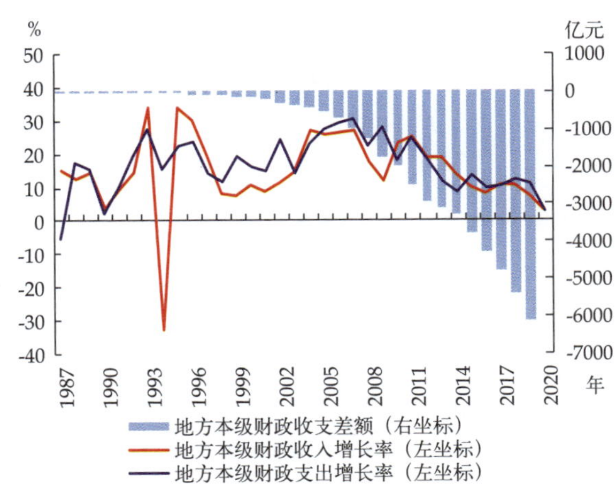

图 12　1987—2020 年河南省财政收支状况

（数据来源：河南省统计局）

专栏 2　贷款市场报价利率改革有效引导利率下行

2020 年，随着贷款市场报价利率（LPR）在新发放贷款和存量贷款中的广泛运用，LPR 引导贷款利率下行效果提升。同时，结构性货币政策工具和“稳企业保就业”货币政策传导有效，小微企业贷款利率下降幅度显著高于全部贷款。贷款利率市场化对存款利率市场化起到了重要推动作用，商业银行自主定价能力增强，存款利率趋于下行，为进一步降低贷款利率提供了空间。

一、LPR 改革引导贷款利率下行明显，传导效率在不同类型金融机构间存在差异

2020 年以来，河南省大力推广运用 LPR，引导贷款利率下行取得明显成效。2020 年 12 月，河南省全部金融机构新发放一般贷款加权平均利率为 5.93%，同比回落 0.68 个百分点。“稳企业保就业”政策和结构性货币政策工具传导有效，小型和微型企业贷款利率下降幅度较大。2020 年 12 月，河南省全部金融机构新发放大型、中型、小型、微型企业贷款利率全面回落，同比分别下降 0.29 个、0.59 个、1.05 个和 1.13 个百分点。

分机构看，不同类型金融机构贷款利率回落幅度存在差异。从总体贷款利率看，股份制银行回落幅度最大，政策性银行下降幅度最小，2020年12月，政策性银行、国有商业银行、股份制银行、城商行、农信社（含农商行）、村镇银行新发放一般贷款加权平均利率同比分别回落0.32个、0.36个、0.75个、0.55个、0.52个和0.63个百分点。从小微企业贷款利率看，村镇银行回落幅度最大，农信社（含农商行）下降幅度最小，2020年12月，政策性银行、国有商业银行、股份制银行、城商行、农信社（含农商行）、村镇银行新发放小微企业贷款加权平均利率同比分别回落0.55个、0.64个、0.89个、0.98个、0.47个和1.5个百分点。

二、银行内部资金转移定价管理朝着有利于利率下行方向变化

一方面，贷款内部资金转移定价（FTP）全面下调，朝着有利于降低贷款利率尤其是降低小微企业贷款利率的方向变化。总体来看，2019年8月改革完善贷款市场报价利率形成机制以来，贷款内部资金转移定价保持下行态势，四大行、股份制银行以及经营管理水平相对较高的城商行已经将LPR纳入FTP系统，实现与LPR报价同频率按月调整变动。另一方面，存款内部资金转移定价朝着有利于优化存款结构、降低付息率的方向变化。从不同类型存款看，3年及以上期限的存款内部资金转移定价下调幅度高于其他期限的存款，反映出商业银行控制长期限、高成本存款的意图。

三、银行存款利率管理行为出现积极变化，为进一步降成本提供了空间

一是存款利率有所下行。2020年12月末，河南省全部金融机构活期存款余额加权平均利率0.33%，同比回落0.02个百分点；2020年12月，定期存款发生额加权平均利率2.1%，同比回落0.1个百分点。

二是银行主动调整存款结构以稳定负债端资金成本。2020年，金融机构主动压降付息率较高的长期限一般性存款，主要为3年期（含）及以上定期存款；主动降低市场化程度较高且利率较高的负债产品发行，主要是降低大额存单和结构性存款发行额度。

三、预测与展望

2021年，河南省经济发展面临的挑战与机遇并存。一方面，经济恢复基础尚不稳固，新冠肺炎疫情和外部环境存在较大不确定性，经济发展不平衡不充分问题仍然突出，关键领域改革任务仍然艰巨。另一方面，我国经济运行中积极因素增多，省内一批重大投资项目将为稳增长提供坚实支撑，消费将逐步恢复至正常水平，外贸形势稳中向好，预计河南省主要经济指标将显著好于2020年。

2021年，河南省金融系统将认真贯彻落实稳健货币政策，把握好灵活精准、合理适度的要求，进一步优化信贷结构，聚焦高质量发展主题，加大对制造业、科技创新、绿色发展等重点领域支持力度，进一步提升民营小微企业金融支持水平，妥善处理好恢复经济和防范风险关系，牢牢守住不发生区域性金融风险的底线。预计2021年河南省社会融资总量继续稳步增长，金融业对实体经济的支持力度将进一步提升。

中国人民银行郑州中心支行货币政策分析小组

总　　纂： 徐诺金　王深德

统　　稿： 帅　洪　徐红芬

执　　笔： 许艳霞　赵玉龙　郭玉鑫

提供材料： 王利娟　汪大敏　郭　磊　沈志宏　张　蕾　银小柯　郑　方　万　里　于囡囡
孙　芳　李　琨　罗晓蕾　王　浩　袁彦娟　郑霄鹏　张　铮　马云路　张　妍
刘德光　张振轩　苗晓艳　刘　晗　刘　芳　刘　昭　郭玲玲　张虹汐　张智芳
杜明荃　谢幸杰　高宁泽

附录

（一）2020年河南省经济金融大事记

4月20日，中国人民银行郑州中心支行印发《河南省“百千万”行动计划和“861”暖春行动政银企对接工程方案》，通过凝聚政银企支持合力，推进落细金融支持优惠政策。

5月7日，兰考县普惠金融“一平台四体系”模式探索入选“河南省首届经济体制改革十大案例”。

5月14日，金融委办公室地方协调机制（河南省）成立大会暨2020年第一次会议在郑州召开，标志着金融委办公室地方协调机制在河南省正式落地运行。

6月30日，郑州商品交易所动力煤期权正式挂牌上市。

7月2日，《河南省支持市场主体普惠特别帮扶计划方案》印发，推动辖内金融支持稳企业保就业工作取得良好开局，更好支持实体经济回暖向好。

截至8月末，金融扶贫“卢氏模式”已复制推广到全省，总体上形成了覆盖全省农村地区的县乡村三级金融服务网络。

9月4日，“金融知识普及月 金融知识进万家 争做理性投资者 争做金融好网民”活动成功启动，活动面向金融消费者和投资者，宣传金融知识、金融支持“稳企业保就业”政策和金融风险防范技能。

9月13日，中国人民银行郑州中心支行承办金融消费权益保护12363技能竞赛决赛，并获得团体一等奖。

11月7日，河南省漯河市作为试点地区，先行启用存款保险标识；11月28日，在全国范围内统一启用存款保险标识。

（二）2020 年河南省主要经济金融指标

表 1　2020 年河南省主要存贷款指标

	项目	1 月	2 月	3 月	4 月	5 月	6 月	7 月	8 月	9 月	10 月	11 月	12 月
本外币	金融机构各项存款余额（亿元）	73083.1	73116.6	75879.5	74910.3	76306.6	77399.0	76728.8	77392.8	77831.2	77225.6	76985.0	77552.6
	其中：住户存款	43125.1	43106.7	44282.2	43641.9	43728.7	44806.9	44546.5	44702.4	45620.1	45133.0	45475.4	46186.1
	非金融企业存款	17831.1	17716.3	18815.9	18764.9	19344.3	19555.8	19033.9	19070.1	18894.0	18588.7	18068.7	18434.2
	各项存款余额比上月增加（亿元）	2312.1	33.5	2762.9	-969.3	1396.3	1092.4	-670.2	664.0	438.4	-605.5	-240.7	567.6
	金融机构各项存款同比增长（%）	7.8	6.3	8.1	7.9	9.8	9.9	9.6	9.7	9.9	9.5	9.3	9.6
	金融机构各项贷款余额（亿元）	58547.2	58910.4	60186.1	60759.9	61353.0	62123.7	62365.7	62823.9	63284.5	63445.5	63776.0	64115.2
	其中：短期	17656.2	17546.8	18097.9	18071.1	18210.1	18539.0	18396.3	18447.1	18462.5	18446.6	18491.7	18426.7
	中长期	37637.0	37996.2	38680.4	39183.0	39547.4	39991.6	40380.6	40746.6	41333.0	41547.2	41864.4	42243.6
	票据融资	2489.4	2588.8	2585.4	2657.3	2690.8	2656.8	2639.5	2663.2	2505.7	2465.9	2457.4	2518.2
	各项贷款余额比上月增加（亿元）	1653.6	363.3	1275.7	573.8	593.0	770.7	242.0	458.3	460.6	161.0	330.5	339.3
	其中：短期	470.5	-109.4	551.2	-26.9	139.1	328.9	-142.7	50.8	15.3	-15.8	45.1	-65.0
	中长期	1008.1	359.2	684.3	502.5	364.4	444.2	389.0	365.9	586.5	214.2	317.2	379.1
	票据融资	134.9	99.4	-3.4	71.9	33.5	-34.0	-17.2	23.7	-157.5	-39.8	-8.5	60.8
	金融机构各项贷款同比增长（%）	15.5	15.0	15.4	15.5	15.4	15.3	14.3	13.9	13.3	13.0	12.7	12.7
	其中：短期	8.4	7.3	9.2	8.9	9.1	9.7	7.7	7.6	6.7	7.0	6.0	5.6
	中长期	19.0	18.4	18.2	18.1	18.0	17.7	17.5	17.0	17.0	16.5	16.6	16.2
	票据融资	24.7	26.8	23.6	28.6	22.8	17.5	13.4	12.7	2.8	-0.2	1.0	7.0
	建筑业贷款余额（亿元）	1884.2	1881.7	1943.9	1986.8	2002.3	2012.8	2020.9	2032.9	2029.8	2066.2	2071.8	2085.7
	房地产业贷款余额（亿元）	2341.9	2349.0	2396.0	2397.1	2376.8	2340.6	2322.0	2283.3	2247.1	2231.0	2215.1	2189.0
	建筑业贷款同比增长（%）	21.8	20.9	22.2	23.2	22.2	18.9	18.7	17.7	16.1	18.1	17.5	17.2
	房地产业贷款同比增长（%）	19.6	18.4	17.4	17.3	15.1	10.0	9.0	4.9	0.2	-0.6	0.4	-3.2
人民币	金融机构各项存款余额（亿元）	71780.2	71877.9	74482.1	73601.1	74946.2	75934.0	75294.6	75808.9	76433.7	76027.2	75884.4	76446.2
	其中：住户存款	42993.2	42969.7	44134.1	43495.0	43584.8	44664.9	44405.1	44562.3	45478.4	44989.4	45332.1	46042.5
	非金融企业存款	16708.5	16665.3	17618.9	17654.3	18168.0	18277.7	17786.4	17662.9	17680.4	17566.0	17142.6	17493.8
	各项存款余额比上月增加（亿元）	2271.6	97.7	2604.2	-881.0	1345.1	987.8	-639.4	514.3	624.8	-406.4	-142.9	561.8
	其中：住户存款	2479.7	-23.5	1164.4	-639.1	89.8	1080.1	-259.8	157.2	916.1	-489.0	342.6	710.4
	非金融企业存款	-192.3	-43.2	953.6	35.4	513.7	109.6	-491.3	-123.5	17.5	-114.4	-423.4	351.2
	各项存款同比增长（%）	7.6	6.2	7.9	7.9	9.8	9.7	9.4	9.3	9.7	9.8	9.6	10.0
	其中：住户存款	12.9	8.6	10.2	9.9	10.1	11.4	10.4	10.8	11.6	11.9	13.0	13.6
	非金融企业存款	0.5	2.2	3.1	5.9	9.3	8.1	9.0	7.6	6.9	7.4	4.2	3.5
	金融机构各项贷款余额（亿元）	57249.7	57608.4	58761.2	59370.3	59883.0	60556.2	60859.0	61325.3	61897.8	62089.0	62478.7	62866.7
	其中：个人消费贷款	17693.1	17725.4	18091.2	18463.9	18806.6	19144.8	19429.4	19693.8	19958.6	20163.9	20374.2	20485.8
	票据融资	2489.4	2588.8	2585.4	2657.3	2690.8	2656.8	2639.5	2663.2	2505.7	2465.9	2457.4	2518.2
	各项贷款余额比上月增加（亿元）	1590.7	358.7	1152.8	609.1	512.7	673.2	302.7	466.4	572.5	191.2	389.7	388.0
	其中：个人消费贷款	444.6	32.3	365.8	372.8	342.7	338.2	284.5	264.4	264.8	205.4	210.2	111.7
	票据融资	134.9	99.4	-3.4	71.9	33.5	-34.0	-17.2	23.7	-157.5	-39.8	-8.5	60.8
	金融机构各项贷款同比增长（%）	15.5	15.0	15.3	15.6	15.4	15.0	14.2	13.8	13.4	13.1	12.9	12.9
	其中：个人消费贷款	24.1	22.7	22.2	22.0	22.4	22.4	22.3	21.9	21.5	21.3	20.2	18.8
	票据融资	24.7	26.8	23.6	28.6	22.8	17.5	13.4	12.7	2.8	-0.2	1.0	7.0
外币	金融机构外币存款余额（亿美元）	189.2	176.8	197.2	185.5	190.8	206.9	205.3	230.9	205.2	178.2	167.3	169.6
	金融机构外币存款同比增长（%）	15.7	4.3	16.4	5.9	9.3	17.0	16.4	37.7	24.4	-1.8	-3.2	-6.3
	金融机构外币贷款余额（亿美元）	188.4	185.8	201.1	196.9	206.1	221.4	215.7	218.4	203.6	201.8	197.2	191.4
	金融机构外币贷款同比增长（%）	13.5	7.9	17.1	6.6	9.9	24.1	19.9	24.7	14.1	13.9	10.6	8.2

数据来源：中国人民银行郑州中心支行。

表 2　2001—2020 年河南省各类价格指数

单位：%

时间		居民消费价格指数		农业生产资料价格指数		工业生产者购进价格指数		工业生产者出厂价格指数	
		当月同比	累计同比	当月同比	累计同比	当月同比	累计同比	当月同比	累计同比
2001		—	0.7	—	-0.9	—	1.9	—	0.5
2002		—	0.1	—	0.9	—	-2.4	—	-1.4
2003		—	1.6	—	1.9	—	7.8	—	5
2004		—	5.4	—	11.4	—	15.7	—	10.2
2005		—	2.1	—	7.9	—	8.3	—	6.1
2006		—	1.3	—	1.2	—	5.3	—	4.3
2007		—	5.4	—	6.1	—	6.4	—	5.2
2008		—	7.0	—	20.9	—	11.9	—	12.1
2009		—	-0.6	—	-1.9	—	-2.9	—	-5.1
2010		—	3.5	—	3.1	—	10.2	—	7.8
2011		—	5.6	—	11.1	—	10.1	—	7.2
2012		—	2.5	—	5.4	—	-0.8	—	-0.6
2013		—	2.9	—	1.3	—	-0.7	—	-1.5
2014		—	1.9	—	-2.1	—	-1.6	—	-1.9
2015		—	1.3	—	0.3	—	-4.6	—	-4.6
2016		—	1.9	—	0.8	—	-0.8	—	-1.0
2017		—	1.4	—	-0.3	—	7.3	—	6.8
2018		—	2.3	—	4.3	—	4.0	—	3.6
2019		—	3.0	—	3.8	—	1.2	—	0.2
2020		—	2.8	—	3.6	—	-0.6	—	-0.8
2019	1	1.2	1.2	-0.3	1.0	1.0	—	0.0	—
	2	1.2	1.2	0.6	1.8	0.7	0.8	-0.1	-0.1
	3	2.3	1.6	1.3	1.6	1.1	0.9	0.2	0.0
	4	2.8	1.9	1.1	1.8	1.6	1.1	0.7	0.2
	5	2.9	2.1	-0.2	2.0	1.2	1.1	0.8	0.3
	6	2.7	2.2	2.4	2.0	1.7	1.2	0.3	0.3
	7	3.0	2.3	0.1	2.1	1.9	1.3	0.3	0.3
	8	3.0	2.4	1.4	2.3	1.2	1.3	0.3	0.3
	9	3.3	2.5	5.5	2.6	0.7	1.2	-0.3	0.2
	10	4.2	2.6	1.8	3.1	0.7	1.2	-0.3	0.2
	11	5.0	2.9	-0.4	3.5	1.4	1.2	-0.2	0.2
	12	4.6	3	7	3.8	1.2	1.2	0.1	0.2
2020	1	5.8	5.8	6.9	6.9	1.7	1.7	0.9	0.9
	2	5.9	5.8	6.9	6.9	1.9	1.8	0.9	0.9
	3	4.8	5.5	6.3	6.7	1.3	1.6	-0.3	0.5
	4	3.4	4.9	4.5	6.2	-1.1	0.9	-1.4	0.0
	5	2.3	4.4	4.1	5.7	-2.1	0.3	-2.1	-0.4
	6	2.5	4.1	4.2	5.5	-2.4	-0.1	-2	-0.7
	7	2.9	3.9	5.2	5.4	-1.8	-0.4	-1.3	-0.8
	8	2.7	3.8	4.5	5.3	-1.1	-0.5	-1	-0.8
	9	2.2	3.6	2.1	4.9	-1	-0.5	-1.1	-0.8
	10	0.9	3.3	-0.6	4.4	-1.1	-0.6	-1.4	-0.9
	11	-0.4	3	-0.5	3.9	-1.3	-0.6	-1.2	-0.9
	12	0.8	2.8	0.3	3.6	0.2	-0.6	0.2	-0.8

数据来源：河南省统计局、《中国经济景气月报》。

表 3　2020 年河南省主要经济指标

项目	1 月	2 月	3 月	4 月	5 月	6 月	7 月	8 月	9 月	10 月	11 月	12 月
	绝对值（自年初累计）											
地区生产总值（亿元）	—	—	11510.2	—	—	25608.5	—	—	39876.7	—	—	54997.1
第一产业	—	—	688.7	—	—	2149.6	—	—	4078.8	—	—	5353.7
第二产业	—	—	4745.7	—	—	10866.6	—	—	16596.7	—	—	22875.3
第三产业			6075.8			12592.3			19201.2			26768.0
工业增加值（亿元）	—	—	—	—	—	—	—	—	—	—	—	—
固定资产投资（亿元）	—	—	—	—	—	—	—	—	—	—	—	—
房地产开发投资	—	416.6	1168.9	1831.2	2585.8	3346.1	4004.8	4657.1	5391.3	6112.2	6911.3	7782.3
社会消费品零售总额（亿元）	—	2950.2	4546.7	6313.3	8181.6	10090.2	11879.6	13787.4	15770.2	17957.9	20220.5	22502.8
外贸进出口总额（亿元）	—	594.8	1072.9	1473.3	1859.5	2280.4	2762.8	3235.1	3771.3	4594.5	5742.1	6654.8
进口	—	232.2	427.7	549.1	668.3	814.4	975.9	1168.8	1452.0	1813.0	2227.2	2579.8
出口	—	362.6	645.2	924.2	1191.1	1466.0	1787.0	2066.4	2319.3	2781.5	3514.8	4075.0
进出口差额（出口－进口）	—	130.5	217.6	375.0	522.8	651.6	811.1	897.6	867.4	968.5	1287.6	1495.1
实际利用外资（亿美元）	—	15.9	31.4	49.1	68.6	100.2	109.2	121.1	143.8	164.8	184.5	200.6
地方财政收支差额（亿元）	—	-954.4	-1729.7	-2139.3	-2593.3	-3753.7	-3914.8	-4304.5	-5037.4	-5113.6	-5410.1	-6227.5
地方财政收入	—	620.2	936.9	1277.8	1625.3	2133.3	2513.1	2790.7	3192.4	3538.2	3802.7	4155.2
地方财政支出	—	1574.6	2666.6	3417.1	4218.6	5887.0	6428.0	7095.2	8229.8	8651.8	9212.7	10382.8
城镇登记失业率（%）（季度）	—	—	3.2	—	—	3.2	—	—	3.2	—	—	3.2
	同比累计增长率（%）											
地区生产总值	—	—	-6.7	—	—	-0.3	—	—	0.5	—	—	1.3
第一产业	—	—	-9.7	—	—	-3.5	—	—	0.8	—	—	2.2
第二产业	—	—	-8.1	—	—	-0.1	—	—	0	—	—	0.7
第三产业	—	—	-4.9	—	—	0	—	—	0.8	—	—	1.6
工业增加值	—	-13.0	-6.8	-2.9	-0.6	0.6	-1.1	-0.9	-0.2	0.3	0.5	0.4
固定资产投资	—	-26.0	-7.5	-1.1	0.9	2.6	2.9	3.1	3.6	3.8	4.1	4.3
房地产开发投资	—	-22.5	-2.3	0.7	2.7	2.6	3.4	3.5	3.8	4.0	4.2	4.3
社会消费品零售总额	—	-26.5	-21.9	-17.4	-13.6	-11.3	-9.8	-8.4	-7.0	-5.7	-4.8	-4.1
外贸进出口总额	—	-12.1	4.6	8.4	6.1	7.7	9.2	9.5	2.4	2.9	11.4	16.4
进口	—	14.7	36.9	28.3	20.8	21.6	16.9	12.8	11.3	14.9	24.2	31.7
出口	—	-23.6	-9.5	-0.8	-0.7	1.3	5.4	7.7	-2.4	-3.7	4.7	8.5
实际利用外资	—	-12.5	-11.9	-3.9	-1.3	3.2	1.3	2.0	3.4	4.7	4.1	7.1
地方财政收入	—	-11.0	-16.0	-11.5	-6.9	-0.7	0.5	1.3	1.9	2.0	2.6	2.8
地方财政支出	—	-3.4	-6.2	-1.6	-0.1	-4.1	-1.8	0.5	-1.1	0.1	0.7	2.2

数据来源：河南省统计局。

湖北省金融运行报告（2021）

中国人民银行武汉分行货币政策分析小组

[内容摘要] 2020年，湖北省认真贯彻落实中央各项决策部署，全力打好战疫、战洪、战贫三场硬仗，交出了疫情防控和经济社会发展双胜利的答卷。全年经济平稳复苏，产业结构持续优化，疫后重振有力有序推进，高质量发展取得新进展，全面建成小康社会胜利在望。2020年全省实现生产总值43443.5亿元，同比下降5.0%，降幅比第一季度收窄34.2个百分点。全省金融部门积极贯彻执行稳健的货币政策，推动融资成本下降，全力推进中央一揽子金融支持政策落地见效。2020年末，湖北省本外币各项存款余额6.7万亿元，同比增长10.9%，本外币各项贷款余额6.0万亿元，同比增长14.6%。

经济运行主要呈现如下特点：一是三大需求逐步向好，进出口逆势增长。2020年，固定资产投资比上年下降18.8%，降幅比第一季度收窄64.0个百分点。社会消费品零售总额17984.9亿元，比上年下降20.8%，降幅比第一季度收窄24.1个百分点，智能手机、能效等级为1级、2级的家用电器限上商品零售额分别增长18.8%、17.3%，实物商品网上零售额增长4.6%。进出口总额4294.1亿元，比上年增长8.8%，其中出口总额2702.0亿元，增长8.7%，进口总额1592.1亿元，增长9.1%；实际外商直接投资103.5亿美元，比上年下降19.8%，降幅比第一季度收窄76.5个百分点。二是产业结构持续优化，产业升级质效兼备。三次产业结构从上年的8.3 ∶ 41.7 ∶ 50.0调整为9.5 ∶ 39.2 ∶ 51.3，粮食总产量连续八年稳定在500亿斤以上，高技术制造业增加值比上年增长4.1%，增速高于规模以上工业增加值10.2个百分点。其中，全年光纤、锂离子电池、电子计算机整机、印制电路板产量分别增长4.9%、2.9%、36.1%和4.9%。全省规模以上工业企业实现利润2519.0亿元，比上年下降8.3%，降幅比第一季度收窄69.9个百分点。三是价格走势总体平稳，居民、政府收入降幅收窄。居民消费价格指数（CPI）比上年上涨2.7%，比第一季度回落3.4个百分点，工业生产者出厂价格指数（PPI）下降0.9%。城镇居民人均可支配收入为36706.0元，比上年下降2.4%，降幅比第一季度收窄9.4个百分点；农村居民人均可支配收入为16306.0元，比上年下降0.5%，降幅比第一季度收窄9.7个百分点。受新冠肺炎疫情和减税降费双重因素影响，全省地方一般公共预算收入2511.5亿元，比上年下降25.9%，降幅比第一季度收窄21.7个百分点，其中全年税收收入1923.4亿元，下降24.0%，降幅比第一季度收窄21.9个百分点。地方一般公共预算支出8439.1亿元，由第一季度下降14.1%转为全年增长5.9%。四是城市群发展机制日益完善，省际合作亮点初现。截至2020年末，长江中游省会城市召开了七届会商会、七次协调会，“沿江连片”已现雏形，在交通互联、污染防治、产业协作、服务共享等方面已取得一定成效。

金融运行主要呈现如下特点：一是金融支持实体经济力度更大，企业融资成本下行明显。制造业、普惠小微企业和县域贷款投放持续发力，2020年末贷款余额同比分别增长22.3%、26.0%和16.3%。全辖积极推进贷款市场报价利率改革，贷款利率明显下行，2020年12月人民币一般贷款加权平均利率同比下降0.7个百分点。二是证券保险业实力增强，多层次资本市场稳健发展。2020年末，证券业保持稳健发展，全省上市公司114家，新三板挂牌公司294家，区域性股权市场挂牌公司5594家；保险业实力有所增强，2020年全省累计实现保费收入1854.4亿元，同比增长7.3%。三是地区社会融资规模同比多增，企业债务融资工具规模取得突破。

2020 年，全省社融规模增长 10432.6 亿元，突破万亿元大关，同比多增 1698.6 亿元，居中部第三位。债务融资工具发行量和存量均创历史新高，债务融资支持工具发行 223 只，融资金额 1686.4 亿元，同比增长 20.4%，增速较上年提高 3.4 个百分点，净融资规模 673.8 亿元，同比多增 44.5 亿元。2020 年末，全省债务融资工具存续金额上升至 3529.3 亿元。四是金融生态环境持续优化，金融消费者权益保护工作稳步推进。2020 年，依托金融生态建设平台，积极发挥信用市州县创建机制作用，着力引导各地强化政银企担对接、涉企信息共享、融资风险分担，金融债权保护等重点工作，营造良好配套环境。组织金融机构开展“3·15 金融消费者权益日”等系列宣传活动，切实做好金融消费者权益保护工作。

2020 年，湖北省经济经受住了疫情和洪水的冲击，经济基本盘得到巩固，全省坚持稳中求进总基调没有变。同时，湖北作为全国因疫情管控时间最长、受冲击最大的省份，经济社会恢复及发展任务依然较重，经济稳定恢复的基础还不牢固。经济恢复压力加上疫情反复效应叠加，主要经济指标大都未恢复到 2019 年同期水平，全省经济发展不协调不充分仍然是湖北面临的突出问题。2021 年是“十四五”开局之年，也是湖北省“建成支点、走在前列、谱写新篇”的重要窗口期。全省将巩固经济持续回升态势，坚决把来之不易的经济向好势头保持好、巩固好，争取发展上的更大主动，实现“十四五”良好开局。2021 年，湖北省金融系统将按照中央经济工作会议精神，认真贯彻落实稳健的货币政策，灵活精准、合理适度，稳字当头，努力服务创新驱动、绿色发展和乡村振兴等重大战略，持续加大对小微企业、高技术制造业、县域金融、科技金融、绿色金融等重点领域和薄弱环节的支持力度，为促进湖北经济快速复苏及高质量发展营造良好的货币金融环境。

一、金融运行情况

2020 年，面对百年不遇的新冠肺炎疫情，湖北省金融部门坚决贯彻落实党中央、国务院的决策部署，认真落实宏观调控政策，推动开展“金融稳保百千万”活动，重点领域信贷保持较快增长，风险防范化解稳步推进，金融生态环境持续优化。金融市场运行平稳，多层次资本市场不断完善，保险市场逐步回归本源，支持经济社会发展能力增强。

（一）银行业稳健发展，支持实体经济力度加大

1. 资产增速小幅增加，银行体系结构逐步优化。2020 年，湖北省银行业金融机构资产总额同比增长 9.6%，较上年提高 0.1 个百分点，资产增速持续低于贷款增速。2020 年，湖北银行业金融机构体系总体保持稳定，股份制商业银行、外资银行数量均居中部前列，新引进南洋商业银行武汉分行，银行体系结构逐步优化。

表 1　2020 年湖北省银行业金融机构情况

机构类别	营业网点			法人机构（个）
	机构个数（个）	从业人数（人）	资产总额（亿元）	
一、大型商业银行	2738	59578	30872	0
二、国家开发银行和政策性银行	96	2545	12047	0
三、股份制商业银行	620	12162	10458	0
四、城市商业银行	409	9055	7430	2
五、城市信用社	0	0	0	0
六、小型农村金融机构	2135	33734	13584	78
七、财务公司	11	767	2497	5
八、信托公司	2	596	257	2
九、邮政储蓄银行	1643	7607	6431	0
十、外资银行	14	412	237	0
十一、新型农村金融机构	207	3471	449	68
十二、其他	9	1297	2494	5
合　计	7884	131224	86756	160

数据来源：湖北银保监局。

注：营业网点不包括国家开发银行和政策性银行、大型商业银行、股份制商业银行等金融机构总部数据；大型商业银行包括工商银行、农业银行、中国银行、建设银行和交通银行；小型农村金融机构包括农村商业银行、农村信用社、农村合作银行；新型农村金融机构包括村镇银行、贷款公司和农村资金互助社；其他包含金融租赁公司、汽车金融公司、货币经纪公司、消费金融公司等。

2. 存款增速稳步回升，企业存款占比提高。 2020年，得益于一揽子金融政策的有效贯彻落实，金融“稳保”工作的有力推进，在企业流动性明显改善、企业存款较大幅度增长的助推带动下，全省各项存款稳步回升，本外币各项存款余额6.7万亿元，同比增长10.9%，增幅较上年提高2.9个百分点。其中，住户存款余额3.4万亿元，同比增长13.9%。1—12月新增本外币各项存款6621.9亿元，同比多增2175.5亿元。从结构看，住户存款比年初增加4170.6亿元，占各项存款增量的63.0%；企业存款的贡献度明显提高，比年初增加1570.9亿元，占各项存款增量的23.7%，同比提高16.8个百分点；广义政府存款占比小幅提高，占各项存款增量的12.0%，同比提高6.8个百分点。

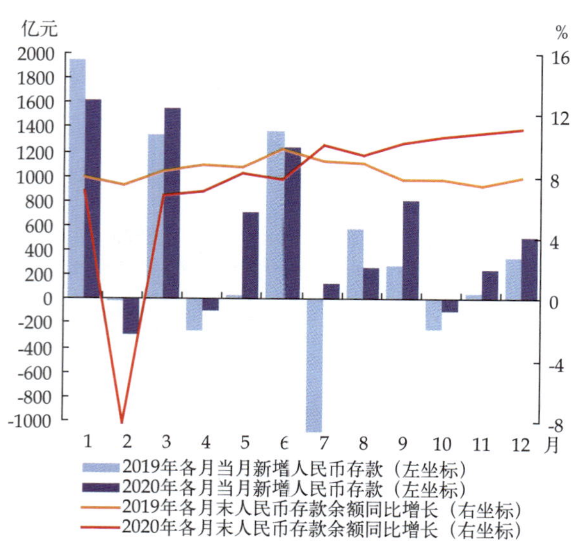

图1　2019—2020年湖北省金融机构人民币存款增长变化

（数据来源：中国人民银行武汉分行）

3. 贷款增量续创新高，信贷结构持续优化。 2020年末，全省本外币各项贷款余额6.0万亿元，同比增长14.6%，高于全国2.1个百分点，较上年提高0.6个百分点，比年初增加7629.5亿元，同比多增1422.3亿元，位居全国第六、中部省份第一，分别比上年前进两位、一位。从投向看，金融机构加大对企事业单位支持力度，企事业贷款增量占比73.6%，同比提高12.8个百分点。再贷款、再贴现、差别化存款准备金率等政策工具的精准支持作用充分发挥，重点领域和薄弱环节贷款增长较快，制造业、普惠小微企业和县域贷款余额同比分别增长22.3%、26.0%和16.3%。房地产贷款同比增长7.8%，较上年同期下降6.1个百分点。

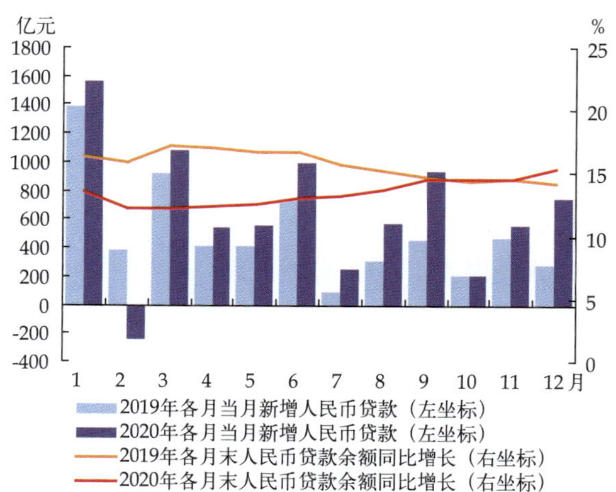

图2　2019—2020年湖北省金融机构人民币贷款增长变化

（数据来源：中国人民银行武汉分行）

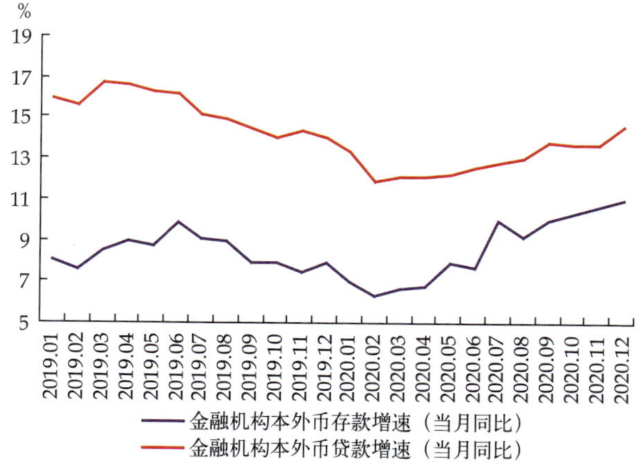

图3　2019—2020年湖北省金融机构本外币存、贷款增速变化

（数据来源：中国人民银行武汉分行）

4. 表外融资同比多降，信托贷款下降较多。 2020年监管部门加大对信托融资类业务、通道类业务的政策管控力度，持续压减存量规模，全省银信合作项目逐年压缩，信托贷款明显下降。2020年，全省表外融资合计下降1681.9亿元，同比多降925.0亿元。其中信托贷款下降1250.8亿元，同比多降756.0亿元。

5. LPR改革持续推进，贷款利率明显下行。 2020年，湖北省存量浮动利率贷款定价基准转换顺利完成。12月，人民币一般贷款加权平均利率为4.9%，同比下降0.7个百分点，小微企业贷款加权平均利率为4.7%，同比下降0.8个百分点。12月，一般贷款中利率高于LPR的贷款占比为54.6%，利率等于LPR的贷款占比为9.7%，利率低于LPR的贷款占比为35.7%，贷款利率浮动重心较9月有所下移。受发达经济体货币政策持续宽松影响，外币存款利率有所下降。12月，3个月以内大额美元存款加权平均利率为0.6%，比9月下降0.1个百分点。

表2　2020年湖北省金融机构人民币贷款各利率区间占比

单位：%

项目		1月	2月	3月	4月	5月	6月
合计		100.0	100.0	100.0	100.0	100.0	100.0
LPR减点		13.9	45.9	36.9	23.0	45.4	28.7
LPR		2.9	1.4	2.9	3.0	10.4	7.7
LPR加点	小计	83.1	52.8	60.3	74.1	44.3	63.7
	(LPR，LPR+0.5%)	22.7	12.8	17.7	37.7	10.6	17.1
	[LPR+0.5%，LPR+1.5%)	26.7	19.2	22.8	18.7	17.4	26.0
	[LPR+1.5%，LPR+3%)	19.0	10.9	11.5	8.9	7.7	10.9
	[LPR+3%，LPR+5%)	10.5	3.4	5.1	5.3	4.9	5.9
	LPR+5%及以上	4.2	6.5	3.2	3.5	3.7	3.8

续表

项目		7月	8月	9月	10月	11月	12月
合计		100.0	100.0	100.0	100.0	100.0	100.0
LPR减点		24.4	28.7	28.4	34.5	32.7	35.7
LPR		7.3	6.3	9.9	7.3	5.3	9.7
LPR加点	小计	68.3	65.0	61.7	58.2	62.1	54.6
	(LPR，LPR+0.5%)	15.6	13.1	11.6	8.4	10.8	11.3
	[LPR+0.5%，LPR+1.5%)	25.1	25.4	24.8	22.0	25.5	19.6
	[LPR+1.5%，LPR+3%)	14.7	12.7	12.6	12.6	11.5	13.4
	[LPR+3%，LPR+5%)	7.5	8.3	7.8	8.5	8.1	6.1
	LPR+5%及以上	5.3	5.5	4.8	6.6	6.2	4.2

数据来源：中国人民银行武汉分行。

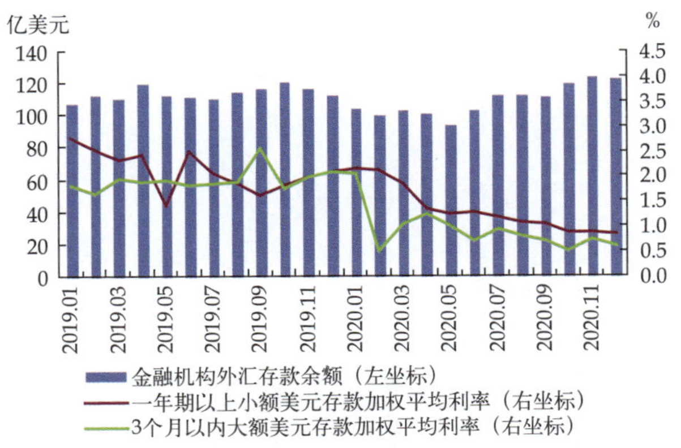

图4　2019—2020年湖北省金融机构外币存款余额及外币存款利率

（数据来源：中国人民银行武汉分行）

6. 贷款质量有所下迁，风险防范化解工作稳步推进。 2020年末，全省银行业金融机构不良贷款余额980.1亿元，不良贷款率1.6%。2020年全省银行业克服疫情冲击、应对各种挑战，加大不良资产处置和清收力度，风险抵补能力保持合理水平。

专栏1　湖北“金融稳保百千万”工作取得积极成效

面对突如其来的新冠肺炎疫情冲击，中国人民银行武汉分行联合相关部门积极推进金融支持稳企业保就业工作，推动省政府出台《“金融稳保百千万”工作方案》，深入开展重点企业融资对接，相关工作取得积极成效。

一、主要工作举措

（一）加强组织领导

湖北省级层面成立由副省长任组长、17个政府部门为成员的工作领导小组，联合相关部门确定了1334家“金融稳保百千万”省级重点支持企业，分层次指导抓好融资对接工作。搭建高效工作平台，加强日常工作交流，实时督导工作进展。

（二）抓好政策传导

省政府召开全省“金融稳保百千万”工作推进视频会，中国人民银行武汉分行先后召开人民银行系统和省级地方法人银行工作推进会，与《湖北日报》合办金融支持稳企业保就业专栏，积极向社会各界宣传有关工作。组织“湖北金融特别行”系列银企对接活动。

（三）强化督办落实

行领导带队“不打招呼、直插基层”赴基层开展调研，通过座谈了解、现场测试及时发现政策传导落实过程中的问题，督促落后地区加大工作落实力度。通过“周通报、月调度、季评估”和“通报、约谈、下发提示函”等工作方式，压实相关部门责任。组织对普惠小微贷款延期还本付息和信用贷款支持政策两项工具运用情况开展现场核查。

（四）跟踪重点问题

建立重点企业政银企融资对接台账，监测企业贷款需求、银行授信、贷款发放等情况，研究解决方案，持续跟进融资进展，督促当地人民银行、银行限时上门加强服务，确保符合条件的企业及时享受政策支持。利用金融委办公室地方协调机制，组织金融部门共同研究支持重点企业纾困稳贷政策。

二、金融支持工具落实成效

（一）用好用足人民银行1.8万亿元再贷款再贴现额度

2020年，全省相关金融机构借助各项再贷款政策资金共发放优惠利率贷款1336亿元，惠及企业14.2万户，近六成资金用于支持涉农、小微领域。

（二）充分运用4000亿元普惠小微企业信用贷款支持计划

纳入“普惠小微企业信用贷款支持计划”信用贷款本金98亿元，惠及企业4.5万户。全省央行评级1—5级地方法人银行普惠小微信用贷款余额占比10.6%，比上年提升3.3个百分点。

（三）督促金融机构落实延长延期还本付息政策安排

纳入“普惠小微企业贷款延期支持工具”延期本金220亿元，惠及3.2万户企业。6—12月，全省地方法人银行普惠小微贷款本金延期率为73.1%。

（四）通过贷款报价市场利率（LPR）改革引导利率下行

12月，湖北省金融机构企业贷款加权平均利率为4.37%，同比下降0.78个百分点，比年初下降0.85个百分点，普惠小微型企业贷款利率为5.38%，同比下降0.74个百分点，比年初下降1.14个百分点。一年期贷款FTP利率平均水平比上年末下降55个基点。

（五）优化监管政策外部激励

放宽小微企业贷款容忍度，允许小微企业贷款不良率控制在不高于各项贷款不良率3个百分点，提高基层银行“敢贷、愿贷”积极性。

（六）开展商业银行中小微企业金融服务能力提升工程

2020年末，全省普惠小微贷款余额4764.03亿元，同比增长26.04%。支持小微经济经营主体74.1万户，较年初增加15.9万户，国有大型商业银行普惠小微贷款增速45%。

（七）增加小微企业信用贷款、首贷、无还本续贷

2020年末，全省金融机构信用贷款、首贷、无还本续贷余额分别为11337.4亿元、1036.8亿元和371亿元，占企业贷款的比重

分别为31.95%、7.51%和0.97%，同比分别上升3.3个、2.2个和0.03个百分点。

（八）构建风险分担机制

2020年末，全省政府性融资担保机构在保余额818亿元，融资担保放大倍数2.43倍，加权平均费率0.82%。

（九）支持中小银行发债补充资本

支持武汉农商行和汉口银行获批160亿元小微金融债发行额度，支持光大金融租赁于9月成功发行16亿元二级资本债，支持汉口银行发行20亿元永续金融债。

（十）支持优质企业上市（挂牌）融资

2020年，湖北新增8家境内上市公司，2家境外上市公司。湖北省债务融资工具发行223只，金额1686.4亿元，同比增长20.4%，较上年提升3.4个百分点；净融资规模673.8亿元，同比多增44.5亿元。

（二）证券业稳步发展，多层次资本市场不断完善

1. 法人机构资本实力增强。2020年末，全省2家法人证券公司（长江证券、天风证券）净资产（非合并报表口径）合计达470.1亿元，同比增长18.0%，共实现营业收入93.3亿元（非合并报表口径），同比增长21.5%。

2. 多层次资本市场稳健发展。2020年末，全省共有上市公司114家，新三板挂牌公司294家，区域性股权市场挂牌公司5594家，分别新增8家上市公司和23家区域性股权市场挂牌公司。债务融资工具发行量和存量均创历史新高。2020年湖北省共发行债务融资支持工具223只，融资金额1686.4亿元，同比增长20.4%，增速较上年提高3.4个百分点；净融资673.8亿元，同比多增44.5亿元。2020年末，全省债务融资工具存续金额上升至3529.3亿元。

表3　2020年湖北省证券业基本情况

项目	数量
总部设在辖内的证券公司数（家）	2
总部设在辖内的基金公司数（家）	0
总部设在辖内的期货公司数（家）	2
年末国内上市公司数（家）	114
当年国内股票（A股）筹资（亿元）	492
当年发行H股筹资（亿元）	0
当年国内债券筹资（亿元）	2937
其中：短期融资券筹资额（亿元）	839
中期票据筹资额（亿元）	608

数据来源：中国人民银行武汉分行、湖北银保监局、湖北省发改委。

（三）保险业发展逐步回归本源，支持经济社会发展能力增强

1. 保险业实力有所增强。2020年末，全省共有法人保险公司4家，省级分公司以上保险公司83家。全省保险公司资产总额4175.4亿元，同比增长20.9%。其中，人身险公司资产总额3877.1亿元，同比增长23.2%；财产险公司资产总额298.2亿元，同比下降2.9%。分机构性质看，中资保险机构资产总额3906.6亿元，同比增长20.3%，外资保险机构资产总额268.8亿元，同比增长29.7%。

2. 保费收入进一步提升，人身险与财产险出现分化。2020年全省累计实现保费收入1854.4亿元，同比增长7.3%，较上年下降10.2个百分点。其中，人身险累计实现保费收入1484.1亿元，同比增长11.5%；财产险累计实现保费收入370.3亿元，同比下降6.9%。

3. 保险赔付支出总体平稳。2020年末，全省保险公司赔款与给付支出518.2亿元，同比增长1.2%。其中，人身险赔款与给付支出300.0亿元，同比下降0.6%；财产险赔款与给付支出218.2亿元，同比增长3.7%。受疫情和洪涝灾害等不利因素影响，全年农业险赔款支出同比增长20.6%，达到14.2亿元。

表4　2020年湖北省保险业基本情况

项目	数量
总部设在辖内的保险公司数（家）	4
其中：财产险经营主体（家）	2
寿险经营主体（家）	2

续表

项目	数量
保险公司分支机构（家）	83
其中：财产险公司分支机构（家）	37
寿险公司分支机构（家）	46
保费收入（中外资，亿元）	1854.4
其中：财产险保费收入（中外资，亿元）	370.3
人身险保费收入（中外资，亿元）	1484.1
各类赔款给付（中外资，亿元）	518.2

数据来源：湖北银保监局。

（四）融资结构持续优化，金融市场平稳运行

1. 地区社会融资规模同比多增，直接融资快速增长。2020年，随着一系列宏观对冲措施的落地实施，全省社会融资规模增长10432.6亿元，突破万亿元大关，同比多增1698.6亿元，位居中部第三。从结构看，一是银行信贷仍是最主要的融资方式。银行贷款全年增长7763.8亿元，同比多增1525.7亿元，占社会融资规模的比重为74.4%，同比上升3.0个百分点。二是表外融资全年负增长，同比多降925.0亿元。三是直接融资快速增长，企业债券和股票融资同比增幅均达到40%以上。

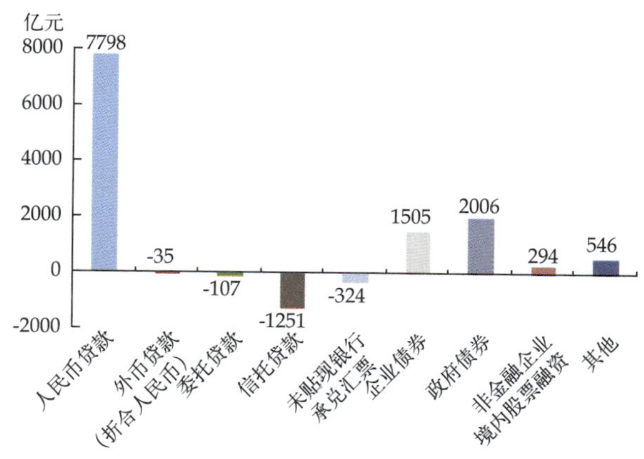

图5　2020年湖北省社会融资规模分布结构

（数据来源：中国人民银行武汉分行）

2. 货币市场交易量小幅下滑，现券交易量小幅增长。2020年，湖北省银行间货币市场成交共计17.7万亿元，同比下降12.8%。其中，质押式回购成交16.1万亿元，同比下降12.0%；买断式回购成交0.2万亿元，同比下降33.3%；同业拆借成交1.4万亿元，同比下降22.2%。2020年，湖北省银行间债券市场现券成交共计6.8万亿元，同比增长3.0%。其中，现券买入3.5万亿元，现券卖出3.4万亿元。

3. 票据融资规模持续增长，票据贴现利率同比下降。票据承兑余额稳步增加，12月末余额较3月末增加738.6亿元，较9月末增加89.0亿元。受经济逐步恢复、资金利率下行影响，票据融资持续增长。12月末，票据贴现余额3048.8亿元，同比上升21.9%。全年票据贴现加权平均利率为2.8%，同比下降51个基点。

表5　2020年湖北省金融机构票据业务量统计

单位：亿元

季度	银行承兑汇票承兑		贴现			
			银行承兑汇票		商业承兑汇票	
	余额	累计发生额	余额	累计发生额	余额	累计发生额
1	2396.3	989.9	2583.0	2391.3	200.2	203.3
2	2721.8	2565.7	2713.1	5227.5	166.2	477.3
3	3045.9	4229.1	2641.9	7331.9	179.0	689.5
4	3134.9	5898.8	2870.2	9630.3	178.6	941.7

数据来源：中国人民银行武汉分行。

表6　2020年湖北省金融机构票据贴现、转贴现利率

单位：%

季度	贴现		转贴现	
	银行承兑汇票	商业承兑汇票	票据买断	票据回购
1	2.62	4.20	2.63	1.83
2	2.60	4.03	2.56	2.00
3	2.80	4.01	2.95	1.76
4	2.80	4.06	2.68	2.43

数据来源：中国人民银行武汉分行。

（五）金融生态环境持续优化，金融消费者权益保护工作稳步推进

2020年，湖北省依托金融生态建设平台，积极发挥信用市州县创建机制作用，着力引导各地强化政银企担对接、涉企信息共享、融资风险分担、金融债权保护等重点工作，营造良

好配套环境。推动地方政府明确“金融稳保”配套任务，组织21971家企业通过线上或远程进行银企对接，全年总体履约率、支持小微企业履约率分别为93.4%，96.7%。推动16个市州建成涉企政务信息在线共享机制，84个县市区辖内银行能够在线查询3项以上涉企政务信息。推动各地加强金融司法协作，开辟金融债权胜诉案件审结绿色通道。联合相关管理部门组织金融机构开展“3·15金融消费者权益日”等系列宣传活动，指导湖北省金融消费权益保护协会与湖北省广告监测中心签署《关于共享违法违规金融广告信息的合作备忘录》。

二、经济运行情况

2020年，湖北省经济受到百年不遇疫情、严重洪涝灾害和严峻外部环境的多重冲击，主要经济指标在第一季度大幅下降，创下有历史记录以来的最低水平。随着后期疫情防控及复工复产工作的有效推进，全省主要经济指标逐步向好，固定资产投资稳步复苏，外贸进出口逆势增长，消费品市场降幅持续收窄，物价运行保持平稳。2020年，全省实现地区生产总值43443.5亿元，恢复到上年95%以上水平，人均地区生产总值突破1万美元。三次产业结构占比由2019年的8.3：41.7：50.0调整为9.5：39.2：51.3。

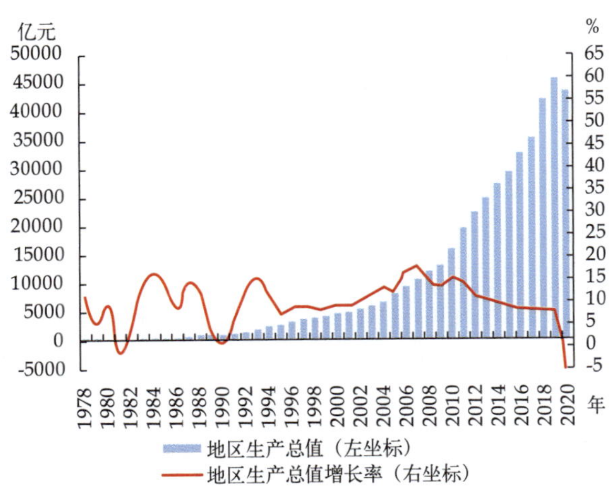

图6　1978—2020年湖北省地区生产总值及其增长率

（数据来源：湖北省统计局）

（一）三大需求持续回升，经济发展稳步恢复

1. 固定资产投资稳步复苏，补短板强功能项目加快推进。2020年，全省固定资产投资（不含农户）比上年下降18.8%，降幅比第一季度收窄64.0个百分点。分领域看，基础设施投资、工业投资和房地产开发投资降幅分别收窄61.6个、61.1个和69.3个百分点；高技术制造业投资降幅收窄72.1个百分点，其中，医药制造业、计算机及办公设备制造业投资分别增长20.4%、14.7%，以5G建设为主的电信、广播电视和卫星传输服务业投资增长16.8%，卫生投资增长65.8%，航空运输业投资增长1.3倍。

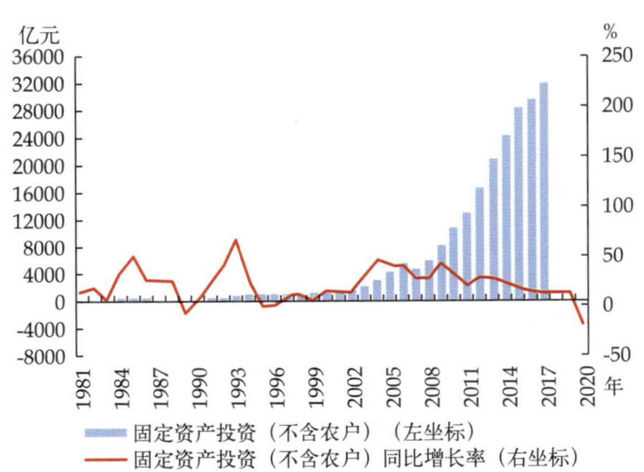

图7　1981—2020年湖北省固定资产投资（不含农户）及其增长率

（数据来源：湖北省统计局）

2. 居民收入小幅下降，社会消费持续回暖。2020年，全省城镇居民人均可支配收入为36706.0元，比上年下降2.4%，降幅比第一季度收窄9.4个百分点；农村居民人均可支配收入为16306.0元，比上年下降0.5%，降幅收窄9.7个百分点。全省社会消费品零售总额17984.9亿元，比上年下降20.8%，降幅比第一季度收窄24.1个百分点。具体来看：一是四大行业降幅有所收窄，全年限额以上批发业、零售业、住宿业、餐饮业销售额（营业额）分别下降11.0%、12.2%、27.2%和16.5%，降幅较第一季度分别收窄26.7个、33.0个、20.9个和41.1个百分点；

二是升级类商品消费恢复较快。智能手机、能效等级为1级、2级的家用电器限上商品零售额分别增长18.8%、17.3%；三是商品网上零售额略有增加，实物商品网上零售额增长4.6%。

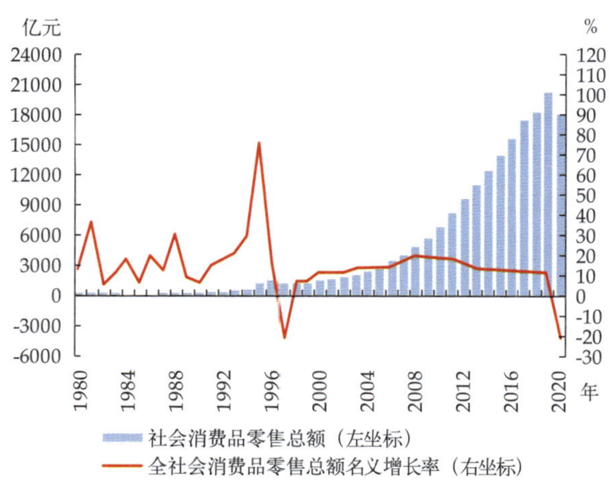

图8 1980—2020年湖北省社会消费品零售总额及其增长率

（数据来源：湖北省统计局）

3. 进出口逆势增长，外商投资降幅收窄。2020年，全省完成人民币计价进出口总额4294.1亿元，由第一季度下降20.9%转为比上年增长8.8%。其中，出口总额2702.0亿元，由第一季度下降38.1%转为增长8.7%；进口总额1592.1亿元，全年增长9.1%。全省外商直接投资103.5亿美元，比上年下降19.8%，降幅比第一季度收窄76.5个百分点。

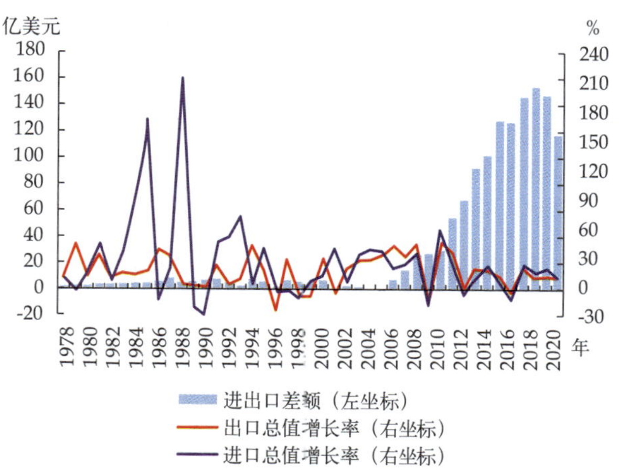

图9 1978—2020年湖北省外贸进出口变动情况

（数据来源：湖北省统计局）

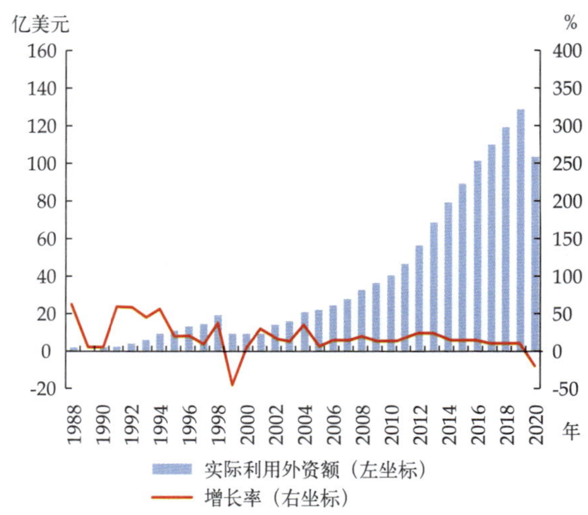

图10 1988—2020年湖北省实际利用外资额及其增长率

（数据来源：湖北省统计局）

（二）三大产业持续恢复，产业结构不断优化

1. 农业生产基本稳定，粮食产量保持增长。2020年，全省农林牧渔业增加值4358.7亿元，由第一季度下降24.8%转为比上年增长0.3%。一是粮食产量小幅增长，粮食总产量2727.4万吨，增长0.1%，连续八年稳定在500亿斤以上。二是特色优势经济作物保持增长，油料产量344.4万吨，增长9.7%；茶叶产量36.1万吨，增长2.3%；园林水果产量715.2万吨，增长8.2%。三是畜禽养殖稳步恢复，生猪出栏2631.1万头，下降17.5%，降幅比第一季度收窄35.1个百分点；禽蛋产量193.1万吨，增长8.0%。

2. 工业生产恢复加快，高技术制造业较快增长。2020年，全省规模以上工业增加值比上年下降6.1%，降幅比第一季度收窄39.7个百分点。月度增速连续8个月正增长，其中12月同比增长7.9%。一是传统产业降幅回升明显，全年采矿业增加值比上年下降16.0%，降幅比第一季度收窄40.7个百分点；制造业下降6.2%，降幅收窄41.9个百分点；电力、热力、燃气及水生产和供应业下降2.5%，降幅收窄17.0个百分点。二是产业升级质效兼备，高技术制造业增加值比上年增长4.1%，增速高于全部规模以上工业10.2个百分点。其中，全年光纤、锂离子电池、电子计算机整机、印制电路板产量分别增长4.9%、2.9%、36.1%和4.9%。三是工业效益大幅好转，全省规模以上工业企业实现利润2519.0亿元，比上年下降8.3%，降幅比第一季度收窄69.9个百分点。

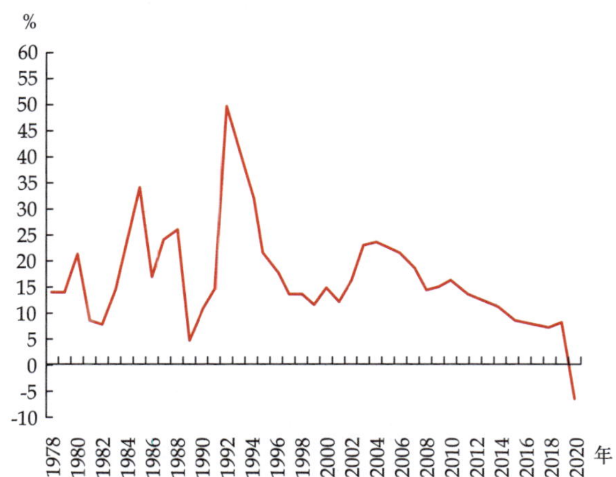

图11　1978—2020年湖北省规模以上工业增加值实际增长率

（数据来源：湖北省统计局）

3. 服务业保持发展，占比继续提高。2020年，湖北省服务业实现增加值22287.0亿元，同比下降3.8%，降幅较第一季度收窄29.5个百分点，比全省GDP整体增速高2.2个百分点。服务业增加值占GDP的比重达51.3%，较上年提升1.3个百分点，服务业对全省GDP贡献率持续突破50%。

（三）价格走势总体平稳，食品价格有所上涨

1. 居民消费价格涨幅有所提高。2020年，全省居民消费价格比上年上涨2.7%，湖北CPI总体呈“前高后低”走势。受疫情影响，2月CPI同比增长6.4%，随后逐步回落，11月同比下降1.1%。2020年全年CPI同比涨幅较全国平均水平高0.2个百分点。

2. 工业生产者价格平稳下降。2020年，全省工业生产者出厂价格比上年下降0.9%，生产资料价格同比下降0.9%。其中，采掘工业价格上涨3.2%，原材料工业价格下降3.9%，加工工业价格下降0.3%。生活资料价格同比上涨0.6%。其中，食品价格上涨1.5%，衣着价格上涨0.7%，一般日用品价格下降0.5%，耐用消费品价格下降1.6%。工业生产者购进价格下降1.6%。其中，有色金属材料及电线类上涨7.8%，黑色金属材料类上涨6.4%，纺织原料类上涨5.6%。

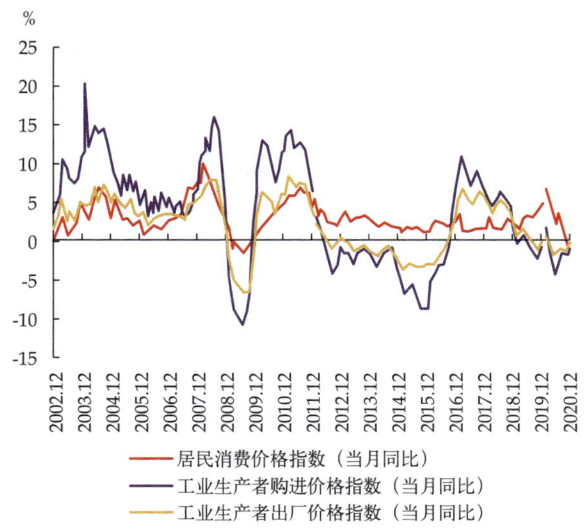

图12　2002—2020年湖北省居民消费价格指数和生产者价格指数变动趋势

（数据来源：湖北省统计局）

（四）财政收入降幅收窄，财政支出结构调整优化

2020年，受新冠肺炎疫情和减税降费双重因素影响，全省地方一般公共预算收入完成2511.5亿元，比上年下降25.9%，降幅比第一季度收窄21.7个百分点。其中，税收收入1923.4亿元，下降24.0%，降幅收窄21.9个百分点。地方一般公共预算支出8439.1亿元，由第一季度下降14.1%转为增长5.9%，其中，一般性支出同比下降10.9%，卫生健康、灾害防治及应急管理、社会保障和就业支出同比分别增长63.4%、73.9%和10.4%。

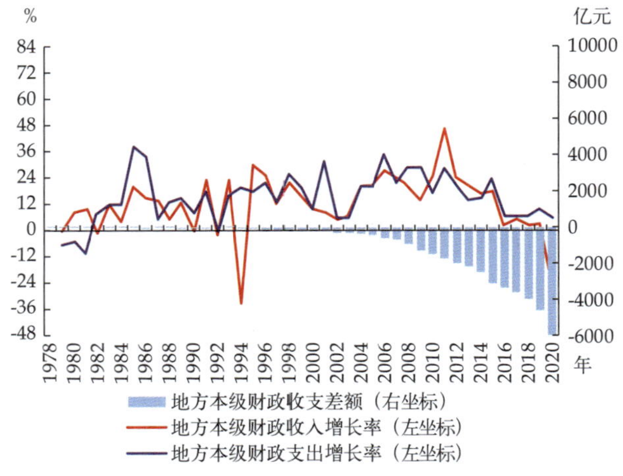

图 13　1978—2020 年湖北省财政收支状况

（数据来源：湖北省统计局）

（五）长江中游城市群发展机制日益完善，省际合作亮点初现

近年来，国、省、市三层面针对长江中游城市群出台系列政策，为推进中部崛起、长江经济带发展、中游城市群建设指明了方向。中游四省会城市已建立常态合作机制，召开七届会商会、七次协调会，“沿江连片”的新发展格局已现雏形。一是建成以武汉、长沙、南昌为中心的城际交通网络，强化长江中游城市群互联互通；二是签订跨界环境污染纠纷处置和应急联动框架协议，共同抓好长江中游生态保护；三是着力推动航运、旅游等产业协作，提升区域产业整体竞争力；四是建成全国第一个跨省市工商政务云平台，推动省会城市公积金、异地就医、人才共享服务平台逐季共享。

（六）房地产市场总体平稳，重点城市房价小幅增长

2020 年，湖北省房地产运行总体平稳，商品房施工面积低位徘徊，商品房销售面积和销售额同比下降较多，重点城市房价小幅增长。

1. 商品房施工面积低位徘徊，商品房销售面积和销售额降幅明显。2020 年，全省商品房施工面积为 35419.4 万平方米，较上年同期增长 4.7%，增速同比回落 3.3 个百分点；商品房销售面积同比下降 23.4%，其中住宅销售面积同比下降 25.2%，分别较上年同期多降 20.4 个和 23.5 个百分点；商品房销售额同比下降 21.5%，增速较 2019 年下滑 24.4 个百分点。

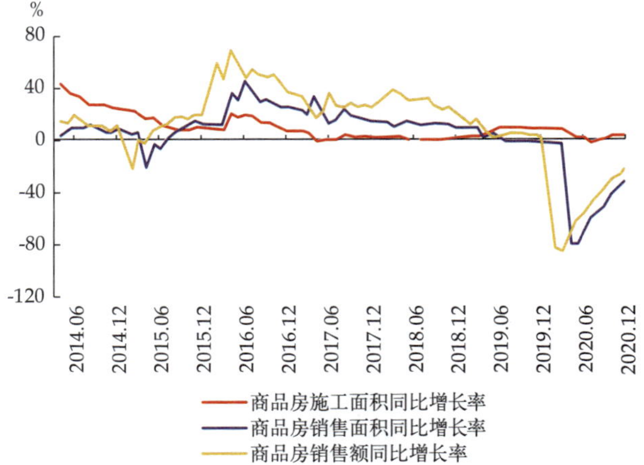

图 14　2014—2020 年湖北省商品房施工和销售变动趋势

（数据来源：湖北省统计局）

2. 重点城市房价小幅增长。根据国家统计局 70 个大中城市数据显示，2020 年末，武汉、襄阳、宜昌新建商品住房价格较上年同期均有所上涨。12 月末，武汉、襄阳新建住宅销售价格同比分别增长 4.5%、4.0%，增幅分别较上年同期下降 7.3 个、6.2 个百分点；宜昌房价同比增长 2.5%，增幅较上年同期提高 1.2 个百分点。

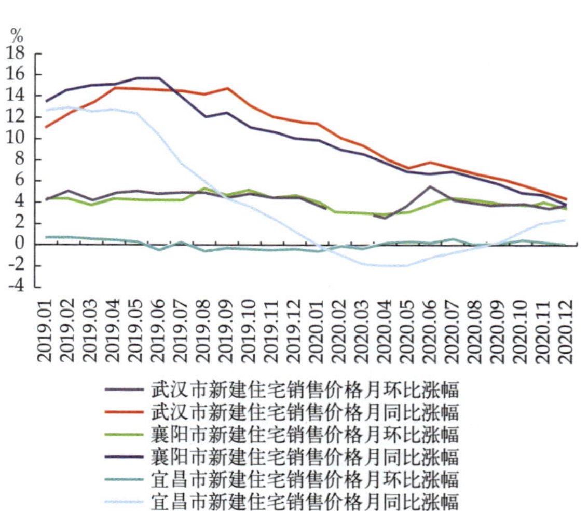

图 15　2019—2020 年湖北省主要城市新建住宅销售价格变动趋势

（数据来源：湖北省统计局）

专栏 2　LPR 改革深化引导全省贷款利率显著下行

在面临新冠肺炎疫情和洪涝灾害的双重不利影响下，为进一步推动存量浮动利率贷款定价基准转换，中国人民银行武汉分行引导督促金融机构夯实系统开发、合同文本修订、人员培训等准备工作，采取线上和线下相结合的方式，确保 LPR 推广运用进展快、质量高、成效好。

一、主要工作举措

（一）全面部署推进改革措施及要求

中国人民银行武汉分行“一把手”担任改革完善 LPR 形成机制工作的第一责任人，亲自谋划、推动和督办。湖北辖内所有发放贷款类金融机构和人民银行分支行一把手负总责，深刻认识改革的重要意义，确保各项决策部署和改革要求落实到位。

（二）引导和督促金融机构加强系统改造和合同文本修订

严格按 MPA 考核 358 的进度要求，按三种模式引导和督促金融机构抓紧制定新的贷款管理办法制度，改造各类贷款定价系统和信息系统、修订贷款合同文本等工作。湖北辖内地方法人机构系统改造已基本完成，有效保障改革顺利推进。

（三）建立 LPR 运用情况的周监测统计制度

修订下发周报、月报利率监测报备系统制度包，加强监测表修订完善、指标解释、汇总校核等工作，提高监测数据质量。湖北辖内地方法人机构新增贷款运用 LPR 的比例达 86.75%，超额完成了进度任务。

（四）加强政策解读和宣传培训

向全省金融机构印发 LPR 专题问答，组织金融机构参加全国自律机制举办的专题培训班；通过开展金融微讲堂、专题培训会议、印制宣传单、电话咨询等方式，向社会公众宣传改革的重要意义。

二、LPR 改革推进成效

（一）LPR 改革引导企业贷款利率下行成效明显

在 LPR 下行引导下，贷款利率明显降低，且降幅大于 LPR 降幅。2020 年 12 月，全省金融机构一般贷款加权平均利率 4.90%，同比下降 0.68 个百分点，比年初下降 0.8 个百分点。全省企业贷款加权平均利率 4.37%，同比下降 0.78 个百分点，比年初下降 0.85 个百分点，其中普惠小微企业贷款加权平均利率同比下降 0.74 个百分点，比年初下降 1.14 个百分点。

（二）畅通利率政策传导渠道

LPR 改革前，贷款基准利率和市场利率双轨并存，贷款主要参考贷款基准利率定价，难以反映市场利率的变化。改革后，利率传导机制得到有效疏通。从 LPR 报价利率、1 年期 MLF 利率、湖北省企业贷款利率走势来看，三者变动趋势基本一致，政策利率向贷款利率传导的效率明显提升。

（三）打破贷款利率隐性下限

全省金融机构贷款利率加点点差稳中有降。企业贷款利率浮动重心明显下移，LPR 减点贷款发放占比大幅提升。12 月，全省金融机构执行 LPR 减点的企业贷款发放占比为 47.7%，同比上升 30.1 个百分点。执行 LPR 加点的贷款占比为 43.6%，同比下降 37.6 个百分点。

（四）引导存款利率下行

从各存款品种看，整存整取定期存款利率与 LPR 报价利率波动最接近。在市场化发行的大额存单发行定价上，2019 年前 8 个月、2019 年 9—12 月、2020 年全年 3 个时间段内，湖北辖内 3 家发行大额存单的法人银行 1 年期大额存单加权平均利率分别为 2.39%、2.31% 和 2.28%，下降趋势明显。

三、预测与展望

2020 年，湖北省经济经受住了疫情和洪水的冲击，经济基本盘得到巩固，全省坚持稳中求进工作总基调没有变。从供给来看，农业生产基本稳定，工业生产恢复加快，服务业保持发展；从需求来看，固定资产投资稳步复苏，进出口逆势增长，就业形势总体稳定，居民收入降幅收窄，消费持续回暖。全省金融部门认真落实宏观调控政策，有力支持了疫情防控和经济发展，全省金融运行保持总体平稳，金融安全稳定得到积极维护。湖北作为全国因疫情管控时间最长、受冲击最大的省份，经济社会恢复及发展任务依然较重，经济稳定恢复的基础还不牢固，主要经济指标大多未恢复到 2019 年同期水平，全省经济发展不协调不充分仍然是湖北面临的突出问题。

2021 年，是“十四五”开局之年，也是湖北省“建成支点、走在前列、谱写新篇”的重要窗口期。全省将巩固经济持续回升态势，坚决把来之不易的经济向好势头保持好、巩固好，争取发展上的更大主动。面对新冠肺炎疫情和百年变局叠加的复杂形势，湖北省金融系统将按照中央经济工作会议、全国金融工作会议精神，发挥好结构性货币政策工具和信贷政策“精准滴灌”作用，巩固防范化解金融风险，推动绿色金融、科技金融改革创新，支持武汉区域金融中心建设，为促进湖北经济快速复苏及高质量发展营造良好的货币金融环境。

中国人民银行武汉分行货币政策分析小组
总　　纂：林建华　李　斌
统　　稿：朱　华　阮红新　田湘龙　胡红菊　胡云飞
执　　笔：段　鹏　王春元　徐　媛　马　利　程文婧
提供材料：张　琨　胡　青　吴　莹　谢慧敏　程俊义　李　炜　熊　源　刘皓琰　胡小芳
刘　丽　涂德君　王晓羽　翟书浩　袁　征　王一帆　宋一潇

附录

（一）2020 年湖北省经济金融大事记

2 月 1 日，中国人民银行武汉分行出台《转发〈关于发放专项再贷款 支持防控新型冠状病毒感染的肺炎疫情有关事项的通知〉》，指导金融机构通过发放优惠贷款、发行金融债等多种形式提供金融支持。

2 月 24 日，湖北省“金种子”企业良品铺子在上交所主板成功发行上市，成为湖北省 2020 年境内第 3 家、疫情期间首家上市公司。

4 月 23 日，湖北省首单跨境金融区块链服务平台融资业务落地。

4 月 30 日，湖北省政府办公厅印发《加大金融支持助力实体经济发展若干措施》，要求进一步加大信贷资金投放，帮助企业缓解资金困难。

5 月 28 日，湖北武汉市蔡甸区举办首笔农村集体资产股份质押贷款签约仪式，标志着湖北省首笔农村集体资产股份质押贷款成功落地。

7 月 8 日，湖北省人民政府发布《省人民政府办公厅关于印发湖北省“金融稳保百千万”工作方案的通知》。

9 月 16 日，湖北省成功开发上线省级“政采贷”平台，出台《湖北省政府采购合同融资实施方案》，全面推进政府采购合同线上融资。

9 月 29 日，湖北省重点企业投融资大会暨上交所资本市场服务湖北行系列活动在东湖国际会议中心成功举办。会上，上交所资本市场服务中部基地正式落户湖北武汉。

12 月 4 日，由世界金融论坛主办、金砖智库和重建布雷顿森林体系委员会联合主办的“世界金融论坛武汉峰会暨第三届世界金融论坛”在武汉举办。

12 月 10 日，中国人民银行武汉分行印发《中国人民银行武汉分行关于进一步做好个人金融服务的意见》。

（二）2020 年湖北省主要经济金融指标

表 1　2020 年湖北省主要存贷款指标

	项目	1月	2月	3月	4月	5月	6月	7月	8月	9月	10月	11月	12月
本外币	金融机构各项存款余额（亿元）	62114.6	61798.0	63359.6	63255.6	63921.9	65220.6	65409.8	65656.4	66459.5	66406.7	66666.9	67159.3
	其中：住户存款	32453.5	32293.8	32997.9	32740.4	32839.8	33432.6	33233.5	33380.3	33906.5	33676.9	33681.1	34144.4
	非金融企业存款	17434.1	17233.9	17797.6	17782.4	17946.5	18423.9	17863.7	18387.9	18761.3	18640.1	18855.6	19513.0
	各项存款余额比上月增加（亿元）	1577.1	-316.6	1561.6	-104.0	666.3	1298.7	189.2	246.6	803.2	-52.9	260.3	492.4
	金融机构各项存款同比增长（%）	7.0	6.4	6.6	6.8	7.9	7.7	10.0	9.2	10.0	10.3	10.7	10.9
	金融机构各项贷款余额（亿元）	53774.4	53515.9	54592.0	55101.7	55655.1	56646.7	56901.9	57469.0	58395.0	58611.2	59132.0	59872.1
	其中：短期	9361.0	9286.9	9578.8	9731.9	9914.6	10299.8	10257.3	10411.9	10693.0	10734.4	10803.9	10806.3
	中长期	39281.9	39218.6	39667.2	39960.1	40274.8	40806.2	41215.7	41622.4	42196.0	42499.3	42843.7	43248.7
	票据融资	2568.8	2415.2	2739.1	2765.2	2776.9	2840.2	2724.2	2740.1	2793.8	2654.5	2723.9	3019.3
	各项贷款余额比上月增加（亿元）	1531.8	-258.6	1076.2	509.7	553.4	991.6	255.1	567.1	926.0	216.2	520.8	740.1
	其中：短期	272.5	-74.0	291.8	153.1	182.7	385.2	-42.5	154.6	281.1	41.4	69.6	2.4
	中长期	1081.2	-63.3	448.6	292.9	314.6	531.5	409.5	406.6	573.7	303.3	344.4	405.0
	票据融资	128.0	-153.6	323.9	26.0	11.7	63.2	-116.0	15.9	53.7	-139.4	69.4	295.4
	金融机构各项贷款同比增长（%）	13.4	11.9	12.1	12.1	12.2	12.6	12.8	13.0	13.8	13.7	13.7	14.6
	其中：短期	2.3	1.5	3.3	4.9	6.4	7.4	8.4	9.6	11.6	12.5	13.6	15.6
	中长期	15.8	14.1	13.4	13.0	12.7	12.9	13.2	13.4	13.9	14.1	14.0	14.0
	票据融资	23.5	19.0	27.1	27.4	28.4	30.1	25.4	25.1	25.1	18.7	14.2	23.7
	建筑业贷款余额（亿元）	2517.0	2537.7	2574.1	2584.1	2609.6	2670.4	2695.3	2738.6	2812.1	2766.2	2735.8	2694.1
	房地产业贷款余额（亿元）	4538.5	4548.8	4622.8	4631.4	4636.5	4684.2	4760.4	4793.4	4772.4	4797.1	4727.2	4694.7
	建筑业贷款同比增长（%）	0.5	2.1	3.1	2.9	2.6	4.6	5.6	7.0	10.2	9.3	8.6	10.5
	房地产业贷款同比增长（%）	14.0	11.8	11.4	10.2	8.7	8.1	9.5	10.1	9.6	10.3	9.3	8.4
人民币	金融机构各项存款余额（亿元）	61366.4	61072.1	62630.0	62537.8	63249.2	64487.3	64618.6	64880.1	65695.1	65599.6	65847.0	66355.7
	其中：住户存款	32285.1	32119.3	32811.1	32555.5	32657.0	33253.5	33056.7	33207.2	33733.4	33501.5	33505.5	33968.9
	非金融企业存款	16935.1	16763.8	17327.7	17313.9	17520.0	17967.2	17415.2	17958.2	18340.7	18176.6	18376.5	19070.5
	各项存款余额比上月增加（亿元）	1618.7	-294.3	1557.9	-92.2	711.4	1238.1	131.3	261.5	815.0	-95.5	247.4	508.7
	其中：住户存款	2480.6	-165.8	691.8	-255.6	101.5	596.6	-196.8	150.5	526.2	-232.0	4.1	463.3
	非金融企业存款	-500.9	-171.3	564.0	-13.8	206.0	447.2	-552.0	543.1	382.4	-164.1	199.9	694.1
	各项存款同比增长（%）	7.0	6.5	6.8	7.1	8.2	7.8	10.0	9.4	10.3	10.5	10.8	11.1
	其中：住户存款	14.6	10.6	11.6	12.5	12.8	13.3	12.7	12.9	13.2	13.3	13.7	14.0
	非金融企业存款	-2.2	2.1	1.4	2.5	4.3	2.6	4.3	8.5	9.6	9.8	9.8	9.3
	金融机构各项贷款余额（亿元）	52224.3	51982.7	53070.9	53611.4	54176.6	55170.0	55430.6	56013.1	56952.0	57169.6	57733.6	58478.8
	其中：个人消费贷款	13916.9	13769.1	13807.6	13935.0	14067.4	14269.9	14410.0	14570.8	14752.8	14905.5	15071.0	15205.9
	票据融资	2568.8	2415.2	2739.1	2765.2	2776.9	2840.2	2724.2	2740.1	2793.8	2654.5	2723.9	3019.3
	各项贷款余额比上月增加（亿元）	1560.4	-241.7	1088.2	540.5	565.3	993.4	260.6	582.6	938.9	217.6	564.0	745.2
	其中：个人消费贷款	221.0	-147.8	38.5	127.5	132.4	202.5	140.1	160.7	182.0	152.7	165.6	134.9
	票据融资	128.0	-153.6	323.9	26.0	11.7	63.2	-116.0	15.9	53.7	-139.4	69.4	295.4
	金融机构各项贷款同比增长（%）	13.6	12.2	12.3	12.4	12.7	13.0	13.3	13.8	14.6	14.6	14.6	15.4
	其中：个人消费贷款	17.4	15.5	13.7	13.5	13.3	13.1	12.8	12.4	12.1	11.9	11.5	11.0
	票据融资	23.5	19.0	27.1	27.4	28.4	30.1	25.4	25.1	25.1	18.7	14.2	23.7
外币	金融机构外币存款余额（亿美元）	105.0	100.2	103.0	101.7	94.3	103.6	113.3	113.1	112.3	120.0	124.6	123.2
	金融机构外币存款同比增长（%）	-2.7	-11.6	-6.7	-15.1	-16.6	-7.7	2.0	-1.5	-4.1	-1.0	6.2	8.8
	金融机构外币贷款余额（亿美元）	223.8	217.5	214.7	211.2	207.3	208.6	210.6	212.2	211.9	214.4	212.6	213.5
	金融机构外币贷款同比增长（%）	2.1	-1.2	0.1	-2.7	-5.4	-4.6	-4.8	-7.5	-7.9	-7.1	-8.4	-5.6

数据来源：中国人民银行武汉分行。

表 2　2001—2020 年湖北省各类价格指数

单位：%

时间	居民消费价格指数		农业生产资料价格指数		工业生产者购进价格指数		工业生产者出厂价格指数	
	当月同比	累计同比	当月同比	累计同比	当月同比	累计同比	当月同比	累计同比
2001	2.8	2.4	2.3	2.0	-0.9	0.0	0.2	0.8
2002	3.1	2.5	2.7	2.1	-1.5	-0.2	0.0	0.7
2003	3.4	2.6	3.4	2.2	-1.6	-0.4	-0.5	0.6
2004	4.1	2.8	4.7	2.5	-2.1	-0.5	-1.0	0.4
2005	4.7	3.0	4.9	2.7	-1.8	-0.7	-0.8	0.3
2006	4.7	3.1	4.9	2.7	-0.7	-0.7	-0.3	0.3
2007	-	-	-	-	-	-	-	-
2008	6.4	6.0	5.6	5.8	1.4	1.0	0.2	0.1
2009	6.3	6.1	6.4	6.0	-0.3	0.5	-0.2	0.0
2010	4.3	5.7	6.4	6.1	-3.3	-0.4	-1.5	-0.4
2011	2.4	5.0	6.0	6.1	-4.4	-1.2	-1.9	-0.7
2012	2.2	4.5	7.7	6.4	-3.9	-1.7	-1.6	-0.8
2013	3.3	4.4	9.7	6.8	-2.2	-1.7	-1.4	-0.9
2014	2.8	4.2	9.4	7.2	-1.6	-1.7	-1.1	-0.9
2015	1.4	3.8	8.1	7.3	-1.7	-1.7	-1.2	-1
2016	0	3.4	4.9	7	-1.7	-1.7	-1.4	-1
2017	-1.1	3	3.5	6.7	-1.6	-1.7	-1.1	-1
2018	-0.2	2.7	3.1	6.4	-0.6	-1.6	-0.4	-0.9
2019	—	3.2	—	9.0	—	0.6	—	0.4
2020								
2019　1	2.0	2.0	4.3	4.3	1.5	1.5	0.6	0.6
2	1.4	1.7	3.9	4.1	1.1	1.3	0.5	0.5
3	2.1	1.8	4.4	4.2	1.0	1.2	0.7	0.6
4	2.4	2.0	6.5	4.8	1.4	1.3	1.2	0.7
5	2.5	2.1	7.0	5.2	1.4	1.3	1.0	0.8
6	2.1	2.1	7.6	5.6	0.8	1.2	0.7	0.8
7	2.3	2.1	6.9	5.8	0.3	1.1	0.5	0.7
8	3.2	2.3	7.4	6	0.3	1	-0.2	0.6
9	4.2	2.5	9.3	6.4	0.2	0.9	0	0.5
10	5.2	2.7	3.9	7.1	-0.2	0.8	-0.1	0.5
11	5.5	3	7.2	8.1	-0.4	0.7	-0.2	0.4
12	5.4	3.2	18.6	9	-0.7	0.6	-0.1	0.4
2020　1	6	6.0	5.8	5.8	1	1.4	0.1	0.2
2	6.4	6.4	5.6	5.8	1.4	1.4	0.2	0.2
3	6.3	6.1	6.4	6.0	-0.3	0.5	-0.2	0.0
4	4.3	5.7	6.4	6.1	-3.3	-0.4	-1.5	-0.4
5	2.4	5.0	6.0	6.1	-4.4	-1.2	-1.9	-0.7
6	2.2	4.5	7.7	6.4	-3.9	1.7	-1.6	-0.8
7	3.3	4.4	9.7	6.8	-2.2	-2.2	-1.4	-1.7
8	2.8	4.2	9.4	7.2	-1.6	-1.7	-1.1	-0.9
9	1.4	3.8	8.1	7.3	-1.7	-1.7	-1.2	-1
10	0	3.4	4.9	7	-1.7	-1.7	-1.4	-1
11	-1.1	3	3.5	6.7	-1.6	-1.7	-1.1	-1
12	-0.2	2.7	3.1	6.4	-0.6	-1.6	-0.4	-0.9

数据来源：《中国经济景气月报》。

表 3　2020 年湖北省主要经济指标

项目	1月	2月	3月	4月	5月	6月	7月	8月	9月	10月	11月	12月
	绝对值（自年初累计）											
地区生产总值（亿元）	—	—	6379.4	—	—	17480.5	—	—	29779.4	—	—	43443.5
第一产业	—	—	540.7	—	—	1321.0	—	—	2975.5	—	—	4131.9
第二产业	—	—	2147.0	—	—	6833.0	—	—	11694.5	—	—	17023.9
第三产业	—	—	3691.7	—	—	9326.5	—	—	15109.4	—	—	22287.6
工业增加值（亿元）	—	—	—	—	—	—	—	—	—	—	—	—
固定资产投资（亿元）	—	—	—	—	—	—	—	—	—	—	—	—
房地产开发投资	—	—	—	—	—	—	—	—	—	—	—	—
社会消费品零售总额（亿元）	—	2106.9	2939.4	4118.5	5511.5	7062.4	8573.5	10138.9	11800.6	13731.3	15703.7	17984.9
外贸进出口总额（亿元）	—	429.1	627.5	946.3	1305.6	1666.6	2056.6	2461.7	2941.3	3446.0	3916.3	4294.1
进口	—	199.2	309.2	438.0	556.6	683.9	825.9	970.6	1156.8	1324.4	1470.7	1592.1
出口	—	229.9	318.3	508.3	749.0	982.7	1230.7	1491.1	1784.5	2121.6	2445.6	2702.0
进出口差额（出口－进口）	—	30.7	9.1	70.3	192.4	298.8	404.8	520.5	627.7	797.2	974.9	1109.9
实际利用外资（亿美元）	—	0.9	1.2	2.1	6.5	19.6	37.6	55.0	67.4	78.8	90.0	103.5
地方财政收支差额（亿元）	—	-464.6	-1012.6	-1496.9	-1843.6	-2334.3	-2679.6	-3094.7	-3626.1	-3915.8	-4452.5	-5927.5
地方财政收入	—	486.3	542.5	758.4	946.3	1208.9	1525.8	1733.4	1946.4	2186.1	2330.6	2511.5
地方财政支出	—	950.9	1555.1	2255.3	2789.9	3543.2	4205.4	4828.1	5572.5	6101.8	6783.1	8439.0
城镇登记失业率（%）（季度）	—	—	2.5	—	—	2.8	—	—	3.8	—	—	3.4
	同比累计增长率（%）											
地区生产总值	—	—	-39.2	—	—	-19.3	—	—	-10.4	—	—	-5.0
第一产业	—	—	-25.3	—	—	-7.9	—	—	-1.2	—	—	0.0
第二产业	—	—	-48.2	—	—	-23.3	—	—	-13.3	—	—	-7.4
第三产业	—	—	-33.3	—	—	-17.2	—	—	-9.5	—	—	-3.8
工业增加值	—	-46.2	-45.8	-33.6	-26.2	-20.8	-17.1	-14	-11.3	-9.3	-7.9	-6.1
固定资产投资	—	-77.4	-82.8	-74	-65.2	-56.2	-48.3	-39.9	-33.9	-28.3	-23.3	-18.8
房地产开发投资	—	-69.8	-73.7	-54.8	-45	-38.3	-32	-24.2	-17	-11.8	-7.7	-4.4
社会消费品零售总额	—	-43.1	-44.9	-41	-37.3	-34.1	-31.8	-29.5	-27.4	-25.1	-23.2	-20.8
外贸进出口总额	—	-17	-20.9	-12.3	-5.5	-1.5	0.7	2.6	6.8	9.7	10.1	8.8
进口	—	3.8	11.1	10.7	10.1	8.8	6.4	6.8	11.1	11.1	10.4	9.1
出口	—	-29.2	-38.1	-25.7	-14.5	-7.6	-2.7	0.1	4.2	8.8	10	8.7
实际利用外资	—	-94.0	-96.3	-95.0	-87.8	-72.4	-51.3	-35.3	-30.8	-26.5	-25.5	-19.8
地方财政收入	—	-31.3	-47.6	-43.7	-42.4	-38.4	-32.2	-29.2	-27.5	-26.3	-25.8	-25.9
地方财政支出	—	-5.2	-14.1	-5.4	-5.8	-12.5	-5.0	-1.5	-2.7	0.1	2.3	5.9

数据来源：湖北省统计局。

湖南省金融运行报告（2021）

中国人民银行长沙中心支行货币政策分析小组

[内容摘要] 2020年，面对国内外形势深刻复杂变化，特别是新冠肺炎疫情的严重冲击，湖南省坚持稳中求进工作总基调，扎实做好“六稳”工作，全面落实“六保”任务，全省经济呈现“增速稳步回升、结构持续优化、质效不断改善”的良好态势。全年地区生产总值41781.5亿元，突破4万亿元大关，同比增长3.8%，高于全国平均水平1.5个百分点。

经济形势稳中向好，需求稳步回升。一是投资增长势头持续向好，消费市场持续回暖，外贸外资基本盘保持稳定。2020年，全省固定资产投资同比增长7.6%，高出全国平均水平4.9个百分点，高新技术产业投资增速快于全部投资17.8个百分点，5000万元以上重大项目投资增长44.2%；全年实现社会消费品零售总额16258.1亿元，同比下降2.6%，限额以上批发零售、住宿餐饮业法人单位零售额同比增长4.9%，网上销售新模式快速发展，全省实现网上零售额增长17.7%；进出口总额达4874.5亿元，同比增长12.3%，其中，出口额和进口额分别增长7.5%和24.1%，民营企业进出口占进出口总额近八成，成为稳外贸的重要力量，外贸新业态日益活跃，全年通过跨境电商方式出口额达136.9亿元，同比增长134.4%。二是三次产业恢复稳步增长，供给侧结构性改革持续深化。第一产业增加值同比增长3.7%，农业生产总体平稳，粮食生产“基本盘”稳固，粮食播种面积和总产量实现“双增”；规模以上工业增加值增长4.8%，较全国平均水平高2.0个百分点，装备制造业增加值增速达10.4%，上拉规模以上工业增加值增速3.2个百分点，高新技术产业培育成效显现，全省高新技术产业增加值增长10.1%，规模以上工业中服务器、集成电路、传感器、工业机器人、锂离子电池等高新技术产品产量分别增长230%、180%、50%、46%和45.4%；第三产业发展逐步回暖，增加值增速自第二季度由负转正后持续呈现回升态势，全年实现增长2.9%，新兴服务业发展势头向好，信息传输、软件和信息技术服务业增加值增速为20.9%，实现两位数增长，对经济增长的贡献率达13.4%；供给侧结构性改革持续深化，决战脱贫攻坚取得决定性胜利，2020年初剩余19.9万贫困人口年内全部脱贫，近五年累计脱贫477.6万人，51个贫困县全部摘帽、6920个贫困村全部出列，绝对贫困和区域性整体贫困全面消除。三是消费价格涨幅小幅回落，工业品价格累计同比下降。受食品烟酒和其他用品及服务类价格上涨影响，2020年湖南省居民消费价格同比上涨2.3%，涨幅较上年回落0.6个百分点；全年工业生产者出厂指数（PPI）下降1.0%。四是财政收入保持稳定，民生保障等重点领域支持力度加大。2020年，湖南省地方财政收入3008.7亿元，同比增长0.1%，一般公共预算支出8402.7亿元，同比增长4.6%，民生支出占比逾七成。

金融运行总体平稳，支持稳企业保就业力度较大。一是银行业稳健运行，有力支持疫情防控、复工复产和稳企业保就业。2020年末，湖南省银行业金融机构总资产7.3万亿元，同比增长11.5%。本外币各项贷款余额49402.8亿元，同比增长16.5%，比上年末提高0.5个百分点，贷款主要投向抗疫和受疫情影响大的行业，卫生和社会工作业贷款余额同比增长33.1%，高出全部贷款增速16.6个百分点；批发零售业贷款全年新增174.0亿元，同比多增61.3亿元；制造业支持力度加大，全省制造业贷款余额同比增长14.1%，比上年末提高5.5个百分点；普惠领域贷款均保持同比多增，涉农和普惠小微企业贷款分别同比多增748.6亿元和150.1亿元；

企业贷款加权平均利率水平下行，全年全省金融机构新发放企业贷款加权平均利率较上年下降43.4个基点，其中新发放普惠小微企业贷款加权平均利率同比下降60.1个基点。银行资产质量稳中向好，2020年末湖南省银行业金融机构不良贷款率为1.35%，较年初下降0.21个百分点。二是证券保险业平稳运行，市场结构不断优化。2020年末，湖南省境内上市公司117家，比上年增加12家，其中主板、中小板、创业板、科创板上市公司数分别为51家、33家、27家和6家；三板、四板市场稳步发展，湖南省共有新三板挂牌企业165家，区域股权交易所累计挂牌企业3655家；保险业务规模不断扩大，2020年末，全省共有法人保险公司1家，省级保险分公司58家，全年保险业保费收入1513.1亿元，同比增长8.4%，累计赔付支出482.4亿元，同比增长13.8%。三是社会融资规模同比多增，银行间市场融资创新成效明显。2020年，湖南省社会融资规模新增10779.4亿元，同比多增1929.3亿元；永续债、二级资本债、证券公司短期融资券、小微和双创专项金融债等融资创新产品取得明显突破，首次发行永续债53亿元、双创金融债20亿元，发行二级资本债96亿元、小微企业金融债70亿元，提升地方法人金融机构服务实体经济和抵御风险的能力。四是金融生态环境建设深入推进，金融服务质效进一步提升。征信服务能力不断增强，在辖内累计布设个人信用报告自助查询机386台，全年为全省企业和个人提供信用报告查询服务2714.2万笔，开展应收账款融资专项行动，全年通过应收账款融资服务平台实现企业融资194.4亿元，其中涉及中小微企业融资157.3亿元，占比80.9%；民众支付服务获得感和满意度进一步提升，新增支付系统参与者95家，支付系统处理业务笔数和金额分别同比增长10.6%和20.7%，推动银行卡助农取款服务纳入村级（社区）综合服务平台管理，取款点实现行政村全覆盖。金融消费权益保护工作扎实有序开展，畅通湖南省12363咨询电话线上受理渠道，增加疫情防控金融服务咨询应答知识库，持续深化金融知识纳入湖南国民教育体系"三个一百"工程，推进国家级、省级金融教育示范基地创建工作。

展望2021年，湖南经济发展的势头总体向好，习近平总书记在湖南考察时的重要指示精神为全省加快发展注入了强劲动力，当前省内相对稳定的防疫形势也为经济恢复发展创造了有利条件，随着"三高四新"①和"创新引领开放崛起"等战略的推进实施，湖南"一带一部"②区位优势将进一步发挥，创新发展水平将进一步提升，发展新动能将进一步壮大。但同时也要看到，当前湖南经济社会发展还面临一些困难和问题，全球疫情对湖南产业链供应链稳定、技术吸收再创新、外资外贸引进等方面的影响仍将持续，省内创新开放的支撑作用仍然不强，消费和投资增长的制约因素仍然较多。

2021年，湖南省金融系统将坚持以习近平新时代中国特色社会主义思想为指导，全面贯彻党的十九大和十九届二中、三中、四中、五中全会以及中央经济工作会议精神，立足新发展阶段，贯彻新发展理念，构建新发展格局，坚持稳中求进工作总基调，以推动高质量发展为主题，以深化供给侧结构性改革为主线，贯彻落实稳健的货币政策灵活精准、合理适度，进一步加大金融对科技创新、绿色环保、小微和民营企业、制造业等国民经济重点领域和薄弱环节的支持力度，持续防范化解金融风险，深化金融改革，推动"十四五"时期高质量发展开好局、起好步，以优异成绩迎接建党100周年。

---

①"三高四新"："三个高地"、"四新"使命，着力打造国家重要先进制造业高地、具有核心竞争力的科技创新高地、内陆地区改革开放高地，在推动高质量发展上闯出新路子、在构建新发展格局中展现新作为、在推动中部地区崛起和长江经济带发展中彰显新担当、奋力谱写新时代坚持和发展中国特色社会主义的湖南新篇章。

②"一带一部"：湖南省处在东部沿海地区和中西部地区的过渡带、长江开放经济带和沿海开放经济带结合部。

一、金融运行情况

2020年，湖南省疫情应对成效明显，金融运行总体平稳，贷款较快增长，有力支持了疫情防控、复工复产和稳企业保就业，多层次资本市场稳步发展，保险保障功能日益增强，金融生态环境建设继续推进，金融服务质效进一步提升。

（一）银行业稳健运行，支持稳企业保就业力度较大

1. 银行业资产规模平稳增长，盈利水平小幅回落。2020年末，湖南省银行业金融机构营业网点个数9778个，从业人员13.5万人；银行业金融机构总资产7.25万亿元，同比增长11.5%，增速较上年上升2.2个百分点；受银行机构计提贷款损失准备增多、核销力度加大等因素影响，全年利润同比下降3.5%。

表1　2020年湖南省银行业金融机构情况

机构类别	营业网点			法人机构（个）
	机构个数（个）	从业人数（人）	资产总额（亿元）	
一、大型商业银行	2461	48271	24522.3	0
二、国家开发银行和政策性银行	117	2880	7776.0	0
三、股份制商业银行	371	10395	7216.3	0
四、城市商业银行	527	11297	10789.5	2
五、城市信用社	0	0	0.0	0
六、小型农村金融机构	3986	39703	13387.2	103
七、财务公司	4	131	458.7	4
八、信托公司	1	201	94.1	1
九、邮政储蓄银行	2074	17320	5629.1	0
十、外资银行	6	124	70.2	0
十一、新型农村金融机构	168	2510	684.9	64
十二、其他	63	2198	1914.8	3
合　计	9778	135030	72543.1	177

数据来源：湖南银保监局。

注：营业网点不包括国家开发银行和政策性银行、大型商业银行、股份制商业银行等金融机构总部数据；大型商业银行包括工商银行、农业银行、中国银行、建设银行和交通银行；小型农村金融机构包括农村商业银行、农村合作银行和农村信用社；新型农村金融机构包括村镇银行；其他包含汽车金融公司、消费金融公司、资产管理公司、民营银行及其他银行业机构等。

2. 存款增速稳步回升，新增存款同比多增。2020年末，湖南省金融机构本外币存款余额57912.0亿元，同比增长10.0%，较上年末提高2.5个百分点。全年新增存款5251.6亿元，同比多增1593.2亿元。其中，非金融企业存款新增410.7亿元，同比多增411.1亿元；住户存款新增3458.8亿元，同比多增436.8亿元；财政性存款新增153.4亿元，同比多增2.5亿元；机关团体存款新增773.1亿元，同比多增584.2亿元；非银金融机构存款新增443.2亿元，同比多增182.9亿元。

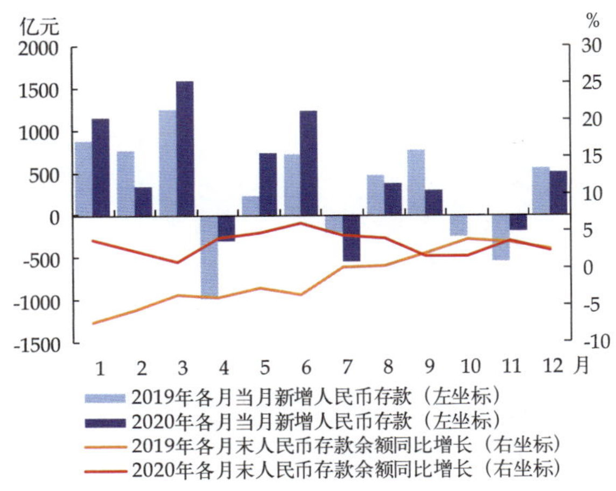

图1　2019—2020年湖南省金融机构人民币存款增长变化

（数据来源：中国人民银行长沙中心支行）

3. 各项贷款保持同比多增，增速高位稳健运行。2020年末，全省金融机构本外币各项贷款余额49402.8亿元，同比增长16.5%，比上年末提高0.5个百分点，贷款增速居全国第四位。全年新增贷款6987.4亿元，同比多增1157.6亿元。分期限看，短期贷款新增1476.0亿元，同比多增79.9亿元；票据融资新增157.2亿元，同比少增427.9亿元；中长期贷款新增5410.3亿元，同比多增1560.3亿元。

贷款有力支持疫情防控、复工复产和稳企业保就业，信贷结构持续优化。制造业贷款保持较快增长，2020年末，全省制造业贷款余额同比增长14.1%，比上年末提高5.5个百分点。基础设施类贷款增速回升，2020年末，全省基础设施类贷款余额同比增长14.3%，比上年末提高3个百分点，全年同比多增824.1亿元。抗疫

和受疫情影响大的行业信贷支持力度大，2020年末，全省卫生和社会工作业贷款余额同比增长33.1%，高出全部贷款增速16.6个百分点；批发零售业贷款全年新增174.0亿元，同比多增61.3亿元。普惠领域贷款均保持同比多增，涉农贷款全年新增1994.0亿元，同比多增748.6亿元；中小微企业贷款全年新增3256.3亿元，同比多增1193.8亿元，其中，普惠小微企业贷款全年新增771.7亿元，同比多增150.1亿元。

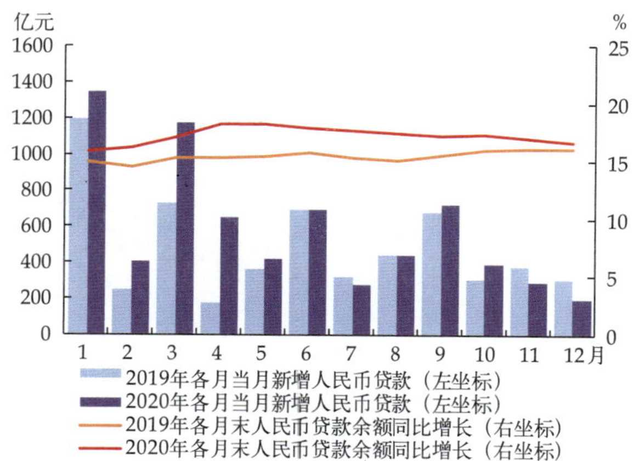

图2　2019—2020年湖南省金融机构人民币贷款增长变化

（数据来源：中国人民银行长沙中心支行）

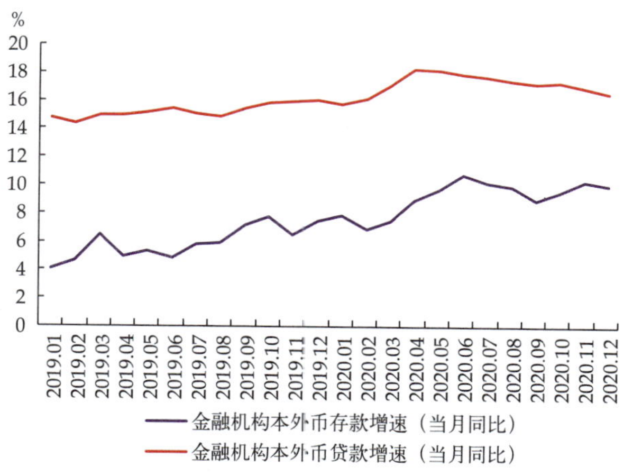

图3　2019—2020年湖南省金融机构本外币存、贷款增速变化

（数据来源：中国人民银行长沙中心支行）

4.用好用活一揽子货币政策工具，积极发挥央行两项直达实体工具作用。推动3000亿元、5000亿元、1万亿元三批次再贷款、再贴现政策在湖南落地生效，积极发挥央行普惠小微企业贷款延期支持工具和信用贷款支持计划两项直达货币政策工具作用，2020年全年累计办理再贷款、再贴现逾1000亿元，是2019年累计办理量的1.7倍，累计对全省139家地方法人金融机构提供两项直达工具激励资金，惠及各类市场主体近80万户。

5.LPR推广运用工作进一步深化，企业贷款加权平均利率水平下行。2020年末，湖南省金融机构活期、定期存款加权平均利率分别为0.33%和2.40%，与上年基本持平；全年新发放企业贷款加权平均利率4.87%，较上年下降43.4个基点，其中新发放普惠小微企业贷款加权平均利率同比下降60.1个基点，全年累计为企业让利近150亿元。LPR推广运用工作扎实推进，2020年8月末已基本完成全省金融机构浮动利率存量贷款LPR转换工作，2020年12月湖南省新发放贷款中，参考LPR定价的贷款占比达98.1%，较上年同期提高10.8个百分点。

表2　2020年湖南省金融机构人民币贷款各利率区间占比

单位：%

项目		1月	2月	3月	4月	5月	6月
合计		100.0	100.0	100.0	100.0	100.0	100.0
LPR减点		10.4	20.3	15.3	17.6	17.8	22.5
LPR		1.5	2.4	2.8	3.6	3.1	4.5
LPR加点	小计	88.1	77.3	81.9	78.8	79.1	73.0
	(LPR，LPR+0.5%)	18.8	16.3	18.9	13.4	11.6	11.9
	[LPR+0.5%，LPR+1.5%)	28.1	24.7	26.6	26.3	28.0	23.0
	[LPR+1.5%，LPR+3%)	20.9	12.8	14.3	16.0	15.5	15.1
	[LPR+3%，LPR+5%)	12.3	10.4	12.4	13.1	13.0	13.1
	LPR+5%及以上	8.0	13.1	9.7	10.0	11.0	9.9
项目		7月	8月	9月	10月	11月	12月
合计		100.0	100.0	100.0	100.0	100.0	100.0
LPR减点		15.3	11.8	16.3	15.3	13.9	19.5
LPR		3.0	5.1	4.5	4.6	5.0	5.3
LPR加点	小计	81.7	83.1	79.2	80.1	81.1	75.2
	(LPR，LPR+0.5%)	12.1	11.4	11.7	13.0	11.4	11.9
	[LPR+0.5%，LPR+1.5%)	27.2	24.7	24.6	25.4	23.7	22.7
	[LPR+1.5%，LPR+3%)	15.8	16.9	16.4	13.9	16.2	15.3
	[LPR+3%，LPR+5%)	13.7	15.4	14.5	14.8	16.6	13.1
	LPR+5%及以上	12.9	14.7	12.0	13.0	13.2	12.2

数据来源：中国人民银行长沙中心支行。

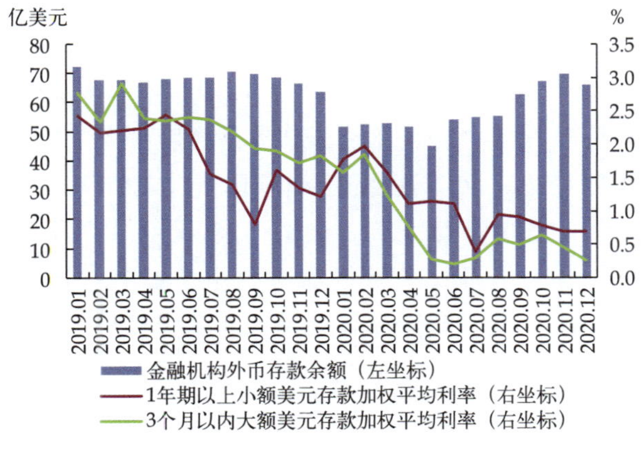

图 4　2019—2020 年湖南省金融机构外币存款余额及外币存款利率

（数据来源：中国人民银行长沙中心支行）

6. 银行业机构资产质量稳中向好。2020 年末，湖南省银行业金融机构不良贷款余额 666.9 亿元，较年初增加 5.4 亿元；不良贷款率 1.35%，较年初下降 0.21 个百分点；地方法人银行机构资本充足率 13.7%，流动性比例 70.5%。

7. 货物贸易跨境人民币结算同比增长，服务开放型经济质效进一步提升。2020 年，湖南省共计办理跨境人民币业务 684.9 亿元，占同期全省本外币跨境收支总额的 16.5%，其中，经常项下收付 368.4 亿元，同比增长 10%，货物贸易人民币结算增长 18.6%；资本项下收付 316.5 亿元，同比下降 13.4%。2020 年末，省内跨国企业集团已建立跨境双向人民币资金池 9 个，全年资金池资金流入 74.2 亿元，流出 94.5 亿元。积极支持省内优势企业“走出去”，发放境外项目人民币贷款 24 亿元，同比增长 81.8%。人民币跨境融资流入 31.4 亿元，加权平均利率同比下降 88 个基点，帮助企业充分利用境内境外两个市场、两种资源，降低融资成本，进一步促进贸易投资便利化。

专栏 1　湖南 LPR 改革落地情况及金融机构经营行为变化

一、LPR 改革落地情况

新发放人民币贷款基本实现 LPR 全运用。中国人民银行长沙中心支行积极推动辖内金融机构新发放人民币贷款参考 LPR 定价应用尽用，2020 年末，全省金融机构新发放人民币贷款参考 LPR 定价的比例为 98.1%，较 LPR 改革推出的首月 2019 年 8 月提高 58.3 个百分点。

浮动利率存量贷款定价基准转换如期完成。依据市场化、法治化原则，充分发挥省级利率定价自律机制平台作用，广泛开展政策宣传，认真落实通报督导，有效防止负面舆情，提前 2 个月完成辖内地方法人金融机构存量贷款定价基准转换工作，2020 年 6 月底地方法人金融机构转换率达到 96.3%，2020 年 8 月底全省金融机构转换率达 95.5%。

银行有序构建嵌入 LPR 的内部转移定价（FTP）。全国性银行和部分地方法人金融机构已将 LPR 内嵌入 FTP 曲线，贷款的 FTP 与 LPR 联动性增强，市场化程度明显提高。2020 年末，全省 172 家地方法人金融机构中已有 101 家建立 FTP，已运用 LPR 构建 FTP 的地方法人金融机构有 65 家。

二、LPR 改革取得的主要成效

LPR 引导企业贷款利率明显下行。2020 年 12 月，全省金融机构企业贷款利率为 4.75%，较 LPR 改革前的 2019 年 7 月下降了 52 个基点，小微企业贷款利率为 5.08%，较 LPR 改革前的 2019 年 7 月下降了 67 个基点，降幅均大于 LPR 同期降幅。

贷款利率隐性下限完全打破。2020 年 12 月，新发放贷款利率低于原贷款基准利率 0.9 倍的贷款占比为 20.1%，是改革前 2019

年7月的5.0倍。贷款利率隐性下限完全打破，贷款利率定价的市场化程度明显提高。

存款市场利率基本稳定。2020年末，湖南省活期存款利率为0.33%，与改革前基本持平；新吸收定期存款利率为2.52%，较改革前的2019年7月提高6.8个基点，其中大额存单发行利率为3.32%，较改革前的2019年7月下降32个基点。

三、LPR改革对金融机构经营行为的影响

加强贷款定价能力建设，提升市场竞争力。随着利率市场化的推进，各金融机构普遍建立"科学定价、分类指导、分级授权、灵活调整"的利率管理原则，借助科技手段和大数据技术深入开展客户画像，加强对利率定价的差异化和精细化管理，定价机制渐趋完善，定价能力不断提升。

优化存款结构，降低负债成本。LPR改革后，贷款利率下行增强了银行负债端的利率敏感性，银行积极优化负债结构，降低资金成本。一是控制高成本的存款产品。全年大额存单发行同比下降384.6亿元，不规范的存款创新产品压降1302亿元。二是更加重视存款结构的稳健。2020年末，住户存款在全部存款中的占比为55.0%，同比提高1.0个百分点；定期存款全年同比多增2918亿元。三是主动拓宽融资渠道。2020年，全省地方法人金融机构货币市场交易额同比增长24.8%，金融债和同业存单累计发行2918.1亿元，同比多发67.6亿元。

2020年LPR改革深入推进，带动贷款利率下行，利率传导机制得到有效疏通，有力地支持了湖南省经济企稳复苏，但也面临地方法人金融机构定价能力不强、部分机构FTP建设与LPR运用不足等问题。下一步，中国人民银行长沙中心支行将继续引导巩固贷款实际利率下降成果，促进企业综合融资成本稳中有降；加强存款利率管理，积极发挥省级市场利率自律机制作用，打击各种不规范的变相存款创新产品，维护存款利率定价秩序；进一步督促金融机构完善FTP建设，将LPR嵌入FTP，落实贷款明示年化利率要求，保护消费者合法权益。

（二）证券期货业平稳发展，市场结构不断优化

1. 多层次资本市场加快发展，市场结构基本完备。2020年末，湖南省境内上市公司117家，比上年增加12家，其中主板、中小板、创业板、科创板上市公司数分别为51家、33家、27家和6家；三板、四板市场稳步发展，湖南省共有新三板挂牌企业165家，湖南股权交易所累计挂牌企业3655家，均处于中部领先位置。

2. 证券机构网点数量增加，经营效益持续提升。2020年末，湖南省辖内法人证券公司3家，下设营业部535家，较上年增加43家；非法人证券公司在湘设营业部436家，较上年减少1家。全年共实现利润43.3亿元，同比增长30.9%。其中，法人证券公司利润总额27.9亿元，同比增长10.8%。

表3 2020年湖南省证券业基本情况

项目	数量
总部设在辖内的证券公司数（家）	3
总部设在辖内的基金公司数（家）	0
总部设在辖内的期货公司数（家）	3
年末国内上市公司数（家）	117
当年国内股票（A股）筹资（亿元）	481.5
当年发行H股筹资（亿元）	0
当年国内债券筹资（亿元）	7652.8
其中：短期融资券筹资额（亿元）	350.4
中期票据筹资额（亿元）	617.9

数据来源：湖南证监局。

3. 期货公司资产负债同比增长，交易量明显增长。2020年末，湖南省法人期货公司3家；期货公司总资产和总负债分别为63.2亿元和49.6亿元，同比增长55.6%和82.7%；全年期

货交易64275.9亿元，同比增长42%，比上年提高18.3个百分点；实现利润0.2亿元，同比增长112.5%。

（三）保险业稳步发展，业务规模不断扩大

1. 保险业务规模不断扩大。2020年末，湖南省共有法人保险公司1家；省级保险分公司58家，其中财产险公司24家、人身险公司34家，较上年新增1家人身险公司；全年保险业保费收入1513.1亿元，同比增长8.4%；其中财产险保费收入同比增长12.8%，人身险保费收入同比增长14.8%，累计赔付支出482.4亿元，同比增长13.8%。

2. 经济社会保障功能明显增强。2020年，湖南省保险业共提供各类风险保障188万亿元，同比增长72.1%，其中，提供财产风险保障63.9万亿元，新增人身风险保障124万亿元。支持小微、“三农”和保障民生方面作用突出，全年为全省小微企业提供信用保证风险保障增长47.1%；为1933.3万户农户提供1643.5亿元的农业保险风险保障，种养两业受益农户近100万户次；全年提供大病保险补偿58.5万人次。

表4　2020年湖南省保险业基本情况

项目	数量
总部设在辖内的保险公司数（家）	1
其中：财产险经营主体（家）	0
寿险经营主体（家）	1
保险公司分支机构（家）	58
其中：财产险公司分支机构（家）	24
寿险公司分支机构（家）	34
保费收入（中外资，亿元）	1513.1
其中：财产险保费收入（中外资，亿元）	408.9
人身险保费收入（中外资，亿元）	1104.1
各类赔款给付（中外资，亿元）	482.4

数据来源：湖南银保监局。

（四）社会融资规模同比多增，银行间市场融资创新成效明显

1. 社会融资规模同比增加，增量居中部前列。2020年，湖南省社会融资规模新增10779.4亿元，同比多增1929.3亿元，增量居于中部前列。其中，人民币贷款新增7027.9亿元，同比多增1200.3亿元，企业债券净融资1570.6亿元，同比增加634.9亿元；政府债券净融资1636.8亿元，同比增加116亿元；非金融企业境内股票融资155.7亿元，同比增加113.4亿元。

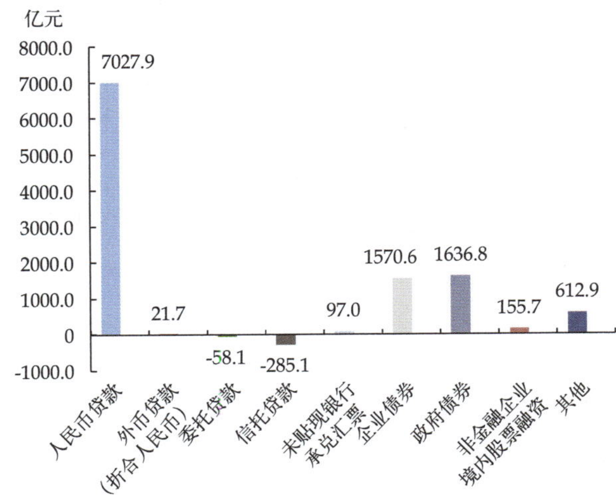

图5　2020年湖南省社会融资规模分布结构

（数据来源：中国人民银行长沙中心支行）

2. 债券发行取得明显突破，银行承兑汇票余额快速增长。永续债、二级资本债、证券公司短期融资券、小微和双创专项金融债等融资创新产品取得明显突破。2020年，湖南省首次发行永续债53亿元、双创金融债20亿元，发行二级资本债96亿元、小微企业金融债70亿元，有力提升了地方法人金融机构服务实体经济和抵御风险的能力；发行证券公司短期融资券5亿元用于补充流动性。银行承兑汇票余额快速增长，2020年末，湖南省银行承兑汇票余额1885.5亿元，同比增长23%。

3. 货币市场业务增长较快，利率呈下降态势。湖南省辖内地方法人金融机构同业拆借交易规模1.8万亿元，同比增长45.2%；债券回购交易规模25.7万亿元，同比增长23.6%。利率呈下降态势，全年同业拆借、债券回购加权平均利率分别为1.72%和1.67%，同比分别下降64个和97个基点。

表 5　2020 年湖南省金融机构票据业务量统计

单位：亿元

季度	银行承兑汇票承兑		贴现			
			银行承兑汇票		商业承兑汇票	
	余额	累计发生额	余额	累计发生额	余额	累计发生额
1	1772.8	791.5	1565.1	1569.6	104.5	67.8
2	1876.8	756.1	1521.2	1497.3	149.1	135.3
3	1885.0	681.8	1351.6	1190.2	171.4	111.6
4	1885.5	775.0	1522.2	1674.5	175.3	159.1

数据来源：中国人民银行长沙中心支行。

表 6　2020 年湖南省金融机构票据贴现、转贴现利率

单位：%

季度	贴现		转贴现	
	银行承兑汇票	商业承兑汇票	票据买断	票据回购
1	2.98	4.60	2.83	1.69
2	2.64	3.97	2.58	1.50
3	3.00	4.13	2.85	1.96
4	3.00	4.06	2.83	1.71

数据来源：中国人民银行长沙中心支行。

（五）金融生态环境建设深入推进，金融服务质效进一步提升

1. 支付服务民众获得感和满意度进一步提升。2020 年，湖南省支付清算系统保持安全稳定运行，新增支付系统参与者 95 家，支付系统处理业务笔数和金额同比分别增长 10.6% 和 20.7%。推动银行卡助农取款服务纳入村级（社区）综合服务平台管理，取款点实现行政村全覆盖，进一步推进移动支付进县域乡村，有效解决农村地区基础金融服务“最后一公里”的问题；深入推进移动支付便民工程，着重打造零售、政务、出行等民生场景，全省“云闪付”App 注册用户超 1500 万户，实现省内公交、地铁等交通场景全覆盖；提升银行账户综合服务水平，引导银行将开户预约纳入企业开办“一网（窗）通办”事项，不断优化营商环境。

2. 征信服务能力不断增强。2020 年末，金融信用信息基础数据库共接入 98 家湖南省金融机构，累计采集全省 5027 万自然人、104 万户企业及其他经济组织的信用信息，全年为全省企业和个人提供信用报告查询服务 2714.2 万笔。顺利完成二代征信系统升级，实现全省征信电话咨询语音导航云服务平台正式上线，在辖内累计布设个人信用报告自助查询机 386 台。全年辖内地方法人金融机构累计为四类特定群体共 6 万人和 3203 家企业调整征信逾期记录和信贷业务还款安排，其中，小微企业 2095 家。开展应收账款融资专项行动，全年通过应收账款融资服务平台实现企业融资 194.4 亿元，其中涉及中小微企业融资 157.3 亿元，占比 80.9%。动产融资登记公示系统应用效果进一步显现，2020 年末湖南省内常用户注册数达 1059 个，累计提供动产登记服务 21.6 万笔，提供查询服务 164.4 万笔。

3. 金融消费权益保护工作扎实有序开展。畅通湖南省 12363 咨询电话线上受理渠道，增加疫情防控金融服务咨询应答知识库；加强金融机构金融消费权益保护工作评估，在全国率先开发并上线运行金融消费权益保护环境评估管理信息系统；持续深化金融知识纳入湖南国民教育体系“三个一百”工程，推进国家级、省级金融教育示范基地创建工作，联合省银保监局等部门开展“3·15 消费者权益日”“6 月守住钱袋子”“9 月金融知识进高新园区 助力六稳六保”等宣传活动，组织开展“2020 年湖南省金融知识普及月”直播活动和抖音话题视频征集大赛，全省金融消费环境进一步优化。

二、经济运行情况

2020 年，面对国内外形势的深刻复杂变化，特别是新冠肺炎疫情严重冲击，湖南省坚持稳中求进工作总基调，众志成城抗击疫情，率先启动复工复产，扎实做好“六稳”“六保”工作，经济呈现“增速稳步回升、结构持续优化、质效不断改善”的良好态势。全年地区生产总值 41781.5 亿元，突破 4 万亿元大关，同比增长 3.8%，高于全国平均水平 1.5 个百分点。

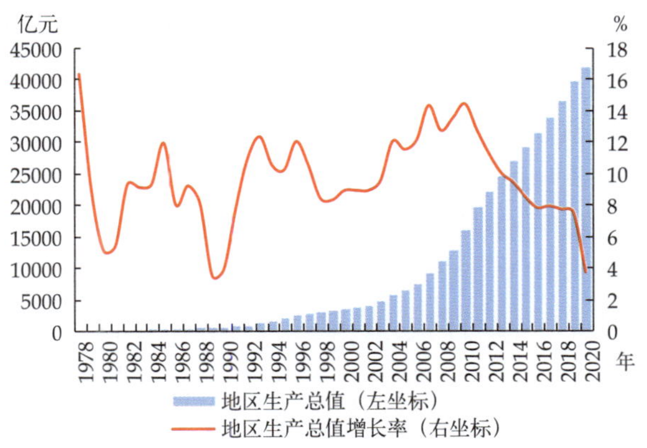

图 6　1978—2020 年湖南省地区生产总值及其增长率

（数据来源：湖南省统计局）

（一）国内需求稳步回升，外贸外资基本盘保持稳定

1. 投资增长势头良好，投资结构不断改善。 2020 年，湖南省固定资产投资同比增长 7.6%，高于全国平均水平 4.9 个百分点，较上半年加快 2.9 个百分点。重大项目投资快速增长，5000 万元以上重大项目投资增长 44.2%。从投向上看，全年全省工业投资增长 11.4%；高新技术产业投资增速快于全部投资 17.8 个百分点，其中计算机、通信和其他电子设备制造业投资增速达 73.7%；医药制造业投资同比增长 36.3%；基础设施投资加速回温，全年增速达 4.6%，较上年提高 4.7 个百分点。

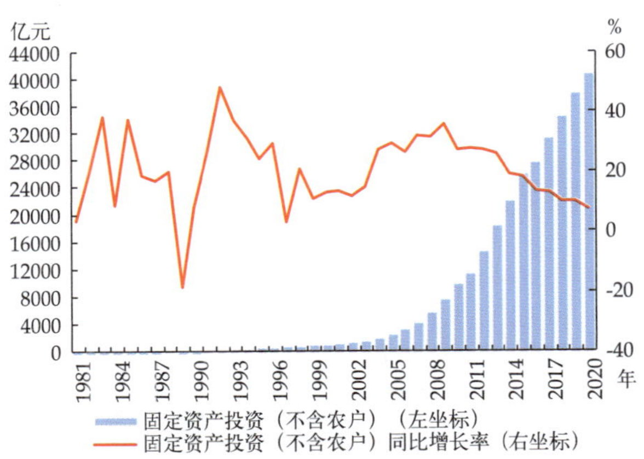

图 7　1981—2020 年湖南省固定资产投资（不含农户）及其增长率

（数据来源：湖南省统计局）

2. 消费市场持续回暖，网上销售新模式发展迅速。 2020 年末，湖南省实现社会消费品零售总额 16258.1 亿元，同比下降 2.6%，其中，限额以上批发零售、住宿餐饮业法人单位实现零售额 6124.6 亿元，同比增长 4.9%；基本民生类商品需求较旺，限额以上批发零售法人单位中，中西药品类、粮油食品类零售额分别增长 22.1% 和 13%；消费升级态势良好，限额以上批发零售企业中，化妆品类、体育娱乐用品类、通讯器材类零售额分别增长 18.5%、22.9% 和 23.1%；网上销售新模式快速发展，全年实现网上零售额增长 17.7%。

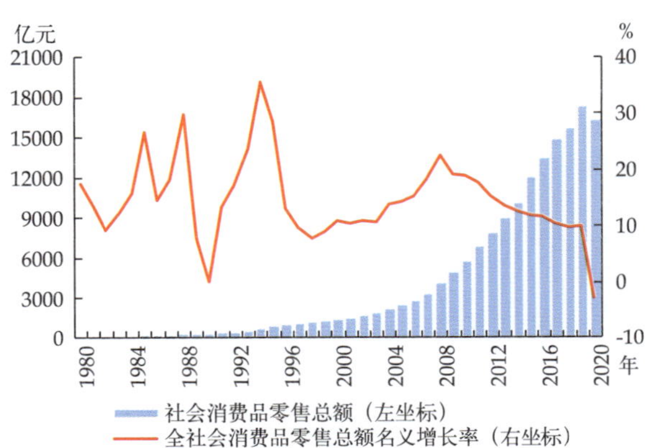

图 8　1980—2020 年湖南省社会消费品零售总额及其增长率

（数据来源：湖南省统计局）

3. 外贸外资基本盘稳定，开放型经济发展好于预期。 2020 年，湖南省进出口总额 4874.5 亿元，同比增长 12.3%。其中，出口 3306.4 亿元，同比增长 7.5%，进口 1568.1 亿元，同比增长 24.1%。民营企业、国有企业成为稳外贸的重要力量，占进出口总额比重分别为 78% 和 10.8%。2020 年 3 月至 2020 年底，全省口罩、防护服、医用手套等主要疫情防控物资累计出口 74.9 亿元，为全球抗疫贡献了湖南力量。全年电子元件、塑料制品、鞋类、灯具等主要产品出口均保持增长态势，机电产品出口增长 12.2%，占出口总值的 45.2%。外贸新业态日益活跃，2020 年湖南省通过跨境电商方式出口和市场采购方式出口分别为 136.9 亿元和 69.4 亿

元，分别增长 134.4% 和 54.5%。利用外资稳步增长，全年实际利用外资 210 亿美元，同比增长 16%，外商直接投资同比增长 26.5%，增幅居全国前列。

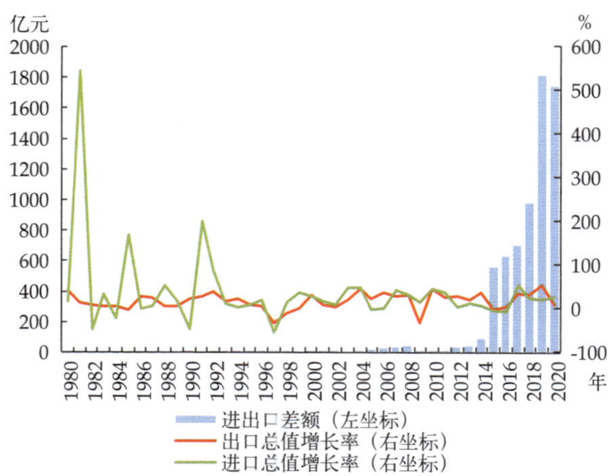

图 9　1980—2020 年湖南省外贸进出口变动情况

（数据来源：湖南省统计局）

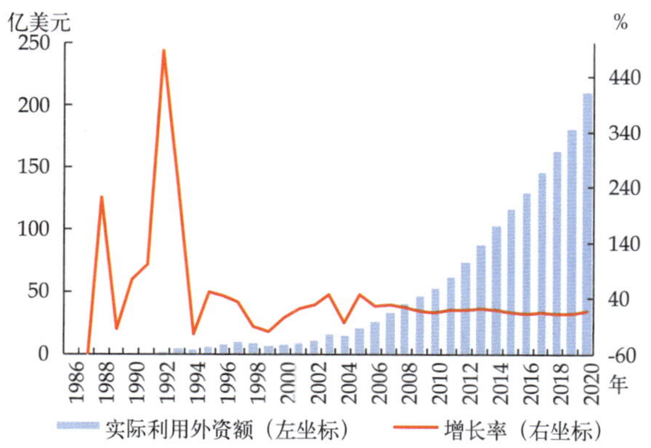

图 10　1986—2020 年湖南省实际利用外资额及其增长率

（数据来源：湖南省统计局）

（二）三次产业恢复稳步增长，供给侧结构性改革持续深化

面对严峻复杂的形势，湖南省采取积极措施，着力恢复社会生产、畅通经济循环，经济增速逐季回升，实现稳步增长，总体呈现农业总体平稳、工业生产较快回升、服务业发展回暖的良好态势。

1. 农业生产总体平稳，粮食播种面积和总产量实现“双增”。2020 年，湖南省第一产业增加值 4240.5 亿元，同比增长 3.7%，较上年提高 0.5 个百分点。粮食生产“基本盘”稳固，粮食播种面积增长 3.0%，总产量增长 1.4%，实现“双增”；优质稻种植比例提高，全年高档优质稻种植面积达 1302 万亩，其产量占水稻总产量的 21.7%。经济作物实现增产，蔬菜及食用菌、油菜和水果产量分别增长 3.5%、10% 和 9.7%。生猪产能持续恢复，2020 年末，生猪存栏 3734.6 万头，同比增长 38.4%，已恢复到正常年份的九成左右。

2. 工业生产稳中回升，转型升级持续推进。2020 年，全省规模以上工业增加值增长 4.8%，较全国平均水平高 2.0 个百分点。其中，装备制造业贡献突出，增加值增速达 10.4%，上拉规模以上工业增加值增速 3.2 个百分点。工业继续迈向中高端，结构调整持续推进，2020 年，全省规模以上高技术制造业增加值同比增长 16%，占规模以上工业的比重较上年提高 0.4 个百分点；六大高耗能行业增加值占比较上年降低 0.6 个百分点。高新技术产业培育成效显现，全省高新技术产业增加值增长 10.1%，高于规模以上工业平均增速 5.3 个百分点，服务器、集成电路、传感器、工业机器人、锂离子电池等高新技术产品产量分别增长 230%、180%、50%、46% 和 45.4%。

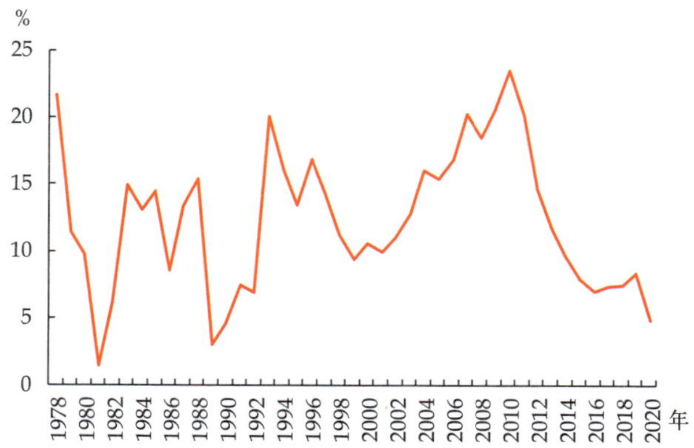

图 11　1978—2020 年湖南省规模以上工业增加值实际增长率

（数据来源：湖南省统计局）

3. 第三产业发展逐步回暖，新兴服务业增长加快。2020 年，湖南省第三产业增加值 21603.4 亿元，增长 2.9%，增速自第二季度由负转正后持续呈现回升态势。行业经营情况稳定向好，2020 年，全省 6577 家规模以上服务业企业实现营业收入 4540.0 亿元，同比增长 4.9%。新兴服务业发展势头向好，信息传输、软件和信息技术服务业增加值增速为 21%，实现两位数增长，对经济增长的贡献率达 13.4%。金融业增加值保持较快增速，较 2019 年提高 0.6 个百分点，对经济增长的贡献率达 9.3%。

4. 供给侧结构性改革持续深化，高质量发展加速推进。“三去一降一补”继续推进，株洲清水塘老工业基地 261 家企业整体退出，搬迁改造城镇人口密集区危化品生产企业 42 家。减税降费成效显著，全年减税降费（含社保费）630 亿元以上，覆盖全省 146 万以上市场主体。决战脱贫攻坚圆满收官，2020 年初剩余 19.9 万贫困人口年内全部脱贫，“十三五”期间累计脱贫 477.6 万人，51 个贫困县全部摘帽、6920 个贫困村全部出列，绝对贫困和区域性整体贫困全面消除。2020 年，全省 51 个脱贫摘帽县农村居民人均可支配收入同比增长 9.4%，高于全省农村居民人均可支配收入增速 1.7 个百分点。

（三）消费价格涨幅小幅回落，工业价格累计同比下降

1. 居民消费价格整体涨幅小幅回落，呈现“四涨三跌一平”态势。2020 年，湖南省居民消费价格同比上涨 2.3%，涨幅较上年低 0.6 个百分点。分类别看，呈现“四涨三跌一平”态势，其中，食品烟酒价格上涨 8.3%，其他用品和服务上涨 3.6%，医疗保健上涨 1.0%，衣着上涨 0.2%；交通和通信下降 3.3%，居住下降 0.9%，生活用品及服务下降 0.1%；教育文化和娱乐持平。在食品烟酒价格中，粮食价格上涨 1.1%，猪肉价格上涨 46.8%；鲜瓜果价格下降 11.0%，蛋类价格下降 3.9%。

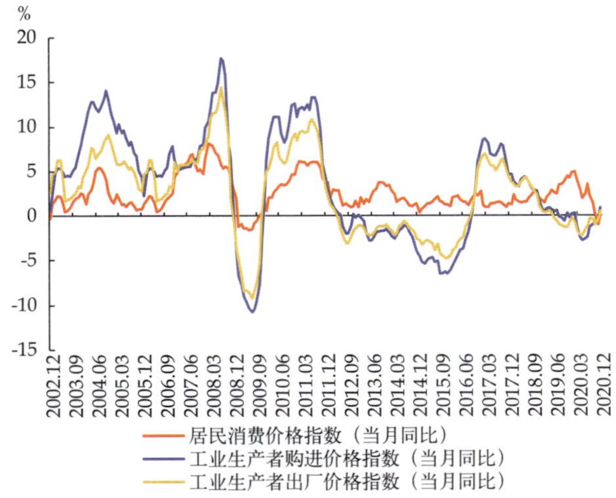

图 12　2002—2020 年湖南省居民消费价格指数和生产者价格指数变动趋势

（数据来源：湖南省统计局）

2. 工业品价格累计同比下降，下半年以来降幅有所收窄。2020 年，湖南省工业生产者出厂价格指数、工业生产者购进价格指数分别下降 1.0% 和 1.1%，降幅比上年分别扩大 0.6 个和 1.3 个百分点。从当月同比来看，工业生产者出厂价格上半年明显回落，5 月末降至 -2.2%，随后降幅逐步收窄并在年末转正，12 月同比上涨 0.5%；工业生产者购进价格上半年快速回落，由年初的 0.2% 回落至 5 月末的 -2.8%，下半年稳步回升并在年末转正，12 月同比上涨 0.9%。

3. 稳岗就业成效明显，居民收入较快增长。2020 年全年湖南省新增城镇就业 72.4 万人，失业人员再就业 35.8 万人，就业困难人员再就业 13.8 万人。居民收入较快增长，2020 年，湖南省居民人均可支配收入 29380 元，增长 6.1%，高于全国平均水平 1.4 个百分点，其中，城镇、农村居民人均可支配收入增速分别为 4.7% 和 7.7%，城乡居民人均可支配收入比值由上年的 2.59 缩小至 2.51。

（四）财政收入保持稳定，民生保障等重点领域支持力度加大

1. 财政收入保持稳定，支出向民生保障等重点领域倾斜。2020 年，湖南省地方财政收入

3008.7亿元，同比增长0.1%，其中，地方税收2058亿元，非税收入950.7亿元。全省一般公共预算支出8402.7亿元，同比增长4.6%，其中民生支出占比逾七成，社会保障和就业、教育、卫生健康支出分别同比增长12.7%、4.3%和11.3%；财政扶贫投入力度持续加大，全年省级财政安排扶贫专项资金51.2亿元，同比增长12%。

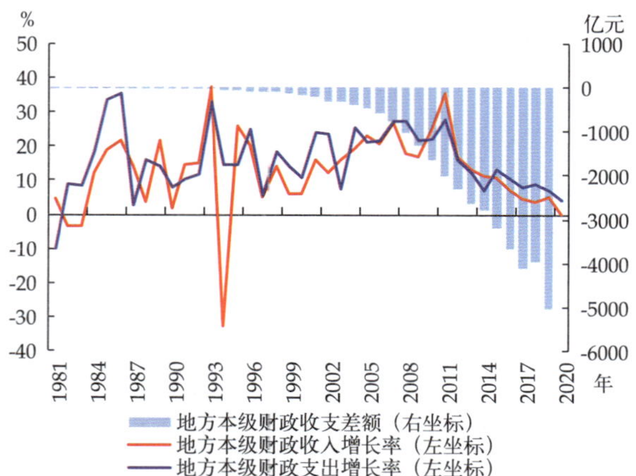

图13 1981—2020年湖南省财政收支状况

（数据来源：湖南省统计局）

2. **地方政府专项债发行同比增长。**2020年，湖南省通过公开招标方式发行地方政府债券2550.2亿元，同比下降0.4%。其中，全年发行地方政府专项债券1533.7亿元，同比增长13.5%。

（五）房地产市场总体平稳，销售面积同比增长

1. **房地产开发投资增速基本平稳。**2020年，湖南省房地产开发投资4880.4亿元，增长9.8%，比上年回落2.9个百分点。虽然第一季度受疫情影响小幅回落，但其后各月逐步稳步回升。

2. **施工及新开工面积增长放缓。**2020年，湖南省房地产施工面积40757.4万平方米，同比增长1.8%，增速比上年回落10.1个百分点。房屋新开工面积10916.2万平方米，下降8.5%，增速比上年回落15.7个百分点。

3. **房地产销售面积同比增长。**2020年，湖南省商品房销售面积9437.4万平方米，同比增长3.7%，增速比上年提高5.2个百分点。商品房销售额5947.1亿元，增长6.6%，增速比上年提高2.4个百分点。

部分新建商品住宅可售面积同比增加，去化周期持平。2020年末，8个纳入国家房价调查的城市（长沙、株洲、湘潭、衡阳、岳阳、常德、郴州和永州）新建商品住宅可售面积合计2933.2万平方米，比上年增长6.8%，增速比上年回落15.6个百分点，新建商品住宅去化周期为10.5个月，与上年末水平基本持平。

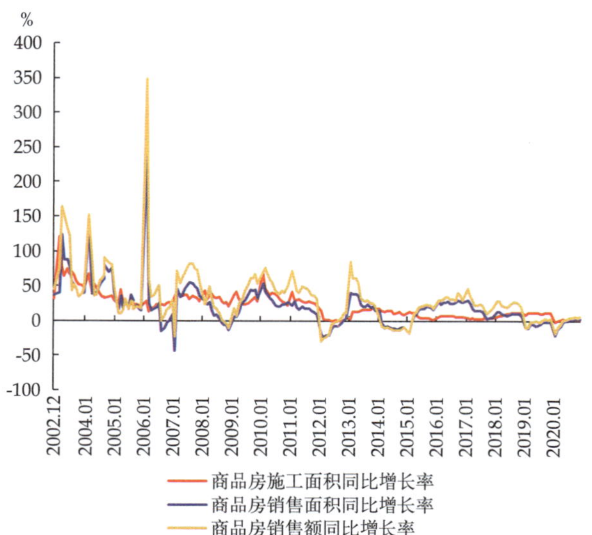

图14 2002—2020年湖南省商品房施工和销售变动趋势

（数据来源：湖南省统计局）

4. **重点城市商品房价格指数总体平稳。**2020年12月，长沙、岳阳新建商品住宅价格指数同比分别上涨5.0%和1.0%，涨幅较上年同期分别增加0.4个和3.2个百分点，常德新建商品住宅价格指数同比下降1.4%，增速比上年同期回落5.4个百分点；2020年12月，长沙、岳阳二手住宅价格指数同比分别上涨1.3%和0.8%，较上年同期增速提高2.5个和2.3个百分点，常德二手住宅价格指数同比下降1.5%，与上年同期持平。

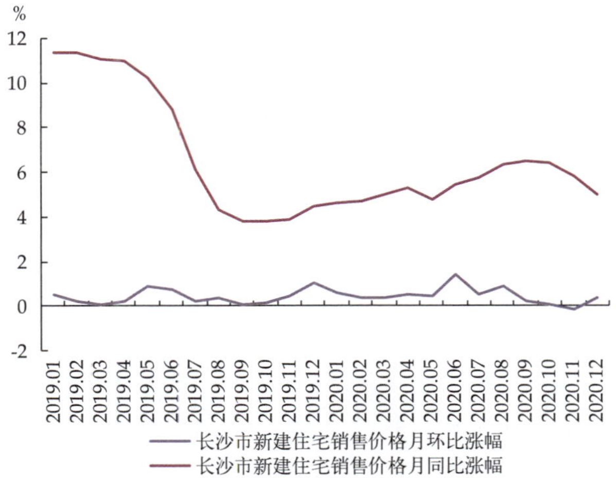

图 15　2019—2020 年湖南省长沙市新建住宅销售价格变动趋势

（数据来源：湖南省统计局）

5. 房地产贷款增速平稳回落。2020 年末，湖南省房地产贷款余额 15431.2 亿元，增长 13.3%，增速比上年下降 3.9 个百分点，其中，长沙市房地产贷款增长 9.3%，同比回落 1.9 个百分点。分项目看，湖南省个人住房贷款增长 18.2%，同比回落 2.9 个百分点；房地产开发贷款增长 4.3%，同比回落 2.5 个百分点；保障性住房开发贷款下降 4.5 个百分点，同比回落 5.4 个百分点。

（六）长株潭一体化加速推进，构筑高质量发展新格局

2020 年 9 月，长株潭城市群一体化发展第二届联席会重点工作推进会在湖南株洲召开，长沙、株洲、湘潭三市联合签署了《长株潭城市群一体化保产业链供应链稳定战略合作框架协议》《长株潭城市群公共资源交易市场一体化发展三年行动计划（2020—2022 年）》《长株潭知识产权运用和保护合作协议》，共拓市场、共享政策、共配要素，长株潭一体化高质量发展新格局正在加速构筑。2020 年，长株潭地区生产总值达 17423 亿元，同比增长 3.4%，占湖南省 GDP 比重达 41.7%，居民人均可支配收入 45273 元，同比增长 5.6%。

1. 科技创新能力持续增强。开放共享程度进一步深化，通过发布实施“四清单”，长株潭三市开放共享创新平台 128 家，联合公关重大关键共性技术 45 项，可相互采购工业品涵盖 318 种，可示范运营新产品达 102 项。整体科技创新能力持续增强，长沙市全社会研发经费投入强度达 2.8%，高新技术企业净增 1100 余家；株洲市全社会研发投入强度达到 3%，新增各类创新平台 62 家，新增高新技术企业 170 余家；湘潭市全社会研发投入强度达 2.7%，每万人有效发明专利拥有量突破 13 件。

2. 绿色发展成效显著。2020 年是长株潭“两型”试验区综合配套改革收官之年，第三方机构评估结果对长株潭“两型”社会建设给予充分肯定，城市群绿色发展成效显著，全年环境空气质量平均优良天数比例为 85.7%，优良天数比例同比上升 10.3 个百分点；完成绿心生态保护修复面积 8 万多亩，基本实现裸露山地绿化全覆盖。

3. 一体化发展迈入新阶段。《长株潭城市群一体化发展行动计划（2019—2020）》中所明确的 30 件事项中，已按时序完成 21 项；三市围绕加快推进交通互联互通，以“三干、两轨、四连线”为骨架的交通路网基本成型，长株潭“半小时交通圈”基本形成；三市医疗保障“同城同结算、同城同年限、同城同定点”工作正式起航，实现了三市城镇职工医保实际缴费年限和视同缴费年限互认。

专栏 2　湖南省地方法人银行发展及面临的挑战

2020 年，湖南省地方法人银行资产规模稳步增长，贷款利率明显降低，数字化转型

加快推进，资产质量总体保持稳定，服务实体经济和抵御风险能力不断提高。与此同时，地方法人银行发展也面临资本补充压力较大、资产质量总体承压、利率风险管理难度加大以及同业竞争加剧等诸多挑战，急需在地方法人银行下一步改革发展中予以重点关注。

近年来，得益于宏观经济持续快速发展、政策红利不断释放、地方法人银行内部治理逐步优化等内外部因素，地方法人银行经历了一个较快发展的阶段。2020 年，在疫情冲击等多方因素影响下，地方法人银行发展中呈现出一些新的特点。一是资产规模稳步增长，支持实体经济力度加大。2020 年末，全省地方法人银行总资产 2.5 万亿元，同比增长 13%。其中，各项贷款增长 16.4%，高于全国平均水平 3.9 个百分点；制造业、民营和小微企业贷款分别增长 27.3%、23.1% 和 13.9%，增速较上年分别提高 23.5 个、14.3 个和 2.1 个百分点。二是深化利率市场化改革，贷款利率大幅降低。2020 年，全省地方法人银行各项贷款平均利率较上年下降 73 个基点。其中，企业贷款平均利率同比下降 49 个基点，普惠小微企业贷款平均利率同比下降 200 个基点。三是数字化转型加快，金融服务水平不断提升。疫情期间，湖南省地方法人银行通过大数据、人工智能、云计算等信息技术，不断拓宽金融服务边界，数字化转型加速推进。如华融湘江银行建立“数据分析实验室”，长沙农商行启动“六平台四体系”建设，星沙农商行、常德农商行、巴陵农商行等多家农信机构依托大数据平台积极开展数据挖掘，推动零售业务的数字化、线上化转型。同时，通过加强与政府部门等多方主体合作，拓宽金融服务渠道，创新信贷产品。四是主要指标处于合理区间，抵御风险能力明显增强。近年来，湖南省地方法人银行通过多种渠道积极补充资本，加强不良资产清收、处置，借助金融科技提升风险识别能力等措施，抵御风险能力不断增强。2020 年末，湖南省地方法人银行不良贷款率同比下降 0.58 个百分点，资本充足率、拨备覆盖率和流动性比例均高于监管标准。

与此同时，受内外部因素影响，地方法人银行发展也面临多方面的挑战。一是资本补充压力加大。地方法人银行特别是农商行和村镇银行业务较为单一，随着利率市场化的推进、市场竞争的加剧，银行息差将逐步收窄，仅依靠利润留存难以满足资本补充缺口，而外源性资本补充渠道较为有限。二是资产质量继续承压。在经济下行压力依然较大的背景下，受疫情影响较大的住宿餐饮、批发零售、文化旅游等行业的中小企业，盈利能力和偿债能力尚未完全修复，加之在产业转型过程中新兴产业与传统产业的接续转换还有一个过程，地方法人银行持续保持资产质量的稳定还存在一定压力。三是定价能力有待进一步提高。目前，大部分农商行和村镇银行利率定价机制仍然不够完善，缺乏科学的定价模型和系统支持，地方法人银行利率风险管理面临挑战。四是市场竞争加剧。互联网金融理财产品和支付工具快速发展，地方法人银行在零售客户、存款获取和维护上的压力越来越大。

下一步，地方法人银行应准确把握自身发展面临的新机遇、新挑战，进一步做好顶层设计，明确中长期经营战略规划，充分利用自身体制机制灵活、地方化程度较高等优势，立足地方、服务小微，加强资产负债和风险管理，积极推进金融科技和信息化建设，从战略、产品、服务、管理以及技术等各方面积极谋求自身的转型发展，全面提升金融服务质效，进一步增强服务地方经济的能力和水平。

三、预测与展望

目前，中国发展仍处于重要战略机遇期，发展韧性强、潜力足、回旋余地大。虽然2020年以来遭受新冠肺炎疫情对经济社会发展的严重冲击，但在党中央的坚强领导下，全国上下齐心协力，统筹疫情防控和经济社会发展取得显著成效，经济增长好于预期，成为全球唯一实现经济正增长的主要经济体，稳企业保就业成效显著，全面建成小康社会取得伟大历史性成就，脱贫攻坚战取得全面胜利，我国经济长期向好的基本面没有改变。但是也要认识到，当前新冠肺炎疫情仍在全球蔓延，国际形势中不稳定不确定因素增多，世界经济形势复杂严峻；国内经济还面临不少挑战，经济恢复基础尚不牢固，发展不平衡不充分问题依然存在。

展望2021年，一方面，湖南经济发展的势头依然向好，习近平总书记在湖南考察时的重要指示精神为全省加快发展注入了强劲动力，省内相对稳定的防疫形势也为经济恢复发展创造了有利条件，随着“三高四新”和“创新引领开放崛起”等战略的推进实施，湖南“一带一部”区位优势将进一步发挥，创新发展水平将进一步提升，发展新动能将进一步壮大。预计2021年湖南省经济仍将保持平稳增长。另一方面，在发展过程中也还面临一些困难和问题，国内外疫情对湖南产业链供应链稳定、技术吸收再创新、外资外贸引进等方面的影响仍将持续，省内创新开放的支撑作用仍然不强，消费和投资增长的制约仍然较多。

下一步，湖南省金融系统将坚持以习近平新时代中国特色社会主义思想为指导，全面贯彻党的十九大和十九届二中、三中、四中、五中全会以及中央经济工作会议精神，立足新发展阶段，贯彻新发展理念，构建新发展格局，坚持稳中求进工作总基调，以推动高质量发展为主题，以深化供给侧结构性改革为主线，贯彻落实稳健的货币政策灵活精准、合理适度，进一步加大金融对科技创新、绿色环保、小微和民营企业、制造业等国民经济重点领域和薄弱环节的支持力度，持续防范化解金融风险，深化金融改革，推动“十四五”时期高质量发展开好局、起好步，以优异成绩迎接建党100周年。

中国人民银行长沙中心支行货币政策分析小组

总　　纂：张　奎　侯加林

统　　稿：魏祖元　赵遂彬　郭　卉　唐　羽

执　　笔：余　峥　李远航　向　柳　曾得利　邹庆华　姜　超　司马亚玺　焦俊勇　陈咏晖
伍圆恒　钟芳芳　张　骥　周颖哲　曹亚臻　罗弘毅

提供材料：谭　煜　李奕君　李　杜　徐爱华　胡万俊　刘　漾　王　达　杨　波

附录

（一）2020 年湖南省经济金融大事记

2 月 8 日，《湖南省金融支持疫情防控和企业复工复产的若干措施》（湖南“金融八条”）发布。

3 月 17 日，金融委办公室地方协调机制（湖南省）成立。

9 月 24 日，中国（湖南）自由贸易试验区正式揭牌。

9 月 30 日，湖南省首单标准化票据成功发行。

10 月 27 日，中国非洲农产品（线上）贸易洽谈会在长沙举行。

11 月 2 日，第三代杂交稻双季亩产突破 1500 公斤。

11 月 2 日，湖南岳阳获批长江经济带绿色发展示范区。

11 月，湖南长沙获批成为数字人民币试点城市。

2020 年，湖南省全年新增 12 家 A 股上市企业，创历史新高。

2020 年，湖南省全年地区生产总值突破 4 万亿元大关，达 41781.5 亿元。

（二）2020年湖南省主要经济金融指标

表1　湖南省主要存贷款指标

	项目	1月	2月	3月	4月	5月	6月	7月	8月	9月	10月	11月	12月
本外币	金融机构各项存款余额（亿元）	53818.4	54175.9	55774.8	55466.8	56162.8	57460.0	56910.7	57277.6	57615.6	57627.6	57443.2	57912.0
	其中：住户存款	30241.7	30306.2	31105.8	30564.6	30526.7	31410.5	31047.3	31100.8	31718.2	31334.9	31392.5	31869.1
	非金融企业存款	12785.1	12632.0	13628.9	13916.5	13990.7	14195.3	13903.0	13776.4	13710.0	13517.6	13397.7	13456.4
	各项存款余额比上月增加（亿元）	1158.0	357.5	1598.9	-308.0	696.0	1297.1	-549.3	366.9	338.0	12.1	-184.4	468.8
	金融机构各项存款同比增长（%）	7.8	6.9	7.4	8.9	9.7	10.7	10.1	9.8	8.9	9.4	10.3	10.0
	金融机构各项贷款余额（亿元）	43733.9	44141.2	45344.9	45995.4	46409.1	47121.5	47386.3	47813.7	48550.4	48933.6	49215.5	49402.8
	其中：短期	9471.2	9635.6	10188.3	10317.7	10315.2	10687.5	10558.2	10692.9	10877.5	10890.4	10871.3	10700.4
	中长期	32547.8	32767.2	33399.8	33827.5	34192.9	34679.2	35062.4	35444.2	36064.3	36403.4	36711.5	36928.0
	票据融资	1627.2	1636.3	1663.4	1737.0	1784.0	1666.4	1664.2	1587.6	1529.1	1561.0	1554.2	1707.7
	各项贷款余额比上月增加（亿元）	1318.5	407.3	1203.7	650.5	413.6	712.5	264.8	427.4	736.6	383.2	281.9	187.3
	其中：短期	246.8	164.4	552.7	129.3	-2.5	372.3	-129.3	134.7	184.6	12.9	-19.1	-171.0
	中长期	1030.1	219.3	632.6	427.7	365.4	486.4	383.1	381.8	620.1	339.1	308.1	216.5
	票据融资	76.8	9.1	27.1	73.6	47.0	-117.6	-2.2	-76.6	-58.5	31.9	-6.8	153.5
	金融机构各项贷款同比增长（%）	15.7	16.1	17.1	18.3	18.1	17.9	17.6	17.4	17.2	17.3	16.9	16.5
	其中：短期	15.7	18.6	20.9	23.1	21.4	22.1	21.1	21.5	20.4	19.8	18.6	15.5
	中长期	14.6	14.3	15.0	15.9	16.2	16.4	16.6	16.8	17.3	17.5	17.5	17.3
	票据融资	50.5	47.7	44.1	42.2	43.3	25.7	21.2	8.2	0.4	0.9	1.0	10.1
	建筑业贷款余额（亿元）	1323.3	1330.3	1386.4	1386.0	1378.6	1406.3	1436.1	1441.3	1439.6	1440.8	1451.9	1332.6
	房地产业贷款余额（亿元）	2940.4	2951.6	3017.4	3035.3	3048.5	3022.0	3059.1	3091.2	3098.9	3105.3	3113.9	3077.9
	建筑业贷款同比增长（%）	7.7	8.4	11.9	13.1	12.3	11.9	14.6	15.4	15.0	13.9	14.2	9.2
	房地产业贷款同比增长（%）	17.9	17.0	16.5	16.6	15.9	13.3	13.5	13.0	10.3	9.8	10.3	8.8
人民币	金融机构各项存款余额（亿元）	53459.4	53806.5	55398.0	55101.4	55839.5	57075.7	56524.4	56894.4	57185.6	57171.7	56981.7	57480.0
	其中：住户存款	30133.8	30194.2	30987.2	30446.5	30410.8	31296.3	30933.9	30986.1	31603.6	31219.9	31277.8	31756.4
	非金融企业存款	12583.6	12434.9	13445.2	13728.9	13828.6	13980.8	13679.5	13551.7	13454.0	13231.6	13104.4	13191.6
	各项存款余额比上月增加（亿元）	1147.0	347.0	1591.6	-296.6	738.1	1236.2	-551.2	369.9	291.2	-13.9	-190.0	498.3
	其中：住户存款	1833.9	60.4	793.0	-540.7	-35.7	885.4	-362.3	52.2	617.5	-383.7	57.9	478.7
	非金融企业存款	-269.1	-148.7	1010.3	283.7	99.6	152.3	-301.3	-127.8	-97.7	-222.4	-127.1	87.1
	各项存款同比增长（%）	7.8	6.9	7.4	8.9	9.9	10.7	10.1	9.8	8.8	9.3	10.1	9.9
	其中：住户存款	13.8	9.2	11.2	11.0	10.8	12.6	11.6	11.8	12.2	11.9	12.3	12.2
	非金融企业存款	-2.2	2.1	2.9	10.8	9.8	9.0	10.4	8.8	5.9	6.4	7.0	2.6
	金融机构各项贷款余额（亿元）	43507.5	43915.1	45092.4	45743.8	46162.0	46857.8	47131.7	47574.1	48292.2	48683.3	48972.5	49165.7
	其中：个人消费贷款	11812.4	11850.7	12135.3	12310.0	12470.9	12711.2	12885.2	13095.1	13348.8	13526.1	13699.1	13843.4
	票据融资	1627.2	1636.3	1663.4	1737.0	1784.0	1666.4	1664.2	1587.6	1529.1	1561.0	1554.2	1707.7
	各项贷款余额比上月增加（亿元）	1348.0	407.6	1177.3	651.4	418.2	695.8	273.9	442.3	718.1	391.1	289.3	193.1
	其中：个人消费贷款	171.4	38.3	284.5	174.8	160.8	240.3	174.1	209.9	253.7	177.3	173.0	144.3
	票据融资	76.8	9.1	27.1	73.6	47.0	-117.6	-2.2	-76.6	-58.5	31.9	-6.8	153.5
	金融机构各项贷款同比增长（%）	15.9	16.2	17.1	18.3	18.2	17.9	17.7	17.5	17.3	17.4	17.0	16.6
	其中：个人消费贷款	21.3	21.3	21.5	21.6	21.2	21.3	21.3	21.2	20.8	20.8	19.7	18.9
	票据融资	50.5	47.7	44.1	42.2	43.3	25.7	21.2	8.2	0.4	0.9	1.0	10.1
外币	金融机构外币存款余额（亿美元）	52.1	52.7	53.2	51.8	45.3	54.3	55.3	55.9	63.1	67.8	70.2	66.2
	金融机构外币存款同比增长（%）	3.6	4.5	7.8	1.1	-19.0	1.2	9.5	10.1	25.2	37.5	47.3	32.8
	金融机构外币贷款余额（亿美元）	32.9	32.3	35.6	35.7	34.6	37.3	36.4	34.9	37.9	37.2	36.9	36.3
	金融机构外币贷款同比增长（%）	-14.0	-14.0	6.3	11.7	0.5	8.8	10.1	3.2	10.0	5.9	7.8	-0.9

数据来源：中国人民银行长沙中心支行。

表 2　2001—2020 年湖南省各类价格指数

时间		居民消费价格指数		农业生产资料价格指数		工业生产者购进价格指数		工业生产者出厂价格指数	
		当月同比	累计同比	当月同比	累计同比	当月同比	累计同比	当月同比	累计同比
2001		—	-0.90	—	-1.60	—	1.10	—	-0.20
2002		—	-0.50	—	-2.00	—	-0.70	—	-0.80
2003		—	2.40	—	2.60	—	6.70	—	2.60
2004		—	5.10	—	12.10	—	14.40	—	8.00
2005		—	2.30	—	11.20	—	9.40	—	6.00
2006		—	1.40	—	0.70	—	6.50	—	4.30
2007		—	5.60	—	13.00	—	6.10	—	6.10
2008		—	6.00	—	26.50	—	12.00	—	9.30
2009		—	-0.40	—	-5.00	—	-7.40	—	-5.70
2010		—	3.10	—	1.40	—	10.00	—	6.90
2011		—	5.50	—	10.90	—	10.80	—	8.50
2012		—	2.00	—	4.70	—	0.10	—	-0.90
2013		—	2.50	—	2.30	—	0.10	—	-1.50
2014		—	1.90	—	0.20	—	-2.10	—	-1.60
2015		—	1.40	—	4.10	—	-5.50	—	-3.70
2016		—	1.90	—	1.70	—	-2.00	—	-1.10
2017		—	1.40	—	1.00	—	7.20	—	5.80
2018		—	2.00	—	2.70	—	3.50	—	3.20
2019		—	2.90	—	2.50	—	0.20	—	-0.40
2020		—	2.30	—	3.50	—	-1.10	—	-1.00
2019	1	1.70	1.70	1.00	1.00	0.70	0.70	0.50	0.50
	2	1.50	1.60	0.70	—	0.50	0.60	0.40	0.40
	3	2.10	1.80	0.50	—	0.80	0.60	0.40	0.40
	4	2.50	1.90	0.90	—	0.90	0.70	0.60	0.50
	5	2.90	2.10	1.40	—	0.70	0.70	0.20	0.40
	6	2.60	2.20	1.40	—	0.50	0.70	-0.40	0.30
	7	2.50	2.20	1.70	—	0.60	0.70	-0.60	0.10
	8	3.40	2.40	3.10	—	-0.10	0.60	-1.00	0.00
	9	3.50	2.50	3.80	—	-0.30	0.50	-1.20	-0.10
	10	3.80	2.60	4.40	—	-0.60	0.40	-1.30	-0.20
	11	4.40	2.80	5.20	—	0.30	0.30	-1.30	-0.30
	12	4.20	2.90	5.80	2.50	-0.20	0.20	-0.70	-0.40
2020	1	4.80	4.80	5.70	5.70	0.20	0.20	-0.30	-0.30
	2	4.90	4.90	5.50	5.60	0.30	0.30	-0.70	-0.50
	3	4.00	4.60	5.10	5.40	-1.30	-0.30	-1.70	-0.90
	4	3.00	4.20	4.70	5.20	-2.50	-0.80	-2.20	-1.20
	5	2.00	3.70	4.00	5.00	-2.80	-1.20	-2.20	-1.40
	6	2.50	3.50	4.40	4.90	-2.60	-1.40	-1.50	-1.40
	7	3.50	3.50	4.00	4.80	-2.40	-1.60	-1.20	-1.40
	8	2.30	3.40	3.10	4.50	-1.30	-1.50	-0.30	-1.30
	9	1.50	3.20	2.60	4.30	-1.00	-1.50	-0.40	-1.20
	10	0.20	2.80	1.20	4.00	-0.90	-1.40	-1.00	-1.20
	11	-1.00	2.50	1.00	3.70	-0.40	-1.30	-0.40	-1.10
	12	0.10	2.30	1.50	3.50	0.90	-1.10	0.50	-1.00

数据来源：《中国经济景气月报》、湖南省统计局。

表 3　2020 年湖南省主要经济指标

项目	1 月	2 月	3 月	4 月	5 月	6 月	7 月	8 月	9 月	10 月	11 月	12 月
	绝对值（自年初累计）											
地区生产总值（亿元）	—	—	8824.8	—	—	19026.4	—	—	29780.6	—	—	41781.5
第一产业	—	—	593.6	—	—	1492.6	—	—	2597.4	—	—	4240.4
第二产业	—	—	3126.4	—	—	7070.3	—	—	11075.9	—	—	15937.7
第三产业	—	—	5104.9	—	—	10463.5	—	—	16107.4	—	—	21603.4
工业增加值（亿元）	—	—	—	—	—	—	—	—	—	—	—	—
固定资产投资（亿元）	—	—	—	—	—	—	—	—	—	—	—	—
房地产开发投资	—	333.1	655.3	1062.1	1457.1	1992.4	2368.4	2846.5	3386.3	3894.2	4377.3	4880.4
社会消费品零售总额（亿元）	—	2223.7	3320.9	4459.9	5768.1	7123.9	8441.3	9743.2	11189.2	12871.9	14508.2	16258.1
外贸进出口总额（亿元）	327.5	472.5	835.6	1315.1	1720.6	2080.7	2510.5	2920.4	3359.2	3796.5	4313.3	4874.5
进口	108.4	192.2	317.5	451.3	577.9	719.4	865.5	988.2	1133.3	1263.1	1410.9	1568.1
出口	219.1	280.3	518.0	863.8	1142.8	1361.3	1645.0	1932.2	2225.9	2533.4	2902.4	3306.4
进出口差额（出口－进口）	110.7	88.1	200.5	412.5	564.9	641.8	779.5	944.0	1092.6	1270.3	1491.5	1738.3
实际利用外资（亿美元）	—	29.0	47.5	62.9	81.2	104.0	117.79	133.59	150.0	167.2	189.3	210.0
地方财政收支差额（亿元）	-563.7	-785.1	-1169.4	-1480.7	-1816.9	-2605.5	-2771.4	-3087.9	-3682.3	-3848.0	-4202.9	-5394.0
地方财政收入	311.1	474.7	747.8	958.9	1096.2	1397.6	1640.0	1820.3	2065.8	2325.2	2573.9	3008.7
地方财政支出	874.9	1259.8	1917.1	2439.5	2913.0	4003.1	4411.4	4908.1	5748.1	6173.2	6776.8	8402.7
城镇登记失业率（%）（季度）	—	—	2.72	—	—	2.98	—	—	3.17	—	—	2.74
	同比累计增长率（%）											
地区生产总值	—	—	-1.9	—	—	1.3	—	—	2.6	—	—	3.8
第一产业	—	—	-3.3	—	—	2.0	—	—	3.1	—	—	3.7
第二产业	—	—	-3.0	—	—	1.6	—	—	3.2	—	—	4.7
第三产业	—	—	-1.0	—	—	0.9	—	—	1.9	—	—	2.9
工业增加值	—	-7.4	-2.1	0.2	1.1	1.9	2.4	2.9	3.5	3.9	4.3	4.8
固定资产投资	—	-8.4	-4.0	1.5	3.6	4.7	5.5	6.0	6.5	7.1	7.3	7.6
房地产开发投资	—	-10.2	-4.6	2.9	4.9	6.7	6.7	7.3	8.2	8.9	9.3	9.8
社会消费品零售总额	—	-13.4	-11.5	-9.1	-7.8	-6.6	-6	-5.5	-4.6	-3.8	-3.2	-2.6
外贸进出口总额	-2.4	-10.0	5.4	20.2	21.1	13.4	11.1	8.4	6.9	6.8	9.8	12.3
进口	11.8	18.5	26.5	31.4	33.6	30.9	28.5	23.5	22.4	21.5	22.3	24.1
出口	-8.1	-22.7	-4.4	15.1	15.7	5.9	3.8	2.1	0.5	0.7	4.6	7.5
实际利用外资	—	13.2	6.9	6.5	7.3	8.6	9.9	9.8	9.7	10.6	12.9	16.0
地方财政收入	1.2	-7.0	-5.6	-6.2	-11.5	-8.7	-5.9	-4.3	-3.5	-2.3	-1.2	0.1
地方财政支出	18.5	5.9	-16.7	-7.1	-6.9	-14.9	-12.0	-8.5	-20.0	-15.3	-7.8	4.6

数据来源：湖南省统计局。

广东省金融运行报告（2021）

中国人民银行广州分行货币政策分析小组

[内容摘要] 2020年，广东省坚决贯彻落实党中央、国务院宏观调控政策和“六稳”“六保”工作部署，积极应对国内外风险挑战，推动全省经济持续健康发展。全年广东省实现地区生产总值11.1万亿元，同比增长2.3%；第一、第二、第三产业占比为4.3 : 39.2 : 56.5，服务业占比较上年提高0.7个百分点。

具体来看，一是市场需求持续好转，助力经济恢复。2020年，广东省大力推进基础设施和重点项目建设，拉动投资增速回升，全年固定资产投资同比增长7.2%，其中，民间投资占比52.1%。出台多项政策促进消费恢复，全年社会消费品零售总额同比下降6.4%，但降幅逐季收窄。全力稳外贸稳外资，外贸进出口总额7.08万亿元，占全国的22%，在国际市场需求拉动下，外贸出口同比增长0.2%，扭转回落态势；实际利用外资同比增长6.5%，增速同比加快1.5个百分点。二是工业加快升级，服务业结构持续改善。2020年，广东省先进制造业、高技术制造业增加值占规模以上工业比重分别达56.1%、31.1%，规模以上工业实现利润总额同比增长3.2%。现代服务业增加值占服务业比重达64.7%。三是减税降费力度加强，基本民生保障有力。2020年，广东省新增减税降费超过3000亿元。财政支出向民生领域倾斜，地方一般公共预算支出中民生类支出占比69.4%。出台多项政策稳企业保就业，城镇新增就业134万人，城镇登记失业率2.53%，就业形势保持稳定；常住居民人均可支配收入达4.1万元，增长5.2%。物价涨幅回落企稳。四是粤港澳大湾区国家重大战略全面实施，深圳先行示范区建设开局良好。2020年，广东省积极落实金融支持粤港澳大湾区建设30条政策，全面推进中央支持深圳综合改革试点27项举措和40项首批授权事项，两岸三地基础设施互联互通水平显著提升，国际科技创新中心建设顺利开展。

2020年，广东省社会融资规模保持合理适度增长，金融机构支持实体经济力度持续增强，新增社会融资规模4.1万亿元，同比多增1.1万亿元；其中，直接融资同比多增1330亿元。一是金融业规模平稳增长。2020年，广东省银行业资产总额29.6万亿元，同比增长13.7%。证券机构经营总体平稳，上市公司融资效率提升，截至2020年末，广东省在国内上市公司家数达677家，同比新增59家。保险业总资产平稳增长，同比增长13.7%，实现保费收入5652.9亿元，同比增长2.8%。二是存贷款规模显著扩大。截至2020年末，广东省本外币存款余额26.8万亿元，同比增长15.1%；比年初新增3.5万亿元，同比多增1.1万亿元。本外币贷款余额19.6万亿元，同比增长16.5%；比年初新增2.8万亿元，同比多增5755亿元。三是信贷结构持续优化，利率市场化改革深入推进。2020年，企事业单位新增中长期贷款占新增各项贷款的46.7%，同比提高6.8个百分点。制造业中长期贷款余额同比增长50.4%；涉农贷款余额同比增长17.9%；民营企业贷款余额同比增长20.9%；普惠口径小微贷款比年初新增5877亿元，同比多增2029亿元。2020年，广东省存量浮动利率贷款定价基准转换工作顺利完成，企业融资成本下降。12月，新发放企业贷款利率4.85%，比上年下降0.58个百分点。四是普惠金融服务体系发力。2020年，“粤信融”平台累计撮合银企融资对接4.6万笔，金额3052亿元。中征应收账款融资服务平台为中小微企业提供线上“政采贷”业务和应收账款融资服务，2020年促成融资5218笔，金额1003亿元。农村普惠金融服务水平持续提升。截至2020年末，广东省助农取款服务点2.4万个，全年发生助农取款业务992.3万笔，金额46.8亿元。五是跨境人民币业务有力支持粤港澳大湾区和“一带一路”建设。2020年，办理跨境人民币业务4.1万亿元。其中，粤港澳大湾区内业务量3万亿元，占全省业务总量的72.6%，同比增长28.6%；全省与“一带一路”国家和地区发生业务4141亿元。

2021年，广东省将继续推进实施“1+1+9”工作部署①，加快推动粤港澳大湾区和深圳先行示范区建设，加快建设现代化经济体系，打造新发展格局的战略支点，推进治理体系和治理能力现代化，统筹发展和安全，确保“十四五”开好局。中国人民银行广州分行将落实好稳健的货币政策灵活精准、合理适度的要求，进一步加大对经济重点领域和薄弱环节支持；加快提高金融服务绿色发展能力，持续引导金融资源向绿色发展领域倾斜；以粤港澳大湾区金融服务互联互通为重点，持续推动金融开放创新，持续优化区域金融创新环境。

一、金融运行情况

（一）银行业资产增量提质，信贷支持实体经济力度持续增强

1. 银行业资产增速加快，资产质量优化。 截至2020年末，在贷款增长拉动下，广东省银行业资产总额29.6万亿元，同比增长13.7%，同比加快3.2个百分点。在疫情影响下，银行机构在落实延期还本付息政策支持企业复工复产的同时，积极开展业务调整，平衡资产负债，优化资产质量。截至2020年末，广东省银行业不良率1.2%，与上年末持平。2020年，全省农村信用社完成农商行改制，小型农村金融法人机构资产总额增长11.9%。

表1 2020年广东省银行业金融机构情况表

机构类别	营业网点			法人机构（个）
	机构个数（个）	从业人数（人）	资产总额（亿元）	
一、大型商业银行	5806	139706	120219	0
二、国家开发银行和政策性银行	59	2492	12127	0
三、股份制商业银行	1684	74708	66827	3
四、城市商业银行	627	24238	24969	5
五、城市信用社	—	—	—	—
六、小型农村金融机构	5687	74154	41348	83
七、财务公司	10	1166	4621	25
八、信托公司	2	2095	783	5
九、邮政储蓄银行	2055	25826	8147	0
十、外资银行	189	10433	6859	6
十一、新型农村金融机构	243	4970	1055	61
十二、其他	10	9087	8809	12
合　计	16372	368875	295765	200

数据来源：广东银保监局、深圳银保监局。

注：营业网点不包括国家开发银行和政策性银行、大型商业银行、股份制商业银行等金融机构总部数据；大型商业银行包括工商银行、农业银行、中国银行、建设银行、交通银行和邮政储蓄银行；小型农村金融机构包括农村商业银行、农村合作银行和农村信用社；新型农村金融机构包括村镇银行、贷款公司、农村资金互助社；其他包含金融租赁公司、汽车金融公司、货币经纪公司、消费金融公司等。

① “1+1+9”工作部署：第一个“1”是指以推进党的建设新的伟大工程为政治保证。第二个“1”是指以全面深化改革开放为发展主动力。“9”是指9个方面重点工作：(1)以粤港澳大湾区建设为重点，加快形成全面开放新格局。(2)以深入实施创新驱动发展战略为重点，加快建设科技创新强省。(3)以提高发展质量和效益为重点，加快构建推动经济高质量发展的体制机制。(4)以构建现代产业体系为重点，加快建设现代化经济体系。(5)以大力实施乡村振兴战略为重点，加快改变广东农村落后面貌。(6)以构建“一核一带一区”（珠三角核心区、沿海经济带、北部生态发展区）区域发展新格局为重点，加快推动区域协调发展。(7)以深入推进精神文明建设为重点，加快建设文化强省。(8)以把广东建设成为全国最安全稳定、最公平公正、法治环境最好的地区之一为重点，加快营造共建共治共享的社会治理格局。(9)以打好三大攻坚战为重点，加快补齐全面建成小康社会、跨越高质量发展重大关口的短板。

2. 存款增速加快，结构优化调整。截至2020年末，中外资银行业机构本外币各项存款余额26.8万亿元，同比增长15.1%，同比加快3.4个百分点；比年初增加3.5万亿元，同比多增1.1万亿元。其中，人民币存款余额增速同比提高4个百分点，外币存款余额同比增长10.2%，增速与上年持平。

住户定期存款同比多增，企业增加协定存款规模以平衡资金灵活性需求和收益性。居民定期存款明显增长，2020年，住户存款比年初新增10032亿元，其中新增定期存款占50.7%；与2019年相比，住户活期存款少增41亿元，个人大额存单少增990亿元，定期存款多增3386亿元。为应对疫情，非金融企业平衡经营资金流动性及收益性，协定存款规模扩大，2020年末，非金融企业协定存款余额同比增长30.6%，相比2019年末多增3397亿元。结构性存款在政策约束下继续收缩，同比多减1802亿元。

在资本市场交易带动下，非银行业金融机构存款规模扩大。2020年，非银行业金融机构存款新增额比2019年多增6008亿元；增速同比加快30.6个百分点。

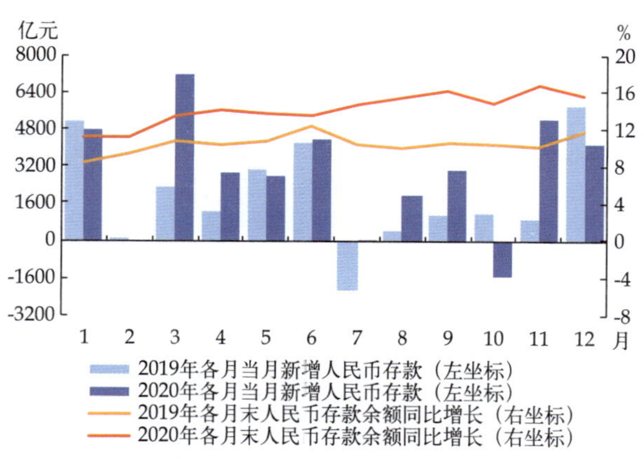

图1　2019—2020年广东省金融机构人民币存款增长情况

（数据来源：中国人民银行广州分行）

3. 贷款增长平稳，企业中长期贷款增速加快。截至2020年末，广东中外资银行业机构本外币各项贷款余额19.6万亿元，同比增长16.5%，增速比上年加快0.8个百分点；其中，人民币贷款增速加快1.2个百分点，外币贷款增速加快20.9个百分点。本外币各项贷款比年初新增2.8万亿元，同比多增5755亿元。

企（事）业单位中长期贷款增速加快。截至2020年末，企（事）业单位中长期贷款余额同比增长23.3%，比上年同期增速加快2.6个百分点；比年初新增12918亿元，占新增各项贷款的46.7%，比上年提高6.8个百分点。在金融及财政政策持续支持下，金融机构加大对企业信贷投入，有力支持稳企业保就业。2020年，企业新增中长期经营贷款和固定资产贷款分别比2019年多增2632亿元和1681亿元。分投向看，制造业中长期贷款余额同比增长50.4%，比2019年加快0.8个百分点。落实专项政策性资金安排，用好3000亿元抗疫专项再贷款、5000亿元复工复产再贷款再贴现和1万亿元普惠再贷款再贴现政策。截至2020年末，合计提供资金支持2180亿元，惠及企业约7.58万家，有效引导金融机构加大对“三农”、民营和小微企业信贷投放。截至2020年末，广东省涉农贷款余额1.6万亿元，同比增长17.9%；民营企业贷款余额同比增长20.9%，比2019年同期加快2.9个百分点；普惠口径小微企业贷款比年初新增5877亿元，同比多增2029亿元。

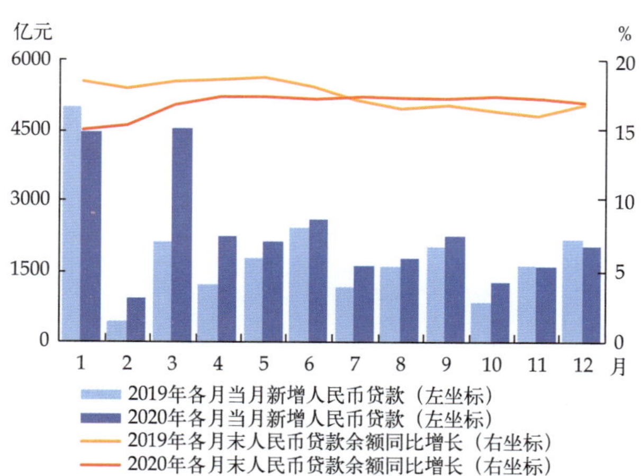

图2　2019—2020年广东省金融机构人民币贷款增长情况

（数据来源：中国人民银行广州分行）

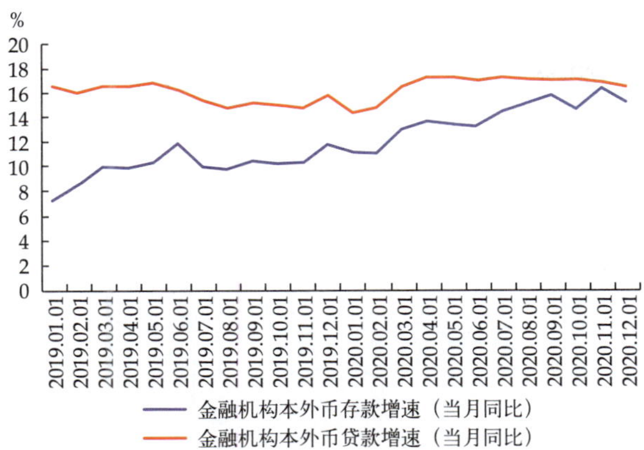

图 3　2019—2020 年广东省金融机构本外币存、贷款增速变化

（数据来源：中国人民银行广州分行）

4. 利率市场化改革有序推进，引导实体经济融资成本下行。2020 年 8 月，广东存量贷款定价转换工作顺利完成，转换金额 1.13 万亿元，转换户数 122.43 万户。货币政策传导效率提升，企业融资成本下降。2020 年 12 月，广东省金融机构新发放人民币贷款加权平均利率为 4.83%，同比下降 0.51 个百分点。其中，小微企业贷款利率 4.85%，同比下降 0.58 个百分点；个人住房贷款加权平均利率为 5.24%，同比下降 0.42 个百分点。

表 2　2020 年广东省金融机构人民币贷款各利率区间占比

单位：%

项目		1 月	2 月	3 月	4 月	5 月	6 月
合计		100.0	100.0	100.0	100.0	100.0	100.0
LPR 减点		20.9	31.4	28.4	26.6	26.4	29.3
LPR		1.1	1.0	3.2	3.1	3.4	5.0
LPR 加点	小计	78.0	67.7	68.4	70.3	70.2	65.7
	(LPR，LPR+0.5%)	18.4	16.6	17.8	14.8	17.1	14.5
	[LPR+0.5%，LPR+1.5%)	30.8	27.8	29.4	32.5	29.4	29.1
	[LPR+1.5%，LPR+3%)	19.4	14.3	14.0	14.7	14.1	12.8
	[LPR+3%，LPR+5%)	5.2	4.3	3.8	4.9	5.4	5.3
	LPR+5% 及以上	4.2	4.6	3.4	3.5	4.3	4.0
项目		7 月	8 月	9 月	10 月	11 月	12 月
合计		100.0	100.0	100.0	100.0	100.0	100.0
LPR 减点		25.4	29.0	29.2	30.3	30.5	28.8
LPR		4.1	5.0	5.9	5.7	5.1	4.6
LPR 加点	小计	70.5	66.0	64.8	63.9	64.4	66.6
	(LPR，LPR+0.5%)	14.3	13.5	14.0	16.2	15.1	18.2
	[LPR+0.5%，LPR+1.5%)	31.2	28.9	27.7	24.6	26.1	24.3
	[LPR+1.5%，LPR+3%)	14.6	13.1	13.6	10.7	11.7	11.6
	[LPR+3%，LPR+5%)	5.5	5.1	4.8	5.5	5.4	5.4
	LPR+5% 及以上	4.9	5.3	4.8	7.0	6.1	7.0

数据来源：中国人民银行广州分行。

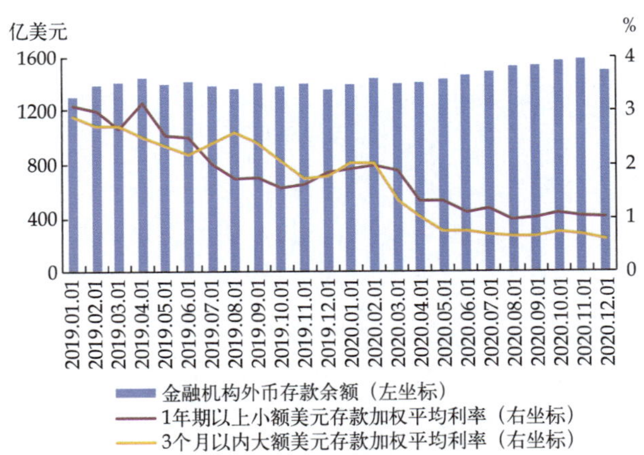

图 4　2019—2020 年广东省金融机构外币存款余额及外币存款利率

（数据来源：中国人民银行广州分行）

专栏 1　打造“六轮驱动”模式　推进金融支持稳企业保就业提质增效

一、“协作驱动”：健全工作机制，加强部门联动

充分发挥金融委办公室地方协调机制（广东省）作用，推动省市县三级加强部门间工作协调和政策联动，建立健全市场主体经营与融资信息共享、稳外贸稳外资工作协同、稳企业保就业政策联动等机制。联合广东省发改委等八部门印发《关于进一步强化中小微企业金融服务支持稳企业保就业的实施意见》，提出28条措施推进金融支持稳企业保就业。联合广东省地方金融监管局等六部门发布《关于贯彻落实金融支持粤港澳大湾区建设意见的实施方案》，细化80条措施促进跨境贸易和投融资便利化，推进金融市场和基础设施互联互通，保障产业链供应链畅通运转。

二、“工具驱动”：用好政策工具，加强资金支持

落实“一把手”负责制，加强与银行、企业的定点联系，强化宣传培训和通报督导，用好用足货币政策工具。2020年，中国人民银行降准合计对省内法人银行释放资金1632亿元，增强信贷资金供给实力。根据形势发展变化，分阶段用好总行3000亿元抗疫专项再贷款、5000亿元复工复产再贷款再贴现和1万亿元普惠再贷款再贴现政策，合计在广东省提供资金支持2180亿元。大力实施普惠小微企业贷款延期支持工具和普惠小微企业信用贷款支持计划，引导省地方法人银行发放普惠小微信用贷款290亿元，实施延期还本付息普惠小微贷款本金390亿元，有力缓解小微企业资金压力和缺乏抵（质）押担保的难点痛点。

三、“科技驱动”：强化科技赋能，推动银企对接

充分发挥广东省中小微企业信用信息和融资对接平台（以下简称“粤信融”）作用，加强科技赋能，提升银企对接效能。依托“粤信融”搭建稳企业保就业平台，将相关部门提供的受疫情影响严重、对就业和经济贡献度高的重点支持企业名单向银行精准推送，“一企一策”对接服务。截至2020年末，共向辖内银行推送重点支持企业2.17万家，银行已提供授信融资支持7634家，发放贷款1282亿元，带动或稳定就业131万人。梳理汇总辖内436家银行1822款稳企业保就业信贷产品和申请方式，并公开发布，畅通市场主体申请渠道，提高银企对接响应效率。

四、“宣传驱动”：加强宣传引导，促进政策直达

组织广东金融系统充分借力媒体资源和发挥自身渠道优势，广泛开展“金融助企，政策直达”主题宣传活动。将金融政策宣传与商业银行金融服务推广紧密结合，通过“线下宣讲+融资对接+线上直播+互动沟通”相融合，打造金融宣传新场景；通过结合《无价之姐》等流量热点和花鼓戏等地方传统艺术，制作政策内容情景视频和图文，借助微信、抖音、直播、电台、乡村喇叭等渠道传播，丰富金融宣传新方式。“线上”政策宣讲和银企对接542次，浏览量238万人次，“线下”宣传对接超1.8万余次，覆盖企业近10万家。

五、“渠道驱动”：畅通融资渠道，破解融资痛点

指导金融机构加强金融科技手段运用，推出将人力成本作为授信重要依据的“薪保贷”、基于政府采购合同或中标通知书的“政采贷”、基于企业用电信息的信用贷款产品“企电贷”“好电贷”、基于社保缴纳数据的“社保贷”、基于生猪活体备案登记制度的“生猪活体抵押贷”等创新产品，破解企业融资痛点，提升融资可获得性。加强银行间债券市场融资宣传辅导，支持企业在银行间债券市场发债融资，拓宽融资渠道。2020年，广东民营企业在全国银行间债券市场发行非金融企业债务融资工具274只、1515亿元，同比分别增长132%、158%，发行只数、金额均居全国各省市首位。

六、“服务驱动”：优化金融服务，提升惠企实效

一是推进供应链金融服务。大力推广“中征应收账款融资服务平台”，为中小微企业提供高效线上政采贷业务和应收账款融资服务。2020年促成融资5218笔、1002.7亿元。

二是优化外汇服务。指导银行对重点外贸企业开展专项外汇服务，为跨境电商提供结算便利，应用跨境金融区块链服务平台便利企业贸易融资，大力推进贸易融资便利化。截至2020年末，辖内累计办理贸易外汇收支便利化试点业务4.6万笔、近423亿美元；跨境金融区块链服务平台累计为697家企业提供融资服务144亿美元。三是强化支付服务。深入推进移动支付便民工程，组织支付服务主体配合政府发放消费券，为商户减免交易手续费和支付终端费用。2020年，辖内支付服务主体累计发放消费券8075万张，补贴金额共2.66亿元，撬动消费交易16.1亿元，惠及商户13万家。

（二）证券市场平稳发展，上市公司直接融资规模扩大

2020年，总部设在广东省内的证券公司、基金公司和期货公司分别为29家、35家和22家；其中，全年新增1家证券公司总部，基金和期货公司数量稳定。上市公司直接融资效率提升。截至2020年末，广东省在国内上市公司家数达677家，比上年新增59家。2020年上市公司通过境内市场累计筹资4580亿元，比上年多增428亿元，其中，非金融企业在境内股票融资1406亿元；上市公司通过沪深交易所发行公司债、可转债筹资1895亿元。

表3　2020年广东省证券业基本情况

项目	数量
总部设在辖内的证券公司数（家）	29
总部设在辖内的基金公司数（家）	35
总部设在辖内的期货公司数（家）	22
年末国内上市公司数（家）	677
当年国内股票（A股）筹资（亿元）	4579.5
当年发行H股筹资（亿元）	129.0
当年国内债券筹资（亿元）	5260.1
其中：短期融资券筹资额（亿元）	-8.3
中期票据筹资额（亿元）	1398.9

数据来源：中国人民银行广州分行、广东证监局、深圳证监局。

注：当年国内债券筹资指非金融企业净债券融资额；当年国内股票（A股）筹资额指非金融企业境内股票融资。

（三）保险业发展平稳，保障力度持续加强

2020年，广东省保险业实现保费收入5652.9亿元，同比增长2.8%，其中，财产保险保费同比下降2.1%，人身保险保费同比增长4.8%。截至2020年末，保险业总资产1.7万亿元，同比增长13.7%，增速较上年同期下降0.5个百分点。保险行业利润持续增长。2020年，保险公司实现承保利润112.7亿元，同比增长6%，增速趋稳。2020年，广东省保险公司共支付各项赔款和给付1589.5亿元，同比增长11.5%，增速加快主要是受疫情影响，健康保险赔付支出显著增加。

表4　2020年广东省保险业基本情况

项目	数量
总部设在辖内的保险公司数（家）	34
其中：财产险经营主体（家）	15
寿险经营主体（家）	11
保险公司分支机构（家）	108
其中：财产险公司分支机构（家）	49
寿险公司分支机构（家）	59
保费收入（中外资，亿元）	5652.9
其中：财产险保费收入（中外资，亿元）	1554.1
人身险保费收入（中外资，亿元）	4098.8
各类赔款给付（中外资，亿元）	1589.5

数据来源：广东银保监局、深圳银保监局。

注：保险公司分支机构家数为省级分公司以上保险公司。

（四）社会融资规模扩大，金融改革开放持续推进

1. 社会融资规模显著扩大，直接融资增长较快。2020 年，广东新增社会融资规模 4.1 万亿元，同比多增 1.1 万亿元。其中，受企业融资支持政策拉动，直接融资规模累计增加 6666 亿元，同比多增 1330 亿元。2020 年，地方政府债券发行力度加大，支持疫情防控和重大项目建设，1—12 月累计新增 3289 亿元，比上年同期多增 1213 亿元。

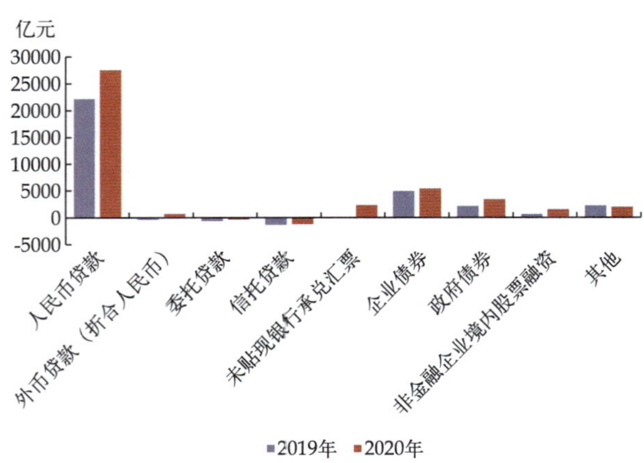

图 5　2019—2020 年广东省社会融资规模分布结构

（数据来源：中国人民银行广州分行）

2. 债券融资效率提升，债券发行和交易规模均增加。2020 年，广东省在银行间市场发行各类债券 1.7 万亿元，占全国总量的 9%，同比增长 24.1%。各类债券加权平均发行利率 2.92%，同比下降 0.73 个百分点。其中，企业发债利率 2.68%，同比下降 0.91 个百分点。

2020 年，广东省在银行间市场债券回购交易金额 343.6万亿元，占全国的 17.9%，同比增长 19.6%。净融入资金 88.5 万亿元。12 月质押式隔夜回购加权平均利率 1.15%，比年初下降 0.82 个百分点；买断式隔夜回购加权平均利率 1.22%，比年初下降 0.85 个百分点。2020 年，债券现券交易金额同比增长 12.3%，占全国的 20%，居全国首位。

3. 汇票承兑业务增速加快，票据贴息利率低位趋稳。2020 年，广东省银行承兑汇票承兑业务累计发生额同比增长 25.9%，增速明显加快，主要受金融机构信贷供给增加以及企业支持政策的影响。2020 年，广东省票据贴现（含转贴现）业务量同比增长 27%，票据市场利率趋于平缓，银行承兑汇票贴现利率同比略升 0.02 个百分点，商业承兑汇票贴现利率同比下降 0.82 个百分点。

表 5　2020 年广东省金融机构票据业务量统计

单位：亿元

季度	银行承兑汇票承兑		贴现			
			银行承兑汇票		商业承兑汇票	
	余额	累计发生额	余额	累计发生额	余额	累计发生额
1	11094.7	5199.0	10109.2	23966.9	1217.6	2680.1
2	12758.3	11277.7	12519.0	53327.7	1278.9	4588.5
3	12927.4	16084.9	11548.0	74469.0	1282.3	6044.8
4	13528.2	21961.4	9937.8	96436.7	914.9	8039.9

数据来源：中国人民银行广州分行。

表 6　2020 年广东省金融机构票据贴现、转贴现利率

单位：%

季度	贴现		转贴现	
	银行承兑汇票	商业承兑汇票	票据买断	票据回购
1	2.8081	5.1439	2.7974	2.3229
2	2.5072	4.4953	2.3616	1.5026
3	2.8756	4.3639	2.6738	2.1776
4	2.9708	4.4652	2.8213	1.8966

数据来源：中国人民银行广州分行。

4. 跨境人民币业务继续支持粤港澳大湾区和“一带一路”建设。2020 年，跨境人民币结算金额 4.1 万亿元，同比增长 26.2%，人民币已是广东第二大跨境结算货币，并超越美元成为粤港澳大湾区第一大跨境结算货币。2020 年，粤港澳大湾区区内业务量 3 万亿元，占全省业务量的 72.6%，占全国业务量的 10.5%，同比增长 28.6%。全省与“一带一路”国家和地区发生跨境人民币业务 4141 亿元，占全省业务总量的

10.1%。

（五）普惠金融服务体系发力，全面支持精准扶贫和乡村振兴

1. 深化平台应用，促进银企（户）对接。打造稳企业保就业平台，向银行精准推送重点支持企业名单，推动银企对接，促进稳岗就业。截至2020年末，已通过平台为371家涉农企业提供95.9亿元信贷支持。

2. 加强科技手段运用，积极发展农业产业链金融服务。积极拓展人民银行中征应收账款融资服务平台在农业领域应用，有效覆盖现代农业产业链上下游的生产、服务、批发运输、加工，提高涉农企业的融资服务水平。截至2020年末，广东共有45条农业供应链加入平台，涉及上下游企业、农业经营主体324户，促成融资689笔、9.2亿元。

3. 加强信用体系建设，促进信用、信贷联动。依托广东省农户信用信息系统，推进农户信用信息采集和更新，不断深化农村"信用户、信用村（社区）、信用乡（镇、街道）"创建，累计为570万户农户建立信用档案，评定信用农户428万户，推动建成信用村1.3万个。积极促进信用成果转化，推进"整村批发、集中授信"等创新信贷业务开展。

4. 持续改善农村支付环境，提升农村普惠金融服务水平。一是建成首批移动支付示范镇，以镇为辐射带动点，推动移动支付下沉县域及县域以下地区，辐射带动周边农村地区普惠金融向纵深发展。2020年，全省共启动建设移动支付示范镇149个，其中挂牌认定100个。二是夯实农村地区支付基础设施，实现农村地区银行网点支付清算系统100%全覆盖。同时，优先考虑农村地区老人和农民等弱势群体的均等化支付需求，探索实施助农取款服务分类管理，推动助农取款服务点向农村普惠金融服务点转型升级，提高农村支付服务的精准性、安全性、包容性。截至2020年末，广东省助农取款服务点2.4万个，全年共发生助农取款业务992.3万笔、金额46.8亿元。

表7　2019—2020年广东省支付体系建设情况

年份	支付系统直接参与方（个）	支付系统间接参与方（个）	支付清算系统覆盖率（%）	当年大额支付系统处理业务数（万笔）		同比增长（%）
2019	59	9136	—	26705.55		-0.37
2020	58	9207	—	10377.73		61.14
年份	当年大额支付系统业务金额（亿元）	同比增长（%）	当年小额支付系统处理业务数（万笔）	同比增长（%）	当年小额支付系统业务金额（亿元）	同比增长（%）
2019	11145629.62	13.12	68149.52	13.07	146330.77	31.56
2020	12734727.02	14.26	84822.52	24.47	381325.94	160.59

数据来源：中国人民银行广州分行。

二、经济运行情况

2020年，广东经济稳步恢复，民生保障有力，经济社会发展主要目标任务完成情况好于预期。全年地区生产总值11.1万亿元，同比增长2.3%。

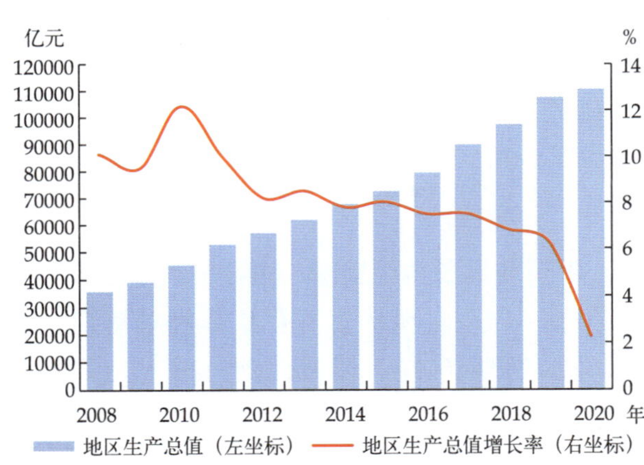

图6　2008—2020年广东省地区生产总值及其增长率

（数据来源：广东省统计局）

（一）内需持续改善，外需增长承压

1. 基建投资拉动固定资产投资回升，工业投资降幅逐季收窄。2020年，广东完成固定资产投资同比增长7.2%。其中，民间投资仍是增长主力，占固定资产投资的比重为52.1%。分产业看，基础设施投资增长11.6%，是拉动固定资

产投资增长的主要因素，其中民生补短板领域投资持续增长，教育、卫生和社会工作、文化体育和娱乐投资合计增长 32%。工业投资受疫情冲击和中美经贸摩擦影响，同比减少 1.1%，降幅相比第一季度末收窄 21.2 个百分点。高技术制造业投资加快，增幅同比提高 7.9 个百分点。新经济发展和防疫要求对电子信息、网络相关设备需求大量增加，全年电子计算机及办公设备制造业投资增长 60.5%。

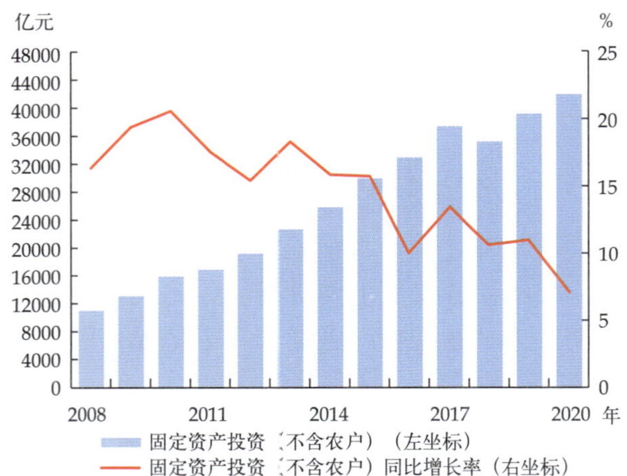

图 7　2008—2020 年广东省固定资产投资（不含农户）及其增长率

（数据来源：广东省统计局）

2. 消费增长持续回暖，但回升动力仍不足。 2020 年，广东实现社会消费品零售总额 4 万亿元，同比下降 6.4%，降幅比前三季度、上半年和第一季度分别收窄 2.9 个、7.6 个和 12.6 个百分点，回升态势明显。其中，线上消费活跃度提高，全年限额以上单位通过公共网络实现的商品零售增长 19.3%。从走势看，消费增长受整体经济增长放缓影响，消费持续回升的动力仍不足。2020 年，居民可支配收入实际增长 2.5%，比上年同期下降 2.8 个百分点，考虑到经济增长承压和收入增长预期不确定等因素，居民消费增长仍存在放缓趋势。按经营单位所在地分，全年城镇消费品零售额下降 6.3%；乡村消费品零售额下降 6.8%。

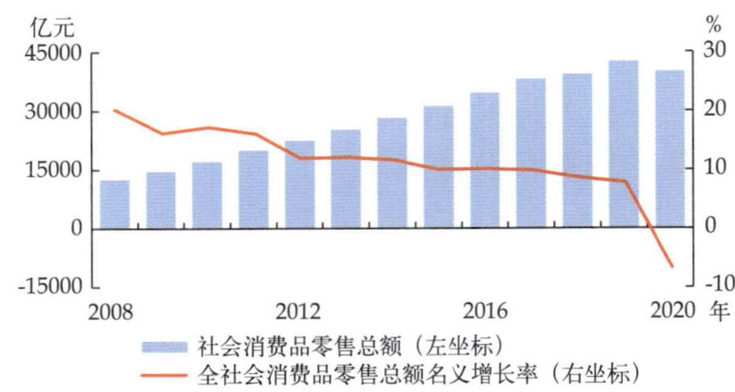

图 8　2008—2020 年广东省社会消费品零售总额及其增长率

（数据来源：广东省统计局）

3. 进出口持续改善，需求拉动出口实现正增长。 2020 年，全省外贸进出口总额累计同比下降 0.9%，基本实现“稳外贸”目标。其中，出口累计同比增长 0.2%，比 2019 年低 1.4 个百分点；进口累计同比下降 2.6%，比 2019 年高 0.3 个百分点。

出口结构优化，国际市场需求拉动效应明显。2020 年，广东一般贸易出口累计同比增长 5.4%，延续较好增长态势。随着海外市场需求和供应链状况均趋于改善，2020 年加工贸易出口累计同比下降 13.5%，降幅逐季收窄。疫情因素导致的商品供需缺口继续支撑广东出口增长，其中，与居家生活、办公相关的“宅经济”商品出口大幅增长，2020 年家用电器等机电产品累计同比增长 0.8%，高于出口总额增速 0.6 个百分点。

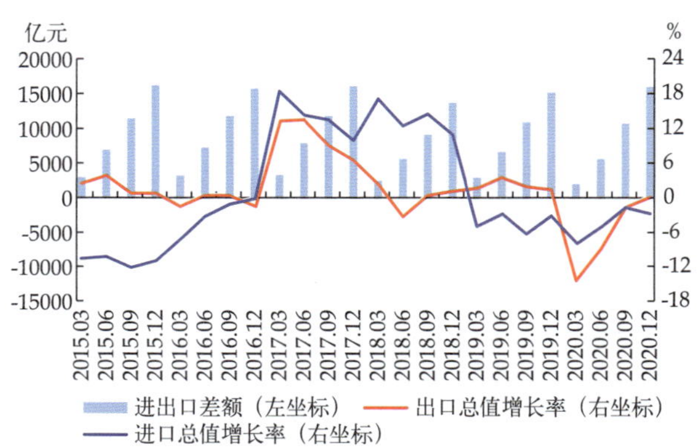

图 9　2015—2020 年广东省外贸进出口季度变动情况

（数据来源：广东省统计局）

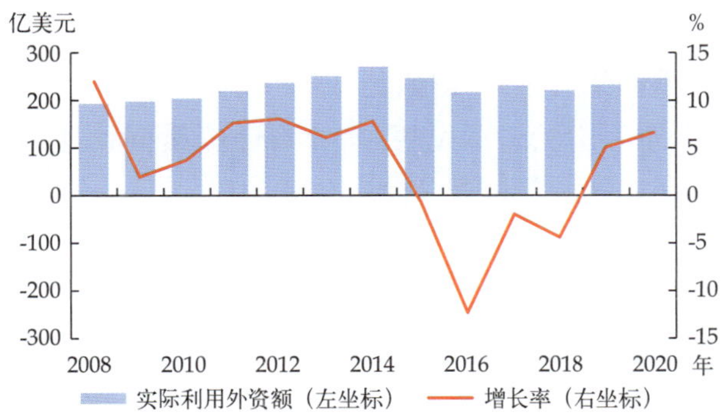

图 10 2008—2020 年广东省实际利用外资情况

（数据来源：广东省统计局）

（二）供给端稳中有进，工业带动作用加强，服务业调整加快

2020 年，广东省产业结构继续优化，三次产业结构为 4.3 : 39.2 : 56.5，服务业比重比上年提高 1 个百分点。

1. 农业生产形势良好，乡村振兴加快推进。 2020 年，广东进一步巩固粮食安全基础，强力推进粮食扩种，粮食全年总产量 1267.56 万吨，创 2013 年以来新高；第一产业增加值 4770 亿元，同比增长 3.8%。

乡村振兴战略取得新成效，农村面貌显著优化。截至 2020 年末，村级公共服务中心、集中供水、无害化公厕、垃圾收运处理体系实现全覆盖。新建改建“四好农村路”6.3 万公里，率先实现 20 户以上自然村全部通百兆光纤。富民兴村产业加快发展，各类农业新型经营主体蓬勃发展，创建 14 个国家级、161 个省级现代化农业产业园，形成 67 家国家级农业龙头企业。

2. 工业生产持续恢复，增长面进一步扩大。 2020 年下半年以来，全省规模以上工业生产恢复加快，月度增幅连续 7 个月实现正增长，全年规模以上工业实现增加值同比增长 1.5%。其中，规模以上民营企业增加值增长 2.4%，占规模以上工业增加值的 55.3%，同比提高 1.9 个百分点。

行业增长面扩大，制造业调整加快。2020 年，全省规模以上工业在产的 40 个行业大类中，有 23 个行业累计增速实现正增长。其中，汽车、电器机械和器材制造业两大支柱产业，在市场需求带动下，累计增加值同比分别增长 8.0% 和 6.6%。先进制造业占比提升，全年先进制造业增加值同比增长 3.4%，占规模以上工业增加值的 56.1%；高技术制造业增加值占规模以上工业的 31.1%，同比回落 0.9 个百分点。

企业生产提质增效，经营利润平稳增长。随着生产技术升级效果显现，2020 年，广东规模以上工业实现营业收入 14.69 万亿元，比上年增长 0.1%，累计增速年内首次实现正增长。销售回暖、减税降费等因素推动企业盈利改善。2020 年，广东规模以上工业实现利润总额 0.93 万亿元，比上年增长 3.2%，增速创年内新高。其中，电子、汽车、电力、家电四大主要行业合计利润总额比上年增长 4.7%，占全省规模以上工业利润总额的 49.6%。

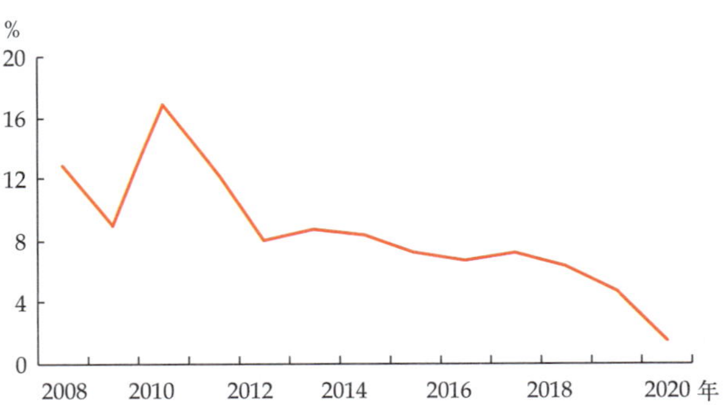

图 11 2008—2020 年广东省规模以上工业增加值实际增长率

（数据来源：广东省统计局）

3. 服务业触底反弹，结构持续调整。 2020 年，广东服务业增加值 6.25 万亿元，同比增长 2.5%，增速比上年回落 5 个百分点。受疫情影响，生产性服务业增加值增速下滑，占地区生产总值比重为 27.3%，同比下降 0.8 个百分点。其中，货物运输、仓储和邮政快递服务、信息服务、商务服务增速比上年同期分别下降 13 个、2.4 个和 3.9 个百分点；金融服务业在政策支持与市场投融资需求拉动下，同比增长 9.6%，相比 2019 年加快 1.9 个百分点。现代服务业增加值占地区生产总值比重为 36.6%，同比提高 1.2

个百分点。

4. 创新驱动发展加快，现代产业体系优化升级。2020 年，广东以数字经济、新一代信息技术等为代表的新经济不断发展壮大，全年新经济增加值同比增长 3%，占地区生产总值比重为 25.2%。全省研发经费支出 3200 亿元，占地区生产总值比重 2.9%，有效发明专利量、PCT 国际专利申请量保持全国首位。截至 2020 年末，全省布局建设 10 家省实验室，积极创建国家实验室；国家级高新区增加到 14 家，高新技术企业达 5.3 万家。主营业务收入 5 亿元以上工业企业全部设立研发机构。产业转型升级步伐加快，形成电子信息、绿色石化、智能家电、先进材料等 7 个万亿级产业集群；3D 打印设备、工业机器人、新能源汽车等高技术新产品产量分别增长 144.8%、48.5% 和 27.6%。全省规模以上工业企业超过 5.5 万家，进入世界 500 强企业达到 14 家。

（三）居民消费价格趋稳，工业生产者价格持续回落

1. 居民消费价格趋于平稳。2020 年，广东居民消费价格同比上涨 2.6%，涨幅比上年回落 0.8 个百分点。其中，食品烟酒价格上涨 9.1%，是主要拉动因素；受低油价和电信费用下降等因素的影响，交通和通信价格同比下降 3.8%，比上年多降 2.1 个百分点。

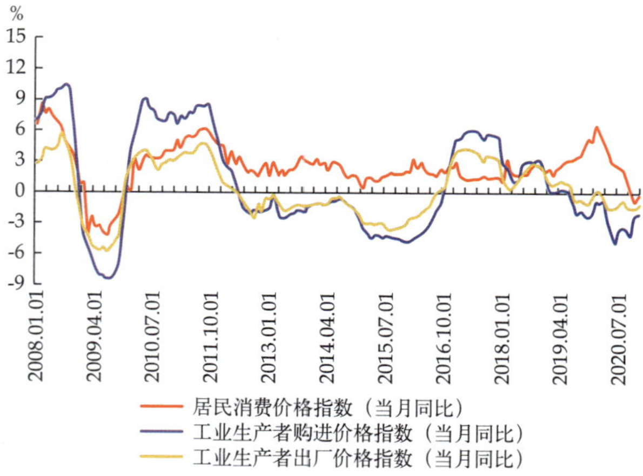

图 12　2008—2020 年广东省居民消费价格指数和生产者价格指数变动趋势

（数据来源：广东省统计局）

2. 生产价格走势回落。2020 年，广东工业生产者出厂价格同比下降 1%，比上年回落 1.2 个百分点。工业生产者购进价格同比下降 2.8%，比上年回落 2 个百分点。

（四）经济效益向好，民生保障有力

1. 财政收入逐步回升。2020 年，广东完成地方一般公共预算收入 1.29 万亿元，同比增长 2.1%，比 2019 年下降 2.4 个百分点。其中，全年落实减税降费 3000 亿元，税收收入同比下降 1.8%，增速比上年回落 5.1 个百分点。

财政支出向民生领域倾斜，全年完成一般公共预算支出 1.75 万亿元，增长 1%；其中，民生类支出占一般公共预算支出的 69.4%，住房保障、卫生健康、教育、社会保障和就业等领域支出分别增长 28.7%、12.0%、10.2% 和 6.1%。

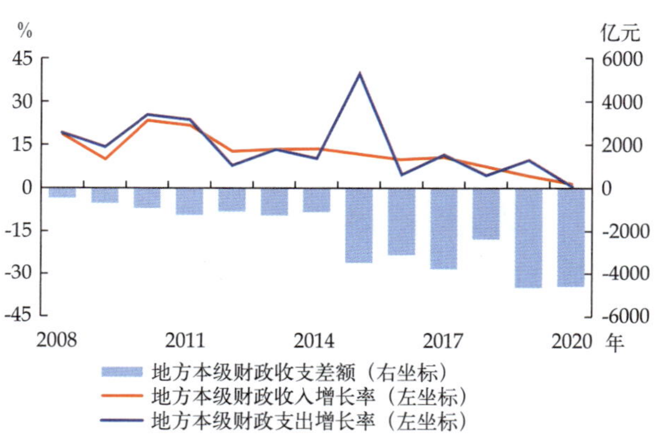

图 13　2008—2020 年广东省财政收支状况

（数据来源：广东省统计局）

2. 就业基本稳定，居民收入增长。2020 年，在稳企业保就业政策有力支持下，新增市场主体 230 万户，广东省城镇新增就业，失业人员再就业，就业困难人员实现就业分别完成年度任务的 111.4%、114.8% 和 113%。2020 年末，城镇登记失业率 2.53%，控制在 3.5% 的目标范围内。常住居民人均可支配收入 4.1 万元，同比名义增长 5.2%。

（五）房地产市场销售加快，融资增速趋缓

1. 房地产市场销售"量升价降"。2020 年，

广东新建商品房销售面积、销售额、销售均价同比增速分别为7.5%、14.4%和6.4%，分别比上年提高9.4个、提高2.3个和下降7.9个百分点。

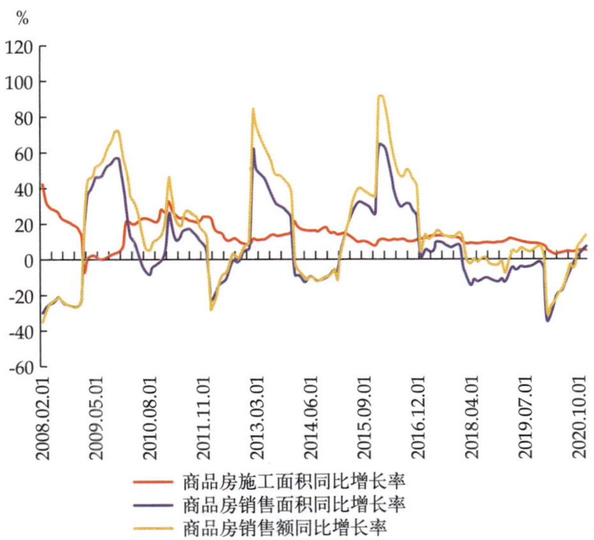

图14　2008—2020年广东省商品房施工和销售变动趋势

（数据来源：广东省统计局）

2. 房地产开发投资增速回落。2020年，广东房地产开发投资同比增长9.2%，比上年回落0.8个百分点。其中，土地购置费增速比2019年下降4.9个百分点；商品住宅开发投资增速比上年同期下降1.5个百分点。

3. 房地产融资趋缓。2020年，广东房地产各项贷款余额增速放缓，同比增长11.9%，比上年末低3.2个百分点；比年初新增7309亿元，比上年同期少增742亿元。其中，全年新增房地产开发贷款同比少增451亿元，增速下降5.7个百分点；个人住房贷款比2019年少增18亿元，增速下降2个百分点。

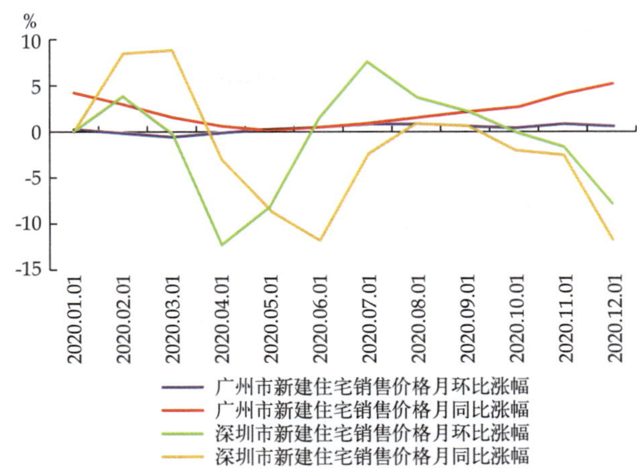

图15　2020年广州市和深圳市新建住宅销售价格变动趋势

（数据来源：国家统计局）

（六）粤港澳大湾区国家重大战略全面实施，深圳先行示范区建设开局良好

2020年，广东省更大力度深化改革，增创开放型经济新优势。全面推进中央支持深圳综合改革试点的27项举措和40项首批授权事项，落实金融支持粤港澳大湾区建设30条政策。基础设施互联互通水平显著提升，国际科技创新中心建设进展顺利，广深港澳科技创新走廊加快形成，光明科学城、松山湖科学城综合性国家科学中心先行启动区建设稳步推进。大力推动规则衔接、机制对接，实施境外高端紧缺人才个人所得税优惠、科研资金跨境使用、与港澳共建青年创新创业基地等政策措施，“湾区通”工程取得明显成效。广州南沙、深圳前海、珠海横琴等重大合作平台加快建设，新注册港资企业1.3万家、澳资企业3280家。深交所创业板注册制、广州期货交易所等重大改革落地实施。

专栏2　发挥粤港澳各自优势　推动三地金融融合发展

一、粤港澳在经济金融方面的比较优势分析

（一）粤港澳经济互补性强，各具特色

资源禀赋方面，广东拥有丰富的劳动力及人才、土地和技术资源，香港、澳门具有资金、管理、信息等优势。区位条件方面，广东地处祖国开放最前沿；香港、澳门拥有单独关税区地位，广泛联系“一带一路”、萄语国家和地区。发展基础方面，广东拥有雄厚的经济基础，产业体系完备，消费市场广阔；香港、澳门服务业高度发达，第三产业占比90%以上。

（二）在金融发展方面，粤港澳各具比较优势

资金方面。广东处于在岸市场，目前已形成以银行、证券、保险为主体，多种新兴金融业态并举的金融组织体系，各类金融机构数量和规模全国领先，股权投资、融资租赁等新型金融业态蓬勃发展。港澳处于离岸市场，受益于开放的金融市场和高度的商业信用，在资金成本方面拥有低利率优势。其中，香港的银行、证券、保险等金融业态发达，吸引了全球顶尖金融机构及大量的会计、审计、管理咨询等专业机构。澳门金融业是第三大支柱产业，近年来把特色金融作为经济适度多元化的重要工作，加大对融资租赁、财富管理等支持力度。

市场方面。广东基本形成了多层次金融市场体系，信贷、资本、保险市场体量巨大，本外币存、贷款及直接融资规模位居全国第一，拥有深交所、广州期货交易所等全国性和多个区域性交易市场。香港具有成熟的资本市场，股票市值、首次发行募资、资产管理持续位居全球前列，近年来对新经济的支持力度持续加大。同时，香港拥有跨币种、多层次的平台，覆盖银行、股票及债券等多种不同的资金融通渠道，已建立“沪港通”、基金互认安排、“深港通”、“债券通”等互联互通设施，是中外双向金融交流重要的桥梁和纽带。

人民币国际化方面。广东跨境人民币规模持续扩大，人民币已成为广东第二大、粤港澳大湾区第一大结算货币。香港是全球离岸人民币业务枢纽，处理全球75%的离岸人民币支付款项，拥有全球最大的离岸人民币资金池。澳门已建立起覆盖葡语国家的人民币清算网络。

绿色金融方面。广东建设广州绿色金融改革试验区卓有成效，绿色信贷、绿色债券、碳排放权交易等绿色金融领先全国。香港致力成为绿色金融中心，推出了绿色债券资助计划等系列优惠措施，吸引境内外多种市场主体发行绿色债券。澳门正大力推动绿色金融平台建设，降低绿色债券发行成本，提升发行绿色债券的吸引力。

二、粤港澳金融融合发展思路

（一）携手共建大湾区国际金融枢纽

国际金融枢纽是粤港澳大湾区金融发展的定位，其关键是把大湾区作为一个有机整体进行统筹谋划，增强发展的整体性和协调性。提升广州、深圳金融能级，支持珠三角其他城市错位发展特色金融，巩固香港国际金融中心地位，支持澳门发展现代金融，重点推进澳门—珠海跨境金融合作示范区建设。

（二）推进金融高水平开放

短期以做好互联互通为目标，包容法域、关税区、货币及金融制度差异，建立资金和产品互通机制，重点实施好跨境理财通，优化完善沪港通、深港通和债券通。长远以制度趋同为方向，取长补短、建立互认机制；对标最好最优最先进，实现规则制度变革。

（三）深化重点领域金融合作

一是加强科创金融合作，探索知识产权质押融资、外部投贷联动等多样化业务模式，强化对战略性新兴产业、先进制造业和科技创新企业的金融服务，便利创新资金跨境流动，构建多元化、国际化、跨区域的科技创新投融资体系。二是加强绿色金融合作，将大湾区内地绿色企业、绿色项目与港澳的金融资源相结合，支持港澳参与广州绿色金融改革试验区建设，依托大湾区绿色金融联盟，整合产业、科技、资本各方资源，推动构建统一的绿色金融相关标准，推进大湾区碳市场互联互通及碳金融发展。三是加强金融科技合作，推动新兴技术在金融领域安全应用，推动金融机构数字化转型，深化跨境金融区

块链服务平台应用，开展数字货币研究与移动支付等创新应用。四是加强人民币国际化合作，推动设立人民币海外投资基金，发展人民币资产管理业务，提升人民币跨境使用便利度，拓宽人民币跨境流通渠道，促进离岸在岸市场良性互动。

（四）强化金融风险管理

充分发挥金融委办公室地方协调机制（广东省）的作用，推动形成大湾区内地金融监管合力。巩固和发展大湾区反洗钱合作，积极构建以调解为主体、与国际接轨的大湾区金融纠纷跨境多元化解机制。建立跨境金融创新的监管沙盒。加强跨境资金流动双向监测预警，探索将更多跨境金融活动纳入宏观审慎管理。

三、预测与展望

总的来看，2020 年广东克服新冠肺炎疫情带来的不利影响，经济增长持续恢复，但疫情变化和外部环境存在诸多不确定性，经济稳步恢复的基础尚不牢固，疫情冲击导致的各类衍生风险不容忽视。随着疫情对经济冲击的减弱，同时宏观经济政策保持稳健性、连续性，2021 年广东经济预计将进一步改善。

从经济运行看，在需求端，基数较低的居民消费将在预期改善、收入恢复以及预防性储蓄动机减弱的带动下继续复苏；全球疫情蔓延背景下，短期国外供需缺口仍有助于国内出口增长；企业效益向好、供给恢复将推动制造业投资有所增长。在供给端，随着国内外疫情逐步得到控制，人员、货物流动将趋于改善，供应链趋于畅通，为企业充分利用产能提供支持；地方重点项目建设将刺激工业加快生产，支持地方经济继续反弹。粤港澳大湾区建设继续推进，区域协调发展继续增强，新经济规模继续扩大，双循环促进作用不断显现，将成为支持经济增长的新动能。

从金融运行看，稳健货币政策将坚持灵活精准、合理适度的取向，支持经济高质量发展。信贷总量将保持平稳增长，满足实体经济薄弱环节和重点领域的融资需求。社会融资规模将保持合理增速，直接融资效率持续提升，支持高新技术企业加快发展。金融风险将逐步缓释降低，金融业总体保持平稳运行。

中国人民银行广州分行货币政策分析小组

总　　纂：白鹤祥　陈玉海

统　　稿：张志东　肖　跃

执　　笔：胡逸闻　黄载良

提供材料：陈　瑞　吴国兵　唐瑞颖　史　琳　谢青华　叶智雯　陈咏诗　何达之　袁鹏鹏　李　思　刘　宇　叶俊华　黎叶子　庄礼焕　邱全山　孙　犇　戈志武　赵俊豪　陈亚东　胡　晖

附录

（一）2020 年广东省经济金融大事记

1 月 30 日，中国人民银行广州分行、外汇局广东省分局联合发布《关于做好当前金融服务工作全力支持打赢疫情防控阻击战的通知》，全力做好金融服务和应急保障工作。

3 月 24 日，金融委办公室地方协调机制（广东省）召开 2020 年第一次例会，推进金融支持疫情防控与企业复工复产二作。

4 月 17 日，中国人民银行广州分行举办 2020 年第二季度新闻通气会，介绍做好各项金融服务、助力企业复工复产等金融支持疫情防控的重要举措。

6 月 11 日，中国人民银行广州分行制定《关于印发金融支持稳企业保就业工作方案的通知》，组织做好金融支持稳企业保就业工作。

7 月 31 日，广东省地方金融监管局联合中国人民银行广州分行等多部门共同发布《关于贯彻落实金融支持粤港澳大湾区建设意见的实施方案》，提出 80 条具体措施支持大湾区发展。

10 月 14 日，深圳经济特区建立 40 周年庆祝大会在深圳举行。中共中央总书记、国家主席、中央军委主席习近平在会上发表重要讲话。

11 月 25 日，2020 中国工业互联网大会暨粤港澳大湾区数字经济大会在深圳举行。会上指出，广东将进一步加大新型基础设施投资建设力度，加快建设国家工业互联网示范区和国家数字经济创新发展实验区。

12 月 31 日，广东省 64 家农村信用社改制组建农村商业银行工作全面完成。

（二）2020年广东省主要经济金融指标

表1 2020年广东省主要存贷款指标

	项目	1月	2月	3月	4月	5月	6月	7月	8月	9月	10月	11月	12月
本外币	金融机构各项存款余额（亿元）	237350.3	237756.7	244805.1	247749.6	250813.3	255327.5	255379.2	257440.1	260486.3	259033.5	264124.0	267638.3
	其中：住户存款	80594.9	79839.5	82404.4	82208.9	83230.5	85733.3	84790.4	85293.4	87292.7	86443.0	87349.9	88976.7
	非金融企业存款	88943.8	87007.5	90843.9	92189.9	93019.5	96604.9	94538.7	96514.2	99130.9	97260.6	98706.7	42400.6
	各项存款余额比上月增加（亿元）	4891.6	406.4	7048.4	2944.5	3063.7	4514.2	51.7	2061.0	3046.2	-1452.8	5090.5	3514.3
	金融机构各项存款同比增长（%）	11.1	11.0	13.0	13.6	13.4	13.3	14.5	15.1	15.8	14.6	16.4	15.1
	金融机构各项贷款余额（亿元）	172494.4	173490.0	178487.7	180966.9	183252.7	185667.3	187264.4	189022.4	191202.4	192320.9	193810.0	195680.6
	其中：短期	39896.2	40206.0	41851.0	42447.2	43322.8	44125.6	43938.8	43899.2	44339.0	44050.1	44399.5	44574.4
	中长期	119474.3	120414.8	122769.7	124346.2	125450.7	127453.0	129109.2	130856.4	132902.7	134293.8	135732.1	137647.1
	票据融资	7187.9	6897.7	7411.6	7556.0	7897.3	7669.9	7642.4	7724.6	7438.2	7436.2	7163.0	7389.1
	各项贷款余额比上月增加（亿元）	4498.9	995.6	4997.7	2479.2	2285.8	2414.6	1597.1	1758.0	2180.0	1118.4	1489.2	1870.6
	其中：短期	808.0	194.2	2058.7	596.2	875.6	802.8	186.7	-39.6	439.7	-288.9	349.5	-127.6
	中长期	3322.2	940.5	2354.9	1576.5	1104.5	2002.3	1656.3	1747.2	2046.3	1391.1	1438.3	1885.0
	票据融资	289.8	-290.2	513.9	144.4	251.3	-137.4	-27.5	82.1	-286.3	-2.0	-273.3	226.1
	金融机构各项贷款同比增长（%）	14.3	14.8	16.4	17.2	17.1	16.9	17.2	17.0	17.0	17.0	16.8	16.5
	其中：短期	1.1	3.0	6.1	8.3	8.8	7.8	8.2	8.3	8.4	7.3	6.4	5.6
	中长期	19.9	19.8	20.5	20.7	20.3	20.8	21.0	21.2	21.8	22.3	22.3	21.8
	票据融资	16.4	-0.4	19.6	21.9	26.1	22.3	18.4	13.3	2.4	2.3	1.7	7.1
	建筑业贷款余额（亿元）	4014.6	4160.3	4271.4	4373.9	4490.9	4493.0	4491.4	4649.7	4795.1	4799.9	4793.7	4694.5
	房地产业贷款余额（亿元）	16303.6	17254.1	17184.4	18065.5	18184.8	18348.8	18511.6	18787.0	18963.4	19014.2	18987.7	18922.1
	建筑业贷款同比增长（%）	25.5	27.4	29.2	28.7	31.1	26.1	23.6	27.2	29.6	31.3	28.7	24.4
	房地产业贷款同比增长（%）	18.6	19.9	21.9	22.5	22.2	21.0	20.6	20.8	20.8	20.6	19.9	17.9
人民币	金融机构各项存款余额（亿元）	227730.7	227659.5	234870.7	237795.8	240591.6	244956.3	244958.1	246920.3	249973.5	248441.4	253674.3	257851.6
	其中：住户存款	79602.0	78822.1	81340.8	81152.0	82178.6	84694.1	83761.0	84278.4	86281.5	85429.9	86343.6	87969.9
	非金融企业存款	84474.1	82387.7	86485.5	87811.6	88563.1	91963.8	89861.3	91646.4	94163.1	92191.0	93694.6	97912.4
	各项存款余额比上月增加（亿元）	4768.3	-71.2	7211.2	2925.1	2795.9	4364.7	1.8	1962.3	3053.2	-1532.2	5232.9	4177.4
	其中：住户存款	4499.3	-779.9	2518.7	-188.8	1026.6	2515.5	-933.0	517.4	2003.1	-851.6	913.7	1626.3
	非金融企业存款	2018.5	-2086.4	4097.8	1326.1	751.5	3400.7	-2102.5	1785.1	2516.7	-1972.0	1503.6	4217.8
	各项存款同比增长（%）	11.2	11.1	13.4	14.1	13.8	13.6	14.7	15.4	16.2	14.9	16.8	15.7
	其中：住户存款	9.5	9.9	11.3	11.1	11.4	12.4	11.3	11.8	12.4	12.1	13.2	12.9
	非金融企业存款	15.4	14.4	16.3	17.7	19.3	18.8	20.0	20.3	20.7	19.8	19.2	18.3
	金融机构各项贷款余额（亿元）	166837.6	167768.7	172300.4	174536.2	176671.7	179275.6	180887.6	182659.0	184916.2	186178.9	187781.9	189802.4
	其中：个人消费贷款	61063.1	60956.4	61732.6	62174.2	62691.4	63266.2	64006.9	64566.2	65191.8	65596.0	66219.1	66898.1
	票据融资	7187.8	6897.7	7411.6	7555.9	7807.3	7669.9	7642.4	7724.6	7438.2	7436.2	7163.0	7389.1
	各项贷款余额比上月增加（亿元）	4458.3	931.1	4531.7	2235.9	2135.4	2604.0	1612.0	1771.3	2257.3	1262.6	1603.0	2020.5
	其中：个人消费贷款	617.4	-106.6	776.2	441.6	517.2	574.8	740.7	559.3	625.6	404.2	623.1	679.1
	票据融资	289.8	-290.1	513.9	144.3	251.4	-137.4	-27.5	82.1	-286.3	-2.0	-273.3	226.1
	金融机构各项贷款同比增长（%）	15.1	15.4	16.8	17.3	17.4	17.2	17.4	17.3	17.2	17.4	17.2	16.9
	其中：个人消费贷款	11.9	12.0	11.9	11.6	11.4	11.2	11.5	11.4	11.5	11.1	10.8	10.7
	票据融资	16.4	13.5	19.6	21.9	26.1	22.3	18.4	13.3	2.4	2.3	1.7	7.1
外币	金融机构外币存款余额（亿美元）	1396.7	1441.1	1402.2	1410.5	1433.3	1465.0	1492.0	1533.4	1543.7	1575.5	1588.5	1499.9
	金融机构外币存款同比增长（%）	6.7	3.8	-0.5	-2.2	2.5	3.7	7.8	12.4	10.0	14.0	13.5	10.2
	金融机构外币贷款余额（亿美元）	821.3	816.6	873.3	911.2	922.8	902.8	913.0	927.6	923.1	913.6	916.4	900.9
	金融机构外币贷款同比增长（%）	-6.8	-5.2	2.3	9.3	7.7	6.5	9.8	13.8	14.0	12.0	12.5	11.9

数据来源：中国人民银行广州分行。

表 2　2001—2020 年广东省各类价格指数

单位：%

时间		居民消费价格指数		农业生产资料价格指数		工业生产者购进价格指数		工业生产者出厂价格指数	
		当月同比	累计同比	当月同比	累计同比	当月同比	累计同比	当月同比	累计同比
2001		—	-0.7	—	-2.9	—	-0.9	—	-1.5
2002		—	-1.4	—	-1.6	—	-3.7	—	-3.5
2003		—	0.6	—	-0.4	—	4.1	—	-0.7
2004		—	3.0	—	9.4	—	10.6	—	1.7
2005		—	2.3	—	5.8	—	5.0	—	1.5
2006		—	1.8	—	2.6	—	3.6	—	1.4
2007		—	3.7	—	5.8	—	3.3	—	1.3
2008		—	5.6	—	14.5	—	7.9	—	3.1
2009		—	-2.3	—	-1.8	—	-6.2	—	-4.2
2010		—	3.1	—	1.7	—	7.3	—	3.2
2011		—	5.3	—	9.6	—	7.3	—	3.7
2012		—	2.8	—	4.0	—	-0.5	—	-0.5
2013		—	2.5	—	-0.3	—	-1.8	—	-1.2
2014		—	2.3	—	-0.1	—	-1.2	—	-1.1
2015		—	1.5	—	1.2	—	-4.7	—	-3.2
2016		—	2.3	—	2.0	—	-2.0	—	-0.6
2017		—	1.5	—	0.4	—	5.3	—	3.3
2018		—	2.2	—	2.5	—	2.5	—	1.8
2019		—	3.4	—	4.1	—	-0.8	—	0.2
2020		—	2.6	—	8.8	—	-2.8	—	-1.0
2019	1	2.4	2.4	—	—	—	0.2	—	1.0
	2	1.7	2.0	0.6	0.4	0.1	0.2	0.8	0.9
	3	2.4	2.2	0.9	0.6	0.2	0.2	1.0	0.9
	4	2.7	2.3	0.5	0.6	0.3	0.2	1.3	1.0
	5	3.0	2.4	0.7	0.6	0.3	0.2	1.0	1.0
	6	3.2	2.5	1.0	0.7	0.2	0.2	1.0	1.0
	7	3.2	2.6	1.2	0.7	-0.8	0.0	0.1	0.9
	8	3.5	2.7	3.2	1.0	-2.0	-0.2	-0.8	0.7
	9	3.6	2.8	7.4	1.7	-1.7	-0.4	-0.6	0.5
	10	4.6	3.0	9.3	2.5	-2.0	-0.6	-0.9	0.4
	11	5.3	3.2	11.6	3.3	-2.4	-0.7	-1.1	0.3
	12	5.0	3.4	12.3	4.1	-2.1	-0.8	-0.5	0.2
2020	1	6.6	6.6	—	—	—	-0.8	—	1.0
	2	5.9	6.2	1.7	14.1	-1.0	-0.9	0.2	0.2
	3	4.9	5.8	0.7	14.5	-0.7	-0.9	-0.4	0.0
	4	4.1	5.4	-1.7	14.4	-2.7	-1.3	-1.4	-0.3
	5	3.0	4.9	-2.3	13.8	-3.8	-1.8	-1.6	-0.6
	6	2.7	4.5	0.6	13.5	-4.9	-2.3	-1.5	-0.7
	7	2.5	4.2	2.0	13.5	-3.6	-2.5	-1.1	-0.8
	8	2.2	4.0	0.6	13.2	-3.4	-2.6	-0.7	-0.8
	9	1.1	3.7	-0.1	12.4	-3.6	-2.7	-1.4	-0.9
	10	0.1	3.3	-2.4	11.2	-4.1	-2.9	-1.5	-0.9
	11	-0.9	2.9	-1.9	9.9	-2.2	-2.8	-1.5	-1.0
	12	-0.2	2.6	-1.5	8.8	-2.1	-2.8	-1.2	-1.0

数据来源：广东省统计局。

表 3　2020 年广东省主要经济指标

项目	1 月	2 月	3 月	4 月	5 月	6 月	7 月	8 月	9 月	10 月	11 月	12 月
						绝对值（自年初累计）						
地区生产总值（亿元）	—	—	22518.7	—	—	49234.2	—	—	78397.1	—	—	110760.9
第一产业	—	—	876.6	—	—	1914.7	—	—	3260.4	—	—	4770.0
第二产业	—	—	7978.1	—	—	18798.8	—	—	30656.5	—	—	43450.2
第三产业	—	—	13664.0	—	—	28520.7	—	—	44480.2	—	—	62540.8
工业增加值（亿元）	—	3287.2	6061.4	8659.0	10962.6	13931.9	16728.7	19612.6	22964.7	25937.0	29262.1	33050.5
固定资产投资（亿元）	—	2706.6	5525.2	8467.1	12007.5	17174.7	20642.6	24342.0	28613.2	32508.1	37019.7	42038.2
房地产开发投资	—	1309.6	2548.8	3752.8	5186.7	7433.9	8899.3	10414.9	12276.9	13843.4	15644.2	17312.7
社会消费品零售总额（亿元）	—	5636.1	8334.0	11230.9	14521.6	17926.5	21375.4	24994.2	28721.1	32404.9	36291.9	40207.9
外贸进出口总额（亿元）	—	8427.5	13695.0	19186.0	24774.8	30580.3	37317.6	43850.2	50841.1	56800.0	63600.0	70844.8
进口	—	3523.8	5768.6	8023.9	10104.4	12434.7	14753.9	17091.1	19978.5	22200.0	24700.0	27346.8
出口	—	4903.7	7926.4	11162.1	14670.5	18145.6	22563.8	26759.1	30862.6	34600.0	38900.0	43498.0
进出口差额（出口－进口）	—	1379.9	2157.8	3138.2	4566.1	5710.9	7809.9	9668.0	10884.1	12400.0	14200.0	16151.2
实际利用外资（亿美元）	—	171.5	171.5	441.7	553.0	821.9	898.8	1032.9	1194.6	1317.0	1470.4	1620.3
地方财政收支差额（亿元）	—	-117.9	-876.2	-1321.6	-1346.8	-1777.3	-1743.4	-2248.7	-3177.5	-2876.6	-3406.4	-4562.7
地方财政收入	—	2241.7	3024.0	4074.3	5157.2	6460.1	7657.2	8539.9	9692.5	10896.1	11709.9	12922.0
地方财政支出	—	2359.6	3900.2	5395.9	6504.0	8237.4	9400.5	10788.5	12870.0	13772.7	15116.3	17484.7
城镇登记失业率（%）（季度）	—	—	2.3	—	—	2.4	—	—	2.6	—	—	2.5
						同比累计增长率（%）						
地区生产总值	—	—	-6.7	—	—	-2.5	—	—	0.7	—	—	2.3
第一产业	—	—	-0.3	—	—	1.6	—	—	3	—	—	3.8
第二产业	—	—	-14.1	—	—	-6.2	—	—	-0.8	—	—	1.8
第三产业	—	—	-1.5	—	—	0.1	—	—	1.7	—	—	2.5
工业增加值	—	-23.2	-15.1	-10.1	-8.5	-6.4	-4.2	-2.6	-1.2	-0.3	0.7	1.5
固定资产投资	—	-21.4	-15.3	-9	-4.1	0.1	2.3	4.2	5	5.9	6.8	7.2
房地产开发投资	—	-16.1	-8.3	-4.3	-1.7	2.5	5.2	6	7.1	8.1	9.1	9.2
社会消费品零售总额	—	-17.8	-19	-17.6	-15.5	-14	-12.2	-10.6	-9.3	-8.3	-7.1	-6.4
外贸进出口总额	—	-15.2	-11.8	-9.9	-8.8	-7.1	-4.3	-3.2	-1.6	-1.6	-1	-0.9
进口	—	-11.8	-7.8	-7	-7.1	-5	-4.2	-4.1	-1.6	-2.1	-2.4	-2.6
出口	—	-17.5	-14.4	-11.9	-10	-8.5	-4.4	-2.7	-1.5	-1.3	-0.1	0.2
实际利用外资	—	-8.3	-8.3	-7.2	-4.5	-1.9	-0.8	0.3	1.9	1.1	3.3	6.5
地方财政收入	—	-7.8	-8.4	-8.5	-7.6	-5.8	-4.6	-2.8	0.1	1.6	1.9	2.1
地方财政支出	—	4.1	-7.7	-0.9	-2.4	-8.5	-5.6	-1.5	0.1	0.6	1.4	1.0

数据来源：广东省统计局。

深圳市金融运行报告（2021）

中国人民银行深圳市中心支行货币政策分析小组

[内容摘要] 2020年，面对复杂严峻的内外部形势特别是百年不遇的新冠肺炎疫情冲击，深圳市按照党中央、国务院统一部署，全面贯彻党的十九届五中全会和中央经济工作会议精神，以习近平总书记在深圳经济特区建立40周年庆祝大会和视察广东、深圳重要讲话、重要指示精神为“纲”和“魂”，始终坚持稳中求进工作总基调，坚持新发展理念，坚持以供给侧结构性改革为主线，坚持以改革开放为动力，落实高质量发展要求，“十三五”规划主要目标任务顺利完成。

深圳经济增长提质增效。2020年，深圳统筹推进疫情防控和经济社会发展，扎实做好“六稳”工作，全面落实“六保”任务，深圳经济运行呈现稳中向好、提质增效态势。一是内需平稳复苏，外需逆势增长。全年实现地区生产总值2.77万亿元，同比增长3.1%，高于全国0.8个百分点。投资结构持续优化，固定资产投资同比增长8.2%；社会消费品零售总额受疫情影响同比下降5.2%，消费升级类商品销售增速加快；进出口规模受宅经济和防疫等相关产品出口拉动，同比增长2.4%。物价水平总体平稳，居民消费价格指数同比上涨2.3%，工业生产者出厂价格指数同比下降1.0%。二是产业结构持续优化。第三产业主导优势持续扩大，2020年，第三产业增加值同比增长3.9%，金融业以及信息传输、软件和信息技术服务业增加值增速分别达到9.1%和11.3%，成为拉动第三产业增长的主要力量。三是科技创新对经济拉动作用突出。2020年，全市规模以上工业增加值较上年增长2.0%。先进制造业和高技术制造业增加值分别占规模以上工业的72.5%和66.1%，战略性新兴产业增加值较上年增长3.1%。2015年以来全社会研发（R&D）经费投入年均增长16.0%。四是财政支出积极有为，重点领域保障有力。深圳全年九大类民生领域支出2838.5亿元，占财政支出的比重近七成；全年累计为市场主体减税降费约1100亿元。

金融运行平稳有序，金融服务实体经济的能力持续提升。2020年，深圳金融业持续加大融资支持力度，充分发挥资本市场功能，为深圳疫情防控和“六稳”“六保”等工作营造了稳健适宜的货币金融环境。一是金融支持实体经济力度加大。2020年末，全市本外币各项存款呈现大幅增长态势，余额10.2万亿元，同比增长21.4%，创历史新高；本外币各项贷款余额6.8万亿元，同比增长14.4%，社会融资增量同比多增4078.0亿元，与实体经济的复苏节奏相匹配。有效发挥结构性货币政策工具的支持作用，增强精准性和直达性。全力做好金融支持稳企业保就业工作，持续提升对中小微企业和制造业中长期等重点领域和薄弱环节的金融支持力度，实现信贷支持“增量、降价、提质、扩面”。2020年末，全市普惠小微企业、制造业中长期以及外贸企业贷款余额同比分别增长40.9%、42.0%和31.0%。政策传导渠道进一步畅通，贷款利率持续下行，让利实体经济成效显著。深圳金融机构新发放贷款已全面参考LPR定价，存量浮动利率贷款定价基准转换工作顺利完成。2020年12月全市金融机构新发放企业贷款加权平均利率同比下降42个基点，引导辖内银行通过降低贷款利率、减少收费、贷款延期还本付息等措施为市场主体让利527.3亿元。二是金融机构保持平稳发展态势。银行业金融机构资产规模快速增长，2020年末资产总额10.4万亿元，同比增长16.6%；银行业全年净利润同比增速有所回落，资产质量总体保持稳健。证券期货业资源配置能力进一步增强，2020年末管理资产规模超 13 万亿元，约占全国的 25%。证券期货业经营业绩稳中有升，充分发挥直接融资功能，法人证券公司总资产达 2.2 万亿元，法人基金公司家数仅次于北京和上海，期货公司盈利能力提高。保险业务结构不断优化，社会保障功能持续增强，2020 年末法人机构数量位居全国大中城市第三，累计实现保费收入同比增长 5.1%。三是金融市场运行平稳。资本市场融资大幅增长，多层次资本市场稳步发展。证券市场放量上行，“深港通”交易持续活跃。资产管理行业回归本源，业务规模持续扩大。票据业务需求回暖，贴现利率下行，再贴现带动票据承兑、贴现增长效应显著。跨境人民币收付规模再创历史新高，跨境人民币业务推进取得新进展。四是区域金融改革创新和对外开放再上新台阶。积极推动先行示范区综合改革试点任务落地见效，提升贸易投资便利化水平，推动金融科技“两试点、一中心”在深落地。

金融生态环境建设持续深化，金融服务和管理呈现新亮点。2020 年，深圳牢牢抓住“双区”建设和综合授权改革试点重大机遇，推进各项金融改革举措，不断提升金融服务和管理水平。一是优化开户服务与账户管理。持续开展跨境代理见证开立个人银行账户试点以及跨境电子钱包试点，督促辖内银行和支付机构开展防范打击电信网络新型违法犯罪和跨境赌博整治工作，构筑大额防疫资金划拨“绿色通道”，指导辖内支付机构为受疫情影响严重的部分商户减免手续费。二是推进征信市场和征信服务高质量发展。指导辖内机构合理调整征信数据上报规则，为受疫情影响的“四类主体”[①] 提供灵活调整还款安排、合理延后还款期限等金融支持。增设个人征信查询网点，大力推进企业信用报告线上查询渠道。三是现金服务水平稳步提高。加大原封新券的投放力度，严格整治“拒收现金”，不断优化拒收现金现场核实和处置流程。四是持续推进金融消费者权益保护工作。开展防疫相关反诈骗宣传，强化金融消费者宣传教育，加强可疑交易监测分析。五是国库经理有效服务地方经济发展。落实减税降费政策，助力企业复工复产。推动个税清算汇缴政策平稳落地，进一步规范非税收入管理。

展望 2021 年，深圳将深入实施创新驱动发展战略，推动经济结构持续优化，在要素市场化配置、创新链产业链融合发展、构建高水平开放型经济体制、创新生态环境和城市空间治理等方面大胆探索，朝着顺利完成“十四五”规划和 2035 年经济社会发展远景目标不懈努力。但也应该看到，当前深圳经济金融运行仍面临新冠肺炎疫情演进和影响高度不确定性、全球经济复苏不稳定不平衡、消费复苏内生动能不足等新挑战。面对上述挑战，深圳将坚定扛起新时代历史使命，深入践行经济特区 40 年改革开放、创新发展积累的宝贵经验，坚持系统观念，坚持内外向发力，全面促进消费升级，着力拉动内需扩大有效投资，强化内外贸融合发展，提升外经贸发展质量。深圳市金融部门将积极营造适宜的货币金融环境，发挥好结构性货币政策工具和信贷政策对小微和民营企业、制造业等实体经济的支持作用。推动完善金融支持科技创新的政策环境，创新发展绿色金融，持续推进金融科技应用和金融科技创新监管试点，推动深圳金融业数字化转型。服务区域协调发展，推动综合改革试点项目落地实施。牢牢守住不发生区域性风险的底线，维护辖区金融稳定。持续深化金融生态环境建设，稳步扩大金融改革开放，全面提升金融服务的效率和水平，为深圳推进“双区”建设、加快构建新发展格局提供高水平的金融支持与服务。

---

① “四类主体”指因感染新冠肺炎住院治疗或隔离人员、因疫情防控需要隔离观察但未住院的隔离人员、因受疫情影响未能及时还款的疫情防控工作人员、受疫情影响暂时失去收入来源的个人和企业。

一、金融运行情况

2020 年，深圳金融业持续加大对重点领域和薄弱环节的融资支持力度、降低市场主体融资成本、发挥资本市场功能，为深圳疫情防控和“六稳”“六保”等工作营造了稳健适宜的货币金融环境。聚焦“双区”建设，区域金融改革创新和对外开放再上新台阶，持续加强金融生态环境建设，金融服务和管理水平不断提升，金融业呈现平稳发展的良好态势。

（一）银行业稳健运行，有力支持实体经济

2020 年，深圳银行业把握好稳中求进工作总基调，积极贯彻稳健的货币政策，在保持资产质量总体稳健的前提下主动让利实体经济。全年各项存贷款增幅明显，贷款结构持续优化，服务实体经济的效率和水平进一步提升。

1. 银行业资产规模快速增长，利润增速降幅较大。截至 2020 年 12 月末，辖内银行业总资产 10.4 万亿元，同比增长 16.6%，资产规模居全国大中城市第三位；受到贷款利率下行及拨备增加的影响，银行业利润增长有所放缓。2020 年全年实现净利润 1339.95 亿元，同比增长 4.7%，增速比上年同期回落 0.8 个百分点。辖内银行业全年让利合计 527.3 亿元，其中通过降低贷款利率让利 507.5 亿元，通过贷款利息延期支付让利 19.8 亿元。深圳银行业全年计提拨备合计 659.7 亿元，同比多计提 171.9 亿元，同比增长 35.3%。

表 1　2020 年深圳市银行业金融机构情况

机构类别	营业网点			法人机构（个）
	机构个数（个）	从业人数（人）	资产总额（亿元）	
一、大型商业银行	713	24214	39202	0
二、国家开发银行和政策性银行	3	364	4825	0
三、股份制商业银行	576	31927	34021	2
四、城市商业银行	177	6065	7448	0
五、城市信用社	0	0	0	0
六、小型农村金融机构	221	3707	4460	1
七、财务公司	10	457	1336	10
八、信托公司	2	1235	609	2
九、邮政储蓄银行	145	1787	1024	0
十、外资银行	93	5577	3932	5
十一、新型农村金融机构	55	1442	439	10
十二、其他	10	6848	7213	5
合　计	2005	83623	104510	35

数据来源：深圳银保监局。

注：营业网点不包括国家开发银行和政策性银行、大型商业银行、股份制商业银行等金融机构总部数据；大型商业银行包括工商银行、农业银行、中国银行、建设银行和交通银行；小型农村金融机构包括农村商业银行、农村合作银行和农村信用社；新型农村金融机构包括村镇银行、贷款公司、农村资金互助社；其他包含金融租赁公司、汽车金融公司、货币经纪公司、消费金融公司等。

2. 各项存款增速大幅提升，企业和非银存款增幅显著。2020 年末，深圳市本外币各项存款余额 10.2 万亿元，同比增长 21.4%，较年初增加 1.8 万亿元，同比多增 6568 亿元。从结构来看，受实体经济逐步恢复、资本市场行情好转等因素影响，非金融企业存款、非银行业金融机构存款同比增幅明显。非金融企业存款余额 4.9 万亿元，同比增长 20.2%；非银行业金融机构存款余额 1.5 万亿元，同比增长 40.9%。个人存款增幅总体稳定。2020 年末，住户存款余额 1.9 万亿元，同比增长 16.9%。

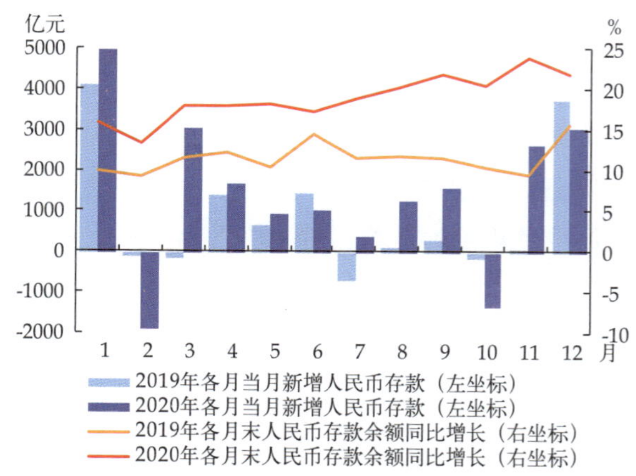

图 1　2019—2020 年深圳市金融机构人民币存款增长变化

（数据来源：中国人民银行深圳市中心支行）

3. 贷款保持中高速增长，信贷结构持续优化。2020 年，中国人民银行有效发挥货币政策工具的支持作用，增强精准性和直达性。2020 年末，本外币各项贷款余额 6.8 万亿元，同比增长 14.4%，增速较 2019 年末提高 1.2 个百分点。分部门来看，企业部门贷款增长较快，余额同比增长 15.9%；其中，企业中长期贷款增长强劲，比年初增加 5049.8 亿元，同比多增 1687.8 亿元。个人贷款增长平稳，同比增长 13.8%。推动信贷政策更好地引导和服务深圳经济高质量发展，持续提升对中小微企业和制造业中长期等重点领域和薄弱环节的金融支持力度，实现信贷支持“增量、降价、提质、扩面”。2020 年末，普惠小微企业贷款余额 9299.8 亿元，同比增长 40.9%；制造业中长期贷款余额 3194.5 亿元，同比增长 42.0%；外贸企业贷款余额 3073.7 亿元，较年初增长 31.0%。

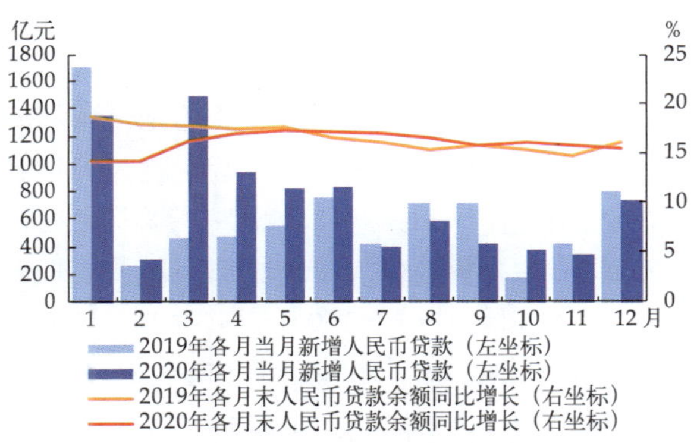

图 2　2019—2020 年深圳市金融机构人民币贷款增长变化

（数据来源：中国人民银行深圳市中心支行）

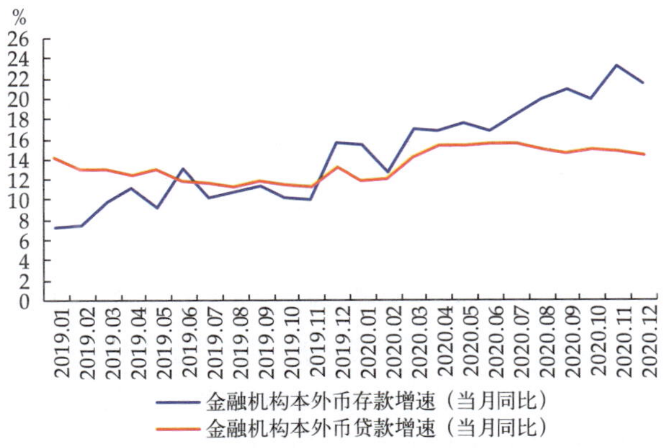

图 3　2019—2020 年深圳市金融机构本外币存、贷款增速变化

（数据来源：中国人民银行深圳市中心支行）

4. 贷款利率水平明显下降，LPR 改革成效进一步显现。2020 年 12 月，深圳市金融机构新发生人民币活期存款加权平均利率为 0.32%，与 2019 年同期持平；定期存款加权平均利率为 2.18%，同比下降 36 个基点。配合中国人民银行总行推进利率市场化改革成效显现。辖内地方法人机构新发放贷款于 2020 年 1 月全面参考 LPR 定价，各地方法人金融机构克服疫情影响有序推进存量浮动利率贷款定价基准转换工作如期启动、顺利完成。政策传导渠道进一步疏通，贷款加权平均利率持续下行。12 月，深圳市金融机构新发放一般贷款加权平均利率（不含微众银行）5.26%，较 2019 年末下降 51 个基点，新发放企业贷款加权平均利率（不含微众银行）4.61%，较 2019 年末下降 42 个基点。市场利率定价自律机制发挥积极作用，维护定价秩序，全面清退靠档计息存款创新产品。持续推动地方法人机构于 6 月底完成贷款产品明示年化利率工作。推动辖内 3 家银行成为全国自律机制基础成员，参与市场化负债产品发行。2020 年备案同业存单发行额度 845.0 亿元，大额存单发行额度 879.8 亿元，较 2019 年增长 49.4%。

表 2　2020 年深圳市金融机构人民币贷款各利率区间占比

单位：%

项目		1 月	2 月	3 月	4 月	5 月	6 月
合计		100.0	100.0	100.0	100.0	100.0	100.0
LPR 减点		25.5	23.0	27.9	27.6	29.2	31.1
LPR		2.3	1.6	4.9	3.0	3.3	2.7
LPR 加点	小计	72.2	75.4	67.3	69.5	67.4	66.2
	(LPR，LPR+0.5%)	18.7	20.4	17.5	15.1	21.4	11.2
	[LPR+0.5%，LPR+1.5%)	31.0	35.7	30.9	34.1	27.8	35.9
	[LPR+1.5%，LPR+3%)	15.2	12.4	13.4	13.4	10.9	11.0
	[LPR+3%，LPR+5%)	3.3	3.0	2.0	3.6	2.2	2.9
	LPR+5% 及以上	4.0	3.9	3.5	3.2	5.1	5.2
项目		7 月	8 月	9 月	10 月	11 月	12 月
合计		100.0	100.0	100.0	100.0	100.0	100.0
LPR 减点		24.9	28.7	30.4	32.1	29.9	30.3
LPR		3.7	2.5	2.8	2.4	3.6	3.3

续表

项目		7月	8月	9月	10月	11月	12月
LPR加点	小计	71.4	68.8	66.8	65.4	66.5	66.4
	(LPR，LPR+0.5%)	11.1	12.5	9.8	15.5	17.4	15.0
	[LPR+0.5%，LPR+1.5%)	37.8	35.1	33.7	25.9	26.0	25.3
	[LPR+1.5%，LPR+3%)	12.7	11.4	12.9	8.6	9.1	9.6
	[LPR+3%，LPR+5%)	3.4	3.1	3.4	4.3	4.8	5.1
	LPR+5% 及以上	6.4	6.7	7.0	11.1	9.2	11.4

数据来源：中国人民银行深圳市中心支行。

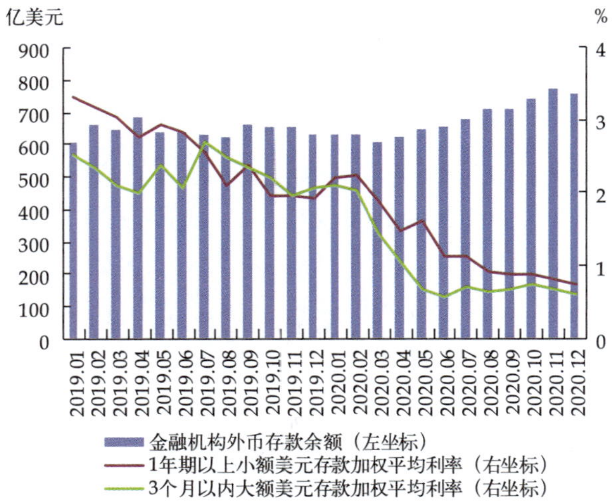

图 4　2019—2020 年深圳市金融机构外币存款余额及外币存款利率

（数据来源：中国人民银行深圳市中心支行）

5. 银行资产质量总体保持稳健，风险抵补能力有所增强。2020 年末，深圳银行业不良贷款余额 1023.5 亿元，比年初增加 264.9 亿元；不良贷款率 1.48%，比年初上升 0.23 个百分点。地方法人机构经营风险和流动性风险相对可控。2020 年末，地方法人银行资本充足率 13.71%，比年初下降 0.81 个百分点。不良贷款率 1.15%，比年初下降 0.06 个百分点。信用风险抵补能力有所上升。2020 年末，银行业各项资产减值准备占各项贷款比重为 2.76%，较 2019 年末提高 0.05 个百分点。

6. 跨境人民币收付规模再创历史新高，跨境人民币业务推进取得新进展。2020 年，深圳市人民币跨境收付总额 2.5 万亿元，同比增长 46.0%，再创历史新高，收付规模继续保持全国第三。人民币占深圳跨境本外币收支的 46.3%，其中深港两地跨境本外币收支中人民币占比超过五成，人民币已成为深港间第一大跨境支付货币。推动人民币在重点领域、重点企业跨境结算以及“一带一路”国家和地区的使用，深圳与“一带一路”国家和地区跨境人民币结算量同比增长 1.9 倍。

（二）证券业经营总体平稳，直接融资功能凸显

2020 年，随着资本市场改革逐步深入，辖区证券基金期货经营机构立足深圳独有优势和扎实基础，充分发挥行业优势，在服务实体经济的同时，实现了行业高质量发展。

1. 机构经营整体稳健，各项指标位居全国前列。受益于证券市场行情回暖、政策红利等因素，辖内证券行业经营业绩明显提升。截至 2020 年末，辖区 23 家证券公司总资产 2.2 万亿元，全年实现营业收入 1103.7 亿元、净利润 414.2 亿元，均位居全国前列，营业收入和净利润分别同比上升 31.1% 和 34.3%。辖内法人基金公司 31 家，数量仅次于北京和上海，实现营业收入和净利润分别为 299.0 亿元和 81.5 亿元，同比分别增长 54.4% 和 56.6%。14 家法人期货公司总资产 1450.9 亿元，实现营业收入和净利润 38.1 亿元和 12.8 亿元，同比分别增长 19.7% 和 16.4%。

2. 发挥行业头部机构引领作用，服务深圳实体经济。2020 年，深圳证券行业持续保持国内领先地位，为地方经济发展打造更加优质的资本要素市场，以实际行动服务深圳“双区”建设。深圳辖区证券公司全面助力注册制改革，服务科创板、创业板 IPO 项目 607 个，占全国的 31.0%。辖区创投机构深耕实体经济，2700 多家私募股权及创投机构，累计为企业注入约 1.4 万亿元资本金，投向中小企业、高新技术企业资金 6300 余亿元。知识产权证券化业务实现突破，多个业务模式实现国内首创。截至 2020 年末，辖区证券基金经营机构作为管理人、总

协调人，或深圳企业作为原始权益人的知识产权证券化项目已达10个，获批储架发行金额超过120亿元，已发行规模达36.7亿元。

表3　2020年深圳市证券业基本情况

项目	数量
总部设在辖内的证券公司数（家）	23
总部设在辖内的基金公司数（家）	31
总部设在辖内的期货公司数（家）	14
年末国内上市公司数（家）	333
当年国内股票（A股）筹资（亿元）	1249
当年发行H股筹资（亿元）	129
当年国内债券筹资（亿元）	3574
其中：短期融资券筹资额（亿元）	102
中期票据筹资额（亿元）	1035

数据来源：深圳证监局、中国人民银行深圳市中心支行。

3. 深交所交易回暖，深港通活跃度提升。2020年，深圳证券交易整体回暖，呈现“放量上涨”态势。深证综指2020年末报收于2329.37，较年初上涨35.2%。深交所2020年全年累计股票成交金额122.8万亿元，同比上升68.2%。“深港通”交易活跃度显著提升，外资增持境内市场股票热情较高。其中，“深港通”2020年全年交易额12.1万亿元，同比增长152.9%；“港股通”2020年全年交易额2.6万亿港元，同比增长177.2%。

4. 资产管理行业回归本源，业务规模持续扩大。2020年末，深圳证券期货业资产管理总规模超13万亿元（含券商资管、期货资管、公募基金非公募业务和私募机构资管业务），规模约占全国的25%。其中，公募基金资产规模5.2万亿元，同比增长32.7%；辖内基金公司非公募业务规模为2.9万亿元，同比增长37.1%。辖内私募基金管理人为4472家，备案私募基金16380只，同比增长14.9%；实缴规模2.0万亿元，同比增长8.2%，规模仅次于北京、上海，位居全国第三。

表4　2020年深圳市保险业基本情况

项目	数量
总部设在辖内的保险公司数（家）	27
其中：财产险经营主体（家）	11
寿险经营主体（家）	8
保险公司分支机构（家）	77
其中：财产险公司分支机构（家）	35
寿险公司分支机构（家）	42
保费收入（中外资，亿元）	1454.0
其中：财产险保费收入（中外资，亿元）	408.0
人身险保费收入（中外资，亿元）	1046.0
各类赔款给付（中外资，亿元）	373.1

数据来源：深圳银保监局。

（三）保险业务结构不断优化，社会保障功能持续增强

截至2020年末，深圳共有保险法人机构27家，法人机构数量位居全国大中城市第三。受疫情影响，深圳保险市场2020年全年累计实现保费收入1454亿元，同比增长5.1%，增速较上年下降11.1个百分点。其中，财产险保费408亿元，同比下降0.2%，保证险和意外险保费明显下滑是造成财产险保费同比下降的主要因素；人身险保费1046亿元，同比增长7.3%。

（四）社融增量显著提高，金融市场平稳发展

2020年，深圳社会融资增量同比多增，票据业务需求回暖，资本市场融资大幅增长，黄金市场交易量同比下降，企业融资环境持续改善。

1. 社会融资增量同比多增，结构持续改善。2020年，深圳社会融资规模增量1.4万亿元，同比多增4078.0亿元。从结构来看，受表内票据收缩叠加实体经济好转影响，未贴现的银行承兑汇票带动表外融资整体多增1821.7亿元；委托贷款、信托贷款在监管规范引导下继续大

幅下降，规模分别下降324.6亿元、988.3亿元。表内贷款和直接融资新增规模大幅增长成为支撑社会融资增量的主要项目，在社会融资增量中的占比分别为62.3%和29.3%。其中，人民币贷款在2019年实现较高增幅的基础上继续保持增长，同比多增1061.1亿元。

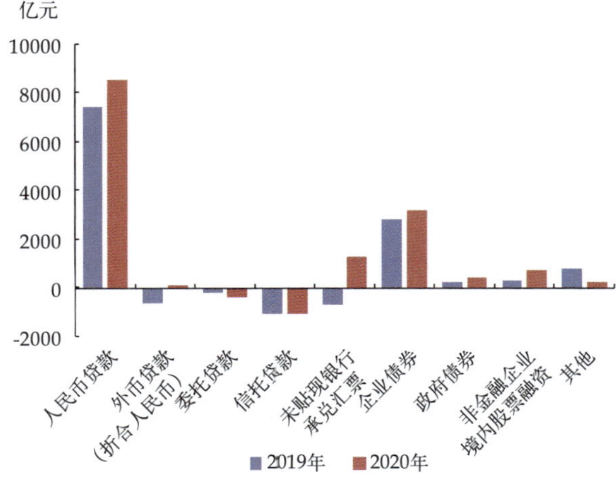

图5　2019—2020年深圳市社会融资规模分布结构

（数据来源：中国人民银行深圳市中心支行）

2. 票据业务需求回暖，贴现利率整体下降。2020年，中国人民银行深圳市中心支行充分用好结构性货币政策工具，有力推动企业复工复产和稳企业保就业。全年35家金融机构办理17765笔票据再贴现，发生额406.5亿元，同比增长54.5%，中小微企业票据占比约六成。央行再贴现"以点带面"带动票据承兑、贴现增长效应显著。2020年，银行承兑汇票累计发生额为6970.1亿元，同比增长14.1%；企业票据贴现累计发生额为6405.5亿元，同比增长40.9%。市场流动性总体充裕，票据贴现利率整体下行。2020年12月，票据贴现利率和转贴现利率同比分别下降11个和21个基点。其中，深圳市金融机构运用人民银行5000亿元和1万亿元再贴现政策办理贴现加权平均利率2.64%，低于全市商业银行汇票加权平均利率20个基点。

表5　2020年深圳市金融机构票据业务量统计

单位：亿元

季度	银行承兑汇票承兑		贴现			
			银行承兑汇票		商业承兑汇票	
	余额	累计发生额	余额	累计发生额	余额	累计发生额
1	4037.9	2117.8	1104.2	1627.0	95.8	118.1
2	4334.1	3883.3	1276.8	3372.1	102.4	222.1
3	4408.2	5309.8	1213.0	4449.3	168.2	355.9
4	4382.5	6970.1	1259.4	5981.1	154.5	424.5

数据来源：中国人民银行深圳市中心支行。

表6　2020年深圳市金融机构票据贴现、转贴现利率

单位：%

季度	贴现		转贴现	
	银行承兑汇票	商业承兑汇票	票据买断	票据回购
1	2.80	5.28	2.73	2.69
2	2.43	4.43	2.43	1.74
3	2.85	4.28	2.66	1.92
4	2.93	4.19	2.72	2.25

数据来源：中国人民银行深圳市中心支行。

3. 资本市场融资大幅增长，多层次资本市场稳步发展。截至2020年末，深圳共有境内上市公司333家，较2019年末增加34家，上市公司总市值9.1万亿元，仅次于北京。全年国内股票（A股）筹资1248.7亿元，为2019年同期的3.9倍，发行H股筹资129.1亿元。银行间债券筹资3574.1亿元，其中，短期融资券筹资额102.0亿元，中期票据筹资额1034.5亿元。2020年末，深圳共有新三板挂牌公司428家，数量居全国第六。

4. 黄金市场受价格影响，交易量有所下降。2020年，上金所深圳会员黄金交易量8475.6吨，同比下降29.7%，占上金所全部会员黄金交易量的14.5%，占比下降3.1个百分点。受新冠肺炎疫情导致开年的经济疲软以及黄金价格处于高位的影响，深圳会员黄金交割量262.8吨，同比下降32.1%，占上金所黄金总交割量的21.1%。

专栏 1　中国人民银行深圳市中心支行创新开展深入社区政银企对接 大力拓展首贷信用贷

小微企业数量众多、主要集中在社区、园区。为切实做好金融支持小微企业工作，让小微企业更好地知晓、会用、可获得金融支持政策，中国人民银行深圳市中心支行（以下简称中支）发挥社区网格化管理的制度优势，联合深圳各行政区首创开展“深入社区稳企业保就业”专项行动。充分调动“人民银行—区政府—街道社区—商业银行”多方力量，推动金融支持政策、地方政府配套政策、市场化金融服务三角良性互动，优化中小微企业融资环境，着力拓展首贷、信用贷。截至 2020 年 12 月 31 日，在全市 11 个行政区、74 个街道、667 个社区和 66 个产业园区，走访企业 34306 家，5714 家企业获得贷款 167.24 亿元。其中首贷率 32%，信用贷款比例 42%。

一是凝共识聚合力，优化融资环境。中支“一把手”赴全市各区宣讲金融支持稳企业保就业政策，将政策宣传触达至社区网格员以及银行、企业等市场主体，最大“广度”和“深度”凝聚共识、发挥合力。会同深圳市各区政府，制订并发布《“深入社区稳企业保就业”专项行动方案》。推动各区完善风险补偿、融资担保、激励表彰等配套措施，“几家抬”优化中小微企业融资环境。会商解决各方反馈的问题，共同做好成效评估。

二是用脚步丈量企情，用行动惠企暖企。业务骨干联合商业银行和社区网格员扫街拜铺，“进街道、进社区、进园区”，“送政策、送产品、送服务”。推广“在线扫码＋预约上门”模式，线上搭建“稳企业保就业金融直通车”，精准推送融资申请二维码短信。线下组织政银企对接会 92 场，指导银行针对企业需求创新推出 72 款贷款产品，实现融资供需双方精准对接。对于因成立时间不长、纳税信息不全、财务制度混乱等原因在现阶段无法通过授信审批的企业，推动银行早对接、早介入，并通过宣讲金融支持政策和银行授信要求，帮助企业拓展金融知识、提升信用意识，以便未来获得贷款。

三是创新宣传渠道，提升政策触达率。开展 3 期“金融稳企业保就业”有奖问答，累计参与人数突破 53 万人次。以市民通俗易懂的语言，通过电视广播等宣讲中国人民银行“金融支持稳企业保就业”政策，让小微企业了解中国人民银行“深入社区稳企业保就业”专项行动，学会选择最适合的“借钱路子”。率领 11 家银行设立金融支持稳企业保就业专题展区亮相第十四届深圳金博会，全面展现深圳金融稳企业保就业工作成效。组织人民日报、新华社、中央人民广播电台和深圳卫视等媒体深入社区和受惠企业，用企业心声展现专项行动工作实效。

（五）聚焦“双区”建设，区域金融改革创新和对外开放再上新台阶

2020 年，深圳金融业立足“双区”建设，持续深化区域金融改革创新和对外开放，为推动深圳经济高质量发展作出积极贡献。

一是提升贸易投资便利化水平。在全国率先落地一次性外债登记试点，开展高新技术企业外债便利化额度试点。截至 2020 年末，共办理便利化额度试点 2.9 亿元人民币。推动外贸综合服务企业代办跨境电商出口收汇等 4 项经常项下先行先试措施落地见效。更高水平贸易投资便利化试点范围由前海蛇口自贸区拓展至全市。指导银行大力发展“出口跨境电商直通车”业务，2020 年为跨境电商办理便利化跨境人民币出口收款 506 亿元人民币，节约手续费 7579 万元人民币。二是推动金融科技“两试点、一中心”在深圳市落地。推动国家六部委金融科

技应用试点和人民银行金融科技创新监管试点先后在深圳市落地。目前，29个金融科技应用试点项目上线运行，首批4个金融科技创新监管试点项目已对外公示。推进深圳国家金融科技测评中心于2020年12月在深圳市揭牌，深入参与金融科技标准体系建设。

（六）持续加强金融生态环境建设，金融服务和管理呈现新亮点

2020年，深圳持续加强金融生态环境建设，扬优势、强弱项，不断提升金融服务和管理水平，助力优化营商环境，为疫情防控和经济社会发展保驾护航。

一是优化支付清算与账户管理。持续开展跨境代理见证开立个人银行账户试点以及跨境电子钱包试点，提升港澳居民跨境支付服务便利化水平。督促辖内银行和支付机构持续开展防范打击电信网络新型违法犯罪以及跨境赌博整治工作。构筑大额防疫资金划拨“绿色通道”，确保支付清算服务7×24小时不间断。减免重点行业地区手续费用，指导辖内支付机构为受疫情影响严重的部分商户减免手续费超过1亿元。二是推进征信市场和征信服务高质量发展。指导辖内放贷机构合理调整征信数据上报规则，为受疫情影响的“四类主体”提供灵活调整还款安排、合理延后还款期限等金融支持。增设个人征信查询网点，大力推进企业信用报告线上查询渠道，有效满足群众查询需求。三是现金服务水平稳步提高。加大原封新券的投放力度，指导辖区银行、境外代保管库严格落实现金回收环节及储存场地的消毒工作，确保人民群众用上“放心钱”。持续整治“拒收现金”，加大巡检排查范围，不断优化拒收现金现场核实和处置流程。四是持续推进金融消费者权益保护工作。开展防疫相关反诈骗宣传，强化金融消费者宣传教育，加强可疑交易监测分析。五是国库经理有效服务地方经济发展。落实减税降费政策，助力企业复工复产。推动个税清算汇缴政策平稳落地，办理个人所得税汇算退税业务241万笔、金额16亿元。开发上线智慧财政系统，进一步规范非税收入管理。

表7　2019—2020年深圳市支付体系建设情况

年份	支付系统直接参与方（个）	支付系统间接参与方（个）	支付清算系统覆盖率（%）	当年大额支付系统处理业务数（万笔）	同比增长（%）
2019	11.0	1854.0	92.9	13915.6	3.7
2020	11.0	1890.0	94.8	4923.7	-64.6

年份	当年大额支付系统业务金额（亿元）	同比增长（%）	当年小额支付系统处理业务数（万笔）	同比增长（%）	当年小额支付系统业务金额（亿元）	同比增长（%）
2019	6288288	17.93	39700.03	15.60	88498.08	77.86
2020	7232303	15.01	47323.23	19.20	199852.49	125.83

数据来源：中国人民银行深圳市中心支行。

二、经济运行情况

2020年，深圳坚持新发展理念，统筹推进疫情防控和经济社会发展，扎实做好“六稳”工作，全面落实“六保”任务，推动经济稳中向好、提质增效。2020年全市地区生产总值27670.2亿元，同比增长3.1%，高于全国0.8个百分点。产业结构持续优化，第三产业主导优势进一步扩大，三次产业结构由上年同期的0.1：39.0：60.9调整为2019年的0.1：37.8：62.1。

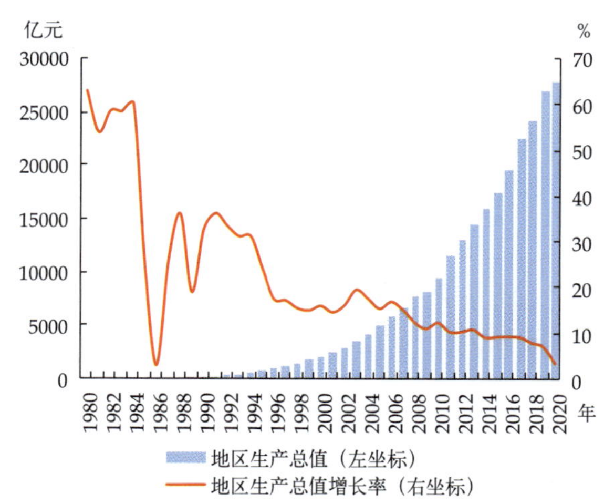

图6　1980—2020年深圳市地区生产总值及其增长率

（数据来源：深圳市统计局）

（一）内需复苏稳中加快，外需增长逆势发力

2020年，面对复杂严峻的外部形势以及新冠肺炎疫情冲击，深圳坚持新发展理念，积极践行高质量发展要求，经济逆势增长、稳中向好，经济动能持续回升，投资结构进一步优化，消费市场展现出较强韧性，贸易顺差有所扩大。

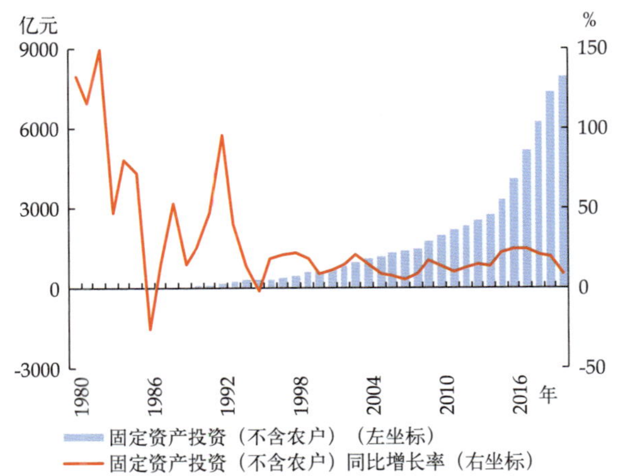

图7　1980—2020年深圳市固定资产投资（不含农户）及其增长率

（数据来源：深圳市统计局）

1. 投资保持较快增长，民生领域投资增幅明显。2020年，全市固定资产投资较上年同比增长8.2%。其中民间投资增长14.5%。分领域看，基础设施投资增长7.2%，工业投资增长0.5%。三次产业投资增速全部转正。第一产业投资增长3.5%，第二产业投资增长0.9%，第三产业投资增长9.4%。分行业看，民生类投资大幅增长，其中卫生和社会工作类投资增长94.4%，教育类投资增长66.6%，文化、体育和娱乐业投资增长30.1%；信息传输、软件和信息技术服务业投资增长14.5%，交通运输、仓储和邮政业投资增长10.5%。

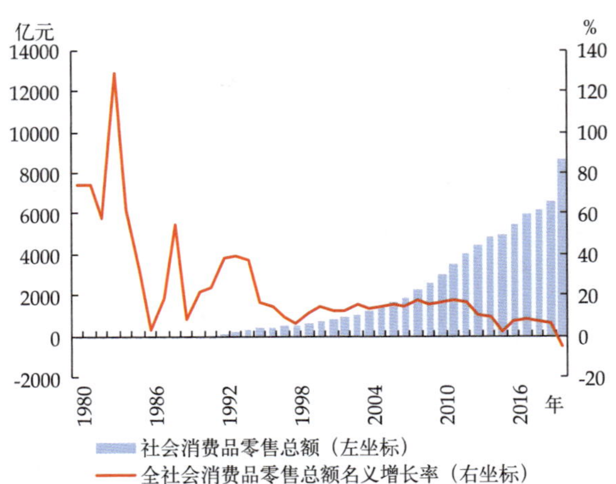

图8　1980—2020年深圳市社会消费品零售总额及其增长率

（数据来源：深圳市统计局）

2. 消费市场逐季回暖，消费升级类商品销售增速加快。2020年，社会消费品零售总额8664.8亿元，同比下降5.2%，降幅较前三季度、上半年和第一季度分别收窄3.8个、9.6个和17.7个百分点。限额以上单位网络零售额645.8亿元，增长10.8%，增速分别较前三季度、上半年和第一季度提高11.0个、12.1个和14.4个百分点。从商品类别看，消费升级类商品销售增速加快，第四季度文化办公用品类、金银珠宝类、家用电器和音像器材类商品零售额同比分别增长68.2%、26.4%和18.5%，分别比第三季度加快58.3个、17.1个和33.8个百分点。

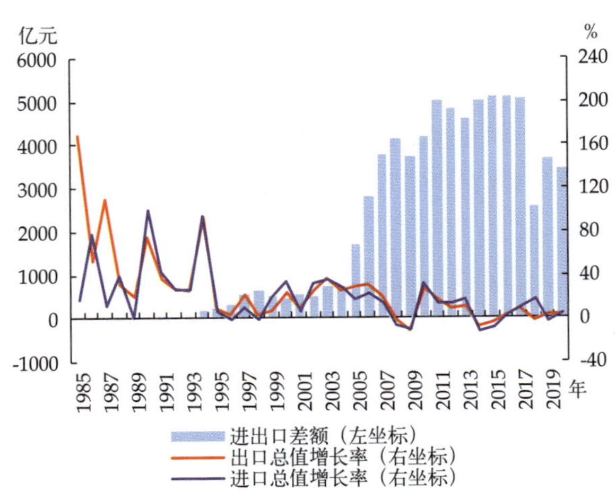

图9　1985—2020年深圳市外贸进出口变动情况

（数据来源：深圳市统计局）

3. 进出口总额同比上升，贸易顺差有所扩大。2020 年，深圳市进出口总额 3.1 万亿元人民币，同比增长 2.4%，高于 2019 年增速 3.0 个百分点。其中，受宅经济和防疫等相关产品出口带动，出口总额 1.7 万亿元，同比增长 1.5%，连续 28 年居内地城市首位；进口总额 1.4 万亿元，同比增长 3.6%，位居全国第三。深圳对“一带一路”国家和地区全年进出口 6734.7 亿元，同比增长 2.1%，规模创倡议提出以来新高；深圳对东盟、日本、韩国、澳大利亚、新西兰等 RCEP 协定缔约方（14 国）进出口 8232.8 亿元，同比增长 4.1%。

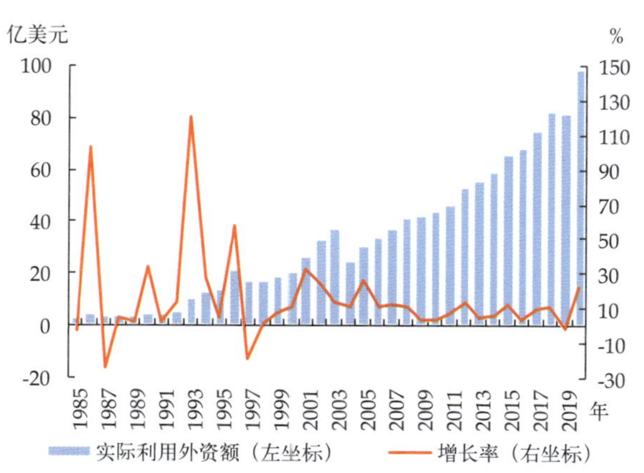

图 10　1985—2020 年深圳市实际利用外资额及其增长率

（数据来源：深圳市统计局）

4. 扩大对外开放，推动利用外资高质量发展。深圳抢抓“双区”建设契机，深入贯彻落实“稳住外贸外资基本盘”要求，以保促稳，实际利用外资保持较快增长。全年新增外商投资企业 4434 个，实际利用外资 97.9 亿美元，同比增长 21.4%。其中，深圳前海蛇口自贸片区外资流入占全市外资流入的 31.1%。从流向行业看，服务业占比 74.0%。从资金来源地看，香港占比 84.4%，粤港澳大湾区“资金融通”功能进一步显现。

（二）第三产业主导优势持续扩大，创新驱动和绿色发展理念深入践行

1. 工业增加值持续回升，工业企业利润总额增加。2020 年，全市规模以上工业增加值同比增长 2.0%，增速比前三季度、上半年、第一季度分别回升 0.4 个、3.6 个和 15.7 个百分点。其中，先进制造业和高技术制造业增加值分别占规模以上工业的 72.5% 和 66.1%；增速分别为 3.9% 和 2.3%，分别比规模以上工业增速高 1.9 个、0.3 个百分点。以新一代信息技术、数字产业、海洋经济、新材料产业和生物医药产业等为代表的战略性新兴产业增加值 10272.7 亿元，同比增长 3.1%，占地区生产总值比重为 37.1%。全市规模以上工业企业实现利润总额 2728.6 亿元，同比增长 10.6%。

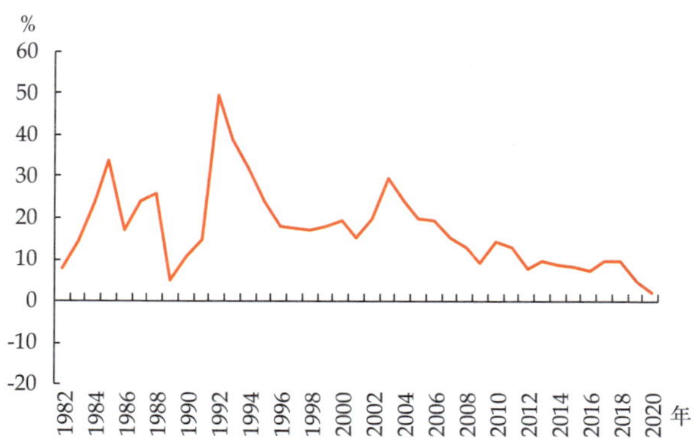

图 11　1982—2020 年深圳市规模以上工业增加值实际增长率

（数据来源：深圳市统计局）

2. 第三产业稳定增长，现代服务业拉动效应明显。2020 年，全市第三产业增加值 17190.4 亿元，同比增长 3.9%。其中，现代服务业增加值 13084.4 亿元，同比增长 6.4%，现代服务业占第三产业增加值比重为 76.1%，增速与前三季度持平，比上半年、第一季度增速分别提高 1.7 个和 3.3 个百分点。金融业增加值 4189.6 亿元，增长 9.1%，信息传输、软件和信息技术服务业增加值 2883.5 亿元，增长 11.3%，是拉动现代服务业增长的主要力量。

3. 深化创新驱动战略，发展动能充分释放。全市安排科技研发资金预算规模 134 亿元，同比增长 9.0%，较 2018 年翻番，其中 37% 投向基础研究和应用基础研究领域。2020 年，深圳 PCT 国际专利申请量 2.02 万件，是 2015

年的 1.5 倍，保持全国城市首位。2015 年到 2019 年全社会研发（R&D）经费投入年均增长 16.0%，2019 年末达 1328 亿元，仅次于北京、上海，是 2012 年的 2.7 倍，约占全年地区生产总值的 5%。2010 年以来，深圳获得国家技术发明奖一等奖、科技进步奖特等奖等国家科技奖项 135 项。围绕集成电路、5G、智能网联汽车、4K/8K 超高清视频、生物医药、人工智能等产业链加强服务。国家高新技术企业总量超过 1.8 万家，是“十二五”末期的 3 倍。加快建设深圳湾实验室，人工智能与数字经济广东省实验室（深圳）注册成立，全市创新载体达到 2693 家，其中国家级 129 家。

4. 环境领域改革向纵深推进，生态空间持续优化。高质量构建绿色空间格局。深圳拟划定生态保护红线 404.6 平方公里，占全市陆域面积的 20.3%，森林覆盖率 39.8%，建成公园 1206 个，成为名副其实的“千园之城”。持续开展水污染治理，2020 年全市五大河流国考省考断面水质全部达标，159 个黑臭水体和 1467 个小微黑臭水体全部实现动态消黑。深入实施“深圳蓝”可持续行动计划，全年 PM2.5 浓度为 19 微克 / 立方米，首次降至 20 微克 / 立方米以下；灰霾天数 3 天，创 1988 年以来新低。率先试点建设国家“无废城市”，如期完成 54 项指标和 100 项年度任务，进一步擦亮国家生态文明建设示范市的金字招牌。

（三）物价指数总体平稳，居民收入增速有所放缓

1. 居民消费价格涨幅缩窄，工业品价格同比微降。2020 年，深圳居民消费价格指数（CPI）同比上涨 2.3%，涨幅比上年同期降低 1.1 个百分点。受生猪供应减少和冷链冻品防疫管控严格的影响，全年食品烟酒价格上涨 7.9%，是 CPI 上涨的首要推动力。其中，猪肉价格上涨 39.1%；服务项目中，教育文化和娱乐价格上涨 2.6%，家庭服务价格上涨 5.2%。受疫情影响，全年工业品出厂价格指数（PPI）同比下降 1.0%，降幅较上年扩大 0.8 个百分点。

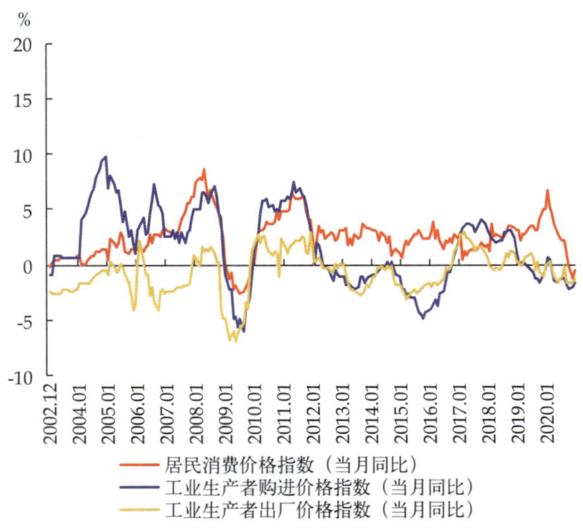

图 12　2002—2020 年深圳市居民消费价格指数和工业生产者价格指数变动趋势

（数据来源：国家统计局深圳调查队）

2. 就业形势总体稳定，居民收入增速放缓。“十三五”期间深圳城镇新增就业 64 万人，2020 年全市城镇新增就业 17.3 万人，城镇登记失业率 2.49%，低于年度 3% 的目标。劳动力成本保持平稳。全市最低工资标准 2200 元，非全日制就业劳动者最低工资标准为 20.3 元 / 小时，与 2019 年同期持平。居民人均可支配收入 64878 元，同比增长 3.8%，较 2019 年回落 4.9 个百分点。其中，工资性收入 53677 元，同比增长 4.0%；受疫情影响，居民在外就餐和服务消费有所减少，经营净收入 6992 元，同比减少 4.1%。

（四）财政政策积极有为，重点领域保障有力

1. 财政收入规模持续增加，减税降费激发市场活力。2020 年，深圳地方一般公共预算收入完成 3857.4 亿元，同比增长 2.2%，其中税收收入同比增长 0.6%。为支持疫情防控、企业纾困和复工复产，深圳优先安排、全面保障疫情防控投入，筹集 87.7 亿元资金全面保障各类新增防控支出。全面落实国家出台的减税降费政策和深圳本地惠企利民政策，全年累计为市场主体减负让利约 1100 亿元。

2. 财政支出结构持续优化，重点领域支出保障有力。2020 年，深圳一般公共预算支出 4177.7 亿元，同比下降 8.2%。持续加大财政民生投入，满足人民群众日益增长的美好生活需要，九大类民生领域支出 2838.5 亿元，占财政支出的比重近七成。其中，教育、卫生健康、住房保障、交通运输支出分别增长 18.8%、31.3%、36.1% 和 37.9%。

3. 用好用足地方债额度和抗疫特别国债，重点发挥稳投资、惠民生作用。2020 年，深圳积极争取地方债额度和抗疫特别国债，共获得债券类资金 632 亿元，较上年翻番。截至 2020 年末，深圳新增债券已基本支出完毕。债券资金主要投向水污染治理、卫生健康、交通基础设施等重点领域，有力拉动全市固定资产投资增长。

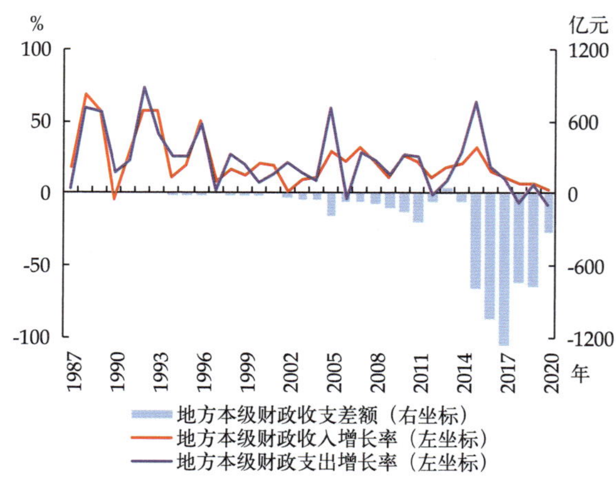

图 13　1987—2020 年深圳市财政收支状况

（数据来源：深圳市财政局）

专栏 2　践行包容审慎监管　推动贸易新业态创新发展

2020 年，国家外汇管理局深圳市分局（以下简称深圳市分局）坚持“金融为民、外汇惠民”工作理念，践行“包容审慎、鼓励创新”监管原则，跨部门联动优化营商环境，加强政策宣传和市场调研，不断推进贸易跨境收支便利化水平，推动全市贸易新业态创新发展。

一、加强政策联动，优化贸易新业态营商环境

一是密切跟踪外贸创新发展。主动联合相关部门，持续开展贸易新业态研究，按照“交易留痕、风险可控”要求回应外汇结算的新诉求，树立外汇局支持贸易创新发展的积极形象。二是推动建立正确贸易新业态发展导向。将提供稳定、透明、可预期和公平竞争的营商环境作为稳外贸的工作重心，推动贸易新业态按照市场规律发展。三是与深圳海关、税务局分别签订《合作备忘录》。在企业主体分类监管、打击异常进出口和虚假贸易等方面，加强监管互认和执法互助。

二、主动引导市场主体政策预期，释放外汇领域放管服积极信号

一是加强对市场主体的密切沟通和回应。深圳市分局局长带队赴跨境电商产业园区，调研市场主体金融政策需求，全面分析跨境电商流程中的金融节点。举办跨境电商线上宣讲会，帮助市场主体学好用足资金结算和融资政策。二是多渠道多形式开展政策宣传。通过“金融鹏程”公众号、深圳人民银行网站以及凤凰卫视等媒体渠道，并以宣传解读 H5 和短视频等形式，扩大市场主体的政策知晓面。线上线下组织现场交流培训会 10 余场，指导银行和支付机构细化业务操作，推动政策落地。

三、贸易新业态支持措施成效显著

（一）提高出口跨境电商贸易外汇收支便利化水平

一是推动 3 家银行在深圳落地凭交易电

子信息办理跨境电商结算，解决出口跨境电商“收汇慢、风险大、费率高”问题。二是推动外综服企业为跨境电商代办出口收汇，降低小微企业跨境结算成本。三是积极推广通过个人外汇储蓄账户办理跨境电商贸易收汇，促进个人电商卖家阳光化收汇。

（二）便利贸易新业态企业跨境投融资

一是开展跨境双向人民币资金池业务。提高资金使用效率，便利辖内跨境电商企业与海外子公司之间调剂资金。二是推广银行跨境人民币贷款。满足贸易新业态新设子公司的融资需求，支持企业“走出去”搭建贸易网络节点。

（三）强化对贸易新业态等市场主体的金融服务

一是积极推进跨境贸易人民币结算政策。指导银行通过“跨境电商直通车”模式累计办理人民币收款596亿元，为出口跨境电商节省手续费约8900万元人民币。二是提升新业态企业退税效率。破解退税环节多、时间长、退库退回发生率高等问题，退税资金到账时间从2~3个工作日缩至最快当日到账。

三、预测与展望

2021年是“十四五”开局之年，是“两个一百年”目标交汇、全面建设社会主义现代化国家新征程开启之年，也是中国共产党成立100周年。站在新的历史起点上，深圳将坚定扛起新时代历史使命，牢牢把握新发展阶段的历史方位，狠抓“双区”建设和综合授权改革试点重大机遇，深入实施创新驱动发展战略，推动经济结构持续优化，在要素市场化配置、创新链产业链融合发展、构建高水平开放型经济体制、创新生态环境和城市空间治理等方面大胆探索创新，力争形成一批可复制可推广的改革经验。

但也应看到，当前深圳经济金融运行仍面临复杂严峻的内外部风险。从外部来看，深圳作为外向型经济，新冠肺炎疫情发展和影响高度不确定性、全球经济复苏不稳定不平衡、中美经贸摩擦的长期性等因素影响出口增长的延续性。从内部来看，消费复苏内生动能不足，投资结构有待优化。基础研究、原始创新和关键核心技术“卡脖子”问题亟待解决。影响财政增收的潜在因素依然存在，财政收入持续增长面临压力。宏观杠杆率阶段性上升，金融风险防控压力有所加大。

面对上述挑战，深圳将深入践行经济特区40年改革开放、创新发展积累的宝贵经验，抢抓落实先行示范区综合改革试点首批40条授权事项清单，坚持稳中求进工作总基调，以推动高质量发展为主题，以深化供给侧结构性改革为主线，以改革创新为根本动力，坚持系统观念，坚持内外向发力，全面促进消费升级，着力拉动内需扩大有效投资，强化内外贸融合发展，提升外经贸发展质量，迈好参与构建新发展格局第一步，努力成为构建新发展格局的先行示范者。“十四五”时期和2035年深圳经济社会阶段目标预期达到：“十四五”时期，深圳经济实力、发展质量跻身全球城市前列。新经济发展国际领先，综合经济实力跃上更高台阶，经济总量超过4万亿元，研发投入强度、产业创新能力世界一流，全社会研发投入占地区生产总值比重达5%左右，关键核心技术攻关取得重要突破，基本建成具有全球影响力的科技和产业创新高地；到2035年，深圳将建成具有全球影响力的创新创业创意之都，成为我国建设社会主义现代化强国的城市范例，率先实现社会主义现代化。成为高质量发展高地，城市综合经济竞争力世界领先，经济总量、人均地区生产总值在2020年基础上翻一番。

中国人民银行深圳市中心支行将深入贯彻

党的十九届五中全会和中央经济工作会议精神，认真落实中国人民银行工作会议的有关决策部署，积极营造适宜的货币金融环境，发挥好结构性货币政策工具和信贷政策对小微和民营企业、制造业等实体经济的支持作用。坚持把科技金融工作摆在重要位置，推动完善金融支持科技创新的政策环境。创新发展绿色金融，助力深圳率先实现经济社会发展的绿色转型。持续推进金融科技应用和金融科技创新监管试点，更好推动深圳金融业数字化转型。聚焦"双区"建设，服务区域协调发展，推动综合改革试点项目落地实施。落实房地产长效机制，实施好房地产金融审慎管理制度，加强金融支持住房租赁市场发展。防范化解金融风险，牢牢守住不发生系统性风险的底线，维护辖区金融稳定。着眼于服务实体经济，持续深化金融生态环境建设，稳步扩大金融改革开放，全面提升金融服务的效率和水平，为深圳推进"双区"建设、加快构建新发展格局，提供高水平的金融支持与服务。

中国人民银行深圳市中心支行货币政策分析小组
总　　纂：邢毓静　曲延玲
统　　稿：吴　燕　葛金锋
执　　笔：蓝　天
提供材料：肖　晶　张宝航　刘絮莹　熊　英　马　媛　江　薇　杨　璇　张　进　匡耀东
高　敏　阳中林　郭健伟　袁　鉴　刁宇琦　袁雅文　毛　博　刘偲民

附录

（一）2020年深圳市经济金融大事记

4月14日，深圳正式启动“金融方舟”，助推企业加快复工复产、达产增产。

4月27日，深圳被纳入中国人民银行金融科技创新监管试点。

7月以来，中国人民银行深圳市中心支行联合深圳各行政区，组织商业银行在全国首创“深入社区政银企对接”。

8月24日，深交所创业板注册制首批企业上市交易。

10月11日，中共中央办公厅、国务院办公厅印发《深圳建设中国特色社会主义先行示范区综合改革试点实施方案（2020—2025年）》。

10月14日，深圳经济特区建立40周年庆祝大会在深圳隆重举行，习近平总书记出席庆祝大会并发表重要讲话。

10月29日，深圳率先出台全国首部地方性绿色金融法规《深圳经济特区绿色金融条例》。

12月13日，深圳国家金融科技测评中心在中国（深圳）金融科技全球峰会上举行成立运营仪式，中国人民银行副行长范一飞出席。

12月23日，中国人民银行深圳市中心支行、深圳银保监局、深圳证监局、深圳市地方金融监管局、深圳证券交易所联合携手深圳市教育局签署《加强校园金融教育，提升居民金融素养》合作备忘录。

（二）2020 年深圳市主要经济金融指标

表 1 2020 年深圳市主要存贷款指标

	项目	1 月	2 月	3 月	4 月	5 月	6 月	7 月	8 月	9 月	10 月	11 月	12 月
本外币	金融机构各项存款余额（亿元）	88811.3	86995.6	89983.3	91755.3	92881.2	93980.4	94448.9	95845.4	97389.8	96181.2	98962.0	101897.3
	其中：住户存款	16608.3	16060.8	16986.6	17052.0	17317.9	17999.6	17689.9	17797.8	18280.5	18119.5	18590.7	19031.9
	非金融企业存款	44685.7	41604.5	42676.5	43795.0	44057.2	45689.9	44821.4	46264.6	47644.7	46761.3	46600.1	48828.9
	各项存款余额比上月增加（亿元）	4868.8	-1815.7	2987.8	1772.0	1125.9	1099.2	468.5	1396.5	1544.4	-1208.6	2780.8	2935.3
	金融机构各项存款同比增长（%）	15.5	12.8	17.0	16.7	17.5	16.7	18.4	19.9	20.9	19.8	23.1	21.4
	金融机构各项贷款余额（亿元）	60726.7	61046.5	62607.5	63676.0	64546.7	65323.0	65765.6	66338.6	66764.2	67077.0	67369.4	68020.5
	其中：短期	13944.2	13861.7	14385.2	14758.9	15185.8	15553.1	15501.5	15495.7	15020.3	15417.4	15432.7	15294.0
	中长期	40266.4	40709.9	41587.6	42271.2	42585.9	43105.9	43541.7	44116.2	43763.6	45245.1	45730.1	46504.4
	票据融资	2371.1	2287.6	2405.6	2344.0	2431.5	2330.5	2277.4	2301.0	2072.3	2014.8	1844.0	1917.4
	各项贷款余额比上月增加（亿元）	1265.3	319.8	1561.0	1068.5	870.7	776.3	442.6	573.0	425.6	312.8	292.3	651.2
	其中：短期	361.5	-82.5	523.5	373.8	426.9	367.2	-51.5	-5.8	161.9	-230.6	15.3	-138.7
	中长期	1127.2	443.5	877.7	683.6	314.7	520.0	435.8	574.6	504.8	604.9	485.1	774.3
	票据融资	-224.0	-83.5	118.0	-61.6	87.5	-101.0	-53.0	23.5	-228.7	-57.5	-170.8	73.3
	金融机构各项贷款同比增长（%）	11.8	12.1	14.2	15.4	15.4	15.5	15.5	15.0	14.6	15.0	14.7	14.4
	其中：短期	5.0	5.9	9.3	12.4	13.7	14.1	15.0	14.9	9.4	12.2	11.4	10.3
	中长期	15.6	15.9	17.3	18.3	18.3	18.6	18.4	18.6	16.6	19.9	19.9	19.7
	票据融资	17.2	10.4	11.9	4.5	7.5	3.4	-1.1	-10.7	-24.1	-25.6	-28.5	-26.1
	建筑业贷款余额（亿元）	1583.4	1615.0	1688.8	1704.5	1759.8	1788.3	1765.7	1805.7	1859.7	1869.0	1856.5	1875.3
	房地产业贷款余额（亿元）	7710.1	8020.0	8251.3	8497.2	8582.4	8730.7	8802.3	8897.5	8999.9	9051.8	9088.6	9137.4
	建筑业贷款同比增长（%）	18.9	20.0	21.7	24.2	26.9	24.7	21.4	22.9	25.2	28.3	26.5	28.0
	房地产业贷款同比增长（%）	20.9	23.6	26.3	27.9	28.3	27.2	27.2	27.0	27.1	26.0	25.5	23.6
人民币	金融机构各项存款余额（亿元）	84518.6	82632.5	85695.6	87399.6	88326.6	89358.4	89750.8	91009.9	92582.8	91251.2	93918.4	96974.9
	其中：住户存款	16298.5	15744.9	16658.8	16727.2	16994.4	17679.1	17372.3	17484.8	17968.2	17805.5	18278.2	18717.8
	非金融企业存款	42733.9	39614.0	40836.7	41865.2	42027.9	43506.9	42599.6	43968.1	45347.9	44406.0	44261.5	46625.6
	各项存款余额比上月增加（亿元）	4966.3	-1886.2	3063.2	1704.0	926.9	1031.8	392.5	1259.0	1573.0	-1331.6	2667.2	3056.5
	其中：住户存款	287.8	-553.6	913.9	68.4	267.2	684.8	-306.8	112.4	483.4	-162.7	472.7	439.6
	非金融企业存款	4260.5	-3119.9	1222.7	1028.5	162.7	1478.9	-907.3	1368.5	1379.7	-941.9	-144.5	2364.1
	各项存款同比增长（%）	16.0	13.6	18.0	18.0	18.2	17.3	18.9	20.4	22.0	20.5	23.9	21.9
	其中：住户存款	12.7	13.0	16.4	17.1	17.0	18.6	16.4	16.5	17.1	16.4	19.8	16.9
	非金融企业存款	22.2	16.6	18.0	19.6	21.3	20.9	21.0	22.7	23.2	22.7	20.4	20.8
	金融机构各项贷款余额（亿元）	57347.2	57664.6	59156.1	60098.4	60926.1	61759.1	62155.1	62742.2	63166.8	63549.9	63893.9	64629.0
	其中：个人消费贷款	17631.9	17699.9	17872.3	17937.7	18076.8	18183.8	18314.8	18417.7	18574.1	18691.3	18845.3	19009.5
	票据融资	2371.1	2287.6	2405.6	2343.9	2431.5	2330.5	2277.4	2301.0	2072.3	2014.8	1844.0	1917.4
	各项贷款余额比上月增加（亿元）	1349.0	317.5	1491.5	942.3	827.7	833.0	396.0	587.0	424.6	383.1	344.0	735.0
	其中：个人消费贷款	114.7	68.0	172.4	65.4	139.1	107.0	131.0	102.9	156.4	117.2	154.0	164.2
	票据融资	-224.1	-83.5	118.0	-61.6	87.5	-101.0	-53.0	23.5	-228.7	-57.5	-170.8	73.3
	金融机构各项贷款同比增长（%）	14.2	14.2	16.1	16.9	17.2	17.1	16.9	16.5	15.7	16.0	15.8	15.4
	其中：个人消费贷款	7.7	7.8	8.0	8.2	8.4	8.3	8.5	8.7	8.9	8.8	8.9	8.5
	票据融资	17.2	10.4	11.9	4.5	7.5	3.4	-1.1	-10.7	-24.1	-25.6	-28.5	-26.1
外币	金融机构外币存款余额（亿美元）	623.2	622.7	605.2	617.2	638.7	652.9	672.6	704.8	705.9	733.3	766.7	754.4
	金融机构外币存款同比增长（%）	2.9	-5.2	-5.4	-9.0	1.1	3.2	7.6	14.0	7.1	13.4	18.3	19.9
	金融机构外币贷款余额（亿美元）	490.7	482.7	487.1	507.0	507.7	503.4	516.9	524.2	528.3	524.6	528.3	519.8
	金融机构外币贷款同比增长（%）	-19.7	-18.6	-15.7	-9.8	-12.0	-9.8	-5.7	-2.1	1.5	3.8	5.0	4.7

数据来源：中国人民银行深圳市中心支行。

表 2　2001—2020 年深圳市各类价格指数

单位：%

时间		居民消费价格指数		农业生产资料价格指数		工业生产者购进价格指数		工业生产者出厂价格指数	
		当月同比	累计同比	当月同比	累计同比	当月同比	累计同比	当月同比	累计同比
2001		—	-2.2	—	—	—	—	—	-3.7
2002		—	1.2	—	—	—	-1	—	-6.2
2003		—	0.7	—	—	—	0.5	—	-2.3
2004		—	1.3	—	—	—	9.7	—	-0.5
2005		—	1.6	—	—	—	5.1	—	-1.3
2006		—	2.2	—	—	—	4.2	—	-1.8
2007		—	4.1	—	—	—	2.9	—	-1.6
2008		—	5.9	—	—	—	5.3	—	-0.4
2009		—	-1.3	—	—	—	-3.7	—	-4.7
2010		—	3.5	—	—	—	4.7	—	1.6
2011		—	5.4	—	—	—	5.9	—	1.8
2012		—	2.8	—	—	—	0.0	—	-0.1
2013		—	2.7	—	—	—	-1.7	—	-2.0
2014		—	2.0	—	—	—	-0.4	—	-0.9
2015		—	2.2	—	—	—	-3.5	—	-2.4
2016		—	2.0	—	—	—	-1.7	—	-0.7
2017		—	1.4	—	—	—	3.4	—	1.8
2018		—	2.8	—	—	—	2.4	—	0.2
2019		—	3.4	—	—	—	-0.6	—	0.0
2020		—	2.3	—	—	—	-1.2	—	-1.0
2019	1	3.0	3.0	—	—	0.3	0.3	0.2	0.2
	2	2.1	2.5	—	—	0.1	0.2	-0.2	0.0
	3	2.6	2.6	—	—	0.2	0.2	0.0	0.0
	4	2.7	2.6	—	—	0.0	0.2	0.6	0.2
	5	3.2	2.7	—	—	-0.4	0.0	0.8	0.3
	6	3.5	2.9	—	—	-0.5	-0.1	0.9	0.4
	7	3.4	2.9	—	—	-0.7	-0.1	0.6	0.4
	8	3.1	3	—	—	-1.3	-0.3	-0.6	0.3
	9	3.1	3	—	—	-1.3	-4.0	0.2	0.3
	10	4	3.1	—	—	-1.7	-0.5	-0.7	0.2
	11	5	3.2	—	—	-1	-0.6	-1.1	0.1
	12	4.9	3.4	—	—	-0.3	-0.6	-0.2	0.0
2020	1	6.7	6.7	—	—	0.6	0.6	-0.1	-0.1
	2	5.2	6.0	—	—	0.4	0.5	0.3	0.1
	3	4.5	5.5	—	—	-0.6	0.2	-0.3	-0.1
	4	3.7	5.0	—	—	-1.5	-0.2	-1.2	-0.3
	5	2.7	4.6	—	—	-1.6	-0.5	-1.7	-0.6
	6	2.3	4.2	—	—	-1.4	-0.7	-1.4	-0.7
	7	2.1	3.9	—	—	-1.3	-0.8	-1.1	-0.8
	8	2.1	3.7	—	—	-1.3	-0.8	-0.2	-0.7
	9	1.0	3.4	—	—	-1.9	-1.0	-1.7	-0.8
	10	-0.1	3.0	—	—	-2.2	-1.1	-1.6	-0.9
	11	-1.3	2.6	—	—	-2.1	-1.2	-1.6	-1.0
	12	-0.6	2.3	—	—	-1.7	-1.2	-1.4	-1.0

数据来源：国家统计局深圳调查队、深圳市统计局。

表 3　2020 年深圳市主要经济指标

项目	1 月	2 月	3 月	4 月	5 月	6 月	7 月	8 月	9 月	10 月	11 月	12 月
	绝对值（自年初累计）											
地区生产总值（亿元）	—	—	5786	—	—	12634	—	—	19787	—	—	27670
第一产业	—	—	5	—	—	12	—	—	19	—	—	26
第二产业	—	—	1930	—	—	4554	—	—	7312	—	—	10454
第三产业	—	—	3851	—	—	8069	—	—	12456	—	—	17190
工业增加值（亿元）	—	955	1737	2428	3150	4180	4924	5721	6746	7515	8514	8933
固定资产投资（亿元）	—	484	928	1486	2206	3226	3901	4604	5519	6220	7132	7957
房地产开发投资	—	—	448	721	1054	1498	1838	2136	2556	2827	3230	3563
社会消费品零售总额（亿元）	—	1077	1534	2133	2890	3640	4417	5240	6045	6858	7732	8665
外贸进出口总额（亿元）	—	3461	5748	8242	10802	13357	16109	18818	21803	24421	27444	30503
进口	—	1696	2832	3993	5050	6206	7303	8457	9904	11018	12249	13530
出口	—	1764	2916	4249	5752	7150	8806	10361	11899	13404	15195	16973
进出口差额（出口－进口）	—	68	84	256	702	944	1503	1904	1996	2386	2946	3443
实际利用外资（亿美元）	—	8	12	20	25	43	49	55	63	71	78	91
地方财政收支差额（亿元）	—	231	-58	-56	16	52	190	160	-133	29	-129	-321
地方财政收入	—	708	906	1265	1568	2031	2415	2645	2961	3361	3568	3857
地方财政支出	—	476	964	1321	1552	1979	2225	2484	3094	3332	3697	4178
城镇登记失业率（%）（季度）	—	—	2.2	—	—	2.3	—	—	2.5	—	—	2.5
	同比累计增长率（%）											
地区生产总值	—	—	-6.6	—	—	0.1	—	—	2.6	—	—	3.1
第一产业	—	—	-9.8	—	—	-8.1	—	—	-4.3	—	—	-3.1
第二产业	—	—	-14.1	—	—	-2.3	—	—	1.0	—	—	1.9
第三产业	—	—	-1.8	—	—	1.7	—	—	3.6	—	—	3.9
工业增加值	—	-18.5	-13.7	-9.5	-5.6	-1.6	0.2	0.8	1.6	1.0	1.7	2.0
固定资产投资	—	-22.9	-16.1	-8.6	-0.1	7.8	9.9	10.2	11.4	8.5	9.2	8.2
房地产开发投资	—	-4.8	2.1	11.6	17.0	22.0	26.5	24.3	24.9	17.8	16.4	16.4
社会消费品零售总额	—	-20.5	-22.9	-20.1	-16.5	-14.8	-12.3	-10.3	-9.0	-7.5	-6.1	-5.2
外贸进出口总额	—	-17.6	-11.7	-6.2	-2.5	-0.5	1.6	2.0	2.7	1.9	2.4	2.4
进口	—	-5.9	0.7	4.5	5.1	6.5	6.0	5.4	7.3	6.0	5.1	3.6
出口	—	-26.4	-21.1	-14.4	-8.3	-5.9	-1.7	-0.6	-0.9	-1.3	0.3	1.5
实际利用外资	—	-22.8	-18.0	10.4	1.2	-1.1	7.5	8.1	1.0	7.6	9.4	21.4
地方财政收入	—	-10.8	-12.8	-9.9	-9.3	-4.7	-4.2	-3.7	0.7	2.8	2.8	2.2
地方财政支出	—	-22.0	-18.3	-9.2	-11.9	-14.1	-12.6	-11.6	-7.1	-6.6	-6.4	-8.2

数据来源：深圳市统计局、深圳市人力资源和社会保障局。

广西壮族自治区金融运行报告（2021）

中国人民银行南宁中心支行货币政策分析小组

［内容摘要］2020年是“十三五”规划收官之年，广西金融系统深入贯彻习近平新时代中国特色社会主义思想和党的十九大和十九届二中、三中、四中、五中全会以及中央经济工作会议精神和“六稳”“六保”工作要求，落实稳健的货币政策灵活适度、精准导向，发挥结构性货币政策工具支持结构调整的作用，金融服务经济高质量发展的质效进一步提升，企业融资惠及面、可得性、便利性、服务性明显提升。新增社会融资规模、贷款、存款平稳增长，金融运行呈现“总量扩、结构优、成本降、韧性强”的特点。

广西经济运行加快恢复、巩固提升、结构优化，实现全面建成小康社会胜利在望和全面消除绝对贫困两个历史性成就。经济基本盘成功稳住。全年实现地区生产总值2.2万亿元，同比增长3.7%，第一、第二、第三产业占比分别为16%、32.1%和51.9%，其中，第三产业占比同比提高1.1个百分点，对经济增长的贡献率明显提升。农业生产基本稳定，猪肉产量降幅收窄。规模以上工业增加值同比增长1.2%，原材料制造业同比增长9.8%，支撑作用增强。投资持续恢复。固定资产投资同比增长4.2%，其中，基础设施建设投资增长12.9%、制造业投资增长4.2%。线上消费成为新动力。社会消费品零售总额同比下降4.5%，实物商品网上零售额同比增长37.7%。广西货物进出口总额同比增长3.5%，与“一带一路”国家和地区贸易合作不断加强。供给侧结构性改革扎实推进。全年化解煤炭过剩产能180万吨，降低企业用电成本115亿元。网上可办事率超90%，“最多跑一次”比例达99.5%。南宁、柳州、桂林、贺州四市成为自治区绿色金融改革创新示范区。物价平稳，就业稳定。物价涨幅回落，工业价格指数下降。城镇新增就业36.5万人，城镇登记失业率处于2.8%的较低水平。民生重点领域支出持续加大，教育、医疗卫生、社会保障和就业保障显著提升。南向北联东融西合全方位开放格局加快构建。西部陆海新通道上升为国家战略，长洲水利枢纽船闸过货量跃居全国前列，全面对接粤港澳大湾区，交通互联互通、产业联动发展取得扎实成效。

金融聚焦重点领域，有力支持经济恢复发展。广西金融系统在全国率先实施“复工贷”“稳企贷”[①]政策措施，强化财政金融联动，提升银企对接精准度和有效性，“应延尽延、应贷尽贷、应奖尽奖、应贴尽贴”，有力支持经济恢复和稳增长。推动金融支持健康养老、文化旅游、优化营商环境、粤桂合作特别试验区等措施落地，建立金融顾问制度，组建民营小微企业首贷续贷中心，发挥金融服务糖业高质量发展、西部陆海新通道两个指挥部的牵头作用，有效满足重点领域融资需求。2020年，广西社会融资规模新增7089.4亿元；年末各项贷款余额3.5万亿元，同比增长15.4%；各项存款余额3.5万亿元，同比增长9.5%。信贷结构不断优化，普惠金融服务持续升级。年末制造业中长期贷款、普惠小微企业贷款同比分别增长64.4%、19.7%，均处历史高位；绿色贷款余额同比增长26.3%。全年企业信用贷款增量占全部企业贷款的32.9%；小微企业贷款增量占比三年来首次超过大型企业；扶贫小额贷款新增132.2亿元。广西企业征信机构备案实现“零突破”，县域农户信用信息系统实现全覆盖。新增“云闪付”App用

① 《深入推进“复工贷”促进广西经济平稳发展十条措施》（桂政办电〔2020〕31号）、《深入推进“稳企贷”助力中小微企业发展若干措施》（桂政办发〔2020〕41号）。

户及乡村振兴主题卡发行量排全国前列。利率市场化改革向纵深推进，降低融资成本成效突出。法人金融机构完成存量浮动利率贷款定价基准转换工作。全年广西企业贷款加权平均利率4.76%，同比下降55个基点，较一般贷款加权平均利率低70个基点，其中，小微企业和私人控股企业贷款加权平均利率分别为5.29%和4.98%，同比分别下降72个和75个基点。金融机构运用各类货币政策工具和财政奖补政策向实体经济减息降费让利近160亿元。银行业、证券业和保险业协同发展，金融发展韧性增强。广西银行业资产总额和利润分别增长12.2%和0.9%，保持稳健经营。证券交易量增长加快，保险增速排全国前列，车险综合改革成效明显。金融市场活力增强。广西成功发行全国首单“LPR浮息＋利率互换”债务融资工具和服务国家重大战略实施并购票据。2020年，广西非金融企业发行债券1730.8亿元，同比增长56.5%。广西北部湾银行、柳州银行和桂林银行3家城市商业银行合计发行各类金融债券119亿元。面向东盟的金融开放门户建设加快。中马钦州产业园区金融创新试点获批并稳步推进。发布首部区域性人民币国际化报告《2020年人民币东盟国家使用报告》，完成全国首例以人民币结算的民营企业铁矿石交易；人民币继续保持广西与东盟第一大跨境结算货币，占本外币跨境收支的60%。不良贷款“双降”，金融风险总体可控。

2021年是“十四五”规划开局之年和建党100周年。广西将继续深入贯彻落实习近平总书记赋予广西“建设壮美广西 共圆复兴梦想”总目标总要求、“三大定位”新使命和“五个扎实”①新要求，全面贯彻中央经济工作会议精神，全力打好工业增产效、投资推项目、消费提质效、农业开门红、开放扩外贸、要素强保障、保就业保民生“七场硬仗”。农业将重点做好春耕备耕、扩种复种、生猪生产恢复、现代海洋渔业和糖业全产业链发展。工业将重点实施“双百双新”②“千企技改”“千企科技创新”等工程以及产业链补链强链行动。投资将统筹推进“五网”“两新一重”“物流枢纽”等交通强区战略以及“三企入桂”“四率”③攻坚行动。服务业将通过系列消费节、文旅节的举办加快复苏。同时，广西将结合区位优势加快推进西部陆海新通道建设，加快打造粤港澳大湾区基础设施互联互通、“飞地经济”园区、中国（广西）自由贸易试验区、面向东盟的金融开放门户、中国—东盟信息港、防城港国际医学开放试验区等，并推出系列稳岗就业、居民增收、社会保障、保供稳价政策。广西供给端和需求端将有序恢复、提质提速，民营企业服务体系不断健全，微观主体活力进一步激发。

2021年，广西金融系统将坚持稳中求进工作总基调，落实好稳健货币政策灵活精准、合理适度，保持政策连续性、稳定性、可持续性，持续加大重点领域和薄弱环节的金融支持。用好结构性货币政策工具，强化财政金融联动，积极实施“桂惠贷”政策④，推进“七个千亿”融资工程⑤，对稳企业保就业一线、重点领域和薄弱环节进行精准滴灌。大力发展科创金融和

---

①“三大定位”指构建面向东盟的国际大通道，打造西南中南地区开放发展新的战略支点，形成“一带一路”有机衔接的重要门户；“五个扎实”是指扎实推动经济持续健康发展、扎实推进现代特色农业建设、扎实推进民生建设和脱贫攻坚、扎实推进生态环境保护建设、扎实建设强有力的领导班子。

②广西“双百”指投资超百亿元和产值超百亿元项目，“双新”指新产业、新技术项目。

③“三企入桂”指央企、民企、大湾区企业。“四率”指开工率、投资完成率、资金拨付率、资金完成率。

④自治区政府在总结“复工贷”“稳企贷”前期经验基础之上，谋划出台《关于深入开展“桂惠贷”支持广西经济高质量发展实施方案》（桂政办发〔2020〕92号），在五年内，每年拿出40亿元用于贴息，支持经营贷、首次贷、信用贷、三企入桂、技改、科创、西部陆海新通道、“三农”、贸易等重点领域和薄弱环节获得融资。

⑤围绕自治区经济社会发展战略，强化重点领域金融供给，重点打造“桂惠贷”优惠融资两千亿、工业全产业链融资千亿、金融支持乡村振兴千亿、强首府融资千亿、供应链融资千亿、民营小微企业融资千亿、企业债券扩容千亿七个“千亿工程”，将信贷资源向工业强桂、乡村振兴、强首府等重点领域倾斜。

供应链金融，升级民营、小微企业金融服务能力，提高“首贷”“信用贷”“制造业中长贷”占比，做好金融服务脱贫攻坚与乡村振兴的有效衔接。继续发挥金融服务糖业高质量发展指挥部、西部陆海新通道金融服务部、“金融支持稳企业保就业”机制的作用，合力解决重点领域融资堵点。推动实际贷款利率进一步降低。继续深入推进LPR改革，优化法人银行内部转移定价（FTP）机制，推进存款利率市场化。推进银行与政府性融资担保机构批量合作模式，加快提升融资增信能力。强化金融改革创新。发展绿色金融，推动4个绿色金融改革创新示范区发展；发展数字金融，强化数字信贷普惠性，升级推广“云义贷”“政采贷”等数字化产品。开展直接融资扩容行动，加大债券融资力度。加快建设面向东盟的金融开放门户，做大做强中马钦州产业园金融创新试点。全面开展动产和权利担保统一登记工作，稳步推进本外币合一银行账户体系试点。切实防范金融风险。压实各方责任，“长远立制”防范于未然。强化部门间的监管协调和政策协同，加强债务融资工具存续期管理，构建法人金融机构内源、外源相结合的资本持续补充机制，牢牢守住不发生区域性金融风险的底线。

一、金融运行情况

2020年，广西金融为实体经济应对疫情冲击及加快复苏提供了有力支撑，金融运行呈现“总量扩、结构优、成本降、韧性强”的特点。金融市场活力增强。银行、证券、保险业协同发展，金融生态持续向好。

（一）银行业稳健发展，信贷增长加快

1. 资产规模稳步增长，金融机构改制进程加快。2020年末，广西银行业金融机构资产总额同比增长12.2%，负债总额同比增长12.3%，减费让利下，全年实现利润448.6亿元，同比增长0.9%，低于上年同期8.6个百分点。7家农村信用社和1家农村合作银行成功改制成农村商业银行。

表1　2020年广西壮族自治区银行业金融机构情况

机构类别	营业网点			法人机构（个）
	机构个数（个）	从业人数（人）	资产总额（亿元）	
一、大型商业银行	1836	36173	15047	0
二、国家开发银行和政策性银行	66	1754	5678	0
三、股份制商业银行	194	4750	4206	0
四、城市商业银行	745	10875	8150	3
五、城市信用社	0	0	0	0
六、小型农村金融机构	2344	25200	10264	95
七、财务公司	2	61	258	1
八、信托公司	0	0	0	0
九、邮政储蓄银行	976	10036	2256	0
十、外资银行	4	73	70	0
十一、新型农村金融机构	586	6854	910	346
十二、其他	5	296	47	1
合　计	6758	96072	46886	446

续表

数据来源：广西银保监局、中国人民银行南宁中心支行、广西地方金融监管局。

注：营业网点不包括国家开发银行和政策性银行、大型商业银行、股份制商业银行等金融机构总部数据；大型商业银行包括工商银行、农业银行、中国银行、建设银行和交通银行；小型农村金融机构包括农村商业银行、农村合作银行和农村信用社；新型农村金融机构包括村镇银行、农村资金互助社和小额贷款公司；其他包含金融租赁公司。

2. 各项存款增长显著快于去年。2020年末，广西本外币各项存款余额3.5万亿元，同比增长9.5%，增速同比提高3.3个百分点。全年新增存款3019.5亿元，为上年同期的1.6倍。其中，非金融企业及住户存款新增占比达98.1%；财政增支减收，广义政府存款减少292.7亿元；非银行金融机构存款同比多增325.2亿元。2020年，全区法人金融机构分别发行同业存单和大额存单2263.8亿元、140.4亿元，加权平均利率分别为2.49%和3.51%，增加了低成本资金来源。

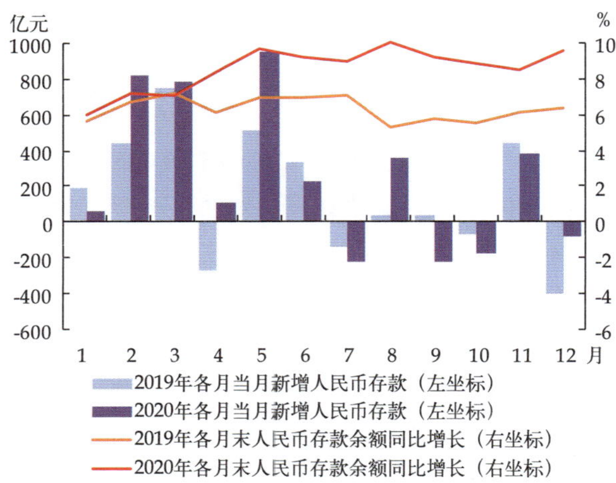

图 1　2019—2020 年广西壮族自治区金融机构人民币存款增长变化

（数据来源：中国人民银行南宁中心支行）

3. 各项贷款稳定高增，信贷结构显著优化。 2020 年末，各项贷款余额 3.5 万亿元，同比增长 15.4%，增速比上年加快 1.1 个百分点，比年初增加 4699.4 亿元，同比多增 1008.1 亿元。信贷结构优化，年末制造业中长期贷款、普惠小微企业贷款余额同比分别增长 64.4%、19.7%，均处历史高位，企业信用贷款余额占全部企业贷款的 26.9%，新增企业信用贷款同比大幅多增近 1 倍，占企业贷款的 32.9%。全年发放首次贷款户数 2.7 万户，首贷率 11.2%。小微企业贷款

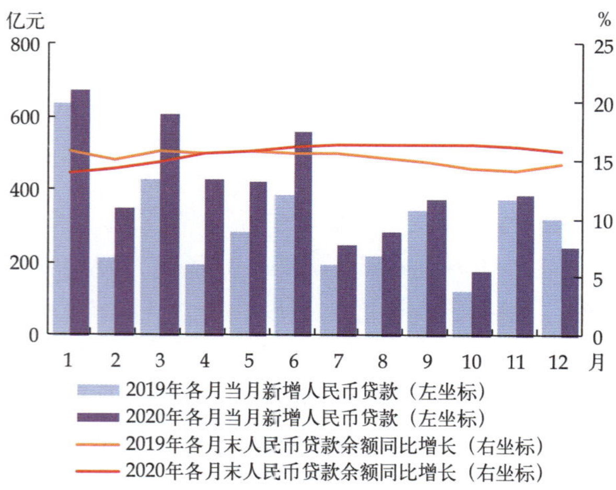

图 2　2019—2020 年广西壮族自治区金融机构人民币贷款增长变化

（数据来源：中国人民银行南宁中心支行）

增量占比三年来首次超过大型企业，比大型企业高 5.9 个百分点。2020 年，广西人民银行各分支机构运用各项货币政策工具增加银行可用资金 1306 亿元，其中，办理再贷款再贴现 976 亿元，同比增长 19.9%，降低存款准备金率释放资金 313 亿元，两项直达货币政策工具提供激励资金 17 亿元。

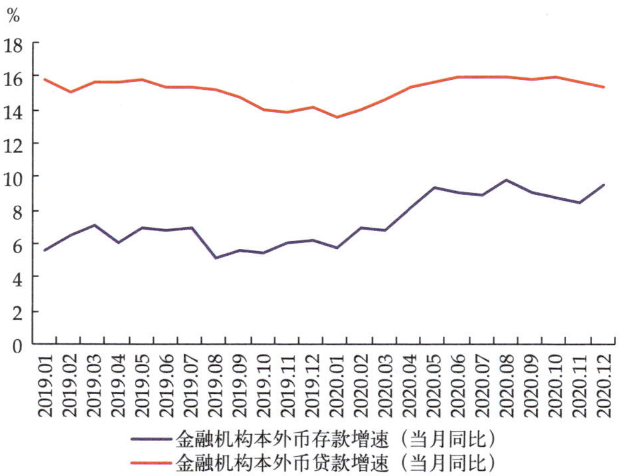

图 3　2019—2020 年广西壮族自治区金融机构本外币存、贷款增速变化

（数据来源：中国人民银行南宁中心支行）

4. 表外融资增量减少，同业资产持续多增。 2020 年，广西表外融资新增 112 亿元，同比少增 192.3 亿元，占社会融资规模的 1.6%，同比下降 4 个百分点。未贴现的银行承兑汇票新增 116.3 亿元，同比少增 286.7 亿元。金融机构存放同业、拆放同业、买入返售 3 项同业资产新增 406.5 亿元，同比多增 235.6 亿元。

5. 利率市场化改革纵深推进，利率水平明显下降。 2020 年，广西金融机构 LPR 定价实现“稳增量、扩存量”的目标，新增贷款运用 LPR 定价占比近 100%，顺利完成存量浮动利率贷款定价基准转换工作。贷款利率明显下降。全年一般贷款加权平均利率为 5.46%，同比下降 89 个基点，企业贷款加权平均利率 4.76%，同比下降 55 个基点，其中，小微企业和私人控股企业利率分别为 5.29% 和 4.98%。金融机构及时整改不规范存款创新产品，法人金融机构完成定期

存款提前支取靠档计息产品的压降工作，存款利率“压舱石”作用有效发挥。

表 2 2020 年广西壮族自治区金融机构人民币贷款各利率区间占比

单位：%

项目		1 月	2 月	3 月	4 月	5 月	6 月
合计		100.0	100.0	100.0	100.0	100.0	100.0
LPR 减点		11.1	19.1	19.7	16.0	18.8	19.5
LPR		5.0	1.5	4.8	6.0	7.1	5.6
LPR 加点	小计	83.9	79.5	75.5	78.1	74.1	74.9
	(LPR，LPR+0.5%)	27.5	25.2	26.6	23.2	13.9	15.9
	[LPR+0.5%，LPR+1.5%)	21.8	21.1	21.6	24.3	24.7	24.5
	[LPR+1.5%，LPR+3%)	23.4	20.3	15.9	15.0	17.5	17.4
	[LPR+3%，LPR+5%)	6.6	6.3	7.1	10.3	11.3	9.4
	LPR+5% 及以上	4.7	6.6	4.3	5.2	6.8	7.6
项目		7 月	8 月	9 月	10 月	11 月	12 月
合计		100.0	100.0	100.0	100.0	100.0	100.0
LPR 减点		15.2	17.2	16.9	17.0	18.6	16.6
LPR		7.2	7.6	12.0	4.5	9.4	7.1
LPR 加点	小计	77.6	75.2	71.1	78.4	72.1	76.3
	(LPR，LPR+0.5%)	13.5	13.8	18.8	18.6	17.4	14.8
	[LPR+0.5%，LPR+1.5%)	24.3	20.3	21.0	20.4	17.2	27.3
	[LPR+1.5%，LPR+3%)	18.2	19.4	14.1	18.8	19.8	19.3
	[LPR+3%，LPR+5%)	11.4	12.9	10.7	10.2	9.2	9.4
	LPR+5% 及以上	10.2	8.7	6.4	10.4	8.4	5.5

数据来源：中国人民银行南宁中心支行。

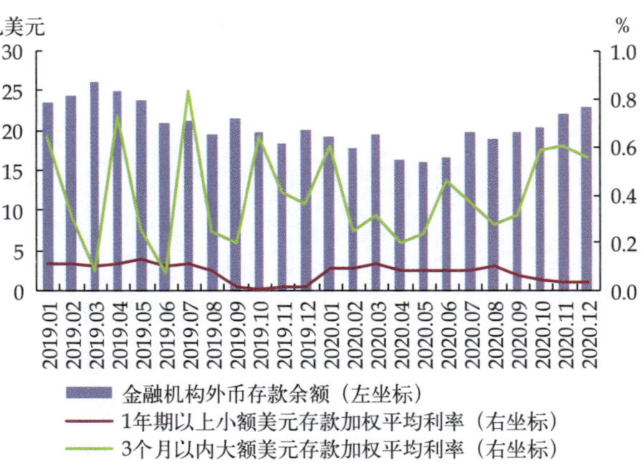

图 4 2019—2020 年广西壮族自治区金融机构外币存款余额及外币存款利率

（数据来源：中国人民银行南宁中心支行）

6. 不良贷款“双降”，银行资产质量有所改善。2020 年末，广西银行业金融机构不良贷款余额 625.6 亿元，同比减少 54.8 亿元，不良贷款率 1.8%，同比下降 0.5 个百分点。逾期 90 天以上贷款占不良贷款比例为 87.7%，同比下降 4 个百分点，资产质量有所改善。

7. 机构改革稳步推进，公司治理能力不断提升。2020 年末，全区 91 家农村合作金融机构中，已有 43 家改制为农村商业银行。2020 年，广西城市商业银行和农村合作金融机构通过地方政府专项债券募集资金有效补充资本 118 亿元。各金融机构积极运用大数据技术推进机制创新，如建设银行广西区分行发展网络供应链、移动金融、租赁住房金融等系列大数据产品和服务。

专栏 1 广西建立五大机制 引领金融全力支持稳企业保就业

2020 年，为帮助企业有效应对疫情冲击，广西先后创新“复工贷”“稳企贷”政策，以“给政策、优服务、强保障、抓激励、畅传导”为主线，建立五大工作机制，将其作为“一把手”工程来抓，引领金融全力支持稳企业保就业。年末全区金融机构对各类市场主体的贷款余额 2.1 万亿元，惠及市场主体超 58 万户；延期还本付息支持企业近 6 万家次。广西金融支持稳企业保就业工作走在全国前列，获得人民银行系统内经验介绍和推广，多项宣传成果获《人民日报》《新闻联播》等权威媒体报道。

一、给政策，建立政策联动机制

全国首创推出“复工贷”“稳企贷”政策，突出“应贷尽贷、应延尽延、应贴尽贴、应奖尽奖、应降尽降”。统筹实施各项货币政策工具和10亿元财政贴息，引导贷款利率直降2%；两项直达货币政策工具引导2020年普惠小微贷款累计延期率达58%，普惠小微信用贷款占比15.7%。

二、优服务，建立精准服务机制

广西金融机构积极组建金融顾问团队，服务靠前一步，提供精准服务、滴灌式服务，将优惠政策主动告知，并推动金融机构主动让利，降低贷款利率。在全区各市推广成立首贷续贷中心，成为全国首个设区市首贷续贷中心全覆盖的省份。强化银企对接和走访摸排，推动各市建立重点企业名录库，库内企业对接率超99%，1884家企业贷款余额3554亿元。

三、强保障，建立工作保障机制

广西建立“人民银行主导、地方政府负责”的稳企业保就业联席会议制度，自治区层面由常务副主席和分管工业副主席担任总召集人，办公室设在中国人民银行南宁中心支行；中国人民银行各分支机构建立内外部协调机制，各金融机构建立工作专班，形成区市县三级联动、各部门协同、全区一盘棋的工作格局。

四、抓激励，建立激励约束机制

广西人民银行分支机构开通业务办理“直通车”，第一时间受理金融机构提交的货币政策资金申请，提高办理效率，同时建立问题反馈机制，由金融机构反馈需要解决的问题，逐项分类进行协调解决。通过政策培训、情况通报、抽查贷款台账等措施，辅导法人金融机构提高政治站位，准确理解、把握政策，加大企业非结构化信息运用，提高政策实施效果。

五、畅传导，建立传导落地机制

开展“复工贷市县行”“百名行长下百县”“金融支持稳企业保就业查访”等专项行动，金融系统各单位“一把手”深入市县银行和企业进行调查访问，加大走访、摸排、督导和政策宣讲力度。多次多层级召开推进会、现场会、新闻发布会，建立工作日报、周报制度，编发“复工贷”简报50期、“稳企贷”简报18期，获自治区领导批示近20次。

2020年末，广西接续出台“桂惠贷”政策，2021—2025年，广西各级财政每年统筹40亿元财政贴息资金，预计每年撬动2000亿元优惠利率贷款。

（二）证券市场稳步发展，交易量增长加快

1. 证券期货市场主体稳步增长。2020年，广西区域性股权市场挂牌企业净增加20家，首次公开募股在审企业3家，辅导备案拟上市企业13家。

2. 证券交易量持续增长。2020年，广西证券交易额累计7.2万亿元，同比增长35.2%。期货成交量3711.4万手，成交金额2.2万亿元，同比增长21.7%和22.9%。

3. 交易所市场融资规模创历史新高。2020年，广西通过交易所直接融资总额880.8亿元，同比增长88.5%，交易所市场融资首次实现辖区14个地市全覆盖。

4. 探索期货服务“三农”成效初显。2020年，广西推动白糖、猪饲料成本指数价格2个“期货＋保险”试点项目落地，保障贫困县农户生产成本价格稳定。

表 3　2020 年广西壮族自治区证券业基本情况

项目	数量
总部设在辖内的证券公司数（家）	1
总部设在辖内的基金公司数（家）	1
总部设在辖内的期货公司数（家）	0
年末国内上市公司数（家）	38
当年国内股票（A 股）筹资（亿元）	28.3
当年发行 H 股筹资（亿元）	—
当年国内债券筹资（亿元）	1730.8
其中：短期融资券筹资额（亿元）	502.7
中期票据筹资额（亿元）	303.5

数据来源：广西证监局、中国人民银行南宁中心支行。
注：当年国内股票（A 股）筹资额指非金融企业境内股票融资。

表 4　2020 年广西壮族自治区保险业基本情况

项目	数量
总部设在辖内的保险公司数（家）	2
其中：财产险经营主体（家）	1
寿险经营主体（家）	1
保险公司分支机构（家）	2264
其中：财产险公司分支机构（家）	1236
寿险公司分支机构（家）	1028
保费收入（中外资，亿元）	734.3
其中：财产险保费收入（中外资，亿元）	233.2
人身险保费收入（中外资，亿元）	501.1
各类赔款给付（中外资，亿元）	255.1

数据来源：广西银保监局。

（三）保险业发展提速，市场体系基本完善

1. 广西保险市场体系基本完善。2020 年，大家财险受让安邦财险部分保险业务。年末广西辖区共有 45 家保险市场主体，其中，财产险 25 家、人身险 20 家，法人保险机构 2 家，保险分支机构比年初净增 20 家，保险业从业人员约 29.7 万人，比年初增加 10.7 万人。

2. 保费增速排全国前列。2020 年，广西保险业累计实现原保险保费收入 734.3 亿元，同比增长 10.4%，增速全国排名第三，西部地区第一。

3. 车险综合改革成效明显。2020 年车险综合改革后，广西车险累计签单 399 万件，投保率为 87.7%，比改革前上升 2.4 个百分点；商业车险单均保费 1560 元，分别低于全国和广西改革前平均水平 664 元和 33 元；交强险单均保费 814 元，分别低于全国和广西改革前平均水平 64 元和 52 元，降费成效明显。

（四）融资规模稳步增长，结构持续改善

1. 社会融资较快增长，融资渠道显著拓宽。2020 年，广西社会融资规模新增 7089.4 亿元，同比多增 1605.9 亿元。其中，人民币贷款、政府债券分别占社会融资规模的 67% 和 16.5%；直接融资占比 11.7%，同比提高 6.8 个百分点。债券融资实现多个“首单”突破。广西成功发行全国首单“LPR 浮息 + 利率互换”债务融资工具、服务国家重大战略实施并购票据以及西南地区首单并表类资产支持票据。法人金融机构发行永续债、标准化票据取得“零突破”，累计发行各类金融债券 119 亿元。供应链融资较快发展。广西综合金融服务平台和“桂信通”平台①累计归集涉企政务及产业供应链数据 8.1 亿条，促成企业融资 457 亿元。中征应收账款融资服务平台全年新增融资 499 亿元，同比增长 76.7%；累计建成 14 条融资供应链，帮助上游 113 家企业和农户融资 52 亿元；16 家银行开

①广西中小企业融资信用服务平台。

展线上线下“政采贷”业务，融资余额超12亿元。

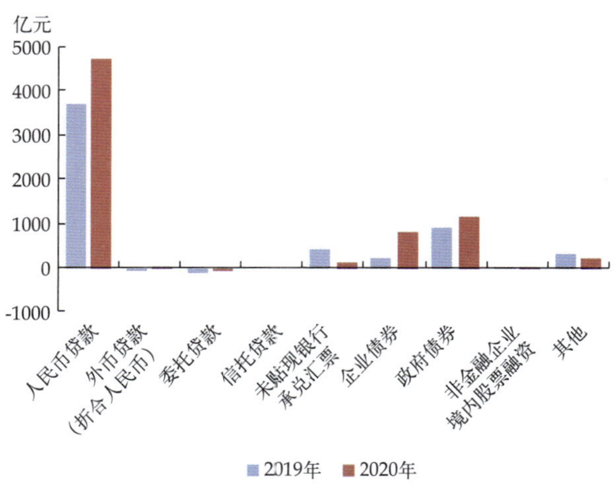

图5 2019—2020年广西壮族自治区社会融资规模分布结构

（数据来源：中国人民银行南宁中心支行）

2. 货币市场总体平稳。2020年，广西债券回购业务快速增长，累计成交12.4万亿元，同比增长38.2%。其中，正回购交易6.8万亿元，同比增长29%，加权平均利率1.65%，同比下降68个基点；逆回购交易5.6万亿元，同比增长51.5%，加权平均利率1.74%，同比下降63个基点。广西同业拆借交易8475.2亿元，加权平均利率1.87%，同比下降53个基点。

3. 广西黄金市场活跃度进一步提升。2020年，广西各类黄金市场业务累计成交310.9吨，同比增长26%，金额1265.9亿元，同比增长58.4%。其中，代理上海黄金交易所业务总计成交257.8吨，占广西黄金市场交易的82.9%。

4. 票据贴现“量增价降”。2020年，广西累计签发银行承兑汇票3576.7亿元，同比增长26.6%；办理票据贴现2167.2亿元，同比增长11.5%；票据转贴现1.8万亿元，同比增长36.1%。广西票据贴现和转贴现加权平均利率分别为3.00%和2.73%，同比分别下降35个和51个基点，均创10年来最低值。

5. 地方政府债券大幅增长。2020年，因疫情防控和复工复产所需，财政政策更加积极主动，地方政府累计发行债券1840亿元，同比增长78.1%，加权平均利率3.49%，同比下降10个基点，其中，新增债券1322亿元，再融资债券518亿元，同比分别增长53.5%、200.7%。

表5 2020年广西壮族自治区金融机构票据业务量统计

单位：亿元

季度	银行承兑汇票承兑		贴现			
			银行承兑汇票		商业承兑汇票	
	余额	累计发生额	余额	累计发生额	余额	累计发生额
1	2034.9	923.2	583.4	490.8	35.2	8.3
2	2285.5	1890.3	556.7	1137.7	18.2	18.2
3	2272.7	2645.8	554.5	1555.8	22.9	32.3
4	2246.1	3576.7	561.6	2089.0	49.3	78.2

数据来源：中国人民银行南宁中心支行。

表6 2020年广西壮族自治区金融机构票据贴现、转贴现利率

单位：%

季度	贴现		转贴现	
	银行承兑汇票	商业承兑汇票	票据买断	票据回购
1	2.94	5.62	2.96	2.02
2	2.70	5.13	2.49	2.25
3	2.97	4.91	2.83	2.51
4	3.16	4.23	2.87	2.45

数据来源：中国人民银行南宁中心支行。

（五）开放门户建设加快，面向东盟合作深化

1. 面向东盟的金融开放门户建设取得阶段性成效。中马钦州产业园区金融创新试点获批，5项全国领先试点业务已落地4项，交易金额18.9亿元。引入柬埔寨3家银行参与人民币对柬埔寨瑞尔银行间市场区域交易。依托区块链技术，完成全国首例以人民币结算的民营企业铁矿石交易。深入推进与东盟国家跨境金融交流与合作，与柬埔寨央行开展线上会谈。发布首部区域性人民币国际化报告《2020年人民币东盟国家使用报告》，人民币面向东盟使用的

影响力不断提升。实现反洗钱跨境合作沿边地市[①]全覆盖。中国钱币学会东南亚货币研究中心落地。广西跨境人民币累计结算总量达 1.3 万亿元，其中，2020 年结算量 1556.8 亿元。桂林银行成为边境省份第一家直联跨境区块链平台的法人银行。

2. 金融服务西部陆海新通道建设进展良好。 初步搭建西部陆海新通道多式联运“一单制”综合金融服务平台，办理广西首单出口项下铁海联运融资业务。2020 年，西部陆海新通道建设融资新增 641 亿元，累计办理账单、仓单、运单“三单”融资 236 亿元。

3. 支持中国（广西）自贸试验区成效显现。 22项全国自贸区金融可复制推广经验先后落地。全区首个合格境外有限合伙人项目战略合作协议顺利签署。广西获批成为全国贸易外汇收支便利化试点地区，以及外国人才薪酬购付汇便利化试点地区。中银香港东南亚业务营运中心、太平洋保险东盟服务中心等相继落地展业，中国—东盟金融城累计入驻金融机构（企业）163 家。46 家境外银行与区内 17 家银行建立了人民币结算代理关系，开立人民币同业往来账户 167 个，跨境金融服务体系不断完善。自贸区内金融机构自主创新金融产品 20 项，办理跨境人民币业务 268.7 亿元，境外机构境内外汇账户不落地结汇等自贸区金融创新业务实现零突破。

（六）普惠服务不断优化，金融生态持续改善

1. 信用建设创新升级。 广西企业征信机构备案实现零突破；逐步形成“债券市场 + 信贷市场”互补的信用评级发展格局，累计支持 174 家中小企业获得授信 23.3 亿元。广西县域农户信用信息系统实现全覆盖，创建信用县 6 个。大力推动“田东模式”优化升级，在那坡、凌云、田东等 8 个县区试点“六合一”二代农户信用信息系统，引导金融机构开发“惠农 e 贷”“富农贷”等金融产品，协助政府部门发放惠农补贴 108.2 万笔。

2. 支付便民不断深化。 全年新增“云闪付”App 用户 500.3 万户，人口渗透率达 32.9%，分别居全国第八和第六位；新增可受理银行标准移动支付产品的小微商户 30 万户。涉农银行机构发行乡村振兴主题卡 88 万张，居全国第四位。

3. 金融消费权益保护工作实现升级。 2020 年，广西人民银行各分支机构共受理有效金融消费者咨询 7307 笔。丰富金融知识普及形式，制作《金融诚信伴我行》初中版系列视频课件，“学习强国”平台推广。

二、经济运行情况

2020 年，面对错综复杂的国际形势和新冠肺炎疫情的冲击，广西坚持稳中求进工作总基调，统筹疫情防控和经济社会发展工作，扎实做好“六稳”工作，全面落实“六保”任务，经济运行呈现加快恢复、巩固提升的良好势头，实现地区生产总值和居民人均可支配收入比 2010 年翻一番。全年实现地区生产总值 2.2 万亿元，同比增长 3.7%。三次产业占比分别为 16%、32.1% 和 51.9%，第三产业占比同比提高 1.1 个百分点，产业结构趋于优化。

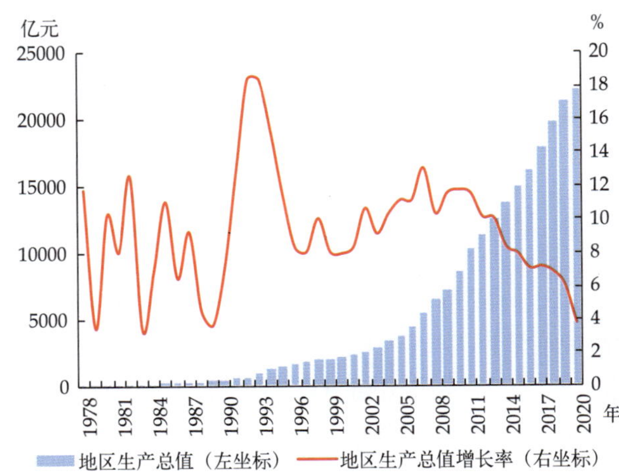

图 6 1978—2020 年广西壮族自治区地区生产总值及其增长率

（数据来源：广西壮族自治区统计局）

① 百色、防城港、崇左。

（一）内需持续恢复，外需逐步好转

1. 基建投资拉升显著，投资增速持续恢复。 2020 年，广西重大项目投资有效发挥压舱石作用，投资增速呈现逐月攀升的态势，全年固定资产投资同比增长 4.2%，比前三季度加快 2.1 个百分点。广西政府持续聚焦“五网建设”“西部陆海新通道”等重点项目，推动基建投资保持较快增长，全年增速 12.9%，同比上升 10.5 个百分点；在“双百双新”“千企技改”等项目推动下，制造业投资同比增长 4.2%，高于前三季度 1.5 个百分点；广西市场主体恢复仍需时日，民营企业投资意愿不足，民间投资同比下降 6.1%。

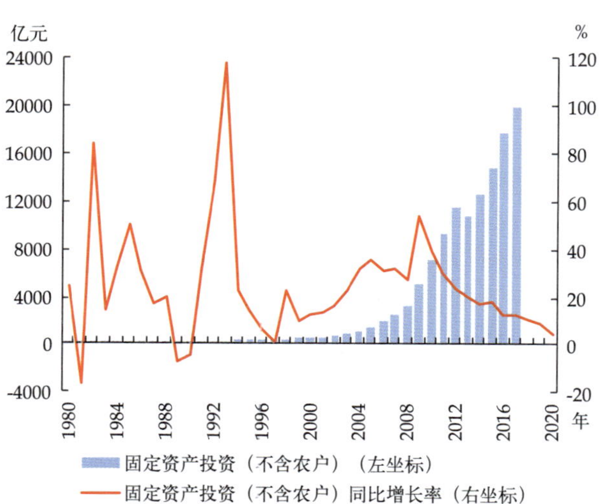

图 7　1980—2020 年广西壮族自治区固定资产投资（不含农户）及其增长率

（数据来源：广西壮族自治区统计局）

2. 消费持续修复，线上消费成为新动力。 随着疫情防控进入稳定期，居民消费意愿持续提升，同时政府多措并举促消费，带动广西消费修复加快。2020 年，广西社会消费品零售总额同比下降 4.5%，降幅比前三季度收窄 1.6 个百分点。限额以上单位商品零售额中，基础生活类商品零售额同比增长 7.3%，其中，粮油食品、饮料类商品零售额分别增长 24.7% 和 7%，保持较快增长。疫情冲击加快线上消费模式的推进，对消费恢复形成有力支撑，全年实物商品网上零售额同比增长 37.7%，高于上年 20.8 个百分点。

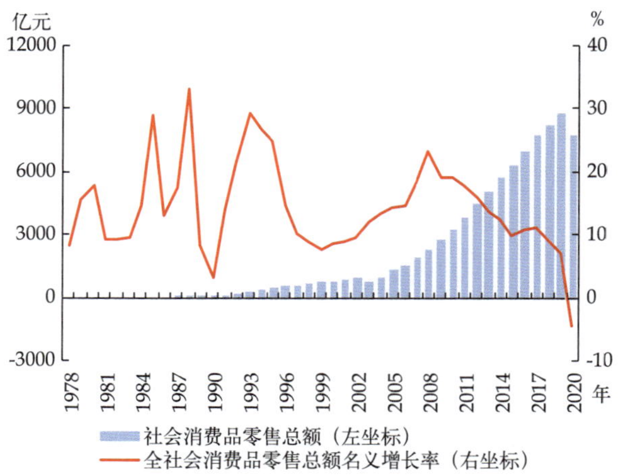

图 8　1978—2020 年广西壮族自治区社会消费品零售总额及其增长率

（数据来源：广西壮族自治区统计局）

3. 进出口逐步回升，对外投资稳步深化。 2020 年，广西货物进出口总额 4861.3 亿元人民币，同比增长 3.5%。其中，出口增长 4.3%，进口增长 2.6%，贸易顺差 555.1 亿元，外贸形势逐步恢复。

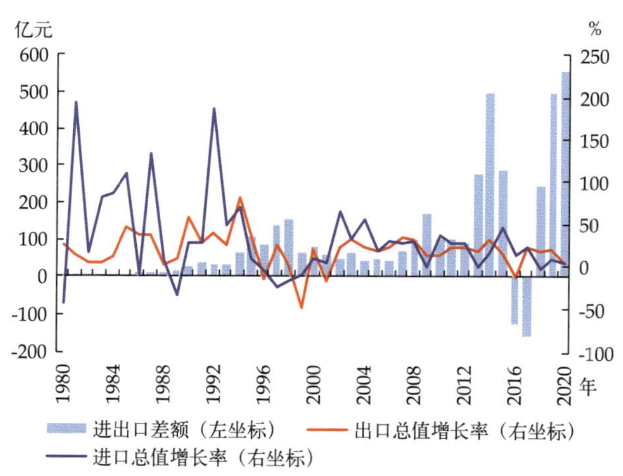

图 9　1980—2020 年广西壮族自治区外贸进出口变动情况

（数据来源：广西壮族自治区统计局）

2020 年，广西实际利用外资约 13.2 亿美元，同比增长 18.7%；广西对外协议总投资额 18.8 亿美元，中方协议投资额 8 亿美元。其中，对东盟国家中方协议投资额 5.6 亿美元，对“一带一路”国家和地区中方协议投资额 5.6 亿美元。对外投资行业主要涉及制造业、农林渔牧业等。

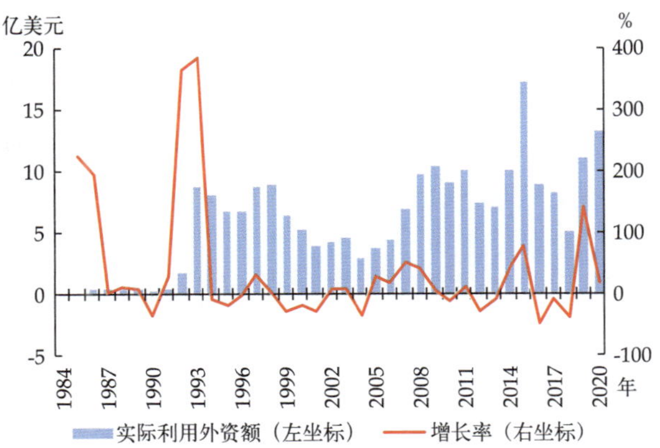

图 10　1984—2020 年广西壮族自治区实际利用外资额及其增长率

（数据来源：广西壮族自治区统计局）

（二）供给增势好于预期，年内实现全面正增长

2020 年，广西三次产业增加值分别为 3555.8 亿元、7108.5 亿元和 11492.4 亿元，同比分别增长 5%、2.2% 和 4.2%；三次产业的贡献率分别为 21.9%、19.9% 和 58.2%，拉动经济增长 0.8 个、0.8 个和 2.1 个百分点。第三产业对经济增长的贡献率高于第一产业和第二产业之和，对经济社会发展的拉动作用日益突出。

1. 农业生产基本稳定，猪肉产量降幅收窄。 2020 年，广西积极贯彻落实“三农”工作，农业生产基本恢复至疫情前期水平。粮食总产量 1370 万吨，同比增长 2.9%，高于全国 2.0 个百分点；蔬菜及食用菌产量增长 5.4%，园林水果产量增长 15%。生猪生产持续保持稳定恢复态势，猪肉产量 174.1 万吨，同比下降 9.4%，较上年收窄 17.8 个百分点。

2. 工业生产逐步恢复，原材料制造业支撑明显。 广西政府多措并举助力工业企业恢复生产经营，叠加“双百双新”产业项目竣工投产，工业生产呈现回升向好态势，2020 年规模以上工业增加值同比增长 1.2%，比前三季度加快 2.3 个百分点，12 月同比增长 7.3%，创年内新高，高于上年同期 1.1 个百分点。随着企业持续复苏，39 个工业大类行业中 15 个行业工业增加值实现增长，17 个行业同比降幅比 1—11 月收窄。原材料制造业支撑作用持续增强，同比增长 9.8%，增速高于规模以上工业 8.6 个百分点，黑色金属、有色金属、非金属行业保持 10% 以上较快增长。

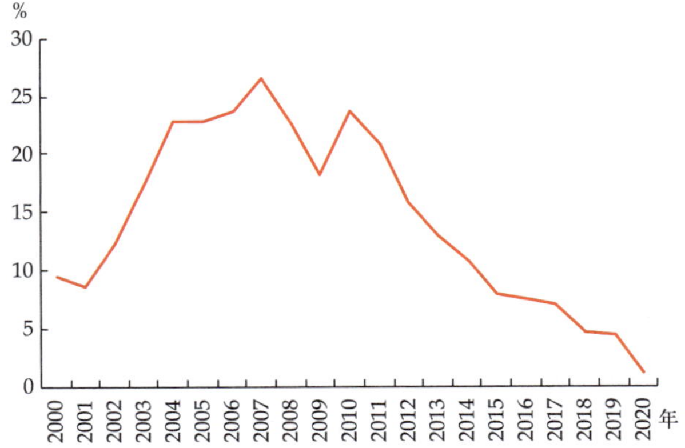

图 11　2000—2020 年广西壮族自治区规模以上工业增加值实际增长率

（数据来源：广西壮族自治区统计局）

3. 服务业实现平稳增长，新兴服务业亮点突出。 随着疫情防控形势的逐步好转，服务业企业生产经营持续恢复，全年规模以上服务业企业营业收入比上年增长 6.5%，营业利润增长 46.1%。新产业新业态发展良好，软件和信息技术服务业营业收入比上年增长 72.5%，专业技术服务业增长 35.2%，互联网和相关服务业增长 23.2%。

4. 供给侧结构性改革扎实推进。 产能过剩有效缓解。全年化解煤炭过剩产能 180 万吨，淘汰落后产能铁合金 1.4 万吨、砖瓦 12 亿块。降成本成效明显。出台 11 项税费顶格优惠政策，全年累计为市场主体减税降费超 390 亿元；降低企业用电成本 115 亿元，累计减免征收港口建设费 6 亿元；叠加运用货币政策工具、利率政策、财政贴息政策等引导金融机构向实体经济减息降费让利近 160 亿元。“放管服”改革不断深化。打造政务服务“一张网”，网上可办事率达 90% 以上；精简行政审批事项，“最多跑一次”比例达到 99.5%。

5. 生态环境持续改善，绿色金融稳步推进。空气质量优良天数比例为97.7%，PM2.5平均浓度同比下降16.1%。地表水水质优良率96.2%。南宁、柳州、桂林、贺州四市成为自治区绿色金融改革创新示范区。2020年末，广西绿色贷款余额2836.9亿元，同比增长26.3%；广西北部湾银行、柳州银行和桂林银行三家城市商业银行共获得100亿元绿色金融债额度，并已发行70亿元。

（三）价格水平“两降一升”，就业水平保持稳定

1. 居民消费价格指数涨幅回落。2020年，受下半年猪肉价格下行影响，物价涨幅总体呈下降趋势，全年广西居民消费价格同比上涨2.8%，涨幅同比下降0.9个百分点。其中，城市上涨2.5%，农村上涨3.5%。八大类价格同比“四涨四跌”。食品烟酒价格涨幅最大，同比上涨9.2%。其中，畜肉类价格上涨43.1%，鲜果类价格下降10.7%。交通和通信价格降幅最大，同比下降4%。

2. 工业价格指数同比下降。受原油、水泥、食糖、氧化铝、硅铁等价格下跌影响，工业品价格小幅下降。2020年，广西工业生产者出厂价格同比下降0.6%，降幅同比收窄0.1个百分点；工业生产者购进价格同比下降1.5%，降幅同比扩大1个百分点。

3. 居民可支配收入上升，就业保持稳定。2020年，广西居民人均可支配收入24562元，实际增长2.4%。城镇居民人均可支配收入35859元，实际增长0.7%；农村居民人均可支配收入14815元，实际增长4.6%。全区城镇新增就业人数36.5万人，失业人员再就业人数10.2万人，就业困难人员实现就业人数6.3万人。农村劳动力转移就业新增人数84.1万人。城镇登记失业率2.8%。

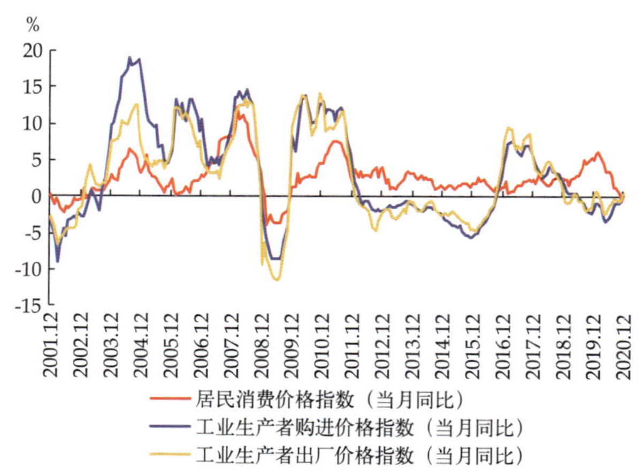

图12　2001—2020年广西壮族自治区居民消费价格指数和工业生产者价格指数变动趋势

（数据来源：广西壮族自治区统计局）

专栏2　“四位一体”打造金融扶贫“广西模式”助推脱贫攻坚跑出加速度

2016—2020年，广西累计投放扶贫再贷款94.3亿元，引导金融机构累计发放金融精准扶贫贷款4123亿元，惠及贫困人口602万人次；2020年末，金融精准扶贫贷款余额2165亿元，同比增长28.8%；全年新增扶贫小额信贷132.2亿元，居全国前列。在扶贫、金融、财政等部门的合力支持下，广西全面消除绝对贫困，634万建档立卡贫困人口全部脱贫、5379个贫困村全部出列、54个贫困县全部摘帽；广西连续四年在国家扶贫成效考核中获得综合评价“好”的等次；毛南族实现整族脱贫，并获习近平总书记重要指示。广西金融助推脱贫攻坚经验做法获人民银行总行率中央媒体专题采访，并在《人民日报》《金融时报》、第一财经等媒体报道，“南宁市上林县金融支持贫困村创业致富带头人”

等多项典型经验被全国推广。

一、创建一个对接平台，夯实金融精准扶贫信息基础

2016 年以来，中国人民银行南宁中心支行强化科技赋能，创建广西金融精准扶贫信息系统，在全国率先实现金融扶贫的“精准对接”“精准采集”“精准评估”。广西金融精准扶贫信息系统被评为全国银行科技发展奖三等奖，并在升级改造后向全国推广使用。

二、完善两大服务体系，提升贫困地区和人口金融资源承接能力

开展多层次、广覆盖的农村支付服务体系建设，保障行政村和易地扶贫安置点支付服务全覆盖，保持现代化支付系统对农村地区银行网点全覆盖；推进农村信用体系建设，建立包括贫困户在内的农户信用档案 946 万户，实现全区贫困户建立信用档案和评级授信“两个全覆盖”。联合指导田东县依托支付、信用体系建设成果，强化信贷产品和服务创新，探索形成农村金融改革“田东模式”，不断满足贫困人口多元化融资需求，得到习近平总书记的高度肯定。

三、构建三项保障机制，推动金融扶贫长效化开展

建立完善组织领导、监管协同、货币政策工具支持三项机制，保障金融扶贫源头不竭。同时，将“十三五”时期中国人民银行南宁中心支行 2 个定点扶贫村打造成金融扶贫“试验田”，帮扶 2700 余名贫困人口顺利脱贫。推动企业在银行间市场发行扶贫中期票据等债务融资工具 42 亿元，助推成功发行全国农垦系统首单农村产业融合发展专项债券，指导百色市成功发行 1.8 亿元全国首单地市级扶贫小额贷款资产证券化项目。

四、创新四项服务模式，确保金融“活水”精准滴灌

依托金融精准扶贫信息系统，引导金融机构聚焦“企业帮扶、能人带动、整村推进、金融联动”四个重点，创新“金融 + 扶贫龙头企业 + 贫困户”“金融 + 创业致富带头人 + 贫困户”“再贷款 + 信用 + 信贷”“信贷 + 期货 + 保险 + 农户”四项“金融 + 产业”扶贫模式。2016—2020 年，累计投放产业精准扶贫贷款 1516 亿元，带动贫困人口 112 万人次；贷款余额 750 亿元，同比增长 67%，增速排全国前列。

（四）财政减收增支，重点保障民生领域

2020 年，广西一般公共预算收入 1716.9 亿元，同比下降 5.2%。其中，税收收入 1113.2 亿元，同比下降 2.9%，占一般公共预算收入的 64.8%，占比提高 1.5 个百分点；非税收入 603.7 亿元，同比下降 9.2%。一般公共预算支出 6155.4 亿元，同比增支 304.5 亿元，同比增长 5.2%。教育、医疗卫生、社会保障和就业等民生领域支出 4945 亿元，同比增长 5.4%，占一般公共预算支出的 80.3%，其中，扶贫支出 352.1 亿元，同比增长 9.7%。

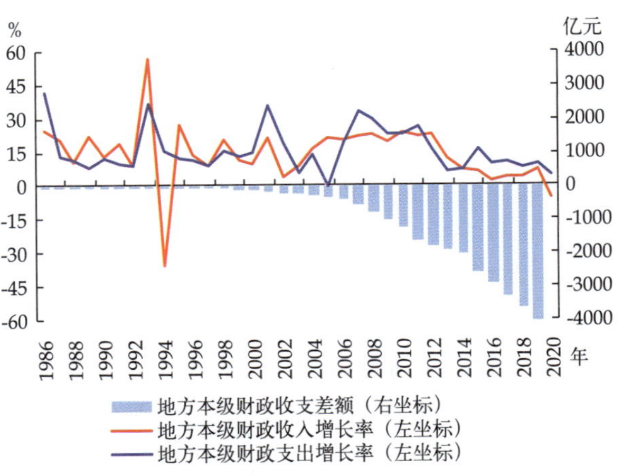

图 13　1986—2020 年广西壮族自治区财政收支状况

（数据来源：广西壮族自治区统计局）

（五）房地产市场运行平稳

1. 房地产开发投资保持稳定。 2020 年，全区房地产开发投资完成额 3845.6 亿元，同比增长 0.8%。信贷资金仍为企业资金来源的重要渠道，占房地产企业资金来源的 34%。

2. 土地市场交易、施工建设逐步恢复。 2020 年，全区购置土地面积 1434.5 万平方米，同比增长 20.9%，土地成交价款 523 亿元，同比增长 3.1%。全区住房施工面积 2.4 亿平方米，同比增长 7.8%，竣工面积 1561.9 万平方米，同比增长 3%。

3. 全区商品房销售回温，房价小幅下降。 2020 年，全区商品房销售面积 6729 万平方米，同比增长 0.3%。全区商品住房价格同比下降 1.7%。

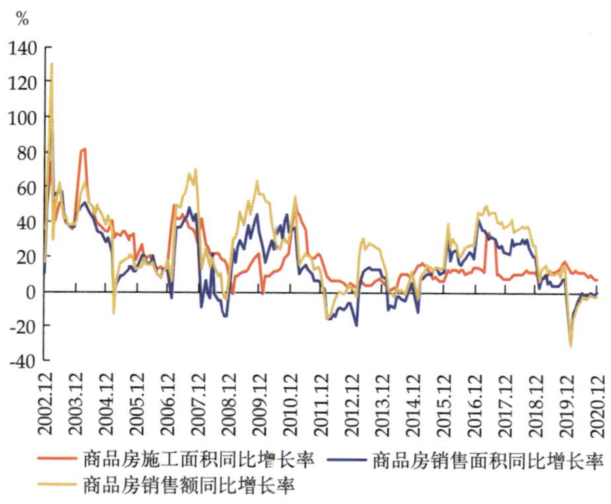

图 14　2002—2020 年广西壮族自治区商品房施工和销售变动趋势

（数据来源：广西壮族自治区统计局）

4. 房地产金融保持平稳运行。 2020 年末，房地产各项贷款余额 1.1 万亿元，同比增长 14%。其中，个人住房贷款余额 8777.8 亿元，同比增长 17.1%。2020 年发放的个人住房贷款中，首套房贷款发放笔数占比超 80%，全区个人住房贷款平均首付比例为 30.6%，平均利率为 5.91%，较好地支持了居民合理购房需求。

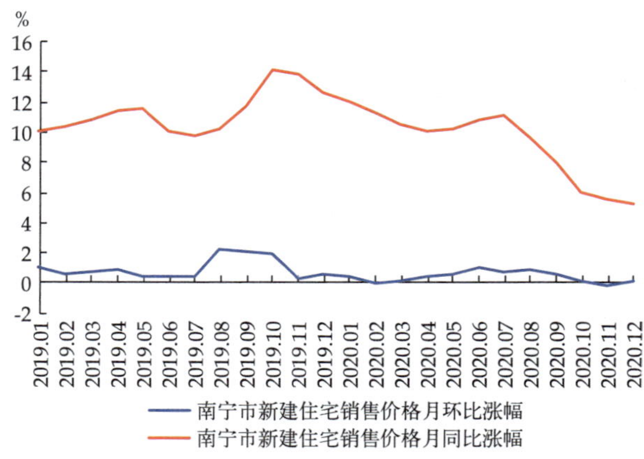

图 15　2019—2020 年南宁市新建住宅销售价格变动趋势

（数据来源：国家统计局）

（六）南向北联东融西合全方位开放格局加快构建

2020 年，广西以实施重大开放工程为依托，加快构建南向北联东融西合全方位开放格局，区域发展活力增强。北部湾经济区、珠江—西江经济带、桂林国际旅游胜地、左右江革命老区协调发展，强首府战略加快实施，北钦防一体化稳步推进。西部陆海新通道上升为国家战略，牵引作用更加凸显，基本实现市市通高铁、县县通高速、片片通民航。北部湾港和西江黄金水道港口货物年吞吐量分别达到 3 亿吨和 1.7 亿吨，长洲水利枢纽船闸过货量跃居全国前列。铁海联运班列开行 4607 列，超前三年总和。友谊关口岸率先在全国边境陆路口岸实行全信息化智能通关，通关时间缩短 80% 以上；百色（靖西）边境经济合作区加快建设。全面对接粤港澳大湾区，粤桂合作特别试验区加快发展，交通互联互通、产业联动发展取得扎实成效。

三、预测与展望

2021 年，广西将全面贯彻中央经济工作会议精神，适应供给侧和需求侧改革要求，全力打好工业增产效、投资推项目、消费提质效、农业开门红、开放扩外贸、要素强保障、保就业保民生“七场硬仗”。推出系列稳岗就业、居民增收、社会保障、保供稳价政策。广西供给端和需求端将有序恢复、提质提速，民营企业服务体系不断健全，微观主体活力进一步激发。

金融方面，落实好稳健货币政策灵活精准、合理适度。强化财政金融联动，积极实施“桂惠贷”政策，推进“七个千亿”融资工程，对稳企业保就业一线、重点领域和薄弱环节进行精准滴灌。大力发展科创金融、供应链金融、绿色金融和数字金融。做好金融服务脱贫攻坚与乡村振兴的有效衔接。加快建设面向东盟的金融开放门户。加强债务融资工具存续期管理，构建法人金融机构内源、外源相结合的资本持续补充机制，不断优化金融生态环境。

中国人民银行南宁中心支行货币政策分析小组

总　　纂：宋　军　杨正东

统　　稿：冼海钧　安立波　李小兰

执　　笔：邓蒂妮　韦秋鸣　吴　丹　农丽娜　陈燕和　胡欢欢　罗　斯　周　全　何安妮　余永波

提供材料：罗冬泉　罗婕妤　覃子夏　袁　昊　潘　玉　苏　姗　石　悦　韦诗婷　王诗宇　丁　蒙　曾　婕　刘思佳　宁　芾　覃玉珍　尹虹毅　韩静娜　朱成兰　朱权聪　冼美玲　黄梅君　黄钰津　石　倩

附录

（一）2020 年广西壮族自治区经济金融大事记

2 月 27 日，广西壮族自治区人民政府办公厅印发《深入推进“复工贷”促进广西经济平稳发展十条措施》（桂政办电〔2020〕31 号），聚焦“到期延、存量续、总量增、利率降”，帮助企业渡过复工复产资金难关。

3 月 11 日，金融委办公室地方协调机制（广西壮族自治区）正式成立。

4 月 10 日，广西发行全国首单服务国家重大战略实施并购票据。

5 月 15 日，广西金融消费权益保护联合会成立。

6 月 8 日，广西壮族自治区人民政府印发《加快建设面向东盟的金融开放门户若干措施》（桂政发〔2020〕19 号），以更大力度推进广西金融对外开放合作。

6 月 8 日，首家境外银行正式参与人民币对柬埔寨瑞尔银行间市场区域交易。

6 月 28 日，广西壮族自治区人民政府办公厅印发《深入推进“稳企贷”助力中小微企业发展若干措施》（桂政办发〔2020〕41 号），促进中小微企业融资“增量、降价、提质、扩面”。

8 月 3 日，中国人民银行批复同意广西开展中马钦州产业园区金融创新试点，实施 5 项创新试点业务。

9 月 11 日，广西金融学会发布《2020 年人民币东盟国家使用报告》，为全国首部在省级层面公开发布的人民币区域性使用报告。

11 月 30 日，广西壮族自治区人民政府办公厅印发《关于深入开展“桂惠贷”支持广西经济高质量发展实施方案》（桂政办发〔2020〕92 号），于 2021 年 1 月 1 日正式实施，创新构建财政金融联动支持实体经济体制机制。

（二）2020 年广西壮族自治区主要经济金融指标

表 1　2020 年广西壮族自治区主要存贷款指标

	项目	1 月	2 月	3 月	4 月	5 月	6 月	7 月	8 月	9 月	10 月	11 月	12 月
本外币	金融机构各项存款余额（亿元）	31699.7	32514.1	33316.4	33405.9	34356.4	34591.5	34396.3	34752.0	34530.2	34356.9	34744.3	34665.6
	其中：住户存款	17509.2	17566.1	17991.1	17920.1	17987.5	18360.6	18257.9	18303.0	18697.1	18458.9	18565.4	18988.2
	非金融企业存款	7651.2	7888.7	8563.1	8699.7	9125.3	9166.9	8950.7	9198.8	9008.7	8913.3	9058.3	9064.7
	各项存款余额比上月增加（亿元）	53.7	814.4	802.3	89.5	950.5	235.1	-195.2	355.7	-221.8	-173.2	387.4	-78.8
	金融机构各项存款同比增长（%）	5.9	7.0	6.9	8.1	9.4	9.0	8.9	9.9	9.0	8.7	8.5	9.5
	金融机构各项贷款余额（亿元）	31150.1	31508.0	32171.3	32611.7	33036.4	33576.5	33827.7	34109.3	34453.2	34627.7	34960.7	35196.8
	其中：短期	5607.9	5771.0	6005.0	6121.0	6196.4	6320.2	6301.0	6291.1	6246.7	6260.7	6256.1	6145.6
	中长期	24071.1	24222.5	24582.7	24889.7	25225.8	25584.9	25941.9	26225.2	26623.2	26784.9	27136.5	27225.2
	票据融资	1026.9	1066.8	1099.8	1125.5	1135.6	1203.6	1118.6	1128.4	1134.1	1134.6	1170.8	1428.1
	各项贷款余额比上月增加（亿元）	652.7	357.9	663.4	440.4	424.7	540.1	251.2	281.7	343.8	174.5	333.0	236.1
	其中：短期	72.3	163.1	234.0	116.0	75.3	123.8	-19.2	-9.8	-44.4	13.9	-4.6	-110.5
	中长期	588.3	151.3	360.2	307.1	336.0	359.1	357.0	283.3	398.0	161.7	351.6	88.8
	票据融资	-3.4	39.9	33.1	25.6	10.1	68.0	-85.0	9.7	5.7	0.5	36.2	257.3
	金融机构各项贷款同比增长（%）	13.6	14.0	14.6	15.4	15.7	16.0	16.0	16.0	15.8	16.0	15.7	15.4
	其中：短期	4.6	8.0	11.1	12.6	12.4	12.8	12.6	11.1	8.6	9.2	8.1	7.6
	中长期	16.1	15.5	15.4	15.9	16.3	16.3	16.9	17.5	18.1	18.1	18.0	16.8
	票据融资	19.8	25.1	24.2	27.4	27.1	37.3	24.5	20.4	16.3	17.7	22.4	38.6
	建筑业贷款余额（亿元）	729.8	726.4	755.6	756.3	770.3	763.4	775.8	790.1	812.7	817.9	807.4	784.4
	房地产业贷款余额（亿元）	1306.3	1333.7	1362.0	1357.2	1367.7	1348.8	1382.0	1411.4	1432.3	1439.9	1439.1	1419.2
	建筑业贷款同比增长（%）	10.0	10.6	12.5	10.6	11.1	5.7	7.6	11.0	11.9	13.0	12.5	10.5
	房地产业贷款同比增长（%）	27.9	26.6	25.3	23.6	24.3	16.8	16.6	16.7	16.8	18.0	18.2	14.1
人民币	金融机构各项存款余额（亿元）	31567.3	32390.0	33177.5	33290.7	34241.6	34473.1	34257.3	34621.7	34395.5	34220.3	34599.4	34515.6
	其中：住户存款	17460.0	17515.2	17937.1	17866.3	17934.4	18308.1	18205.9	18251.1	18644.7	18406.3	18513.0	18936.2
	非金融企业存款	7588.6	7838.3	8515.4	8652.7	9077.9	9115.3	8882.6	9138.4	8943.3	8848.1	8996.9	9008.5
	各项存款余额比上月增加（亿元）	62.3	822.7	787.5	113.2	950.9	231.5	-215.8	364.4	-226.3	-175.2	379.1	-83.8
	其中：住户存款	520.8	55.1	421.9	-70.8	68.1	373.7	-102.2	45.1	393.6	-238.4	106.7	423.2
	非金融企业存款	-449.8	249.7	677.1	137.3	425.2	37.5	-232.7	255.8	-195.1	-95.2	148.8	11.6
	各项存款同比增长（%）	6.0	7.1	7.0	8.3	9.6	9.2	9.0	10.0	9.1	8.8	8.5	9.6
	其中：住户存款	10.7	8.5	9.6	9.7	9.8	10.5	10.3	10.7	11.4	11.1	11.4	11.8
	非金融企业存款	-0.5	4.8	10.5	13.1	18.0	15.1	13.8	17.9	14.4	12.7	11.3	12.1
	金融机构各项贷款余额（亿元）	30660.0	31010.2	31619.2	32047.9	32468.7	33026.3	33277.6	33562.3	33936.5	34112.7	34498.2	34739.0
	其中：个人消费贷款	9814.7	9870.4	10019.6	10172.4	10339.1	10515.4	10667.4	10803.2	10927.7	11003.5	11142.6	11182.8
	票据融资	1026.9	1066.8	1099.8	1125.4	1135.6	1203.6	1118.6	1128.4	1134.1	1134.6	1170.8	1428.1
	各项贷款余额比上月增加（亿元）	671.5	350.2	609.0	428.7	420.8	557.6	251.4	284.7	374.2	176.2	385.6	240.7
	其中：个人消费贷款	165.7	55.7	149.3	152.8	166.7	176.2	152.0	135.8	124.6	75.7	139.2	40.2
	票据融资	-3.4	39.9	33.1	25.6	10.1	68.0	-85.0	9.7	5.7	0.5	36.2	257.3
	金融机构各项贷款同比增长（%）	14.0	14.4	14.8	15.5	15.9	16.3	16.3	16.4	16.3	16.4	16.3	15.8
	其中：个人消费贷款	19.9	19.4	18.7	18.4	18.4	18.4	18.5	18.7	18.4	17.8	17.1	15.9
	票据融资	19.8	25.1	24.2	27.4	27.1	37.3	24.5	20.4	16.3	17.7	22.4	38.6
外币	金融机构外币存款余额（亿美元）	19.2	17.7	19.6	16.3	16.1	16.7	19.9	19.0	19.8	20.3	22.0	23.0
	金融机构外币存款同比增长（%）	-18.2	-27.2	-25.3	-34.9	-32.5	-20.1	-6.9	-2.1	-8.6	3.2	19.4	13.7
	金融机构外币贷款余额（亿美元）	71.2	71.0	77.9	79.9	79.6	77.7	78.7	79.7	75.9	76.6	70.3	70.2
	金融机构外币贷款同比增长（%）	-7.8	-8.4	0.2	2.8	2.4	-0.7	-1.9	-0.9	-7.8	-4.1	-9.8	-3.8

数据来源：中国人民银行南宁中心支行。

表2　2001—2020年广西壮族自治区各类价格指数

单位：%

时间		居民消费价格指数		农业生产资料价格指数		工业生产者购进价格指数		工业生产者出厂价格指数	
		当月同比	累计同比	当月同比	累计同比	当月同比	累计同比	当月同比	累计同比
2001		—	0.6	—	-2.3	—	3.7	—	6.3
2002		—	-0.9	—	-1.8	—	-4.4	—	-4.4
2003		—	1.1	—	2.4	—	1.2	—	2.8
2004		—	4.4	—	15.3	—	16.3	—	9.7
2005		—	2.4	—	10.5	—	8.2	—	4.9
2006		—	1.3	—	1.0	—	11.4	—	9.6
2007		—	6.1	—	14.4	—	6.1	—	4.5
2008		—	7.8	—	24.0	—	10.6	—	9.0
2009		—	-2.1	—	-5.8	—	-4.9	—	-6.5
2010		—	3.0	—	1.9	—	11.2	—	12.0
2011		—	5.9	—	12.2	—	10.0	—	8.5
2012		—	3.2	—	3.9	—	-0.8	—	-2.2
2013		—	2.2	—	-0.1	—	-1.1	—	-1.8
2014		—	2.1	—	-1.1	—	-1.8	—	-1.6
2015		—	1.5	—	0.9	—	-4.3	—	-3.0
2016		—	1.6	—	0.7	—	-1.6	—	-0.8
2017		—	1.6	—	1.4	—	6.5	—	7.6
2018		—	2.3	—	1.8	—	3.4	—	3.3
2019		—	3.7	—	4.6	—	-0.5	—	-0.7
2020		—	2.8	—	9.7	—	-1.5	—	-0.6
2019	1	2.4	2.4	1.6	1.6	0.8	0.8	-0.9	-0.9
	2	1.7	2.1	0.8	1.2	0.5	0.7	-0.9	-0.9
	3	2.5	2.2	1.6	1.3	0.4	0.6	-0.6	-0.8
	4	2.7	2.3	1.8	1.4	0.5	0.6	0.6	-0.5
	5	3.0	2.5	2.2	1.6	0.5	0.5	0.2	-0.3
	6	3.0	2.5	2.3	1.7	-0.1	0.4	-0.5	-0.4
	7	4.0	2.8	2.8	1.9	-0.6	0.3	-0.6	-0.4
	8	5.2	3.1	3.2	2.0	-0.9	0.1	-1.3	-0.5
	9	4.5	3.2	5.0	2.4	-1.3	0.0	-1.9	-0.7
	10	4.7	3.4	6.7	2.8	-2.0	-0.2	-1.8	-0.8
	11	5.5	3.6	12.6	3.7	-2.2	-0.4	-1.4	-0.8
	12	5.3	3.7	14.6	4.6	-1.6	-0.5	0.2	-0.7
2020	1	5.9	5.9	14.4	14.4	-0.9	-0.9	0.9	0.9
	2	6.2	6.0	14.2	14.3	-0.9	-0.9	0.6	0.7
	3	5.0	5.7	14.9	14.5	-1.5	-1.1	-0.9	0.2
	4	4.6	5.4	15.2	14.7	-2.8	-1.5	-2.3	-0.4
	5	3.5	5.0	13.2	14.4	-3.4	-1.9	-2.2	-0.8
	6	3.4	4.8	12.3	14.0	-2.9	-2.1	-1.2	-0.9
	7	3.0	4.5	12.1	13.8	-2.2	-2.1	-0.8	-0.9
	8	1.3	4.1	12.1	13.6	-1.5	-2.0	-0.2	-0.8
	9	1.3	3.8	9.5	13.1	-0.9	-1.9	-0.2	-0.7
	10	0.6	3.4	5.5	12.3	-0.8	-1.8	-0.7	-0.7
	11	-0.5	3.1	-0.9	11.0	-0.2	-1.6	-0.3	-0.7
	12	0.3	2.8	-2.6	9.7	0.2	-1.5	0.5	-0.6

数据来源：《中国经济景气月报》、广西壮族自治区统计局。

表 3　2020 年广西壮族自治区主要经济指标

项目	1 月	2 月	3 月	4 月	5 月	6 月	7 月	8 月	9 月	10 月	11 月	12 月
	绝对值（自年初累计）											
地区生产总值（亿元）	—	—	4670.9	—	—	10206.0	—	—	15999.1	—	—	22156.7
第一产业	—	—	461.0	—	—	1070.5	—	—	2089.0	—	—	3555.8
第二产业	—	—	1433.5	—	—	3341.1	—	—	5191.3	—	—	7108.5
第三产业	—	—	2776.4	—	—	5794.4	—	—	8718.8	—	—	11492.4
工业增加值（亿元）	—	—	—	—	—	—	—	—	—	—	—	5221.2
固定资产投资（亿元）	—	—	—	—	—	—	—	—	—	—	—	—
房地产开发投资	—	260.9	652.1	990.9	1338.8	1830.6	2049.8	2287.5	2630.7	2966.1	3353.4	3845.6
社会消费品零售总额（亿元）	—	—	—	—	—	—	—	—	—	—	—	7831.0
外贸进出口总额（亿元）	—	512.8	925.8	1355.4	1762.3	2180.3	2603.2	2995.9	3450.8	3862.0	4308.6	4861.3
进口	—	261.3	441.0	630.3	805.3	988.1	1175.7	1356.7	1558.4	1739.2	1950.2	2153.1
出口	—	251.5	484.8	725.2	957.0	1192.2	1427.4	1639.2	1892.5	2122.8	2358.4	2708.2
进出口差额（出口－进口）	—	-9.8	43.8	94.9	151.8	204.2	251.7	282.4	334.1	383.6	408.3	555.1
实际利用外资（亿美元）	0.4	0.8	1.8	2.4	3.7	5.6	6.8	7.9	8.3	9.2	10.2	13.2
地方财政收支差额（亿元）	-202.6	-401.8	-868.3	-1134.7	-1435.5	-2121.6	-2323.7	-2626.4	-3177.6	-3285.4	-3624.9	-4438.5
地方财政收入	210.6	293.2	447.0	584.5	723.3	962.0	1105.6	1212.4	1372.0	1522.7	1648.4	1716.9
地方财政支出	413.1	695.1	1315.4	1719.3	2158.9	3083.7	3429.2	3838.8	4549.6	4808.1	5273.3	6155.4
城镇登记失业率（%）（季度）	—	—	2.5	—	—	2.6	—	—	2.5	—	—	2.8
	同比累计增长率（%）											
地区生产总值	—	—	-3.3	—	—	0.8	—	—	2.0	—	—	3.7
第一产业	—	—	1.7	—	—	2.9	—	—	3.7	—	—	5.0
第二产业	—	—	-10	—	—	-3	—	—	-0.5	—	—	2.2
第三产业	—	—	-0.1	—	—	2.8	—	—	3.1	—	—	4.2
工业增加值	—	-14.3	-8.8	-7.2	-4.3	-3.1	-2.9	-2.0	-1.1	-0.6	0.4	1.2
固定资产投资	—	-14.3	-7.9	-2.3	0.9	1.1	1.4	1.5	2.1	3.1	3.7	4.2
房地产开发投资	—	-8.3	-0.8	3.4	5.3	5.3	4.7	1.0	2.2	2.2	0.9	0.8
社会消费品零售总额	—	—	-15.2	—	—	-8.8	—	—	-6.1	—	—	-4.5
外贸进出口总额	—	-11.1	-8.7	-9.1	-8	-4.1	-1.6	-2.3	-0.6	0.4	1.0	3.5
进口	—	-8.3	-1.2	1.7	0.4	2.3	1.8	-0.4	0.2	1.2	2.5	2.6
出口	—	-13.8	-14.5	-16.8	-14	-8.8	-4.3	-3.9	-1.2	-0.1	-0.1	4.3
实际利用外资	22.0	8.5	60.0	6.0	47.0	60.0	17.4	6.8	10.7	13.3	12.0	18.7
地方财政收入	0.9	-7.6	-2.8	-0.4	0.2	1.3	0.8	0.3	1.1	1.9	2.8	-5.2
地方财政支出	28.4	-4.0	5.1	7.4	9.8	3.9	5.5	7.3	3.9	4.3	6.3	5.2

数据来源：广西壮族自治区统计局。

海南省金融运行报告（2021）

中国人民银行海口中心支行货币政策分析小组

[内容摘要] 2020年，是海南省发展历史上极不平凡的一年。海南省在迈向全面小康社会的历史性时刻，遭遇突如其来的新冠肺炎疫情重大考验，迎来自由贸易港建设开局的历史性机遇。在党中央、国务院和海南省委、省政府的坚强领导下，上下群策群力、奋力拼搏，应对前所未有的“三个大考”[①]，交出了令人满意的“三张答卷”。海南省地区生产总值5532亿元，同比增长3.5%。海南金融业坚持稳中求进工作总基调，认真贯彻落实稳健的货币政策，着力加大金融服务实体经济力度，加快推进自由贸易港金融改革创新，稳步提升金融综合服务水平，强化防范化解金融风险，助力自由贸易港建设稳步推进。

从经济运行看，主要经济指标稳中向好。一是经济实现“V”形反转。经济走势逐季攀升，第一季度、上半年、前三季度、全年经济同比增速分别为-4.5%、-2.6%、1.1%和3.5%。二是经济结构转型取得历史性突破。三次产业结构调整为20.4 ∶ 19.2 ∶ 60.4，服务业比重提高1.1个百分点，达到“十三五”目标。陵水国际教育创新岛签约入驻高校13所、乐城先行区进口特许药械品种引进突破100例、洋浦港集装箱吞吐量增长2.7倍，成为现代服务业新的增长点。三是国际旅游消费中心逐步显现。离岛免税店全年实现销售金额327亿元，增长127.4%，布局新设6家离岛免税店，离岛免税购物品牌、品种、价格与国际“三同步”。四是实际使用外资连续三年翻番，彰显海南自由贸易港强劲吸引力。2020年海南省新设立外商投资企业1000余家，同比增长197.3%，实际利用外资超30亿美元，连续三年翻番。五是经济活跃度稳步提升。全省市场主体超119万户，全年新设企业近15万户。六是民生领域补短板亮点纷呈，百姓获得感不断增强。“十三五”期间财政支出75%以上用于民生，比“十二五”时期提高3.8个百分点，城乡居民收入差距缩小5.8%，5个国定贫困县全部实现脱贫摘帽，65万名建档立卡贫困群众脱贫。七是生态环境保护标准更高、力度更大、治理更严。海南省抓好两轮中央环保督察和国家海洋督察反馈问题整改，形成以“四个最严”为核心的环保问题常态化整治机制。清洁能源装机比重提高至67%，清洁能源汽车保有量占比达4.2%，高出全国水平1.3倍，“禁塑”、装配式建筑普及等取得良好开局，空气质量优良天数比例达98%，主要污染物排放总量、能源消耗总量、碳排放强度提前完成目标。

从金融运行看，主要金融指标保持平稳。一是金融改革创新取得突破性进展。海南自由贸易（FT）账户业务规模增长明显，2020年FT账户余额较上年同期成倍增长，优质客户数量增长超过150%。推进服务贸易自由便利，落地实施优化服务贸易外汇收支单证审核、服务贸易对外付汇税务备案电子化、非关联关系境内外企业代垫款偿还、便利外汇业务使用电子单证、放宽业务审核签注手续等多项服务贸易便利化措施，启动入境游客移动支付便利化试点，实现入境游客可享受与岛内居民同等便利的移动支付服务。推动投资自由便利，允许非投资性外商投资企业资本项目外汇收入境内股权投资，缓解企业资金闲置问题。便利跨境贸易投资资金自由流动，积极推动合格境外有限合伙人（QFLP）和合格境内有限合伙人（QDLP）试点，落

① 三个大考是指统筹常态化疫情防控和经济社会发展、全面建成小康社会、海南自由贸易港建设。

地两只QFLP，开辟了海南自由贸易港QFLP通道；扩大可跨境转出的信贷资产范围和参与机构范围；取消非金融企业外债逐笔登记，在全国试点境外上市外汇登记直接下放银行。二是金融系统助力疫情防控和企业复工复产取得积极成效。海南省金融系统积极抗疫保供，支持企业复工复产；银行业金融机构通过开通“绿色通道”、优化审批流程、设计复工复产专项信贷产品、强化金融科技运用等措施，有效贯彻落实中国人民银行各项金融政策，受疫情影响较大的卫生和社会工作行业、农林牧渔业和旅游文化娱乐业的贷款余额同比分别增长36.3%、19.2%和17.3%。三是金融支持实体经济力度进一步增强。小微企业有效融资需求满足率稳步提升，2020年末，海南省小微企业贷款余额1182亿元，同比增长6.0%；全年小微企业贷款加权平均利率为5.4%，较上年同期降低50个基点；银行业金融机构在结算、财务顾问、贷款及其他方面为客户减费让利超7亿元。四是金融支持脱贫攻坚、服务乡村振兴取得显著成效。稳妥推广农村承包土地的经营权抵押贷款业务，开展金融精准扶贫政策效果评估和金融扶贫领域作风问题专项治理，引导金融支持扶贫“增量提质”。中国人民银行海口中心支行等五部门印发《海南省金融服务乡村振兴的指导意见》，指导金融机构拓展融资渠道，加大信贷支农力度，高质量服务乡村振兴。五是金融风险防范能力持续提升。认真落实国务院金融委的工作部署，建立金融委办公室地方协调机制（海南省），并探索建立适应自由贸易港建设的金融监管协调机制，促进辖区金融监管全覆盖，推动形成金融风险防控的强大合力。顺利完成资金流监测系统项目二期建设，为自由贸易港构建“电子围网”提供了重要金融基础设施支持。

2021年是建党100周年和“十四五”开局之年，也是海南省全面深化改革开放和加快建设自由贸易港的关键之年，随着自由贸易港建设红利不断释放，海南经济发展动能加快转换，经济内生动力持续增强，发展质量将明显提升。但同时也要看到，国际形势日趋复杂，新冠肺炎疫情对经济的负面影响仍在持续，海南省向高质量发展迈进仍然面临一些结构性矛盾和问题，金融业整体水平与发达地区差距还较为明显，金融市场还有待进一步深化，金融风险防控还需持续关注。面对发展机遇和挑战，海南省将坚持稳中求进工作总基调，立足新发展阶段，贯彻新发展理念，构建新发展格局，以全面深化改革开放为引领，以推动高质量发展为主题，以深化供给侧结构性改革为主线，以满足人民日益增长的美好生活需要为根本目的，高质量高标准建设中国特色自由贸易港，确保“十四五”开好局，以优异成绩庆祝建党100周年。海南省金融业将认真贯彻落实稳健的货币政策，着力加大金融服务实体经济力度，加快推进自由贸易港金融改革创新，稳步提升金融综合服务水平，坚决防范化解金融风险，助力自由贸易港建设稳步推进。

一、金融运行情况

2020年，海南省金融运行总体稳健，货币信贷和社会融资有力支持了疫情防控、复工复产和实体经济恢复，金融改革创新取得突破性进展，金融业规模进一步壮大，金融生态环境更趋优化。

（一）银行业运行平稳，支持实体经济力度更大

1. 银行业金融机构数量有所增加，规模稳步扩大。2020年末，海南省银行业金融机构共1573家（不含小额贷款公司），总资产14031亿元、总负债14130亿元，同比分别增长3.7%、4.3%。

2. 存款持续回升，住户和企业存款增长较快。2020年末，海南省各项存款余额10312亿元，比年初增加575亿元。分部门看，住户存款余额比年初增加516亿元，占新增存款余额的89.7%；非金融企业存款比年初增加273亿元，占新增存款余额的47.5%；广义政府存款比年初减少296亿元。

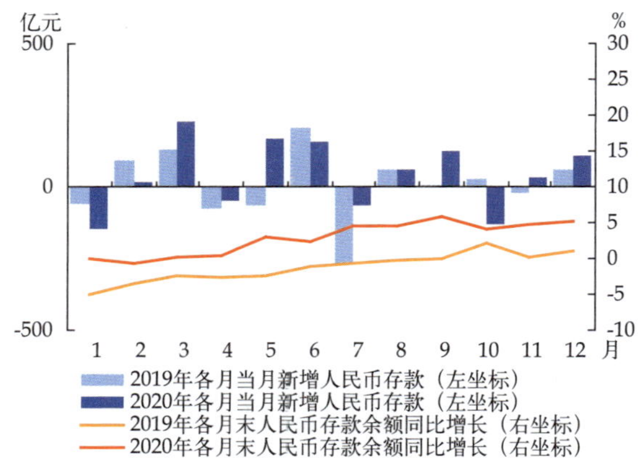

图1　2019—2020年海南省金融机构人民币存款增长变化

(数据来源:中国人民银行海口中心支行)

3. 贷款增长较好,贷款结构持续优化。 2020年末,海南省本外币贷款余额9981亿元,比年初增加461亿元,余额同比增长4.8%,有力支持了海南省经济实现"V"形反转。分季度看,在年初疫情严重、经济全面衰退的情况下,上半年金融机构加大信贷投放,贷款余额增速超过8%,有效稳定了市场预期,满足了抗击疫情和经济恢复的资金需求;下半年疫情好转后,商业银行保持信贷增长与经济增速基本匹配。分结构看,信贷结构持续优化,卫生、社保和福利业、农林牧渔业、制造业等行业贷款增速分别达到36.3%、19.2%和11.6%,明显高于各

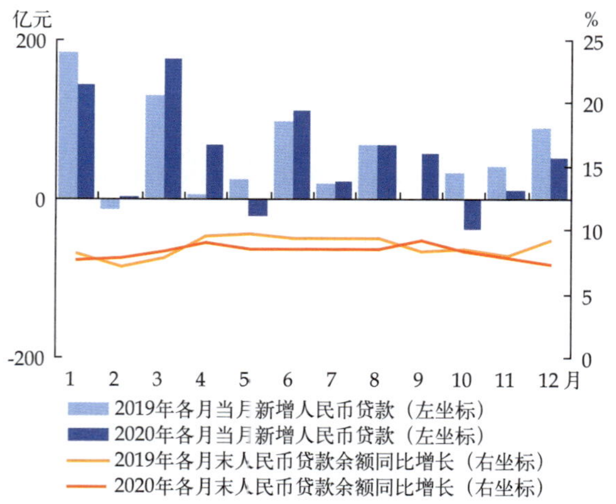

图2　2019—2020年海南省金融机构人民币贷款增长变化

(数据来源:中国人民银行海口中心支行)

项贷款平均增速;金融精准扶贫贷款余额(含已脱贫人口贷款)同比增长37.7%,高出上年同期本外币贷款余额增速32.9个百分点。

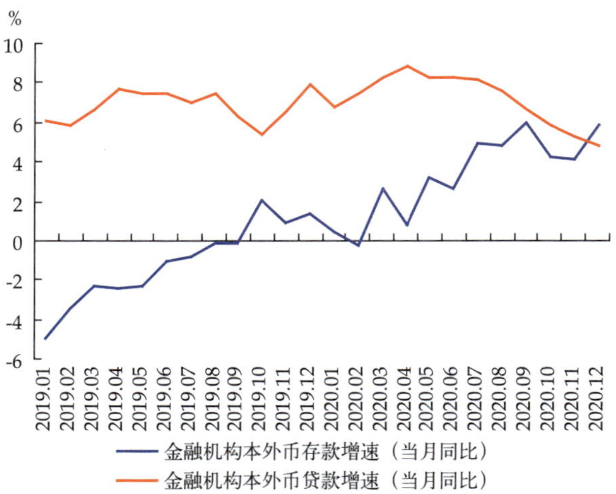

图3　2019—2020年海南省金融机构本外币存、贷款增速变化

(数据来源:中国人民银行海口中心支行)

4. 表外业务增长较快,委托投资大幅下降。 2020年末,海南省银行业金融机构表外业务规模4316亿元,同比增长20.8%。其中,承诺业务和表外理财同比分别增长55.1%和13.3%,委托贷款同比下降18.6%。承诺、表外理财和委托贷款分别占比44.4%、20.9%和11.9%,三者合计占比高达77.2%,比上年同期高4.6个百分点。

5. 企业融资成本下降,利率市场化改革持续推进。 2020年,海南省金融机构人民币一般贷款加权平均利率为5.9%,同比下降0.4个百分点。其中,小微企业贷款加权平均利率为5.4%,同比下降0.5个百分点。利率市场化改革持续推进,全年海南省银行业金融机构新增贷款市场报价利率(LPR)运用占比达91.8%;海南省地方法人金融机构中4家机构已将LPR嵌入内部资金转移定价(FTP)系统。市场利率定价自律机制运行良好,2020年海南省共2家地方法人金融机构成为全国自律机制成员单位,累计发行同业存单91.2亿元、大额存单12.1亿元。

表 1　2020 年海南省金融机构人民币贷款各利率区间占比

单位：%

项目		1 月	2 月	3 月	4 月	5 月	6 月
合计		100.0	100.0	100.0	100.0	100.0	100.0
LPR 减点		6.5	16.3	22.9	33.3	16.1	18.0
LPR		0.6	4.6	1.2	4.1	0.8	8.5
LPR 加点	小计	92.9	79.1	75.9	62.6	83.1	73.5
	(LPR，LPR+0.5%)	14.3	23.4	13.3	11.0	10.3	10.1
	[LPR+0.5%，LPR+1.5%)	28.0	21.1	24.9	26.5	29.1	23.9
	[LPR+1.5%，LPR+3%)	24.0	11.5	14.2	9.4	12.4	11.9
	[LPR+3%，LPR+5%)	14.9	7.8	11.7	6.6	15.6	15.9
	LPR+5% 及以上	11.7	15.3	11.8	9.1	15.7	11.7
项目		7 月	8 月	9 月	10 月	11 月	12 月
合计		100.0	100.0	100.0	15.2	15.2	15.2
LPR 减点		9.1	15.5	21.6	14.5	8.3	20.9
LPR		3.3	5.2	8.5	4.3	7.8	9.4
LPR 加点	小计	87.6	79.3	69.9	81.2	83.9	69.7
	(LPR，LPR+0.5%)	13.2	12.1	10.9	13.3	14.0	10.5
	[LPR+0.5%，LPR+1.5%)	27.8	21.1	18.2	25.1	26.8	19.3
	[LPR+1.5%，LPR+3%)	16.1	15.2	12.9	14.4	14.7	16.1
	[LPR+3%，LPR+5%)	13.4	13.5	16.5	12.5	13.7	15.7
	LPR+5% 及以上	17.1	17.4	11.4	15.9	14.7	8.1

数据来源：中国人民银行海口中心支行。

6. 地方法人金融机构资产负债稳步增长，经营状况逐步改善。2020 年末，海南省 46 家地方法人金融机构，资产和负债总额同比分别增长 11.6% 和 12.2%，各项贷款余额和各项存款余额同比分别增长 14.9% 和 14.1%，资产负债规模增长较快。地方法人金融机构通过增资扩股、完善公司治理、加强风险管理等方式，经营指标有所改善，2020 年末海南省地方法人金融机构资本充足率较上年同期有所提高。

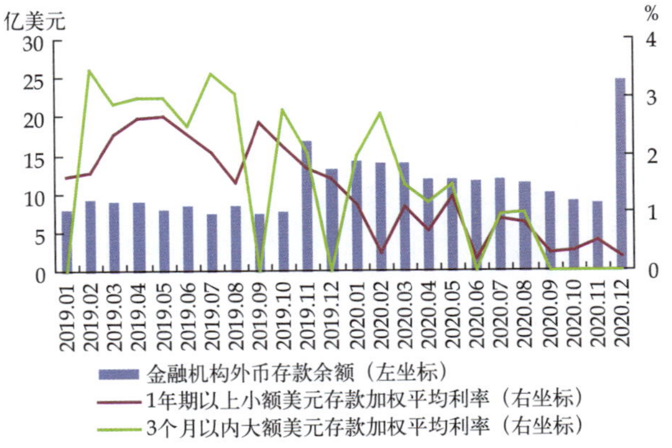

图 4　2019—2020 年海南省金融机构外币存款余额及外币存款利率

（数据来源：中国人民银行海口中心支行）

7. 农信社经营持续改善，村镇银行业务稳步发展。2020 年末，农信社系统各项存款余额和各项贷款余额分别占海南省的 22.0% 和 14.0%。农信社系统的资本状况改善，损失吸收能力逐步加强，整体的资本充足率和拨备覆盖率满足监管标准。村镇银行持续发展，全省 19 家机构各项存款余额和贷款余额同比分别增长 5.4% 和 9.3%。

8. 跨境人民币业务增速与占比“双升”。2020 年，海南省银行业金融机构办理人民币跨境实际收付 372.5 亿元，其中经常项目 97.4 亿元，直接投资 231.1 亿元，同比分别增长 49.1%、68.2% 和 21.1%。2020 年，与海南省发生跨境人民币收付的国家和地区增加 4 个；在海南省银行业金融机构办理过跨境人民币业务的企业增加 286 家。

专栏 1　中国人民银行海口中心支行“四个强化”落实金融支持稳企业保就业

中国人民银行海口中心支行通过强化政策宣传、强化督导督办、强化多方合作、强化开放便利“四个强化”贯彻落实金融支持稳企业保就业工作，加大金融支持实体经济力度，助力各类市场主体快速恢复，经济实现增长。全年海南省各金融机构对实体经济发放人民币贷款净增654亿元，同比增长12.8%，普惠小微贷款余额643亿元，同比增长26.27%，有力支持了海南省经济快速恢复，地区生产总值累计增速达到3.5%，快于全国1.2个百分点。

一、强化政策宣传，打破优惠政策信息传播梗阻

一是运用主流官方媒体持续发声。通过海南卫视、《海南日报》、《南国都市报》等主流媒体持续宣传金融支持稳企业保就业相关政策措施。中国人民银行系统共在媒体发布宣传稿45篇，参加海南卫视各类政企对话系列电视节目专访、访谈46次。二是利用自媒体做好主场宣传。通过海口中支官网、官微积极宣传金融支持企业的典型案例、经验做法。全年，海口中支官网、官微共发布宣传稿50件，累计阅读量逾9万人次。三是搭建银企面对面平台。会同海南青年企业家协会举办“青春战‘疫’金融助力”政策宣讲会，组织银行向30多名青年企业家宣讲普惠金融政策，面对面回应企业关注的焦点；参与海南股权交易中心组织的“政策宣贯暨企业融资对接交流会”，向企业家宣讲金融支持稳企业保就业等政策。四是构建“白名单”直推机制。协调工信、交通运输、文旅等部门向银行业金融机构推送重点企业名单。

二、强化督导督办，确保各项金融优惠政策落地见效

一是强化责任传导和督办。制发督办通知书，将金融支持稳企业保就业任务进度、时限要求等直接落实到18个市县支行主要负责人。二是压实银行“一把手”责任。要求各银行把首贷培植行动作为“一把手”工程，深入开展首贷培植行动，积极拓宽金融服务覆盖面。三是开展跨部门协调督导。加强与发改、工信、财政、文旅、人社等部门横向联动，联合开展中小企业政策宣贯和落实效果评估，推动金融支持稳企业保就业政策落地见效。四是开展市场投诉督办。在海口中支官微开通受理辖区银行落实普惠小微企业贷款延期还本付息和普惠小微企业信用贷款支持两项政策工具的投诉通道。

三、强化多方联动，促进商业银行增加信用贷款投放

一是用好普惠小微企业信用贷款支持计划直达工具。通过座谈、政策答疑等方式将政策及时传达至地方法人银行，按月通报地方法人银行信用贷款进展情况，实现央行资金与商业银行资金联动，增加普惠小微企业信用贷款发放。二是推动银行建立信用贷款内部激励机制，给予普惠小微企业信用贷款倾斜。如海南银行制定出台小微企业业务授信尽职免责管理办法，鼓励各营业网点加大普惠小微企业信用贷款投放；邮政储蓄银行海南省分行推出“线上＋线下”小微易贷（信用贷产品），对开拓小微易贷的信贷员及其所在支行分别给予额外奖励和额外补助，并在年度评选十佳支行行长时优先考虑普惠小微企业信用贷款业绩优异的支行行长。三是推动银行运用金融科技创新推出信用贷款产品。引导银行与税务部门联动，通过大数据技术，将企业纳税信用转化为融资信用，发放银税互动信用贷款。银税互动信用贷款较年初增加超10亿元。此外，金融机构还积极创新信用贷款产品，如工商银行海南省分行推出“经营快贷”信用产品；建设银行海南省分行依托新一代大数据平台，推出POS贷、税易贷、云税贷、小微快贷等多款信用贷款产品供客户选择。

四、强化开放便利，金融支持外资外贸行业稳企业保就业

一是争取到国家外汇管理局取消海南省非金融企业外债逐笔登记试点，进一步便利企业获得跨境融资。二是便利企业管理境内外资金，推进海南省首个FT账户全功能型跨境双向人民币资金池落地实施。三是优化外商直接投资外汇登记手续，便利外商企业直接投资。

（二）证券业稳步发展，融资功能有效发挥

1. 证券期货机构经营稳健，证券期货交易量上升。2020年，海南省共有2家法人证券公司、34家证券分公司和51家证券营业部，2家法人期货公司、4家期货分公司和10家期货营业部。2020年，法人证券公司累计代理买卖证券总额同比增长20.5%，证券公司分支机构累计代理买卖证券总额同比增长37.5%；法人期货公司累计代理交易额同比下降2.3%，期货公司分支机构累计代理交易额同比增长74.2%。法人证券公司净利润下降，证券公司分支机构净利润同比增长1.9倍；法人期货公司净利润下滑，期货公司分支机构经营亏损。

表2　2020年海南省证券业基本情况

项目	数量
总部设在辖内的证券公司数（家）	2
总部设在辖内的基金公司数（家）	0
总部设在辖内的期货公司数（家）	2
年末国内上市公司数（家）	32
当年国内股票（A股）筹资（亿元）	25
当年发行H股筹资（亿元）	0
当年国内债券筹资（亿元）	270
其中：短期融资券筹资额（亿元）	65
中期票据筹资额（亿元）	33

数据来源：海南证监局、中国人民银行海口中心支行。
注：当年国内股票（A股）筹资额指非金融企业境内股票融资。

2. 资本市场主体数量增加，融资功能有效发挥。2020年，海南省新增1家上市公司，实现近三年企业IPO零突破。32家境内上市公司总股本和总市值同比分别增长2.9%和9.0%。海南省企业在资本市场累计融资199亿元。全年新增1家公募基金分支机构、17家登记备案的私募基金管理人。海南亚特兰蒂斯成功发行全国首单旅游度假目的地商业地产抵押贷款支持证券，发行规模70亿元。

（三）保险业平稳增长，产品创新力度加大

1. 保险业资产规模稳步增长。2020年，海南省共有2家法人保险公司、13家财产险省级分公司、14家人身险省级分公司，全行业累计实现原保险保费收入206亿元，同比增长1.6%；累计赔付支出66亿元，同比增长10.3%。保险公司资产总额3694亿元，同比增长26.6%。

2. 保险业金融创新步伐加快。2020年，海南省在全国首创复工复产企业疫情防控综合保险，支持企业复工复产；推出海南乐城全球特药险、自由贸易港特医特药跨境医疗保险、普惠型商业补充医疗保险“惠琼保”等多款产品，促进商业健康保险与博鳌乐城高端医疗服务体系融合发展；创新推出水果价格保险和椰子苗木综合保险，开展金昌鱼保险和罗非鱼收入保险试点。

表3　2020年海南省保险业基本情况

项目	数量
总部设在辖内的保险公司数（家）	2
其中：财产险经营主体（家）	0
寿险经营主体（家）	2
保险公司分支机构（家）	498
其中：财产险公司分支机构（家）	271
寿险公司分支机构（家）	227
保费收入（中外资，亿元）	205.9
其中：财产险保费收入（中外资，亿元）	80.9
人身险保费收入（中外资，亿元）	125.0
各类赔款给付（中外资，亿元）	66.0

数据来源：海南银保监局。

（四）社会融资规模结构更优化，供应链金融快速发展

1. 融资结构进一步优化。2020年，海南省间接融资（新增人民币和外币贷款）新增537亿元，占社会融资规模的55.4%，比上年同期下

降7.7个百分点；表外融资累计减少116亿元；直接融资（新增企业债、政府债和非金融企业股票融资）新增424亿元，占社会融资规模的43.7%，比上年同期上升12.4个百分点。直接融资中，全年政府债券融资新增399亿元，对新增社会融资总规模的贡献度达41.2%。

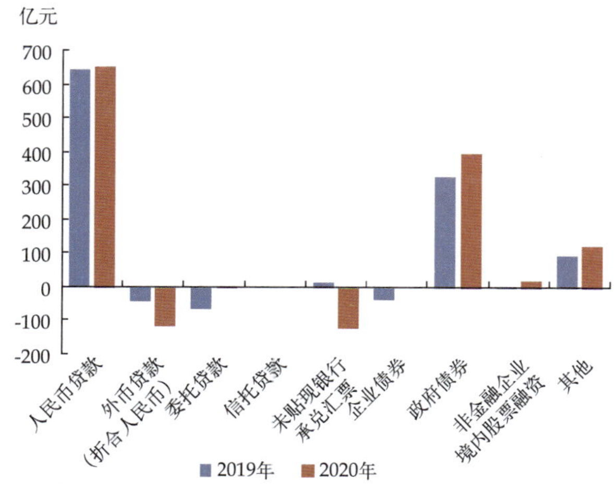

图5　2019—2020年海南省社会融资规模分布结构

（数据来源：中国人民银行海口中心支行）

2. 供应链金融和知识产权信贷快速发展。 2020年末，海南省应收账款融资服务平台注册用户483户，促成融资69笔。法人金融机构积极创新运用非传统抵质押担保方式，2020年累计发放知识产权质押贷款6.7亿元。

（五）金融改革稳步推进，创新发展成效显著

1. 跨境人民币业务创新发展。 2020年，首个FT账户全功能型跨境双向人民币资金池成功在海南落地，海南省银行业金融机构首次办理了FT账户全功能资金池、人民币同业往来账户和境内贸易融资资产跨境转让人民币结算等业务，FT账户优质客户从2019年末的43家扩大至113家。

2. 全国首创开展资金流信息监测系统建设。 按照自由贸易港建设“电子围栏”监管要求，2020年“资金流系统”项目第二阶段建设任务圆满完成。

3. 落地实施多项服务贸易便利化措施。 2020年，优化服务贸易外汇收支单证审核、服务贸易对外付汇税务备案电子化、非关联关系境内外企业代垫款偿还、便利外汇业务使用电子单证、放宽业务审核签注手续等便利服务贸易措施先后落地。

4. 直接投资管理便利化多领域开创全国先河。 2020年，放宽企业资本金使用范围，允许非投资性外商投资企业资本项目外汇收入境内股权投资，缓解企业资金闲置问题。在全国率先开展境外上市外汇登记直接下放银行试点，成为该项政策全国唯一试点省份。

（六）金融生态日趋完善，市场主体不断丰富

1. 支付便利化水平持续提升。 2020年，海南省非现金支付业务办理笔数同比增长6.4%，其中，移动支付业务笔数同比增长39.4%。在全国率先实施入境游客支付便利化项目，实现了港澳入境游客移动支付便利化。移动支付持续向县域及村镇下沉，银行机构便民服务点在2561个行政村实现全覆盖。

2. 填补信用评级和征信机构空白。 2020年，中国人民银行海口中心支行完成对海南省首家信用评级机构海南椰都立信信用服务有限公司的备案工作，填补了自由贸易港建设中信用评级市场主体的空白；公示备案锦誉征信服务（海南）有限公司为海南省第一家企业征信机构，填补了海南省企业征信机构市场主体空白。

3. 金融消费权益保护工作成效显著。 中国人民银行海口中心支行与省高级人民法院、海南银保监局联合建立金融消费纠纷多元化解机制；统筹推进金融知识宣传普及和教育，持续扩大金融知识纳入国民教育覆盖面，探索创建具有示范效应和标杆作用的金融教育示范基地，进一步完善金融知识普及长效机制建设。

二、经济运行情况

（一）有效需求较快上升，经济结构明显优化

2020 年，海南省固定资产投资增长较快，消费贡献明显回升，利用外资实现新突破，三大需求协同发展。

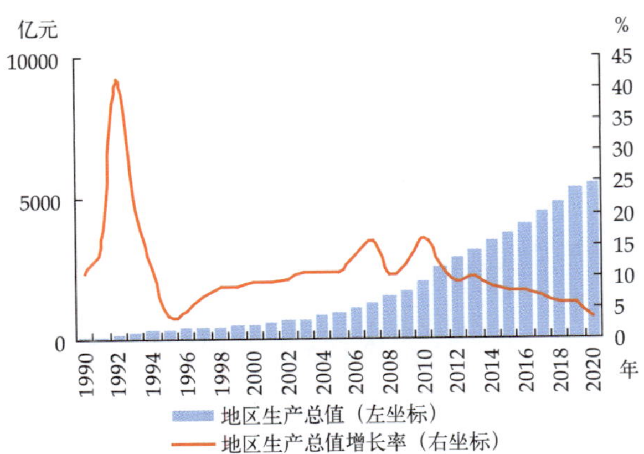

图 6　1990—2020 年海南省地区生产总值及其增长率

（数据来源：海南省统计局）

1. 稳投资成效显著，促转型步伐加快。 2020 年，海南省固定资产投资低开高走，增长速度稳步提升，投资结构持续优化，产业投资明显增加。固定资产投资同比增长 8.0%，增速较上年提高 17.2 个百分点，实现了 2018 年房地产最严格宏观调控以来的首次正增长。非房地产投资同比增长 13.4%，拉动投资增长 7.9 个百分点，是拉动投资增长的绝对动力。民间固定资产投资同比增长 2.1%，增速较上年提高 25.6 个百分点。除基础设施和公共服务投资以外的产业投资同比增长 11.9%，高出投资增速 3.9 个百分点。其中，高技术制造业投资同比增长 79.1%，带动制造业投资实现 49.7% 的较快增长。

2. 离岛免税新政实施，消费贡献明显回升。 2020 年 7 月海南离岛免税新政施行，免税购物额度提高至 10 万元，免税品增加手机、酒类等商品类别，加快促进消费市场的回暖，海南省全年社会消费品零售总额达 1974.6 亿元，同比增长 1.2%，增速比上半年提高 17.4 个百分点。

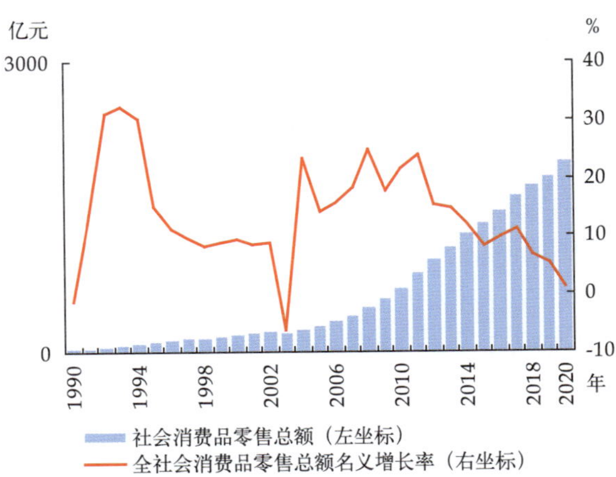

图 7　1990—2020 年海南省社会消费品零售总额及其增长率

（数据来源：海南省统计局）

3. 外贸进出口稳中有增，利用外资连续翻番。 2020 年，海南省进出口总值同比增长 3.0%，高于全国增速 1.1 个百分点。外贸发展动力平稳转换，进口基本以消费品为主，占比近五成；出口基本以成品油为主，占比超三成。民营经济持续向好，民营企业进出口同比增长 61.0%。全年实际利用外资 30.33 亿美元，实现连续三年翻番。外商投资自由贸易港主要集中在现代服务业，利用外资 26.51 亿美元，同比增长 3.5 倍，占比 87.4%。

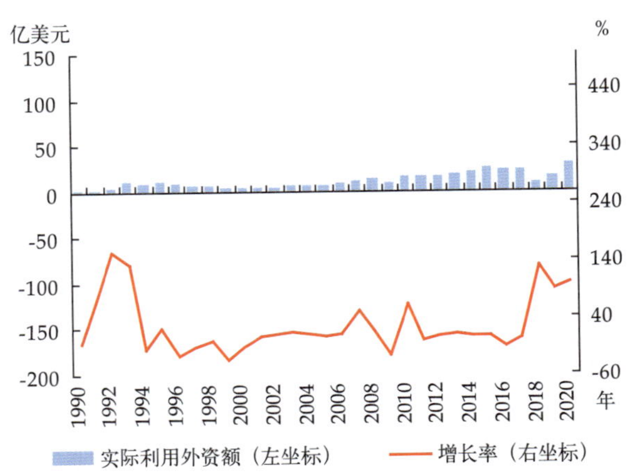

图 8　1990—2020 年海南省实际利用外资及其增长率

（数据来源：海南省统计局）

（二）经济结构转型优化，动力转换成效显著

2020年，海南三次产业结构进一步优化，服务业占比提高1.1个百分点，超过“十三五”规划调结构目标0.4个百分点。

1. 农业经济逐季回升企稳向好。2020年，农林牧渔业实现增加值1178亿元，同比增长2.1%，对经济增长贡献率达12.5%，是全年经济稳定增长的“压舱石”。其中，种植业产值同比增长6.0%，拉动农业经济增长2.9个百分点，是农业经济增长的主导力量；林业产值同比增长9.7%，天然橡胶价格一改近十年来低迷态势接连上涨，有力提振了胶农割胶热情。牛羊禽生产基本稳定。

2. 工业增加值下降幅度较大。2020年，海南省工业增加值同比下降5.4%。规模以上工业增加值同比下降4.5%，但装备制造业同比增长15.6%。在工业互联网产业带动下，互联网产业增加值占GDP的6.9%，营业收入超过1200亿元，同比增长45.8%。

3. 服务业是拉动经济增长的主要动力。2020年，服务业增加值同比增长5.7%，高于GDP增速2.2个百分点，对经济增长贡献率超过95%，是拉动经济增长的主要动力。

4. 供给侧结构性改革成效显著，经济增长方式转变加快。一是新旧动能转换加快。2020年，房地产业增加值同比下降0.9%，其他11个重点产业增加值同比增长10.2%。二是实体经济成本明显降低。2020年前11个月全省累计新增减税降费175.8亿元，清退涉企违规收费2004.5万元，完成拖欠民营企业中小企业无分歧账款5.88亿元清偿工作。三是决战决胜脱贫攻坚。成功实现五指山、临高、白沙贫困县摘帽。

5. 积极推进国家生态文明试验区建设，打造海南清洁能源岛。2020年，《海南热带雨林国家公园生态搬迁方案》《海南省全民所有自然资源资产有偿使用制度实施方案》等政策文件印发实施，《海南热带雨林国家公园总体规划（试行）》获国家林草局批复。环境空气质量优良率达到99.5%，比上年提高2.0个百分点；其中，城市(镇)PM10和PM2.5平均浓度分别比上年下降10.7%和18.8%。清洁能源岛建设步伐加快，规模以上工业清洁能源发电量占规模以上工业发电量的41.8%，比上年提高3.6个百分点；规模以上工业综合能耗同比下降1.6%，降幅增速比上年扩大2.8个百分点。

（三）物价水平高位回落，劳动报酬涨幅收缩

2020年，海南省居民消费价格涨幅高位回落，工业生产者价格降幅扩大，劳动力成本涨幅回落。

1. 居民消费价格涨幅高位回落。2020年，海南省居民消费价格同比累计上涨2.3%，比上年收窄1.1个百分点，在近10年同比涨幅中仅高于2015年。八大类商品和服务项目价格“六涨两降”，其中，在非洲猪瘟疫情、周期性因素等共同作用下，食品价格同比上涨8.4%。

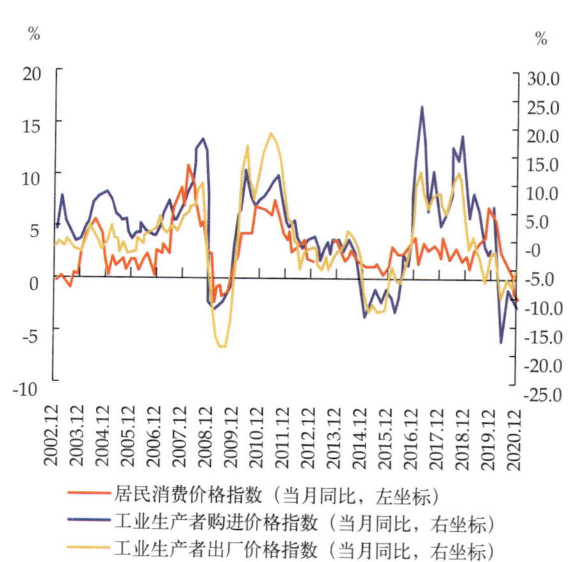

图9　2002—2020年海南省居民消费价格指数和生产者价格指数变动趋势

（数据来源：海南省统计局）

2. 工业生产者价格降幅扩大。2020年，海南省工业生产者出厂价格指数（PPI）同比下降6.2%，跌幅比上年扩大3.6个百分点。受国际原油价格震荡和疫情影响，工业生产资料价格同比下降8.2%，拉动PPI下降约6.6个百分点；工业生产者购进价格指数（IPI）同比下降8.0%。

3. 城乡居民工资收入涨幅收缩。2020年，海南省城镇和农村常住居民工资性收入同比增长2.5%和6.9%，分别低于上年同期4.7个和5.7个百分点。

（四）财政收支增速回落，积极财政更加有为

1. 财政收支增速回落。2020年，海南省一般公共预算收入816.1亿元，完成预算的94.1%，同比增长0.2%，增速回落6.0个百分点；一般公共预算支出1973.9亿元，完成预算的101.6%，同比增长6.2%，增速回落3.7个百分点。全年发行地方债566.4亿元，圆满完成年度任务，年底政府债务余额约为2623.5亿元，在财政部规定的限额以内。

2. 大力支持新冠肺炎疫情防控和复工复产。2020年前11个月全省累计新增减税降费175.8亿元，极大地缓解了疫情期间企业经营困难。建立中央财政资金直达机制，将中央下达的257.4亿元全部拨付基层。

3. 提高财政资金使用效益。全年盘活财政存量资金165.8亿元，压减非刚性、非重点支出预算27.1亿元。

4. 支持自由贸易港发展。全年投入重点园区和重点项目建设资金261亿元，拨付百万人才进海南行动计划专项资金1.9亿元。

5. 持续加大民生领域投入。民生支出占一般公共预算支出的76.2%，社会保障和就业、卫生健康、教育等支出同比分别增长15.3%、28.6%和7.8%，民生短板问题有所改善。

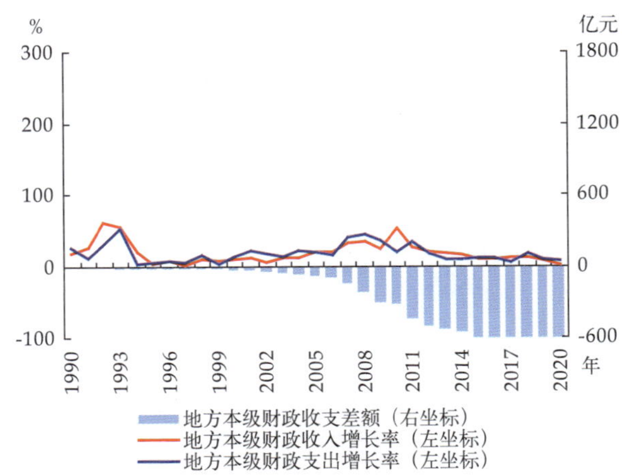

图10　1990—2020年海南省财政收支状况

（数据来源：海南省统计局）

（五）经济转型取得突破，增长动能有效转换

1. 三大产业结构持续优化，现代产业体系建设提速。2020年，海南省产业结构持续优化，旅游业、现代服务业、高新技术产业逐渐成为经济增长重要支撑。

旅游业在疫情下快速复苏。海南省出台“振兴旅游业三十条”，迅速恢复国内旅游宣传促销。下半年在离岛免税政策放宽和疫情出境游减少的背景下，全年接待游客总人数6455万人次，旅游总收入873亿元，分别恢复至上年的77.7%和82.5%，免税购物游逆势增长，离岛免税品销售同比增长127%。

高新技术产业市场规模增势足。海南省积极培育和引进高新技术企业和科研院所，搭建科技创新平台，在深海科技、航天科技等领域建立产学研体系。截至2020年底，高新技术企业总数已达到838家，同比增长48.1%；实现营业收入841.0亿元，同比增长9.9%。

现代服务业成增长新动力。海南省现代服务业迅速发展，逐渐成为税收收入的主要来源和拉动社会就业的主要力量，2020年服务业增加值增长5.7%，对整体经济增长的贡献作用达到95.8%。动漫游戏、共享经济等网络技术服务业迅速壮大，2020年互联网产业营业收入达1200亿元，增长45.8%。

2. 坚持“房住不炒”，房地产调控效果延续。继续实施最严限购的房地产调控政策，有效遏制了房地产投机，2020 年房屋销售面积和销售额同比分别下降 9.4% 和 3.4%。

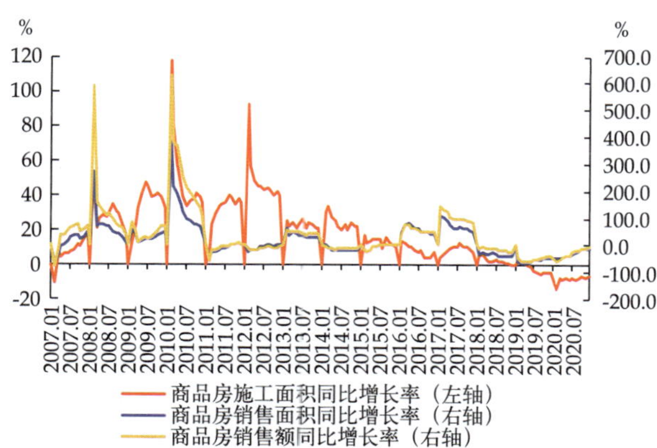

图 11　2007—2020 年海南省商品房施工和销售变动趋势

（数据来源：海南省统计局）

（六）自由贸易港建设顺利开局，开放发展进入崭新阶段

2020 年《海南自由贸易港建设总体方案》出台后，自由贸易港建设蓬勃展开。

1. 政策框架加快完善。《海南自由贸易港建设总体方案》（以下简称《总体方案》）正式出台，全面深化改革开放“1+N”政策体系主框架基本形成。《海南自由贸易港法（草案）》提请全国人大常委会审议。第一、第二批调法调规事项审议通过，土地管理法等 3 部法律、5 部行政法规将在海南省调整适用。

2. 重大政策相继落地。离岛免税“新政”、企业和个人所得税优惠、进口原辅料和交通工具及游艇“零关税”正面清单、高端紧缺人才清单管理办法等多项重大政策相继落地。

3. 经济活跃度不断提升。全年新增市场主体增速 30.9%，《总体方案》发布以来累计引进人才超 11 万人。具有示范性、引领性的重点项目中，全球动植物种质资源引进中转基地完成首单业务，“中国洋浦港”国际船舶登记 22 艘，乐城先行区进口特许药械品种引进 120 例。

4. 外向型经济取得新进展。首条洲际航线——洋浦至南太平洋至澳大利亚航线开通运营，自由贸易港集装箱班轮航线增至 44 条。对日本、欧洲、东盟等外贸规模大幅提高，汽车零配件、药品等较高附加值工业品出口增速达两位数。

专栏 2　外汇创新政策多措并举，海南自由贸易港建设蓬勃展开

为了更好地服务海南自由贸易港建设，国家外汇管理局海南省分局严格贯彻落实习近平总书记重要指示批示精神和《海南自由贸易港建设总体方案》要求，创新多项外汇金融政策，有效提升辖区贸易、投资自由化便利化水平。

一是跨境贸易便利化水平有效提升。落地实施 5 项服务贸易便利化措施，分别是优化服务贸易外汇收支单证审核、服务贸易对外付汇税务备案电子化、非关联关系境内外企业代垫款偿还、便利外汇业务使用电子单证、放宽业务审核签注手续等。二是落地多项跨境直接投资便利化政策措施。放宽企业资本金使用范围，允许非投资性外商投资企业资本项目外汇收入境内股权投资，缓解企业资金闲置问题，共办理 12 笔非投资性外商投资企业境内股权投资。在全国率先开展境外上市外汇登记直接下放银行试点，海南是全国唯一试点该业务的省份。积极推动 QFLP 和 QDLP 试点，2020 年已经落地两只 QFLP，开辟了海南自由贸易港 QFLP 通道，有望成为全国第四个试点 QDLP 省份。三是积极开展跨境融资便利化政策试点。扩大可跨境转出的信贷资产范围和参与机构范围，

2020年海南省共发生4笔境内信贷资产对外转让业务，其中贸易融资资产跨境对外转让3笔，银行不良贷款跨境对外转让1笔。取消非金融企业外债逐笔登记，共为17家企业办理一次性外债登记。四是积极创新科技金融工具。为便利海南自由贸易港内涉外企业跨境资金使用，降低企业融资成本，提高融资效率，国家外汇管理局海南省分局及时落地区块链平台试点。4月28日，首单出口应收账款融资业务通过区块链平台顺利完成；5月19日，中央电视台《新闻联播》对区块链平台在海南自由贸易港落地的首单应用案例进行报道，给予高度评价。截至2020年末，区块链平台共接入14家银行，为7家涉外企业累计办理119笔出口应收账款融资业务。

下一步，中国人民银行海口中心支行、国家外汇管理局海南省分局将以习近平新时代中国特色社会主义思想为指导，坚持稳中求进工作总基调，贯彻新发展理念，加快外汇改革创新步伐，推进外汇管理支持海南自由贸易港建设。

三、预测与展望

2021年是“十四五”开局之年，是全面建设社会主义现代化国家新征程的起步之年，是高质量高标准建设中国特色自由贸易港的关键之年，随着自由贸易港建设红利不断释放，旅游业、现代服务业、高新技术产业和热带高效农业“3+1”的现代产业体系不断完善，经济发展动能加快转换，经济内生动力持续增强，发展质量将明显提升。但同时也要看到，国际形势日趋复杂，新冠肺炎疫情对经济的负面影响仍在持续，全国经济恢复基础尚不牢固，海南省自身向高质量发展迈进仍然面临一些结构性矛盾和问题。海南省金融业整体水平与发达地区差距还较为明显，金融市场还有待进一步深化，金融风险防控还需持续关注。

2021年，面对发展机遇和挑战，海南全省将继续以习近平新时代中国特色社会主义思想为指导，全面贯彻落实中央关于经济金融各项工作的重大决策部署，坚持稳中求进工作总基调，立足新发展阶段，贯彻新发展理念，构建新发展格局，精彩开局“十四五”，为全面深化改革开放、加快建设中国特色自由贸易港而努力奋斗。海南省金融业将认真贯彻落实稳健的货币政策，着力加大金融服务实体经济力度，加快推进自由贸易港金融改革创新，稳步提升金融综合服务水平，强化金融风险防范化解，助力自由贸易港建设稳步推进。

中国人民银行海口中心支行货币政策分析小组

总　　纂：方　昕　黄　革

统　　稿：邱彦华　李函晟　李晶石

执　　笔：潘　琪　邓　昕　林　昕　王宏杰　郑其敏　黄邱婧　白　洁　林　萍　江　凯
严　晋　夏　凡　王　宇　侯腊一　陈太玉　符瑞武　金为华　王　培　范　静
殷文哲　陈才麟

提供材料：郭　雁　吴　帆　陈修灿　黄翠玲　陈　婧　文宇萌　杨　龙　冯沙沙　杨学彬
赵　牧　程健冬　潘　郸　冼少云　杨　净

附录

（一）2020年海南省经济金融大事记

1月21日，国家外汇管理局正式批复同意在海南省开展境内信贷资产对外转让试点和货物、服务贸易外汇收支便利化试点。

2月29日，海南省5个国家贫困市县全部实现脱贫摘帽。

6月1日，《海南自由贸易港建设总体方案》正式公布。

6月3日，海南自由贸易港11个重点园区同时举行挂牌仪式。

6月16日，“中国洋浦港”首艘注册船舶正式启航。

7月1日，海南省扩大离岛免税购物新政策正式实施。

8月12—15日，37国73位驻华大使以及驻穗、驻沪领事官员集中访问海南。

8月31日，海南自由贸易港创一流营商环境动员大会召开。

10月10日，海南QFLP试点制度正式落地。

12月31日，海南岛实现高速公路“县县通”。

（二）海南省主要经济金融指标

表 1　2020 年海南省主要存贷款指标

	项目	1月	2月	3月	4月	5月	6月	7月	8月	9月	10月	11月	12月
本外币	金融机构各项存款余额（亿元）	9598.0	9615.0	9843.0	9778.0	9948.0	10103.0	10038.0	10094.0	10208.0	10071.0	10102.0	10312.5
	其中：住户存款	4631.0	4619.0	4707.0	4693.0	4701.0	4784.0	4749.0	4783.0	4902.0	4876.0	4927.0	5037.3
	非金融企业存款	2538.0	2527.0	2692.0	2719.0	2679.0	2866.0	2741.0	2806.0	2876.0	2832.0	2869.0	3049.9
	各项存款余额比上月增加（亿元）	-140.0	17.0	228.0	-65.0	170.0	155.0	-65.0	55.0	114.0	-137.0	31.0	210.4
	金融机构各项存款同比增长（%）	0.5	-0.3	0.7	0.8	3.2	2.6	4.9	4.8	6.0	4.2	4.1	5.9
	金融机构各项贷款余额（亿元）	9653.2	9705.4	9902.4	9965.7	9960.1	10064.8	10063.0	10104.9	10005.1	9958.4	9937.1	9981.7
	其中：短期	1404.6	1397.0	1455.9	1488.3	1486.8	1500.7	1495.9	1520.9	1398.7	1398.8	1400.8	1397.9
	中长期	7623.6	7639.2	7736.4	7769.5	7722.6	7787.2	7763.5	7785.7	7840.9	7819.9	7818.3	7831.5
	票据融资	198.1	200.7	227.6	235.1	261.8	287.8	329.7	331.7	309.3	287.9	274.3	312.9
	各项贷款余额比上月增加（亿元）	132.1	52.2	197.0	63.3	-5.7	104.8	-1.8	42.0	-99.8	-46.8	-21.3	44.7
	其中：短期	20.1	-18.0	44.8	9.4	20.4	45.3	21.9	41.0	53.7	7.9	30.4	18.1
	中长期	101.2	15.6	97.2	33.2	-47.0	64.7	-23.7	22.1	55.2	-21.0	-1.6	13.1
	票据融资	9.8	2.6	26.9	7.5	26.7	25.9	42.0	1.9	-22.4	-21.4	-13.6	38.6
	金融机构各项贷款同比增长（%）	6.8	7.5	8.1	8.8	8.3	8.3	8.1	7.6	6.7	5.9	5.3	4.8
	其中：短期	-5.3	-4.4	-1.7	2.5	3.2	3.0	4.3	6.9	-1.2	-0.8	-2.2	-5.0
	中长期	8.5	8.6	8.3	8.8	7.2	7.0	6.4	5.3	6.0	5.3	5.4	4.9
	票据融资	14.2	16.7	29.4	27.4	53.6	59.7	72.9	78.8	71.6	59.4	39.8	66.1
	建筑业贷款余额（亿元）	126.4	125.1	129.7	134.9	134.1	145.9	149.6	156.8	158.0	156.4	160.0	162.4
	房地产业贷款余额（亿元）	1212.0	1222.0	1248.1	1290.5	1279.3	1282.1	1278.8	1256.4	1283.0	1263.6	1242.6	1234.5
	建筑业贷款同比增长（%）	9.8	8.1	9.4	13.0	9.9	15.0	10.4	21.5	15.6	18.0	19.8	25.9
	房地产业贷款同比增长（%）	0.1	0.7	3.2	6.2	5.0	3.3	2.4	-0.7	6.1	4.6	4.5	5.3
人民币	金融机构各项存款余额（亿元）	9498.9	9516.3	9742.6	9692.9	9861.7	10019.8	9953.6	10014.9	10138.2	10009.1	10044.1	10151.5
	其中：住户存款	4606.1	4592.6	4680.1	4666.3	4674.7	4757.8	4723.4	4757.6	4876.0	4850.0	4901.3	5011.8
	非金融企业存款	2517.1	2507.6	2674.4	2699.0	2658.4	2845.8	2725.7	2786.6	2851.8	2808.6	2848.1	3003.7
	各项存款余额比上月增加（亿元）	-146.9	17.4	226.3	-49.7	168.8	158.1	-66.2	61.3	123.3	-129.1	35.0	107.4
	其中：住户存款	110.8	-13.4	87.4	-13.8	8.4	83.1	-34.4	34.2	118.5	-26.0	51.2	110.5
	非金融企业存款	-227.9	-9.4	166.8	24.6	-40.6	187.3	-120.0	60.9	65.2	-43.3	39.6	155.6
	各项存款同比增长（%）	0.1	-0.7	0.3	0.5	3.0	2.4	4.6	4.6	5.8	4.2	4.8	5.2
	其中：住户存款	6.1	5.7	5.8	5.4	5.8	7.1	6.8	7.7	9.4	9.6	10.3	11.5
	非金融企业存款	-8.6	-8.5	-5.0	1.0	2.2	6.2	8.3	9.6	12.3	9.7	8.1	9.4
	金融机构各项贷款余额（亿元）	8740.3	8740.9	8915.0	8981.5	8958.5	9067.9	9087.5	9153.9	9210.5	9171.9	9180.2	9230.2
	其中：个人消费贷款	2219.6	2208.7	2230.7	2245.6	2260.5	2280.3	2299.1	2328.6	2357.1	2370.7	2397.1	2408.3
	票据融资	198.1	200.7	227.6	235.1	261.8	287.8	329.7	331.7	309.3	287.9	274.3	312.9
	各项贷款余额比上月增加（亿元）	143.9	0.6	174.2	66.5	-23.0	109.3	19.7	66.4	56.6	-38.6	8.3	50.0
	其中：个人消费贷款	11.4	-10.9	22.0	14.9	14.9	19.8	18.8	29.6	28.5	13.6	26.4	11.2
	票据融资	9.8	2.6	26.9	7.5	26.7	25.9	42.0	1.9	-22.4	-21.4	-13.6	38.6
	金融机构各项贷款同比增长（%）	7.6	7.8	8.3	9.0	8.4	8.5	8.5	8.4	9.1	8.3	7.9	7.4
	其中：个人消费贷款	10.6	10.2	10.3	10.6	10.3	10.3	10.2	10.4	10.3	10.0	10.0	9.1
	票据融资	14.2	16.7	29.4	27.4	53.6	59.7	72.9	78.8	71.6	59.4	39.8	66.1
外币	金融机构外币存款余额（亿美元）	14.4	14.1	14.2	12.0	12.1	11.8	12.1	11.5	10.2	9.2	8.8	24.7
	金融机构外币存款同比增长（%）	60.1	51.6	53.5	31.9	47.6	37.4	59.5	34.3	32.5	17.6	-47.8	87.2
	金融机构外币贷款余额（亿美元）	132.6	137.7	139.4	139.5	140.4	140.8	139.7	138.6	116.7	117.0	115.1	115.2
	金融机构外币贷款同比增长（%）	-3.5	0.2	1.5	2.3	3.1	3.4	3.5	3.5	-12.3	-12.0	-12.9	-13.1

数据来源：中国人民银行海口中心支行调查统计处。

表 2　2020 年海南省各类价格指数

单位：%

时间	居民消费价格指数		农业生产资料价格指数		工业生产者购进价格指数		工业生产者出厂价格指数	
	当月同比	累计同比	当月同比	累计同比	当月同比	累计同比	当月同比	累计同比
2020　1								
2	5.8	6.0	7.7	8.2	5.7	6.6	-1.6	-0.7
3	5.2	5.8	6.8	7.7	0.5	4.5	-5.1	-2.1
4	4.6	55.0	7.1	7.6	-9.7	0.9	-8.9	-3.9
5	2.8	4.9	5.8	7.2	-17.3	-2.8	-9.7	-5.0
6	2.6	4.6	7	7	-16.1	-5.1	-8.2	-5.6
7	2.2	4.2	7.2	7	-15.2	-6.5	-7.9	-5.9
8	1	3.8	5.3	6.8	-9.9	-7	-6.8	-6
9	0.5	3.4	1.3	6.1	-7.7	-7	-6.9	-6.1
10	0.7	3.2	0.9	5.6	-10.7	-7.4	-7.7	-6.2
11	-1.9	2.7	-1.4	4.9	-10.9	-7.7	-6.9	-6.3
12	-1.6	2.3	-1.1	4.4	-11.1	-8	-4.9	-6.2

数据来源：《中国经济景气月报》、海南省统计局。

表 3　2020 年海南省主要经济指标

项目	1 月	2 月	3 月	4 月	5 月	6 月	7 月	8 月	9 月	10 月	11 月	12 月
	绝对值（自年初累计）											
地区生产总值（亿元）	—	—	1115.3	—	—	2383.0	—	—	3841.3	—	—	5532.4
第一产业	—	—	250.5	—	—	559.5	—	—	806.1	—	—	1136.0
第二产业	—	—	180.7	—	—	427.5	—	—	734.5	—	—	1055.3
第三产业	—	—	684.0	—	—	1396.1	—	—	2300.7	—	—	3341.2
工业增加值（亿元）	—	—	114.3	—	—	234.7	—	—	377.8	—	—	536.3
固定资产投资（亿元）	—	—	—	—	—	—	—	—	—	—	—	—
房地产开发投资	—	105.1	215.5	291.8	387.8	507.7	611.5	726.5	860.3	996.5	1158.2	1341.7
社会消费品零售总额（亿元）	—	236.7	338.1	482.9	649.4	799.5	968.0	1150.1	1337.8	1550.1	1762.2	1974.6
外贸进出口总额（亿元）	—	125.8	202.3	267.4	331.4	399.3	470.9	541.0	630.9	692.2	786.0	933.0
进口	—	78.4	119.9	157.8	206.7	260.6	313.0	367.5	441.9	491.6	571.0	656.6
出口	—	47.4	82.4	109.7	124.7	138.7	157.9	173.6	189.0	200.7	215.0	276.4
进出口差额（出口－进口）	—	-31.0	-37.4	-48.1	-82.1	-122.0	-155.1	-193.9	-252.9	-290.9	-356.0	-380.2
实际利用外资（亿美元）	—	1.2	1.3	3.2	3.2	3.2	3.3	3.9	5.9	6.3	7.3	30.3
地方财政收支差额（亿元）	—	-113.9	-228.1	-329.5	-392.5	-511.6	-610.6	-695.5	-836.1	-877.0	-992.3	-1157.8
地方财政收入	—	124.2	156.4	210.4	269.3	329.2	398.7	451.4	522.9	617.7	680.6	816.1
地方财政支出	—	238.1	384.5	539.9	661.8	840.7	1009.3	1146.9	1359.0	1494.7	1672.9	1973.9
	同比累计增长率（%）											
地区生产总值	—	—	-4.5	—	—	-2.6	—	—	1.1	—	—	3.5
第一产业	—	—	0.4	—	—	1.6	—	—	1.9	—	—	2.0
第二产业	—	—	-12.5	—	—	-7.1	—	—	-1.5	—	—	-1.2
第三产业	—	—	-3.9	—	—	-2.8	—	—	1.7	—	—	5.7
工业增加值	—	—	-10.3	—	—	-8.8	—	—	-6.1	—	—	-5.4
固定资产投资	—	-22.1	-1.6	1.7	3.5	3.0	5.6	7.5	8.4	8.8	7.2	8.0
房地产开发投资	—	-29.3	-20.3	-18.6	-14.5	-10.2	-7.3	-3.6	-0.4	0.9	1.4	0.4
社会消费品零售总额	—	-33.1	-31.4	-25.0	-19.4	-16.2	-12.3	-8.5	-5.2	-2.2	0.4	1.2
外贸进出口总额	—	-22.2	-19.0	-17.0	-13.7	-12.3	-13.0	-9.8	-5.7	-5.7	-2.9	3.0
进口	—	-35.6	-30.1	-25.5	-16.2	-10.5	-10.4	-4.5	3.3	5.6	11.3	16.8
出口	—	18.5	5.1	-0.8	-9.0	-15.7	-17.6	-19.3	-21.8	-25.2	-27.4	-19.6
实际利用外资	—	100.9	89.8	252.3	147.0	98.7	18.6	33.1	88.2	62.8	23.7	100.7
地方财政收入	—	-20.8	-31.8	-30.1	-26.6	-26.2	-21.6	-18.3	-15.2	-9.8	-7.5	0.2
地方财政支出	—	2.1	-5.5	-3.8	-4.5	-1.8	1.7	3.4	6.9	5.2	7.4	6.2

数据来源：海南省统计局。

重庆市金融运行报告（2021）

中国人民银行重庆营业管理部货币政策分析小组

［内容摘要］2020 年，重庆市坚决贯彻落实党中央决策部署，坚持稳中求进工作总基调，全面深入贯彻新发展理念，紧扣高质量发展，构建新发展格局，扎实做好“六稳”工作、落实“六保”任务，统筹推进疫情防控和经济社会发展。全市经济总体呈现恢复性增长态势，地区生产总值实现 2.5 万亿元，各项主要经济指标稳中向好，高质量发展态势明显，人民收入和生活水平稳步提高。全市金融业立足服务实体经济根本要求，倾情倾力支持全市抗疫保供、复工复产、稳企业保就业和脱贫攻坚收官，有序推进金融风险防范化解，加快金融改革创新，为全市经济复苏发展营造了合理适宜的金融环境。全年全市社会融资规模增量为 8101 亿元，同比多增 2131.4 亿元，各项贷款增速高于全国水平。

经济运行主要呈现以下特点：一是紧扣构建新发展格局，着力促进经济稳步复苏。2020 年，全市地区生产总值同比增长 3.9%。基建投资发挥“压舱石”作用，5G 基站、高铁轨交等“两新一重”项目支撑带动作用凸显。工业投资回稳向好，高技术、战略性新兴产业等新增长点贡献提升。新能源、智能化和高端化汽车消费增长，有力拉动消费市场回暖。网络消费新业态活力加快释放，限额以上网上零售额增速高达 45%。进出口连续三年保持两位数增长，贸易方式优化，外贸市场趋于多元。对外开放稳步扩大，全年实际利用外资 102.7 亿美元。生态环境持续改善，空气优良天数全年占比超过 90%，长江上游重要生态屏障建设取得新成效。二是三次产业稳中有增，新兴动能拉动有力。农业产值稳步增长，粮食产量创十年新高，农村人居环境有效改善，18 个贫困区县、190.6 万农村贫困人口全部摘帽脱贫。工业经济稳定增长，企业利润好转。传统支柱产业转型升级成效初显，汽车、电子信息产业较快增长，有力支撑工业经济回升。高技术产业和数字经济拉动有力，增加值分别增长 13.3% 和 18% 以上。依托互联网、信息技术的现代服务业新业态快速发展，助推全年服务业增加值逆势增长。三是物价指数回稳，人民收入水平持续提高。得益于猪肉产能持续恢复，肉类价格高位回落，全市居民消费价格指数（CPI）涨幅逐步回稳，全年同比增长 2.3%。受工业及基础原材料需求偏弱影响，工业生产者出厂价格指数同比下降 0.9%。城镇、农村常住居民人均可支配收入增速高于全国，城镇调查失业率为 5.7%。

金融运行主要呈现以下特点：一是银行业、证券业、保险业平稳运行，综合实力稳步增强。银行业规模稳步增长，信贷资产占比持续提升。银行加大减费让利、不良贷款核销力度，全年利润总额同比下降。证券业、保险业稳步发展。法人证券公司评级提高，境内上市公司数量增至 57 家，资本市场融资总量和交易额均大幅增长。保险机构总资产突破 2100 亿元，偿付能力充足率持续高于全国水平，风险保障能力进一步增强。二是金融助力抗疫复产，支持实体经济力度加大。企业贷款同比多增，其中企业经营贷款全年新增量是上年同期增量的 2.9 倍，有力支持企业复工复产。以推广建设民营小微企业首贷续贷中心、开展重点领域专项行动等为抓手，推动金融支持稳企业保就业取得良好成效、信贷结构更加契合实体经济需求。普惠小微贷款余额突破 3000 亿元，同比增长 28.8%。制造业中长期贷款、涉农贷款、金融精准扶贫贷款、产业扶贫贷款较快增长。利率市场化改革深入推进，企业信贷融资成本处于历史低位。直接融资供给有力，企业发行债务融资工具近 1100 亿元。跨境人民币货物贸易和直接投资结算额均创历史新高，亚洲基础设施投资银行跨境人民币防疫专项转贷款成功落地。深入发挥创投基金、地方转股平台融资作用，强化资本市场对初创企业、小微企业的股权融资支持力度。保险业服务民生能力提升，通过创新产品，针对性支持小微企业复工复产，提供风险保障超400亿元。三是风险防范化解有序推进。受疫情冲击，全市银行业不良贷款率较年初有所上升，但仍明显低于全国水平。建立金融委办公室地方协调机制（重庆市），有力提升全市重大风险防范处置协同能力。四是金融改革创新持续向纵深发展。合格境内有限合伙人（QDLP）对外投资试点等外汇管理改革创新试点获批开展。“长江绿融通”大数据综合服务系统上线，推动绿色金融发展迈向更高水平。国家金融科技认证中心落户重庆，金融科技创新监管试点获准实施。全国性银行在渝分行建成全国领先的“5G+”智慧网点。重庆农商行成为中西部首家获银行间市场信用风险缓释工具创设资质的农村金融机构。重庆首单地方法人银行永续债、“债券通”小微金融债成功落地。

2021年，重庆市将进一步围绕习近平总书记对重庆提出的“两点”定位、“两地”“两高”目标，发挥“三个作用”和推动成渝地区双城经济圈建设等重要指示要求，加快建设现代化经济体系，实现经济行稳致远。在投资方面，成渝地区双城经济圈建设、现代产业体系壮大、乡村振兴和城市提升等领域重大项目将为投资增长提供支撑。在消费方面，随着疫情得到有效控制，线下消费不断开放，叠加汽车、家电等促销政策提振，消费将向常态恢复。在外贸方面，中新（重庆）战略性互联互通示范项目、自贸试验区等开放平台提档升级，东盟和“一带一路”新兴市场持续开拓，将支持出口增长保持韧性。总体来看，经济长期向好、高质量增长的基本面没有变化，但疫情和内外部环境的不确定性仍将给经济运行带来压力。重庆市金融业将以推动经济高质量发展为主题，以深化供给侧结构性改革为主线，为加快构建新发展格局提供有力有效的金融支持。认真贯彻落实稳健的货币政策，进一步提高对实体经济的服务效能，围绕普惠小微、科技创新、绿色发展、乡村振兴等重点领域，用好大数据等金融科技手段赋能，健全金融服务直达区县、园区、乡镇的体制机制。做好互联网金融、债券兑付、非法金融活动等重点领域风险防范和处置，筑牢区域性金融风险防火墙。抓住更高水平内陆开放高地建设契机，稳妥推进贸易投资便利化、跨境人民币、外汇管理等领域试点创新，持续推动金融科技、绿色金融改革发展。

一、金融运行情况

2020年，重庆金融业稳中求进、勇于担当，在支持全市疫情防控和经济社会发展的同时，保持了稳健运行的良好态势。行业综合实力稳步增强，服务实体经济能力明显提高，创新改革步伐加快，金融生态环境向好，主要风险指标均低于全国水平。

（一）银行业稳健运行，有效支持实体经济复苏

2020年，重庆银行业认真贯彻落实稳健货币政策灵活适度、精准导向的要求，信贷支持实体经济力度加大，企业贷款利率明显降低。

1.资产规模稳步增长，机构体系不断完善。2020年，重庆市银行业资产总额同比增长9.9%，其中，信贷资产占比提升至七成以上。银行加大减费让利、不良核销力度，利润同比下降。中银金融租赁公司、小米消费金融公司落户重庆。国内首家由农村金融机构发起设立的理财子公司渝农商理财公司成立。重庆银行A股上市获批，重庆三峡银行发行重庆首单地方法人银行永续债，法人银行资本补充渠道进一步拓宽。

表 1　2020 年重庆市银行业金融机构情况

机构类别	营业网点			法人机构（个）
	机构个数（个）	从业人数（人）	资产总额（亿元）	
一、大型商业银行	1327	26697	17462	0
二、国家开发银行和政策性银行	39	1327	5993	0
三、股份制商业银行	294	9258	8405	0
四、城市商业银行	287	7752	8429	2
五、城市信用社	0	0	0	0
六、小型农村金融机构	1763	15429	11004	1
七、财务公司	4	150	164	4
八、信托公司	2	382	369	2
九、邮政储蓄银行	227	4384	3596	0
十、外资银行	23	499	284	0
十一、新型农村金融机构	124	2547	377	40
十二、其他	8	3202	2916	8
合　计	4098	71627	59000	57

数据来源：重庆银保监局、中国人民银行重庆营业管理部。

注：营业网点不包括国家开发银行和政策性银行、大型商业银行、股份制商业银行等金融机构总部数据；大型商业银行包括工商银行、农业银行、中国银行、建设银行和交通银行；小型农村金融机构包括农村商业银行、农村合作银行和农村信用社；新型农村机构包括村镇银行、贷款公司、农村资金互助社和小额贷款公司；其他包含金融租赁公司、汽车金融公司、货币经纪公司、消费金融公司等。

2. 存款增速回升，企业和个人存款双增。2 月下旬复工复产以来，重庆市本外币存款增速持续回升，年末同比增长 8.5%，较上年提升 1.5 个百分点。受外汇存款利率明显下降等影响，外币存款增速低于上年同期。得益于金融纾困政策有效传导，以及企业盈利好转，全年企业存款同比多增；企业结构性存款逐季度压降，占企业存款比重较上年下降 4.5 个百分点。个人存款增长平稳，全年保持 13% 左右的增速。受减税降费、支出增多、拨付加快等影响，政府存款同比下降。地方法人银行存款稳健增长，定期存款占比持续提升。

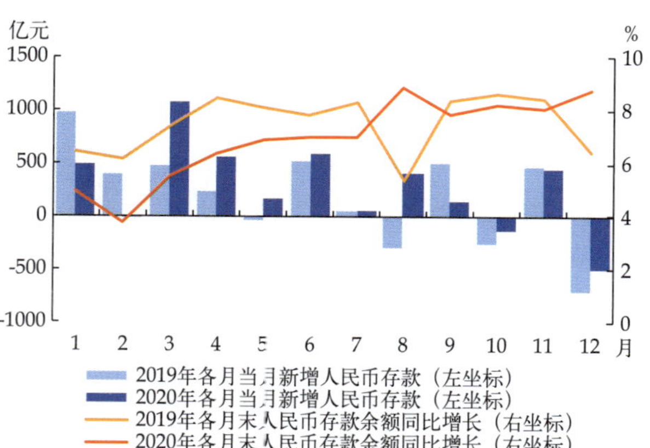

图 1　2019—2020 年重庆市金融机构人民币存款增长变化

（数据来源：中国人民银行重庆营业管理部）

3. 贷款增速高于全国水平，投向结构更加契合实体经济需求。2020 年，面对突如其来的新冠肺炎疫情，全市银行业加大对实体经济支持力度，本外币贷款全年新增量同比多增，余额增速为 13.1%，高于全国水平 0.6 个百分点，为经济恢复发展营造了合理适度的货币金融环境。人民币贷款余额同比增长 13.2%。外币贷款余额增速较上年同期大幅提升至 16.3%，主要受贸易融资需求激增带动。

信贷投向结构不断优化。在金融支持稳企业保就业政策推动下，企业经营贷款全年新增 1035.7 亿元，是上年同期增量的 2.9 倍，帮助企业对冲疫情冲击、恢复正常生产经营。全市普惠小微贷款增速连续 12 个月超 20%。涉农贷款同比多增，余额增速连续两年提升。扶贫再贷款、金融精准扶贫贷款、产业扶贫贷款同比分别增长 26%、23.6% 和 68.7%，助力脱贫攻坚收官。

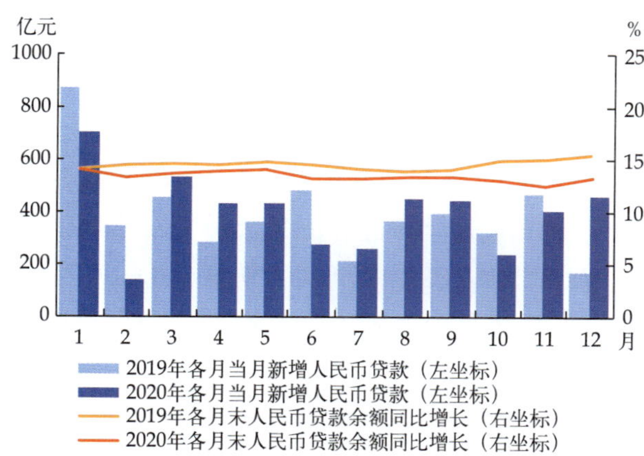

图 2　2019—2020 年重庆市金融机构人民币贷款增长变化

（数据来源：中国人民银行重庆营业管理部）

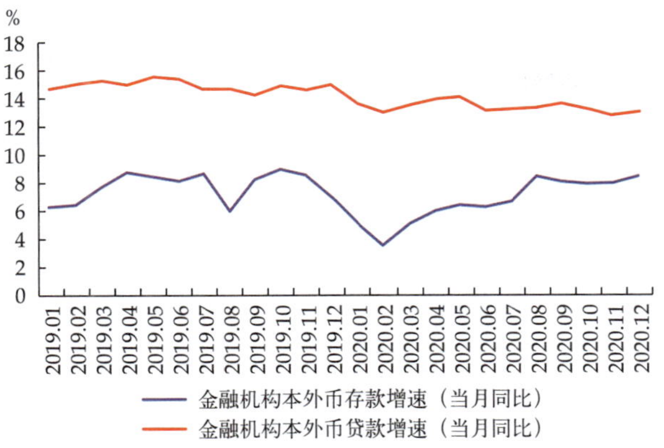

图3 2019—2020年重庆市金融机构本外币存、贷款增速变化

（数据来源：中国人民银行重庆营业管理部）

4. 理财业务有所收缩，净值型占比持续提升。2020年，全市理财产品余额同比下降11.8%。非净值型理财产品募集减少，净值型理财产品募集继续保持正增长，余额占比升至近六成，产品结构更加符合资管新规要求。银行股权投资等其他表外业务稳健发展，增速处于合理区间。

专栏1 重庆市金融支持稳企业保就业工作取得积极成效

2020年，中国人民银行重庆营业管理部坚决贯彻落实党中央、国务院关于扎实做好“六稳”工作、全面落实“六保”任务的决策部署，聚焦重点领域和薄弱环节，建立16个部门共同参与的金融支持稳企业保就业工作联系机制，联合出台40条具体措施，在政策配套、信息共享、融资增信等方面打出政策组合拳，形成工作合力，助力重庆市场主体增至近300万户。

一是用好两项直达货币政策工具。落实好中小微企业贷款阶段性延期还本付息政策，全市银行机构6—12月为4.76万户市场主体的869亿元到期贷款本金实施延期。大力推进普惠小微信用贷款支持计划，2020年发放普惠小微信用贷款577亿元，同比增长46%。

二是开展中小微企业和个体工商户融资保障行动。全力推进首贷、续贷中心建设，建成首贷、续贷中心32个，开发“渝融通”银企融资对接服务二维码，实现线上线下双对接，累计发放贷款19.2亿元。推动建立普惠小微敢贷愿贷会贷长效机制，引导金融机构实施普惠小微贷款内部资金转移定价优惠50个基点以上，提升考核权重至10%以上。强化财政金融互动，针对住宿餐饮、批发零售等9个受疫情影响行业的中小微企业出台贴息政策，推出外贸企业专项贴息贷款。

三是优化银企对接，实现精准支持。搭建线上银企对接服务平台，促进融资325亿元。开展多层次线下对接行动。会同6个行业主管部门向金融机构推荐重点企业2354家，支持844家新获得贷款441亿元。市区（县）联动开展“金融保市场主体”大走访行动，组织走访企业3.2万户，为企业新增授信1833亿元。

四是聚焦重点领域开展专项行动。开展制造业中长期融资提升行动。会同市发展改革委等部门建立制造业中长期贷款项目白名单制度，创新推出制造业中长期流动资金信用贷款、选择权贷款等信贷产品。开展产业链供应链融资专项行动。加大对应收账款融资、商业承兑汇票贴现支持力度。强化金融稳外贸外资服务，紧抓全国首批试点建设跨境金融区块链服务平台机遇，累计办理出口应收账款融资超过100亿美元。

经各方共同努力，全市金融支持稳企业保就业取得积极成效。2020年末，全市普惠小微贷款余额突破3000亿元，同比增长28.8%，惠及市场主体较年初新增19.6万户，其中，首次获贷户数达15.1万户。全市制造业中长期贷款快速增长，批发和零售业贷款同比多增。全国首批供应链资产支持票据和标准化票据成功落地，生猪活体抵押贷款、圈舍抵押贷款创新实现突破，全市全年签发商业汇票、办理票据贴现分别增长13.8%、30.2%，企业应收账款融资服务平台成交额同比增长3.5倍。

5. 利率市场化改革向纵深推进，企业融资成本明显下降。2020年，全市存量浮动利率贷款定价基准转换工作顺利完成，贷款市场报价利率（LPR）内嵌于银行FTP运用等改革深入推进，打破贷款利率隐性下限。12月，全市企业贷款加权平均利率为4.76%，同比下降0.42个百分点，处于历史低位。全市银行业通过降低贷款利率等各种方式，全年为市场主体减负让利超200亿元。

表2　2020年重庆市金融机构人民币贷款各利率区间占比

单位：%

项目		1月	2月	3月	4月	5月	6月
合计		100.0	100.0	100.0	100.0	100.0	100.0
LPR减点		11.5	20.6	15.1	11.8	12.0	18.6
LPR		2.7	2.3	2.4	6.6	5.0	4.6
LPR加点	小计	85.8	77.1	82.4	81.7	83.1	76.8
	(LPR，LPR+0.5%)	18.1	17.0	22.7	18.1	16.4	14.8
	[LPR+0.5%，LPR+1.5%)	25.3	22.1	22.5	27.9	25.7	23.5
	[LPR+1.5%，LPR+3%)	21.3	16.1	18.6	16.5	18.8	19.6
	[LPR+3%，LPR+5%)	10.6	4.0	7.0	6.7	8.8	6.3
	LPR+5%及以上	10.5	17.9	11.7	12.4	13.4	12.6
项目		7月	8月	9月	10月	11月	12月
合计		100.0	100.0	100.0	100.0	100.0	100.0
LPR减点		12.5	15.1	18.8	15.0	19.5	20.0
LPR		4.1	3.1	5.4	4.4	4.4	4.4
LPR加点	小计	83.5	81.8	75.9	80.6	76.0	75.6
	(LPR，LPR+0.5%)	13.0	14.7	13.9	12.5	13.3	13.7
	[LPR+0.5%，LPR+1.5%)	24.7	24.7	21.8	22.3	21.5	20.4
	[LPR+1.5%，LPR+3%)	22.0	20.4	20.0	18.9	17.1	16.4
	[LPR+3%，LPR+5%)	5.2	5.5	3.9	4.6	5.1	6.1
	LPR+5%及以上	18.6	16.5	16.3	22.4	19.0	18.9

数据来源：中国人民银行重庆营业管理部。

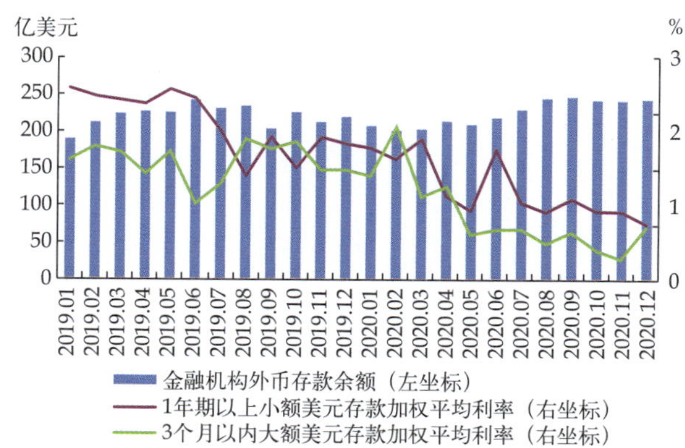

图4　2019—2020年重庆市金融机构外币存款余额及外币存款利率

（数据来源：中国人民银行重庆营业管理部）

6. 信贷风险总体可控，地方法人银行经营保持稳健。2020年末，全市银行业不良贷款率为1.48%，较年初上升0.36个百分点，低于全国水平0.46个百分点。主要地方法人银行夯实资本、强化流动性管理、落实风险计提要求，资本充足率、流动性比率、杠杆率、拨备覆盖率均处于适度范围。

7. 科技赋能迈入新阶段，大数据、人工智能深度融入金融业。全国性银行在渝分行将大数据、区块链技术、音频识别技术、生物识别技术、人工智能等全面应用于金融业务，建成全国领先的“5G+”智慧网点；依托票交所平台，推动企业经营信息等大数据“上云”，开展西南地区首单供应链票据融资。

8. 跨境人民币结算业务取得新突破。2020年，全市跨境人民币实际收付结算额1687亿元，同比增长53.7%，结算量居中西部第一位，其中，货物贸易和直接投资跨境人民币结算额分别达

920.2亿元、257.4亿元，创历史新高，有力支持全市稳外贸稳外资。亚洲基础设施投资银行跨境人民币防疫专项转贷款、人民币绿色跨境直贷成功落地，境外投资者通过重庆金融机构投资境内银行间债券市场实现零突破。

（二）证券业稳步发展，市场交投明显活跃

2020年，重庆市经济证券化水平进一步提升，市场交易活跃，上市企业数量增多，资本市场融资总量大幅增加。

1. 市场活跃度显著提升，证券期货机构运行稳健。2020年，随着股市指数明显回升、资本市场改革加快等带动，投资者交易活跃，全市证券交易额、期货交易额同比分别增长57.1%、39.9%。证券投资者股票账户数较上年增长超过两成。证券业分支机构继续增加，西南证券评级升至BBB级，期货机构经营平稳，证券、期货、基金等机构资管产品转型有序推进。

2. 市场参与主体增加，融资总量大幅增长。2020年，全市新增3家境内上市公司，沪深两市上市公司总数增至57家。1家企业入选新三板精选层全国首批32家企业。97家企业通过资本市场实现直接融资近3000亿元，同比增长26%；其中，资本市场股权融资255.6亿元，是上年的1.7倍。

3. 证券机构服务实体能力不断增强。2020年，创投基金孵化培育企业能力提升，35只创投基金实缴规模42.7亿元，投资188家实体企业。期货公司创新开展“保险＋期货”项目33个，金额近9亿元。重庆股转中心的风险管理子公司通过仓单融资、基差贸易等服务近1300家（次）企业，涉及金额达153.5亿元。

表3　2020年重庆市证券业基本情况

项目	数量
总部设在辖内的证券公司数（家）	1
总部设在辖内的基金公司数（家）	1
总部设在辖内的期货公司数（家）	4
年末国内上市公司数（家）	57
当年国内股票（A股）筹资（亿元）	104.7
当年发行H股筹资（亿元）	68.3
当年国内债券筹资（亿元）	4070.4
其中：短期融资券筹资额（亿元）	334.4
中期票据筹资额（亿元）	493.9

数据来源：重庆证监局、中国人民银行重庆营业管理部。

注：当年国内股票（A股）筹资额指非金融企业境内股票融资。

（三）保险业发展总体向好，服务实体民生成效良好

2020年，全市保险业稳健发展，风险保障能力增强，在支持疫情防控、复工复产，服务涉农、扶贫、外贸等方面均取得积极进展。

1. 行业规模不断发展，保费收入增速高于全国水平。2020年，重庆市保险机构总资产突破2100亿元，同比增长22.2%，高于全国水平8.9个百分点。市级保险机构增至57家。疫情冲击下，保险销售受到影响，人身险保费收入增速回落，导致整体保费收入较上年同期略有放缓，但仍高于全国水平1.7个百分点，其中，5家法人保险机构保费收入增速高于全市整体水平27.9个百分点。

2. 赔付支出较快增长，风险保障能力日益增强。2020年末，重庆市保险业累计为全市社会经济发展提供风险保障235.1万亿元，全年赔付支出近300亿元，同比增长6%，增速较上年大幅提升5.4个百分点。其中，为应对新冠肺炎疫情、洪水汛情，财险赔付支出增多较为突出，赔付额同比增长10.4%，占总赔付额比重逾五成。全年保险机构各种保险责任准备金2686.2亿元，同比增长超两成，偿付能力充足率持续高于全国水平，风险抵御能力进一步增强。

3. 服务实体经济和社会民生成效良好。疫情期间，保险业履行社会责任，向社会和企业捐赠疫情防控相关保险额超3000亿元；创新复工产品，推出26只抗击疫情、复工复产专属产品，惠及中小企业1000余家，提供风险保障超

400 亿元。农业保险持续发力，为 116.4 万户次农业种养殖户提供风险保障 480.5 亿元。“精准脱贫保”“产业脱贫保”“防贫返贫保”等一揽子保险服务惠及 30 万贫困户和贫困边缘户。中欧班列（重庆）货运保险项目实现应保尽保，有力支持重庆涉外经济发展战略。

表 4　2020 年重庆市保险业基本情况

项目	数量
总部设在辖内的保险公司数（家）	5
其中：财产险经营主体（家）	3
寿险经营主体（家）	2
保险公司分支机构（家）	57
其中：财产险公司分支机构（家）	27
寿险公司分支机构（家）	30
保费收入（中外资，亿元）	987.6
其中：财产险保费收入（中外资，亿元）	279.8
人身险保费收入（中外资，亿元）	707.8
各类赔款给付（中外资，亿元）	296.1

数据来源：重庆银保监局。

（四）融资总量增长，金融市场平稳运行

2020 年，重庆各渠道融资“齐头并进”，金融市场保持良好发展势头，金融改革稳步推进。

1. 社会融资规模增量同比多增，融资结构多元发展。2020 年，全市社会融资规模增量为 8101 亿元，同比多增 2131.4 亿元。信贷融资持续发挥中坚作用，新增融资规模占全部社会融资增量的六成。受债券融资大幅增长带动，直接融资占比明显回升。企业通过银行间市场发行债券融资取得新突破，全市首单企业疫情防控债务融资工具成功落地，80 家涵盖制造业、批发零售业、交通运输业等行业的企业发行债务融资工具近 1100 亿元，同比增长 19.3%。

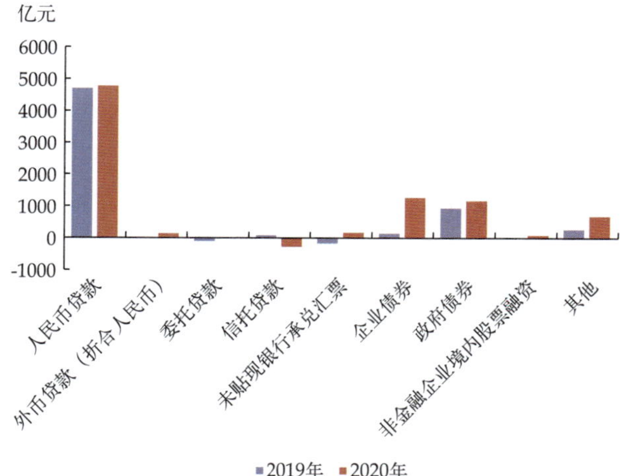

图 5　2019—2020 年重庆市社会融资规模分布结构

（数据来源：中国人民银行重庆营业管理部）

2. 货币市场平稳运行，市场利率下行回稳。2020 年，全市同业拆借累计成交额同比小幅下降 6.7%，主要受 2 月同业拆借成交量大幅下滑影响。银行对债券质押式回购更加青睐，全年成交额同比增长 20.4%，而债券买断式回购成交额则同比下降 17.7%。市场利率在经历年初 4 个月的下行后逐步回稳，12 月，同业拆借、债券质押式回购加权平均利率分别较上年同期下降 0.83 个、0.78 个百分点。

3. 票据业务稳步增长，贴现利率低位回升。金融机构加大力度支持企业复工复产，推动票据业务稳步增长。年末，全市票据承兑、贴现余额同比分别增长 11.1%、9.4%，其中，在复工复产形势更为迫切的上半年，票据业务保障支持作用更加突出，承兑和贴现余额增速较全年更快。随着市场利率变化，票据贴现利率低位回升，12 月全市票据直贴利率较上年小幅提高 0.06 个百分点，转贴现利率仍较上年略低 0.19 个百分点。

4. 结售汇总量小幅下降，黄金市场交易放量增长。受新冠肺炎疫情和人民币对美元汇率波动增大等影响，市场主体结售汇意愿维持在谨慎区间。全市全年结售汇总量小幅下降

3.3%，结售汇顺差15亿美元，顺逆差维持基本平衡格局。受新冠肺炎疫情、美国大选以及全球宽松货币政策等因素影响，投资市场的资金更多流向黄金市场，全市金融机构黄金市场业务交易量同比增长84.2%，首破400亿元。

5. 绿色金融创新加快，金融改革稳步推进。 2020年重庆市金融业增加值增长3.9%，占地区生产总值的比重为8.9%。中国人民银行重庆营业管理部自主研发的“长江绿融通”大数据综合服务系统上线，推动绿色金融发展迈向更高水平。重庆农商行成为全国首家采纳“赤道原则”的农商行，重庆首单地方法人银行“债券通”绿色金融债成功落地。2020年全市绿色信贷余额、绿色债券余额分别突破2800亿元、250亿元。合格境内有限合伙人（QDLP）对外投资试点等外汇管理改革创新试点获批开展。5个跨境金融区块链服务平台应用场景上线运行，被国家评为深化服务贸易创新发展试点首批最佳实践案例。国家金融科技认证中心落户重庆，26项金融科技应用试点项目上线运行，金融科技创新监管试点获准实施。重庆农商行成为中西部首家获银行间市场信用风险缓释工具创设资质的农村金融机构。

表5　2020年重庆市金融机构票据业务量统计

单位：亿元

季度	银行承兑汇票承兑		贴现			
			银行承兑汇票		商业承兑汇票	
	余额	累计发生额	余额	累计发生额	余额	累计发生额
1	2420.9	1060.5	1657.6	3556.4	27.0	205.6
2	2688.1	2144.3	1729.4	7948.6	36.7	398.5
3	2584.2	3090.5	1569.2	10449.1	59.1	535.8
4	2579.2	4094.9	1585.2	13326.5	62.6	651.4

数据来源：中国人民银行重庆营业管理部。

表6　2020年重庆市金融机构票据贴现、转贴现利率

单位：%

季度	贴现		转贴现	
	银行承兑汇票	商业承兑汇票	票据买断	票据回购
1	2.92	5.32	2.77	2.33
2	2.54	4.48	2.36	1.62
3	2.89	4.18	2.76	2.30
4	3.08	4.79	2.85	2.44

数据来源：中国人民银行重庆营业管理部。

（五）防范风险，服务民生，金融生态环境建设持续深化

2020年，中国人民银行重庆营业管理部牵头建立金融委办公室地方协调机制（重庆市），有力提升全市重大风险防范处置协同能力。新华信托等金融机构被有序接管，存款保险标识启用有序实施，动产担保统一登记试点落地，重庆征信公司完成注册，全市公交、轨交“云闪付”实现全覆盖。“1+2+N普惠金融到村”[①]基地建设扎实推进，建成普惠金融基地346个，覆盖农村人口66万人。开展金融支持措施及科普知识集中宣传、金融消保“快问快答”等活动，有效提升居民金融政策知晓度。

二、经济运行情况

2020年，重庆经受住了新冠肺炎疫情、洪水汛情等严峻考验，全市全力以赴战疫情、战复工、战脱贫、战洪水，统筹推进疫情防控和经济社会发展，经济运行逐季恢复、稳定向好。地区生产总值达到2.5万亿元，同比增长3.9%，“十三五”期间年均增长7.2%。

①在每个村确定主办银行，以打造1个普惠金融到村基地为基础，以建设金融综合服务站、金融消费权益保护与金融知识宣传站2个站点为载体，以搭载农民金融素养提升、农村信用体系建设、增加信用贷款供给等N个行动计划为抓手，帮助村民足不出村就能获得高效、优质、低成本的金融服务和产品。

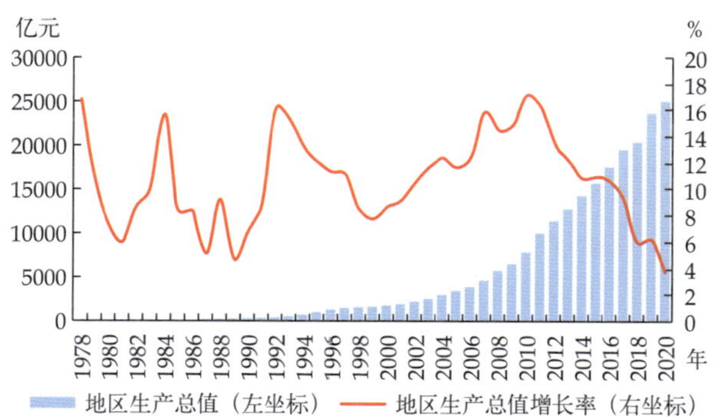

图 6　1978—2020 年重庆市地区生产总值及其增长率

（数据来源：重庆市统计局）

（一）三大需求持续复苏，经济增长稳定向好

2020 年，重庆市投资、消费稳步复苏，外贸较快增长，三大需求支撑经济稳定向好。

1. 投资稳步复苏，结构持续优化。2020 年，重庆市固定资产投资较早恢复正增长，全年同比增长 3.9%。基建投资同比增长 9.6%，在发挥稳投资“压舱石”作用的同时，投资质量不断提升，5G 网络、数据中心、高铁轨交等“两新一重”项目较快增长。工业投资增长 5.8%，高技术和战略性新兴产业增长点不断涌现，以医药、电子信息设备等行业为代表的高技术产业投资增长 26.6%，对工业投资增长贡献率达 46.9%。保障和改善民生投入加大，全年社会领域投资增速高于全部投资 4.6 个百分点。

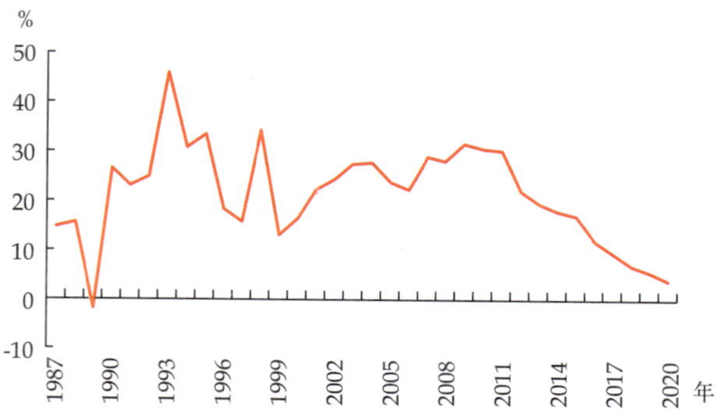

图 7　1987—2020 年重庆市固定资产投资（不含农户）增长率

（数据来源：重庆市统计局）

2. 消费市场逐步回暖，线上消费活力加快释放。2020 年，重庆消费市场经受住了疫情的巨大冲击，回暖趋势领先全国，全年同比增长 1.3%，新能源汽车、本土汽车品牌新车型等受市场热捧，汽车类消费对全市消费回稳拉动明显。线下服务类消费降幅逐月收窄，餐饮收入全年增速回升至零附近。疫情影响加速线上消费习惯培育，直播电商服务、带货主播、在线教育、远程办公等线上消费新业态渐成规模，全市限额以上网上零售额增速较上年同期大幅提高 31.5 个百分点。

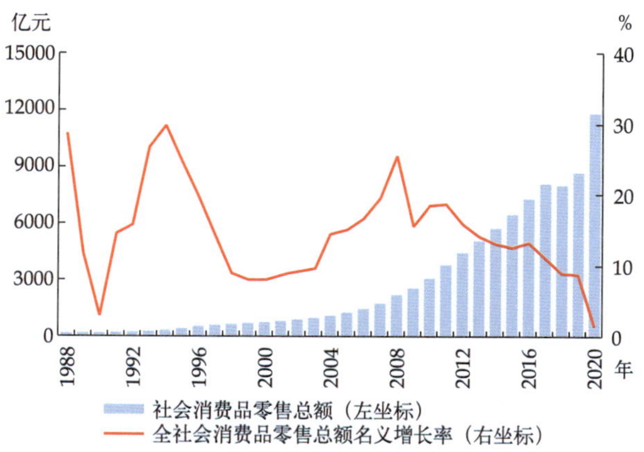

图 8　1988—2020 年重庆市社会消费品零售总额及其增长率

（数据来源：重庆市统计局）

3. 进出口较快增长，对外开放稳步扩大。在笔记本电脑、集成电路等电子产品进出口带动下，2020 年全市货物进出口总值同比增长 12.5%，连续三年保持两位数增长。随着贸易产业链纵深发展以及重庆物流集聚辐射能力提升，一般贸易占比稳步提升，贸易方式不断优化；对东盟、欧盟、美国及“一带一路”国家和地区进出口分别增长 3.4%、7.7%、10.5% 和 9.8%，外贸市场趋于多元。全年实际利用外资 102.7 亿美元，外商投资主体超过 6700 户，自贸试验区改革试点任务全部落实，重大外资项目直通车制度确立。中欧班列（重庆）开行同比增长 44%，“一带一路”、长江经济带、西部陆海新通道联动发展的战略性枢纽加快形成。

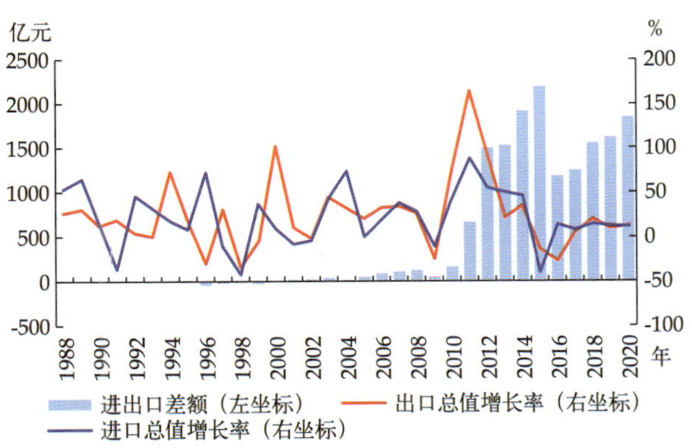

图 9　1988—2020 年重庆市外贸进出口变动情况

（数据来源：重庆市统计局）

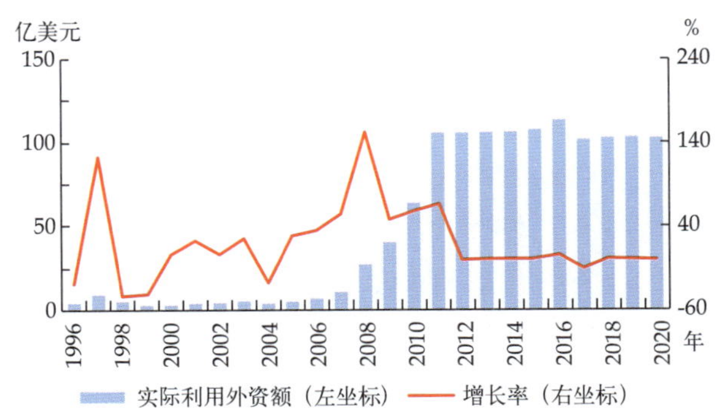

图 10　1996—2020 年重庆市实际利用外资额及其增长率

（数据来源：重庆市统计局）

专栏 2　成渝地区双城经济圈建设实现良好开局

推动成渝地区双城经济圈建设，是党中央赋予成渝地区的重大任务，也是新时代成渝地区经济社会发展的历史性机遇。2020 年，成渝两地紧紧围绕将成渝地区建设成为具有全国影响力的重要经济中心、科技创新中心、改革开放新高地和高品质生活宜居地的战略定位，统一谋划、一体部署、相互协作、共同实施，累计签订合作协议 236 个、开工重大项目 27 个、完成投资 354 亿元，推动成渝地区双城经济圈建设开好局、起好步。

一是经济融合互动格局加快培育。两地战略性支柱产业嵌入式、集群化发展加快，汽车、电子信息产业全域配套率提升至 80% 以上。成德眉资都市现代高效特色农业示范区、万达开现代农业协同发展示范区等有序推进。巴蜀文化旅游走廊打造初具雏形，成都宽窄巷子与重庆洪崖洞共建“宽洪大量”组合，两地一程多站跨省区旅游线路开发 70 余条。成渝城际实现 1 小时直达。

二是科技协同创新能力稳步提升。以西部科学城建设为契机，成渝地区双城经济圈科技创新联盟和高校联盟组建成立，共建 4 个协同创新中心和重点实验室，围绕人工智能、大健康 2 个领域联合实施 15 个重点研发项目，建成 6 个环大学创新生态圈。科技专家库交换共享第一批 8000 余名专家信息。成渝双城青年创业孵化载体联盟、创新创业联盟等创新创业载体成立。成渝双城创业孵化行业交流会、新青年创业者沙龙等创新创业活动召开。总规模 50 亿元的成渝地区双城经济圈科创母基金发布设立。

三是改革开放联手共推取得进展。两地积极参与共建西部陆海新通道，初步形成连通北部湾港区、粤港澳大湾区的综合运输通道。川渝中欧班列运行标准逐步统一，协同开行中欧班列突破 1 万列，中欧班列（成渝）号实现首发。川渝自贸试验区协同开放示范区共建启动。市场准入“异地同标”机制建立，发放两地首张异地申办的营业执照。

四是公共服务共享、生态环境共治扎实推进。95 个政务服务事项实现线上“全网通办”、线下“异地可办”。跨省户籍实现“一站式”迁移。养老保险关系实现无障碍转移接续。住房公积金跨区域转移接续和互认互贷机制建立。15 个教育合作联盟成立，“天府英才卡”“重庆英才服务卡”实现互认。两地联合开展川渝跨界河流污染治理，协同推进“无废城市”建设，毗邻区域开展 5 轮大气污染防治联动帮扶。

五是金融支持双城经济圈建设积极推进。两地共建西部金融中心改革创新领域不断拓展，加大对川渝高竹新区等川渝毗邻地区合作共建区域发展功能平台的信贷投入。启动成渝双城推进移动支付服务体验同城化项目，毗邻地区潼南、遂宁实现公共交通扫码互通。实现税款跨省电子缴库，提升异地缴税便利程度。在外汇管理、金融统计、信用体系建设等方面开展共建共享。

2020年，成渝地区双城经济圈建设国家战略的提出和落地实施，极大提振了两地社会预期和市场信心，进一步释放了区域经济发展活力，为克服不利因素影响、实现经济稳定恢复提供了坚强保障，两省市地区生产总值占全国比重达7.24%，同比提高0.15个百分点，与京津冀、长三角、粤港澳城市群差距缩小。2021年，两地将继续围绕“两中心两地”战略目标，坚持“川渝一盘棋、巴蜀一家亲”思维和一体化发展理念，推动成渝地区双城经济圈建设不断走向深入。

（二）三次产业稳中有增，新兴动能拉动有力

2020年，重庆市三次产业稳中有增，增加值分别增长4.7%、4.9%和2.9%，高端制造业、大数据、智能化等新兴增长动能不断涌现。

1. 乡村振兴深入实施，脱贫成果有效巩固。 2020年，重庆市农业生产呈现量稳、质增的发展态势，全市农业总产值同比增长5%，粮食产量创十年新高，“巴味渝珍”品牌授权农产品达549个，农产品网络零售额增长21%。农村人居环境整治三年行动任务如期完成，改造农村危房近10万户，农村卫生环境得到有效治理。脱贫攻坚收官之年取得决定性成就，18个贫困区县全部摘帽，动态识别的190.6万农村贫困人口全部脱贫。

2. 工业经济稳定增长，转型升级深入推进。 2020年，在汽车、电子信息和材料等支柱产业拉动下，重庆市规模以上工业增加值、工业企业利润同比分别增长5.8%、17.3%，高于全国水平3个、13.3个百分点。传统支柱产业转型升级提速。汽车产业新型中高端车型产销两旺，产业增加值大幅回升；电子信息产业加快向产业链上游延伸，产业增加值增长13.9%。高技术制造业、战略性新兴制造业贡献加大。大数据、智能化发展加快，国家数字经济创新发展试验区、新一代人工智能创新发展试验区建设启动，新型智慧城市运行管理中心和城市大数据资源中心基本建成，数字经济增加值增长18%以上。

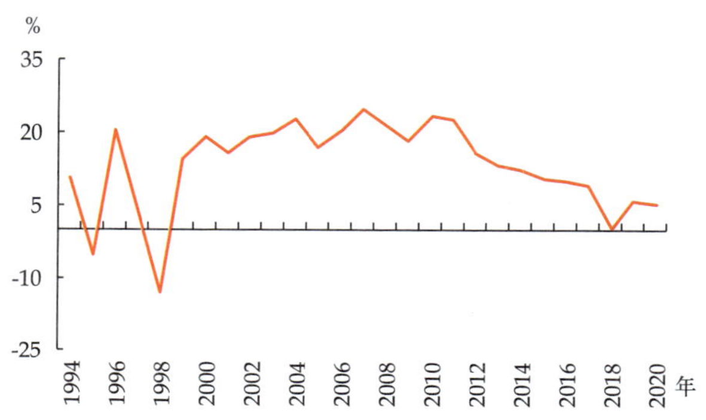

图11　1994—2020年重庆市规模以上工业增加值增长率

（数据来源：重庆市统计局）

3. 现代服务业提质增效。 2020年，重庆市服务业增加值同比增长2.9%，高于全国水平0.8个百分点，规模以上服务业营业收入增长2.3%。新型信息基础设施对服务业提质增效的支撑能力不断提升，全年新建开通5G基站3.9万个，助推智能医疗、智能教育等数字化服务应用场景加快打造，软件和信息技术服务业、科学研究和技术服务业营收分别增长54.4%、8.3%。国际消费中心城市建设加快推进，解放碑成为全国首批示范步行街，南滨路国家级文化产业示范园区成功创建，黔江濯水、彭水阿依河成为国家AAAAA级旅游景区。跨境电商较快发展，推动各类快递服务业快速增长。

4. 供给侧结构性改革持续深化。进一步淘汰煤炭落后产能、强化煤矿安全管理。“一企一策”支持重点民营企业纾困解难。新设市场主体增长 9.4%。“渝快办”智慧政务服务平台实现政务服务事项全覆盖。

（三）物价指数延续回调态势，居民收入稳定增长

1. 居民消费价格涨幅回稳。随着生猪产能恢复、肉类供给增加，猪肉价格高位回落。重庆市居民消费价格指数（CPI）涨幅逐步回稳，全年同比增长 2.3%，低于上年 0.4 个百分点。食品价格上涨 10.3%，仍是推动物价上涨的主要力量。居住类价格同比下降 0.5%，生活用品及服务价格与上年持平。

2. 工业生产价格低位运行。2020 年，受疫情影响，市场需求恢复偏慢，石油等大宗商品价格低迷，生产资料出厂价格维持同比下降 1% 左右的水平，全年重庆市工业生产者出厂价格指数（PPI）同比下降 0.9%，较上年降幅扩大 0.7 个百分点。工业生产者购进价格指数（PPIRM）同比下降 0.1%，较上年“由涨转跌”。

3. 居民收入维持稳定增长。2020 年，城镇、农村常住居民人均可支配收入增速分别为 5.5%、8.1%，均高于全国水平 4.3 个百分点，绝对额与全国差距进一步缩小。全年城镇新增就业 65.6 万人，全市调查失业率为 5.7%。

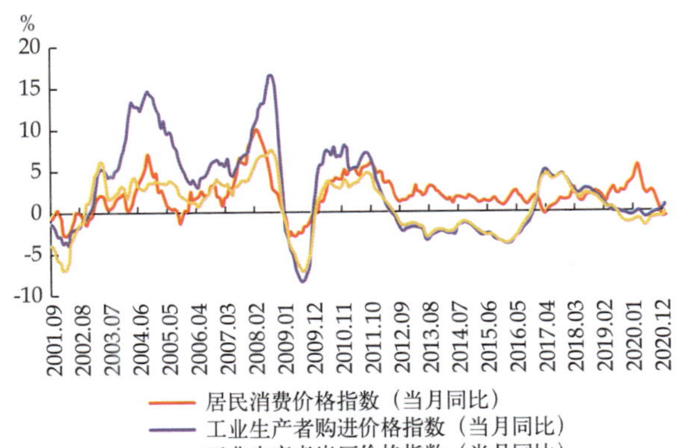

图 12　2001—2020 年重庆市居民消费价格指数和生产者价格指数变动趋势

（数据来源：重庆市统计局）

（四）一般公共预算收入小幅下降，新增财政资金直达基层惠企利民

2020 年，受疫情冲击，年初财政收入明显下滑，随着社会经济逐步复苏，第二季度起降幅逐步收窄，但全年财政运行总体仍呈现“收减支增”态势，全市一般公共预算收入同比下降 1.9%，收支缺口有所扩大。支出重点保障社保和就业、教育、卫生健康等民生领域。409 亿元中央新增财政资金快速精准直达基层，全年发行地方政府债券 1696 亿元，其中新增债券发行 1184.4 亿元，对重大基建项目和民生工程形成有力支持。

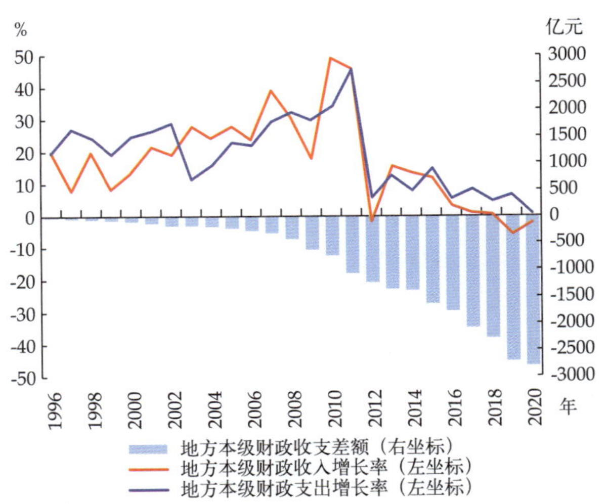

图 13　1996—2020 年重庆市财政收支状况

（据来源：重庆市统计局）

（五）生态环境持续改善

2020 年，重庆市空气质量优良天数增至 333 天，全年占比超过 90%。“无废城市”试点示范引领作用凸显，土壤、声环境质量保持稳定。长江上游重要生态屏障建设取得新成效，启动“两岸青山·千里林带”工程，长江禁捕退捕三年任务两年完成，接续发布长江十年禁捕禁渔令，长江干流重庆段水质为优，42 个国考断面水质优良比例达到 100%。全市森林覆盖率达到 52.5%，累计建成绿色园区 10 个，绿色工厂 115 家，绿色矿山 170 座。

（六）主要行业分析

1. 房地产市场平稳运行。受疫情影响，房地产市场交易量在年初下降后，逐步向正常回升，2020 年全市商品房销售面积同比增长 0.6%。全市商品住房交易价格稳中有升，但涨幅较上年同期明显收窄。房地产开发投资有所放缓，同比下降 2%。

金融机构有效落实住房信贷政策要求，全年房地产贷款新增量占各项贷款新增量的比重明显下降。个人住房贷款增长维持合理区间，且主要投向首套及改善性住房。

2. 汽车制造业迭代升级，金融服务提质增效。2020 年，重庆市汽车制造业对内突出中高端化、绿色化、智能化转型升级方向，对外抢抓双城经济圈建设战略机遇，加强与四川在产业链、供应链和价值链上深度合作，产业回升态势明显，增加值增长 10.1%，高于规模以上工业增加值增速 4.3 个百分点；单车价值首破 10 万元，出口单价上涨 13.6%。高端车型林肯正式下线，为该车型首次在美国本土外投产；本土长安汽车 SUV 新车型受到市场热捧。新能源和智能汽车发展实现突破，小康股份量产长里程新能源汽车；比亚迪 20GWh/ 年锂电池首批产品下线；吉利高端新能源整车项目落地；长安汽车搭载 L3 级自动驾驶系统的新车型量产。

金融高效服务汽车制造业发展。金融机构优化内部制度安排，完善考核激励机制、给予内部资金转移价格优惠、构建审批放款绿色通道等，加大政策、资源倾斜力度；创新“在线承兑 + 票据池”等业务模式，支持疫情期间企业生产运营；打造“互联网 +”产业链金融平台，为链上企业提供“一站式”、智能化金融服务；发挥国际化综合化优势，为企业提供普惠信贷、融资租赁、跨境交易等全口径、全周期服务；突出科技赋能，满足企业在结算融资、财务管理、资金运营等方面个性化需求。2020 年末，全市汽车制造业中长期贷款余额同比增长 21.7%。

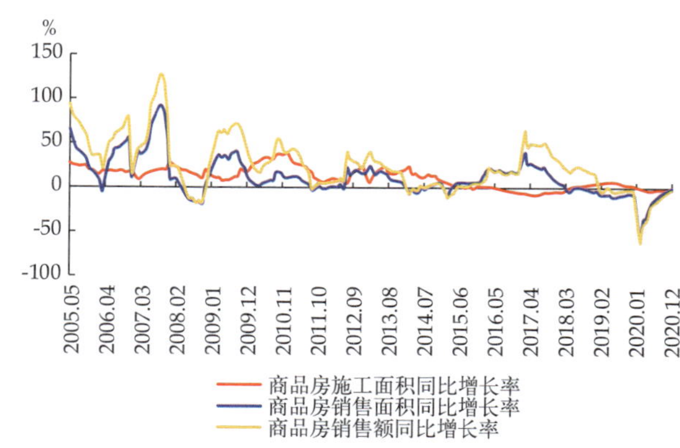

图 14　2005—2020 年重庆市商品房施工和销售变动趋势

（数据来源：重庆市统计局）

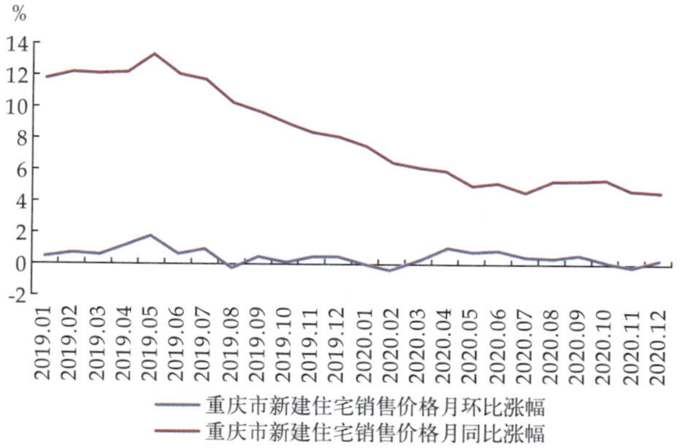

图 15　2019—2020 年重庆市新建住宅销售价格变动趋势

（数据来源：重庆市统计局）

三、预测与展望

2021 年是中国共产党成立 100 周年，也是“十四五”规划开局之年，全市经济将迎来诸多发展机遇。重庆市将进一步围绕习近平总书记对重庆提出的坚持“两点”定位、“两地”“两高”目标，发挥“三个作用”和推动成渝地区双城经济圈建设等重要指示要求，加快建设现代化经济体系，实现经济行稳致远。但疫情变化和内外部环境的不确定性仍将给经济运行带来压力。

在投资方面，成渝地区双城经济圈建设、现代产业体系壮大、乡村振兴和城市提升等领域重大项目将为投资增长提供支撑；在消费方面，随着疫情得到有效控制，线下消费不断开放，叠加汽车、家电等促销政策提振，消费将向常态恢复，但居民就业、收入和债务压力，仍将对中长期消费增长产生影响；在外贸方面，中新（重庆）战略性互联互通示范项目、自贸试验区等开放平台提档升级，东盟和“一带一路”新兴市场持续开拓，将支持出口增长保持韧性，但疫苗全面推广后海外产业链复苏、逆全球化和民粹主义蔓延，将给外贸发展带来不确定性。预计物价指数温和上涨。随着生猪产能增加、猪肉价格回落，CPI 涨幅将趋于缓和。市场需求修复、主要经济体宽松货币政策助推大宗商品价格上涨，或推动 PPI 涨幅提高。

2021 年，重庆市金融业将以推动高质量发展为主题，以深化供给侧结构性改革为主线，为加快构建新发展格局提供有力有效的金融支持。认真贯彻落实稳健的货币政策，进一步提高对实体经济的服务效能，围绕普惠小微、科技创新、绿色发展、乡村振兴等重点领域，用好大数据等金融科技手段赋能，健全金融服务直达区县、园区、乡镇的体制机制。做好互联网金融、债券兑付、非法金融活动等重点领域风险防范和处置，筑牢区域性金融风险防火墙。抓住更高水平内陆开放高地建设契机，稳妥推进贸易投资便利化、跨境人民币、外汇管理等领域试点创新，持续推动金融科技、绿色金融改革发展。

中国人民银行重庆营业管理部货币政策分析小组

总　　纂：马天禄　李　铀

统　　稿：王　红　李　响

执　　笔：王志益　吴恒宇　冉小华　郭国强　黎　齐　林予乔　李研妮　舒　铖

提供材料：邓翊平　刘冰婷　首余恒　贺　涛　赵俐佳　刘　林　钱东平　王迪迪　沈　略　张　琪　张　艳　邹芳莉

附录

（一）2020 年重庆市经济金融大事记

1 月 3 日，中央财经委员会第六次会议提出，要推动成渝地区双城经济圈建设，在西部形成高质量发展的重要增长极。10 月 16 日，中共中央政治局召开会议，审议《成渝地区双城经济圈建设规划纲要》。

3 月 26 日，国务院金融委办公室地方协调机制（重庆市）第一次会议召开，标志着金融委办公室地方协调机制在重庆市正式落地运行。

4 月 10 日，《重庆市推进西部陆海新通道建设实施方案》发布，着力推动形成陆海内外联动、东西双向互济的开放格局。

6 月 17 日，重庆市首家民营小微企业首贷续贷中心正式挂牌运行，并向全市推广，共建成民营小微企业首贷续贷中心 32 个。

6 月末，重庆市金融机构本外币贷款余额首次突破 4 万亿元。

10 月 10 日，重庆国家金融科技认证中心落地运行，为金融科技健康发展提供支撑。

2020 年，重庆市继北京、上海之后，被纳入世界银行营商环境评价样本城市。

2020 年末，重庆市跨境人民币累计结算总量突破万亿元大关，为重庆稳外贸稳外资工作提供有力支持。

2020 年，重庆市金融业通过降低利率等各种方式向实体经济让利超 200 亿元。

（二）2020 年重庆市主要经济金融指标

表 1　2020 年重庆市主要存贷款指标

	项目	1月	2月	3月	4月	5月	6月	7月	8月	9月	10月	11月	12月
本外币	金融机构各项存款余额（亿元）	39863.3	39826.7	40997.1	41624.8	41767.9	42407.1	42519.2	42998.9	43141.7	42957.9	43357.2	42854.3
	其中：住户存款	19269.1	19164.5	19438.2	19292.9	19356.1	19767.4	19656.6	19784.3	20083.6	19868.8	19953.4	20290.0
	非金融企业存款	11116.8	11002.6	12085.4	12565.9	12606.2	12844.9	12673.8	12807.6	12925.8	12778.8	12770.5	12429.2
	各项存款余额比上月增加（亿元）	380.1	-36.7	1101.6	627.7	143.1	639.2	112.1	479.7	142.8	-183.8	399.3	-502.9
	金融机构各项存款同比增长（%）	5.2	3.6	5.1	6.0	6.4	6.4	6.7	8.5	8.1	8.0	8.0	8.5
	金融机构各项贷款余额（亿元）	37822.8	37977.1	38721.3	39194.2	39773.3	40031.2	40282.0	40758.3	41179.6	41369.6	41579.1	41908.9
	其中：短期	6607.5	6713.5	7050.2	7134.7	7349.9	7443.6	7402.1	7512.0	7574.5	7570.9	7516.6	7453.7
	中长期	28448.5	28512.7	28867.8	29195.1	29402.4	29686.5	29988.6	30359.6	30846.3	31087.0	31450.0	31637.3
	票据融资	1583.4	1576.2	1649.6	1724.4	1862.5	1719.6	1715.6	1701.4	1578.6	1524.3	1395.3	1514.2
	各项贷款余额比上月增加（亿元）	717.8	154.2	665.3	473.0	579.0	257.9	250.8	476.3	421.3	190.0	322.6	329.8
	其中：短期	38.4	106.0	295.4	84.5	215.2	93.8	-41.6	110.0	62.5	-3.7	-54.3	-62.9
	中长期	538.4	64.2	323.1	327.3	207.3	284.1	302.1	371.0	486.6	240.8	363.0	187.3
	票据融资	114.3	-7.2	67.8	74.8	138.1	-142.9	-4.0	-14.2	-122.8	-54.2	-16.1	118.9
	金融机构各项贷款同比增长（%）	13.7	13.0	13.6	14.0	14.2	13.2	13.3	13.4	13.7	13.3	12.8	13.1
	其中：短期	6.9	8.6	10.8	11.9	13.8	12.7	11.7	11.6	12.9	13.3	11.0	10.2
	中长期	14.6	14.1	13.9	14.1	13.6	12.9	13.2	13.4	14.0	14.1	14.2	14.2
	票据融资	27.7	13.9	22.5	25.3	31.1	24.8	27.1	23.6	15.3	6.2	0.1	6.3
	建筑业贷款余额（亿元）	1559.9	1562.1	1586.4	1628.8	1647.4	1664.6	1658.6	1669.9	1649.6	1647.8	1646.1	1642.9
	房地产业贷款余额（亿元）	2397.2	2426.9	2486.6	2453.0	2446.8	2412.7	2420.9	2416.0	2401.3	2362.3	2316.2	2265.8
	建筑业贷款同比增长（%）	6.5	5.8	3.0	6.2	7.7	5.2	4.5	4.0	3.5	3.1	2.6	3.8
	房地产业贷款同比增长（%）	14.9	13.7	11.6	8.4	7.6	4.8	4.2	3.7	3.1	3.0	-0.1	-0.4
人民币	金融机构各项存款余额（亿元）	38439.9	38422.5	39562.9	40118.0	40281.0	40866.7	40920.6	41323.8	41466.3	41331.6	41773.5	41270.2
	其中：住户存款	19191.0	19083.5	19352.0	19207.8	19271.6	19684.2	19574.8	19703.9	20003.6	19788.0	19873.0	20209.8
	非金融企业存款	9789.4	9698.3	10756.1	11163.1	11223.0	11405.0	11170.4	11227.4	11344.4	11246.9	11286.4	10941.1
	各项存款余额比上月增加（亿元）	486.8	-17.4	1071.7	555.0	163.1	585.7	53.9	403.3	142.5	-134.7	441.8	-345.3
	其中：住户存款	1330.6	-107.4	258.9	-144.2	63.7	412.6	-109.3	129.1	299.7	-215.6	85.0	336.8
	非金融企业存款	-607.3	-91.1	1034.1	407.0	59.9	182.0	-234.6	56.9	117.0	-97.5	39.6	-345.3
	各项存款同比增长（%）	4.9	3.8	5.5	6.3	6.9	7.0	7.0	8.9	7.8	8.2	8.0	8.7
	其中：住户存款	14.1	10.2	11.6	11.8	12.3	13.5	13.0	13.1	13.3	12.9	13.4	13.2
	非金融企业存款	-1.6	1.3	6.3	11.5	10.4	10.5	12.5	15.5	12.9	13.2	10.0	5.0
	金融机构各项贷款余额（亿元）	36935.4	37074.3	37683.7	38115.0	38547.7	38823.6	39081.0	39530.4	39972.3	40209.6	40500.9	40960.6
	其中：个人消费贷款	12410.6	12374.5	12492.5	12617.4	12783.1	12990.7	13194.7	13391.9	13631.3	13815.1	14048.2	14233.0
	票据融资	1583.4	1576.2	1649.6	1724.4	1862.5	1719.6	1715.6	1701.4	1578.6	1524.3	1395.3	1514.2
	各项贷款余额比上月增加（亿元）	702.2	138.8	530.4	431.4	432.7	275.9	257.4	449.4	441.9	237.3	404.4	459.7
	其中：个人消费贷款	201.4	-36.1	107.2	124.9	165.7	207.5	203.7	197.5	239.5	183.8	233.1	184.8
	票据融资	114.3	-7.2	67.8	74.8	138.1	-142.9	-4.0	-14.2	-122.8	-54.2	-16.1	118.9
	金融机构各项贷款同比增长（%）	14.0	13.3	13.6	13.9	14.0	13.2	13.2	13.3	13.3	13.0	12.5	13.2
	其中：个人消费贷款	20.4	19.6	19.4	18.7	18.0	17.7	17.8	17.6	17.5	17.3	16.8	16.6
	票据融资	27.7	13.9	22.5	25.3	31.1	24.8	27.1	23.6	15.3	6.2	0.1	6.3
外币	金融机构外币存款余额（亿美元）	206.7	200.4	202.4	213.5	208.5	217.6	228.9	244.2	246.0	241.9	240.8	242.8
	金融机构外币存款同比增长（%）	9.0	-5.2	-9.4	-5.6	-7.3	-10.0	-0.7	4.4	21.2	7.6	13.6	10.7
	金融机构外币贷款余额（亿美元）	128.8	128.9	146.5	152.9	171.9	170.6	171.9	179.0	177.3	172.5	163.9	145.3
	金融机构外币贷款同比增长（%）	-1.1	-1.3	7.8	11.5	19.3	12.5	15.3	20.7	32.6	34.5	36.8	16.3

数据来源：中国人民银行重庆营业管理部。

表 2　2001—2020 年重庆市各类价格指数

单位：%

时间		居民消费价格指数		农业生产资料价格指数		工业生产者购进价格指数		工业生产者出厂价格指数	
		当月同比	累计同比	当月同比	累计同比	当月同比	累计同比	当月同比	累计同比
2001		—	1.7	—	—	—	—	—	-1.9
2002		—	-0.4	—	—	—	-0.9	—	-2.4
2003		—	0.6	—	—	—	4.9	—	0.6
2004		—	3.7	—	—	—	12.9	—	3.9
2005		—	0.8	—	—	—	8.2	—	3
2006		—	2.4	—	—	—	4.8	—	2.2
2007		—	4.7	—	—	—	6.2	—	3.5
2008		—	5.6	—	—	—	12.2	—	5.8
2009		—	-1.6	—	—	—	-5.0	—	-4.5
2010		—	3.2	—	—	—	6.9	—	3.1
2011		—	5.3	—	—	—	5.7	—	3.8
2012		—	2.6	—	—	—	-0.5	—	-0.1
2013		—	2.7	—	—	—	-2.4	—	-2.0
2014		—	1.8	—	—	—	-1.9	—	-1.7
2015		—	1.3	—	—	—	-2.9	—	-2.8
2016		—	1.8	—	—	—	-1.6	—	-1.4
2017		—	1.0	—	—	—	4.4	—	4.1
2018		—	2.0	—	—	—	2.5	—	2.1
2019		—	2.7	—	—	—	0.1	—	-0.2
2020		—	2.3	—	—	—	-0.1	—	-0.9
2019	1	—	—	—	—	—	—	—	—
	2	1.2	1.7	—	—	0.8	0.9	0.6	0.8
	3	2.2	1.9	—	—	0.6	0.8	0.6	0.7
	4	2.7	2.1	—	—	0.3	0.7	0.7	0.7
	5	3.1	2.3	—	—	0.0	0.6	0.5	0.7
	6	2.2	2.3	—	—	0.1	0.5	0.1	0.6
	7	2.3	2.3	—	—	0.1	0.4	-0.5	0.4
	8	2.7	2.3	—	—	-0.1	0.4	-0.9	0.2
	9	2.5	2.3	—	—	-0.2	0.3	-1.2	0.1
	10	3.3	2.4	—	—	-0.2	0.2	-1.3	-0.1
	11	3.7	2.6	—	—	-0.4	0.2	-1.3	-0.2
	12	4	2.7	—	—	-0.3	0.1	-1.2	-0.2
2020	1	—	—	—	—	—	—	—	—
	2	5.8	5.3	—	—	0.0	0.0	-0.7	-0.9
	3	4.2	5.0	—	—	0.0	0.0	-0.9	-0.9
	4	2.7	4.4	—	—	-0.4	-0.1	-1.5	-1.1
	5	2.1	3.9	—	—	-0.7	-0.2	-1.6	-1.2
	6	2.4	3.7	—	—	-0.6	-0.3	-1.2	-1.2
	7	2.8	3.5	—	—	-0.3	-0.3	-0.8	-1.1
	8	2.4	3.4	—	—	-0.1	-0.3	-0.6	-1.1
	9	1.6	3.2	—	—	0.1	-0.2	-0.6	-1
	10	0.5	2.9	—	—	0.1	-0.2	-0.6	-1
	11	-0.6	2.6	—	—	0.2	-0.2	-0.5	-0.9
	12	-0.5	2.3	—	—	0.9	-0.1	-0.1	-0.9

数据来源：重庆市统计局。

表 3　2020 年重庆市主要经济指标

项目	1 月	2 月	3 月	4 月	5 月	6 月	7 月	8 月	9 月	10 月	11 月	12 月
	绝对值（自年初累计）											
地区生产总值（亿元）	—	—	4987.66	—	—	11209.83	—	—	17707.1	—	—	25002.79
第一产业	—	—	287.37	—	—	610.02	—	—	1216.91	—	—	1803.33
第二产业	—	—	1727.69	—	—	4407.84	—	—	7008.62	—	—	9992.21
第三产业	—	—	2972.6	—	—	6191.97	—	—	9481.57	—	—	13207.25
工业增加值（亿元）	—	—	—	—	—	—	—	—	—	—	—	—
固定资产投资（亿元）	—	—	—	—	—	—	—	—	—	—	—	—
房地产开发投资	—	286.1	764.6	1113.2	1541.1	2143.1	2493.0	2842.1	3285.3	3621.2	3621.2	4352.0
社会消费品零售总额（亿元）	—	1518.3	2384.5	3244.7	4269.4	5307.5	6299.8	7316.3	8329.6	9454.8	10597.3	11787.2
外贸进出口总额（亿元）	—	685.2	1130.7	1669.0	2192.1	2759.2	3401.3	3983.6	4613.9	5227.6	5894.0	6513.4
进口	—	298.9	488.2	660.9	850.0	1059.6	1272.0	1462.9	1703.8	1901.5	2099.5	2325.9
出口	—	386.3	642.4	1008.2	1342.1	1699.6	2129.3	2520.7	2910.1	3326.0	3794.4	4197.5
进出口差额（出口－进口）	—	87.4	154.2	347.3	492.1	640.0	857.3	1057.9	1206.2	1424.5	1694.9	1871.6
实际利用外资（亿美元）	—	3.44	13.50	22.31	29.24	40.11	46.57	56.84	66.32	73.43	83.09	102.72
地方财政收支差额（亿元）	—	—	-539.8	-628.9	-755.1	-1112.6	-1181.4	-1346.7	-1766.4	-1822.9	-2073.1	-2799.1
地方财政收入	—	—	457.8	700.5	856.8	1053.5	1255.3	1392.2	1510.8	1725.4	1873.3	2094.8
地方财政支出	—	—	997.5	1329.4	1611.9	2166.1	2436.7	2739.0	3277.2	3548.3	3946.4	4893.9
城镇登记失业率（%）（季度）	—	—	2.6	—	—	2.7	—	—	3.8	—	—	4.5
	同比累计增长率（%）											
地区生产总值	—	—	-6.5	—	—	0.8	—	—	2.6	—	—	3.9
第一产业	—	—	-1.6	—	—	2.4	—	—	3.9	—	—	4.7
第二产业	—	—	-11	—	—	0.9	—	—	3.9	—	—	4.9
第三产业	—	—	-3.4	—	—	0.5	—	—	1.2	—	—	2.9
工业增加值	—	-24	-10.6	-5.2	-1.6	1	2.2	3.4	4.4	5	5.5	5.8
固定资产投资	—	-44	-16.1	-10.4	-5.2	0.2	1.1	2	2.5	3.3	3.9	3.9
房地产开发投资	—	-40	-12.9	-10	-5.7	0.7	1.6	0.4	-1.1	-1.3	-1.5	-2
社会消费品零售总额	—	-24.7	-18.6	-14.2	-10.5	-7.2	-5.2	-3.7	-2.2	-0.7	0.4	1.3
外贸进出口总额	—	-18.3	-14.1	-4.2	-0.2	3.5	8.5	10.3	11.4	11.4	12.1	12.5
进口	—	8.8	8.1	6.6	7.1	11	13.8	12	13.3	12.5	12	11.9
出口	—	-31.5	-25.7	-10.2	-4.4	-0.7	5.6	9.4	10.3	10.7	12.2	12.8
实际利用外资	—	-36.4	-45.3	-20.3	-14.2	-9	-2.3	1.1	1.3	0.7	-0.5	-0.4
地方财政收入	—	—	-23.2	-16.8	-15.2	-11.2	-8.3	-6.5	-6.8	-5.3	-3.7	-1.9
地方财政支出	—	—	-7.1	0.1	-3.5	-10.8	-8.6	-7.1	-7.5	-5.4	-3	1

数据来源：重庆市统计局。

四川省金融运行报告（2021）

中国人民银行成都分行货币政策分析小组

[内容摘要] 2020 年，面对复杂严峻的宏观经济形势和新冠肺炎疫情的严重冲击，四川省坚持稳中求进工作总基调，统筹推进疫情防控和经济社会发展，扎实做好“六稳”工作，全面落实“六保”任务，经济持续回升、稳步向好。全年地区生产总值 4.9 万亿元，同比增长 3.8%，增速高于全国平均水平 1.5 个百分点。四川省金融业充分发挥对实体经济发展和稳企业保就业的支撑作用，全年全省社会融资规模新增 1.4 万亿元，同比多增 4705.5 亿元，创历史新高，为地区经济稳定恢复提供了有力金融支撑。

全省经济运行回升向好，区域协调发展稳步推进。一是全省三次产业协同恢复发展。“农业多贡献”作用明显，农林牧渔业增加值突破 5000 亿元；“工业挑大梁”效果显现，工业增加值突破 1.3 万亿元，对 GDP 增长贡献达 36.3%。“投资唱主角”支撑有力，完成全社会固定资产投资同比增长 9.9%；“消费促升级”加快发展，社会消费品零售总额超过 2 万亿元，限额以上企业（单位）通过互联网实现商品零售额增长 16.9%。二是区域发展新格局加速形成。成都平原经济区“一干”[①]引领作用突出，地区生产总值增长 4.0%；川南、川东北经济区发展势头强劲，地区生产总值分别增长 4.2%、3.8%；攀西经济区建设推进有力，地区生产总值增长 3.9%；川西北生态经济区加快发展，地区生产总值增长 3.4%。三是经济发展新动能持续增强。高新技术产业较快增长，规模以上高技术制造业增加值增长 11.7%，增速比规模以上工业增速高 7.2 个百分点；高技术服务业引领服务业加快恢复，第三产业增加值同比增长 3.4%，比全国平均水平高 1.3 个百分点；信息传输、软件和信息技术服务业增加值同比增长 26.4%，比全国平均水平高 9.5 个百分点。传统零售业加速转型升级，线上消费快速增长，限额以上网络餐饮收入增长 106.3%，比上年高 79 个百分点；对外贸易增速居全国前列，以机电加工为主的货物贸易进出口总值首次突破 8000 亿元关口。四是民生领域稳定向好。四川城镇调查失业率逐季下降，“稳就业”效果明显；全年居民消费价格（CPI）同比上涨 3.2%，与上年持平；工业生产者出厂价格（PPI）低位运行，同比下降 1.2%；城乡居民收入差距进一步缩小，农村居民人均可支配收入同比增长 8.6%，高于城镇居民增速 2.8 个百分点。

全省金融运行总体稳健，服务实体经济质效不断提升。一是银行业、证券业和保险业稳健运行。银行业本外币资产和负债总额同比分别增长 11.1% 和 11.0%，增幅均同比提高 5.4 个百分点，不良贷款整体实现“双降”，不良贷款率为近五年来最低水平；证券期货市场融资功能有效发挥，资本市场直接融资首次突破 4000 亿元；保险业逐步回归风险保障本源，保费收入同比增长 5.8%。二是融资总量合理增长。全省本外币各项贷款余额同比增长 13.7%，高于全国平均水平 1.2 个百分点，全年增量是 2019 年的 1.3 倍。银行间市场债务融资工具发行 2195.5 亿元，融资总量近三年翻一番。三是信贷结构持续优化。信贷资金加快投向重点领域，全省制

① 四川省委、省政府提出“一干多支，五区协同”发展战略。“一干”是支持成都加快建设全面体现新发展理念的国家中心城市，“多支”则是打造各具特色的区域经济板块，推动环成都经济圈、川南经济区、川东北经济区、攀西经济区竞相发展，形成四川区域发展多个支点支撑的局面。“五区协同”则是强化统筹，推动成都平原经济区、川南经济区、川东北经济区、攀西经济区、川西北生态示范区协同发展。

造业贷款余额同比增长14.9%，制造业中长期贷款余额同比增长28%；“三农”金融服务稳步提升，新增涉农贷款占全部新增贷款比重同比提高7.3个百分点；金融助力脱贫攻坚战圆满收官，2015年以来全省累计投放金融精准扶贫贷款6405亿元，2020年末金融精准扶贫贷款余额较2015年末增长85%。四是让利实体经济成效明显。贷款市场报价利率（LPR）形成机制改革稳步推进，引导贷款利率整体下行，2020年，全省金融机构企业贷款加权平均利率为5.08%，同比下降0.52个百分点。全年通过利率下行、延期还款、减免费用、降低担保费等多项政策共为企业让利近300亿元。五是金融改革稳步推进。成渝地区双城经济圈建设战略引领、高位推动，川渝两地签署200余个合作协议，产业、交通、民生等多项工作快速推进；成都市农村金融服务综合改革试点取得圆满收官；四川自贸区加快建设，跨国公司外汇资金集中运营管理参与企业家数和运营资金规模居中西部首位。“一带一路”国家和地区跨境人民币交易额同比增长11.9%；西部首单银行永续债落地四川，全省首单供应链票据成功发行，全国首个基于区块链技术的知识产权融资服务平台率先建立，全面创新改革试验工作取得积极成效。

金融有力支持抗疫保供、复工复产和实体经济恢复发展，稳企业保就业成效显著。货币政策工具引导撬动作用有效发挥，直达性和精准性不断增强。财政金融政策互动效果明显，创新推出“战疫贷”“稳保贷”等产品，引导撬动金融机构投放低利率普惠小微和制造业贷款超过1000亿元。两项直达实体经济的货币政策工具快速落地，有效缓解企业资金压力。2020年12月，全省普惠小微到期贷款中有49.7%实现了延期；金融机构对普惠小微企业新发放的贷款中，信用贷款占比29%，比3月政策推出初期上升9.7个百分点。实施“民营小微企业金融服务工作计划”和“个体工商户‘金融甘露’行动计划”效果明显，全省普惠小微贷款增速高于各项贷款增速13.8个百分点；个体工商户贷款增速高于各项贷款增速4.6个百分点。多渠道抗疫复产融资保障有力，累计支持11家四川企业在银行间市场发行13只疫情防控债，募集资金113.1亿元，总量位居西部地区第一。

2021年是“十四五”规划开局之年，也是全面建设社会主义现代化国家的开局之年。四川将继续坚持稳中求进工作总基调，立足新发展阶段，贯彻新发展理念，构建新发展格局，以深化供给侧结构性改革为主线，促进经济高质量发展，加快推进成渝地区双城经济圈建设，统筹推进“稳农业、强工业、促消费、扩内需、抓项目、重创新、畅循环、提质量”，巩固拓展脱贫攻坚成果与乡村振兴有效衔接，确保“十四五”开好局、迈好步。四川金融业将认真贯彻稳健的货币政策灵活精准、合理适度的要求，推动银行机构多渠道补充资本，加大对科技创新、绿色发展、乡村振兴、制造业高质量发展的金融支持力度，持续改善普惠金融服务，进一步深化区域金融改革，防范化解金融风险，为促进四川经济高质量发展创造良好的货币金融环境。

第一部分　全省经济金融情况

一、金融运行情况

2020年，面对严峻复杂的宏观形势特别是新冠肺炎疫情冲击，四川省金融业认真贯彻稳健的货币政策，精准落地各项政策工具，全力支持稳企业保就业，切实加大金融支持实体经济力度。四川金融运行总体平稳，货币信贷和社会融资规模保持合理增长，融资结构持续优化，多层次资本市场不断健全，金融风险防范和化解成效明显，区域金融改革进一步深化，金融服务实体经济质效不断提升。

（一）银行业稳健运行，信贷支持实体经济力度进一步加强

2020年，四川银行业金融机构经营总体稳健，资产负债平稳增长，总体保持“量增”“面扩”“结构优”“利率降”的平稳发展势头，稳健货币政策和差异化信贷政策有效落实，经济社会重点领域和民营、小微企业等薄弱环节金融服务持续加强。

1. 银行业组织体系较为完善，银行机构改革持续深化。2020年末，四川银行业金融机构数量共计228家，其中省外机构一级分支机构50家，法人机构178家。全省银行机构网点1.4万个，同比增加54个，全部从业人员18.5万人。四川首家省级法人城市商业银行四川银行挂牌开业。县域农信社改革稳步推进，旺苍联社和江油联社转制农商行。甘孜农村商业银行正式挂牌开业。

2. 银行业规模平稳增长，经营稳健性提升。2020年末，四川银行业金融机构资产总额11.4万亿元，同比增长11.1%，增速较上年提高5.4个百分点；负债总额11.0万亿元，同比增长11.0%，增速较上年提高5.4个百分点。全省中小法人银行机构资本充足率14.44%，较上年提高1.12个百分点。全年共有6家地方法人机构发行金融债券164亿元，其中，资本补充工具132亿元。

3. 各项存款较快增长，增速呈现结构分化。2020年末，四川银行业金融机构本外币各项存款余额9.2万亿元，较年初增加8714亿元，同比多增2984.9亿元；余额同比增长10.5%，增速较上年同期上升3.1个百分点。分部门看，住户、非金融企业、非银行业金融机构存款增速较快，同比分别增长14%、11.2%和11.9%，分别高于各项存款增速3.5个、0.7个和1.4个百分点；广义政府类存款基本持平，余额较年初增加41.2亿元。分币种看，人民币各项存款余额同比增长10.5%，外汇存款余额同比增长18.7%。

表1　2020年四川省银行业金融机构情况

机构类别	营业网点			法人机构（个）
	机构个数（个）	从业人数（人）	资产总额（亿元）	
一、大型商业银行	3370	64540	42934	0
二、国家开发银行和政策性银行	115	3113	11138	0
三、股份制商业银行	524	11866	8932	0
四、城市商业银行	972	21481	19478	12
五、城市信用社	0	0	0	0
六、小型农村金融机构	5808	50067	20980	101
七、财务公司	6	257	1237	4
八、信托公司	2	1150	253	2
九、邮政储蓄银行	3072	24793	6877	0
十、外资银行	23	730	367	0
十一、新型农村金融机构	303	4474	807	56
十二、其他	7	2157	594	3
合　计	14202	184628	113595	178

数据来源：四川银保监局。

注：营业网点不包括国家开发银行和政策性银行、大型商业银行、股份制商业银行等金融机构总部数据；大型商业银行包括工商银行、农业银行、中国银行、建设银行和交通银行；小型农村金融机构包括农村商业银行、农村合作银行和农村信用社；新型农村金融机构包括村镇银行、贷款公司、农村资金互助社；其他包含民营银行、金融租赁公司、汽车金融公司、货币经纪公司、消费金融公司等。

4. 各项贷款合理增长，信贷结构进一步优化。2020年末，四川银行业金融机构本外币各项贷款余额7.1万亿元，较年初增加8532.2亿元，同比多增1778亿元；余额同比增长13.7%，增速较上年上升0.9个百分点。信贷资金加快投向重点领域，2020年末，制造业贷款余额4676.5亿元，较年初增加606.8亿元，余额同比增长14.9%，较上年加快10.3个百分点，其中，制造业中长期贷款余额同比增长28%。基础设施补短板和重点项目保障有力，2020年末，全省累计向700个重点项目授信1.6万亿元，融资余额5010.3亿元。“三农”金融服务持续改善，全年新增涉农贷款2086.1亿元，占全部新增贷款的24.4%。积极推动绿色金融发展，2020年末，全省绿色信贷余额5164.5亿元，较年初增加823.9亿元，比年初增长19.0%。金融助力脱贫攻坚取得决定性成效，金融精准扶贫贷款余

额4146亿元，居全国前列，产业精准扶贫贷款保持年均30%的高速增长。

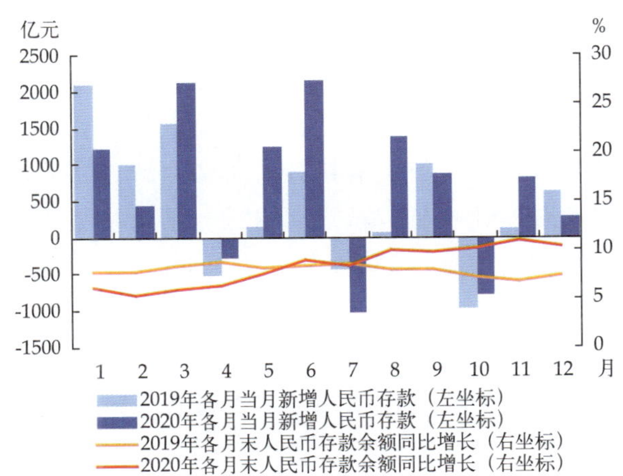

图1 2019—2020年四川省金融机构人民币存款增长变化

（数据来源：中国人民银行成都分行）

5. 金融支持稳企业保就业效果明显，薄弱环节金融服务持续改善。中国人民银行成都分行扎实推进金融支持稳企业保就业，出台金融支持政策11条，实施“民营小微企业金融服务工作计划”“个体工商户‘金融甘露’行动计划”，推出“战疫贷”“稳保贷”等财政金融互动产品，积极促进融资对接。2020年末，全省普惠小微贷款余额同比增长27.5%，比上年加快11个百分点，高于各项贷款增速13.8个百分点；个体工商户贷款余额同比增长18.3%，高于各项贷款增速4.6个百分点。贷款覆盖面稳步扩大，2020年末，全省有贷款余额户数同比增长13.5%。两项直达实体工具快速落地，有效缓解企业资金压力。截至2020年12月，全省普惠小微到期贷款中有49.7%实现了延期；金融机构对普惠小微企业新发放的贷款中，信用贷款占比29%，比3月政策推出初期上升9.7个百分点。

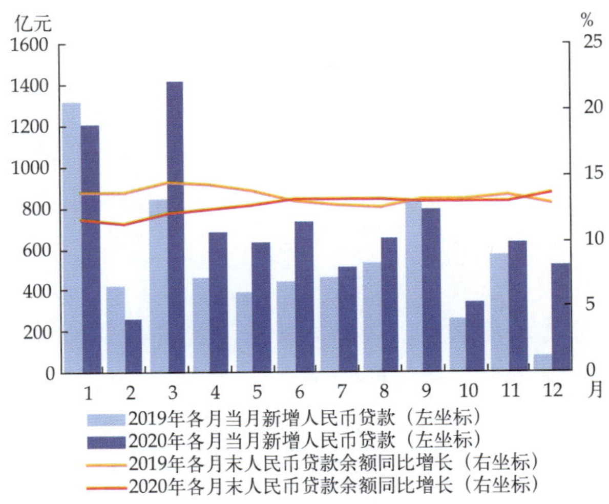

图2 2019—2020年四川省金融机构人民币贷款增长变化

（数据来源：中国人民银行成都分行）

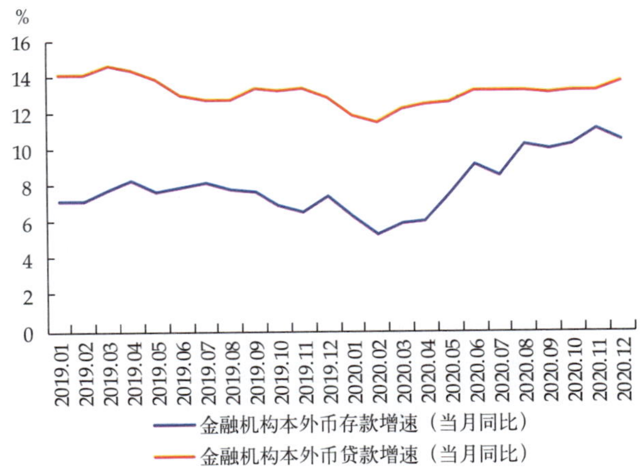

图3 2019—2020年四川省金融机构本外币存、贷款增速变化

（数据来源：中国人民银行成都分行）

专栏1 金融助力脱贫攻坚战圆满收官

金融精准扶贫工作开展以来，四川省银行业机构在精准支持建档立卡贫困户增收脱贫、夯实贫困地区产业基础、补齐贫困地区基础设施短板等方面全面发力，为四川打好脱贫攻坚战提供坚实的金融支撑。2020年末，四川累计投放金融精准扶贫贷款6405亿元，余额较2015年末增长85%；累计向67.1万贫困户发放扶贫小额信贷291.0亿元，覆盖45.5%有劳动能力的建档立卡贫困户；贫困村基础金融服务和贫困户信用评级均实现100%全覆盖，贫困群众对金融服务的获得感明显增强；深度贫困地区实现各项贷款增速高于全省平均、扶贫再贷款占比高于上年的“两个高于”工作目标。

一是着力牵头统筹，增强金融精准扶贫工作合力。组织召开金融精准扶贫联席工作会议，强化部门间信息共享和沟通协作。2020年以来，先后牵头制定并下发金融扶贫政策文件7份，牵头召开省级金融精准扶贫工作会议7次，建立省市县三级党政与金融密切互动的工作机制和政策支持体系，确保各项金融扶贫决策部署在四川落实落地、政策红利切实惠及广大贫困地区和贫困群众。

二是强化正向激励，确保金融扶贫精准性和可持续性。创新货币政策工具运用机制，灵活运用扶贫再贷款“+扶贫小额信贷”“+产业带动贷款”“+示范基地”等多种模式，引导银行低成本资金投入扶贫开发领域。2020年末，四川扶贫再贷款余额165.9亿元，建成扶贫再贷款示范基地189个。完善财政金融互动协同机制，对金融机构发放扶贫贷款、在农村地区布放ATM机具、采集农户及新型农业经营主体信用信息等给予财政补贴。巩固金融扶贫贷款风险补偿机制，推动全省有脱贫攻坚任务的县100%设立扶贫小额信贷分险基金。深化金融精准扶贫劳动竞赛机制，持续开展金融精准扶贫劳动竞赛，累计评定先进集体157个、先进个人140个。

三是突出重点领域，提升贫困地区和贫困群众金融获得感。建立“分片包干、整村推进”工作推进模式和金融精准扶贫到村到户联络员制度，实现全省有建档立卡贫困户的行政村“分片包干、整村推进”责任书签订和“银行—村组”双向联络员制度100%全覆盖，建档立卡贫困户融资需求不断满足。建立产业扶贫带动精准脱贫经营主体名录库、深入推广“政担银企户”五方联动助推精准扶贫模式，以及鼓励银行机构以东西协作、定点帮扶形式支持深度贫困地区，贫困地区产业发展信贷投入力度持续加大。指导国家开发银行、农业发展银行四川省分行建立易地扶贫搬迁项目审批绿色通道，累计投放易地扶贫搬迁贷款234亿元，支持6337个安置区后续产业发展和搬迁人口创业就业、生产生活，贫困地区基础设施持续改善。分步骤分阶段推进“迅通工程”“支付惠农示范工程”“支付兴农工程”，逐步改善农村支付服务环境，贫困村基础金融服务实现100%全覆盖；全面推广“5221”信用评级体系，2020年末，四川省评定信用乡镇1278个、信用村1.7万个、信用户922.0万户、信用新型农业经营主体4.1万个，信用户、信用新型农业经营主体贷款余额分别达2122.8亿元、211.2亿元，贫困地区普惠金融服务持续深化。

四是细化责任落实，夯实金融扶贫政策落地制度保障。推动四川省脱贫攻坚领导小组将金融扶贫纳入对市（州）、县（市、区）党委和政府脱贫攻坚工作成效考核体系，按年组织金融扶贫工作成效考核。定期开展金融精准扶贫现场调研指导，推动被督导地区政府积极承担金融扶贫风险防控属地责任，压实金融机构主体责任，切实帮助解决金融扶贫工作中的实际问题。对金融精准扶贫贷款开展到村、到户监测，按季度通报各地、各金融机构金融精准扶贫贷款投放情况，按月通报扶贫小额信贷风险防控情况，对发现的问题采取下发风险提示函等方式适时开展风险提示。2020年末，四川金融精准扶贫贷款不良率0.7%，较年初下降0.5个百分点。制定四川金融精准扶贫作风“十不”要求，指导各地各金融机构将金融扶贫作风建设纳入推进全面从严治党重点工作统筹安排，全方位开展金融扶贫领域作风建设。

6. 货币政策工具快速精准落地，引导撬动作用进一步发挥。中国人民银行总行分阶段、有梯度出台3000亿元、5000亿元、1万亿元再贷款再贴现政策以及创设两项直达实体的货币政策工具之后，四川建立完善“快速反应—对接辅导—监测评估—问题协调”全流程四项机制，及时释放央行结构性货币政策工具红利。2020年末，四川再贷款再贴现存续余额突破1000亿元，其中，再贷款和再贴现余额同比分别增长70.6%和4.9%。金融机构运用支小、支农和扶贫再贷款资金发放的贷款加权平均利率较其他资金发放的同类贷款利率分别低1.11个、1.44个和1.63个百分点；运用再贴现资金办理的票据贴现平均利率低于其同期同档次贴现加权平均利率0.25个百分点。2020年，中国人民银行下调存款准备金率以及实施普惠金融定向降准考核，为四川辖内法人金融机构累计释放资金约900亿元，为法人机构支农助小提供了有力资金支持。

表2　2020年四川省金融机构人民币贷款各利率区间占比

单位：%

项目		1月	2月	3月	4月	5月	6月	7月	8月	9月	10月	11月	12月
合计		100.0	100.0	100.0	100.0	100.0	100.0	100.0	100.0	100.0	100.0	100.0	100.0
LPR减点		10.0	17.5	18.2	16.0	16.3	15.1	10.1	18.0	15.4	21.3	18.2	18.2
LPR		2.8	2.6	3.3	6.6	4.6	5.4	16.3	5.3	7.1	4.7	6.9	6.9
LPR加点	小计	87.1	80.0	78.5	77.4	79.2	79.5	73.7	76.8	77.5	74.0	75.0	75.0
	(LPR，LPR+0.5%)	18.4	17.8	17.8	18.4	29.0	16.4	11.5	17.0	19.3	17.5	19.3	19.3
	[LPR+0.5%，LPR+1.5%)	22.1	22.8	23.9	23.0	20.2	30.1	19.3	21.9	22.7	20.8	20.6	20.6
	[LPR+1.5%，LPR+3%)	23.0	20.3	20.4	16.7	13.9	13.6	13.6	17.1	17.7	15.1	16.6	16.6
	[LPR+3%，LPR+5%)	18.2	12.0	11.7	14.3	11.3	14.1	24.2	13.6	11.7	12.4	11.9	11.9
	LPR+5%及以上	5.4	6.9	4.6	5.0	4.8	5.3	5.1	7.2	6.0	8.1	6.6	6.6

数据来源：中国人民银行成都分行。

7. 存款利率基本稳定，LPR改革引导贷款利率明显下行。持续深入推进贷款市场报价利率（LPR）改革在四川落地，以落实市场化改革促进降低贷款实际利率。2020年，全省各金融机构企业贷款加权平均利率5.08%，同比下降0.52个百分点。12月，全省各金融机构人民币贷款（不含个人住房贷款）加权平均利率5.54%，同比下降0.38个百分点。票据贴现加权平均利率3.31%，同比下降0.21个百分点。普惠小微贷款利率5.46%，同比下降0.95个百分点。人民币存款利率基本稳定，地方法人银行利率定价能力逐步提高。12月，金融机构定期存款加权平均利率2.42%，与上年同期基本持平。2020年，四川省共有80家金融机构被评为全国利率定价自律机制基础成员，17家金融机构被评为观察成员。

8. 资产质量持续改善，中小法人银行抵御风险能力增强。2020年，四川银行机构积极抵御经济下行压力和新冠肺炎疫情冲击，加大不良贷款处置力度。2020年末，全省不良贷款余额较年初下降6.7%，不良贷款率较年初下降0.4个百分点；关注类贷款率较年初下降0.3个百分点。省内中小法人银行拨备和流动性水平明显改善，贷款损失准备余额879.2亿元，较年初增长28%，拨备覆盖率174.1%。

专栏2　金融支持稳企业保就业成效显著

2020年以来，中国人民银行成都分行坚决贯彻党中央、国务院“六稳”“六保”决策部署，立足四川实际，将金融支持疫情防控、复工复产、稳企业保就业作为各项工作重中之重，制订“两个计划”（“民营小微企业金融服务工作计划”“个体工商户‘金融甘露’行动计划”），实施“四大行动”（“金融需求摸排起底行动”“融资对接扩面提质行动”“政策工具聚合协同行动”“传导渠道疏浚畅通行动”），引导金融机构加大对实体经济的支持力度。

一、制订实施“两个计划”，聚焦两大重点群体靶向发力

（一）制订实施民营小微企业金融服务工作计划，普惠小微领域金融服务显著改善

根据民营小微企业战疫复产“救急续产”“恢复康复”“发展提升”3个阶段的不同特征，制订工作计划，修订评估方案，组织金融机构开展“访店访企访园区、问需问计问困难、送产品送政策送服务”活动，推动民营小微企业贷款快速增长。2020年末，四川民营经济贷款余额1.9万亿元，同比增长11.9%，普惠小微贷款余额6276.3亿元，同比增长27.5%；四川新增首贷企业3.1万户，其中小微企业占比96.3%。

（二）启动个体工商户“金融甘露”行动计划，开展以“‘贷’动小生意，繁荣大商摊”为主题的专项金融服务行动

协调推动个体工商户税务、工商注册等信用信息共享，筛选34万户连续三年营业收入正常的个体工商户，分类向银行推送开展重点融资对接，实现个体工商户贷款量增、面扩、价降。截至2020年末，四川个体工商户贷款余额3065.1亿元，较年初新增491.1亿元，同比增长18.3%；有贷款余额户数80.8万户，较年初新增9.8万户。12月，个体工商户贷款加权平均利率5.86%，同比下降113个基点。

二、深入开展“四大行动”，抓住关键环节推动政策落地见效

（一）全面走访摸排需求，分层分类提升银企融资对接质效

按照“一类大型和核心企业专门对接、二类规模以上企业定向对接、三类规模较小市场主体线上对接”的总体思路，分类别、多层次、全方位开展线上线下融资对接。一是依托“天府信用通”平台，引导金融机构上线1491款信贷产品，建立全省金融机构信贷产品“超市”，并同步开发微信小程序、手机App，引导小微企业和个体工商户在线选择或发布融资申请。2020年末，“天府信用通”平台累计实现银企融资对接3.3万笔、金额2864.2亿元，惠及2.5万户企业。二是推进银政企线下融资对接。2020年，全省召开省市县三级融资对接培训会1341场，2.7万户线下重点对接企业中已有2.0万户获得银行授信，银行向对接成功企业新发放贷款2323.6亿元，98户企业通过银行间市场发债融资2050.8亿元。

（二）强化政策工具快速落地，市场主体的金融获得感明显增强

一是灵活运用再贷款再贴现政策性资金。建立央行政策性资金严审快放工作机制，为金融机构和实体企业提供长期、稳定的低成本资金支持。截至2020年末，全省各类再贷款再贴现余额较2019年末增长71.6%。二是加快推动两项直达实体经济的货币政策工具落地落实。推动金融机构落实普惠小微贷款延期还本付息“应延尽延”要求，切实加大信用贷款投放。12月，四川地方法人金融机构共办理普惠小微贷款延期79.6亿元，延期率71.7%，较3月政策推出初期上升近20个百分点；发放普惠小微信用贷款73亿元，占普惠小微贷款的29.2%，较3月上升9个百分点。三是推进财金互动政策产品化。联合相关部门加大对企业贷款贴息支持。联合财政等部门以“央行再贷款资金+财政贴息奖补”方式，创新推出“战疫贷”“稳保贷”产品，向5万余户企业发放优惠利率贷款411亿元，贴息后企业利率成本不超过4%。2020年，全省金融机构通过利率下行和减免费用等方式向实体经济让利近300亿元。

（三）疏浚传导渠道，畅通“最后一公里”

一是督促金融机构建立“敢贷、愿贷、能贷、会贷”工作机制，畅通政策传导渠道。推动金融机构落实“尽职免责”要求，打消“不敢贷”顾虑；完善内部激励约束机制，增强“愿意贷”动力；提升资本实力，缓解“不能贷”的资本约束。2020年，四川法人金融机构发行资本债132亿元，有效缓解金融机构资本约束，改善“能够贷”的支持条件。二是加大政策宣传，扩大政策知晓面。根据3个阶段的工作重点，确定8个主题，组织金融机构开展多渠道、全方位、立体式的政策、产品、案例宣传。全年召开金融支持稳企业保就业专题新闻通气会7场，累计在互联网网站和分行政务微信上发布和转载有关信息237条，在《人民日报》、新华网、《金融时报》等媒体上开展“金融支持稳企业保就业”有关专题宣传报道412篇。

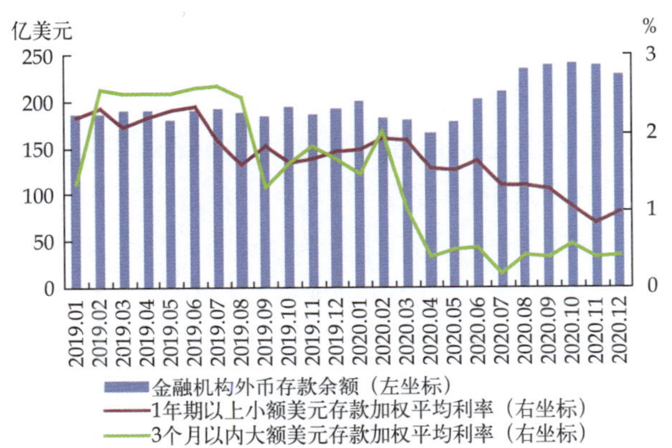

图4　2019—2020年四川省金融机构外币存款余额及外币存款利率

（数据来源：中国人民银行成都分行）

9. 跨境人民币业务稳健发展，业务覆盖面持续扩大。2020年，全省跨境人民币结算金额1366.9亿元，按可比口径同比增长9.3%。全年共与62个“一带一路”国家和地区实现跨境人民币交易481.3亿元，同比增长11.9%。2020年末，全省累计有6757家企业开展跨境人民币业务，比2019年末增加819户；有13家跨国企业集团开办跨境双向人民币资金池，资金池应计所有者权益合计786亿元，境内外成员企业合计104家，境内成员企业数量位居中西部第一。落地境内人民币贸易融资资产跨境转让业务，试点企业由首批的40家增加至77家。推进资本项下对外开放，实现全国首批地方债“债券通”跨境分销。

（二）多层次资本市场不断健全，证券业融资功能持续提升

2020年，四川证券业保持平稳健康发展，资本市场融资规模增长较快，有力支持了四川经济恢复发展。

1. 证券期货基金机构数量稳居中西部第一。2020年末，四川省共有法人证券公司4家、法人期货公司3家、证券期货分支机构552家。经备案的私募基金管理人436家，管理人数量、管理基金规模在中西部领先。

表3　2020年四川省证券业基本情况

项目	数量
总部设在辖内的证券公司数（家）	4
总部设在辖内的基金公司数（家）	0
总部设在辖内的期货公司数（家）	3
年末国内上市公司数（家）	136
当年国内股票（A股）筹资（亿元）	324
当年发行H股筹资（亿元）	0
当年国内债券筹资（亿元）	5745
其中：短期融资券筹资额（亿元）	89
中期票据筹资额（亿元）	886

数据来源：四川证监局。

注：当年国内股票（A股）筹资额指非金融企业境内股票融资。国内债券筹资指交易所债券市场债券和银行间市场直接债务融资工具筹资额。

2. 资本市场融资增长较快，有力支持实体经济恢复发展。2020年，四川资本市场实现直

接融资4206.6亿元，同比增长16%。股权和交易所债券融资实现“双增”，其中，股权融资294.9亿元，同比增长100%；交易所债券融资3564.9亿元，同比增长21.2%。资本市场主体带动作用增强，上市公司直接融资767.5亿元，带动产业链联动复工复产，其中，民营、中小微企业和“三农”、扶贫等领域融资近610亿元。

（三）保险业持续增长，风险保障功能有效发挥

1. 保险市场主体不断丰富。2020年末，四川省已开业保险公司99家。按业务性质分，产险公司43家、寿险公司46家、养老险公司5家和健康险公司5家；按资本国别分，中资公司73家、外资公司26家。全省共有保险公司法人机构4家，各级保险分支机构5214家。

2. 保险业务克服疫情不利影响稳步增长。2020年四川保险业积极克服疫情不利影响，实现原保险保费收入2273.6亿元，同比增长5.8%，保费规模全国排名第七；保费增速全国排名第十七。其中，财产险公司实现原保费收入639.4亿元，同比增长9.6%；人身险公司实现原保费收入1634.2亿元，同比增长4.4%。全省赔付支出共计687.8亿元，同比增长8.4%。其中，财产险公司赔款支出367.5亿元，同比增长7.6%；人身险赔款及给付支出320.3亿元，同比增长9.3%。

表4　2020年四川省保险业基本情况

项目	数量
总部设在辖内的保险公司数（家）	4
其中：财产险经营主体（家）	2
寿险经营主体（家）	2
保险公司分支机构（家）	99
其中：财产险公司分支机构（家）	43
寿险公司分支机构（家）	56
保费收入（中外资，亿元）	2273.6
其中：财产险保费收入（中外资，亿元）	548.1
人身险保费收入（中外资，亿元）	1725.5
各类赔款给付（中外资，亿元）	687.8

数据来源：四川银保监局。

3. 深化保险服务体系改革，持续提升服务实体经济质效。2020年，四川保险业不断完善保险服务体系，全年共提供风险保障227.3万亿元，同比大幅增长90.7%。四川省出台加快农业保险高质量发展实施方案，进一步明确农业保险业务经营条件，积极推进四川省中央奖补地方特色保险方案，农险电子化平台线上制单率达98%。稳步推进车险综合改革各项措施，持续推进巨灾保险试点开展，不断规范普惠型商业健康保险业务。

（四）金融市场运行平稳，银行间市场融资较快发展

1. 社会融资规模总量稳定增长。2020年，四川省社会融资规模较年初增加14333.7亿元，同比多增4705.5亿元。其中，人民币各项贷款增量占社会融资规模比重为58.7%，较上年下降8.5个百分点。直接融资规模占比持续上升，直接融资占社会融资规模比重为19.0%，较上年上升1.2个百分点。其中，债券融资占直接融资的比重为88.1%。政府债券净融资增长明显，全年政府债新增2164.8亿元，同比多增808.4亿元，占社会融资规模比重为15.1%，较上年提升1个百分点。表外业务继续下降，委托、信托贷款和未贴现银行承兑汇票较年初下降146.9亿元。

2. 银行间市场债务融资工具发行再创新高。2020年，四川共有101家非金融企业在银行间债券市场发行280只债务融资工具，金额共计2195.5亿元，同比增长24.6%，发行总量首次突破2000亿元大关，位居西部第一，融资总量近三年翻一番。银行间市场债务融资工具余额4320.4亿元，同比增长29%，高于各项贷款增速15.3个百分点。全国银行间市场首批疫情防控债券落地四川，募集资金113.1亿元，累计支持11家企业，加权平均利率为3.36%，低于市场总体水平1.04个百分点。2018年实现首单落地以来，绿色票据再次注册发行45亿元，同比增加25亿元。6家法人银行机构成功发行164亿元金融债券，泸州银行发行西部地区首单银行永续债，四川天府金融租赁公司发行省内首

单7亿元金融租赁公司债，成都银行发行10亿元住房抵押贷款ABS，有力拓宽实体经济可贷资金来源。

3. 货币市场运行总体平稳。2020年，四川货币市场成员累计成交42.5万亿元，同比增长5.5%。其中，银行间市场债券回购交易稳步增长，全年累计成交28.9万亿元，同比增长3.8%。全省法人机构债券交易正、逆回购杠杆率超标机构控制为零，高杠杆风险得到有效控制。同业拆借累计成交5.4万亿元，同比增长52.8%，对回购交易形成替代效应；2020年，货币市场净融入金额3.9万亿元，同比下降12.5%。市场利率呈震荡上行态势，第一至第四季度全省市场成员同业拆借市场加权平均利率分别为1.78%、1.45%、1.96%和1.92%。

表5　2020年四川省金融机构票据业务量统计

单位：亿元

季度	银行承兑汇票承兑		贴现			
			银行承兑汇票		商业承兑汇票	
	余额	累计发生额	余额	累计发生额	余额	累计发生额
1	3035.4	1280.3	1647.7	2028.8	195.3	108.5
2	3262.7	2447.7	1627.5	4168.1	187.4	219.6
3	3180.2	3396.2	1487.8	5513.9	203.6	336.4
4	3395.2	4409.5	1421.4	6109.9	203.3	434.4

数据来源：中国人民银行成都分行。

表6　2020年四川省金融机构票据贴现、转贴现利率

单位：%

季度	贴现		转贴现	
	银行承兑汇票	商业承兑汇票	票据买断	票据回购
1	2.92	5.05	2.86	2.06
2	2.66	4.27	2.50	2.02
3	2.93	4.04	2.78	2.30
4	2.99	4.75	2.74	2.36

数据来源：中国人民银行成都分行。

4. 票据规模有所增长，贴现利率趋于下降。2020年，全省金融机构累计签发银行承兑汇票4409.5亿元，同比增加387.4亿元；累计签发商业承兑汇票24.9亿元，同比减少6.0亿元。累计办理银行承兑汇票贴现6109.9亿元，同比减少76.3亿元，办理商业承兑汇票贴现434.4亿元，同比增加73.7亿元。受降准及加大公开市场操作的影响，票据贴现利率有所下降。12月金融机构贴现加权平均利率为3.3%，较年初下降19个基点。

（五）金融改革扎实推进，创新发展成效明显

1. 金融服务成渝地区双城经济圈建设有序推进。2020年，川渝两省市聚焦“一极两中心两地”战略目标，推动成渝地区双城经济圈建设破题起势，加快打造带动全国高质量发展的重要增长极和新的动力源。两地聚焦重点领域重点区域，强化重大项目支撑，谋划提出2020年共同实施的标志性引领性项目31个，总投资超5000亿元。两地金融管理部门围绕共建西部金融中心，强化政策协同。两地人民银行建立了共建西部金融中心和金融支持成渝地区双城经济圈高质量发展联合工作机制。两地地方金融监管局、银保监局分别签署《共建西部金融中心　助力成渝地区双城经济圈建设合作备忘录》。此外，两地人民银行会同相关部门积极推动两地金融服务同城化，创新推出税收跨省异地缴库新模式，进一步提升跨省经营纳税人的缴库便利性；成功实现乘车码在两地公交地铁的互通互用，逐步扩大成渝地区公共交通票务互通范围；协同推进反假联合示范区创建，开展反假联合宣传。加强金融稳定工作协作、跨区域反洗钱监管合作等，在金融统计数据、反洗钱、反假币信息等领域开展共享交换。

2. 金融支持全面创新改革试验工作取得积极成效。2020年，四川科技金融服务体系和运行机制不断完善，全省多家银行设立专营机构、军民融合服务中心，为科技型企业提供专属服务，2020年末，全省科创类企业贷款余额1621.2亿元，同比增长18.8%；四川12家银行设立科技支行，科技支行科创类企业贷款

余额同比增长21.6%。依托四川军民融合大型科学仪器共享平台，创新推出“仪器设备信用贷”，通过建立地方政府、银行、平台和企业四方风险共担机制，向14家科技企业发放贷款3846万元，支持购买仪器设备近100套，相关做法纳入国务院第三批全面创新改革经验推广。“天府科创贷”等财金互动金融产品落地扩面。金融科技支撑作用持续增强，“天府信用通”平台实现四川金融机构全覆盖，归集信用信息超过14亿条，上线1558款信贷产品，促成融资对接3.3万笔，融资金额2930.6亿元。知识产权金融生态示范区申建工作稳步推进，全省知识产权质押贷款余额37.2亿元，同比增长25.0%，全国首个基于区块链技术的知识产权融资服务平台荣获2020中国产业区块链“创新奖”，2020年平台累计实现知识产权融资102笔、4.1亿元。供应链金融服务水平持续提升，累计在中征应收账款融资服务平台形成56条供应链，连续四年平台应收账款融资金额过千亿元，全省首单供应链票据、标准化票据落地。双创金融服务新模式持续发力，2020年末，全省累计在银行间市场发行18单双创债务融资工具125.1亿元，占全国的比重达19.4%，示范引领作用不断增强。

3. 成都市农村金融服务综合改革试点圆满收官。2020年，成都市农村金融服务综合改革试点顺利完成，取得明显成效。五年来，成都市在完善组织体系、创新金融产品、合理配置资源等方面深入开展了一系列探索实践。多层次农村金融组织体系不断完善，全市银行机构已普遍设立“三农金融部”或“普惠金融部”，互联网银行、金融租赁公司、涉农征信公司、农村资金互助社等多元化新型金融组织逐步建立，在细分领域提供涉农金融服务作用明显。农村金融产品和服务创新日益深化，依托农村产权和现代农业制度赋能，探索近20种农村产权抵押标的；围绕“农业共营制”等农业生产经营组织模式创新，创新开展农业职业经理人贷款、农产品仓单质押贷款等业务，自改革以来，分别累计发放贷款4595万元、3680万元；开办27个政策性农险品种，农村土地流转履约保证保险、生猪绝对价格保险等多项保险品种为全国首创，农业保险深度和密度中西部领先；涉农企业发行各类债务融资工具630亿元，发行国内首单涉农投融资平台中期票据；成功挂牌全国首单流转集体建设用地建设租赁住房REITs。农村金融核心基础设施建设效果突出，“农贷通”村级服务站持续完善，创新“线上＋线下”融合模式，较好解决了农村金融服务“最后一公里”难题。“农贷通”综合融资服务平台不断升级推广，2020年末，“农贷通”平台注册用户5.3万户，入驻各类金融机构和组织74家，累计发布金融产品837个，累计通过平台发放贷款1.75万笔、260.8亿元，获贷率达71.3%。财金互动政策撬动作用明显，形成了包括农村产权交易、货币政策工具支持、财政奖补、风险分担在内的一整套配套体系，2017年以来，累计通过“农贷通”平台线上审核1875笔、36.3亿元涉农贷款贴息申请，贴息3329万元；累计通过支农再贷款、再贴现直接引导金融机构投放涉农贷款（含贴现）363亿元。

4. 绿色金融改革创新持续深化。2020年，四川省级绿色金融试点深入推进，制订《四川省绿色金融发展规划》，省内17个市州相继出台地方的绿色金融实施意见或细则，全省共同推进绿色金融的局面逐步形成。绿色信贷稳定快速增长。2020年末，四川绿色信贷余额5164.5亿元，比年初增加823.9亿元。制订《绿色金融债券推动实施方案》，支持法人金融机构发行绿色金融债券募集资金支持绿色产业发展，绿色债券扩面增量。截至2020年末，四川省累计发行绿色债券292.3亿元。发挥绿色金融基础服务设施作用，建立绿色企业项目库，推动信息共享，助力四川省绿色产业高质量发展，为落实碳达峰碳中和重大决策部署贡献金融力量。依托四川联合环境交易所绿色金融信息服务平台“绿蓉融”，发布绿色企业和绿色项目评价标准，评选入库首批150家绿色企业和55个绿色项目，并实现与“天府信用通”平台全线对接，2020年末，四川省联合环境交易所在天府信用通“绿色金融”专版累计上线绿色金融产品13项，办理融资申请金额8.04亿元。金融机构加快绿色转型，绵阳市商业银行成为全省首家、全国第五家赤道银行；四川天府银行运用大数据、云计算等金融科技工具，开创覆盖27个绿色子行业的绿色评分模型系统，并成为全国第五家联合国“负责任银行”。

5. 四川自贸区金融改革稳步推进。自贸区贸易便利化持续推进，贸易外汇收支便利化试点全年累计办理业务228笔，金额4.2亿美元。跨境人民币结算优质企业便利化服务方案不断优化，助力四川自贸区银行为77家优质企业办理跨境人民币结算提供便利化服务。建立资本项目便利化“白名单”制度，开展跨境金融区块链服务平台资本项目外汇收入支付便利化真实性审核应用场景试点，笔数占比达64%。深入推动跨国公司外汇资金集中运营管理，18家跨国公司集团累计共集中外债额度176.0亿美元，参与企业家数和运营资金规模居中西部首位。境内人民币贸易融资资产跨境转让业务成功落地四川，4笔转让的贸易融资资产金额合计1542.6万元。金融产品和服务创新加速推进，中信银行成功办理四川首笔全线上跨境电商收款业务；建设银行“全球撮合家”跨境撮合平台成功上线“蓉欧班列专区”；中国银行开立四川首笔“一单制”项下中欧班列跨境人民币进口信用证，金融创新经验在全国复制推广。首创的“分布式共享模式实现银政互通”新模式在全国推广。“中欧e单通”跨境贸易区块链平台辐射范围扩大，成功完成与成都铁路局物流区块链并链，目前平台累计上链企业20家，2020年办理线上单证核碰290笔，金额40573.0万元，覆盖德国、俄罗斯、波兰等多个国家。

（六）金融生态环境建设不断深化，金融基础设施持续完善

1. 信用体系建设持续推进。持续提升征信系统查询服务水平，顺利实现二代征信系统四川全省上线，自主开发完成四川征信查询线上预约系统，“四类人员”疫情期间特殊征信政策有效落实。“天府信用通”平台App和微信小程序正式上线，创新打造“工程信用库”“绿色金融”“抗疫贷”等应用场景，为银行提供企业信用信息查询188万次，促成信用对接3.3万笔，金额2930.6亿元，平台已成为全省覆盖面最广、信息共享最全面、融资对接规模最大、功能最完善的地方征信平台，有力支持抗疫稳保金融服务工作。启动四川省产业园区信用体系建设提升园区企业融资能力专项活动，首批覆盖全省81个园区，通过建立园区企业金融信用分类标准，帮助园区企业规范财务信息，1496户园区企业实现在线融资286.6亿元。农村信用体系建设持续深化，2020年末，全省累计评定信用户922.0万户、信用新型农业经营主体4.1万个，贷款余额分别达2122.8亿元、211.2亿元；实施农村信用救助，帮助非主观恶意失信4.8万农户、2424户新型农业经营主体信用脱困，重新获得银行融资支持35.1亿元。创新“评级市场表现+报告专家评审”评级质量评价体系，开展“数字信融、稳企保岗”行动，金融支持稳保工作信用精准度有效提升。

2. 支付环境不断优化。2020年末，四川省支付系统直接参与者16个，间接参与者5729个，雅安市商业银行成功加入网上支付跨行清算系统，支付系统参与面进一步扩大。2020年四川支付系统发生业务3.9亿笔，金额183.6万亿元，同比分别增长26.8%和11.1%。深化账户改革成果，企业和个人账户服务持续优化，打击网络赌博和电信诈骗工作取得明显成效。金融机构创新支付方式和服务助力复工复产和消费提质扩容，4家支付机构和“云闪付”共参与全省10个市州消费券发放，累计发放金额超7亿元，17余万商户参与活动，拉动本土消费27.6亿元。移动支付业务快速发展，2020年末，全省“云闪付”累计用户2102.3万户，全国排名第三，累计注册绑卡用户1625.6万户，全国排名第二，全省已有19个市州、114个县域支持“云闪付”乘车，85所高校食堂、45家医院、169项公共事业缴费项目支持“云闪付”。农村支付环境持续优化，探索“三点三链”特色路

径、村镇银行模式等，助力支付服务乡村振兴。助农取款服务点提质增效，2020年末，四川存量服务点8.1万个，农村地区电子银行客户数量已达9647.5万人次，同比增长11%。

3. 金融科技深入发展。银行营业网点服务标准化、制度化和规范化水平持续提升，全省47家机构、2085个网点完成了国家标准对标达标。“金融业机构信息共享系统”稳步推广，近2万社会公众安装应用App，用户实现了能在手机上运用直观、便捷的导航方式搜索金融机构网点位置和服务信息。四川省内137家法人金融机构和科技企业完成全球法人识别编码赋码。开展金融服务企业标准“领跑者”活动，4份标准进入全国领跑者名单。金融科技应用试点深入推进，四川21个项目已经全部上线运行，金融服务数字化水平不断提升。

4. 扎实推进金融消费权益保护工作。2020年，12363投诉咨询热线共受理消费者投诉3088件、已办结3042件，受理咨询2569件。推动成都、雅安、眉山、泸州、资阳等20个市州建成金融消费纠纷非诉解决机制，为消费者提供多元化的投诉渠道，全年调解成功265起。开展银行业机构、非银行支付机构金融消费权益保护自评估与评估，对25家金融机构开展了金融消费权益保护现场检查，督促金融机构切实落实金融消费者权益保护主体责任。深入开展“金融消费者权益日”“普及金融知识 守住‘钱袋子’”“金融知识普及月”集中宣传活动，积极推动金融知识纳入国民教育体系，稳步推进金融教育示范基地建设，构建宣传教育立体格局，不断提升消费者金融素养。推动完善地方金融广告治理机制，开展多部门金融广告联合整治，做好金融广告监测、甄别和分类处置工作，全年推动处置违法违规金融广告线索289条。

二、经济运行情况

2020年，全省克服了新冠肺炎疫情、特大暴雨洪灾以及复杂严峻的内外部形势的不利影响，经济持续稳定恢复，展现出良好的韧性和潜力。全省实现地区生产总值4.9万亿元，同比增长3.8%，高于全国1.5个百分点，领先幅度创七年来新高。但也要看到，经济运行稳中向好的同时，仍面临不确定性因素，经济恢复基础尚不牢固，部分行业生产仍然较为低迷，消费市场修复相对缓慢，特别是批发零售、住宿餐饮受冲击较大。

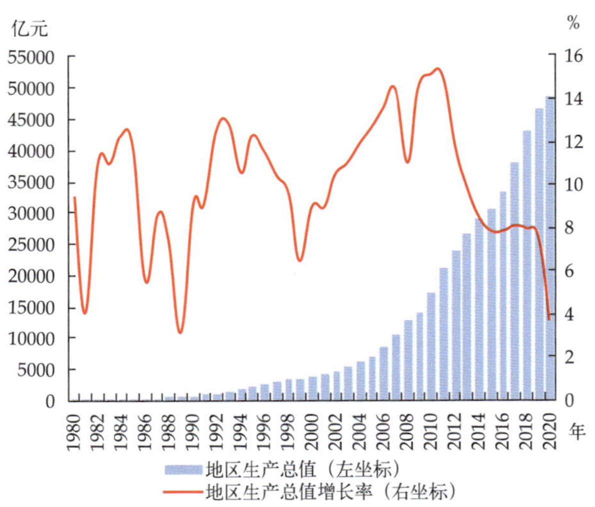

图5　1980—2020年四川省地区生产总值及其增长率

（数据来源：四川省统计局）

（一）三大需求形势向好，内外循环持续通畅

2020年，全省在落实“六稳”“六保”重大政策以及“农业多贡献、工业挑大梁、投资唱主角、消费促升级”“一干多支，五区协同”“四项拓展、全域开放”等重大战略部署支持下，四川省需求加快恢复，外贸提质增速，新发展格局加快推进。

1. 投资稳步回升，增速好于预期。2020年，全省全社会固定资产投资增长9.9%，与上年同期相比低0.3个百分点，比全年预期高1.9个百分点。从主要构成看，基建投资增长11.6%，同比加快6个百分点；制造业投资增长7%，同比回落0.2个百分点；房地产开发投资增长11.3%，同比回落4.1个百分点。从所有制情况看，民间投资增长4.7%，同比回落3.9个百分点。

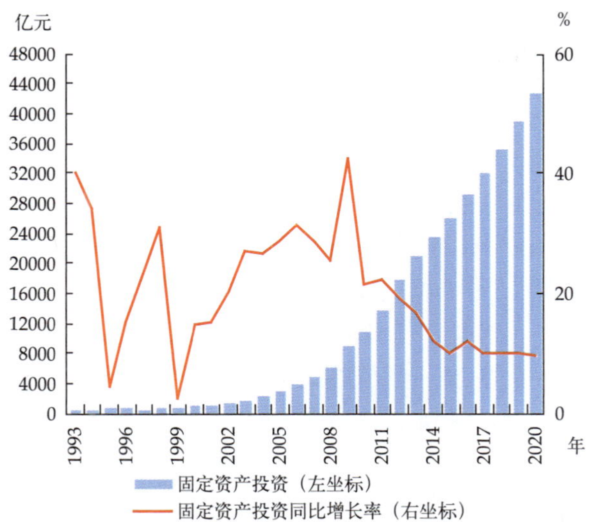

图 6　1993—2020 年四川省全社会固定资产投资及其增长率

（数据来源：四川省统计局）

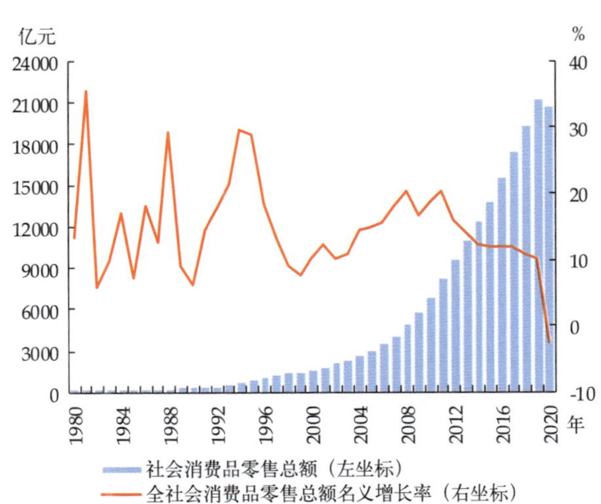

图 7　1980—2020 年四川省社会消费品零售总额及其增长率

（数据来源：四川省统计局）

2. 消费市场降幅收窄，线上消费逆势增长。 2020 年，全省社会消费品零售总额 2.1 万亿元，同比下降 2.4%，降幅低于全国水平 1.5 个百分点，低于第一、第二、第三季度 10.6 个、5.1 个和 2.4 个百分点，呈逐季收窄态势。从构成看，生活必需品消费平稳增长，限额以上企业（单位）主要商品零售额中，日用品消费增长 6.5%，粮油、食品、饮料、烟酒类消费增长 13.5%，均高于总体增速；消费升级相关产品增速加快，文化办公用品类增长 21.1%，高于上年同期 4.4 个百分点，高于同期必需品消费增速；传统零售业加速转型升级，线上消费逆势增长，限额以上企业（单位）通过互联网实现商品零售额增长 16.9%。线上线下消费融合作用突出，限额以上网络餐饮收入增长 106.3%，比上年高 79 个百分点。

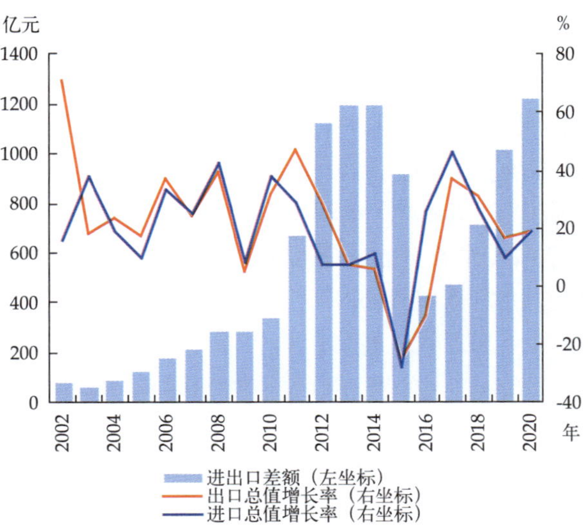

图 8　2002—2020 年四川省进出口变动情况

（数据来源：四川省统计局）

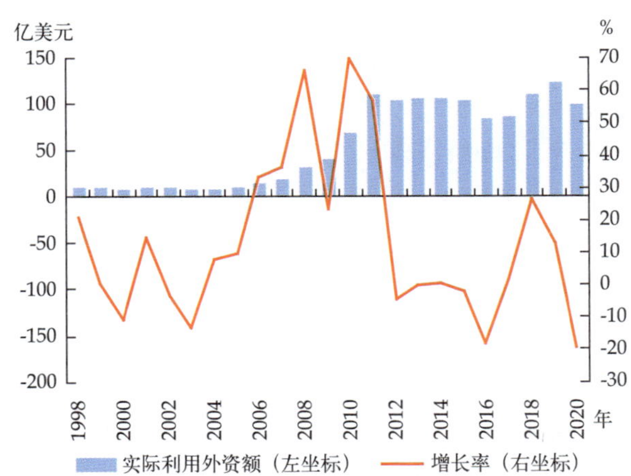

图 9　1998—2020 年四川省实际利用外资额及其增长率

（数据来源：四川省统计局）

3. 对外贸易大幅增长，结构进一步优化。 笔记本电脑、平板电脑等四川出口的“宅经济”产品需求大增，四川外贸实现逆势快速增长，进出口规模创历史新高。2020 年，全省货物贸易进出口总值 8081.9 亿元，首次突破 8000 亿元关口，同比增长 19%，是同期全国增速的 10 倍，进出口规模和进出口增速分列全国第八位和第二位。其中，出口 4654.3 亿元，增长 19.2%，远高于全国 4% 的增速；进口 3427.5 亿元，增长 18.8%，远高于全国下降 0.7% 的增速。外贸新动能显著增强，贸易方式更趋优化，以加工贸易方式进出口 5130.2 亿元，增长 24.8%，全省跨境电商进出口 17.6 亿元，增长 125.9%，市场采购方式进出口 48.3 亿元，增长 269.7%。贸易市场更加多元化，全省对“一带一路”国家和地区进出口增长 24%，占比 30.4%，较上年提升 1.1 个百分点。进出口产品结构同步优化。出口机电产品 4082.4 亿元，增长 27.5%，占比提高至 87.7%。进口机电产品 3097.1 亿元，增长 23.2%，占外贸进口总值的 90.4%。全年实际利用外资 100.6 亿美元，比上年下降 19.4%，其中外商直接投资 25.5 亿美元，增长 2.9%，规模居中西部首位。

（二）三次产业协同恢复，经济转型升级效果明显

2020 年，全省在常态化疫情防控中全面推进复工复产复商复市，三次产业发展恢复向好，三次产业对经济增长的贡献率分别为 14.1%、43.4% 和 42.5%，第一产业贡献率同比提高 10.1 个百分点，“农业多贡献”“工业挑大梁”成效显著。新经济、新动能对经济增长的驱动力不断增强。污染防治任务如期全面完成。

1. 农业生产快速恢复。2020 年，全省第一产业增加值 5556.6 亿元，同比增长 5.2%，高于全国 2.2 个百分点，增速创近 15 年新高。全省粮食产量 3527.4 万吨，同比增长 0.8%，实现粮食产量十四连增。生猪生产明显恢复，全年出栏生猪 5614.4 万头，同比增长 15.7%。猪瘟疫情影响减弱，畜禽养殖结构持续调整，牛出栏数同比增长 1.6%，增速同比下降 4 个百分点；羊出栏数同比增长 0.7%，增速同比下降 1.6 个百分点。

2. 工业运行稳中向好。2020 年，全省工业增加值 13428.7 亿元，同比增长 3.9%，高于全国 1.5 个百分点，对 GDP 增长的贡献达 36.3%，是经济持续回升的主力。其中，规模以上工业企业增加值增长 4.5%，高于全国 1.7 个百分点，规模以上工业企业产品销售率为 98.2%。分行业看，41 个大类行业中，25 个行业实现增长，行业增长面为 61%。重点产业支撑不断增强，电子信息制造业增长 17.9%、电气机械和器材制造业增长 13.4%、石油和天然气开采业增长 12.2%、非金属矿物制品业增长 6.3%、电力热力生产和供应业增长 6.3%，增速均高于全省平均增速。工业企业营收利润稳步向好，全省规模以上工业企业实现营业收入 4.5 万亿元，同比增长 5.5%，高于全国 4.7 个百分点；规模以上工业企业实现利润总额同比增长 13.4%，高于全国 9.3 个百分点。

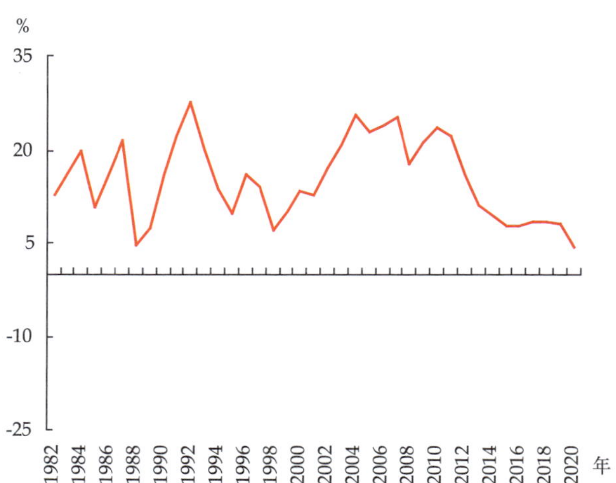

图 10　1982—2020 年四川省规模以上工业增加值实际增长率

（数据来源：四川省统计局）

3. 第三产业实现增长。2020 年，全省第三产业实现增加值 25471.1 亿元，同比增长 3.4%，高于全国 1.3 个百分点。除住宿和餐饮业外，其余行业均实现正增长，其中交通运输、仓储和邮政业增长 0.7%，批发和零售业增长 0.2%，金融业增长 6.4%，房地产业增长 2.6%，租赁和商务服务业增长 1.6%。以新技术为引领

的相关服务业快速增长，信息传输、软件和信息技术服务业同比增长 26.4%，高于服务业增加值增速 23 个百分点。

4. 新动能引领高质量发展作用增强。2020 年，全省继续以供给侧结构性改革为主线，大力推动经济转型升级，新经济蓬勃发展，新动能高速增长，为经济高质量发展注入强劲动力。2020 年，全省省级以上专精特新“小巨人”企业达 2128 家，全年“小升规”企业 1000 家以上，规模以上高技术制造业增加值增长 11.7%，高于规模以上工业增加值增速 7.2 个百分点。其中，电子及通信设备制造业增长 18%，信息化学品制造业增长 17.3%，计算机及办公设备制造业增长 15.5%，医疗仪器设备及仪器仪表制造业增长 15.5%，均高于规模以上制造业平均增速。全省高新技术企业超 8000 家，入库科技型中小企业 1.2 万家，备案瞪羚企业 100 家，实施 10 个重大科技专项和 106 项科技成果转化示范项目，高新技术产业主营业务收入接近 2 万亿元，科技服务业主营业务收入达 2900 亿元，技术合同成交总额达 1248 亿元。

5. 生态环境质量持续向好。2020 年，全省全面完成“十三五”生态环境考核 9 项约束性指标和污染防治攻坚战阶段性目标任务，生态环境保护取得重要进展。大气环境质量明显改善，全年优良天数率 90.8%，较 2015 年上升 5.6 个百分点，达标城市达 14 个，较 2015 年增加 9 个；水生态环境质量逐年改善，跃居全国第八位，较“十三五”初期提升 11 位；土壤环境质量总体保持稳定。

（三）物价总体回归正常区间，居民收入稳步提升

猪肉等食品价格下降，带动居民消费价格下降，工业生产价格降幅收窄，市场供需总体平衡。

1. 居民消费价格先涨后跌。2020 年，全省 CPI 累计同比上涨 3.2%，与上年持平。全年 CPI 运行呈现先高后低的反转态势，2 月同比上涨 6.9%，创下 12 年来新高，此后受疫情及猪肉价格下降等因素影响，CPI 波动下跌至 11 月的 -0.8% 和 12 月的 -0.2%，2006 年以来首次负增长。从结构看，食品烟酒类累计同比上涨 11%，教育文化娱乐、医疗保健及其他用品服务类价格累计小幅上涨，衣着、居住、交通通信及生活用品服务类价格累计同比下跌。

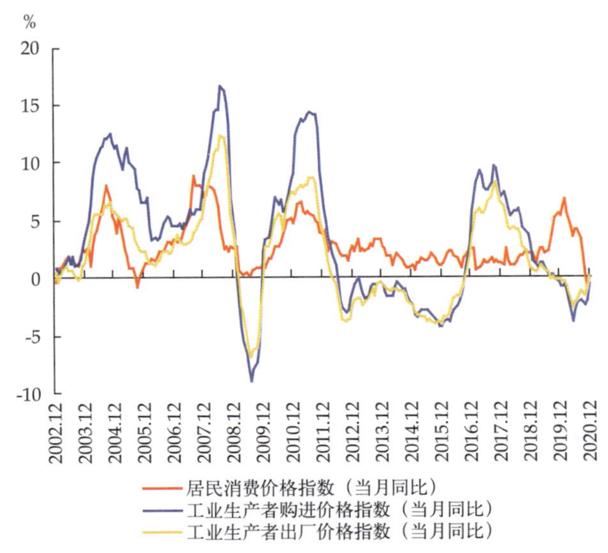

图 11　2002—2020 年四川省居民消费价格指数和工业生产者价格指数变动趋势

（数据来源：四川省统计局）

2. 工业生产价格降幅先扩大再止跌。2020 年，全省 PPI 累计同比下降 1.2%，较上年回落 1.6 个百分点。全年 PPI 运行呈现降幅先扩大再止跌态势，上半年，在疫情冲击下全省 PPI 当月同比降幅由年初的 0.3% 逐步扩大至年中的 2.5%；下半年，随着需求端逐步改善，PPI 当月降幅逐步收窄，于 12 月止跌，当月为 0。

3. 城乡居民收入稳步提升。2020 年，全省城镇居民人均可支配收入 38253 元，同比增长 5.8%，高于全国 2.3 个百分点，其中人均工资性收入 21951 元，同比增长 7.2%。农村居民人均可支配收入 15929 元，同比增长 8.6%，高于全国 1.7 个百分点，其中农村人均工资性收入 4978 元，同比增长 6.8%。农村居民人均可支配收入增速高于城镇居民增速 2.8 个百分点，城乡居民收入差距进一步缩小。

（四）财政收支稳步增长，支出结构不断优化

1. 财政收入缓中趋稳。2020年，财政收入增长稳定，减税降费政策带来的减收效应持续释放，全省实现地方一般公共预算收入4258亿元，增长4.6%，增速较上年同期下降3.1个百分点，其中新增减税降费约970亿元。但财政收入保持平稳运行的基础没有改变，9月转正以来持续小幅回升，12月环比回升0.4个百分点。

2. 民生支出加大。2020年，全省一般公共预算支出1.1万亿元，同比增长8.2%，其中一般公共预算民生支出7314亿元，民生支出占比稳定在65%以上，财政支出在防控新冠肺炎疫情、做好“六稳”“六保”工作、实施扩大内需战略、扩大有效投资、实施“一干多支”发展战略、保障和改善民生等方面发挥坚实引领作用。

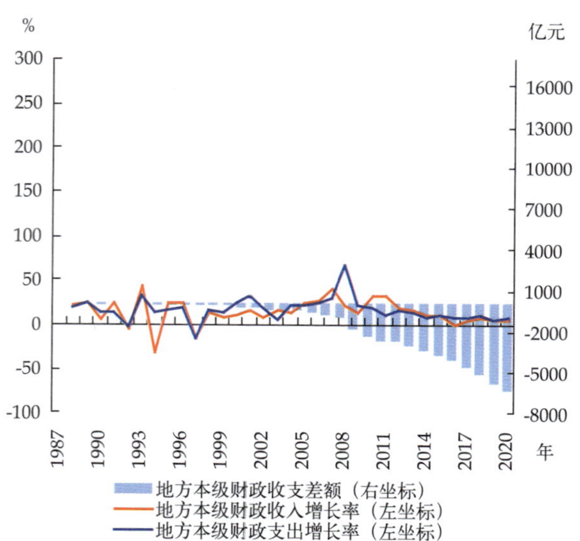

图12　1987—2020年四川省财政收支状况

（数据来源：四川省统计局）

3. 严格实施债务限额管理。2020年，全省地方政府债务余额1.27万亿元，严格控制在国务院核定的债务限额内，债务风险总体可控。债务重点支持公共卫生、交通基础设施、能源、农林水利、生态环保、教育医疗、健康养老、文化旅游等社会事业方面。

（五）房地产市场总体稳定，差别化信贷政策有效实施

2020年省内房地产业景气度有所回升，“稳房价、稳地价、稳预期”目标基本实现，区域住房金融和房地产市场健康平稳运行。

1. 房地产市场总体保持平稳。

（1）土地供应上升。2020年，全省房地产开发用地供应面积9922.9公顷，同比增长25.8%。其中，住宅用地供应面积7428.1公顷，同比增长32.1%。

（2）房地产开发投资上升。2020年，全省房地产开发投资7315.3亿元，同比增长11.3%，高于全国增速4.3个百分点，总量居全国第六位。其中住宅投资5330.1亿元，占比72.9%，同比增长14.3%。

（3）新房、二手房交易持续分化。2020年，全省商品住宅销售面积10902.4万平方米，同比增长4.3%。二手住宅销售面积3664.5万平方米，同比下降3.4%。

2. 房地产贷款增速放缓。

（1）房地产贷款增速回落。2020年末，全省房地产贷款余额21322.5亿元，较年初增加2261.1亿元，同比增长11.9%，较上年末回落3.8个百分点，房地产贷款增量占各项贷款增量的比重较上年回落11.5个百分点。

（2）差别化信贷政策有效落地。2020年末，全省个人住房贷款余额14539.6亿元，较年初增加1828.4亿元，同比增长14.4%，较上年回落3.7个百分点。2020年，全省首套房贷款金额占比91%，较2019年持平；首套房贷款平均首付比例较二套房贷款低17个百分点；首套房贷款平均利率较二套房贷款低21个基点。

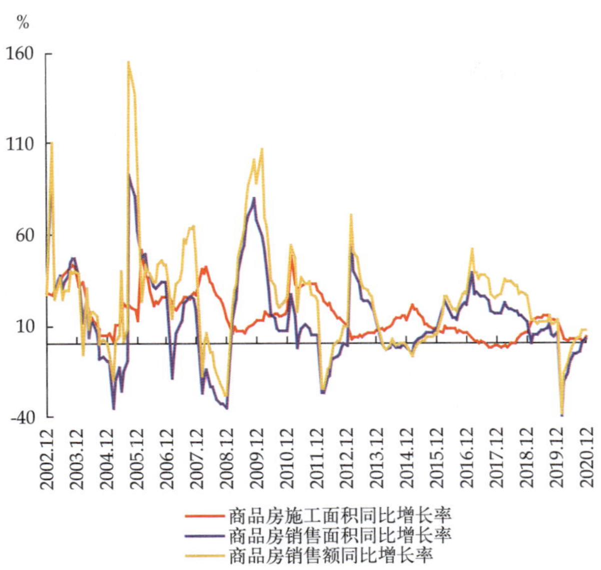

图 13　2002—2020 年四川省商品房施工和销售变动趋势

（数据来源：中国人民银行成都分行）

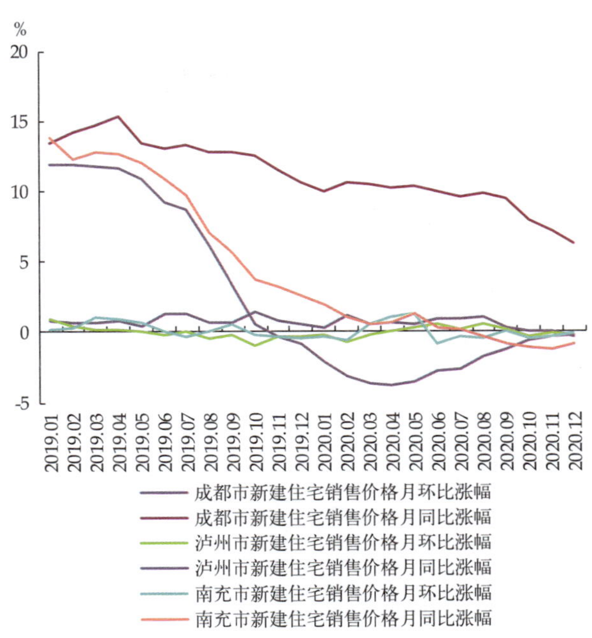

图 14　2019—2020 年四川省主要城市新建住宅销售价格变动趋势

（数据来源：中国人民银行成都分行）

第二部分　“一干多支、五区协同”金融发展情况

2020 年，在成渝地区双城经济圈建设和省委、省政府“一干多支、五区协同”“四向拓展、全域开放”等重大战略和全省高质量发展要求指引下，四川省围绕“一极两中心两地”的战略规划，继续做强成都国家中心城市，充分发挥成德眉资“极核”作用，大力发展环成都经济圈、川南经济区、川东北经济区、攀西经济区、川西北生态示范区的区域协同发展，通过充分发挥成都“主干”引领辐射带动作用，形成“多支”协调联动的区域发展新格局。

金融作为重要的要素保障，紧密契合对接“一干多支”重点领域，持续加大对实体经济支持力度，创新金融服务，提升金融效率，促进全省各区域协同健康发展。

一、各区域金融运行情况

（一）各区域存款增速有所分化

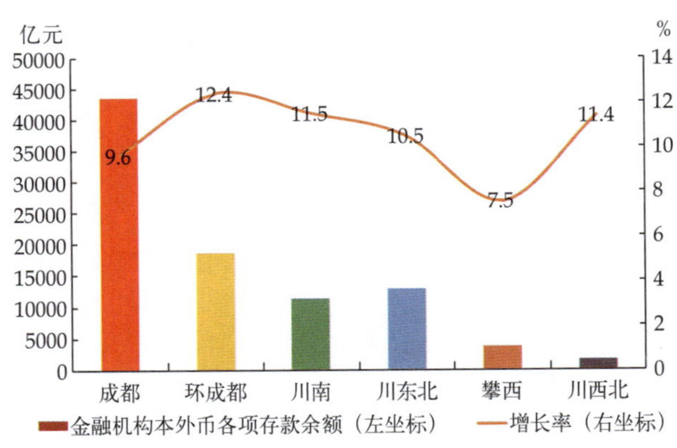

图 15　2020 年末四川省各经济区存款增长率

（数据来源：中国人民银行成都分行）

从总量看，成都市本外币存款总量领先全省，2020年末成都市本外币各项存款余额4.4万亿元。从余额增速看，环成都经济圈各项存款增速领跑全省，2020年同比增长12.4%，其中，绵阳、眉山市本外币各项存款均同比增长14%；川南经济区、川东北经济区和川西北经济区本外币各项存款同比增速紧随其后，分别为11.5%、11.4%和10.5%，其中，自贡市本外币各项存款增速最快，同比增长14.8%；攀西经济区本外币各项存款增速相对偏慢，同比增长7.5%。

（二）贷款对经济支持力度加大

1. 贷款总量持续增长。2020年末，成都市本外币贷款余额4.1万亿元，促进成都“主干”引领辐射作用发挥；“成德眉资”本外币贷款余额4.6万亿元，占成都平原经济区的87.6%，占全省的65.4%，“极核”作用突出。从余额增速看，川南经济区本外币贷款余额增速继续领先全省，2020年末同比增长20.4%。其中，宜宾市本外币各项贷款同比增速最快，达27.2%。川东北经济区、成都平原经济区、川西北生态示范区本外币各项贷款同比分别增长13.6%、13.3%和11.9%。

2. 信贷结构进一步优化。各经济区对社会薄弱环节支持力度均有所加大。2020年末，成都平原区普惠小微贷款余额3971.3亿元，同比增长33.4%，余额和增速领先全省；川东北、川南经济区普惠小微贷款余额和增速相对较快，普惠小微贷款余额分别为1119.2亿元、957.7亿元，同比分别增长17.9%、20.1%；川西北生态示范区、攀西经济区普惠小微贷款余额分别为83.9亿元、129.3亿元，同比分别增长12.0%、16.0%。

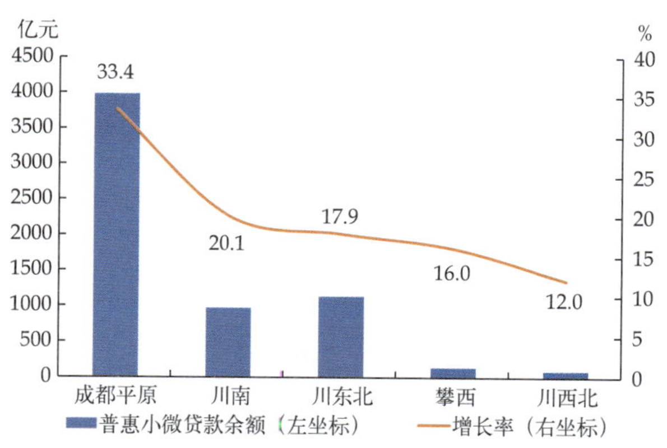

图16　2020年末四川省各经济区普惠小微贷款余额及增长率

（数据来源：中国人民银行成都分行）

二、金融支持区域协同发展情况

全省区域协同发展机制不断完善，金融支持推动成都平原城市群铁路公交化运营改造、川南区域性产业联盟组建等重大任务落实。强化“清单制＋责任制”管理，组织制定五大片区重点任务清单，谋划实施标志性重大项目（事项）46项。积极推进以人为核心的新型城镇化，支持成都国家中心城市和7个区域中心城市加快建设。

（一）支持成都建设国家中心城市

1. 金融支持制造业高质量发展力度逐步加大。成都市在万亿级城市中率先全面复工、率先增速转正、率先恢复正常秩序。制造业转型升级、关键共性技术研发和科技成果转化应用等高质量领域加快发展，制造业核心竞争力不断增强，金融支持力度持续加大，先进制造业城市发展指数全国第8。12月末，成都市制造业贷款余额同比增长22.8%，较9月末和上年同期分别提高1.5个和15.8个百分点，其中，制造业中长期贷款逆势增长26.1%，全力支持工业做优做强；科学研究技术服务业贷款增长32.7%，较9月末和上年同期分别提高5个和16个百分点，推动新经济新动能加速成势。

2. 金融科技融合发展。持续推动申建科创金融试验区。“盈创动力”“科创通”等特色融资模式加快推广。全国首个基于区块链技术的知识产权融资服务平台建成，并纳入中国人民银行金融科技创新监管试点，在成德眉资同城化过程中发挥作用。2020年末，通过平台累计完成102笔、4.07亿元的知识产权质押融资。根据2019年度天府金融指数科技金融子指数得分，成都得分 42.86，排名第六，与西安、南京、杭州、武汉得分相近。

3. 加快推进成都农村金融改革向金融服务乡村振兴升级。开展成都农村金融服务综合改革试点总结和第三方评估工作。推动村级金融服务站优化建设。“农贷通”做法及成效在第六届中国普惠金融国际论坛上作交流并获得肯定。天府金融指数中成都农村金融指数连续三年全国第一。

（二）支持成都平原经济区协同发展

全面落实省委、省政府高质量发展决策部署，围绕成德眉资“极核”作用，金融支持成都新经济发展，优化环成都经济圈产业布局，促进全省产业转型升级和跨区域协调联动，成渝地区双城经济圈建设成功上升为国家战略。四川成功获批首批物流降本增效综合改革试点省，成都被纳入首批陆港型国家物流枢纽。

1. 成德眉资同城化工作稳步推进。成都市牵头推动协同建设科创金融对接平台、共建共享农贷通平台、成德眉资经济金融共享平台等第一批项目落实。2020 年末，资阳市 11 家银行机构已全部接入“银政通”平台，并成功办理 124 笔成都不动产抵押登记异地查询业务，3 笔抵押注销线上直办业务，为个体工商户和小微企业主办理经营性抵押贷款 7050 万元。

2. 支持区域成员重点项目建设。围绕全省重点项目建设，金融机构综合运用货币政策工具、信贷政策等措施引导加大对交通运输、水利水电等项目建设的支持力度，促进基础设施互联互通。2020 年末，全省 700 个省级重点项目共获得贷款授信总额 1.5 万亿元，贷款余额 5010.3 亿元。

3. 知识产权及应收账款质押融资进一步推广。德阳市再次修订知识产权质押管理办法，持续推动知识产权融资“德阳模式”扩面增量。截至 2020 年末，累计发放专利权组合贷款 64 户、9.8 亿元，商标权组合贷款 20 户、2.8 亿元，其中 2020 年发放专利权组合贷款 29 户、1.9 亿元，商标权组合贷款 14 户、1.4 亿元。遂宁市通过“天府信用通”平台“数据共享”板块，向银行机构共享 1.9 万户 A 级、B 级、M 级纳税企业，组织 4000 余户企业在平台注册并发布融资需求信息，已达成近 2000 笔近 130 亿元融资。

4. 科技和金融结合试点持续深化。绵阳市探索推进专营服务机构深化“六专”特色服务，完善财金互动、信息共建共享、企险联动、担保与再担保等融资分险五大配套机制，发展金融支持科技型企业新模式，促进科技与金融深度融合。2020 年末，绵阳市 10 家金融机构共成立科技金融及军民融合专营机构 13 个，贷款余额 404.1 亿元，较年初增长 14.8%。

（三）支持川南经济区重点领域发展

川南四市加强金融创新，重要领域和薄弱环节的信贷投入加大。宜宾市发行全省首笔供应链票据，支持产业链企业稳链强链补链；创设“银行＋担保＋保险”的宜宾市中小企业出口“宜贸贷”融资模式；金融机构运用智能终端企业出口退税风险资金池，为 27 户智能终端企业发放 137 笔“出口退税扶持贷款”4.0 亿元。内江成功发放首笔“科创贷”1000 万元。泸州市重点项目和小微企业金融支持力度持续加大，2020 年末全市重点项目贷款余额 424.8 亿元，同比增长 18.7%，小微企业贷款余额 592.0 亿元，同比增长 25.4%。自贡市重点项目、小微信贷投放快速增长，2020 年，全市银行机构累计向 40 个重大项目发放中长期贷款 81.6 亿元，同比多增 5 亿元。

（四）支持川东北经济区和攀西经济区转型升级振兴发展

1. 绿色金融改革创新发展。南充市出台《南充市创建省级绿色金融示范区实施方案》，创新“科票通”，打造绿色示范银行；达州建立并动态更新“绿色信贷行业、企业和项目”名录库，推动全市金融机构加大对节能、环保、绿色有机农业等项目的支持。2020 年末，达州市绿色贷款余额 89.3 亿元，比年初增加 13.9 亿元，同比增长 35.7%，高于各项贷款增速 21.9

个百分点。凉山州围绕全州水电、风电和光伏发电等新能源开发、现代生态农产业园区建设、攀西阳光康养农旅走廊项目等产业，提供绿色信贷支持，2020 年末全州绿色贷款余额 120.2 亿元，较年初增加 30.5 亿元。

2. 特色产业支持力度持续增强。攀枝花市围绕攀西战略资源创新开发试验区建设，建立钒钛钢铁产业链重点企业名单，通过调整行业分类、新增授信、调整贷款期限、循环贷款等方式加大钒钛等矿产资源开发利用和企业技术改造升级、兼并重组。2020 年，南充市金融机构为“3+5”现代工业、“4+5”现代服务业、“5+5”现代农业分别新增贷款 16.8 亿元、156 亿元和 123.7 亿元，金融支持重点产业、重点行业发展力度不断增强。广安以成都•广安生物医药双飞地、川渝高竹新区为重要着力点，通过创新运用园保贷、税务贷等产品、设立园区小微金融服务中心等方式，累计支持成都—广安生物医药双飞地（岳池）企业 15 户、金额 9012 万元，支持川渝高竹新区企业 28 户、金额 3.2 亿元，成为落实金融支持成渝地区双城经济圈建设和全省干支互动的生动实践。

（五）加大川西北生态示范区等深度贫困地区金融精准扶贫工作力度

1. 金融支持决胜脱贫攻坚有力。凉山州深化贫困户信贷支持和产业带动成效，提升贷款管理质量，助力全州最后一批 7 个贫困县 49 万贫困人口如期脱贫摘帽。2020 年末，全州金融精准扶贫贷款余额 328.2 亿元，同比增长 15.9%。阿坝州全年发放金融精准扶贫贷款 37.2 亿元，发放扶贫小额信贷 1.1 亿元，金融精准扶贫贷款余额达到 190 亿元；建成 106 个金融精准扶贫产业基地，投放贷款 28.3 亿元，带动建档立卡贫困户 3529 户。甘孜州为受疫情影响的 839 户、2717 万元扶贫小额信贷续贷展期，将边缘户纳入扶贫小额信贷支持范围，对 9 户边缘户发放贷款 31 万元，边缘户贷款实现突破。

2. 乡村振兴稳步推进。阿坝州在全州 13 个县（市）深入推广“政担银企户”五方联动产业精准扶贫模式，累计发放“政担银企户”贷款 103 笔，金额 1.01 亿元；发放乡村振兴农业产业发展贷款 3.2 亿元，乡村振兴风险金撬动倍数为 3.6。推动金融精准扶贫示范基地向金融支持乡村振兴示范基地提档升级，探索扩大牦牛活畜、特色露地蔬菜、特色水果等目标价格指数保险业务，在阿坝州若尔盖县试点开展“政府 + 保险 + 类金融机构 + 企业 + 专业合作社（牧民）”精准扶贫模式。甘孜州持续开展现代农业产业园区金融综合服务创新示范区创建，落实新型农业经营主体金融服务主办行制度，2020 年末金融支持现代农业园区贷款余额 0.8 亿元，同比增长 180.6%，辐射带动农户 9158 户，园区内建设综合服务站 46 个，布放助农取款点 75 个。

第三部分　预测与展望

2021 年是“十四五”规划开局之年，也是全面建设社会主义现代化国家的开局之年。随着“三大攻坚战”取得决定性成就，“一带一路”建设、长江经济带发展、新时代推进西部大开发形成新格局、乡村振兴战略、成渝地区双城经济圈建设等国家战略深入实施，四川经济发展面临重大政策机遇和有利条件，同时也要看到，疫情变化和外部环境存在诸多不确定性，国内经济恢复基础尚不牢固，四川向高质量发展迈进仍然面临一些结构性矛盾和问题，投资拉动面临瓶颈，工业强省还存在一定差距，新旧动能转换还需进一步加快，外贸支撑作用还有待进一步加强。金融业整体水平与发达地区差距还较为明显，资本市场还有待进一步深化，金融风险防控还需长期持续关注。

2021 年，面对发展机遇和挑战，四川将以习近平新时代中国特色社会主义思想为指导，全面贯彻落实党中央关于经济金融工作的重大决策部署，坚持稳中求进工作总基调，立足新发展阶段，贯彻新发展理念，构建新发展格局，以深化供给侧结构性改革为主线，促进经济高质量发展，统筹推进“稳农业、强工业、促消费、扩内需、抓项目、重创新、畅循环、提质量”，巩固拓展脱贫攻坚成果与乡村振兴有效衔接，确保“十四五”开好局。四川金融业将认真贯彻执行稳健的货币政策灵活精准、合理适度的要求，多渠道补充银行资本，加大对科技创新、绿色发展、乡村振兴、制造业高质量发展的金融支持力度，持续改善普惠金融服务，不断提高金融服务实体经济的能力，进一步深化区域金融改革，防范化解金融风险，为促进四川经济高质量发展创造良好的货币金融环境。

中国人民银行成都分行货币政策分析小组

总　　纂：严宝玉　王永强

统　　稿：黄全祥　王鲁滨　石　慧　陈　鹏

执　　笔：霍　帅　郑敏闽　苟于国　冯诗杰　李华伟　胡荣兴　罗大为　宋晓丹　雷进贤
郭元绍　李　昕　李　鑫　张　朔　倪　源　黄薪丹　王　婷　王大波　张　怡
周　林　陈　银　刘贵辉　陈　杨　刘雪梅

提供材料：李　娅　卿山岭　陈睿希　夏明堃

提供区域金融分析系统（RFAS）数据分析支持：邹肇辉

附录

(一)2020 年四川省经济金融大事记

1 月 31 日，中国人民银行成都分行、四川省地方金融监管局等部门联合印发《关于加强金融服务支持打赢疫情防控阻击战的通知》，提出 11 条措施，涉及疫情防控资金拨付、专项融资、承保理赔等内容，有力支持打赢疫情防控阻击战。

3 月 2 日，四川省地方金融监管局、中国人民银行成都分行、四川银保监局、四川证监局 4 部门联合印发《关于进一步加强金融服务支持疫情防控和企业复工复产的通知》，支持重大项目和重点企业复工复产、助力中小微企业稳健发展。

8 月 28 日，“新三板”西南基地揭牌仪式暨企业挂牌培训会在天府新经济产业园区 C 区举行。基地投运后，成都市将成为西部唯一同时拥有上交所、深交所、“新三板”三大全国性交易场所区域服务基地的城市。

10 月 20 日，四川省正式启动“天府科创贷”试点，“天府科创贷”首期试点由省财政出资 1.2 亿元，联合 12 家银行为四川省科技型中小企业和高新技术企业提供不低于 12 亿元的贷款规模，实现财政资金 10 倍以上放大。

10 月 29 日，成渝地区双城经济圈电子信息产业战略合作签约暨深化合作峰会在四川宜宾举行。两地经信部门就共同推进川渝电子信息产业高质量协同发展签署战略合作协议。

11 月 7 日，四川省首家省级法人城市商业银行四川银行正式开业，注册资本金 300 亿元，位居全国城市商业银行之首。

11 月 18 日，《成渝地区双城经济圈建设规划纲要》正式印发，标志着成渝地区双城经济圈这一重大国家战略正式进入全面建设阶段。

11 月 28 日，四川省参加存款保险的 211 家银行业金融机构约 1.9 万个营业网点启用存款保险标识。

12 月 11 日，由四川省科技厅指导，四川创新科技金融研究院主办的科技金融发展报告会暨《四川省科技金融发展白皮书（2019）》发布会在成都举办。

12 月 30 日，全国首单流转集体建设用地建设租赁住房作为房地产投资信托基金（REITs）在北京金融资产交易所挂牌。

2020 年，四川实现地区生产总值 48598.8 亿元，位居西部第一，继续领跑西部省份。

（二）2020 年四川省主要经济金融指标

表 1　2020 年四川省主要存贷款指标

	项目	1月	2月	3月	4月	5月	6月	7月	8月	9月	10月	11月	12月
本外币	金融机构各项存款余额（亿元）	84391.5	84752.3	86876.0	86496.4	87831.9	90175.4	89183.9	90722.0	91631.1	90848.8	91639.9	91835.8
	其中：住户存款	46281.5	46332.0	47280.5	46604.2	46645.1	48007.6	47486.0	47748.1	49139.9	48345.4	48606.0	49514.3
	非金融企业存款	19255.4	19037.1	20583.4	20883.5	21068.4	22057.6	21547.3	22010.6	22580.9	22217.9	22495.7	22677.0
	各项存款余额比上月增加（亿元）	1269.7	360.8	2123.7	-379.6	1335.5	2343.5	-991.5	1538.1	909.1	-782.3	791.1	195.9
	金融机构各项存款同比增长（%）	6.2	5.3	5.8	6.1	7.5	9.1	8.5	10.2	10.0	10.3	11.2	10.5
	金融机构各项贷款余额（亿元）	63779.5	63999.0	65434.5	66121.1	66733.9	67598.8	68124.4	68828.7	69641.9	70012.6	70598.7	71026.0
	其中：短期	11293.9	11316.6	11867.0	11865.9	12073.3	12384.3	6554.4	12593.1	12780.6	12796.5	12922.8	12830.1
	中长期	49290.3	49477.0	50348.4	50932.9	51484.2	52145.4	52612.2	53062.3	53819.6	54250.4	54707.3	55236.7
	票据融资	2312.2	2260.0	2286.7	2372.5	2321.9	2194.6	2186.1	2264.0	2163.6	2090.3	2125.8	2111.2
	各项贷款余额比上月增加（亿元）	1285.7	219.5	1435.6	686.6	612.9	864.8	525.6	704.3	813.2	370.7	586.1	427.3
	其中：短期	229.0	22.7	550.4	-1.1	207.4	311.0	-58.3	172.2	187.5	15.8	126.3	-92.7
	中长期	931.1	186.7	871.4	584.5	551.3	661.2	466.8	450.1	757.3	430.8	456.9	529.3
	票据融资	163.7	-52.2	26.7	85.9	-50.6	-127.3	-8.5	77.9	-100.4	-73.3	35.6	-14.7
	金融机构各项贷款同比增长（%）	11.9	11.4	12.2	12.4	12.6	13.2	13.2	13.2	13.1	13.2	13.2	13.7
	其中：短期	3.7	4.0	7.3	7.3	8.0	9.5	10.2	10.9	10.5	11.4	12.0	12.2
	中长期	13.1	12.6	12.9	13.2	13.7	14.3	14.3	14.4	14.4	14.6	14.6	15.1
	票据融资	28.9	20.6	23.0	20.8	17.1	10.7	6.5	6.3	-0.6	-4.6	-5.6	-1.7
	建筑业贷款余额（亿元）	2613.4	2599.0	2651.1	2655.0	2643.7	2672.8	2686.4	2697.9	2730.0	2706.0	2686.8	2559.8
	房地产业贷款余额（亿元）	4172.6	4200.8	4273.6	4312.6	4368.0	4331.2	4348.1	4382.6	4409.7	4415.9	4383.8	4342.2
	建筑业贷款同比增长（%）	9.0	7.6	7.8	6.9	5.5	6.4	5.8	6.6	7.5	6.5	4.2	2.2
	房地产业贷款同比增长（%）	8.5	8.3	8.4	8.9	9.5	7.8	8.1	8.3	8.1	7.9	7.1	6.7
人民币	金融机构各项存款余额（亿元）	83014.9	83473.8	85597.9	85325.6	86568.0	90175.4	87719.2	89116.8	90000.3	89228.5	90065.9	90350.5
	其中：住户存款	46062.4	46105.7	47040.7	46365.3	46407.5	48007.6	47253.4	47520.0	48912.4	48117.8	48380.3	49289.3
	非金融企业存款	18153.0	18038.1	19609.0	20008.8	20106.0	22057.6	20368.5	20694.5	21233.4	20880.3	21197.7	21475.2
	各项存款余额比上月增加（亿元）	1231.3	458.9	2124.0	-272.2	1242.4	2343.5	-1024.8	1397.6	883.6	-771.8	837.4	284.5
	其中：住户存款	2848.3	43.3	935.0	-675.4	42.1	1362.5	-519.3	266.5	1392.4	-772.2	262.6	909.0
	非金融企业存款	-1166.8	-114.9	1570.9	399.7	97.3	989.2	-546.6	325.9	538.9	-353.1	317.5	277.5
	各项存款同比增长（%）	6.2	5.4	5.9	6.3	7.6	9.1	8.4	10.0	9.8	10.1	11.0	10.5
	其中：住户存款	14.2	10.6	11.9	11.2	10.9	12.6	11.8	12.0	13.4	12.9	13.4	14.1
	非金融企业存款	3.3	5.7	10.4	13.2	12.5	14.0	14.7	14.7	15.5	16.5	15.6	11.1
	金融机构各项贷款余额（亿元）	62298.3	62566.1	63985.7	64666.7	65298.8	67598.8	66548.6	67209.3	68002.1	68345.5	68977.8	69504.9
	其中：个人消费贷款	16086.9	16077.4	16361.5	16574.9	16788.5	16998.7	17173.5	17347.3	17518.2	17653.3	17848.0	17972.5
	票据融资	2312.2	2260.0	2286.7	2372.5	2321.9	2194.6	2186.1	2264.0	2163.6	2090.3	2125.8	2111.2
	各项贷款余额比上月增加（亿元）	1209.3	267.7	1419.7	681.0	632.1	864.8	511.0	660.7	792.8	343.5	632.2	527.2
	其中：个人消费贷款	203.4	-9.4	284.1	213.4	213.6	209.5	175.5	173.8	170.9	135.1	194.7	124.5
	票据融资	163.7	-52.2	26.7	85.9	-50.6	-127.3	-8.5	77.9	-100.4	-73.3	35.6	-14.7
	金融机构各项贷款同比增长（%）	11.7	11.4	12.2	12.5	12.8	13.2	13.2	13.3	13.0	13.1	13.1	13.8
	其中：个人消费贷款	16.8	15.7	15.1	14.9	14.9	15.1	14.9	14.6	14.1	14.1	13.7	13.2
	票据融资	28.9	20.6	23.0	20.8	17.1	10.7	6.5	6.3	-0.6	-4.6	-5.6	-1.7
外币	金融机构外币存款余额（亿美元）	199.9	182.5	180.4	165.9	177.2	202.2	209.7	234.0	239.5	241.0	239.3	227.6
	金融机构外币存款同比增长（%）	7.6	-2.0	-5.2	-12.6	-1.4	6.6	9.2	25.0	30.2	24.1	28.6	18.7
	金融机构外币贷款余额（亿美元）	215.0	204.5	204.5	206.1	201.2	220.5	225.6	236.0	240.8	248.0	246.4	233.1
	金融机构外币贷款同比增长（%）	16.6	10.0	5.9	5.0	0.1	8.7	10.8	14.2	20.8	25.0	26.0	15.8

数据来源：中国人民银行成都分行。

表 2　2001—2020 年四川省各类价格指数

单位：%

时间		居民消费价格指数		农业生产资料价格指数		工业生产者购进价格指数		工业生产者出厂价格指数	
		当月同比	累计同比	当月同比	累计同比	当月同比	累计同比	当月同比	累计同比
2001		—	2.1	—	-2.2	—	—	—	-1.5
2002		—	-0.3	—	4.1	—	—	—	-2.3
2003		—	1.7	—	0.8	—	—	—	0.5
2004		—	4.9	—	—	—	—	—	5.4
2005		—	1.7	—	7.2	—	9.3	—	4.0
2006		—	2.3	—	3.3	—	8.3	—	1.9
2007		—	5.9	—	9.0	—	5.7	—	3.9
2008		—	5.1	—	16.6	—	12.4	—	9.3
2009		—	0.8	—	1.2	—	-4.7	—	-3.5
2010		—	3.2	—	3.6	—	6.1	—	5.0
2011		—	5.3	—	12.4	—	12.6	—	7.3
2012		—	2.5	—	4.7	—	0.0	—	-1.4
2013		—	2.8	—	1.5	—	-0.8	—	-1.3
2014		—	1.6	—	-1.2	—	-1.3	—	-1.3
2015		—	1.5	—	1.5	—	-3.3	—	-3.6
2016		—	1.9	—	3.7	—	-1.2	—	-1.1
2017		—	1.4	—	-0.2	—	8.3	—	6.5
2018		—	1.7	—	1.8	—	5.3	—	3.6
2019		—	3.2	—	9.0	—	0.6	—	0.4
2020		—	3.2	—	22.0	—	-1.9	—	-1.2
2019	1	2.0	2.0	—	—	1.5	1.5	0.6	0.6
	2	1.4	1.7	3.9	4.1	1.1	1.3	0.5	0.5
	3	2.1	1.8	4.4	4.2	1.0	1.2	0.7	0.6
	4	2.4	2.0	6.5	4.8	1.4	1.3	1.2	0.7
	5	2.5	2.1	7.0	5.2	1.4	1.3	1.0	0.8
	6	2.1	2.3	7.6	5.6	0.8	1.2	0.7	0.8
	7	2.3	2.1	6.9	5.8	0.3	1.1	0.5	0.7
	8	3.2	2.3	7.4	6	0.3	1	-0.2	0.6
	9	4.2	2.5	9.3	6.4	0.2	0.9	0	0.5
	10	5.2	2.8	13.9	7.1	-0.2	0.8	-0.1	0.5
	11	5.5	3.0	17.2	8.1	-0.4	0.7	-0.2	0.4
	12	5.4	3.2	18.6	9	-0.7	0.6	-0.1	0.4
2020	1	6.1	6.1	—	—	-0.7	-0.7	-0.3	-0.3
	2	6.9	6.5	19.4	18.7	-0.6	-0.7	-0.4	-0.3
	3	5.7	6.2	24.2	20.6	-1.3	-0.9	-0.8	-0.5
	4	4.4	5.8	27.9	22.4	-2.9	-1.4	-1.9	-0.9
	5	3.6	5.3	27.2	23.4	-3.7	-1.8	-2.5	-1.2
	6	4.1	5.1	23.9	23.5	-2.8	-2	-2.1	-1.3
	7	4.1	5.0	25.3	23.7	-2.1	-2	-1.9	-1.4
	8	3.4	4.8	26.2	24	-1.9	-2	-1.2	-1.4
	9	1.9	4.5	24.5	24.1	-2.2	-2	-1.3	-1.4
	10	0.2	4.0	17.4	23.4	-2.3	-2	-1.5	-1.4
	11	-0.8	3.6	10.1	22.1	-1.9	-2	-1	-1.3
	12	-0.2	3.2	—	—	-0.5	-1.9	0	-1.2

数据来源：四川省统计局、《中国经济景气月报》。

表 3　2020 年四川省主要经济指标

项目	1 月	2 月	3 月	4 月	5 月	6 月	7 月	8 月	9 月	10 月	11 月	12 月
	绝对值（自年初累计）											
地区生产总值（亿元）	—	—	10172.9	—	—	22130.3	—	—	34905.0	—	—	48598.8
第一产业	—	—	804.7	—	—	1965.5	—	—	4301.8	—	—	5556.6
第二产业	—	—	3585.5	—	—	8170.3	—	—	12446.2	—	—	17571.1
第三产业	—	—	5782.7	—	—	11994.5	—	—	18157.0	—	—	25471.1
工业增加值（亿元）	—	—	3023.5	—	—	6526.6	—	—	9755.7	—	—	13428.7
固定资产投资（亿元）	—	—	—	—	—	—	—	—	—	—	—	—
房地产开发投资	—	672.6	1332.4	1950.2	2570.0	3360.5	3946.1	4632.6	5340.8	6012.5	6659.3	7315.3
社会消费品零售总额（亿元）	—	2787.6	4334.4	5935.7	7690.0	9444.9	11153.2	12863.1	14619.3	16636.7	18658.2	20824.9
外贸进出口总额（亿元）	534.5	969.8	1590.4	2277.1	3012.2	3659.1	4413.3	5146.7	5916.7	6686.2	7421.4	8081.9
进口	237.4	482.5	789.2	1082.1	1377.4	1649.5	1940.8	2231.1	2542.1	2845.3	3133.9	3427.5
出口	247.1	487.3	801.2	1195.0	1634.8	2009.6	2472.5	2915.6	3374.5	3841.0	4287.6	4654.3
进出口差额（出口－进口）	59.8	4.7	12.0	112.9	257.4	360.1	531.6	684.5	832.4	995.7	1153.7	1226.8
实际利用外资（亿美元）	—	—	—	—	—	—	—	—	—	—	—	100.6
地方财政收支差额（亿元）	—	-581.0	-1289.3	-1626.0	-1847.6	-2760.5	-3328.7	-3758.7	-4828.3	-5099.5	-5611.9	-6942.7
地方财政收入	—	662.1	987.8	1293.6	1694.0	2114.0	2457.9	2713.1	3074.2	3463.6	3819.3	4258.0
地方财政支出	—	1243.1	2277.1	2919.6	3541.6	4874.5	5786.6	6471.8	7902.5	8563.1	9431.2	11200.7
城镇登记失业率（%）（季度）	—	—	6.5	—	—	5.8	—	—	5.2	—	—	—
	同比累计增长率（%）											
地区生产总值	—	—	-3	—	—	0.56	—	—	2.4	—	—	3.8
第一产业	—	—	-1.3	—	—	1.3	—	—	3.3	—	—	5.2
第二产业	—	—	-3.4	—	—	1.5	—	—	2.3	—	—	3.8
第三产业	—	—	-2.9	—	—	-0.4	—	—	2.2	—	—	3.4
工业增加值	—	—	-1.9	—	—	1.9	—	—	2.8	—	—	3.9
固定资产投资	—	-14.1	-7.3	-2.2	0.3	1.6	1.9	1.8	2.2	2.5	2.7	2.8
房地产开发投资	—	-18.4	1.8	5.9	7.4	8.4	9.1	9.9	9.6	9.8	10.8	11.3
社会消费品零售总额	—	-15.5	-13	-10.7	-8.8	-7.5	-6.6	-5.6	-4.8	-3.9	-3.2	-2.4
外贸进出口总额	—	6.6	8.3	13.8	18.3	17.1	18.5	19	19.7	19.6	19.4	18.7
进口	—	16.3	19.5	19.8	20.2	19.1	18.7	19	19.3	19.2	18.8	18.4
出口	—	-1.4	-1	8.8	16.8	15.5	18.3	19	20.1	19.9	19.8	18.9
实际利用外资	—	—	—	—	—	—	—	—	—	—	—	-19.4
地方财政收入	—	-7.3	-12.7	-11.9	-8.9	-5.7	-3.5	-2	1	3.4	4.2	4.6
地方财政支出	—	-3.9	-10.8	-10.8	-13.2	-14.6	-7.9	-6.3	-1.3	0.8	4.6	8.2

数据来源：四川省统计局。

贵州省金融运行报告（2021）

中国人民银行贵阳中心支行货币政策分析小组

[内容摘要] 2020 年，贵州省坚持以供给侧结构性改革为主线，坚决打好“三大攻坚战”，统筹推进疫情防控、脱贫攻坚和经济社会发展，深入实施“大扶贫、大数据、大生态”三大战略行动，加快推进三大国家级试验区建设，扎实做好“六稳”工作、全面落实“六保”任务，经济社会发展呈现出“强劲恢复、稳定转好、逐季回升”的良好态势。综合经济实力大幅跃升，全省地区生产总值达 17826.6 亿元，在全国位次上升 5 位，人均水平上升 4 位，同比增长 4.5%，高于全国平均水平 2.2 个百分点，地区生产总值增速连续十年位居全国前列。脱贫攻坚取得全面胜利，党的十八大以来，全省 923 万贫困人口全部脱贫、66 个贫困县全部摘帽、9000 个贫困村全部出列。

一是三大需求增速稳定且结构优化。固定资产投资同比增长 3.2%，重点领域投资继续改善，工业投资、高技术产业投资、民间投资保持较高增速，卫生领域投资成倍增长。社会消费品零售总额增速回落，同比增长 4.9%，城乡市场继续“一增一降”，消费升级类商品零售额和网络零售额持续快速增长。外贸进出口总额增势良好，外商投资稳中有降。二是三大产业结构持续优化向好。三次产业比重为 14.2 ∶ 34.8 ∶ 50.9，第三产业占比持续提升。农林牧渔业增加值同比增长 6.3%，增速位居全国前列，全省“千企改造、千企引进”成效明显，规模以上工业增加值同比增长 5.0%，增速高于全国平均水平 2.2 个百分点，服务业创新发展十大工程协同发力，服务业增加值同比增长 4.1%，增速高于全国平均水平 2.0 个百分点。三是生态文明建设出实招见实效。实施“双十工程”，生态环境、人居环境持续改善，绿色经济占比达 42%，森林覆盖率达 60%。四是供给侧结构性改革持续深化。大力发展互联网、大数据、云计算等新技术，“互联网 +”“平台经济”“共享经济”等新模式快速涌现，实现“5G 网络县县通”，一批行业数据中心落地贵州。全省生态环保产业投资较上年增长 15.9%。高速公路、高速铁路通车里程持续增加，民航旅客年吞吐量持续突破。五是财政支出持续向民生倾斜。9 项民生类重点支出同比增长 2.2%，占支出比重达 72%，较上年提高 4.2 个百分点。六是物价、就业总体平稳，居民收入稳步提升。居民消费价格指数（CPI）同比上涨 2.6%，工业生产者出厂价格指数（PPI）同比下跌 1.7%，城镇新增就业人数 61.6 万人，居民人均可支配收入 21795 元，同比名义增长 6.9%。

2020 年，贵州省金融业紧紧围绕党中央、国务院和省委、省政府决策部署，着力强化金融服务，全力开展金融支持稳企业保就业工作，持续加大金融精准扶贫工作力度，强化金融市场管理培育，推动跨境人民币业务开展，金融基础设施建设不断推进，金融生态环境持续改善，为全省打赢疫情防控阻击战、脱贫攻坚战、打好防范化解金融风险攻坚战和促进经济社会恢复发展提供了有力的金融支撑。

一是银行业稳健运行，支持实体经济力度加大。银行业资产负债平稳增长，同比增长均为 9.9%，银行业机构数网点数均有增加。货币信贷保持合理增长，年末全省金融机构本外币各项贷款余额同比增长 13.2%；再贷款再贴现、两项直达实体经济的货币政策工具迅速落地，全力助推金融战疫取得积极成效，重点领域和薄弱环节支持力度进一步增强。全省金融精准扶贫贷款余额和新增额持续位居全国前列；全省普惠小微贷款余额同比增长19.7%，支持小微经营主体71.2万户；全省制造业人民币贷款余额同比增长18.9%，其中制造业中长期贷款余额同比增速达59.4%；全省涉农贷款本外币余额同比增长12.6%。实体经济融资成本有效降低，全省一般贷款加权平均利率较上年下降44个基点，企业贷款加权平均利率降至近五年最低水平。金融风险总体可控，年末全省金融机构不良贷款率1.32%，较上年下降0.05个百分点。二是多层次资本市场建设深入推进，市场融资功能持续发挥。年末证券交易额同比增长58.4%。盈利能力持续增强，2家法人证券公司净利润同比增长46.2%。31家上市公司总市值同比增长67.0%。全年债券市场累计筹资同比增长139.7%。三是保险业服务保障能力持续增强。年末全省实现保费收入同比增长4.6%。累计提供各类风险保障63.8万亿元，同比增长58.8%。业务转型发展持续推进，业务风险总体可控。四是地区社会融资规模同比多增，金融市场平稳运行。全年贵州省社会融资规模累计新增6567.2亿元，同比多增1200.6亿元，实体经济融资渠道不断拓宽。银行间市场债务融资有序发展，企业在银行间债券市场发行债务融资工具金额同比增长41.4%，贵州省首只不良资产支持证券成功发行。五是金融生态环境持续优化，金融基础设施不断完善。社会信用体系建设持续推进，积极开展地方征信平台建设，先后建成具有代表性的地区模式，中小微企业金融服务的覆盖面不断提高，持续推进信用工程建设，农户信用档案建档面达100%，金融信用信息基础数据库覆盖面持续扩大。支付环境进一步优化，县域及农村地区移动支付活动用户数居全国第一位，农村支付服务环境持续改善，实现行政村全覆盖。金融消费权益保护工作高效推动，构建金融知识普及长效机制，推动普惠金融发展。

持续十年的快速发展后，贵州撕掉了千百年来的绝对贫困标签，但发展不足仍是当前最大问题，巩固脱贫攻坚成果任务仍然艰巨，还存在工业化、城镇化水平不高，科技创新能力不强，人才支撑不足，科技成果转换率较低等短板。2021年是“十四五”开局之年，贵州将以高质量发展统揽经济社会发展全局，牢牢守好发展和生态两条底线，深入实施乡村振兴、大数据、大生态三大战略行动，大力推动新型工业化、新型城镇化、农业现代化、旅游产业化，通过推动高质量发展解决发展中的问题。全省金融系统将认真坚持稳字当头，贯彻落实好稳健的货币政策，灵活精准、合理适度，进一步疏通货币政策传导渠道，大力发展绿色金融、普惠金融和科技金融，持续防范化解金融风险，为全省经济社会发展营造良好的货币金融环境。

一、金融运行情况

2020年，贵州省金融业稳健运行，货币信贷和社会融资规模合理增长，信贷结构持续优化，多层次资本市场稳步发展，金融基础设施建设持续推进，金融生态环境进一步改善。金融业增加值1141.7亿元，同比增长4.6%，金融对经济增长的贡献率达6.5%，金融服务实体经济效能明显提高，为打赢疫情防控阻击战、脱贫攻坚战、打好防范化解金融风险攻坚战和促进经济社会恢复发展提供了有力支撑。

（一）银行业稳健运行，支持实体经济力度加大

1. 资产负债平稳增长。年末全省银行业资产和负债总额分别为43994.7亿元和41923.8亿元，同比增长均为9.9%，核心资本充足率14.3%，较上年提高4.0个百分点，实现营业收入1304.6亿元，同比增长3.8%。广发银行贵阳分行开业，渤海银行贵阳分行获批筹建，银行业金融机构营业网点数量较上年增加13个，从业人员增加998人。

表1　2020年贵州省银行业金融机构情况

机构类别	营业网点			法人机构（个）
	机构个数（个）	从业人数（人）	资产总额（亿元）	
一、大型商业银行	1069	23584	13559	0
二、国家开发银行和政策性银行	73	1794	6229	0
三、股份制商业银行	126	3411	2602	0
四、城市商业银行	521	11626	10339	2
五、城市信用社	0	0	0	0
六、小型农村金融机构	2288	25283	8648	84
七、财务公司	2	103	1450	3
八、信托公司	0	396	275	1
九、邮政储蓄银行	977	2812	—	0
十、外资银行	1	10	2	0
十一、新型农村金融机构	170	5089	638	84
十二、其他	14	407	254	1
合　计	5241	74515	43995	175

数据来源：贵州银保监局。

注：营业网点不包括国家开发银行和政策性银行、大型商业银行、股份制商业银行等金融机构总部数据；大型商业银行包括工商银行、农业银行、中国银行、建设银行和交通银行；小型农村金融机构包括农村商业银行、农村合作银行和农村信用社；新型农村金融机构包括村镇银行；其他包含金融租赁公司、汽车金融公司、货币经纪公司、消费金融公司等。

2. 存款余额平稳增长，住户存款支撑作用明显。年末全省金融机构本外币各项存款余额28324.6亿元，较年初增加1102.8亿元，同比增长4.1%，增速较上年提高1.5个百分点。其中，人民币各项存款余额28276.3亿元，同比增长4.1%。分部门看，住户存款增幅显著，同比增长10.7%，同比多增301.0亿元；非金融企业存款拉动效果明显，同比增长3.7%，增速较上年提高10.6个百分点，同比多增920.7亿元；受大量同业存单到期及保险业金融机构存款减少影响，非银行业金融机构存款同比下降14.8%。

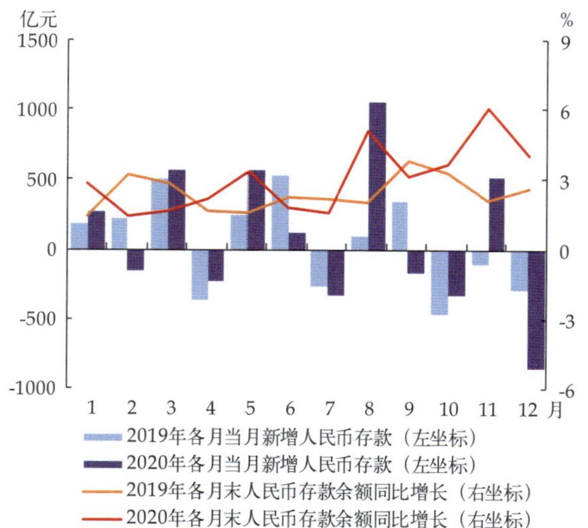

图1　2019—2020年贵州省金融机构人民币存款增长变化

（数据来源：中国人民银行贵阳中心支行）

3. 贷款余额保持较快增长，重点领域和薄弱环节支持力度加大。年末全省金融机构本外币各项贷款余额32299.4亿元，较年初增加3766.0亿元，同比增长13.2%，增速较上年回落1.8个百分点。其中，人民币各项贷款余额32235.7亿元，同比增长13.3%。分部门看，企（事）业单位贷款占新增贷款的71.9%，余额同比增长13.9%，增速较上年提高1.4个百分点；住户贷款余额同比增长12.0%，反映出居民消费市场稳步回升。

综合运用多种货币政策工具，引导金融机构支持疫情防控和复工复产，将更多资源配置到经济社会发展的重点领域和薄弱环节。全年累计发放再贷款再贴现706.5亿元，再贷款限额使用率达93%。金融支持脱贫攻坚成效显著，全省金融精准扶贫贷款余额4533.0亿元，当年累计发放1509.3亿元，余额和新增额位居全国前列，助推贵州实现923万人脱贫，66个贫困县摘帽。金融支持稳企业保就业效果明显，建立省市县三级常态化政金企对接机制，支持小微经营主体71.2万户，全省金融机构积极办理延期还本付息，涉及金额953亿元，扩大小微企业信用贷款发放，全省普惠小微信用贷款余额同比增长42.7%。推动金融支持制造业高质量发展，全省制造业人民币贷款余额875.2亿元，同比增长18.9%，高于各项贷款同比增速5.6个百分点，其中制造业中长期贷款余额294.2亿元，同比增速达59.4%，高技术制造业中长期贷款余额25.3亿元，同比增长58.1%。农村地区信贷支持力度进一步加大，全省涉农贷款本外币余额13755.5亿元，较年初增加1498.3亿元，同比增长12.6%。

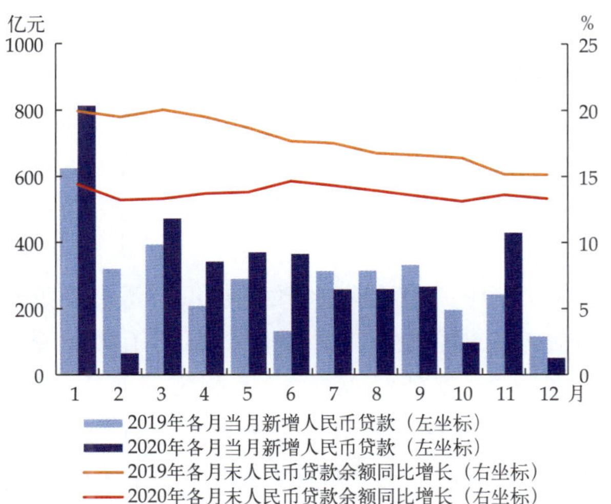

图 2　2019—2020 年贵州省金融机构人民币贷款增长变化

（数据来源：中国人民银行贵阳中心支行）

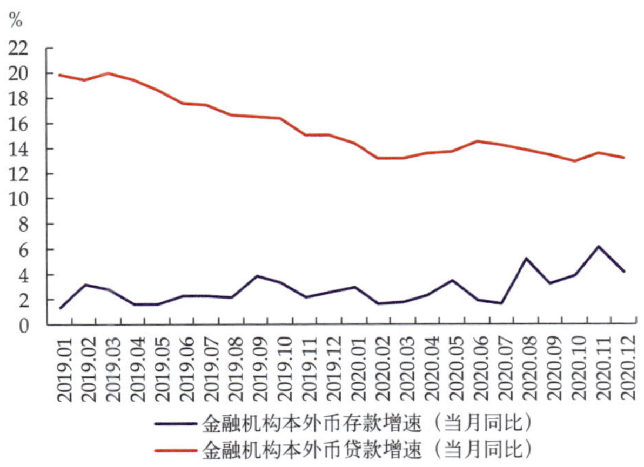

图 3　2019—2020 年贵州省金融机构本外币存、贷款增速变化

（数据来源：中国人民银行贵阳中心支行）

4. 表外融资小幅增加，同业资产规模下降。2020 年，全省新增表外融资 412.5 亿元，同比多增 158.7 亿元。其中，信托贷款全年增加 881.0 亿元，同比多增 544.6 亿元；委托贷款全年减少 145.2 亿元，同比多减 11.3 亿元；未贴现银行承兑汇票全年减少 323.3 亿元，同比多减 374.5 亿元。同业资产规模下降，2020 年末，全省金融机构存放同业款项同比下降 5.1%；拆放同业同比下降 26.5%；买入返售资产同比下降 32.4%。

5. 贷款利率持续下行，存款利率保持稳定。积极推广运用贷款市场报价利率（LPR），有效运用再贷款再贴现、两项直达实体经济的货币政策工具，带动全省贷款利率持续下行。2020 年，全省一般贷款加权平均利率 6.16%，较上年下降 44 个基点；企业贷款加权平均利率 5.40%，较上年下降 37 个基点，企业贷款成本降至近五年的最低水平。其中，小微企业和普惠小微贷款加权平均利率分别为 5.97% 和 7.11%，较上年分别下降 54 个和 79 个基点。市场利率自律机制相关工作有序推进，持续加强不规范存款创新产品管理力度，维护存款市场竞争秩序。全年存款市场竞争合理有序，活期存款和定期存款利率与上年基本持平。

表 2　2020 年贵州省金融机构人民币贷款各利率区间占比

单位：%

项目		1 月	2 月	3 月	4 月	5 月	6 月
合计		100	100	100	100	100	100
LPR 减点		3.85	5.93	5.33	3.85	4.27	8.38
LPR		1.94	2.70	3.04	1.94	4.62	7.94
LPR 加点	小计	94.21	91.37	91.63	94.21	91.12	83.67
	(LPR，LPR+0.5%)	26.59	21.72	22.44	26.59	15.61	17.90
	[LPR+0.5%，LPR+1.5%)	22.23	19.70	18.06	22.23	26.27	22.87
	[LPR+1.5%，LPR+3%)	19.43	14.46	17.89	19.43	19.29	14.67
	[LPR+3%，LPR+5%)	14.71	17.82	18.65	14.71	14.18	14.98
	LPR+5% 及以上	11.25	17.67	14.59	11.25	15.76	13.27
项目		7 月	8 月	9 月	10 月	11 月	12 月
合计		100	100	100	100	100	100
LPR 减点		6.37	11.82	8.07	8.78	6.85	8.72
LPR		5.27	3.35	8.13	5.78	7.85	10.11
LPR 加点	小计	88.36	84.83	83.80	85.44	85.30	81.17
	(LPR，LPR+0.5%)	16.71	24.18	20.81	15.04	23.38	23.54
	[LPR+0.5%，LPR+1.5%)	26.30	22.16	20.88	18.17	15.21	17.15
	[LPR+1.5%，LPR+3%)	15.00	9.53	15.81	19.51	21.21	17.85
	[LPR+3%，LPR+5%)	14.70	14.01	13.11	17.50	14.62	12.88
	LPR+5% 及以上	15.65	14.96	13.20	15.22	10.89	9.75

数据来源：中国人民银行贵阳中心支行。

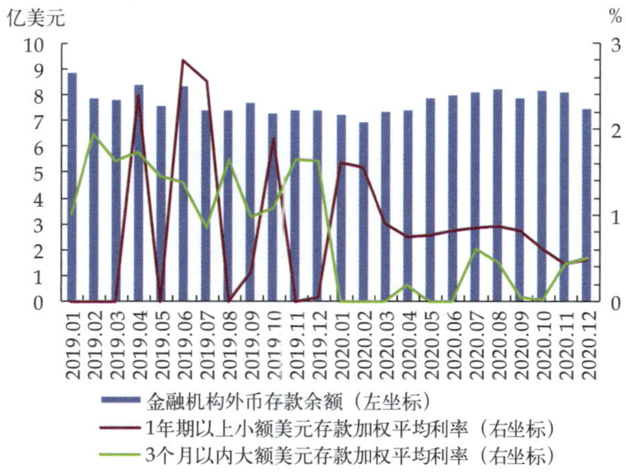

图 4　2019—2020 年贵州省金融机构外币存款余额及外币存款利率

（数据来源：中国人民银行贵阳中心支行）

（注：当月未发生业务，加权平均利率标注为零）

6. 地方法人金融机构资产质量持续改善。 2020 年，全省地方法人金融机构存贷款业务平稳增长，年末全省地方法人金融机构人民币各项存款余额 15304.1 亿元，同比增长 4.1%，各项贷款余额 10532.4 亿元，同比增长 11.2%。受新冠肺炎疫情冲击影响，全省经济下行压力加大，但金融风险总体可控，年末全省金融机构不良贷款率 1.32%，较上年下降 0.05 个百分点。地方法人金融机构多措并举积极防范化解金融风险，主要监管指标持续改善，不良贷款率持续下降，年末总体贷款不良率 2.64%，同比下降 0.15 个百分点。全年流动性保持合理充裕，年末地方法人金融机构流动性比率 74.1%，同比提高 2.1 个百分点。资本充足水平稳步提升，年末全省地方法人金融机构资本充足率 12.79%，同比提高 0.15 个百分点。

7. 银行业金融机构改革纵深推进。 广发银行贵阳分行获批开业。年末全省已有 19 家全国性银行、1 家外资银行、2 家跨省城商行、1 家跨省农商行在贵州省设立分行。农村信用社改革持续推进，全省已组建农村商业银行 61 家（含获批开业），当年新增挂牌开业 5 家，新增批复开业 3 家，农商行改制率达 72.6%，部分市州实现了农商行全覆盖。全省村镇银行 84 家，基本实现全省所有县、市、区村镇银行全覆盖。

8. 跨境人民币业务持续开展。 2020 年全省跨境人民币结算额 183.8 亿元，占本外币跨境收付的 21.6%，人民币为全省第二大对外结算货币。跨境人民币业务覆盖面进一步扩大，22 家银行省级分支机构和 2 家地方法人金融机构开办业务；结算主体（包括企业、机关、团体等）超过 1400 家，较上年末增加 247 家。人民币在跨境投融资活动中得到广泛使用，全省外国来华直接投资收入中九成使用人民币结算，跨境贷款中超过一半为人民币贷款。

专栏 1　“四强四推”助力毕节试验区拔穷根、稳脱贫、促发展

毕节试验区是 1988 年经国务院批准设立“开发扶贫、生态建设”试验区，也是贵州省贫困人口最多、贫困面最广、贫困度最深的地区。近年来，中国人民银行贵阳中心支行（以下简称贵阳中支）深入贯彻习近平总书记对毕节试验区“尽锐出战、务求精准，确保按时打赢脱贫攻坚战”“努力把毕节试验区建设成为贯彻新发展理念的示范区”等重要指示精神，通过 4 个方面联动，助推毕节试验区实现拔穷根、稳脱贫、促发展。

一、强党建，推动金融扶贫工作机制长效化

一是抓好党建引领。贵阳中支党委认真落实党建扶贫要求，多次会议研究支持毕节试验区工作，引导加大金融资源投入。2020 年末，毕节试验区人民币各项贷款余额同比增长 17.4%，高于全省平均增速 4.1 个百分点。二是实地调研参与督战。2020 年，贵阳中支

党委成员及有关处室先后10余次亲赴调研督导，行领导带头成立脱贫攻坚挂牌督战帮扶小组，并选派干部全程参与督战。三是党建帮扶助力脱贫。贵阳中支党委牵头构建“组织部＋驻村干部＋相关处室”定点帮扶机制，选派多名干部到定点帮扶县威宁县担任驻村干部，推动完成“养牛奖励基金”等28个脱贫项目，有效助推当地群众脱贫增收。

二、强引导，推动金融扶贫政策精准化

一是开展金融扶贫“深耕行动”。组织涉农金融机构逐户摸排贫困人口和带贫新型农业经营主体，深化“金融＋新型农业经营主体＋贫困户”利益联结，深耕金融服务短板。2020年累计摸排贫困户和已脱贫户6.25万户、新型农业经营主体816家，新增发放贷款13.1亿元。二是聚焦深度贫困与产业扶贫。出台专项行动方案，实施金融机构负责人对接深度贫困县的“1+1”金融服务，引导加大信贷投放力度。2016—2020年累计发放金融精准扶贫贷款915.4亿元，助力7个贫困县全部摘帽，帮助154.5万贫困人口顺利脱贫。三是发挥货币政策工具引领作用。给予扶贫再贷款政策倾斜，创新推出扶贫再贷款“两建两优”管理模式，最大限度提升政策效果。2016—2020年通过“两建两优”模式，即建立循环资金池、再贷款最高额度，优先支持带贫效果好的市场主体及县区，累计发放扶贫再贷款7.2亿元。四是严控信贷风险。指导金融机构建立“贷后回访”机制，联合扶贫等部门建立扶贫小额信贷按月监测通报制度，推动各县（区）政府制订风险处置方案。2015—2020年累计发放扶贫小额信贷109.7亿元，2020年末不良率0.6%。

三、强联动，推动贫困地区市场主体融资渠道多样化

一是做好金融支持稳企业保就业。联合地方政府和金融监管、财政等部门建立金融专班，定期研究解决问题。2020年2月，协调行业主管部门梳理复工复产扶贫市场主体名单并推送给金融机构，383家企业获得融资36.0亿元。二是开展“金融服务坝区行”活动。2019年11月，联合农业农村部门组织金融机构深入171个500亩以上坝区调查走访，促进金融资源与坝区市场主体精准对接。2020年末，500亩以上坝区市场主体贷款余额61.6亿元。三是开展民营小微企业“首贷培植”行动。推动设立全省首家“小微企业首贷续贷”中心，通过建立“白名单”制度、搭建线上服务平台等，优先为扶贫小微企业提供金融服务。2020年累计向786余家小微企业发放首贷金额57.6亿元。四是实施就业创业金融服务专项行动。联合财政、人社等部门印发通知，引导金融机构加大对具有扶贫带动效应的“扶贫车间”信贷投放，助力贫困人口稳定就业。2020年，累计向175个“扶贫车间”发放贷款2.4亿元。

四、强创新，推动贯彻新发展理念示范区建设多元化

一是创新信贷产品与服务模式。引导金融机构围绕当地十二大农业特色优势产业，创新推出“富椒贷”“产业兴农贷”等20余个信贷产品及“金融＋致富带头人＋基地＋农户”等授信模式，支持产业发展助农增收。2020年末十二大农业特色优势产业贷款余额133.8亿元。二是推进乡村振兴基础金融服务。联合有关部门成立专项工作小组，推进金融服务乡村振兴示范县（乡、镇）创建；开展23个乡村振兴示范引领行政村支付支持创建，拓展现代化支付服务在农村地区的应用。三是创新推动绿色发展。出台支持毕节试验区绿色金融发展实施意见，引导金融机构创新“美丽乡村贷”等信贷产品，助推经济加快绿色化转型。2020年末绿色贷款余额232.4亿元，同比增长85.3%。

（二）证券业稳步发展，多层次资本市场融资功能持续发挥

1. 证券经营机构总体稳健经营。2020 年末，贵州省有法人证券公司 2 家，证券分公司 32 家，证券营业部 96 家，证券从业人员 2016 人，证券投资资金账户 188.1 万户，客户资产 4079.4 亿元，累计实现证券交易额 35461.8 亿元，同比增长 58.4%。2 家法人证券公司净利润同比增长 46.2%。

2. 资本市场直接融资规模持续增长。2020 年证券市场融资总额 1998.1 亿元。境内上市公司股票市场累计募集资金 36.6 亿元，其中，首发上市企业 2 家，实现融资 17 亿元，1 家上市公司增发融资 9.1 亿元，4 家新三板企业增发融资 10.5 亿元。债券市场累计筹资 1961.5 亿元，同比增长 139.7%，其中，资产支持债券 1073.6 亿元，中小企业私募债 589.4 亿元，公司债 267.1 亿元，非银行金融机构债券 31.4 亿元。年末，辖内 31 家上市公司总市值 28280.5 亿元，同比增长 67.0%。

3. 资本市场改革稳步推进。2020 年，贵州省深化证券发行注册制和新三板改革，引导企业充分利用多层次资本市场做大做强，重点培训上市公司和拟上市公司 145 家，完成中伟股份、航宇科技、国台酒业等拟 IPO 企业的辅导验收，全省迎来同时申报和准备上市企业数量最多的时期。推动期货市场更好服务贵州经济社会发展，推动贵州辣椒品种上市和设立交割库，助力地方特色优势产业发展。开展深度贫困县“保险 + 期货”专项扶贫业务，推进鸡蛋交割库在贵州落地。

表 3　2020 年贵州省证券业基本情况

项目	数量
总部设在辖内的证券公司数（家）	2
总部设在辖内的基金公司数（家）	0
总部设在辖内的期货公司数（家）	0
年末国内上市公司数（家）	31
当年国内股票（A 股）筹资（亿元）	26
当年发行 H 股筹资（亿元）	0
当年国内债券筹资（亿元）	1962
其中：短期融资券筹资额（亿元）	4
中期票据筹资额（亿元）	107

数据来源：中国人民银行贵阳中心支行、贵州证监局、贵州省发展和改革委员会。

注：当年国内股票（A 股）筹资额指非金融企业境内股票融资。

（三）保险业总体平稳发展，业务转型发展持续推进

1. 保险业发展平稳，保障功能进一步增强。保险业 2020 年累计实现保费收入 511.8 亿元，同比增长 4.6%，5 月以来保费增速始终保持在 5% 左右，呈稳定增长态势。其中，人身险业务保费收入 286.3 亿元，同比增长 7.7%；财产险业务保费收入 225.5 亿元，同比增长 0.9%。全年累计提供各类保险保障 63.8 万亿元，同比增长 58.8%。赔付支出共计 196.1 亿元，同比增长 5.1%。

2. 业务结构持续调整，转型发展持续推进。财产险方面，非车险占比提升，车险综合改革成效初显。2020 年非车险实现保费收入 83.1 亿元，同比增长 11.5%，保费占比同比提高 2.2 个百分点至 32.4%。车险综合改革后车均保费明显下降，商业车险件均保费较改革前下降约 20.1%。人身险方面，保障型产品供给逐步丰富。在售产品中健康险产品占比 52.9%，意外险产品占比 19.8%，普通寿险产品占比 19.7%。

3. 各项监管指标保持稳定，风险总体处于可控水平。2020 年财产险公司综合费用率 35.7%，低于全国平均水平 1.9 个百分点；综合赔付率 59.0%，低于全国平均水平 4.3 个百分点。人身险公司满期给付和退保风险总体平稳有序。满期给付支出 16.0 亿元，同比增长 4.3%；退保率 2.5%，较上年下降 1.2 个百分点。

表 4　2020 年贵州省保险业基本情况

项目	数量
总部设在辖内的保险公司数（家）	1
其中：财产险经营主体（家）	0
寿险经营主体（家）	1
保险公司分支机构（家）	33
其中：财产险公司分支机构（家）	21
寿险公司分支机构（家）	12
保费收入（中外资，亿元）	511.8
其中：财产险保费收入（中外资，亿元）	225.5
人身险保费收入（中外资，亿元）	286.3
各类赔款给付（中外资，亿元）	196.1

数据来源：贵州银保监局。

（四）社会融资规模平稳增长，金融市场稳健运行

1. 社会融资规模平稳增长。2020 年，社会融资规模新增 6567.2 亿元，同比多增 1200.6 亿元，多增规模与上年基本持平。从结构看，本外币贷款新增 3796.6 亿元，同比多增 307.8 亿元，信贷融资新增占比下降 7.2 个百分点至 57.8%。委托贷款、信托贷款和未贴现的银行承兑汇票等表外融资新增 412.5 亿元，同比多增 158.7 亿元。直接融资（包括企业债券融资和非金融企业境内股票融资）规模增加 799.9 亿元，同比多增 417.1 亿元，其中，企业债券发行 772.7 亿元、股票融资 27.2 亿元。政府债券融资 1184.1 亿元，同比多增 313.7 亿元。

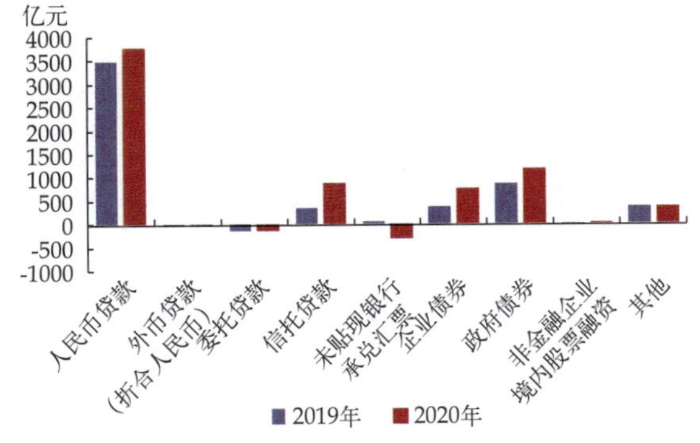

图 5　2019—2020 年贵州省社会融资规模分布结构

（数据来源：中国人民银行贵阳中心支行、贵州省发展和改革委员会、贵州银保监局、贵州证监局）

2. 多渠道支持实体经济融资。发挥应收账款融资服务平台等金融基础设施作用，扩大应收账款融资业务规模，2020 年贵州省应收账款融资服务平台促成应收账款融资 2116 笔，融资金额 1189.6 亿元，其中，中小微企业融资金额 1037.7 亿元。健全知识产权质押融资制度，发展知识产权等新型抵质押融资业务，全年全省金融机构累计发放知识产权质押贷款16.1亿元。全面完成 1200 亿元绿色产业扶贫投资基金募投计划，以投贷联动方式助推全省农业产业链、价值链的提升。

3. 银行间市场债务融资有序发展。2020 年，企业在银行间债券市场发行 25 只债务融资工具，金额共计 220.4 亿元，同比增长 41.4%，余额 505.0 亿元，同比增长 0.5%。其中，贵州省水利投资（集团）有限责任公司发行了全省首只绿色中期票据，金额共计 10 亿元。截至年末，全省地方法人金融机构累计发行各类金融债券 314.2 亿元，当年累计发行金融债 8.5 亿元。全省首单地方法人金融机构不良资产支持证券项目在全国银行间债券市场成功发行，发行规模 8500 万元。

（五）区域金融改革有序推进，改革试点红利逐步释放

积极推进区域金融改革工作，贵安新区绿色金融改革创新试验区、保险助推脱贫攻坚示范区、政策性金融扶贫实验示范区 3 个国家级金融试验区的改革工作有序进行，贵州省大数据综合金融服务平台持续完善，政府融资担保体系改革稳妥开展。贵安新区绿色金融改革不断深化，绿色项目库、绿色金融综合服务平台等建设任务纵深推进，取得积极成效。贵安新区云谷分布式能源中心资产证券化项目入选中国人民银行绿色金融支持清洁供暖试点项目，列入国家发改委《国家生态文明试验区改革举措和经验做法推广清单》。年末，贵安新区绿色金融改革创新试验区绿色贷款余额 126.3 亿元，绿色保险保额 3.0 亿元，成功发行试验区首笔绿色债券，金额 14 亿元。

（六）金融生态环境进一步完善，金融基础设施建设不断升级

1. 社会信用体系建设持续推进。印发社会信用体系建设相关制度，为营造良好的诚信环境提供制度保障。深入推进金融生态环境测评工作，促进地方营商环境提升。积极开展地方征信平台建设，先后建成具有代表性的安顺市“一库双网一平台”、铜仁市“中小企业金融服务平台”、毕节市“中小企业信用融资服务平台”等模式，不断提高中小微企业金融服务的覆盖面。持续推进信用工程建设，年末全省782.6万农户建立信用档案，建档面达100%，评定信用户722.2万户，占建档农户的92.3%；评定信用乡镇1038个、信用村13030个，覆盖面分别为76.8%和80.6%。持续扩大金融信用信息基础数据库覆盖面，金融信用信息基础数据库接入机构196家，覆盖多类型机构，收录企业和其他组织90.9万家，提供企业信用报告查询16.8万次。

2. 支付环境进一步优化。2020年深入推进移动支付便民工程，为交通出行、商圈街区等重点场景提供便利的移动支付服务，年末全省移动支付客户数6236万户，同比增长21.7%，2020年发生移动支付业务209137.7万笔，金额78260.8亿元，其中县域及农村地区移动支付活动用户数居全国第一位。推动涉农金融机构打造“支付服务＋政务信息＋电子商务”为一体的新型农村金融服务站点，持续改善农村支付服务环境。全省金融服务点25773个，实现行政村全覆盖，拓展社保金融一体化服务农民群众160.8万人次，金额3.2亿元。2020年开立单位银行结算账户24.0万户，个人银行结算账户1976.5万户。

3. 金融消费权益保护工作高效推动。2020年，进一步畅通金融消费维权渠道，加强投诉管理和纠纷调处工作，规范开展检查评估，统筹推动金融广告治理，构建金融知识普及长效机制，推动普惠金融发展。坚持发展新时代“枫桥经验”，建立健全金融消费纠纷多元化解机制。深入开展“蒲公英”金融志愿服务行动与“金融诚信 伴我成长”主题教育实践活动，有效推动金融知识普及常态化。组织开展《推进普惠金融发展规划（2016—2020年）》实施评估等相关工作。

专栏2 推广安顺市“一库双网一平台”助力中小微企业融资

2020年，中国人民银行贵阳中心支行指导推动中国人民银行安顺市中心支行建立了“一库双网一平台”典型模式，促进涉企信用信息共享，助力银企融资对接，提高中小微企业融资效率，助推地方实体经济发展。截至2020年末，668家企业通过平台发布融资需求119.5亿元，其中642家企业获得贷款95.4亿元，融资资金满足率79.8%。“安顺经验”模式在黔南、黔东南2个市州推广应用。

“一库”是指中小微企业信用信息数据库（以下简称数据库），用于采集企业的基本情况、纳税、表彰、违法和缴费等已公开披露的信息；“一平台”是指“安顺市金融服务实体经济综合平台”（以下简称平台），用于发布企业融资需求、金融产品信息和相关政策。“双网”是指金融城域网和互联网，鉴于信用信息安全考虑，数据库在金融城域网（专网）运行，使用范围仅限于接入金融城域网的金融机构和政府部门；平台发布信息均属于金融机构、政府、企业已公开信息，在互联网上运行。数据库及平台分别利用“双网”作为数据传输渠道，实现安全性和便利性相统一。

一、挖掘数据，丰富画像，把准地方征信平台功能定位

一是及时采集更新数据库。目前，数据

库共从安顺市市场监管局、市法院、市人社局等11个政府职能部门和21家金融机构，采集全市5.3万户企业的120万条信用信息，涵盖企业基本情况、纳税、缴费、授信（贷款）及行政奖惩等多维度信息，精准刻画企业信用画像，为政府部门、金融机构、交易对手等信息使用方提供全方位的信息参考。金融机构需获得企业书面授权方可通过数据库查询企业信用信息。年末数据库累计提供信息查询360次。二是绘就金融政策服务“全景图”。地方政府、金融机构通过平台发布有关中小微企业扶持政策、金融产品等信息，让政策信息公开透明。企业通过平台查询和了解政府部门、金融机构发布的各类政策措施、相关信贷产品信息及业务办理流程，结合自身情况选择向1—3家金融机构提起融资申请，申请通过后可优先选择服务最便捷、融资成本最低、融资期限最合适的金融机构网点办理融资，降低企业融资成本。年末通过平台共发布21家金融机构的169种信贷产品、9个政府部门的39条扶持政策，668家企业通过平台提出834笔融资申请。

二、信息共享，简化流程，发挥地方征信平台在线融资对接功能

一是精准定位服务对象。通过信用信息共享，精准快捷地识别和掌握企业信用状况，帮助金融机构增加风险防控节点，科学高效作出信贷决策，有效畅通银企沟通对接渠道。二是缩短环节快速放贷。金融机构从花费3天以上逐个部门调查到“一站式”即时信息服务，大幅缩短了贷前调查时间，提高了贷款审批效率。金融监管部门可对企业融资全流程进行线上跟踪监测，大大简化了融资对接工作流程，降低了供需双方的时间成本。疫情期间，金融机构通过安顺市“一库双网一平台”开展线上无接触式金融服务，先后向20余家抗疫企业、受疫情影响的小微企业发放贷款2.3亿元。

三、总结经验，加强推广，拓展地方征信平台应用场景

一是开展“安顺经验”模式推广。加强经验总结，制作《安顺市中小微企业信用信息系统用户手册》《安顺市“一库双网一平台”简介》等宣传册，并组织召开全省地方征信平台建设现场交流会，推广复制“安顺经验”模式。目前，中国人民银行黔南州中支、黔东南州中支充分借鉴“安顺经验”模式开展地方征信平台建设。二是进一步拓展平台应用场景。金融机构以数据库为基础评选出“诚实守信企业”，及时提供快捷和个性化金融服务。通过“一库双网一平台”试点评选出首批“诚实守信企业”41家，其中13家获得贷款2.9亿元，平均利率为5.01%，比该市企业贷款平均利率低0.78个百分点。

二、经济运行情况

2020年，全省经济社会发展呈现“强劲恢复、稳定转好、逐季回升”的良好态势。全省地区生产总值达17826.6亿元，同比增长4.5%，高于全国平均水平2.2个百分点，地区生产总值增速连续十年位居全国前列。脱贫攻坚取得全面胜利，产业结构不断优化，新旧动能转换加快，经济发展的质效持续提升。

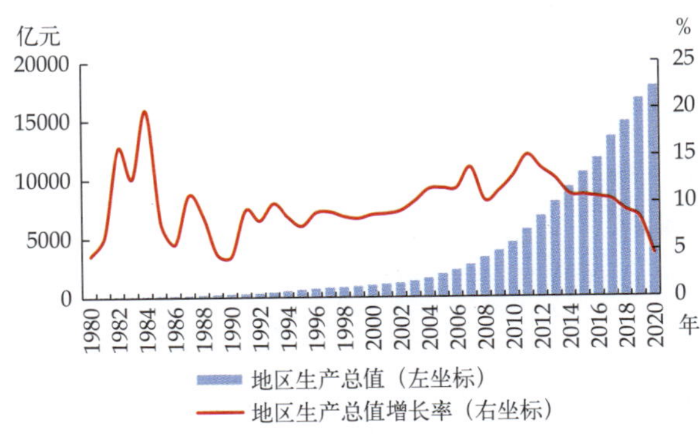

图6　1980—2020年贵州省地区生产总值及其增长率

（数据来源：《中国经济景气月报》、贵州省统计局）

（一）投资、消费持续回升，外贸增长强劲

1. 投资增速加快，重点领域投资持续改善。全省固定资产投资同比增长 3.2%，增速高于全国平均水平 0.3 个百分点，较上年提高 2.2 个百分点。重点领域投资继续改善，全省工业投资和高技术产业投资同比分别增长 11.8% 和 10.2%，基础设施投资同比下降 2.5%。卫生领域投资成倍增长，专业公共卫生服务投资是上年同期的 2.3 倍，基层医疗卫生服务投资同比增长 27.0%。全省民间投资同比增长 10.1%，保持较高增速。

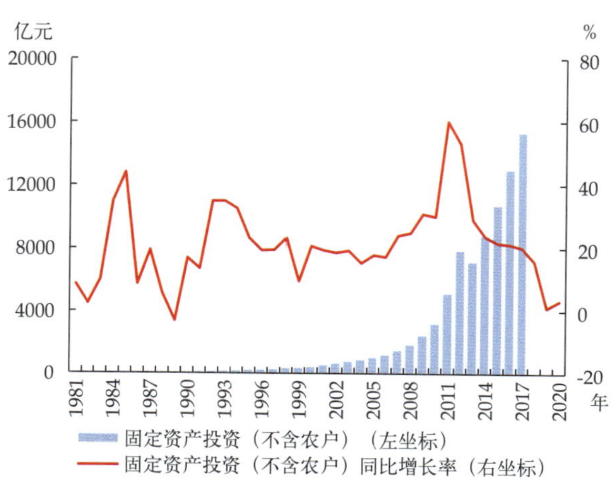

图 7　1981—2020 年贵州省固定资产投资（不含农户）及其增长率

（数据来源：《中国经济景气月报》、贵州省统计局）

2. 市场销售明显改善，线上消费高速增长。全省社会消费品零售总额同比增长 4.9%，扭转前三季度负增长态势。城乡市场继续“一增一降”，城镇限额以上消费品零售额同比增长 9.9%，乡村限额以上消费品零售额同比下降 2.4%。民生类商品零售较快增长。全省限额以上企业单位商品零售中，体育、娱乐品类零售是上年同期的 4.3 倍，烟酒类同比增长 82.1%，日用品类同比增长 60.4%，粮油、食品类同比增长 21.9%。全省限额以上企业单位通过公共网络实现的商品零售额同比增长 115.1%。

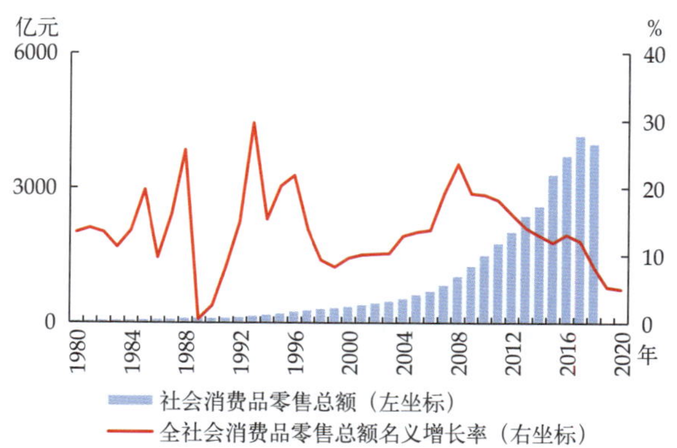

图 8　1980—2020 年贵州省社会消费品零售总额及其增长率

（数据来源：《中国经济景气月报》、贵州省统计局）

3. 外贸进出口持续向好，外商投资结构优化。全省外贸进出口总额 546.5 亿元人民币，同比增长 20.6%。其中，出口总额 431.7 亿元，同比增长 31.9%；进口总额 114.9 亿元，同比下降 8.9%。民营企业进出口 355.3 亿元，同比增长 54.5%，占全省外贸总值的 65%；国有企业进出口 166.0 亿元，同比下降 5.1%；外商投资企业进出口 24.6 亿元，同比下降 48%；外贸形势稳中向好，民营企业带动作用持续增强。2020 年新设外商投资企业 116 个；中国香港和新加坡是贵州省利用外资主要来源地，分别占全省利用外资总额的 92.5% 和 5.5%；外商投资主要集中在电力、热力、燃气及水生产和供应业以及信息传输、软件和信息技术服务业，分别占全省实际利用外资总额的 55.3% 和 32.2%。

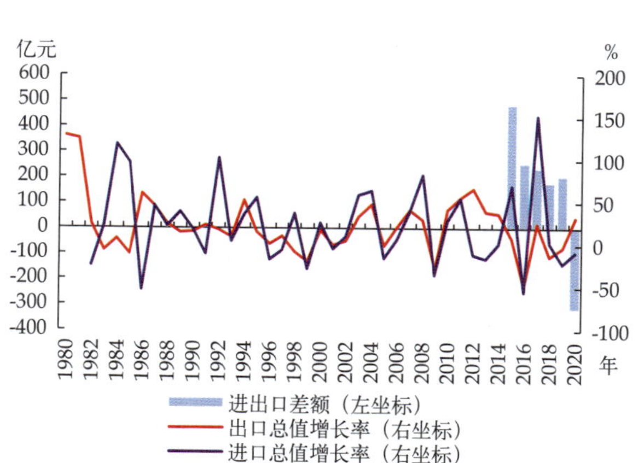

图 9　1980—2020 年贵州省外贸进出口变动情况

（数据来源：《中国经济景气月报》、贵州省统计局）

（二）三次产业协调发展，供给侧结构性改革持续发力

产业结构进一步优化，三次产业比重调整为14.2：34.8：50.9，第三产业占比持续提升。

1. 农业产业革命深入推进，经济作物较快增长。农林牧渔业增加值2675.6亿元，同比增长6.3%，增速位居全国前列，对全省经济增长的贡献率为20.3%。种植业结构持续优化。粮食产量保持稳定，全省粮食总产量1058万吨，同比增长0.6%。农业经济作物实现较快增长。肉类产量企稳回升。猪牛羊禽肉产量205.1万吨，同比增长1.3%，其中猪肉产量同比下降2.7%，牛肉、羊肉和禽肉产量同比分别增长7.4%、0.1%和19.9%。得益于林下经济和生态渔业提速发展，林业和渔业总产值同比分别增长8.2%和6.4%。全省茶叶、辣椒、猕猴桃、刺梨等多个产业种植规模居全国前列，获得地理标志农产品认证达131个，主要农作物耕、种、收综合机械化率达40%，农产品加工转化率超过50%。

2. 工业经济持续提速，传统行业支撑作用明显。全省“千企改造、千企引进”成效明显，工业加快升级转型，2020年新增重点产业到位资金5701.5亿元，引进企业数1094个。规模以上工业增加值同比增长5.0%，增速分别高于全国和西部平均水平2.2个和1.8个百分点。四大支柱行业煤电烟酒增加值同比增长5.1%，对规模以上工业增长贡献率达64.5%，拉动工业同比增长3.2个百分点。能源工业发展成效显著，电力装机结构不断优化，水电、火电和新能源的日发电量均创造历史纪录。高新技术产业投资同比增长10.2%，其中，信息传输、软件和信息技术服务业投资同比增长31.4%。先后组建盘江煤电、乌江能源、大数据、现代物流等8个企业集团。

3. 服务业创新发展，新兴服务业增势良好。全省服务业创新发展十大工程协同发力，促进传统服务业改造加快升级、生产性服务业向专业化价值链服务业延伸，全省在发展智能制造、在线医疗、线上办公、网上购物、农村电商和数字娱乐等新产业新业态上持续发力，全省服务业实现稳定增长，增加值同比增长4.1%，增速高于全国平均水平2.0个百分点。全省旅游业全面落实“限量、预约、错峰”六字方针，旅游市场呈现“防控有力、复苏有劲、安全有序”的特征，全省接待旅游总人数和实现旅游总收入均达到上年同期水平的50%以上。邮政、电信业持续较快增长。全省邮政业务总量85.5亿元，同比增长12.4%，邮政业务收入同比增长9.8%，电信业务总量5077.7亿元，同比增长31%。

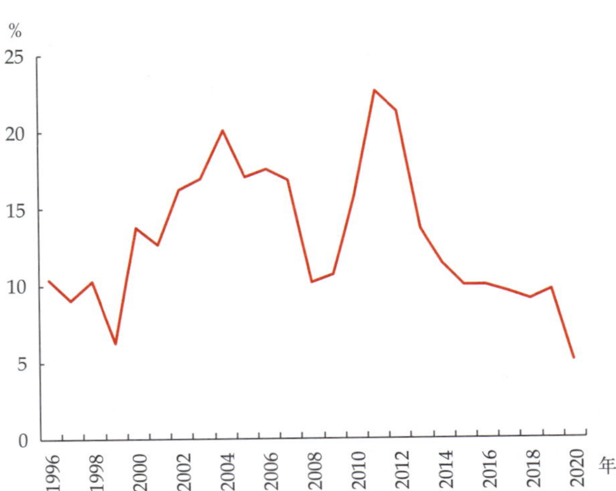

图10　1996—2020年贵州省规模以上工业增加值实际增长率

（数据来源：《中国经济景气月报》、贵州省统计局）

（注：2013年以后的规模以上工业统计口径为全部年主营业务收入2000万元及以上的工业企业，之前年度为500万元及以上口径）

4. 持续深化供给侧结构性改革。大力发展互联网、大数据、云计算等新技术，“互联网+”、“平台经济”、“共享经济”等新模式快速涌现，发展势头良好。实现全省9个市州及贵安新区重点城区5G网络覆盖，实现“5G网络县县通”。三大运营商、央行、苹果等一批国际级国家级行业数据中心落地贵州。全省生态环保产业投资较上年增长15.9%。全面完成192万人易地扶贫搬迁任务，减少农村贫困人口30.8

万人。2020 年高速公路通车里程 7607 公里，高速铁路通车里程 1527 公里，民航旅客年吞吐量突破 3000 万人次。

5. 扎实推进污染防治攻坚战，生态环境建设亮点纷呈。实施“双十工程”，大力推进乌江、赤水河流域治理，率先全流域拆除网箱养殖，完成长江流域重点水域退捕禁捕，地表水水质总体优良。县域以上城市空气质量优良天数比率保持在 95% 以上，生活污水、垃圾处理率大幅提高。实施农村人居环境整治，改造农村卫生厕所 197.7 万户。磷化工企业“以渣定产”实现年度产消平衡，单位地区生产总值能耗稳步降低，绿色经济占比达 42%。持续推进生态修复，森林覆盖率达 60%。

（三）居民消费价格总体平稳，工业品价格有所回落

2020 年，全省物价水平总体保持稳定，居民消费价格指数（CPI）同比上涨 2.6%，涨幅较上年提高 0.2 个百分点，工业生产者购进价格指数（IPI）、工业生产者出厂价格指数（PPI）有所回落，2020 年同比分别下跌 1.4% 和 1.7%。

1. 居民消费价格总体平稳。2020 年居民消费价格指数同比上涨 2.6%，各月居民消费价格同比涨幅在 -0.9% 至 5.3% 之间不同程度地波动，如 2 月同比上涨 5.3%，涨幅同比上升 4.1 个百分点，12 月同比下降 0.4 个百分点。其中，食品烟酒指数、其他用品和服务指数、教育文化和娱乐指数、医疗保健指数同比分别上涨 10.3%、3.0%、0.8% 和 0.8%，交通和通信、衣着、居住、生活用品及服务指数同比分别下跌 4.3%、1.6%、1.6% 和 0.4%。

2. 工业生产价格有所回落。工业生产者购进价格指数、工业生产者出厂价格指数有所回落，1—11 月各月均为回落，12 月实现上涨。其中，工业生产者购进价格指数 6 月同比下跌 2.7%，12 月同比上涨 1.1%，工业生产者出厂价格指数 5 月同比下跌 2.6%，12 月与上年同期持平。

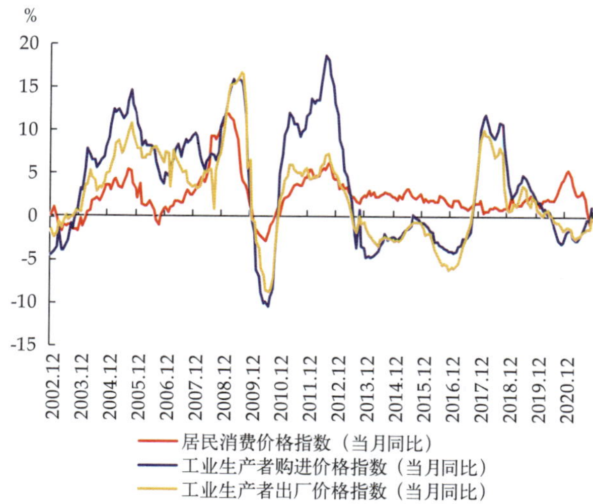

图 11　2002—2020 年贵州省居民消费价格指数和生产者价格指数变动趋势

（数据来源：《中国经济景气月报》、贵州省统计局）

3. 就业民生保障有力，居民收入稳步提升。2020 年全省城镇新增就业人数 61.6 万人。居民人均可支配收入 21795 元，同比名义增长 6.9%。按常住地分，城镇常住居民人均可支配收入 36096 元，同比名义增长 4.9%；农村常住居民人均可支配收入 11642 元，同比名义增长 8.2%。城乡居民基本医保人均财政补助标准新增 30 元，达到每人每年不低于 550 元。月最低工资标准上调：一类地区 1790 元，增加 110 元；二类地区 1670 元，增加 100 元；三类地区 1570 元，增加 100 元。

4. 资源性产品价格改革稳步推进。持续推进配电价改革，完善输配电价体系，建立健全水、电、天然气差别化价格政策体系。围绕新基建、大数据产业发展和增强招商引资竞争力，出台了对 5G 基站和贵安新区数据中心实行 0.35 元 / 度电价支持政策，实施了对 11 个新兴产业和特色优势产业电价支持政策和深化煤电机组上网电价形成机制、降低天然气价格等改革举措。电力实现充足稳定供应、电价更具竞争力，“黔电送粤”电量 500.9 亿千瓦时，首次突破框架协议电量 500 亿千瓦时，创下“西电东送”实施 20 年以来历史新高。电源结构不断优化，风、光迸发，光伏竞价项目 2019 年、2020 年连

续两年获得装机规模、补贴规模两个全国第一。天然气产供储销协调发展，联通62个县。

（四）地方公共预算收入增速回落，支出负增长，重点保障民生领域

全省地方公共预算收入1786.8亿元，同比增长1.1%，较上年回落1.3个百分点，完成年度调整预算的101.1%。地方公共预算支出5723.3亿元，同比下降3.8%。财政支出着力保障民生支出需要，全省9项民生类重点支出同比增长2.2%，占支出比重达72%，较上年提高4.2个百分点。

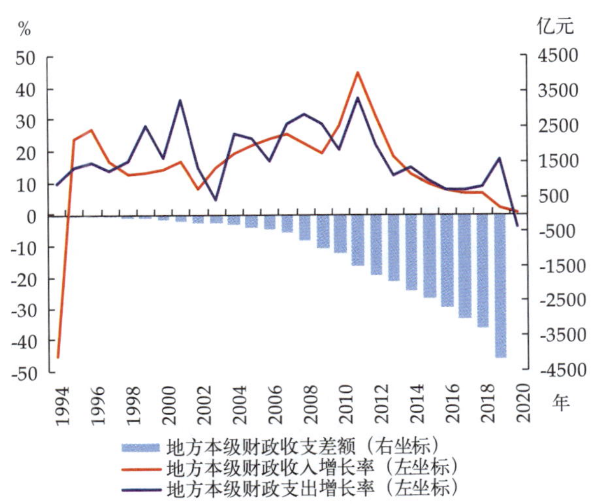

图12　1994—2020年贵州省财政收支状况

（数据来源：《中国经济景气月报》、贵州省统计局）

（五）房地产市场总体稳定，白酒行业快速发展

1. 房地产开发投资平稳增长，房地产贷款增速回落。2020年，房地产开发投资增速平稳，商品房施工面积持续下降，商品房销售由负转正，房价涨幅收窄，房地产贷款增速逐步放缓。

房地产开发投资平稳增长。全省完成房地产开发投资3418.8亿元，其中，住宅投资2572.3亿元。

商品房施工面积同比下降，库存规模有所增长。年末，全省商品房施工面积26922.7万平方米，同比下降3.1%，较上年下降29.6个百分点。商品房可售面积11904.2万平方米，同比增长14.0%；去化周期为26.8个月，与上年同期相比去化周期拉长了2.6个月。

商品房销售由负转正，房价涨幅收窄。年末，全省新建商品房销售面积5552.5万平方米，同比增长4.3%；新建商品房销售额3224.2亿元，同比增长1.3%，全省新建商品房销售面积和销售额增速分别在8月和10月由负转正。全省主要城市中，贵阳、遵义新建商品住宅销售价格指数同比分别上涨0.5%和下跌0.1%，分别较上年末回落2.0个和0.2个百分点。

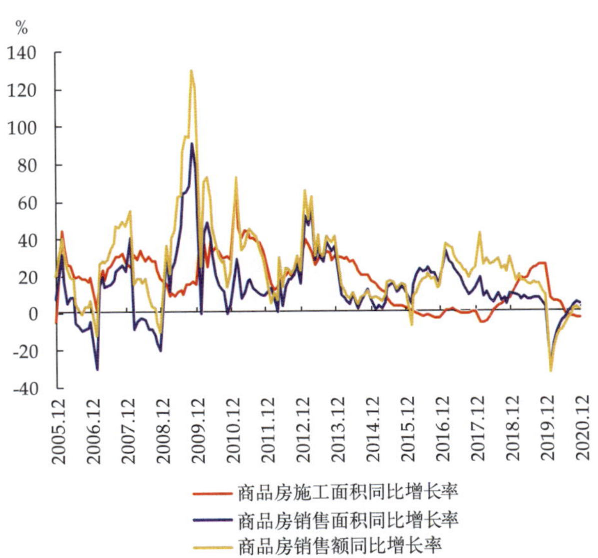

图13　2005—2020年贵州省商品房施工和销售变动趋势

（数据来源：《中国经济景气月报》、贵州省统计局）

房地产贷款增速有所回落，房地产金融风险总体可控。年末，全省房地产贷款余额8440.6亿元，同比增长11.4%，增速低于全省各项贷款1.9个百分点，同比下降7.2个百分点。其中，房地产开发贷款余额同比增长3.0%，低于上年同期8.1个百分点；个人住房贷款余额同比增长18.7%，增速同比回落5.0个百分点。全省房地产贷款不良率0.95%，同比下降0.01个百分点，个人住房贷款不良率0.53%。

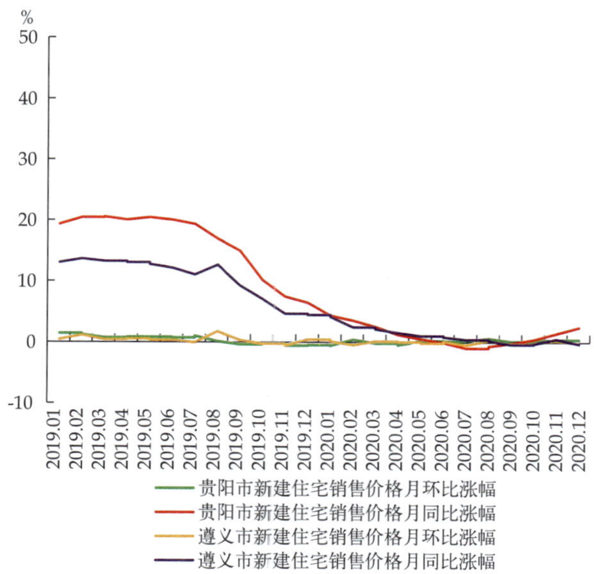

图 14　2019—2020 年贵州省主要城市新建住宅销售价格变动趋势

（数据来源：《中国经济景气月报》、贵州省统计局）

2. 白酒行业快速发展。近年来，贵州省多措并举推进白酒行业高质量发展，先后出台多项文件，构建“品牌强大、品质优良、品种优化、集群发展”的贵州白酒产业发展体系，促进白酒行业与新兴产业融合发展，产业优势日益凸显。结合“百企引进”“千企改造”工程实施，形成以茅台为引领，习酒、董酒、珍酒、钓鱼台等第二梯队白酒企业快速发展壮大的局面，打造了贵州白酒整体品牌。2020 年，全省酒饮料行业继续领跑，规模以上酒饮料行业增加值同比增长 6.3%，增速高于全省规模以上工业增加值 1.3 个百分点，增加值占规模以上工业比重高达 31.2%，较上年提高 2.4 个百分点。金融助力先进制造业升级成效显著。年末，全省金融机构白酒行业贷款余额为 64.1 亿元，同比增长 46.5%，较年初增加 17.0 亿元。

三、预测与展望

持续十年的快速发展后，贵州撕掉了千百年来的绝对贫困标签，但发展不足仍是当前最大问题，巩固脱贫攻坚成果任务仍然艰巨，还存在工业化、城镇化水平不高，科技创新能力不强、人才支撑不足、科技成果转换率较低等短板。2021 年，贵州将以高质量发展统揽经济社会发展全局，牢牢守好发展和生态两条底线，深入实施乡村振兴、大数据、大生态三大战略行动，大力推动新型工业化、新型城镇化、农业现代化、旅游产业化，通过推动高质量发展解决发展中的问题。

当前，全省金融运行总体平稳、风险可控。2021 年，全省金融系统将认真坚持稳字当头，贯彻落实好稳健的货币政策，灵活精准、合理适度，进一步疏通货币政策传导渠道，大力发展绿色金融、普惠金融和科技金融，持续防范化解金融风险，为全省经济社会发展营造良好的货币金融环境。

中国人民银行贵阳中心支行货币政策分析小组

总　　纂：文洪武　孙　涌

统　　稿：李家鸽　杨　丽　孔艳彦

执　　笔：莫　鹍　刘　爽　颜　寅　叶　茜　苏　抒　张小龙　许　熠　党月婷　蒋　竹　李　睿

提供材料：孟凡训　杨　楠　孙　怡　陈　羲　路　音　李雪华　王乾飞　陈文艳　周一鸣　宋　涛　杨　鑫　支　纯　徐振鑫　王　哲　余　勇　薛　飞　艾攀宇　赵　鑫　王　肖

附录

（一）2020年贵州省经济金融大事记

2月1日，中国人民银行贵阳中心支行印发《关于做好当前金融服务工作 坚决打好疫情防控阻击战的通知》，制定19项措施，全力做好全省疫情防控金融服务和应急保障各项工作。

4月10日，“川渝贵”省际环线动车组列车开行，是全国首条跨省际环线动车。

4月23日，2020年贵州省春季政金企融资对接活动周正式启动，全年成功举办春夏秋冬四季政金企融资对接活动，实现签约项目1300个，签约金额突破1万亿元。

4月末，贵州省各项贷款余额历史性突破3万亿元大关，银行业资产历史性突破4万亿元大关。

11月23日，贵州省政府宣布紫云县、纳雍县、威宁县、赫章县、沿河县、榕江县、从江县、晴隆县、望谟县9个县退出贫困县序列。贵州全面完成192万人易地扶贫搬迁任务，人数为全国之最，搬迁规模占全国近五分之一。66个贫困县全部实现脱贫摘帽，贫困人口全部脱贫，是全国减贫人数最多的省份。

2020年，贵州省地区生产总值同比增长4.5%，增速连续10年位居全国前列，贵州省地区生产总值总量首次迈入全国20强。

2020年，全省高新技术产业投资增长10.2%，其中，信息传输、软件和信息技术服务业投资增长31.4%。

2020年底，全省上市挂牌企业达85家，新增主板上市企业2家，上市企业总市值突破2.8万亿元，位列全国第9位。

2020年，贵州省实现全省9个市州及贵安新区重点城区5G网络覆盖，实现“5G网络县县通”。

2020年，贵州省森林覆盖率达60%，主要河流出境断面水质优良率100%，生态文明公众满意度位居全国第二。

（二）2020 年贵州省主要经济金融指标

表 1　2020 年贵州省主要存贷款指标

	项目	1 月	2 月	3 月	4 月	5 月	6 月	7 月	8 月	9 月	10 月	11 月	12 月
本外币	金融机构各项存款余额（亿元）	27490.7	27340.6	27915.9	27697.3	28273.2	28399.6	28078.0	29133.7	28966.3	28650.4	29177.4	28324.6
	其中：住户存款	12238.1	12166.8	12478.6	12251.0	12245.8	12548.8	12365.6	12439.7	12839.0	12575.0	12680.8	12787.2
	非金融企业存款	7822.2	7782.4	8210.8	8098.3	8302.1	8222.5	7909.5	8291.7	8618.4	8499.7	8769.5	8590.3
	各项存款余额比上月增加（亿元）	268.9	-150.1	575.3	-218.6	575.9	126.4	-321.6	1055.6	-167.4	-315.9	526.9	-852.7
	金融机构各项存款同比增长（%）	2.9	1.5	1.7	2.2	3.4	1.8	1.6	5.1	3.2	3.8	6.1	4.1
	金融机构各项贷款余额（亿元）	29346.7	29414.7	29883.4	30227.5	30590.7	30957.1	31214.4	31472.8	31731.5	31826.5	32250.7	32299.4
	其中：短期	4771.1	4795.3	4992.1	5080.3	5130.6	5204.5	5201.3	5350.5	5404.3	5386.9	5436.7	5369.9
	中长期	23887.9	24012.8	24291.4	24532.5	24854.1	25129.4	25384.6	25506.2	25701.9	25786.6	26126.6	26128.5
	票据融资	375.5	294.2	292.6	303.1	305.2	323.1	330.0	316.9	332.2	357.3	398.6	507.0
	各项贷款余额比上月增加（亿元）	813.3	68.1	468.7	344.1	363.2	366.3	257.4	258.3	258.7	95.0	424.2	48.7
	其中：短期	50.4	24.2	196.8	88.2	50.3	73.9	-3.2	149.2	53.8	-17.4	49.8	-66.8
	中长期	688.7	124.8	278.7	241.1	321.5	275.3	255.2	121.6	195.7	84.7	340.0	1.9
	票据融资	63.7	-81.2	-1.6	10.5	2.1	17.9	6.9	-13.1	15.4	25.0	41.3	108.4
	金融机构各项贷款同比增长（%）	14.3	13.1	13.2	13.6	13.7	14.5	14.2	13.8	13.4	12.9	13.5	13.2
	其中：短期	6.4	7.0	8.9	9.2	9.4	9.1	8.1	10.1	9.3	10.9	10.7	10.1
	中长期	15.5	14.3	14.1	14.6	14.9	15.9	15.5	14.8	14.4	13.4	14.1	13.4
	票据融资	75.9	43.6	29.9	24.8	12.7	21.8	29.9	19.4	28.9	30.6	34.3	62.6
	建筑业贷款余额（亿元）	1639.5	1655.8	1675.1	1681.9	1699.8	1730.1	1744.1	1754.6	1757.4	1742.7	1749.6	1719.3
	房地产业贷款余额（亿元）	1323.5	1331.9	1351.0	1364.2	1352.5	1323.5	1321.5	1317.1	1310.1	1304.6	1301.1	1262.0
	建筑业贷款同比增长（%）	20.5	17.5	18.0	19.8	19.3	19.7	17.1	16.2	14.1	12.2	10.1	7.6
	房地产业贷款同比增长（%）	13.6	10.4	10.1	10.5	6.8	4.1	2.3	1.3	0.1	-0.1	0.3	-1.4
人民币	金融机构各项存款余额（亿元）	27441.0	27292.1	27864.1	27645.4	28217.5	28343.4	28021.7	29077.5	28913.0	28595.9	29124.2	28276.3
	其中：住户存款	12216.8	12144.4	12453.5	12226.3	12221.5	12524.9	12341.9	12416.4	12815.6	12551.5	12657.6	12764.4
	非金融企业存款	7798.2	7760.8	8188.7	8076.0	8275.2	8196.0	7882.9	8265.1	8594.1	8473.9	8744.4	8569.9
	各项存款余额比上月增加（亿元）	270.4	-148.9	572.0	-218.7	572.1	125.9	-321.7	1055.8	-164.5	-317.1	528.3	-847.9
	其中：住户存款	689.5	-72.4	309.1	-227.2	-4.7	303.4	-183.0	74.5	399.2	-264.1	106.2	106.8
	非金融企业存款	-434.2	-37.4	427.9	-112.6	199.2	-79.3	-313.0	382.2	329.0	-120.2	270.5	-174.6
	各项存款同比增长（%）	2.9	1.5	1.7	2.2	3.4	1.8	1.6	5.1	3.2	3.7	6.1	4.1
	其中：住户存款	11.3	6.9	9.5	8.9	9.4	10.9	10.9	10.9	11.5	11.9	12.0	10.7
	非金融企业存款	-8.4	-4.6	-3.5	-2.7	-2.0	-5.9	-6.2	-2.0	0.3	2.8	4.6	3.8
	金融机构各项贷款余额（亿元）	29261.9	29326.5	29799.2	30142.0	30511.5	30876.5	31134.6	31393.9	31659.9	31756.6	32185.8	32235.7
	其中：个人消费贷款	6011.9	6013.6	6128.2	6240.6	6344.1	6453.2	6541.2	6622.2	6687.4	6740.4	6837.6	6856.6
	票据融资	375.5	294.2	292.6	303.1	305.2	323.1	330.0	316.9	332.2	357.3	398.6	507.0
	各项贷款余额比上月增加（亿元）	813.2	64.6	472.8	342.8	369.5	364.9	258.1	259.3	266.1	96.7	429.1	50.0
	其中：个人消费贷款	95.5	1.7	114.6	112.4	103.5	109.2	87.9	81.1	65.2	53.0	97.2	19.0
	票据融资	63.7	-81.2	-1.6	10.5	2.1	17.9	6.9	-13.1	15.4	25.0	41.3	108.4
	金融机构各项贷款同比增长（%）	14.4	13.2	13.3	13.7	13.8	14.6	14.3	13.9	13.5	13.1	13.6	13.3
	其中：个人消费贷款	22.3	21.8	21.4	20.1	19.8	19.9	19.6	19.2	18.4	17.3	17.2	15.9
	票据融资	75.9	43.6	29.9	24.8	12.7	21.8	29.9	19.4	28.9	30.6	34.3	62.6
外币	金融机构外币存款余额（亿美元）	7.2	6.9	7.3	7.4	7.8	7.9	8.1	8.2	7.8	8.1	8.1	7.4
	金融机构外币存款同比增长（%）	-18.5	-11.7	-6.1	-12.0	3.7	-4.4	9.8	11.5	2.4	11.6	9.7	0.9
	金融机构外币贷款余额（亿美元）	12.3	12.6	11.9	12.1	11.1	11.4	11.4	11.5	10.5	10.4	9.9	9.8
	金融机构外币贷款同比增长（%）	-11.7	-9.5	-10.2	-9.4	-17.1	-16.1	-15.8	-14.5	-18.2	-16.0	-17.2	-19.6

数据来源：中国人民银行贵阳中心支行。

表 2　2001—2020 年贵州省各类价格指数

单位：%

时间	居民消费价格指数		农业生产资料价格指数		工业生产者购进价格指数		工业生产者出厂价格指数	
	当月同比	累计同比	当月同比	累计同比	当月同比	累计同比	当月同比	累计同比
2001	—	1.8	—	-0.6	—	0.2	—	2.2
2002	—	-1	—	0.6	—	-2.4	—	-1.1
2003	—	1.2	—	4.1	—	6	—	3.4
2004	—	4	—	9	—	12	—	8
2005	—	1	—	10.2	—	7.4	—	7.2
2006	—	1.7	—	5.4	—	7.3	—	4.3
2007	—	6.4	—	5.1	—	7.5	—	5.0
2008	—	7.6	—	13.4	—	12.5	—	12.4
2009	—	-1.3	—	-3.8	—	-6.5	—	-4.9
2010	—	2.9	—	1.1	—	9.8	—	4.7
2011	—	5.1	—	11.1	—	15.0	—	5.4
2012	—	2.7	—	0.7	—	2.3	—	1.0
2013	—	2.5	—	-1.0	—	-3.6	—	-2.6
2014	—	2.4	—	-1.0	—	-1.4	—	-1.7
2015	1.4	1.8	7.8	3.1	-4.1	-2.5	-6.2	-3.9
2016	1.5	1.4	2.2	3.0	7.2	-1.5	7.3	-2.1
2017	1.0	0.9	-2.3	-1.2	5.4	9.7	1	7.2
2018	1.8	1.8	2.1	-1.2	2.2	3.4	1.8	1.8
2019	4.2	2.4	5.4	3.2	-3	-0.6	-1.6	-0.2
2020	-0.4	2.6	10.8	12.2	1.1	-1.4	0	-1.7
2019　1	1.9	1.9	2.0	2.0	1.7	1.7	0.7	0.7
2	1.2	1.6	2.0	2.0	1.7	1.7	0.4	0.5
3	1.9	1.7	2.3	2.1	0.8	1.4	0.0	0.4
4	1.9	1.7	2.4	2.2	0.9	1.3	0.5	0.4
5	2.1	1.8	1.9	2.1	0.2	1.1	0.7	0.5
6	1.9	1.8	3	2.3	0.6	1	0.2	0.4
7	1.9	1.8	2.9	2.4	-0.5	0.8	0	0.4
8	1.8	1.8	3.1	2.4	-1.1	0.6	-0.5	0.2
9	2.6	1.9	2.7	2.5	-2.1	0.2	-0.8	0.1
10	3.2	2	5.5	2.8	-2.7	-0.1	-0.7	0
11	4	2.2	5.7	3	-3.1	-0.3	-1.3	-0.1
12	4.2	2.4	5.4	3.2	-3	-0.6	-1.6	-0.2
2020　1	5.1	5.1	5.6	5.6	-1.8	-1.8	-1.3	-1.3
2	5.3	5.2	6.2	5.9	-1.6	-1.7	-1.2	-1.2
3	4.6	5.0	10.7	7.5	-1.5	-1.6	-1.5	-1.3
4	3.8	4.7	12.5	8.8	-2.3	-1.8	-2.2	-1.5
5	2.7	4.3	13.7	9.8	-2.7	-2.0	-2.6	-1.7
6	2.4	4	14.1	10.5	-2.7	-2.1	-2.4	-1.9
7	2.7	3.8	15.4	11.2	-2.2	-2.1	-2.1	-1.9
8	3	3.7	15.9	11.8	-1.9	-2.1	-1.9	-1.9
9	2.1	3.5	16.1	12.3	-0.9	-2	-1.7	-1.9
10	0.7	3.2	13.1	12.3	-0.4	-1.8	-1.5	-1.8
11	-0.9	2.8	12.3	12.3	-0.4	-1.8	-1.5	-1.8
12	-0.4	2.6	10.8	12.2	1.1	-1.4	0	-1.7

数据来源：《中国经济景气月报》、贵州省统计局。

表 3　2020 年贵州省主要经济指标

项目	1 月	2 月	3 月	4 月	5 月	6 月	7 月	8 月	9 月	10 月	11 月	12 月
						绝对值（自年初累计）						
地区生产总值（亿元）	—	—	3704.0	—	—	7985.5	—	—	12650.0	—	—	17826.6
第一产业	—	—	424.4	—	—	991.1	—	—	1845.0	—	—	2539.9
第二产业	—	—	1222.6	—	—	2794.3	—	—	4347.7	—	—	6211.6
第三产业	—	—	2057.1	—	—	4200.2	—	—	6457.4	—	—	9075.1
工业增加值（亿元）	—	—	—	—	—	—	—	—	—	—	—	—
固定资产投资（亿元）	—	—	—	—	—	—	—	—	—	—	—	—
房地产开发投资	—	247.4	600.6	832.2	1098.8	1495.1	1808.1	2149.7	2482.4	2821.5	3162.5	3418.8
社会消费品零售总额（亿元）	—	—	—	—	—	—	—	—	—	—	—	7833.4
外贸进出口总额（亿元）	—	—	74.8	113.0	151.5	192.2	252.9	317.2	385.1	433.0	486.6	546.5
进口	—	—	16.2	22.0	27.6	33.8	43.5	53.5	67.1	77.0	98.2	114.9
出口	—	—	58.6	91.1	123.9	158.4	209.4	263.8	318.0	356.0	388.4	431.7
进出口差额（出口－进口）	—	—	42.4	69.1	96.4	124.7	165.9	210.3	250.9	278.9	290.2	316.8
实际利用外资（亿美元）	0.3	0.3	0.3	1.7	1.7	2.5	3.9	4.0	4.3	4.3	4.3	4.4
地方财政收支差额（亿元）	-189.8	-372.5	-724.9	-917.7	-1106.2	-1427.6	-1698.3	-2117.9	-2596.6	-2818.1	-3045.1	-3936.5
地方财政收入	209.8	310.5	409.4	563.9	686.7	921.8	1052.8	1144.7	1262.9	1431.0	1565.2	1786.8
地方财政支出	399.6	683.0	1134.3	1481.6	1792.9	2349.4	2751.1	3262.7	3859.5	4249.1	4610.2	5723.3
城镇登记失业率（%）（季度）	—	—	3.1	—	—	3.2	—	—	3.7	—	—	3.8
						同比累计增长率（%）						
地区生产总值	—	—	-1.9	—	—	1.5	—	—	3.2	—	—	4.5
第一产业	—	—	2.3	—	—	5.5	—	—	6.1	—	—	6.3
第二产业	—	—	-4.9	—	—	0.0	—	—	2.4	—	—	4.3
第三产业	—	—	-0.3	—	—	1.8	—	—	2.9	—	—	4.1
工业增加值	—	-10.5	-1.9	-0.7	0.2	1.4	2.1	2.2	2.7	3.3	4.1	5.0
固定资产投资	—	-35.6	-10.2	-8.4	-3.0	-4.9	-2.9	0.1	1.0	2.0	2.8	3.2
房地产开发投资	—	-10.3	6.7	6.9	8.3	6.5	9.2	10.9	13.1	14.1	14.2	14.3
社会消费品零售总额	—	—	-13.0	—	—	-5.5	—	—	-1.0	—	—	4.9
外贸进出口总额	—	—	-15.5	-9.3	-6.9	-5.6	6.2	15.1	22.0	21.3	21.7	20.6
进口	—	—	-36.2	-36.5	-41.3	-43.6	-37.5	-31.1	-24.0	-24.6	-12.4	-8.9
出口	—	—	-7.2	1.2	7.0	10.3	24.3	33.1	39.9	39.8	34.9	31.9
实际利用外资	-77.3	-77.5	-78.6	-6.4	-33.1	-35.3	-1.5	-6.0	-2.7	-3.0	-36.9	-35.3
地方财政收入	9.0	-0.5	-11.4	-7.7	-7.4	0.7	1.2	-0.3	-5.2	-4.0	-2.5	1.1
地方财政支出	-5.4	-8.2	-26.9	-23.9	-22.0	-30.5	-23.8	-16.0	-17.0	-11.3	-7.2	-3.8

数据来源：《中国经济景气月报》、贵州省统计局。

云南省金融运行报告（2021）

中国人民银行昆明中心支行货币政策分析小组

[内容摘要] 2020年，云南省坚持以习近平新时代中国特色社会主义思想为指导，落实高质量发展要求，统筹推进疫情防控和经济社会发展，扎实做好“六稳”工作、全面落实“六保”任务。经济运行总体呈现持续稳定恢复态势，全省地区生产总值24521.9亿元，同比增长4%。一是固定资产投资平稳增长，消费加速回暖，进出口逆势增长。全省固定资产投资同比增长7.7%，高于全国平均水平4.8个百分点。社会消费品零售总额恢复至上年的96.4%。全省进出口总额同比增长15.4%，其中，出口增长46.4%。农产品出口保持快速增长，继续保持全省第一大出口产品。二是高原特色农业发展加快，工业生产稳定恢复，服务业支撑起经济发展“半壁江山”。全省第一产业增加值同比增长5.7%，“绿色食品牌”重点产业带动种植业较快增长，粮食生产再获丰收。鲜切花、咖啡、核桃、中药材、烟叶产量继续居全国前列。全省全部工业增加值同比增长2.4%。电子产业发展加快，计算机、通信和其他电子设备制造业增长43.1%，成为工业经济增长的新动能。电力装机总量迈上1亿千瓦新台阶。一批绿色铝硅项目陆续建成投产，省内自用电量比例首次超过外送电量。规模以上服务业营业收入稳步增长，全省新增9个国家级文旅品牌，大滇西旅游环线、半山酒店、特色小镇等成为旅游新亮点。“一部手机游云南”等系列产品不断丰富。数字经济加快发展，正式发布全国首个省级区块链溯源商品码“孔雀码”。三是供给侧结构性改革有力推进，补短板工作成效明显。“能通全通”“互联互通”加快推进，年内新增高速公路通车里程3000公里，总里程超过9000公里，110个县（市、区）实现通高速，滇中引水等重大项目建设全面提速。建立常态化疫情防控机制，开展爱国卫生“7个专项行动”，完成2233个城镇老旧小区改造，城乡环境明显改善。“两不愁三保障”和饮水安全问题得到有效解决，易地扶贫搬迁任务全面完成，农村危房改造实现动态“清零”，44.2万贫困人口脱贫、429个贫困村出列、9个贫困县摘帽。营商环境持续提升优化，新登记市场主体超过66万户，降低企业成本700亿元以上。四是财政收支总体平衡，民生支出力度加大，就业形势总体稳定。地方一般公共预算收入同比增长2.1%，地方一般公共预算支出同比增长3%，民生支出占比73.9%。城镇新增就业49.3万人，调查失业率稳定在5.6%，农村劳动力转移就业1515.5万人。五是着力加强污染防治，生态环境质量不断改善。九大高原湖泊水质稳中向好，能耗双控目标全面完成，化肥、农药使用量连续下降。全省州市政府所在地城市空气质量优良天数比率达98.8%。

2020年，云南省金融业运行总体平稳，货币信贷合理增长，多层次资本市场稳步发展，金融供给侧结构性改革持续推进，有力支持了全省疫情防控、复工复产和实体经济发展，金融服务实体经济的质量和效率持续提升。一是货币信贷合理增长，融资结构持续改善，贷款利率明显下降。2020年末，全省本外币各项存款余额35652.8亿元，同比增长8.1%；本外币各项贷款余额35052.1亿元，同比增长11.1%。对重点领域、薄弱环节信贷支持力度持续加大。制造业中长期贷款快速增长，增速达37.2%；小微企业金融服务持续改善，普惠小微贷款余额和贷款户数同比分别增长21.6%和31%；全年累计发放创业担保贷款134.2亿元，居全国前列。2015年以来，全省金融机构累计发放金融精准扶贫贷款6233.4亿元，助力打赢脱贫攻坚战。实体经济融资成本明显下降。全年全省银行业金融机构人民币贷款加权平均利率为5.15%，同比下降0.48个百分点。其中，企业贷款加权平均利率4.76%，同比下降0.45个百分点，小微企业贷款加权平均利率5.09%，同比下降0.6个百分点。全省社会融资规模全年新增5873.3亿元。发行直接债务融资工具累计募集资金1736.1亿元，同比增长13.6%。二是证券业稳步发展，多层次资本市场建设稳步推进。全年证券市场累计交易额同比增长28.4%，期货市场累计交易额同比增长11.3%。2020年末，全省共有上市公司37家，新三板挂牌公司77家，全年实现国内股票筹资107.2亿元。三是保险业平稳发展，保险风险分担功能持续发挥。农业保险保障程度不断提升，实现农业保险全省129个县区全覆盖。新增17项保险资金债权投资计划投资于云南，为全省交通、城建等重点项目建设融资提供了有力支持。四是金融生态环境建设持续推进，金融基础设施不断完善。二代征信系统成功上线，征信查询服务进一步优化，农村信用体系建设助力脱贫攻坚；支付体系稳健运行，城乡移动支付场景应用持续推进，便民支付服务水平不断提升；金融消费者权益保护扎实开展。银行业稳健运行，不良贷款余额和不良贷款率实现“双降”，不良贷款率1.7%，较年初下降0.5个百分点。

当前，云南省综合交通、产业基础、资源条件、生态环境、改革创新、对外开放等正逐步形成协同效应，随着“一带一路”建设、长江经济带发展、西部大开发、自贸试验区等国家重大战略和政策在云南交汇，独特的区位优势、资源优势、开放优势更加凸显。但是，云南省发展不平衡不充分的问题仍然存在。2021年，云南省将以习近平新时代中国特色社会主义思想为指导，持续深入学习贯彻习近平总书记考察云南重要讲话精神，坚持稳中求进工作总基调，立足新发展阶段，贯彻新发展理念，构建新发展格局，巩固拓展疫情防控和经济社会发展成果，巩固夯实全面建成小康社会和脱贫攻坚成果，确保“十四五”开好局起好步，努力在建设民族团结进步示范区、生态文明建设排头兵、面向南亚东南亚辐射中心上不断取得新进展。全省金融部门将贯彻执行好稳健的货币政策灵活精准、合理适度，加大对科技创新、小微企业、绿色发展、“三农”等领域的金融支持，维护金融安全，牢牢守住不发生区域性金融风险的底线，为加快把云南建设成国内市场与南亚东南亚国际市场之间的战略纽带创造良好的货币金融环境。

一、金融运行情况

2020年，云南省金融业运行总体平稳，货币信贷、社会融资规模增长同全省经济发展相适应，多层次资本市场稳步发展，金融供给侧结构性改革持续推进，有力支持了全省疫情防控、复工复产和实体经济发展，金融服务实体经济的质量和效率持续提升。

（一）银行业稳健运行，货币信贷合理增长

1.综合实力稳步提升，服务实体经济能力持续增强。2020年末，云南省银行业金融机构资产、负债总额同比分别增长8.8%和9%，增速较上年末分别提高0.9个和1.3个百分点。银行业金融机构净息差较上年收窄0.1个百分点，盈利能力基本稳定，资产利润率为1.7%。

表1　2020年云南省银行业金融机构情况

机构类别	营业网点			法人机构（个）
	机构个数（个）	从业人数（人）	资产总额（亿元）	
一、大型商业银行	2426	36715	18106	0
二、国家开发银行和政策性银行	89	2109	7259	0
三、股份制商业银行	384	8511	4679	0
四、城市商业银行	241	5931	4932	3
五、小型农村金融机构	2211	24354	10996	133
六、财务公司	4	112	329	3
七、信托公司	1	111	42	1

续表

机构类别	营业网点			法人机构（个）
	机构个数（个）	从业人数（人）	资产总额（亿元）	
八、外资银行	7	95	88	0
九、新型农村金融机构	185	3370	424	73
十、其他	5	207	1174	1
合 计	5553	81515	48031	214

数据来源：云南银保监局。

注：营业网点不包括国家开发银行和政策性银行、大型商业银行、股份制商业银行等金融机构总部数据；大型商业银行包括工商银行、农业银行、中国银行、建设银行、交通银行和邮政储蓄银行；小型农村金融机构包括农村商业银行、农村合作银行和农村信用社；新型农村金融机构包括村镇银行；其他包含金融租赁公司、汽车金融公司、货币经纪公司、消费金融公司等。

2. 存款增长继续向好，企业存款较快增长。 2020 年末，全省本外币各项存款余额 35652.8 亿元，同比增长 8.1%，增速较上年末提高 0.8 个百分点，较年初增加 2667.5 亿元，同比多增 429.7 亿元。其中，住户存款同比增长 11.2%，增速较上年末提高 1.4 个百分点，非金融企业存款增长 6.9%，增速较上年末提高 3.4 个百分点。外币存款余额同比下降 3.2%。

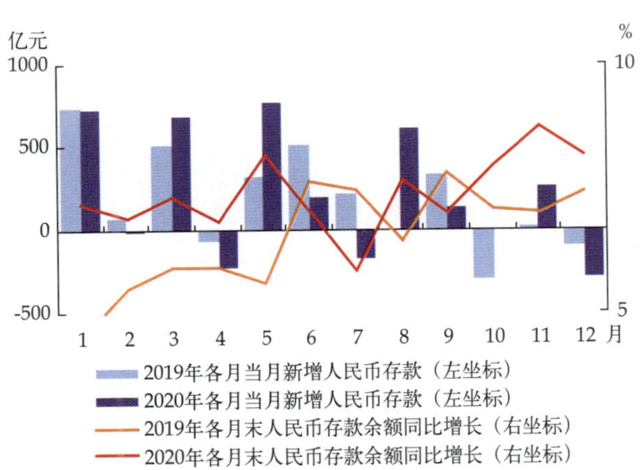

图 1 2019—2020 年云南省金融机构人民币存款增长变化

（数据来源：中国人民银行昆明中心支行）

3. 贷款平稳增长，信贷结构进一步优化。 2020 年末，全省本外币各项贷款余额 35052.1 亿元，同比增长 11.1%，较年初增加 3487.1 亿元，创历年新高，同比多增 525.8 亿元。对重点领域、薄弱环节和民生领域信贷支持力度持续加大。全省三大基础设施建设领域[①]贷款余额同比增长 13.8%，增速较上年末提高 1.3 个百分点；制造业中长期贷款快速增长，增速达 37.2%；小微企业金融服务持续改善，全省小微型企业贷款余额同比增长 14.7%，高于全省各项贷款增速 3.6 个百分点，全省普惠口径小微贷款余额和贷款户数同比分别增长 21.6% 和 31%；全省企业通过应收账款融资服务平台实现融资量同比增长 117.9%，其中，中小微企业融资量占比 86.3%。全年累计发放创业担保贷款 134.2 亿元，居全国前列。2015 年以来，全省金融机构累计发放金融精准扶贫贷款 6233.4 亿元，其中，发放建档立卡贫困户和脱贫户贷款 1181.4 亿元，127.6 万建档立卡贫困人口、123.7 万已脱贫人口直接获得信贷支持。

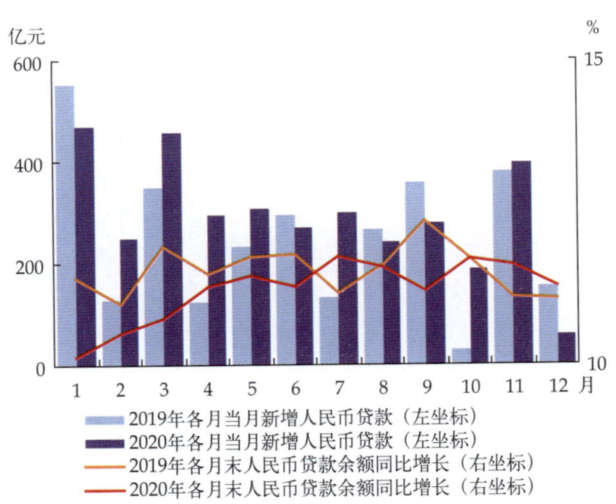

图 2 2019—2020 年云南省金融机构人民币贷款增长变化

（数据来源：中国人民银行昆明中心支行）

① 三大基础设施行业包括电力、热力、燃气及水生产和供应业，交通运输、仓储和邮政业，水利、环境和公共设施管理业。

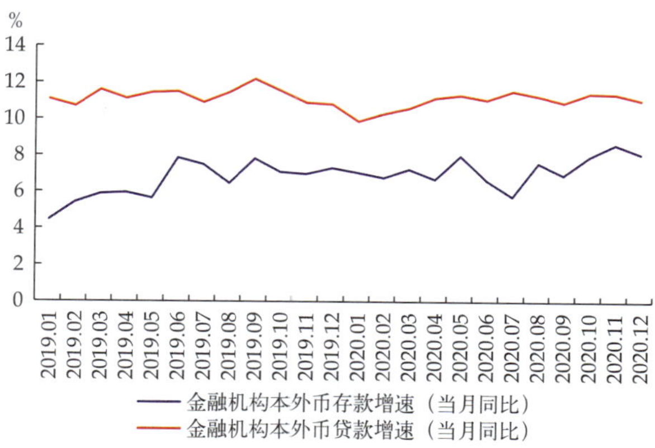

图3　2019—2020年云南省金融机构本外币存、贷款增速变化

（数据来源：中国人民银行昆明中心支行）

4. 表外业务规范发展。2020年末，银行业金融机构表外理财资金余额2977.8亿元，同比增长4.6%。金融机构资产管理业务更为规范，委托贷款余额2069.5亿元，同比下降14.6%，信托贷款余额1164.6亿元，同比增长24.6%。全省金融机构发行的同业存单余额为447.7亿元，同比下降1.7%。

表2　2020年云南省金融机构人民币贷款各利率区间占比

单位：%

项目		1月	2月	3月	4月	5月	6月
合计		100	100	100	100	100	100
LPR减点		14.0	25.3	13.0	10.5	22.9	19.1
LPR		2.8	5.4	6.3	7.5	5.0	9.5
LPR加点	小计	83.2	69.2	80.7	82.0	72.2	71.4
	(LPR，LPR+0.5%)	27.9	21.8	25.0	21.7	16.8	12.4
	[LPR+0.5%，LPR+1.5%)	19.0	20.5	22.9	26.8	21.8	26.7
	[LPR+1.5%，LPR+3%)	23.5	17.3	22.0	20.5	22.1	22.6
	[LPR+3%，LPR+5%)	10.5	8.2	9.7	11.5	10.4	8.7
	LPR+5%及以上	2.3	1.5	1.1	1.5	1.1	1.1

续表

项目		7月	8月	9月	10月	11月	12月
合计		100	100	100	100	100	100
LPR减点		12.4	15.1	19.0	17.8	15.0	25.3
LPR		11.6	10.7	13.3	12.7	12.5	11.8
LPR加点	小计	76.0	74.2	67.8	69.5	72.5	62.9
	(LPR，LPR+0.5%)	15.7	11.5	12.7	8.8	13.3	15.6
	[LPR+0.5%，LPR+1.5%)	22.8	25.7	24.2	24.2	28.4	22.2
	[LPR+1.5%，LPR+3%)	27.1	26.1	21.8	26.6	22.4	17.7
	[LPR+3%，LPR+5%)	9.2	9.7	8.2	9.0	7.5	6.7
	LPR+5%及以上	1.2	1.2	0.9	1.0	1.0	0.7

数据来源：中国人民银行昆明中心支行。

5. 存量浮动利率贷款定价基准转换顺利完成，贷款利率明显下降。2020年3月至8月，按照市场化、法治化原则顺利完成存量浮动利率贷款定价基准转换。随着LPR改革持续深化，贷款利率隐性下限被打破，利率传导效率明显提升。2020年，云南省银行业金融机构人民币各期限贷款加权平均利率为5.15%，同比下降0.48个百分点。其中，企业贷款加权平均利率4.76%，同比下降0.45个百分点，小微企业贷款加权平均利率5.09%，同比下降0.6个百分点，降幅超过同期1年期LPR的降幅。

6. 不良贷款持续下降，风险抵御能力持续增强。2020年，云南省银行业金融机构加大不良贷款处置和拨备计提力度，提升金融支持实体经济的可持续性。不良贷款余额和不良贷款率实现“双降”，年末，不良贷款余额607亿元，较年初减少91.1亿元；不良贷款率1.7%，较年初下降0.5个百分点。银行业金融机构拨备覆盖率较年初提高27.8个百分点。

专栏1　直达一线助企纾困　金融支持稳企业保就业取得积极成效

2020年，为深入贯彻落实党中央、国务院决策部署，落实中国人民银行、省委省政府工作要求，切实做好“六稳”工作，落实“六保”任务，中国人民银行昆明中心支行以金融支持稳企业保就业工作为着力点，组织云南省金融系统开展常态化融资对接、重点企业名单管理、百名行长进企入户、首贷培育、应收账款融资、优化外汇领域营商环境、金融机构风险化解、政策宣讲“八大专项行动”，疏通堵点、突出重点、攻克难点，直达一线助企纾困，支持全省市场主体特别是小微企业抗疫恢复并实现可持续发展。

疏通堵点，促进银企融资供需信息有效对接，支持市场主体知悉和运用金融政策。一是加强政策宣传。编印发放《云南省金融支持稳企业保就业政策要点汇编》等宣传册19万册，通过银行网点、新闻媒体、微信公众号等线上线下渠道对外宣讲金融政策2500余次，有效提高金融支持政策社会知晓度。二是深入走访调研。全省中国人民银行系统累计派出调研队伍1.2万人次，走访企业、金融机构3300余户，深入市场一线了解企业诉求、推送金融政策，有序扩大金融服务覆盖面。三是组织融资对接。在全省范围内分地区、分行业举办常态化融资对接活动235场，对接企业1万余户、对接重点项目1643个，对接融资需求5849亿元，有力提升融资需求向实际银企合作转换效率。

突出重点，加强信贷政策管理和窗口指导，引导金融机构精准加大支持力度。一是实施重点企业名单制管理。联合发展改革、工信、农业农村、科技等部门制定生物医药、健康服务、高原农业、边境贸易等行业重点企业名单1万余户，引导金融机构精准加大支持力度，促成名单内企业融资2536亿元。二是深化小微企业金融服务。制定《云南省进一步强化中小微企业金融服务若干措施》，鼓励金融机构完善内部资源分配、尽职免责、绩效考核等制度，增强开展小微金融服务意愿和能力。三是大力支持创新创业。加大创业担保贷款实施力度，降低申贷门槛、提高贷款额度、简化审批程序，支持有贷款意愿和技能素养的人群创业发展。2020年，全省累计发放创业担保贷款134.2亿元，共扶持创业8.8万人，带动（吸纳）就业22.7万人。

攻克难点，支持和引导金融机构配套差异化的产品服务，提高市场主体融资可得性。一是增强地方法人金融机构服务小微企业的资金实力。2020年3次执行降低存款准备金率政策，累计释放资金约124亿元。分阶段、有梯度落实好1.5万亿元普惠性再贷款再贴现政策，全年累计发放再贷款207.36亿元，同比多发放1倍。多渠道为地方法人金融机构服务实体经济提供合理充裕的流动性支持。二是着力缓解市场主体经营性资金周转压力。全面落实落细中小微企业贷款延期还本付息和小微企业信用贷款支持两项直达实体经济的政策，引导金融机构针对小微企业“短少频急”和缺少抵押担保的融资特点，优化产品服务，为小微企业符合条件的存量贷款实施阶段性延期还本，支持更多小微企业获得无抵押、无担保的纯信用贷款，提高市场主体融资可得性、有效性。截至2020年末，全省银行业金融机构累计办理普惠小微贷款延期170.11亿元，发放普惠小微信用贷款449.65亿元，惠及市场主体41万户。三是推动降低实体经济融资成本。深入推进利率市场化改革各项措施，按照市场化法治化原则顺利完成存量浮动利率贷款定价基准转换工作，提高贷款利率科学定价水平。2020年，全省新发放贷款加权平均利率5.15%，同比下降48个基点。

2020年，云南省本外币各项贷款增量为2019年的1.2倍，为全省经济恢复发展提供了有力支撑。全省普惠小微贷款余额2094.8亿元，同比增长21.6%，高于全省人民币各项贷款增速10.3个百分点。普惠小微贷款户数76.8万户，较年初新增18.2万户。全年普惠小微贷款加权平均利率5.9%，较上年下降60个基点。普惠小微贷款实现“增量、扩面、降价”，小微企业获贷水平与其对经济发展贡献的适配度不断提高，金融支持稳企业保就业取得积极成效，金融服务云南省实体经济的质量和效益明显提升。

7. 跨境人民币业务稳步发展，积极支持自贸区建设。2020年，云南省跨境人民币收付金额662.4亿元，同比增长5.6%。其中，经常项下跨境人民币收付485亿元，同比增长7%；资本项下跨境人民币收付177.4亿元，同比增长2%。2010年6月试点以来，全省跨境人民币累计收付金额达5885.7亿元，累计参与结算企业4000余家，境外地域覆盖面扩大至101个国家和地区，其中“一带一路”国家和地区39个。2020年，云南自由贸易试验区内银行跨境人民币收付金额281.1亿元，开展更高水平贸易投资便利化业务收付金额25亿元，以金融服务创新带动人民币跨境使用。

（二）证券业稳步发展，多层次资本市场建设稳步推进

1. 机构经营总体稳健，服务功能进一步提升。2020年末，云南省共有2家法人证券公司，2家法人期货公司。2020年，云南省证券市场累计交易额35336.4亿元，同比增长28.4%，期货市场累计交易额33243.3亿元，同比增长11.3%。在中国证券投资基金业协会登记的私募基金管理人87家，备案基金产品164只，基金规模1256.8亿元。2020年，云南省获批“保险+期货”天然橡胶、白糖现货产量合计10万吨，专项支持资金6100万元。

表3　2020年云南省证券业基本情况

项目	数量
总部设在辖内的证券公司数（家）	2
总部设在辖内的基金公司数（家）	0
总部设在辖内的期货公司数（家）	2
年末国内上市公司数（家）	37
当年国内股票（A股）筹资（亿元）	107
当年发行H股筹资（亿元）	0
当年国内债券筹资（亿元）	2330
其中：短期融资券筹资额（亿元）	100
中期票据筹资额（亿元）	335

数据来源：云南证监局。

2. 融资规模持续扩大，为实体经济提供有力支持。全省共有上市公司37家，其中，沪市15家、深市22家；主板23家、中小板10家、创业板4家。全年实现国内股票筹资107.2亿元。通过交易所市场发行公司债券44只，融资金额499.9亿元；发行资产证券化产品17只，融资金额25.5亿元。全省存续公司债券142只，金额1244.9亿元；存续资产证券化产品104只，金额321.6亿元。

3. 多层次资本市场建设稳步推进，融资活跃度大幅提升。全省共有新三板挂牌公司77家，其中，基础层64家、创新层12家、精选层1家。累计6家次挂牌公司实现股票融资1.49亿元。此外，区域性股权市场建设稳步推进，云南省股权交易中心注册成立。

（三）保险业平稳发展，保险风险分担功能持续发挥

1. 行业稳步发展，保费收入放缓。2020年末，全省共有法人保险公司1家，保险省级分公司42家。其中，财产保险省级分公司27家，人身保险省级分公司15家。全年全省保险业累计实现保费收入756.5亿元，同比增长1.9%；赔付支出277.7亿元，同比增长6.5%。

2. 农业保险保障程度不断提升，保险资金加大对云南的投资力度。农业保险稳步“提标、扩面、增品”，持续推动价格保险、“保险+期货”等新型险种试点。2020年末，实现农业保险全省129个县区全覆盖，为全省粮食、经济农作物、林木和牲畜提供保险保障1533.4亿元，赔款支出14.3亿元，同比增长33.9%，农业生产风险保障体系覆盖深度和广度进一步提高。2020年，全省新增17项保险资金债权投资计划投资于云南，为全省交通、城建等重点项目建设融资提供了有力支持。

表4　2020年云南省保险业基本情况

项目	数量
总部设在辖内的保险公司数（家）	1
其中：财产险经营主体（家）	1

续表

项目	数量
寿险经营主体（家）	0
保险公司分支机构（家）	42
其中：财产险公司分支机构（家）	27
寿险公司分支机构（家）	15
保费收入（中外资，亿元）	756.4
其中：财产险保费收入（中外资，亿元）	295.8
人身险保费收入（中外资，亿元）	460.6
各类赔款给付（中外资，亿元）	277.7

数据来源：云南银保监局。

（四）融资结构持续改善，融资渠道日趋多元

1. 社会融资规模增量创历年新高，贷款和地方政府债券同比多增。2020年，全省社会融资规模累计新增5873.3亿元，创历年新高，同比多增959.7亿元。分结构看，全省人民币贷款累计新增3512.4亿元，同比多增509.4亿元，表外融资（含委托贷款、信托贷款、未贴现的银行承兑汇票）累计减少239.4亿元；地方政府债券累计新增1563.2亿元，同比多增430.3亿元。

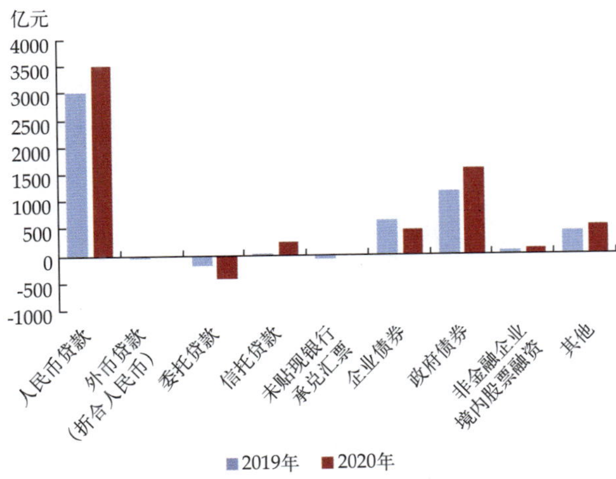

图4　2019—2020年云南省社会融资规模分布结构

（数据来源：中国人民银行昆明中心支行）

2. 直接债务融资工具发行规模创新高，发行利率下行。2020年，云南企业在银行间债券市场通过发行直接债务融资工具累计募集资金1736.1亿元，同比增长13.6%，占全省公司信用类债券的比重达77.5%，发行规模创历年新高。全年平均发行利率3.8%，较上年下降63个基点。

3. 银行间市场交易活跃，成交量增长加快。2020年，全省地方法人金融机构在银行间市场累计成交141422.8亿元，同比增长10.7%，增速较上年提高5.3个百分点。其中，同业拆借累计交易2514亿元，债券回购交易累计成交119093.7亿元，现券买卖累计成交19815.1亿元。债券现券交易参与主体不断丰富，全年共有201个主体参与了现券交易，主体范围较上年有较大程度的拓展。

4. 票据承兑量稳步增长，贴现业务总体平稳。2020年，云南省企业累计签发商业汇票金额同比增长11.8%，年末承兑余额比年初增长5.2%，银行承兑汇票是最主要的品种。全省票据贴现发生额增长3.3%，其中，银行承兑汇票贴现发生额增长较明显。全年票据直贴加权平均利率为3.01%，较上年下降0.38个百分点。

表5　2020年云南省金融机构票据业务量统计

单位：亿元

季度	银行承兑汇票承兑		贴现			
			银行承兑汇票		商业承兑汇票	
	余额	累计发生额	余额	累计发生额	余额	累计发生额
1	1137.9	486.9	2247.8	3468.2	114.9	219.0
2	1180.0	675.6	2100.6	7212.0	384.3	384.3
3	1246.5	1520.5	1824.8	10046.2	78.5	440.9
4	1315.7	2120.6	1778.4	12365.7	80.5	497.5

数据来源：中国人民银行昆明中心支行。

表6　2020年云南省金融机构票据贴现、转贴现利率

单位：%

季度	贴现		转贴现	
	银行承兑汇票	商业承兑汇票	票据买断	票据回购
1	2.91	4.27	2.52	2.03
2	2.60	3.55	2.13	1.59
3	3.04	3.82	2.61	2.13
4	3.05	3.42	2.57	2.13

数据来源：中国人民银行昆明中心支行。

（五）以创新金融服务为抓手，自贸试验区建设成效显现

中国（云南）自由贸易试验区建设一年多来，金融支持中国（云南）自由贸易试验区建设初见成效。2020年，云南自贸区内银行跨境人民币结算量占全省结算总量的42.4%。开展自贸试验区更高水平贸易投资便利化试点业务。贸易和投融资便利化进一步提高，资本项目外汇收入支付便利化试点已推向全省，放宽货物贸易电子单证审核条件服务市场主体。在自贸区开展“证照分离”改革试点。跨国公司跨境外币资金池业务顺利落地，极大便利了企业资金周转。

（六）金融生态环境建设持续推进，金融基础设施不断完善

1. 社会信用环境持续优化。二代征信系统成功上线，征信查询服务进一步优化。2020年末，全省共469台个人信用报告自助查询机投入使用，设立查询网点379个。农村信用体系建设助力脱贫攻坚，为全省建档立卡贫困户建立信用档案，实现农村信用体系建设对建档立卡贫困户全覆盖，完成6个“直过民族”和人口较少民族整乡建档整族授信。围绕征信知识进校园，在全省81家高校开展了诚信教育主题活动。

2. 支付体系稳健运行。城乡移动支付场景应用持续推进，便民支付服务水平不断提升。2020年末，全省移动支付（银联二维码＋手机PAY）清算交易3628万笔。探索支付扶贫实践新路径，农村支付环境建设深入推进，截至2020年末，全省累计建设惠农业务点15176个，其中普惠金融服务站7336个。

3. 金融消费者权益保护扎实开展。2020年，全省人民银行打造12363“暖心热线”。培育“满天星”金融志愿者服务品牌。面向社会大众开展“普及金融知识，守住‘钱袋子’”、金融知识普及月等宣传活动，累计受众达2563万余人次。

专栏2 征信助力脱贫攻坚 全面实现小康一个民族都不能少

云南是我国少数民族种类最多的省份，少数民族地区普遍贫困面大、贫困人口多、贫困程度深、贫困发生率高。2015年1月，在接见怒江少数民族干部群众代表时，习近平总书记指出“全面实现小康，一个民族都不能少”。为贯彻落实党中央、国务院决策部署，落实中国人民银行、省委省政府工作要求，中国人民银行昆明中心支行通过农村信用体系建设助力脱贫攻坚，截至2020年末，全省共采集了922.9万户农户信息，占全省农户总数的95.9%。

勇于担当，服务大局。中国人民银行昆明中心支行坚持“政府主导、人行牵头、各方参与、服务社会”的原则，通过农村信用体系建设助力脱贫攻坚，着力解决建档立卡贫困户与金融机构之间的信息不对称问题，帮助贫困户融资发展。2020年9月底，全省建档立卡贫困户均已建立信用档案，建档面达100%，实现贫困户在金融机构信息建档全覆盖。

立足省情，示范带动。积极开展“三信”建设，推动实现独龙族、怒族、普米族、德昂族、布朗族和基诺族整乡建档整族授信，示范带动作用明显。2020年末，6个民族乡的2.08万农户已完成信息采集，建档覆盖率为100%，对其中的1.7万农户进行了授信，占全部农户的81.5%，授信总额为12.2亿元，户均授信7.2万元，少数民族普惠金融服务获得感进一步提升。

加强宣传，营造环境。围绕脱贫攻坚收官之战，以“三农”为宣传重点，组织全省人民银行、金融机构联动政府相关部门开展

“征信助力云南省深度贫困县、三区三州地区脱贫摘帽收官”专题宣传活动，期间共在1531个乡村开展专题宣传1800余场次，覆盖人数46万余人，为贫困地区开展“三信”创建和授信、用信营造良好的氛围与环境。

压实责任，强化督导。对全省农村信用体系建设工作任务进行细化分解，压实全省各级人民银行工作责任，及时跟踪各州市的工作进度和重点难点问题。主动向地方党委政府汇报，积极与当地村委会、村民小组沟通。对难度大、进展慢的州市，由中国人民银行昆明中心支行带队进行现场督导，确保工作任务如期完成。

积极探索，先行先试。在地方党委政府的大力支持下，迪庆州德钦县探索建设信用县，怒江州全州推动农村信用体系建设。经信息采集和评定，德钦县共评定信用村23个、信用乡5个；2020年累计发放信用贷款2724笔，金额为2.8亿元，同比增加4507万元。2020年末，怒江州共采集13.9万户农户信息，占农户总数的95.2%，创建信用村91个、信用乡10个，对4.1万农户授信，户均授信6.5万元。

二、经济运行情况

2020年，云南省经济运行总体呈现持续稳定恢复的态势。全省地区生产总值24521.9亿元，同比增长4%。其中，第一产业增加值3598.9亿元，同比增长5.7%；第二产业增加值8287.5亿元，增长3.6%；第三产业增加值12635.5亿元，增长3.8%。三次产业结构为14.7：33.8：51.5。

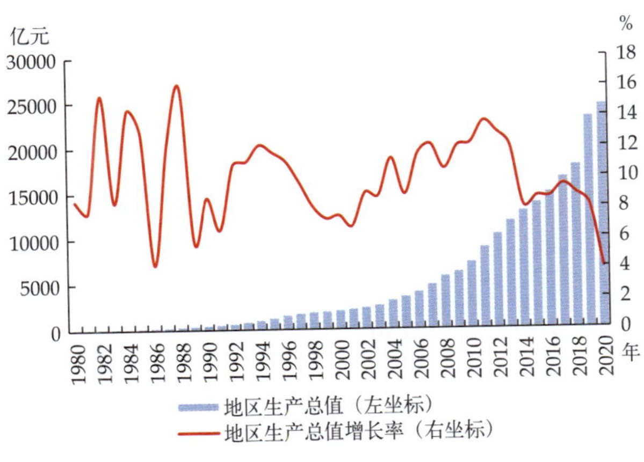

图5　1980—2020年云南省地区生产总值及其增长率

（数据来源：云南省统计局）

（一）内需逐步恢复，外部需求增强

1.民间投资快速回升，推动固定资产投资平稳增长。

2020年，全省固定资产投资（不含农户）同比增长7.7%，高于全国平均水平4.8个百分点。分三次产业看，全省第一、第二、第三产业投资同比分别增长37.8%、5.3%和6.3%。从重点领域看，全省民间固定资产投资同比增长12.6%，拉动全省投资增长5.2个百分点，对全省投资增长的贡献率为68%，成为全省投资增长的关键领域。基础设施投资增长7.3%，贡献率为38.5%，拉动增长3个百分点；房地产开发投资同比增长8.5%，贡献率为29.9%，拉动增长2.3个百分点。

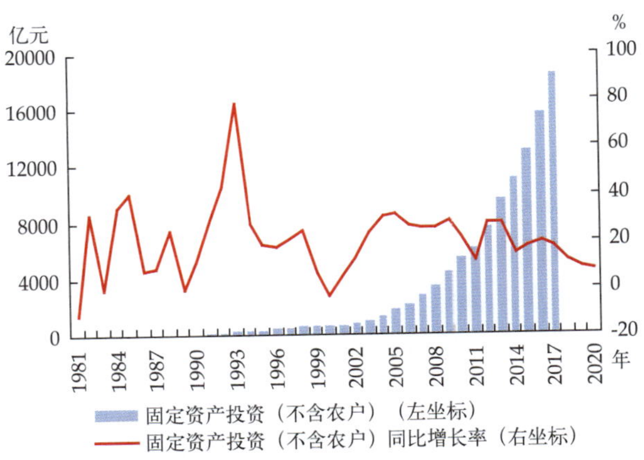

图6　1981—2020年云南省固定资产投资（不含农户）及其增长率

（数据来源：云南省统计局[①]）

①2018年起云南省固定资产投资（不含农户）绝对值未公布。

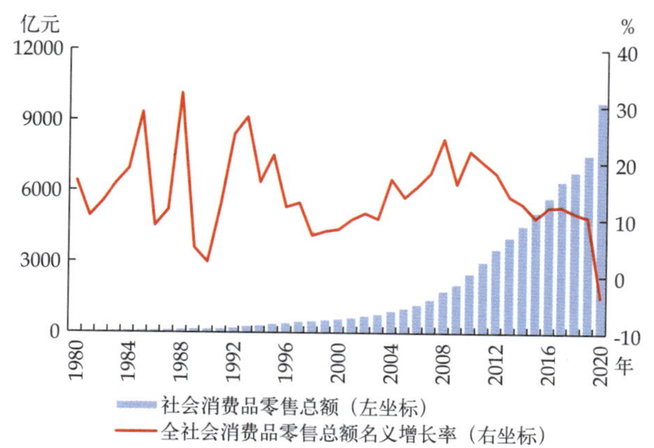

图 7　1980—2020 年云南省社会消费品零售总额及其增长率

（数据来源：云南省统计局）

2. 新产品、新消费模式带动市场消费加速回暖。随着国内疫情防控取得重大战略成果以及稳企业、促消费各项政策措施持续发力，2020 年，全省社会消费品零售总额 9792.9 亿元，恢复至上年的 96.4%，降幅逐月收窄，消费品市场稳步复苏态势已经形成。从城乡市场看，城乡市场持续复苏，乡村增速略高于城镇。城镇市场消费品零售额同比下降 3.6%，乡村市场零售额同比下降 3.3%。从消费形态看，商品零售持续回升，餐饮收入明显改善。全省商品零售同比下降 2.6%，降幅较前三季度分别收窄 9.4 个、4 个和 1.5 个百分点，餐饮收入同比下降 9.6%，降幅较前三季度分别收窄 18.4 个、11 个和 4.6 个百分点。从消费渠道看，线上消费快速增长。全省限额以上批零单位通过公共网络实现的商品零售额同比增长 99.6%，增速较上年提高 71.4 个百分点。从消费品类看，多数商品销售持续改善。粮油、食品类增长 8.9%，智能家用电器和音像器材增长 27.7%，新能源汽车增长 30.3%，通信器材类增长 9%，其中智能手机增长 13.1%。

3. 进出口贸易逆势增长。全年全省完成进出口总额 2680.4 亿元，同比增长 15.4%，其中出口完成 1518.8 亿元，同比增长 46.4%，进口完成 1161.6 亿元，同比下降 9.7%。农产品继续保持全省第一大出口产品，全省出口农产品 323.8 万吨，出口额达 360.7 亿元，同比分别增长 16.4% 和 8.9%。其中，“云果”出口势头良好，全省水果出口量和出口额同比分别增长 24.8% 和 23.9%；全省鲜切花出口量和出口额均居全国第一位，同比分别增长 33.4% 和 19%。

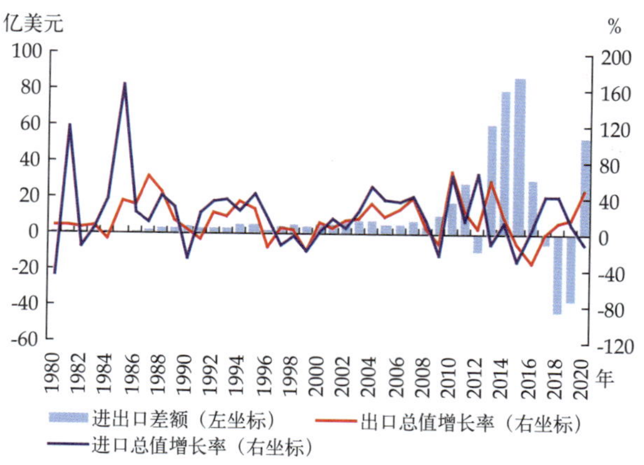

图 8　1980—2020 年云南省外贸进出口总额变动情况

（数据来源：云南省统计局、云南省商务厅）

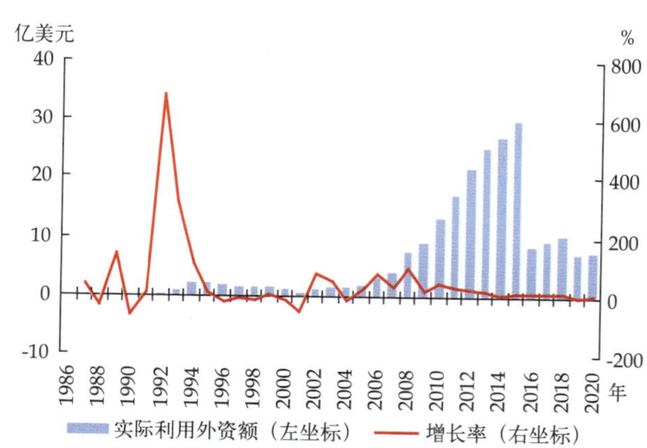

图 9　1986—2020 年云南省实际利用外资及其增长率

（数据来源：云南省统计局、云南省商务厅）

（二）现代产业体系加快培育，促进新旧动能接续转换

1. 农业经济稳定增长，高原特色农业发展加快。2020 年，全省农林牧渔业总产值 5920.5 亿元，同比增长 5.7%，增速较上年提高 0.1 个百分点，“绿色食品牌”重点产业带动种植业

较快增长，全年农业（种植业）产值 2902.2 亿元，同比增长 7.3%。全省粮食生产再获丰收，总产量达 1895.9 万吨。林产品产量稳步增长，生猪养殖逐步恢复，渔业转型升级步伐加快。全省鲜切花、咖啡、核桃、中药材、烟叶产量继续居全国第一位，茶叶、糖料产量居全国第二位。

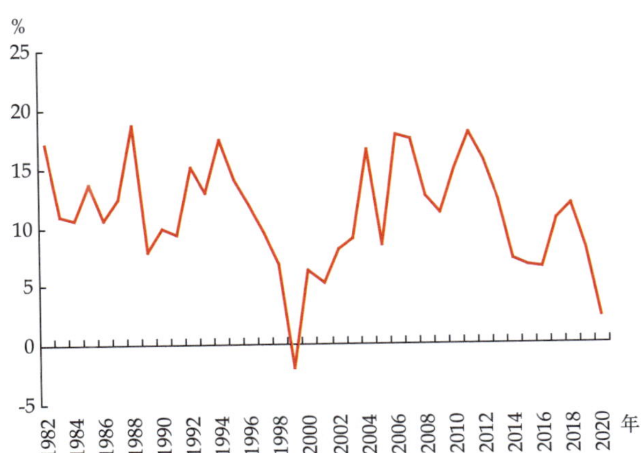

图 10　1982—2020 年云南省规模以上工业增加值同比增长率

（数据来源：云南省统计局）

2. 工业生产稳定恢复，优势产业发展取得新成效。2020 年，全省全部工业增加值 5458 亿元，同比增长 2.4%。从三大门类看，采矿业增加值增长 0.8%，制造业增长 1.6%，电力、热力、燃气及水生产和供应业增长 5.5%。全省烟草制品业增加值 1225 亿元，发挥了经济增长“压舱石”“稳定器”作用。电子产业发展加快，计算机、通信和其他电子设备制造业增长 43.1%，成为云南省工业经济增长的新动能。云南首台国产化计算机成功下线。建成全球最大的绿色单晶硅光伏材料生产基地。电力装机总量迈上 1 亿千瓦新台阶。一批绿色铝硅项目陆续建成投产，省内自用电量比例首次超过外送电量。建成全国最大铂族金属再生利用基地。

3. 服务业支撑起经济发展“半壁江山”。2020 年，全省规模以上服务业营业收入同比增长 4.7%。分行业看，道路运输业有力拉动全省规模以上服务业营业收入增长 10.4 个百分点。31 个大类行业中有 17 个行业正增长，占比 54.8%。全省新增 9 个国家级文旅品牌，大滇西旅游环线、半山酒店、特色小镇等成为旅游新亮点，全省接待游客 5.29 亿人次，实现旅游总收入 6477 亿元。“一部手机游云南”等系列产品不断丰富。数字经济加快发展，16 个州市建成区块链服务网络城市节点，建成一批智慧交通、智慧能源、智慧旅游试点示范。正式发布全国首个省级区块链溯源商品码“孔雀码”。

4. 供给侧结构性改革有力推进，营商环境持续提升优化。

（1）重点领域补短板力度加大。“能通全通”“互联互通”加快推进，年内新增高速公路通车里程 3000 公里，总里程超过 9000 公里，110 个县（市、区）实现通高速。大理至临沧铁路建成通车，蒙自机场开工建设。乌东德水电站首批机组投产发电。建成 5G 基站 1.85 万个，滇中引水等重大项目建设全面提速。完成 2233 个城镇老旧小区改造。率先实施重大传染病救治能力和疾控机构核心能力“双提升”工程，加快省级区域性疾控和国门疾控中心建设，129 个县（市、区）核酸检测能力实现全覆盖。建立常态化疫情防控机制，开展爱国卫生“7 个专项行动”，城乡环境明显改善。

（2）全力攻克贫困最后堡垒。“两不愁三保障”和饮水安全问题得到有效解决，易地扶贫搬迁任务全面完成，农村危房改造实现动态“清零”。全力支持扶贫产业复产达产，产业扶贫覆盖 168.5 万户，深入开展消费扶贫行动，实现 318.2 万贫困劳动力转移就业。中央下拨的专项扶贫资金增量和规模位居全国第一。44.2 万贫困人口脱贫、429 个贫困村出列、9 个贫困县摘帽。

（3）重点领域改革持续深化。构建国企改革“1+1+X”框架体系，僵尸企业处置率超过 83%，省属国企负债规模和资产负债率双控初见成效。加快要素市场化配置改革，运用价格杠杆促进弃水电量消纳。上下游天然气价格联动机制基本建立，农产品加工优惠电价政策正式实施。

（4）营商环境持续提升。政务服务“好差

评”、营商环境“红黑榜”等制度全面推开，审批事项网上可办率达95%，58项政务服务事项实现“跨省通办”。“一部手机办事通”功能不断提升，开办企业时间压缩至3个工作日。新登记市场主体超过66万户，降低企业成本700亿元以上。

（三）物价温和上涨，就业形势总体稳定

1. 居民消费价格上涨，食品价格涨幅明显。 2020年，全省居民消费价格指数（CPI）同比上涨3.6%，其中，食品价格上涨15.8%。八大类商品和服务价格“六升二降”：食品烟酒、其他用品和服务、教育文化和娱乐、医疗保健、衣着、居住价格同比分别上涨11.6%、3.2%、1.0%、0.6%、0.4%和0.1%；生活用品及服务、交通和通信价格同比分别下降0.3%和3.1%。

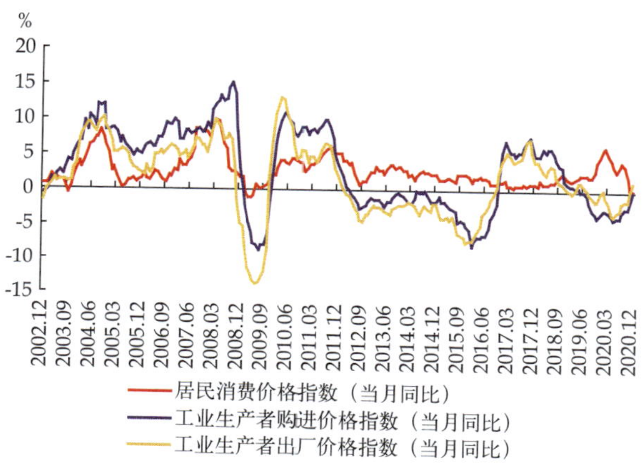

图11　2002—2020年云南省居民消费价格指数和工业生产者价格指数变动趋势

（数据来源：国家统计局云南调查总队）

2. 工业品出厂价格低位运行，降幅逐步收窄。 2020年，云南省工业生产者出厂价格（PPI）同比下降1.4%，购进价格同比下降2.7%。下半年以来，PPI降幅逐步收窄，第四季度PPI已恢复到上年同期水平。在有色金属、农副食品加工业等价格上涨拉动下，云南PPI回升速度快于全国平均水平。能源价格走低主导云南省PPI价格下降，非金属矿物制品业价格降幅高于全国，黑色金属矿采选业出厂价格高位运行，原材料价格上涨助推农副食品加工业和食品制造业企业出厂价格上涨，有色金属价格先抑后扬。

3. 就业形势总体稳定，收入稳步回升。 2020年，全省实现新增城镇就业49.3万人、失业人员再就业14.8万人、就业困难群体就业11.3万人，农村劳动力转移就业1515.5万人，调查失业率稳定在5.6%。全省各级财政筹措就业补助资金36.8亿元，通过创业担保贷款政策，全省共扶持创业8.8万人，带动（吸纳）就业22.7万人。全年全省居民人均可支配收入23295元，同比增长5.5%。其中，城镇、农村常住居民人均可支配收入分别为37500元和12842元，同比分别增长3.5%和7.9%，农村常住居民人均可支配收入增速连续11年快于城镇居民。全省城镇居民人均工资性收入同比增长6.1%；农村居民人均工资性收入同比增长5%。全省居民人均消费支出16792元，同比增长6.4%，其中，城镇、农村常住居民人均消费性支出分别为24569元和11069元，同比分别增长4.8%和7.9%。

（四）财政收支总体平衡，财力可持续性稳定提升

1. 减税降费力度加大，财政收入放缓。 2020年，全省地方一般公共预算收入完成2116.7亿元，同比增长2.1%。其中，税收收入完成1453.1亿元，增长0.2%；非税收入完成663.6亿元，增长6.5%。全年累计实现新增减税降费416.3亿元，其中，新出台的支持疫情防控和经济社会发展税费优惠政策新增减税降费277.2亿元。

2. 财政支出同比多增，民生支出力度加大。 2020年，全省地方一般公共预算支出完成6974亿元，同比增长3%。全省民生支出达5151.3亿元，占比73.9%。统筹安排中央和省级财政专项扶贫资金230.6亿元，下达中央和省级财政涉农整合资金351.6亿元，中央和省级财政扶贫专项资金总量和增量均居全国第一。安排疫情防控防治资金126.2亿元，省级财政全部兜底承担患者救治费用中央财政保障外的40%部分。

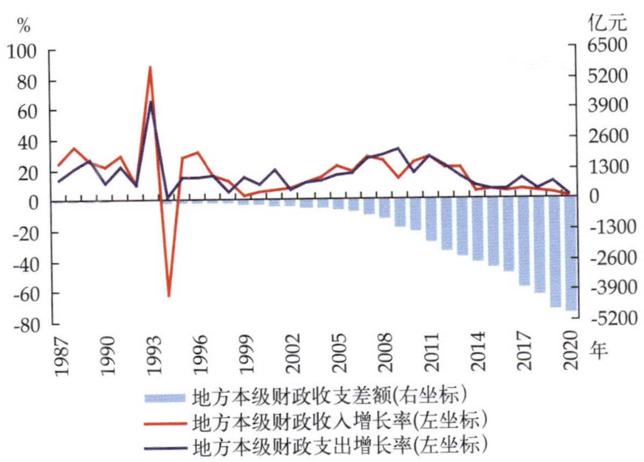

图 12　1987—2020 年云南省财政收支状况

（数据来源：云南省统计局、云南省财政厅）

（五）着力加强污染防治，生态环境质量不断改善

持续打好蓝天、碧水、净土保卫战和九大高原湖泊保护治理等 8 个标志性战役。州（市）政府所在地城市空气质量优良天数比率达到 98.8%；九大高原湖泊水质稳中向好，六大水系出境跨界断面水质 100% 稳定达标，纳入国家考核的 100 个地表水监测断面水质优良比例达 83%。洱海、滇池保护治理深入推进。能耗双控目标全面完成，化肥、农药使用量连续下降。建成一批美丽县城、美丽乡村、美丽公路、美丽湖泊。

（六）房地产市场发展平稳，持续打造“绿色能源牌”

1. 房地产市场、房地产金融运行平稳。 2020 年，云南省房地产开发投资同比增长 8.5%，其中，商品住宅投资同比增长 9.5%。全省商品房施工面积、新开工面积、竣工面积同比分别下降 1.9%、6% 和 11.2%。其中，住宅施工面积、新开工面积、竣工面积同比分别下降 0.3%、7.2% 和 5.1%。全年全省商品房销售面积、销售额同比分别增长 0.5% 和 3.2%，其中，住宅销售面积、销售额同比分别增长 2.7% 和 6%。重点城市房价涨势分化，2020 年 12 月，昆明市新建商品住宅销售价格同比上涨 5.6%，环比上涨 0.3%；大理市新建商品住宅同比上涨 1.7%，环比下跌 0.2%。年末，云南省房地产贷款余额同比增长 16.2%，个人住房贷款余额同比增长 24.3%。全省存量个人住房贷款定价基准平稳有序转换。

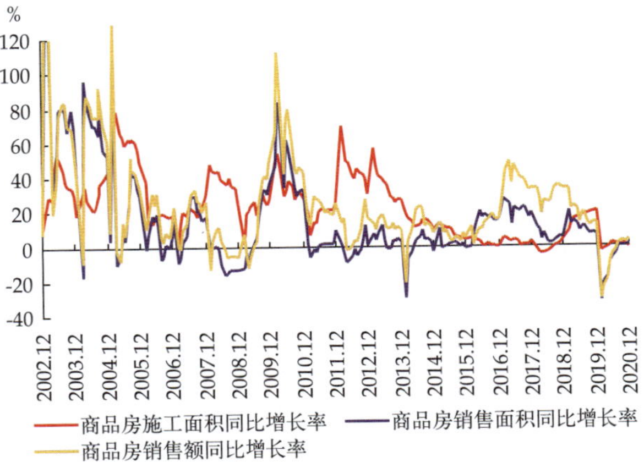

图 13　2002—2020 年云南省商品房施工和销售变动趋势

（数据来源：云南省统计局）

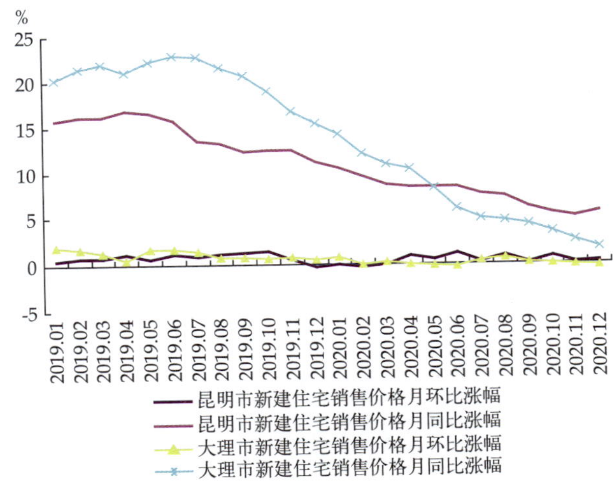

图 14　2019—2020 年云南省主要城市新建住宅销售价格变动趋势

（数据来源：《中国经济景气月报》）

2. 持续打造“绿色能源牌”。 云南省能源产业的绿色底色更加鲜明。2020 年末，水电、光伏、风电等绿色电源装机占全省发电装机的比重达 85%；清洁能源发电量占比 88%；清洁能源交易电量占比 97%。绿色能源与绿色制造

深度融合，供电工程加快建设，保障绿色铝、硅项目用电，推动新增绿色铝、硅产能。推进绿色能源与装备制造协同发展，风电装备、光伏设备等产业链进一步向上下游延伸。支持新能源汽车等绿色智慧交通制造业发展，加快充电基础设施建设。能源体制改革纵深推进，全年交易电量1278.3亿千瓦时。在能源基础设施互联互通、国际产能合作、能源国际贸易等方面不断加大能源国际合作力度。

三、预测与展望

当前，云南省综合交通、产业基础、资源条件、生态环境、改革创新、对外开放等正逐步形成协同效应，随着"一带一路"建设、长江经济带发展、西部大开发、自贸试验区等国家重大战略和政策在云南交汇，独特的区位优势、资源优势、开放优势更加凸显。但是，云南省发展不平衡不充分的问题仍然存在。2021年，云南省将以习近平新时代中国特色社会主义思想为指导，持续深入学习贯彻习近平总书记考察云南重要讲话精神，坚持稳中求进工作总基调，立足新发展阶段，贯彻新发展理念，构建新发展格局，巩固拓展疫情防控和经济社会发展成果，巩固夯实全面建成小康社会和脱贫攻坚成果，确保"十四五"开好局起好步，努力在建设民族团结进步示范区、生态文明建设排头兵、面向南亚东南亚辐射中心上不断取得新进展。全省金融部门将贯彻执行好稳健的货币政策灵活精准、合理适度，加大对科技创新、小微企业、绿色发展、"三农"等领域的金融支持，维护金融安全，牢牢守住不发生区域性金融风险的底线，为加快把云南建设成国内市场与南亚东南亚国际市场之间的战略纽带创造良好的货币金融环境。

中国人民银行昆明中心支行货币政策分析小组

总　　纂：李　波　经　纬

统　　稿：雷一忠　陈　银　王怡丰

执　　笔：王怡丰

提供材料：徐　蒙　丁彩伦　李红艳　戴明爽　杨　缘　杨信信　郁中平　张　靖　成　瑾
刘敏丽　巴晶铝　刘　敏　康晓虹　龚晓兰

附录

（一）2020 年云南省经济金融大事记

1 月 19—21 日，中共中央总书记、国家主席、中央军委主席习近平考察云南并作出重要指示。

2 月，云南省启动实施基础设施“双十”重大工程。

3 月 1 日，全省金融机构按照市场化、法治化原则启动存量浮动利率贷款定价基准转换。

3 月 6 日至 6 月 30 日，全省组织开展决战决胜脱贫攻坚百日总攻行动。

4 月 2 日，金融委办公室地方协调机制（云南省）建立。

5 月 18 日，云南省首单“绿色 + 扶贫”超短期融资券成功发行。

7 月 27 日，《中共云南省委 云南省人民政府关于加快构建现代化产业体系的决定》发布。

11 月 14 日，云南省政府正式宣布最后 9 个县（市）退出贫困县序列。

12 月 12 日，“永不落幕的南博会”在线展启动仪式在昆明举行。

12 月 17 日，滇老双边央行召开视频会议。

(二) 2020 年云南省主要经济金融指标

表 1　2020 年云南省主要存贷款指标

	项目	1月	2月	3月	4月	5月	6月	7月	8月	9月	10月	11月	12月
本外币	金融机构各项存款余额（亿元）	33705.0	33702.4	34415.5	34186.1	34950.7	35123.7	34987.1	35590.1	35742.7	35745.9	35966.8	35652.8
	其中：住户存款	16458.8	16454.1	16773.9	16615.0	16655.5	17035.0	16885.5	16938.2	17502.2	17289.6	17374.0	17742.1
	非金融企业存款	7857.3	7929.6	8555.6	8473.6	8561.5	8925.4	8843.8	8888.7	9208.6	8954.4	9059.9	8744.2
	各项存款余额比上月增加（亿元）	719.6	-2.6	713.1	-229.5	764.6	173.0	-136.6	603.0	152.6	3.2	220.9	-314.0
	金融机构各项存款同比增长（%）	7.0	6.8	7.2	6.7	8.0	6.6	5.7	7.6	6.9	7.9	8.6	8.1
	金融机构各项贷款余额（亿元）	32026.6	32290.7	32758.5	33059.8	33371.9	33633.2	33934.4	34170.5	34448.5	34625.4	35015.1	35052.1
	其中：短期	6086.2	6205.3	6454.9	6507.7	6556.6	6646.4	6632.5	6599.3	6587.5	6564.7	6609.2	6610.2
	中长期	22761.0	22875.2	23096.6	23266.7	23509.2	23734.1	23997.1	24211.2	24584.7	24780.9	25025.2	25138.1
	票据融资	1865.6	1883.1	1885.9	1942.9	1939.4	1875.8	1889.9	1918.2	1845.7	1840.6	1911.6	1851.2
	各项贷款余额比上月增加（亿元）	461.5	264.1	467.8	301.3	312.2	261.2	301.2	236.1	278.0	176.9	389.7	37.0
	其中：短期	32.9	119.1	249.6	52.8	48.9	89.8	-13.9	-33.2	-11.8	-22.9	44.5	1.0
	中长期	424.6	114.2	221.4	170.1	242.5	224.9	263.0	214.2	373.4	196.3	244.3	112.9
	票据融资	-3.2	17.4	2.8	57.0	-3.5	-63.6	14.0	28.4	-72.6	-5.1	71.0	-60.4
	金融机构各项贷款同比增长（%）	9.9	10.3	10.6	11.2	11.3	11.0	11.5	11.3	10.9	11.4	11.4	11.0
	其中：短期	-4.7	-2.1	0.4	1.8	2.1	2.7	4.4	3.3	2.6	3.3	4.6	5.7
	中长期	14.1	14.0	13.8	13.9	14.3	14.1	14.3	14.0	14.3	14.7	14.3	13.6
	票据融资	9.4	9.2	8.1	10.3	7.7	4.9	2.4	5.3	-1.9	-0.6	-1.8	-0.9
	建筑业贷款余额（亿元）	1037.5	1047.0	1023.8	1036.8	1057.2	1083.3	1076.5	1067.4	1089.2	1103.3	1090.2	1086.3
	房地产业贷款余额（亿元）	1590.9	1601.0	1632.1	1639.6	1639.1	1626.9	1623.0	1647.2	1635.5	1637.6	1630.5	1616.0
	建筑业贷款同比增长（%）	25.7	27.5	22.9	28.1	31.0	31.3	31.3	28.0	31.0	19.0	10.0	6.0
	房地产业贷款同比增长（%）	7.9	8.6	9.5	10.1	9.5	7.3	4.4	3.7	2.9	2.8	3.4	4.1
人民币	金融机构各项存款余额（亿元）	33545.4	33534.2	34222.5	34000.2	34769.4	34962.5	34794.1	35402.6	35536.2	35531.9	35794.8	35504.3
	其中：住户存款	16394.8	16387.3	16703.6	16545.1	16587.1	16967.8	16818.4	16871.6	17435.4	17222.6	17307.4	17675.5
	非金融企业存款	7794.3	7859.8	8466.8	8398.1	8482.3	8850.7	8756.9	8809.0	9122.9	8861.8	8994.4	8688.6
	各项存款余额比上月增加（亿元）	724.1	-11.2	688.2	-222.3	769.2	193.0	-168.4	608.5	133.6	-4.3	263.0	-290.6
	其中：住户存款	506.4	-7.6	316.4	-158.5	42.0	380.7	-149.4	53.1	563.8	-212.8	84.9	368.1
	非金融企业存款	-314.1	65.5	607.0	-68.8	84.2	368.4	-93.9	52.2	313.9	-261.2	132.6	-305.8
	各项存款同比增长（%）	7.2	6.9	7.3	6.8	8.2	7.1	5.8	7.7	7.0	8.0	8.7	8.2
	其中：住户存款	9.7	8.7	9.9	9.5	9.2	10.3	9.7	10.0	10.8	10.7	11.1	11.2
	非金融企业存款	0.2	3.4	5.0	5.8	6.8	8.2	10.5	10.5	13.4	13.0	10.7	7.2
	金融机构各项贷款余额（亿元）	31672.7	31921.2	32379.0	32676.8	32986.1	33257.0	33555.5	33799.2	34078.7	34264.3	34659.5	34718.0
	其中：个人消费贷款	7114.7	7138.6	7293.4	7415.2	7546.7	7699.8	7836.3	7962.7	8078.8	8155.3	8279.7	8375.0
	票据融资	1865.6	1883.1	1885.9	1942.9	1939.4	1875.8	1889.9	1918.2	1845.7	1840.6	1911.6	1851.2
	各项贷款余额比上月增加（亿元）	471.6	248.6	457.8	297.9	309.3	270.9	298.5	243.7	279.5	185.6	395.2	58.5
	其中：个人消费贷款	131.2	23.9	154.9	121.8	131.5	153.1	136.4	126.5	116.1	76.5	124.4	95.2
	票据融资	-3.2	17.4	2.8	57.0	-3.5	-63.6	14.0	28.4	-72.6	-5.1	71.0	-60.4
	金融机构各项贷款同比增长（%）	10.1	10.5	10.8	11.3	11.5	11.3	11.8	11.6	11.2	11.7	11.6	11.3
	其中：个人消费贷款	25.5	25.1	24.9	24.8	24.6	24.9	24.8	24.4	23.2	22.3	21.2	19.9
	票据融资	9.4	9.2	8.1	10.3	7.7	4.9	2.4	5.3	-1.9	-0.6	-1.8	-0.9
外币	金融机构外币存款余额（亿美元）	23.2	24.0	27.2	26.3	25.4	22.8	27.6	27.3	30.3	31.8	26.1	22.8
	金融机构外币存款同比增长（%）	-18.4	-16.2	-9.9	-20.3	-22.8	-43.5	-9.7	-7.9	0.4	8.1	-2.7	-3.2
	金融机构外币贷款余额（亿美元）	51.4	52.7	53.6	54.3	54.1	53.1	54.2	54.1	54.3	53.7	54.1	51.2
	金融机构外币贷款同比增长（%）	-11.8	-10.1	-6.6	-4.8	-4.6	-9.5	-8.5	-10.3	-9.0	-8.4	-2.4	-1.9

数据来源：中国人民银行昆明中心支行。

表 2　2001—2020 年云南省各类价格指数

单位：%

时间		居民消费价格指数		农业生产资料价格指数		工业生产者购进价格指数		工业生产者出厂价格指数	
		当月同比	累计同比	当月同比	累计同比	当月同比	累计同比	当月同比	累计同比
2001		—	-0.9	—	-3.4	—	-0.6	—	0.1
2002		—	-0.2	—	0.4	—	-2.4	—	-1.8
2003		—	1.2	—	1.9	—	2.7	—	1.4
2004		—	6.0	—	6.3	—	9.6	—	8.8
2005		—	1.4	—	5.9	—	6.5	—	4.5
2006		—	1.9	—	2.8	—	7.6	—	4.6
2007		—	5.9	—	7.0	—	8.2	—	5.7
2008		—	5.7	—	16.6	—	11.6	—	5.8
2009		—	0.4	—	-0.7	—	-5.0	—	-8.5
2010		—	3.7	—	1.4	—	9.0	—	8.8
2011		—	4.9	—	8.3	—	8.0	—	4.7
2012		—	2.7	—	4.6	—	-0.7	—	-2.1
2013		—	3.1	—	0.1	—	-1.2	—	-2.5
2014		—	2.4	—	-1.6	—	-1.0	—	-2.2
2015		—	1.9	—	1.1	—	-3.1	—	-5.1
2016		—	1.5	—	2.8	—	-4.1	—	-2.4
2017		—	0.9	—	0.4	—	6.2	—	5.2
2018		—	1.6	—	1.7	—	4.4	—	2.4
2019		—	2.5	—	3.9	—	-1.0	—	0.0
2020		—	3.6	—	6.7	—	-2.7	—	-1.4
2019	1	1.6	1.6	1.6	1.6	0.8	0.8	-0.1	-0.1
	2	1.5	1.5	0.9	1.3	0.9	0.8	-0.2	-0.1
	3	1.9	1.7	1.1	1.2	0.5	0.7	0.3	0.0
	4	2.1	1.8	2.1	1.4	0.4	0.6	1.3	0.3
	5	2.3	1.9	2.6	1.7	0.0	0.5	1.3	0.5
	6	2.3	1.9	3.3	1.9	-0.1	0.4	0.8	0.6
	7	2.3	2.0	3.9	2.2	-0.4	0.3	0.3	0.5
	8	2.0	2.0	3.6	2.4	-1.7	0.0	-0.2	0.4
	9	2.1	2.0	4.0	2.6	-2.7	-0.3	-0.9	0.3
	10	3.0	2.1	6.1	2.9	-3.2	-0.6	-1.4	0.1
	11	4.2	2.3	8.1	3.4	-3.6	-0.8	-1.3	0.0
	12	5.1	2.5	8.9	3.9	-3.1	-1.0	-0.3	0.0
2020	1	6.1	6.1	8.8	8.8	-2.5	-2.5	0.3	0.3
	2	6.3	6.2	9.0	8.9	-2.7	-2.6	-0.7	-0.2
	3	5.3	5.9	13.2	10.3	-3.0	-2.7	-1.6	-0.6
	4	4.5	5.5	14.1	11.3	-3.5	-2.9	-3.2	-1.3
	5	3.6	5.2	3.8	9.8	-4.0	-3.1	-3.3	-1.7
	6	3.0	4.8	3.2	8.7	-3.8	-3.2	-2.9	-1.9
	7	3.6	4.6	6.4	8.3	-3.6	-3.3	-2.7	-2.0
	8	4.3	4.6	9.5	8.5	-2.9	-3.2	-1.7	-1.9
	9	3.7	4.5	8.1	8.4	-2.4	-3.2	-1.3	-1.9
	10	2.1	4.2	4.2	8.0	-2.3	-3.1	-1.2	-1.8
	11	0.4	3.9	0.7	7.3	-1.7	-2.9	-0.1	-1.7
	12	0.2	3.6	0.1	6.7	0.1	-2.7	1.4	-1.4

数据来源：国家统计局云南调查总队。

表 3 2020 年云南省主要经济指标

项目	1月	2月	3月	4月	5月	6月	7月	8月	9月	10月	11月	12月
	绝对值（自年初累计）											
地区生产总值（亿元）	—	—	5108	—	—	11130	—	—	17540	—	—	24522
第一产业	—	—	492	—	—	1000	—	—	1941	—	—	3599
第二产业	—	—	1608	—	—	3794	—	—	5914	—	—	8288
第三产业	—	—	3008	—	—	6335	—	—	9685	—	—	12635
工业增加值（亿元）	—	—	—	—	—	—	—	—	—	—	—	—
固定资产投资（亿元）	—	—	—	—	—	—	—	—	—	—	—	—
房地产开发投资	—	242.6	749.8	1088.0	1449.1	1955.7	2306.6	2699.6	3160.1	3578.0	4018.9	4505.2
社会消费品零售总额（亿元）	—	—	2011.3	—	—	4384.4	—	—	6981.4	—	—	9792.9
外贸进出口总额（亿元）	—	293.9	466.5	625.6	778.6	941.3	1107.2	1313.9	1625.7	1967.4	2368.2	2680.4
进口	—	197.1	290.5	389.7	472.8	562.7	642.3	731.4	850.4	951.3	1069.4	1161.6
出口	—	96.8	176.0	235.9	305.8	378.6	465.0	582.4	775.4	1016.1	1298.9	1518.8
进出口差额（出口－进口）	—	-100.3	-114.5	-153.8	-167.0	-184.1	-177.3	-149.0	-75.0	64.8	229.5	357.2
实际利用外资（亿美元）	—	0.3	1.0	1.8	2.4	2.5	2.6	4.4	5.2	6.0	6.3	7.6
地方财政收支差额（亿元）	—	-579.7	-1278.5	-1586.1	-2005.0	-2653.6	-2856.8	-3149.7	-3935.4	-3930.0	-4183.1	-4857.3
地方财政收入	—	359.4	493.5	687.8	778.1	991.6	1177.8	1312.3	1555.2	1763.7	1911.0	2116.7
地方财政支出	—	939.1	1772.1	2273.9	2783.1	3645.1	4034.5	4462.0	5490.5	5693.7	6094.2	6974.0
城镇登记失业率（%）（季度）	—	—	—	—	—	—	—	—	—	—	—	—
	同比累计增长率（%）											
地区生产总值	—	—	-4.3	—	—	0.5	—	—	2.7	—	—	4.0
第一产业	—	—	-1.1	—	—	1.9	—	—	4.1	—	—	5.7
第二产业	—	—	-6.0	—	—	0.2	—	—	2.3	—	—	3.6
第三产业	—	—	-3.4	—	—	0.5	—	—	2.6	—	—	3.8
工业增加值	—	-3.8	-3.0	-1.9	-2.2	-0.9	-0.6	0.0	0.9	2.5	2.8	2.4
固定资产投资	—	-29.3	-11.6	-3.8	-0.9	3.5	4.8	6.0	6.5	7.5	8.0	7.7
房地产开发投资	—	-28.1	1.3	9.5	10.3	13.1	12.9	12.1	11.1	11.8	9.9	8.5
社会消费品零售总额	—	-17.6	-14.3	-11.8	-10.0	-8.6	-7.7	-6.6	-5.5	-4.8	-4.2	-3.6
外贸进出口总额	—	-11.5	-6.3	-8.0	-10.8	-10.4	-12.1	-10.5	-2.5	5.4	13.2	15.4
进口	—	1.8	1.4	-2.3	-7.4	-8.8	-11.1	-12.4	-9.4	-8.5	-7.7	-9.7
出口	—	-30.1	-16.7	-16.1	-15.5	-12.7	-13.1	-8.0	6.4	22.9	39.1	46.4
实际利用外资	—	—	—	—	—	—	—	—	—	—	—	—
地方财政收入	—	2.3	-5.3	-3.9	-10.1	-6.4	-4.1	-3.4	1.6	2.3	2.9	2.1
地方财政支出	—	-14.6	-10.9	-7.0	-4.6	-5.3	-3.9	-3.4	0.3	-0.1	1.1	3.0

数据来源：云南省统计局、云南省商务厅。

西藏自治区金融运行报告（2021）

中国人民银行拉萨中心支行货币政策分析小组

[内容摘要] 2020年，西藏各级各部门全面贯彻落实党的十九大和十九届二中、三中、四中、五中全会以及中央第六次、第七次西藏工作座谈会精神，贯彻落实习近平总书记关于统筹推进疫情防控和经济社会发展系列重要讲话精神，坚持稳中求进工作总基调，全面落实稳健的货币政策和中央赋予西藏的特殊优惠金融政策，扎实做好"六稳"工作，全面落实"六保"任务，全力巩固脱贫攻坚成果，扎实推进西藏金融供给侧结构性改革，持续优化信贷结构，稳步提升金融服务实体经济质效，有力支持了西藏经济社会持续健康发展。

从经济运行情况看，2020年，全区强化经济运行监测研判，按照"周监测、月调度、季通报"工作机制，对重点战略物资、重大投资项目、重要经济要素开展调度，分类推动复工复产复商复市，助企纾困精准施策，全力抓好"六稳"工作，落实"六保"任务，全区经济持续复苏。一是经济运行稳中有进，主要指标增速位居全国前列。2020年全区实现地区生产总值1902.7亿元，同比增长7.8%，是全国唯一全年始终保持正增长的省份。地区生产总值、城乡居民人均可支配收入、规模以上工业增加值等主要经济指标增速位居全国第一。二是工业生产加快，主要产品产量持续增长。2020年全区规模以上工业增加值同比增长9.6%，增速比上年提高6.6个百分点。主要产品产量持续增长，铜、铅、锌金属产量同比分别增长24.8%、97.7%和44.4%，中成药同比增长25.9%，水泥同比增长0.4%。三是固定资产投资平稳增长，民间投资占比提高。2020年全区固定资产投资同比增长5.4%。民间投资同比增长31.1%，占固定资产投资比重由上年的11.9%提高到14.8%，提高2.9个百分点。四是城乡居民收入较快增长，物价指数保持平稳。2020年，西藏城乡居民人均可支配收入分别达41156元、14598元，同比增长10.0%、12.7%。居民消费价格同比上涨2.2%，涨幅较全国平均水平低0.3个百分点。五是供给侧结构性改革扎实推进，防风险能力持续增强。深入推进"放管服"改革，"互联网+政务服务"超额完成"9070"目标[①]，网上政务服务能力全国排名上升5位。"减证便民"行动有效开展，"证照分离"全面推行，企业申办时间压缩至4个工作日。全年减税降费超过50亿元，减免企业社会保险费10.4亿元，基本医疗保险减收6.4亿元，减免租金6892万元。市场主体发展到36.5万户，是"十二五"末的2.3倍。招商引资累计到位资金2535亿元，是"十二五"末的2.4倍。

从金融运行情况看，2020年，西藏金融运行总体平稳，全区金融系统着力改善金融服务、优化信贷结构，不断加大对民营小微、基础设施、"三农"、扶贫、民生等国民经济重点领域和薄弱环节的支持力度，呈现出社会融资规模增长、贷款增速回升、重点领域结构优化、风险可控的良好态势。一是存贷款总量稳定增长，信贷结构持续优化。2020年末，西藏金融机构本外币各项存款余额5423.5亿元，同比增长8.9%；本外币各项贷款余额4957.1亿元，同比增长5.6%。普惠小微企业贷款余额128.8亿元，同比增长66.4%；制造业领域贷款余额270.8亿元，同比增长12.4%；绿色贷款余额717.3亿元，同比增长10.7%；涉农贷款余额1467.9亿元，同

① "9070"目标：自治区级申请类行政权力事项网上可办率达到90%，市县级申请类行政权力事项网上可办率达到70%。

比增长4.5%；金融精准扶贫贷款余额1323.2亿元，同比增长4.1%。二是LPR改革稳步推进，利率水平持续下行。推进LPR改革以来，西藏金融机构新增贷款加权平均利率为2.4%，同比下降34个基点，为全区企业节约信贷融资成本2.6亿元。同时，2020年，金融机构运用再贷款资金共发放贷款18.9亿元，加权平均利率为2.4%。三是融资规模持续增长，直接融资增长较快。2020年末，全区社会融资规模存量为6527.3亿元，同比增长8.1%。全年社会融资规模增量为490.6亿元，同比多增467.4亿元。直接融资规模进一步上升，全年全区直接融资金额达174.8亿元，同比增长1.3倍。四是银行业稳健发展，机构体系稳步优化。2020年末，西藏银行业金融机构营业网点635个，从业人员9707人。西藏银行业金融机构资产总额6349.4亿元，同比下降5.9%；负债总额为6482.3亿元，同比下降1.3%。五是金融市场稳定发展，债券规模持续快速增长。2020年末，西藏辖区A股上市公司20家，总股本达145.5亿股，流通股本61.8亿股；总市值2089.7亿元，流通市值672.9亿元。2020年末，债券市场各类债券融资余额772.1亿元，同比增长50.4%。六是证券业务规模持续扩大，保险业务稳步发展。2020年末，全区26家证券分支机构合格资金账户824.3万户，客户资产总额7758.4亿元，累计证券交易额16万亿元。辖内保险业原保险保费收入累计39.8亿元，同比增长8.6%，高于全国平均水平2.5个百分点；赔付支出22.2亿元，同比下降1.9%。七是金融生态环境建设持续推进，金融服务水平持续提升。2020年末，全区个人信用报告自助查询机县域覆盖率达100%，并全部实现"藏汉"双语服务和扫码支付，社会信用体系建设不断优化。辖区共设立银行卡助农取款服务点5800个，实现符合条件的乡（镇）和行政村全覆盖。2020年，全区大、小额支付系统共处理业务392.1万笔，金额1.6万亿元，支付服务体系进一步健全。西藏辖区人民银行分支机构组织引导辖区各参与机构全年累计开展宣传活动1936次，受众消费者人数达455万余人，累计发放宣传资料45万余份，微信推送阅读量达42万余次，媒体报道48次，金融消费者权益保护成效显著。

2021年是实施"十四五"规划开局之年，是开启全面建成社会主义现代化国家新征程、向第二个百年奋斗目标进军的起步之年，西藏金融系统将全面贯彻落实党的十九届五中全会和中央经济工作会议精神，坚持稳中求进工作总基调，以推动高质量发展为主题，以深化供给侧结构性改革为主线，全力抓好稳定、发展、生态、强边四件大事，贯彻落实好特殊优惠金融政策，提升直接融资比重，持续优化信贷结构，引导信贷资源向重点领域和薄弱环节倾斜，全面推进乡村振兴，持续巩固脱贫攻坚成果，巩固拓展疫情防控和经济社会发展成果，为西藏经济社会持续高质量发展营造良好的经济金融环境。

一、金融运行情况

2020年，西藏各金融部门认真贯彻落实稳健的货币政策和中央赋予西藏的特殊优惠金融政策，全区金融运行总体平稳，信贷结构持续优化，存贷款总量稳定增长，金融生态环境建设稳步推进，金融服务实体经济能力稳步提升，区域金融风险总体可控。

（一）银行业稳健运行，信贷资源合理配置

2020年，西藏银行业金融机构坚持稳中求进工作总基调，扎实做好"六稳"工作，全面落实"六保"任务，全力巩固脱贫攻坚成果，持续优化信贷结构，存贷款总量稳定增长，利率水平持续下行，金融改革有序推进，跨境人

民币业务稳步发展，银行业整体保持良好的运行态势。

1. 银行业稳健发展，机构体系稳步优化。2020 年，西藏银行业金融机构数量不断增加，组织体系日趋完善。2020 年末，西藏银行业金融机构营业网点 635 个，从业人员 9707 人。西藏银行业金融机构资产总额 6349.4 亿元，同比下降 5.9%；负债总额为 6482.3 亿元，同比下降 1.3%。

2. 存款增速回升，财政性存款增长较快。2020 年末，西藏金融机构本外币各项存款余额 5423.5 亿元，同比增长 8.9%，较全国平均水平低 1.3 个百分点，差距较上年同期收窄 6.4 个百分点。分部门看，非金融企业存款、财政性存款、住户存款保持良好增势，余额分别为 1264.0 亿元、1254.5 亿元和 1081.5 亿元，同比分别增长 9.5%、45.8% 和 12.6%（见图 1）。

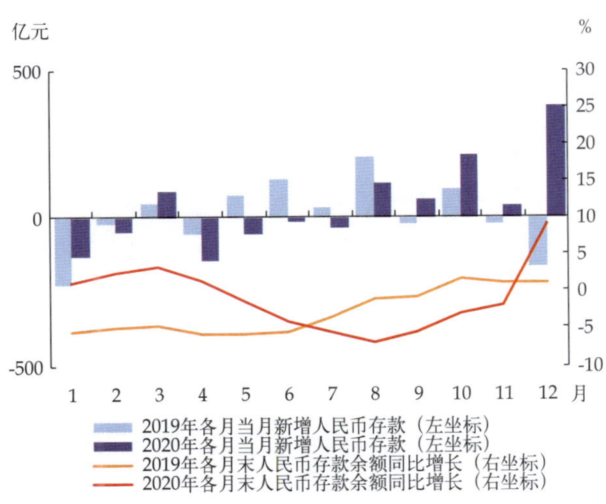

图 1　2019—2020 年西藏自治区金融机构人民币存款增长变化

（数据来源：中国人民银行拉萨中心支行《西藏自治区金融统计月报》）

3. 贷款稳定增长，信贷结构持续优化。2020 年末，西藏金融机构本外币各项贷款余额 4957.1 亿元，同比增长 5.6%，增速较上年同期高 2.5 个百分点，较全国平均水平低 6.9 个百分点。累计发放贷款 2260.5 亿元，与上年同期基本持平。其中，普惠小微企业贷款余额 128.8 亿元，同比增长 66.4%；制造业领域贷款余额 270.8 亿元，同比增长 12.4%；绿色贷款余额 717.3 亿元，同比增长 10.7%；涉农贷款余额 1467.9 亿元，同比增长 4.5%；金融精准扶贫贷款余额 1323.2 亿元，同比增长 4.1%（见图 2）。

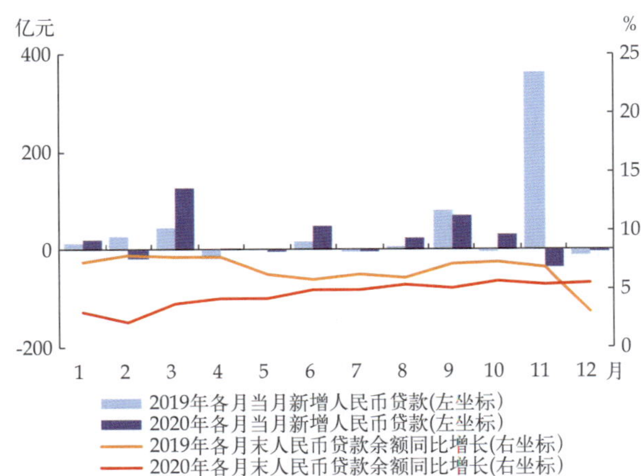

图 2　2019—2020 年西藏自治区金融机构人民币贷款增长变化

（数据来源：中国人民银行拉萨中心支行《西藏自治区金融统计月报》）

4. 货币市场成交量大幅增加。2020 年，西藏辖区货币市场成交共计 2794.6 亿元，同比增长 242.6%。其中，同业拆借成交 160.2 亿元，同比下降 70.3%；质押式回购成交 2814.4 亿元，同比增长 680.1%；未开展买断式回购。

5. LPR 改革稳步推进，利率水平持续下行。LPR 改革实施以来，西藏银行业金融机构准确把握改革趋势，顺利完成存量贷款利率定价的转换工作，在严峻的防疫抗疫形势下，积极发挥金融支持稳企业保就业作用，辖区贷款利率持续下行。西藏金融机构新增贷款加权平均利率为 2.4%，同比下降 34 个基点。推进 LPR 改革以来，已为全区企业节约信贷融资成本 2.6 亿元。同时，充分利用再贷款、再贴现等政策工具，拓宽辖内金融机构资金来源渠道，撬动更多金融资源投向农牧区重点领域和薄弱环节。2020 年，金融机构运用再贷款资金共发放贷款 18.9 亿元，加权平均利率为 2.4%（见表 1、图 3）。

表 1　2020 年西藏自治区金融机构人民币贷款各利率区间占比

单位：%

项目		1月	2月	3月	4月	5月	6月
合计		100.0	100.0	100.0	100.0	100.0	100.0
LPR 减点		100.0	99.4	100.0	99.8	99.5	98.1
LPR		0.0	0.6	0.0	0.2	0.5	1.9
LPR加点	小计	0.0	0.0	0.0	0.0	0.0	0.0
	(LPR，LPR+0.5%)	0.0	0.0	0.0	0.0	0.0	0.0
	[LPR+0.5%，LPR+1.5%)	0.0	0.0	0.0	0.0	0.0	0.0
	[LPR+1.5%，LPR+3%)	0.0	0.0	0.0	0.0	0.0	0.0
	[LPR+3%，LPR+5%)	0.0	0.0	0.0	0.0	0.0	0.0
	LPR+5% 及以上	0.0	0.0	0.0	0.0	0.0	0.0
项目		7月	8月	9月	10月	11月	12月
合计		100.0	100.0	100.0	100.0	100.0	100.0
LPR 减点		100.0	96.8	91.4	99.7	99.0	98.2
LPR		0.0	3.2	8.6	0.3	1.0	1.8
LPR加点	小计	0.0	0.0	0.0	0.0	0.0	0.0
	(LPR，LPR+0.5%)	0.0	0.0	0.0	0.0	0.0	0.0
	[LPR+0.5%，LPR+1.5%)	0.0	0.0	0.0	0.0	0.0	0.0
	[LPR+1.5%，LPR+3%)	0.0	0.0	0.0	0.0	0.0	0.0
	[LPR+3%，LPR+5%)	0.0	0.0	0.0	0.0	0.0	0.0
	LPR+5% 及以上	0.0	0.0	0.0	0.0	0.0	0.0

数据来源：中国人民银行拉萨中心支行货币信贷管理处。

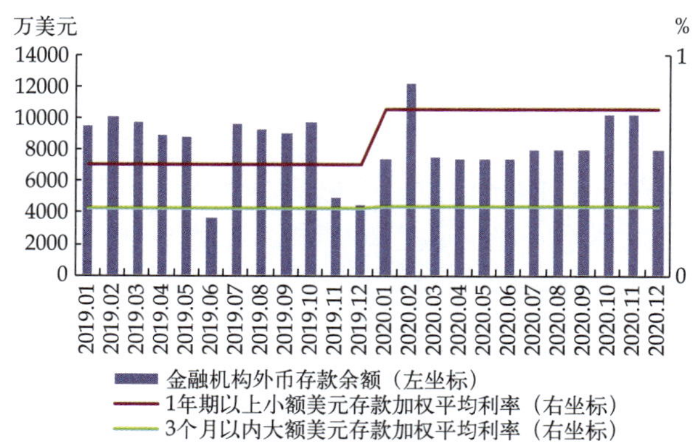

图 3　2019—2020 年西藏自治区金融机构外币存款余额及外币存款利率

（数据来源：中国人民银行拉萨中心支行统计研究处、货币信贷管理处）

6. 银行资产质量总体稳健，金融风险总体可控。2020 年末，西藏银行业金融机构不良贷款余额为 20.9 亿元，同比减少 5.9 亿元，不良贷款率为 0.5%，同比下降 0.2 个百分点。辖内 17 家金融机构（含西藏金融租赁有限公司、西藏信托有限公司）关注类贷款余额为 58.6 亿元，同比减少 242.9 亿元。

7. 跨境人民币业务稳步推进。全区金融机构落实“本币优先”，服务实体经济，稳步扩大人民币跨境使用；加强与周边国家金融合作，持续推动人民币在周边和“一带一路”国家和地区使用。2020 年末，西藏辖区跨境人民币业务结算累计金额为 371.0 亿元。其中，2020 年西藏跨境人民币业务结算金额为 0.9 亿元，涉及企业 45 家，业务往来的境外国家（地区）达 26 个。

专栏 1　“十三五”期间西藏辖区支付服务环境显著改善

“十三五”期间，中国人民银行拉萨中心支行始终坚守“支付为民”的理念初心，统筹推进金融基础设施建设，不断健全辖内支付服务体系。通过多措并举，攻坚克难，“十三五”期间西藏辖区支付服务环境得到显著改善，有效促进了辖区经济社会发展。

一是支付清算网络体系更加健全。大小额支付系统、网上支付跨行清算系统、境内外币清算系统等重要业务系统均与全国同步上线并保持安全稳定运行，确保了资金汇划实时到账，提高了资金周转效率。2020 年末，全辖共有 330 个银行机构加入支付系统，其中直接参与者 1 个（西藏银行）、间接参与者 322 个、代理间接参与者 7 个（林芝民生村镇银行1个、堆龙民泰村镇银行6个），县域网点支付清算系统覆盖率达100%。2020年，全区大、小额支付系统共处理业务392.1万笔、金额1.6万亿元，较2015年分别增长136.6%、65.9%。

二是现代化电子支付工具广泛应用。拉萨市作为全国100个移动支付便民工程示范城市，紧密围绕商圈、菜市场、食堂、医院、高校等场景，推动移动支付在衣食住行多领域广覆盖，持续改善移动支付受理环境。2020年末，对辖内19个商圈、13个菜市场、48个食堂、5个景区共计3.8万台移动支付受理终端进行标准化改造。助力"智慧城市"建设，开展公交、停车场、"银校通"、"银医通"、"支付+政务服务"等项目建设，全面优化用户支付体验。2020年末，已完成拉萨、昌都、日喀则、山南、那曲5个地区70条线路672辆公交车辆支付终端受理改造，全部支持挥卡、闪付、扫码等支付方式，并且在昌都市八宿县完成首个县域公交项目改造，实现全辖30个大型停车场"无感停车"场景应用，将"非税收入收缴电子化系统"嵌入政府政务平台，实现党费、物业费、天然气、有线电视、水电、交通罚没等十余项非税费用线上缴纳。2020年末，辖内银行卡在用发卡量1133.5万张、布放POS机具3.8万台，是2015年的2.7倍和2.2倍；移动支付用户数302.5万户、交易笔数1.1亿笔，是2015年的5.4倍和9.7倍。

三是农牧区支付环境明显优化。银行卡助农取款服务有效解决了支付"最后一公里"的问题，满足了农牧民足不出村办理取款、转账、消费等支付业务基本需求。"十三五"期间，经过不懈努力，全区由2015年的3883个助农取款服务点发展到2020年末的5800个助农取款服务点，业务量由7.7万笔、4100万元发展到85.2万笔、11.3亿元，业务笔数增长了10倍、金额增长了27倍，助农取款服务实现了符合条件的乡（镇）、行政村全覆盖。助农服务机具智能化水平不断提升，"十三五"期间组织银行机构将传统的助农POS机全部升级为藏汉双语智能POS机。推广建设金融综合服务站，提升农牧区综合性金融服务功能，2020年末，共建设金融综合服务站95个，业务交易4.2万笔、金额6952.3万元。建设移动支付示范县和金融服务特色小镇，通过示范引领全面带动农牧区支付环境改善，2020年末，全区共建设7个移动支付示范县、8个金融服务特色小镇、5311个掌上银行村，有效带动了农牧区支付环境改善，推动了辖区金融包容性增长和城乡支付服务一体化发展。

四是支付服务市场稳健发展。"十三五"期间，辖内非银行支付机构快速发展，已备案的支付机构由2015年的8家发展到2020年末的11家，特约商户达到13242户，有效繁荣了辖内支付服务市场。强化无证经营支付业务监测预警，与市场监督管理部门建立信息共享机制，通过定期对所推送的工商企业注册信息进行研判，做到"早发现、早预防、早处置"。开展支付机构风险大排查大清理大整治行动，有效防范支付业务风险。开展支付机构从业人员支付结算业务知识测试，进一步提升从业人员综合业务素质。"十三五"期间，通过多项管理措施，西藏辖内支付服务市场安全稳定运行且持续健康发展，有效繁荣了支付市场，推动了辖区经济社会发展。

（二）证券业健康发展，资本市场活跃

1. 证券机构稳健经营。2020年末，全区共有2家证券法人机构、26家证券分支机构、1家期货营业部、1家独立基金销售机构、3家公募基金管理机构、213家私募基金管理机构。全年法人证券机构实现营业收入59.9亿元，同比增长66.0%；实现净利润36.4亿元，同比增长

95.0%。

2. 证券业务规模持续扩大。2020年末，全区26家证券分支机构合格资金账户824.3万户，客户资产总额7758.4亿元，累计证券交易额16万亿元。全区3家公募基金管理机构管理公募基金产品39只，资产规模925.3亿元；1家独立基金销售机构代销基金产品1979只，资产管理规模4.0亿元；213家私募基金管理机构备案私募基金1320只，在管基金净值3059.8亿元。

3. 上市公司稳步发展。2020年，西藏证券业机构持续健康发展，不断提升金融服务实体经济水平，支持辖区企业发展壮大。2020年，辖内共有上市公司21家，资产证券化率居全国首位。其中，A股上市公司20家，主要集中在医药制造、矿产采掘、食品饮料等行业，H股上市公司1家。此外，新三板挂牌公司14家，拟上市公司15家。

（三）保险业稳步发展，风险保障功能持续增强

1. 保险机构日益丰富。2020年末，全区共有地方法人保险公司1家，省级分公司11家，其中财产险分公司8家、人身险分公司3家。辖内保险业从业人员超过8000人。

2. 保险业务持续稳步发展。2020年末，辖内保险业原保险保费收入累计39.8亿元，同比增长8.6%，高于全国平均水平2.5个百分点。其中，产险公司原保费收入33.2亿元，同比增长9.2%；寿险公司原保费收入6.6亿元，同比增长5.9%。赔付支出22.2亿元，同比下降1.9%。其中，产险公司赔付支出17.5亿元，同比增长7.5%；寿险公司赔付支出4.7亿元，同比下降26.1%。2020年末，农业保险原保险保费收入累计为8.5亿元，为农牧区提供全方位的风险保障。

（四）融资规模持续增长，金融市场稳定发展

2020年，西藏社会融资规模持续增长，金融市场保持稳定发展态势，金融服务实体经济能力稳步提升。

1. 融资规模持续增长，直接融资增长较快。2020年末，全区社会融资规模存量为6527.3亿元，同比增长8.1%，全年均保持正增长。全年社会融资规模增量为490.6亿元，同比多增467.4亿元。全年全区直接融资金额达174.8亿元，同比增长1.3倍。从全年看，金融较好地支持了经济发展（见图4）。

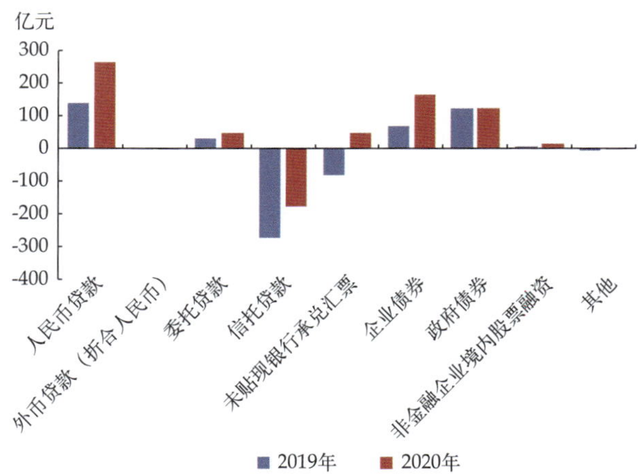

图4　2019—2020年西藏自治区社会融资规模分布结构

（数据来源：中国人民银行拉萨中心支行）

2. 金融市场稳定发展，债券规模持续快速增长。2020年末，西藏辖区A股上市公司20家，总股本达145.5亿股，流通股本61.8亿股；总市值2089.7亿元，流通市值672.9亿元。辖区A股上市公司在税收、扶贫、投资、解决就业等方面不断加大在藏贡献力度。2020年末，债券市场各类债券融资余额772.1亿元，同比增长50.5%。

（五）金融生态环境建设持续推进，金融服务水平持续提升

1. 社会信用体系建设持续优化。建立“西藏中小微企业融资信用信息共享服务平台”，评定山南乃东县等4个县为“西藏自治区农村信用体系建设信用县”，2020年末，全区个人征信系统收录自然人、企业数同比持平和增长656.7%，个人信用报告自助查询机县域覆盖率

达 100%，并全部实现“藏汉”双语服务和扫码支付；全面落实“六稳”“六保”决策部署，缓解中小微企业融资困难，2020 年，应收账款融资服务平台促成融资 118 笔、金额 34.1 亿元，其中中小微企业融资笔数和金额分别占 91.5% 和 85.8%；针对因对受疫情影响暂时失去收入来源的个人和企业等四类群体开展征信权益保护，全辖金融机构累计为 1019 位个人和 483 家企业调整了还款安排和征信记录，涉及金额达 41.1 亿元。

2. 支付服务体系进一步健全。2020 年，全辖新增支付系统参与者 14 家，支付清算系统覆盖率进一步提升。全辖累计发行银行卡 1133.5 万张，其中在用借记卡发卡量 1100.5 万张、在用信用卡发卡量 33.0 万张，同比分别增长 9.3%、9.3% 和 10.9%。累计布放 ATM2606 台，同比增长 9.2%。累计布放 POS 机 3.8 万台，同比增长 3.0%。移动支付便民效用持续提升，持续改善移动支付线下受理环境，2020 年共对辖内 19 个商圈、13 个菜市场、48 个食堂、5 个景区共计 3.8 万台移动支付受理终端进行标准化改造。积极开展公交、停车场、“银校通”、“银医通”、“支付 + 政务服务”等项目建设，全面优化用户支付体验。2020 年末，辖内移动支付客户数达 302.5 万户、交易笔数 1.1 亿笔、金额 4030.3 亿元，同比分别增长 35.1%、192.7% 和 67.2%。农牧区支付服务能力不断提升，2020 年末辖区共设立银行卡助农取款服务点 5800 个，实现符合条件的乡（镇）和行政村全覆盖，交易笔数共计 85.2 万笔、金额 11.3 亿元，同比分别增长 84.2% 和 102.5%，建成综合服务站 95 个，较上年末新增 50 个。

3. 金融消费权益保护成效显著。2020 年，西藏辖区人民银行分支机构组织引导辖区各参与机构累计开展宣传活动 1936 次，受众消费者人数达 455 万余人，累计发放宣传资料 45 万余份，微信推送阅读量达 42 万余次，媒体报道 48 次。2020 年，辖区人民银行共受理投诉咨询 133 起，其中投诉 83 起，咨询 50 起，办结率 100%，满意率 100%。疫情防控期间，为稳步推进全辖金融消费权益保护工作，印发《关于做好新型冠状病毒感染肺炎疫情防控期间金融消费权益保护工作的通知》和《致西藏自治区广大金融消费者的倡议书》；做好按日摸排，掌握全辖金融机构金融服务情况的同时，灵活调整 12363 西藏呼叫中心上岗制度，确保全天候有接听人员受理投诉和咨询。

二、经济运行情况

2020 年，西藏经济运行稳定恢复，疫情防控和经济社会发展各项工作统筹推进，复工复产复商复市加快推进，生产需求持续改善，就业物价总体平稳，主要指标恢复性增长，经济运行复苏态势明显。脱贫成果持续巩固，绝对贫困问题历史性消除，“两不愁三保障”全面实现，全面建成小康社会取得决定性胜利。2020 年全区地区生产总值为 1902.7 亿元，同比增长 7.8%，是全国唯一全年始终保持正增长的省份。规模以上工业增加值同比增长 9.6%，全社会固定资产投资同比增长 5.4%（见图 5）。

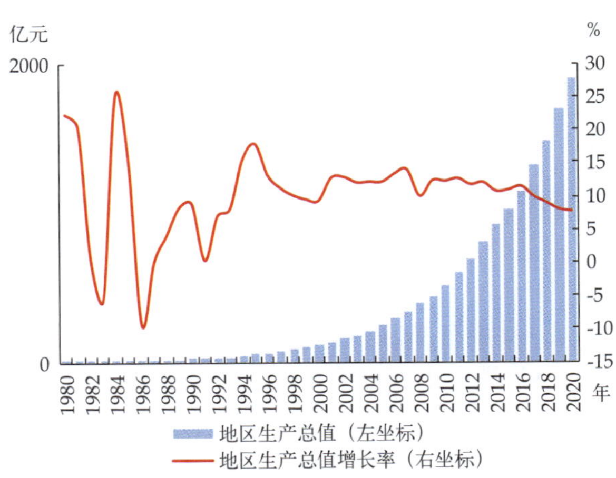

图 5　1980—2020 年西藏自治区地区生产总值及其增长率

（数据来源：西藏自治区统计局）

（一）需求总体平稳，结构持续优化

2020 年，全区以项目建设为支撑，全面补齐基础设施短板，投资规模持续扩大，民间投资快速增长；坚持保供给、畅流通、扩消费，

提升消费对经济增长的拉动作用，消费市场稳步回升；对外贸易持续低迷，实际利用外资逆势增长。

1. 投资平稳增长，民间投资占比提高。全年固定资产投资同比增长 5.4%。分产业看，第一产业投资同比增长 18.0%，第二产业投资同比增长 28.0%，第三产业投资同比下降 0.2%。从项目规模看，500 万 ~5000 万元项目完成投资同比增长 31.9%，5000 万元以上项目（含房地产）完成投资同比增长 0.9%。民间投资同比增长 31.1%，占固定资产投资比重由上年的 11.9% 提高到 14.8%（见图 6）。

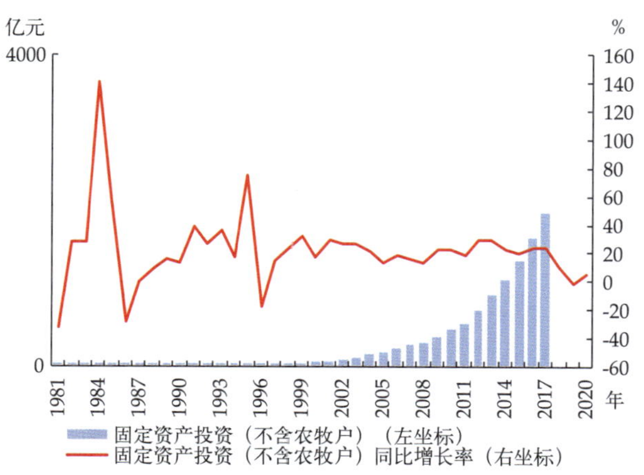

图 6　1981—2020 年西藏自治区固定资产投资（不含农牧户）及其增长率

（数据来源：西藏自治区统计局）

2. 消费市场加快回暖，刚需类商品增长较快。全年社会消费品零售总额 745.8 亿元，同比下降 3.6%，降幅比前三季度收窄 3.8 个百分点。其中限额以上消费品零售额 182.6 亿元，同比下降 4.3%。按经营单位所在地分，城镇消费品零售额 614.9 亿元，同比下降 4.5%；乡村消费品零售额 130.9 亿元，同比增长 1.2%。按消费类型分，餐饮收入 68.6 亿元，同比下降 7.0%；商品零售 677.2 亿元，同比下降 3.2%。吃、用等基本生活刚需类商品增长较快，粮油食品类、中西药品类、日用品类同比分别增长 20.7%、53.6% 和 54.1%（见图 7）。

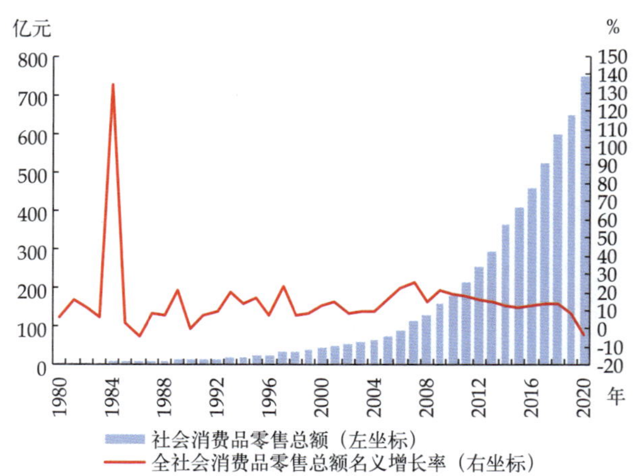

图 7　1980—2020 年西藏自治区社会消费品零售总额及其增长率

（数据来源：西藏自治区统计局）

3. 进出口总额大幅下降，实际利用外资逆势增长。2020 年，受国内外新冠肺炎疫情影响，辖区一般贸易和边境小额贸易受阻，全区货物进出口总额 21.3 亿元，同比下降 56.3%。其中，出口 12.9 亿元，同比下降 65.5%；进口 8.4 亿元，同比下降 25.7%。2020 年，全区实际利用外资金额 4214.4 万美元，同比增长 39.8%，主要为 FDI 项下境内企业向境外投资者转让境内企业股权收入金额大幅增加。2020 年，全区企业对“一带一路”国家和地区境外直接投资 40.7 万美元，同比增长 42.1%；对“一带一路”国家和地区境外放款 2136.7 万美元，同比增长 65.5%（见图 8）。

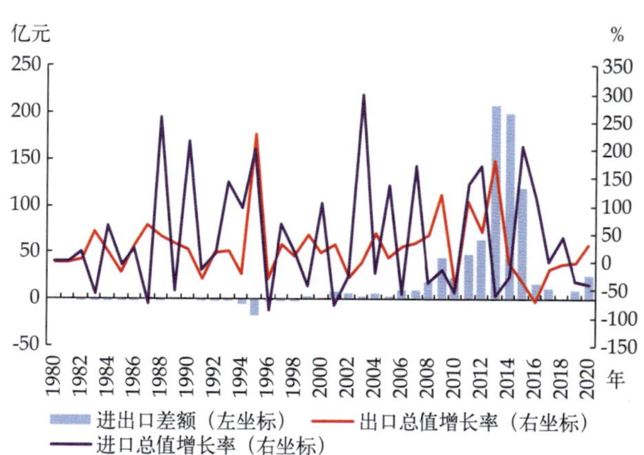

图 8　1980—2020 年西藏自治区外贸进出口变动情况

（数据来源：西藏自治区统计局）

（二）产业结构不断优化，发展质量稳步提升

2020年，第一产业增加值150.7亿元，同比增长7.7%；第二产业增加值798.3亿元，同比增长18.3%；第三产业增加值953.8亿元，同比增长1.4%。农业生产形势良好，工业生产不断加快，服务业稳步复苏。

1. 农业生产形势良好，乡村振兴取得新进展。全年全区农林牧渔业总产值233.5亿元，同比增长7.9%；粮食产量103.9万吨，“十三五”期间连续五年稳定在100万吨以上，其中青稞产量79.5万吨；牛存栏624.0万头，同比增长0.3%；生猪存栏50.2万头，同比增长61.0%；牛出栏139.05万头，同比增长1.1%；生猪出栏14.2万头，同比增长12.6%；猪牛羊肉产量27.8万吨，同比增长0.1%；奶类产量49.2万吨，同比增长5.4%；蔬菜产量84.4万吨，同比增长8.9%。

乡村振兴取得新进展。完成1836个村庄规划；建成225万亩高标准农田，实施167万亩农机深松整地作业。新增14个国家级畜禽标准化养殖场，农牧综合服务中心覆盖所有乡镇。改造户用卫生厕所27万间。新建改建农村公路3.8万公里，基本实现了乡镇、建制村通客车，建制村通邮率100%。

2. 工业生产不断加快，主要产品产量持续增长。全年全区规模以上工业增加值同比增长9.6%，增速比上年提高6.6个百分点。分经济类型看，国有企业同比增长4.4%，股份制企业同比增长5.7%，外商及港澳台企业同比增长21.0%，非公有工业同比增长10.1%。分三大门类看，采矿业同比增长22.3%，制造业同比增长6.1%，电力、热力、燃气及水生产和供应业同比增长1.7%。主要产品产量持续增长，铜、铅、锌金属产量同比分别增长24.8%、97.7%、44.4%，中成药同比增长25.9%，水泥同比增长0.4%。全区发电量87.1亿千瓦时，同比增长4.1%；实现调出电量18.1亿千瓦时，同比增长4.9%（见图9）。

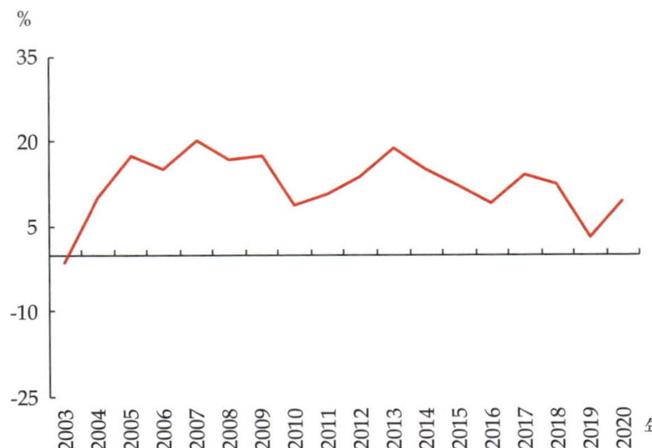

图9　2003—2020年西藏自治区规模以上工业增加值实际增长率

（数据来源：西藏自治区统计局）

3. 服务业稳步复苏，交通运输、旅游业持续好转。2020年，全区规模以上服务业企业营业收入166.8亿元，同比下降17.6%，降幅较1—11月份收窄1.5个百分点。全年全区接待国内外游客3505万人次，同比下降12.6%，降幅比前三季度收窄1.2个百分点；实现旅游收入366.4亿元，同比下降34.5%，降幅比前三季度收窄2.4个百分点。完成货物运输量4093.1万吨、货物周转量156.9亿吨公里，同比分别增长1.6%、1.2%；完成客运量1215.9万人、旅客周转量85.3亿人公里，同比分别下降35.8%、34.7%，降幅比前三季度收窄5.2个、6.0个百分点。

4. 供给侧结构性改革扎实推进，防风险能力持续增强。加强全方位监管，规范各类融资行为，坚决遏制非法集资蔓延势头，加强风险监测预警和监管合作，妥善处理风险案件，坚决守住不发生区域性金融风险的底线。深入推进“放管服”改革，“互联网+政务服务”超额完成“9070”目标，网上政务服务能力全国排名上升5位。“减证便民”行动有效开展，“证照分离”全面推行，企业申办时间压缩至4个工作日。全年减税降费超过50亿元，减免企业社会保险费10.4亿元，基本医疗保险减收6.4亿元，减免租金6892万元。市场主体发展到36.5万户，是“十二五”末的2.3倍。招商引

资累计到位资金2535亿元，是“十二五”末的2.4倍。组建自治区级政府融资担保公司，2020年社会投资增长31.0%，招商引资、民间投资、社会投资占固定资产投资比重过半。

5. 统筹生态保护和边境建设，不断筑牢安全屏障。全面划定生态保护红线、环境质量底线、资源利用上线，生态红线面积53.9万平方公里，占全区国土面积的45%。推进国土空间规划，实施生态环境分区管控，建设各类生态功能保护区22个。累计落实生态安全屏障保护与建设规划资金122亿元，有序推进“三线一单”[①]编制落地。1079个“元树村”和10.5万“无树户”全面消除，草原综合植被盖度47%。2020年边境地区转移支付是2015年的2.3倍。建成玉麦幸福美丽边境小康乡，建立巡边护边制度，边民补助标准大幅提高，21个边境县人口增长10.5%，守土固边能力得到进一步强化。

（三）物价总水平持续平稳，人民生活日益改善

2020年，西藏城乡居民人均可支配收入分别达41156元、14598元，同比分别增长10.0%、12.7%。增速位居全国第一。居民消费价格温和上涨，就业形势不断向好，城乡居民生活质量显著提高。

1. 居民消费价格温和上涨。2020年，居民消费价格同比上涨2.2%，涨幅较全国平均水平低0.3个百分点，低于全区全年3.5%的物价调控目标。

2. 工业生产者价格总体平稳。2020年，全区工业生产者出厂价格同比下降0.6%，与前三季度持平（见图10）。

3. 劳动力报酬持续提高，就业形势不断向好。2020年，全区居民人均可支配收入21744元，同比增长11.5%。其中，城镇居民人均可支配收入41156元，同比增长10.0%；农村居民人均可支配收入14598元，同比增长12.7%。城乡居民人均收入比值为2.8，比上年缩小0.07。全区城镇新增就业4.8万人，完成年初目标任务的120%；城镇登记失业率控制在4%以内，城镇调查失业率控制在5.5%以内；农牧民转移就业61万人，提前完成年度60万人的目标任务。

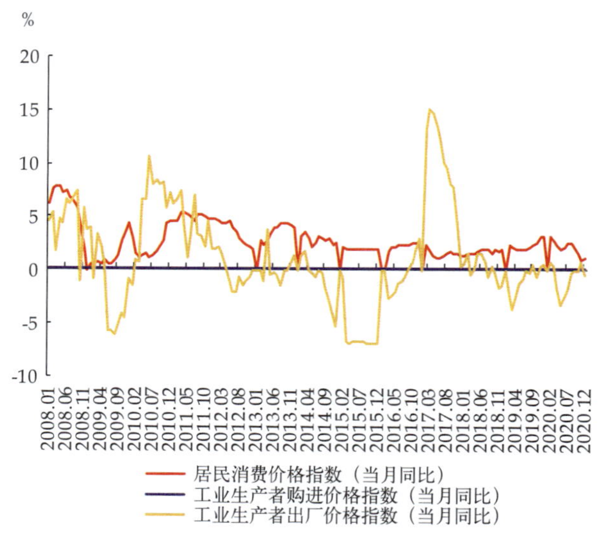

图10　2008—2020年西藏自治区居民消费价格指数和生产者价格指数变动趋势

（数据来源：西藏自治区统计局）

（四）财政收支合理运行，民生支出不断扩大

2020年，全区实现一般公共预算收入221亿元，同比下降0.5%，主要受疫情冲击、经济下行压力和落实减税降费政策影响，收入增速下降。其中，税收收入143.2亿元，同比下降9.1%。实现一般公共预算支出2207.8亿元，同比增长1.2%。其中，农林水、一般公共服务、交通运输和教育支出占比较多，占比分别为19.5%、14.0%、13.9%和12.3%（见图11）。

①三线一单：生态保护红线、环境质量底线、资源利用上限和生态环境准入清单。

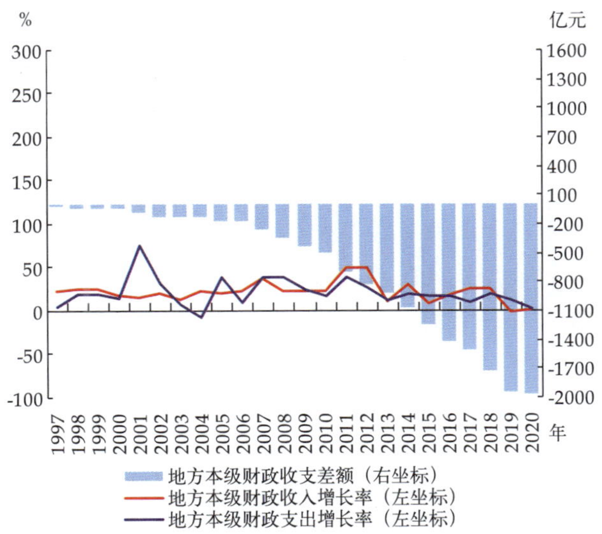

图 11　1997—2020 年西藏自治区地方财政收支状况

（数据来源：西藏自治区统计局）

（五）房地产市场运行平稳，贷款稳步增长

2020 年，西藏房地产投资规模持续增长，销售面积下降明显，贷款稳步增长。

1. 房地产开发投资规模持续增长。2020 年，全区完成房地产开发投资 165.5 亿元，同比增长 27.7%，增速比 1—11 月提高 2.4 个百分点。

2. 新建商品房销售面积及销售额同步下降。2020 年，全区商品房销售面积 93.3 万平方米，同比下降 27.0%，降幅比 1—11 月收窄 1.9 个百分点。商品房销售额 83.9 亿元，同比下降 13.3%；期房销售额 75.1 亿元，同比下降 13.5%，期房销售额占商品房销售额的 89.4%。

3. 房地产贷款稳步增长。2020 年，全区房地产贷款余额 317.4 亿元，同比增加 57.1 亿元，增长 21.9%。其中，房地产开发贷款 134.6 亿元，同比增加 10.7 亿元，增长 8.6%；个人购房贷款 181.8 亿元，同比增加 46.8 亿元，增长 34.7%。

专栏 2　强化小微企业金融服务　优化辖区金融营商环境

为进一步构建更具竞争性和包容性的金融服务体系，提高金融服务的覆盖率、可得性、满意度。中国人民银行拉萨中心支行（以下简称人行拉萨中支）不断探索创新、完善机制、凝聚合力，在提升西藏金融服务质量，优化金融营商环境，支持西藏实体经济发展等方面发挥了重要作用。

一、主要做法

（一）对外公示各银行业金融机构金融服务信息

人行拉萨中支联合西藏银保监局印发《关于进一步改进西藏自治区银行业金融服务的指导意见》，指导辖区各银行业金融机构在各行官网、相关报纸等媒体以及各行营业网点进行金融服务信息对外公示，并利用人行拉萨中支官网及“西藏商报”等渠道就各家银行的金融服务内容再次集中对外进行公示，向广大消费者做出明确服务承诺，广泛接受社会各界人士监督。

（二）召开改进小微企业金融服务工作座谈会并印发工作方案

人行拉萨中支组织辖内各银行业金融机构召开了改进小微企业金融服务工作座谈会，会上对各行西藏差异化贷款管理实情以及业务办理中遇到的重难点问题进行了分析讨论。会后认真研究，反复商讨，印发了《关于进一步加强和改进小微企业金融服务的工作方案》，引导银行业金融机构进一步优化金融服务环节、提升信贷审批效率、压缩办贷时限、减少申贷资料等，促进金融支持稳企业保就业工作。

（三）指导西藏银行业签署小微企业信贷服务公约

人行拉萨中支前往拉萨市首贷服务中心，实地调研小微企业办贷情况、银行窗口基础服务状态等，在切实了解小微企业信贷服务真实状况的基础上制定了《西藏自治区银行业金融机构小微企业信贷服务公约》。为进一步加大对小微企业的信贷支持力度，指导倡议西藏辖内14家银行业金融机构对公约内容进行签署，向小微企业做出信贷服务承诺，并在人行拉萨中支官网及“西藏商报”等媒体上进行公示。公约明确规定，西藏自治区各银行业机构将积极配合政府相关部门、监管部门和各行业部门做好小微企业金融服务工作，提高小微企业服务机构的服务水平和服务能力，降低服务机构和小微企业的运营成本，满足小微企业的服务需求，实现共同发展目标。

二、工作成效

西藏辖区金融服务环境得到明显改善。2020年，银行业金融机构按照人行拉萨中支的要求在营业网点通过合理方式公开服务收费价格、实时利率等信息，包括但不限于申办贷款条件、贷款审批流程、答复时限等。在办理贷款业务过程中，不收集与借款无关的资料，并对照前期相关工作开展情况，贷款业务实现了“程序上简化一些、时间上缩短一些、资料上合并一些”，同时部分银行采取有效措施加大信贷资源向小微、民营企业的倾斜力度。

三、努力方向

下一步，人行拉萨中支将继续督促引导辖区银行业金融机构着力改进和深化小微企业金融服务，加大对小微企业的信贷支持力度，持续创造良好的金融营商环境，有效提升小微企业和社会公众对金融服务的获得感，实现扩大企业融资覆盖面，全面提高企业金融服务可得性的目标。

三、预测与展望

2021年是中国共产党建党100周年，是实施“十四五”规划开局之年，是开启全面建成社会主义现代化国家新征程、向第二个百年奋斗目标进军的起步之年，也是西藏和平解放70周年。全区金融系统将全面贯彻落实党的十九届五中全会和中央经济工作会议精神，坚持稳中求进总基调，以推动高质量发展为主题，以深化供给侧结构性改革为主线，全力抓好稳定、发展、生态、强边四件大事。贯彻落实好特殊优惠金融政策，提升直接融资比重，持续优化信贷结构，引导信贷资源向重点领域和薄弱环节倾斜，全面推进乡村振兴，持续巩固脱贫攻坚成果，巩固拓展疫情防控和经济社会发展成果，科学精准实施宏观政策，保持经济运行在合理区间，确保“十四五”开好局、起好步。

中国人民银行拉萨中心支行货币政策分析小组

总　　纂：王春桥　李玉福

统　　稿：贺　成　高松茂

执　　笔：练　丹

提供材料：刘　帅　刘春梅　罗晶晶　扎西顿珠　其美玉珍　洛松加永　申继禄　蒙利波　温秋鹏　颜　朋　陈孟星　王旭亮

附录

（一）2020 年西藏自治区经济金融大事记

1 月 9 日，西藏辖区首单资产支持票据（ABN）在银行间债券市场发行成功。

3 月 25 日，中国人民银行拉萨中心支行向西藏银行发放西藏辖区第一笔支小再贷款。

3 月 25 日，中国人民银行拉萨中心支行向西藏银行、西藏堆龙民泰村镇银行发放西藏辖区第一批支农再贷款。

8 月 12 日，拉萨市首贷服务中心正式设立并运行。

8 月 16 日，中国人民银行拉萨中心支行指导辖区 14 家银行业金融机构签署《西藏自治区银行业金融机构小微企业信贷服务公约》。

12 月 18 日，西藏中小微企业融资信用信息共享服务平台正式上线。

(二)2020 年西藏自治区主要经济金融指标

表 1 2020 年西藏自治区主要存贷款指标

	项目	1月	2月	3月	4月	5月	6月	7月	8月	9月	10月	11月	12月
本外币	金融机构各项存款余额(亿元)	4842.6	4796.6	4879.4	4732.2	4676.6	4661.4	4626.4	4742.0	4800.8	5013.6	5050.5	5423.5
	其中:住户存款	978.6	974.1	977.9	953.0	939.8	971.5	970.4	973.2	1042.3	1022.4	1030.3	1081.5
	非金融企业存款	1040.6	1044.9	1143.0	1126.9	1164.3	1214.4	1138.3	1183.5	1243.5	1243.0	1248.8	1264.0
	各项存款余额比上月增加(亿元)	-136.9	-46.0	82.8	-147.2	-55.6	-15.2	-35.0	115.7	58.8	212.8	36.9	373.0
	金融机构各项存款同比增长(%)	0.9	2.4	3.2	1.3	-1.3	-4.3	-5.6	-7.1	-5.5	-3.1	-1.9	8.9
	金融机构各项贷款余额(亿元)	4716.8	4697.1	4823.4	4826.3	4825.5	4875.4	4871.5	4896.8	4966.2	4995.9	4958.8	4957.1
	其中:短期	399.1	409.9	455.2	470.2	477.6	525.3	533.6	550.7	576.3	566.7	572.0	568.4
	中长期	3666.5	3651.5	3675.8	3670.9	3690.3	3719.1	3720.9	3749.1	3787.7	3793.3	3777.4	3766.5
	票据融资	211.8	199.9	259.3	256.7	229.4	206.3	194.3	178.4	185.1	291.7	193.5	207.9
	各项贷款余额比上月增加(亿元)	21.4	-19.7	126.3	2.9	-0.8	49.9	-4.0	25.3	69.4	29.6	-37.0	-1.8
	其中:短期	13.5	10.8	45.3	15.0	7.4	47.8	8.3	17.1	25.6	-9.6	5.2	-3.5
	中长期	41.7	-15.1	24.3	-4.9	19.4	28.8	1.8	28.2	38.6	5.6	-15.8	-11.0
	票据融资	-32.4	-11.8	59.3	-2.6	-27.3	-23.1	-11.9	-15.9	6.7	106.7	-98.3	14.4
	金融机构各项贷款同比增长(%)	3.1	2.1	3.8	4.3	4.2	4.9	4.9	5.3	5.0	5.7	5.4	5.6
	其中:短期	20.1	20.5	30.0	41.1	2.1	49.8	46.4	54.4	50.8	45.8	47.9	42.9
	中长期	1.1	0.5	0.6	1.0	0.5	2.8	2.7	3.4	3.5	3.7	3.2	4.3
	票据融资	21.3	9.9	35.4	27.1	13.6	0.8	3.4	-11.3	-16.5	30.8	-5.9	-14.9
	建筑业贷款余额(亿元)	411.0	400.5	429.3	409.1	403.3	407.5	413.7	421.2	420.1	421.7	412.0	400.9
	房地产业贷款余额(亿元)	273.7	271.7	275.4	276.0	279.7	282.1	289.5	293.9	303.0	306.1	312.3	317.4
	建筑业贷款同比增长(%)	-18.1	-20.9	-16.0	-18.9	-17.1	-9.5	-7.2	-2.2	-2.3	-0.8	-2.2	1.3
	房地产业贷款同比增长(%)	17.2	15.9	14.7	15.1	15.8	15.2	16.0	17.1	19.7	19.9	22.1	21.9
人民币	金融机构各项存款余额(亿元)	4837.4	4787.9	4873.9	4726.8	4671.2	4656.1	4620.6	4736.4	4795.1	5006.5	5043.6	5418.1
	其中:住户存款	17.8	973.5	977.1	952.2	939.0	970.8	969.7	972.5	1041.6	1021.7	1029.6	1080.8
	非金融企业存款	1036.1	1036.9	1097.4	1122.4	1159.7	1209.9	1133.3	1178.7	1238.7	1236.7	1242.6	1259.4
	各项存款余额比上月增加(亿元)	-136.5	-49.5	86.0	-147.1	-55.6	-15.1	-35.5	115.8	58.8	211.4	37.0	374.5
	其中:住户存款	17.8	-4.6	3.7	-24.9	-13.2	31.8	-1.1	2.8	69.1	-19.9	7.9	51.2
	非金融企业存款	-113.2	0.8	101.5	-16.0	37.4	50.1	-76.6	45.4	60.0	-1.9	5.9	16.8
	各项存款同比增长(%)	3.0	2.4	3.2	1.3	-1.3	-4.3	-5.6	-7.1	-5.5	-3.1	-2.0	8.9
	其中:住户存款	1.8	7.6	9.9	9.2	10.6	13.3	12.7	12.1	14.6	15.7	14.7	12.6
	非金融企业存款	1.0	-0.5	3.7	6.5	11.2	10.1	5.4	10.8	12.5	13.1	11.8	9.6
	金融机构各项贷款余额(亿元)	4716.6	4696.9	4823.2	4826.0	4825.3	4875.2	4871.3	4896.6	4966.0	4995.7	4958.6	4956.9
	其中:个人消费贷款	394.1	390.5	399.4	406.3	414.0	423.9	435.5	444.0	453.6	470.9	479.6	484.0
	票据融资	211.8	199.9	259.2	256.7	229.4	206.3	194.3	178.4	185.1	219.7	193.5	207.9
	各项贷款余额比上月增加(亿元)	21.4	-19.7	126.3	2.9	-0.8	49.9	-4.0	25.3	69.4	29.6	-37.0	-1.8
	其中:个人消费贷款	8.1	-3.8	9.9	7.4	8.4	10.8	12.3	8.9	10.2	17.5	9.0	4.7
	票据融资	-32.4	-11.8	59.3	-2.5	-27.3	-23.1	-11.9	-15.9	6.7	34.7	-26.3	14.4
	金融机构各项贷款同比增长(%)	3.2	2.1	3.8	4.3	4.2	4.9	4.9	5.3	5.0	5.7	5.4	5.6
	其中:个人消费贷款	21.7	20.6	21.0	24.2	21.7	22.9	24.1	24.8	25.6	27.6	26.9	25.9
	票据融资	21.3	9.9	35.4	27.1	13.6	0.8	3.4	-11.3	-16.5	-1.5	-5.9	-14.9
外币	金融机构外币存款余额(亿美元)	0.8	1.2	0.8	0.8	0.8	0.8	0.8	0.8	0.8	1.0	1.0	0.8
	金融机构外币存款同比增长(%)	-16.7	6.9	-2.0	-2.9	-6.1	-5.7	5.8	4.2	5.1	32.9	34.0	2.9
	金融机构外币贷款余额(亿美元)	0.0	0.0	0.0	0.0	0.0	0.0	0.0	0.0	0.0	0.0	0.0	0.0
	金融机构外币贷款同比增长(%)	-4.3	-0.2	-10.6	-10.7	-10.9	-8.7	-8.6	-9.6	-11.1	-9.5	-8.7	-9.5

数据来源:中国人民银行拉萨中心支行统计研究处。

表 2　2001—2020 年西藏自治区各类价格指数

单位：%

时间		居民消费价格指数		农业生产资料价格指数		工业生产者购进价格指数		工业生产者出厂价格指数	
		当月同比	累计同比	当月同比	累计同比	当月同比	累计同比	当月同比	累计同比
2001		—	—	—	—	—	—	—	—
2002		—	—	—	—	—	—	—	—
2003		—	—	—	—	—	—	—	—
2004		—	—	—	—	—	—	—	—
2005		—	—	—	—	—	—	—	—
2006		—	—	—	—	—	—	—	—
2007		—	—	—	—	—	—	—	—
2008		—	—	—	—	—	—	—	—
2009		—	—	—	—	—	—	—	—
2010		—	—	—	—	—	—	—	—
2011		—	—	—	—	—	—	—	—
2012		—	—	—	—	—	—	—	—
2013		—	—	—	—	—	—	—	—
2014		—	—	—	—	—	—	—	—
2015		—	2.0	—	-0.3	—	—	—	-6.8
2016		3.0	2.5	1.9	0.4	—	—	16.2	2.9
2017		1.3	1.6	0.6	1.6	—	—	0.3	10.0
2018		2.0	1.7	0.7	1.0	—	—	-1.4	0.1
2019		3.1	—	0.2	—	—	—	0.6	—
2020		1.2	2.2	—	-0.4	—	—	-0.4	-0.6
2019	1	—	—	—	—	—	—	—	—
	2	2.3	—	0.8	—	—	—	-2.4	—
	3	2.2	—	0.8	—	—	—	-3.6	—
	4	1.9	—	0.6	—	—	—	-2.3	—
	5	1.9	—	0.3	—	—	—	-1.3	—
	6	2	—	0.1	—	—	—	-0.9	—
	7	2	—	0	—	—	—	-0.1	—
	8	2.1	—	-0.1	—	—	—	-0.2	—
	9	2.4	—	-0.3	—	—	—	0.5	—
	10	2.6	—	-0.4	—	—	—	-0.6	—
	11	3.1	—	-0.2	—	—	—	0.4	—
	12	3.1	—	0.2	—	—	—	0.6	—
2020	1	—	—	—	—	—	—	—	—
	2	3.1	3.0	—	—	—	—	0.8	1.1
	3	2.8	3.0	—	—	—	—	0.4	0.9
	4	2.4	2.8	—	—	—	—	-1.7	0.2
	5	2.0	2.7	—	—	—	—	-3.3	-0.5
	6	2.1	2.6	—	—	—	—	-2.5	-0.8
	7	2.5	2.6	—	—	—	—	-1.9	-1
	8	2.5	2.6	—	—	—	—	-0.3	-0.9
	9	2.1	2.5	—	—	—	—	0	-0.8
	10	1.5	2.4	—	—	—	—	0	-0.7
	11	0.9	2.3	—	—	—	—	0.7	-0.6
	12	1.2	2.2	—	-0.4	—	—	-0.4	-0.6

数据来源：《中国经济景气月报》、西藏自治区统计局。

表 3　2020 年西藏自治区主要经济指标

项目	1 月	2 月	3 月	4 月	5 月	6 月	7 月	8 月	9 月	10 月	11 月	12 月
	绝对值（自年初累计）											
地区生产总值（亿元）	—	—	384.6	—	—	838.4	—	—	1308.3	—	—	1902.7
第一产业	—	—	16.1	—	—	45.3	—	—	90.9	—	—	150.7
第二产业	—	—	130.6	—	—	307.1	—	—	499.0	—	—	798.3
第三产业	—	—	237.9	—	—	486.0	—	—	718.5	—	—	953.8
工业增加值（亿元）	—	—	29.6	—	—	66.9	—	—	105.7	—	—	—
固定资产投资（亿元）	—	—	—	—	—	—	—	—	—	—	—	—
房地产开发投资	—	—	—	—	—	—	—	—	—	—	—	165.5
社会消费品零售总额（亿元）	—	—	140.4	192.8	251.0	294.6	367.2	435.1	514.7	598.9	665.2	745.8
外贸进出口总额（亿元）	—	4.9	5.4	5.9	7.2	8.3	9.3	10.5	11.7	14.4	18.8	21.3
进口	—	1.6	1.9	2.1	2.5	2.8	3.0	3.4	4.4	5.4	7.8	8.4
出口	—	3.3	3.5	3.8	4.7	5.5	6.3	7.1	7.3	8.9	11.0	12.9
进出口差额（出口－进口）	—	1.7	1.6	1.7	2.3	2.7	3.4	3.7	3.0	3.5	3.2	4.5
实际利用外资（亿美元）	—	—	—	—	—	—	—	—	—	—	—	0.4
地方财政收支差额（亿元）	—	-199.4	-207.3	-483.7	-591.3	-780.7	-936.1	-1073.1	-1305.6	-1408.7	-1577.2	-1986.8
地方财政收入	—	39.6	10.5	65.2	81.4	99.2	117.5	137.4	150.9	168.4	183.8	221.0
地方财政支出	—	239.0	217.8	548.9	672.7	880.0	1053.6	1210.5	1456.5	1577.1	1761.0	2207.8
城镇登记失业率（%）（季度）												
	同比累计增长率（%）											
地区生产总值	—	—	1.0	—	—	5.1	—	—	6.3	—	—	7.8
第一产业	—	—	1.2	—	—	2.5	—	—	1.5	—	—	7.7
第二产业	—	—	7.1	—	—	8.5	—	—	12.9	—	—	18.3
第三产业	—	—	-1.7	—	—	3.4	—	—	3.1	—	—	1.4
工业增加值	—	—	-10.8	—	—	1.7	—	—	7.8	—	—	—
固定资产投资	—	8.7	0.3	11.3	12.5	18.5	12.7	11.1	6.6	2.2	4.8	5.4
房地产开发投资	—	-17.4	45.2	42.9	45.0	56.1	32.0	29.3	29.7	29.7	25.3	27.7
社会消费品零售总额	—	—	-19.8	-15.0	-12.6	6.7	-11.7	-10.2	-7.4	-5.9	-5.0	-3.6
外贸进出口总额	—	15.3	-19.4	-39.9	-44.3	-45.3	-49.7	-58.1	-61.9	-59.3	-54.7	-56.3
进口	—	229.7	125.5	61.2	66.1	54.1	30.3	-23.1	-18.1	-10.5	2.5	-25.7
出口	—	-12.2	-40.2	-55.4	-58.6	-59.0	-61.0	-65.6	-71.1	-69.5	-67.5	-65.5
实际利用外资	—	—	—	—	—	—	—	—	—	—	—	39.8
地方财政收入	—	14.8	5.7	0.4	-5.7	-5.9	-5.5	-0.8	-1.4	-2.7	-3.3	-0.5
地方财政支出	—	-15.3	4.3	-4.3	-5.5	-5.1	1.4	1.9	1.2	0.6	-2.7	1.2

数据来源：西藏自治区统计局、国家外汇管理局西藏自治区分局。

陕西省金融运行报告（2021）

中国人民银行西安分行货币政策分析小组

[内容摘要] 2020 年，面对新冠肺炎疫情的严重冲击，陕西省坚持以习近平新时代中国特色社会主义思想为指导，认真贯彻落实习近平总书记到陕西考察重要讲话和对陕西工作的一系列重要指示批示精神，以奋力谱写陕西新时代追赶超越新篇章为总纲，紧扣“追赶超越”定位和“五个扎实”要求①，扎实做好“六稳”工作，全面落实“六保”任务，全省经济持续稳定恢复，全年呈现结构优化、活力增强、高质量发展稳步推进的良好态势。

2020 年陕西省地区生产总值同比增长 2.2%，投资、进出口较快恢复，总体需求逐步回暖，产业结构持续优化，供给侧结构性改革深入推进。一是投资需求持续改善，基础设施投资恢复性增长。全省固定资产投资（不含农户）同比增长 4.1%，较上年加快 1.6 个百分点，制造业投资增长 3.2%，高技术产业投资增长 16.8%，民间投资增长 6.9%。二是消费需求有所回落，但新型消费模式增长较快。社会消费品零售总额同比下降 5.9%，较上年回落 13.3 个百分点，限额以上企业（单位）通过公共网络实现商品销售 705.1 亿元，同比增长 29.6%，较上年加快 10.0 个百分点。三是外贸进出口较快增长，实际利用外资回稳向好。进出口总值同比增长 7.3%。其中，出口同比增长 3.0%；进口同比增长 12.2%。实际利用外资 84.4 亿美元，同比增长 9.2%。四是产业结构持续优化，服务业增加值占比不断提升。规模以上工业增加值同比增长 1.0%，年内累计增速连续 8 个月保持正增长。其中，高技术产业增加值增长 16.1%，装备制造业增加值增长 14.7%。服务业增加值同比增长 2.8%，高于地区 GDP 增速 0.6 个百分点，占 GDP 的比重为 47.9%，较上年提高 1.2 个百分点。五是供给侧结构性改革持续深化，创新驱动战略助推高质量发展。战略性新兴产业增加值增长 5.8%，高于 GDP 增速 3.6 个百分点，占 GDP 比重为 11.7%，较上年提高 1 个百分点，工业技改投资增长达 37.9%，推动传统企业转型升级步伐加快。六是减税降费助力稳保，民生支出保障得力。疫情冲击与减税降费政策效应叠加下，全省地方财政预算收入 2257.2 亿元，同比下降 1.3%；财政支出 5933.8 亿元，同比增长 3.8%，各项民生事业得到较好保障。

2020 年陕西省金融运行总体稳健，服务实体经济能力显著增强。一是信贷总量稳步增长，对实体经济的支持力度明显加大。本外币各项贷款余额 3.9 万亿元，同比增长 14.1%，较年初新增 4848.7 亿元，同比多增 1332.1 亿元，贷款增量创历史新高。其中，人民币中长期贷款新增 4435.0 亿元，占各项贷款新增额的 92.5%，同比多增 1950.5 亿元。二是重点领域信贷资金保障有力，信贷结构持续优化。制造业中长期贷款保持快速增长，全省主要金融机构制造业中长期贷款余额 1591.4 亿元，同比增长 28.2%；抗疫领域资金保障有力，全省卫生和社会工作行业贷款同比增长 23.5%；普惠小微贷款增量扩面，贷款余额同比增长 41.2%，贷款户数同比增长 57.7%；涉农贷款同比增长 10.6%，新增额是上年的 3.4 倍。三是利率市场化改革成效显著，

---

①2015 年 2 月，习近平总书记到陕西视察并发表重要讲话，对陕西发展作出追赶超越新定位，提出了“五个扎实”新要求，即扎实推动经济持续健康发展、扎实推进特色现代农业建设、扎实加强文化建设、扎实做好保障和改善民生工作、扎实落实全面从严治党。2020 年 4 月，习近平总书记再次到陕西考察并发表重要讲话，提出了奋力谱写陕西新时代追赶超越新篇章的总体目标。

贷款利率明显下降。存量浮动利率贷款定价基准转换顺利完成，LPR改革引导贷款利率明显下降，人民币一般贷款加权平均利率为5.14%，低于上年0.67个百分点，小微企业贷款加权平均利率为5.3%，低于上年0.53个百分点。四是金融机构资产质量持续改善，金融风险有效防范。地方法人金融机构不良率同比下降0.8个百分点，资本充足率同比上升0.03个百分点，流动性比率同比上升2.0个百分点；P2P网贷平台风险基本出清；积极开展非金融企业债务融资工具风险管理。五是证券业和保险业稳健运行，多层次资本市场健康发展。证券期货机构业务规模持续增长，盈利能力显著提升，上市公司经营良好，盈利水平显著提高；保险业平稳增长，业务结构持续优化，保险保障和服务功能有效发挥。

2021年是“十四五”规划开局之年，也是陕西新时代追赶超越的关键之年，陕西省经济发展面临重大机遇。中国人民银行西安分行将认真执行稳健的货币政策，坚持稳字当头，持续强化重点领域金融支持，大力推动绿色金融发展，充分发挥金融市场作用，持续深化区域金融改革，全面提升金融管理服务效能，前瞻性防范化解金融风险，助力谱写陕西新时代追赶超越新篇章。

一、金融运行情况

2020年，陕西省金融业认真落实稳健货币政策，保持货币信贷合理增长，贷款利率明显下降，金融供给侧结构性改革深入推进，直接融资提质增效，金融市场稳步发展，保险保障功能切实发挥，金融服务水平进一步提升，金融生态环境持续优化，金融风险防范化解取得明显成效。

（一）银行业提质增效，支持实体经济力度加大

2020年，陕西省银行业认真落实稳健货币政策，持续加大对实体经济的支持力度，金融改革取得新的进展，金融风险防范化解取得明显成效，为陕西做好“六稳”工作，落实“六保”任务创造了良好的货币金融环境。

1.银行业机构运营整体稳健，资产质量有所改善。2020年末，陕西省银行业机构资产总额6.2万亿元，同比增长12.1%；负债总额6.0万亿元，同比增长12.5%；实现利润581.1亿元，同比增长1.0%；拨备覆盖率210.9%，同比上升28.7个百分点；法人银行业机构平均资本充足率14.2%，同比上升0.03个百分点。由于2020年以来的延期还本付息政策等，陕西省银行业机构资产质量有所改善，不良贷款余额同比减少23.3亿元，不良贷款率同比下降0.3个百分点，2020年全年基本稳定在全国平均水平以下，关注类贷款率同比下降0.5个百分点，逾期90天以上贷款占不良贷款比例同比下降1.4个百分点。

表1　2020年陕西省银行业金融机构情况

机构类别	营业网点			法人机构（个）
	机构个数（个）	从业人数（人）	资产总额（亿元）	
一、大型商业银行	1844	40729	21549	0
二、国家开发银行和政策性银行	70	2230	6768	0
三、股份制商业银行	419	10588	8835	0
四、城市商业银行	515	9466	7880	2
五、小型农村金融机构	2787	30863	11193	100
六、财务公司	4	381	1253	4
七、信托公司	3	1966	327	3
八、邮政储蓄银行	1239	10789	3932	0
九、外资银行	5	274	190	0
十、新型农村金融机构	37	1604	213	42
十一、其他	0	601	286	2
合　计	6923	109491	62426	153

数据来源：陕西银保监局。

注：营业网点不包括国家开发银行和政策性银行、大型商业银行、股份制商业银行等金融机构总部数据；大型商业银行包括工商银行、农业银行、中国银行、建设银行和交通银行；小型农村金融机构包括农村商业银行、农村合作银行和农村信用社；新型农村机构包括村镇银行和贷款公司；其他包含金融租赁公司、汽车金融公司、货币经纪公司、消费金融公司等。

2. 存款增量创历史新高，住户存款和非金融企业存款明显多增。2020年末，陕西省金融机构（含外资）本外币各项存款余额49448.6亿元，同比增长11.0%，高于上年2.2个百分点。人民币各项存款余额49090.3亿元，同比增长11.0%，高于上年2.0个百分点，高于全国0.8个百分点。全年存款新增4864.9亿元，同比多增1217.8亿元，增量创历史新高。从结构看，住户存款和非金融企业存款同比多增明显。2020年末，陕西省住户存款余额26384.9亿元，同比增长13.2%，全年新增3079.8亿元，同比多增543.6亿元；非金融企业存款余额14021.4亿元，同比增长9.4%，全年新增1203.4亿元，同比多增495.6亿元。

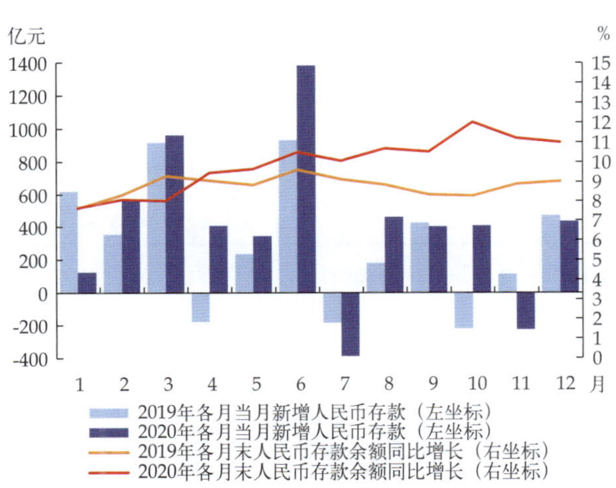

图1　2019—2020年陕西省金融机构人民币存款增长变化

（数据来源：中国人民银行西安分行）

3. 贷款增速创近21个月以来新高，对实体经济的支持力度明显加大。2020年末，陕西省金融机构（含外资）本外币各项贷款余额39185.8亿元，同比增长14.1%，全年贷款新增4848.7亿元，同比多增1332.1亿元。人民币各项贷款余额38905.5亿元，同比增长14.1%，高于上年2.3个百分点，高于全国1.2个百分点，贷款增速创下近21个月以来新高。全年贷款新增4792.3亿元，同比多增1270.5亿元，贷款增量创历史新高。从承贷主体看，企（事）业单位贷款新增2990.5亿元，占各项贷款新增额的62.4%，同比多增983.6亿元。从贷款期限看，中长期贷款新增4435.0亿元，占各项贷款新增额的92.5%，同比多增1950.5亿元。

重点领域信贷资金保障有力，薄弱环节贷款增速加快。2020年末，制造业中长期贷款保持快速增长，全省主要金融机构制造业中长期贷款余额1591.4亿元，同比增长28.2%，高于各项贷款增速14.2个百分点。信贷对基础设施领域的支持力度不断加大，全省主要金融机构①基础设施行业中长期贷款余额8808.2亿元，同比增长18.0%，较年初新增1340.3亿元，新增额是上年同期的2.3倍。抗疫领域资金保障有力，全省卫生和社会工作行业贷款余额143.0亿元，同比增长23.5%，高于各项贷款增速9.5个百分点。普惠小微贷款增量扩面，普惠小微贷款余额2165.8亿元，同比增长41.2%，高于各项贷款增速27.2个百分点，普惠小微贷款户数达38.2万户，同比增长57.7%。涉农贷款增速、增量双提高，全省涉农贷款余额8006.6亿元，同比增长10.6%，较上年末提升7.1个百分点；较年初新增793.3亿元，新增额是上年同期的3.4倍。

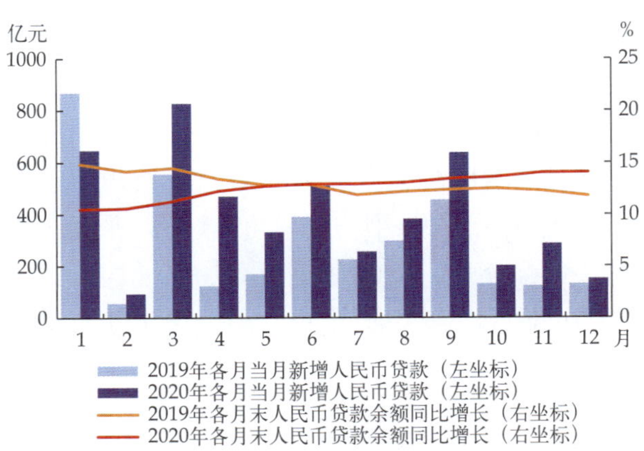

图2　2019—2020年陕西省金融机构人民币贷款增长变化

（数据来源：中国人民银行西安分行）

①主要金融机构包括政策性银行、国有大型银行、股份制银行和城市商业银行。

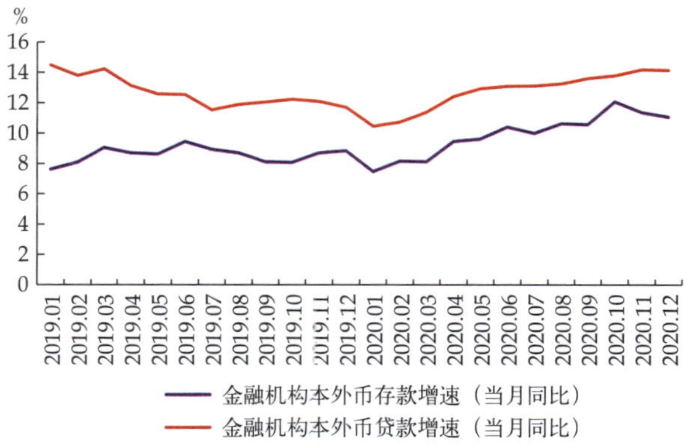

图 3　2019—2020 年陕西省金融机构本外币存、贷款增速变化

（数据来源：中国人民银行西安分行）

4. 表外融资继续下降，调整态势延续。在金融监管政策指导下，违规通道业务和兜底业务得到了有效遏制，委托贷款和信托贷款规模持续萎缩。2020 年，陕西省表外融资减少 1050.3 亿元，同比多减 26.4 亿元。其中，委托贷款减少 247.3 亿元，信托贷款减少 1066.0 亿元。未贴现银行承兑汇票由降转增，全年增加 263.0 亿元，同比多增 271.7 亿元。

5.LPR 引导效率显著提升，贷款利率明显下降。存量浮动利率贷款定价基准转换顺利完成。2020 年 8 月末，陕西省金融机构存量浮动利率贷款定价基准转换进度达 93%，其中，存量企业贷款转换进度为 91.2%，存量个人房贷转换进度为 99%。LPR 改革提升了货币政策传导效率，降低了融资成本。2020 年，人民币一般贷款（不含贴现、个人住房贷款、信用卡透支和各项垫款）加权平均利率为 5.14%，低于上年 0.67 个百分点。小微企业贷款加权平均利率为 5.3%，低于上年 0.53 个百分点。2020 年贷款利率降幅大于同期 LPR 降幅。

表 2　2020 年陕西省金融机构人民币贷款各利率区间占比

单位：%

项目		1 月	2 月	3 月	4 月	5 月	6 月
合计		100.0	100.0	100.0	100.0	100.0	100.0
LPR 减点		31.0	37.2	30.2	28.4	29.0	27.6
LPR		1.5	3.9	4.4	6.5	9.0	8.0
LPR 加点	小计	67.5	58.9	65.4	65.2	62.0	64.4
	(LPR，LPR+0.5%)	20.1	16.2	19.7	14.1	12.6	17.3
	[LPR+0.5%，LPR+1.5%)	17.8	18.9	16.4	21.3	20.7	19.2
	[LPR+1.5%，LPR+3%)	12.7	13.1	12.2	12.3	12.0	13.7
	[LPR+3%，LPR+5%)	10.8	5.3	9.1	9.0	9.4	8.6
	LPR+5% 及以上	6.1	5.5	8.1	8.5	7.4	5.5
项目		7 月	8 月	9 月	10 月	11 月	12 月
合计		100.0	100.0	100.0	100.0	100.0	100.0
LPR 减点		24.9	25.3	36.0	37.3	31.2	41.3
LPR		9.3	15.6	8.3	8.8	7.8	8.4
LPR 加点	小计	65.7	59.1	55.7	53.9	61.0	50.3
	(LPR，LPR+0.5%)	17.4	10.7	11.0	14.1	16.8	10.4
	[LPR+0.5%，LPR+1.5%)	17.0	16.9	16.8	15.6	16.8	15.8
	[LPR+1.5%，LPR+3%)	14.9	17.1	15.5	10.8	12.0	11.5
	[LPR+3%，LPR+5%)	9.8	9.5	8.1	7.8	10.2	8.1
	LPR+5% 及以上	6.7	4.9	4.3	5.5	5.1	4.6

数据来源：中国人民银行西安分行。

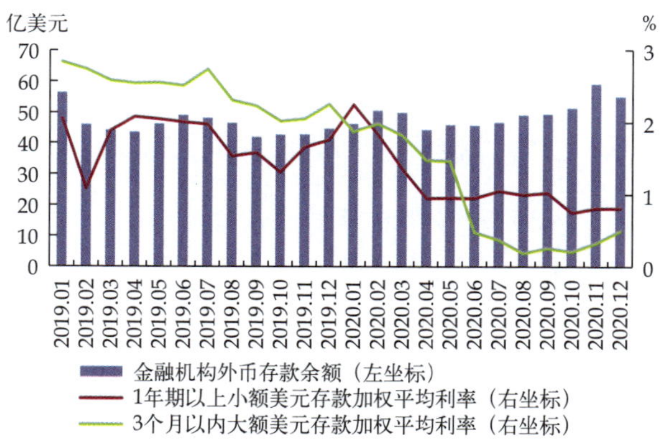

图 4　2019—2020 年陕西省金融机构外币存款余额及外币存款利率

（数据来源：中国人民银行西安分行）

6. 金融机构资产质量持续改善，金融风险有效防范。支持省内地方法人银行多渠道补充资本，2020 年，西安银行和秦农银行各成功发行 20 亿元二级资本债券，增强资本实力。申请发行地方政府专项债券补充省内农村中小银行

资本金工作有序推进。2020年末，陕西省地方法人金融机构不良贷款率同比下降0.8个百分点，资本充足率同比上升0.03个百分点，流动性比率同比上升2.0个百分点。落实“三档两优”存款准备金政策，通过定向降准、三农金融事业部考核达标降准以及一定存款比例用于当地贷款考核达标降准激励等准备金政策，5次下调存款准备金率，累计为地方法人金融机构释放长期资金219亿元。P2P网贷平台风险基本出清，目前省内网贷平台已全部停业，存量业务规模持续下降。积极开展非金融企业债务融资工具风险管理，省内企业在银行间债券市场未发生违约。

7. 银行业金融机构改革持续深化，经营能力不断增强。2020年，长安银行、西安银行和秦农银行通过发行小微企业金融专项债、二级资本债，有力提升了服务实体经济能力和资本充足水平。农合机构深化改革工作稳步推进，2020年末全省农商行达55家。比亚迪汽车金融公司信贷增速由负转正，长银消费金融公司正式获批全国银行间同业拆借资格。

8. 跨境人民币业务发展态势良好，服务效能持续提高、辐射范围不断扩大。2020年，陕西跨境人民币实现收付金额504.4亿元，同比增长1.8%；跨境人民币收付企业数达1390家，同比增长2.5%；境外参加行数达799家，同比增长11.1%；与“一带一路”国家和地区实现收付175.7亿元，占收付总额的34.7%。2011年8月启动跨境人民币业务以来，陕西跨境人民币收付累计实现3492.8亿元，34家银行的279家分支机构参与，服务3228家企业，惠及境外参加银行1857家，交易辐射境外126个国家和地区。与22个周边国家发生人民币跨境收付累计685.2亿元，占全省跨境人民币收付的19.6%，高于全国平均水平1.3个百分点；与44个“一带一路”国家和地区发生人民币跨境收付累计1282.7亿元，占全省跨境人民币收付的36.7%，远超全国平均水平22.8个百分点。

专栏1　金融支持稳企业保就业成效显著

2020年以来，中国人民银行西安分行深入落实总行工作要求，围绕“五大创新”，全方位做好金融支持稳企业保就业工作，为陕西省落实“六稳”“六保”任务提供了强有力的金融支撑，全年金融系统累计向实体经济让利超300亿元。

一是创新政策工具落地方式，为实体经济提供低成本资金。与省、市、县三级发改委（局）和金融机构组建再贷款、再贴现业务直联机制，发展改革部门向金融机构推送企业名单，中国人民银行提供低成本资金，确保提高资金使用效率和对接效率。同时对辖区各地市、各主要法人金融机构再贷款、再贴现使用目标进行细化，明确任务责任，提升工作绩效。2020年末，陕西省再贷款再贴现余额568.6亿元，同比增长192.8%，使用量创历史新高，全年累计向实体经济提供低成本资金837.9亿元。

二是创新融资对接模式，确保支持政策精准匹配经营主体。将“精准画像”“精准推送”“精准督导”作为稳企业保就业金融服务的重要抓手，走访陕西税务、工信、市场监管等八部门，筛选收集了4万余家企业信息。创新开发上线运行“惠尔通”银企对接服务平台，按照“系统匹配＋企业意愿”维度精准对接银企双方，通过科技手段建立了融资对接“中枢点”、标准化流程“服务链”、政策传导“主干道”，确保各项支持政策直达最需要、最见效的经营主体和行业，陕西全省3.18万家稳保名单企业实现100%对接，累计放款5316.9亿元。

三是创新特色金融服务，扎实贯彻落实各项决策部署。落实习近平总书记视察西安大唐不夜城步行街时，提出的“要有序推动各类商场、市场复商复市”要求，创新编制《陕西省金融支持步行街商户金融产品手册》，对全省16个特色化商业街区批量授信额度5.9亿元，贷款金额2.9亿元，助力大唐不夜城入选全国首批5家示范步行街。按照“政府扶持、人行指导、银行支持、增信保障”模式，持续加大对社区工厂的融资支持，安康市支持产业就业的金融扶贫经验得到中央领导高度肯定。

四是创新风险补偿模式，有效发挥“几家抬”政策合力。由财政出资设立8亿元小微企业风险补偿和2亿元政府性融资担保风险补偿资金，对金融机构小微企业贷款给予20%~30%不等的风险补偿，全年财政部门对使用再贷款的贴息合计2.3亿元。联合省工信厅对支持小微企业融资效果显著的金融机构兑现财政奖励资金1800万元，有效提高了金融机构服务小微企业积极性。

五是创新评价评估体系，充分发挥督促指导和正向激励作用。创新建立行领导定点联系机制，分行每位党委班子成员及行领导包抓省内1—2个市（区），重点指导和督促各地提升工作绩效。创新构建“周监测、月通报、季评估、年评价”的政策落实机制，按周核查全省法人机构两项创新工具落实情况，按月通报分支机构融资对接排名，按季开展小微、民营企业信贷政策导向效果评估，年末开展全年金融支持稳企业保就业考核评价，有效发挥了考核评价制度的督促指导和正向激励作用。

在以上“五大创新”政策的推动下，陕西省金融支持稳企业保就业取得显著成效。一是融资对接和两项政策工具使用均位居全国前列。截至2020年，陕西全省稳保名单企业3.18万家，银行对接率100%，累放贷款5316.9亿元，企业家数和贷款金额均位居全国前列；陕西省法人机构累计为8126户114.5亿元普惠小微贷款办理延期，延期率58.4%，1—5级法人机构信用贷占比21.5%，延期率和信用贷占比均位居全国前列。二是普惠小微贷款量增、面扩、价降。2020年末，陕西省普惠小微贷款增速达41.2%，显著超过全国平均水平；贷款户数为38.2万户，同比增长57.7%，较年初增加14.0万户；普惠小微贷款综合融资成本明显下降，12月普惠口径小微贷款加权平均利率为5.82%，较上年同期下降0.97个百分点。三是融资总量增长显著，直接融资实现突破。2020年末，陕西省人民币各项贷款余额达3.9万亿元，同比增长14.1%，高于全国1.3个百分点；全年企业债券累计融资3022亿元，同比增加506亿元，融资额创历史新高。

（二）证券业快速发展，盈利能力显著增强

2020年，陕西省证券期货机构业务规模持续增长，盈利能力显著提升。上市公司经营良好，盈利水平显著提高。

1.资产规模持续增长，盈利能力显著提升。2020年末，陕西省共有法人证券公司、期货公司各3家，法人基金公司1家，证券分公司54家，证券营业部252家。3家法人证券公司总资产959.6亿元，同比增长23.3%；营业收入、净利润分别为69.5亿元、20.2亿元，同比分别增长24.7%和47.5%。3家法人期货公司总资产75.6亿元，同比增长3.4%；营业收入、净利润分别为7.5亿元、0.9亿元，同比分别增长144.8%、420.4%。

2. 市场交易持续活跃，上市公司经营业绩良好。2020年，陕西省累计代理证券交易额80239.6亿元，同比增长41.2%。2020年末，陕西省内上市公司59家，总市值12690.5亿元，同比增长87.4%。全省上市公司股票市场融资281.0亿元，同比增长180.9%。截至9月末，上市公司总资产11260.7亿元，同比增长12.1%；净资产3965.0亿元，同比增长11.8%；实现营业收入2387.3亿元，同比增长12.1%；实现净利润237.7亿元，同比增长34.8%。

表3　2020年陕西省证券业基本情况

项目	数量
总部设在辖内的证券公司数（家）	3
总部设在辖内的基金公司数（家）	1
总部设在辖内的期货公司数（家）	3
年末国内上市公司数（家）	59
当年国内股票（A股）筹资（亿元）	111.6
当年发行H股筹资（亿元）	0.0
当年国内债券筹资（亿元）	3022.0
其中：短期融资券筹资额（亿元）	909.0
中期票据筹资额（亿元）	733.0

数据来源：陕西证监局、中国人民银行西安分行、陕西省发展改革委。

（三）保险业平稳增长，服务经济社会功能有效发挥

2020年，陕西省保险业平稳增长，业务结构持续优化，保险保障和服务功能有效发挥。

1. 保险机构平稳运行，风险保障功能有效发挥。2020年，陕西省拥有法人保险业机构2家，省级分公司67家（见表4）。保险行业总资产2448.20亿元，同比增长13.21%。全年实现保费收入1102.74亿元，同比增长6.70%。全省保险业共提供各类风险保障70.69万亿元，支付赔款332.19亿元，同比分别增长35.93%、10.72%，风险保障功能得到有效发挥。

表4　2020年陕西省保险业基本情况

项目	数量
总部设在辖内的保险公司数（家）	2
其中：财产险经营主体（家）	1
寿险经营主体（家）	1
保险公司分支机构（家）	3234
其中：财产险公司分支机构（家）	1486
寿险公司分支机构（家）	1748
保费收入（中外资，亿元）	1102.7
其中：财产险保费收入（中外资，亿元）	238.0
人身险保费收入（中外资，亿元）	864.7
各类赔款给付（中外资，亿元）	332.2

数据来源：陕西银保监局。

2. 保险业务结构持续优化，民生保障功能持续发挥。2020年，全省财产险公司非车险保费收入67.1亿元，同比增长16.8%；业务占比34.8%，同比提高2.0个百分点。2020年，全省人身险原保险保费收入840.6亿元，同比增长5.7%。其中普通寿险业务占比44.4%，同比提高2.8个百分点；健康险业务占比19.0%，同比提高1.2个百分点。2020年，全省农业保险保费收入18.0亿元，同比增长26.4%；支付农业赔款13.0亿元，同比增长80.8%。

（四）直接融资质效持续提升，金融市场稳步发展

2020年，在直接融资和间接融资共同发力之下，陕西省社会融资规模增量持续增长，融资结构有所改善。上市公司数量持续增加，债券发行市场活跃，产品创新有力推进。金融市场整体运行平稳，银行间回购和拆借交易总体活跃，融资利率保持平稳。

1. 社会融资规模持续增长，融资结构进一步优化。2020年，直接融资和间接融资共同发力，陕西省社会融资规模新增6407.1亿元，同比多增1895.6亿元。其中，本外币贷款新增4872.3亿元，同比多增1360.4亿元，占社会融资规模的比重为76.0%。表外融资减少1050.3亿元，同比多减26.4亿元。直接融资新增1410.1亿元，

同比多增475.2亿元，占社会融资规模的比重为22.0%，较上年提升1个百分点。政府债券新增882.6亿元，同比多增87.2亿元。

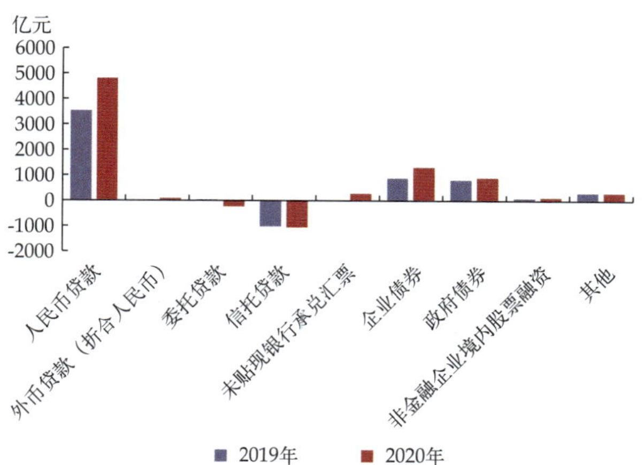

图5　2019—2020年陕西省社会融资规模分布结构

（数据来源：中国人民银行西安分行）

2. 金融市场活跃度提升，产品创新有力推进。2020年，全省企业累计发行259只债券，规模3022亿元，同比增长20%。陕西建工集团发行全国首单疫情防控资产支持票据，募集资金10亿元。全国首批标准化票据成功落地，基础资产为陕西民营企业东岭物资签发的商业票据，金额为5000万元，利率低至2.85%。全国首批供应链标准化票据“海通证券陕建控股简单汇2020年度第一期标准化票据”成功发行，金额为2600万元。

3. 货币市场运行平稳，银行间回购和拆借交易总体活跃。2020年，陕西省金融机构通过全国银行间同业拆借市场累计成交912笔，成交金额2551.6亿元，同比减少28%，市场整体净融入资金2202.4亿元。银行间债券回购累计成交50167笔，成交金额126851.7亿元，同比增长10%，市场整体净融入资金27092.5亿元。市场利率整体下行，交易期限以短期为主。

4. 票据业务总量稳定，融资利率保持平稳。2020年末，陕西省银行承兑汇票余额为2562.2亿元，较上年增加93.5亿元。贴现余额为2359.1亿元，较上年减少30.8亿元。金融机构票据贴现和转贴现利率呈窄幅波动，整体保持平稳。

表5　2020年陕西省金融机构票据业务量统计

单位：亿元

季度	银行承兑汇票承兑		贴现			
			银行承兑汇票		商业承兑汇票	
	余额	累计发生额	余额	累计发生额	余额	累计发生额
1	2484.0	1012.5	2374.7	3326.4	115.7	120.6
2	2510.3	2060.6	2314.0	6061.8	113.9	240.0
3	2647.3	2974.2	2225.9	7905.8	98.7	378.2
4	2562.2	3759.2	2258.8	9459.4	100.3	548.7

数据来源：中国人民银行西安分行。

表6　2020年陕西省金融机构票据贴现、转贴现利率

单位：%

季度	贴现		转贴现	
	银行承兑汇票	商业承兑汇票	票据买断	票据回购
1	2.86	4.68	2.67	2.14
2	2.52	4.22	2.41	1.80
3	2.92	4.31	2.71	2.15
4	3.10	4.41	2.76	2.20

数据来源：中国人民银行西安分行。

（五）普惠金融成效进一步深化，自贸区金融改革深入推进

宜君农村普惠金融综合示范区试点成效进一步深化，世界银行普惠金融全球倡议项目宜君试点“充分发挥助农取款服务点潜能”子项目启动实施，“农村金融产品使用与设计”子项目顺利推进；铜川普惠金融改革试验区申报工作取得重大进展，修改完善方案并征求国家部委意见；研究制订西安科创金融改革创新试验区方案，由陕西省政府上报国务院。大力推进简政放权，取消结售汇、境外投资等11项外汇管理证明事项，深化资本项目外汇收入支付便利化试点，推动全国首笔商业保理外币融资业务成功落地；出台《金融支持中欧班列（西安）集结中心暨中国（陕西）自由贸易试验区高质量发展意见》，加强金融服务中欧班列（西安）集结中心及陕西自贸区建设力度，推动中

欧班列“长安号”数字金融综合服务平台创建；“四扩大两可控”跨境金融创新专项行动深入开展，数字人民币试点工作在西安市正式启动，西安市本外币合一银行结算账户体系试点稳妥推进。按季度开展陕西省银行业存款类金融机构（法人）绿色信贷业绩评价工作，评价范围覆盖至全省所有法人银行机构，评价结果纳入央行评级。

（六）金融基础设施不断完善，区域金融环境持续优化

1. 支付清算体系不断完善，基础金融服务能力显著增强。2020 年，陕西省持续加大支付体系建设力度，不断优化基础金融服务功能，强化银行结算账户管理能力，规范支付服务市场秩序，纵深推进移动支付便民工程建设，加快支付服务普惠进程，保障支付清算系统业务连续性，推动陕西省支付市场健康、有序发展。

表 7　2019—2020 年陕西省支付体系建设情况

年份	支付系统直接参与方（个）	支付系统间接参与方（个）	支付清算系统覆盖率（%）	当年大额支付系统处理业务数（万笔）	同比增长（%）
2019	5.0	5823.0	97.0	4064	-0.2
2020	5.0	5843.0	97.0	1903.9	-53.2

年份	当年大额支付系统业务金额（亿元）	同比增长（%）	当年小额支付系统处理业务数（万笔）	同比增长（%）	当年小额支付系统业务金额（亿元）	同比增长（%）
2019	753453.39	15.71	11655.46	19.96	19133.25	47.08
2020	774928.73	2.85	17750.85	52.3	54396.8	184.31

数据来源：中国人民银行西安分行。

2. 信用体系建设成效显著，征信服务实体经济能力不断增强。陕西省 128 万户企业和 2605 万自然人信息纳入国家金融信用信息基础数据库，在全省建成信用报告查询网点 291 个，布放自助查询设备 333 台，设备人均保有量位居全国前列，彻底消除查询“排长队”现象。一二代征信系统切换工作圆满完成，陕西省征信查询前置监测系统完成升级改造。大力推动地方征信平台建设，充分发挥信用信息在助力小微企业融资中的支撑作用。实现信用体系建设对建档立卡贫困户的全覆盖，推动为省内 145.2 万户建档立卡贫困户全部建立信用档案，实现金融机构可查询、可使用。征信市场规范整治成效明显，与省市场监督管理局等部门建立协同监管机制，已有 8 家企业被吊销营业执照，50 家企业注销营业执照，26 家企业变更企业名称或经营范围。

3. 金融消费者宣传教育和权益保护切实加强。以金融教育示范基地建设为依托推动金融消费者教育，针对疫情防控常态化以“非接触式”方式开展宣传，举办 2020 年陕西金融业金融宣传教育月活动“云启动”仪式，累计观看人数超过 45 万人次。

二、经济运行情况

2020 年，面对新冠肺炎疫情的严重冲击，陕西省扎实做好“六稳”工作、全面落实“六保”任务，全省经济持续稳定恢复。全年实现生产总值 26181.9 亿元，较上年增长 2.2%，低于上年 3.8 个百分点。三次产业的结构为 8.7 ∶ 43.4 ∶ 47.9。2020 年，陕西省居民人均可支配收入 26226 元，同比名义增长 6.3%，实际增长 3.7%，高于 GDP 增速 1.5 个百分点。2020 年，全省城镇新增就业 43.2 万人，超额完成全年 38 万人的目标任务，城镇登记失业率 3.6%，居民就业保持稳定。

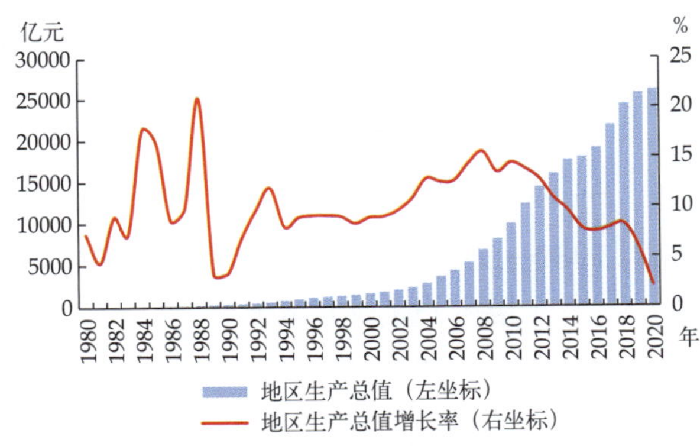

图 6　1980—2020 年陕西省地区生产总值及其增长率

（数据来源：《陕西统计年鉴》、陕西省统计局）

（一）投资、进出口较快恢复，总体需求逐步回暖

2020年，新冠肺炎疫情暴发后，随着“六稳”“六保”政策措施有序实施，陕西经济逐渐恢复，需求端总体呈向好发展态势，投资、消费、进出口均呈回暖态势。从结构看，投资需求恢复态势良好，增速高于上年；消费需求下降，但新型消费模式增势强劲；进出口稳步恢复，并保持较快增长。

1. 投资需求持续改善，基础设施投资恢复性增长。2020年，全省固定资产投资（不含农户）同比增长4.1%，较上年加快1.6个百分点，恢复态势良好。第一产业投资增长4.6%，较上年加快3.2个百分点；第二产业投资下降0.2%，较上年回落11.4个百分点；第三产业投资增长5.7%，较上年加快6.1个百分点。从重点领域看，制造业投资增长3.2%，高于全国5.4个百分点，高技术产业投资增长16.8%，高于全国6.2个百分点；民间投资增长6.9%，高于全国5.9个百分点；基础设施投资增长1.5%，高于全国0.6个百分点；房地产开发投资增长12.8%，较上年加快2.4个百分点。

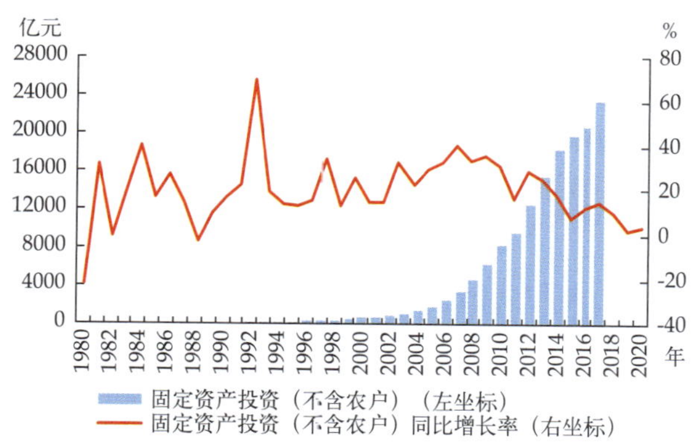

图7　1980—2020年陕西省固定资产投资（不含农户）及其增长率

（数据来源：《陕西统计年鉴》、陕西省统计局）

2. 消费需求下降，但新型消费模式增势强劲。2020年，全省社会消费品零售总额9605.9亿元，同比下降5.9%，较上年回落13.3个百分点。其中，限额以上企业（单位）消费品零售额4428.7亿元，同比下降4.5%，较上年回落8.3个百分点。按经营单位所在地分，城镇消费品零售额8543.7亿元，同比下降6.0%；乡村1062.3亿元，同比下降5.4%。按消费形态分，餐饮收入978.9亿元，下降11.9%；商品零售8627.1亿元，下降5.2%。新型消费模式增势强劲。2020年，限额以上企业（单位）通过公共网络实现商品销售705.1亿元，同比增长29.6%，较上年加快10.0个百分点；占全部限额以上消费品零售额的15.1%，比上年提高4.3个百分点。

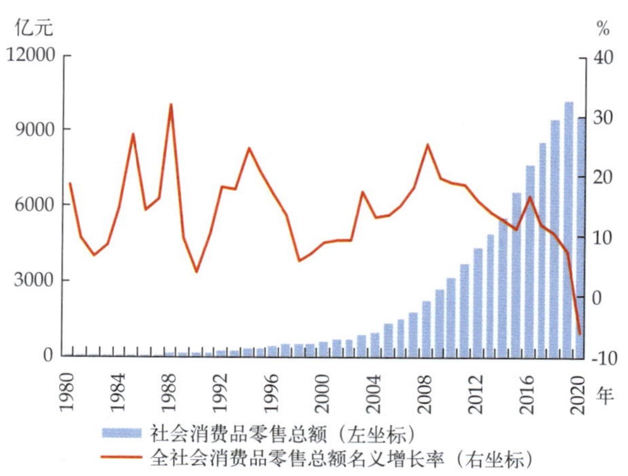

图8　1980—2020年陕西省社会消费品零售总额及其增长率

（数据来源：《陕西统计年鉴》、陕西省统计局）

3. 外贸进出口较快增长，实际利用外资回稳向好。在全球贸易保护主义抬头及新冠肺炎疫情冲击之下，2020年陕西省外贸进出口稳步恢复，并保持较快增长，增速高于全国平均水平。全年进出口总值3772.1亿元人民币，同比增长7.3%。其中，出口1929.6亿元，同比增长3.0%；进口1842.5亿元，同比增长12.2%；进出口贸易顺差87.2亿元，同比下降62.2%。2020年初，新冠肺炎疫情对外商投资企业商务活动产生较强抑制作用。但随着国内外疫情的逐步趋缓和我国经济重启的强劲势头，外商投资回稳向好，2020年陕西省实际利用外资84.4亿美元，同比增长9.2%。

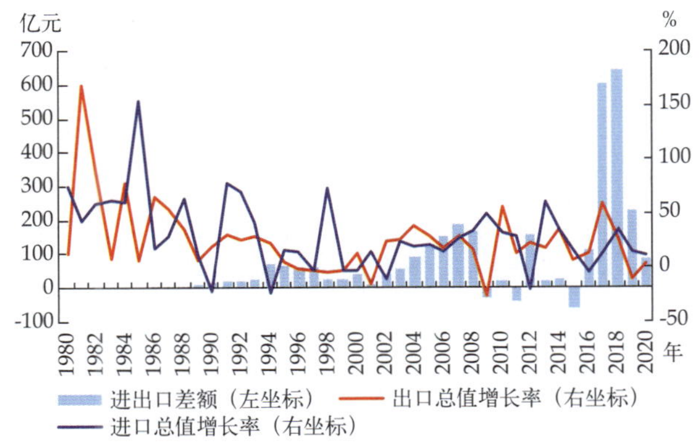

图 9　1980—2020 年陕西省外贸进出口变动情况

（数据来源：《陕西统计年鉴》、陕西省统计局）

图 10　1986—2020 年陕西省实际利用外资额及其增长率

（数据来源：《陕西统计年鉴》、陕西省统计局）

（二）产业结构持续优化，供给侧结构性改革深入推进

陕西省产业结构持续优化，服务业增加值占比不断提升。2020 年，全省第一产业增加值占地区生产总值的比重为 8.7%，较上年提高 1.0 个百分点；第二产业增加值占全省地区生产总值的比重为 43.4%，较上年下降 3.1 个百分点；第三产业增加值占全省地区生产总值的比重为 47.9%，较上年提高 1.2 个百分点。

1. 农业生产形势稳定，粮食产量再创新高。2020 年，全省粮食总产量 1274.4 万吨，创 1998 年以来新高，同比增长 3.6%，较上年加快 3.2 个百分点。其中，夏粮产量 453.5 万吨，增长 7.9%；秋粮产量 821.3 万吨，增长 1.3%。蔬菜及食用菌产量 1964.7 万吨，增长 3.6%；园林水果 1808.0 万吨，增长 4.3%。猪牛羊禽肉产量 106.4 万吨，下降 2.2%；牛奶产量 108.7 万吨，下降 0.8%；禽蛋产量 64.2 万吨，增长 0.2%。

2. 工业生产保持增长，高技术产业和装备制造业增长较快。2020 年，全省规模以上工业增加值同比增长 1.0%，低于上年 4.2 个百分点，年内累计增速连续 8 个月保持正增长。其中，高技术产业增长 16.1%，装备制造业增长 14.7%，分别高于规模以上工业增速 15.1 个和 13.7 个百分点。从主要行业看，规模以上能源工业增加值同比增长 5.4%。其中，煤炭开采和洗选业增长 5.4%；石油和天然气开采业下降 1.4%。非能源工业增加值下降 0.2%。高技术产业增长亮眼，计算机、通信和其他电子设备制造业增长 37.4%；电气机械和器材制造业增长 16.5%，汽车制造业增长 7.4%。

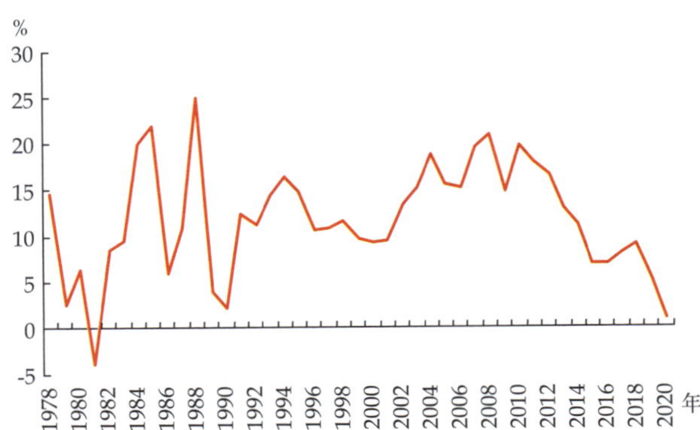

图 11　1978—2020 年陕西省规模以上工业增加值增长率

（数据来源：《陕西统计年鉴》、陕西省统计局）

3. 服务业稳步恢复，现代服务业形势喜人。2020 年 4 个季度陕西省服务业增加值分别实现累计同比增长 -4.6%、-0.5%、1.4% 和 2.8%，呈现加快恢复态势。2020 年，全省第三产业增加值增速高于地区 GDP 增速 0.6 个百分点，占 GDP 的比重较上年提高 1.2 个百分点。现代服务业增势良好，信息传输、软件和信息技术服务业增加值增长 15.1%，科学研究和技术服务业增长 12.7%，金融业增长 6.5%，是引领服务业恢复的主要力量。

4. 供给侧结构性改革持续深化，创新驱动战略助推高质量发展。2020 年，全省战略性新兴产业增加值增长 5.8%，高于 GDP 增速 3.6 个百分点，占 GDP 比重为 11.7%，较上年提高 1 个百分点。工业新产品增长动力强劲，碳纤维及复合材料、太阳能电池、集成电路圆片等工业新产品高速增长，光纤、光缆、智能手机、智能电视等产品全年平均增速在 30% 以上。2020 年，陕西省百强企业投入研发资金同比增长 19.6%，较上年提升 0.18 个百分点。工业企业技术改造力度进一步增强，2020 年工业技改投资增长达 37.9%，创新驱动成为全省制造业企业转型升级的主动能、效益增长的主引擎。

5. 污染治理成效显著，生态环境安全得到有效保障。2020 年，陕西省定期调度“四大结构”调整工作进展，对“散污乱”企业开展整治“回头看”1.9 万家，对 162 台工业炉窑和 109 家挥发性有机物企业实施治理，完成散煤治理 81.4 万户，拆改燃煤锅炉 108 台，积极推进企业绩效分级管控，持续推进汾渭平原大气污染联防联控区域协作。大气环境质量显著改善，按国家考核标准，陕西省 10 个城市（西安、咸阳、宝鸡、渭南、铜川、榆林、延安、汉中、商洛、安康）PM2.5 平均浓度为 41.27 微克 / 立方米，完成了“十三五”国家考核标准目标任务，优良天数提升至 295 天，重污染天数减少至 6 天。水环境质量达到有监测记录以来的历史最优，50 个国考断面中 I~III 类比例达到 92%，优于国家考核指标 20 个百分点，全面消除劣 V 类水体。全省受污染耕地安全利用率达到 92.3%，污染地块安全利用率实现 100%，生态环境安全得到有效保障。

（三）消费价格涨幅回落，劳动力成本稳中有升

2020 年，陕西省居民消费价格呈前高后低走势，其中食品烟酒、其他用品和服务的价格涨幅较大。随着全省经济恢复，工业生产经营状况明显改善，生产价格降幅收窄。劳动力成本平稳上升，居民收入稳步增长。

1. 居民消费价格涨幅回落。2020 年，陕西省居民消费价格较上年增长 2.5%，涨幅比上年回落 0.4 个百分点。其中，食品烟酒价格上涨 7.6%，比上年上升 2.0 个百分点，是影响 CPI 上涨的主要因素；其他用品和服务价格上涨 5.2%，比上年上升 1.2 个百分点；教育文化和娱乐价格上涨 1.8%，比上年回落 1.0 个百分点；居住价格上涨 0.1%，比上年回落 2.3 个百分点。

2. 生产价格降幅收窄。2020 年，陕西省工业生产者出厂价格同比下降 4.9%，低于全国 3.1 个百分点，降幅较上半年和前三季度分别收窄 0.3 个和 0.4 个百分点。其中，采矿业价格下降 13.2%，制造业价格下降 2.2%，电力、热力、燃气及水生产和供应业价格下降 4.6%。1—12 月，工业生产者购进价格下降 2.4%，低于全国 0.1 个百分点。

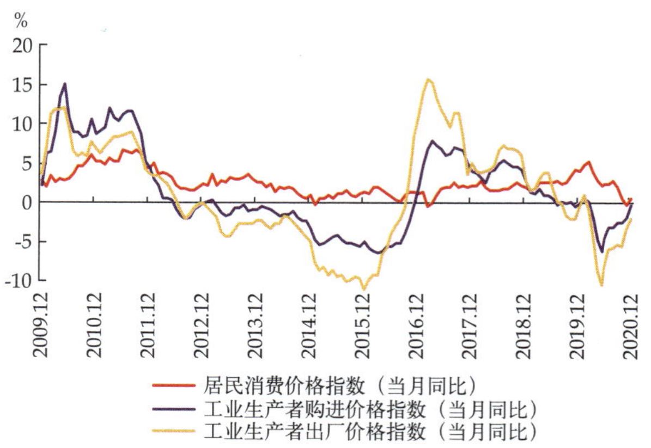

图 12　2009—2020 年陕西省居民消费价格指数和生产者价格指数变动趋势

（数据来源：《陕西统计年鉴》、陕西省统计局）

3. 劳动力成本平稳上升。2020 年，陕西省居民人均工资性收入 14044 元，同比增加 735 元，同比增长 5.5%，占可支配收入的比重为 53.5%。农民工月均收入水平 4085 元，同比增长 4.1%。全省城镇新增就业 43.2 万人，超额完成全年 38 万人的目标任务，城镇登记失业率 3.6%，居民就业保持稳定。

（四）地方财政收入降幅收窄，财政支出逐步回升

2020 年，陕西省地方公共预算收入 2257.2

亿元，同比下降1.3%，降幅比上半年收窄13.7个百分点。疫情冲击与减税降费政策效应叠加下，地方税收1752.1亿元，同比下降5.1%，增速较上年下滑9.1个百分点，占地方财政收入的比重为77.6%，较上年下降3.1个百分点；非税收入505.1亿元，同比增长14.3%。全省公共预算支出5933.8亿元，同比增长3.8%，增速比上半年回升10.3个百分点，保障各项“六稳”“六保”支出。其中，社会保障和就业支出、卫生健康支出、农林水支出同比分别增长16.3%、9.3%和8.1%。

2020年，全省发行地方政府债券1532.8亿元，同比增长9.2%，其中再融资债券501.0亿元，新增债券1031.8亿元，均未超过中央下达限额。新增债券中，一般债券363.8亿元，专项债券668.0亿元，市政及园区基础设施、交通基础设施专项债规模分别占新增专项债总规模的23.9%、23.3%，合计占比近五成。

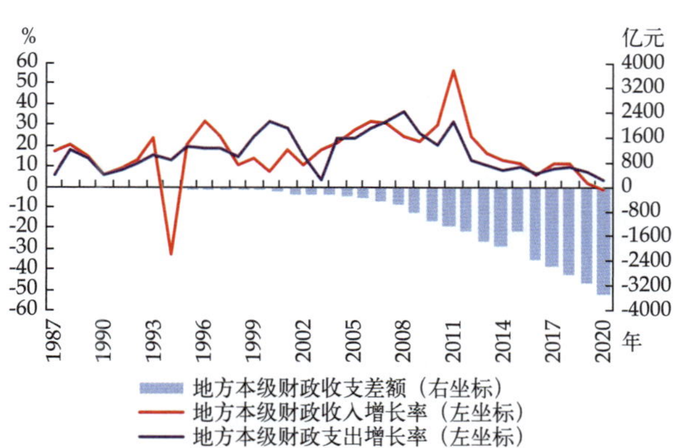

图13　1987—2020年陕西省财政收支状况

（数据来源：《陕西统计年鉴》、陕西省统计局）

（五）金融支持文旅产业成效显著，文旅产业稳步复苏

近年来陕西文旅产业保持快速增长，但2020年疫情对陕西文旅产业产生明显冲击。近年来，陕西省文旅产业快速发展，“十三五”规划主要目标指标和重点任务基本完成，为全省经济稳定增长提供了有力支撑。文化产业不断壮大，《装台》《大秦赋》等影视作品深受观众喜爱，截至2019年，全省文化及相关产业市场主体总量达到10.8万户，规模以上文化企业1544家，比2015年增加868家，营业收入1070.9亿元，较2015年年均增长16.2%，高于同期经济增速6.7个百分点。2020年，突如其来的新冠肺炎疫情给陕西省文旅产业带来了巨大冲击。2020年，全省接待境内外游客3.57亿人次，同比下降49.5%，旅游总收入2765.55亿元，同比下降61.7%。

金融支持文旅产业复工复产成效显著，文旅产业稳步复苏。疫情发生后，中国人民银行西安分行加强信贷政策窗口指导，积极发挥结构性货币政策工具的引导作用，2020年，符合两项直达工具运用条件的地方法人金融机构累计发放旅游、娱乐、住宿、餐饮业普惠小微企业信用贷款1.7亿元，惠及企业949家，办理贷款延期5.5亿元，惠及企业338家。及时出台《关于做好陕西省金融支持稳企业保就业工作的指导意见》，指导金融机构做好中小型文旅企业的金融服务，编制《陕西省金融支持步行街商户金融产品手册》，支持步行街复工复市。2020年末，陕西文旅产业贷款余额为1041亿元，信用贷款占比达到23.4%。支持文旅企业发债，拓宽融资渠道，2020年，全省文旅企业通过债券市场融资182.6亿元，其中，发行非金融企业债务融资工具112.4亿元。在金融系统的支持下，文旅产业融资环境明显改善，为产业复苏和高质量发展提供了有力的金融支持。

专栏2　金融支持制造业高质量发展加快推进

制造业是实体经济的根基。陕西作为我国先进制造业基地，制造业基础深厚，制造业企业众多。2020年以来，中国人民银行西安分行采取多种措施支持陕西省制造业企业融资，引导增加制造业中长期贷款投放，推动陕西工业增加值和制造业投资增速稳步回升，金融支持陕西制造业高质量发展成效显著。

一、多措并举加大制造业贷款投放力度

近年来，中国人民银行西安分行着力推动优化信贷结构，督促金融机构加大对制造业的信贷投放。窗口指导方面，按季度召开金融机构信贷投放窗口指导会，督促银行加大对制造业的贷款支持力度。信贷政策方面，会同相关部门出台《关于做好陕西省金融支持稳企业保就业工作的指导意见》，要求金融机构将制造业作为新增信贷投放的重点方向，确保完成全年制造业中长期贷款同比增长20%的目标。融资对接方面，积极推动制造业企业融资对接，向全省金融机构推送金融稳保名单企业，其中包含近4000家制造业企业，目前已经实现对接全覆盖。

二、积极拓宽制造业企业债券融资渠道

2020年全年陕西各类制造业企业通过银行间市场募集资金超过630亿元，省内长安银行发行30亿元小微企业金融债券，募集资金主要投向制造业小微企业。推动尧柏特种水泥成功发行2020年陕西首单民营企业债券7亿元；推动陕西最大的制造业民营企业东岭集团创设信用风险缓释凭证，发行全国首批、陕西首单民营企业标准化票据。

三、建立高技术企业“领办行”机制

中国人民银行西安分行自2019年开始建立高技术重点企业监测体系，持续向16家“领办行”推送高技术企业名单与融资需求，推动信贷投向高技术产业。2020年末，陕西省高技术产业贷款户数达2931家，较上年同期增加929家，贷款余额438亿元。2020年末，全省共有94家轻资产高技术企业首次获得贷款，贷款余额9.97亿元。

四、强化再贴现对制造业科技创新的支持作用

以西安建设科创金融改革创新试验区为契机，运用再贴现工具创设“科创票链通”融资模式，建立先进制造业等科创产业的“企业名录”，推动核心企业应收账款票据化，为核心企业和供应链上下游企业提供精准融资支持。据统计，2020年再贴现支持高端装备制造、电子信息通信等行业票据融资超过65亿元。

五、支持金融机构设立服务科创专营机构和特色支行

浦发银行在西安设立了总行级的科技金融服务中心，为陕西科技企业提供专业化金融服务。农业银行陕西省分行设立科创企业金融服务中心，建立重点科创企业名单，对名单内企业，按照一般客户的10倍计价对贷款团队进行考核激励。长安银行在全省设立了5家科技支行，对科技企业知识产权质押贷款给予特别授权，缩短审批层级，提高发放效率。

六、强化与财政政策的协同配合

充分发挥货币与财政政策合力，推动省内各级财政部门对使用支小再贷款等货币政策工具的地方法人金融机构贴息2.26亿元，有效降低了制造业小微企业融资成本；协调省财政厅出资设立8亿元小微企业风险补偿基金和2亿元政策性融资担保风险补偿基金，重点支持制造业小微企业融资。

在上述政策的推动下，全省制造业贷款增速持续提升。2020年末，全省制造业贷款余额2672.68亿元，同比增长12.56%，较上年末提升7.59个百分点。主要金融机构制造业中长期贷款余额1591.43亿元，同比增长28.23%，高于各项贷款增速14.2个百分点，有效满足了制造业企业中长期融资需求。西安分行对32家省级银行的调查显示，超八成银行预计2021年制造业贷款需求将进一步上升，有望支持陕西制造业投资继续加快增长。

下一步，中国人民银行西安分行将继续推进和深化制造业金融服务，强化政策督导和窗口指导，推动金融机构加大对制造业的信贷投放力度，进一步拓宽企业融资渠道，助推陕西制造业高质量发展。

三、预测与展望

2020年，面对错综复杂形势、艰巨繁重任务特别是新冠肺炎疫情的严重冲击，陕西坚持稳中求进工作总基调，坚持新发展理念，以推动高质量发展为主题，贯彻落实“五项要求”“五个扎实”，统筹疫情防控和经济社会发展，全力打好三大攻坚战，经济恢复好于预期，夺取了疫情防控和经济社会发展的双胜利。

2021年是“十四五”规划开局之年，也是新时代陕西追赶超越关键之年。陕西将深入贯彻落实习近平总书记到陕西考察重要讲话重要指示精神，以推动高质量发展为主题，以深化供给侧结构性改革为主线，以改革创新为根本动力，以满足人民日益增长的美好生活需要为根本目的，坚定不移贯彻新发展理念，积极融入新发展格局，保持经济运行在合理区间，打好“十四五”开局之战。

狠抓项目扩投资，多措并举促消费。在投资方面，陕西将实施一批扬优势、补短板项目，鼓励发行公司信用类债券，加快重大工程建设。消费方面，组织传统商品促销活动，培育新型消费，实现线上线下消费融合，建设立足乡村、贴近农民的生活消费服务综合体。

深入实施创新驱动发展战略，优化和谐稳定产业链供应链。陕西将强化科技支撑能力，深化产业链、创新链融合发展，优化创新创业生态；持续壮大战略性新兴产业，加快传统产业技术改造，积极发展特色产业。以价值链延伸推动现代服务业提质增效，统筹推进现代流通体系建设，大力发展生产性服务业，全产业链重塑陕西文化旅游融合发展新优势。

巩固脱贫攻坚成果，全面推进乡村振兴。陕西将加强脱贫地区产业帮扶，多渠道促进就业，加强配套基础设施和公共服务。把握粮食安全主动权，坚决遏制耕地“非农化”、防止“非粮化”。推进特色现代农业建设，实施农产品加工提升行动，配套建设冷链仓储设施，推动农村一二三产业融合发展。推进农村重点领域和关键环节改革，壮大新型农村集体经济。

推进更高水平开放，加快建设内陆改革开放新高地。陕西将深化“一带一路”建设，促进内需和外需、进口和出口、引进外资和对外投资协调发展。高标准建设中欧班列（西安）集结中心，吸引外贸企业聚集，培育大宗商品贸易产业，发展内陆港多式联运。发挥自贸试验区先行示范作用，推动外贸外资优化升级。

2021年，中国人民银行西安分行将坚持以习近平新时代中国特色社会主义思想为指导，全面贯彻党的十九届五中全会、中央经济工作会议以及总行、总局工作会议精神，立足新发展阶段，贯彻新发展理念，构建新发展格局，坚持稳中求进工作总基调，坚持系统观念，聚焦服务实体经济，稳字当头、抓住重点，精准落实稳健的货币政策，前瞻性防范化解金融风险，深化区域金融改革，提升金融管理服务效能，助力谱写陕西新时代追赶超越新篇章。

中国人民银行西安分行货币政策分析小组
总　纂：魏革军　李霄峻
统　稿：赵小虎　申建文　李　冕　唐海涛

《中国区域金融运行报告（2021）》分报告

执　笔：唐海涛　李　冕　李　超　骆昭东　马　悦　孙　姣　冯　伟　刘　婷　李媛媛　李　姜
潘亚柳　王　宇　南　雁　栗国华　王　蓉　方　蕊　雷梦菲　马维华　冯逸超　姚　远
郭　琦　任韵姣　马　萁　王　越　武　源　王　莹　梁砺波　岳泽亮

附录

（一）2020 年陕西省经济金融大事记

2 月 10 日，出台《陕西省人民政府关于坚决打赢疫情防控阻击战促进经济平稳健康发展的意见》（陕政发〔2020〕3 号）。

2 月 26 日，陕西建工集团股份有限公司发行首单公募疫情防控资产支持票据，募集资金 10 亿元。

4 月 20—23 日，中共中央总书记、国家主席、中央军委主席习近平在陕西考察，强调“奋力谱写陕西新时代追赶超越新篇章”。

8 月 26 日，全国股转公司与陕西省政府在西安签署战略合作协议，并举办全国股转系统（新三板）西北基地揭牌仪式。

9 月 12 日，以“国内国际双循环和西部新机遇”为主题的首届中国金融四十人曲江论坛在西安曲江新区举办。

10 月 10 日，出台《中国人民银行西安分行　国家外汇管理局陕西省分局关于金融支持中欧班列（西安）集结中心暨中国（陕西）自由贸易试验区高质量发展的意见》（西银发〔2020〕152 号）。

10 月 22—26 日，以“科技创新引领高质量发展”为主题的第 27 届中国杨凌农业高新科技成果博览会在陕西杨凌举办。

10 月 25 日，全国地方金融二十四次论坛（2020）年会暨丝绸之路农商行联盟首届董事长圆桌会在陕西杨凌举行。

2020 年，陕西组织开展了“百行进万企”融资对接、金融“稳保”直达行动、涉外重点企业“大走访”等系列活动，金融系统累计向实体经济让利超过 300 亿元。

2020 年，西安市 GDP 突破万亿元，被国务院批准为数字人民币扩大试点地区，荣获“2020 年度营商环境创新创优标杆城市”，在“中国金融中心指数”排名中位列第十。

（二）2020年陕西省主要经济金融指标

表1　2020年陕西省主要存贷款指标

	项目	1月	2月	3月	4月	5月	6月	7月	8月	9月	10月	11月	12月
本外币	金融机构各项存款余额（亿元）	44666.6	45267.6	46228.1	46593.3	46951.8	48330.3	47943.0	48413.3	48814.6	49230.0	49045.0	49448.6
	其中：住户存款	24456.0	24466.3	24919.1	24778.3	24888.7	25407.0	25403.7	25485.5	25937.0	25775.4	26008.1	26506.9
	非金融企业存款	11967.4	12396.8	12852.2	13232.9	13480.9	13801.3	13668.6	14015.3	14120.9	14142.7	14020.9	14240.9
	各项存款余额比上月增加（亿元）	130.0	601.0	960.5	365.2	358.5	1378.5	-387.3	470.2	401.3	415.5	-185.0	403.6
	金融机构各项存款同比增长（%）	7.4	8.1	8.1	9.4	9.6	10.4	10.0	10.6	10.5	12.0	11.3	11.0
	金融机构各项贷款余额（亿元）	34981.0	35106.3	35957.5	36418.4	36778.4	37283.3	37534.0	37924.6	38560.9	38764.2	39036.7	39185.8
	其中：短期	6664.0	6701.1	6854.4	6893.0	6977.8	7024.9	7047.0	7128.6	7275.5	7228.2	7215.9	7072.3
	中长期	25846.2	26017.3	26486.4	26868.7	27128.6	27636.2	27961.5	28318.7	28809.5	29100.8	29465.4	29772.6
	票据融资	2432.3	2346.1	2577.2	2618.0	2629.9	2580.2	2482.7	2434.5	2437.6	2397.0	2317.4	2302.6
	各项贷款余额比上月增加（亿元）	643.9	125.3	851.2	460.8	360.0	504.9	250.7	390.6	636.3	203.3	272.5	149.1
	其中：短期	119.7	37.0	153.3	38.7	84.8	47.1	22.1	81.6	146.9	-47.3	-12.3	-143.6
	中长期	536.2	171.1	469.1	382.2	260.0	507.6	325.2	357.2	490.8	291.4	364.5	307.2
	票据融资	-10.4	-86.1	231.1	40.8	12.0	-49.8	-97.5	-48.2	3.1	-40.5	-79.7	-14.8
	金融机构各项贷款同比增长（%）	10.5	10.7	11.4	12.4	12.9	13.1	13.1	13.2	13.6	13.8	14.2	14.1
	其中：短期	8.6	8.8	8.0	7.8	7.6	4.8	5.6	6.7	7.0	6.8	6.3	5.2
	中长期	11.5	11.8	12.5	14.0	14.3	15.5	15.6	15.8	16.5	17.0	17.7	18.5
	票据融资	5.7	5.4	10.4	9.9	14.3	13.5	9.4	5.5	3.2	0.9	-0.1	-5.7
	建筑业贷款余额（亿元）	1218.1	1240.4	1296.4	1297.9	1302.3	1359.8	1363.1	1389.3	1394.1	1420.0	1409.1	1360.3
	房地产业贷款余额（亿元）	2136.9	2158.4	2177.4	2211.6	2222.1	2245.6	2266.9	2273.0	2310.2	2297.3	2295.7	2258.2
	建筑业贷款同比增长（%）	17.9	17.8	17.7	17.2	16.3	19.3	19.1	17.3	14.4	18.0	15.3	18.7
	房地产业贷款同比增长（%）	15.2	15.8	14.9	15.7	15.0	15.7	15.5	14.3	15.0	13.1	12.5	8.9
人民币	金融机构各项存款余额（亿元）	44349.1	44914.0	45875.4	46281.7	46624.9	48007.2	47617.2	48077.0	48478.4	48885.5	48657.4	49090.3
	其中：住户存款	24339.3	24345.2	24790.6	24650.1	24760.9	25280.5	25279.4	25363.9	25815.5	25652.6	25885.7	26384.9
	非金融企业存款	11787.2	12186.2	12646.5	13067.1	13298.8	13624.0	13485.9	13819.1	13924.0	13938.8	13771.9	14021.4
	各项存款余额比上月增加（亿元）	123.7	564.9	961.4	406.4	343.1	1382.3	-389.9	459.8	401.3	407.1	-228.1	432.8
	其中：住户存款	1034.3	5.9	445.4	-140.5	110.8	519.6	-1.1	84.5	451.6	-163.0	233.1	499.1
	非金融企业存款	-1030.8	399.1	460.2	420.6	231.7	325.2	-138.0	333.2	104.9	14.8	-166.9	249.5
	各项存款同比增长（%）	7.7	8.1	8.0	9.5	9.7	10.5	10.1	10.7	10.5	12.0	11.2	11.0
	其中：住户存款	12.1	10.2	11.2	11.5	11.7	12.8	12.7	12.8	12.8	12.8	13.3	13.2
	非金融企业存款	1.3	7.6	5.7	9.9	10.3	8.4	11.0	13.5	12.1	14.1	11.2	9.4
	金融机构各项贷款余额（亿元）	34760.4	34853.0	35679.5	36148.6	36481.2	36991.5	37247.0	37629.6	38267.2	38468.3	38754.8	38905.5
	其中：个人消费贷款	7978.9	7937.1	8053.5	8190.6	8316.7	8486.2	8646.8	8785.7	8951.2	9067.3	9249.5	9402.0
	票据融资	2432.3	2346.1	2577.2	2618.0	2629.9	2580.2	2482.7	2434.5	2437.6	2397.0	2317.4	2302.6
	各项贷款余额比上月增加（亿元）	647.2	92.6	826.5	469.1	332.6	510.3	255.5	382.6	637.6	201.1	286.5	150.6
	其中：个人消费贷款	134.4	-41.8	116.4	137.1	126.1	169.5	160.5	139.0	165.5	116.1	182.3	152.4
	票据融资	-10.4	-86.1	231.1	40.8	12.0	-49.8	-97.5	-48.2	3.1	-40.5	-79.7	-14.8
	金融机构各项贷款同比增长（%）	10.5	10.6	11.3	12.3	12.7	13.0	13.0	13.1	13.5	13.6	14.0	14.1
	其中：个人消费贷款	3.2	0.5	1.6	1.1	1.2	1.8	1.3	1.4	1.4	1.0	1.3	1.7
	票据融资	5.7	5.4	10.4	9.9	14.3	13.5	9.4	5.5	3.2	0.9	-0.1	-5.7
外币	金融机构外币存款余额（亿美元）	46.1	50.5	49.8	44.2	45.8	45.6	46.6	49.0	49.4	51.2	58.9	54.9
	金融机构外币存款同比增长（%）	-18.0	10.0	12.8	1.7	-0.6	-6.9	-2.9	5.5	18.2	20.4	38.1	23.1
	金融机构外币贷款余额（亿美元）	32.0	36.2	39.2	38.2	41.7	41.2	41.1	43.0	43.1	44.0	42.8	43.0
	金融机构外币贷款同比增长（%）	0.0	26.4	25.5	22.4	36.4	29.9	34.0	38.3	41.5	44.5	42.6	33.8

数据来源：中国人民银行西安分行调查统计处。

表 2　2001—2020 年陕西省各类价格指数

时间		居民消费价格指数		农业生产资料价格指数		工业生产者购进价格指数		工业生产者出厂价格指数	
		当月同比	累计同比	当月同比	累计同比	当月同比	累计同比	当月同比	累计同比
2001		—	1.0	—	1.9	—	0.5	—	0.4
2002		—	-1.1	—	0.8	—	-1.2	—	0.7
2003		—	1.7	—	2.3	—	4.8	—	5.7
2004		—	3.1	—	11.6	—	10.4	—	7.3
2005		—	1.2	—	7.2	—	7.5	—	10.4
2006		—	1.5	—	0.7	—	6.7	—	9.6
2007		—	5.2	—	8.3	—	6.3	—	2.9
2008		—	6.4	—	22.0	—	11.2	—	8.4
2009		—	0.5	—	-4.2	—	-1.6	—	-3.9
2010		—	4.0	—	5.3	—	9.7	—	8.7
2011		—	5.7	—	10.3	—	9.6	—	7.2
2012		—	2.8	—	5.4	—	0.0	—	0.8
2013		—	3.1	—	2.6	—	-0.7	—	-2.7
2014		—	1.6	—	0.9	—	-1.5	—	-2.9
2015		—	1.0	—	0.5	—	-4.8	—	-9.2
2016		—	1.3	—	-0.3	—	-4.1	—	-2.4
2017		—	1.6	—	2.1	—	6.4	—	10.8
2018		—	2.1	—	3.8	—	4.2	—	5.4
2019		—	2.9	—	3.3	—	0.3	—	0.8
2020		—	2.5	—	4.6	—	-2.4	—	-4.9
2019	1	1.8	1.8	—	—	1.4	1.4	1.7	1.7
	2	2.0	1.9	—	—	1.2	1.3	1.8	1.8
	3	2.6	2.1	—	—	1.9	1.5	3.1	2.2
	4	2.7	2.3	—	—	1.0	1.4	3.9	2.6
	5	2.7	2.3	—	—	1.0	1.3	4.0	2.9
	6	2.7	2.4	—	—	0.6	1.2	1.9	2.7
	7	2.9	2.5	—	—	-0.2	1	0.3	2.4
	8	2.5	2.5	—	—	-0.1	0.8	0	2.1
	9	2.7	2.5	—	—	-0.7	0.7	-1.6	1.7
	10	3.6	2.6	—	—	-1	0.5	-2	1.3
	11	4.2	2.8	—	—	-1.2	0.3	-2.1	1.1
	12	4.1	2.9	—	—	-0.5	0.3	-0.3	0.8
2020	1	4.9	4.9	—	—	0.7	0.7	1.1	1.1
	2	5.3	5.1	—	—	0.2	0.4	-0.8	0.1
	3	3.9	4.7	—	—	-1.9	-0.3	-4.3	-1.3
	4	2.8	4.3	—	—	-4.7	-1.4	-8.6	-3.2
	5	2.2	3.8	—	—	-6.1	-2.4	-10.4	-4.7
	6	2.5	3.6	—	—	-4.4	-2.7	-8.2	-5.2
	7	2.5	3.5	—	—	-3.0	-2.8	-5.9	-5.3
	8	2.8	3.4	—	—	-3.0	-2.8	-5.7	-5.4
	9	2.0	3.2	—	—	-2.4	-2.8	-5.2	-5.3
	10	0.7	3.0	—	—	-2.5	-2.7	-5.5	-5.4
	11	-0.1	2.7	—	—	-1.8	-2.6	-3.3	-5.2
	12	0.7	2.5	—	—	-0.1	-2.4	-2.1	-4.9

数据来源：《中国经济景气月报》、陕西省统计局。

表 3　2020 年陕西省主要经济指标

项目	1 月	2 月	3 月	4 月	5 月	6 月	7 月	8 月	9 月	10 月	11 月	12 月
						绝对值（自年初累计）						
地区生产总值（亿元）	—	—	5439.7	—	—	11794.9	—	—	18681.5	—	—	26181.9
第一产业	—	—	221.7	—	—	620.4	—	—	1176.3	—	—	2267.5
第二产业	—	—	2422.8	—	—	5354.6	—	—	8380.9	—	—	11362.6
第三产业	—	—	2795.2	—	—	5819.9	—	—	9124.4	—	—	12551.7
工业增加值（亿元）	—	—	—	—	—	—	—	—	—	—	—	—
固定资产投资（亿元）	—	—	—	—	—	—	—	—	—	—	—	—
房地产开发投资	—	192.0	518.6	821.0	1192.2	1807.5	2154.3	2560.2	3098.5	3504.5	3972.8	4404.4
社会消费品零售总额（亿元）	—	—	1844.1	—	—	4051.6	—	—	6621.8	—	—	9605.9
外贸进出口总额（亿元）	—	569.6	862.6	1185.0	1497.3	1796.1	2119.6	2458.3	2790.7	3080.6	3433.8	3772.1
进口	—	293.9	446.8	623.9	769.5	914.9	1074.0	1236.0	1387.6	1518.4	1677.7	1842.5
出口	—	275.7	415.8	561.4	727.7	881.2	1045.5	1222.3	1403.1	1562.2	1756.1	1929.6
进出口差额（出口－进口）	—	-18.19	-30.9	-62.5	-41.8	-33.7	-28.5	-13.7	15.5	43.8	78.3	87.2
实际利用外资（亿美元）	—	15.1	22.8	26.8	36.1	47.7	51.0	57.0	71.8	77.5	79.8	84.4
地方财政收支差额（亿元）	-91.2	-293.0	-715.7	-963.4	-1222.2	-1786.5	-1965.6	-2229.2	-2704.1	-2754.9	-3038.2	-3676.6
地方财政收入	300.7	394.7	540.7	751.9	924.9	1107.7	1344.1	1492.2	1675.1	1922.6	2066.3	2257.2
地方财政支出	391.9	687.7	1256.4	1715.3	2147.1	2894.1	3309.7	3721.4	4379.2	4677.4	5104.5	5933.8
城镇登记失业率（%）（季度）	—	—	—	—	—	—	—	—	—	—	—	3.6
						同比累计增长率（%）						
地区生产总值	—	—	-5.6	—	—	-0.3	—	—	1.2	—	—	2.2
第一产业	—	—	-3.1	—	—	1.3	—	—	2.3	—	—	3.3
第二产业	—	—	-6.9	—	—	-0.4	—	—	0.8	—	—	1.4
第三产业	—	—	-4.6	—	—	-0.5	—	—	1.4	—	—	2.8
工业增加值	—	-7.1	-3.0	-0.6	1.4	1.0	0.3	0.8	1.2	1.7	1	1.0
固定资产投资	—	-30.9	-16.5	-6.8	-2.5	0.1	1.2	3	3.9	4.6	3.8	4.1
房地产开发投资	—	-16.1	-0.1	5.3	5.5	7.5	8.5	10.1	11.1	10.6	12.5	12.8
社会消费品零售总额	—	—	-25.4	—	—	-15.8	—	—	-9.3	—	—	-5.9
外贸进出口总额	-5	-1.3	0.4	3.3	2.9	3.5	4.1	5.4	7.2	6.1	6.5	7.3
进口	10.3	16.2	16.6	22.2	20.3	19.2	17.9	17.3	17.1	14.0	12.3	12.2
出口	-17.2	-15.1	-12.6	-11.9	-10.8	-9.0	-7.1	-4.4	-1.2	-0.6	1.5	3.0
实际利用外资	—	-2.3	12.3	4.6	8.4	8.6	1.2	10.1	7.8	9.6	9.9	9.2
地方财政收入	—	-22.8	-18.0	-16.0	-14.4	-15.0	-12.7	-11.3	-9.4	-7.4	-5.8	-1.3
地方财政支出	—	-20.4	-13.1	-6.3	-4.5	-6.5	-1.6	0.4	-1.6	-0.3	0.3	3.8

数据来源：陕西省统计局《经济要情》、陕西省商务厅。

甘肃省金融运行报告（2021）

中国人民银行兰州中心支行货币政策分析小组

［**内容摘要**］2020 年，面对严峻复杂的国内外环境特别是新冠肺炎疫情严重冲击，甘肃省深入贯彻落实习近平总书记对甘肃重要讲话和指示精神，科学统筹疫情防控和经济社会发展，坚持稳中求进工作总基调，扎实做好“六稳”工作，全面落实“六保”任务，全省经济企稳向好、稳中有进，高质量发展成效显著。全年实现地区生产总值 9016.7 亿元，同比增长 3.9%，增速居全国第四位。一是三大需求协调发展，投资稳中有升。全年全省固定资产投资同比增长 7.8%，比上年提高 1.2 个百分点。消费市场降幅收窄，全年全省社会消费品零售总额 3632.4 亿元，比上年下降 1.8%，降幅逐季收窄。外贸进出口基本保持平稳发展，全年进出口总额 372.8 亿元，同比下降 2.0%。哈萨克斯坦、蒙古国、欧盟、东盟成为甘肃前四大贸易伙伴。二是产业结构有序调整，新旧动能转换扎实推进。农业生产形势良好，粮食生产再获丰收，全年全省粮食产量首次突破 1200 万吨，全年粮食总产量连续 8 年保持在 1100 万吨以上；畜牧业加快发展，全年猪牛羊禽肉总产量 108.9 万吨，比上年增长 8.3%。工业生产稳定增长，全年全省规模以上工业增加值同比增长 6.5%，比上年提高 1.3 个百分点；新产业增势较好，全年规模以上工业战略性新兴产业、高技术产业、装备制造业增加值分别比上年增长 14.9%、22.0% 和 22.0%，增速分别比规模以上工业快 8.4 个、15.5 个和 15.5 个百分点。文化旅游业蓬勃发展，“十三五”期间接待游客 13.2 亿人次、实现综合收入 8995 亿元，分别是“十二五”的 2.5 倍和 2.8 倍。绿色发展稳步推进，全年全省十大生态产业增加值 2179.4 亿元，比上年增长 5.8%；占全省地区生产总值的 24.2%，比重比上年提高 0.5 个百分点；全年全省规模以上工业新能源发电量 347.5 亿千瓦时，比上年增长 6.6%，增速比上年提高 0.8 个百分点。三是居民消费价格涨幅回落，工业生产者价格低位运行。全力抓好农副产品保供稳价工作，全年全省居民消费价格比上年上涨 2.0%，较年初下降 1.5 个百分点。工业生产者价格呈低位运行态势，全年工业生产者出厂价格同比下降 6.1%。四是财政收支实现增长，民生福祉持续增进。全年全省一般公共预算收入 874.5 亿元，同比增长 2.8%；一般公共预算支出 4154.9 亿元，同比增长 5.1%。民生保障得到加强，教育、社保等 11 类民生支出增长 4.3%，占一般公共预算支出的 80%。

2020 年，全省金融系统坚守服务实体的使命，认真贯彻稳健货币政策，不断加大信贷支持力度，努力降低融资成本，积极拓宽融资渠道，为经济社会高质量发展提供了有力支撑。一是银行业稳健运行，服务实体经济质效提升。2020 年末，全省银行业金融机构资产负债总额同比分别增长 7.45%、6.88%。本外币各项存款增速稳步回升，同比增长 6.19%。本外币各项贷款保持适度增长，同比增长 7.16%。表外业务稳健发展，信托贷款业务增长较快，全年多增 590.28 亿元。全年全省新发放企业贷款平均利率 5.17%，创有统计以来最低水平，直接降低企业融资成本超 30 亿元。跨境人民币业务结构持续优化，业务覆盖面有效扩大，全省跨境人民币实际收付额 126.29 亿元，占本外币全部跨境收付的比例为 17.8%。与“一带一路”国家和地区人民币跨境收付金额继续增加，2020 年甘肃与“一带一路”国家和地区的人民币跨境收付金额为 53.09 亿元，占同期全省人民币跨境收付的 42.1%。二是证券业发展平稳，资本市场融资功能有效发挥。证券期货经营机构发展稳妥有序，证券交易额增长较快。2020 年，全省证券分支机构实现证券交易额 16184.11 亿元，同比增长 48%；实现营业收入 11.07 亿元，同比增长40.48%。2020年末，全省共有A股上市公司33家，数量同上年持平；境外上市公司2家。三是保险业运行稳中有进，风险保障能力持续增强。2020年末，全省保险市场主体共有32家，资产总额1175.2亿元，较年初增长15.01%。累计实现原保险保费收入485.19亿元，同比增长9.2%；累计赔付支出169.31亿元，同比增长11.67%。人身险产品回归保障步伐明显，健康险、普通寿险等保障型业务增速较快，2020年全省人身险公司累计实现原保险保费收入318.49亿元，同比增长9.94%；累计发生赔付支出70.79亿元，同比增长9.07%。四是金融市场总体稳健，市场主体交投活跃。债务融资工具发行规模小幅增长，发行利率同比下降。全省企业在银行间债券市场累计发行非金融企业债务融资工具316亿元，同比增长3.3%，加权平均发行利率4.2%，同比下降39个基点。甘肃省同业拆借市场成员成交金额4666.19亿元，同比增长215.84%。票据市场业务规模收缩，全省机构累计承兑票据1285.96亿元，同比减少14.88亿元。五是金融生态环境不断优化，金融基础设施更趋完善。建成"陇银e通"企业银行账户监测系统，实现账户闭环管理。深入开展打击治理跨境赌博、电信网络新型违法犯罪和"断卡"行动。征信体系建设取得新突破，上线"陇信通"甘肃省中小企业信用信息综合金融服务平台，为150多家企业申请融资。

甘肃作为经济欠发达省份，发展不平衡不充分的问题仍然突出，支撑发展的新动能还不强劲，经济企稳向好基础尚不稳固。但随着新一轮西部大开发、推动黄河流域生态保护和高质量发展等一系列国家重大战略、重大政策的实施，甘肃省仍将处于重大发展机遇期，实现高质量发展的结构性、动能性、内生性积极因素正不断积累、日益显现。下一步，中国人民银行兰州中心支行将以习近平新时代中国特色社会主义思想为指导，深入贯彻党的十九大和十九届二中、三中、四中、五中全会及中央经济工作会议精神，全面落实习近平总书记对甘肃重要讲话和指示精神，坚持底线思维，勇于攻坚克难，奋力争创一流，切实防范化解重点领域金融风险，大力推进金融改革创新，进一步提升金融服务质量，促进全省经济金融高质量发展，为甘肃"十四五"开好局提供有力支撑。

一、金融运行情况

2020年，甘肃省金融系统认真贯彻执行稳健的货币政策，有力落实逆周期调节，围绕经济转型升级，切实加大金融服务实体经济力度，甘肃省社会融资规模实现较快增长，证券和保险业稳健发展，金融风险防范化解工作成效明显，金融改革持续深化，社会服务功能进一步增强。

（一）银行业稳健运行，服务实体经济质效提升

1. 资产负债规模稳步增长。 2020年末，全省银行业金融机构资产总额30945.56亿元，同比增长7.45%；负债总额29496.07亿元，同比增长6.88%。城商行资本实力不断增强，2020年兰州银行成功发行西北首单城商行无固定期限资本债券50亿元，资本实力基础进一步夯实。甘肃银行成功增发50亿股，募集资金63亿元，股权结构进一步优化，股权稳定性进一步增强。

表1　2020年甘肃省银行业金融机构情况

机构类别	营业网点			法人机构（个）
	机构个数（个）	从业人数（人）	资产总额（亿元）	
一、大型商业银行	1273	27067	8008	0
二、国家开发银行和政策性银行	47	1761	5465	0
三、股份制商业银行	113	3111	1854	0
四、城市商业银行	359	8124	6994	2

续表

机构类别	营业网点			法人机构（个）
	机构个数（个）	从业人数（人）	资产总额（亿元）	
五、城市信用社	0	0	0	0
六、小型农村金融机构	2158	19424	6353	112
七、财务公司	3	93	236	3
八、信托公司	1	1167	181	1
九、邮政储蓄银行	565	5993	1046	0
十、外资银行	0	0	0	0
十一、新型农村金融机构	68	1172	204	0
十二、其他	2	151	605	2
合　计	4589	68063	30946	120

数据来源：甘肃银保监局。

注：营业网点不包括国家开发银行和政策性银行、大型商业银行、股份制商业银行等金融机构总部数据；大型商业银行包括工商银行、农业银行、中国银行、建设银行和交通银行；小型农村金融机构包括农村商业银行、农村合作银行和农村信用社等；新型农村金融机构包括村镇银行、农村资金互助社；其他包含金融租赁公司、汽车金融公司、货币经纪公司、消费金融公司等。

2. 存款稳步回升，住户存款拉动明显。 2020 年末，全省金融机构各项存款余额 20992.67 亿元，同比增长 6.19%，比上年提高 0.35 个百分点。全年新增各项存款 1224.21 亿元，同比多增 138.82 亿元。住户存款拉动各项存款增长的作用较明显，同比增长 11.38%，住户存款余额占比为 59.33%，同比提高 2.76 个百分点。

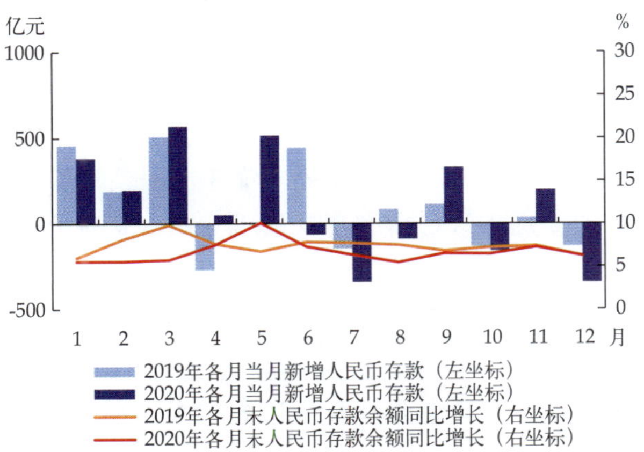

图 1　2019—2020 年甘肃省金融机构人民币存款增长变化

（数据来源：中国人民银行兰州中心支行）

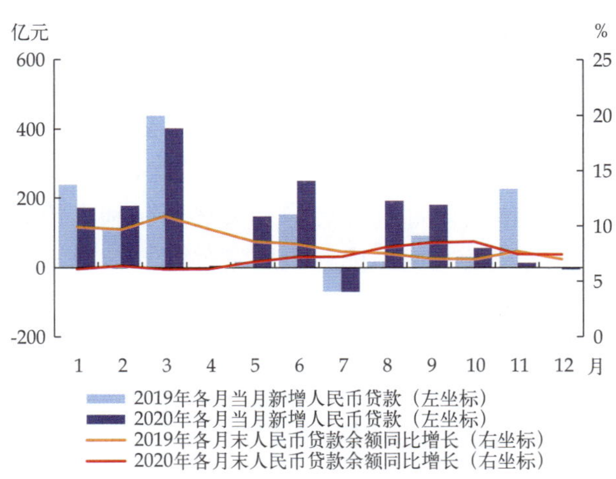

图 2　2019—2020 年甘肃省金融机构人民币贷款增长变化

（数据来源：中国人民银行兰州中心支行）

3. 贷款保持适度增长，支持实体经济力度加大。 2020 年末，全省金融机构本外币各项贷款余额 22159.41 亿元，同比增长 7.16%。全年新增各项贷款 1481.48 亿元，同比多增 255.6 亿元。贷款投向重点突出，信贷结构持续优化。第三产业贷款同比增长 10.36%，高于各项贷款增速 2.57 个百分点；交通运输、仓储和邮政业贷款同比增长 23.63%，保障了补短板领域基础设施建设融资需求；文化、体育和娱乐业领域贷款快速增长，科学研究和技术服务业、卫生和社会工作领域贷款同比分别增长 16.25% 和 12.77%。

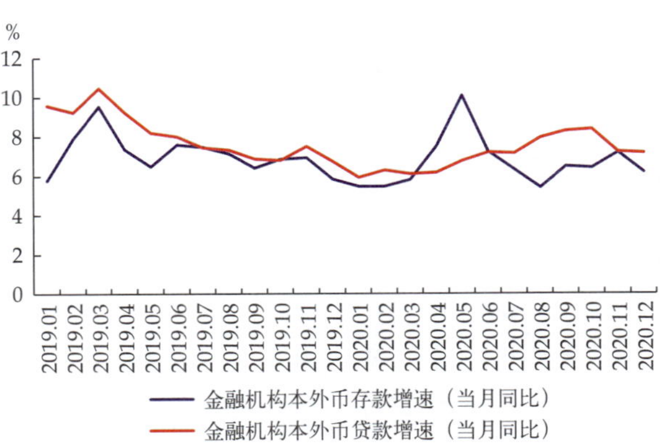

图 3　2019—2020 年甘肃省金融机构本外币存、贷款增速变化

（数据来源：中国人民银行兰州中心支行）

4. 市场利率低位平稳运行，利率市场化改革成效显现。深入推进 LPR 改革，顺利完成存量浮动利率贷款定价基准转换，引导商业银行建立完善内部资金转移定价（FTP）体系，并将 LPR 内嵌到内部价格传导相关环节，利率传导渠道进一步畅通，贷款市场竞争性有效提升，企业贷款利率明显下降。1—12 月，全省新发放企业贷款利率为 5.17%，同比下降 44 个基点，其中新发放小微企业贷款利率为 5.98%，同比下降 39 个基点。发挥全省市场利率定价自律机制作用，如期完成不规范存款创新产品压降任务，存款市场竞争秩序进一步规范，银行负债成本保持稳定。

表 2　2020 年甘肃省金融机构人民币贷款各利率区间占比

单位：%

项目		1月	2月	3月	4月	5月	6月	7月	8月	9月	10月	11月	12月
合计		100.0	100.0	100.0	100.0	100.0	100.0	100.0	100.0	100.0	100.0	100.0	100.0
LPR 减点		10.1	8.1	10.9	12.8	14.3	9.7	10.1	8.1	10.9	12.8	14.3	9.7
LPR		16.3	15.6	18.4	12.3	14.6	16.2	16.3	15.6	18.4	12.3	14.6	16.2
LPR 加点	小计	73.7	76.4	70.6	74.9	71.1	74.1	73.7	76.4	70.6	74.9	71.1	74.1
	(LPR，LPR+0.5%)	11.5	14.5	13.3	11.2	8.4	12.4	11.5	14.5	13.3	11.2	8.4	12.4
	[LPR+0.5%，LPR+1.5%)	19.3	17.8	17.7	19.8	20.1	19.9	19.3	17.8	17.7	19.8	20.1	19.9
	[LPR+1.5%，LPR+3%)	13.6	11.7	12.0	12.9	13.0	14.9	13.6	11.7	12.0	12.9	13.0	14.9
	[LPR+3%，LPR+5%)	24.2	24.8	21.9	22.5	22.3	20.6	24.2	24.8	21.9	22.5	22.3	20.6
	LPR+5% 及以上	5.1	7.6	5.7	8.5	7.4	6.3	5.1	7.6	5.7	8.5	7.4	6.3

数据来源：中国人民银行兰州中心支行。

5. 跨境人民币业务结构持续优化，业务覆盖面有效扩大。2020 年，全省跨境人民币实际收付额 126.29 亿元，占本外币全部跨境收付的比例为 17.8%。资本项目业务同比增长 11.55%，占跨境人民币业务总额的比例为 62%，占比大幅提升，其中，人民币跨境贸易融资业务同比增长 19.73%。全年与“一带一路”国家和地区的人民币跨境收付金额为 53.09 亿元，占同期全省人民币跨境收付的比例为 42.1%，同比提高 1 个百分点。全年办理跨境人民币业务的企业 276 户，其中新增企业占比达到 35.1%，跨境交易企业数量持续增加，业务覆盖面有效扩大。

专栏 1　多措并举　综合施策　推动银行向实体经济让利

2020 年，中国人民银行兰州中心支行（以下简称兰州中支）坚决贯彻党中央、国务院决策部署，综合采取“降、惠、保、扩、减”五项措施，降低企业融资成本，推动银行向实体经济合理让利，有力支持了全省经济企稳复苏。据测算，2020 年全年实现让利约 38 亿元。

一是多措并举“降”成本，以 LPR 改革促进贷款利率下降。积极推动 LPR 运用，有序推进存量浮动利率贷款定价基准转换，引导完善商业银行内部资金转移定价（FTP）体系，将 LPR 内嵌入银行内部传导相关环节，利率传导效率显著提升，贷款市场竞争性进一步增强，带动贷款利率明显下降。1—12 月全省新发放企业贷款平均利率 5.17%，创历年最低水平，直接降低企业融资成本超 30 亿元。

二是真金白银“惠”企业，以央行资金

支持优惠利率贷款投放。2020年，兰州中支积极响应、精准落实总行一系列再贷款、再贴现政策，加大央行低成本资金投放，有力支持了疫情防控和复工复产。分阶段落实中国人民银行总行1.8万亿元再贷款再贴现政策，率先出台省级疫情防控重点保障企业专项贷款方案，累计向128家国家和省级重点保障企业发放优惠利率贷款33.11亿元，共为企业让利约1.5亿元。

三是全力以赴"保"主体，以直达实体工具帮助小微企业渡过难关。及时传达部署，加大督促指导，推动普惠小微企业贷款延期支持工具和信用贷款支持计划两项直达工具落地见效，切实缓解了企业资金压力，节省了"过桥"资金成本，发挥了保市场主体的重要作用。2020年6—12月，累计对636.75亿元、1.28万户企业到期贷款实施延期，普惠小微信用贷款较年初增加近一倍，余额达到137.73亿元。通过两项直达工具，节约企业利息支出1.8亿元。

四是凝心聚力"扩"渠道，以债务融资拓宽企业低成本资金来源。加大债券融资政策工具宣介，积极开展企业发债辅导，主动对接市场主体，充分利用交易商协会绿色通道，推动更多符合条件的企业发债融资。2020年，全省企业在银行间市场发行债务融资工具316.1亿元，加权平均利率为4.2%。通过债券市场募集低成本资金，为企业节约成本2.8亿元。

五是提质增效"减"费用，以优化服务促进综合融资成本下降。2020年，通过引导银行简化贷款流程、拓展线上服务渠道、提高贷款发放效率，将小微企业办贷时间较疫情前平均缩减7天，大幅节省了客户时间成本和资金成本。督促银行积极落实减税降费政策，大力减免企业各类手续费及资产抵押、评估、公证和保险等费用，切实减轻企业财务压力。通过减少各类收费，为企业节约综合融资成本约1.65亿元。

下一步，兰州中支将认真执行灵活精准、合理适度的稳健货币政策，继续实施普惠小微企业贷款延期还本付息政策和信用贷款支持计划，引导金融机构持续加大对"三农"、小微和民营企业等领域的支持力度，继续释放改革促进降低贷款利率的潜力，巩固贷款实际利率下降成果，促进企业综合融资成本稳中有降。

（二）证券业发展平稳，资本市场融资功能有效发挥

1. 证券业机构发展稳妥有序，证券交易额增长较快。2020年末，全省共有法人证券公司1家，证券分支机构112家，较上年减少6家；法人期货公司1家，期货分支机构7家，数量同上年持平。2020年辖区证券分支机构实现证券交易额16184.11亿元，同比增长48%；实现营业收入11.07亿元，同比增长40.48%。

2. 期货业保持平稳发展，经营效益有所好转。2020年末，辖区期货经营机构实现期货交易额5962.81亿元，同比增长35.81%；实现营业收入3653.16万元，同比下降30.02%；客户权益总额6.71亿元，同比增长12.02%；期货账户数1.66万户，同比增长9.93%。

表3　2020年甘肃省证券业基本情况

项目	数量
总部设在辖内的证券公司数（家）	1
总部设在辖内的基金公司数（家）	0
总部设在辖内的期货公司数（家）	1
年末国内上市公司数（家）	33
当年国内股票（A股）筹资（亿元）	20
当年发行H股筹资（亿元）	16
当年国内债券筹资（亿元）	103
其中：短期融资券筹资额（亿元）	0
中期票据筹资额（亿元）	0

数据来源：甘肃证监局。

注：当年国内股票（A股）筹资额指非金融企业境内股票融资。

（三）保险业运行稳中有进，风险保障能力持续增强

1. 保险业运行稳中有进。2020 年末，全省保险市场主体共有 32 家，包括 1 家法人机构即黄河财产保险股份有限公司、19 家财产险分公司和 12 家人身险分公司、资产总额 1175.2 亿元，较年初增长 15.01%。累计实现原保险保费收入 485.19 亿元，同比增长 9.2%；累计赔付支出 169.31 亿元，同比增长 11.69%。

2. 产险业务规模增速放缓，险种结构进一步改善。2020 年，全省产险公司累计实现原保险保费收入 166.7 亿元，同比增长 7.82%；累计赔付支出 98.52 亿元，同比增长 13.65%。其中，车险业务实现原保险保费收入 95.65 亿元，同比增长 1.81%；非车险实现原保险保费收入 71.04 亿元，同比增长 17.27%。非车险业务占比为 42.62%，较上年同期增加 2.91 个百分点。

3. 人身险公司保费结构持续优化，保障型险种占比上升。2020 年，全省人身险公司累计实现原保险保费收入 318.49 亿元，同比增长 9.94%；累计发生赔付支出 70.79 亿元，同比增长 9.07%。人身险产品回归保障步伐明显，健康险、普通寿险等保障型业务增速较快，中短存续期产品为主的万能险、投连险业务增速下降。退保呈下降趋势，满期给付增速持续放缓。2020 年，全省人身险公司退保金支出 28.1 亿元，同比减少 29.73%；全省退保率为 2.1%，同比下降 1.31 个百分点；满期给付 28.76 亿元，同比上升 26.67%，满期给付平稳过渡。

表 4　2020 年甘肃省保险业基本情况

项目	数量
总部设在辖内的保险公司数（家）	1
其中：财产险经营主体（家）	1
寿险经营主体（家）	0
保险公司分支机构（家）	31
其中：财产险公司分支机构（家）	19
寿险公司分支机构（家）	12
保费收入（中外资，亿元）	485.2
其中：财产险保费收入（中外资，亿元）	166.7
人身险保费收入（中外资，亿元）	318.5
各类赔款给付（中外资，亿元）	169.3

数据来源：甘肃银保监局。

（四）金融市场总体稳健，市场主体交投活跃

1. 债券市场稳健扩容，发行利率同比下降。2020 年，全省共有 14 家企业发行债务融资工具 316.1 亿元，同比增加 10.1 亿元，增长 3.3%，其中，发行疫情防控债 3 笔 22.5 亿元，通过“债券通”平台发行债券 2 笔共 14 亿元，发行绿色债券 1 笔 5 亿元，兰州银行成功发行西北首单永续债 50 亿元。加权平均发行利率 4.2%，同比下降 39 个基点。

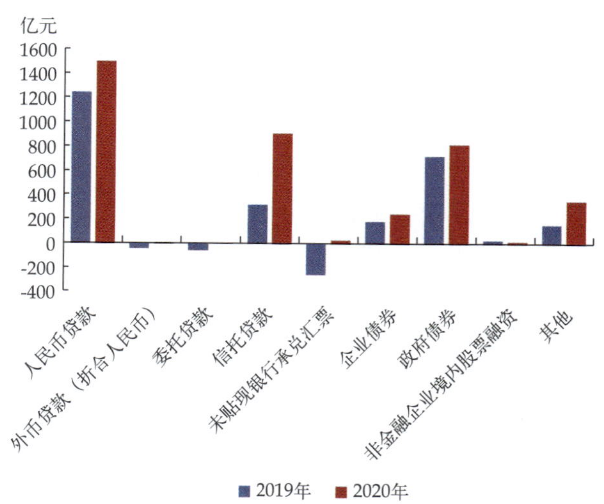

图 4　2019—2020 年甘肃省社会融资规模分布结构

（数据来源：中国人民银行兰州中心支行）

2. 现券交易大幅收缩，到期收益率小幅上升。2020 年，全省银行间现券市场累计交易 4564 笔，交易额 6336.04 亿元，同比减少 3840.35 亿元，下降 37.74%，交易品种以利率债为主。其中，现券买入 3461.75 亿元，卖出 2874.29 亿元，净融出资金 587.45 亿元。

3. 票据业务规模收缩。2020年，全省机构累计承兑票据1285.96亿元，同比减少14.88亿元，下降1.14%；全省机构票据贴现2497.01亿元，同比减少955.61亿元，下降27.68%。

4. 同业拆借交易量升价降。2020年，甘肃同业拆借交易累计成交1045笔，交易额4666.19亿元，同比增长215.84%，各品种拆借加权平均利率为1.7601%，同比下降109个基点。

5. 黄金市场快速发展。甘肃省内金川公司、白银公司等大型生产企业分别获得上海黄金交易所黄金、白银精炼厂牌照，有效推动省内黄金白银冶炼产业链条补短板、锻长板。

表5 2020年甘肃省金融机构票据业务量统计

单位：亿元

季度	银行承兑汇票承兑		贴现			
			银行承兑汇票		商业承兑汇票	
	余额	累计发生额	余额	累计发生额	余额	累计发生额
1	779.0	307.7	962.4	730.5	38.5	9.1
2	799.6	630.1	1022.3	1522.9	2.4	11.2
3	835.3	901.5	931.6	1964.6	3.1	12.7
4	774.7	1157.5	948.4	2478.8	2.2	18.3

数据来源：中国人民银行兰州中心支行。

表6 2020年甘肃省金融机构票据贴现、转贴现利率

单位：%

季度	贴现		转贴现	
	银行承兑汇票	商业承兑汇票	票据买断	票据回购
1	2.96	5.94	2.79	2.39
2	2.59	4.33	2.39	1.72
3	2.91	4.62	2.76	2.33
4	3.10	4.66	3.11	1.96

数据来源：中国人民银行兰州中心支行。

（五）金融基础设施更趋完善，金融生态环境不断优化

1. 城乡支付环境持续改善。建成"陇银e通"企业银行账户监测系统，实现账户闭环管理。深入开展打击治理跨境赌博、电信网络新型违法犯罪和"断卡"行动，协助破获案件7244起，累计止付、冻结资金37.57亿元。农村支付服务环境继续改善，全省农村地区设立助农取款服务点达2.4万个。

2. 征信体系建设取得新突破。上线"陇信通"甘肃省中小企业信用信息综合金融服务平台，为150多家企业申请融资19.36亿元，实现放款7.14亿元。正式落地基于核心企业的线上应收账款融资模式，大大降低了中小微供应商的融资成本，提高了融资效率。联合甘肃省市场监管局建立企业征信市场监管协调机制，企业征信和信用评级市场环境持续优化。

3. 金融消费者权益保护取得新进展。挂牌成立甘肃省金融纠纷调解中心，全年成功调解人民银行职责范围内的金融消费纠纷63笔，涉案金额15615.03万元。金融消费者投诉受理处理机制逐步完善，12363金融消费者投诉咨询热线管理更加规范，全年3589笔投诉咨询得到解答和妥善处理。金融知识普及宣传教育深入开展，制作系列金融知识录播课程，通过线上教学，确保了疫情期间金融知识进校园普及停课不停学。

二、经济运行情况

2020年，甘肃省经济稳定恢复、持续向好，三次产业协同增长，经济结构持续优化，多项指标增速实现历史性进展。2020年全省生产总值9016.7亿元，增长3.9%，增速居全国第四位。三次产业结构调整为13.3∶31.6∶55.1，第三产业比重比上年上升4.5个百分点。

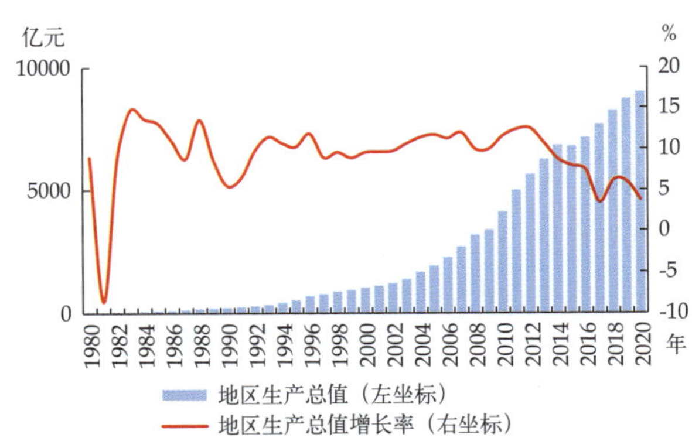

图5 1980—2020年甘肃省地区生产总值及其增长率

（数据来源：甘肃省统计局）

（一）三大需求协调发展，投资稳中有升

1. 固定资产投资回升向好。随着一批重大项目建设步伐的加快，固定资产投资回升向好。全年全省固定资产投资同比增长7.8%，增长逐月加快。投资结构进一步优化，基础设施投资增长较快，2020年增长12.2%，高技术制造业投资增长33.2%，快于全部投资25.4个百分点。

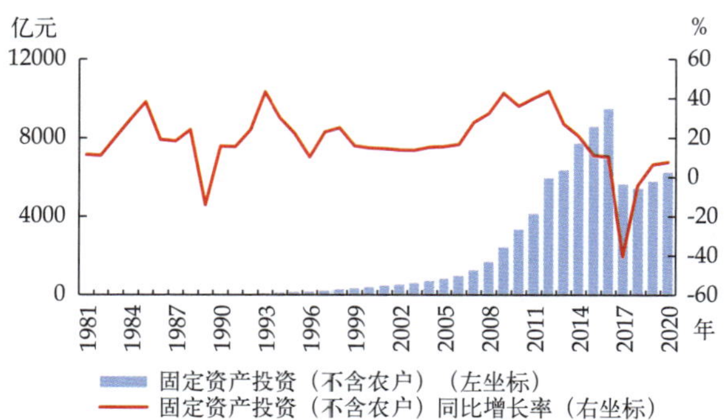

图6　1981—2020年甘肃省固定资产投资（不含农户）及其增长率

（数据来源：甘肃省统计局）

2. 消费市场降幅收窄。全年全省社会消费品零售总额3632.4亿元，比上年下降1.8%。第一季度下降13.0%，第二季度下降2.7%，第三季度增长2.5%，第四季度增长4.8%，增速逐季回升。其中，城镇消费品零售额2991.2亿元，乡村消费品零售额641.1亿元。限额以上单位23个商品类中有10类商品零售额增长。其中，书报杂志类、日用品类、汽车类商品零售分别增长22.7%、15.4%和9.5%。

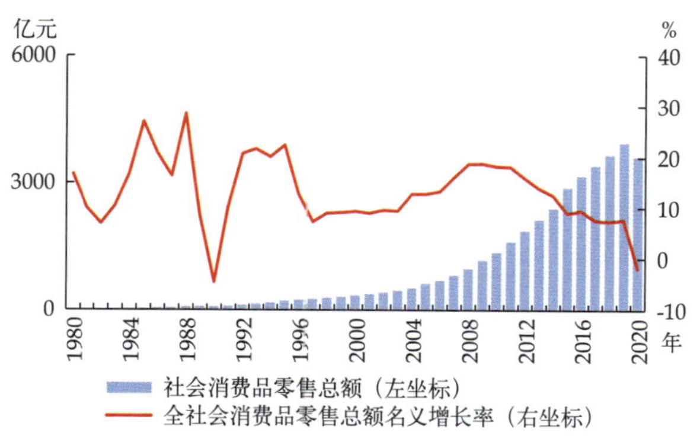

图7　1980—2020年甘肃省社会消费品零售总额及其增长率

（数据来源：甘肃省统计局）

3. 对外贸易基本保持平稳。全年进出口总额372.8亿元，同比下降2.0%。其中，出口额85.7亿元，同比下降34.8%；进口额287.1亿元，同比增长15.3%。2020年，甘肃省主要出口产品为机电产品、农产品和劳动密集型产品，合计占全省出口总值的80%；主要进口产品为金属矿及矿砂、机电产品和镍钴新材料，合计占全省进口总值的75.8%。哈萨克斯坦、蒙古国、欧盟、东盟成为甘肃前四大贸易伙伴。

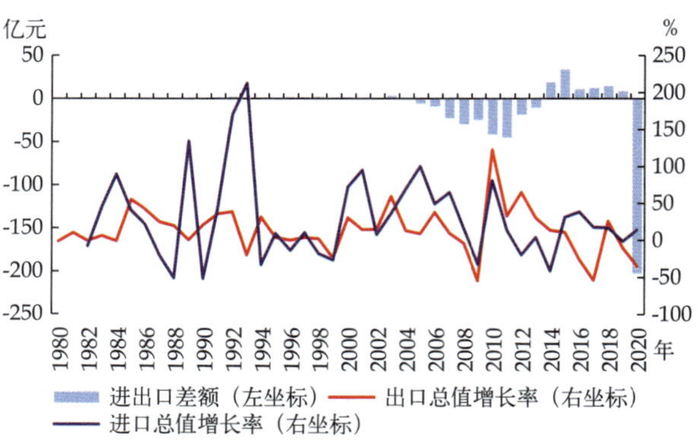

图8　1980—2020年甘肃省外贸进出口变动情况

（数据来源：甘肃省统计局）

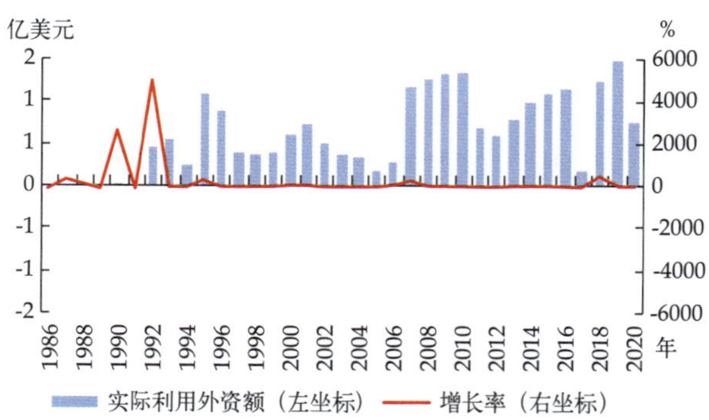

图9　1986—2020年甘肃省实际利用外资额及其增长率

（数据来源：甘肃省统计局）

（二）产业结构有序调整，新旧动能转换扎实推进

1. 农业生产形势良好。粮食产量再创新高，全年粮食总产量1202.2万吨，首次突破1200万吨，比上年增长3.4%，连续八年保持在1100万吨以上。全省畜牧业加快发展，全年猪牛羊禽肉总产量108.9万吨，比上年增长8.3%。“甘味”

农产品走向全国。

2. 工业生产稳定增长。全年全省规模以上工业增加值同比增长 6.5%，比上年提高 1.3 个百分点。新产业增势较好，增长动能加快转换。全年规模以上工业战略性新兴产业、高技术产业、装备制造业增加值分别比上年增长 14.9%、22.0% 和 22.0%，增速分别比规模以上工业快 8.4 个、15.5 个和 15.5 个百分点。

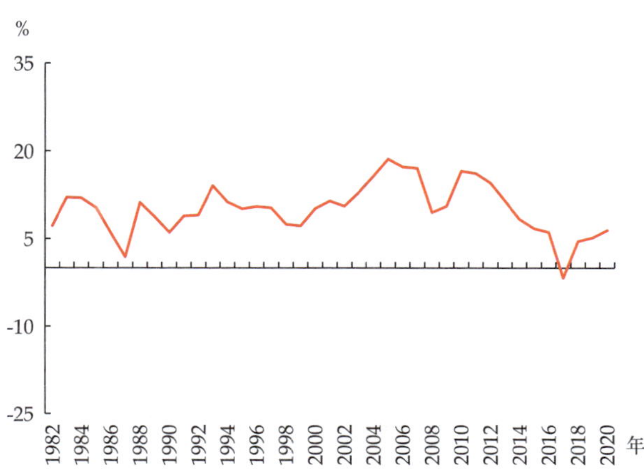

图 10　1982—2020 年甘肃省规模以上工业增加值实际增长率

（数据来源：甘肃省统计局）

3. 旅游业亮点突出。全年全省第三产业增加值 4966.5 亿元，增长 2.2%。其中，文化旅游业蓬勃发展，榆中生态创新城、大敦煌文化旅游经济圈启动建设。“十三五”期间接待游客 13.2 亿人次、实现综合收入 8995 亿元，分别是“十二五”的 2.5 倍和 2.8 倍，张掖丹霞、炳灵寺石窟跻身 AAAAA 级景区。

4. 绿色发展稳步推进。甘肃稳步推进绿色发展，增长动能加快转换。全年全省十大生态产业增加值 2179.4 亿元，比上年增长 5.8%；占全省地区生产总值的 24.2%，比重比上年提高 0.5 个百分点。全年全省规模以上工业新能源发电量 347.5 亿千瓦时，比上年增长 6.6%，增速比上年提高 0.8 个百分点。绿色金融体系建设加快推进，绿色金融发展基础不断夯实，兰州新区建成“绿金通”绿色金融综合服务平台，兰州新区绿色金融改革创新试验区加快建设。

（三）居民消费价格涨幅回落，工业生产者价格同比下降

1. 居民消费价格涨幅回落。全年全省居民消费价格同比上涨 2.0%，低于全国水平 0.5 个百分点。其中，食品烟酒类价格上涨 6.4%，主要是由于猪肉价格上涨带动，全年猪肉价格上涨 41.0%。

2. 工业生产者价格同比下降。受新冠肺炎疫情冲击、国内外市场需求疲软、原材料价格走低等因素影响，2020 年甘肃省工业生产者价格呈下降态势。全年工业生产者出厂价格同比下降 6.1%，工业生产者购进价格同比下降 5.9%。

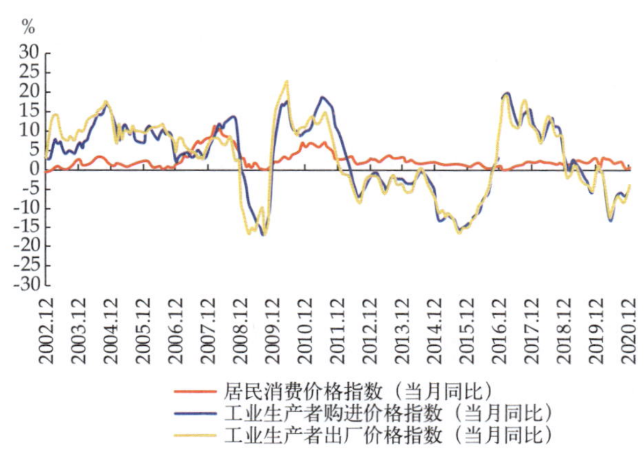

图 11　2002—2020 年甘肃省居民消费价格指数和生产者价格指数变动趋势

（数据来源：甘肃省统计局）

（四）财政收支实现增长，民生福祉持续增进

全年全省一般公共预算收入 874.5 亿元，同比增长 2.8%；其中，税收收入 567.9 亿元，下降 1.7%；非税收入 306.6 亿元，增长 12.5%。一般公共预算支出 4154.9 亿元，增长 5.1%。其中，卫生健康、社会保障和就业、农林水、节能环保等支出分别增长 13.5%、9.7%、8.2% 和 7.0%。民生保障得到加强，人民群众获得感、幸福感、安全感显著提升，财政十一类民生支出 3320.7 亿元，增长 4.3%，占一般公共预算支

出的80%。基本养老保险参保率达到98%，养老机构和服务设施覆盖所有县区。

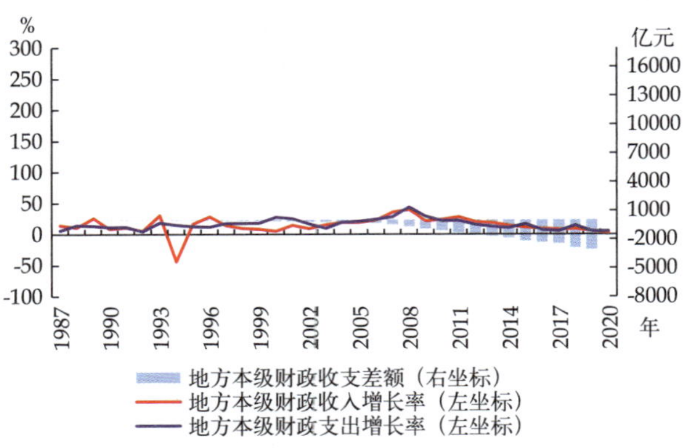

图12　1987—2020年甘肃省财政收支状况

（数据来源：甘肃省统计局）

（五）房地产市场总体运行平稳，房地产贷款增速放缓

1. 房地产开发投资增速放缓，商品房销售两极分化明显。全年完成房地产投资1355.64亿元，同比增长7.8%，增速较上年同期下降4.9个百分点。2020年末，全省新建商品房累计销售面积1967.92万平方米，同比增长15.4%，销售额1293.41亿元，同比增长26.9%。其中，商品住宅累计销售面积1863.81万平方米，占商品房销售面积的94.71%，同比增长18.8%。全省二手房累计销售面积515.2万平方米，同比下降26.4%。

2. 房地产金融市场保持平稳，差别化信贷政策执行效果良好。2020年末，甘肃省房地产贷款余额4547.10亿元，同比增长13.07%，增速较上年同期下降1.22个百分点，高于全省各项贷款增速5.91个百分点。房地产贷款余额占全省各项贷款余额的20.52%，占比较上年同期上升1.07个百分点。

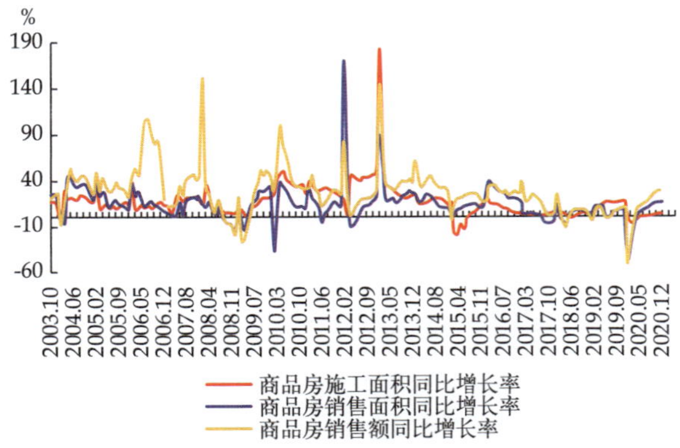

图13　2003—2020年甘肃省商品房施工和销售变动趋势

（数据来源：甘肃省统计局）

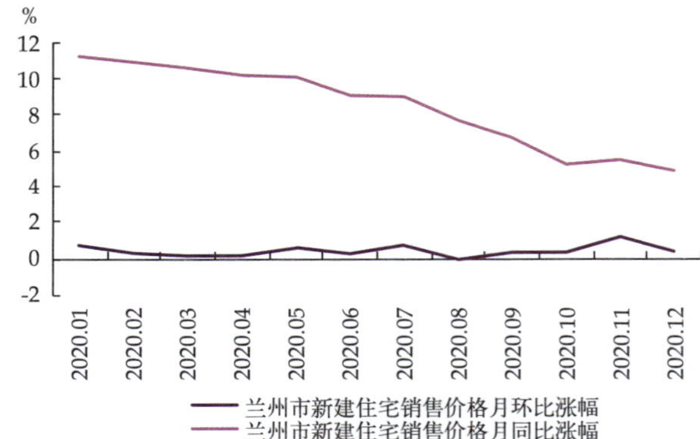

图14　2020年兰州市新建住宅销售价格变动趋势

（数据来源：甘肃省统计局）

专栏2　聚力"一核两翼三支撑"　金融助推甘肃75个贫困县全部脱贫摘帽

"十三五"以来，中国人民银行兰州中心支行坚决贯彻党中央、国务院关于打赢脱贫攻坚战的决策部署，紧紧围绕中国人民银行总行金融精准扶贫工作要求，切实履行金融扶贫牵头抓总职责，引领全省金融机构以产业扶贫为核心，以构建多元化的扶贫信贷产品体系和广覆盖的基础金融服务体系为两翼，以政策、信用、风险三大保障为支撑，在实践中探索形成了"一核两翼三支撑"的甘肃金融精准扶贫模式。"十三五"期间，全省金融机构累计投放金融精准扶贫贷款3746.86亿元，为甘肃决战决胜脱贫攻坚贡献

了重要金融力量。

一是突出“产业扶贫”核心，夯实金融精准扶贫基础。紧紧围绕“牛羊菜果薯药”六大特色产业，多部门携手，构建“政策性担保＋银行＋保险＋龙头企业＋农户”的产业贷款联动机制，引导金融机构因地制宜创新推出陇原农担贷、特色产业贷、兴陇合作贷等多款信贷产品，2018年以来全省金融机构累计投放特色产业工程贷款1300.8亿元，有效促进了全省特色富民产业培育和新型农业经营主体发展。为巩固产业扶贫成果，积极推动金融扶贫与乡村振兴政策衔接，牵头制定甘肃金融服务乡村振兴30条措施，联合省农业、财政等有关部门，指导榆中县和景泰县开展金融服务乡村振兴示范县创建，聚集政策合力，开展先行先试，在金融扶贫与产业扶贫深度融合、金融支持脱贫攻坚向乡村振兴过渡方面探索可复制、可推广的经验做法，巩固金融脱贫成效，筑牢乡村振兴基础。

二是强化“信贷、服务”两翼建设，带动金融精准扶贫提质增效。一方面，构建低成本、广覆盖的扶贫信贷产品体系。2016年以来累计投放扶贫再贷款460多亿元，支持法人机构创新推出“扶贫再贷款＋基地＋贫困户”“扶贫再贷款＋龙头企业＋贫困户”等模式，构建金融扶贫利益联结机制，让央行低成本优惠资金精准直达贫困地区农户和企业。全省金融、财政密切合作，创新发展了生源地助学贷款、创业担保贷款、扶贫小额信贷，2016年以来三类贷款累计投放900多亿元，有效满足贫困群众生产、创业、就业、就学等合理贷款需求，成为甘肃贫困农户获得感最强的金融扶贫举措。另一方面，健全基础金融服务体系。以助农取款服务点和数字普惠金融服务平台为依托，大力推进移动支付便民工程建设。在全省建成助农取款服务点2.53万个，布放ATM、POS机具26万台，探索引入“背包银行”服务模式，提前1年实现贫困地区行政村基础金融服务全覆盖。金融科技赋能，建设并完善“普惠金融共享家园”，支持引导省内多家银行研发上线“善融商务”“陇银商务”“百合生活网”“万颗商城”等数字普惠金融服务平台，有效解决了贫困地区金融服务“最后一公里”问题。

三是强化“政策、信用、风险”三大支撑，构建金融精准扶贫长效机制。强化政策支持。制定印发金融精准扶贫、金融支持深度贫困地区指导意见，多次组织召开全省金融精准扶贫工作推进会、调研座谈会，联合有关部门共同组织实施金融精准扶贫工程、普惠金融工程，督促指导金融机构落实落地各项金融扶贫政策。强化信用保障。在全国率先建成农牧户信用信息管理系统，深入开展“三信”评定，为全省90%以上的农牧户建立信用档案，推动评级结果与信贷投放挂钩。强化风险防范。推动省政府完善扶贫小额信贷回收续贷政策和风险补偿方案，确保贷款贷得出、用得好、收得回。充分发挥农业保险风险保障作用，全省已落地实施中央和地方农业险种96个，实现对贫困县区、贫困农户及所种养产品三个全覆盖，目前实际参保贫困户97.7万户，占比超过50%，有效分散贫困户从事农业生产的自然风险和市场风险。

在全省上下的共同努力下，2020年11月20日，甘肃宣布最后8个未摘帽县退出贫困县序列。至此，甘肃75个贫困县全部脱贫摘帽。

三、预测与展望

2021年是“十四五”规划开局之年，也是我国现代化进程中具有特殊重要性的一年，世界经济仍处于深度调整期，动荡源和风险点显著增多，经济增长放缓趋势明显。从国内看，结构性体制性周期性问题交织，经济稳增长压力仍然较大，但经济长期向好的基本面没有改变。甘肃作为经济欠发达省份，发展不平衡不充分的问题仍然突出，支撑发展的新动能还不强劲，经济企稳向好基础尚不稳固，但随着新一轮西部大开发、推动黄河流域生态保护和高质量发展等一系列国家重大战略、重大政策的实施，甘肃省仍将处于重大发展机遇期，实现高质量发展的结构性、动能性、内生性积极因素正不断积累、日益显现，预计 2021 年甘肃省经济总体将保持平稳增长，经济金融发展协调性、适配性将进一步提升。下一步，中国人民银行兰州中心支行将以习近平新时代中国特色社会主义思想为指导，深入贯彻党的十九大和十九届二中、三中、四中、五中全会及中央经济工作会议精神，全面落实习近平总书记对甘肃重要讲话和指示精神，坚持底线思维，勇于攻坚克难，奋力争创一流，切实防范化解重点领域金融风险，大力推进金融改革创新，进一步提升金融服务质量，促进全省经济金融高质量发展，为甘肃“十四五”开好局提供有力支撑。

中国人民银行兰州中心支行货币政策分析小组
总　　纂： 张庆昉　束　华
统　　稿： 聂　蕾　杨小亮　王　昊
执　　笔： 王　琪　陈　涛　王　峰
提供材料： 李　静　王文婷　马建平　王　琼　冯　丽　田震坤　马哲光　陈之鑫　谢晓娜
任墨香　于加鹏　范胜申　赵玉稳　任保君　杨晓晟　杨　柳

附录

（一）2020 年甘肃省经济金融大事记

3 月 6 日，甘肃首单疫情防控债成功发行。

3 月 12 日，金融委办公室地方协调机制（甘肃省）成立并运行。

5 月 25 日，甘肃首单“跨境金融区块链服务平台”出口融资业务成功落地。

6 月 17 日，中国人民银行兰州中心支行联合九部门组织召开甘肃省金融支持稳企业保就业工作推进会，成立甘肃省金融支持稳企业保就业工作部门协调小组。

9 月 18 日，甘肃首笔中征应收账款线上融资业务落地。

10 月 14 日，2020 年甘肃省金融稳企纾困政银企对接会在兰州召开，20 家银行机构分别与 40 家企业现场签约，签约授信和贷款金额达 62.4 亿元。

10 月 28 日，甘肃省（兰州市）金融纠纷调解中心成立。

11 月 20 日，“甘肃信易贷”平台正式上线运行。

11 月 21 日，甘肃全省 75 个贫困县全部摘帽退出，告别绝对贫困。

11 月 27 日，中国人民银行兰州中心支行自主开发建设“陇银 e 通”甘肃省企业银行结算账户监测系统正式上线运行。

（二）2020 年甘肃省主要经济金融指标

表 1　2020 年甘肃省主要存贷款指标

	项目	1 月	2 月	3 月	4 月	5 月	6 月	7 月	8 月	9 月	10 月	11 月	12 月
本外币	金融机构各项存款余额（亿元）	20145.2	20339.9	20929.4	20968.7	21477.9	21407.8	21065.8	20971.6	21299.3	21147.5	21338.5	20992.7
	其中：住户存款	11635.5	11621.5	11840.6	11745.0	11773.0	11961.4	12037.6	12104.1	12263.7	12212.9	12298.3	12454.5
	非金融企业存款	4755.9	4943.3	5264.7	5468.0	5510.1	5515.7	5193.3	5121.6	5237.7	5098.0	5143.1	4922.7
	各项存款余额比上月增加（亿元）	376.8	194.7	589.5	39.3	509.2	-70.1	-342.0	-94.2	327.7	-151.8	191.0	-345.9
	金融机构各项存款同比增长（%）	5.5	5.5	5.8	7.5	10.1	7.2	6.3	5.4	6.5	6.4	7.2	6.2
	金融机构各项贷款余额（亿元）	20842.4	21027.1	21453.5	21457.9	21600.4	21850.0	21764.5	21946.9	22111.8	22168.8	22167.1	22159.4
	其中：短期	5345.5	5431.6	5634.1	5588.6	5562.2	5577.5	5546.1	5539.7	5546.5	5486.0	5449.4	5332.0
	中长期	13808.4	13965.1	14141.5	14211.0	14406.0	14609.9	14584.0	14771.8	15008.4	15057.7	15080.1	15155.4
	票据融资	978.3	924.2	984.8	969.9	960.2	999.8	984.2	982.7	923.6	967.2	968.0	941.7
	各项贷款余额比上月增加（亿元）	164.5	184.8	426.3	4.4	142.6	249.6	-85.5	182.3	164.9	57.1	-1.7	-7.7
	其中：短期	-31.4	86.1	202.5	-45.5	-26.4	15.3	-31.4	-6.5	6.8	-60.5	-36.6	-117.4
	中长期	202.6	156.7	176.4	69.5	195.0	204.0	-25.9	187.8	236.6	49.3	22.5	75.3
	票据融资	-4.1	-54.1	60.6	-14.9	-9.7	39.6	-15.7	-1.5	-59.0	43.5	0.8	-26.3
	金融机构各项贷款同比增长（%）	5.9	6.3	6.1	6.2	6.8	7.2	7.2	8.0	8.3	8.4	7.2	7.2
	其中：短期	-2.9	-0.8	0.5	1.5	1.6	1.9	2.6	3.0	2.0	1.2	-0.7	-2.1
	中长期	9.1	9.4	9.1	9.2	10.5	10.9	10.8	11.7	13.1	13.0	11.9	12.0
	票据融资	23.9	11.3	3.4	-1.2	-5.0	-2.1	-4.0	-2.1	-8.6	-2.7	-1.7	-4.1
	建筑业贷款余额（亿元）	930.3	936.0	953.6	957.6	956.8	976.0	978.9	955.7	986.7	998.6	994.1	990.3
	房地产业贷款余额（亿元）	1086.7	1096.8	1095.7	1097.8	1093.7	1091.7	1129.1	1153.8	1186.0	1187.9	1178.6	1162.8
	建筑业贷款同比增长（%）	10.7	9.6	10.8	10.6	10.7	10.3	10.4	7.0	8.8	9.1	7.5	7.9
	房地产业贷款同比增长（%）	5.1	5.5	1.6	1.5	-1.0	-2.6	0.3	3.3	6.3	6.2	4.2	2.9
人民币	金融机构各项存款余额（亿元）	20096.8	20291.1	20859.3	20908.8	21423.1	21357.1	21013.0	20921.2	21248.9	21089.3	21283.8	20938.3
	其中：住户存款	11604.2	11588.7	11805.0	11709.6	11738.7	11927.7	12003.4	12070.2	12229.0	12177.8	12263.2	12419.6
	非金融企业存款	4744.7	4934.1	5237.3	5449.8	5496.3	5505.3	5180.8	5111.2	5227.7	5080.7	5129.4	4909.3
	各项存款余额比上月增加（亿元）	379.8	194.2	568.2	49.5	514.4	-66.0	-344.1	-91.8	327.7	-159.6	194.5	-345.6
	其中：住户存款	454.0	-15.5	216.3	-95.4	29.1	189.0	75.8	66.8	158.8	-51.2	85.4	156.5
	非金融企业存款	-182.1	189.4	303.2	212.5	46.5	9.1	-324.5	-69.7	116.6	-147.1	48.7	-220.1
	各项存款同比增长（%）	5.6	5.6	5.8	7.5	10.1	7.3	6.3	5.4	6.5	6.4	7.2	6.2
	其中：住户存款	12.2	10.8	11.5	11.0	11.4	11.6	12.1	12.2	11.7	11.7	11.8	11.4
	非金融企业存款	-2.4	2.4	1.2	7.7	9.4	5.4	2.8	2.2	4.2	3.4	3.1	-0.4
	金融机构各项贷款余额（亿元）	20595.9	20773.2	21174.8	21179.4	21325.9	21574.9	21502.8	21694.0	21873.4	21929.5	21942.3	21935.6
	其中：个人消费贷款	414.6	413.8	436.5	440.0	450.3	461.8	474.0	492.8	514.2	524.1	548.0	567.8
	票据融资	978.3	924.2	984.8	969.9	960.2	999.8	984.2	982.7	923.6	967.2	968.0	941.7
	各项贷款余额比上月增加（亿元）	171.6	177.3	401.6	4.7	146.5	248.9	-72.0	191.1	179.4	56.1	12.8	-6.7
	其中：个人消费贷款	-32.1	-0.8	22.7	3.5	10.2	11.5	12.2	18.8	21.5	9.9	23.9	19.8
	票据融资	-4.1	-54.1	60.6	-14.9	-9.7	39.6	-15.7	-1.5	-59.0	43.5	0.8	-26.3
	金融机构各项贷款同比增长（%）	6.1	6.4	6.1	6.1	6.7	7.2	7.2	8.1	8.5	8.6	7.4	7.4
	其中：个人消费贷款	18.6	19.0	19.4	20.1	20.4	21.5	22.6	23.8	24.9	25.2	25.3	27.1
	票据融资	23.9	11.3	3.4	-1.2	-5.0	-2.1	-4.0	-2.1	-8.6	-2.7	-1.7	-4.1
外币	金融机构外币存款余额（亿美元）	7.0	7.0	9.9	8.5	7.7	7.2	7.6	7.4	7.4	8.7	8.3	8.3
	金融机构外币存款同比增长（%）	-35.2	-32.9	19.4	13.1	10.4	-13.2	-2.1	0.8	9.0	10.9	5.4	13.1
	金融机构外币贷款余额（亿美元）	35.8	36.2	39.3	39.5	38.5	38.9	37.5	36.9	35.0	35.6	34.2	34.3
	金融机构外币贷款同比增长（%）	-9.1	-5.3	3.9	7.5	5.4	6.2	2.4	3.3	-1.0	-1.7	-3.9	-5.6

数据来源：中国人民银行兰州中心支行。

表 2　2001—2020 年甘肃省各类价格指数

单位：%

时间	居民消费价格指数		农业生产资料价格指数		工业生产者购进价格指数		工业生产者出厂价格指数	
	当月同比	累计同比	当月同比	累计同比	当月同比	累计同比	当月同比	累计同比
2001	—	4.0	—	-1.4	—	1.4	—	-1.5
2002	—	0.0	—	0.4	—	-1.6	—	-2.1
2003	—	1.1	—	1.8	—	5.6	—	10
2004	—	2.3	—	7.4	—	12.5	—	14.3
2005	—	1.7	—	9.0	—	9.9	—	9.6
2006	—	1.3	—	4.4	—	8.8	—	9.5
2007	—	5.5	—	7.1	—	4.3	—	5.5
2008	—	8.2	—	14.7	—	10.2	—	4.9
2009	—	1.3	—	-1.0	—	-8.9	—	-9.0
2010	—	4.1	—	1.7	—	14.4	—	15.0
2011	—	5.9	—	7.6	—	15.1	—	11.0
2012	—	2.7	—	5.2	—	-1.3	—	-3.2
2013	—	3.3	—	2.4	—	-2.0	—	-3.0
2014	—	2.1	—	2.5	—	2.4	—	3.3
2015	—	1.6	—	-1.4	—	-13.0	—	-13.0
2016	—	1.3	—	-0.1	—	-5.4	—	-5.1
2017	—	1.4	—	—	—	15.5	—	14.5
2018	—	2.0	—	4.2	—	9.8	—	9.5
2019	—	2.3	—	1.1	—	-1.0	—	-1.7
2020	—	2.0	—	0.7	—	-5.9	—	-6.1
2019　1	—	—	—	—	—	—	—	—
2	1.6	1.5	2.2	2.1	0.6	0.4	-1.5	-1.8
3	2.1	1.7	1.4	1.9	2.8	1.2	0.7	-0.9
4	2.2	1.8	1.9	1.9	1.4	2.2	1.5	-0.3
5	2.7	2.0	2.0	1.9	1.2	1.4	0.2	-0.2
6	2.5	2.1	1.8	1.9	0.2	1.2	-2.2	-0.6
7	2.4	2.1	1.6	1.8	-1.3	0.8	-3.4	-1.0
8	2.0	2.1	-0.2	1.6	-2.2	0.4	-3.4	-1.3
9	1.9	2.1	-0.5	1.3	-4.5	-0.1	-3.5	-1.5
10	2.4	2.1	-0.7	1.1	-5.7	-0.7	-4.6	-1.9
11	3.3	2.2	0.4	1.1	-4.6	-1.1	-3.4	-2.0
12	3.1	2.3	—	1.1	-0.5	-1.0	1.3	-1.7
2020　1	—	—	—	—	—	—	—	—
2	3.6	3.5	0.9	1.2	-0.6	1.0	0.0	2.1
3	2.7	3.3	0.6	1.0	-4.2	-0.8	-5.0	-0.3
4	3.0	2.3	-0.3	0.7	-11.0	-3.3	-10.4	-2.9
5	2.7	1.5	-0.5	0.5	-13.3	-5.4	-11.8	-4.7
6	1.6	2.5	-0.5	0.3	-9.7	-6.1	-9.1	-5.4
7	2.0	2.4	-0.1	0.2	-6.5	-6.1	-6.5	-5.6
8	2.4	2.4			-5.7	-6.1	-6.6	-5.7
9	2.2	2.4	2.1	0.7	-5.6	-6.0	-7.5	-5.9
10	1.1	2.3	1.3	0.7	-6.6	-6.1	-8.5	-6.2
11	0.3	2.1	0.6	0.7	-6.0	-6.1	-7.0	-6.3
12	0.8	2	—	0.7	-4.2	-5.9	-4	-6.1

数据来源：《中国经济景气月报》、甘肃省统计局。

表 3 2020 年甘肃省主要经济指标

项目	1月	2月	3月	4月	5月	6月	7月	8月	9月	10月	11月	12月
	绝对值（自年初累计）											
地区生产总值（亿元）	—	—	1908.3	—	—	4101.9	—	—	6444.3	—	—	9016.7
第一产业	—	—	142.9	—	—	289.7	—	—	889.3	—	—	1198.1
第二产业	—	—	587.7	—	—	1340.9	—	—	2007.9	—	—	2852
第三产业	—	—	1177.7	—	—	2471.3	—	—	3547.1	—	—	4966.5
工业增加值（亿元）	—	—	—	—	—	—	—	—	—	—	—	—
固定资产投资（亿元）	—	—	—	—	—	—	—	—	—	—	—	—
房地产开发投资	—	—	—	—	—	—	—	—	—	—	—	1355.64
社会消费品零售总额（亿元）	—	—	772	—	—	1627.2	1920.1	2228	2563.6	2913.5	3272.6	3632.4
外贸进出口总额（亿元）	—	55.7	86.2	117.6	144.4	170.2	204.8	229.1	271.8	302.5	334	372.8
进口	—	44.3	65.8	90.9	109.9	130.2	156.9	174.8	209.7	234.2	256.8	287.1
出口	—	11.4	20.4	26.7	34.5	40	47.9	54.3	62.1	68.3	77.2	85.7
进出口差额（出口－进口）	—	-32.9	-45.4	-64.2	-75.4	-90.2	-109	-120.5	-147.6	-165.9	-179.6	-201.4
实际利用外资（亿美元）	—	—	—	—	—	—	—	—	—	—	—	0.9
地方财政收支差额（亿元）	—	-444	-781.1	-983.4	-1207.4	-1592.4	-1805.1	-1983.6	-2316.5	-2494.2	-2726.8	-3280.4
地方财政收入	—	135.6	183.5	251.5	329.2	402.9	485.4	542.9	614.1	691.8	777.5	874.5
地方财政支出	—	579.6	964.6	1234.9	1536.6	1995.3	2290.5	2526.5	2930.6	3186	3504.3	4154.9
城镇登记失业率（%）（季度）	—	—	—	—	—	—	—	—	3.1	—	—	—
	同比累计增长率（%）											
地区生产总值	—	—	-3.4	—	—	1.5	—	—	2.8	—	—	3.9
第一产业	—	—	2	—	—	5.8	—	—	5.1	—	—	5.4
第二产业	—	—	-7.1	—	—	1.8	—	—	4.6	—	—	5.9
第三产业	—	—	-1.7	—	—	0.9	—	—	1.2	—	—	2.2
工业增加值	—	-4	-4.4	-0.9	3.6	4.6	5.5	6.2	6.3	6.4	6.6	6.5
固定资产投资	—	-11.5	-9.1	-0.1	2.2	4	5.4	6.1	6.5	7.1	7.5	7.8
房地产开发投资	—	-8.4	-0.8	8.8	9.5	9.9	10.1	10	6.8	7	7.7	7.8
社会消费品零售总额	—	-15.8	-13	-10.8	-8.8	-7.9	-7	-6	-4.3	-3.4	-2.5	-1.8
外贸进出口总额	—	-7.4	-2.6	-5.2	-11.4	-9.6	-6.7	-6.8	-2	0.1	-3.1	-2
进口	—	14.7	22.5	20.8	5.8	8.2	11.4	9.9	15.7	19.3	13.6	15.3
出口	—	-46.8	-41.3	-45.2	-41.6	-41.1	-39.1	-37.5	-35.4	-35.5	-34.9	-34.8
实际利用外资	—	—	—	—	—	—	—	—	—	—	—	8.2
地方财政收入	—	-4.7	-16	-12.8	-9.4	-9	-5.3	-3.6	-1.6	-0.6	1.2	2.8
地方财政支出	—	-9	-7.3	-5.4	-4.3	-7.1	-3.3	-2.1	-2.7	0	1.7	5.1

数据来源：甘肃省统计局。

青海省金融运行报告（2021）

中国人民银行西宁中心支行货币政策分析小组

[内容摘要] 2020年，面对突如其来的新冠肺炎疫情，青海省深入贯彻习近平总书记重要讲话和重要指示精神，全面落实党中央、国务院各项决策部署，统筹推进疫情防控和经济社会发展，扎实做好“六稳”工作，全面落实“六保”任务，深入推进生态保护优先、推动高质量发展、创造高品质生活的“一优两高”战略；统筹开展“国家公园、清洁能源、绿色有机农畜产品、民族团结进步、高原美丽城镇”5个示范省建设；聚力打好“三大攻坚战”，持续深化改革开放，筑牢生态安全屏障，着力增进民生福祉，在全国率先实现疫情“五个清零”，率先实现复工复产，取得脱贫攻坚全面胜利。全年全省地区生产总值增长1.5%，地方一般预算收入增长5.6%，常住居民人均可支配收入增长6.3%，城镇登记失业率2.1%，居民消费价格指数增长2.6%。全省金融业认真贯彻落实稳健货币政策和各项金融支持实体经济政策措施，加大信贷支持力度，优化信贷结构，全面对冲疫情影响，为青海省经济社会平稳发展营造了适宜的金融环境。全年社会融资规模新增117亿元，金融机构本外币存款余额6314.1亿元，同比增长7.8%，金融机构本外币各项贷款余额6620.9亿元，同比下降1%。

经济运行主要呈现以下特点：一是经济结构持续优化。锂电、新材料、光伏制造、盐湖化工“四个千亿元”产业和新能源、新材料、先进制造、现代生物、现代农牧业、生态环保、高原医疗卫生、新一代信息技术“八大绿色产业技术体系”已具雏形，循环工业增加值占比达60%；海南州大数据产业园投运，海西“飞地经济”工业园区建成，全省经济总量迈上3000亿元台阶。二是清洁能源示范省建设势头走旺。海南州、海西州两个千万千瓦级可再生能源基地建成，青海—河南±800千伏特高压直流工程启动送电，作为世界首条清洁能源输送通道，每年400亿千瓦时清洁电“电亮”青海经济发展活力，“百日绿电三江源”再创世界纪录；新能源装机2445万千瓦，占全网总装机规模的60.7%，光伏超过水电成为省内第一大电源，非化石能源占一次性能源消费比重提高至43%。三是绿色有机农畜产品示范省建设蹄疾步稳。建立牦牛、青稞、油菜、有机肥产业联盟，认定湟源县和刚察县为国家绿色发展先行区、玉树牦牛等5个国家级特色农产品优势区；省级农牧业产业化联合体达30家；建立国家级、省级现代农牧业产业园28个；全省30个牧业（半农半牧）县实施了牦牛藏羊原产地可追溯试点，有机监测认证草场486.67万公顷、牛羊445万头（只）；柴达木枸杞正式入选中欧互认地理标志农产品清单；农田化肥农药减量增效试点面积扩大到20万公顷，化肥和化学农药使用量较实施前分别减少40%和30%以上；全省农田残膜回收率达到90%，规模养殖场废弃物处理设施设备配套率达到95%。四是城乡居民生活明显改善。城乡最低生活保障标准分别提高7680元/年和4800元/年，城乡居民养老保险人均养老金水平201元，高于国家规定的93元最低标准；围绕“两不愁三保障”目标，60周岁以上建档立卡贫困人口全部领取养老金，实现“应发尽发”；符合参保条件的36.46万贫困人口已全部纳入养老保险范围，实现“应保尽保”；全省42个贫困县（市、区、行委）、1622个贫困村、53.9万名贫困人口如期脱贫。五是大美青海频上热搜。自驾游、乡村旅游、民俗游、冰雪游、休闲游、生态游、摄影游等旅游产品丰富多彩，青海旅游从大景区延伸到小乡村，旅游持续升温；在抖音、快手等平台中，大美青海话题总浏览量近13亿人次，全网搜索数据月增长27%以上，全国排名靠前。六是国家公园示范省作用显现。青海省泽库泽曲、天峻布哈河两处国家湿地公园通过验收正式成为国家级湿地公园；青海成为我国首个承担双国家公园体制试点省份，拥有各类自然保护地217处，约占全省国土面积的35%。

金融运行主要呈现以下特点：一是信贷精准支持稳企业保就业。2020年，全省银行业金融机构累计发放普惠小微企业信用贷款46.7亿元，对59.8亿元企业贷款本金实施了延期还本付息安排。梳理重点企业名单，精准对接738家企业，累计发放贷款332.2亿元。开展“集中对接月”专项行动，“线下＋线上”撮合融资54.5亿元。二是信贷结构持续优化。关乎民生和保障企业正常运转的电力、热力、燃气及水生产和供应业贷款余额同比增长6.3%，交通运输、住宿餐饮、批发零售较快增长，同比分别增长31.9%、48.1%和29.8%，普惠小微企业贷款同比增长17.1%，绿色贷款占本外币贷款比重达22.8%，金融精准扶贫贷款累计发放额同比增长9.2%。三是贷款利率持续下行让利实体经济。1—12月，青海省金融机构企业贷款加权平均利率同比下降44个基点，普惠小微企业贷款利率同比下降102个基点，惠民暖企专项行动为实体经济减费让利约13.7亿元。四是多层次资本市场作用凸显。2020年，青海企业通过多层次资本市场融资319.3亿元，同比增长1.75倍。青海省2家非金融企业在银行间债券市场发行债务融资工具6只，合计金额34亿元。青海银行成功发行30亿元小型微型企业专项金融债。五是保险服务保障民生作用有效发挥。2020年全省累计实现原保险保费收入103.6亿元，同比增长5.3%，承担风险总额10万亿元，同比增长88.8%。人身险保障型产品快速增长，普通寿险业务保费收入40.1亿元，同比增长7%。六是金融生态环境不断改善。建立“1+N”信用修复体系，信用修复小微企业912户，2136户得到信用修复的贫困户获得信用贷款8173万元，同比增长33.4%。辖区183个深度贫困乡村实现基础金融服务全覆盖，开展“互联网＋诚信文化教育”，制作诚信网课并在“学习强国”等平台上线。

2021年，青海省将继续以习近平新时代中国特色社会主义思想为指导，全面贯彻党的十九届五中全会及中央经济工作会议精神，深入落实“四个扎扎实实”[①]重大要求，立足新发展阶段，贯彻新发展理念，构建新发展格局，以推动高质量发展为主题，以深化供给侧结构性改革为主线，以改革创新为根本动力，以满足人民日益增长的美好生活需要为根本目的，培育生态、循环、数字、平台“四种经济形态”，力保经济运行在合理区间。青海金融业将始终坚持服务实体经济，坚决贯彻落实稳健的货币政策，按照灵活精准、合理适度的要求，加大对实体经济的支持，加强金融风险防控，为实现全省经济高质量发展提供优质金融服务。

一、金融运行情况

2020年，青海省金融业运行总体稳健，银行业平稳发展，融资成本持续走低，多层次资本市场健康发展，保险保障功能稳步提升，各项金融改革持续推进，有力支持青海经济社会高质量发展。

（一）银行业平稳运行，金融助推复工复产

1. 银行业稳健发展。2020年末，青海省银行业金融机构资产总额9043.8亿元，同比增长8%。银行业金融机构线上化趋势加快，机构网点数量同比下降9.8%，大型商业银行、股份制

①2016年8月，习近平总书记到青海视察，提出“四个扎扎实实”重大要求，即扎扎实实推进经济持续健康发展，扎扎实实推进生态环境保护，扎扎实实保障和改善民生、加强社会治理，扎扎实实加强规范党内政治生活。

商业银行和小型农村金融机构营业网点数量同比分别下降10.2%、13.9%和10.2%。从业人数同比增长3.1%，大型商业银行、政策性银行和邮政储蓄银行从业人数同比分别增长2.9%、4.8%和3%，城市商业银行和小型农村金融机构从业人数分别下降2.9%和5.1%。

表1　2020年青海省银行业金融机构情况

机构类别	营业网点 机构个数（个）	营业网点 从业人数（人）	营业网点 资产总额（亿元）	法人机构（个）
一、大型商业银行	380	9254	3376	0
二、国家开发银行和政策性银行	10	614	1994	0
三、股份制商业银行	31	1243	693	0
四、城市商业银行	77	1725	1048	1
五、城市信用社	0	0	0	0
六、小型农村金融机构	333	4393	1196	31
七、财务公司	1	36	123	1
八、信托公司	1	657	250	1
九、邮政储蓄银行	182	1046	347	0
十、外资银行	0	0	0	0
十一、新型农村金融机构	6	191	15	6
十二、其他	0	0	0	0
合　计	1021	19159	9044	40

数据来源：青海银保监局。

注：营业网点不包括国家开发银行和政策性银行、大型商业银行、股份制商业银行等金融机构总部数据；大型商业银行包括工商银行、农业银行、中国银行、建设银行和交通银行；小型农村金融机构包括农村商业银行、农村合作银行和农村信用社；新型农村金融机构包括村镇银行、贷款公司、农村资金互助社；其他包含金融租赁公司、汽车金融公司、货币经纪公司、消费金融公司等。

2. 存款平稳增长。2020年末，青海省金融机构本外币存款余额6314.1亿元，同比增长7.8%，较上年高6.3个百分点。分部门看，住户存款余额2278.7亿元，同比增长10.5%，较上年高3.2个百分点，较年初增加258.2亿元，同比多增91.7亿元，住户存款仍是主要存款来源；非金融企业存款余额1370.3亿元，较年初减少47.8亿元，同比多减少16.8亿元。分产品看，存款定期化趋势明显，活期存款较年初增加12.9亿元，定期存款较年初增加197.4亿元。银行大额存单等高收益负债产品受到投资者普遍欢迎，2020年末，大额存单余额410.5亿元，同比增长20.5%。

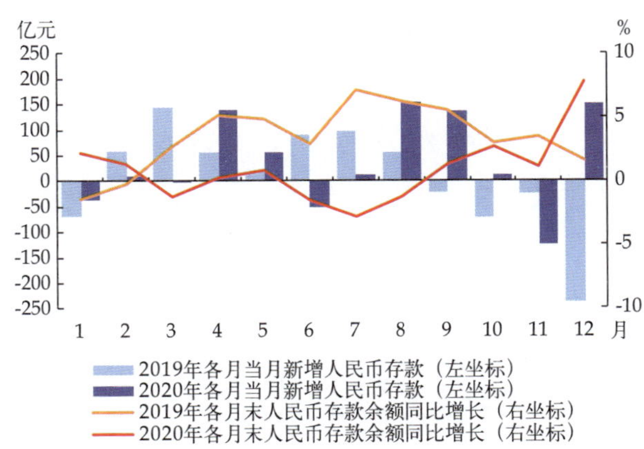

图1　2019—2020年青海省金融机构人民币存款增长

（数据来源：中国人民银行西宁中心支行）

3. 信贷结构调整优化。2020年末，青海省本外币贷款余额6620.9亿元，同比下降1%。疫情影响下，金融保障地方经济发展资金需求，运用再贷款、再贴现、常备借贷便利等多种货币政策工具向金融机构注入央行资金465亿元，助推青海经济复苏。关乎民生和保障企业正常运转的电力、热力、燃气及水生产和供应业贷款余额同比增长6.3%，第三产业贷款余额保持3.6%的增速，交通运输、住宿餐饮、批发零售呈现高位增长，同比分别增长31.9%、48.1%和29.8%。金融对重点领域和薄弱环节的支持力度不减，2020年末，青海省普惠小微企业贷款余额285.8亿元，同比增长17.1%；全年累计发放金融精准扶贫贷款236.7亿元，同比增长9.2%。绿色贷款、清洁能源贷款、水风光发电贷款均呈高占比，2020年末，绿色贷款余额1509亿元，占本外币贷款比重达22.8%，清洁能源贷款余额909.4亿元，占全省绿色贷款余额比重为60.3%，其中，直接支持水风光发电的比重达93.13%。

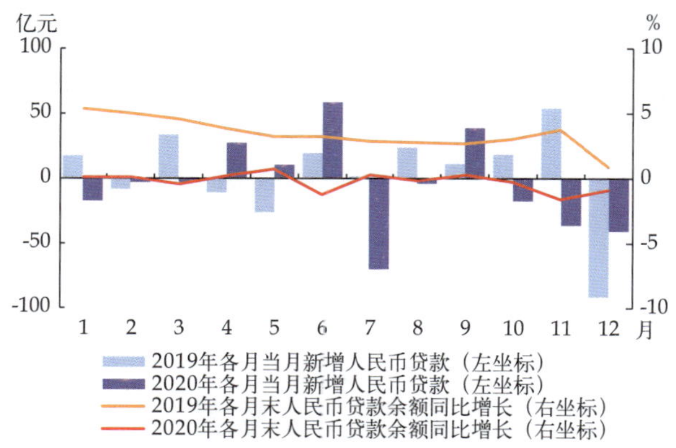

图2　2019—2020年青海省金融机构人民币贷款增长变化

（数据来源：中国人民银行西宁中心支行）

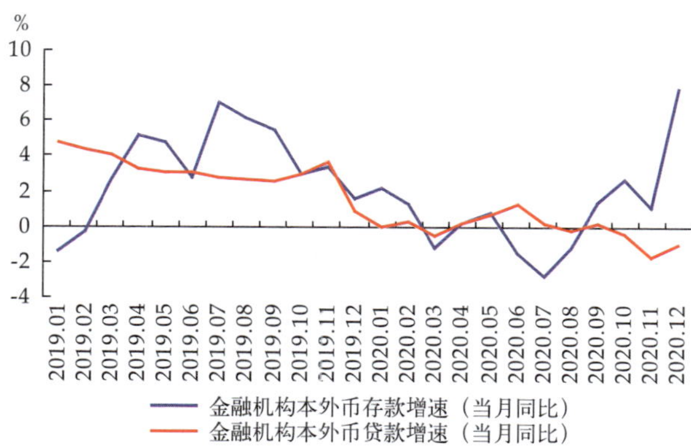

图3　2019—2020年青海省金融机构本外币存、贷款增速变化

（数据来源：中国人民银行西宁中心支行）

4. 表外业务稳步发展。2020年末，青海省银行业金融机构表外业务余额3273.7亿元，同比增长3.8%。其中，担保类业务余额422.4亿元，同比下降9.6%；承诺类业务余额793亿元，同比增长11.9%；金融资产服务类余额2058.3亿元，同比增长4.1%。

5. 利率市场化改革持续深化。推动LPR改革落地深化，地方法人金融机构存量浮动利率贷款定价基准转换率超过92%，近九成的银行将LPR纳入银行内部资金转移定价。存款自律有序推进，停办并压降定期存款提前支取靠档计息等不规范存款“创新”产品，地区利率定价秩序公平有序。2020年，青海省金融机构企业贷款加权平均利率同比下降44个基点，小微企业贷款利率同比下降56个基点，普惠小微企业贷款利率同比下降102个基点。

表2　2020年青海省金融机构人民币贷款各利率区间占比

单位：%

项目		1月	2月	3月	4月	5月	6月
合计		100.0	100.0	100.0	100.0	100.0	100.0
LPR减点		22.3	35.5	82.0	42.6	32.9	44.2
LPR		0.4	1.1	1.2	11.8	1.9	2.5
LPR加点	小计	77.3	63.4	16.8	45.7	65.3	53.4
	(LPR，LPR+0.5%)	26.0	10.0	3.9	7.1	12.0	12.3
	[LPR+0.5%，LPR+1.5%)	23.3	28.8	5.8	21.6	29.3	23.6
	[LPR+1.5%，LPR+3%)	19.8	21.2	4.3	11.1	18.3	13.2
	[LPR+3%，LPR+5%)	7.6	2.8	1.9	4.3	4.9	3.8
	LPR+5%及以上	0.7	0.6	0.9	1.6	0.7	0.5
项目		7月	8月	9月	10月	11月	12月
合计		100.0	100.0	100.0	100.0	100.0	100.0
LPR减点		24.5	20.8	37.5	23.6	23.0	41.0
LPR		6.7	3.8	4.5	20.8	2.0	2.7
LPR加点	小计	68.8	75.4	58.1	55.6	75.0	56.3
	(LPR，LPR+0.5%)	15.4	18.4	16.4	12.0	20.0	17.0
	[LPR+0.5%，LPR+1.5%)	26.2	24.5	20.9	20.5	26.3	16.4
	[LPR+1.5%，LPR+3%)	21.5	22.0	13.0	14.2	21.1	14.5
	[LPR+3%，LPR+5%)	5.0	9.9	7.0	8.4	6.9	8.0
	LPR+5%及以上	0.7	0.7	0.8	0.6	0.7	0.4

数据来源：中国人民银行西宁中心支行。

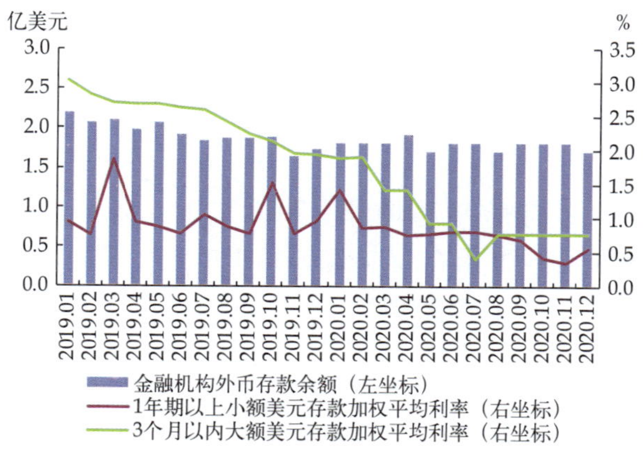

图4　2019—2020年青海省金融机构外币存款余额及外币存款利率

（数据来源：中国人民银行西宁中心支行）

6. 金融机构资产质量持续改善。坚持“七分防控，三分化解”的风险防控思路，青海省金融机构不良贷款和不良率实现“双降”。2020年末，青海省金融机构不良贷款余额206.3亿元，较上年同期减少243.9亿元，不良贷款率3.1%，较上年同期下降3.6个百分点。次级贷款余额60.8亿元，较上年同期减少221.7亿元；可疑类贷款余额101.8亿元，较上年同期减少41.8亿元；逾期90天以上贷款余额106.9亿元，较上年同期减少5.8亿元。

7. 地方法人金融机构发展实力提升。2020年末，全省地方法人金融机构资本金规模增加1.3亿元，同比增长1.4%。2家农商行通过增资扩股、减少分红等方式实现资本补充，1家地方法人机构启动二级资本债发行程序。2020年末，青海省农村合作金融机构资本充足率15.1%，拨备覆盖率150.7%，农村合作金融机构整体实力不断增强，农村信用社改制深入推进，最后1家农信社开始筹建农村商业银行。

8. 跨境人民币业务快速增长。2020年，青海省跨境人民币收付总额37.8亿元，同比增长1.8倍。其中，贸易项下跨境人民币收付总额3.9亿元，同比增长2.5倍，直接投资项下收付总额1.8亿元，贸易和直接投资项下跨境人民币结算量占辖区本外币收付总额的15%，服务实体经济能力进一步凸显。重点地区跨境人民币结算量大幅增长，“一带一路”跨境人民币收付总额2.2亿元，同比增长8.6倍，占本外币收付总额的50%。2011年试点以来，全省累计办理跨境人民币结算428.9亿元，有力支持了青海构建全方位开放新格局的发展战略。

专栏1　凝聚金融力量　稳企业保就业

2020年，突如其来的疫情让韧性相对较弱的青海经济雪上加霜。统筹疫情防控与经济发展两个大局，全面落实“六稳六保”政策，青海金融部门在积极行动。

一、凝心聚力，统筹推进

按照党中央、国务院和青海省政府抗疫部署，金融系统践行使命担当，凝聚金融力量，保障复工复产有序推进。中国人民银行西宁中心支行率先成立由“一把手”负责的金融支持稳企业保就业工作领导小组，市场主体组、宏观组、银行组、政府协调组4个专班协同作战，使宏观政策与微观工作高效对接，金融“一盘棋”支持经济稳定增长格局形成。构建“专人对接+专人负责+专人跟进”工作模式，无缝监测银企对接情况，打通融资断点和堵点。省内22家银行业金融机构制定出台126项措施，推出复工复产产品112类，支持市场主体复苏；召开银企对接会和融资协调会40余次，涉及融资需求过百亿元。

二、输血供氧，保量增贷

中国人民银行西宁中心支行充分发挥货币政策调控作用，4次下调存款准备金率，释放地方法人金融机构长期资金31亿元，运用再贷款、再贴现、常备借贷便利等多种货币政策工具向金融机构注入资金465亿元，助推青海经济复苏。青海省金融业认真贯彻复工复产相关政策，着力加强多元化资金要素保障，硬核金融措施落实到位。全年累计投放贷款4085.4亿元，同比增长33.4%；关乎民生和保障企业正常运转的电力、热力、燃气及水的生产和供应业贷款余额同比增长6.3%，第三产业贷款余额保持3.6%的增速，交通运输、住宿餐饮、批发零售贷款呈现高位增长，同比分别增长31.9%、48.1%和29.8%。

三、减费让利，惠民暖企

抗疫期间，金融机构“惠民暖企”专项

行动深入推进，开启融资费率减负专列，重大项目审批破冰。向8家纳入国家防疫物资名单的企业发放防控专项再贷款2.1亿元，利率低于1.65%。地方法人金融机构累计为各类企业办理延期贷款31.84亿元，平均延期率达35.1%；使用央行低成本资金超过300亿元，企业贷款加权平均利率同比下降44个基点；60种支付优惠、14种手续费减免、21种信贷让利，为实体经济减费让利约13.7亿元，助推企业“降本增效”成果显著。

四、聚焦普惠，关注小微

在疫情防控工作中，中国人民银行西宁中心支行打出“完善机制＋政策工具＋信用修复＋集中对接”组合拳，保障小微企业融资需求，实现贷款“量增、面扩、价降”。全年普惠小微企业贷款同比增长17.1%，加权平均利率同比下降102个基点。使用再贷款专用额度发放优惠贷款116亿元，惠及小微企业近7万余户，以“信用修复”为手段，利用征信系统、银行内部评级、“天眼查”、“企查查”、“信用青海”等平台，对小微企业精准“画像”，全年信用修复912户。2020年6月与青海省工信厅联合主办“小微企业融资能力提升行动——银企集中对接月”，全省17家金融机构和2家担保机构入驻青海省中小企业服务平台，线下开展政策咨询、产品推介、业务受理和贷款办理等服务，线上发放56种金融产品，智能匹配、快速审批、优先放贷，累计对接融资需求195笔，金额54.45亿元，服务企业392户。牵头建立集“信息归集、融资增信、政策支持、融资对接和融资评价”功能五位一体的“青海省小微企业信用融资服务中心平台”，缓解小微企业融资难题。

“减负＋造血”的一系列金融政策支持，让企业轻装前进，实体经济越来越多指标“转正”、回升，青海生产总值保持1.5%的正增长，规模以上企业开工率99.8%，上下游对接283.5亿元，产销率达97.9%。全省规模以上工业33个大类，14个行业增加值同比增长，增长面为42.4%；在统计的94种产品中，31种产品实现正增长，增长面为33%；地方一般公共预算收入累计增速达5.6%。全省经济呈现稳中向好局面。

（二）证券业逐步回暖，多层次资本市场稳健发展

1. 证券期货经营逐步回暖。青海省1家法人证券公司全年累计代理交易额3428.9亿元，同比下降5.5%；1家法人期货公司全年累计代理交易额10353.8亿元，同比增长52.1%，净利润0.4亿元，同比增长18.8%。

2. 多层次资本市场稳健发展。2020年，青海企业通过多层次资本市场融资319.3亿元，同比增长1.75倍，其中，公司债21.3亿元，资产证券化254亿元，非金融企业债务融资工具34亿元。股票质押存量了结、场外期权存量提前清零、整改清理不合格资管产品等举措，有效压降经营机构风险。2020年末，青海省境内上市公司12家，总股数166.6亿股，同比增长18.9%；股票总市值1352.1亿元，同比增长40.2%。

表3　2020年青海省证券业基本情况

项目	数量
总部设在辖内的证券公司数（家）	1
总部设在辖内的基金公司数（家）	0
总部设在辖内的期货公司数（家）	1
年末国内上市公司数（家）	12
当年国内股票（A股）筹资（亿元）	0
当年发行H股筹资（亿元）	—
当年国内债券筹资（亿元）	319
其中：短期融资券筹资额（亿元）	30
中期票据筹资额（亿元）	0

数据来源：青海证监局。

注：当年国内股票（A股）筹资额指非金融企业境内股票融资。

（三）保险业平稳运行，保障民生作用发挥

1. 保险业务保持平稳增长。2020 年末，青海省保险公司资产总额 237.8 亿元，同比增长 15.5%。保险业累计承担风险总额 10.3 万亿元，累计实现保费收入 103.6 亿元，同比增长 5.3%，各项保险赔付支出 34.9 亿元，同比增长 0.3%。

2. 民生保障功能持续发挥。2020 年，人身险保障型产品较快增长，普通寿险业务保费收入 40.1 亿元，同比增长 7%；赔付额 6.5 亿元，同比增长 6.6%。健康险和意外伤害险保费收入 19.9 亿元，同比增长 4.0%；赔付额 5.9 亿元，同比下降 25.2%。

表 4　2020 年青海省保险业基本情况

项目	数量
总部设在辖内的保险公司数（家）	0
其中：财产险经营主体（家）	0
寿险经营主体（家）	0
保险公司分支机构（家）	343
其中：财产险公司分支机构（家）	225
寿险公司分支机构（家）	118
保费收入（中外资，亿元）	103.6
其中：财产险保费收入（中外资，亿元）	48.9
人身险保费收入（中外资，亿元）	54.7
各类赔款给付（中外资，亿元）	34.9

数据来源：青海银保监局。

（四）融资规模回落，金融市场平稳运行

1. 社会融资规模增量回落。2020 年，青海省社会融资规模增量 117 亿元，较上年少增 1161 亿元。其中，信托贷款与人民币贷款合计同比少增 451 亿元，地方政府债同比多增 348.9 亿元。

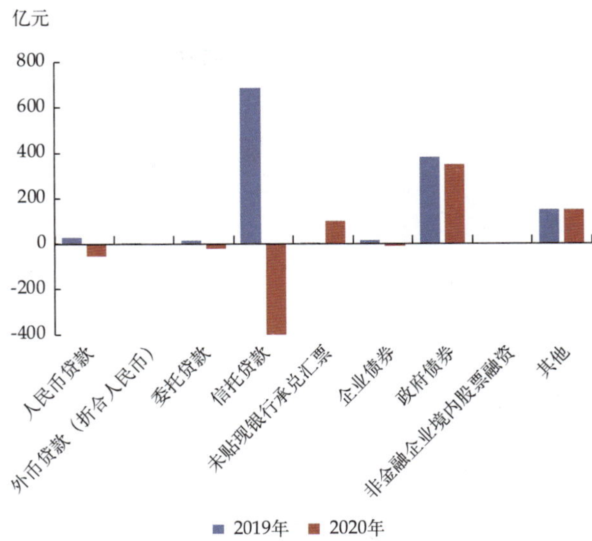

图 5　2019—2020 年青海省社会融资规模分布结构

（数据来源：中国人民银行西宁中心支行）

2. 债券融资促发展与防风险并重。2020 年，青海银行成功发行 30 亿元小型微型企业专项金融债。青海省 2 家非金融企业在银行间债券市场发行债务融资工具 6 只，合计金额 34 亿元，同比下降 46.9%。探索构建“1+3”工作机制，以防范化解债券违约风险为重点，有效化解重点企业债务风险，促进省内债券融资生态修复。

3. 货币市场业务成交量减少。2020 年，青海省银行间市场资金面总体较为宽松，全年交易量共计 14292.6 亿元，同比下降 17.9%。累计融入 4992.4 亿元，累计融出 9300.2 亿元，净融出 4307.8 亿元。其中，同业拆借累计成交 232.2 亿元，同比下降 46.6%；质押式回购累计成交 11442.1 亿元，同比增长 2%；买断式回购累计成交 254.6 亿元，同比下降 17.1%；现券交易量 2363.8 亿元，同比下降 56.6%。

4. 票据业务平稳增长。2020 年末，青海省票据融资余额 880.7 亿元，占人民币贷款比重为 13.4%，较上年同期下降 3.1 个百分点。金融机构累计签发银行承兑汇票 295.9 亿元，同比增长 11.7%，小微企业累计签发占比 25.6%，较上年同期提高 3.6 个百分点。

表5 2020年青海省金融机构票据业务量统计

单位：亿元

季度	银行承兑汇票承兑		贴现			
			银行承兑汇票		商业承兑汇票	
	余额	累计发生额	余额	累计发生额	余额	累计发生额
1	236.9	80.0	911.9	967.7	8.5	4.0
2	243.9	154.7	970.2	2067.0	14.5	21.8
3	245.3	224.8	908.7	2413.7	21.3	43.7
4	249.8	295.9	861.2	2575.6	19.5	48.6

数据来源：中国人民银行西宁中心支行。

表6 青海省金融机构票据贴现、转贴现利率

单位：%

季度	贴现		转贴现	
	银行承兑汇票	商业承兑汇票	票据买断	票据回购
1	3.27	3.49	2.58	2.61
2	2.98	3.61	2.54	2.63
3	2.98	3.61	2.54	2.63
4	2.98	3.61	2.54	2.63

数据来源：中国人民银行西宁中心支行。

（五）金融生态环境持续优化，民生服务功能增强

1. 征信服务能力持续提升。持续推进信用普惠和信用扶贫，为全省建档立卡贫困户和九成以上农户建立信用档案。2020年末，累计创评信用县（区）、乡（镇）、村、户分别为10个、242个、2766个、61万户，累计向2136户信用修复贫困户发放贷款8173.1万元，同比增长33.4%。推广手机银行、网银信用报告查询服务，2020年，全省人民银行及委托代理网点个人信用报告查询38万次，企业信用报告查询1万次，互联网查询个人信用报告6万次。开展“互联网＋诚信文化教育”，制作的17个诚信网课在“学习强国”“青海省教育厅门户网站”等平台成功上线。持续推进应收账款融资工作，推动核心企业、财政部门、金融机构与融资平台进行对接。青海省应收账款融资平台全年新增融资59.3亿元，同比增长66.3%。

2. 移动便民工程在民生领域应用取得新突破。实现全省近3000辆公交车、442辆出租车和6个停车场、6家医院、46个连锁药店、5处旅游景区、15个菜市场、9个企业食堂、432台自助售货机和便民缴费等场景的银联标准移动支付方式覆盖。惠农服务持续推进，辖区183个深度贫困乡村实现基础金融服务全覆盖。全年共设立惠农金融服务点7804个，累计完成67个服务中心和223个服务站的升级改造工作。

3. 消费者权益保护工作向纵深推进。组织开展“3、6、9”集中金融宣教活动，在玉树职业技术学校推动建成全省首家金融教育示范基地；全年集中宣传活动2192余次，微信阅读量达50.2万次，媒体报道89次，受众人数突破百万余人。联合青海省高级人民法院、青海银保监局指导行业协会挂牌成立“青海省金融纠纷调解中心”，加强“12363投诉咨询电话呼叫中心”管理，推广上线“金融广告随手拍”微信小程序应用，提升非法金融广告线索监测能力。

二、经济运行情况

2020年，青海省经济平稳运行，完成地区生产总值3006亿元，按可比价格计算，同比增长1.5%。第一、第二、第三产业增加值分别增长4.5%、2.7%和0.1%，三次产业比重为11.1∶38.1∶50.8，产业结构保持稳定。

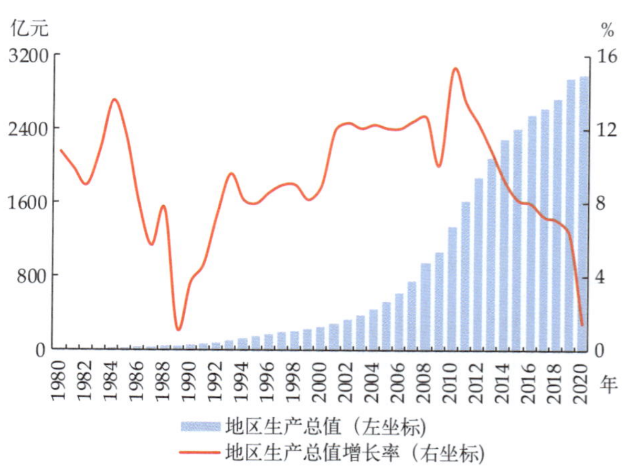

图6 1980—2020年青海省地区生产总值及其增长率

（数据来源：青海省统计局）

（一）需求仍显不足，消费日益回暖

1. 固定资产投资回落。2020 年，青海省全社会固定资产投资同比下降 12.2%，民间投资下降 12.5%。第一、第二、第三产业投资分别下降 9.1%、13.9% 和 11.4%。民生短板领域投入回升，公路、铁路、民航共完成固定资产投资 230.3 亿元，同比增长 13.1%。交通、教育、租赁商务服务同比分别增长 17.1%、15.3% 和 25.8%。

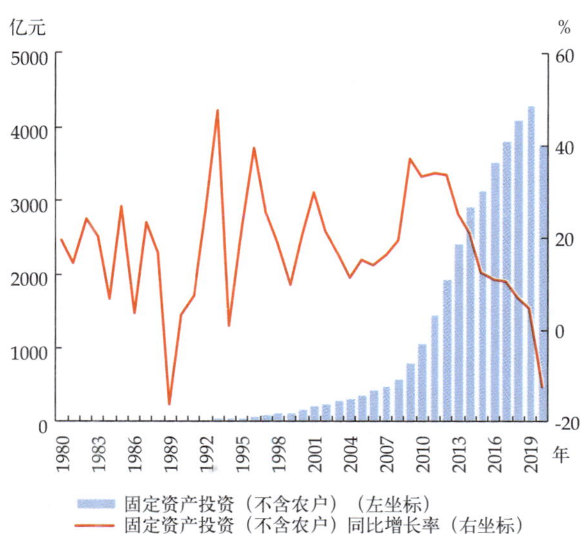

图 7　1980—2020 年青海省固定资产投资（不含农户）及其增长率

（数据来源：青海省统计局）

2. 消费品市场稳步复苏。2020 年，青海社会消费品零售总额 877.3 亿元，同比下降 7.5%，降幅较第一季度收窄 15.5 个百分点。青海批发零售业逆势回升，实现销售额 2404.9 亿元，同比增长 6.3%。限额以上批发和零售业商品零售额中，中西药、饮料类、烟酒类分别增长 25.9%、12.6% 和 9.9%，消费升级中的智能手机和家用电器音像器材分别增长 13.7% 和 43.4%，通信器材类增长 100%，计算机及其配套产品类增长 81.4%。线下消费逐步恢复，网络消费持续扩大，全省电子商务交易突破 900 亿元，网络购物交易突破 400 亿元，限额以上商贸企业由 572 家增加到 705 家，居民人均消费支出增长 4.2%，增速位列全国第四。

图 8　1980—2020 年青海省社会消费品零售总额及其增长率

（数据来源：青海省统计局）

3. 对外贸易下滑。受贸易保护和疫情影响，全省对外贸易和利用外资萎缩。2020 年，青海省进出口总值 22.8 亿元，同比下降 39.2%，降幅较第一季度收窄 23.1 个百分点。其中，出口 12.3 亿元，同比下降 39.2%；进口 10.5 亿元，同比下降 39.3%。贸易顺差 1.8 亿元，顺差规模同比下降 43.7%。农产品出口逆势增长，实现贸易总额 1.5 亿元，同比增长 9.4%；出口商品种类 30 项，同比增长 25%；冬虫夏草、枸杞、蜂产品出口同比分别增长 30.6%、3.6% 和 89.6%。

全年合同使用外商直接投资项目 14 个，投资额 7148 万美元，同比下降 9%；实际使用外商直接投资 2552 万美元，同比下降 65%。全年对外承包工程业务完成营业额 1.8 亿美元，同比下降 54.6%。

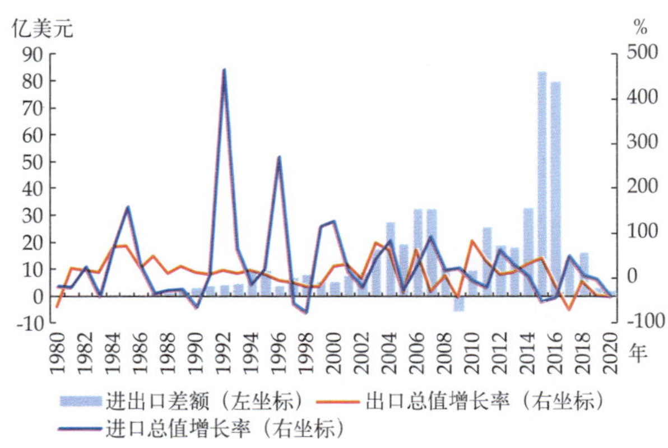

图 9　1980—2020 年青海省外贸进出口变动情况

（数据来源：青海省统计局）

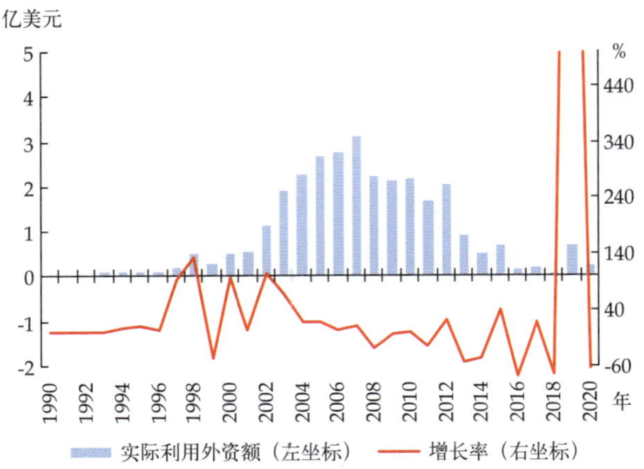

图 10　1990—2020 年青海省实际利用外资额及其增长率

（数据来源：青海省统计局）

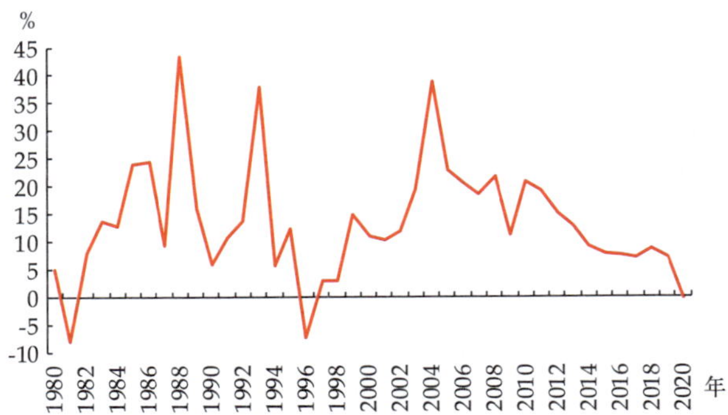

图 11　1980—2020 年青海省规模以上工业增加值增长率

（数据来源：青海省统计局）

（二）供给结构改善，能源安全保障良好

1. 农业生产形势良好。2020 年，青海省构建“一村一品”、产业强镇、现代农业产业园、优势特色产业集群为主体的产业发展格局，农作物总播种面积 57.1 万公顷，同比增长 3.2%；全年粮食产量 107.4 万吨，同比增长 1.8%，连续 13 年粮食突破百万吨；油料产量 30.2 万吨，同比增长 4.6%。牦牛、蒙羊、青稞等特色产业实现提质增效，牛羊存栏数分别为 652.3 万头和 1343.5 万只，分别增长 31.9% 和 1.3%；家禽存栏 175.6 万只，同比增长 17.5%；蔬菜、肉类、牛奶产量分别为 150.9 万吨、36.7 万吨和 36.6 万吨，肉奶自给有余，居民生活得到保障。

2. 工业生产总体平稳。2020 年青海省规模以上工业增加值同比下降 0.2%，电力热力生产和供应、有色金属冶炼、煤炭开采、石油开采和天然气开采、有色金属矿采选等行业增加值分别增长 11.1%、14.1%、4.5%、1.5% 和 10.1%，5 个行业占全省规模以上工业增加值比重的 57.3%，拉动增速 3.8 个百分点。全省在统计的 94 种产品中，31 种产品保持同比增长。

全年规模以上工业企业利润总额93.1亿元，扭亏为盈；营业收入利润率为 3.9%，比上年提高 26.6 个百分点；1—12 月工业企业产品销售率为 99.1%。

3. 电商文旅业逐步回升。全年全省完成客运量 4810 万人，货运量 1.4 亿吨，客运量下降 32.5%，货运量下降 4.3%，公路、铁路、民航共计完成营业性客运 4751.4 万人次，恢复至上年同期的 70%，货运量 14294.5 万吨，恢复至上年同期的 96%。全省接待游客 3311.8 万人次，实现旅游收入 289.9 亿元，同比分别下降 34.8% 和 48.4%，降幅较第一季度分别收窄 21.4 个和 15.2 个百分点。电信业务增长 29.9%，固定互联网接入户增长 4.3%，互联网接入流量增长 38.2%。邮政行业走出“V”形曲线，邮政业务量、业务收入分别增长 18.4% 和 20.7%，电商产业逐步兴起，物流配送体系逐渐完善，打通了特色农产品进城和工业品下乡到“最后一公里”的堵点，快递业务量和业务收入分别增长 24.4% 和 28.4%。

4. 新兴产业逐步壮大。生态、循环、数字、平台四种经济形态初步形成，锂电、新材料、光伏制造、盐湖化工“四个千亿元”产业和新能源、新材料、先进制造、现代生物、现代农牧业、生态环保、高原医疗卫生、新一代信息技术“八大绿色产业技术体系”已具雏形，循环工业增加值占比达 60%。西北地区首个域名根服务器（L 根镜像服务器）上线运行，海南州大数据产业园投运，海西州“飞地经济”工业园区建成。

5. 生态文明建设成效显现。三江源国家公园 31 项体制试点任务全面完成，祁连山国家公园体制试点工作有序推进。与公园配套的标准化管理站、大数据中心、展陈中心等 40 个重大设施相继落成。全省完成防沙治沙 7 万公顷，完成国土绿化面积 45.8 万公顷，全省空气质量优良率达 97.1%。19 个国考断面水质优良比例达到 100%。全省湿地保有量 814.4 万公顷，稳居全国第一，湿地保护率 64.3%，高于全国平均水平 14 个百分点。土壤环境总体保持平稳，农村环境综合整治覆盖率达 100%。清洁能源示范省建设有序推进，海南州和海西州两个千万瓦可再生能源基地建成，青海—河南 ±800 千伏特高压直流工程正式送电，“百日绿电三江源”再创世界纪录，三江源清洁供暖试点运行正常，清洁能源装机占总装机量的 87.7%，非化石能源占一次性能源的消费比重提高至 43%。农田化肥、农药减量试点面积 20 万公顷，减量较实施前减少 40% 和 30%。湟源县、刚察县确立为国家绿色发展先行区，玉树牦牛等 5 个品种认定为国家农产品优势区。

（三）物价走势趋缓，就业形势趋稳

1. 居民消费价格总体平稳。2020 年，青海省居民消费价格总水平同比上涨 2.6%，涨幅较上年高 0.1 个百分点。其中，城镇上涨 2.7%，农村上涨 2.5%。

2. 生产者出厂价格下降。2020 年，青海省工业生产者出厂价格同比下降 3.4%，生产者购进价格同比下降 3.9%，农产品生产价格同比上涨 22.6%，农业生产资料价格累计增长 9%。

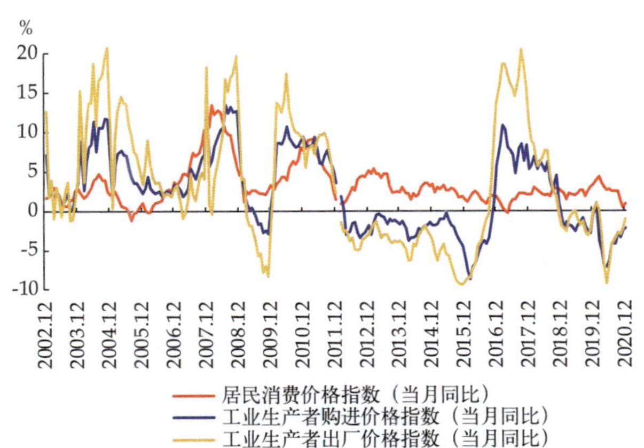

图 12　2002—2020 年青海省居民消费价格指数和生产者价格指数变动趋势

（数据来源：青海省统计局）

3. 社会保障显著提升。就业形势稳定，举办“春风行动”“就业援助月”等专场招聘，搭建供需平台，城镇新增就业 6.2 万人，农牧区劳动力转移就业 111.6 万人次，城镇登记失业率 2.1%，高校毕业生总体就业率达到 89%。城乡最低生活保障标准分别提高到 7680 元 / 年和 4800 元 / 年。城乡居民养老保险人均 201 元，高于国家规定的 93 元标准。城乡居民基本医疗保险人均补助标准提高到 626 元，大病保险起付线降为 5000 元。全省养老、失业、工伤纳入社会保障人数分别为 420.5 万人、46.5 万人和 85.9 万人，基本实现法定人数全覆盖。聚力攻坚深度贫困堡垒，全省 14.6 万户、53.9 万建档立卡贫困户全部脱贫，绝对贫困人口如期“清零”。

（四）财政收支保持平稳，民生保障政策显现

2020 年，青海省一般公共预算收入 462.13 亿元，同比增长 1.1%。其中，地方一般公共预算收入 298 亿元，增长 5.6%，增值税收入增长 2.1%，企业所得税、个人所得税、资源税收入分别增长 17.8%、12.5% 和 35.1%。民生保障支出保持增长。全省一般公共预算支出 1933.3 亿元，同比增长 3.7%。其中，社会保障和就业、卫生健康、节能环保、文化旅游体育传媒、交通运输支出分别增长 19.1%、16.1%、4.6%、8.4% 和 38.5%。

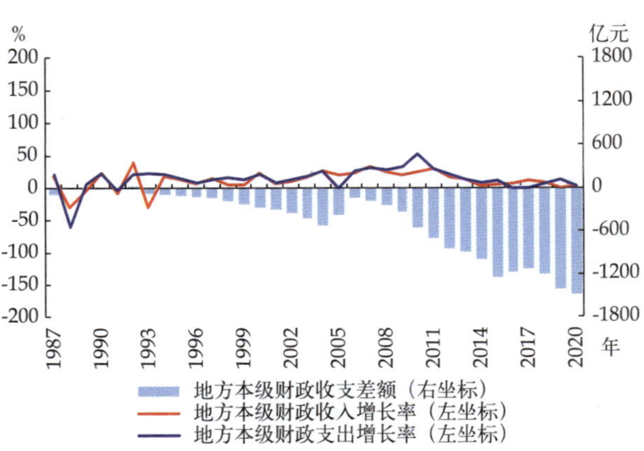

图 13　1987—2020 年青海省财政收支状况

（数据来源：青海省统计局）

（五）房地产市场平稳运行，林业生态多样化发展

1. 房地产市场总体平稳。房地产开发投资转正。全年全省房地产开发投资完成额同比增长 3.7%。房屋施工面积和新开工面积分别增长 0.7% 和 6.6%，商品房销售面积下降 2.3%。实施棚户区改造 1.1 万套，实施老旧小区改造 5 万套，涉及小区 472 个。政策引导农牧区住房从“有没有”向“好不好”提升，农村居民人均住房面积达到 39 平方米。西宁市新建商品住房销售价格指数同比增长 9.1%，二手住房销售价格指数同比增长 7.9%。

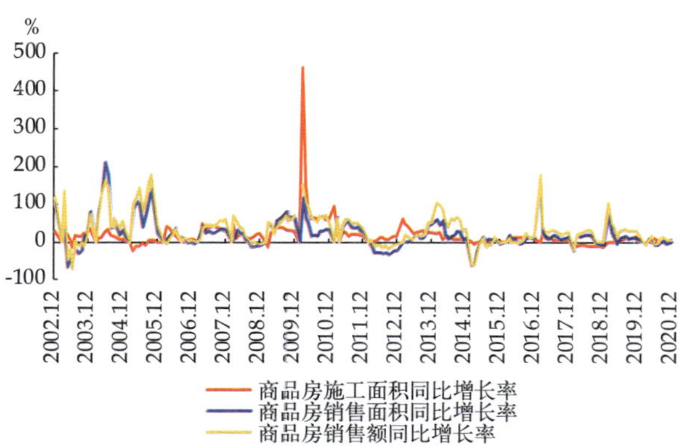

图 14　2002—2020 年青海省商品房施工和销售变动趋势

（数据来源：青海省统计局）

房地产贷款合理增长。2020 年末，房地产贷款余额 937.6 亿元，同比增长 8.9%，占金融机构全部贷款的 14.3%。其中，房地产开发贷款余额 449.2 亿元，同比下降 7.2%，个人住房贷款余额 441.1 亿元，同比增长 36.2%。保障性住房开发贷款余额 344.8 亿元，同比下降 8.7%。全省个人住房贷款首套房平均首付比例 35.7%，首套房贷款占个人住房贷款笔数的 89%。

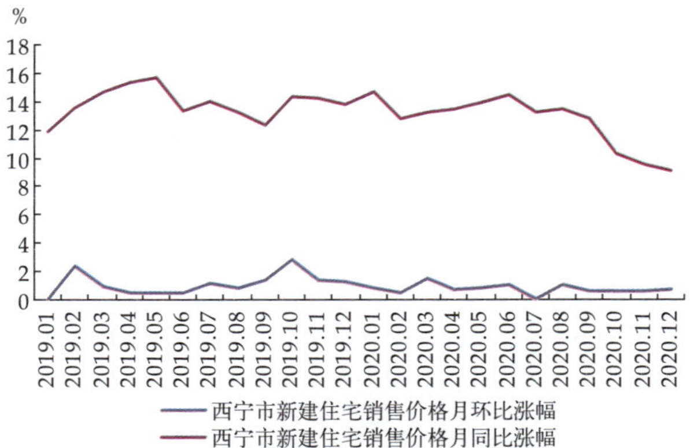

图 15　2019—2020 年西宁市新建住宅销售价格变动趋势

（数据来源：青海省统计局）

2. 林草生态多样化发展。青海林业以“增绿增收增效”为主线，在严格保护基础上，科学利用林草资源，发展特色种植、特色养殖、生态旅游、林下经济等林草地生态产业，建立有机枸杞、沙棘采摘、中藏药材、油用牡丹、杂果经济林、藏茶茶园、林麝等特色养殖基地，推行森林人家、林家乐等生态旅游项目。加强与农业龙头企业、电商平台合作，与北京同仁堂签订中藏药协议、举办冬虫夏草鲜草节等多种形式建立销售网络。全年林草业年产值达到 400 亿元，带动 12 万农户近 40 万人就业，人均增收超过 4000 元。

专栏 2　擦锈还本　守护绿色

“十三五”以来，青海省擦锈还本，加固国家生态安全屏障，绿底透出，生态文明先行区建设取得实质成效。

一、回归自然，生态原真

2015 年三江源成为中国第一个试点的国家公园体制，开启了中国建设国家公园新纪元。2017 年联合国教科文组织将可可西里入选世界自然遗产名录，成为中国第 51 处世界遗产；2019 年祁连山国家公园标识揭幕并启用，同年青海成功举办中国第一届国家公园

论坛并形成共同推进全球生态文明建设的《西宁共识》。2020年国家湿地公园试点验收结果，青海省泽库泽曲、天峻布哈河两处国家湿地公园通过验收正式成为国家级湿地公园，全省通过验收的国家级湿地公园达12处。青海成为我国首个承担双国家公园体制试点省份，拥有各类自然保护地217处，占全省国土面积35%左右。三江源头重现千湖美景，长江、黄河、澜沧江出省水质稳定在Ⅱ类以上，空气质量优良率达97.1%，可可西里国家级自然保护区藏羚羊种群数量由不足2万只恢复到7万多只。实施保护“中华水塔”行动稳步前行。

二、绿色旅游，展示大美

青海省充分挖掘旅游资源，连续举办环青海湖国际公路自行车赛、黄河极限挑战赛、青海湖国际诗歌节等活动同时，推动文旅产业向高质量发展迈进，量身打造一系列打破季节限制的冰雪、自驾、美食、民俗、生态、探险、“非遗”等之旅，备好青海旅游“百家饭”，形成了大景区与小乡村点面结合的旅游格局。旅游人次和旅游总收入连年保持20%左右的增长。2020年文旅产业的快速回暖，携程平台青海目的地搜索热度大涨200%，位列全国跨省游目的地人气排行榜和游客增速前十名，国庆假期自驾游西宁租车增长率位居全国第一。抖音、快手等平台中，大美青海话题总阅读量近13亿人次，全网搜索数据月增27%以上。西宁在众多旅游城市中“C位出道”，上榜《中国新秘境》城市榜单。

三、环境治理，吐故纳新

五年来，青海省累计淘汰燃煤小锅炉2900蒸吨、黄标车及老旧车近3万辆，整治“散乱污”企业940余家，提前一年完成“十三五”燃煤火电机组超低排放改造任务。2016—2018年，在国家实施《水污染防治行动计划》考核中保持优良以上，2019年位列优秀省份第六。2018年在国家《大气污染防治行动计划》终期考核中成为西北地区唯一优秀省份，连续两年环境空气质量位列西北五省区首位，涵盖水面、湿地、林草的蓝绿空间占比超过70%；土壤环境总体保持稳定，农村环境综合整治覆盖率达到100%。生态系统服务功能稳定向好。

四、清洁资源，还蓝返绿

青海省充分发挥清洁能源、绿色有机农畜产品示范作用，调整优化能源结构，新能源装机2445万千瓦，占全网总装机规模的60.7%，“绿电15日”改写全清洁能源供电世界纪录，光伏超过水电成为青海省内第一大电源。推动绿色有机农畜产品示范省建设，完成化肥农药减量增效114万亩，化肥农药使用量分别减少24.4%、21.3%，农田残膜回收率达90%；规模养殖场废弃物处理设施设备配套率达到95%，实现了农兽药废弃包装物可回收。国家认定湟源县、刚察县为国家绿色发展先行区，玉树牦牛等5个国家级特色农产品优势区；认定省级农牧业产业化联合体30家；建立国家级、省级现代农牧业产业园28个。30个牧业（半农半牧）县实施牦牛藏羊原产地可追溯，有机监测认证草场486.67万公顷。青海省成为全国最大有机畜牧业生产基地。

五、制度落实，长治久安

青海省实施精准保护、制度先行，优化国土空间开发格局。自然保护区内矿业权全部注销，青海湖鸟岛、年保玉则等景区叫停旅游经营，可可西里世界遗产地禁止非法穿越，三江源1.1万户牧民搬离生态保护区，全省国土面积近90%列为禁止开发区和限制开发区。首例替代性修复生态环境损害赔偿结案，两家企业以异地造林25.32亩修复方式，补偿超标排污所造成的生态环境损害，生态文明制度保障措施到位。

三、预测与展望

2021年，青海省将继续以习近平新时代中国特色社会主义思想为指导，全面贯彻党的十九届五中全会及中央经济工作会议精神，深入落实“四个扎扎实实”重大要求，立足新发展阶段，贯彻新发展理念，构建新发展格局，以推动高质量发展为主题，以深化供给侧结构性改革为主线，以改革创新为根本动力，以满足人民日益增长的美好生活需要为根本目的，扎实做好“六稳”工作，全面落实“六保”任务，培育“四种经济形态”力保经济运行在合理区间。2021年青海经济社会发展的主要预期目标是：地区生产总值增长6%以上，固定资产投资增长6%左右，新增城镇就业6万人以上，农牧区劳动力转移就业105万人次，城镇登记失业率3.5%以内，居民消费价格涨幅3%左右。青海金融业将按照灵活精准、合适适度的要求，坚决贯彻落实稳健的货币政策，着眼经济社会发展大局，围绕高质量发展目标，聚焦服务实体经济主责主业，全力服务乡村振兴，大力发展绿色金融，持续加大对高新技术制造业、战略性新兴产业等重点领域和薄弱环节的支持力度，在提升服务质效、优化金融供给、深化信贷支持上下功夫，为促进全省经济社会发展提供优质金融服务。

中国人民银行西宁中心支行货币政策分析小组

总　　纂： 马　骏

统　　稿： 马建斌　马启军

执　　笔： 邵　辉　周　娜　邸小宁

提供材料： 吴金昌　李　卿　常洪昌　莫　彬　江雯雯　李坤鹏　杨　措　刘文苗　袁俊霞　侍晶晶　韩　妍　王　蕾　何　从　毛泽强　魏春飞　唐莉玲　刘紫薇　徐　茜　刘　丹　时　波　李　晓　韩志宏　王　耀

附录

（一）2020年青海省经济金融大事记

3月17日，国务院发展研究中心副主任隆国强率中办国办复工复产调研组到西宁市，就企业复工复产情况进行调研。

4月3日，青海国家公园示范省建设三年行动暨全省国土绿化动员表彰大会在西宁召开。

5月12日，农业农村部、青海省政府以视频形式共同召开部省共建绿色有机农畜产品示范省推进会。

5月22日，第二十一届中国·青海绿色发展投资贸易洽谈会新闻发布会在广州举行。青海省副省长、第21届青洽会执委会主任王黎明出席发布会并致辞。

6月10日，中国人民银行西宁中心支行与青海省工业和信息化厅举行“2020年青海省中小微企业融资能力提升行动——银企集中对接月”活动。

7月23日，第二十一届中国·青海绿色发展投资贸易洽谈会在西宁开幕。全国政协副主席、民革中央常务副主席郑建邦，省委书记王建军分别致辞并共同点亮启动仪。

9月23日，青海省创建全国民族团结进步示范省动员暨全省民族团结进步表彰大会在西宁召开。省委书记王建军出席会议并讲话，省长信长星主持会议，省政协主席多杰热旦出席会议。

11月6日，2020“大美青海·特色品牌”合肥推介会在合肥市滨湖国际会展中心启幕。青海省副省长刘涛、安徽省副省长张红文共同启动开幕仪式。

12月28日，中国人民银行西宁中心支行、青海省高级人民法院、青海银保监局组建青海省金融纠纷调解中心暨金融纠纷人民调解委员会正式成立并举行揭牌仪式。

12月30日，青海省小微企业信用融资服务中心平台首贷上线试运行启动仪式在西宁举行。

（二）2020 年青海省主要经济金融指标

表 1　2020 年青海省主要存贷款指标

	项目	1 月	2 月	3 月	4 月	5 月	6 月	7 月	8 月	9 月	10 月	11 月	12 月
本外币	金融机构各项存款余额（亿元）	5821.2	5830.8	5830.2	5970.1	6024.3	5974.1	5985.7	6140.4	6276.5	6288.3	6163.6	6314.1
	其中：住户存款	2540.0	2533.1	2554.3	2531.0	2541.7	2578.5	2573.0	2580.4	2656.8	2620.0	2631.3	2728.7
	非金融企业存款	1260.0	1266.4	1311.1	1322.7	1391.4	1395.1	1378.2	1407.6	1420.0	1377.5	1340.1	1370.3
	各项存款余额比上月增加（亿元）	-37.5	9.6	-0.6	139.9	54.2	-50.2	11.6	154.7	136.1	11.8	-124.7	150.5
	金融机构各项存款同比增长（%）	2.1	1.3	-1.2	0.2	0.8	-1.5	-2.8	-1.2	1.3	2.7	1.1	7.8
	金融机构各项贷款余额（亿元）	6671.0	6681.1	6665.6	6695.0	6705.4	6763.5	6692.2	6687.0	6723.3	6702.6	6663.5	6620.9
	其中：短期	1154.3	1153.2	1165.3	1130.9	1151.6	1186.6	1181.1	1170.5	1205.1	1216.4	1168.0	1114.3
	中长期	4567.1	4573.4	4527.1	4536.0	4487.3	4540.7	4515.9	4540.1	4540.9	4551.3	4549.8	4584.8
	票据融资	897.7	890.2	920.4	975.6	1014.4	984.7	945.1	926.7	930.0	888.3	901.4	880.7
	各项贷款余额比上月增加（亿元）	-18.9	10.1	-15.5	29.4	10.4	58.1	-71.3	-5.2	36.3	-20.7	-39.0	-42.7
	其中：短期	-6.0	-1.1	12.1	-34.3	20.6	35.1	-5.6	-10.6	34.6	11.3	-48.3	-53.7
	中长期	29.0	6.3	-46.3	8.9	-48.7	53.4	24.8	25.1	-0.1	10.4	-1.5	35.0
	票据融资	-41.4	-7.5	30.3	55.2	38.8	-29.7	-39.6	-18.4	3.3	-41.7	13.2	-20.8
	金融机构各项贷款同比增长（%）	-0.1	0.2	-0.5	0.2	0.7	1.3	0.2	-0.2	0.2	-0.4	-1.8	-1.0
	其中：短期	-3.4	-3.2	-3.1	-4.7	-2.8	2.0	1.1	-0.6	1.1	0.7	-5.9	-5.9
	中长期	0.6	0.4	-1.0	-0.6	-1.8	-1.1	-2.0	-1.8	-2.2	-1.9	-1.6	1.6
	票据融资	1.5	2.9	5.6	10.4	18.7	13.2	11.4	9.5	12.6	7.3	3.9	-6.2
	建筑业贷款余额（亿元）	158.4	159.4	107.3	105.9	102.3	103.0	104.9	108.3	106.4	103.9	102.8	98.3
	房地产业贷款余额（亿元）	269.1	270.4	270.7	262.8	258.2	258.3	260.9	259.2	252.9	256.6	249.1	254.6
	建筑业贷款同比增长（%）	-0.7	0.1	-33.6	-35.0	-38.2	-36.5	-37.1	-34.8	-36.6	-38.1	-37.1	-39.1
	房地产业贷款同比增长（%）	2.4	2.4	2.5	-1.1	-3.4	-3.5	-3.3	-4.7	-6.0	-6.3	-10.3	-6.6
人民币	金融机构各项存款余额（亿元）	5809.2	5818.3	5817.4	5956.6	6012.0	5961.3	5973.5	6128.5	6264.5	6276.4	6151.6	6302.8
	其中：住户存款	2533.5	2526.0	2546.9	2523.5	2534.6	2571.6	2566.0	2573.5	2649.7	2612.8	2624.4	2721.9
	非金融企业存款	1258.5	1265.0	1309.7	1320.2	1389.8	1392.6	1376.3	1405.5	1418.1	1375.7	1338.3	1369.0
	各项存款余额比上月增加（亿元）	-37.5	9.2	-1.0	139.3	55.4	-50.7	12.1	155.0	136.0	11.9	-124.8	151.2
	其中：住户存款	69.6	-7.4	20.9	-23.4	11.0	37.0	-5.5	7.5	76.2	-36.9	11.6	97.5
	非金融企业存款	-158.3	6.5	44.7	10.5	69.6	2.8	-16.3	29.2	12.6	-42.4	-37.4	30.7
	各项存款同比增长（%）	2.2	1.3	-1.2	0.2	0.8	-1.5	-2.8	-1.2	1.4	2.7	1.1	7.8
	其中：住户存款	6.1	7.6	9.3	8.9	9.4	10.8	9.9	10.2	10.7	10.8	10.4	10.5
	非金融企业存款	-5.6	4.4	-5.2	-6.8	-1.5	-2.8	-2.4	1.3	2.7	-0.2	-5.5	-3.4
	金融机构各项贷款余额（亿元）	6621.6	6618.3	6615.0	6641.5	6651.7	6710.1	6639.4	6635.2	6673.5	6655.5	6619.0	6578.2
	其中：个人消费贷款	624.1	619.8	640.7	654.6	668.0	678.8	685.1	696.7	709.1	719.7	736.6	760.3
	票据融资	897.7	890.2	920.4	975.6	1014.4	984.7	945.1	926.7	930.0	888.3	901.4	880.7
	各项贷款余额比上月增加（亿元）	-18.2	-3.3	-3.3	26.5	10.2	58.4	-70.7	-4.3	38.3	-18.0	-36.5	-40.8
	其中：个人消费贷款	3.7	-4.3	20.8	13.9	13.5	10.8	6.2	11.7	12.4	10.6	16.9	23.7
	票据融资	-41.4	-7.5	30.2	55.2	38.8	-29.7	-39.6	-18.4	3.3	-41.7	13.2	-20.8
	金融机构各项贷款同比增长（%）	0.0	0.1	-0.5	0.1	0.7	-1.3	0.2	-0.2	0.2	-0.3	-1.7	-0.9
	其中：个人消费贷款	30.4	27.5	25.5	22.8	19.1	18.6	18.0	17.7	17.0	17.9	19.3	22.6
	票据融资	1.5	2.9	5.6	10.4	18.7	13.2	11.4	9.5	12.6	7.3	3.9	-6.2
外币	金融机构外币存款余额（亿美元）	1.8	1.8	1.8	1.9	1.7	1.8	1.8	1.7	1.8	1.8	1.8	1.7
	金融机构外币存款同比增长（%）	-19.4	-13.2	-13.0	-3.1	-16.5	-5.2	-3.8	-6.5	-5.4	-5.9	11.7	0.0
	金融机构外币贷款余额（亿美元）	7.2	9.0	7.2	7.6	7.5	7.5	7.6	7.6	7.3	7.0	6.8	6.5
	金融机构外币贷款同比增长（%）	-10.4	12.0	-10.5	-0.3	1.5	1.2	1.8	1.9	-1.5	-5.7	-6.0	-9.3

数据来源：中国人民银行西宁中心支行。

表 2　2001—2020 年青海省各类价格指数

单位：%

时间		居民消费价格指数		农业生产资料价格指数		工业生产者购进价格指数		工业生产者出厂价格指数	
		当月同比	累计同比	当月同比	累计同比	当月同比	累计同比	当月同比	累计同比
2001		—	2.6	—	-0.4	—	-0.9	—	-6.3
2002		—	2.3	—	-0.2	—	2.7	—	-2.4
2003		—	2	—	1.1	—	1.8	—	5.5
2004		—	3.2	—	9.2	—	8.5	—	11.2
2005		—	0.8	—	6.5	—	5.3	—	10.2
2006		—	1.6	—	2.1	—	2.8	—	9.5
2007		—	6.6	—	8.1	—	4.4	—	4.2
2008		—	9.9	—	24.2	—	10.4	—	7.6
2009		—	2.6	—	0.4	—	-0.2	—	-8.7
2010		—	5.4	—	3.5	—	8.6	—	9.4
2011		—	6.1	—	12.4	—	7.0	—	7.4
2012		—	3.1	—	8.7	—	-1.4	—	-3.1
2013		—	3.9	—	4.3	—	-1.2	—	-3.0
2014		—	2.8	—	-0.2	—	-2.4	—	-3.9
2015		—	2.6	—	0.8	—	-23	—	-6.9
2016		—	1.8	—	1.5	—	-3.8	—	-1.5
2017		—	1.5	—	2.4	—	8.0	—	16.7
2018		—	2.5	—	2.1	—	4.5	—	4.8
2019		3.4	2.5	9.4	3.5	-0.4	-1.8	-0.2	-1.5
2020		1.0	2.6	—	—	-2.1	-3.9	-0.9	-3.4
2019	1	2.3	2.3	1.1	1.1	-2.2	-2.2	-2.2	-2.1
	2	1.5	1.9	1.3	1.2	-1.4	-1.8	-2.6 .	-2.3
	3	2.3	2.0	1.9	1.4	-1.7	-1.8	-1.0	-1.9
	4	2.2	2.1	2.3	1.6	-1.9	-1.8	-0.4	-1.5
	5	2.1	2.1	2.0	1.7	-2.5	-2.0	0.1	-1.2
	6	2.3	2.1	1.9	1.7	-1.7	-1.9	-1.0	-1.2
	7	2.8	2.2	1.7	1.7	-1.4	-1.8	-1.7	-1.2
	8	2.8	2.3	3.0	1.9	-0.8	-1.7	-1.2	-1.2
	9	1.9	2.3	4.6	2.2	-1.9	-1.7	-2.5	-1.4
	10	2.6	2.3	4.9	2.5	-2.6	-1.8	-3.1	-1.6
	11	3.2	2.4	7.6	2.9	-2.8	-1.9	-2.4	-1.6
	12	3.4	2.5	9.4	3.5	-0.4	-1.8	-0.2	-1.5
2020	1	4.1	4.1	9.9	9.9	0.6	0.6	1.2	1.2
	2	4.5	4.3	8.4	9.1	-3.7	-1.6	0.2	0.7
	3	3.7	4.1	8.3	8.8	-5.0	-2.7	-2.9	0.5
	4	3.2	3.9	10.6	9.3	-7.1	-3.8	-7.0	-2.1
	5	2.7	3.6	11.2	9.7	-7.0	-4.4	-9.1	-3.5
	6	2.9	3.5	11.8	10.0	-6.2	-4.7	-6.8	-4.1
	7	2.6	3.4	12.4	10.4	-4.1	-4.6	-4.1	-4.1
	8	2.6	3.3	11.8	10.6	-4.1	-4.6	-3.4	-4
	9	2.6	3.2	9.7	10.5	-2.7	-4.4	-2.7	-3.9
	10	1.4	3	8.1	10.2	-3.3	-4.3	-2.9	-3.8
	11	0.5	2.8	3.3	9.5	-2.4	-4.1	-2.2	-3.6
	12	1.0	2.6	3.8	9.0	-2.1	-3.9	-0.9	-3.4

数据来源：《中国经济景气月报》、青海省统计局。

表 3　2020 年青海省主要经济指标

项目	1 月	2 月	3 月	4 月	5 月	6 月	7 月	8 月	9 月	10 月	11 月	12 月
	绝对值（自年初累计）											
地区生产总值（亿元）	—	—	652.7	—	—	1390.7	—	—	2170.1	—	—	3005.9
第一产业	—	—	26.4	—	—	51.1	—	—	172.9	—	—	334.3
第二产业	—	—	256.2	—	—	564.2	—	—	844.0.	—	—	1143.6
第三产业	—	—	370.0	—	—	775.4	—	—	1153.2	—	—	1528.1
工业增加值（亿元）	—	—	—	—	—	—	—	—	—	—	—	—
固定资产投资（亿元）	—	—	—	—	—	—	—	—	—	—	—	—
房地产开发投资	—	—	16.6	50.5	95.4	171.9	230.2	280.2	327.8	376.7	409.5	421.4
社会消费品零售总额（亿元）	—	104.0	163.2	227.5	308.5	380.3	460.8	547.4	629.9	721.8	791.3	877.3
外贸进出口总额（亿元）	—	3.1	4.4	5.4	6.0	6.9	9.0	11.8	15.7	18.0	20.4	22.8
进口	—	1.9	2.0	2.3	2.5	4.2	3.8	5.8	7.7	8.8	9.3	10.5
出口	—	1.2	2.4	3.1	3.6	2.7	5.2	6.0	8.0	9.2	11.1	12.3
进出口差额（出口－进口）	—	-0.6	0.4	0.8	1.1	-1.5	1.4	0.2	0.3	0.4	1.8	1.8
实际利用外资（亿美元）	—	—	—	—	—	—	—	—	—	—	—	0.3
地方财政收支差额（亿元）	—	-160.1	-301.3	-384.7	-519.5	-715.5	-807.4	-937.0	-1133.9	-1209.5	-1328.1	-1635.3
地方财政收入	—	45.5	65.9	99.3	121.3	145.9	176.0	195.3	219.0	249.5	269.9	298.0
地方财政支出	—	205.6	367.2	484.0	640.8	861.4	983.4	1132.3	1352.9	1459.0	1598.0	1933. 3
城镇登记失业率（%）（季度）	—	—	2.3	—	—	2.2	—	—	2.2	—	—	2.1
	同比累计增长率（%）											
地区生产总值	—	—	-2.1	—	—	1.0	—	—	1.2	—	—	1.5
第一产业	—	—	4.5	—	—	5.2	—	—	4.5	—	—	4.5
第二产业	—	—	-0.4	—	—	3.2	—	—	2.9	—	—	2.7
第三产业	—	—	-3.4	—	—	-0.8	—	—	-0.5	—	—	0.1
工业增加值	—	-6.5	-0.3	0.7	1.3	1.3	1.3	1.6	1.3	0.5	0.2	-0.2
固定资产投资	—	-2.0	2.6	9.4	10.3	2.9	2.0	0.1	-1.3	-5.2	-11.1	-12.2
房地产开发投资	—	—	47.6	26.5	23.8	7.8	8.7	12.0	13.5	10.7	3.7	3.7
社会消费品零售总额	—	-25.9	-23.0	-18.1	-14.1	-12.5	-11.2	-9.5	-8.7	-7.9	-7.7	-7.5
外贸进出口总额	—	-56.5	-62.3	-62.6	-63.9	-64.7	-59.4	-53.7	-46.3	-42.7	-39.8	-39.2
进口	—	-36.7	-57.4	-60.9	-63.3	-66.3	-59.2	-47.3	-42.2	-38.3	-37.9	-39.3
出口	—	-70.5	-65.6	-63.7	-64.4	-63.5	-59.5	-58.6	-49.8	-46.4	-41.3	-39.2
实际利用外资	—	—	—	—	—	—	—	—	—	—	—	-65.0
地方财政收入	—	-9.6	-9.1	-1.3	1.4	5.4	4.7	4.4	5.3	5.5	5.5	5.6
地方财政支出	—	12.5	-4.4	-4.0	0.7	2.4	1.1	1.9	3.3	2.9	2.3	3.7

数据来源：青海省统计局。

宁夏回族自治区金融运行报告（2021）

中国人民银行银川中心支行货币政策分析小组

[内容摘要] 2020 年，面对新冠肺炎疫情严重冲击，宁夏以习近平新时代中国特色社会主义思想为指导，深入贯彻习近平总书记视察宁夏重要讲话精神，坚决落实党中央、国务院各项决策部署，扎实做好“六稳”“六保”工作，统筹疫情防控和经济社会发展取得重大成果，主要经济指标增长好于预期。全年实现地区生产总值 3920.6 亿元，同比增长 3.9%，比全国高 1.6 个百分点，居全国第四位。

全区经济运行稳步回升、持续向好。一是需求持续改善，投资潜力不断释放。全年固定资产投资同比增长 4.0%，扭转了连续三年下滑局面，其中民间投资占固定资产投资的比重同比提高 2 个百分点。全年实现社会消费品零售总额 1301.4 亿元，同比下降 7.0%，其中网上零售同比增长 10.3%。全年实现外贸进出口总额 123.2 亿元，实际利用外资 2.7 亿美元，同比增长 8.4%。二是产业结构优化调整，质量效益稳步提升。全年粮食增产 7.3 万吨，枸杞、酿酒葡萄、奶产业等特色优势农业占农业总产值比重达到 88%。全区规模以上工业增加值同比增长 4.3%，比全国高 1.5 个百分点，其中高技术制造业增加值增长 9.9%。第三产业增加值同比增长 3.9%，对经济增长的贡献率为 48.6%。三是消费价格低位运行，就业形势总体稳定。居民消费价格同比上涨 1.5%，工业生产者出厂价格指数同比下降 3.1%。居民人均可支配收入 25735 元，增速由第一季度下降 4.4% 回升至全年增长 5.4%。城镇新增就业 7.3 万人，农村劳动力转移就业 80.3 万人，城镇登记失业率低于年初 4% 的控制目标。西吉县正式退出贫困县序列，宁夏历史性地告别了绝对贫困。四是深化供给侧结构性改革取得积极进展。全年完成“散乱污”工业企业整治 411 家，退出落后产能 155.7 万吨。研发（R&D）投入强度达到 1.5% 左右，综合科技创新水平指数为 56.1%，迈进国家二类创新地区。

2020 年，宁夏金融系统以习近平新时代中国特色社会主义思想为指导，以确定性措施应对不确定性经济变化，为抗击新冠肺炎疫情冲击、做好“六稳”工作、落实“六保”任务贡献了金融力量。2020 年，宁夏社会融资规模增量为 872.4 亿元，同比多增 71.7 亿元。

银行业稳健运行，服务实体经济能力不断增强。一是信贷总量平稳增长，结构更趋优化。2020 年末，全区人民币各项贷款余额 7782.6 亿元，同比增长 7.8%。其中，工业贷款同比增长 9.4%，普惠小微贷款同比增长 13.0%，涉农贷款同比增长 9.3%，金融精准扶贫贷款同比增长 14.3%，均高于各项贷款增速。专项再贷款再贴现政策和两项直达实体经济的货币政策工具有效落实，有力支持了疫情防控和复工复产。2020 年全区累计发放再贷款再贴现 132.4 亿元，同比增长 55.0%。二是资产规模不断扩大，经营风险总体可控。2020 年末，全区银行业金融机构资产总额 10318.9 亿元，同比增长 5.8%，表外业务余额同比减少 2.8%，资产利润率同比上升 0.14 个百分点，不良贷款率同比下降 0.63 个百分点。地方法人银行资本充足率同比提高 0.57 个百分点。三是持续推进 LPR 改革，贷款利率稳中有降。地方法人银行提前 1 个月完成存量浮动利率贷款定价基准转换，将 LPR 内嵌至银行内部资金转移定价体系，不断释放改革促进降低贷款利率的潜力。2020 年 12 月，全区企业贷款加权平均利率同比下降 0.20 个百分点。四是跨境业务提质增效，收支结构更趋协调。2020 年，全区跨境收支总额 31.2 亿美元。全区跨境人民币累计收付 29.1 亿元，其中，与“一带一路”国家和地区收付金额同比增长 30.9%。

证券、保险市场平稳发展。一是证券市场交易活跃。2020年，全区证券交易额1.3万亿元，同比增长46.0%；开放式基金交易额同比增长31.9%；期货交易额同比增长21.1%。共发行信用类企业债券162.6亿元，同比增长56.3%，其中发行非金融企业债务融资工具110.0亿元。二是保险业发展向好。2020年末，保险业总资产547.1亿元，同比增长14.0%。全年累计实现保费收入210.7亿元，赔付支出66.1亿元，同比分别增长6.6%和4.0%。为821家小微企业、商户提供3.7亿元复工复产风险保障。城乡居民大病保险实现共保联办，建立“扶贫保”跨省一站式结算机制。在全国首批上线农业保险承保电子化系统，新增制种小麦、制种玉米等6个财政补贴险种，为51.9万次农户提供192亿元风险保障。

金融生态环境持续改善。一是推进信用体系建设，征信服务更为便捷。投产吴忠“融信通”小微企业金融服务平台，累计促成融资23.1亿元。进一步推广政府采购线上信用融资业务，累计达成融资1.4亿元。二是支付惠民提振消费，国库经理水平提升。在全区三市十六县（区）开展系列“重振引擎、助商惠民”大型支付促消活动，超3.8万户商户受益。开通移动支付多元化缴税费渠道，预算收入退库电子化业务实现区、市、县全覆盖。三是现金供应充足安全，流通环境持续优化。严格落实流通中现金消毒管理，加大原封新券现金投放，确保人民群众用上“干净钱”和“放心钱”，开展“整治拒收人民币现金”专项行动。四是坚持部门共建共治，加强消费者权益保护。建成宁夏银行业金融消费调解中心，打造让金融消费者满意的12363“暖心热线”，及时妥善处理金融消费者投诉咨询。

随着疫情防控取得重大胜利，全区经济呈现恢复势头加快、经济结构优化、质量效益提升的态势，但也存在经济增长质量不够高、基础不够稳、后劲不够大等问题。2021年，宁夏将以习近平新时代中国特色社会主义思想为指导，坚持稳中求进工作总基调，以深化供给侧结构性改革为主线，走出一条高质量发展的新路子。宁夏金融系统将落实稳健的货币政策灵活精准、合理适度要求，进一步提升经济金融发展的协调性、匹配度，守住不发生区域性金融风险的底线，为加快构建新发展格局提供良好的货币金融环境。

一、金融运行情况

2020年，面对突如其来的新冠肺炎疫情冲击，宁夏金融系统以习近平新时代中国特色社会主义思想为指导，认真执行稳健货币政策更加灵活适度要求，进一步提升金融服务整体效能，牢牢守住风险底线，以确定性措施应对不确定性经济变化，为抗击新冠肺炎疫情冲击、做好“六稳”工作、落实“六保”任务贡献了金融力量。

（一）银行业运行稳健，信贷总量平稳增长

1. 银行资产规模扩大，地方银行发展较快。2020年末，全区银行业金融机构（不包括小贷公司）资产总额10318.9亿元，同比增长5.8%，其中地方法人银行同比增长7.4%；负债总额10007.0亿元，同比增长5.8%，其中地方法人银行同比增长7.1%。资产利润率同比上升0.14个百分点，其中地方法人银行同比上升0.89个百分点。

表1　2020年宁夏回族自治区银行业金融机构情况

机构类别	营业网点			法人机构（个）
	机构个数（个）	从业人数（人）	资产总额（亿元）	
一、大型商业银行	463	10175	3143	0
二、国家开发银行和政策性银行	16	583	1903	0
三、股份制商业银行	47	1465	603	0
四、城市商业银行	152	3258	2223	2
五、城市信用社	0	0	0	0

续表

机构类别	营业网点			法人机构（个）
	机构个数（个）	从业人数（人）	资产总额（亿元）	
六、小型农村金融机构	383	5499	1820	20
七、财务公司	1	27	82	1
八、信托公司	0	0	0	0
九、邮政储蓄银行	198	1193	275	0
十、外资银行	0	0	0	
十一、新型农村金融机构	146	2377	308	89
十二、其他	0	0	0	
合　计	1406	24577	10357	112

数据来源：中国人民银行银川中心支行。

注：营业网点不包括国家开发银行和政策性银行、大型商业银行、股份制商业银行等金融机构总部数据；大型商业银行包括工商银行、农业银行、中国银行、建设银行和交通银行；小型农村金融机构包括农村商业银行、农村合作银行和农村信用社；新型农村金融机构包括村镇银行、贷款公司、农村资金互助社和小额贷款公司；其他包含金融租赁公司、汽车金融公司、货币经纪公司、消费金融公司等。

2. 各项存款增速回升，住户存款增长较快。 2020年末，全区本外币各项存款余额7136.2亿元，同比增长10.5%。人民币各项存款余额7121.3亿元，同比增长10.5%，比上年末加快3.6个百分点，为近三年最高增速，全年新增人民币存款677.9亿元，同比多增263.9亿元。其中，住户存款余额3943.8亿元，同比增长14.4%；非金融企业存款余额1498.9亿元，同比增长8.8%，显示企业资金状况好转。

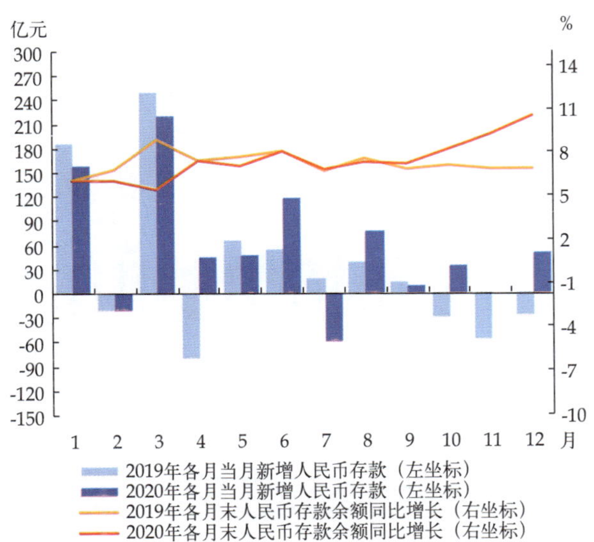

图1　2019—2020年宁夏回族自治区金融机构人民币存款增长变化

（数据来源：中国人民银行银川中心支行）

3. 各项贷款总量适度，信贷结构更趋优化。 2020年末，全区本外币各项贷款余额7981.9亿元，同比增长7.5%。人民币各项贷款余额7782.6亿元，同比增长7.8%，比上年末提高1.8个百分点，为2019年8月以来最高增速，按可比口径，全年新增贷款615.3亿元，同比多增236.2亿元。分主体看，企事业单位贷款增速回升。全区企事业单位贷款同比增长6.5%，比上年末回升6.7个百分点，住户贷款同比增长11.1%。分期限看，中长期贷款保持较快增长。全区中长期贷款同比增长8.0%，高于各项贷款增速0.2个百分点；短期贷款及票据融资同比增长7.2%。分投向看，工业贷款投放明显多增。工业贷款同比增长9.4%，全年新增199.7亿元，同比多增171.6亿元。主要银行业金融机构制造业中长期贷款新增124.6亿元。新增基础设施行业（含交通运输、仓储和邮政业，水利、环境和公共设施管理业）贷款47.5亿元。从薄弱领域看，涉农贷款增长加快。全区涉农贷款余额2370.6亿元，同比增长9.3%，较上年末加快9.6个百分点。绿色贷款余额745.6亿元，较年初增加42.2亿元。创业担保贷款余额60.5亿元，同比增长37.5%。

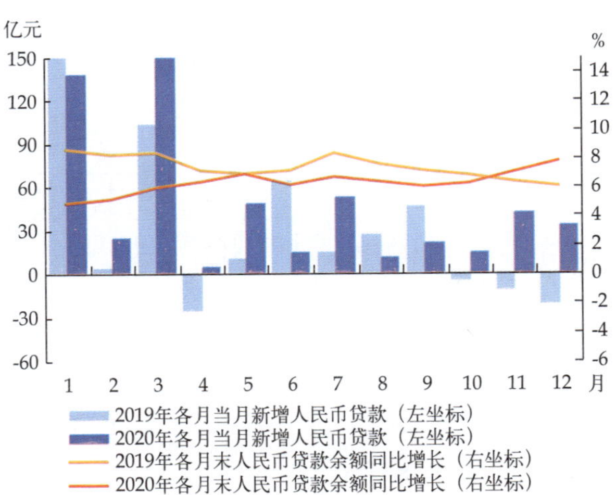

图2　2019—2020年宁夏回族自治区金融机构人民币贷款增长变化

（数据来源：中国人民银行银川中心支行）

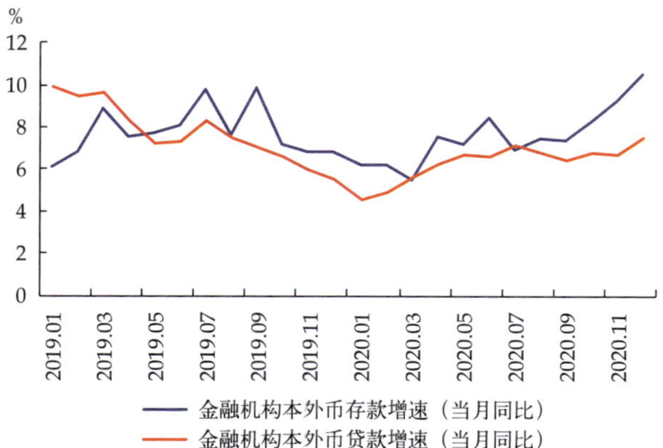

图 3　2019—2020 年宁夏回族自治区金融机构本外币存、贷款增速变化

（数据来源：中国人民银行银川中心支行）

续表

项目		7 月	8 月	9 月	10 月	11 月	12 月
合计		100.0	100.0	100.0	100.0	100.0	100.0
LPR 减点		9.5	7.3	9.7	7.5	14.4	13.4
LPR		3.6	6.9	5.8	8.9	6.5	7.7
LPR 加点	小计	86.9	85.7	84.5	83.7	79.1	78.9
	(LPR，LPR+0.5%)	6.7	5.8	8.4	6.2	9.0	8.1
	[LPR+0.5%，LPR+1.5%)	21.4	19.8	18.1	19.1	16.7	16.8
	[LPR+1.5%，LPR+3%)	16.8	17.5	19.3	18.4	18.8	20.1
	[LPR+3%，LPR+5%)	14.9	16.2	15.0	17.3	14.3	14.9
	LPR+5% 及以上	27.1	26.4	23.6	22.7	20.4	19.0

数据来源：中国人民银行银川中心支行。

4. 表外业务同比减少，债券投资大幅增加。2020 年末，全区银行业金融机构表外业务余额同比减少 2.8%。分业务种类看，担保类业务余额同比增长 2.8%，其中保函余额同比减少 20.3%；承诺类业务余额同比减少 3.2%，其中贷款承诺余额同比减少 3.8%；金融资产服务类产品余额同比减少 5.4%，其中非保本理财产品余额同比减少 4.9%。银行机构债券投资积极性较高，以购买理财、信托等方式开展的同业业务继续收缩，全区银行机构债券投资较年初增加 162.6 亿元，同比多增 160.0 亿元，股权及其他投资较年初减少 52.4 亿元。

表 2　2020 年宁夏回族自治区金融机构人民币贷款各利率区间占比

单位：%

项目		1 月	2 月	3 月	4 月	5 月	6 月
合计		100.0	100.0	100.0	100.0	100.0	100.0
LPR 减点		3.4	13.5	15.7	11.5	12.3	8.6
LPR		1.8	1.3	2.3	3.6	4.0	3.2
LPR 加点	小计	94.8	85.2	81.9	84.8	83.7	88.2
	(LPR，LPR+0.5%)	13.4	18.6	15.7	13.6	8.6	16.3
	[LPR+0.5%，LPR+1.5%)	14.1	10.4	14.4	18.2	18.7	18.9
	[LPR+1.5%，LPR+3%)	18.5	11.0	15.7	13.9	13.6	14.6
	[LPR+3%，LPR+5%)	20.1	14.9	15.8	17.6	17.2	16.2
	LPR+5% 及以上	28.8	30.2	20.3	21.4	25.6	22.2

5. 持续推进 LPR 改革，贷款利率稳中有降。全区地方法人银行提前 1 个月完成存量浮动利率贷款定价基准转换，新发放贷款继续锚定 LPR，将 LPR 内嵌至银行内部资金转移定价体系，不断释放改革促进降低贷款利率的潜力。2020 年 12 月，全区企业贷款加权平均利率为 4.96%，同比下降 0.20 个百分点，其中小微企业贷款利率同比下降 0.27 个百分点。宁夏市场利率定价自律机制加强存款自律，有序压降不规范存款创新产品，维护存款市场竞争秩序，银行机构负债端成本基本稳定。

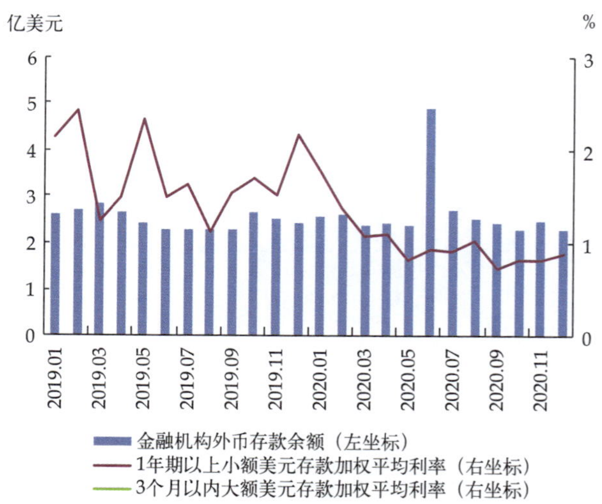

图 4　2019—2020 年宁夏回族自治区金融机构外币存款余额及外币存款利率

（数据来源：中国人民银行银川中心支行）

6. 银行风险总体可控，资产质量得到提升。 全区银行业金融机构加大不良贷款处置力度，2020年末不良贷款余额较上年末减少27.9亿元，不良贷款率同比下降0.63个百分点。强化流动性管理，提升资产负债流动性匹配度，地方法人银行超额准备金率保持稳定，银行体系流动性合理充裕。地方法人银行多渠道补充资本，资本充足率同比提高0.57个百分点，其中一级资本充足率提高0.65个百分点，抵御风险能力增强。

7. 跨境业务提质增效，收支结构更趋协调。 深化跨境业务“放管服”改革，促进跨境贸易投资便利化。2020年，全区跨境收支总额31.2亿美元，其中收入17.6亿美元、支出13.6亿美元。通过跨境金融区块链贸易融资平台办理链上贸易融资业务59笔，共计495万美元，有效节约企业融资成本。全区跨境人民币累计收付29.1亿元，其中，与“一带一路”沿线16个国家发生跨境人民币结算业务，收付金额同比增长30.9%。2020年末，全区办理跨境人民币业务企业数量同比增加157家。

8. 金融支持实体经济力度加大，货币政策导向精准。 下调金融机构存款准备金率，实施普惠金融定向降准考核，累计释放地方法人银行中长期资金61.3亿元。落实“比例考核”存款准备金率调整政策，做好县级三农金融事业部执行差别化存款准备金率考核。按季度开展宏观审慎评估工作，发挥好宏观审慎评估在逆周期调节和结构优化中的作用。根据疫情防控和复工复产进度，有序落地专项再贷款、再贷款再贴现专用额度和普惠性再贷款再贴现政策，有力支持了疫情防控和复工复产。2020年，全区累计发放再贷款再贴现132.4亿元，同比增长55.0%。

专栏1　推动政策工具直达实体 助力稳企业保就业取得积极成效

2020年以来，中国人民银行银川中心支行认真贯彻落实党中央、国务院和中国人民银行总行关于做好“六稳”工作、落实“六保”任务的决策部署，推动政策工具直达实体，扎实推进金融助企惠企行动，金融支持稳企业保就业取得积极成效。2020年末，宁夏普惠小微贷款余额677.9亿元，按可比口径计算，同比增长13.0%；普惠小微主体授信23.8万户，同比增长11.0%。

夯实工作机制，扎实推动政策落地。一是建立工作专班，落实“一把手”负责制，合理调配内外部资源，提升政策响应能力，统筹推进金融支持稳企业保就业工作。二是联合自治区发展改革委、工业和信息化厅等16家单位建立金融支持稳企业保就业协调机制，支持建立宁夏首贷服务协调中心、续贷服务协调中心，协调政府相关部门完善民营小微企业风险缓释机制，发挥货币政策、监管政策和财税政策支持复产复工的集成效应。三是加大座谈沟通、实地调研、专题培训和现场督导力度，引导金融机构下沉基层、贴近企业，确保政策准确及时精准传导。

用好政策工具，精准助企纾困破局。一是坚持应延尽延，用好普惠小微企业贷款延期支持工具，坚持扩面增量，落实普惠小微企业信用贷款支持计划。2020年6—12月，全区银行机构对60.6亿元到期普惠小微企业贷款办理延期还本；全年新增普惠小微信用贷款42.6亿元。二是及时将产业主管部门筛选的重点企业名单推送至金融机构，“一企一策”协助企业获得融资，支持企业恢复生产、渡过难关。2020年，金融机构累计向776户重点企业发放贷款404.8亿元，支持18.8万人就业。三是搭建宁夏企业融资服务平台，充分利用平台的融资政策发布、金融产品展示、融资需求申请、企业信用信息查询和银企线上对接等在线服务功能，重点解决信息不对称、担保品不足、融资期限短、融资成本高等问题，提高融资覆盖面。

降低融资成本，有效惠企减费让利。一是持续深化贷款市场报价利率（LPR）改革，疏通利率传导渠道。2020年，全区金融机构新发放企业贷款加权平均利率和票据直贴加权平均利率均实现同比下降，累计为各类型企业让利8.4亿元。二是督促金融机构进一步明确收费事项，取消信贷、助贷和增信环节的不合理收费，降低企业综合融资成本。2020年，金融机构累计减收各类费用1.9亿元。三是建立复工复产企业债券融资对接机制，指导企业用好疫情防控债务融资工具绿色通道。2020年，宁夏发行非金融企业债务融资工具110.0亿元，发行利率较同期企业贷款利率低1.5个百分点，节约相关企业资金成本1.7亿元。

创新金融产品，全面贴近企业需求。一是金融科技赋能金融服务提质增效。鼓励金融机构积极利用大数据技术完善信用评价模型和信贷风险监测预警机制，推出"银税贷""云电贷""饲草贷"等140余种信用贷款产品，线上信用贷款发放占比近60%。2020年，通过银税互动为信用良好的5427户小微企业发放信用贷款20.9亿元。二是引导金融机构积极开展票据、应收账款、仓单等融资业务，促进产业链、供应链协同升级。截至2020年末，宁夏利用应收账款融资服务平台累计实现融资423.8亿元。三是优化信贷审批流程。针对小微企业贷款"短、小、频、急"的特点，引导金融机构利用互联网技术实现线上审批，提高小微企业金融服务效率。

加强政策宣传，着力引导公众预期。一是借助中国人民银行银川中心支行微信公众号、宁夏主流媒体等平台加大政策宣传力度，力争各类受惠群体对优惠政策应知尽知。二是指导金融机构围绕"延期还本利企业、信用贷款惠小微"主题开展金融支持稳企业保就业宣传活动，帮助企业了解优惠政策，送金融服务上门。2020年，宁夏金融机构进园区、商圈、专业市场对接企业10万余户，促成融资超500亿元。

（二）证券业总体平稳，资本市场更为活跃

1. 证券机构数量稳定，各类交易大幅增长。2020年末，全区共有17家证券分公司、42家证券营业部，其中34家证券营业部具备期货IB业务资格；共有48家基金代销机构、3家期货分公司和2家期货营业部。证券机构总资产16.3亿元，同比减少23.6%。全年累计开设证券账户（A股、B股）20.6万户，证券交易额1.3万亿元，同比增长46.0%；开放式基金交易额193.8亿元，同比增长31.9%；期货交易额8743.8亿元，同比增长21.1%。

表3　2020年宁夏回族自治区证券业基本情况

项目	数量
总部设在辖内的证券公司数（家）	0
总部设在辖内的基金公司数（家）	0
总部设在辖内的期货公司数（家）	0
年末国内上市公司数（家）	14
当年国内股票（A股）筹资（亿元）	0
当年发行H股筹资（亿元）	0
当年国内债券筹资（亿元）	162.6
其中：短期融资券筹资额（亿元）	47.1
中期票据筹资额（亿元）	44.4

数据来源：宁夏证监局。

2. 债券发行创新高，融资渠道有效拓展。 2020 年，宁夏积极培育多层次资本市场，加快企业培育和储备，拓宽优质企业融资渠道。2020 年末，全区共有 14 家境内上市公司，1 家境外上市公司，新三板挂牌企业 48 家，区域股权交易市场挂牌企业 1322 户，辅导备案企业 7 家，上市挂牌梯队逐步形成。2020 年末，全区境内上市企业总股本 206.2 亿股，总市值 1357.4 亿元，同比增长 6.7%。存续私募基金 137 只，规模 255.1 亿元。凯添燃气成为全国 32 家首批新三板精选层企业之一。全区企业共发行信用类债券 162.6 亿元，同比增长 56.3%，其中嘉泽新能源发行 13 亿元可转债，宁夏农垦集团发行 5 亿元疫情防控专项债。

表 4　2020 年宁夏回族自治区保险业基本情况

项目	数量
总部设在辖内的保险公司数（家）	1
其中：财产险经营主体（家）	1
寿险经营主体（家）	0
保险公司分支机构（家）	23
其中：财产险公司分支机构（家）	10
寿险公司分支机构（家）	13
保费收入（中外资，亿元）	210.7
其中：财产险保费收入（中外资，亿元）	67.9
人身险保费收入（中外资，亿元）	142.9
各类赔款给付（中外资，亿元）	66.1

数据来源：宁夏银保监局。

（三）保险业回归本源，服务社会能力增强

1. 保险机构实力增强，经营业绩持续改善。 2020 年末，全区共有保险法人公司 1 家，财产保险省级分公司 10 家，人身保险省级分公司 13 家。保险机构资产总额 547.1 亿元，较年初增长 14.0%，其中人身险公司资产规模增长 15.9%。累计实现保费收入 210.7 亿元，同比增长 6.6%，其中财产险保费收入同比下降 0.5%，人身险保费收入同比增长 10.3%。累计赔付支出 66.1 亿元，同比增长 4.0%，其中财产保险赔付支出同比增长 3.4%，人身险赔付支出同比增长 4.9%。

2. 保险产品日益丰富，业务品质稳步提升。 2020 年，宁夏积极引导保险创新，提升保险服务实体经济的效能，经济“减震器”和社会“稳定器”的功能进一步凸显。推出复工复产组合保险产品，为 821 家小微企业、商户提供 3.7 亿元风险保障，向 15.3 万人次捐助 198.1 亿元保额的保险。城乡居民大病保险实现共保联办，积极推进商业健康保险一站式结算服务，建立“扶贫保”跨省“一站式”结算机制，实现商业保险与社会医疗保险的无缝对接。全面实施车险综合改革，与公安、应急等部门建立道路交通事故“快速发现、及时救援、有效救治、妥善救助”四位一体联动机制。在全国首批上线农业保险承保电子化系统，新增制种小麦、制种玉米等 6 个财政补贴险种，开展农险“保收入”“保价格”试点，为 51.9 万次农户提供 192 亿元风险保障。

（四）社融规模同比多增，金融市场运行平稳

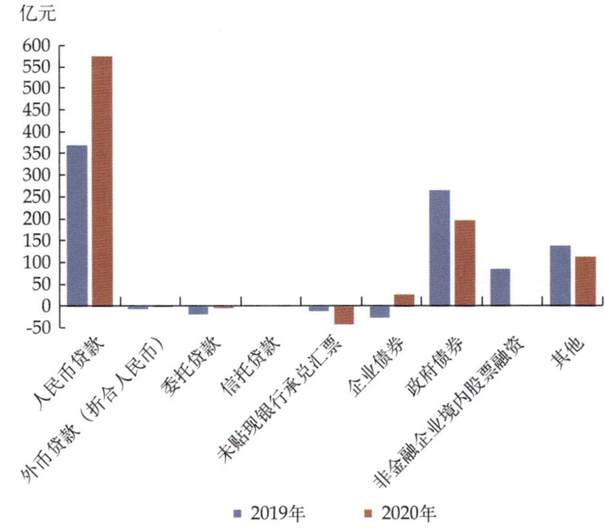

图 5　2019—2020 年宁夏回族自治区社会融资规模分布情况

（数据来源：中国人民银行银川中心支行）

1. 社会融资规模同比多增，金融支持力度加大。 2020 年，全区社会融资规模增量为 872.4

亿元，同比多增71.7亿元。其中，人民币贷款新增575.9亿元，同比多增206.2亿元，占同期社会融资增量的66.0%，同比提高19.8个百分点；宁夏地方政府债券净增198.1亿元，同比少增68.1亿元，占同期社会融资增量的22.7%；非金融企业债券和股票净融资25.7亿元，同比少融资35.0亿元，占同期社会融资增量的2.9%。

2. 货币市场交易量增价降，净融入资金减少。2020年，宁夏开展债券及同业拆借交易的银行间市场成员共18家，比上年增加13家。全区银行间市场成员债券回购成交量同比增长33.1%，其中债券质押式回购占货币市场交易量的96.2%。债券回购加权平均利率为1.64%，同比降低0.65个百分点，债券回购净融入资金同比减少42.3%。银行间市场成员同业拆借交易量同比增长51.3%，净融入资金同比增长5.3%。拆借资金加权平均利率为1.75%，同比降低0.61个百分点。

3. 票据融资增速加快，票据贴现利率走低。2020年，全区金融机构累计签发银行承兑汇票594.6亿元，同比减少22.1%，年末银行承兑汇票余额541.2亿元，同比增长5.4%。票据融资累计发生额2926.1亿元，同比增长23.8%，年末票据融资余额731.7亿元，同比增长10.5%，较上年末加快9.1个百分点。票据直贴加权平均利率3.04%，同比下降0.58个百分点；转贴现加权平均利率2.68%，同比下降0.63个百分点。

表5　2020年宁夏回族自治区金融机构票据业务量统计

单位：亿元

季度	银行承兑汇票承兑		贴现			
			银行承兑汇票		商业承兑汇票	
	余额	累计发生额	余额	累计发生额	余额	累计发生额
1	494.6	165.0	824.1	1047.8	20.6	25.6
2	507.9	304.6	813.6	1884.8	5.8	41.5
3	532.8	456.1	766.9	2463.9	6.0	50.2
4	541.2	594.6	726.6	2872.1	5.1	54.0

数据来源：中国人民银行银川中心支行。

表6　2020年宁夏回族自治区金融机构票据贴现、转贴现利率

单位：%

季度	贴现		转贴现	
	银行承兑汇票	商业承兑汇票	票据买断	票据回购
1	3.02	4.97	2.75	4.20
2	2.76	5.31	2.41	2.53
3	3.12	4.66	2.74	3.02
4	3.22	4.58	3.00	2.86

数据来源：中国人民银行银川中心支行。

4. 外汇交易平稳增长，黄金交易出现分化。2020年，全区银行间外汇市场成员外汇交易量同比增长11.3%，其中卖出美元占全部交易的96.8%。商业银行代理个人上海黄金交易所黄金交易量同比减少24.4%，占商业银行全部黄金交易量的比例同比下降13.0个百分点；人民币账户金累计成交量同比增长22.5%，占商业银行全部黄金交易量的比例同比升高9.0个百分点。

（五）金融基础设施运行顺畅，金融生态环境持续改善

1. 推进信用体系建设，征信服务更为便捷。投产吴忠“融信通”小微企业金融服务平台，累计促成融资23.1亿元。进一步推广政府采购线上信用融资业务，累计达成融资1.4亿元。不断优化征信服务模式，个人信用报告自助查询网点实现市、县两级全覆盖，全年对外提供查询服务近60万笔，个人征信系统累计收录宁夏地区自然人近500万人。

2. 支付惠民提振消费，国库经理水平提升。在全区三市十六县（区）开展系列“重振引擎、助商惠民”大型支付促消活动，通过“云闪付”App投放消费券，带动线下消费复苏，超3.8万商户受益。开通移动支付多元化缴税费渠道，预算收入退库电子化业务实现区、市、县全覆盖，保证个人所得税汇算清缴、增值税留抵退税等相关财税改革政策落地见效。2020年，共办理各类退库业务37.5万笔，金额58.0亿元。

3. 现金供应充足安全，流通环境持续优化。

严格落实流通中现金消毒管理，加大原封新券现金投放，强化现金业务“收支两条线”，提升流通中人民币整洁度。扩大人民币现金知识宣传，在银川市50多条公交线路、1000多辆公交车上持续滚动播放整治拒收现金宣传视频。及时受理拒收现金群众投诉，开出宁夏第一张拒收人民币现金罚单。

4. 坚持部门共建共治，加强消费者权益保护。建成宁夏银行业金融消费调解中心、中卫市金融纠纷调解中心及贺兰县金融消费纠纷调解中心，累计调解成功金融纠纷案件25件。打造让金融消费者满意的12363“暖心热线”，及时妥善处理金融消费者投诉咨询。强化金融营销宣传协同监管，甄别、处置违法违规金融广告线索8条。

二、经济运行情况

2020年，宁夏以习近平新时代中国特色社会主义思想为指导，深入贯彻习近平总书记视察宁夏重要讲话精神，坚决落实党中央、国务院各项决策部署，扎实做好“六稳”“六保”工作，统筹疫情防控和经济社会发展取得重大成果，全区经济运行稳步回升、持续向好，主要经济指标增长好于预期。全年实现地区生产总值3920.6亿元，同比增长3.9%，比全国高1.6个百分点，居全国第4位。

（一）市场需求持续改善，投资潜力不断释放

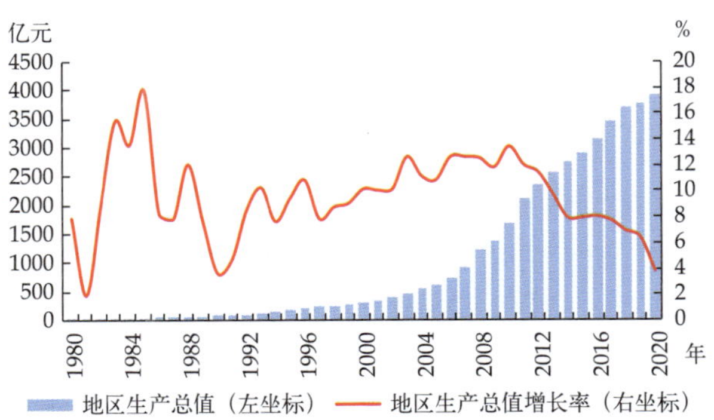

图6　1980—2020年宁夏回族自治区地区生产总值及其增长率

（数据来源：《宁夏统计年鉴》、宁夏回族自治区统计局）

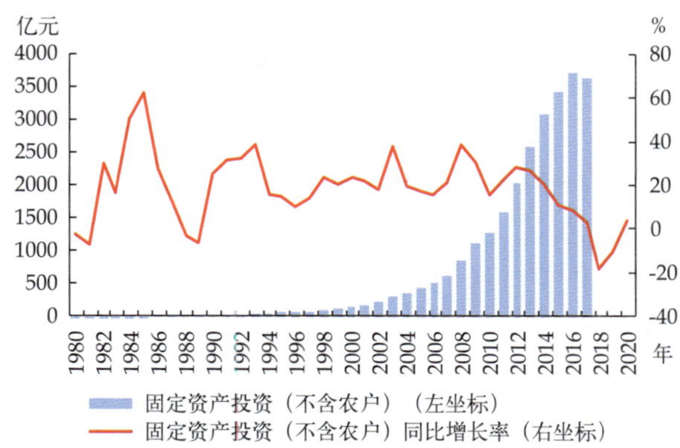

图7　1980—2020年宁夏回族自治区固定资产投资（不含农户）及其增长率

（数据来源：《宁夏统计年鉴》、宁夏回族自治区统计局）

1. 投资增速由负转正，投资结构不断优化。2020年，宁夏以重点项目建设为抓手，加强统筹调度，协调推进服务，全年固定资产投资同比增长4.0%，扭转了连续三年下滑局面，增速比上年回升14.3个百分点。其中，第一产业投资增长15.6%，第二产业投资增长15.6%，第三产业投资下降5.3%。民间投资增长7.8%，占固定资产投资的比重由上年的54.9%提高至56.9%。工业技术改造投资增长18.0%，占工业投资的比重由上年的24.5%提高至25.0%，高技术制造业投资占工业投资的比重由上年的8.2%提高至11.4%。安排重点建设项目80个，完成年度投资537亿元。银西高铁开通运营，宁夏正式融入全国高铁网。

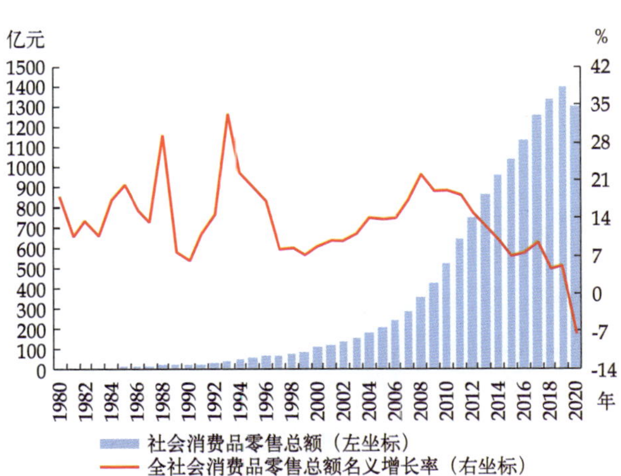

图8　1980—2020年宁夏回族自治区社会消费品零售总额及其增长率

（数据来源：《宁夏统计年鉴》、宁夏回族自治区统计局）

2. 消费市场持续回暖，线上消费增长较快。2020 年，宁夏出台释放消费潜力的 16 条政策措施，组织开展消费季、品牌节、网购节等一系列促销活动，全年实现社会消费品零售总额 1301.4 亿元，降幅由 1—2 月的 16.5% 收窄至全年的 7.0%。其中，城镇消费品零售额同比下降 7.1%，乡村消费品零售额同比下降 6.7%。限额以上商品零售中，民生类商品消费保持增长，粮油、食品类增长 14.1%，中西药品类增长 10.8%，饮料类增长 2.7%。借助电商节庆及平台流量，全年实现网上零售额 209.4 亿元，同比增长 10.3%。

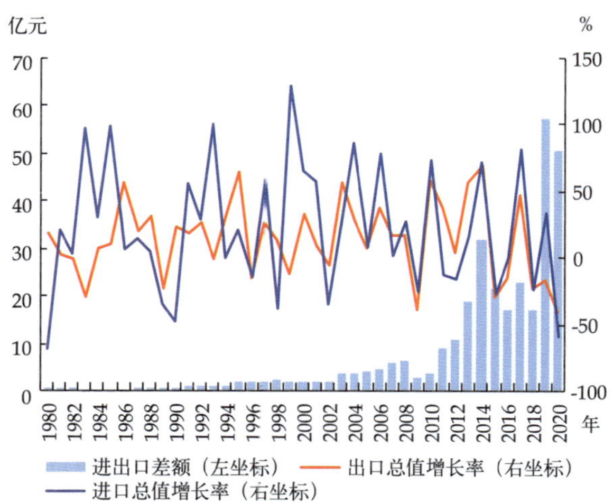

图 9　1980—2020 年宁夏回族自治区外贸进出口变动情况

（数据来源：《宁夏统计年鉴》、宁夏回族自治区统计局）

3. 对外贸易降幅较大，利用外资保持增长。2020 年，受疫情导致的对外需求减弱和国际物流供应链不畅等多重因素叠加影响，宁夏实现外贸进出口总额 123.2 亿元，同比下降 48.8%。其中，出口同比下降 41.8%，进口同比下降 60.3%。从重点出口产品看，基本有机化学品增长 19.4%，医药品增长 20.4%，农产品增长 37.2%。落实准入前国民待遇加负面清单管理制度，外资投向由加工制造领域扩展到服务业相关领域，全年实际利用外资 2.7 亿美元，同比增长 8.4%。

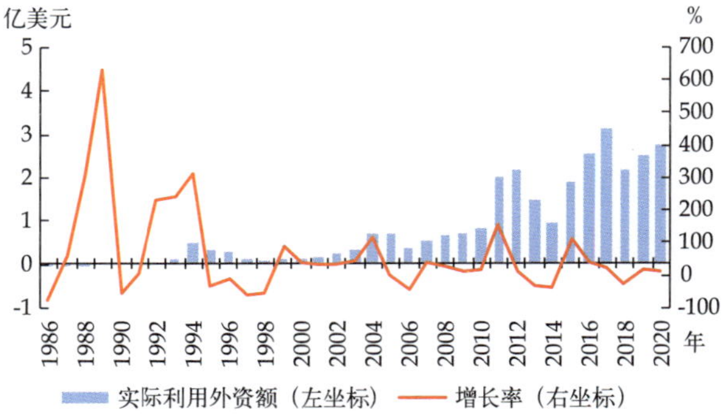

图 10　1986—2020 年宁夏回族自治区利用外资情况

（数据来源：《宁夏统计年鉴》、宁夏回族自治区统计局）

（二）产业结构优化调整，质量效益稳步提升

2020 年，宁夏第一、第二、第三产业增加值分别增长 3.3%、4.0% 和 3.9%，三次产业结构由上年的 7.5 : 42.3 : 50.2 调整为 8.6 : 41.0 : 50.4，第三产业比重上升 0.2 个百分点。

1. 农业生产“十七连丰”，现代农业提质增效。2020 年，宁夏紧扣乡村振兴战略目标，纵向延伸产业链条，横向拓展农业功能，农业生产保持了稳定发展势头。全年粮食总产量 380.5 万吨，同比增产 7.3 万吨。创建国家级农产品质量安全县 2 个，4 个村镇入选全国“一村一品”示范村镇，12 家企业获得农产品全程质量控制技术体系认证，枸杞、酿酒葡萄、奶产业、肉牛和滩羊等特色优势农业占农业总产值比重达到 88%。共有国家级农业产业化重点龙头企业 24 家，打造休闲旅游精品路线 25 条，营业收入 10.6 亿元。

2. 工业生产持续向好，增长新动能不断聚集。2020 年，宁夏以高端化、绿色化、智能化、融合化为方向，推动工业经济治理变革、效率变革、动力变革，全区规模以上工业增加值同比增长 4.3%，比全国高 1.5 个百分点。其中，重工业增加值同比增长 5.0%，轻工业增加值同比下降 0.7%。全年规模以上制造业增加值同比增长 5.4%，对规模以上工业增长贡献率达到 76.8%。高技术制造业增加值增长 9.9%，新增制造业领先示范企业 14 家。全区规模以上制造业实现利润总额 152.2 亿元，同比增长 16.9%。

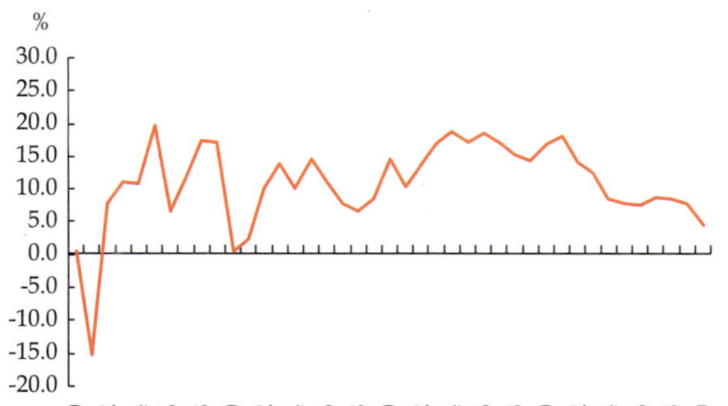

图 11　1980—2020 年宁夏回族自治区规模以上工业增加值增长率

（数据来源：《宁夏统计年鉴》、宁夏回族自治区统计局）

3. 服务业稳步回升，支撑引领作用突出。2020 年，宁夏第三产业增加值 1973.6 亿元，同比增长 3.9%，对经济增长的贡献率为 48.6%，拉动经济增长 1.9 个百分点。其中，交通运输、仓储和邮政业增加值增长 4.4%，金融业增加值增长 3.4%，房地产业增加值增长 4.2%，营利性服务业增加值增长 6.8%，非营利性服务业增加值增长 6.3%。服务业新业态新模式加快发展，16 个现代服务业聚集区建设扎实推进，大型数据中心达到 7 家，软件业收入增长 21.0%，电信业务总量增长 24.2%，发展 5G 用户 177.9 万户。

4. 深化供给侧结构性改革取得积极进展。2020 年，宁夏继续以供给侧结构性改革为主线，继续抓重点、补短板、强弱项。全年完成“散乱污”工业企业整治 411 家，退出落后产能 155.7 万吨，30 万吨以下落后产能煤矿、城市建成区 20 蒸吨 / 小时以下燃煤锅炉全部淘汰。及时出台“六保 36 条”“工业稳增长 24 条”等一揽子政策，全年为实体经济减税降费 130 亿元以上。全年规模以上工业企业每百元主营业务收入中的成本为 84.0 元，较前三季度减少 0.6 元。新增国家高新技术企业 134 家，科技小巨人企业 51 家，科技创新投资增长 1.3 倍，研发（R&D）投入强度达到 1.5% 左右，综合科技创新水平指数为 56.1%，迈进国家二类创新地区行列。

5. 污染防治有力推进。2020 年，宁夏集中力量打好生态环境保护“六大标志性”战役，全年空气质量优良天数比例达到 85.1%，黄河干流宁夏段水质连续三年保持“Ⅱ类进Ⅱ类出”，地表水国控断面水质优良比例达到 93.3%。完成营造林 121.6 万亩，森林覆盖率达到 15.8%。

（三）消费价格低位运行，就业形势总体稳定

1. 消费价格小幅上涨，工业生产价格回落。2020 年，宁夏全力保障市场供应，切实加强价格监管，确保商品价格基本稳定。2020 年，宁夏居民消费价格同比上涨 1.5%，涨幅比全国低 1.0 个百分点。其中，食品烟酒上涨 5.4%，教育文化和娱乐上涨 1.0%，医疗保健上涨 0.6%，生活用品及服务下降 0.4%，衣着下降 1.1%，交通和通信下降 3.1%。宁夏工业生产者出厂价格指数同比下降 3.1%，降幅较上年扩大 2.5 个百分点，工业生产者购进价格指数同比下降 5.3%。

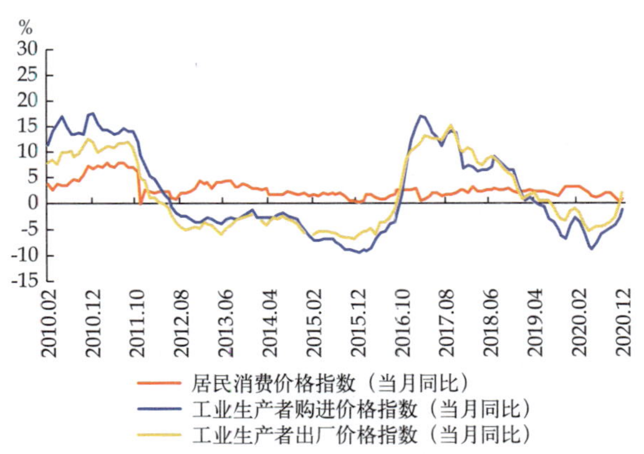

图 12　2010—2020 年宁夏回族自治区居民消费价格指数和生产者价格指数变动趋势

（数据来源：《宁夏统计年鉴》、国家统计局宁夏调查总队）

2. 居民收入增幅逐季回升，就业形势总体稳定。宁夏居民人均可支配收入 25735 元，增幅由第一季度下降 4.4% 回升至全年增长 5.4%。其中，城镇居民人均可支配收入 35720 元，增长 4.1%；农村居民人均可支配收入 13889 元，

增长8.0%。城乡居民人均可支配收入比值为2.57，比上年缩小0.10。宁夏城镇新增就业7.3万人，农村劳动力转移就业80.3万人，失业人员实现再就业5.3万人，分别完成年度目标任务的101.4%、114.7%和100.6%，城镇登记失业率为3.9%，低于年初4%的控制目标。西吉县正式退出贫困县序列，宁夏历史性地告别了绝对贫困。

（四）财政支出保持增长，民生保障得到加强

2020年，宁夏全面落实减税降费政策，用好用足中央直达资金，提高民生保障水平，积极的财政政策大力提质增效。宁夏一般公共预算总收入704.1亿元，同比下降5.8%，其中，地方一般公共预算收入419.4亿元，同比下降1.0%。一般公共预算支出1483.0亿元，同比增长3.1%，其中民生支出1115.2亿元，同比增长4.0%，占财政支出的75.2%。全年共发行地方政府债券316亿元，同比减少15.7%，其中专项债券发行额同比减少60.7%。

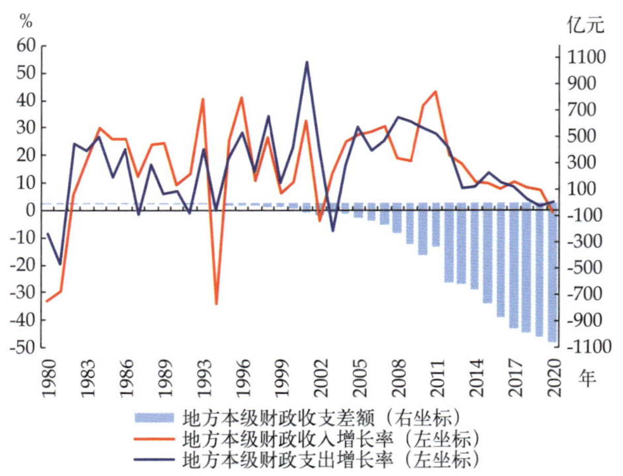

图13　1980—2020年宁夏回族自治区财政收支状况

（数据来源：《宁夏统计年鉴》、宁夏回族自治区统计局）

专栏2　金融业助力宁夏决战脱贫攻坚取得实效

2020年11月16日，宁夏回族自治区政府发布公告，西吉县正式退出贫困县序列。至此，宁夏9个贫困县全部实现脱贫摘帽，标志着宁夏区域性整体贫困问题得到基本解决。成绩的取得与宁夏金融业多年来认真贯彻落实各项金融扶贫政策，创新举措、持续攻坚密不可分。

三大机制推动政策持续发力，确保金融支持力度不减弱。一是构建常态化推进机制。金融系统始终保持强烈的政治自觉、思想自觉和行动自觉，及时总结阶段性工作进展，复制推广实践中探索出的好经验好做法。二是构建多部门联动机制。形成区、市、县三级部门联动格局，制订金融扶贫规划和服务计划，强化金融扶贫产品和服务方式创新，实现机构下沉、服务下沉和资金下沉。三是构建立体化保障机制。金融扶贫实现结对帮扶、信用评定、扶贫再贷款使用、扶贫小额信贷、基础金融服务、扶贫保“六个全覆盖”，有效改善和优化金融扶贫环境。

典型模式发挥示范带动效应，增强贫困地区“造血”功能。一是盐池模式。农信社打破传统贷款抵押依赖，创设“631”评级授信模式（诚信60%、资产30%、农户家庭情况10%），为贫困户提供2万～10万元授信支持，满足贫困户生产发展资金需求。目前，盐池模式已在全区推广。二是蔡川模式。邮储银行宁夏分行立足特色产业，在蔡川村开展“产业＋金融＋农村能人＋农户”为核心的扶贫试点，有效带动贫困人口发展产业脱贫致富。该模式入选“中国普惠金融助力脱贫攻坚典型案例”，并在宁夏744个行政村复制推广。三是张易模式。宁夏固原农商行在张易镇通过“银行＋涉农企业＋贫困户＋

订单购销”模式，促成企业与建档立卡贫困户签订马铃薯购销协议，为贫困户精准脱贫提供“保销路、保增收、保脱贫”的帮扶措施。

大力开发专项金融产品，提升金融精准扶贫针对性。一是扶贫小额信贷产品全覆盖。2015年以来，金融机构已累计发放扶贫小额信贷226.9亿元，累计惠及58.3万户贫困人口，实现有贷款需求建档立卡贫困户应贷尽贷。二是移民搬迁后续金融支持保障有力。闽宁对口扶贫协作建立以来，金融机构通过增设机构网点、加大资金投入、倾斜服务支持等措施全方位跟进，支持闽宁镇实现跨越式发展；针对红寺堡移民区自发移民“老家移户贷不上款、新家没户贷不上款”的问题，当地农信社创新推出“移民贷”产品。2020年末，2177户移民已享受到1.1亿元的“移民贷”支持。三是实现多种涉农经营主体金融产品广覆盖。创设“农地贷”“农房贷”“金扶贷”“养殖贷”“创业贷”“产业扶贫贷”等系列专属信贷产品，大力支持种养殖业大户、农民专业合作社等新型农业经营主体，充分发挥规模化带动效应。2020年末，宁夏金融精准扶贫贷款余额545.4亿元，按可比口径计算，同比增长14.3%。

树牢风险意识，积极防范扶贫领域金融风险。一是强化事前激励。地方政府出台扶贫小额信贷风险补偿金管理办法，“专款专存、专款专用、封闭运行”，有效缓解金融机构后顾之忧。二是强化事中监督。夯实金融机构主体责任，实现贷款审批、风险容忍、业绩考核等差异化政策，保障扶贫贷款精准投放，有效防范风险。三是强化事后催收。贫困县成立政府部门和银行机构组成的扶贫小额信贷清收小组，加大对恶意逃废银行债务行为的打击力度，努力构建良好的金融生态环境。

（五）房地产市场平稳发展，奶牛产业化经营初具规模

1. 房地产市场平稳发展。2020年，宁夏房地产投资、销售面积回升，银川市新建住宅销售价格同比先升后降。

房地产开发投资回暖。2020年，宁夏房地产开发投资完成额433.3亿元，同比增长7.5%，其中住宅开发投资增长9.5%，较上年回升15.7个百分点。开发企业购置土地面积同比下降21.7%，房屋新开工面积同比下降12.4%，房屋施工面积同比下降6.3%，房屋竣工面积同比下降23.6%。商品房销售面积同比增长8.5%，较上年增长10.2个百分点，销售额同比增长21.7%，较上年加快10.8个百分点。2020年末，商品房待售面积同比增长3.7%，增速较上年末回升1.7个百分点。全年新供应保障性住房5300套。2020年，银川市新建住宅销售价格同比涨幅先是持续上升，达到高点后开始逐月回落，年末涨幅较年内高点下降3.4个百分点。

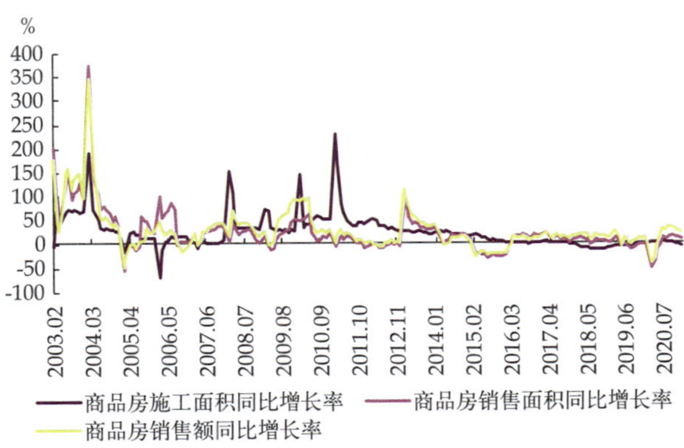

图14 2003—2020年宁夏回族自治区商品房施工和销售变动趋势

（数据来源：宁夏统计局）

房地产贷款持续增长。2020年末，宁夏房地产贷款余额1570.3亿元，同比增长16.6%。其中，房地产开发贷款余额488.8亿元，同比减少1.9%，购房贷款余额1075.4亿元，同比增长27.5%。为配合银川市房地产调控，宁夏市场利率定价自律机制完善了银川市差别化住房信贷政策，调整了商业性个人住房贷款最低首付款

比例。第四季度，银川市商业个人住房贷款发放笔数环比下降 11.1%，个人购房贷款增量环比少增 8.2 亿元。

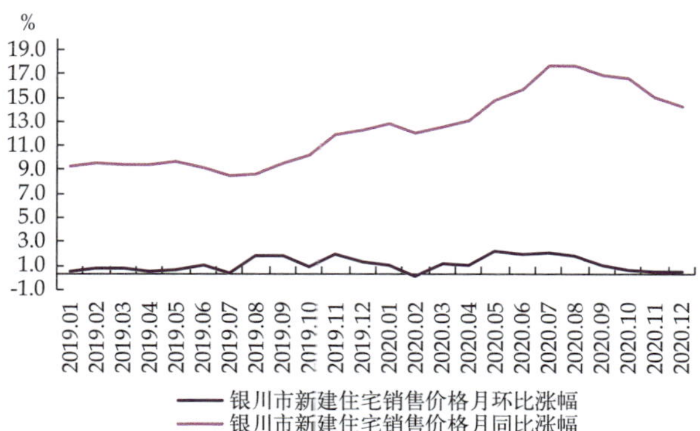

图 15　2019—2020 年银川市新建商品住宅销售价格指数变动趋势

（数据来源：国家统计局网站）

2. 奶牛产业化经营初具规模。宁夏地处国际公认的“黄金奶源地”，生鲜乳总产量和奶牛存栏数分别居全国第七位和第八位，是全国奶产业优势产区和优质高端乳制品的重要原料基地。经过多年发展，宁夏奶产业已成为优化调整宁夏农业结构的重点产业，与枸杞、葡萄酒、电子信息、新型材料等被确立为自治区九大重点特色产业之一，成为宁夏经济高质量发展的重要引擎。2020 年，全年新增存栏量是前九年增量的总和，生鲜乳产量达到 245 万吨，同比增长 33.8%，实现乳制品加工产值 270 亿元，生鲜乳抽检合格率连续十年保持 100%，主要质量指标达到欧盟标准。伊利、蒙牛、光明等全国大型乳企纷纷进驻宁夏，各类主体投资建设开工 65 个项目，完成投资 53.5 亿元。

金融机构通过创设“奶牛活体质押贷款”“原奶供应贷”“牧业贷”“青贮贷”等专属信贷产品，重点支持中小型种养殖企业发展，满足宁夏奶牛养殖、生鲜牛奶收购加工、饲草种植等多元融资需求。

三、预测与展望

2021 年，是实施“十四五”规划、开启全面建设社会主义现代化国家新征程的第一年，是建党 100 周年。随着疫情防控取得重大胜利，以及推动黄河流域生态保护和高质量发展等一系列国家重大战略的实施，全区经济呈现恢复势头加快、经济结构优化、质量效益提升的态势，但也存在经济增长质量不够高、基础不够稳、后劲不够大等问题。

2021 年，宁夏将以习近平新时代中国特色社会主义思想为指导，立足新发展阶段，贯彻新发展理念，构建新发展格局，以推动高质量发展为主题，以深化供给侧结构性改革为主线，巩固拓展疫情防控和经济社会发展成果，走出一条高质量发展的新路子。宁夏地区生产总值增长目标为 7% 以上，居民消费价格涨幅控制在 3% 左右，城镇调查失业率控制在 5.5% 以内。

宁夏金融系统将坚持稳中求进工作总基调，落实稳健的货币政策灵活精准、合理适度的要求，进一步提升经济金融发展的协调性、匹配度，守住不发生区域性金融风险的底线，为加快构建新发展格局提供良好的货币金融环境。

中国人民银行银川中心支行货币政策分析小组

总　　纂：闫先东　姚景超

统　　稿：王立军　杨　云　冯爱华　王　龙　王银昆

执　　笔：祁永忠　刘江帆　付　静　周金东　马明霞　李　鹏　张　彧　李　贺　宋　渊

提供材料：王　青　韩银莹　张昀芊　李　响　田　晨　李长升　贺自孝　白纪年　牛立华　马志昂　王进会　行　颖　王　谦　任高芳　常军卫　刘晋宁　薛丽华　毕桂琴　陈苗苗　曹洪强　李　印　孙登云　马俊鹏　王凤玲　金泽芬　杨丽艳　贺妍秋

附录

（一）2020 年宁夏回族自治区经济金融大事记

1 月 25 日，宁夏出台新冠肺炎疫情防控十条措施，全力遏制疫情扩散蔓延，坚决打赢疫情防控阻击战。

2 月 22 日，宁夏举行应对新冠肺炎疫情工作指挥部第五场新闻发布会，中国人民银行银川中心支行、宁夏银保监局、宁夏证监局、自治区地方金融监管局介绍金融系统发挥职能作用支持疫情防控工作相关情况。

4 月 27 日，宁夏正式实现区级国库现金管理电子化招投标，进一步提升地方国库现金管理科学化水平。

5 月 22 日，金融委办公室地方协调机制（宁夏回族自治区）正式建立，加强信息沟通、协作配合和监管协调，促进区域金融改革发展稳定。

6 月 3 日，宁夏 9 家单位联合转发《关于进一步强化中小微企业金融服务的指导意见》，落实延期还本付息、信用贷款等小微企业信贷支持政策，推动做好金融支持稳企业保就业工作。

6 月 8 日至 10 日，习近平总书记在宁夏视察工作，指示宁夏要努力建设黄河流域生态保护和高质量发展先行区，继续建设经济繁荣、民族团结、环境优美、人民富裕的美丽新宁夏。

7 月 27 日，新三板精选层正式设立，凯添燃气发展股份有限公司成为全国 32 家首批晋层企业之一。

10 月 20 日，宁夏银行业金融消费纠纷调解中心挂牌成立，标志着宁夏金融纠纷多元化解机制建设迈出了坚实的一步。

11 月 17 日，西吉县正式退出贫困县序列，宁夏区域性整体贫困问题基本得到解决。

12 月 26 日，银西高铁全线开通运营，宁夏正式接入全国高铁网。

（二）2020 年宁夏回族自治区主要经济金融指标

表 1　2020 年宁夏回族自治区主要存贷款指标

	项目	1 月	2 月	3 月	4 月	5 月	6 月	7 月	8 月	9 月	10 月	11 月	12 月
本外币	金融机构各项存款余额（亿元）	6619.6	6598.9	6818.3	6863.1	6910.1	7045.8	6970.5	7045.1	7053.3	7087.5	7088.6	7136.2
	其中：住户存款	3578.8	3568.4	3658.8	3632.1	3661.4	3752.4	3757.6	3790.7	3912.0	3876.5	3887.5	3954.1
	非金融企业存款	1342.2	1356.3	1430.8	1445.4	1442.1	1517.8	1444.3	1486.4	1459.0	1431.3	1468.7	1502.9
	各项存款余额比上月增加（亿元）	159.1	-20.7	219.4	44.8	47.1	135.6	-75.3	74.6	8.3	34.2	1.1	47.7
	金融机构各项存款同比增长（%）	6.2	6.2	5.5	7.5	7.2	8.4	6.9	7.4	7.3	8.3	9.2	10.5
	金融机构各项贷款余额（亿元）	7563.5	7591.8	7754.2	7768.6	7819.2	7878.4	7927.3	7933.7	7956.1	7966.8	7950.2	7981.9
	其中：短期	1980.2	1969.1	2056.2	2051.0	2079.8	2112.2	2101.0	2105.3	2121.7	2107.5	2105.9	2108.7
	中长期	4660.2	4656.4	4663.9	4663.2	4672.2	4697.9	4749.7	4792.8	4818.8	4879.2	4920.6	4956.3
	票据融资	738.0	778.0	844.8	853.6	864.4	819.4	827.7	790.4	772.9	739.7	738.4	731.7
	各项贷款余额比上月增加（亿元）	135.9	28.3	162.4	14.4	50.6	59.2	48.9	6.4	22.4	10.7	-16.6	31.7
	其中：短期	-4.4	-11.1	87.2	-5.2	28.8	32.4	-11.3	4.4	16.4	-14.1	-1.7	2.8
	中长期	65.9	-3.8	7.6	-0.8	9.1	25.7	51.8	43.1	26.0	60.5	41.3	35.7
	票据融资	75.7	40.0	66.8	8.9	10.7	-45.0	8.3	-37.3	-17.4	-33.2	-1.4	-6.7
	金融机构各项贷款同比增长（%）	4.5	4.9	5.6	6.2	6.7	6.6	7.2	6.8	6.5	6.7	6.7	7.5
	其中：短期	-1.0	-1.5	2.4	3.3	4.3	5.1	4.6	5.0	5.9	5.1	3.8	5.1
	中长期	8.8	8.6	7.2	6.8	6.5	6.1	6.2	6.3	6.2	7.3	8.1	8.4
	票据融资	-2.7	2.6	7.3	10.6	14.5	8.1	14.3	9.9	4.4	2.7	8.4	10.5
	建筑业贷款余额（亿元）	80.5	80.3	83.0	81.5	82.9	88.8	89.8	90.7	94.0	93.5	93.7	91.6
	房地产业贷款余额（亿元）	281.9	281.7	283.9	280.6	279.5	272.1	270.9	270.5	279.8	277.5	275.1	276.7
	建筑业贷款同比增长（%）	-5.6	-6.4	-5.2	-5.8	-5.8	1.6	4.0	4.3	11.9	11.7	14.0	15.8
	房地产业贷款同比增长（%）	-31.2	-31.5	-30.6	-32.5	-32.4	-33.8	-35.2	-34.1	-31.6	-32.1	-31.5	-30.2
人民币	金融机构各项存款余额（亿元）	6602.1	6580.6	6801.6	6846.1	6893.2	7011.1	6951.7	7027.9	7037.4	7072.0	7072.3	7121.3
	其中：住户存款	3569.0	3558.2	3647.7	3621.0	3650.6	3741.8	3747.0	3780.1	3901.5	3866.1	3877.3	3943.8
	非金融企业存款	1337.2	1351.0	1426.8	1440.9	1437.6	1495.3	1438.4	1481.4	1454.5	1427.3	1463.4	1498.9
	各项存款余额比上月增加（亿元）	158.6	-21.5	221.0	44.6	47.1	117.9	-59.4	76.2	9.5	34.6	0.2	49.1
	其中：住户存款	122.9	-10.8	89.5	-26.6	29.5	91.2	5.2	33.1	121.4	-35.4	11.2	66.6
	非金融企业存款	-40.5	13.8	75.8	14.2	-3.4	57.8	-56.9	43.0	-26.9	-27.2	36.1	35.5
	各项存款同比增长（%）	6.2	6.2	5.5	7.6	7.2	8.1	6.9	7.4	7.3	8.3	9.3	10.5
	其中：住户存款	10.3	10.0	11.3	12.0	12.9	14.8	14.7	14.9	15.6	15.2	14.9	14.4
	非金融企业存款	-0.8	1.8	2.2	6.4	-0.3	5.5	3.9	7.0	4.4	3.4	6.8	8.8
	金融机构各项贷款余额（亿元）	7355.5	7380.3	7541.4	7545.5	7594.0	7608.9	7661.3	7672.2	7693.3	7707.3	7749.2	7782.6
	其中：个人消费贷款	1404.2	1400.8	1402.4	1404.9	1409.5	1437.2	1465.0	1490.6	1517.1	1551.8	1587.7	1598.2
	票据融资	738.0	778.0	844.8	853.6	864.4	819.4	827.7	790.4	772.9	739.7	738.4	731.7
	各项贷款余额比上月增加（亿元）	138.7	24.8	161.1	4.2	48.4	15.0	52.4	10.9	21.1	14.0	41.9	33.4
	其中：个人消费贷款	4.8	-32.2	1.6	2.5	4.6	27.7	27.8	25.5	26.5	34.8	35.8	10.5
	票据融资	75.7	40.0	66.8	8.9	10.7	-45.0	8.3	-37.3	-17.4	-33.2	-1.4	-6.7
	金融机构各项贷款同比增长（%）	4.9	5.2	5.9	6.4	6.9	6.2	6.7	6.4	6.0	6.3	7.1	7.8
	其中：个人消费贷款	29.0	28.0	24.6	21.5	19.2	17.9	15.7	12.9	12.7	12.6	12.8	11.9
	票据融资	-2.7	2.6	7.3	10.6	14.5	8.1	14.3	9.9	4.4	2.7	8.4	10.5
外币	金融机构外币存款余额（亿美元）	2.5	2.6	2.4	2.4	2.4	4.9	2.7	2.5	2.3	2.3	2.5	2.3
	金融机构外币存款同比增长（%）	-2.8	-4.1	-16.6	-8.7	-1.3	115.4	17.3	10.6	2.3	-13.1	-1.9	-6.1
	金融机构外币贷款余额（亿美元）	30.2	30.2	30.0	31.6	31.6	38.1	38.1	38.1	38.6	38.6	30.6	30.5
	金融机构外币贷款同比增长（%）	-9.1	-8.5	-8.5	-2.9	-2.9	17.2	21.4	23.2	24.8	27.6	1.1	1.1

数据来源：中国人民银行银川中心支行。

表 2　2001—2020 年宁夏回族自治区各类价格指数

单位：%

时间		居民消费价格指数		农业生产资料价格指数		工业生产者购进价格指数		工业生产者出厂价格指数	
		当月同比	累计同比	当月同比	累计同比	当月同比	累计同比	当月同比	累计同比
2001		—	1.6	—	2.0	—	2.5	—	0.3
2002		—	-0.6	—	3.5	—	-2.2	—	-0.3
2003		—	1.7	—	-0.6	—	6.8	—	5.6
2004		—	3.7	—	13.5	—	17.3	—	11.2
2005		—	1.5	—	9.3	—	9.7	—	6.2
2006		—	1.9	—	0.8	—	8.5	—	6.2
2007		—	5.4	—	12.2	—	7.1	—	3.7
2008		—	8.5	—	26.2	—	21.8	—	12.9
2009		—	0.7	—	-3.7	—	-5.3	—	-6.1
2010		—	4.1	—	4.4	—	14.1	—	9.1
2011		—	6.3	—	14.0	—	12.8	—	9.5
2012		—	2.0	—	7.6	—	-0.5	—	-2.6
2013		—	3.4	—	1.6	—	-3.0	—	-4.0
2014		—	1.9	—	-3.1	—	-3.0	—	-3.7
2015		—	1.1	—	-1.3	—	-7.9	—	-6.3
2016		—	1.5	—	-1.7	—	-3.1	—	-0.9
2017		—	1.6	—	3.1	—	12.9	—	12.1
2018		—	2.3	—	5.6	—	6.5	—	7.3
2019		—	2.1	—	4.0	—	-2.5	—	-0.6
2020		—	1.5	—	3.8	—	-5.3	—	-3.1
2019	1	2.1	2.1			1.0	1.0	0.5	0.5
	2	2.0	2.1			0.4	0.7	1.0	0.7
	3	2.5	2.2	4.7	3.8	0.9	0.8	1.6	1.0
	4	2.0	2.1	5.1	4.1	-0.1	0.6	1.7	1.2
	5	2.0	2.1	4.2	4.2	-0.5	0.4	0.4	1.0
	6	2.1	2.1	2.7	3.9	-0.8	0.2	0.3	0.9
	7	1.9	2.1	2.2	3.7	-3.1	-0.3	0.2	0.8
	8	1.4	2.0	3.2	3.6	-3.7	-0.7	-0.9	0.6
	9	1.3	1.9	5.0	3.8	-5.3	-1.3	-2.5	0.3
	10	1.8	1.9	4.3	3.8	-6.6	-1.8	-3.3	-0.1
	11	2.8	2.0	5.3	3.9	-7.1	-2.3	-3.6	-0.4
	12	2.8	2.1	4.5	4.0	-4.5	-2.5	-1.9	-0.6
2020	1	3.0	3.0	4.4	4.4	-3.0	-3.0	-1.2	-1.2
	2	3.0	3.0	4.3	4.4	-3.9	-3.5	-2.1	-1.7
	3	2.5	2.8	3.0	3.9	-6.0	-4.3	-4.0	-2.4
	4	1.9	2.6	3.5	3.8	-8.5	-5.3	-5.7	-3.2
	5	1.1	2.3	3.6	3.7	-9.0	-6.1	-5.3	-3.7
	6	0.9	2.0	4.3	3.8	-7.9	-6.4	-4.8	-3.8
	7	1.2	1.9	5.0	4.0	-6.2	-6.3	-4.6	-4.0
	8	1.9	1.9	4.2	4.0	-5.7	-6.3	-4.4	-4.0
	9	1.9	1.9	3.2	3.9	-5.0	-6.1	-3.8	-4.0
	10	0.9	1.8	3.3	3.9	-4.3	-5.9	-3.0	-3.9
	11	0.0	1.6	2.7	3.8	-2.9	-5.7	-0.4	-3.6
	12	0.5	1.5	3.6	3.8	-1.5	-5.3	1.9	-3.1

数据来源：国家统计局宁夏调查总队。

表 3　2020 年宁夏回族自治区主要经济指标

项目	1 月	2 月	3 月	4 月	5 月	6 月	7 月	8 月	9 月	10 月	11 月	12 月
绝对值（自年初累计）												
地区生产总值（亿元）	—	—	808.1	—	—	1764.0	—	—	2796.0	—	—	3920.6
第一产业	—	—	34.2	—	—	73.5	—	—	218.7	—	—	338.0
第二产业	—	—	328.0	—	—	741.1	—	—	1134.0	—	—	1609.0
第三产业	—	—	445.9	—	—	949.3	—	—	1443.4	—	—	1973.6
工业增加值（亿元）	—	—	—	—	—	—	—	—	—	—	—	—
固定资产投资（亿元）	—	—	—	—	—	—	—	—	—	—	—	—
房地产开发投资	—	5.4	34.3	73.3	115.4	179.9	222.5	268.0	323.9	367.9	408.0	433.3
社会消费品零售总额（亿元）	—	186.3	278.8	375.7	479.7	582.1	692.9	808.1	925.5	1058.1	1181.9	1301.4
外贸进出口总额（亿元）	—	19.6	30.3	39.5	49.7	58.4	66.9	78.2	88.6	102.7	113.5	123.2
进口	—	6.8	8.9	10.7	13.6	16.5	18.5	23.2	27.0	31.1	34.3	36.5
出口	—	12.8	21.4	28.8	36.1	41.9	48.5	55.0	61.6	71.6	79.2	86.7
进出口差额（出口－进口）	—	6.0	12.5	18.1	22.5	25.5	30.0	31.9	34.6	40.5	45.0	50.2
实际利用外资（亿美元）	—	0.1	0.1	0.6	0.9	1.2	1.6	2.4	2.7	2.7	2.7	2.7
地方财政收支差额（亿元）	—	-221.5	-322.7	-399.9	-483.8	-569.6	-641.3	-714.3	-838.2	-885.2	-952.2	-1063.6
地方财政收入	—	65.4	101.2	135.2	160.1	191.0	228.4	255.7	290.8	328.4	365.1	419.4
地方财政支出	—	286.9	423.9	535.0	643.9	760.6	869.7	970.1	1129.0	1213.5	1317.3	1483.0
城镇登记失业率（%）（季度）	—	—	4.0	—	—	4.1	—	—	4.1	—	—	3.9
同比累计增长率（%）												
地区生产总值	—	—	-2.8	—	—	1.3	—	—	2.6	—	—	3.9
第一产业	—	—	-3.9	—	—	0.9	—	—	2.0	—	—	3.3
第二产业	—	—	-3.6	—	—	1.9	—	—	2.0	—	—	4.0
第三产业	—	—	-2.2	—	—	0.8	—	—	3.1	—	—	3.9
工业增加值	—	-3.8	0.6	2.3	2.2	3.4	1.4	1.8	2.5	4.0	4.5	4.3
固定资产投资	—	-17.9	-11.7	-6.0	-4.3	-0.8	0.5	1.8	2.6	3.1	3.5	4.0
房地产开发投资	—	-0.2	0.5	5.7	7.5	14.5	8.7	7.7	5.6	6.5	7.3	7.5
社会消费品零售总额	—	-18.3	-16.5	-13.6	-10.8	-9.8	-9.3	-9.0	-8.8	-7.8	-7.5	-7.0
外贸进出口总额	—	-48.3	-45.3	-44.4	-46.8	-47.6	-50.3	-50.3	-50.6	-49.0	-49.3	-48.8
进口	—	-18.0	-40.8	-47.1	-55.7	-55.9	-60.9	-58.6	-58.3	-58.1	-59.7	-60.3
出口	—	-56.8	-47.0	-43.4	-42.4	-43.4	-44.7	-45.8	-46.3	-43.7	-43	-41.8
实际利用外资	—	-26.3	-46.6	389.7	115.7	69.4	20.7	-4.8	7.9	7.9	8.4	8.4
地方财政收入	—	-12.6	-16.9	-14.3	-14.8	-16.6	-12	-9.4	-6.3	-6.1	-5.2	-1.0
地方财政支出	—	-4.6	-7.1	-4.8	-4.2	-2.7	-0.4	-0.9	1.1	1.9	2.4	3.1

数据来源：宁夏回族自治区统计局、宁夏回族自治区人力资源和社会保障厅。

新疆维吾尔自治区金融运行报告（2021）

中国人民银行乌鲁木齐中心支行货币政策分析小组

[内容摘要] 2020年，面对突如其来的新冠肺炎疫情冲击和复杂多变的国内外环境，新疆以习近平新时代中国特色社会主义思想为指导，全面贯彻新时代党的治疆方略，聚焦社会稳定和长治久安总目标，统筹推进稳增长、促改革、调结构、惠民生、防风险、保稳定各项工作，全面落实“六稳”“六保”任务。2020年，全疆经济运行呈现“需求稳定恢复，生产有序回升，发展质效提升，改革纵深挺进，民生保障有力”的良好态势；金融运行呈现“总体平稳、质效提升”特征。

2020年，新疆经济发展保持韧性，质量和效益不断提升，实现地区生产总值13797.6亿元，同比增长3.4%。一是三次产业同步增长，新动能发展提速。农业现代化水平提高，以粮、棉、果、畜为代表的特色农业向优质化、产业化、市场化发展。工业生产增速位居全国第二，新兴工业量质齐增，高技术制造业、工业战略性新兴产业增加值同比增速达到“十三五”时期以来最高水平，数字经济同比增长10%。服务业生产经营复苏，转型升级态势稳健，1—11月，规模以上互联网和相关服务业营业收入同比增长49.9%，科学研究和技术服务业实现营业收入同比增长9.9%；旅游业于变局中育新机，2020年接待游客1.6亿人次，实现旅游收入992.1亿元。二是内外需稳定恢复，投资稳增长作用有效发挥。固定资产投资同比增长16.2%，增速位居全国第一，基础设施建设、科学研究和技术服务等重点领域补短板力度加强。在消费补贴等政策措施刺激下，消费市场逐步回暖，乡村市场恢复快于城镇，“宅经济”带动新型消费模式加快发展，电商平台零售额同比增长27.6%。外贸进出口实现顺差，贸易结构进一步优化，民营企业进出口额占比较上年高6个百分点，机电产品、高新技术产品出口额成倍增长。三是贯彻新发展理念，绿色经济加快发展，改革开放成效显著。清洁能源装机容量位居西北五省第一，新能源利用率创“十三五”时期最高水平，“十三五”期间共创建绿色工厂120家、绿色园区8个、绿色供应链管理示范单位7个，绿色产品29个。煤炭行业去产能稳步推进，基础设施建设补短板力度加大，公路总里程突破20万公里，实现“县县通二级公路”，“三基地一通道”①加快建设。营商环境持续优化，市场活力有效释放。绝对贫困问题得到历史性解决，306.5万农村贫困人口全面脱贫，3666个贫困村全部退出，35个贫困县②全部摘帽。丝绸之路经济带核心区建设深入推进，乌鲁木齐陆港区建设取得重大进展，塔城重点开发开放试验区正式成立。四是物价低位运行，居民收入实现增长。居民消费价格指数同比上涨1.5%，较全国低1个百分点，同比下降0.4个百分点。工业生产者出厂价格指数同比下降8.4%，降幅较上年扩大6.9个百分点。加大农村就业创业支持力度，农村居民工资性收入同比增长18%，城镇居民人均可支配收入同比增长0.5%，城乡居民人均可支配收入差距较上年收窄760元。五是财政支出保民生特征显著，就业水平总体稳定。2020年一般公共预算支出同比增长3.5%，“两新一重”③、

---

① “三基地一通道”，即大型油气生产加工和储备基地、大型煤炭煤电煤化工基地、大型风电基地，以及国家能源资源陆上大通道。

②35个贫困县包括32个国定贫困县和3个省定贫困县。

③ “两新一重”，即新型基础设施建设、新型城镇化建设、重大工程建设。

农林水利等方面资金支出集中，教育、社保和就业、卫生健康等支出合计占一般公共预算支出的36.8%，卫生健康支出同比增速达52.6%。多渠道扩大就业，2020年实现城镇新增就业46.1万人，新增创业7.4万人，高校毕业生就业率89.1%。

2020年，新疆银行业、证券业和保险业运行总体稳健，金融服务实体经济效率和水平不断提升，为新疆经济平稳发展营造了适宜环境。一是银行业稳健发展，存贷款平稳增长。2020年末，本外币各项存款余额2.5万亿元，同比增长6.4%，较上年高1.6个百分点。本外币各项贷款余额2.3万亿元，同比增长11.6%，较上年高2.3个百分点，其中，中长期贷款同比增长16.2%，增量占比78.5%，对贷款增长支撑明显。重点领域和薄弱环节贷款增长提速，涉农、小微企业、基础设施贷款同比分别增长14.5%、29%和20.3%，分别高于上年8.8个、13.1个和11.3个百分点。LPR改革成效显著，贷款利率明显下行，新发放贷款加权平均利率为5.36%，同比下降0.45个百分点。风险防范扎实推进，银行业机构不良贷款率1.3%，同比下降0.3个百分点。二是社会融资规模稳步增长。2020年末，新疆社会融资规模存量3.5万亿元，同比增长14.4%，增量是上年的1.6倍。其中，非金融企业债务融资工具发行677.5亿元，同比增长27.6%，发行规模位居西北五省第二。三是证券业稳健发展，上市企业总量位居西北五省第一。2020年末，新疆证券分公司及以上机构30家，数量与上年持平，证券交易金额25074.8亿元，同比增长37.2%。上市公司59家，较上年增加4家。四是保险市场发展良好，保险保障功能有效发挥。2020年末，新疆保险业资产规模1539.3亿元，较年初增长15.6%，提供风险保障和赔付支出分别同比增长14.7%和6.3%，人身险市场和财产险保费收入分别同比增长4.1%和4.4%。五是绿色金融改革创新试验区建设不断完善。实现哈密市、昌吉州、克拉玛依市绿色金融改革创新试验区银行业金融机构绿色专营机构全覆盖，绿色项目库共纳入纯绿项目546个、总投资2885.9亿元，覆盖扩展到伊犁等十二个地市。安全生产责任险、农业保险、新能源车辆保险等绿色保险有序发展，碳排放、环境权益交易稳步推进。六是金融生态环境建设不断深化，金融基础设施持续完善。2020年通过中征应收账款平台办理融资业务3158笔，成交金额1274.1亿元。建成11个移动支付“引领县”、5个引领县县域商圈、189个银联惠农站、289户乡村旅游商户，5个乡村客运与公交实现移动支付业务受理，支付便利度有效提升。2020年累计受理咨询3973件，群众满意度100%，金融消费权益保护工作成效初显。

展望2021年，新疆经济社会发展依然面临全球疫情等外部因素带来的不确定性，但支撑新疆经济发展的传统优势和新动能仍在，同时伴随新冠肺炎疫苗接种的普及、“十四五”开局及第三次中央新疆工作座谈会带来的战略机遇，新疆经济有望进一步复苏向好，在2020年的低基数效应下，各项主要经济指标增速有望大幅反弹。供给端，农业农村现代化将进一步提质增效；传统工业与先进装备制造、新材料、新能源等高新技术和战略性新兴产业将同步发展；第三产业将在常态化疫情防控形势下逐步恢复活力。需求端，固定资产投资将继续发挥“稳增长”的主导作用；随着疫情防控常态化、新的消费增长点不断培育、可支配收入稳步提升，居民消费需求将进一步释放；进出口贸易有望在新发展格局下恢复性增长。2021年，新疆金融业将紧扣中央经济工作会议、第三次中央新疆工作座谈会精神，坚持“稳”字当头，落实好稳健的货币政策灵活精准、合理适度的要求，在经济复苏回升态势下保持金融平稳发展，扎实做好重点领域和薄弱环节的金融服务，推进绿色金融实践，做好金融支持巩固、拓展脱贫攻坚成果与全面推进乡村振兴有效衔接，持续防范化解金融风险，有力支持、保障新疆经济社会平稳发展。

一、金融运行情况

2020年，新疆金融业积极应对挑战与变化，落实服务实体经济和“六稳”“六保”工作要求，全力支持疫情防控和企业复工复产，维护金融体系稳定。全疆社会融资规模合理增长，信贷投放呈现“总量扩张、结构优化、利率下降”的良好态势，证券融资及保险风险保障功能有效发挥，金融风险总体可控，为经济发展提供了有力保障。

（一）银行业发展稳中向好，金融保市场主体作用显著

1. 银行业从业人员增加，资产负债规模稳步增长。2020年末，新疆银行业金融机构共有3477个，较上年减少138个；从业人员6.5万人，较上年增加2232人；地方法人金融机构①24家，与上年持平。银行业资产、负债总额分别同比增长7.5%、7.6%，分别高于上年1.8个、1.9个百分点。

表1　2020年新疆维吾尔自治区银行业金融机构情况

机构类别	营业网点			法人机构（个）
	机构个数（个）	从业人数（人）	资产总额（亿元）	
一、大型商业银行	1162	29756	12810	0
二、国家开发银行和政策性银行	75	2407	6296	0
三、股份制商业银行	108	3538	2033	0
四、城市商业银行	206	6155	6841	6
五、城市信用社	0	0	0	0
六、小型农村金融机构	1145	14472	5507	84
七、财务公司	0	79	191	2
八、信托公司	0	321	186	2
九、邮政储蓄银行	642	6012	1129	0
十、外资银行	0	43	10	0
十一、新型农村金融机构	139	2377	513	29
十二、其他	6	271	614	1
合　计	3477	65431	36130	124

数据来源：新疆银保监局。

注：营业网点不包括国家开发银行和政策性银行、大型商业银行、股份制商业银行等金融机构总部数据；大型商业银行包括工商银行、农业银行、中国银行、建设银行和交通银行；小型农村金融机构包括农村商业银行、农村合作银行和农村信用社；新型农村金融机构包括村镇银行、贷款公司、农村资金互助社和小额贷款公司；其他包含金融租赁公司、汽车金融公司、货币经纪公司、消费金融公司等。

2. 存款呈稳步上行态势，增量大于上年。2020年末，新疆本外币各项存款余额2.5万亿元，较年初增加1510.4亿元，同比多增451.7亿元，同比增长6.4%，高于上年1.6个百分点。分部门看，住户、非金融企业存款同比分别增长15.6%和6.8%。在新冠肺炎疫情冲击、减税降费政策、疫情防控及民生保障支出大量增加等因素叠加作用下，财政性存款同比下降6.7%，月度增速波动较大。

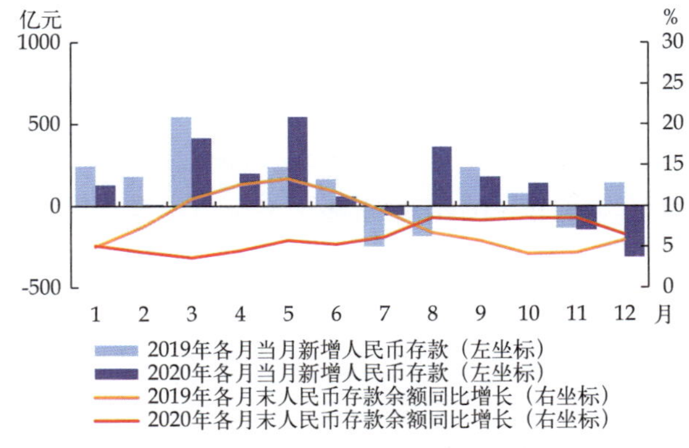

图1　2019—2020年新疆维吾尔自治区金融机构人民币存款增长

（数据来源：中国人民银行乌鲁木齐中心支行）

3. 各项贷款稳中有升，金融保市场主体作用显著。2020年末，新疆本外币各项贷款余额2.3万亿元，较年初增加2380.2亿元，同比多增745.1亿元，同比增长11.6%，高于上年同期2.3

①地方法人金融机构，包含地方法人银行类和非银行类金融机构。

个百分点。其中，中长期贷款同比增长 16.2%，增量占全疆贷款的78.5%，对贷款增长支撑明显；短期贷款同比增长 9.8%，高于上年同期 2.5 个百分点。信贷结构逐步优化，对实体经济重点领域的精准支持力度加大，涉农、小微企业贷款加快增长。2020 年末，涉农贷款余额 8650.5 亿元，同比增长 14.5%，高于上年同期 8.8 个百分点。小微企业贷款余额 4481.9 亿元，较年初增加 934.6 亿元，同比多增 445 亿元，同比增长 29%，高于企业贷款增速 10.3 个百分点。基础设施贷款余额 5524.7 亿元，较年初增加 926.7 亿元，同比多增 524.5 亿元，同比增长 20.3%，高于上年同期 11.3 个百分点。南疆四地州贷款余额 2891.9 亿元，较年初增加 447.3 亿元，同比多增 225.7 亿元，同比增长 18.3%，高于全疆平均水平 6.7 个百分点。

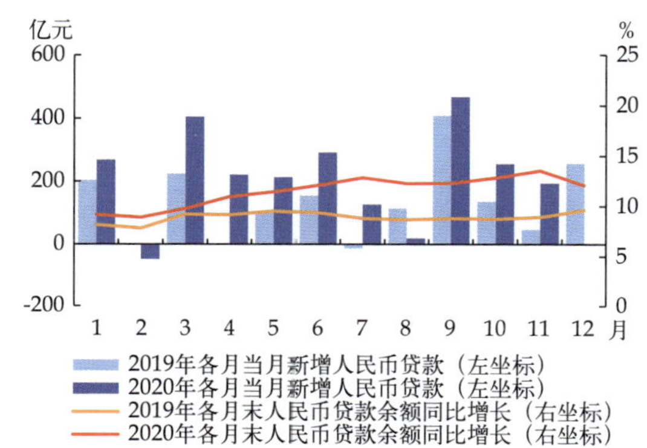

图 2 2019—2020 年新疆维吾尔自治区金融机构人民币贷款增长

（数据来源：中国人民银行乌鲁木齐中心支行）

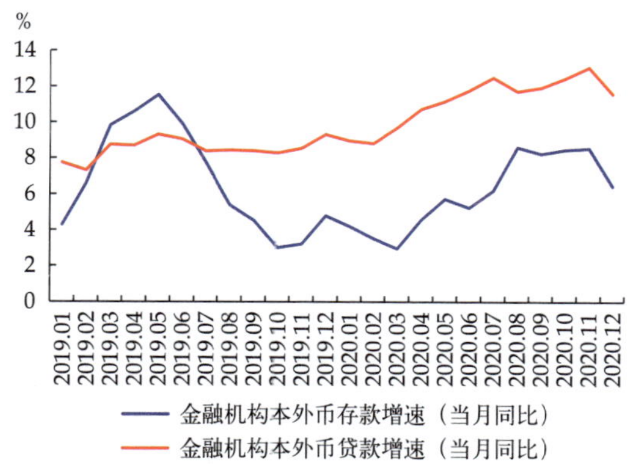

图 3 2019—2020 年新疆维吾尔自治区金融机构本外币存、贷款增速变化

（数据来源：中国人民银行乌鲁木齐中心支行）

4. 利率市场化改革稳步推进，人民币贷款利率明显下行。2020 年，在贷款市场报价利率（LPR）推动存款利率市场化、自律机制自律管理以及央行低成本资金作用下，新疆存款利率总体稳定，贷款利率明显下降。2020 年定期存款加权平均利率为 1.96%，与上年基本持平。新发放贷款加权平均利率为 5.36%，同比下降 0.45 个百分点。

表 2 2020 年新疆维吾尔自治区金融机构人民币贷款各利率区间占比

单位：%

项目		1月	2月	3月	4月	5月	6月
合计		100.0	100.0	100.0	100.0	100.0	100.0
LPR 减点		12.2	39.4	16.3	8.3	12.8	30.4
LPR		3.0	5.2	6.9	10.5	43.8	12.0
LPR 加点	小计	84.9	55.4	76.8	81.2	43.4	57.6
	(LPR，LPR+0.5%)	24.7	19.7	24.8	16.6	12.2	12.1
	[LPR+0.5%，LPR+1.5%)	23.1	14.3	21.7	21.3	13.8	20.7
	[LPR+1.5%，LPR+3%)	15.4	6.3	9.1	17.1	7.0	10.1
	[LPR+3%，LPR+5%)	12.7	10.9	11.1	18.8	6.8	10.0
	LPR+5% 及以上	8.9	4.1	10.1	7.6	3.7	4.8
项目		7月	8月	9月	10月	11月	12月
合计		100.0	100.0	100.0	100.0	100.0	100.0
LPR 减点		25.0	29.1	29.1	25.8	25.6	27.6
LPR		10.6	10.5	15.9	13.9	10.2	12.0
LPR 加点	小计	64.4	60.3	54.9	60.3	64.2	60.5
	(LPR，LPR+0.5%)	19.8	20.7	13.5	10.0	12.5	10.8
	[LPR+0.5%，LPR+1.5%)	19.0	19.3	17.1	14.3	20.5	16.9
	[LPR+1.5%，LPR+3%)	8.9	8.4	9.4	16.5	11.7	12.7
	[LPR+3%，LPR+5%)	9.4	5.7	9.4	12.0	10.0	10.0
	LPR+5% 及以上	7.4	6.3	5.5	7.5	9.6	10.0

数据来源：中国人民银行乌鲁木齐中心支行。

5. 银行业资产质量整体稳定，流动性较为充裕。2020 年末，新疆银行业机构不良贷款率为 1.3%，同比下降 0.3 个百分点，不良贷款同比减少 33.8 亿元，关注类贷款与上年基本持平。

通过风险救助资金、核销、清收等手段加大地方法人银行不良贷款处置力度，103家机构累计核销不良贷款70.9亿元。地方法人银行流动性比例69.4%，同比上升7.4个百分点。

6. 银行业改革不断深化，农村金融机构改制持续推进。2020年末，农业银行在新疆辖区共设立111家三农金融事业部，其中南疆四地州38家，占比超1/3，“三农”金融扶贫力度不断加大，农村金融服务覆盖水平有效提升，“三农”和县域业务数字化转型稳步推进，实现了“三农”和县域业务高质量发展。农信社改革稳步推进，年内共有6家农村信用社成功改制为农商行。

7. 跨境人民币业务逆势增长，创新业务健康有序发展。2020年，在新冠肺炎疫情冲击和中美经贸摩擦等因素影响下，新疆跨境人民币收付额411.6亿元，逆势增长4.5%。中哈霍尔果斯国际边境合作中心跨境人民币创新业务产品，提升服务水平，2020年为合作中心中方区注册企业、境外机构及新疆企业办理各类贷款业务余额230.7亿元。

专栏1　金融支持新疆疫情防控和经济社会发展见成效

2020年，面对疫情大考，新疆金融业坚决贯彻落实关于做好“六稳”工作、落实“六保”任务决策部署，为统筹疫情防控和推动市场主体恢复发展提供了有力支持。

一、健全工作机制，加强政策保障

2020年初，中国人民银行乌鲁木齐中心支行牵头新疆银保监局、新疆证监局成立金融支持疫情防控和复工复产领导小组。出台了《新疆金融支持稳企业保就业工作方案》等3项方案，及金融支持纺织服装、外贸企业、旅游产业等多份专项文件，同时建立外部企业名单推送机制。

二、用足、用好货币政策工具，发挥央行政策惠企利民作用

一是快速落实存款准备金率调整政策，为新疆116家地方法人银行释放长期资金114亿元。二是发挥再贷款再贴现工具精准滴灌作用，2020年，新疆累计发放再贷款再贴现473亿元，同比多发放90亿元；61家企业获得3000亿元抗疫保供优惠资金40.6亿元，户均获贷额居全国前列。三是有效使用普惠小微企业信用贷款支持计划和普惠小微企业贷款延期支持工具。2020年，利用两项直达工具向5.2万户普惠小微企业发放信用贷款44亿元，支持2.1万户企业获得延期贷款62.7亿元。四是运用金融市场工具满足企业低成本资金需求。2020年，新疆39家企业发行116单债务融资工具677.5亿元，同比增长27.6%。五是按期完成LPR转换，降低实体融资成本。2020年新疆企业贷款加权平均利率4.58%，同比下降0.54个百分点。其中，小微企业贷款加权平均利率5.06%，同比下降0.7个百分点。

三、持续提升政策解读传导落实效能

主动发挥金融支持保市场主体的牵头职责，强化与自治区财政、发展改革等部门沟通协作，联合开展企业调研、现场宣讲和专业培训，推进各项金融惠企利民政策高效传导实施。2020年，新疆金融机构累计为151万家企业、商户提供融资授信1.4万亿元，发放贷款8159亿元。

四、聚焦小微企业，大力提升金融服务质效

一是创新服务体制机制。开展金融服务小微企业能力提升专项行动，推动形成“敢贷、愿贷、能贷、会贷”的小微企业服务长效机制。2020年末，新疆工、农（区农、兵农）、中、建、交6家国有银行普惠小微贷款余额283.2亿元，同比增长48.4%。小微企业贷款加权平均利率4.8%，同比下降0.83个百分点。二是加强小微企业和个体商户等信息主体的征信权益保障，对受疫情影响无法按时还款的企业和个人，调整还款计划，相关逾期记录不纳入征信系统。2020年，各信贷机构累计对150.5万笔、1703.5亿元的信贷业务进行了调整。三是大力推广中征应收账款融资服务平台，助力小微企业获得融资。2020年，通过平台促成小微企业融资1409笔、557.6亿元，融资额同比增长27.1%。

五、开通“绿色通道”，强化金融服务社会保障功能

一是开启疫情防控国库资金快速拨付通道。2020年，各级国库（兵团）共拨付疫情资金2.1万笔、130亿元。二是确保支付清算系统7×24小时高效畅通。2020年，通过大、小额支付系统、网上支付跨行清算系统为新疆企业、个人处理支付业务1.2亿笔、43.9万亿元。三是开通保险服务绿色通道，对个体工商户承保给予保费优惠，对受疫情影响的企业和个人做到“应赔、尽赔、快赔”。2020年，新疆保险机构累计对21万个体工商户参保的经营性车辆顺延2个月保险期，做到应延尽延，为个体工商户疫情期间投保保费优惠金额9278.4万元。

（二）证券业稳健发展，企业上市稳步推进

1. 证券业机构保持稳定，股票、基金交易规模中高速增长。2020年末，新疆证券分公司及以上机构30家，数量与上年持平，营业部98个。2020年证券交易金额25074.8亿元，同比增长37.2%。其中，股票、基金累计交易同比分别增长55.6%和123.5%。

2. 上市公司规模扩大，融资总额同比减少。2020年末，新疆上市公司59家，较上年增加4家，总量保持西北五省区第一，总市值6062.8亿元。2020年新疆企业在资本市场实现直接融资349.6亿元，同比下降36.1%。

3. 期货经营机构数量增加，经营效益小幅提高。2020年末，新疆期货经营机构13家，其中法人期货机构2家、期货分公司5家、期货公司营业部6家，总数较上年增加2家。期货投资者2.2万户，较年初增加0.1万户。新疆期货经营机构实现手续费收入0.5亿元，净利润0.2亿元，同比分别增加0.1亿元和0.3亿元。

表3　2020年新疆维吾尔自治区证券业基本情况

项目	数量
总部设在辖内的证券公司数（家）	1
总部设在辖内的基金公司数（家）	1
总部设在辖内的期货公司数（家）	2
年末国内上市公司数（家）	59
当年国内股票（A股）筹资（亿元）	12
当年发行H股筹资（亿元）	0
当年国内债券筹资（亿元）	264
其中：短期融资券筹资额（亿元）	77
中期票据筹资额（亿元）	219

数据来源：新疆证监局。

（三）保险市场发展良好，保险保障功能有效发挥

1. 保险机构资产规模稳步增长，行业实力不断增强。2020年末，新疆保险公司省级分公司共33家，分支机构1988家，较上年增加24家。保险业资产规模1539.3亿元，较年初增长15.6%。人身险市场保费收入、财产险保费收入同比分别增长4.1%和4.4%。

表 4　2020 年新疆维吾尔自治区保险业基本情况

项目	数量
总部设在辖内的保险公司数（家）	2
其中：财产险经营主体（家）	2
寿险经营主体（家）	0
保险公司分支机构（家）	1988
其中：财产险公司分支机构（家）	137
寿险公司分支机构（家）	618
保费收入（中外资，亿元）	681.9
其中：财产险保费收入（中外资，亿元）	275.8
人身险保费收入（中外资，亿元）	406.1
各类赔款给付（中外资，亿元）	252.6

数据来源：新疆银保监局。

2. 保险风险保障能力有效增强，服务重点领域成效突出。2020 年，新疆保险业提供风险保障和赔付支出同比分别增长 14.7% 和 6.3%。农险保费收入 78.7 亿元，规模居全国首位，保费收入增长贡献率达 101.9%。新冠肺炎疫情进一步提升居民健康保障意识，健康险产品持续增长，人身险公司健康保费收入同比增长 7.2%，高于行业平均增速 3 个百分点，保费增长贡献度 41%。

3. 保险业线上服务不断完善，服务民生保障产品持续创新推出。保险公司利用 App、微信、支付宝等平台，为客户提供线上服务。2020 年，自治区人身意外伤害保险合计为 1.2 万人次支付医疗费用、死亡和伤残赔付 1.1 亿元；大病保险覆盖 2227.2 万人，赔付 21 万人次，赔款金额共计 9 亿元；长期护理保险试点参保人数 235.6 万人，共计向 6285 人次支付待遇金 6333.7 万元。

（四）融资结构持续优化，金融市场交易活跃

1. 社会融资规模稳步增加，银行信贷和政府专项债券为主要支撑。2020 年末，新疆社会融资规模存量 3.5 万亿元，同比增长 14.4%；社会融资规模增量 4558.3 亿元，是上年的 1.6 倍。其中，银行信贷、政府专项债券增量占比分别为 53.1% 和 26.8%；企业债券及股票等直接融资同比少增 85.2 亿元。

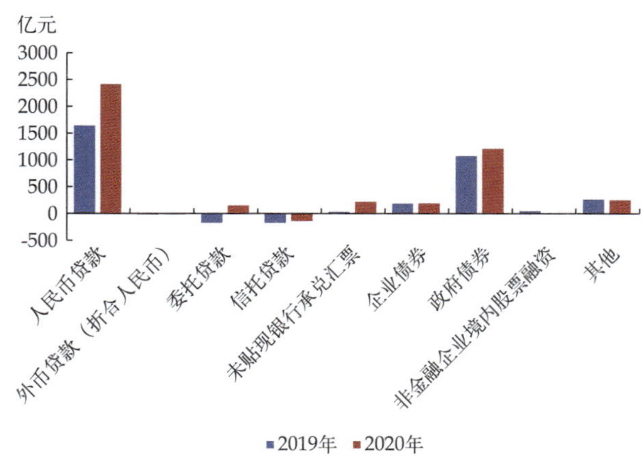

图 4　2019—2020 年新疆维吾尔自治区社会融资规模分布结构

（数据来源：中国人民银行乌鲁木齐中心支行）

2. 债券市场发行提速，现券交易成倍增长。2020 年，新疆各类债券发行额同比增长 16.6%，其中，非金融企业债务融资工具发行 677.5 亿元，同比增长 27.6%，发行规模居西北五省第二。债券市场现券交易活跃度提升，发生现券交易 17262.5 亿元，是上年同期的 1.7 倍。

3. 货币市场运行总体平稳，质押式回购增速回落。2020 年，新疆金融机构在银行间市场累计成交额 92184.9 亿元，同比下降 0.5%，资金呈净融入态势。其中，质押式回购规模稳步增长，2020 年交易额同比增长 2.7%，增速较上年回落 52.6 个百分点。

4. 银票承兑业务稳中有升，票据规模同比增长。2020 年，新疆金融机构累计签发银行承兑汇票 1375.2 亿元，同比多签发 407.9 亿元；累计贴现票据 1679.5 亿元，同比多贴现 497.4 亿元。2020 年贴现、转贴现利率分别为 3.30% 和 2.31%，同比分别下降 0.53 个和 0.58 个百分点。

5. 黄金市场交易量总体下降，价格屡创新高。2020 年，新疆辖内商业银行黄金业务累计交易量 89.3 吨，同比下降 10.8%，主要交易品种包含账户金、实物金、黄金租赁等；交易额 341 亿元，同比增长 6.5%。受新冠肺炎疫情、市场避险情绪和美国量化宽松货币政策影响，

黄金价格走高，2020 年平均交易价格 381.7 元 / 克，同比增长 19.4%。

（五）绿色金融改革创新试验区建设不断完善

绿色金融配套支持政策不断完善，多层次绿色专营机构建设稳步推进。2020 年末，三个绿色金融改革创新试验区[①]已实现银行业金融机构绿色专营机构全覆盖，共有绿色专营机构 59 家。绿色项目库共纳入纯绿项目 546 个、总投资 2885.8 亿元，覆盖地区由试验区扩展到伊犁等十二个地市。绿色信贷规模持续扩大，2020 年末，3 个绿色金融改革创新试验区绿色贷款余额同比增长 10.3%。绿色信贷加权平均利率 4.61%，同比下降 0.23 个百分点，绿色企业融资纳入政府性融资担保机构支持范围，绿色担保费率下调至 0.5%。绿色保险稳步发展，安全生产责任险、农业保险、新能源车辆保险等绿色保险有序发展。碳排放、环境权益交易稳步推进，昌吉州 24 家电力系统重点企业纳入国家碳排放权交易市场。

（六）金融生态环境建设不断深化，金融基础设施持续完善

1. 信用体系建设扎实推进。2020 年末，金融信用信息基础数据库覆盖接入机构 217 家，为新疆 73 万家企业和 1426 万自然人建立信用档案。2020 年通过中征应收账款平台办理融资业务 3158 笔，成交金额 1274.1 亿元，促成小微企业融资金额 557.6 亿元。

2. 移动支付便民工程持续推进。依托“云闪付”实现税务交通罚款和部分地区水费、热力费、有线电视费等缴纳业务在线支付功能。2020 年，新疆“云闪付”App 新增注册用户 229.6 万，占全部用户的 42.2%。移动支付业务进一步下沉至县域农村地区，共建成 11 个移动支付“引领县”、5 个引领县县域商圈、189 个银联惠农站、289 户乡村旅游商户，5 个乡村客运与公交实现移动支付业务受理。

3. 金融 IC 卡推广成效显著。2020 年，新疆新发行银行卡均为金融 IC 卡，金融机构金融 IC 卡发卡国产密码算法改造工作全部完成。

4. 金融消费权益保护水平不断提高。“12363 热线”保障 7×8 小时在线接听不间断，2020 年投诉办结率 97.8%，群众满意度 100%。成立“一站式”金融纠纷解决机构，创建“金融纠纷调解中心”14 个，11 家银行机构与基层法院联建金融纠纷诉调对接中心，各类调解组织累计调解完成案件 560 件，调解成功 410 件，基层多元解纷工作成效显著。

表 5　2019—2020 年新疆维吾尔自治区支付体系建设情况表

年份	支付系统直接参与方（个）	支付系统间接参与方（个）	支付清算系统覆盖率（%）	当年大额支付系统处理业务数（万笔）	同比增长（%）
2019	7.0	3101.0	100.0	2256.9639	6.0
2020	7.0	3112.0	100.0	992.8	-56.0

年份	当年大额支付系统业务金额（亿元）	同比增长（%）	当年小额支付系统处理业务数（万笔）	同比增长（%）	当年小额支付系统业务金额（亿元）	同比增长（%）
2019	433109.3	17.1	8226.6	45.9	21356.9	67.7
2020	425094.6	-1.8	9136.2	11.1	41008.4	92

数据来源：中国人民银行乌鲁木齐中心支行。

二、经济运行情况

2020 年，新疆实现地区生产总值 13797.6 亿元，同比增长 3.4%。三次产业增加值同比分别增长 4.3%、7.8% 和 0.2%，结构比例为 14 : 35 : 51。全年经济运行呈现“需求稳定恢复，生产有序回升，发展质效提升，改革纵深挺进，民生保障有力”的良好态势。

① 三个绿色金融改革创新试验区分别为哈密市、昌吉州、克拉玛依市绿色金融改革创新试验区。

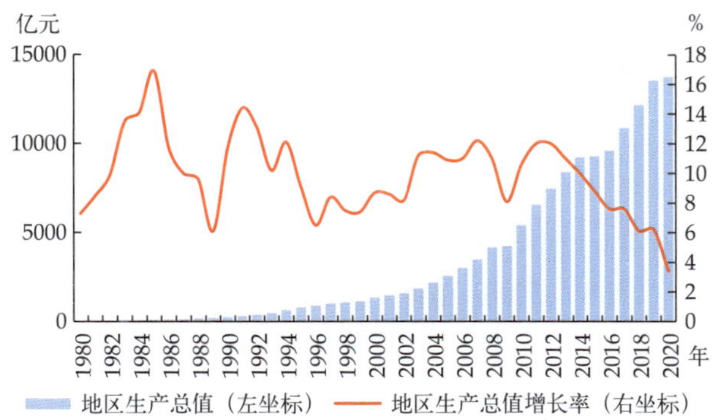

图 5　1980—2020 年新疆维吾尔自治区地区生产总值及其增长率

（数据来源：新疆维吾尔自治区统计局）

（一）内外需稳定恢复，投资稳增长作用有效发挥

1. 固定资产投资增速位居全国第一，补短板、保民生特征显著。2020 年，新疆固定资产投资呈“冲高回稳”走势，固定资产投资同比增长 16.2%，增速高于上年 13.7 个百分点，位居全国第一。其中，第一产业投资在高标准农田及特色农业产业项目建设带动下同比增长 1.1 倍，增速创十年来新高；第二、第三产业投资同比分别增长 5.4% 和 18.5%。从固定资产投资构成看，建安工程投资同比增长 20.5%，投资量占投资总量的 80.8%。从固定资产投资行业分类看，基础设施建设投资对固定资产投资增长的带动作用明显，同比增长 28%，投资量占投资总量的 38.5%。投资活力不断增强，民间投资同比增长 11.9%，高于上年 3.2 个百分点。民生领域投资快速增长，卫生和社会工作、科学研究和技术服务业、水利环境和公共设施管理业投资同比分别增长 1.3 倍、60.5% 和 29.5%。

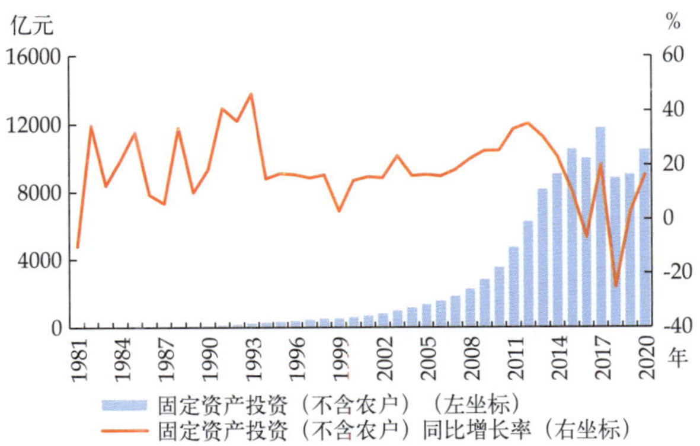

图 6　1981—2020 年新疆维吾尔自治区固定资产投资（不含农户）及其增长率

（数据来源：新疆维吾尔自治区统计局）

2. 消费市场回暖，新型消费模式快速发展。2020 年，新疆消费市场呈“低开回暖”态势，实现社会消费品零售总额 3062.6 亿元，同比下降 15.3%，在政策支持、消费补贴等措施刺激下，市场销售逐季改善，第四季度社会消费品零售总额降幅较第三季度收窄 4.3 个百分点。其中，乡村市场恢复快于城镇，消费增速高于城镇 1.8 个百分点。受疫情影响，药品、居家、线上消费需求明显增长，“宅经济”带动新型消费模式加快发展，中西药品类、烟酒类、日用品类消费同比分别增长 13.4%、13.6% 和 11.6%，新疆企业通过电商平台实现零售额同比增长 27.6%。

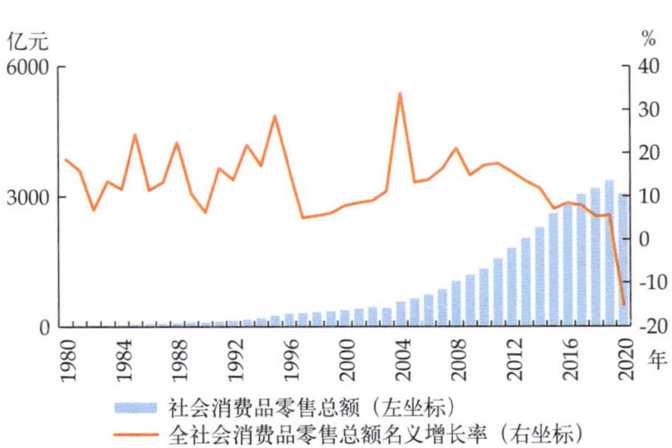

图 7　1980—2020 年新疆维吾尔自治区社会消费品零售总额及其增长率

（数据来源：新疆维吾尔自治区统计局）

3. 进出口贸易结构优化，口岸经济带作用有效发挥。2020 年，受新冠肺炎疫情、贸易保护主义等因素影响，新疆进出口总额 1484.3 亿元，同比下降 9.5%，下半年对外贸易形势逐步恢复，实现贸易顺差 712.7 亿元。贸易结构进一步优化，民营企业进出口额占比达 81.1%，高于上年 6 个百分点；机电产品、高新技术产品出口额同比分别增长 156.1% 和 976.6%，占出口

总额的比重分别高于上年 12.1 个和 2.4 个百分点。丝绸之路经济带核心区建设深入推进，乌鲁木齐陆港区建设取得重大进展，2020 年经新疆进出境中欧班列 9679 列，创历史新高；阿拉山口口岸跨境电商出口量位列全国第四、西北五省第一；塔城重点开发开放试验区正式成立。2020 年，新疆利用外资 2.2 亿美元，主要投向租赁和商务服务业，投向乌鲁木齐市、伊犁州、克拉玛依市等地区。

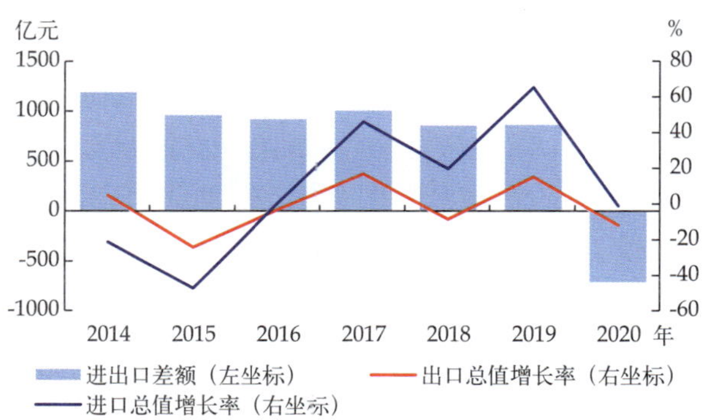

图 8　2014—2020 年新疆维吾尔自治区外贸进出口变动情况

（数据来源：新疆维吾尔自治区乌鲁木齐市海关）

（二）三次产业同步增长，供给结构优化升级

1. 农业高质高效发展，乡村振兴基础不断夯实。2020 年，新疆农林牧渔业总产值 4315.6 亿元，同比增长 4.7%。粮食生产良种覆盖率达 99% 以上，粮食产量同比增长 3.7%。棉花面积、单产、总产、商品量、调出量连续 26 年稳居全国首位，棉花产量占全国的比重达 87.3%。特色作物种植面积超 1000 万亩。畜牧存栏量超 5000 万头（只）。农业现代化水平提高，主要农作物耕种收综合机械化水平达 84.9%，居全国前列；福海县、昌吉市、铁门关市等现代农业产业园上榜国家现代农业产业园名单。农业供给侧结构性改革持续推进，180 多万农户领到农村土地承包经营权证，农村土地确权登记颁证率达 94.1%。家庭农场、农民合作社等新型农业经营主体超过 2.8 万家，自治区级以上农业产业化龙头企业 500 家，农产品加工企业 1.3 万家，农产品加工业产值占农林牧渔业产值的 40.8%。

2. 工业生产稳中有进，转型升级步伐加快。2020 年，新疆工业生产逐季回升，规模以上工业增加值同比增长 6.9%，增速位居全国第二，41 个行业大类中有 25 个行业增加值同比增长。传统行业保持增长，重工业、石油工业同比分别增长 7.2% 和 0.9%。新兴工业量质齐增，高技术制造业、工业战略性新兴产业增加值同比分别增长 25% 和 20.5%，达到“十三五”时期以来最高水平，硅基、铝基等新材料产业成为新的产业增长极。工业互联网应用加速推进，覆盖新能源、油气开采、电力、装备制造等 20 多个重点行业，2020 年数字经济同比增长 10%，占新疆 GDP 比重达 26%。

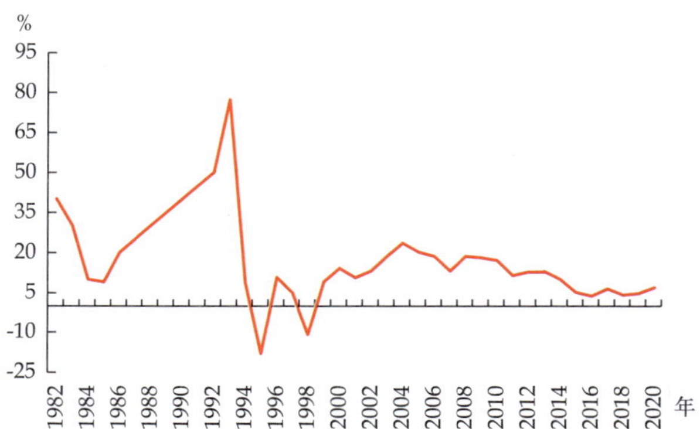

图 9　1982—2020 年新疆维吾尔自治区规模以上工业增加值增长率

（数据来源：新疆维吾尔自治区统计局）

3. 服务业生产经营复苏，新业态、新模式稳定增长。2020 年，新疆规模以上服务业企业实现营业收入 2593.7 亿元，同比下降 4.9%。1—11 月，重点监测的 31 个服务业行业大类中，24 个行业营业收入较 1—10 月增长加快或降幅收窄。现代服务业发展活力不断释放，金融业、房地产业增加值同比分别增长 5.2% 和 6.7%，规模以上文化、体育和娱乐业营业收入同比降幅比 1—10 月收窄 7.2 个百分点。服务业转型升级态势稳健，规模以上互联网和相关服务业营业收入同比增长 49.9%，其中，互联网生活服务

营业收入同比增长 99.1%。专业技术服务业快速增长，规模以上科学研究和技术服务业实现营业收入同比增长 9.9%。

4. 供给侧结构性改革稳步推进，经济发展基础更趋牢固。“三去一降一补”成果持续巩固，“十三五”期间累计实现煤炭行业去产能 2356 万吨，关停落后煤电装机 159.1 万千瓦。基础设施建设补短板力度加大，公路总里程突破 20 万公里，实现了“县县通二级公路”，民用机场总数达 22 个，铁路营运里程达 7398 公里。“三基地一通道”[①] 建设加快，塔里木油田油气产量当量突破 3000 万吨，疆电外送电量同比增长 45%，电网总装机容量位居西北五省第一。营商环境持续优化，政务服务网 100% 事项提前实现“一网通办”，企业和群众办事“只进一扇门、只进一张网”，市场活力有效释放。脱贫攻坚取得决定性成就，306.5 万农村贫困人口全面脱贫，3666 个贫困村全部退出，35 个贫困县[②] 全部摘帽。

5. 清洁能源生产提速，生态环境质量不断改善。推动能源绿色发展及转型升级，2020 年新建和完成新能源场站并网 71 座，容量 579.3 万千瓦；清洁能源装机容量 4448.5 万千瓦，规模位居西北五省第一。清洁能源发电量 844.5 亿千瓦时，同比增长 4%，新能源利用率达 91.1%，创“十三五”时期最高水平。坚决打好污染防治攻坚战，地级以上城市空气质量优良天数率 75.4%，重要河流优良水质率 98.8%，森林覆盖率提高至 5%。131 亿元煤改电工程顺利启动，电采暖面积突破 6200 万平方米。坚持绿色发展理念，“十三五”期间，共创建绿色工厂 120 家、绿色园区 8 个、绿色供应链管理示范单位 7 个，推出自治区级绿色产品 29 种。

（三）价格指数有所回落，资源品价格改革进展顺利

1. 居民消费价格逐步回落，食品及非食品价格反向变动。2020 年，新疆居民消费价格呈“前高后低”走势。前两个月，受新冠肺炎疫情、“猪周期”和春节等因素影响，食品价格带动 CPI 上涨较多；3 月起，随着疫情防控形势持续向好，各项保供稳价措施发力，居民消费价格指数涨幅震荡回落。2020 年，新疆居民消费价格指数同比上涨 1.5%，低于全国 1 个百分点，低于上年 0.4 个百分点。农村涨幅高于城市，食品烟酒价格同比上涨 4.5%，教育文化和娱乐、医疗保健价格基本与上年持平，衣着、生活用品及服务、交通和通信价格同比分别下降 0.6%、0.5% 和 3.2%。

2. 工业生产者价格低位回升，重工业生产价格降幅明显。2020 年，新疆工业生产者出厂价格指数呈“U”形变化。年初受新冠肺炎疫情等因素影响，工业品需求低迷，随着企业有序复工复产及部分国际大宗商品价格波动上行，6 月起生产者出厂价格指数降幅稳步收窄。2020 年全年，新疆工业生产者出厂价格指数同比下降 8.4%，较 5 月最低点收窄 9.5 个百分点。其中，石油、钢材和煤炭等相关行业价格下降导致重工业价格指数同比下降 9.8%，降幅大于上年 8.1 个百分点；轻工业价格指数同比上涨 0.4%，高于上年 0.9 个百分点。

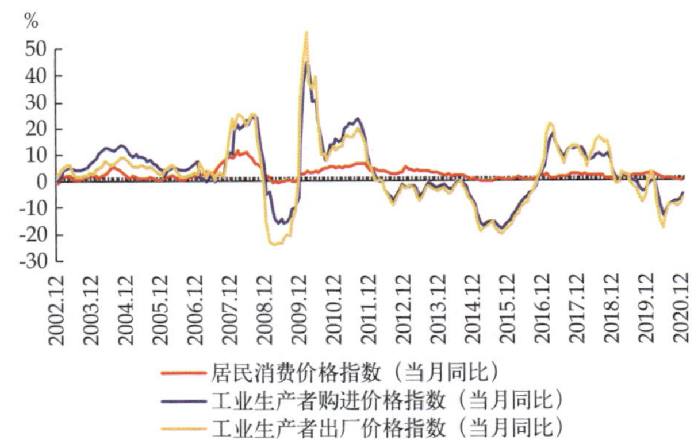

图 10　2002—2020 年新疆维吾尔自治区居民消费价格和生产者价格变动趋势

（数据来源：新疆维吾尔自治区统计局）

① “三基地一通道”，即大型油气生产加工和储备基地、大型煤炭煤电煤化工基地、大型风电基地，以及国家能源资源陆上大通道。

② “35 个贫困县包括 32 个国定贫困县和 3 个省定贫困县。

3. 劳动者报酬有所增加，就业形势基本稳定。2020年，新疆城镇居民人均可支配收入34838元，同比增长0.5%。减税降费、稳岗补贴、以工代训等各项政策措施落地见效，城镇居民工资性收入22408元，占城镇居民可支配收入的64.3%。农村就业创业支持力度加大，富余劳动力转移就业314.6万人次，农村居民工资性收入同比增长18%，高于上年2.2个百分点，城乡居民人均可支配收入差较上年收窄760元。在“免、减、缓、返、补”等措施下，2020年累计减免企业养老、失业、工伤三项社会保险费用逾133亿元。实现城镇新增就业46.1万人，新增创业7.4万人，城镇登记失业率3.3%，高校毕业生就业率89.1%。

（四）财政收入低位运行，支出着力改善民生

1. 财政收入同比减少，减税降费政策落实到位。2020年，新疆实现地方财政收入2086.1亿元，同比下降3.3%。一般公共预算收入1477.2亿元，同比下降6.4%。其中，新冠肺炎疫情冲击叠加减税降费的减收效应，2020年累计减税降费109.2亿元。在土地出让收入快速增长带动下，政府性基金收入591.4亿元，同比增长12.1%，增收64亿元。

2. 财政支出保持增长，支撑保障作用增强。2020年，新疆实现地方财政支出6792.6亿元，同比增长8.8%。财政支出结构调整明显，农林水事务支出占一般公共预算支出的20.6%，占比高于上年4个百分点；教育、社保和就业、卫生健康等民生领域支出占一般公共预算支出的比重分别为16.4%、11.8%和8.6%，较上年均有所提高；卫生健康支出同比增速达52.6%。2020年发行地方政府债券1461.3亿元，同比增长43.2%，债券资金补短板、惠民生、促消费、扩内需的积极作用有效发挥。

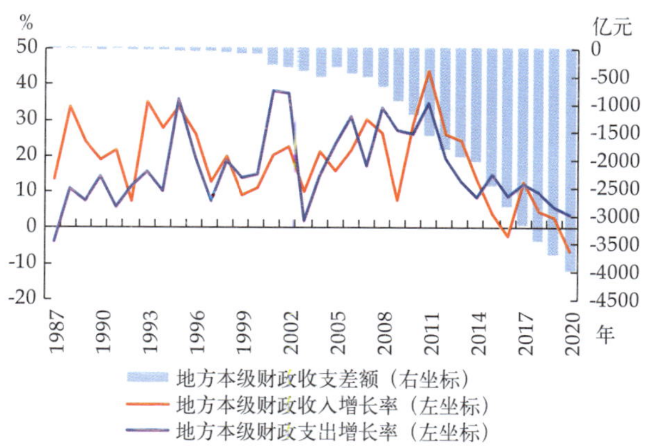

图11　1987—2020年新疆维吾尔自治区财政收支状况

（数据来源：新疆维吾尔自治区统计局）

（五）房地产市场总体平稳，旅游业发展变中有新

1. 房地产供需同向增长，房地产金融运行平稳。2020年，新疆房地产开发投资完成额1260.9亿元，同比增长17.4%，高于上年13.5个百分点。重点监测城市中，除乌鲁木齐市、哈密市房地产开发投资完成额同比下降外，喀什市、克拉玛依市、伊宁市房地产开发投资完成额同比增速均超40%。住房新开工面积3289.4万平方米，同比增长51.3%，高于上年14.4个百分点；住房施工面积9552.6万平方米，同比增长17.0%。城镇保障性安居工程持续实施，新开工保障性住房7.8万套，完成总投资176.3亿元。

商品房住宅销售保持增长，主要城市住房价格指数小幅上行。2020年，新疆商品房住宅销售面积1773.6万平方米，同比增长17.3%；销售额991.1亿元，同比增长12.9%。乌鲁木齐市新建商品住宅销售价格同比上涨3.1%，二手住宅销售价格同比上涨5.8%。

差别化住房信贷政策执行效果良好。在“房住不炒”调控总基调下，紧紧围绕“稳地价、稳房价、稳预期”目标，合理控制房地产贷款比重。2020年末，新疆房地产贷款余额4113.6亿元，同比增长7.7%，低于上年1.6个百分点，余额占新疆各项贷款余额的比重低于上年1个百分点。个人住房贷款余额同比增长15.7%，占新疆各项贷款余额的10.3%，与上年持平。2020年个人住房贷款加权平均利率为5.12%，低于上年0.24个百分点。

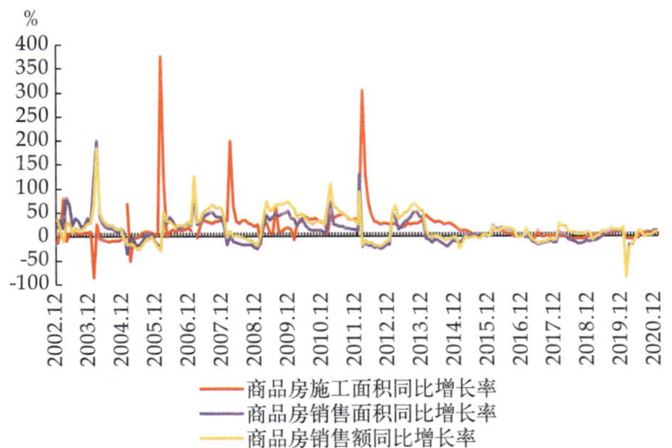

图 12　2002—2020 年新疆维吾尔自治区商品房施工和销售变动趋势

（数据来源：新疆维吾尔自治区统计局）

2. 旅游业复苏回暖，高品质发展路径初步形成。2020 年，新冠肺炎疫情对旅游业产生严重冲击，但在政府推出的一系列纾困和刺激旅游消费举措下，新疆旅游业稳步复苏，恢复率居全国第九位，2020 年接待游客 1.6 亿人次，实现旅游收入 992.1 亿元。

全疆旅游业发展环境不断优化。先后出台《疫情过后促进我区旅游业恢复发展措施》《金融支持新疆旅游业平稳健康发展工作指引》，产业和金融政策同向发力支持旅游业恢复发展。中国人民银行乌鲁木齐中心支行建立多部门旅游金融工作协调机制；通过举办旅游金融培训、向金融机构定点推送旅游企业名单，搭建政银企对接桥梁；开展旅游融资案例跟踪监测，创新旅游金融统计制度，不断引导金融资源向旅游业倾斜。2020 年末，新疆旅游业贷款余额 1185.9 亿元，同比增长 25.2%，高于同期全疆各项贷款增速 13.6 个百分点。

旅游基础设施建设步伐加快。开展旅游服务设施提升行动，2020 年，文化和旅游项目总投资 288.7 亿元，175 个续建项目完工率达 82.3%，170 个新建项目完工率达 44.1%。围绕解决“三难一不畅”[①] 问题，2020 年共建设停车场 108 个、加油站 30 座、旅游厕所 443 座、通信基站 40 座、旅游民宿 1799 家，S101 线、阿禾公路、塔莎古道、车师古道、乌鲁木齐至福海高速公路等旅游交通及配套设施建设项目落地实施。

旅游智慧服务水平显著提高。“互联网 + 旅游”发展机制进一步完善，以新疆智慧旅游大数据中心和新疆智慧旅游管理平台、“一部手机游新疆”平台为核心的“一中心两平台”正式投入使用，实现了新疆基础涉旅数据，交通运输和气象部门、文博场馆、旅游团队、投诉等信息，旅游“吃、住、行、游、购、娱”等服务，以及旅游产业监测、舆情管理、旅游行业管理、旅游投诉管理等系统全面上线。

“新疆是个好地方”旅游品牌做优做强。聚焦新疆特色文化和旅游资源，推出一批具有少数民族风情和地域特色的旅游精品项目，创建“中国雪都·阿勒泰”“中国避暑胜地·温泉”“彩虹之都·昭苏”“中国气候康养地·特克斯”“中国天然氧吧·巩留·特克斯和尼勒克”等国家级气候标志品牌，乌鲁木齐市、阿勒泰市上榜“2021 年冰雪旅游十佳城市”，那拉提旅游度假区成为新疆首个国家级旅游度假区，填补了疆内空白。

三、预测与展望

2021 年，新疆经济发展依然面临新冠肺炎疫情、中美经贸摩擦等外部因素带来的不确定性，但支撑新疆经济发展的传统优势和新动能仍在，同时伴随新冠肺炎疫苗接种的普及、“十四五”开局及第三次中央新疆工作座谈会带来的战略机遇、稳健货币政策和积极的财政政策等向好因素带动下，经济有望进一步复苏向好。

从供给端看，在新疆培育壮大十大特色优势产业[②]战略推动下，三次产业发展将同步提速。

① “三难一不畅”，即停车难、加油难、如厕难、通信信号不畅。

② 十大特色优势产业，即石油石化、煤炭煤化工、电力、纺织服装、电子产品、林果、农副产品加工、馕、葡萄酒和旅游产业。

第一产业将在巩固拓展脱贫攻坚成果、全面推进乡村振兴背景下，延续“稳粮、优棉、促畜、强果、兴特色”的发展方向；第二产业中，传统工业将保持增长，自治区千亿元工业投资计划将带动先进装备制造、新材料、新能源等高新技术和战略性新兴产业加速发展，工业经济发展规模和质效有望不断提升；第三产业将在常态化疫情防控形势下逐步恢复活力。

从需求端看，伴随丝绸之路核心区建设、第三次中央新疆工作座谈会后中央多方面支持政策等有利机遇，固定资产投资将继续发挥“稳增长”的主导作用；随着疫情防控常态化、新的消费增长点不断培育、可支配收入稳步提升，居民消费需求将进一步释放；全面构建新发展格局的有利契机逐步显现，伊犁、霍尔果斯口岸经济带建设深入推进，塔城开发开放试验区为打造国际合作提供新平台，进出口贸易有望恢复性增长。

2021 年，新疆金融业将贯彻中央经济工作会议、第三次中央新疆工作座谈会精神，落实好稳健的货币政策要灵活精准、合理适度的货币政策定位，在经济复苏回升态势下保持金融平稳发展，保持总量合理充裕，信贷和社会融资规模增速同名义经济增速基本匹配。扎实做好重点领域和薄弱环节的金融服务，继续将金融支持稳企业保就业作为工作重点，推进绿色金融实践，做好金融支持巩固、拓展脱贫攻坚成果与全面推进乡村振兴有效衔接，持续防范化解金融风险，有力支持、保障新疆经济社会高质量发展。

中国人民银行乌鲁木齐中心支行货币政策分析小组

总　　纂：王新平　陈元富

统　　稿：王　勇　温　波

执　　笔：王坤衍　李嘉钰

提供材料：郭　海　买金星　冯晓飞　玉俫提·吾普尔　郭燕芸　王　欢　姚栋梅　徐晓静
汪　雨　李　宁　李玉梅　王　娟　高廉　李　娜　王　哲　耿玉璧　岳　鑫
付　娉　马　红　靳　燕　马玉慧　陈　锐　刘琦平

附录

（一）2020年新疆维吾尔自治区经济金融大事记

1月，阿拉山口口岸首次开展跨境电商业务，2020年累计出货量超5000万票，累计出口金额11.7亿元，位居全国口岸跨境电商增速第一，业务量排名全国第四。

2月25日，《关于应对新冠肺炎疫情支持中小微企业复工复产健康发展的十六条措施》（新政办发〔2020〕7号）出台，切实减轻疫情对新疆中小微企业造成的影响，有序推动中小微企业复工复产。

4月7日，中国人民银行乌鲁木齐中心支行、新疆银保监局、新疆证监局、自治区地方金融监管局、兵团地方金融监管局联合印发《新疆金融支持脱贫攻坚决战决胜方案》。

4月22日，金融委办公室地方协调机制（新疆维吾尔自治区）成立。

9月25—26日，第三次中央新疆工作座谈会在北京召开。

11月14日，新疆最后10个贫困县脱贫摘帽，标志新疆306.5万现行标准下贫困人口实现全部脱贫，35个贫困县[①]全部摘帽。

12月8日至9日，新疆维吾尔自治区党委审议通过《中共新疆维吾尔自治区委员会关于制定国民经济和社会发展第十四个五年规划和二〇三五年远景目标的建议》。

12月7日，新疆塔城重点开发开放试验区正式设立。

①35个贫困县包括32个国定贫困县和3个省定贫困县。

（二）2020年新疆维吾尔自治区主要经济金融指标

表1 2020年新疆维吾尔自治区主要存贷款指标

	项目	1月	2月	3月	4月	5月	6月	7月	8月	9月	10月	11月	12月
本外币	金融机构各项存款余额（亿元）	23583.2	23607.7	24001.5	24206.2	24758.3	24818.1	24761.9	25127.5	25283.7	25423.6	25308.6	24965.0
	其中：住户存款	10531.0	10492.5	10739.7	10705.7	10620.0	10905.9	10877.0	10943.1	11334.9	11514.8	11630.1	11935.3
	非金融企业存款	5468.1	5411.9	5719.2	5928.5	6259.1	6477.5	6430.6	6459.3	6801.8	6527.0	6517.3	6380.6
	各项存款余额比上月增加（亿元）	128.6	24.5	393.8	204.7	552.1	59.7	-56.2	365.6	156.2	139.9	-115.0	-343.6
	金融机构各项存款同比增长（%）	4.2	3.5	3.0	4.6	5.7	5.3	6.2	8.6	8.2	8.5	8.5	6.4
	金融机构各项贷款余额（亿元）	20780.2	20752.0	21156.4	21360.4	21607.7	21894.0	22013.2	22028.3	22482.8	22734.5	22917.2	22905.8
	其中：短期	5139.3	5184.7	5413.5	5441.1	5423.3	5577.3	5470.0	5436.5	5758.1	5896.4	5925.6	5901.7
	中长期	12457.6	12440.5	12592.6	12743.4	12948.6	13172.4	13344.1	13435.0	13744.5	13852.0	14018.1	14108.0
	票据融资	2167.6	2097.2	2114.9	2155.4	2194.9	2094.9	2160.1	2091.5	1928.3	1902.6	1910.1	1836.4
	各项贷款余额比上月增加（亿元）	254.6	-28.2	404.3	204.0	247.3	286.4	119.1	15.2	454.5	251.7	182.7	-11.3
	其中：短期	-136.0	45.3	228.9	27.6	-17.9	154.1	-107.3	-33.5	321.6	138.3	29.1	-23.9
	中长期	217.3	-17.1	152.1	150.7	205.2	223.8	171.6	91.0	309.5	107.6	166.1	89.9
	票据融资	199.2	-70.5	17.7	40.6	39.5	-100.0	65.2	-68.7	-163.2	-25.7	7.6	-73.7
	金融机构各项贷款同比增长（%）	9.0	8.8	9.7	10.7	11.2	11.8	12.5	11.7	11.9	12.4	13.1	11.6
	其中：短期	2.0	3.2	6.1	9.4	8.9	12.5	10.6	10.3	10.9	11.3	12.1	9.8
	中长期	10.5	9.9	9.6	10.5	11.6	12.4	12.8	12.8	13.6	14.2	15.0	16.2
	票据融资	29.8	28.2	28.7	24.9	23.9	13.3	24.2	16.4	9.1	7.6	7.6	-6.7
	建筑业贷款余额（亿元）	580.9	578.4	602.3	592.7	614.9	644.1	623.9	636.7	645.4	639.9	645.8	651.7
	房地产业贷款余额（亿元）	989.4	989.8	998.7	1007.2	1029.8	1040.1	1047.0	1032.6	1061.3	1056.4	1053.7	1052.8
	建筑业贷款同比增长（%）	-0.1	1.4	6.1	7.9	10.8	17.3	14.1	15.6	10.8	9.4	16.1	19.3
	房地产业贷款同比增长（%）	6.6	6.4	6.0	7.2	10.2	9.2	10.6	7.3	9.2	7.6	6.9	7.6
人民币	金融机构各项存款余额（亿元）	23422.9	23434.1	23848.1	24048.0	24593.3	24653.7	24601.1	24960.5	25140.5	25281.2	25137.1	24824.7
	其中：住户存款	10496.0	10455.8	10700.1	10666.3	10581.7	10868.4	10839.4	10905.7	11297.2	11476.9	11592.6	11898.5
	非金融企业存款	5400.6	5339.0	5658.5	5869.2	6198.0	6406.8	6365.3	6392.6	6745.0	6476.3	6440.7	6327.3
	各项存款余额比上月增加（亿元）	129.8	11.3	414.0	199.9	545.3	60.5	-52.6	359.4	180.0	140.7	-144.1	-312.5
	其中：住户存款	153.3	-40.2	244.2	-33.7	-84.6	286.7	-29.0	66.3	391.5	179.6	115.7	305.9
	非金融企业存款	-503.1	-61.6	319.5	210.7	328.7	208.8	-41.5	27.3	352.3	-268.6	-35.6	-113.4
	各项存款同比增长（%）	5.2	4.4	3.7	4.5	5.8	5.3	6.2	8.7	8.3	8.6	8.6	6.6
	其中：住户存款	9.2	9.3	11.7	12.4	12.3	14.2	13.6	13.5	15.2	15.1	15.6	15.0
	非金融企业存款	4.7	4.1	2.4	5.9	8.9	12.7	12.9	11.0	14.0	12.6	13.4	7.2
	金融机构各项贷款余额（亿元）	20229.0	20181.8	20587.6	20809.2	21022.4	21314.6	21441.4	21460.8	21928.7	22184.2	22378.9	22377.6
	其中：个人消费贷款	2906.7	2867.2	2899.6	2953.8	2996.3	3059.0	3088.1	3071.3	3144.9	3185.6	3233.2	3312.6
	票据融资	2167.6	2097.2	2114.9	2155.4	2194.9	2094.9	2160.1	2091.5	1928.3	1902.6	1910.1	1836.4
	各项贷款余额比上月增加（亿元）	268.9	-47.2	405.8	221.7	213.2	292.1	126.8	19.4	467.8	255.5	194.7	-1.3
	其中：个人消费贷款	33.8	-39.5	32.4	54.2	42.5	62.7	29.1	-16.8	73.6	40.7	47.6	79.4
	票据融资	199.2	-70.5	17.7	40.6	39.5	-100.0	65.2	-68.7	-163.2	-25.7	7.6	-73.7
	金融机构各项贷款同比增长（%）	9.2	8.9	9.8	11.0	11.5	12.1	12.9	12.3	12.3	12.9	13.6	12.1
	其中：个人消费贷款	17.3	15.7	14.5	15.1	15.2	16.3	16.1	13.2	13.8	14.1	14.1	15.3
	票据融资	29.8	28.2	28.7	24.9	23.9	13.3	24.2	16.4	9.1	7.6	7.6	-6.7
外币	金融机构外币存款余额（亿美元）	23.3	24.8	21.6	22.4	23.1	23.2	23.0	24.3	21.0	21.2	26.1	21.5
	金融机构外币存款同比增长（%）	-56.9	-52.7	-53.7	7.0	-7.9	-7.0	-1.2	4.1	-1.5	-4.0	9.1	-7.2
	金融机构外币贷款余额（亿美元）	80.0	81.4	80.3	78.1	82.1	81.9	81.9	82.7	81.4	81.9	81.8	81.0
	金融机构外币贷款同比增长（%）	-2.2	0.5	0.9	-2.2	-2.2	-2.4	-1.1	-3.0	1.8	2.5	1.5	-0.1

数据来源：中国人民银行乌鲁木齐中心支行。

表 2　2001—2020 年新疆维吾尔自治区各类价格指数

单位：%

时间		居民消费价格指数		农业生产资料价格指数		工业生产者购进价格指数		工业生产者出厂价格指数	
		当月同比	累计同比	当月同比	累计同比	当月同比	累计同比	当月同比	累计同比
2001		—	3.96	—	3.0	—	-1.0	—	-3.7
2002		—	-0.57	—	-0.4	—	-5.1	—	-2.6
2003		—	0.41	—	1.1	—	14.8	—	15.1
2004		—	2.73	—	7.3	—	18.3	—	16.4
2005		—	0.73	—	5.3	—	10.8	—	16.6
2006		—	1.33	—	2.5	—	11.1	—	14.4
2007		—	5.48	—	6.2	—	3.8	—	6.3
2008		—	8.13	—	12.3	—	17.7	—	16.4
2009		—	0.74	—	-0.5	—	-9.4	—	-14.5
2010		—	4.33	—	3.1	—	23.9	—	25.2
2011		—	5.93	—	6.6	—	18.0	—	14.9
2012		—	3.84	—	6.2	—	-2.1	—	-3.0
2013		—	3.95	—	2.6	—	-2.2	—	-3.6
2014		—	2.09	—	-2.3	—	-2.5	—	-3.8
2015		—	0.58	—	-1.4	—	-15.7	—	-17.6
2016		—	1.37	—	-1.8	—	-4.3	—	-5.2
2017		—	2.19	—	0.8	—	12.8	—	13.8
2018		—	2.03	—	4.9	—	9.3	—	11.3
2019		—	1.95	—	2.6	—	0.0	—	-1.4
2020		—	1.53	—	6.2	—	-6.6	—	-8.3
2019	1	0.6	0.6	3.0	3.0	1.4	1.4	-0.7	-0.7
	2	0.9	0.8	2.9	2.9	0.9	1.2	-0.5	-0.6
	3	1.7	1.1	1.4	2.4	1.8	1.4	3.4	0.7
	4	1.6	1.2	0.4	1.9	3.1	1.8	2.7	1.2
	5	1.9	1.3	0.2	1.6	1.8	1.8	2.2	1.4
	6	1.8	1.4	0.7	1.4	1.2	1.7	-0.6	1.1
	7	2.3	1.5	2.4	1.6	0.2	1.5	-2.2	0.6
	8	2.4	1.6	2.8	1.7	-0.6	1.2	-3.1	0.2
	9	2.2	1.7	3.3	1.9	-1.8	0.9	-5.4	-0.5
	10	2.4	1.8	4.3	2.1	-3.7	0.4	-7.8	-1.2
	11	2.8	1.9	4.8	2.4	-3.1	0.1	-5.2	-1.6
	12	2.9	1.9	4.8	2.6	-1.4	0.0	-0.1	-1.4
2020	1	3.7	3.7	5.3	5.3	0.3	0.3	3.7	3.7
	2	3.1	3.4	5.0	5.1	0.0	0.2	0.1	1.9
	3	2.4	3.1	6.7	5.7	-2.3	-0.7	-6.7	-1.0
	4	1.7	2.7	9.8	6.7	-8.6	-2.7	-14.5	-4.4
	5	0.9	2.4	8.0	7.0	-12.9	-4.7	-17.9	-7.1
	6	1.3	2.2	7.6	7.1	-11.9	-5.9	-13.7	-8.2
	7	1.5	2.1	7.6	7.2	-9	-6.3	-9.3	-8.3
	8	1.5	2	7.4	7.2	-8.1	-6.6	-8.6	-8.4
	9	0.9	1.9	6.4	7.1	-7.6	-6.7	-8.7	-8.4
	10	0.5	1.7	4.5	6.8	-7	-6.7	-9.5	-8.5
	11	0.2	1.6	3.2	6.5	-6.6	-6.7	-8.6	-8.5
	12	0.7	1.5	3.3	6.2	-5	-6.6	-6.2	-8.4

数据来源：《中国经济景气月报》、新疆维吾尔自治区统计局。

表3　2020年新疆维吾尔自治区主要经济指标

项目	1月	2月	3月	4月	5月	6月	7月	8月	9月	10月	11月	12月
	绝对值（自年初累计）											
地区生产总值（亿元）	—	—	3055.51	—	—	6412.8	—	—	9819.9	—	—	13797.6
第一产业	—	—	110.18	—	—	440.4	—	—	1313.5	—	—	1981.3
第二产业	—	—	1099.23	—	—	2338.3	—	—	3408.8	—	—	4744.5
第三产业	—	—	1846.1	—	—	3634.2	—	—	5097.6	—	—	7071.8
工业增加值（亿元）	—	—	—	—	—	—	—	—	—	—	—	—
固定资产投资（亿元）	—	—	—	—	—	—	—	—	—	—	—	—
房地产开发投资	—	8.24	33.8	86.48	175.92	319.63	504.06	616.99	843.48	1065.53	1214.21	1260.89
社会消费品零售总额（亿元）	—	—	518.69	748.8	1024.5	1343.97	1595.2	1669.3	2055.1	2409	2734.6	3062.6
外贸进出口总额（亿元）	—	200.3	272.3	356.1	440.5	553.4	734.6	890.9	1078.1	1263	1396.8	1484.3
进口	—	70.7	104.3	143.9	183.3	218.9	247.7	286.4	314.2	340.8	362.2	385.8
出口	—	129.5	168	212.2	257.2	334.5	486.9	604.5	763.9	922.2	1034.6	1098.5
进出口差额（出口－进口）	—	58.8	63.7	68.3	73.9	115.6	239.2	318.1	449.7	581.4	672.4	712.7
实际利用外资（亿美元）	—	—	0.01	0.5	0.8	1.5	1.5	1.6	1.6	1.6	1.6	2.2
地方财政收支差额（亿元）	—	-323.76	-915.61	-1318.75	-1620.39	-2025.3	-2286.5	-2549.3	-2985.5	-3367.9	-3648	-3976.6
地方财政收入	—	168.4	240.45	400.88	516.96	661.4	778.2	842.1	945.6	1120.7	1269.2	1477.2
地方财政支出	—	492.16	1156.06	1719.63	2137.35	2686.7	3064.7	3391.4	3931.1	4488.6	4917.2	5453.8
城镇登记失业率（%）（季度）	—	—	—	—	—	—	—	—	—	—	—	—
	同比累计增长率（%）											
地区生产总值	—	—	-0.2	—	—	3.3	—	—	2.2	—	—	3.4
第一产业	—	—	-1.3	—	—	4.6	—	—	3.8	—	—	4.3
第二产业	—	—	0.2	—	—	8.1	—	—	6.7	—	—	7.8
第三产业	—	—	-0.4	—	—	0.1	—	—	-1.3	—	—	0.2
工业增加值	—	-0.7	2.2	3.4	4.6	6	5.8	5.4	6.1	6.5	6.7	6.9
固定资产投资	—	-11.5	5.2	19.1	24.1	28.6	25.5	16.9	17.3	17.5	16.8	16.2
房地产开发投资	—	-33.9	6.7	9.8	14	26	25.8	14.5	20.1	18.9	18.1	17.4
社会消费品零售总额	—	—	-37	-30.2	-24.6	-19.2	-18.4	-26	-19.6	-17.3	-16.2	-15.3
外贸进出口总额	—	-3.1	-12.4	-15.4	-15.9	-11.5	-3.6	1.1	-2.5	-4	-6.4	-9.5
进口	—	38.5	34.4	37.5	31.9	26.1	14.7	14.2	11.5	8.7	4.3	-1.2
出口	—	-16.7	-28	-32.9	-33.2	-26	-10.8	-4.1	-7.3	-8	-9.7	-12.1
实际利用外资	—	—	-75.6	-11.7	21.9	120	91.9	88.6	80.6	80.3	-52.2	-34.6
地方财政收入	—	-27.2	-23.4	-11.6	-6.7	0.2	-0.3	-3.3	-5.7	-6.6	-7.9	-6.4
地方财政支出	—	-26.9	-5	2.4	3.4	9.1	2.7	-6.4	-1.5	4.7	5.2	3.5

数据来源：新疆维吾尔自治区统计局。